SEGURANÇA JURÍDICA E PROTAGONISMO JUDICIAL

DESAFIOS EM TEMPOS DE INCERTEZAS

Estudos Jurídicos em Homenagem ao Ministro Carlos Mário da Silva Velloso

Werson Rêgo
Coordenador

SEGURANÇA JURÍDICA E PROTAGONISMO JUDICIAL

DESAFIOS EM TEMPOS DE INCERTEZAS

Estudos Jurídicos em Homenagem ao Ministro Carlos Mário da Silva Velloso

GZ
EDITORA
Rio de Janeiro
2017

1ª edição – 2017

CIP – Brasil. Catalogação-na-fonte.
Sindicato Nacional dos Editores de Livros, RJ.

S459

Segurança jurídica e protagonismo judicial: desafios em tempos de incertezas - estudos jurídicos em homenagem ao Ministro Carlos Mário da Silva Velloso / Coordenação Werson Rêgo. - 1. ed. - Rio de Janeiro: LMJ Mundo Juridico, 2017.

1132 p.: il.; 24 cm.

Inclui índice

ISBN 978-85-9524-000-1

1. Direito. 2. Poder judiciário. I. Rêgo, Werson.

16-37587

CDU: 340.09

contato@editoragz.com.br
www.editoragz.com.br

Av. Erasmo Braga, 299 – Sala 202 – 2º andar – Centro
CEP: 20020-000 – Rio de Janeiro – RJ
Tels.: (0XX21) 2240-1406 / 2240-1416 – Fax: (0XX21) 2240-1511

Impresso no Brasil
Printed in Brazil

Impressão e acabamento:
Grupo Smart Printer
Soluções em impressão

APRESENTAÇÃO

Um dos principais desafios dos que atuam nas carreiras jurídicas, senão o maior deles, é o de fazer Justiça. Há séculos, a humanidade vem se dedicando ao tema. Inúmeras teorias foram desenvolvidas, ora com pontos de convergência, ora com profundas divergências. E, afinal, o que seria Justiça? Pode-se considerá-la um *valor universal,* o principal critério ou medida do Direito. Mas, como realizá-la em uma sociedade tão complexa e dinâmica? Eis a enorme responsabilidade que paira sobre os ombros daqueles que tem a função constitucional de interpretar e aplicar as leis.

Justiça, para Ulpiano, seria a contínua e perpétua vontade de dar a cada qual o que é seu, conceito esse lapidado pela visão humanística e cristã de São Tomás de Aquino, para quem a Justiça seria o hábito segundo o qual, alguém, com vontade constante e perpétua, entrega a outro o que for seu por direito. Aquilo, tudo aquilo, mas somente aquilo que for de cada um, por direito.

A Justiça, enquanto *valor universal,* motiva as pessoas a fazerem o justo; enquanto sentimento, transita pela esfera íntima de cada um. Indubitavelmente, está-se diante de poderosas fontes motivadoras. Daí, a imperiosa necessidade de se buscar elementos que atenuem a subjetividade dos julgamentos, mormente em se tratando do núcleo essencial dos direitos fundamentais, previstos na Constituição. Disso trata o tema segurança jurídica.

A segurança jurídica existe para que a Justiça, finalidade maior do Direito, se concretize. Concede aos indivíduos a garantia necessária para o desenvolvimento de suas relações sociais, tendo, no Direito, a certeza das conseqüência dos atos praticados. É, pois, valor indispensável para a conformação de um Estado que se pretenda seja, efetivamente, "Estado de Direito".

Canotilho nos ensina que a segurança jurídica, elemento essencial ao Estado de Direito, se desenvolve em torno dos conceitos de estabilidade e previsibilidade. Quanto ao primeiro, no que diz respeito às decisões dos poderes públicos, uma vez realizadas "[...] não devem poder ser arbitrariamente modificadas, sendo apenas razoável a alteração das mesmas quando ocorram pressupostos materiais particularmente relevantes". Quanto ao segundo, refere-se à "[...] exigência de certeza e calculabilidade, por parte dos cidadãos, em relação aos efeitos jurídicos dos actos normativos".

Vivemos, porém, tempos de graves crises: políticas, econômicas, sociais, institucionais. São tempos de incertezas. Nesse cenário, socorre-se a sociedade, cada vez mais, do Poder Judiciário - fenômeno que se denominou de *judicialização.*

Judicialização é uma conquista social, relacionada ao aumento de mecanismos voltados para maior efetivação de direitos. É uma realidade, sem qualquer formulação de um juízo de valor em torno dela. Gera, contudo, certa preocupação, porque envolve a transferência de poder para juízes e tribunais, visto que questões de larga repercussão política, econômica ou social, positivadas em constituições com pautas extensas, em legislações mais engajadas à realidade social, antes definidas em arenas políticas tradicionais (o Congresso Nacional e o Poder Executivo), agora estão sendo decididas por órgãos do Poder Judiciário

Daí, surge a noção de "protagonismo judicial", muitas vezes associada à expressão "ativismo judicial" e frequentemente utilizada com conotação pejorativa, vinculada a algo negativo e danoso para a sociedade. Será? Certo é que o comportamento proativo dos agentes políticos do sistema de justiça acaba produzindo externalidades sobre o mundo e ingressando em uma pauta antes só comum aos Poderes Executivo e Legislativo. Tem a magistratura consciência e dimensão dessas externalidades?

A obra que ora se apresenta revela-se à altura do mister de entregar à comunidade jurídica textos de grande densidade filosófica, acadêmica e científica em torno do tema "segurança jurídica e protagonismo judicial», ao mesmo tempo em que rende as devidas homenagens ao magistrado, ao acadêmico , ao jurista Carlos Mario da Silva Velloso. Coroa de êxito as belíssimas homenagens que a ele prestaram o Tribunal de Justiça do Estado do Rio de Janeiro, a Fundação Getulio Vargas e a Harvard Law School Association of Brazil, consagrando à posteridade um ser humano afável, generoso e íntegro que, no exercício de sua função jurisdicional soube, como poucos, conciliar a missão de interpretar o Direito harmonizando os valores Justiça e Segurança Jurídica.

Renomados juristas, das mais diversas especialidades e áreas de atuação, magistrados, integrantes do Ministério Público e da Defensoria Pública, das Procuradorias da República e dos Estados, advogados, professores e acadêmicos aceitaram o convite e o desafio de discorrer sobre um protagonismo judicial saudável, que não se sobreponha a, nem interfira com a atuação dos demais Poderes da República. Uma postura ativa da magistratura que, preocupada com a realização dos direitos fundamentais previstos na Constituição, não desconsidere outros valores fundamentais nela igualmente estabelecidos. Enfim, abordar temas atuais e polêmicos com uma visão crítica, serena e profunda a respeito do adequado papel do Poder Judiciário, visando à melhoria e ao desenvolvimento saudável das relações econômicas e sociais no Brasil. A todos os amigos e colaboradores que, homenageando a pessoa do Ministro Carlos Mário da Silva Velloso, deram às letras jurídicas nacionais ensaios jurídicos ricos e consistentes, registro aqui os devidos agradecimentos.

Finalmente, coordenar esta obra com ensaios jurídicos de expoentes de nossas letras jurídicas em homenagem ao amigo Carlos Velloso foi, para mim, sem dúvida alguma, um enorme privilégio. Permitiu-me saudar um ser humano inigualável, afetuoso, generoso, sereno, competente, íntegro, repleto de incontáveis virtudes. Sem embargo, permitiu-me também refletir sobre o papel do magistrado na sociedade, como pessoa e como julgador. Com certeza, muito aprendi.

Aos nossos leitores, pois, formulo um convite à reflexão e ao diálogo na busca de uma sociedade mais equilibrada, harmônica, segura e justa.

Werson Rêgo

SAUDAÇÃO INICIAL

É, sem dúvida alguma, uma honra e um privilégio ser convidado para integrar tão importante obra jurídica e, ainda mais, para a saudação ao homenageado, o eminente Ministro CARLOS MÁRIO DA SILVA VELLOSO. Por certo, mereceria o festejado e culto Professor e Ministro mais talentoso escritor. Talento tivesse, ainda assim precisaria de tempo para retratar, com fidelidade, sua biografia. Faltam-me ambos, entretanto. Destarte, peço licença aos leitores para falar do amigo Velloso. Sua reconhecida lhaneza, seu sentimento humanista, sua grandiosa simplicidade hão de perdoar, porém, minhas limitações.

Carlos Mário da Silva Velloso, Carlos Mário Velloso, Carlos Velloso, Carlos – ou, simplesmente, como é de seu agrado, Velloso –, nasceu, na dicção de Raul Machado Horta, "na bucólica" cidade de Entre Rios de Minas, localizada logo ali, pertinho de São João Del Rey, aos 19 de janeiro de 1936.

Filho de Juiz, melhor dizer, filho DO JUIZ ACHILLES TEIXEIRA VELLOSO e da professora MARIA OLGA DA SILVA VELLOSO, edificou, num *upgrade*, sua família, ao se casar com a professora Maria Ângela Penna Velloso, nascendo dessa união quatro filhos (Rita de Cássia, Carlos Mário da Silva Velloso Filho, Rosa Maria e Ana Flávia), guardados com permanente carinho em seu generoso coração.

Velloso, de qualidade profissionais e humanas perceptíveis de imediato, até ao menos atento, de cordialidade, de força e devotamento ao trabalho, merece, sem muito excogitar, esta homenagem que lhes prestam renomados juristas, cujos nomes e currículos deixo de citar por saber, até eu, o que representam para a cultura jurídica nacional.

Velloso exerceu, por algum tempo, a advocacia e, ao depois, por sagrada inspiração de seu pai, a quem até hoje, carinhosamente, trata de "VELHO ACHILLES", ingressou, através de concursos públicos de provas e títulos, no Ministério Público e, por fim, na Magistratura. Foi juiz federal no Estado de Minas Gerais (1967/1977), juiz do Tribunal Regional Eleitoral do mesmo Estado (1969/1971 e 1973/1975), ministro do Tribunal Federal de Recursos (19/12/1997/1989), ministro do Tribunal Superior Eleitoral, na representação do T.F.R. (1983/1987), ministro do Superior Tribunal de Justiça (1989/1990). Voltou a integrar, na representação do Supremo Tribunal Federal, o Tribunal Superior Eleitoral (1992/1996), tendo exercido a presidência deste (1994/1996), em cuja administração foi instituído, no Brasil, o voto informatizado, através das "URNAS ELETRÔNICAS", para todos nós brasileiros motivo de grande orgulho. Retornou ao Tribunal Superior Eleitoral, na representação do S.T.F. (11.02.2003/2006), tendo presidido, novamente, a Corte (24/02/2005 a 19/01/2006). Em 19.01.2006, aposentou-se, por implemento de idade, no cargo de ministro do Supremo Tribunal Federal.

Sua reconhecida capacidade de trabalho e pluralidade intelectual, bem como a vocação, pura e corajosa, levaram-no ao magistério e às letras jurídicas.

Professor Emérito da Pontifícia Universidade Católica de Minas Gerais - PUC/MG, e da Universidade de Brasília – UnB, em cujas Faculdades de Direito foi professor titular de Direito Constitucional e Teoria Geral do Direito Público. Professor Emérito da Escola da Magistratura Federal da 1ª Região (TRF/1ª Região, Brasília, DF). Professor de Direito Constitucional Tributário no Instituto Brasiliense de Direito Público – IDP. É membro do Conselho Curador da Universidade Federal de Minas Gerais, UFMG; Membro do "*Advisory Council*" (Conselho Consultivo) do "*The Brazil-United States Legal & Judicial Studies Program*," da American University Washington College of Law, Washington, D.C., Estados Unidos da América; Doutor "*Honoris Causa*" pela Universidade de Craiova, Romênia, e pelo Centro Universitário da Cidade do Rio de Janeiro.

É autor do livro "Temas de Direito Público", Del Rey Editora, 1997, 2ª tiragem. Em coautoria com Walber de Moura Agra, publicou "Elementos de Direito Eleitoral", Editora Saraiva, 2009. É, ademais, coautor de cerca de trinta livros jurídicos e tem inúmeros artigos e ensaios nas mais especializadas publicações (no Brasil e no exterior). É um dos autores do livro "*La Nouvelle République Brésilienne*", que integra a "*Collection Droit Publique Positif*", que era dirigida pelo professor Louis Favoreu (Ed. Economica, Paris, França, 1991).

Integra entidades culturais, brasileiras e estrangeiras, destacando-se a Academia Brasileira de Letras Jurídicas (Rio de Janeiro, RJ), a Academia Mineira de Letras (Belo Horizonte, MG), a Academia Mineira de Letras Jurídicas (Belo Horizonte, MG), a Academia Brasileira de Direito Constitucional (membro catedrático, Curitiba, PR), a Academia Internacional de Direito e Economia (São Paulo, SP), a Academia Brasileira de Direito Tributário (São Paulo, SP), o Instituto Internacional de Direito Público e Empresarial – IDEPE - Instituto Geraldo Ataliba (São Paulo, SP), a Associação Brasileira dos Constitucionalistas (São Paulo, SP), o Instituto Brasileiro de Direito Constitucional (São Paulo, SP), a Association Française des Constitutionnalistes, Paris, França, e a Associação Brasileira de Direito Financeiro, filiada à International Fiscal Association – IFA, Haia, Holanda.

A seu referido valor intelectual acresceram, ainda, à sua biografia, o título de conferencista, também em diversas Universidades no Brasil e no exterior e, acima de tudo, sua intelectualidade, somada a seus rígidos princípios moral e ético, fizeram-no JUIZ, como até hoje gosta de ser chamado.

Nosso homenageado tem sido distinguido, ao longo de sua consagrada carreira, com mais de 50 condecorações e títulos honoríficos. Seus artigos, ensaios e livros, publicados no Brasil e no exterior, estão perto de 70 premiações.

Dentre as incontáveis condecorações que recebeu, destacam-se, apenas para registro: Grã-Cruz da Ordem do Congresso Nacional; Grande Mérito Legislativo do Estado de Minas Gerais; Grande Medalha da Inconfidência do Estado de Minas Gerais; Medalha de Ouro do Serviço Público, que lhe foi outorgada pelo Supremo Tribunal Federal, em reconhecimento pelos 50 anos de serviço público; Grã-Cruz da Ordem do Mérito de Rio Branco (Ministério das Relações Exteriores); Grã-Cruz da

Ordem do Mérito Judiciário do Trabalho (Tribunal Superior do Trabalho); Grã-Cruz do Mérito Judiciário Militar (Superior Tribunal Militar); Colar do Mérito Judiciário de diversos tribunais, dentre os quais, deste Tribunal de Justiça; Grande Colar do Mérito do Tribunal de Contas da União; Colar do Mérito Victor Nunes Leal, do Tribunal de Contas do Município do Rio de Janeiro/RJ; Grande Oficial da Ordem do Mérito das Forças Armadas; Medalha do Mérito do Ministério Público Brasileiro (Procuradoria-Geral da República); Medalha do Mérito do Ministério Público de diversos Estados; a Grã-Cruz do Mérito do Ministério Público Militar e Grã-Cruz da Ordem Nacional "Estrela da Romênia", a mais alta condecoração do Governo da Romênia.

As letras jurídicas nacionais também foram enriquecidas por diversas obras publicas em sua homenagem, dentre as quais destaco: "*Construindo o Direito Tributário na Constituição – Uma análise da obra do Ministro Carlos Mário Velloso*", professora Misabel Abreu Machado Derzi (UFMG), coordenadora, Del Rey Editora, Belo Horizonte, MG, 2004; "*Transação e Arbitragem no Âmbito Tributário*", professores Oswaldo Othon de Pontes Saraiva Filho (UC/Brasília, DF) e Vasco Branco Guimarães (Universidade de Lisboa, Portugal), organizadores, Editora Fórum, Belo Horizonte, MG, 2008 e; "*Estudos: Direito Público*", professores Ives Gandra da Silva Martins, Patrícia Roset e Antônio Carlos Rodrigues do Amaral, coordenadores, Editora Lex Magister, São Paulo, SP, 2012.

Em síntese, apertada embora, continuo a oferecer-lhes um pouco, bem pouco, do muito da vida deste grande homem. O que cabe no ponto, à luz do que se recomenda, é a brevidade. Creio importante sejam conhecidos, pelo menos, dois fatos, que, por certo, muito contribuirão para descrever esse mineiro notável, que diz que existe "amigo que é bom até como inimigo".

Do trabalho produzido pelo Professor Juarez Altafin, feito para ilustrar a solenidade de início das atividades escolares da Universidade Federal de Uberlândia, cuja Aula Magna fora proferida, naquele ano de 2000, pelo Ministro Carlos Velloso, valho-me por primeiro, destacando a seguinte recordação:

"Criança ainda, no interior de Minas Gerais, nos dias de julgamento pelo Tribunal do Júri, ficava escondido no Fórum, atrás da cadeira do Juiz de Direito, ocupada pelo seu pai, que presidia a sessão.

Então, acompanhava todo o desenrolar do julgamento, com a atenção presa aos debates da Promotoria de Justiça e do Advogado de defesa. Confessa, emocionado, que foi o exemplo do seu pai que o fez juiz.

Anos depois, já menino crescido, estando no Rio de Janeiro, certo dia, pediu ao porteiro do Supremo Tribunal Federal que permitisse sua entrada no prédio, para assistir a uma sessão do Excelso Pretório.

A resposta foi negativa: não era adulto e não estava vestido a caráter.

Mas a transparência sincera do seu desejo comoveu o serventuário porteiro, que o deixou entrar.

O rapazinho viu e sentiu a solenidade daquele ambiente augusto de séculos, que vinha desde a Casa da Suplicação, passando pelo Supremo Tribunal de Justiça do Império, até reinar no Supremo Tribunal da Federação. Não podia a sua alma jovem pressentir que um dia aquela seria a sua Casa e que a presidiaria. Porém, o seu caminho para chegar lá, apesar de brilhante, foi árduo, longo e difícil."

E, quase ao fim, compadre Velloso, uma singela e doce recordação.

Do livro "Academia Mineira de Letras", que reúne a saudação do Presidente Murilo Badaró e os discursos de posse de Orlando Vaz Filho e de recepção do Acadêmico Carlos Mário Velloso, proferidos na Sessão Solene realizada em 5 de setembro de 2002, destaco a segunda passagem que, por certo, alegrará seu sempre generoso coração. Velloso, na visão de sua amada, Maria Ângela:

"Conheci o jovem que chegava à tardinha para ver a namorada, gravata no bolso, colarinho aberto, paletó dobrado no ombro.

Falava da luta dos advogados e da integridade do juiz com quem trabalhava. Uma maneira de ver as pessoas que lembra Goethe: "Há homens que abrem a janela e vêem a lama e outros que, abrindo a janela, vêem os lírios."

Recordo o ingresso na magistratura federal.

Nos encontros de fim de ano letivo, ouvia seus alunos falarem com entusiasmo do professor que se preocupava não só em ser didático na transmissão dos conhecimentos, mas também e principalmente, em formar cidadãos para autuar numa sociedade democrática.

Hoje reconheço que essa foi a época mais importante da formação do magistrado que chegaria à Corte Suprema, no momento em que era reconhecida como Corte Constitucional.

Importante também essa fase, porque a experiência vivida, proporcionando o conhecimento dos problemas reais da Magistratura e do Judiciário em geral, preparou o homem que assumiria a chefia desse poder num momento delicado.

A mudança para Brasília acentuou o orgulho de ser mineiro. Foi quando em sua mesa de cabeceira começaram a se empilhar os livros sobre mineiridade, bem como as obras dos escritores da terra natal, e sempre citados para lembrar a sabedoria de vida dos mineiros e nosso amor à liberdade.

No TFR, na presidência do TSE, e do STF, a sua atuação foi sempre orientada por princípios inabaláveis e um idealismo que contagia.

É assim que vejo meu companheiro, um homem que não tem passado pela vida, tem vivido.

Parece ter-se inspirado nos versos de Fernando Pessoa:

"*Sê todo em cada coisa, põe quanto és no mínimo que fazes*".

Junho de 2000

Sua querida Maria Ângela."

Abraço, com orgulho e a amizade de sempre, o amigo Velloso, que a todos nos ensina com exemplos, sem jamais perder a simplicidade, como todo bom mineiro.

Gilberto Rêgo

Desembargador aposentado do Tribunal de Justiça do Estado do Rio de Janeiro.

Vice-Presidente Executivo do Instituto Nêmesis de Estudos Avançados em Direito

SOBRE O COORDENADOR

WERSON RÊGO
Desembargador do Tribunal de Justiça do Estado do Rio de Janeiro. Diretor do Instituto Nêmesis de Estudos Avançados em Direito e do Instituto Brasileiro de Política e Direito do Consumidor - Brasilcon. Cursou Doutorado em Ciências Jurídicas e Sociais na Universidad del Museo Social Argentino - UMSA (Buenos Aires, 1998/2001). Doutorando em Justiça Administrativa, área de concentração Relações Econômicas, na Universidade Federal Fluminense - UFF. Membro do Centro de Estudos de Direito do Consumo de Coimbra – Portugal, do Instituto Ibero-Americano de Direito Público e do Instituto Iberoamericano de Direito do Consumidor.

SOBRE OS AUTORES

ALEXANDRE FREITAS CÂMARA
Desembargador (TJ-RJ). Professor emérito e coordenador de Direito Processual Civil da Emerj (Escola da Magistratura do Estado do Rio de Janeiro). Presidente do Instituto Carioca de Processo Civil (ICPC). Membro do Instituto Brasileiro de Direito Processual, do Instituto Ibero-Americano de Direito Processual e da International Association of Procedural Law. Doutorando em Direito Processual na PUC-Minas.

ANDERSON SCHREIBER
Professor de Direito Civil da Uerj. Procurador do Estado do Rio de Janeiro. Doutor em Direito Privado Comparado pela Università degli studi del Molise (Itália). Mestre em Direito Civil pela Uerj.

ANGÉLICA CARLINI
Pós-Doutora em Direito Constitucional. Doutora em Direito Político e Econômico. Doutora em Educação. Mestre em Direito Civil. Mestre em História Contemporânea. Graduada em Direito. Docente do curso de Direito da Universidade Paulista – UNIP. Advogada, sócia diretora de Carlini Sociedade de Advogados.

ANTONIO AURÉLIO ABI-RAMIA DUARTE
Juiz de Direito Auxiliar da Presidência do TJERJ, Mestre em Processo pela Uerj, Expositor e Professor da Pós Graduação de instituições como Emerj, Esmarf, Esaj, Ibmec, Unesa e Femperj. Membro do IBDP e do Instituto Carioca de Direito Processual. Autor de livros e artigos publicados em revistas especializadas.

BRUNO MENESES LORENZETTO
Professor de Direito da Pontifícia Universidade Católica do Paraná. Professor de Direito do Programa de Mestrado em Direito e da Graduação do Centro Universitário Autônomo do Brasil – UniBrasil. Visiting Scholar na Columbia Law School, Columbia University, New York. Doutor em Direito pela UFPR na área de Direitos Humanos e Democracia.

CAETANO ERNESTO DA FONSECA COSTA
Mestre em Cidadania e Direitos Humanos: Ética e Política pela Universidade de Barcelona. Desembargador do Tribunal de Justiça do Estado do Rio de Janeiro. Presidente da 7a Câmara Cível do Tribunal de Justiça do Estado do Rio de Janeiro e Membro do Órgão Especial do TJERJ. Diretor Geral da Escola de Magistratura do Estado do Rio de Janeiro.

CESAR CURY
Desembargador do Tribunal de Justiça do Estado do Rio de Janeiro. Presidente do Núcleo Permanente de Métodos Consensuais de Solução de Con itos. Mestrando em Direito pela Unesa. Professor convidado da Emerj e da Pós-graduação da Esaj. Coordenador do Curso de Formação em Mediação Judicial da Emerj.

CLÁUDIO DELL´ORTO
Desembargador do TJRJ. Professor da PUC-RIO. Diretor Presidente da ENM/AMB.

CLÈMERSON MERLIN CLÈVE
Professor Titular de Direito Constitucional da Universidade Federal do Paraná. Professor Titular de Direito Constitucional do Centro Universitário Autônomo do Brasil – UniBrasil. Pós-graduado em Direito Público pela Université Catholique de Louvain – Bélgica. Doutor em Direito do Estado pela Pontifícia Universidade Católica de São Paulo. Líder do Ninc – Núcleo de Investigações Constitucionais em Teorias da Justiça, Democracia e Intervenção da UFPR.

DANIELA GIACOMET
Procuradora do Estado. Mestre em Direito, pelo Instituto de Direito Público - IDP e Especialista em Regulação em Telecomunicações pela Universidade de Brasília - UNB

DIOGO DE FIGUEIREDO MOREIRA NETO
Bacharelado e Doutorado em Direito pela Faculdade Nacional de Direito da Universidade do Brasil, com pós-graduações, extensões, estágios e especializações em Direito, Política e Economia em instituições do Brasil e do exterior, destacando-se: especialização pós-doutoral em Direito Administrativo na Faculdade de Direito da Universidade de Lisboa, Portugal, sob orientação do Prof. Dr. Marcelo Caetano, e estágio no Instituto de Política e Direito Público da Universidade de Munique, República Federal da Alemanha, sob a orientação do Prof. Dr. Theodor Maunz.

FÁTIMA NANCY ANDRIGHI
Ministra do Superior Tribunal de Justiça

FLÁVIO AHMED
Advogado militante. Mestre e Doutorando em direitos difusos e coletivos na PUC-SP. Conselheiro efetivo da OAB-RJ e Presidente da sua Comissão Permanente de Direito Ambiental. Pesquisador e integrante de Grupos de Pesquisa CNPQ/Capes. Professor Convidado dos Cursos de Pós-Graduação da FGV, do Cesusc (Centro Universitário de Santa Catarina) e da Unesa (Universidade Estácio de Sá). Autor de diversas obras de Direito Ambiental.

GEORGES ABBOUD
Doutor e Mestre em Direitos Difusos e Coletivos pela PUC-SP. Professor do mestrado e doutorado da Faculdade Autônoma de São Paulo – Fadisp. Professor do curso de graduação da Pontifícia Universidade Católica de São Paulo – PUC-SP. Membro do Conselho Editorial da *Revista de Direito Privado* – RT. Advogado sócio do escritório Nery Advogados. Consultor Jurídico.

GILMAR MENDES
Ministro do Supremo Tribunal Federal; Professor de Direito Constitucional nos cursos de graduação e pós-graduação da Faculdade de Direito da Universidade de Brasília (UnB) e do Instituto Brasiliense de Direito Público (IDP). Doutor em Direito pela Universidade de Münster, Alemanha.

GUILHERME MAGALHÃES MARTINS
Promotor de Justiça no Estado do Rio de Janeiro, professor de Direito Civil da Faculdade Nacional de Direito – UFRJ, Doutor em Direito Civil pela Uerj e Diretor do Instituto Brasilcon.

GUILHERME PEÑA DE MORAES
Membro do Ministério Público do Estado do Rio de Janeiro. Professor de Direito Constitucional da Universidade Federal Fluminense (UFF). Mestre em Direito Constitucional pela Pontifícia Universidade Católica do Rio de Janeiro (PUC/RJ), Doutor em Direito Constitucional pela Pontifícia Universidade Católica de São Paulo (PUC/SP) e Pós-Doutor em Direito Constitucional pela Fordham School of Law – Jesuit University of New York (FU/NY).

GUILLERMO OROZCO PARDO
Catedrático de Derecho Civil. Universidad de Granada. España.

GUSTAVO TEPEDINO
Professor Titular de Direito Civil e ex-Diretor da Faculdade de Direito da Universidade do Estado do Rio de Janeiro. O autor agradece ao mestrando Francisco de Assis Viégas, da Faculdade de Direito da Uerj, por sua valorosa colaboração na pesquisa, discussão dos temas tratados e revisão do texto.

HUMBERTO THEODORO JÚNIOR
Professor Titular Aposentado da Faculdade de Direito da UFMG. Desembargador Aposentado do TJ-MG. Membro da Academia de Direito de Minas Gerais, do Instituto dos Advogados de Minas Gerais, do Instituto de Direito Comparado Luso-Brasileiro, do Instituto Brasileiro de Direito Processual, do Instituto Ibero-americano de Direito Processual e da Internacional Association of Procedural Law. Advogado.

IVES GANDRA DA SILVA MARTINS
Professor Emérito das Universidades Mackenzie, Unip, Unifieo, Unifmu, do Ciee/O Estado de São Paulo, das Escolas de Comando e Estado-Maior do Exército – Eceme, Superior de Guerra – ESG e da Magistratura do Tribunal Regional Federal – 1ª Região; Professor Honorário das Universidades Austral (Argentina), San Martin de Porres (Peru) e Vasili Goldis (Romênia); Doutor *Honoris Causa* das Universidades de Craiova (Romênia) e da PUC-Paraná, e Catedrático da Universidade do Minho (Portugal); Presidente do Conselho Superior de Direito da Fecomercio – SP; Fundador e Presidente Honorário do Centro de Extensão Universitária – CEU/ Instituto Internacional de Ciências Sociais – IICS.

JOSÉ RENATO NALINI
Desembargador aposentado do Tribunal de Justiça do Estado de São Paulo, do qual foi Corregedor Geral da Justiça – 2012/2013 e Presidente – 2014/2015.

LAILA NATAL MIGUEL
Bacharel em Direito pela Faculdade Nacional de Direito – UFRJ , Bolsista Faperj e advogada.

LEILA MARIANO
Desembargadora aposentada do Tribunal de Justiça do Estado do Rio de Janeiro. Mestre e Doutora em Direito pela Universidade Estácio Sá. Professora da Escola de Direito-FGV Rio.

LENIO LUIZ STRECK
Professor titular da Unisinos e Unesa. Doutor e Pós-Doutor em Direito. Ex-Procurador de Justiça – RS. Advogado

LEONARDO ANTONELLI
Advogado tributarista.

LUIS FELIPE SALOMÃO
Ministro do Superior Tribunal de Justiça.

LUÍS ROBERTO BARROSO
Ministro do Supremo Tribunal Federal. Professor Titular de Direito Constitucional da Universidade do Estado do Rio de Janeiro – Uerj. Mestre em Direito pela Universidade de Yale. Doutor e Livre-Docente pela Uerj. Professor Visitante na Universidade de Poitiers, França (2010). *Visiting Scholar* na Universidade de Harvard (2011).

LUIZ FUX
Ministro do Supremo Tribunal Federal. Ex-ministro do Superior Tribunal de Justiça. Titular de Processo Civil da Universidade do Estado do Rio de Janeiro – UERJ. Membro da Academia Brasileira de Letras Jurídicas. Membro da Academia Brasileira de Filosofia.

LUIZ ROLDÃO DE FREITAS GOMES FILHO
Desembargador do Tribunal de Justiça no Estado do Rio de Janeiro. Mestre em Direito.

MARCO AURÉLIO BEZERRA DE MELO
Desembargador do TJ-RJ, Mestre em Direito pela Unesa e Professor Adjunto da Emerj.

MARCUS ABRAHAM
Doutor em Direito Público – Uerj. Professor de Direito Financeiro e Tributário – Uerj e Desembargador Federal do Tribunal Regional Federal da 2ª Região.

MARIA EDUARDA DE OLIVEIRA BRASIL
Pós-graduanda pela Escola da Magistratura do Estado do Rio de Janeiro (Emerj). Bacharel em Direito pela Universidade do Estado do Rio de Janeiro (Uerj). Advogada.

MARIA STELLA GREGORI
Mestre em Direito das Relações Sociais pela PUC-SP. Professora Assistente Mestre em Direito do Consumidor da PUC-SP. Advogada.

MAURY ROUÈDE BERNARDES
Consultor Jurídico da Ademi RJ.

MELHIM CHALHUB
Advogado. Especialista em Direito Privado. Membro do Instituto dos Advogados Brasileiros, da Academia Brasileira de Direito Civil e da Academia Brasileira de Direito Registral Imobiliário. Autor dos livros *Direitos Reais* (RT), *Da Incorporação Imobiliária*, *Negócio Fiduciário*, *Alienação Fiduciária*, *Incorporação Imobiliária e Mercado de Capitais – Estudos e Pareceres* (Editora Renovar), entre outros.

MIGUEL REALE JÚNIOR
Bacharel em Direito pela Faculdade de Direito da Universidade de São Paulo. Concluiu o doutorado em Direito pela Universidade de São Paulo. Livre Docente pela mesma Faculdade. Professor Titular de Direito Penal no Departamento de Direito Penal, Medicina Forense e Criminologia da Faculdade de Direito da Universidade de São Paulo. Chefe do Departamento de Direito Penal da USP. Secretário de Segurança Pública do Estado de São Paulo no governo Franco Montoro. Presidente do Conselho Federal de Entorpecentes - COFEN , órgão ligado ao Ministério da Justiça (1987). Secretário estadual da Administração e Modernização do Serviço Público no governo Covas (1995). Membro da Comissão Elaboradora da Parte Geral do Código Penal e da Lei de Execução Penal, de 1980 a 1984. Presidente da Comissão de Diagnóstico do Sistema Criminal Brasileiro e da Comissão Elaboradora dos Anteprojetos de Lei modificativos da Parte Geral do Código Penal, bem como da Lei de Execução Penal (2000). Membro da Comissão de Estudos Constitucionais, presidida por Afonso Arinos, Assessor especial da Presidência da Assembleia Nacional Constituinte. Presidente da Comissão encarregada da análise da responsabilidade do Estado em face dos mortos e desaparecidos políticos durante o regime militar. Ministro da Justiça no governo Fernando Henrique Cardoso e Presidente da Associação dos Advogados de São Paulo. Autor de diversos livros de doutrina, coletânea de pareceres jurídicos e vários artigos em diversas revistas jurídicas brasileiras e estrangeiras. Membro da Academia Paulista de Letras (cadeira nº 2), bem como da Real Academia de Jurisprudencia y Legislacion.

NAGIB SLAIBI FILHO
Desembargador do Tribunal de Justiça no Estado do Rio de Janeiro. Professor da Emerj e da Universo.

NATHALIA CORREIA POMPEU
Doutora em Direito Comercial – PUC/SP. Mestre em Direito pela Faculdade Autônoma de Direito de São Paulo. Especialista em Direito Constitucional pela Universidade de Salamanca/Espanha. Especialista em Direito Tributário pela Pontifícia Universidade Católica de São Paulo. Especialista em Direito Civil e Processo Civil pela Universidade Católica Dom Bosco – Mato Grosso do Sul. Professora de ensino superior na graduação *lato senso*. Advogada de empresa multinacional e Professora de MBA e Pós-Graduação *lato sensu* FGV/RJ Rede Conveniada.

NELSON TOMAZ BRAGA
Desembargador aposentado do Tribunal Regional do Trabalho - Rio de Janeiro

PAULO DE TARSO VIEIRA SANSEVERINO
Ministro do Superior Tribunal de Justiça e Professor de Direito Civil. Mestre e Doutor pela Faculdade de Direito da Universidade Federal do Rio Grande do Sul. Autor dos livros *Responsabilidade Civil no Código do Consumidor e a Defesa do Fornecedor* (São Paulo: Saraiva, 2007, 2. ed.), *Contratos Nominados II* (São Paulo: Editora Revista dos Tribunais, 2005) e *Princípio da reparação integral – Indenização no Código Civil* (São Paulo: Saraiva, 2010), além de diversos artigos publicados em revistas jurídicas.

PAULO VALERIO DAL PAI MORAES
Procurador de Justiça do Estado do Rio Grande do Sul. Graduação em Ciências Jurídicas e Sociais pela Universidade Federal do Rio Grande do Sul (1985), especialização em Direito Processual Civil (1989) e mestrado em Direito do Estado pela Pontifícia Universidade Católica do Rio Grande do Sul (1997).

PLINIO LACERDA MARTINS
Doutorando em Direito pela UFF. Mestre em Direito pela UGF. Professor de Direito do Consumidor. Promotor de Justiça aposentado. ex-Presidente da MPCON.

POUL ERIK DYRLUND
Desembargador Federal do Tribunal Regional Federal da 2a Região. Professor de Direito.

RICARDO VILLAS-BOAS CUEVA
Faculdade de Direito da Universidade de São Paulo -Bacharel em Direito. Harvard Law School, Cambridge, Massachusetts, USA. Master of Laws (LL.M.) e International Tax Program . Johann Wolfgang Goethe Universität, Frankfurt am Main, Alemanha. Doutor em Direito

ROBERTO AUGUSTO CASTELLANOS PFEIFFER
Professor da Faculdade de Direito da Universidade de São Paulo – USP. Professor

convidado da Escola de Economia da Fundação Getulio Vargas – FGV. Doutor e Mestre pela USP. Procurador do Estado de São Paulo. Foi Diretor Executivo da Fundação Procon de São Paulo, Conselheiro do Conselho Administrativo de Defesa Econômica (Cade), Consultor Jurídico do Ministério da Justiça, Assessor de Ministro do Supremo Tribunal Federal e Presidente Nacional do Brasilcon.

SÉRGIO GUERRA
Pós-Doutor em Administração Pública. Doutor e Mestre em Direito. Professor Titular de Direito Administrativo; Vice-Diretor de Ensino, Pesquisa e Pós-Graduação e Coordenador do Mestrado em Direito da Regulação da FGV Direito Rio. Diretor Executivo da Revista de Direito Administrativo – RDA. Coordenador Geral do Curso Internacional Business Law da University of California – Irvine. Embaixador da Yale University, no Brasil, onde foi Visiting Researcher na Yale Law School (2014). Árbitro da Câmara FGV de Conciliação e Arbitragem e da Câmara de Arbitragem da Federação da Indústria do Paraná. Consultor jurídico da Comissão de Direito Administrativo da OAB/RJ.

SERGIO KUKINA
Ministro do Superior Tribunal de Justiça

STELLA DE SOUZA RIBEIRO DE ARAUJO
Graduanda em Direito pela Faculdade Nacional de Direito – UFRJ e Bolsista CNPq.

TERCIO SAMPAIO FERRAZ JUNIOR
Graduação em Filosofia Letras e Ciências Humanas pela Universidade de São Paulo (1964), graduação em Ciências Jurídicas e Sociais pela Universidade de São Paulo (1964), doutorado em Filosofia - Johannes Gutemberg Universitat de Mainz (1968) e doutorado em Direito pela Universidade de São Paulo (1970). Consultor da Coordenação de Aperfeiçoamento de Pessoal de Nível Superior, professor titular da Faculdade Autônoma de Direito, professor titular da Pontifícia Universidade Católica de São Paulo e professor aposentado da Universidade de São Paulo.

THIAGO BOTTINO
Pós-Doutor em Direito (Columbia Law School). Mestre e Doutor em Direito (PUC–Rio). Professor Adjunto na FGV Direito Rio e na Unirio. Membro da Comissão de Direito Penal do IAB, da Comissão de Estudos Penais da OAB/RJ e da Comissão de Direito Constitucional do Cfoab

WALTER JOSÉ FAIAD DE MOURA
Advogado, Professor de Direito Civil e Direito do Consumidor, Pós-Graduado e Mestre pelo ICPD-UniCEUB, Doutorando em Administração pelo PPGA-UnB.

SUMÁRIO DE ARTIGOS

SUMÁRIO DE AUTORES

TUTELA DE URGÊNCIA E (AUSÊNCIA DE) DISCRICIONARIEDADE JUDICIAL

Alexandre Freitas Câmara

SUMÁRIO: 1. Introdução. **2.** O Mito do Poder Discricionário de Conceder Tutela de Urgência. **3.** Da Inexistência de Discricionariedade Judicial. **4.** Conclusão: As Consequências da Desconstrução da Tese do Poder Discricionário de Conceder Tutela de Urgência.

1. Introdução

O exame da jurisprudência brasileira mostra que, com muita frequência, tem-se afirmado ser discricionário o poder do magistrado de conceder tutela de urgência. Isto, porém, é absolutamente incompatível com o Estado Democrático de Direito e com uma teoria do Direito que se pretende pós-positivista. O objetivo deste breve estudo é *desconstruir um mito*: o de que existiria um poder discricionário de conceder tutela de urgência. Afinal, o juiz não tem nem este nem *nenhum outro* poder discricionário. Discricionariedades são incompatíveis com o Direito – pelo menos com o Direito do Estado Democrático – e é preciso, para que se possa consolidar a Democracia, combater qualquer tipo de discricionariedade judicial.

Neste estudo, far-se-á em primeiro lugar uma demonstração da existência do *mito do poder discricionário de conceder tutela de urgência*, o que será realizado pelo exame de decisões judiciais em que isto se afirma expressamente. Em seguida, serão expostas as razões que levam a se considerar inadmissível qualquer discricionariedade judicial. Por fim, serão expostas as conclusões do trabalho.

2. O Mito do Poder Discricionário de Conceder Tutela de Urgência

Como dito, existe uma ideia bastante consolidada na prática forense brasileira de que a decisão sobre tutela de urgência (e não só ela, mas este estudo pretende limitar seu objeto, fazendo um corte que se presta a permitir que o leitor chegue, posteriormente, e por sua própria conta, às conclusões que considere adequadas) é baseada em um poder discricionário. Isto se vê expressamente afirmado em diversos pronunciamentos jurisdicionais. Veja-se, por exemplo, a decisão monocrática proferida pelo Ministro Sérgio Kukina, do Superior Tribunal de Justiça, no Agravo em Recurso Especial nº 664.770/CE, em que se afirmou expressamente que *no âmbito de sua discricionariedade, o Magistrado de piso, perfazendo uma cognição sumária própria desse momento processual, na qual se procura formular um juízo de intensa probabilidade e de verossimilhança que traga o convencimento de que o direito material alegado realmente exista, fundamentou de forma suficiente as razões de sua decisão.*

Na decisão monocrática proferida pelo Ministro Luís Felipe Salomão no julgamento do AREsp nº 662.757 se afirmou, textualmente, que *o deferimento da antecipação dos efeitos da tutela é ato discricionário do magistrado, cabendo-lhe o exame da existência de seus requisitos, diante das provas produzidas*. Já na decisão monocrática proferida pela Ministra Regina Helena Costa no AREsp nº 472.812 se afirmou que *a concessão da tutela antecipada se insere no poder discricionário que a lei confere ao julgador monocrático, quando presentes os requisitos legais, quais sejam, a plausibilidade das alegações iniciais, a prova inequívoca do direito pleiteado pelo autor e o fundado receio de dano irreparável ou de difícil reparação.*

No Tribunal de Justiça do Rio de Janeiro muitas decisões podem ser citadas à guisa de exemplo. No agravo de instrumento nº 0067573-65.2014.8.19.0000, por exemplo, de que foi relator o Desembargador Ferdinaldo do Nascimento, expressamente se afirmou que o *[d]eferimento da medida liminar [se] insere no poder discricionário que a lei confere ao julgador monocrático, não constituindo, a princípio, ato abusivo ou ilegal.* No mesmo sentido, a Desembargadora Maria Helena Martins decidiu, no agravo de instrumento nº 0052265-52.2015.8.19.0000 que *[a] decisão que defere ou não a liminar fica adstrita ao poder discricionário que a lei confere ao julgador monocrático, não constituindo, a princípio, ato abusivo ou ilegal, sendo certo que somente haverá de se cogitar de interferência da Instância Superior em caso de decisão teratológica, contrária à lei ou à prova dos autos.* O Desembargador Fernando Cerqueira, ao decidir o agravo de instrumento nº 0034659-11.2015.8.19.0000 afirmou que *[a] concessão ou o indeferimento da antecipação da tutela se insere no poder discricionário conferido por lei ao julgador monocrático, de modo que a sua reforma só se justifica se a decisão for teratológica ou manifestamente contrária à prova dos autos ou à lei.*

Vale registrar, aliás, que na súmula da jurisprudência predominante do Tribunal de Justiça do Estado do Rio de Janeiro há dois enunciados que foram estabelecidos exatamente a partir da premissa de que o juiz teria o poder discricionário de decidir sobre tutela de urgência: o enunciado nº 58 (*Somente se reforma a concessão ou indeferimento de liminar, se teratológica, contrária à Lei ou à evidente prova dos autos*) e o nº 59 (*Somente se reforma a decisão concessiva ou não da antecipação de tutela, se teratológica, contrária à Lei ou à evidente prova dos autos*).

Muitas outras decisões poderiam ser aqui trazidas à colação. Isto, porém, só alongaria desnecessariamente o texto. O que se pretendia já se conseguiu: demonstrar que existe uma ideia, bastante generalizada, e ainda atual, de que o juiz tem o poder discricionário de decidir se concede ou não tutela de urgência.

3. Da Inexistência de Discricionariedade Judicial

Vive-se o tempo do pós-positivismo no Direito. E uma das marcas características do pós-positivismo é precisamente a negação de qualquer possibilidade de decisões judiciais discricionárias. Como afirma com absoluta propriedade Lenio Streck[1]:

> É preciso ressaltar que só pode ser chamada de pós-positivista uma teoria do direito que tenha, efetivamente, superado o positivismo. Parece óbvio reforçar isso. *A superação do positivismo implica enfrentamento do problema da discricionariedade judicial* ou, também poderíamos falar, no enfrentamento do solipsismo da razão prática. Implica, também, assumir uma tese de descontinuidade com relação ao conceito de princípio. Ou seja, no pós-positivismo, os princípios não podem mais serem tratados no sentido dos velhos princípios gerais do direito nem como cláusulas de abertura.

É que a discricionariedade judicial é uma característica de todas as concepções positivistas do Direito. Sendo desnecessário examinar nesta sede todos os diferentes positivismos, basta mostrar o que, sobre o ponto, afirmou o mais importante juspositivista do século XX, Hans Kelsen[2]:

> Se por "interpretação" se entende a fixação por via cognoscitiva do sentido do objeto a interpretar, o resultado de uma interpretação jurídica somente pode ser a fixação da moldura que representa o Direito a interpretar e, consequentemente, o conhecimento das várias possibilidades que dentro desta moldura existem. Sendo assim, a interpretação de uma lei não deve necessariamente conduzir a uma única solução como sendo a única correta, mas possivelmente a várias soluções que – na medida em que apenas sejam aferidas pela lei a aplicar – têm igual valor, se bem que apenas uma delas se torne Direito positivo no ato do órgão aplicador do Direito – no ato do tribunal, especialmente. Dizer que uma sentença judicial é fundada na lei, não significa, na verdade, que ela é *a* norma individual, mas apenas que é *uma* das normas individuais que podem ser produzidas dentro da moldura da norma geral.

Perceba-se, assim, que em uma visão positivista do Direito, é perfeitamente possível conceber-se que, diante de uma situação concreta,

---

1 STRECK, Lenio Luiz. Decisão jurídica em tempos pós-positivistas. In: *Direitos Fundamentais & Justiça*, n. 12, jul./set. 2010, p. 268.

2 KELSEN, Hans. *Teoria pura do direito*. Tradução bras. de João Baptista Machado. 6. ed. São Paulo: Martins Fontes, 3. tir., 1999, p. 247.

o juiz considere ter diante de si *duas ou mais soluções, todas juridicamente legítimas*, cabendo-lhe escolher uma delas. E decidir seria escolher entre essas soluções. Afinal, discricionariedade é exatamente isso: a possibilidade de optar entre duas ou mais soluções, todas juridicamente legítimas. É que, como afirma José dos Santos Carvalho Filho, poder discricionário é *a prerrogativa [de eleger], entre várias condutas possíveis, a que traduz maior conveniência e oportunidade para o interesse público*[3].

Assim sendo, afirmar que o poder do juiz de decidir sobre a concessão de tutela de urgência é discricionário é o mesmo que dizer que, em um dado caso concreto, seriam legítimas ambas as decisões: a que defere e a que indefere a tutela de urgência.

Dito de outro modo, admitir a existência de discricionariedade judicial é o mesmo que admitir que para o Direito é legítima a existência de *indiferenças jurídicas*. Quer-se com isto dizer que seria *indiferente* para o Direito se, em um certo caso concreto, a parte vai obter ou não a tutela de urgência, já que ambas as decisões seriam *juridicamente legítimas*.

A mais autorizada doutrina brasileira rejeita a existência de poderes discricionários do juiz. A respeito do assunto existe um ensaio, que se tornou clássico, publicado há quase duas décadas pela Professora Teresa Arruda Alvim Wambier, onde se lê que *o Juiz nunca tem diante de si vários caminhos dentre os quais pode,* indiferentemente, *escolher um, sendo, todos, juridicamente lícitos e "queridos" pela norma, embora uns possam ser "melhores" que outros. Para o Magistrado há uma solução, que há de ser tida como a correta: a desejada pelo legislador e "determinada" pela norma, ainda que o caminho para que se chegue até ela não seja dos mais fáceis*[4].

O juiz, é certo, muitas vezes é chamado a interpretar normas que fazem alusão, na determinação da *fattispecie* sobre a qual visam a in-

---

3 CARVALHO FILHO, José dos Santos. *Manual de direito administrativo*. 27. ed. São Paulo: Atlas, 2014, p. 51.

4 WAMBIER, Teresa Arruda Alvim. Existe a "discricionariedade" judicial. In: *Revista de Processo*, v. 70, São Paulo, RT, 1993, p. 234.

cidir, a conceitos juridicamente indeterminados, o que leva a que se reconheça algum subjetivismo na atividade do magistrado. Tal "liberdade", porém, está na determinação da presença ou não da *fattispecie*, e não na escolha de uma dentre várias possíveis consequências da mesma. Pois é exatamente em razão disso que Eros Roberto Grau, em uma de suas mais relevantes obras, nega a existência de discricionariedade judicial[5]:

> De minha exposição resulta nitidamente evidenciado que nego a possibilidade de o intérprete autêntico produzir normas *livremente*, no exercício de *discricionariedade*.
> Todo intérprete autêntico estará sempre vinculado pelos textos de direito, em especial pelos que veiculam *princípios*, que interprete.
> A "abertura" dos *textos de direito*, embora suficiente para permitir permaneça o direito a serviço da realidade – e, aí, a necessidade do uso, profuso, neles, de "conceitos indeterminados, imprecisos, vagos, elásticos, fluidos" –, não é absoluta. Qualquer intérprete estará, sempre, permanentemente por eles atado, retido. Do rompimento dessa retenção pelo intérprete autêntico resultará a subversão do *texto*.
> Além disso, outra razão, maior, nos impele a repudiar o entendimento de que o intérprete autêntico atua no campo de uma certa "discricionariedade". Essa razão repousa sobre a circunstância de ao intérprete autêntico não estar atribuída a formulação de *juízos de oportunidade*, porém, exclusivamente, de *juízos de legalidade*. Ainda que não seja o juiz, meramente, a "boca que pronuncia as palavras da lei", sua *função – dever-poder* – está contida nos lindes da *legalidade* (e da *constitucionalidade*). Interpretar o direito é formular *juízos de legalidade*. A discricionariedade – não será demasiado esta repetição – é exercitada em campo onde se formulam *juízos de oportunidade*, exclusivamente, porém, quando uma norma jurídica tenha atribuído à autoridade pública sua formulação.
> O que se tem erroneamente denominado de *discricionariedade judicial* é poder de criação de *norma jurídica* que o intérprete autêntico exercita formulando *juízos de legalidade* (não de *oportunidade*). A distinção entre ambos esses juízos – repito-o, ainda – encontra-se em que o *juízo de oportunidade* comporta uma opção entre *indiferentes jurídicos*, procedida *subjetivamente* pelo agente; o *juízo de legalidade* é atuação, embora desenvolvida no campo da *prudência*, que o intérprete autêntico desenvolve atado, retido, pelo *texto*.

5 GRAU, Eros Roberto. *O direito posto e o direito pressuposto*. São Paulo: Malheiros, 1996, p. 155-156.

Deste modo, a única conclusão a que se pode chegar é que o uso do verbo *poder* no texto de um dispositivo de lei processual que trate da atuação do juiz não confere a este nem uma faculdade nem a possibilidade de um agir discricionário (como se tinha, por exemplo, no art. 273 do CPC de 1973). O que se tem, ali, é a atribuição, ao juiz, de um poder-dever (vinculado à legalidade, empregado este vocábulo em sentido amplo), não podendo o juiz deixar de dar cumprimento à norma se estão presentes seus pressupostos. Não há, ali (ou em qualquer outro espaço do Direito), discricionariedade.

Como ensina Streck[6]:

> É nesse sentido que proponho a resistência através da hermenêutica, apostando na Constituição (direito produzido democraticamente) como instância da autonomia do direito para limitar a transformação das relações jurídico-institucionais em um constante estado de exceção. Disso tudo é possível dizer que, tanto o velo discricionarismo positivista, quanto o pragmatismo fundado no declínio do direito, têm algo em comum: o déficit democrático. Isto porque, se a grande conquista do século XX foi o alcance de um direito transformador das relações sociais, será (é?) um retrocesso reforçar/acentuar formas de exercício de poder fundados na possibilidade de atribuição de sentidos de forma discricionária, que leva, inexoravelmente, a arbitrariedades, soçobrando, com isso, a própria Constituição. Ou seja, se a autonomia do direito aposta na determinabilidade dos sentidos como uma das condições para a garantia da própria democracia e de seu futuro, as posturas axiologistas e pragmatistas – assim como os diversos positivismos *stricto sensu* – apostam na indeterminabilidade. E por tais caminhos e condicionantes que passa a tese da resposta correta em direito.
>
> Numa palavra, a superação do positivismo implica a incompatibilidade da hermenêutica com a tese das múltiplas ou variadas respostas. Afinal, a possibilidade da existência de mais de uma resposta coloca essa "escolha" no âmbito da discricionariedade judicial, o que é antitético ao Estado Democrático de Direito. Ou seja, a partir da hermenêutica filosófica e de uma crítica hermenêutica ao direito, é perfeitamente possível alcançar uma resposta hermeneuticamente adequada à Constituição ou, se se quiser, uma resposta constitucionalmente adequada – *espécie de resposta hermeneuticamente correta* – a partir do exame de cada caso.

---

6 STRECK, Lenio Luiz. Aplicar a 'letra da lei' é uma atitude positivista? In: *Revista NEJ – Eletrônica*, v. 15, n. 1, jan./abr. 2010, p. 165.

Impende, então, reconhecer que, no Estado Democrático de Direito, existe uma resposta correta para cada caso submetido ao Judiciário[7]. E por resposta correta se deve entender a "resposta constitucionalmente adequada"[8]. Ora, se há uma resposta correta para cada caso, não se pode ter por indiferente a solução do caso e, pois, não se pode admitir a existência de discricionariedade.

Dito de outro modo: para cada caso concreto que é trazido ao Judiciário se deve construir – de forma comparticipativa, através de um processo que se desenvolve em contraditório pleno e efetivo – uma decisão que será a constitucionalmente adequada para aquele caso[9]. E esta resposta não é *indiferente*. Não existe, para o Direito, *indiferença* entre conceder ou não a tutela de urgência. Presentes os requisitos de sua concessão, a tutela de urgência *tem de ser deferida*. Ausentes seus requisitos, a tutela de urgência *não pode ser deferida*. Em cada caso concreto, apenas uma dessas decisões será a resposta correta. Não há, aí, pois, qualquer discricionariedade. Cite-se mais uma vez o que leciona Abboud:

> Se é possível apontar o desacerto, necessariamente, há o correto. É uma questão de dualismo. Quando for possível apontar qual decisão é juridi-

---

7 Sobre o tema, por todos, DWORKIN, Ronald. Não existe mesmo nenhuma resposta certa em casos controversos? In: DWORKIN, Ronald. *Uma questão de princípio*. Tradução bras. de Luís Carlos Borges. São Paulo: Martins Fontes, 2001, p. 175 e ss.

8 A respeito da resposta correta como resposta constitucionalmente adequada, confira-se ABBOUD, Georges. *Discricionariedade administrativa e judicial*. 1. ed. eletrônica. São Paulo: RT, Introdução, onde se lê que *a Administração e o Judiciário devem oferecer ao cidadão a resposta correta para a decisão de sua questão jurídica, além de privilegiar a posição do cidadão e de seus direitos, resgata caráter crítico da própria teoria do direito. A referida resposta correta somente exsurge diante da especificidade do caso concreto, por consequência, no Estado Constitucional, ela deve ser vislumbrada como a resposta constitucionalmente adequada para o deslinde da demanda.*

9 Sobre a construção comparticipativa da decisão, consulte-se NUNES, Dierle José Coelho. *Comparticipação e policentrismo:* horizontes para a democratização processual civil. Belo Horizonte: tese, 2008, *passim*.

camente equivocada, consequentemente, pode-se indicar qual a decisão correta, sempre para o caso concreto, obviamente[10].

Diante de tudo isso, a conclusão a que se chega é que, em cada caso concreto, caberá ao juiz verificar se estão ou não presentes os requisitos para a concessão da tutela de urgência. Presentes tais requisitos, fica ele *obrigado* a conceder a medida. Faltando algum dos requisitos, fica o juiz *impedido* de deferir a medida urgente. Não existe, pois, qualquer discricionariedade na concessão, pois não haverá, em hipótese alguma, duas ou mais opções legítimas postas diante do magistrado para que este escolha por critérios de conveniência e oportunidade. O que há, em cada caso, é *uma decisão correta.*

4. Conclusão: As Consequências da Desconstrução da Tese do Poder Discricionário de Conceder Tutela de Urgência

A tese aqui combatida, de que existiria um poder discricionário do juiz de decidir sobre tutela de urgência, se acolhida, produziria consequências nefastas para o Direito (e que, lamentavelmente, têm sido vistas na prática forense). É disso que se quer tratar agora.

Caso se admita como verdadeira a ideia de que o juiz decidiria discricionariamente ao prover sobre um requerimento de tutela de urgência, então se teria de considerar que haveria, diante de tal postulação, sempre duas possibilidades, ambas *juridicamente legítimas*: deferir ou indeferir a medida.

Ora, se é assim, o controle de tal decisão por meio de recurso se torna virtualmente impossível. É que, como sabido, o pressuposto da reforma de uma decisão judicial por meio de recurso é que esteja ela *errada*.

É entendimento assente na doutrina do Direito Processual Civil que o recurso produz a reforma da decisão impugnada quando se identifica um *error in iudicando*, isto é, um erro de julgamento. Sobre o

10 ABBOUD. Op. loc. cit.

tema, já tive oportunidade de me manifestar em outra sede, nos seguintes termos[11]:

> O recurso produz a *reforma* da decisão impugnada nos casos em que ocorre um *error in iudicando* (expressão latina tradicionalmente empregada para designar o "erro de julgamento"). Este se define como o *equívoco na conclusão da decisão recorrida*. Em outras palavras, ocorre *error in iudicando* quando a decisão recorrida tenha adotado conclusão errada. Pense-se na decisão que condenou o réu a cumprir obrigação que não era verdadeiramente devida; na decisão que anulou contrato que não tinha qualquer vício; na decisão que declarou a falsidade de um documento que é autêntico (ou vice-versa); no pronunciamento que afirmou ser o réu pai do autor quando essa paternidade não existe; na sentença que pronuncia uma prescrição que na verdade não se consumou etc. Em todos esses casos, a decisão adotou conclusão equivocada e, portanto, terá ela sido proferida com *error in iudicando*.

Eis aí o problema: se só se pode reformar uma decisão *errada*, e se tanto é legítima a decisão que defere como a que indefere a tutela de urgência (já que ambas seriam soluções legítimas em razão do "poder discricionário do magistrado"), então o Tribunal não poderia reformar a decisão.

Curiosa, como se vê, a situação do Tribunal: caso não concorde com a solução dada pelo juízo de primeiro grau, teria de pronunciar-se em termos que seriam aproximadamente os seguintes: *Este tribunal provavelmente teria decidido de forma diferente; possivelmente até de forma oposta; mas como a decisão do juízo* a quo *era legítima, não se podendo afirmar que esteja errada, nega-se provimento ao recurso.*

Pois é exatamente isto o que se tem visto, por exemplo, nos pronunciamentos que têm sido proferidos com apoio nos já citados enunciados 58 e 59 da súmula de jurisprudência dominante do TJ-RJ. Ora, se só se reforma a decisão que é *teratológica ou contrária à lei ou à prova dos autos*, então muito pouco se controla. Uma vez mais, valho-me das palavras de Georges Abboud: *Se o direito servir apenas para*

11 CÂMARA, Alexandre Freitas. *O novo processo civil brasileiro*. São Paulo: Atlas, 2015, p. 490.

apontar teratologia ou bizarrice, o direito, então, não servirá para quase nada[12].

Parece evidente que esse resultado é incompatível com as conquistas do Estado Democrático de Direito. Admitir decisões discricionárias é admitir que o juiz pratique atos "não jurídicos". Como afirma Zagrebelsky, *no campo do "não jurídico", é dizer, da arbitrariedade (ou "discricionariedade") e [decisões] políticas que não competem aos juízes. É com base neste postulado que pode falar-se de deslocamento de poder político, ou de apropriação indevida de poder de um legislador por parte do juiz*[13].

Ao reconhecer um poder discricionário que não têm, e decidir fazendo escolhas se concedem ou não tutela de urgência (ou, insista-se, qualquer outra matéria), juízes acabam por usurpar um papel que não lhes cabe em um Estado Constitucional que se ampara na ideia de separação de funções (art. 2º da Constituição da República de 1988): o de legisladores. Afinal, se é discricionário conceder ou não a tutela de urgência, então é legítimo que pessoas em situações idênticas, tendo seus casos submetidos a juízes diferentes, obtenham respostas diferentes, uma vendo ser deferida – e a outra indeferida – a tutela de urgência que tenham requerido. Mas se assim é, então não se pode mais afirmar que elas sejam *iguais perante a lei* (art. 5º, *caput*, da Constituição da República), pois terá havido a criação de normas jurídicas diferentes para situações idênticas, violando-se a exigência de tratamento igualitário para situações iguais (*to treat like cases alike*) que resulta do princípio constitucional da isonomia[14].

---

12 ABBOUD. Op. loc. cit.

13 ZAGREBELSKY, Gustavo. El juez constitucional en el siglo XXI. In: *Revista Iberoamericana de derecho procesal constitucional*, n. 10, jul./dez. 2008, p. 251 (tradução livre). No original: *En el campo de lo "no jurídico", es decir, de la arbitrariedad (o "discrecionalidad") y [decisiones] políticas que no competen a los jueces. Es con base en este postulado que puede hablarse de desplazamiento de poder político, o de apropiación indebida de poder de un legislador por parte del juez.*

14 Como ensina Alexander Somek, *[de acordo] com a Grundrechtsdogmatik alemã dominante, o direito a tratamento igualitário [não] é suscetível de ponderação.*

É preciso, então, desconstruir-se o mito. Decidir sobre tutela de urgência não é decidir discricionariamente. Cabe ao juiz verificar se os requisitos da concessão da medida urgente estão presentes ou não. Presentes que estejam, a medida deverá ser concedida. Ausentes, terá de ser indeferida. E em grau de recurso esta decisão será submetida a controle, devendo ser reformada se estiver errada.

Ele protege de forma absoluta exigindo que casos iguais sejam tratados igualmente. Confira-se, então, SOMEK, Alexander. Equality as reasonableness. Constitutional normativity in demise. In: *University of Iowa Legal Studies Research Paper*, n. 05-33, dez. 2005, p. 7, nota de rodapé n. 28 (tradução livre). No original: *[according] to mainstream German Grundrechtsdogmatik the right to equal treatment [is not] susceptible to balancing. It protects absolutely by requiring to treat like cases alike.*

PROTAGONISMO JUDICIAL NA RESPONSABILIDADE CIVIL

REFLEXÕES INICIAIS SOBRE PREVISIBILIDADE E ISONOMIA NO JULGAMENTO DAS AÇÕES INDENIZATÓRIAS

Anderson Schreiber

SUMÁRIO: 1. Responsabilidade Civil: um Direito de Juízes? **2.** Incerteza e Responsabilidade Civil: a Chamada "Loteria das Indenizações". Protagonismo Judicial e a Questão da Isonomia. **3.** Paternalismo Exacerbado e Decisões *Robinhoodianas*. A Questão da Justiça Distributiva. Funções da Responsabilidade Civil. **4.** Pensando a Responsabilidade Civil como Sistema: A Proposta dos Seguros de Responsabilidade Civil. **5.** Reparação Não Pecuniária dos Danos Morais. Imposição de Obrigações de Fazer. Um Novo Papel do Poder Judiciário: Administrador do Conflito? **6.** Conclusão.

1. Responsabilidade Civil: um Direito de Juízes?

A Responsabilidade Civil sempre foi um setor do Direito Civil muito identificado com as construções jurisprudenciais. Tal característica é normalmente associada ao fato de que se trata do setor com o menor número de normas em nossa codificação civil: se comparado, por exemplo, ao Direito das Obrigações ou ao Direito das Sucessões, que contam com algo em torno de duzentos artigos, ou, ainda, ao Direito dos Contratos, disciplinado em mais de quatrocentos dispositivos legais, o Título do Código Civil dedicado à Responsabilidade Civil possui menos de quarenta artigos. Além disso, muitas de suas normas trazem enunciados abertos, que se afastam da técnica regulamentar tão típica das codificações.

Na Responsabilidade Civil, há um número amplo de cláusulas gerais e conceitos jurídicos abertos que convidam os intérpretes – e, dentre eles, naturalmente, o magistrado – à concretização da norma jurídica, evidenciando, de forma mais perceptível que em outros campos, a unicidade entre interpretação e aplicação do Direito[1]. Como destaca Pietro Perlingieri, o papel do intérprete se transforma radicalmente: deixa de ser *la bouche de la loi* (a boca da lei) para passar a exercer uma atividade essencialmente:

> Criadora, no sentido de que manifesta historicamente os valores do ordenamento, individua a normativa idônea, constitui um precedente doutrinal e jurisprudencial com uma sua autoridade ou um seu peso nas elaborações sucessivas da jurisprudência e da ciência; julga a compatibilidade da norma ao caso concreto[2].

Diante da relativa escassez numérica e da inegável amplitude semântica dos enunciados normativos que guiam a Responsabilidade Civil, a jurisprudência surge como autêntico oráculo, a desvendar o sentido e o alcance das regras abertas da responsabilização. Para preencher, por exemplo, o conteúdo de expressões como "negligência", "imprudência" ou "omissão voluntária" (art. 186), recorre-se mais à jurisprudência do que ao tecido normativo. Os precedentes judiciais representam o grande manancial para a busca da resposta ao *quid juris* no campo da Responsabilidade Civil.

Acrescente-se a isso o fato de que os manuais de Responsabilidade Civil mais lidos no Brasil são obras escritas por magistrados[3]. Tal fator acentua, entre nós, a visão eminentemente prática do instituto, reforçando a abertura interpretativa das normas pertinentes a esse setor do Direito Civil e atribuindo à experiência das Cortes (o chamado *diritto*

1 Tome-se como exemplos marcantes na nossa codificação civil o art. 186, que define o ato ilícito, ou o art. 187, que trata do exercício ilegítimo ou abusivo de um direito, ou, ainda, o parágrafo único do art. 927, que consagra a cláusula geral de responsabilidade objetiva por atividades de risco.

2 PERLINGIERI, Pietro. *Perfis do direito civil.* Trad. Maria Cristina de Cicco, Rio de Janeiro: Renovar, 1999, p. 81.

3 Confira-se, por sua importância e qualidade, o *Programa de responsabilidade civil*, de Sergio Cavalieri, e o volume 4 da obra *Direito civil brasileiro*, de Carlos Roberto Gonçalves.

vivente) a função que, noutras áreas, é exercida com exclusividade pela reflexão estritamente doutrinária, de caráter mais geral e abstrato. Em outras palavras: diante de normas abertas e manuais de forte viés prático, a jurisprudência acaba deixando de ser apenas um dos três pilares da aplicação do Direito – para usar uma imagem tradicional – e assume, não raro, o papel de lei e doutrina da Responsabilidade Civil.

Daí a frequente afirmação de que a Responsabilidade Civil é um "direito de juízes". Tal característica não se pode dizer em si mesma positiva ou negativa. Tem, isso sim, consequências que precisam ser compreendidas e examinadas.

2. Incerteza e Responsabilidade Civil: a chamada "Loteria das Indenizações". Protagonismo Judicial e a Questão da Isonomia

Não é raro que, diante de um conflito concreto, o jurisdicionado não consiga antever o resultado da sua pretensão reparatória. Muitas vezes, o advogado não saberá dizer ao seu cliente se tem direito a obter do réu a reparação ao dano que sofreu. Os conceitos em torno dos quais gravita o juízo de responsabilização (culpa, nexo de causalidade e dano) já seriam por si só um tanto abertos, mas a isso acrescenta-se um número amplo de teorias e construções que, se, por um lado, contribuem para um resultado "justo", acentuam, por outro, a incerteza em torno do desfecho das demandas reparatórias.

À luz do nosso tecido normativo, não é tarefa fácil saber se um caso concreto será enquadrado no âmbito da responsabilidade subjetiva ou da responsabilidade objetiva (qual ou quais critérios devem ser utilizados para a qualificação de uma atividade como "atividade de risco" para fins de aplicação do parágrafo único do art. 927?), se há ou não há culpa na conduta do réu (qual o cuidado devido?), se há ou não defeito do produto ou serviço (qual a "segurança esperada"?), se há ou não nexo causal (qual teoria da causalidade deve ser utilizada?), se há ou não alguma excludente de causalidade (pode haver fortuito, mas interno ou externo?), se há ou não dano indenizável (qual o interesse juridicamente merecedor de tutela que restou lesado?).

Mesmo nas raras hipóteses em que as respostas a todas essas indagações podem ser antevistas pelo advogado, ao cliente poderá ser dada certeza da existência de dever de reparar (*an debeatur*), mas dificilmente um profissional responsável se arriscaria a tecer previsões sobre o *quantum debeatur*. A legislação não traz qualquer parâmetro para a quantificação das indenizações devidas, limitando-se a afirmar que *a indenização mede-se pela extensão do dano* (art. 944, *caput*), dispositivo que não só encontra exceções na própria codificação (art. 928, parágrafo único, art. 944, parágrafo único, etc.), como também é contestado por aqueles que, na esteira da experiência dos *punitive damages* da *common law*, defendem os chamados "danos punitivos" (*rectius*: indenização punitiva).

A variação do valor das indenizações é tão ampla que, em muitos países, tem-se discutido o tema, com propostas que vão do tabelamento das indenizações à sua abolição. Na maior parte do mundo, todavia, continua-se a viver o que Patrick Atiyah denominou "loteria das indenizações"[4], com valores que variam conforme a sensibilidade pessoal dos magistrados aos fatos que ensejaram o pedido indenizatório. Aqui, embora faltem dados estatísticos no Brasil, é possível que, como acontece em outros países, desempenhe algum papel o próprio perfil socioeconômico da magistratura nacional, não sendo raro, entre nós, que fatos de menor efeito lesivo, como extravio de bagagens ou falhas em serviços de telefonia celular ou de TV a cabo, resultem em indenizações mais elevadas (com direito ao uso de expressões de genuína indignação e revolta nas decisões judiciais) que aquelas arbitradas em outras hipóteses, como inscrição indevida nos serviços de proteção ao crédito ou cobrança constrangedora de dívidas – hipóteses que, embora mais danosas, não representam problemas atinentes ao cotidiano da fatia da população brasileira da qual emerge a ampla maioria dos magistrados.

A extensa variação do valor das indenizações, mesmo em situações fáticas semelhantes, poderia encontrar justificativa nas condições pessoais da vítima, ou seja, na repercussão daquela lesão específica

---

4 ATIYAH, Patrick. *The damages lottery*. Oxford: Hart Publishing, 1997.

sobre uma pessoa humana em particular. Com efeito, como destaca Perlingieri, *especial será o dano ao ouvido de um esportista ainda que não profissional que ama nadar ou para quem se dileta a ouvir música; assim como será especial o dano na perna de quem mora em um dos últimos andares de um edifício sem elevador*[5]. O que se nota, todavia, na nossa jurisprudência é que a variação do valor das indenizações não se dá com base na pessoal repercussão do dano sobre a vítima, mas sim em função de diferentes percepções pessoais dos magistrados acerca da gravidade do dano. A fundamentação das decisões judiciais no tocante à quantificação das indenizações é normalmente sintética, quase lacônica, limitando-se quase sempre a considerações gerais sobre a gravidade daquele tipo de dano em geral, ao que se acrescenta, de quando em quando, referências isoladas a casos pregressos daquele próprio órgão julgador.

A imprevisibilidade das indenizações e, mais que isso, do próprio juízo de responsabilização (*an debeatur*) revela que a atuação da jurisprudência no campo da Responsabilidade Civil não traz a segurança jurídica que poderia ser esperada por aqueles que buscam nos precedentes judiciais as regras específicas que não são encontradas em uma legislação baseada em cláusulas gerais e outros enunciados normativos abertos. O anseio por regras fechadas que possam assegurar, de modo quase matemático, o prognóstico do caso concreto não encontra amparo na maior parte da jurisprudência, que, de modo geral, não hesita em se valer de fundamentações distintas – muitas vezes, inconciliáveis sob o prisma científico – para alcançar a solução que lhe pareça mais "justa" na hipótese em exame. O próprio Superior Tribunal de Justiça, Corte que teria a vocação de assegurar a uniformidade na interpretação do Código Civil brasileiro, tem, com algumas pontuais exceções, evitado adentrar os tormentosos meandros das decisões reparatórias, ao argumento de que a Súmula nº 7 impede o reexame da prova dos fatos, aos quais o juízo de responsabilização estaria irremediavelmente ligado[6].

5 PERLINGIERI, Pietro, op. cit., p. 174.

6 STJ, Súmula nº 7: *A pretensão de simples reexame de prova não enseja Recurso Especial.*

Em matéria de Responsabilidade Civil, estamos distantes, portanto, dos perigos inerentes a um "positivismo da jurisprudência". Muito ao contrário, o que se vê é uma atuação bastante livre das nossas cortes judiciais que, ao julgar uma ação indenizatória, exprimem pouca ou nenhuma preocupação sistêmica, guiadas que são pelo exclusivo propósito de realizar a justiça no caso concreto. Tal abordagem, embora nobre em sua inspiração, atrai, como efeito necessário, uma discussão bem mais relevante que a discussão acerca da segurança jurídica – eis que nem a produção legislativa mais regulamentar e a postura judicial mais dócil ao comando legislativo talvez fossem capazes de garantir segurança e previsibilidade em um campo tão sujeito a novas situações da vida como a Responsabilidade Civil, bastando para tanto pensar nas numerosas ações indenizatórias que vêm sendo propostas, Brasil afora, com base em danos sofridos a partir de comentários de usuários em redes sociais ou em vídeos postados na internet, hipóteses que o Poder Legislativo não poderia ter previsto anos atrás e que até hoje não se mostrou capaz ou disposto a disciplinar com detalhamento.

A discussão realmente relevante não se centra, portanto, sobre uma eventual falta de segurança jurídica em si – pois a própria segurança jurídica talvez represente um mito inalcançável em matéria de Responsabilidade Civil –, mas sobre a falta de uniformidade ou, mais precisamente, a falta de isonomia no julgamento dos casos concretos, o que, ao fim e ao cabo, representa um déficit de justiça. Com efeito, o que se vê da verdadeira colcha de retalhos em que consiste o conjunto de precedentes relativos à Responsabilidade Civil brasileira é que o protagonismo judicial cede, por vezes, passagem ao paternalismo exacerbado, a uma aplicação quase *robinhoodiana* das normas gerais da codificação civil, guiada mais pelo "sentimento de justiça" de cada magistrado do que pela preocupação de coerência e isonomia nas decisões judiciais.

3. Paternalismo Exacerbado e Decisões *Robinhoodianas*. A Questão da Justiça Distributiva. Funções da Responsabilidade Civil

O legítimo anseio de amparar as vítimas dos danos acaba, por vezes, a conduzir o Poder Judiciário brasileiro a se valer das ações de indenização para fins que vão muito além daqueles para os quais o instrumento foi pensado inicialmente[7]. Ante a constatação de que a vítima de um dano que seria tido como puramente casual não contará com os recursos necessários para aplacar o mal sofrido com a tragédia e não contará com uma assistência pública adequada, como é notório em nosso país, os tribunais brasileiros cedem, por vezes, à tentação de estabelecer um liame qualquer entre a lesão sofrida e a atividade de alguma entidade impessoal (especialmente sociedades empresárias ou o próprio Estado) capaz de suportar aquele ônus, no afã de evitar que a vítima permaneça em situação de desamparo.

Exemplo emblemático encontra-se no chamado "caso do escorrega", decidido pelo Superior Tribunal de Justiça em 2001[8]. A controvérsia envolvia um rapaz que viajou para Serra Negra, em São Paulo, hospedando-se em um hotel fazenda. Durante a madrugada, após confraternizar com amigos, dirigiu-se à área da piscina, subiu em um escorrega e mergulhou do topo do aparato para dentro da piscina. A piscina, não obstante a presença do escorrega, não era suficientemente profunda para acolher um mergulho daquela altura, tendo o rapaz, por força do salto, chocado a cabeça contra o fundo da piscina, em um acidente que lhe provocou seríssimos danos à saúde. Sem prejuízo da consternação que o episódio desperta, um caso assim seria tradicionalmente resolvido com a constatação de que a causa dos danos sofridos pela vítima fora a sua própria conduta – a chamada culpa exclusiva da vítima (ou, em rigor técnico, fato exclusivo da vítima, que dá ensejo ao rompimento da relação de causalidade). Entretanto, o Tribunal de Justiça de São Paulo entendeu que a responsabilidade pelos danos pertencia integralmente ao hotel e à agência de turismo que o indicara[9]. E

7 É a lição que tem sido repetida por Stefano Rodotà, autor do célebre *Il problema della responsabilità civile*, Milão: Dott. A. Giuffrè, 1967.

8 Superior Tribunal de Justiça, Recurso Especial 287.849/SP, 17.4.2001, Rel. Min. Ruy Rosado de Aguiar Jr.

9 Declarou o Tribunal de Justiça de São Paulo no acórdão recorrido: *Aliás, mesmo que fosse o caso, nem de culpa concorrente poder-se-ia cogitar diante da ausência total de comunicação sobre a profundidade da piscina, que tinha seu acesso livre e apresentava iluminação precária. Tanto há responsabilidade*

o Superior Tribunal de Justiça manteve parcialmente a decisão, apenas reduzindo o dever de indenizar com base em uma suposta "culpa concorrente" entre os envolvidos[10].

Trata-se, a toda evidência, do emprego da Responsabilidade Civil para atender a fins que não se identificam mais com a justiça retributiva, que marcava a concepção original do instituto, mas melhor se enquadram no âmbito da justiça distributiva. As necessidades da vítima afloram em ações indenizatórias, assumindo, muitas vezes, maior importância aos olhos do Poder Judiciário que a configuração da relação de causalidade. A notória insuficiência na prestação de assistência pública influencia, como não poderia deixar de ser, o julgador, "convencendo-o" frequentemente da necessidade de assegurar à vítima alguma indenização, de modo a atenuar o dano e seus efeitos exacerbados pela realidade social brasileira. Assim, não é raro que o juiz, comprometido por dever funcional apenas com a solução do caso concreto, sensibilize-se com o drama humano e acabe por alargar conceitos técnicos para concluir que há dever de indenizar a vítima. Tal postura é ainda mais frequente diante de danos derivados de casos fortuitos ou de força maior (enchentes, doenças naturais etc.) em que não raro o Estado é condenado ao pagamento de indenização à vítima, sob o argumento de que, em última análise, também ela não é responsável pelos danos que sofreu.

Nesta aplicação *robinhoodiana* da Responsabilidade Civil, o problema da imputação – historicamente fundamental ao instituto – dilui-

---

do hotel, que uma criança, brincando pelo local e não sabendo ler, podendo penetrar livremente nas dependências da piscina, não sabendo nadar, caindo dentro d'água, morreria afogada e não se pode olvidar que o infausto acontecimento ocorreu às vésperas do Natal, quando os hotéis ficam lotados.

10 Reconheceu o Superior Tribunal de Justiça: *Ocorre que o autor usou do escorregador e "deu um salto em direção à piscina", conforme narrou na inicial, batendo com a cabeça no piso e sofrendo as lesões descritas no laudo. Esse mau uso do equipamento – instalação que em si é perigosa, mas com periculosidade que não excede ao que decorre da sua natureza, legitimamente esperada pelo usuário – concorreu causalmente para o resultado danoso* (Recurso Especial 287.849/SP, voto do Min. Ruy Rosado de Aguiar, p. 2).

-se no intuito maior de garantir alguma reparação à vítima. Invoca-se o chamado "princípio da reparação integral", o qual, concebido como diretriz de quantificação da reparação, a fim de evitar limitações indevidas ao valor das indenizações (para que não se tornassem inferiores ao valor do dano sofrido), converte-se em regra de julgamento atinente ao próprio juízo de responsabilização (*an debeatur*), para servir de justificativa a decisões que impõe dever de indenizar onde tal dever, tecnicamente, inexiste, mesmo à luz das novas construções e teorias que marcam a Responsabilidade Civil contemporânea. Isso quando não se limitam as decisões judiciais a concluir que a imposição do dever indenizatório é "razoável" diante das circunstâncias do caso concreto, consagrando um uso puramente retórico do princípio da razoabilidade.

Sob o manto de conceitos indeterminados, oculta-se o instinto muito natural de atribuir indenização à vítima segundo as suas necessidades, e não mais segundo o que resultaria do comportamento do réu ou dos riscos por ele causados[11]. Muito embora tal postura exprima um admirável compromisso do Poder Judiciário com a efetiva tutela do princípio da solidariedade social, a recomendar que o corpo social ampare a vítima em seu estado de vulnerabilidade, o certo é que, por força da estrutura individualista da ação indenizatória, todo o ônus acaba lançado exclusivamente sobre um único réu, que, muitas vezes, tem com o dano uma relação puramente acidental.

Nessas hipóteses, a transferência para o réu do ônus de arcar com o dano configura uma injustiça, que pode até parecer menor que deixar o dano sobre a vítima, mas nem por isso se torna justa. Com efeito, uma redistribuição assim tão radical dos custos da vida social exigiria um debate democrático acerca das *responsabilidades* de cada um, não podendo, em absoluto, ser implementada de modo casuístico, caso a caso, como é inerente à atuação do Poder Judiciário. Em primeiro

11 Veja-se, como dado significativo, o crescente número de ações de indenização promovidas contra o Poder Público municipal por vítimas de enchentes ou contra concessionárias de transporte ferroviário por acidentes sofridos pelos chamados "surfistas de trem".

lugar, uma redistribuição casuística fere, para além do princípio da legalidade, o princípio da isonomia, lançando sobre um só réu o ônus do dano que, ainda quando não devesse recair sobre a própria vítima, deveria ser repartido por toda sociedade ou por todos aqueles cuja atividade contribui para o aumento do risco da ocorrência daquele dano na vida social. Trata-se de uma *solidariedade pela metade*[12], que elege um único responsável e lhe atribui isoladamente o ônus que deveria ser repartido por toda sociedade.

Em segundo lugar, a redistribuição casuística, como processo de caráter gradativo, cuja implementação fica ao sabor das convicções de cada magistrado no exame do caso concreto, resulta em acentuada elevação do grau de imprevisibilidade do resultado das ações indenizatórias, intensificando ainda mais aquele sentimento geral de que a Responsabilidade Civil é instituto fluido e aleatório, uma verdadeira "loteria das indenizações"[13]. Por fim, a redistribuição judicial oferece uma resposta que é sempre *a posteriori*, sem que o réu, sacrificado maior desta abordagem, possa conhecer previamente a sua esfera de responsabilidade, adotando as medidas necessárias a prevenir a sua condenação.

Parece muito claro que, ao contrário de uma solução geral, igualmente válida para todos, a aplicação da Responsabilidade Civil como instrumento de uma redistribuição dos ônus da vida social é caminho que, sem embargo dos nobres ideais que inspiram tal utilização, acaba por resultar, pela própria estrutura individualista das ações indenizatórias e pelo inevitável casuísmo da função jurisdicional, em uma transformação clandestina e desigual, que, pior, camufla a necessidade imperativa de uma reforma mais ampla na administração dos danos produzidos em sociedade.

---

12 SCHREIBER, Anderson. *Novos paradigmas da responsabilidade civil.* 6. ed. São Paulo: Atlas, 2015, p. 235.

13 A expressão consta já do título da famosa obra de Patrick Atiyah, *The damages lottery*. Oxford: Hart Publishing, 1997.

4. Pensando a Responsabilidade Civil como Sistema: A Proposta dos Seguros de Responsabilidade Civil

A Responsabilidade Civil não pode ser conduzida de modo casuístico; deve necessariamente ser pensada em termos sistêmicos, como disciplina não limitada à transferência interindividual do ônus reparatório, mas que abranja também a adequada (a) prevenção, (b) administração e (c) distribuição dos danos surgidos na vida social. Em uma postura muito confortável, que reedita o individualismo com que sempre se enxergou o instituto da Responsabilidade Civil, disseminou-se, entre nós, a ideia de que a proteção à vítima exige, como condição necessária, o sacrifício do réu, ainda que este guarde com o dano uma relação puramente casual ou relação alguma. Trata-se de uma falsa equação, cuja aparência de verdade absoluta reside exclusivamente na insistência da doutrina dominante em enxergar a Responsabilidade Civil com as lentes individualistas do passado. A Responsabilidade Civil não pode mais ser confundida com a ação indenizatória, a qual consiste em apenas um dos múltiplos instrumentos jurídicos dirigidos à questão dos danos produzidos em sociedade. Rompidos os limites estreitos dessa visão redutora da Responsabilidade Civil, o instituto se espraia por um sem-número de aparatos que convergem para a administração jurídica dos danos, como problema de suma relevância na vida social.

Entre os diversos instrumentos de cunho não individualista, destaca-se o instrumento do seguro. Por longo tempo, a Responsabilidade Civil e o seguro foram vistos como instrumentos antitéticos, especialmente no tocante ao seguro público (conhecido, entre nós, pelo espanholismo seguridade social). Na roupagem tecida pelo direito liberal, a Responsabilidade Civil passou a ser o principal instituto destinado a cuidar dos danos, reservando-se ao seguro público um papel residual. Transferiu-se da coletividade para o particular a iniciativa e o ônus de perseguir a reparação dos danos sofridos. Não é irrelevante notar, nesse sentido, que a expansão da Responsabilidade Civil, ao longo do século XX, corresponde em larga medida à redução ou falência da seguridade pública, como demonstra de modo emblemático a análise da jurisprudência brasileira no setor de saúde. A insuficiência das políticas assistenciais explica, em grande parte, o afã dos magistrados em identificar "responsáveis" que possam, independentemente de culpa ou causalidade, arcar com o custo do tratamento do dano, custo que o Poder Público se mostra incapaz de suportar minimamente.

Mostram-se por isso impraticáveis entre nós propostas que vingaram em países de realidade social muito diversa da brasileira, como a Nova Zelândia e a Suécia, onde a responsabilidade civil veio substituída integral ou substancialmente por um sistema de seguridade social[14]. Isso não impede, contudo, que se implemente, no Brasil, como tem ocorrido na União Europeia e na própria América Latina, mecanismos securitários que funcionem paralelamente (e não substitutivamente) às ações de reparação, e que sejam financiados pela própria iniciativa privada, onerando em particular os agentes econômicos potencialmente causadores do dano. É o que se verifica na figura do seguro privado obrigatório, já previsto inclusive pelo Código Civil de 2002 sob a denominação "seguros de responsabilidade legalmente obrigatórios" (art. 788).

Trata-se, em palavras simples, de impor por lei a contratação de seguro que proteja terceiros, como condição do exercício de atividades especialmente lesivas[15]. Na Europa, tal sistema vem sendo aplicado, com enorme sucesso, no que tange à condução de veículos automotores. Em apertada síntese, todos os proprietários de veículos automotores são compelidos por lei a contratarem um seguro de responsabilidade civil com companhias seguradoras privadas, previamente autorizadas pelo Poder Público a atuar, sob sua fiscalização, neste setor econômico. O valor do seguro varia conforme a capacidade contributiva do segurado e o seu histórico lesivo, estimulando, com valores mais atrativos, o emprego da máxima prudência no trânsito.

---

14 Para uma visão crítica da instigante experiência sueca, ver Alessandro Simoni, *Una macchina risarcitoria – Regole, attori, problemi nel modello svedese di riparazione del danno alla persona*. Turim: G. Giappichelli Editore, 2001.

15 Para mais detalhes sobre o tema, ver Walter Polido, *Seguros de responsabilidade civil – manual prático e teórico*, Ed. Juruá, *passim*.

O instrumento do seguro privado obrigatório apresenta inúmeras vantagens sobre o uso exclusivo da responsabilidade civil (ainda que objetiva): (i) assegura reparação mesmo a quem não tenha acesso, por razões variadas, ao Poder Judiciário; (ii) assegura reparação mesmo em caso de insolvência do causador do dano; (iii) permite o pronto pagamento da indenização, evitando o longo e tormentoso itinerário das ações de indenização, marcado, mesmo quando teoricamente imune à discussão da culpa, pelo intenso antagonismo entre autor e réu, conduzindo, não raro, a uma sucessão interminável de recursos e expedientes processuais protelatórios; (iv) permite que o pagamento da indenização ocorra de modo progressivo, proporcionalmente à recuperação da vítima em concreto, ao contrário das ações de indenização em que o *quantum* indenizatório vem fixado, quase sempre, em um momento único; (v) afasta, ao transferir do causador do dano para a seguradora, instintos punitivos que tendem a elevar artificialmente o valor das indenizações; e, por fim, com especial importância, (vi) possibilita a diluição do dano por todo o universo de segurados, sem onerar exclusivamente um único réu, que nas ações de indenização acaba, muitas vezes, condenado apenas para que não se deixe a vítima sem qualquer reparação.

Mais importante: o seguro privado obrigatório atribui ao problema dos danos provocados na vida social um caráter coletivo, que se afigura essencial para a efetiva diminuição dos acidentes. Cada dano sofrido deixa de ser tratado no microuniverso da ação indenizatória, polarizado pelo réu e pela vítima, para vir alçado a questão de importância para todas as pessoas que desempenhem aquela atividade potencialmente lesiva. Os acidentes de trânsito, por exemplo, passam a repercutir sobre toda sociedade, com a elevação ou redução dos preços do seguro obrigatório conforme o aumento ou diminuição dos danos provocados. Como instrumento da Responsabilidade Civil, o seguro privado obrigatório atrai para o problema dos danos a atenção que deveriam merecer de toda a sociedade, transcendendo as fronteiras individualistas do remédio judicial das ações indenizatórias[16].

---

16 Como se afirmou em outra sede: *A rigor, atende-se, com isto, de forma transparente, àquilo que a atuação jurisprudencial já alcança de forma*

Além do seguro privado obrigatório, outras propostas estão na ordem do dia para garantir que a Responsabilidade Civil assuma seu papel abrangente e efetivo na administração dos danos. Merece destaque nesse sentido o mecanismo da reparação não pecuniária dos danos morais.

5. Reparação Não Pecuniária dos Danos Morais. Imposição de Obrigações de Fazer. Um Novo Papel do Poder Judiciário: Administrador do Conflito?

Tristes tempos estes em que o mundo vai perdendo o sentido do lúdico, a descontração se torna suspeita, a responsabilidade civil mora em cada esquina e o convívio humano é antes uma usina de riscos do que uma fonte de prazer[17]. A passagem inspirada de João Baptista Villela bem revela a preocupação mais comum em face da expansão da Responsabilidade Civil. O temor de que o crescimento desmesurado das ações de indenização resulte em uma verdadeira vitimização social já foi apontado em diversas experiências, com expressões emblemáticas como "*blame culture*", e vem normalmente associado entre nós à expressão "industrialização do dano moral."

Tal preocupação deriva, em última análise, de um fato que não é sociológico, como querem os juristas, mas essencialmente jurídico. Com efeito, é o direito (ao menos em sua concepção dominante) que reserva como resposta exclusiva às ações de indenização uma quantia em dinheiro. Se há quem persiga o enriquecimento monetário por meio da Responsabilidade Civil, isto ocorre porque se prevê como resultado exclusivo das ações de reparação um ressarcimento pecuniário. Outras possibilidades, todavia, existem.

---

subreptícia – a proteção da vítima – e ao que o mercado vem estimulando como subproduto desta atuação dos tribunais – a diluição dos custos da indenização por meio de seguros voluntários de responsabilidade civil. Tudo de forma mais justa, mais direta e mais eficiente (SCHREIBER, Anderson. *Novos paradigmas da responsabilidade civil*. São Paulo: Ed. Atlas, 2006, p. 232).

17 VILLELA, João Baptista. Repensando o direito de família. In: PEREIRA, Rodrigo da Cunha (Coord.). *Repensando o direito de família*. Belo Horizonte: Del Rey, 1999, p. 25.

Por toda parte, vem tendo início um movimento de despatrimonialização, não já do dano, mas da sua reparação[18]. As infindáveis dificuldades em torno da quantificação da indenização por dano moral revelaram a inevitável insuficiência do valor monetário como meio de pacificação dos conflitos decorrentes de lesões a interesses extrapatrimoniais, e fizeram a doutrina e a jurisprudência de diversos países despertarem para a necessidade de se desenvolver meios não pecuniários de reparação. Tais meios não necessariamente vêm substituir ou eliminar a compensação em dinheiro, mas se associam a ela no sentido de efetivamente aplacar o prejuízo moral, e atenuam a importância do dinheiro no contexto da reparação, desestimulando demandas frívolas ou puramente mercenárias.

A jurisprudência brasileira tem se valido, já em algumas hipóteses, dos preciosos instrumentos do direito de resposta e da retratação pública, disciplinados, no passado, pela Lei de Imprensa (Lei nº 5.250/67) e, hoje, pela Lei nº 13.188, de 11 de novembro de 2015. A retratação pública tem se mostrado extremamente eficaz na reparação de lesões morais de caráter intelectual (não físico) e em seus efeitos de desestímulo (*deterrence*) à conduta praticada. Assim, em casos de perseguição em ambiente de trabalho (o chamado *mobbing* ou assédio moral), Cortes trabalhistas vêm condenando o empregador a afixar nos corredores da empresa ou indústria pedidos públicos de desculpas, cujo potencial reparador é, muitas vezes, mais intenso que o da entrega de certa soma de dinheiro no ambiente "secreto" das Cortes judiciais. Tudo sem a necessidade de se atribuir à vítima somas pecuniárias punitivas (*punitive damages*) para cujo recebimento ela não possui qualquer título lógico ou jurídico[19], e que vêm sendo continuamente criticados e reduzidos nos Estados Unidos, onde, de resto, o procedimento de aplicação das indenizações punitivas é dotado de garantias

18 SCHREIBER, Anderson. *Novos paradigmas da responsabilidade civil.* São Paulo: Ed. Atlas, 2006, p. 187-191.

19 Para a crítica aos chamados danos punitivos, ver Maria Celina Bodin de Moraes. *Danos à pessoa humana – uma leitura civil-constitucional dos danos morais.* Rio de Janeiro: Renovar, 2003.

necessárias à imposição de penas que são, por definição, ausentes no processo civil brasileiro[20].

Além da retratação pública, há a retratação privada, dirigida à própria vítima, e uma infinidade de outras obrigações de fazer que podem ser impostas como meio de reparação do dano. A despatrimonialização da reparação afigura-se, assim, importantíssima como remédio inovador, a assegurar uma reparação mais efetiva (e, aqui sim, integral) à vítima. Sua utilização se concerta, ademais, com as reformas mais recentes do direito processual civil, que vieram declarar o fim da taxatividade dos remédios, assegurando uma ampla discricionariedade ao juiz na eleição do melhor meio de tutela às situações jurídicas submetidas à sua apreciação. Inaugura-se um novo espaço de protagonismo judicial, em que o julgador deixa de exercer o papel de mero calculador do valor indenizatório para refletir e debater com as partes o melhor modo de reparar a lesão sofrida. O processo civil torna-se dialético, progressivo, voltado a um resultado que garanta, tanto quanto possível, a reparação do dano.

O Supremo Tribunal Federal deu exemplo recente de aplicação da reparação não pecuniária dos danos morais, no julgamento do Recurso Extraordinário 580.252, em que o Ministro Luís Roberto Barroso propôs a remição de pena como meio de reparação não pecuniária às pessoas presas sob condições degradantes.[21] Interessante notar como a instigante solução tem o efeito de lançar sobre a sociedade civil o debate sobre as condições do encarceramento no Brasil, de modo muito mais efetivo do que eventual condenação pecuniária que recairia, de modo impessoal, sobre os cofres públicos. Eis aí outra consequência utilíssima dos meios não pecuniários de reparação.

20 Para detalhes sobre as notáveis diferenças entre os *punitives damages* norte-americanos e o que vêm sendo defendido no Brasil como "danos punitivos", seja consentido remeter a Anderson Schreiber. *Direito civil e Constituição.* São Paulo: Atlas, 2013, pp. 173 e ss. (*Arbitramento do dano moral no código civil*).

21 Para a íntegra do voto, ver <http://www.stf.jus.br/arquivo/cms/noticiaNoticiaStf/anexo/RE580252LRB.pdf>.

6. Conclusão

O protagonismo judicial na Responsabilidade Civil não deve ser visto com entusiasmo, nem com reserva. O que se deve verificar é *de qual* protagonismo judicial estamos falando. Entendido como casuísmo, como ausência de uma preocupação sistemática, como avaliação isolada do caso concreto, o protagonismo judicial, embora possa ser amparado na visão pessoal de justiça de cada magistrado, representa, em última análise, um déficit de isonomia – e, portanto, também de justiça –, na medida em que resulta em julgamentos radicalmente distintos para situações fáticas semelhantes. Pior: disfarça e camufla as necessidades de reforma da disciplina da Responsabilidade Civil, que deveriam estar sendo discutidas por toda a sociedade, e não solucionadas por meio da deliberada deturpação de conceitos técnicos e da invocação de expressões gerais ("razoável", "reparação integral" etc.) que se tornam vazias quando empregadas sem compromisso com a concretização do seu conteúdo.

Há, todavia, um outro protagonismo judicial, desejado e benéfico: aquele que, atendendo ao reclame de cláusulas gerais, se ancora em detalhada fundamentação das decisões judicias, com amparo nos parâmetros traçados pela doutrina – e o que se denomina aqui doutrina é o conjunto de textos e opiniões jurídicas que assumem preocupação geral e abstrata com a concretização dos valores fundamentais do ordenamento jurídico, em cunho científico, transcendendo os limites subjetivos e objetivos de cada caso singular, independentemente de ser produzida por acadêmicos ou por juízes em sua atividade de reflexão. O protagonismo judicial fundado em decisões motivadas com base em parâmetros normativos e doutrinários que possam ser estendidos a outros casos e apresentem soluções integradas dentro do sistema jurídico é o protagonismo pretendido por uma ordem jurídica democrática, que se vale de enunciados abertos e cláusulas gerais[22].

---

22 Nessa direção, destaca Gustavo Tepedino que a técnica das cláusulas gerais imposta pela contemporaneidade "reclama, necessariamente, uma definição normativa (narrativa) de critérios interpretativos coerentes com a *ratio* do sistema" (O código civil, os chamados microssistemas e a Constituição:

Tal protagonismo é eminentemente interpretativo: não implica substituição do papel legislativo em uma ordem democrática. Ao contrário, a magistratura, como primeiro *front* das demandas e anseios da população, deve identificar as omissões e falhas do sistema jurídico e lutar pela sua reforma, seja por meio da produção intelectual, seja por meio da direta propositura de medidas pelas associações de magistrado, cuja atuação junto ao Poder Legislativo, nas três esferas federativas, já é frequente em relação à defesa de suas prerrogativas. O alargamento e, em alguns casos, a deturpação de noções normativas, embora possa assegurar o sentimento de que o magistrado cumpriu seu papel ao assegurar a justiça no caso concreto, deixa de contribuir para o aperfeiçoamento geral do sistema jurídico – o que, de resto, também é tarefa do Poder Judiciário.

Há soluções que, a toda evidência, se encontram à margem do sistema jurídico tal qual posto e que, portanto, somente podem ser implementadas por meio do debate democrático que se faz necessário e urgente – como se viu do exemplo dos seguros legalmente obrigatórios. Há outras soluções, todavia, que se encontram ao pleno alcance do Poder Judiciário, inerentes ao próprio sistema e à atuação do intérprete à luz do dado positivo, como a reparação não pecuniária dos danos morais. No âmbito dessa espécie de atuação judicial, é possível conceber novos papéis para o Poder Judiciário no campo da Responsabilidade Civil. Ao magistrado compete deixar de ser mero arbitrador de valores monetários para atuar como verdadeiro "administrador" do conflito, traçando os comportamentos (obrigações de fazer) que devem ser adotados para reparar integralmente o dano sofrido, prevenindo, por isso mesmo, sua repetição. Tais decisões servem de diretriz à sociedade, na medida em que assinalam o que deve ser feito (*facere*), rompendo o velho raciocínio utilitarista que avalia o "preço da indenização" antes de decidir pelas medidas necessárias a evitar a repetição do dano. Mais que isso: a reparação não pecuniária costuma enfatizar o aspecto coletivo de problemas que, embora transcendam objetivamente a esfera

premissas para uma reforma legislativa. In: *Problemas de direito civil – constitucional.* Rio de Janeiro: Renovar, 2000, p. 10).

pessoal das partes do processo, alcançando relevância social, tendem a ser tratados como microconflitos devido à própria estrutura individualista das ações judiciais indenizatórias, que opõe um autor a um réu.

Somente essa renovada abordagem, livre das amarras do individualismo jurídico, permitirá que a Responsabilidade Civil deixe de ser vista, entre nós, como um mecanismo de pura transferência interindividual de perdas (*loss shifting*) para se tornar um efetivo "Direito de Danos" (*Derecho de Daños*), capaz de abranger as três frentes que passam a integrá-la na ordem jurídica contemporânea: (a) prevenção; (b) administração; e (c) distribuição dos danos. O papel da magistratura aqui é fundamental, seja na assunção das novas missões que lhe são impostas, seja na detalhada fundamentação das decisões judiciais, que devem ser sempre redigidas de modo a sinalizar para a sociedade o que distingue aquele caso dos demais, e o que o torna comum a todos os outros, a fim de permitir a construção de uma solução que se possa dizer integrada em um sistema jurídico, que ou bem é coerente e isonômico, ou sistema jurídico não é.

A JUDICIALIZAÇÃO DA SAÚDE PRIVADA NO BRASIL: REFLEXÕES A PARTIR DA SEGURANÇA JURÍDICA E DO PROTAGONISMO JUDICIAL

Angélica Carlini

RESUMO: O texto reflete sobre aspectos fundamentais para o protagonismo judicial na área da saúde, como por exemplo, o poder médico. Analisa o fundamento das decisões judiciais a partir da sacralização do poder médico e as consequências para a segurança jurídica dos contratos de saúde privada no Brasil.

ABSTRACT: The text reflects on key aspects of the judicial role in health care, such as medical power. Analyzes the foundation of judgments from the sacredness of medical power and the consequences for the legal security of private health policies in Brazil.

PALAVRAS-CHAVES / KEYWORDS: Judicialização; Saúde Privada; Segurança Jurídica; Protagonismo Judicial.

1. Introdução

Estima-se que na atualidade o Brasil tenha mais de 105 milhões de demandas judiciais em curso, o que contribui para a caracterização do fenômeno social que recebeu o nome de ***judicialização das relações sociais.***

São diversas as razões que estimulam o fenômeno. Muitas delas têm sido sistematicamente estudadas pelas ciências sociais e, mais recentemente, pelo Direito. As mais importantes razões apontadas são: a proeminência da credibilidade do Poder Judiciário em relação aos outros Poderes republicanos que enfrentam sucessivas e graves crises de corrupção, distanciamento da população e práticas que não contribuem para a melhor organização da vida política e social; a ausência de mecanismos de participação popular democrática que permitam ao cidadão ser ouvido, apresentar suas reclamações e contribuições, na medida em que os conselhos municipais nem sempre se estruturam de forma democrática; e, o desaparecimento de entidades e associações de bairro, profissionais, sociais que desempenharam papel de grupos de pressão em benefício de seus participantes e foram substituídas ao longo do processo democrático por partidos políticos que não dialogam com a população ou, por organizações não governamentais com objetivos muito específicos de debate.

Nessa dimensão, o Poder Judiciário mesmo com todos os seus problemas, em especial a morosidade das decisões, surge como um ente político capaz de solucionar os problemas que a população não sabe para quem levar no dia a dia das relações sociais. E a utilização em larga escala dos pedidos de tutela antecipada faz com que o principal entrave, a morosidade, seja afastada de imediato e transmita a fantasiosa impressão de que todos os problemas podem ser solucionados de forma muito rápida pelos juízes.

O resultado dessa situação é duplamente perverso: para o Judiciário significa acúmulo de um número inacreditável de demandas judiciais para serem solucionadas por juízes singulares e por tribunais, num ritmo de trabalho que mesmo sendo desumano nunca dá conta de todas as necessidades que surgem; e, para a população brasileira a falsa ideia de que o Poder Judiciário é o único destinatário do projeto democrático que o país iniciou com a Constituição Federal de 1988, que é o único *lócus* em que todos os cidadãos podem ser ouvidos e protegidos pelo Estado, porque nos demais como a polícia, os hospitais públicos, as prefeituras, nenhum cidadão é tratado com a dignidade que é fundamento constitucional da República Federativa do Brasil.

A judicialização da vida brasileira teve início com a busca por parte do cidadão da concretização dos direitos fundamentais prestacionais previstos na Constituição Federal de 1988 e hoje, se alastra para muitas relações que poderiam ser solucionadas pelas partes, mas que, por falta de interesse ou por inexperiência na prática do diálogo, acabam sendo entregues para decisão judicial. Andréa Pachá[1] constrói uma belíssima reflexão sobre esse assunto, toda ela calcada em sua experiência diária na magistratura brasileira.

Em ambas as hipóteses, ou seja, por falta de outro local onde possa concretizar seus direitos fundamentais; ou, por falta de prática em solucionar adequadamente seus conflitos, a cidadania brasileira também é vítima do fenômeno da judicialização das relações sociais, tanto quanto o é seu próprio protagonista, o Poder Judiciário.

No âmbito da saúde pública o fenômeno tem muita força e quase sempre, o cidadão vai ao Judiciário para pleitear aquilo que já deveria ser oferecido pelo Estado corriqueiramente como o acesso a medicamentos de alto custo, vagas em leitos de hospitais e em unidades de terapia intensiva, entre outros.

Mas é no âmbito da saúde privada que esta reflexão pretende avançar por se tratar de escolha que hoje reúne 70 milhões de brasileiros em todo o país se somados os serviços médicos e odontológicos e, 51 milhões se considerados apenas os serviços médicos excluídos os odontológicos.

Em um país que tem 204 milhões de habitantes os números do setor privado de saúde impressionam. Mas essa população também tem buscado o Poder Judiciário para fazer valer os direitos que estão previstos nos contratos firmados com as operadoras de saúde e, por vezes, também para obter acesso a medicamentos e serviços não previstos nesses contratos e tampouco no rol da Agência Nacional de Serviços Privados.

O que incentiva o cidadão a buscar o que talvez não seja direito decorrente do contrato? A opinião de um médico que afirma que o cidadão precisa daquele procedimento, medicamento ou tratamento para não morrer. E o que leva o Poder Judiciário a conceder o que não está previsto no contrato privado e nem no rol da ANS? A opinião médica.

Esse é, portanto, o aspecto fundamental desta reflexão: a opinião médica como fator determinante para a judicialização das relações na área da saúde privada no Brasil contemporâneo e a insegurança jurídica que essa forma de proceder pode gerar, inclusive para os próprios usuários do setor de saúde privada.

1 PACHÁ, Andréa. A vida não é justa. Encontros e desencontros, tragédias e comédias das histórias da vara da família recontadas com emoção e humor pela juíza. Rio de Janeiro: Agir, 2012, p. 82.

2. Saúde Privada – Aspectos Essenciais

Alguns aspectos essenciais da saúde privada precisam ser analisados neste trabalho. O primeiro deles é que há previsão constitucional para que o particular atue na área da saúde e essa previsão não é fruto apenas do processo dialógico travado durante a Assembleia Nacional Constituinte, ao contrário, é antes a constatação de que em muitos lugares do país naquele momento a saúde privada já exercia papel preponderante como ocorria no cinturão industrial do chamado Grande ABC, composto pelas cidades de Santo André, São Bernardo do Campo e São Caetano do Sul, no Estado de São Paulo, área em que se instalaram importantes indústrias do setor automobilístico a partir da década de 1950.

A previsão constitucional foi, portanto, uma forma de adequar o texto legal à realidade de uma situação que já existia e se expandia naquele momento porque muitas empresas contratavam esse serviço para seus trabalhadores até como forma de racionalizar a produção, porque o atendimento mais célere da saúde privada evitava que o trabalhador se ausentasse por longos períodos de tempo do local de trabalho, para aguardar consultas ou procedimentos na rede pública.

Em 1998, 10 anos após a entrada em vigor da Constituição Federal, foi aprovada a Lei nº 9.656, que regulamentou o setor e criou as várias modalidades de operadoras que atuam no setor: medicina de grupo, seguradora de saúde, autogestão, cooperativa médica e também, administradora de benefícios, entidades filantrópicas, cooperativa odontológica e odontologia de grupo, regulamentadas mais tarde.

Em 2000 foi criada a Agência Nacional de Saúde Suplementar, pela Lei nº 9.961, com a missão de promover a defesa do interesse público na assistência suplementar à saúde. Cabe a ANS, principalmente, autorizar reajustes de mensalidades de planos individuais; acompanhar a saúde financeira das empresas em atuação para detectar riscos financeiros e assistenciais que possam afetar o consumidor; monitorar, regular e fiscalizar as empresas; e realizar a revisão do rol de procedimentos composto pelos serviços de saúde da cobertura mínima a ser oferecida pelas operadoras de saúde.

Mas assim como ocorre em outros segmentos econômicos, a saúde privada depende de uma operação técnica e econômica muito segura para poder apresentar os dois resultados que dela se espera: atender com eficiência o consumidor e, gerar os resultados que os investidores privados aguardam. Em outras palavras, sem atender adequadamente os consumidores e sem gerar resultados positivos para o setor privado, a operação não poderá ser considerada exitosa.

Mesmo nas hipóteses de operadoras que não foram constituídas para dar lucro, como é o caso da autogestão, das cooperativas e das entidades filantrópicas, ainda assim é de se esperar que o atendimento ao consumidor gere equilíbrio entre receita e despesa sob pena de a atividade se tornar fonte de prejuízos e se tornar inviável.

A atividade de saúde privada antes de ser um contrato firmado entre a operadora e o usuário, pessoa física ou jurídica, é uma operação econômico-financeira de alto grau de complexidade e que necessita de pressupostos técnicos muito rigorosos para funcionar bem. De fato, antes de ser um instrumento contratual a atividade de saúde privada é uma operação matemática de grande envergadura, possível em razão dos estudos atuariais, também conhecidos como *matemática dos grandes números*. O contrato como já se repetiu muito no universo do Direito é somente a roupagem jurídica de uma operação econômica e, no caso da saúde privada, de uma operação atuarial e econômica de grande complexidade.

As operadoras de saúde são administradas a partir do pressuposto do ***mutualismo,*** ou seja, da contribuição de um grupo de pessoas, em valores prefixados que deverão ser pagos em período de tempo previamente fixado e com rigor no cumprimento do compromisso, para que se possa constituir um **fundo comum do qual serão extraídos os valores necessários para o pagamento das despesas que cada um dos contribuintes terá ao longo do período de vigência do contrato.**

Em outras palavras, o contrato que o consumidor firma com a operadora de saúde é um contrato **individual que se sustenta em uma mutualidade,** na contribuição de milhares ou mesmo milhões de pessoas que o consumidor individual nunca conhecerá, mas que contribuirão para que ele seja atendido todas as vezes que necessitar.

Uma rápida conta aritmética muito simples já permite antever a complexidade do sistema: uma contribuição mensal de R$ 500,00 (quinhentos) reais perfaz ao longo de 12 meses o valor de R$ 6.000,00 (seis mil reais). Se uma mulher faz um parto provavelmente os valores de custo médico e hospitalar sejam superiores ao valor total pago no ano. E após o parto as consultas ao pediatra, mesmo para uma criança saudável, também significam um custo relevante. Os valores pagos no ano cobririam esse custo? Provavelmente não!

O que permite que essa aparente desproporção ocorra sem prejuízo para ninguém é o cálculo atuarial, que consegue prever com precisão matemática quanto cada participante deverá pagar e qual a previsão de gastos a serem custeados. Para realizar essa previsão de gastos os atuários estudam os riscos e as estatísticas dos casos ocorridos para, posteriormente, calcular as probabilidades de ocorrência das diferentes hipóteses e os valores necessários para custeá-las.

Os atuários, a partir de seus estudos de **riscos, estatísticas e probabilidades,** organizam os usuários conforme o perfil de risco e definem os valores das contribuições em conformidade com a faixa etária de cada participante. Assim, de início, os jovens pagam mais caro que os mais velhos que, comumente, utilizam mais os serviços de saúde privada. Posteriormente a situação se modifica porque os mais jovens envelhecerão e terão suas contribuições custeadas pelos mais jovens que ingressaram no fundo mutual e, assim, sucessivamente.

Não há margem para gastos indevidos, não previstos ou não provisionados. Gastos não previstos geram impacto em toda a mutualidade e não apenas para o usuário que contribuiu. Assim, por exemplo, se um usuário contribui para ter direito a um determinado rol de procedimentos fixado pela ANS e, num momento de sua vida pretende ter acesso a um tratamento não previsto no seu rol, ele poderá obter autorização judicial para esse atendimento mas, os valores do fundo mutual que serão utilizados prejudicarão todos os usuários que contribuíram porque, na prática, estará sendo utilizado valor para custeio de um procedimento não previsto, não calculado e para o qual não há provisão.

Se isso ocorrer em um ou outro caso, provavelmente não haverá impacto mais severo. No entanto, se ocorrer de forma sistemática os danos à solvência do fundo não tardarão a aparecer.

Sandro Leal Alves[2] explica:

> Uma primeira observação importante é notar que as regras estatísticas e atuariais que permitem a existência de um plano de saúde são as mesmas do seguro. O fato de terem regulações diferentes não muda um aspecto essencial de sua natureza: o risco. O elemento de agregação dos riscos é exatamente o mesmo, independentemente se o seguro é realizado para a proteção do patrimônio, de um automóvel ou de riscos associados ao adoecimento. A diferença aqui, evidentemente, é que no caso da saúde não se pode repor a saúde como se faz no caso de um bem, mas é possível oferecer indenização ou acesso aos serviços de saúde como forma de tratamento ou mitigação dos danos aos indivíduos. O que se segura não é a saúde em si, pois não é possível, mas a diagnose e o tratamento, que frequentemente geram despesas médicas, laboratoriais e hospitalares que poderiam ser proibitivamente elevadas ou levar uma família a situações financeiras bastante desconfortáveis por pagamento direto.
>
> [...]
>
> Sendo o risco segurável, a seguradora poderá calcular o prêmio de seguro. No caso de um plano de saúde, a mensalidade. Esta deve guardar estreita relação com o risco a ser coberto para que possa garantir o equilíbrio econômico-financeiro e atuarial da operação. A aplicação de prêmios adequados ao risco é essencial para a solvência da seguradora.

Entre tantas peculiaridades de sua concepção/funcionamento, a atividade de seguros utiliza no Brasil a denominação ***prêmio*** como sinônimo de valor que ***o segurado deve pagar como contribuição para o fundo mutual.*** A palavra tem origem no latim e/ou grego e, ainda hoje, é utilizada como expressão técnica que significa o que o segurado deve pagar, em contrapartida à expressão *indenização*, que é a obrigação da seguradora nos seguros patrimoniais. O próprio órgão regulador de seguros privados (Susep) utiliza a expressão. Nos seguros saúde a obrigação da seguradora é o custeio da diagnose e do tratamento.

2 ALVES, Sandro. *Fundamentos, regulação e desafios da saúde suplementar no Brasil.* Rio de Janeiro: Escola Nacional de Seguros, 2015, p. 42-47.

O prêmio, cota-parte que o usuário paga para a operadora de saúde, é que compõe o fundo mutual de onde sairão os recursos necessários para o custeio dos procedimentos indicados para cada usuário. Organizar e administrar corretamente esse fundo mutual é a principal função da operadora de saúde, sob pena de não dispor de recursos para todos os pagamentos que tiver que realizar ao longo do período de vigência de cada contrato.

A atividade de saúde privada no Brasil é regulada, como vimos, pela Agência Nacional de Saúde Suplementar – ANS. Órgão criado para ser independente inclusive no que tange a orçamento administrativo para custeio de suas atividades, à ANS cabe, fundamentalmente [...] ***Promover a defesa do interesse público na assistência suplementar à saúde, regular as operadoras setoriais – inclusive quanto às suas relações com prestadores e consumidores – e contribuir para o desenvolvimento das ações de saúde no país***[3].

Este trabalho não pretende realizar estudo aprofundado sobre o papel da ANS, mas três questões precisam ser colocadas como um convite à reflexão: o suposto papel de defensor do interesse de consumidores; o papel da ANS na relação com os prestadores de serviços de saúde para o setor suplementar; e, finalmente, o papel da ANS na defesa do mercado nacional conforme determina o art. 219 da Constituição Federal[4].

A defesa do consumidor no âmbito da ANS só se justifica em relação ao consumidor coletivo e não ao individualizado, porque para esse existe a proteção estatal dos Procons e das Defensorias Públicas. A realização de um verdadeiro *bis in idem* com o dinheiro público não é defensável.

A regulação da atividade de saúde privada é parcial, só alcança as operadoras e não tem nenhuma influência sobre médicos, hos-

---

3 Disponível em: <http://www.ans.gov.br/aans/quem-somos#sthash.DTlNK4ej.dpuf>. Acesso em: 21 nov. 2015.

4 *Art. 219. O mercado interno integra o patrimônio nacional e será incentivado de modo a viabilizar o desenvolvimento cultural e socioeconômico, o bem-estar da população e a autonomia tecnológica do País, nos termos de lei federal.*

pitais, laboratórios de análise, fornecedores de próteses, órteses e equipamentos especiais, entre outros fornecedores do sistema. Nessa medida, é uma regulação parcial que interfere na precificação sem interferir nos insumos e, não incentiva o mercado como deveria ser sua obrigação constitucional.

Ainda a respeito de sua obrigação constitucional a ANS nem sempre atua de modo a proteger o mercado, incentivar a concorrência e o desenvolvimento socioeconômico. A marca mais presente da atuação da ANS é a que carrega a carga hereditária do Estado brasileiro historicamente populista, clientelista e autoritário. Atende individualmente os consumidores, produz regulação em quantidade exacerbada e sem estudo prévio de impacto regulatório e pune com indesejável frequência, mesmo diante de hipóteses que contemplariam outras soluções como, por exemplo, o ajustamento de conduta ou a composição dos interesses.

A realidade nacional contemporânea indica que as agências no Brasil, em geral, ainda carecem de maturidade política e estratégica para a realização do verdadeiro objetivo a que se destinam, qual seja: proteger o mercado, incentivar a concorrência e o desenvolvimento sempre em conformidade com a proteção do consumidor, das relações de trabalho e ambientais sem ignorar a necessidade de sustentabilidade dos setores regulados.

3. Decisões Judiciais – Poder Médico

O estudo das decisões judiciais proferidas no Brasil para questões de área de saúde, pública ou privada, apontam que os pedidos levados ao Poder Judiciário quase sempre se fundamentam em expressa recomendação médica. Na grande maioria dos casos há indicação médica para justificar o pedido de acesso a medicamentos, tratamentos, vagas para internação, fornecimento de órteses, próteses e materiais especiais e, por vezes, até mesmo de algumas excentricidades como filtros de água potável, hidratantes, entre outros.

A convicção dos magistrados se forma, fundamentalmente, a partir do indicativo do médico de que aquele procedimento, tratamento ou medicamento é o único indicado para que a saúde do paciente seja satisfatoriamente cuidada. E, se há indicação médica os magistrados nem sempre discutem outros aspectos, como por exemplo, se o medicamento é autorizado pela Anvisa – Agência Nacional de Vigilância Sanitária; ou, ainda, se o procedimento consta do rol de procedimentos da Agência Nacional de Saúde Suplementar – ANS.

O Tribunal de Justiça do Estado de São Paulo, por exemplo, decidiu por meio de súmulas que:

> **Súmula nº 90**: Havendo expressa **indicação médica** para a utilização dos serviços de *home care*, revela-se abusiva a cláusula de exclusão inserida na avença, que não pode prevalecer.
> **Súmula nº 95**: Havendo expressa **indicação médica**, não prevalece a negativa de cobertura do custeio ou fornecimento de medicamentos associados a tratamento quimioterápico.
> **Súmula nº 96**: Havendo expressa **indicação médica** de exames associados a enfermidade coberta pelo contrato, não prevalece a negativa de cobertura do procedimento.
> **Súmula nº 97**: Não pode ser considerada simplesmente estética a cirurgia plástica complementar de tratamento de obesidade mórbida, havendo **indicação médica**.
> **Súmula nº 102**: Havendo expressa **indicação médica**, é abusiva a negativa de cobertura de custeio de tratamento sob o argumento da sua natureza experimental ou por não estar previsto no rol de procedimentos da ANS.

De acesso a *home care* a medicamentos; de fornecimento de medicamentos não previstos pela Anvisa a procedimentos não inseridos no rol da ANS, todas são situações complexas solucionadas exclusivamente com o argumento de que se trata de hipótese de indicação médica e, portanto, inquestionável ou indiscutível até mesmo por outro médico.

Prevalece apenas o Código de Ética Médica[5], que afirma:

> VII – **O médico exercerá sua profissão com autonomia**, não sendo obrigado a prestar serviços que contrariem os ditames de sua consciência ou a quem não deseje, excetuadas as situações de ausência de outro

5 Disponível em: <http://www.portalmedico.org.br/novocodigo/integra_1.asp>. Acesso em: 07 nov. 2015.

> médico, em caso de urgência ou emergência, ou quando sua recusa possa trazer danos à saúde do paciente.
> VIII – **O médico não pode, em nenhuma circunstância ou sob nenhum pretexto, renunciar à sua liberdade profissional, nem permitir quaisquer restrições ou imposições que possam prejudicar a eficiência e a correção de seu trabalho.**

No exercício de todas as profissões que possuam área de conhecimento específica é normal que ocorram divergências de interpretação, de análise, de posições, sem que isso possa ser caracterizado como restrição à liberdade profissional ou perda da autonomia. Na área médica não é raro que ocorram a formação de juntas para decidir os casos mais complexos, com a multiplicidade de opiniões exatamente para que a compreensão da situação se amplie e a solução buscada seja mais segura.

Mas o que é normal no ambiente hospitalar não é considerado normal pelo Poder Judiciário que, diante da divergência de opiniões entre médico assistente do paciente e médico auditor da operadora de saúde, não tem dúvida de afastar o segundo para fazer prevalecer a opinião do primeiro. Em outras palavras, a opinião do médico assistente do paciente é suficiente para formar a convicção do magistrado, independente de outra opinião médica em sentido diametralmente oposto. De outro lado, a opinião do médico auditor da operadora de saúde privada é recepcionada sempre como pré-viciada em favor dos lucros da operadora, como se seus médicos não estivessem também submetidos a Código de Ética Médica.

Entende o Poder Judiciário no caso específico do Estado de São Paulo com os exemplos supracitados, que a opinião do médico assistente do paciente se sobrepõe à necessidade de evidências científicas ou de apresentação de protocolos clínicos ou de diretrizes terapêuticas.

Outro aspecto importante é que a opinião do médico assistente do paciente é suficiente ainda que sem confirmação de outro profissional, para definir os valores que deverão ser dispendidos por todo o grupo segurado sem ao menos avaliar qual o impacto do custo do tratamento no fundo mutual formado pela contribuição de todos os usuários de um determinado grupo de saúde suplementar.

Curiosamente, o médico é autônomo para definir o tratamento indicado ao paciente sem precisar comprovar que será obtido o melhor resultado e, sem precisar justificar os custos que serão despendidos para isso. O médico é protagonista do tratamento, mas não tem nenhuma responsabilidade sobre a gestão dos recursos da saúde seja no ambiente público ou privado.

Tanto poder para quem não tem responsabilidade sobre a racionalidade da utilização dos valores que são de todos e não apenas do paciente é a melhor alternativa em uma sociedade em que os valores são finitos, quando não até escassos?

Os médicos não são avaliados previamente quando encerram o curso de graduação como acontece com os bacharéis em Direito, que obrigatoriamente se submetem ao exame para ingresso nos quadros da Ordem dos Advogados do Brasil, ou, a concurso para ingresso nas carreiras da Magistratura, Ministério Público, Procuradoria, Delegados, Defensorias, entre outros. Os médicos também não são avaliados pelos resultados obtidos nos tratamentos que aplicam aos pacientes porque não são adotados indicadores de eficiência, ao contrário de outras carreiras em que o número de êxito de suas práticas é rigorosamente acompanhado pela sociedade. Esse tratamento diferenciado tem sido positivo para a prática médica?

Por fim, cumpre refletir sobre a autonomia médica em uma sociedade de conhecimento como é a sociedade contemporânea, em que múltiplas pesquisas e saberes são produzidos de forma concomitante em todo o mundo e difundidos por grande diversidade de meios. Nenhum especialista na atualidade é detentor de todo o conhecimento em sua área científica de atuação, todos se ressentem da necessidade de constante atualização e, na impossibilidade de conseguir se atualizar em tempo real atuam preferencialmente em equipe para que todos possam contribuir para alcançar o melhor resultado. Na sociedade do conhecimento quase não temos mais profissionais generalistas e as especialidades assumiram alto grau de detalhamento. Nesse ambiente é possível acreditar que um único médico possa ter autonomia inquestionável sobre os procedimentos a serem adotados no tratamento do paciente?

Por fim, cumpre analisar o fato inconteste que os próprios médicos reconhecem na atualidade que nem toda a tecnologia colocada à disposição é efetiva, ou seja, que nem todos os recursos terapêuticos são curativos ou representam melhora no quadro geral de qualidade de vida do paciente. Alguns recursos terapêuticos em especial com alto grau de utilização de tecnologia prolongam a vida, porém sem qualidade e sem benefício para a garantia da dignidade humana.

Nesse sentido, o próprio Conselho Federal de Medicina ao aprovar a Resolução nº 1.995 de 2012, declarou expressamente:

> CONSIDERANDO que **os novos recursos tecnológicos permitem a adoção de medidas desproporcionais que prolongam o sofrimento do paciente em estado terminal, sem trazer benefícios**, e que essas medidas podem ter sido antecipadamente rejeitadas pelo mesmo;

O texto suscita reflexão à luz do princípio da dignidade da pessoa humana, fundamento constitucional da República Federativa do Brasil. Se os médicos sabem que alguns recursos tecnológicos permitem a adoção de medidas desproporcionais que prolongam o sofrimento do paciente em estado terminal sem trazer benefícios, por que adotam essas medidas? Com quais objetivos se não há reconhecidamente benefício para o paciente?

Não seria o caso de se exigir dos médicos que não agissem dessa forma para evitar a agressão à dignidade humana e, ao princípio da confiança depositada pelo paciente e/ou sua família no médico e no tratamento prescrito?

A autonomia do médico pode ter sido fundamental para garantir que os cidadãos tivessem acesso a tratamentos baseados em princípios científicos, superando costumes que no passado eram parte da prática curativa e que, no entanto, não tinham nenhuma sustentação científica. Foi preciso dar autonomia aos médicos para que pudessem superar preconceitos, desconfianças e até mesmo se impor contra práticas que não tinha nenhum fundamento.

Mas na atualidade essa autonomia inquestionável ainda se justifica? Ou estamos vivendo em um momento de alta complexidade em todos os ramos do conhecimento científico que nos impõe condutas compartilhadas, dialogadas, como forma mais efetiva de alcançarmos os melhores resultados para os pacientes? Sem esquecer, ainda, que as melhores práticas têm custos que são repartidos por toda a sociedade na saúde pública e, pelos coparticipantes do fundo mutual nos seguros privados.

A sociedade do conhecimento é a sociedade sem mitos, porém com respaldo científico e técnico para suas decisões mais sensíveis. O Poder Judiciário tem obrigação social e legal de relativizar a autonomia médica nos casos mais complexos, de custos mais vultosos, de forma a exigir que o médico apresente para além de seu relatório pessoal as evidências científicas, as diretrizes e protocolos clínicos que sustentem a adoção de tratamentos e medicamentos no caso concreto.

Essa providência até certo ponto simples é a que melhor se coaduna com as exigências da sociedade contemporânea hipercomplexa e tecnológica e que, apesar disso, não pode perder de vista que o principal objetivo é o respeito integral à dignidade da pessoa humana.

4. Segurança Jurídica e Atividade Econômica

A atividade de planos de saúde privados prevista na Constituição Federal foi concebida como atividade suplementar ou complementar, ou seja, para realizar outros serviços que não aqueles da saúde primária que deveriam ser desempenhados pelo Estado. Com o passar dos anos as operadoras de saúde passaram a atuar em todos os segmentos de saúde, da prevenção e vacinação aos tratamentos mais complexos e de alto custo.

Esse arranjo aparentemente contemplou interesses de ambos os lados. Por parte do Estado livrou da obrigação de atendimento a milhões de pessoas que ao optarem por operadoras de saúde com contratos individuais ou coletivos, se desligaram por completo da utilização do sistema público; e, para as operadoras de saúde que viram avolumar o número de contratantes, em especial entre as empresas dos diversos setores econômicos que passaram a oferecer a saúde privada como um atrativo de empregabilidade e fidelização de trabalhadores.

Como vimos, em 1998 foi aprovada a Lei nº 9.656, que regulou a saúde privada no Brasil e, em 2000 foi criada a Agência Nacional de Saúde Suplementar – ANS, com a função de regular e fiscalizar a atuação das operadoras de saúde no país. Com esse desenho o setor parecia estar satisfatoriamente organizado, refratário em grande parte aos conflitos de consumo e interpretação da lei, o que, no entanto, não se materializou na prática.

Na atualidade não raras vezes ocorre de os usuários de operadoras de saúde buscarem o Poder Judiciário para pleitear tratamentos que não se encontram previstos no contrato e, por vezes, sequer se encontram relacionados no rol de procedimentos da ANS.

A fundamentação jurídica das decisões dos magistrados para conceder que os usuários sejam beneficiados em seus pedidos é, quase sempre, a dignidade da pessoa humana, a saúde como um direito social constitucional e a preservação da vida como pressuposto fundamental do Estado Democrático de Direito. Argumentos constitucionais aplicados aos contratos privados e à regulação do próprio Estado federal que, por meio da agência reguladora nem sempre estipula os direitos que são deferidos pelo Poder Judiciário.

Se por um lado se pode argumentar que isso gera maior proteção aos usuários de planos de saúde e não há dúvida alguma que sim, por outro lado e de forma consistente do ponto de vista jurídico também se pode alegar que essa intervenção judicial nas relações privadas reguladas pelo Estado federal gera insegurança, com repercussão jurídica e econômica.

A repercussão jurídica está localizada no fato de que os contratos privados, firmados entre as operadoras e as empresas contratantes ou, com a pessoa física contratante, têm sua organização descaracterizada por decisões judiciais, embora tenham sido construídos em rigorosa adequação com a legislação em vigor e com a regulação da ANS, sob pena de não serem aprovados pelo órgão regulador e não poderem ser comercializados no mercado. De fato, nenhum contrato de seguro saúde pode ser elaborado de forma livre entre as partes, porque há que se atender a todos os dispositivos legais e administrativos aplicáveis à matéria. E ainda assim os contratos são modificados por decisões judiciais que incluem serviços a serem prestados aos usuários, mesmo quando esses serviços não se encontram previstos na lei, na regulação ou nos contratos, lembrando que os contratos de saúde privada podem prever procedimentos para além daqueles considerados essenciais pela agência reguladora.

Algumas decisões judiciais consideram o rol de procedimentos da ANS como meramente exemplificativo, viabilizando que se interprete que todo e qualquer procedimento que o usuário necessite poderá ser inserido como devido pela operadora de saúde, o que torna os contratos dispensáveis.

No âmbito econômico, a principal repercussão é, sem dúvida, a sustentabilidade do sistema, a solvência das operadoras de saúde que não estão preparadas para inserir de inopino todos os procedimentos deferidos pelo Poder Judiciário. Os cálculos atuariais são realizados a partir de estudos estatísticos para avaliar probabilidades e, com base nisso se estabelece precificação. Se o fundo mutual começa a custear hipóteses que não haviam sido previstas, sua solvência correrá sérios riscos.

Quando se trata da solvência e da sustentabilidade das empresas privadas em geral, em qualquer área da atividade econômica, o imaginário social trabalha com a ideia de que são extremamente lucrativas, que tornam seus sócios e acionistas milionários e que, nessa medida, podem suportar toda e qualquer despesa que sobrevier independente de como tenha sido seu planejamento orçamentário para o período. Em relação às operadoras de saúde ocorre o mesmo, há forte impressão de que estão preparadas para suportar todos os valores que lhe foram impostos até porque, quase sempre, são grandes grupos econômicos ligados a seguradoras e bancos.

A realidade é diversa do imaginário social e deve ser levada em consideração. As operadoras de saúde não controlam o preço dos insumos porque não determinam o valor da chamada inflação médica, preço das consultas, dos procedimentos, das equipes de saúde, dos exames clínicos e de imagem, das órteses, próteses e materiais especiais (parafusos para cirurgia de coluna, entre outros), tanto quanto não controlam o preço dos fármacos que são obrigadas a disponibilizar, como os medicamentos para quimioterapia oral, por exemplo. No caso das consultas médicas as operadoras têm controle somente sobre os preços praticados por profissionais contratados por ela, o que não ocorre com as seguradoras de saúde que não podem possuir hospitais, clínicas ou assemelhados e trabalham com o reembolso de valores que são cobrados diretamente dos usuários.

O custo médico em 2014 teve crescimento anual de 11,13% enquanto no mesmo período, o IPCA – Índice de Preço ao Consumidor Amplo – teve crescimento de 5,87%[6].

De 2004 a 2013 as despesas assistenciais *per capita* (excetuando as cooperativas e empresas de odontologia de grupo) cresceram 133,7% enquanto o IPCA no mesmo período cresceu 61,1%.

Alguns insumos da indústria da Medicina podem ser negociados livremente e de fato o são; outros são tão específicos que sequer há quantidade suficiente de prestadores para que se possa discutir precificação com base na concorrência, como acontece no setor industrial, por exemplo.

Assim, as decisões judiciais que obrigam as operadoras de saúde a fornecerem procedimentos e materiais que não estavam originariamente previstos no contrato ou que obrigam a fornecer o que não está previsto pelo rol de procedimentos da Agência Nacional de Saúde provocam impacto econômico nas contas das operadoras e isso repercute para a própria operadora, mas também para seus usuários o que nem sempre é avaliado pelo Poder Judiciário quando decide o caso individual.

O usuário da operadora de saúde é duplamente penalizado com as decisões judiciais que obrigam o fornecimento do que não está previsto no contrato e/ou no rol de procedimentos da ANS. É prejudicado porque isso repercutirá na precificação do próximo período anual de contratação, que será maior em razão da sinistralidade do período anterior; e, repercute na sustentabilidade das operadoras que ano a ano vão deixando de operar, em especial as de menor porte que atuam em

6 Disponível em: <http://iess.org.br/?p=publicacoes&id_tipo=14>. Acesso em: 30 nov. 2015.

regiões específicas do país muitas vezes em locais geográficos que as maiores operadoras não têm interesse em atuar.

Até dezembro de 1999 informa a Agência Nacional de Saúde Suplementar[7] que estavam em operação no Brasil 1968 operadoras médico-hospitalares. Em março de 2014, o número de operadoras médico-hospitalares havia caído para 1.061.

Em março de 2014 a ANSS[8] informava que haviam 344 empresas de medicina de grupo em atividade no país, sendo que 206 eram de pequeno porte, ou seja, com até 20 mil usuários atendidos. As de filantropia eram 75, sendo que 55 eram classificadas como de pequeno porte e 316 cooperativas médicas sendo 141 de pequeno porte. Seguradoras especializadas em saúde são 12 sendo apenas uma de pequeno porte.

Assim, o pressuposto de que as operadoras de saúde podem acolher procedimentos, medicamentos, órteses, próteses e materiais especiais que não tenham sido calculados atuarialmente quando foi estabelecida a precificação para a contribuição dos usuários, é parte de um imaginário que os números da ciência matemática não permitem prosseguir. Ignorar o impacto da intervenção do Poder Judiciário na sustentabilidade das operadoras de saúde é um enorme risco que atinge não apenas as próprias operadoras, mas principalmente seus usuários, que poderão ficar sem os serviços em razão dos problemas de solvência.

Relevante destacar ainda, que boa parte do país se encontra servida por poucas operadoras, como acontece, principalmente, nas regiões Norte e Centro-Oeste. Nesse sentido é importante conhecer o mapa de distribuição das operadoras nas regiões brasileiras[9].

---

7 Disponível em: <http://www.ans.gov.br/images/stories/Materiais_para_pesquisa/Perfil_setor/Caderno_ informacao_saude_suplementar/2014_mes06_caderno_informacao.pdf>. Acesso em: 30 nov. 2015.

8 Disponível em: <http://www.ans.gov.br/images/stories/Materiais_para_pesquisa/Perfil_setor/Caderno_in formacao_saude_suplementar/2014_mes06_caderno_informacao.pdf>, Acesso em: 30 nov. 2015.

9 Disponível em: <http://www.ans.gov.br/images/stories/Materiais_para_pesquisa/Perfil_setor/Caderno _informacao_saude_suplementar/2014_mes06_caderno_informacao.pdf>, p. 33. Acesso em: 30 nov. 2015.

A segurança jurídica dos contratos e da regulação da Agência Nacional de Saúde Suplementar pode não ser plenamente satisfatória para os usuários, que por vezes necessitam ter acesso a procedimentos e medicamentos não previstos no contrato ou no rol da ANS. Mas a solução pela via do Poder Judiciário com decisões individuais que beneficiam apenas um usuário e sinalizam aos demais que eles também poderão se valer dessa alternativa para ter acesso àquilo que originariamente não teriam, é uma forma anômala de regulação com sério impacto jurídico e econômico em especial para os próprios usuários.

O Direito pode tudo menos mudar a realidade. E quando a realidade é matemática e econômica, modificá-la exige muito mais do que adotar soluções individuais, ainda que aparentemente benéficas para aquele que as pleiteou.

5. Conclusão

O fenômeno da judicialização das relações sociais não é novo no Brasil e tem sido estudado de forma sistematizada e científica. Certamente, avançaremos no debate nos próximos anos e, em especial, na busca de soluções políticas e sociais que possam ser efetivas sem que seja necessária uma decisão judicial para orientá-las. A verdadeira democracia não se resume à atuação livre e independente do Poder Judiciário, mas deve alcançar também o diálogo franco e valioso de todos os grupos sociais.

O protagonismo judicial ou ativismo judicial não se construiu a partir da determinação do Poder Judiciário para essa finalidade, mas antes da busca dos cidadãos por um caminho de decisão que pudesse acolher suas pretensões, quase sempre justas e efetivamente devidas pela Constituição Federal em seu capítulo de direitos sociais.

E não há nada mais justo do que pretender ter saúde. Entre os direitos sociais talvez seja o de maior repercussão, porque quando se trata de saúde se trata de vida, bem maior e supremo a ser defendido em qualquer sociedade, em qualquer localização geográfica e em qualquer época.

A saúde privada no Brasil não é complementar como previsto na Constituição Federal. Por inúmeros motivos que este trabalho não teve intenção de analisar, ela é provedora de saúde integral, do preventivo e básico aos procedimentos mais sofisticados e modernos que a Medicina disponibiliza, mormente na área de exames de imagem, cirurgias com alto grau de complexidade e tratamentos de alto custo. Isso a tornou imprescindível para milhões de brasileiros, 51 milhões segundo dados da ANS, que não pretendem utilizar o sistema público de saúde porque se sentem melhor atendidos no sistema privado.

Os médicos exercem importante papel na sustentabilidade dos sistemas público e privado de saúde, embora nem sempre atuem com responsabilidade na gestão dos recursos finitos desses sistemas. É preciso repensar a autoridade da autonomia médica, de forma a exigir que ela seja exercida em consonância com os melhores protocolos e diretrizes clínicas, e que as escolhas sejam feitas sempre com fundamento nas evidências científicas. Para isso, os médicos devem ser convidados a dialogar com seus pares, com as sociedades de especialidades, com institutos de pesquisa, com as escolas médicas, para que as decisões sejam sempre tecnicamente as melhores e mais viáveis, e não apenas um capricho de quem não se conforma em reconhecer que em alguns casos, não há mais recursos técnicos a serem aplicados.

O imaginário social cultiva a convicção de que quando se trata de empresas privadas elas tudo podem, que seus recursos são infinitos, que os lucros de sócios e acionistas são milionários e que tudo que sejam obrigadas a pagar, terão recursos para suportar. A realidade é outra e os números são cruéis quando demonstram que esse imaginário não se concretiza.

No setor de saúde privada os recursos para custeio de procedimentos pertencem aos usuários, que contribuem com suas parcelas para a formação de um fundo do qual são extraídos os valores necessários para tratamentos, medicamentos, materiais entre outros. As operadoras de saúde privada não utilizam recursos de seus lucros ou reservas financeiras, mas do fundo mutual que foi composto pela contribuição mensal de seus usuários.

Os cálculos para formação desses fundos são atuariais, ou seja, da matemática dos grandes números como também é chamada essa ciência exata. Esses cálculos são apresentados para a Agência Nacional de

Saúde Suplementar que conhece detalhadamente os valores cobrados dos usuários, os gastos efetivados, os índices de sinistralidade e os valores do fundo mutual. A ANS acompanha a solvência das operadoras de saúde e intervém todas as vezes em que ela está em risco. A atuação da ANS é em benefício do usuário, porque cada operadora que deixa de atuar provoca sérios transtornos para aqueles que dependem de seus serviços.

Assim, a atuação do Poder Judiciário nos casos individualizados que são levados para sua decisão precisa levar em conta a estrutura legal e econômica de funcionamento das operadoras de saúde, sob pena de uma ou várias decisões individualizadas atenderem perfeitamente o litigante, mas comprometerem seriamente a solvência e a sustentabilidade da operadora, com significativas consequências de ordem social para todos os demais usuários.

As soluções consensuais, debatidas e analisadas em conjunto entre operadoras, usuários, ANS e o próprio Poder Judiciário se impõem nesse quadro como as mais eficientes e que devem prioritariamente ser buscadas.

6. Referências

ALVES, Sandro. *Fundamentos, regulação e desafios da saúde suplementar no Brasil.* Rio de Janeiro: Escola Nacional de Seguros, 2015.

BARCELLOS, Ana Paula de. *A eficácia jurídica dos princípios constitucionais.* 3. ed. Rio de Janeiro: Renovar, 2011.

BARROSO, Luis Roberto. *Curso de direito constitucional contemporâneo.* 5. ed. São Paulo: Saraiva, 2015.

PACHÁ, Andréa. *A vida não é justa. Encontros e desencontros, tragédias e comédias das histórias da vara da família recontadas com emoção e humor pela juíza.* Rio de Janeiro: Agir, 2012.

PEREIRA, M. F. *Experiência de participação pública nos conselhos municipais de saúde no Brasil.* 2008: VI Congresso Português de Sociologia. Universidade Nova de Lisboa. Faculdade de Ciências

Sociais e Humanas. Disponível em: <http://www.aps.pt/vicongresso/pdfs/788.pdf>.

SARLET, Ingo Wolfgang. *A eficácia dos direitos fundamentais.* 12. ed. Porto Alegre: Livraria do Advogado, 2015.

______. *Dignidade da pessoa humana e direitos fundamentais.* 9. ed. Porto Alegre: Livraria do Advogado, 2012.

______; FIGUEIREDO, Mariana Filchtine. Reserva do possível, mínimo existencial e direito à saúde: algumas aproximações. In: SARLET. Ingo Wolfgang; TIMM, Luciano Benetti (Orgs.). *Direitos fundamentais – orçamento e reserva do possível.* Porto Alegre: Livraria do Advogado Editora, 2008.

______; Os direitos fundamentais sociais: algumas notas sobre seu conteúdo, eficácia e efetividade nos vinte anos da Constituição Federal de 1988. In: AGRA, Walber de Moura (Coord.). *Retrospectiva dos vinte anos da Constituição Federal.* São Paulo: Saraiva, 2009.

TIMM, Luciana Benetti. Qual a maneira mais eficiente de prover direitos fundamentais: uma perspectiva de direito e economia. In: SARLET, Ingo Wolfgang; TIMM, Luciano Benetti (Orgs). *Direitos fundamentais – orçamento e reserva do possível.* Porto Alegre: Livraria do Advogado Editora, 2008.

TEPEDINO, Gustavo. *Temas de direito civil.* 4. ed. Rio de Janeiro: Renovar, 2008.

OS JUIZADOS ESPECIAIS ESTADUAIS E O IRDR POR UMA BUSCA HARMÔNICA DOS MESMOS OBJETIVOS

Antonio Aurélio Abi-Ramia Duarte
Maria Eduarda de Oliveira Brasil

RESUMO: Este estudo busca, examinando a problemática contemporânea da massificação das relações sociais, tratar simultaneamente dos Juizados Especiais Estaduais e do novel Incidente de Resolução de Demandas Repetitivas, analisando se será ou não possível a aplicação conjunta dos institutos. Aborda os princípios fundamentais envolvidos na discussão e o esforço normativo empreendido para resolvê-la, principalmente com a constitucionalização do Direito Processual Civil e com o Código de Processo Civil de 2015.

PALAVRAS-CHAVE: Constitucionalização do processo; Demandas de massa; Princípios; Juizados Especiais Estaduais; Incidente de Resolução de Demandas Repetitivas; Código de Processo Civil de 2015.

ABSTRACT: This article intents to deal simultaneously with the State Special Courts and the new Repetitive Demands Resolution Incident, examining the contemporary issue on the massification of social relations and whether or not it is going to be possible to apply them together. It approaches the essential principles involved in the discussion and the normative effort to solve it, mainly by the Civil Procedure Right constitutionalizing process and the 2015 Civil Procedure Law.

KEY-WORDS: Procedure constitutionalizing; mass demands; principles; State Special Courts; Repetitive Demands Resolution Incident; 2015 Civil Procedure Law.

1. Introdução

A contemporaneidade tem conhecido desafios temidos ou mesmo impensados pelas sociedades de outrora, com crises econômicas e humanitárias deixando milhões de pessoas alijadas de direitos civis básicos, emprego, moradia, sequer alimento ou o que se poderia chamar de vida digna.

Com o campo do Direito não é diferente. A globalização, o consumo em massa, a instantaneidade das relações e a cultura da litigância são apenas algumas das muitas questões que o novo milênio e, principalmente, o novo pensar jurídico trouxeram aos ordenamentos ocidentais.

Em atenção a esse cenário, o legislador brasileiro editou a Lei nº 13.105/2015, o novo Código de Processo Civil, como resposta aos mais clamantes anseios sociais por uma justiça efetiva, eficiente, célere e, afinal, justa. Acompanha-se, assim, a evolução da sociedade com importante alteração da lei, movimento necessário para que não fique o Direito engessado e, consequentemente, sem legitimidade. Tal quadro reforça a necessidade de preservação da duração razoável do processo, acompanhando um movimento que tem se tornado prioritário nas maiores economias do mundo.

Não obstante sejam muitas as novas propostas levantadas pelo Código, o presente estudo opta por concentrar-se no novel *incidente de resolução de demandas repetitivas*, fulcral para uma ordem jurídica justa que se pretenda isonômica e pautada na segurança jurídica, garantias fundamentais de qualquer país socialmente desenvolvido. Mais especificamente, mostra-se interessante traçar um paralelo do instituto com a sistemática dos Juizados Especiais Estaduais, os quais, como portas de acesso ao Judiciário utilizadas por milhões de brasileiros, acabam por se revelar também nucleares no Direito que se desenrola no novo milênio.

2. Uma História de Rupturas

Toda ordem constitucional que se inaugura visa, invariavelmente, à ruptura com o modelo anterior, não se podendo pensar em um novo ordenamento com olhos vertidos ao passado. A História Mundial assistiu, e continua assistindo, a incontáveis Revoluções que, ainda que majoritariamente pautadas em questões econômicas, instauraram novos sistemas jurídicos. No fundo, a própria noção de Humanidade acaba por se confundir com essa vontade constante de mudar e de transformar o que não agrada em algo que melhor sirva a seus fins.

Foi assim nos movimentos religiosos europeus, que não mais aceitavam os dogmas do catolicismo como única verdade. Foi assim nos movimentos de independência das antigas colônias americanas, que não mais desejavam submeter sua liberdade à opressão das metrópoles europeias. E foi assim, também, no movimento de constitucionalização do pós-Segunda Guerra Mundial[1].

No Brasil, o fenômeno surgiu com a promulgação da Constituição da República de 1988, a grande Carta Cidadã, responsável, dentre outros, por elencar um rol considerável de direitos e garantias fundamentais. A nova ordem constitucional que se inaugurava naquele ano prometia uma quebra total com os ditames da ditadura militar recém-findada, trazendo consigo valores basilares que, com o tempo, acabariam por se espalhar pelos diversos ramos do Direito[2], dentre os quais o Processo Civil.

---

1 Tratamos aqui de uma nova hermenêutica constitucional calçada na dignidade da pessoa humana. Países como Alemanha, Itália, Portugal e Espanha viveram esta experiência. Damos especial destaque à Convenção Europeia de Direitos Humanos e às Emendas 5ª e 14ª da Constituição americana.

2 Sobre o estudo das perspectivas de direito processual e material na análise da problemática da efetividade do processo, Kazuo Watanabe destaca: *O ponto de confluência das duas correntes é alcançado pela pesquisa dos aspectos constitucionais do processo civil. A importância desses estudos é ressaltada por Liebman, que observa que os diversos ramos do direito são partes constitutivas de uma unidade, encontrando-se ligados entre si por um princípio de coerência que torna essa unidade um todo indivisível, cujo entro é representado pelo direito constitucional.* Referência a LIEBMAN, Enrico Tullio. Diritto costituzionale e processo civile. *Rivista di Diritto Processuale*, 1952, p. 327-332. In: WATANABE, Kazuo. *Cognição no processo civil.* 4. ed. São Paulo: Saraiva, 2012, p. 25.

É assim que, hoje, não se consegue mais pensar em um processo sem princípios e desvinculado das normas constitucionais, como um eixo gravitacional[3]. Se, na antiga ordem, o culto à forma alçava a burocracia a uma posição de destaque na relação processual, sob a égide da Carta de 1988 o foco central passa a ser a finalidade que pretendem as partes obter com a prática dos atos processuais.

Com o novo Código de Processo Civil, a tendência ganha contornos ainda mais fortes, vez que a nova lei dedica Livro inteiro às normas fundamentais do processo civil, feito inédito no ordenamento brasileiro. Acentua-se, dessa forma, o chamado *modelo constitucional de processo civil*, expressão que congrega os princípios constitucionais voltados à regulamentação deste ramo do Direito e indica os rumos por ele tomados nesta virada contemporânea.

Não são um, poucos ou alguns os princípios que informam o modelo constitucional de processo[4]. Entretanto, nesta obra, cuidar-se-ão daqueles que mais essenciais se mostram ao presente debate, quais sejam: acesso à ordem jurídica justa; isonomia; segurança jurídica; e efetividade da jurisdição.

---

3 Neil Andrews tece, a respeito, o seguinte comentário: *Os princípios da Justiça Civil têm se transformado em importantes campos de pesquisa comparativa, e os princípios processuais constitucionais tornaram-se proeminentes. [...] Além destas influências externas, há a obrigação interna de se organizar uma série de normas processuais fundamentais. Este cânone de princípios parece ser indispensável, caso os advogados queiram ver a justiça processual de forma coerente e sistemática, liberada de regras muito minuciosas.* ANDREWS, Neil. *O moderno processo civil:* formas judiciais e alternativas de resolução de conflitos na Inglaterra. Orientação e revisão da tradução: WAMBIER, Teresa Arruda Alvim. 2. ed. São Paulo: Revista dos Tribunais, 2012, p. 64-65.

4 Alexandre Câmara, por exemplo, lista os seguintes: *Começando pelo princípio que a Constituição da República chama de* devido processo legal *(mas que deveria ser chamado de devido processo constitucional), o modelo constitucional de processo é composto também pelos princípios da isonomia, do juiz natural, da inafastabilidade da jurisdição, do contraditório, da motivação das decisões judiciais e da duração razoável do processo* (grifo do autor). CÂMARA, Alexandre Freitas. *O novo processo civil brasileiro.* São Paulo: Atlas, 2015, p. 5.

3. Os Juizados Especiais Estaduais e a Explosão das Demandas de Massa

A ruptura demarcada pela Constituição de 1988 tingiu de novas cores o Direito, como já visto. Todavia, não foram só códigos e leis que se viram ante uma grande mudança de paradigma; a própria cultura social foi em grande escala afetada.

A redemocratização de um país perdido nos anos de repressão da ditadura militar trouxe à população, de imediato, uma noção mais exata de sua cidadania e dos direitos que dela decorriam. Novos direitos e novos mecanismos para sua tutela despontaram no cenário jurídico nacional e, via de consequência, o Poder Judiciário passou a ser cada vez mais acionado para corresponder a esses novos anseios. Ademais, quanto maior a carência social e cultural, mais se recorre ao Judiciário como única porta de resolução de todos os males.

Infelizmente, a prática forense viria a revelar que o aparelho estatal não estava, de fato, pronto para comportar tantas demandas e satisfazer com efetividade e presteza as pretensões dos jurisdicionados. Aliás, nenhum país do mundo teria condições mínimas de suportar o enorme volume de processos que temos aqui – nossa realidade é única, de um volume avassalador[5].

Assim, ao mesmo tempo em que aumentou a visibilidade do Judiciário para a população, decaiu a qualidade da atividade por ele prestada, fosse por falta de estrutura financeira, material ou pessoal, fosse por inadequação da legislação processual, fosse pelo fenômeno da retroalimentação processual[6].

A nova Constituição, os novos direitos e a massificação das relações sociais congestionam em pilhas de processos os direitos dos aflitos jurisdicionados, prendendo-os a trâmites lentos e inseguros, à medida que a situações similares, muitas vezes, acabam sendo da-

5 Quanto mais um povo recorre ao Judiciário como única fonte de solução de seus conflitos, mais revela seu escasso grau de cidadania. Devemos estimular outras formas de pacificação social, como a mediação, por exemplo.

6 Conforme destacado por DUARTE, Antonio Aurélio Abi-Ramia. *Flexibilização procedimental nos juizados especiais estaduais*. Rio de Janeiro: JC, 2014, p. 11.

das respostas díspares[7], assunto que se abordará com mais detalhes adiante.

Os Juizados Especiais surgiram, com papel de destaque, nesse contexto em que, de um lado, as questões políticas e sociais se judicializam, e, de outro, o Estado não consegue respondê-las a contento. Reiteramos: o volume tornou-se desesperador.

Trata-se de uma nova roupagem dada ao *princípio da inafastabilidade da jurisdição*[8], pois não basta o acesso formal ao Estado-juiz – é preciso que ele seja efetivo, ou seja, que respeite as garantias fundamentais do cidadão e do processo para, ao final, chegar a um resultado construído a partir da participação das partes. Em suma, *acesso à Justiça – e não apenas ao Poder Judiciário – implica a garantia de*

---

7 Humberto Dalla e Roberto Rodrigues tratam do tema da seguinte forma: *A massificação das relações travadas no seio da sociedade contemporânea proporcionou um exponencial aumento de ações judiciais com idêntico objeto, as quais, por sua vez, contribuíram de forma decisiva para um verdadeiro congestionamento do Poder Judiciário brasileiro. Como reação a este panorama crescente de demandas repetitivas, que descontenta, a um só tempo, tanto os jurisdicionados, que sofrem com a morosidade da justiça e com o sentimento de insegurança jurídica, proveniente da sempre presente possibilidade de decisões antagônicas acerca da mesma situação, como também o próprio Poder Judiciário, que não consegue se desincumbir de modo satisfatório de suas atribuições, surgiu, então, a necessidade premente de criação de um regime processual próprio para tratar dessas ações repetitivas.* PINHO, Humberto Dalla Bernardina de; RODRIGUES, Roberto de Aragão Ribeiro. *O julgamento por amostragem dos recursos excepcionais repetitivos:* análise crítica e perspectivas, p. 2.

8 Sobre esse princípio, Kazuo Watanabe pondera: *Dele têm sido extraídos a garantia do direito de ação e do processo, o princípio do juiz natural e todos os respectivos corolários. E tem-se entendido que o texto constitucional, em sua essência, assegura "uma tutela qualificada contra qualquer forma de denegação da justiça", abrangente tanto das situações processuais como das substanciais. Essa conclusão fundamental tem servido de apoio à concepção de um sistema processual que efetivamente tutele todos os direitos, seja pelo esforço interpretativo que procure suprir as eventuais imperfeições, seja pela atribuição a certos institutos processuais como o mandado de segurança, da notável função de cobrir as falhas existentes no sistema de instrumentos processuais organizado pelo legislador ordinário.* WATANABE, Kazuo, op. cit., p. 26.

acesso ao justo processo, sem entraves e delongas. Enfim, garantia de ingresso em uma máquina apta a proporcionar resolução do conflito trazido, com rapidez e segurança[9].

Não é outra a proposta dos Juizados. À medida que a sociedade de consumo se fortalece e que as maneiras de se relacionar padronizam-se, os Juizados vêm propor um procedimento mais célere e econômico, primando pelo *princípio da efetividade da jurisdição*, no tratar de tantas lides idênticas que se avolumam nos gabinetes dos magistrados[10].

Ademais, ao permitir a atuação sem advogado para causas de menor valor, garantem que serão levadas ao Judiciário mesmo questões de menor porte econômico, mas que podem ser muito relevantes para a parte. Como dizer que não se trata de verdadeiro e democrático acesso à ordem jurídica justa? Basta observar: em um grupo de amigos, leigos ao universo jurídico, haverá pelo menos um que já tenha ouvido falar ou mesmo buscado a satisfação do seu direito em um Juizado.

Seja porque o acesso ao Judiciário tenha se popularizado, marca do Estado democrático de Direito, seja porque litigar tenha se tornado mais acessível/barato aos cidadãos, fato é que os Juizados se tornaram marcas positivas no ideário da coletividade.

Assim, o que a prática pôde mostrar foi um incremento, ainda que modesto, da capacidade do Estado de lidar com o *boom* das demandas de massa, através dos Juizados Especiais Estaduais. Dada, portanto, sua extrema relevância no panorama jurídico brasileiro, fica clara a necessidade de respeito a suas particularidades, ao que se chama de *microssistema* dos Juizados.

---

9 DUARTE, Antonio Aurélio Abi-Ramia, op. cit., p. 11.

10 Kazuo Watanabe discorre acerca dessa preocupação com a prestação efetiva de tutela do direito pelo processo, a saber: *Uma das vertentes mais significativas das preocupações dos processualistas contemporâneos é a da efetividade do processo como instrumento da tutela de direitos. Do conceptualismo e das abstrações dogmáticas que caracterizam a ciência processual e que lhe deram foros de ciência autônoma partem hoje os processualistas para a busca de um instrumentalismo mais efetivo do processo, dentro de uma ótica mais abrangente e mais penetrante de toda a problemática sociojurídica.* WATANABE, Kazuo, op. cit., p. 20.

Dentre elas, destaca-se que os Juizados contam não com o Tribunal de Justiça, mas com Turmas Recursais como segundo grau de jurisdição. As Turmas são formadas por juízes dos próprios Juizados, o que vem reforçar a autonomia dessa estrutura e garantir que as decisões dos recursos serão proferidas por magistrados que mantêm contato diário com a matéria.

Destarte, surge o seguinte questionamento: como garantir o *princípio da segurança jurídica* e, por conseguinte, o *princípio da isonomia*, no prolatar das decisões? Que mecanismos se aplicam a esse microssistema e garantem uma uniformidade jurisprudencial?

Decerto que o já mencionado incidente de resolução de demandas repetitivas vem tratar do tema, dentro da estrutura dos Tribunais. Mas e os Juizados, se submeterão a órgão externo e alheio à sua esquematização?

4. O Incidente de Resolução de Demandas Repetitivas

Faz-se necessário, como exame prévio a esse debate, um estudo mais detido acerca do assim chamado Incidente de Resolução de Demandas Repetitivas (IRDR). Trata-se de interessante inovação[11] trazida pela Lei nº 13.105/2015, lei esta, por sua vez, que finca um de seus alicerces no dever que têm os Tribunais de *uniformizar sua jurisprudência e mantê-la estável, íntegra e coerente*, nos dizeres do art. 926.

Pensando-se no mesmo amigo leigo, que já procurou o Judiciário para confiar-lhe a tutela de um direito seu, fica fácil compreender a preocupação do Código em explicitar algo que, a olhos apressados,

11 Destacando o caráter de inovação do instituto, Alexandre Flexa, Daniel Macedo e Fabrício Bastos, *Trata-se de uma* ***regra inédita*** *no ordenamento jurídico positivado, cuja finalidade, conforme a exposição de motivos, é a de atenuar o assoberbamento de trabalho no Poder Judiciário, evitando, por conseguinte, a dispersão excessiva da jurisprudência em situações jurídicas homogêneas.* (grifo dos autores). FLEXA, Alexandre; MACEDO, Daniel; BASTOS, Fabrício. *Novo código de processo civil – o que é inédito, o que mudou, o que foi suprimido*. Salvador: JusPodivm, 2015, p. 621.

poderia parecer desnecessário. Isso porque os cidadãos depositam no Estado a confiança legítima de que seus interesses serão protegidos contra ameaças ou lesões injustas, tanto sendo assim que abriram mão da autotutela para delegar os poderes jurisdicional e executivo à máquina estatal[12].

Confiando, pois, na solução justa e efetiva de eventuais lides em que se vejam envolvidos, os jurisdicionados acreditam que, a casos idênticos, serão dadas respostas idênticas. Nada mais lógico e justo. Eis, então, o princípio da segurança jurídica[13] operando efeitos no pa-

---

12 Sobre a autotutela, ou justiça privada, Teresa Armenta Deu tece as seguintes considerações: *La justicia privada supone un instrumento muy rudimentario de realización jurídica, que si bien no prescindía totalmente de algunas reglas, ponía de manifiesto relevantes carencias, singularmente, proteger al titular de un derecho si, además, era el más fuerte. La prohibición de la justicia privada obliga al Estado a proteger por sí mismo los derechos de los particulares, creando el mecanismo adecuado. Ese mecanismo es el proceso. Sólo a través del mismo se dirá y realizará el Derecho objetivo del caso concreto, es decir, se aplicará al objeto de ese proceso, la previsión general de la ley. El uso del proceso constituye un derecho de los ciudadanos, que se articula a través de una serie de normas de acceso. Ahora bien, en el otro polo, el Estado encomienda dicha función a una serie de órganos específicos y diferentes de aquellos que integran en la Administración o el Legislativo. Sólo estos órganos pueden decir o realizar el Derecho objetivo del caso concreto.* DEU, Teresa Armenta. *Lecciones de derecho procesal civil – proceso de declaración, proceso de ejecución y procesos especiales.* 7. ed. Madrid: Marcial Pons, 2013, p. 43-44.

13 Fincando a base constitucional do princípio em voga, Luiz Guilherme Marinoni assim comenta: *A Constituição Federal se refere à segurança jurídica no* caput *do art. 5º, ao lado dos direitos à vida, liberdade, igualdade e propriedade. Esse artigo possui vários dispositivos que a tutelam, como os incs. II (princípio da legalidade), XXXVI (inviolabilidade do direito adquirido, da coisa julgada e do ato jurídico perfeito), XXXIX (princípio da legalidade e anterioridade em matéria penal) e XL (irretroatividade da lei penal desfavorável). A segurança jurídica é vista como subprincípio concretizador do princípio fundamental e estruturante do Estado de Direito. Expressa-se em termos de estabilidade e continuidade da ordem jurídica e de previsibilidade acerca das consequências jurídicas das condutas praticadas no convívio social.* MARINONI, Luiz Guilherme. In: WAMBIER, Teresa Arruda Alvim; DIDIER Jr., Fredie; DANTAS, Bruno (Coord.). *Breves comentários ao novo código de processo civil.* São Paulo: Revista dos Tribunais, 2015, p. 2.074.

pel simbólico exercido pelo Judiciário face à sociedade: espera-se dos julgados que sejam coerentes entre si, mantendo a higidez e a harmonia de uma jurisprudência estável, contínua e previsível.

Com isso evitamos o fenômeno da dispersão jurisprudencial, típica dos países latinos.

Basta pensar que, do contrário, buscar a tutela de um direito seria nada menos do que uma aventura de rumos desconhecidos em um território nada familiar. Não importaria se dez, cem ou mil casos já tivessem obtido tal decisão, se não houvesse esse compromisso – agora legal – das Cortes de manter a linha de entendimento e zelar, com isso, pela boa-fé daquele que deseja o amparo jurisdicional[14].

A segurança jurídica e a isonomia, afinal, estão na base do IRDR, vez que o Estado-juiz deve atentar-se para o fato de que *Linhas decisórias inconstantes violam expectativas legítimas do jurisdicionado. Aquele que se coloca em situação similar à do caso já julgado possui legítima expectativa de não ser surpreendido por decisão diversa*[15].

O incidente, tratado nos arts. 976 a 987, tem como escopo *a tutela isonômica e efetiva dos* direitos individuais homogêneos *e seu advento traduz o reconhecimento do legislador de que a chamada "litigiosidade de massa" atingiu patamares insuportáveis em razão da insuficiência do modelo até então adotado*[16], comentários já tecidos em momento anterior.

Cabível quando existirem, simultaneamente, *efetiva repetição de processos que contenham controvérsia sobre a mesma questão unicamente de direito* e *risco de ofensa à isonomia e à segurança jurídica*,

14 Ver: (1) Aproximação crítica entre as jurisdições de *civil law* e *common law* e a necessidade de respeito aos precedentes no Brasil. MARINONI, Luiz Guilherme; e (2) Precedentes no CPC 2015: por uma compreensão constitucionalmente adequada do seu uso no Brasil. NUNES, Dierle.

15 MARINONI, Luiz Guilherme. In: WAMBIER, Teresa Arruda Alvim; DIDIER Jr., Fredie; DANTAS, Bruno (Coord.), op. cit., p. 2.074.

16 Palavras de DANTAS, Bruno. In: WAMBIER, Teresa Arruda Alvim; DIDIER Jr., Fredie; DANTAS, Bruno (Coord.), op. cit., p. 2.178 (grifo do autor).

nas palavras do art. 976, o IRDR será julgado pelo Órgão indicado pelo Regimento Interno do Tribunal, dentre aqueles destacados à uniformização de jurisprudência daquela Corte.

Preocupando-se com a *mais a ampla e específica divulgação e publicidade* da instauração e do julgamento do incidente, o art. 979 do Código determina o registro eletrônico no Conselho Nacional de Justiça[17]. Ademais, tendo em vista a celeridade em sua tramitação, fixa-lhe prazo de até 1 (um) ano para julgamento e preferência sobre os demais feitos, desde que não envolvam réu preso ou que não sejam pedidos de *habeas corpus*.

O Tribunal, através de um desembargador relator, se manifestará sobre a questão jurídica comum controvertida, ouvindo, para tanto, partes e interessados (inclusive pessoas, órgãos e entidades com interesse na controvérsia), a permitir que a sociedade se manifeste e ajude a construir uma tese jurídica que, a final, lhe impactará diretamente as pretensões.

Tanto é relevante a tese que o art. 985 determina sua aplicação a todos os processos, individuais ou coletivos, que discorram sobre idêntica questão de direito e tramitem naquela área de jurisdição, bem como às demandas futuras sobre a mesma temática.

De nada adiantaria, contudo, uniformizar o entendimento da Corte se isso significasse um engessamento perpétuo do Direito, algo incompatível com a própria ideia de Justiça e com a noção de evolução que sempre acompanhou a Humanidade ao longo da História. Isto é, se mudam as formas e os valores que levam as pessoas a se relacionarem, também a regulamentação jurídica deve transformar-se, sob pena de caducar e tornar-se ilegítima e sem credibilidade.

É por isso, justamente, que o art. 986 prevê a possibilidade de revisão da tese jurídica firmada em sede de IRDR, o chamado *overru-*

17 *A divulgação, por meio de registro eletrônico no Conselho Nacional de Justiça, terá o condão de facilitar o acesso aos operadores do Direito, bem como de potencializar o controle sobre a aplicação dos precedentes aos casos futuros, na esteira do que preconiza do artigo 985, inciso II, CPC/2015.* FLEXA, Alexandre; MACEDO, Daniel; BASTOS, Fabrício, op. cit., p. 629.

ling, uma "válvula de escape" que impede o engessamento permanente da jurisprudência[18].

Fixadas, dessa maneira, as premissas básicas do instituto, é chegado o tempo de se fazer o confronto: o incidente de resolução de demandas repetitivas tem aplicabilidade nos Juizados Especiais?

5. Os desafios de uma compatibilização

Como grandes portas de acesso ao Judiciário, ostentando número crescente de demandas, os Juizados Especiais Estaduais representam uma seara frutífera para discussões acerca da uniformização de sua jurisprudência. Tal fato é inegável, bastando mencionar que no Estado do Rio de Janeiro, em alguns anos os Juizados Especiais Estaduais responderam por mais de 50% de toda a distribuição ocorrida.

O IRDR, por sua vez, simboliza grande avanço legislativo na direção, justamente, de tal uniformidade, sendo esquematizado como um procedimento incidental dos Tribunais. Outro fato inegável.

A grande questão, não respondida por uma doutrina que ainda está começando a refletir sobre as problemáticas do Código em *vacatio*, é saber se o incidente de resolução de demandas repetitivas e os Juizados são conceitos que caminham paralelamente ou se – e em qual medida – há pontos de contato entre ambos.

Em primeiro lugar, há de se observar que o incidente foi pensado para as demandas repetitivas, *aquelas demandas idênticas, seriais, que, em grandes quantidades, são propostas perante o Judiciário*, consequência direta das relações em massa travadas pela sociedade contemporânea, a gerarem interesses individuais homogêneos que devem ser tutelados[19].

Foi visto, em ponto anterior deste estudo, que os Juizados Especiais Estaduais vieram, justamente, como resposta do Estado a

---

18 CARNEIRO, Paulo Cezar Pinheiro; PINHO, Humberto Dalla Bernardina de. *Novo código de processo civil – Lei 13.105, de 16 de março de 2015 – anotado e comparado*. Rio de Janeiro: Forense, 2015, p. 988.

19 CÂMARA, Alexandre Freitas, op. cit., p. 476-477.

essas demandas de massa. Trata-se, assim, de claro ponto de aproximação entre os dois polos desta comparação, vez que ambos contemplam o mesmo fenômeno da atualidade.

Todavia, a questão é mais delicada do que essa primeira similaridade possa apontar. Não se pode esquecer, afinal, que o segundo grau do Tribunal de Justiça e o do Juizado se encontram em estruturas recursais completamente diferidas. Decerto, decisões proferidas pela Corte vinculam os Juizados; porém, a via não é de mão dupla, vez que as causas inerentes aos Juizados não chegam ao escrutínio do Tribunal.

Diante de tal cenário, surge relevante indagação em relação ao IRDR: seria possível suscitá-lo em um processo iniciado no âmbito dos Juizados Especiais?

Para que se sustente uma resposta positiva, faz-se imperioso, primeiramente, construir a ponte que, a princípio, não existe entre o Juizado e o Tribunal de Justiça, tendo em vista seus sistemas recursais próprios. Vale lembrar que, tendo como segundo grau de jurisdição as Turmas Recursais, a estrutura do Juizado não permitiria, pelo menos em tese, a conexão com a Corte de Justiça, desafio a ser superado por esta linha de entendimento.

Em caso de resposta negativa, pareceria consectário lógico afirmar-se a incompatibilidade entre o incidente e o Juizado, ante a ausência de figura central para o julgamento do instituto: o Tribunal. Contudo, ainda se mostraria possível aventar uma alternativa impensada pela lei: poderia o juiz do Juizado oficiar à Corte para que o incidente fosse suscitado em processo de competência dela?

Nesse caso, a doutrina que já examina a questão divide-se em duas posições quanto aos requisitos do IRDR. Uma primeira corrente sustenta que o art. 978, parágrafo único[20], traria a exigência de pendência de um julgamento no Tribunal, ainda que não expressa. Assim,

---

20 *Art. 978. [...].*
Parágrafo único. O órgão colegiado incumbido de julgar o incidente e de fixar a tese jurídica julgará igualmente o recurso, a remessa necessária ou o processo de competência originária de onde se originou o incidente.

para a Corte julgar o incidente, deveria haver também um caso concreto a ser analisado.

Essa não parece, entretanto, a melhor visão. Em verdade, nunca se mostra o mais sensato fazer restrições onde a lei nada limitou. Dada, inclusive, a importância da matéria objeto do incidente, mais adequada se mostra a corrente que afasta tal requisito não expresso, admitindo o julgamento tão somente do IRDR para formular a tese jurídica.

Note-se que, em se adotando a primeira linha de pensamento, afastam-se por completo quaisquer pretensões de utilização do incidente em âmbito de Juizado, eis que seus casos concretos jamais chegarão ao Tribunal.

Contudo, temos o desafio de fazer uma nova leitura do sistema processual, calçado em valores e vetores jamais aplicados. Logo, devemos partir da premissa de maior enfrentamento das demandas de massa, utilizando os remédios processuais inovadores, algo que, certamente, não pode alienar os Juizados Especiais. Não teria o menor sentido pensar em enfrentamento de massa com uma ferramenta tão eficaz como o IRDR e não aplicá-la aos Juizados, justamente a seara mais carente de sua atuação. Seria como ter o remédio e não ministrá-lo ao paciente.

O questionamento, no entanto, continua sem resposta, pois, mesmo que se admita a apreciação do IRDR sem a existência de um correlato caso submetido à Corte, ainda não se consegue superar o entrave que separa em esferas distintas os dois órgãos jurisdicionais.

Tal separação parece, inicialmente, rechaçar a possibilidade de uma manifestação *ex officio* dos magistrados de Juizado, clamando por uma suscitação do incidente em processo alheio à sua competência.

Propõe-se a seguinte reflexão: como se sentiria a parte de um processo de competência de uma Vara Cível se, subitamente, um juiz de Juizado, totalmente alheio à relação jurídica travada naquela demanda e suas peculiaridades procedimentais, requisitasse ao Tribunal que se manifestasse sobre uma questão para a qual, muitas vezes, a parte sequer tinha atentado e a qual pode nem lhe interessar?

A única resposta possível é a de que tal jurisdicionado se sentiria inseguro e, no mínimo, confuso com tal ingerência indevida. E esse, certamente, não foi o intuito do novo Código de Processo Civil ao criar o incidente. O IRDR foi criado para ser aplicado a todo o ordenamento[21].

A partir da análise de todas essas variáveis, e tendo-se em vista que apenas a aplicação prática da nova lei indicará a opção dos Tribunais brasileiros, este trabalho coloca como sugestão a observância das diretrizes que se seguem, como primeira reflexão ainda a ser amadurecida.

Quando a matéria for compartilhada entre o Sistema de Juizados e o juízo comum, a Corte se manifestará pela via do IRDR, respeitando a cláusula de reserva de plenário (art. 97 da Constituição da República) e os requisitos do incidente. Como a questão seria passível de exame pelo juízo comum, portanto, dentro da estrutura hierárquica do Tribunal de Justiça, não há que se falar em qualquer incompatibilidade com o Juizado.

Se, entretanto, a matéria debatida for tão somente objeto das demandas tipicamente levadas ao Juizado Especial Estadual, portanto, ínsita ao sistema de Juizados Especiais, é preciso respeitar a autonomia e todas as peculiaridades deste órgão jurisdicional, acima abordadas. Com isso, preservamos a especialidade e a separação dos sistemas recursais concebidos na Lei nº 9.099/95. Não existe razão para não submeter o tema ao juízo especializado, reforçando a premissa de preservação sistêmica dos Juizados Especiais.

Portanto, em homenagem ao seu *microssistema*, o Tribunal não se manifestará em sede de incidente de resolução de demandas repetitivas nas questões exclusivamente, reiteramos, exclusivamente pertinentes ao sistema de Juizados Especiais.

Aos mais apressados, tal sugestão pode soar atentatória aos princípios da segurança jurídica e da isonomia, pois estar-se-ia privando o Juizado da utilização de instituto crucial trazido pelo novo Código, na contramão da uniformização de jurisprudência.

Observe-se, porém, que tal receio não merece sustento. A uma, porque as matérias afetas também ao juízo comum seriam objeto do

21 Usamos a expressão *ordenamento* em sentido vulgar.

incidente; e a duas, porque, para as matérias exclusivas do Juizado, as Turmas Recursais seriam órgão de segundo grau de jurisdição apto a uniformizar posicionamentos e garantir respostas equânimes aos jurisdicionados.

Destarte, firma-se uma posição – ou melhor, uma sugestão – de tons intermediários, em um quadro em que se mostra vantajosa toda compatibilização possível que, uma vez feita, gere benefícios para as partes e valorização de princípios constitucionais e processuais, grande foco do *modelo constitucional de processo civil.*

6. Conclusão

A edição de um novo ordenamento tão importante quanto um Código de Processo Civil em muito impacta e transforma a realidade social e jurídica de um país. A criação de novos institutos, assim como o aprimoramento daqueles já existentes, são feitos com base na mesma premissa: melhorar a prestação da atividade jurisdicional e, com isso, oferecer ao jurisdicionado a resposta adequada e efetiva aos seus anseios[22].

A partir do momento em que o Brasil, no pós-Segunda Guerra Mundial, aderiu ao movimento de constitucionalização que culminou na Carta Cidadã de 1988, seus muitos valores e princípios se espalharam por todos os ramos do Direito, inclusive o Processual Civil, no qual fincou bases ainda mais nítidas e firmes com a edição da recente Lei nº 13.105/2015.

Com isso, a tendência de garantir aos cidadãos a tutela justa de seus direitos tem ganhado cada vez mais matizes, através de instrumentos de

22 A necessidade constante de transformação, de modo a melhorar o sistema processual, é assim destacada por Cândido Rangel Dinamarco: *Diante do que já se viu, do que já se propôs, se discutiu, se aceitou no direito positivo e nas práticas dos juízes, é lícito afirmar que a busca de soluções de aperfeiçoamento está encetada e em plena efervescência nos escritos dos juristas e mesmo na evolução do direito processual positivo. E temos também a certeza de que todos repudiam o sistema processual e judiciário de que dispomos, sendo indispensável alguma transformação daquilo que hoje existe.* DINAMARCO, Cândido Rangel. *Nova era do processo civil.* 3. ed. São Paulo: Malheiros, 2009, p. 18-19.

tutela que primam, sobremaneira, por princípios como o da inafastabilidade da jurisdição, da isonomia, da segurança jurídica, da confiança, da boa-fé, da eficiência e da efetividade[23] da atividade jurisdicional.

Infelizmente, a contemporaneidade trouxe ao Poder Judiciário desafios estruturais quase paralisantes, com avalanches de feitos soterrando em pilhas de processos os gabinetes dos magistrados. Os Juizados Especiais Estaduais, no ponto, surgiram como tentativa de solução do problema por parte do Estado, que buscava uma saída para o *boom* das demandas de massa, características do novo milênio.

O novo Código, no mesmo compasso, vem tratar dessa *"sociedade de massa"*[24] com o incidente de resolução de demandas repetiti-

---

23 Aliada à efetividade, a busca da verdade processual mais próxima à real também pode ser colocada como uma das diretrizes do processo. Trata-se de estudo epistemológico: *En términos generales, la epistemología aplicada es el estudio orientado a determinar si los diversos sistemas de investigación que pretenden estar buscando la verdad (en diferentes ámbitos) cuentan o no con un diseño apropiado que les permita generar creencias verdaderas acerca del mundo. Los teóricos del conocimiento – como a veces se conoce a los epistemólogos – son quienes rutinariamente examinan prácticas de esta naturaleza, como la ciencia o las matemáticas, a los efectos de diagnosticar si son capaces de cumplir con su pretendido propósito (averiguar la verdad).* LAUDAN, Larry. *Verdad, error y proceso penal – un ensayo sobre epistemología jurídica.* Trad. Carmen Vásquez y Edgar Aguilera. Madrid: Marcial Pons, 2013, p. 23. Michele Taruffo também vai tratar do tema, considerando *que não obstante dificuldades teóricas e variedades de orientações, a verdade – concordando com Lynch – é objetiva, é boa, é um objeto digno de perquirições e digna de ser cultivada por si mesma*; observa, porém, que é preciso atentar para o fato de se tratar de conceito culturalmente relativo, devendo-se ligar ao contexto as metodologias e técnicas empregadas para tentar determiná-la. TARUFFO, Michele. *Uma simples verdade – o juiz e a construção dos fatos.* Trad. Vitor de Paula Ramos. Madrid: Marcial Pons, 2012, p. 102 e 104.

24 *Uma sociedade de massa no dizer de Mauro Cappelletti gera litígios de massa, vale dizer, ações individuais homogêneas quanto à causa de pedir e o pedido. Assim, v.g., o Brasil experimenta esse contencioso de massa através de milhares de ações questionando a legalidade da assinatura básica, os índices de correção da poupança em confronto com as perdas geradas pelos planos econômicos, os índices de correção do FGTS, o pagamento de impostos por determinadas categorias, a base de cálculo de tributos estaduais, municipais, federais etc.* FUX, Luiz (Coord.). *O novo processo civil brasileiro.* Rio de Janeiro: Forense, 2011, p. 22.

vas, sempre visando a uma maior isonomia no prolatar das decisões, à uniformização da jurisprudência dos Tribunais e à tutela da segurança jurídica e da confiança legítima dos jurisdicionados[25].

A equação é simples: muitas demandas, aliadas à falta de aparelhamento do Estado e de institutos/ferramentas jurídicas que o auxiliem, levam ao sucateamento do Poder Judiciário, com a perda de sua credibilidade face à sociedade. Afinal, ninguém se contenta com a violação à duração razoável do processo em atividade tão relevante, muito menos quando todo esse tempo de espera por uma decisão pode vir a ser *"premiado"* com resultados díspares para casos rigorosamente similares, verdadeiras afrontas à isonomia.

Tanto os Juizados quanto o IRDR vieram ao auxílio do Estado nessa encruzilhada e nesses desafios do século XXI. A questão que aqui se propôs, para reflexão dos juristas, é saber até que ponto é possível se operar a conjugação de ambos para, dessa forma, potencializar a atuação de combate a essa dispersão jurisprudencial que, no fim, é tudo, menos justa.

O Código de 2015 ainda não entrou em vigor, é verdade, mas muitas são as discussões relevantes que se devem travar para maximizar o seu alcance. Esta foi apenas uma delas.

O que se deve ter sempre em mente, porém, é que, em um mundo de Revoluções e rupturas, a busca incessante por uma transformação – seja jurídica, política, econômica, social ou que tenha de tudo um pouco – leva em seu bojo o desejo, inato à condição de ser humano, de progredir, crescer, melhorar.

Assim é no Processo Civil, assim é na vida.

---

25 *Essas demandas, ao serem decididas isoladamente, geram, para além de um volume quantitativo inassimilável por juízos e tribunais, abarrotando-os, o risco de decisões diferentes para causas iguais, com grave violação da cláusula pétrea da isonomia, como adverte Dennys Loyd.* FUX, Luiz, op. cit., p. 23.

7. Referências

ANDREWS, Neil. *O moderno processo civil:* formas judiciais e alternativas de resolução de conflitos na Inglaterra. Orientação e revisão da tradução: WAMBIER, Teresa Arruda Alvim. 2. ed. São Paulo: Revista dos Tribunais, 2012.

CÂMARA, Alexandre Freitas. *O novo processo civil brasileiro*. São Paulo: Atlas, 2015.

CARNEIRO, Paulo Cezar Pinheiro; PINHO, Humberto Dalla Bernardina de. *Novo código de processo civil – Lei 13.105, de 16 de março de 2015 – anotado e comparado*. Rio de Janeiro: Forense, 2015.

DEU, Teresa Armenta. *Lecciones de derecho procesal civil – proceso de declaración, proceso de ejecución y procesos especiales*. 7. ed. Madrid: Marcial Pons, 2013.

DINAMARCO, Cândido Rangel. *Nova era do processo civil*. 3. ed. São Paulo: Malheiros, 2009.

DUARTE, Antonio Aurélio Abi-Ramia. *Flexibilização procedimental nos juizados especiais estaduais*. Rio de Janeiro: JC, 2014.

FLEXA, Alexandre; MACEDO, Daniel; BASTOS, Fabrício. *Novo código de processo civil – o que é inédito, o que mudou, o que foi suprimido*. Salvador: JusPodivm, 2015.

FUX, Luiz (Coord.). *O novo processo civil brasileiro*. Rio de Janeiro: Forense, 2011.

LAUDAN, Larry. *Verdad, error y proceso penal – un ensayo sobre epistemología jurídica*. Trad. Carmen Vásquez y Edgar Aguilera. Madrid: Marcial Pons, 2013.

PINHO, Humberto Dalla Bernardina de; RODRIGUES, Roberto de Aragão Ribeiro. *O julgamento por amostragem dos recursos excepcionais repetitivos: análise crítica e perspectivas*.

TARUFFO, Michele. *Uma simples verdade – o juiz e a construção dos fatos*. Trad. Vitor de Paula Ramos. Madrid: Marcial Pons, 2012.

WAMBIER, Teresa Arruda Alvim; DIDIER Jr., Fredie; DANTAS, Bruno (Coord.). *Breves comentários ao novo código de processo civil.* São Paulo: Revista dos Tribunais, 2015.

WATANABE, Kazuo. *Cognição no processo civil.* 4. ed. São Paulo: Saraiva, 2012.

O JUIZ DO AGORA E DO AMANHÃ UM PERFIL DE SUA ADEQUADA ATUAÇÃO JURISDICIONAL

Caetano Ernesto da Fonseca Costa

RESUMO: A preocupação com a guarda e a preservação dos Direitos Fundamentais levou à adoção do Constitucionalismo Democrático, regime que se propõe a proteger o homem e a seus principais valores contra qualquer tipo de violação ou arbitrariedade. O artigo parte da visão do "neoconstitucionalismo", modelo interpretativo que propõe uma exegese de caráter basicamente principiológico, para analisar a liberdade exegética do juiz para preservação e proteção dos direitos fundamentais. O juiz já não deve contas da sua interpretação somente ao texto legal ordinário, porque sua agora é a responsabilidade de fazer a necessária aproximação e adequação do fato por ele regulamentado com os principais princípios e valores constitucionais.

PALAVRAS-CHAVE: Neoconstitucionalismo; Hermenêutica; Interpretação Judicial; Pró-ativismo; Neutralidade; Imparcialidade; Gênero.

ABSTRACT: The preoccupation in saving and preserving the Fundamental Rights forced the adoption of the Democratic Constitutionalism, a regime that proposes to protect the man and his main values against any sort of violation or arbitraries. This article introduces the neoconstitutionalism, an interpretative model that proposes an exegesis basically of a principled character, to analyze the exegetical freedom of the judge to preservation and protection of fundamental rights. The judge does not have to explain his own interpretations to the ordinary legal text because his agora is the responsibility of making the necessary approximations and adequacies to the fact of its regulation against the constitutional principles and values.

KEYWORDS: Neoconstitutionalism; Hermeneutics; Judicial interpretation; Pro- activism; Neutrality; Impartiality; Genre

1. Introdução

Reportamo-nos inicialmente ao tempo da formação do chamado Estado liberal, que incorporou, como de sabença, valores jusnaturalistas considerados como a tônica dos movimentos revolucionários patrocinados pelo homem no correr dos séculos XVIII e XIX, que se tornaram inclusive o principal motivo da crise que se passou em França no ano de 1789.

Com esse modelo começa a era das codificações, época que ainda se acreditava ser a lei a resposta adequada para a solução de todos os conflitos sociais e econômicos, partindo-se da equivocada premissa de que todos os homens seriam por ela tratados de maneira impessoal e igualitária.

Tempo de positivismo estrito, quando a atividade dos Magistrados se achava circunscrita à mais pura racionalidade, vinculada a uma interpretação que, se acreditava, pudesse ser fria e literal do texto legal.

Submeter, no entanto, a Ciência do Direito ao aprisionamento de uma lógica tão formal revelou-se um grande equívoco, cuja constatação veio acompanhada da infeliz submissão desse positivismo a regimes de governo totalitários, circunstância que levou a humanidade a enfrentar dois grandes conflitos mundiais no século que se passou.

A esse tempo já se constatara que valores tão caros para o homem e pelos quais tanto lutara não se achavam suficientemente protegidos pelo império da legislação ordinária, assim considerada como a mais pura expressão da criação Parlamentar e do Estado.

Chega-se, por isso, ao modelo do Constitucionalismo Democrático[1], regime político que a pretexto de proteger o indiví-

---

1 Sobre o surgimento deste modelo de supremacia da Constituição em diferentes ordenamentos e regiões, destaco: *La Supremacía Constitucional ha sido una creación norteamericana. Los británicos, de acuerdo con la concepción de LOCKE, habían desplegado la teoría de la existencia de un Derecho "fundamental" o "Superior". En los Estados Unidos da América la Constitución de*

duo contra o possível arbítrio do próprio Estado, preservando-lhe direitos fundamentais, passa a condicionar a validade de toda a legislação comum ao exame de sua compatibilidade com a nova ordem constitucional[2].

Dentro desse contexto, a interpretação literal e positivista de outrora não encontra mais espaço e por isso precisa ser definitivamente arquivada. O novo modelo reclama uma distinta opção de interpretação jurídica, muito mais flexível e oxigenada, orientada no sentido de integrar a noção de valores aos conceitos de "ética" e "justiça", através de uma avaliação do texto legal agora vazada em uma verdadeira ordem principiológica de valores.

1787 la recogió al definirse a si misma como "the supreme law of the land" (art. VI, sec. 2), pero no estableció un mecanismo concreto que garantizase esta supremacía, hasta que en 1803, el Tribunal Supremo, bajo la presidencia de John Marshall, en la sentencia Marbory vs. Madison definió que "The Constitution is superior to any ordinary act of the legislative", con lo que el Tribunal Supremo asumió el control de la constitucionalidad de todas las leyes, extremo no previsto de forma expresa en el texto constitucional. En Europa, el camino hacia la consideración de la Constitución como norma jurídica que vincula a todos no se abrió hasta llegar al siglo XX. Las razones deben buscarse en que la construcción del nuevo Estado liberal y democrático se realizó trabajosamente a través del acometimiento al imperio de la ley, de los otros poderes que eran vistos inicialmente con desconfianza por su resistencia a aceptar la voluntad general. Los representantes del pueblo, gracias a la soberanía parlamentaria, se convirtieron en los garantes de la voluntad constitucional, que concretaban en leyes, a las que debían someterse los otros poderes. Por ello, quizá cuando se adaptó el criterio de que la Constitución era una norma jurídica que vinculaba a todos, se optó por no otorgar esta facultad de enjuiciar las leyes al Poder Judicial, sino crear un nuevo órgano especializado, un Tribunal Constitucional, encargado de realizar el control de constitucionalidad de las leyes. Quedaran configurados así dos grandes modelos de control de la constitucionalidad de las leyes: el modelo americano y el modelo europeo (MOLAS, 2010, p. 227-228).

2 *Así, justamente con el control abstracto de las leyes limitado temporalmente, se dota a los Tribunales ordinarios de la facultad de recebar en cualquier momento la opinión del tribunal constitucional a partir de una duda de constitucionalidad surgida en un caso concreto. Y esta vía alternativa permitirá al órgano constitucional ejercer una función de adaptación, por medio de un adecuado desarrollo interpretativo, de la norma constitucional a las condiciones sociales y políticas* (RÓMAN MARTÍN, 2009, p. 269).

O propósito é, enfim, o de referendar valores maiores inseridos no texto constitucional, a eles subjugando a norma ordinária através de uma hermenêutica diferenciada, voltada sempre essa interpretação para o sentido ético desses conceitos.

Cuida-se de fato de uma nova, atual e por que não dizer revolucionária proposta, que se propõe a proclamar o Direito de uma maneira mais dinâmica, próxima dos principais reclamos sociais, quando o juiz, principal intérprete da lei vem a ser convidado a seguir um horizonte delineado não mais pelos limites impessoais marcados pelo legislador, mas sim por uma delimitação muito mais ampla, ditada pela fronteira dos principais valores e direitos reconhecidos pelo texto constitucional.

Sabe-se, também, e não de agora, que a norma constitucional protetiva do Direito, inclusive os de vital relevância como os de natureza fundamental, ostenta um núcleo valorativo central, que merece de fato tutela redobrada, buscando sua preservação, sendo verdade no entanto que a partir de determinado ponto passa a ser inteiramente lícito ao intérprete interferir, de maneira a adequar esses conceitos indiretamente vinculados àquele núcleo central, de maneira a alcançar aquilo que se propõe a ser a realidade social[3].

Toda legislação, e a Constituição não é exceção, precisa ser constantemente atualizada e adaptada a situações futuras e a hermenêutica judicial consiste no principal desses caminhos[4].

---

3 *O direito constitucional contemporâneo vem passando por momento de transformação paradigmáticas, devido especialmente ao declínio do positivismo jurídico e de seu discurso axiomático-dedutivo do Direito. A cada dia que passa novos elementos hermenêuticos são incorporados à interpretação constitucional hodierna, na busca de seu desiderato maior de reaproximar o Direito da Ética. No neoconstitucionalismo, a efetividade de princípios constitucionais vem sendo consolidada mediante harmonizações entre o texto da lei e o sentimento constitucional de distribuição de justiça. É nesse diapasão que desponta a relevância da construção científica de novas fórmulas dogmáticas e em especial o reconhecimento da dimensão retórica das decisões judiciais como fator integrante da normatividade do Direito* (SANDOVAL GÓES, 2007, p. 113).

4 Recorro às lições de Luís Roberto Barroso, quando escreve: *A mutação constitucional se realiza por via da interpretação feita por órgãos estatais ou por*

A presente exposição se propõe, assim, a demonstrar a relevância desse esforço exegético, que há de fazer o juiz na busca incessante da preservação dos valores vinculados à classe dos direitos fundamentais.

Nessa atividade, acredita-se, encontra-se a semente de todo o projeto de proteção aos direitos fundamentais criado pelo Constitucionalismo Democrático atual, que é importante relembrar foram conquistados não sem muitas e sangrentas batalhas e que hoje significam, sem favor algum, o símbolo da preservação da própria humanidade.

A par dessa proposta, de se evidenciar a importância desse sistema pós-positivista de interpretação do texto legal, demonstrar-se-á, também, a necessidade de se promover uma substancial alteração do paradigma tradicional da atuação judicial, lamentavelmente ainda muito vinculado à realidade do positivismo de outrora.

Esse moderno paradigma está com certeza a exigir dos juízes uma nova e distinta modalidade de compromisso social, muito diferente da relação que se caracterizava em passado não tão remoto como se poderia desejar, época em que a tarefa do juiz consistia em reproduzir, sem nenhum ou pouco esforço exegético e de criação, os conceitos e valores de conformidade com o que teriam sido ditados pelo legislador[5].

Há, enfim, que se redesenhar o papel do juiz frente à sociedade, que lhe está a exigir agora um compromisso de muito maior envergadura. Espera-se um juiz proativo, que não tenha mais a ilusão de sua neutralidade e que justamente por isso possa desenvolver a sabedoria e a sensibilidade de sua imprescindível imparcialidade, de fato característica, esta sim, essencial ao exercício de sua judicatura.

---

meio dos costumes e práticas políticas socialmente aceitas. Sua legitimidade deve ser buscada no ponto de equilíbrio entre dois conceitos essenciais à teoria constitucional, mas que guardam tensão entre si: a rigidez da Constituição e a plasticidade de suas normas. A rigidez procura preservar a estabilidade da ordem constitucional e a segurança jurídica, ao passo que a plasticidade procura adaptá-la aos novos tempos e às novas demandas, sem que seja indispensável recorrer, a cada alteração da realidade, aos processos formais e dificultosos de reforma (BARROSO, 2010, p. 127-128).

5 Nessa época o juiz era considerado simplesmente como *la bouche de la loi*.

A aliança permanente desses dois elementos, vale dizer de um juiz comprometido socialmente, mas ao mesmo tempo imparcial e que se proponha a atribuir ao texto uma interpretação flexível e oxigenada, de natureza principiológica e ao encontro dos valores inseridos no universo dos direitos fundamentais, resultará com toda certeza em uma desejada aproximação do "Direito 'com a' Justiça", que a bem da verdade sempre representou a verdadeira expectativa da sociedade em relação a seu Poder Judiciário.

Esta proposta é, portanto, de (1) defender a viabilidade desse modelo interpretativo judicial, pautado em ordem eminentemente principiológica, bem como (2) de propor radical alteração do comportamento do juiz frente à sociedade, recomendando de sua parte maior proatividade e vinculação com seu compromisso político-social.

2. A Ordem Jurídica como um Sistema "Aberto" de Valores: Uma Realidade no Regime Constitucional Pós-1988

Se há uma certeza dentro desse universo pós-positivista do Direito é a de que a lei não esgota em si mesma os conceitos dos valores necessários a solucionar, com equidade e Justiça, todos os conflitos que a ela são submetidos. Ora isso se dá pela presença involuntária de lacunas no texto legal, ora isso ocorre em razão da especificidade da situação fática da controvérsia, que difere das demais não raro por infinitas particularidades.

Senão na totalidade com certeza na expressiva maioria das vezes a norma legal não tem como esgotar a definição dos conceitos do conflito que almeja regulamentar, sendo verdade, por outro lado, que esses mesmos valores preservados pelo legislador se tornam obsoletos com extrema rapidez, isso por conta da salutar variação no tempo dos costumes e das práticas sociais.

Essa necessidade se agrava ainda mais em tempos de intensa globalização, quando se dá a troca de informações com velocidade ainda não absorvida pelo homem, ao mesmo tempo que o intercâmbio cultural se faz cada vez mais presente e necessário[6].

Valores de hoje já não são literalmente os de amanhã, de maneira que de nada valerá o esforço parlamentar de produção legislativa, dentro de uma perspectiva democrática, se o Judiciário não tomar para si também a responsabilidade de adaptar e atualizar os conceitos que terminaram inseridos no texto legal.

Em outras palavras, não valem para todo o sempre os conceitos axiológicos tal como ditados pelo legislador, necessitando-se por conta disso de um oxigenado método interpretativo, cujo objetivo é justamente o de atualizá-los e a proposta agora é que isso se faça prioritariamente em sintonia com a ordem constitucional.

É, portanto, do intérprete a responsabilidade de preencher esses espaços, assim como a de atualizar conceitos e valores que se perderam no tempo e isso hoje, no mundo globalizado e multicultural, já se disse, é uma constante, de forma que possa o juiz chegar a uma solução que se apresente justa, equilibrada e acima de tudo ética em face dos valores maiores tal como identificados pela Constituição.

Sem abandonar o pensamento positivista original, porque a lei não pode e nem deve ser ignorada, tem o juiz a oportunidade de renovar valores jusnaturalistas, incorporando-os ao seu processo exegético, promovendo através dessa atividade um salutar e equilibrado encontro da Filosofia com o Direito, repita-se sempre no sentido da própria Ética[7].

---

6 *La diversidad de culturas también nos enseña a apreciar las diferencias existentes en el seno de la nuestra. Si nos acostumbramos a apreciar las diferencias que existen entre las culturas, también tenderemos a buscarlas en la nuestra propia y podremos así aprender a hacerles justicia [...]. La diversidad cultural crea un clima en el que las distintas culturas pueden entablar un diálogo que beneficie a todas. Distintas tradiciones artísticas, literarias, musicales y morales se plantean mutuamente frecuentes, se retan y prueban entre sí, toman prestadas ideas de las demás y experimentan con ellas. A menudo el resultado es el surgimiento de ideas y sensibilidades totalmente nuevas que ninguna de ellas había sido capaz de generar por sí misma* (PAREKH, 2005, p. 253-254).

7 Realmente, a figura do "juiz instituição" é fundamental para tentar fazer um exame equilibrado dos valores em conflito: *Frente a una visión de la identidad*

Essa a principal contribuição que traz a concepção do sistema jurídico como sendo "aberto", ou seja, pautado na premissa maior do conceito de "justiça" como medida e objeto de todo o regramento do Direito[8].

Dentro desse novo paradigma surge, como já dissemos, a Constituição como a principal fonte do Direito, como marco, limitação e ao mesmo tempo objetivo da interpretação levada a cabo pelos juízes, que já não têm mais que prestar contas de sua metodologia interpretativa somente a um legislador ordinário, como se dera em tempos de positivismo estrito, havendo sim de demonstrar sua carga de

---

colectiva como un dogma a modo de un coto "cerrado", cuya aspiración sea ella de encontrar el favor de lo público e institucional, la "Secularización" identitaria va a significar asumir la perspectiva de la identidad colectiva como un "espacio abierto" sin miedo a la pluralidad que en verdad presenta la ciudadanía, y consecuentemente a buscar identificaciones en otro tipo de referentes menos sustencialistes y conflictivos, enteramente compatibles con el Estado constitucional de Derecho, que aun la pareja de neutralidad, consigan evadir la "antinomia" entre el pluralismo como valor del Derecho y la protección por el Derecho de creencias de identidad colectiva y, por tanto, eviten que la identidad colectiva se constituya en un obstáculo de la ex-tensión de los derechos a los no-nacionales que también habitan nuestro Estado de Derecho (DEL REAL ALCALÁ, 2005, p. 198).

8 O texto é de José Ricardo Cunha, que, em *Sistema aberto e princípios na ordem jurídica e na metódica constitucional*, doutrina: *Dessa forma, a medida da ordenação e da unidade sistemática deve se dar como um processo social e histórico, baseado em valores, assentados, por seu turno, na premissa maior da justiça como sustento das ideias de direito. Assim, o sistema pode justificar dado sentido específico fornecido a uma determinada decisão ou interpretação perpetrada a certo caso ou situação juridicamente relevante. Disso resulta que o sistema do direito não pode ser visto como meramente lógico-formal, na medida em que é essencialmente axiológico e teleológico, ou seja, visa atingir determinados fins adequando comportamentos individuais e coletivos a valores que resultam de dado processo histórico e de dada intencionalidade espiritual. Além disso, o sistema do direito admite mudanças e mobilidades, podendo gerar conflitos normativos que deverão ser sanados pela ação hermenêutica do operador jurídico. Por fim, o sistema do direito é constituído por normas que não são axiomas e sim proposições ou prescrições que adquirem seu sentido concreto no contexto axiológico e teleológico do próprio sistema* (CANARIS, 1989: 26-65) (CUNHA, 2000).

compromisso social em face do próprio texto constitucional e por que não dizer frente à sua própria sociedade.

3. A Normatividade dos Princípios

O compromisso do juiz nessa nova e atual perspectiva vincula-se de fato aos princípios identificados pelo Constituinte, que se sabe intimamente relacionados à classe dos Direitos Fundamentais.

Em outras palavras, não está esse juiz livre para decidir o conflito como lhe aprouver, de maneira arbitrária, mas certamente de forma justificada, sempre buscando o sentido ético da norma, ou seja, almejando conjugar o valor axiológico em conflito com o princípio da "Primazia da Ordem Constitucional" e de seus Direitos Fundamentais.

A reaproximação entre Direito e Ética é uma tentativa do pós-positivismo jurídico, que, segundo Gebran Neto (2002), pode ser resumido em *um esforço de superação do legalismo estrito, característico do positivismo normativista, sem recorrer às categorias metafísicas do jusnaturalismo*. A passagem da Constituição para o centro do sistema jurídico deu lugar ao fenômeno da constitucionalização do Direito, que consiste na leitura do Direito infraconstitucional à luz dos princípios, mandamentos e fins previstos na Constituição.

Neste sentido, o neoconstitucionalismo é um movimento social, político e jurídico fruto de transformações no modo como se pensa e se pratica o Direito Constitucional. O pós-positivismo e a expansão do papel do Judiciário e da jurisdição constitucional deram margem a um constitucionalismo principiológico, com objetivo de concretizar os direitos fundamentais.

> O neoconstitucionalismo é a teoria que abrange e explica essa linha comum de pensar o direito contemporâneo. Sem medo do desgaste da palavra, podemos enfrentar o estudo do neoconstitucionalismo como um novo paradigma do direito (paradigma entendido como um novo padrão). Daí afirmarmos que a concepção do neoconstitucionalismo, conforme defendemos, enxerga o direito como ele pode ser: transformador. Mais do que a superação de uma metodologia jurídica – o que já seria uma grande proposta –, o neoconstitucionalismo muda a forma de pensar, pois pretende superar o debate entre positivistas x jusnaturalistas,

> lançando mão de uma nova teoria para o direito, tomando como ponto central a Constituição. Passamos de um direito em que as normas dizem o que fazer para um direito em que os princípios indicam o que se pode fazer (MOREIRA, 2008, p. 132).

Da atuação do juiz em consonância com os princípios constitucionais beneficia-se com toda a certeza a sociedade, que assiste a migração salutar dos valores morais que elegeu preservar para o terreno do universo jurídico, decidindo-se a controvérsia não mais nos limites impostos pelo positivismo legal estrito e sim pela adequada simbiose do Direito com a própria Ética[9]. Disso resulta o efetivamente justo, o razoável e o esperado da atuação judicial.

O modelo e os limites dessa interpretação estão, portanto, como já ressaltado, na busca permanente dos principais valores consagrados pelo texto constitucional. Como referendar justificadamente esses valores é a principal tarefa que o juiz há de enfrentar, no exercício natural de sua própria sensibilidade.

Sabe-se, por outro lado, que a doutrina tem se preocupado em identificar esse relevante rol de direitos e de prerrogativas fundamentais ao ser humano e essenciais para o exercício de sua própria cidadania, sendo que os classifica comumente por "dimensões", em função da sequência com que vêm sendo consagrados e reconhecidos pela doutrina (Cf. DIMOULIS; MARTINS, 2010). Os direitos tanto de primeira como de segunda dimensão serão agora destacados na sequência de nossa pesquisa.

---

9 Cito Luis Roberto Barroso: *A doutrina pós-positivista se inspira na revalorização da razão prática, na teoria da justiça e na legitimação democrática. Nesse contexto busca ir além da legalidade estrita, mas não despreza o direito posto; procura empreender uma leitura moral da Constituição e das leis, mas sem recorrer a categorias metafísicas. No conjunto de ideias ricas e heterogêneas que procuram abrigo nesse paradigma em construção, incluem-se a reentronização dos valores na interpretação jurídica, com o reconhecimento de normatividade aos princípios e de sua diferença qualitativa em relação às regras; a reabilitação da razão prática e da argumentação jurídica; a formação de uma nova hermenêutica; e o desenvolvimento de uma teoria dos direitos fundamentais edificada sobre a dignidade da pessoa humana. Nesse ambiente, promove-se uma reaproximação entre o Direito e a ética* (Cf. BARROSO, op. cit., p. 249-250).

4. Direitos Fundamentais Individuais: o Princípio da Dignidade Humana

Esse o modelo clássico do paradigma a ser buscado pelo juiz, que há de prestigiá-lo na medida em que o ser humano se acha sempre no centro do universo e desse valor (dignidade) brotam, como seus desdobramentos naturais, conceitos como os de liberdade, igualdade, solidariedade além do respeito pela própria espécie.[10]

---

10 Martha C. Nussbaum, ao relacionar as capacidades humanas básicas do gênero feminino identifica como elementos básicos da sobrevivência digna dentre outros: *3. Vida. Ser capaz de vivir hasta el final una vida humana de extensión normal; no morir prematuramente, o antes de que la propia vida se haya reducido de tal modo que ya no merezca vivirse. 4. Salud corporal. Ser capaz de tener buena salud, incluyendo la salud reproductiva; estar adecuadamente alimentado; tener un techo adecuado. 5. Integridad corporal. Ser capaz de moverse libremente de un lugar a otro; que los límites del propio cuerpo sean tratados como soberanos, es decir, capaces de seguridad ante asalto, incluido el asalto sexual, el abuso sexual de menores y la violencia doméstica; tener oportunidades para la satisfacción sexual y para la elección en materia de reproducción. 6. Sentidos, imaginación y pensamiento. Ser capaz de utilizar los sentidos, de imaginar, pensar y razonar, y de hacer todo esto de forma «verdaderamente humana», forma plasmada y cultivada por una adecuada educación, incluyendo, aunque no solamente, alfabetización y entrenamiento científico y matemático básico. Ser capaz de utilizar la imaginación y el pensamiento en conexión con la experiencia y la producción de obras y eventos de expresión y elección propia, en lo religioso, literario, musical, etc. Ser capaz de utilizar la propia mente de manera protegida por las garantías de libertad de expresión con respeto tanto al discurso político como artístico, y libertad de práctica religiosa. Ser capaz de buscar el sentido último de la vida a la propia manera. Ser capaz de tener experiencias placenteras y de evitar el sufrimiento innecesario. 7. Emociones. Ser capaz de tener vinculaciones con cosas y personas fuera de uno mismo, de amar a quienes nos aman y cuidan de nosotros, de penar por su ausencia, y, en general, de amar, de penar, de experimentar nostalgia, gratitud y temor justificado. Que el propio desarrollo emocional no esté arruinado por un temor o preocupación aplastante, o por sucesos traumáticos de abuso o descuido. (Apoyar esta capacidad significa apoyar formas de asociación humana que pueden mostrarse como cruciales en su desarrollo.) 8. Razón práctica. Ser capaz de plasmar una concepción del bien y de comprometerse en una reflexión crítica acerca del planeamiento de la propia vida. (Esta implica protección de la libertad de consciencia)* (NUSSBAUM, 2002, p. 120-122).

Não há nenhum princípio ou norma legal que possa se sobrepor a esse modelo, assim como não se pode justificar qualquer decisão judicial que com esse ideal não esteja de acordo e em integral sintonia. Nada, absolutamente nada, deve atingir ou arranhar a dignidade humana, que há de ser considerada e elevada ao patamar da razão de ser e da preservação de qualquer ordem ou sistema jurídico democrático.

Se é realidade que as Constituições existem (assim como as leis) para referendar a preservação do próprio homem, menos verdade não seria dizer que sem dignidade não haveria sequer como se conceber sua existência. Em outras palavras, a "dignidade"[11] funciona como ponto de partida da quase totalidade dos direitos e garantias fundamentais, considerando se achar inserido no seu conceito aquilo que seria o "mínimo necessário" a ser garantido a todo e qualquer ser humano.

A esse respeito, oportuna é a citação de Ingo Wolfgang Sarlet e Mariana Filchtiner Figueiredo, sobre a reserva do possível, mínimo existencial e direito à saúde:

> [...] o objeto e conteúdo do mínimo existencial, compreendido também como direito e garantia fundamental, haverá de guardar sintonia com uma compreensão constitucionalmente adequada do direito à vida e da dignidade da pessoa humana como princípio constitucional fundamental. Neste sentido remete-se à noção de que a dignidade da pessoa humana somente estará assegurada – em termos e condições básicas a serem garantias pelo Estado e pela Sociedade – onde a todos e a qualquer um estiver garantida nem mais nem menos do que uma vida saudável (SARLET *et alli*, 2010).

---

11 Sobre a "dignidade humana" destaco: *O princípio da dignidade da pessoa humana antes referido, além de configurar o mínimo necessário para um Estado Social de Direito, funciona como pedra angular para a interpretação constitucional, servindo de norte e como última* ratio *para dirimir conflitos entre interpretações.* José Carlos Vieira de Andrade, após analisar os direitos fundamentais em três ordens, assinala que *há um conjunto de direitos fundamentais, do qual decorrem todos os outros: o conjunto dos direitos que estão mais intimamente ligados à dignidade e ao valor da pessoa humana e sem os quais os indivíduos perdem a sua qualidade de homens* (GEBRAN NETO, 2002, p. 47-48).

A priorização do ser humano, sob o viés de sua dignidade, vem ganhando espaço no Brasil, onde se sabe vem sendo cultivada cada vez com mais assiduidade, pelo Judiciário, a interpretação segundo sua Constituição, notadamente a partir da Carta Política de 1988, ocorrendo em solo brasileiro o que se denominou fenômeno da "Judicialização da Política".

O Judiciário brasileiro de fato cada vez mais se acha comprometido com o resgate integral de sua democracia e por isso vem prestigiando a classe dos valores fundamentais, tais como identificados na nossa Constituição.

Não pode de fato o Judiciário se furtar à realidade e fugir de sua responsabilidade, vale dizer a de fazer valer o que o Constituinte elegeu como sendo o rol dos "direitos fundamentais", sendo certo que ao efetivá-los estará sempre a resgatar o princípio ético central do valor essencial que está inserido no conceito maior, imaginado ao tempo da Constituinte, a ser adaptado naturalmente para a realidade social presente. Nesse esforço exegético, como já ressaltado alhures, está a semente da preservação do próprio Estado Democrático de Direito.

Registre-se, por mais uma vez, que a atuação do juiz não é livre, vinculada apenas à sua própria ética pessoal, mas terá que seguir os paradigmas constitucionais, sempre em prol dos direitos fundamentais e acima de tudo há que se fundamentar essa decisão, para que se vincule ao regular método de controle interno e institucional.

Evidente que nesse proceder interpretativo há o perigo, concreto e inafastável, da inclusão particular de um conceito moral inadequado e antidemocrático do juiz, mas para que isso não ocorra ou para que seja retificado, há o sistema de controle das próprias decisões judiciais, consubstanciado na oferta de recursos para as instâncias superiores, chegando em tese, em se tratando de matéria constitucional, ao próprio Supremo Tribunal Federal.

De qualquer maneira, o norte a ser perseguido deve ser traçado sempre no sentido de resguardar ou mesmo ampliar as garantias, tal como identificadas pelo texto constitucional.

Essa orientação, todavia, do juiz, repita-se no sentido da preservação dos direitos fundamentais, notadamente os de primeira dimensão, nem sempre se dá com a facilidade que à primeira vista parece existir.

Pode acontecer e não é raro que o juiz se depare com um complicado conflito de valores, tendo que optar pela preservação de apenas um deles em prejuízo de outro(s). Nessas hipóteses há que sacrificar necessariamente o juiz o valor que considera subalterno em relação ao outro que tenha como de maior envergadura e para chegar a uma exegese adequada terá que percorrer o caminho da ponderação.

Sobre a ponderação, Barroso ensina:

> A ponderação consiste, portanto, em uma técnica de decisão jurídica aplicável a casos difíceis, em relação aos quais a subsunção se mostrou insuficiente, especialmente quando uma situação concreta dá ensejo à aplicação de normas de mesma hierarquia que indicam soluções diferenciadas. A estrutura interna do raciocínio ponderativo ainda não é bem conhecida, embora esteja sempre associada às noções difusas de balanceamento e sopesamento de interesses, bens, valores ou normas. A importância do tema no dia a dia da atividade jurisdicional, entretanto, tem levado a doutrina a estudá-lo mais cuidadosamente. De forma simplificada, é possível descrever a ponderação como um processo em três etapas, relatadas a seguir. Na primeira etapa cabe ao intérprete detectar no sistema as normas relevantes para solução do caso, identificando eventuais conflitos entre elas. Como se viu, a existência dessa espécie de conflito – insuperável pela subsunção – é o ambiente próprio de trabalho da ponderação. [...] Na segunda etapa, cabe examinar os fatos, as circunstâncias concretas do caso e sua interação com os elementos normativos. Relembre-se, na linha do que já foi exposto anteriormente, a importância assumida pelos fatos e pelas consequências práticas da incidência da norma na moderna interpretação constitucional. Embora os princípios e regras tenham uma existência autônoma em tese, no mundo abstrato dos enunciados normativos, é no momento em que entram em contato com as situações concretas que seu conteúdo se preencherá de real sentido. Assim, o exame dos fatos e os reflexos sobre eles das normas identificadas na primeira fase poderão apontar com maior clareza o papel de cada uma delas e a extensão de sua influência. Até aqui, na verdade, nada foi solucionado e nem sequer há maior novidade. Identificação de normas aplicáveis e compreensão dos fatos relevantes fazem parte de todo e qualquer processo interpretativo, sejam os casos fáceis ou difíceis. É na terceira etapa que a ponderação irá singularizar-se, em oposição à subsunção. Relembre-se, como já assentado, que os princípios, por sua estrutura e natureza, e observados determinados limites, podem ser apli-

> cados com maior ou menor intensidade à vista de circunstâncias jurídicas ou fáticas, sem que isso afete sua validade. Pois bem: nessa fase dedicada à decisão, os diferentes grupos de normas e repercussão do caso concreto estarão sendo examinados de forma conjunta, de modo a apurar os pesos que devem ser atribuídos aos diversos elementos em disputa e, portanto, o grupo de normas que deve preponderar no caso. Em seguida, é preciso ainda decidir quão intensamente esse grupo de normas – e a solução por ele indicada – deve prevalecer em detrimento dos demais, isto é: sendo possível graduar a intensidade da solução escolhida, cabe ainda decidir qual deve ser o grau apropriado em que a solução deve ser aplicada. Todo esse processo intelectual tem como fio condutor o princípio instrumental da proporcionalidade ou razoabilidade (BARROSO, 2008, p. 358-360).

Bem se vê, desse processo há de brotar a justificativa para a priorização do valor fundamental acolhido e preservado pelo juiz, tão essencial como já ressaltamos a toda e qualquer decisão judicial.

5. Direitos Sociais de Segunda Dimensão: Algumas Limitações à Atuação Judicial no Terreno Exegético

Essa participação do juiz em prol da efetividade dos direitos fundamentais, como sempre registramos, não pode ser livre e desvinculada, porque há certamente limites que não podem por ele ser ignorados, notadamente quando o assunto é o da efetividade de direitos sociais, ou mesmo aqueles de natureza difusa ou coletiva[12].

12 *Las aproximaciones jurisprudenciales y doctrinarias al estatuto jurídico de los derechos sociales en el derecho constitucional español suelen coincidir en su condición de derechos imperfectos de difícil o reducida justiciabilidad. Hay al menos cuatro clases de argumentos que suelen invocarse contra la exigibilidad jurisdiccional de los derechos sociales. El que más peso tiene es el argumento dogmático, de derecho positivo, con arreglo al cual la tutela jurisdiccional diferenciada y debilitada de los derechos sociales sería una opción explícita del constituyente, reflejada en la Constitución Española y reforzada por la propia jurisprudencia del Tribunal constitucional. En virtud de dicha opción, los derechos sociales, con la excepción del derecho a la educación del art. 27 y los derechos laborales del capítulo II del Título I, no serían más que principios rectores de las políticas públicas, esto es, mandatos dirigidos al legislador carentes de "fundamentalidad" y de eficacia jurídica inmediata o directa* (PISARELLO, 2009).

Há que respeitar o juiz o que se denomina "reserva do economicamente possível", ou seja, o reconhecimento dessa classe de direitos fica vinculada, na prática, à possibilidade de fazer cumpri-los a Administração Pública[13].

---

13 Importante frisar que, segundo a conceituação original, a "reserva do possível" não se refere direta e unicamente à existência de condições materiais para a concretização de direitos sociais ou de prestação positiva, mas sim à razoabilidade da pretensão aduzida. Pode-se dizer que a prestação reclamada deve corresponder ao que o indivíduo pode razoavelmente exigir da sociedade, de maneira que, mesmo havendo disponibilidade de recursos, não se poderia falar em uma obrigação de prestar algo que não se mantenha dentro dos limites do que deve ser considerado razoável. No caso do Brasil, a transposição da teoria da "reserva do possível", dadas as peculiaridades das características sociais, ganhou contornos e proposições interpretativas diversificadas, porém, quase todas dirigidas ao aspecto do "financeiramente ou materialmente possível", na medida em que a realidade social e pública orçamentária brasileira remete invariavelmente a ter como limite à efetivação dos direitos sociais "a suficiência de recursos públicos disponíveis e a respectiva previsão orçamentária para suporte da despesa correspondente". O Professor Doutor Ingo Wolfgang Sarlet, estudioso das Teorias Constitucionais, em diversos artigos científicos publicados sobre o tema, assinala que a *efetivação dos direitos fundamentais encontra-se na dependência da efetiva disponibilidade de recursos por parte do Estado, que, além disso, deve dispor do poder jurídico, isto é, da capacidade jurídica de dispor*. Neste cenário, a "reserva do possível", a qual caracterizamos, para efeitos de classificação jurídica, precipuamente como *teoria* ou *cláusula* e não como princípio, passou a consubstanciar argumento limitador ao cumprimento das obrigações de efetivação dos direitos fundamentais pelo Estado. A aplicação da Teoria da Reserva do Possível, segundo a interpretação feita no Brasil, implica, portanto, necessariamente reconhecer, de um lado, a inexistência de supremacia absoluta dos direitos fundamentais em toda e qualquer situação, e, de outro, reconhecer a inexistência da supremacia absoluta do princípio da competência orçamentária do legislador e da competência administrativa ou discricionária do Executivo, como óbice à efetivação dos direitos sociais fundamentais. Significa dizer, em outras palavras, que a inexistência comprovada de recursos e a ausência de previsão orçamentária são elementos não absolutos a serem levados em conta no necessário processo de ponderação por meio do qual todas as decisões judiciais envolvendo o tema devem tomar forma. O custo direto para a efetivação de um direito fundamental não pode servir como óbice intransponível, porém, deve ser levado em conta no processo de ponderação quando surgir a controvérsia sobre a impossibilidade de seu pronto atendimento pelo Poder Público (CORREA SEVERO, 2010).

De fato, há que ter o juiz as cautelas de estilo nessa modalidade exegética, porque se de um lado a tese do ativismo judicial encanta pela permanente busca do sentido ético dos valores, não se deve esquecer que a representatividade do sistema democrático *a priori* não se concentra no Poder Judiciário[14].

Mas, respeitadas as devidas limitações acreditamos que a exegese oxigenada da norma legal, visando à priorização e consequente preservação dos direitos fundamentais, se colocada na balança ostenta aspectos positivos, porque é justamente da valorização desses conceitos que depende a tão sonhada dignidade da espécie humana e sem ela, nisso há certeza, não há como se falar em democracia.

6. Um Novo Conceito de Atuação Judicial

Como visto, o modelo atual da democracia brasileira tem reclamado do Judiciário um novo paradigma, voltado não mais para uma interpretação positivista e literal da lei, mas sim para uma exegese significativamente oxigenada, onde é obrigação do intérprete buscar e priorizar o sentido ético dos valores consagrados pelo rol dos direitos fundamentais.

Todavia, de nada valerá essa nova postulação democrática se o modelo de juiz imaginado para o passado, frio e distante de seu jurisdicionado, também não se adaptar a essa atual realidade social. O

14 O aumento do poder do STF tem sido interpretado, geralmente, de dois modos. De um lado, há aqueles que louvam a visão progressista de seus ministros, capazes de resolver de forma parcimoniosa problemas como o da reserva Raposa Serra do Sol ou de solucionar questões que o Congresso evita deliberar, como a união homoafetiva ou a recente decisão contra a guerra fiscal. De outro lado, existem os críticos a esta maior judicialização da política, uma vez que os togados não foram eleitos pelo povo e estariam usurpando funções dos que têm voto – como no caso da verticalização das eleições. As duas interpretações contêm parcelas da verdade. Obviamente que é perigoso repassar a não eleitos atividades que deveriam ficar com os políticos, depositários últimos da soberania popular. Mas também é fato que o Supremo tem garantido espaço a uma agenda essencial ao país que não tem sido resolvida pelo Congresso Nacional. Por essa razão, a legitimidade do STF tem se fortalecido, tornando a instituição cada vez mais respeitada (ABRÚCIO, 2011, p. 49).

juiz não pode ser mais um frio e inflexível aplicador do texto legal, havendo de humanizar-se e para isso terá que se aproximar da situação do seu jurisdicionado.

Na realidade, aquela posição tradicional do juiz, que sempre se colocou acima de seus semelhantes e distante da sociedade, terá que dar lugar a um novo modelo, cujo maior desafio está em assumir sua responsabilidade social e política, sem perder naturalmente sua imprescindível imparcialidade.

Há que ser dentro de determinados limites não apenas proativo, mas também detentor de um mínimo da sabedoria multidisciplinar, conhecedor do que acontece a sua volta e do mundo que o cerca. Para atingir esse paradigma, esse juiz terá que desenvolver algumas capacidades no exercício de sua função judicante.

Há em primeiro lugar, como já foi dito, que romper com as barreiras do modelo tradicional de judicatura se desejar dar efetividade concreta a direitos que considera especiais e para esse fim não pode medir esforços.

Deve assumir, por outro lado, seu compromisso social por inteiro, porque é sua a tarefa de transformar a realidade que se ostenta desequilibrada em uma verdade justa e proporcional. O juiz terá de ser tão humano quanto aquele que está a julgar, porque do contrário não terá a sensibilidade necessária para atingir a medida do que é justo e razoável em face daquele que postula.

O mundo de hoje reclama, portanto, um juiz diferente do "modelo" tradicional, que possa enfim entender os principais reclames sociais e acima de tudo que se preocupe em proteger o cidadão contra as arbitrariedades e as injustiças sociais, não raro cometidas pelo próprio Estado.

Algumas legislações já vêm oficialmente exigindo do juiz esse novel comportamento, a exemplo do que acontece quando lhe é reclamada a jurisdição no terreno da proteção ao gênero, que cobra, como de sabença, o oficial empoderamento da vítima.

Nota-se, na prática, extrema dificuldade que alguns juízes encontram para se adaptar a esse novo modelo legislativo. Mas isso porque, como já registrado, o juiz que foi inicialmente formado para atuar somente mediante provocação, agora se vê frente à necessidade de assumir uma responsabilidade social que outrora não lhe era cobrada, vale dizer a consciência de sua imprescindível proatividade.

As legislações de igualdade de gênero se encaixam, como de sabença, dentro de um especial sistema afirmativo, de maneira que terá o juiz de ter a necessária consciência de que antes de decidir o conflito haverá de colocar de lado os valores que possa ter em face daqueles que se põem em litígio, fruto da natural ausência de sua neutralidade, procedimento que lhe garantirá a consequente imparcialidade, característica que necessariamente há de demonstrar no exercício de sua função.

Será preciso, então, antes de mais nada, que esse juiz tenha a consciência de que em que pese não possa assumir uma absoluta neutralidade, não lhe é permitido levar suas convicções pessoais para o terreno da imparcialidade, porque do contrário inevitavelmente comprometida estará sua atuação.

Os conceitos de "neutralidade" e de "imparcialidade" não devem ser confundidos, pois enquanto o primeiro diz respeito às convicções pessoais do juiz como qualquer ser humano que é, a imparcialidade está vinculada ao relevante princípio do juiz natural[15].

O que se deseja, portanto, do "juiz do novo século", é uma atuação diferenciada e ativa, principalmente quando voltada para a aplicação das legislações afirmativas, que mais do que as outras dessa atuação diferenciada é extremamente dependente, com a consciência de que haverá de se despir o máximo possível de ideias e de preconceitos que possa sustentar em sua vida pessoal, colocando-os no terreno onde devem permanecer, ou seja nos limites da "neutralidade", livrando-se de toda essa "bagagem" indesejada de forma a ter total liberdade de iniciativa, tudo isso para o necessário exercício de sua imparcialidade.

---

15 No mesmo sentido a lição do autorizado Dalmo de Abreu Dallari, onde doutrina: *No tocante a motivações ideológicas, o fato é que todos os juízes fazem opções político-eleitorais, sendo preferível reconhecer isso do que fingir uma neutralidade absoluta, que seria sinônimo de indiferença, inaceitável em qualquer cidadão* (DALLARI, 2002).

Que caia, assim, e de uma vez por todas, o mito de que o juiz possa ser neutro e indiferente ao aspecto social das questões que lhes são ordinariamente submetidas para julgamento. Para que possa atingir o juiz a imprescindível imparcialidade, o primeiro passo está em realmente assumir sua ausência de neutralidade, principalmente quando a matéria está vinculada às questões de relevante aspecto social.

Ninguém, absolutamente ninguém esteve ou estará completamente neutro, quando a discussão envolve determinadas modalidades de disputa, como acontece, por exemplo, nas relações de gênero. E isso porque o juiz, como qualquer outro ser humano, é o produto do meio onde cresceu e se educou, possivelmente em universo eminentemente patriarcal, aceitando a desigualdade (leia-se inferioridade) feminina como uma situação rotineira e natural[16]. Assim os juízes foram educados e assim provavelmente haverão de pensar na idade madura, quando estarão a exercer a judicatura.

Essa é uma problemática bastante atual, uma vez que os juízes de hoje se educaram segundo modelo diferente, com identificação bem definida do papel e da situação de seus respectivos genitores, em franco benefício do modelo masculino.

Resumindo, o preconceito começa dentro da própria instituição. Por isso, já se disse, a necessidade de que os juízes venham a assumir a presença e a influência de suas próprias convicções, que são resultado do ambiente em que cresceram e se educaram no âmbito da família,

---

16 Como nos ensina Kate Millett (2010, p. 83): *El patriarcado gravita sobre la institución de la familia. Esta es, a la vez, un espejo de la sociedad y un lazo de unión con ella; en otras palabras, constituye una unidad patriarcal dentro del conjunto del patriarcado. Al hacer de mediador, entre el individuo y la estructura social, la familia suple a las autoridades políticas o de otro tipo en aquellos campos en que resulta insuficiente el control ofrecido por estes. La familia y los papeles que implica son un calco de la sociedad patriarcal, al mismo tiempo que su principal instrumento y uno de sus pilares fundamentales. No solo induce a sus miembros a adaptarse y amoldarse a la sociedad, sino que facilita el gobierno del estado patriarcal, que dirige a sus ciudadanos por mediación de los cabezas de familia. Incluso en aquellas sociedades patriarcales que les conceden la ciudadanía legal, las mujeres salvo en contadas ocasiones, no suelen entablar contacto con el Estado sino a través de la familia.*

da escola, da igreja e por que não dizer em relação ao próprio Estado como Instituição.

Se têm essa consciência, o primeiro passo já terá sido dado, cabendo-lhes, ultrapassada essa fase, promover o autoexercício da sua imparcialidade, qualidade que se tem como essencial a qualquer atividade judicante.

Ultrapassado esse primeiro degrau, da consciência da própria ausência de neutralidade, será então necessário o juiz, para chegar a um mínimo de imparcialidade, que faça o exercício, pelo viés de sua própria sensibilidade, da relevância da discussão e do conflito que a ele se submete, que estreita vinculação há de ter com a classificação dos chamados direitos fundamentais[17].

Sem um mínimo de dignidade, já dissemos, há que se questionar a própria razão de existir, de maneira que não pode o juiz ficar alheio a esse tipo de discussão, que com certeza está a lhe exigir uma atuação inteiramente diferenciada, própria como dito das legislações de cunho afirmativo, como as de gênero, onde há de começar por empoderar a mulher de forma suficiente a lhe garantir efetiva equiparação com o gênero que lhe é diferente e que via de regra se acha em posição mais vantajosa e privilegiada, notadamente no terreno social e econômico.

A primeira tarefa do juiz, portanto, será a de garantir essa efetiva e essencial isonomia como expressão de sua imparcialidade.

Esse exemplo evidencia, a todas as luzes, a necessidade de passar o juiz a adotar um novo padrão de comportamento, priorizando sempre a classe dos Direitos Fundamentais.

Conclusão

A preocupação com a guarda e a preservação dos direitos fundamentais levou à adoção do chamado Constitucionalismo Democrático,

17 A lei brasileira, por exemplo, de igualdade de Gênero (Lei nº 11.340, de 07 de agosto de 2006, em que pese nem se fizesse necessário, em seu art. 6º assim dispõe: *A violência doméstica e familiar contra a mulher constitui uma das formas de violação dos direitos humanos*).

regime que exige a sintonia de toda a legislação ordinária e subalterna para com a Constituição.

Nesse sistema ganha evidentemente espaço o texto constitucional e por consequência maior envergadura terá o aspecto da efetivação daqueles Princípios que o Constituinte optou por abraçar. Dentre eles, no topo da lista em importância e relevo está a classe dos Direitos Fundamentais.

Dentro desse paradigma o Judiciário sai fortalecido, porque é do juiz a tarefa de promover a subsunção do caso concreto ao texto legal. Esse o momento que não lhe é somente permitido, mas especialmente recomendado, que o faça através de um esforço exegético de forma a promover a aproximação do "Direito" com a "Ética", substituindo a fria e inflexível interpretação legal de outrora por outro método interpretativo mais oxigenado, em que persegue os Princípios maiores, ditados pelo texto constitucional.

Essa a proposta que tem encantado magistrados de vanguarda, não apenas porque reformula todo o paradigma pretérito e por que não dizer fracassado, mas especialmente porque recria a esperança e a credibilidade no Judiciário, haja vista que patrocina o reencontro dos valores que a humanidade sempre almejou preservar com a Ciência do Direito.

A Filosofia, a Sociologia e a própria Ética, que se afastaram do Direito em época de positivismo estrito, voltam agora a incorporar papel relevante no universo jurídico, de onde jamais haveriam de ter se afastado.

Esse esforço exegético, no entanto, pede como registramos um novo modelo de juiz, mais comprometido com a realidade social, muito diferente do papel que exercia em passado não tão remoto.

A aliança desses fatores, ou seja, de um juiz consciente da responsabilidade social que lhe está reservada e que se proponha a interpretar a lei de forma a preservar os Princípios Fundamentais, tal como consagrados por sua Constituição, levará a solução dos conflitos judiciais para mais perto do terreno da Ética, realizando com isso o sonho que toda Sociedade persegue, de chegar à verdadeira justiça como finalidade do próprio Direito.

E na medida em que busca solucionar esses conflitos dentro desse novel modelo, com respeito prioritário aos Princípios Fundamentais, por certo que estará esse novo modelo de juiz a fomentar a efetiva preservação desses conceitos, lutando diretamente pela manutenção de um verdadeiro Estado de Direito.

Referências

ABRÚCIO, Fernando. Perigoso charme do Supremo. In: Revista *Época*, n. 683, 2011, p. 49. Disponível em: <http://revistaepoca.globo.com/Revista/Epoca/0,,EMI242342-15230,00.html>. Acesso em: 13 nov. 2015.

BARROSO, Luis Roberto. *A reconstrução democrática do direito público no Brasil.* Rio de Janeiro: Renovar, 2007.

______. *Curso de direito constitucional contemporâneo*: os conceitos fundamentais e a construção do novo modelo. 2. ed. São Paulo: Saraiva, 2010.

______. *Interpretação e aplicação da Constituição – fundamentos de uma dogmática constitucional transformadora.* 6. ed. São Paulo: Saraiva, 2008.

CORRÊA SEVERO, Renata. O princípio da reserva do possível e a eficácia das decisões judiciais em face da administração pública. In: *Fórum Administrativo Direito Público*, n. 112, 2010.

CUNHA, José Ricardo. Sistema aberto e princípios na ordem jurídica e na metódica constitucional. In: PEIXINHO, Manoel Messias; GUERRA, Isabella Franco; NASCIMENTO FILHO, Firly. *Os princípios da Constituição de 1988*. 2. ed. Rio de Janeiro: Lumen Juris, 2000, p. 21-42.

DALLARI, Dalmo de Abreu. *O poder dos juízes.* 2. ed. São Paulo: Saraiva, 2002.

DEL REAL ALCALÁ, Juan Alberto. Problemas de gestión de la diversidad cultural en un mundo plural. In: GARCÍA, José Antonio López; ALCALÁ, Alberto del Real; ROIG, Francisco Javier Ansuátegui. *Derechos fundamentales, valores y multiculturalismo*. Madrid: Dykinson, 2005.

DIMOULIS, Dimitri; MARTINS, Leonardo. *Teoria geral dos direitos fundamentais*. São Paulo: Revista dos Tribunais, 2010.

GEBRAN NETO, João Pedro. *A aplicação imediata dos direitos e garantias individuais – a busca de uma exegese emancipatória*. São Paulo: Revista dos Tribunais, 2002.

GÓES, Guilherme Sandoval. Neoconstitucionalismo e dogmática pós- positivista. In: BARROSO, Luis Roberto (Org.). *A reconstrução democrática do direito público no Brasil*. Rio de Janeiro: Renovar, 2007, p. 113-150.

MARTÍN. Laura Roman. El tribunal constitucional. In: PEREZ, Miguel A. Aparício; SERRAMALERA, Mercé Berceló I. *Manual de derecho constitucional*. Barcelona: Atelier, 2009.

MILLETT, Kate. *Política sexual*. Madrid: Cátedra, 2010.

MOLAS, Isidre. *Derecho constitucional*. Cuarte Ediciones. Madrid: Tecnos, 2010.

MOREIRA, Eduardo Ribeiro. *Neoconstitucionalismo*: a invasão da Constituição. São Paulo: Método, 2008.

PAREKH, Bhikhu. *Repensando el multiculturalismo*: diversidad cultural y teoría política. Madrid: Ediciones Istmo, 2000.

NUSSBAUM, Marta. *Las mujeres y desarrollo humano*. Trad. Roberto Bernet, Barcelona: Herder, 2002.

PISARELLO, Gerardo. La justiciabilidad de los derechos sociales en el sistema constitucional español. In: PISARELLO, Gerardo Aniza García Morales; DÍAZ, Amaya Olivia. *Los derechos sociales como derechos justiciables*: potencialidades y límites. Albacete, 2009.

SARLET, Ingo Wolfgang; FIGUEIREDO, Mariana Filchtiner. *Direitos fundamentais – orçamento e reserva do possível*. Porto Alegre: Livraria do Advogado, 2010.

PODER JUDICIÁRIO: NOVOS DIREITOS E DESAFIOS À PROTEÇÃO – PROTAGONISMO JUDICIAL E MECANISMOS DE GESTÃO DE DEMANDAS

Cesar Cury

PRIMEIRA PARTE

1. Introdução

O presente trabalho objetiva realizar análise sucinta sobre o tratamento dos conflitos coletivos na legislação brasileira, a partir de breve histórico desde a Constituição Federal de 1988 e do conjunto normativo que compõe o sistema próprio de tutela. Pretende-se, ademais, analisar institutos trazidos pelo Novo Código de Processo Civil, como o Incidente de Resolução de Demandas Repetitivas e a Mediação, e sua capacidade de contribuir para a diminuição da judicialização e de conferir efetividade às decisões judiciais nas demandas coletivas.

2. Constituição

2.1. História

A sociedade brasileira tem experimentado o vertiginoso crescimento de busca pelo Judiciário como modo preferencial de resolução de conflitos individuais, fenômeno a que se tem denominado hiperjudicialização.

A Constituição Federal de 1988, profícua e generosa no repertório e extensão dos direitos assegurados e detalhista ao extremo, contrapondo--se àquela que a antecedeu e aos respetivos aditamentos institucionais, operou modificação substancial na ordem política, social, econômica e jurídica até então existente ao prometer aos cidadãos e à sociedade a garantia de novos direitos erigidos à categoria de fundamentais[1].

Ao definir meios disponíveis à efetivação do vasto repertório de garantias, a Carta Magna de 1988 conferiu ao Poder Judiciário a responsabilidade exclusiva e indeclinável para resolução dos conflitos da sociedade[2], sem prever que, já na década seguinte, o país se tornaria uma sociedade de consumo, baseada na produção e comercialização de bens e serviços massificados.

Consequente ao processo de integração do país no comércio globalizado, um conjunto de medidas normativas foi concebido para regular a nova realidade de sociedade de massa. Nesse contexto – em que já se encontrava a Lei nº 7.347/85[3] – entra em vigor o **Código de Defesa do Consumidor**, cuja essência reafirma os propósitos constitucionais e incrementa o rol de garantias ao cidadão consumidor, dentre as quais o acesso à Justiça como modo preferencial para a resolução dos conflitos.

É ainda nessa época que os **Juizados Especiais**[4], reestruturados, integram-se ao conjunto de proteção dos direitos do consumidor, constituindo-se no principal portal de acesso ao sistema de justiça gratuito e que se pretendia célere, desburocratizado e efetivo.

---

1 Na verdade, o paradigma jurídico desde o pós-guerra, centrado nas Constituições garantistas, com sua "força normativa" assegurada pela multiplicação dos instrumentos de controle judicial, modifica o papel jurídico específico dos governos. Consagram-se os direitos e também as garantias, o que faz deles bens exigíveis. Confira em DALLARI BUCCI, Maria Paula. *Fundamentos para uma teoria jurídica das políticas públicas*. 1. ed. São Paulo: Saraiva, 2013.

2 Art. 5º, incs. XXXV e LXXVIII, CR/88.

3 Lei de Ação Civil Pública, que prevê como meio de tutela as ações coletivas.

4 Lei nº 9.099/95.

O arcabouço sistêmico formado pela Constituição de 88 e pelas Leis nº 7.347/85, nº 8.078/90 e nº 9.099/95, dentre outras, que acompanhou o país em seu processo de abertura ao mercado internacional e o viu tornar-se uma sociedade de consumo, não foi suficiente, todavia, para tratar adequadamente o surgimento das demandas massificadas.

Em um ambiente de produção, comercialização e consumo de massa, seria de se esperar que das relações entre consumidores e fornecedores adviessem conflitos igualmente massificados.

A esse processo de abertura ao mercado e à conformação jurídico-legal, todavia, não se seguiu a correspondente infraestrutura – tanto do país, quanto das empresas –, e os sistemas de regulação mostraram-se deficientes, o que acabou por contribuir para o surgimento de situações de conflito em número proporcional às relações comerciais e a sequência massificada de ações judiciais envolvendo idênticas questões de fato e de direito.

O resultado dessa equação, ao longo de pouco mais de duas décadas, é o estado de saturação do sistema de justiça convencional, em especial dos tribunais de justiça. Até 1988, tramitavam em todos os juízos do país cerca de 350 mil ações ao ano. Em 2014, esse montante alcançou aproximadamente cem milhões de processos, conforme dados do CNJ[5].

2.2. Acesso à Justiça

É sintomático que esse aumento da judicialização deriva em grande medida das causas expostas, mas é intuitivo que o mero aumento da estrutura judiciária com pessoal e equipamentos, isoladamente, não será suficiente ao atendimento desse universo de demandas, cuja tendência de crescimento deslegitima qualquer iniciativa que considere exclusivamente o incremento material.

É nesse contexto que novas alternativas começaram a surgir a partir da própria incapacidade do Judiciário em atender às expectativas colocadas sob sua responsabilidade, e cogitações acadêmicas e

5 *Justiça em Números*, CNJ.

discussões entre os operadores do Direito produzem seus primeiros resultados, alguns extraídos de experiências alienígenas e adaptados à legislação nacional.

2. Reforma Processual

As modificações advieram a partir da Emenda Constitucional nº 45, e a sequência legislativa resultou na inclusão dos arts. 285-A[6] e 543-B[7]e 543-C[8]no atual Código de Processos Civil.

Esse conjunto legislativo objetivou principalmente a uniformização da jurisprudência dos tribunais superiores, assim pretendendo conferir maior economia e racionalidade ao sistema recursal e privilegiar os princípios da isonomia, mantendo a integridade das decisões em questões repetitivas, e da celeridade processual, ao permitir a improcedência liminar do pedido, sempre que se tratar de questões unicamente de direito[9].

Embora o considerável avanço na organização e sistematização do processo e dos recursos – o que recomendou sua manutenção e ampliação no Novo Código de Processo Civil[10] (CPC/2015) –, os institutos da sentença antecipada e da repercussão geral, e as sistemáticas dos recursos repetitivos e representativos de controvérsia não atenderam à finalidade maior de desestimular a judicialização, não tendo surtido o efeito esperado.

---

6 Lei nº 11.277/2006.

7 Lei nº 11.418/2006.

8 Lei nº 11.672/2008.

9 Com o propósito de restringir a aplicação dos apontados institutos à controvérsia unicamente de direito, o legislador submete-se à crítica ao dissociar fato e direito, tratando-os como entidades autônomas, absolutamente estanques, como se um e outro não tivessem entre si um elo de ligação.
Na verdade, direito e fato estão associados, e não se pode estabelecer entre eles uma dicotomia que não existe.
De acordo com Ronald Dworkin, *o direito é sempre uma questão de fato histórico* (p. 12).

10 Conforme arts. 332 e 1.035 e ss. do CPC/2015.

Ao contrário, desde as modificações operadas, o índice de judicialização se manteve em ascensão.

Em verdade, os institutos em questão limitaram-se a modificar a sistemática de recursos e a uniformizar a jurisprudência, sem interferir no baixo grau de efetividade das decisões definitivas, sobretudo quando se trata de demandas coletivas ou repetitivas.

SEGUNDA PARTE

1. Consumidor: sua Posição Social

O fenômeno das demandas repetitivas é sobretudo um fenômeno das relações de consumo, aqui entendido em seu sentido mais amplo.

Trata-se, em sua maioria quase absoluta, de demandas decorrentes das atividades de empresas concessionárias do serviço público, cuja atuação costuma se dar em áreas territoriais extensas, com expressiva base de consumidores, através de contratos relacionais de longo prazo.

Essas demandas, apresentadas em ritmo industrial aos mais diversos juízos cíveis e juizados especiais do país, via de regra respondem por questões de reduzida expressão, no mais das vezes versando sobre temas de baixa complexidade jurídica, e desafiam mesmo a capacidade de gestão das unidades judiciárias, mais do que intrincadas exegeses legais.

Todavia, o fato é que, por mais que sobre elas se tenha decidido, inclusive em sede superior, as mesmas questões continuam a aportar na Justiça, repetida e indefinidamente, exatamente porque suas causas subjacentes nunca são atingidas pela efetividade das decisões judiciais.

A análise dessas demandas permite que se identifique sua origem principalmente em rotinas equivocadas das empresas concessionárias dos serviços públicos, assim reconhecidas pelo Judiciário, o qual, no entanto, e a despeito disso, continua a prover sobre esses mesmos conflitos.

No sentido de se conferir efetividade às sentenças, pretende-se que a extensão de seu comando não se limite apenas aos casos repetitivos individualmente ajuizados.

De fato, para que se estabeleça o conceito de efetividade das decisões judiciais, é preciso que se reconheça o Processo Civil como meio de implementação dos direitos fundamentais constitucionalmente assegurados – distante, portanto, da mera aplicação prática da lei ao processo em decisão. Mas é preciso também que o conceito de efetividade atenda à função promocional do Direito, na lição de Bobbio, ou seja, um direito que, no mundo contemporâneo, não se circunscreva ao comandar, ao proibir e ao permitir condutas, **mas que transite pelo estimular e pelo desestimular comportamentos**[11].

Realmente, parece não haver sentido em repetir-se indefinidamente o mesmo protocolo para decisões sobre tema já pacificado, sem qualquer correção da origem ou gênese da demanda, fazendo submeter ao Judiciário o processamento de questões já solucionadas, por mais célere que venha a se tornar esse procedimento. Esse arranjo institucional, aliás, é mais um exemplo do protagonismo judicial sobre assuntos ordinariamente afetos ao setor privado e aos órgãos de planejamento e controle do Executivo, recorrente em democracias tardias, a exigir criatividade jurídico-institucional para a diversificação das abordagens estatais[12].

2. Consumidor e Direito Fundamental à Solução Efetiva

Nesse sentido, o CPC/2015 parece trazer algum avanço no trato das questões repetitivas.

Para além do regime do indeferimento liminar do pedido inicial e da sistemática dos recursos repetitivos e representativos de controvérsia e do requisito da repercussão geral, o novo diploma moderniza a solução das questões de massa ao trazer mecanismos de resolução coletiva, com especial destaque para o **Incidente de Resolução de Demandas Repetitivas (IRDR)**, e ao prever e incentivar o emprego de métodos alternativos à solução de conflitos – como a Arbitragem, a Conciliação e a **Mediação**.

11 BOBBIO, Norberto. *Dalla struttura ala funzione – nuevi studi di teoria del diritto*. Milano: ed. Comunità, 1977.

12 DALLARI BUCCI, Maria Paula, op. cit., p. 94.

Com inspiração em instituto estrangeiro correlato[13], o cabimento do **IRDR** pressupõe a existência simultânea de processos repetitivos que contenham controvérsia sobre questão unicamente de direito, com risco de ofensa à isonomia e à segurança jurídica, na dicção do art. 976 do NCPC.

A mera redação do dispositivo em comento insinua a vocação do incidente para o trato de questões consumeristas, conclusão reforçada pela disposição do art. 955, § 2º, do novo diploma.

A primeira questão que se coloca sob reflexão é acerca da extensão do conceito da expressão contida no § 1º do art. 976 – **controvérsia sobre a mesma questão unicamente de direito**.

As disposições relativas ao IRDR se encontram no Capítulo VIII, do Título I, do Livro III do CPC/2015, limites em que são tratados a ordem dos processos nos Tribunais e os meios de impugnação das decisões judiciais, e por isso devem ser interpretadas de acordo com as disposições do conjunto em que estão inseridas.

De acordo com o previsto no art. 928, parágrafo único, reforçado pelo § 4º do mesmo art. 976, ambos do CPC/2015, pode-se entender que a expressão **questão unicamente de direito** abrange o **direito material** e o **direito processual**.

Sobre o reconhecimento do direito processual, não há maior desafio: trata-se de normas de direito instrumental, formal.

A expressão **direito material**, no entanto, tal como ressaltada no texto codificado, parece servir de contraponto à pretensão à distinção entre fato e direito, apontando para uma conduta metodológica que preferiu limitar o Direito apenas ao seu aspecto puramente normativo e abstrato, destacado do fato.

Essa conclusão é reforçada quando se verifica a preferência do legislador em excluir o **fato** do sistema do IRDR, originariamen-

13 Litígios envolvendo investidores no Mercado de Capitais resultou, no Direito alemão, na edição da *Kapitalanleger-Musterverfahrengesetx – KapMug*, elaborada para vigorar por prazo certo e que garante ao litigante individual solicitar a administração de demandas individuais repetitivas e simultâneas, com a instauração de procedimento padrão (*Musterverfahrensantrag*). Confira em ARNT, André. Lineamentos do processo civil coletivo na Alemanha, *RPro*, v. 232/2014, jun. 2014.

te previsto no anteprojeto de lei que resultou na edição da Lei nº 13.105/2015.

A opção legislativa faria sentido antes do sistema de massas, quando a experiência complexa do cotidiano não permitia identificar facilmente uma uniformidade entre os fatos em geral. Savigny[14] já apontava que era inútil procurar solução única para as questões forenses, a partir das invencíveis complexidades dos casos concretos.

3. Proteção do Consumidor

Todavia, na atualidade, a complexidade do sistema de massas – produção, comercialização, consumo e litígio – não exclui necessariamente o aspecto fático idêntico ou semelhante da proteção por mecanismos de tutela coletiva.

Ao contrário, no sistema de massas, é frequente que a deficiência na prestação do produto ou serviço proporcione lesão igual ou semelhante a número indeterminado de pessoas, atingidas individualmente por fato único. É o caso, por exemplo, de dano ambiental que repercute na esfera individual dos pescadores de determinada região.

Nesse caso, é impossível dissociar o fato do Direito, não havendo sentido em excluir da proteção coletiva a lesão homogênea ou semelhante causada por fato único a determinado agrupamento de indivíduos.

O fato principal – dano ambiental –, uma vez reconhecido por decisão judicial, deve aproveitar a todos os interessados.

Certo de que a legitimação extraordinária não impede a opção pela iniciativa individual, é razoável admitir-se, nesses casos, o IRDR como meio de racionalizar o uso do aparato judiciário, privilegiando o princípio da isonomia e da segurança jurídica, e evitar a repetição de processos idênticos.

Nesse sentido, é preferível seguir a lição de Dworkin de que o direito nada mais é do que aquilo que as instituições judiciais decidiram

14 AGUILAR. *De la vocación de nuestra época para la legislación y la ciencia.* Madrid, 1970, p. 64.

no passado, ou seja, **o direito é sempre uma questão de fato histórico** (R. Dworkin, 10/12).

Partindo-se do pressuposto de que o IRDR é vocacionado ao trato das questões do consumidor, é autorizada a interpretação que considera o dispositivo do art. 976, parágrafo único, do CPC/2015, abrangente da matéria de fato único subjacente.

4. Poder Judiciário e Garantia dos Direitos Fundamentais

De par a essa inovação, a maior virtude do instituto talvez seja aquela contemplada pelo art. 985, parágrafo único, do CPC/2015.

Com efeito, quando o incidente resolver questão de fato ou de direito por serviço concedido ou autorizado, a agência reguladora respectiva será comunicada da decisão para a necessária fiscalização da correção da conduta equivocada.

Esse dispositivo, repetido no art. 1.040, inc. IV, do CPC/2015, pretende expandir a efetividade das decisões proferidas em incidentes de repetição para além dos limites dos processos-piloto e daqueles por ela abrangidos (arts. 979, § 2º; 982, I; 985, I e II, CPC/2015), o que representa verdadeira inovação no sistema processual e inquestionável avanço na administração da Justiça, aproximando-o ainda mais do instituto que lhe serviu de inspiração[15].

Com essa inovação, um dos principais motivos para o uso abusivo e desnecessário da Justiça tende a arrefecer. Com o caráter mandamental da decisão em IRDR atingindo as empresas concessionárias e permissionárias do serviço público, principais formadoras de demandas, e importando na necessidade de correção da rotina ou comportamento reprovado pelo Judiciário, o surgimento de novos litígios sobre os temas pacificados deverá ser interrompido, o que resultará, a certo tempo, na redução do volume de processos submetidos ao sistema de Justiça. Além disso, e o mais importante, inicia-se uma nova cultura na forma de resolução de conflitos, importando, essa medida, na assunção de responsabilidades tanto pelos consumidores,

15 *Musterverfahren.*

quanto pelas empresas concessionárias ou permissionárias de serviço público, sem dúvida, as que detêm o maior índice de litigância no Judiciário brasileiro.

4.1. Da Liquidação das Decisões em IRDR

Sem embargo da definição e aplicabilidade de tese única a todos os casos existentes e futuros, e da recomendação às agências reguladoras para a fiscalização da aplicação da tese adotada, entende-se que a efetivação dos direitos reconhecidos, sobretudo quando envolvidos aspectos fáticos individualizados, ainda carece de ferramentas que a viabilizem.

O reconhecimento de tese jurídica, por um lado, define o direito incidente aos casos em repetição. Por outro, a comunicação da decisão coletiva aos órgãos de controle e regulação pretende sejam corrigidas as rotinas causadoras das demandas repetitivas.

Mas, entre esses dois extremos, poderá uma gama indeterminada de casos se manter à margem da efetivação, reclamando, mais do que o ajuizamento para reconhecimento do direito incidente, a adoção de mecanismos, em sede de execução (ou cumprimento de sentença), para a efetiva integração desse reconhecimento em sua esfera de direito individual.

De qualquer modo, o IRDR, se traduz avanço inegável, parece não ser capaz, isoladamente considerado, de atender ao art. 4º do CPC/2015 e entregar uma decisão justa e efetiva, abrangida a atividade satisfativa, em tempo razoável, quando houver fatos subjacentes individualizados, recorrentes em tema do direito do consumidor.

4.2. Métodos Consensuais de Solução Extrajudicial de Conflitos

Nesse cenário, institutos de resolução consensual de conflitos, como o da **Mediação** e o da **Conciliação**, podem ser a solução.

Previstas na Lei nº 13.140/2015, a Mediação e a Conciliação também recebem tratamento detalhado em inúmeros dispositivos do novo CPC/2015.

Partindo do pressuposto que o Estado promoverá, **sempre que possível**, a solução consensual dos conflitos, que deve ser estimulada pelos juízes inclusive **durante o processo judicial**, métodos de resolução de conflitos como a Conciliação, a Negociação e a **Mediação**, para além de todas as possibilidades de aplicação desses institutos, podem ser validamente empregados para conferir efetividade maior às decisões a partir da definição da tese em IRDR, sobretudo quando houver questões fáticas individualizadas subjacentes.

É preciso considerar que o reconhecimento de uma tese jurídica é um marco, não uma satisfação. Até sua plena e efetiva realização há, por vezes, um longo caminho. Não raro, torna-se necessário percorrer todo o trajeto da liquidação da decisão, conforme previsto nos arts. 513 a 538 do NCPC.

A decisão proferida em IRDR (art. 978, parágrafo único, e art. 987, § 2º) constitui título executivo judicial (art. 515, inc. I, NCPC), e sua efetivação pode exigir a liquidação e o atendimento aos preceitos dos arts. 509 e ss. do NCPC.

Medidas que vão desde o mero cálculo aritmético (art. 509, § 2º) até a apresentação de pareceres, documentos elucidativos, perícia e outras provas podem ser necessários até que se ultime o direito relativo à tese fixada em processo paradigma.

Sem embargo disso, a fase de liquidação ainda pode alcançar todos os incidentes que uma impugnação permite.

Nesse contexto, a efetivação da decisão e a observância do princípio constitucional da celeridade processual e da duração de tempo razoável do processo, assim como a economia processual, tornam-se quimeras meramente enunciadas, sem a capacidade de deixar o direito abstrato para se concretizar no caso em exame.

Em escala proporcional ao número de legitimados, a liquidação das sentenças proferidas em ações coletivas e nos incidentes de resolução de demandas repetitivas pode causar verdadeira obstrução no juízo competente, como de regra se tem verificado em demandas coletivas já sob a vigência do Código de Processo Civil e das leis especiais atuais.

A obrigação de efetivar a aplicação da sentença (art. 332, inc. III; art. 985, incs. I e II) ou do acórdão em processo piloto (art. 978, parágrafo único) exigirá das empresas responsabilizadas um comportamento proativo em relação ao direito discutido, favorecendo a negociação.

As premissas estabelecidas a partir da definição da tese jurídica, de um lado, e os limites fixados pela obrigatoriedade de sua aplicação pelas empresas, por outro, demarcam o ambiente, preferencialmente extrajudicial, em que poderá transcorrer a negociação para a efetiva satisfação do direito tutelado.

Assim, delineados o cabimento e limites da negociação, pode-se validamente instaurar processo de mediação de conflitos coletivos, em ambiente judiciário ou extrajudiciário, já sob encargo e responsabilidade do(s) mediador(es) escolhido(s) ou indicado(s).

Obedecido o plano de mediação – em que se estabeleçam as regras principais, a agenda de sessões e outros requisitos que permeiam e influenciam o processo –, os casos ajuizados e abrangidos pela decisão piloto podem ser encaminhados à Câmara ou Núcleo público ou privado de Mediação.

O processo de Mediação permite ainda a habilitação daquele que se julgar abrangido pela decisão proferida em IRDR, mesmo que não tenha ajuizado ação respectiva[16].

Nesse caso, compete estabelecer processo prévio de identificação e seleção daquele que se apresente como legitimado ou interessado no processo e na resolução pretendida pela Mediação.

A Mediação tem aplicação em todas as áreas passíveis de disposição, e, no âmbito da Lei nº 13.140/2015 e do CPC/2015, torna-se obrigatória em alguns temas, como aqueles relacionados à família.

No entanto, é no campo do Direito do Consumidor que os métodos alternativos de solução de conflitos têm maior potencial para absorver a carga de litígios que hoje são quase que exclusivamente direcionados aos juízos e tribunais e assim contribuir para reduzir o desequilíbrio da litigiosidade.

Com variado repertório de ferramentas, e permitida a aplicação de técnicas negociais (art. 166, § 3º, CPC/2015), a Mediação *on-line*, ou

16 GRAVONSKI, Alexandre. Tese de Mestrado, p. 256, 2010. SOUZA, Luciana Moessa de. In: *Mediação de conflitos coletivos*, p. 124.

ODR, pode inaugurar novo período na relação entre consumidores e empresas. Sistemas informatizados concebidos especificamente como Câmaras de Resolução de Conflitos, as plataformas *ODR* consistem basicamente na criação de um ambiente em que as partes envolvidas têm a possibilidade de interagir e negociar através de terceiro imparcial que facilite a aproximação e o diálogo.

Sistemas dessa natureza têm sido utilizados com sucesso em vários países com experiência semelhante ao fenômeno do desequilíbrio da judicialização hoje vivenciado no Brasil, tendo sido acolhido pelo legislador através do art. 46 da Lei nº 13.140/2015, atualmente em período de *vacatio*.

5. Novo Código de Processo Civil e a Lei de Mediação

Os Tribunais de Justiça deverão criar centros judiciários de solução consensual de conflitos. O enunciado da Resolução nº 125/2010, do CNJ, foi cumprida pelo Tribunal de Justiça do Rio de Janeiro com a estruturação do Núcleo Permanente de Métodos Consensuais de Resolução de Conflitos – Nupemec –, organicamente distribuído em 21 Centros Judiciários de Soluções de Conflitos – Cejuscs.

Com a tramitação do projeto de lei ao final convertido no Novo Código de Processo Civil, a comunidade jurídica pôde conhecer os institutos que passarão a regular o processo civil brasileiro após o período de *vacatio*, e, na medida do possível, antecipar sua aplicação ou criar os mecanismos necessários à sua implementação.

Assim é que, em relação aos institutos em comento – IRDR e Mediação –, percebe-se que sua aplicação poderá auxiliar a resolver questões historicamente comprometidas em sua efetividade.

Em tema de ações coletivas, a tramitação do processo não costuma sofrer mais do que os sobressaltos e intercorrências verificados nos demais casos. O problema reside mesmo na efetivação das decisões. Uma vez decidida a questão controvertida, os processos costumam permanecer à disposição dos legitimados e demais interessados à execução da sentença. Muitas vezes, a controvérsia envolve número indeterminado de beneficiários. Sua integração ao processo, sobretudo em sede de liquidação e execução, costuma ser rara e limitada, e, sobre ser efetiva, a sentença proferida não chega a projetar qualquer efeito prático extraprocessual.

Compreende-se que seja assim. É que a identificação e convocação dos interessados costuma ser tarefa inapropriada para as estruturas cartorárias, mais voltadas à ordenação dos feitos e ao trâmite interno das ações.

A par disso, a presença de número elevado de interessados em uma mesma unidade judiciária poderia emperrar de vez ou por longo tempo uma estrutura já sobrecarregada.

Nesse sentido, os novos institutos – IRDR e a Mediação – podem conferir efetividade às decisões coletivas através da aplicação combinada dos mecanismos previstos em cada um deles.

A partir da criação, no âmbito do Núcleo de Mediação, de grupo específico de mediadores para tratamento das ações coletivas em apoio às Varas Empresariais, compete à equipe formada, juntamente com o magistrado competente, identificar os processos mais vocacionados à aplicação da sistemática desenvolvida.

Como metodologia de trabalho, parte-se da análise do contexto e da identificação do cerne da controvérsia e dos limites sentenciais para que partes e interessados conhecidos e localizados sejam convidados a participar do processo de mediação, ajustando-se com a empresa responsável a convocação pública de beneficiários não habilitados na ação de conhecimento.

Convém aqui consignar que a organização em grupo de titulares dos direitos individuais constitui facilitação ao processo de mediação, caso em que prosseguir-se-á com a presença de um interlocutor escolhido como representante.

É preciso levar em consideração, quando se trate de ações coletivas, dada a complexidade dos fatos que costuma envolvê-las e do tempo transcorrido, em regra longo, que a correlação entre a sentença e o pedido inicial pode sofrer certo abrandamento, o que mais se justifica em ambiente negocial, em que as partes têm ampla liberdade para construção da solução consensual, desde que atendidas as normas jurídicas.

Desenvolvida em ambiente parajudiciário, desburocratizado, sem as amarras de um processo convencional, a Mediação, não obstante a observância estrita dos termos pactuados ao seu curso, tem alcançado o propósito de conferir maior efetividade à sentença através de ampla negociação.

6. Considerações Finais

As inovações trazidas com o Código de Processo Civil representam inegável avanço à racionalização do processo, ao melhor aproveitamento da estrutura judiciária e à efetividade das decisões judiciais. Além disso, os novos institutos contribuem para a pacificação social ao compartilhar com a sociedade a responsabilidade pela resolução dos conflitos.

É preciso, no entanto, criatividade e conjugação de esforços para extrair o melhor efeito das novas ferramentas.

O incidente de resolução de demandas repetitivas, abrangendo as questões de fato, constituir-se-á em inegável estímulo ao amadurecimento da sociedade no uso das ferramentas de tutela coletiva, o que deverá importar em fomento ao uso das ações coletivas.

Os métodos alternativos de resolução de conflitos, como a mediação e a conciliação, deverão representar um novo paradigma na forma de pacificação dos litígios, operando verdadeira transformação social ao privilegiar o acordo e a construção do consenso.

A Mediação e a Conciliação *on-line* por certo constituir-se-ão, com o tempo, nos principais meios de resolução de conflitos do consumidor, incluídos aqueles decorrentes de contratos relacionais de longo prazo.

O novo Código de Processo Civil parece preparado a cumprir o desiderato que motivou sua edição. O resultado, contudo, será aferido durante os próximos quarenta anos.

A ARTE E O OFÍCIO DE SER JUIZ[1]

Cláudio dell'Orto

Minhas palavras iniciais são para registrar que nesta mesma data o Tribunal de Justiça do Estado do Rio de Janeiro está realizando, sob a coordenação do Desembargador Werson Rego, o seminário *Protagonismo judicial segurança jurídica e paternalismo exacerbado: desafios em tempo de incertezas,* em homenagem ao Ministro aposentado do Supremo Tribunal Federal, Carlos Mario Velloso. Destaco a convergência temática. A questão do protagonismo judicial ou, principalmente, do efetivo papel do Poder Judiciário constitui problema a ser cuidadosamente investigado.

Ao longo da história sempre se discutiu se a função ou atividade de julgar, atribuindo valores e responsabilidade aos comportamentos humanos era uma arte ou um ofício.

A evolução do Direito trouxe para esta atividade uma nova dimensão. Digo isso, porque o ato de julgar antecede ao Direito e há indícios de que a ciência do Direito se desenvolveu para estabelecer limites ao julgamento fundamentado exclusivamente no Poder, seja ele físico ou metafísico. Os povos primitivos estabeleciam premissas para a responsabilização das pessoas a partir de dogmas sobrenaturais ou do poderio de grupos. Vinganças públicas ou privadas eram realizadas pelos que detinham força suficiente para subjugar os outros.

O dogma que passa a sustentar o Estado de Direito deixa de ser pessoal ou sobrenatural para tornar-se um produto da racionalidade humana, através de um vetor específico que é a ciência do Direito e

---

1 Texto base da palestra proferida em 09.11.2015, na 7ª Conferência Internacional sobre capacitação judicial, realizada de 08 a 11 de novembro de 2015, em Ipojuca – PE, organizada pela The International Organization for Judicial Training – IOJT.

que se manifesta preferencialmente no sistema da *Civil Law*, através do princípio da legalidade e na *Common Law*, através dos precedentes judiciais. A lei e os precedentes judiciais encimam a categoria de fontes preferenciais de normas de conduta.

Os países que adotam o modelo da *Civil Law* atribuem a um número maior de atores a tarefa de valorar os fatos e atos da vida social transformando-os em leis através do Poder Legislativo. Neste sistema os precedentes judiciais construídos pelo Poder Judiciário exigem adequada hermenêutica dos textos legais. O grande número de pessoas envolvidas nessa tarefa valorativa das múltiplas situações da vida humana permite, na *Civil Law*, maior impessoalidade na construção do sistema de responsabilidades. O modelo assentado preferencialmente nos precedentes judiciais exige maior cautela na construção dos julgamentos, sendo essencial uma ampla participação de múltiplos atores nessa tarefa. A participação popular através de júris ou decisões colegiadas unânimes assegurariam análise do caso concreto de acordo com as expectativas sociais do momento histórico. Ambos os sistemas apresentam, obviamente, deficiências que exigem um constante aperfeiçoamento institucional e que têm contribuído para uma aproximação, onde se busca coletar as melhores práticas de cada um deles.

Nos dois sistemas, entretanto, haverá grande dificuldade para encontrar uma solução justa para os chamados casos difíceis ou *hard cases*. Esses casos, em regra não foram objeto de nenhum precedente nem foram valorados previamente pelos legisladores. Normalmente representam a colisão de valores humanos relevantes e a solução justa obrigará uma adequada ponderação desses valores em conflito.

Analisemos um dos mais antigos *hard cases* de que se tem registro: duas mulheres tiveram filhos no mesmo período e habitavam a mesma moradia. Um dos bebês morreu enquanto dormia. A mãe, cujo filho foi dado como morto, acusou a outra mulher de ter trocado os bebês, estando agora com seu filho.

Como o juiz irá solucionar o conflito de interesses entre as duas mulheres?

O conflito se reveste de natureza probatória. A ciência atual através de exames especiais como o de DNA auxiliaria o Rei Salomão a proferir a sentença justa.

Mas, naquela época, ao determinar que lhe trouxessem uma espada porque dividiria a criança ao meio, teria ele: sido iluminado por uma sabedoria superior – julgamento com fundamento sobrenatural –, utilizado uma arte – julgamento fundamentado em habilidade específica do juiz (inteligência superior) ou feito uso de uma técnica de mediação a partir da análise de valores humanos fundamentais? Todas as hipóteses são reivindicadas como verdadeiras e, por óbvio, a opção dependerá de outros valores preconizados pelo intérprete. Entretanto, a última opção está a indicar que o julgador Salomão tinha pleno domínio de outras áreas do conhecimento humano. Não se serviu do conhecimento dos códigos ou leis que elaborara ou do poder que exercia. Utilizou noções de psicologia. Conhecia a alma humana e pode conduzir as próprias partes envolvidas para uma reação humana capaz de revelar a verdadeira Justiça. Este episódio clássico indica que o juiz deve estar capacitado para o exercício de sua atividade com outros conhecimentos, além do Direito e das Leis.

A arte, enquanto conjunto de regras para dizer ou fazer alguma coisa com acerto, pressupõe a exata metodologia a ser utilizada para a decisão correta. O desenvolvimento e/ou aprendizado dessa metodologia está acessível a todas as pessoas ou há de exigir dotes ou qualidades especiais?

Afastado o fundamento sobrenatural que retira dos humanos a possibilidade de encontrarem sozinhos o que seja Verdadeiro e superado o uso da violência para imposição de um sistema de responsabilidade pelo arbítrio, devemos acreditar na construção de uma metodologia específica para treinamento de pessoas com prévios conhecimentos técnicos para a solução adequada de todos os conflitos de interesses, inclusive de *hard cases*.

Ser juiz não se resume num ofício, profissão, modo de vida, encargo, incumbência ou múnus. Não há pacto divino, atividade sobrenatural ou algo assemelhado.

Há um ofício – profissão – relevante que pressupõe formação jurídica e aperfeiçoamento constantes para treinar regras necessárias para a pacificação das relações sociais ou para reduzir danos causados por condutas que se desviam dos padrões mínimos socialmente pactuados.

Atribui-se a Sócrates a afirmação de que *Três coisas devem ser feitas por um juiz: ouvir atentamente, considerar sobriamente e decidir imparcialmente.*

A frase apresenta uma metodologia que persiste como norma processual. O processo possui três fases: a postulatória, a probatória e a decisória. Na primeira incumbe ao juiz permitir que o pedido e sua contestação sejam apresentados com a mesma intensidade e que ele esteja despojado de conceitos prévios para poder tomar conhecimento das razões das partes sem que a decisão esteja previamente repousando em sua mente. O filme *A ponte dos espiões*[2] retrata, em seu início, a nomeação de um advogado especializado em seguros para defender uma pessoa acusada de espionagem durante a guerra fria, apenas para dar impressão de que o espião seria submetido a um julgamento justo. O juiz manifesta de imediato que a sentença seria a imposição da pena capital. Ou seja, tudo que fosse dito não seria atentamente ouvido, nem pelo juiz togado nem pelos jurados. O veredicto e a sentença já estavam construídos pela opinião pública.

Considerar com sobriedade indica moderação nas paixões. Em outras palavras, observar sem preconceitos e permitir paridade real de armas na utilização dos meios probatórios. Incumbe ao juiz analisar a denominada carga dinâmica da prova e distribuir adequadamente entre as partes em conflito o ônus de realizá-las. O juiz que interfere arbitrariamente durante a fase probatória não está considerando o litígio com sobriedade. Também, deverá excluir os artifícios e as desnecessárias complicações trazidas, em regra, por partes que não ostentam bom Direito. O juiz deve dirigir o processo para a efetiva solução do conflito.

A imparcialidade é o ponto fundamental da questão proposta.

A imparcialidade é objeto de pesquisa em várias áreas do conhecimento humano porque o raciocínio está sujeito aos conceitos pré-

2 *Bridge of Spies* foi lançado em outubro de 2015. É um filme dirigido por Steven Spielberg, com Tom Hanks no papel principal. Baseia-se no incidente U-2 de 1960 e no livro com o mesmo nome de Giles Whitell.

vios, aos interesses e a história pessoal do cientista. Os sentidos são portas através das quais os humanos interpretam a realidade. Vários condicionamentos podem afetar os sentidos e muitas vezes causar o *sono da razão* capaz de *produzir monstros*[3].

Importante, portanto, construir uma metodologia ou uma "teoria da decisão judicial" capaz de manter desperta a razão humana e simultaneamente aproximar-se da imparcialidade.

Cito trecho do professor Hugh Lacey, em *A imparcialidade da ciência e as responsabilidades dos cientistas*[4]:

> Os juízos imparciais são o resultado de investigação imparcial. É possível, entretanto, que exista investigação imparcial mesmo em contexto onde juízos imparciais não podem ser feitos, devido, por exemplo, à complexidade do ambiente em que as aplicações ocorrem; ao curto período disponível para conduzir a pesquisa antes da necessidade de tomar decisões, e aos termos carregados de valor, empregados em reivindicações que contribuem para juízos sobre a legitimidade das aplicações.

Na busca de uma teoria para a construção da decisão judicial observamos que a imparcialidade do Juiz pode ser afetada pelos mesmos motivos que a imparcialidade de todos os cientistas. E que, como conclui Lacey, *a investigação imparcial, requer, não a exclusão dos valores éticos e sociais, [...], mas a inclusão, em seus lugares apropriados – do leque completo de valores relevantes para as deliberações democráticas*.

Passemos à análise de cada um dos pontos referidos por Lacey:

1) *complexidade do ambiente em que as aplicações ocorrem*: em muitas ocasiões as decisões judiciais devem ser proferidas em um ambiente refratário à imparcialidade do juiz. O caso da *Ponte dos Espiões* é um exemplo. Em plena guerra fria toda a população dos Estados Unidos antecipava mentalmente que a pena justa para um espião sovi-

---

3 Uma das séries sátiras gravadas pelo pintor espanhol Francisco de Goya, apresentadas em 1799, tem por título *O sono da razão produz monstros*. Goya pensava que muitas das loucuras da humanidade resultavam do "sono da razão".

4 Publicado em <http://www.scielo.br>. Acesso em: 08 nov. 2015.

ético seria a morte. Nenhum tipo de neutralidade ou imparcialidade justificaria a atuação de um advogado ou de um juiz em benefício do acusado. O juiz como cidadão norte-americano deveria zelar para garantir a segurança do povo americano. Jamais poderia estender a um estrangeiro espião garantias democráticas constitucionais derivadas do *due process of law*. O esforço do juiz nestas ocasiões de ambiente contrário à imparcialidade deve ser maior. Ele deve estar dotado de todo o instrumental técnico-jurídico e de garantias, como vitaliciedade, inamovibilidade e irredutibilidade salarial, para poder decidir sem o constrangimento de outras autoridades poderosas.

2) *curto período disponível para conduzir a pesquisa antes da necessidade de tomar decisões:* a pressão por celeridade na decisão judicial acarreta situações de pouca ou nenhuma avaliação criteriosa do caso concreto. O juiz, principalmente em demandas de massa, acaba por aceitar juízos prévios sobre situações similares. Os detalhes do caso concreto não são analisados e a decisão judicial não contribui para a pacificação das relações sociais porque não consegue atingir o ponto de surgimento do conflito. No caso de demandas envolvendo relações de consumo, tem sido observado que o próprio órgão jurisdicional atua como parte diretamente interessada. É o caso de medidas ou julgamentos com a finalidade expressamente declarada ou implícita de reduzir o número de processos judiciais ou de desestimular o ajuizamento de novas ações.

3) *termos carregados de valor, empregados em reivindicações que contribuem para juízos sobre a legitimidade das aplicações:* nesta última categoria encontramos aqueles casos onde valores humanos relevantes são confrontados entre si. É a área dos *hard cases*. Vamos encontrar conflitos entre valores fundamentais como igualdade, dignidade humana, religião, família, segurança, moradia, saúde, orçamento público, meio ambiente e desenvolvimento econômico e social, por exemplo.

Qual a decisão justa no conflito entre a mãe solteira que não tem condições financeiras e psicológicas para criar o filho concebido numa relação sexual eventual e o direito à vida presente naquele feto?

A lei autoriza o casamento entre pessoas do mesmo sexo? Ou entre uma pluralidade de pessoas? Há um conceito jurídico de família que exija sua formação por um homem e uma mulher?

Seria inconstitucional alteração legislativa que criasse impostos capazes de afetar grandes fortunas e obrigar uma efetiva distribuição da riqueza entre os cidadãos de um país? Ou que estabelecesse limitação de taxas de juros reduzindo drasticamente o lucro dos bancos?

A lei que autoriza a utilização de organismos geneticamente modificados na preparação de alimentos viola a proteção ambiental?

São exemplos que indicam que o ambiente socioeconômico, religioso e cultural onde se deu a formação da pessoa que exerce a magistratura pode alterar a neutralidade ou imparcialidade da decisão.

Nesta área a decisão judicial deve ser construída a partir de uma transversalidade de conhecimentos. Não pode o Direito pretender ser ciência única a solucionar todos os complexos conflitos contemporâneos.

Pugnamos por uma formação transdisciplinar da magistratura que permita uma aproximação com variados ramos do conhecimento humano que serão fundamentais para uma solução justa do conflito de interesses. A Escola Nacional da Magistratura da Associação dos Magistrados Brasileiros, entre outras escolas integrantes do sistema nacional de formação e aperfeiçoamento de magistrados oferece cursos que transitam por diversas áreas do conhecimento permitindo que o juiz tenha uma visão do citado *leque completo de valores relevantes para as deliberações democráticas.*

Tal formação não afasta o concurso dos mais variados peritos que auxiliarão o juiz na formulação da melhor decisão. A formação permitirá que o juiz tenha conhecimento suficiente para se posicionar conscientemente, sem transferir o ato de julgar para o perito.

Concluo, salientando que ser juiz é estar atento a todas essas questões que acompanham a humanidade e decidir sempre com os olhos voltados para a proteção da dignidade humana, valor supremo e insuperável. Incumbe ao juiz encontrar, a partir de uma hermenêutica adequada, qual a solução do conflito capaz de amenizar a dor, superar o sofrimento e restaurar a paz.

O SUPREMO TRIBUNAL FEDERAL E A AUTORIDADE CONSTITUCIONAL COMPARTILHADA

Clèmerson Merlin Clève
Bruno Meneses Lorenzetto

> *A Constitution is a Standard a Pillar and a Bond when it is understood approved and beloved. But without this Intelligence and attachment it might as well be a Kite or Balloon, flying in the air. (John Adams)*

1. Introdução

O artigo sustenta a tese de que, diante do fenômeno do aumento do poder do Judiciário para a solução de casos de macropolítica, é possível ver suas decisões legitimadas se forem atendidos dois requisitos: primeiro, a manifestação da intencional deferência dos outros Poderes na resolução do conflito e, segundo, o Supremo Tribunal Federal não pode pretender possuir o monopólio sobre o sentido dos temas de macropolítica objeto de discussão em diferentes âmbitos institucionais, devendo, quando possível, compartilhar a autoridade que ostenta em matéria constitucional.

Entende-se que tais requisitos contribuiriam para o Supremo Tribunal melhor compreender as mudanças estruturais da política e, eventualmente, realizar a revisão de posicionamentos anteriores – após diálogos com outros Poderes ou com aqueles afetados pela decisão – aperfeiçoando o processo decisório com a participação de outros atores políticos para além dos seus 11 ministros.

Nesse sentido, o ciclo de casos políticos que são judicializados ocorre da seguinte maneira: em um primeiro momento é transferida ao Judiciário a responsabilidade para responder a determinado assunto polêmico de forte apelo social, emergindo, portanto, o fenômeno da judicialização de um tema político; na sequência, após a tomada de decisão pelo Tribunal, a parte que teve sua interpretação derrotada pode procurar mobilizar forças políticas para contestar a tese vencedora, sem que isso signifique que possa deixar de respeitar a decisão judicial. Caso, em um momento posterior, a mobilização social venha a ter força suficiente para remodelar as instituições democráticas, caberá a um "novo" Tribunal realizar a revisão de determinado precedente, sendo certo que isso deve ser feito de modo explícito e considerando a decisão anterior, objeto da revisão.

2. A Política nos Tribunais

Diante da relativamente recente ascensão do Poder Judiciário, entende-se que, em termos políticos, cumpre questionar o monopólio de um Poder, com responsabilidade solitária e cristalizada, para a realização da interpretação constitucional. Deve-se, ao invés, preservar instituições democráticas para que disputas pelo sentido da Constituição possam florescer, o que não implica uma negação da fiscalização de constitucionalidade, em suas modalidades concreta ou abstrata, ou do dever institucional dos Tribunais de pacificar conflitos e apresentar respostas para temas de alta relevância para a sociedade.

O compasso que guia a resiliência das instituições é norteado por sua capacidade para atravessar crises e continuar a funcionar. Este é um sinal de que, mesmo diante de turbulências, o levantamento dos temas que definem a identidade nacional e são colocados como relevantes para a construção da agenda política do país continuam a ser o moto dos agentes políticos.

O argumento não se coloca no sentido, um tanto ingênuo e difícil de ser verificado, de que as decisões dos Tribunais deveriam tratar de modo exclusivo de temas "jurídicos", como se fosse possível realizar uma divisão precisa entre temas de maior ou menor repercussão social, ou a imunização de reflexos políticos de casos que, *prima facie* se apresentam como apenas atinentes a algumas pessoas. É inevitável que toda decisão judicial, em maior ou menor escala, tangencie alguma dimensão política.

Tal afirmação não é nova e tampouco suscita polêmica. O reconhecimento de que as Cortes, mesmo ocupando posição institucional menos favorecida para a atuação nas situações que suponham mudança de elementos estruturantes da sociedade[1], não apenas podem interferir, mas, de fato interferem de maneira decisiva no jogo dos poderes, levou às diferentes configurações institucionais em cada país que se submeteu aos valores do constitucionalismo democrático.

Ao compartilharem um substrato comum de elementos como a limitação do Poder, a separação dos Poderes, a proteção de direitos fundamentais, em um apanhado sintético de componentes do constitucionalismo democrático, pode-se afirmar que tais países definiram um papel maior ou menor para o Judiciário em razão de circunstâncias históricas e culturais – ainda que a judicialização da política tenha sido diagnosticada como crescente fenômeno internacional.

Basta contemplar as dessemelhanças entre os modelos de organização dos Poderes na França, na Inglaterra, nos Estados Unidos, no Brasil, na Alemanha, na Colômbia e na África do Sul para perceber que cada país acabou por definir suas instituições com maior ou menor capacidade de interferência na sociedade de acordo com elementos constitutivos do *design* institucional nacional e, também, em correspondência com aquilo que seus agentes políticos compreenderam como os locais adequados para realizar mudanças ou para preservar os valores nucleares da sociedade[2].

Tais países guardam em comum, ademais, valores disseminados após a Segunda Guerra Mundial no sentido da proteção de direitos humanos e formas específicas para buscar concretizar direitos funda-

1 HAMILTON, A.; MADISON, J.; JAY, J. *The Federalist Papers*. New York: Signet Classics, 2003.

2 Um breve estudo sobre os modelos de cortes constitucionais foi feito por FAVOREU, Louis. *As cortes constitucionais*. São Paulo: Landy, 2004.

mentais. Porém, a questão não se coloca apenas sobre quais seriam tais valores, mas, com igual importância, sobre quais os espaços institucionais adequados para a sua promoção. Nesse sentido, Ran Hirschl constatou que nas últimas décadas ocorreu uma intensa transferência de poderes das instituições representativas para o Judiciário e que o conceito de supremacia constitucional passou a ser compartilhado por mais de uma centena de países[3].

O ponto central do relatado fenômeno envolve o aumento da passagem de casos que pareciam, em sua origem, pertencentes às arenas deliberativas representativas, para a apreciação e decisão nas instâncias judiciais. Isto ocorreu, dentre outros motivos, em razão do aprimoramento dos instrumentais relacionados à realização do controle de constitucionalidade, como reflexo da sedimentação do constitucionalismo moderno, e da reconstrução de instituições democráticas após regimes autoritários.

Nos regimes democráticos jovens, foram aprimorados os meios de realização da jurisdição constitucional e passou-se a realizar a transferência para os Tribunais de parte significativa dos principais temas polêmicos discutidos na sociedade[4]. Isso criou a expectativa – bastante nítida nos últimos anos em solo brasileiro – de que temas de alta repercussão política "naturalmente" serão conduzidos para o Judiciário toda vez que alguém sofra uma derrota na arena política tradicional sobre sua interpretação da Constituição.

---

3 HIRSCHL, Ran. The new constitutionalism and the judicialization of pure politics worldwide. *Fordham Law Review*, v. 75, 2006, p. 721.

4 *O fortalecimento do Supremo Tribunal Federal pode ser explicado, também, em decorrência de outros fatores. O efeito vinculante de suas decisões, a repercussão geral no recurso extraordinário e a possibilidade de edição de súmulas vinculantes são mecanismos que foram acompanhados por novas técnicas de decisão como a interpretação conforme, a declaração de inconstitucionalidade sem redução de texto, o apelo ao legislador, a maior atenção ao instituto da reclamação, e propostas polêmicas como a vinculação à ratio decidendi e a transcendência dos motivos determinantes das decisões* (CLÈVE, Clèmerson Merlin; LORENZETTO, Bruno Meneses. Constituição federal, controle jurisdicional e níveis de escrutínio. *Direitos Fundamentais & Justiça*, n. 32, jul./set. 2015, p. 109).

Apesar da tese da "proliferação democrática" explicar a formação de Cortes mais fortes após a transição de determinados países para regimes guiados por Constituições democráticas, Hirschl pontua que ela é insuficiente para tratar da expansão do Judiciário em Estados com democracias já consolidadas[5]. Por isso, argumenta que a expansão do papel do Judiciário decorre de uma análise estratégica e de uma preservação hegemônica por parte dos agentes políticos detentores de grande poder, os quais, de maneira consciente, perceberam que o Judiciário poderia ser um novo espaço para a realização de disputas políticas[6].

A tese da preservação hegemônica possui um calibre mais amplo do que a tese da proliferação democrática. Parece mais fácil diagnosticar as diversas maneiras pelas quais agentes políticos podem utilizar o Judiciário como nova instância deliberativa, mesmo que isso represente o parcial sacrifício do poder deles[7]. Um exemplo bastante disseminado caracteriza a transferência da responsabilidade para tomada de decisões sabidamente impopulares, implicando redução de custos políticos para os parlamentares. Cede-se parte do poder Legislativo ao Judiciário, porém, no mesmo movimento, transferem-se as responsabilidades e os custos (institucionais e políticos) sobre a decisão.

Logo, a responsabilidade por uma providência de alta relevância social passa a ter origem em um lugar diverso do Parlamento. Isso ocorre não apenas em virtude de uma decisão deliberada do Judiciário em assumir o papel do legislador, mas, também, do uso estratégico do

5 HIRSCHL, Ran. The political origins of the new constitutionalism. *Indiana Journal of Global Legal Studies*, v. 11, 2004, p. 74.

6 *Political actors who voluntarily establish institutions that appear to limit their institutional flexibility (such as constitutions and judicial review) may assume that the clipping of their wings under the new institutional structure will be compensated for by the limits it might impose on rival political elements. In short, those who are eager to pay the price of judicial empowerment must assume that their position (absolute or relative) would be improved under a juristocracy* (HIRSCHL, Ran. The political origins of the new constitutionalism, p. 85-86).

7 HIRSCHL, Ran. The political origins of the new constitutionalism, p. 84.

Judiciário pelo Legislativo para evitar problemas com o eleitorado – o dever de coerência esperado das Cortes diz respeito mais às suas próprias decisões (precedentes) do que necessariamente à pura vontade popular[8].

A presença recorrente de temas políticos no Judiciário ficou conhecida como a judicialização da política. Esta, contudo, não pode ser confundida com o ativismo judicial[9], o qual caracteriza decisões expansivas, as quais cruzam as fronteiras traçadas anteriormente para a atuação do Judiciário. Trata-se de uma atuação mais intensa nos espaços desenhados para a atuação dos outros Poderes[10], em uma definição sumária, caracterizando-se por uma propensão acentuada dos tribunais para declarar um maior número de leis inconstitucionais[11]. Logo, uma Corte mais ativista exerce de maneira mais recorrente e com maior liberdade o controle de constitucionalidade, chegando, até mesmo, a

---

8 Não é incomum que magistrados de Cortes Constitucionais venham a assumir expressamente que suas decisões possam ter feições impopulares.

9 *Sendo certo que o ativismo do Supremo Tribunal Federal não deve ser confundido com o de todo o Judiciário, as razões apresentadas para embasar uma postura menos deferente por parte da Corte são, em geral, as seguintes: i) a Constituição é uma Ordem Fundamental "guardiã" de princípios substantivos e não apenas uma "Lei Quadro"; ii) a defesa de direitos fundamentais e dos princípios fundamentais que estão na base de nossa comunidade política é tarefa do Judiciário; iii) tal tarefa reclama, muitas vezes, o uso de novas técnicas de decisão para fazer face à complexidade social nacional e promover sentidos de justiça constitucional; iv) o ativismo da Corte é subsidiário, aparecendo apenas nas circunstâncias de inércia dos demais Poderes* (CLÈVE, Clèmerson Merlin; LORENZETTO, Bruno Meneses. Constituição federal, controle jurisdicional e níveis de escrutínio, p. 108-109).

10 BARROSO, Luís Roberto. Judicialização, ativismo judicial e legitimidade democrática. *Revista de Direito do Estado*, n. 13, jan./mar. 2009, p. 75.

11 Não se ignora que, isoladamente, o aspecto quantitativo do exercício do controle de constitucionalidade pode ser frágil para caracterizar o ativismo. Não se afasta a possibilidade de que uma decisão isolada de uma Corte Constitucional tenha um impacto profundo em toda a estrutura da organização dos Poderes. De qualquer maneira, é recorrente a caracterização dos momentos de uso mais intenso do controle de constitucionalidade, como mais propensos ao "cruzamento de fronteiras" entre Poderes.

produzir, diante omissões do Legislativo, soluções normativas para casos controvertidos[12].

A adesão a uma postura mais ativa ou deferente por parte do Judiciário pode, ademais, vir a ser cadenciada por matizes de diferentes espectros ideológicos. Não obstante, parece ser de fácil adesão o argumento no sentido de que, por mais clarividente que possa vir a ser a atividade jurisdicional, a Constituição é muito importante para que a autoridade interpretativa sobre seu sentido venha a ser monopolizada por juízes. A diferença entre as outras vozes que procuram participar da luta pela fixação de sentidos para o texto constitucional encontra maior ou menor vazão de acordo com o papel institucional estabelecido pela própria Constituição para cada agente político.

Logo, a busca pela efetivação de direitos e a abrangência das decisões judiciais que envolvam temas políticos de alta intensidade – como, por exemplo, questões relacionadas às ações afirmativas, ao financiamento de campanhas e ao casamento de pessoas do mesmo sexo –, capazes de realizar importantes mudanças nas relações intersubjetivas, são contingentes e dependem da existência de condições técnicas – capacidade de adjudicação – mas, em igual medida, de um ambiente político que propicie sustentação à realização das transformações sociais protagonizadas "por cima". Isto é, decorrente de provisão de uma Corte composta por juízes cuja atividade não é estruturada

12 De qualquer maneira, como observa Barry Friedman, a definição do sentido de ativismo não é pacífica e está permeada por inclinações ideológicas: *Criticizing the justices grew ever more complicated as the Supreme Court's rulings seemed to swing to and fro. Although the most frequent criticism head during the Rehnquist Court was that of judicial activism, critics on the left and right could not agree on what the term even meant. Each side believed that it hewed to a principled definition, and each accused the other of simply complaining about decisions it did not like. Shifting rulings caused much reshuffling of critics' positions. Claims of hypocrisy became the order of the day, as critics turned their attention from the Court and took to calling one another names* (FRIEDMAN, Barry. *The will of the people*: how public opinion has influenced the Supreme Court and shaped the meaning of the Constitution. New York: Farrar, Straus and Giroux, 2009, p. 343).

para representar ou responder à vontade popular, mas, fundada no "notório saber jurídico" de seus membros.

Por isso, observa Hirschl, quando as Cortes buscam plantar as "sementes da mudança social" em uma comunidade política, isso depende de condições socioculturais que acolham a judicialização, ou seja, apoiem transformações realizadas pela via Judicial[13]. Um rol não exaustivo ajuda a ilustrar a tendência no sentido do trânsito de casos de macropolítica para o Judiciário: a judicialização de processos eleitorais, as limitações às prerrogativas do Executivo, a colaboração para transformar o regime político e os processos de formação da vontade coletiva e de definição das estruturas políticas e governamentais. Isso conduz ao que Hirschl chamou de "Juristocracia"[14].

Pode-se observar, em tais circunstâncias, o crescimento da deferência do Legislativo perante o Judiciário, o transpassar das linhas estabelecidas para a tomada de decisões pelas Cortes, a redefinição de atribuições dos Parlamentos e do Executivo e a judicialização de parte considerável da agenda política. Além dos casos de decisões concernentes ao processo eleitoral, alguns dos temas que passaram a ser decididos pelos Tribunais poderiam encontrar, em um cenário prévio, uma resposta estabilizadora na esfera política.

No Brasil, nas últimas décadas, o aumento da atenção destinada ao Supremo Tribunal Federal acompanha a tendência presente em outros países no sentido de uma possível "juristocracia". A Corte, anota Oscar Vilhena Vieira, acabou por se tornar mais presente na vida das pessoas, ao que um crescente número de brasileiros se acostumou com a ideia de que questões fundamentais da política, da economia ou da moral nacional serão decididas pelo Supremo Tribunal Federal[15].

---

13 HIRSCHL, Ran. The new constitutionalism and the judicialization of pure politics worldwide, p. 725.

14 HIRSCHL, Ran. *Towards juristocracy*: the origins and consequences of the new constitutionalism. Cambridge: Harvard University Press, 2004, p. 222-223.

15 *A expansão da autoridade do Supremo Tribunal Federal e dos tribunais em geral não é, no entanto, um fenômeno estritamente brasileiro. Há hoje uma vasta literatura que busca compreender este fenômeno de avanço do direito em detrimento da política e consequente ampliação da esfera de autoridade dos*

A "hiperconstitucionalização" de diversos aspectos da vida social responde à experimentação de certa desconfiança de considerável parcela da sociedade em relação aos mecanismos tradicionais de representação democrática. Como contrapartida do aumento das responsabilidades do Judiciário, para, dentre outras atividades, guardar os compromissos constitucionais, acabou-se por mitigar parcela do protagonismo do sistema representativo[16].

Outro fator que contribuiu para o aumento da autoridade do Supremo Tribunal Federal decorre do próprio *design* institucional projetado para a Corte:

> A Constituição de 1988, mais uma vez preocupada em preservar a sua obra contra os ataques do corpo político, conferiu ao Supremo Tribunal Federal amplos poderes de guardião constitucional. Ao Supremo Tribunal Federal foram atribuídas funções que, na maioria das democracias contemporâneas, estão divididas em pelo menos três tipos de instituições: tribunais constitucionais, foros judiciais especializados (ou simplesmente competências difusas pelo sistema judiciário) e tribunais de recursos de última instância[17].

Por isso, apesar de ser fundamental tecer considerações a respeito das disputas pelos sentidos possíveis que podem ser derivados da Constituição, não afastando, portanto, a relevância de questões her-

---

tribunais em detrimento dos parlamentos (VIEIRA, Oscar Vilhena. Supremo Tribunal Federal: o novo poder moderador. In: MOTTA, Carlos Guilherme; SALINAS, Natasha S. C. (Coords.). *Os juristas na formação do estado-nação brasileiro*: (de 1930 aos dias atuais). São Paulo: Saraiva, 2010, p. 511). No mesmo sentido: *[...] este perceptível processo de expansão da autoridade dos tribunais ao redor do mundo ganhou, no Brasil, contornos ainda mais acentuados. A enorme ambição do texto constitucional de 1988, somada à paulatina concentração de poderes na esfera de jurisdição do Supremo Tribunal Federal, ocorrida ao longo dos últimos vinte anos, aponta para uma mudança no equilíbrio do sistema de separação de poderes no Brasil* (VIEIRA, Oscar Vilhena. Supremocracia. *Revista Direito GV*, v. 4, n. 2, jul./dez. 2008, p. 444).

16 VIEIRA, Oscar Vilhena. Supremo Tribunal Federal: o novo poder moderador, p. 512.

17 VIEIRA, Oscar Vilhena. Supremo Tribunal Federal: o novo poder moderador, p. 517.

menêuticas e também de dilemas de ordem ideológica[18], deve-se atentar para a estrutura institucional projetada para o funcionamento do Judiciário e, em especial, do Supremo Tribunal Federal, e perceber como a autoridade constitucional pode ser exercida pela Corte na solução de temas controvertidos da política nacional.

Diante de um cenário em que se afirma que a Colenda Corte tem exercido prerrogativas funcionais alheias, uma das alternativas seria a adoção de postura inversa: a autocontenção. Esta conduziria a um fortalecimento da autoridade residual da Corte[19].

Porém, o problema em modelos minimalistas de jurisdição constitucional está justamente nos limites que eles impõem aos magistrados. Se, por um lado, o minimalismo pode contribuir para reforçar a doutrina do *stare decisis* de decisões emancipatórias, por outro lado, sua integral adoção bloquearia qualquer possibilidade de Tribunais constitucionais tomarem novas decisões progressistas[20]. Além disso, o conjunto de prerrogativas já definidas constitucionalmente para o Supremo Tribunal

---

18 *A theory of constitutional interpretation matters, but it is no substitute for a substantive constitutional vision* (POST, Robert C.; SIEGEL, Reva B. Democratic constitutionalism. In: BALKIN, Jack M.; SIEGEL, Reva B. *The Constitution in 2020*. Oxford: Oxford University Press, 2009, p. 26).

19 *Com a concentração de suas atividades no campo da jurisdição constitucional, com forte componente discricionário, o Tribunal, além de passar a decidir de forma apenas colegiada, também pode qualificar melhor o seu processo deliberativo. Hoje o que temo é a somatória de onze votos (que em um grande número de casos já se encontram redigidos antes da discussão em plenário) e não uma decisão da Corte, decorrente de uma robusta discussão entre os ministros* (VIEIRA, Oscar Vilhena. Supremo Tribunal Federal: o novo poder moderador, p. 530).

20 *[...] it would also be a mistake for progressives to embrace minimalism, a theory that invites judges to construe the Constitution in narrow and shallow ways. Minimalism is aimed at judicial interpreters and counsels against change. It seems unlikely to mobilize progressives to "take back the Court" or to orient the judiciary to break with the conservative constitutional premises that have been incorporated into doctrine in the last several decades. Minimalism cannot endow current generations of Americans with the confidence or role authority to assert their own understanding of the Constitution's meaning* (POST, Robert C.; SIEGEL, Reva B. *Democratic constitutionalism,* p. 32).

Federal parece fluir em sentido contrário a uma eventual busca de autorrestrição que viesse a ser experimentada entre nós.

Ademais, mesmo que se possa defender uma posição de maior deferência do Judiciário em dadas circunstâncias – em que outras instâncias deliberativas tenham promovido robustos debates sobre determinado tema, com expressiva participação popular – entende-se que seria arriscado abdicar por completo da supremacia constitucional (que não pode ser confundida com a supremocracia ou com a juristocracia) e do controle de constitucionalidade.

3. O Silêncio dos Outros (Poderes)

A ascensão do Judiciário nem sempre ocorreu em um vácuo de poder. Ao contrário do que pode inicialmente parecer, a maior interferência das Cortes Constitucionais deve-se ao uso estratégico de agentes políticos interessados que, de maneira expressa ou implícita, aproveitaram o surgimento de uma nova instância à qual poderiam dirigir seus apelos caso viessem a se encontrar em um cenário de perda do poder, de fragmentação da coalização governamental ou de derrota de suas teses políticas. A deferência para o Judiciário foi derivada, por isso, tanto de fatores políticos – que lhe conferiram suporte institucional – como, também, de fatores técnicos – com o aprimoramento dos instrumentais relacionados à jurisdição constitucional.

A transferência de poder decorreu, ademais, de outro aspecto que envolve a aparência – muitas vezes, mas nem sempre, verdadeira – de um melhor funcionamento sistêmico do Judiciário em comparação com outros espaços de decisão. Instituições judiciais são percebidas pelos agentes políticos como espaços que dispõem – via de regra – de melhor reputação sobre sua efetividade e sua imparcialidade do que outras instâncias[21].

Quanto mais o sistema político é tratado como disfuncional para apresentar soluções para temas políticos controvertidos, mais fácil se

21 HIRSCHL, Ran. The new constitutionalism and the judicialization of pure politics worldwide, p. 744.

torna a expansão do Judiciário – mesmo que os referidos argumentos sejam expostos em paralelo a críticas sobre a morosidade judicial. Por isso, a judicialização da política não está fundada apenas no tempo médio para a tomada de uma decisão por uma instituição ou na obrigatoriedade da resposta que pode ser demandada do Judiciário; trata-se, de maneira efetiva, de reduzir tanto os riscos como as responsabilidades sobre decisões políticas controvertidas[22].

Para Mark Graber, um dos motivos que impulsionam, nos Estados Unidos, o poder da Suprema Corte para realizar o controle de constitucionalidade é a incapacidade ou a falta de vontade de dada coalizão política nacional para decidir uma disputa pública[23]. Em tais casos, o Judiciário não está a ocupar um "espaço vazio" deixado de maneira não intencional pelos legisladores, ao contrário, os principais atores políticos convidam a Suprema Corte a solucionar casos que eles não poderiam ou não gostariam de decidir.

No Brasil, os exemplos dos casos da descriminalização do aborto de feto anencefálico (ADPF 54, Rel. Min. Marco Aurélio, j. 12.04.2012, DJe 19.04.2012) e da união estável de pessoas do mesmo sexo (ADPF 132, Rel. Min. Ayres Britto, j. 05.05.2011, DJe 14.10.2011) contribuem para indicar que o diagnóstico de Graber pode cruzar fronteiras. Por motivos de várias ordens – tais como o conservadorismo de parcela dos eleitores, a influência de argumentos de ordem religiosa e a presença de grupos de interesse –, percebe-se que o custo político de uma eventual aprovação das demandas mencionadas poderia reper-

---

22 *In fact, mainstream politicians are often more interested in keeping social controversies off the political agenda than in considering the merits of alternative settlements. When disputes arise that most elected officials would rather not address publicly, Supreme Court justices may serve the interests of the political status quo by making policy, taking public responsibility for making policy, and making policy favored by political elites. Judicial policymaking in these circumstances cannot be accurately described as either majoritarian or countermajoritarian; it takes place when and because no legislative majority has formed* GRABER, Mark A. The nonmajoritarian difficulty: legislative deference to the judiciary. *Studies in American Political Development*, n. 7, 1993, p. 37-38.

23 GRABER, Mark A. The nonmajoritarian difficulty, p. 36.

cutir de modo negativo em futuras eleições para políticos de várias agremiações partidárias.

Aliás, as demandas apresentadas por outros Poderes ao Judiciário encontra abrigo na legitimação ativa de diversos agentes políticos, órgãos ou pessoas jurídicas (Presidente da República, Governador de Estado, Mesa do Senado etc.), prevista na Constituição e, em especial, a dos partidos políticos com representação no Congresso nacional (art. 103, VII – CF).

Assim, além do desenho institucional expresso na Constituição, percebe-se que a judicialização da política acaba por se transformar em uma via de mão dupla[24], eis que serve à oposição, que pode forçar uma nova instância deliberativa sobre tese que tenha sido derrotada no Parlamento ou sobre política da qual discorde, servindo também para os governistas, pois, quando parte de sua agenda se torna impopular ou estes não conseguem formar uma maioria sobre determinado assunto, o Supremo Tribunal Federal surge como possível esfera de revisão da articulação majoritária contrária ao governo.

No caso do julgamento da ADPF 186[25], que reconheceu a constitucionalidade das cotas raciais para ingresso na Universidade de Brasília, o Partido Democratas (DEM) se opôs às providências que introduziram a ação afirmativa por entender que a adoção de "políticas afirmativas racialistas", nos moldes estabelecidos pela UnB, seria incompatível com as "especificidades brasileiras". Independentemente da derrota da tese do partido, o julgamento prova o uso do STF como nova instância argumentativa para a oposição.

24 *A tese da preservação hegemônica funciona, por isso, tanto para governistas como opositores: The judicialization of mega-politics may also be driven by 'hegemonic preservation' attempts taken by influential sociopolitical groups fearful of losing their grip on political power. Such groups and their political representatives are more likely to delegate to the judiciary formative nation-building and collective-identity questions when their worldviews and policy preferences are increasingly challenged in majoritarian decision-making arenas* (HIRSCHL, Ran. The new constitutionalism and the judicialization of pure politics worldwide. p. 745).

25 ADPF 186, Rel. Min. Ricardo Lewandowski, j. 31.07.2009, DJe 07.08.2009.

No julgamento do financiamento de campanhas por pessoas jurídicas, ainda que o autor da ADI 4.650[26] tenha sido o Conselho Federal da OAB, a posição da maioria do Supremo Tribunal Federal ao declarar a inconstitucionalidade dos dispositivos legais que permitiam a doação de pessoas jurídicas a campanhas eleitorais, encontrava-se em sintonia com a do governo. Tanto que, em um primeiro momento, em 09 de setembro de 2015, o Plenário da Câmara havia derrubado a decisão do Senado que proibia o financiamento privado de campanhas. A decisão da Colenda Corte foi tomada em 17 de setembro de 2015 e, no dia 24 do mesmo mês, a Presidente Dilma Rousseff acabou por seguir o sentido da Corte, ao vetar o dispositivo legal que autorizava referido tipo de financiamento eleitoral. O veto presidencial teve como embasamento prévio a decisão do STF em sentido oposto ao que a maioria dos parlamentares havia decidido; no caso aludido, o Supremo serviu como instância argumentativa favorável ao governo.

Outros exemplos que sustentam o argumento de que os partidos efetivamente utilizam a estrutura institucional do Supremo Tribunal Federal para endereçar diferentes tipos de demandas políticas são os seguintes: ADPF 347[27], em que o Partido Socialismo e Liberdade (PSOL), demandou o reconhecimento da violação sistemática dos direitos fundamentais dos presos no Brasil e solicitou que fosse declarado o Estado de Coisas Inconstitucional do sistema prisional nacional; ADI 3.112[28], de autoria do Partido Trabalhista Brasileiro (PTB) e do Partido Democrático Trabalhista (PDT), em que contestaram dispositivos da Lei nº 10.826/2003, o também conhecido Estatuto do Desarmamento; ADI 1.351[29], em que o Partido Comunista do Brasil (PC do B) e outros desafiaram a constitucionalidade de dispositivos da Lei nº 9.096/1995 (Lei dos Partidos Políticos), os quais haviam instituído a "cláusula de barreira" e a ADC 29[30], de autoria do Partido

---

26 ADI 4.650, Rel. Min. Luiz Fux, j. 17.09.2015.

27 ADPF 347, Rel. Min. Marco Aurélio, j. 09.09.2015.

28 ADI 3.112, Rel. Min. Ricardo Lewandowski, j. 02.05.2007, DJe 26.10.2007.

29 ADI 1.351, Rel. Min. Marco Aurélio, j. 07.12.2006, DJ 30.03.2007.

30 ADC 29, Rel. Min. Luiz Fux, j. 16.02.2012, DJe 29;06.2012.

Popular Socialista (PPS), em que o Partido instou o STF a declarar a constitucionalidade da Lei Complementar nº 135/2010 (Lei da Ficha Limpa), e para que a mesma fosse aplicada para fatos que haviam ocorrido antes da vigência da norma.

Não se busca discutir, aqui, se os casos foram decididos de maneira adequada ou não pelo Supremo Tribunal Federal. O elenco dos julgados foi realizado para tratar de argumento mais singelo, qual seja, que a judicialização da política e, em certo grau, o ativismo judicial, não podem ser interpretados como derivados exclusivamente de uma "fome de poder" do Judiciário ou de uma busca pelo monopólio da interpretação constitucional por parte deste, sem que o olhar também incida sobre os arranjos políticos que permitem que tais fenômenos ganhem corpo e reconfigurem fronteiras institucionais. A supremacia do Judiciário, por isso, não pode surgir sem o apoio – ainda que silencioso – por parte dos outros Poderes.

Além disso, a Constituição, mesmo ante disputas interpretativas que a circundam, possui a característica de desafiar a temporalidade imediatista de parte dos debates políticos. É um documento que estabelece os compromissos constitutivos da comunidade política e, por isso, funciona como uma "reserva de justiça" tanto para o sistema jurídico como para o político, por ela instituídos[31].

Fonte contínua de respostas para os temas políticos mais controvertidos, as Constituições modernas, elevadas à condição de leis hierarquicamente superiores em relação às disputas políticas, observaram, em muitos casos, edificações de Cortes Constitucionais como suas respectivas guardiãs[32]. A redação do *caput* do art. 102 – CF é ilustrativa: *Compete ao Supremo Tribunal Federal, precipuamente, a*

---

31 *Ao retirar do âmbito de deliberação majoritária aqueles direitos, princípios e instituições que constituem a reserva de justiça da Constituição, as cláusulas super-rígidas se transformam em legítimo instrumento de preservação da democracia, paradoxalmente, ao limitá-la* (VIEIRA, Oscar Vilhena. A Constituição como reserva de justiça. *Lua Nova*, n. 42, 1997, p. 61). Ver também: CANOTILHO, J. J. Gomes. *Direito constitucional e teoria da Constituição*. 7. ed. Coimbra: Almedina, 2003.

32 KELSEN, Hans. *Jurisdição constitucional*. São Paulo: Martins Fontes, 2007.

guarda da Constituição, cabendo-lhe [...]. É atribuição da Corte, portanto, assegurar a ordem constitucional e proteger os acordos políticos constitutivos do país.

Sem referida diferenciação, sem a elevação de Tribunais ao papel de autoridade cuja leitura da Carta é obrigatória, temia-se o retorno interminável dos embates políticos e a desintegração das instituições democráticas[33]. Contudo, desde suas origens, as Cortes Constitucionais não encontraram um caminho solitário para a definição de quem deveria ser o guardião da Constituição ou seu intérprete privilegiado. Na Europa continental a resposta de Carl Schmitt a Hans Kelsen foi a de que o Presidente do Reich seria o legítimo guardião da Constituição por este ter sido submetido ao crivo da vontade popular[34].

Nos Estados Unidos, mesmo ante o histórico julgamento do caso *Marbury v. Madison* (1803), em que o Justice Marshall afirmou ser dever do Judiciário dizer "aquilo que é o direito", foi aberto espaço para a participação de outros intérpretes da Constituição, eis que o próprio Marshall reconheceu, no final de suas razões em *Marbury*, que outras instituições políticas também participavam ativamente da

33 *A defesa da CR representa o encargo mais relevante do STF. O STF – que é o guardião da Constituição, por expressa delegação do Poder Constituinte – não pode renunciar ao exercício desse encargo, pois, se a Suprema Corte falhar no desempenho da gravíssima atribuição que lhe foi outorgada, a integridade do sistema político, a proteção das liberdades públicas, a estabilidade do ordenamento normativo do Estado, a segurança das relações jurídicas e a legitimidade das instituições da República restarão profundamente comprometidas. O inaceitável desprezo pela Constituição não pode converter-se em prática governamental consentida. Ao menos, enquanto houver um Poder Judiciário independente e consciente de sua alta responsabilidade política, social e jurídico-institucional* (ADI 2.010-MC, Rel. Min. Celso de Mello, j. 30.09.1999, DJ 12.04.2002).

34 *A Constituição busca, em especial, dar à autoridade do presidente do Reich a possibilidade de se unir diretamente a essa vontade política da totalidade do povo alemão e agir, por meio disso, como guardião e defensor da unidade e totalidade constitucionais do povo alemão* (SCHMITT, Carl. *O guardião da Constituição*. Belo Horizonte: Del Rey, 2007, p. 234).

interpretação constitucional, devendo suas compreensões ser aceitas como detentoras de autoridade[35].

No mesmo sentido, a função do STF de guarda da Constituição pode se coadunar com as leituras que procuram enfatizar que a Constituição é um documento importante demais para ficar sob a responsabilidade de apenas um dos Poderes[36]. Assim, o sentido substantivo que o Supremo Tribunal Federal fixa em uma decisão pode, no futuro, ser objeto de contestações ou, até mesmo, de revisões, tendo sido mobilizadas forças políticas para a alteração da interpretação constitucional em disputa ou dos membros que compõem a Corte. Em tais circunstâncias, o "novo" Tribunal precisaria cuidar do câmbio nos precedentes e enfrentar o ônus argumentativo mais elevado de alterar a "narrativa" decisória antes estabelecida[37].

4. Autoridade Constitucional Compartilhada

Um dos principais desafios apresentados às Cortes Constitucionais está em mediar tensões desenvolvidas na sociedade, apresentando respostas para momentos de mudança ou de estabilização. Além de

---

35 *Thus, the particular phraseology of the Constitution of the United States confirms and strengthens the principle, supposed to be essential to all written Constitutions, that a law repugnant to the Constitution is void, and that courts, as well as other departments, are bound by that instrument. Marbury v. Madison* (1803).

36 *Todos os atos estatais que repugnem a Constituição expõem-se à censura jurídica dos tribunais, especialmente porque são írritos, nulos e desvestidos de qualquer validade. A Constituição não pode submeter-se à vontade dos poderes constituídos e nem ao império dos fatos e das circunstâncias. A supremacia de que ela se reveste – enquanto for respeitada – constituirá a garantia mais efetiva de que os direitos e as liberdades não serão jamais ofendidos. Ao STF incumbe a tarefa, magna e eminente, de velar por que essa realidade não seja desfigurada* (ADI 293-MC, Rel. Min. Celso de Mello, j. 06.06.1990, DJ 16.04.1993).

37 Não se pode olvidar o caráter normativo da tese do "direito como integridade" defendida por Ronald Dworkin. A mesma nem sempre encontra correspondência no "mundo dos homens". Ver, DWORKIN, Ronald. *O império do direito*. São Paulo: Martins Fontes, 2003, p. 276.

assumir posições que variam entre ativismo e deferência, a Corte Constitucional também é instada a decidir entre a conservação dos valores fundantes da comunidade política, da própria "reserva de justiça" constitucional, e a renovação da interpretação da Constituição.

A atividade que, em um primeiro momento pode parecer ambivalente, pode ser compreendida com o auxílio do conceito de *auctoritas*. Hannah Arendt, ao enfatizar a origem romana da palavra e do conceito de autoridade, procurou equacionar a paradoxal dimensão temporal que esta supõe. A *auctoritas* é derivada do verbo *augere*, aumentar, e aquilo que é expandido pelos detentores da autoridade é a fundação[38]. A autoridade dos vivos era sempre derivada, dependente dos fundadores (mortos). A autoridade, em contraposição à *potestas* (poder), encontrava suas raízes no passado, *[...] mas esse passado não era menos presente na vida real da cidade que o poder e a força dos vivos*[39]. A tensão entre constitucionalismo e democracia é circunscrita por este nada novo dilema entre governo dos vivos e governo dos mortos.

Ao analisar a Revolução Americana, Arendt entendeu que o modelo romano foi afirmado de maneira quase "cega", e que, das várias inovações apresentadas na estrutura de governo dos Estados Unidos, talvez, a mais importante teria sido a mudança do lócus da autoridade, ao passar do seu lugar de origem, Senado romano, para o Judiciário[40]. Após ressaltar trechos do *O Federalista,* em especial a famosa passagem do nº 78, em que se afirma que o Judiciário é o mais fraco dos Poderes[41], Arendt é assertiva: *[...] é a falta de poder, somada à permanência no cargo, que indica que a verdadeira sede de autoridade na república americana é o Supremo Tribunal*[42].

38 ARENDT, Hannah. *Entre o passado e o futuro*. São Paulo: Perspectiva, 2007, p. 163-164.

39 ARENDT, Hannah. *Entre o passado e o futuro*, p. 164.

40 ARENDT, Hannah. *Sobre a revolução*. São Paulo: Companhia das Letras, 2011, p. 256-257.

41 HAMILTON, A.; MADISON, J.; JAY, J. *The Federalist Papers*, p. 464.

42 ARENDT, Hannah. *Sobre a revolução*, p. 257-258.

Porém, ainda que a distinção entre *auctoritas* e *potestas* tenha traços romanos, o conceito de autoridade derivado da Revolução Americana é diverso, pois a autoridade romana, segundo Arendt, havia desaparecido do mundo moderno[43]. Enquanto em Roma o Senado funcionava como uma instância de "conselhos" dados por aqueles que reencarnavam os ancestrais, a função da Suprema Corte seria interpretativa, o Tribunal teria sua autoridade derivada de um documento escrito e de sua competência hermenêutica perante o mesmo.

Ora, a Constituição traz consigo ambivalências similares às da *auctoritas*, pois, remete tanto ao ato constituinte (mortos), a fundação, como ao documento resultante deste momento anterior, a Carta, o texto escrito que é objeto de interpretação pela Suprema Corte (vivos)[44].

Por conseguinte, a autoridade da Constituição não estaria pautada por sua perfeição, nem por um momento inicial de força ou violência, mas, antes, pela concordância dos membros de uma comunidade política em tratar o evento de fundação como o ponto de partida para todas as atividades políticas subsequentes, da necessidade de um ponto de referência a partir do qual concorda-se que os compromissos fundamentais que constituem a *polis* deverão ser mantidos.

A equação da autoridade constitucional não está em tratar a Carta Magna como um documento sagrado e imutável. Como será objeto de interpretação, é inevitável que possa ser mudada e aumentada[45]. Se, por um lado, a Constituição – ou, ao menos, o seu núcleo duro – é algo perene e desafia a temporalidade acelerada das disputas políticas, por outro lado, ela pode ser observada por ângulos distintos e ter interpretações derivadas de diferentes atores políticos.

---

43 ARENDT, Hannah. *Entre o passado e o futuro*, p. 127.

44 *E podemos nos sentir tentados inclusive a predizer que a autoridade da república continuará incólume e segura enquanto o ato em si, o início como tal, for rememorado sempre que surgirem questões constitucionais no sentido mais estrito da palavra* (ARENDT, Hannah. *Sobre a revolução*, p. 262).

45 WALDRON, Jeremy. Arendt´s constitutional politics. In: VILLA, Dana. *The cambridge companion to Hannah Arendt*. Cambridge: Cambridge University Press, 2000, p. 213.

Um passo além da noção da *auctoritas* permite perceber diferentes disputas a respeito da extensão da autoridade do Judiciário. Se, no caso dos Estados Unidos, os embates sobre a autoridade judicial ocorreram dentro da moldura constitucional, é possível observar a construção da juristocracia por meio de sucessivas decisões que procuraram determinar a Suprema Corte como a "última intérprete da Constituição"[46]. Em democracias mais recentes, as condições para a emergência de tal fenômeno não encontrava espaço institucional para ocorrer até a transição dos regimes para o constitucionalismo democrático[47]. Em ambos os cenários, é inafastável a participação de atores

---

46 Ver: *Baker v. Carr* (1962), em que a Suprema Corte afirmou ser a *última intérprete da Constituição*; *U.S. v. Nixon* (1974), em que a Suprema Corte alegou que o poder de interpretar a Constituição não pode ser dividido pelo Judiciário assim como o Executivo não pode dividir o poder de veto do chefe do Executivo; *City of Boerne v. Flores* (1997), em que a Corte afirmou que, se o Congresso pudesse definir os seus próprios poderes, alterando o sentido da Décima Quarta Emenda, a Constituição seria mais uma lei superior, e se colocaria no nível de outros atos legislativos ordinários.

47 O Supremo Tribunal Federal defendeu que a ele caberia o monopólio da última palavra sobre a interpretação da Constituição: *A força normativa da CR e o monopólio da última palavra, pelo STF, em matéria de interpretação constitucional. O exercício da jurisdição constitucional – que tem por objetivo preservar a supremacia da Constituição – põe em evidência a dimensão essencialmente política em que se projeta a atividade institucional do STF, pois, no processo de indagação constitucional, assenta-se a magna prerrogativa de decidir, em última análise, sobre a própria substância do poder. No poder de interpretar a Lei Fundamental, reside a prerrogativa extraordinária de (re) formulá-la, eis que a interpretação judicial acha-se compreendida entre os processos informais de mutação constitucional, a significar, portanto, que "A Constituição está em elaboração permanente nos tribunais incumbidos de aplicá-la". Doutrina. Precedentes. A interpretação constitucional derivada das decisões proferidas pelo STF – a quem se atribuiu a função eminente de "guarda da Constituição" (CF, art. 102, caput) – assume papel de essencial importância na organização institucional do Estado brasileiro, a justificar o reconhecimento de que o modelo político-jurídico vigente em nosso País confere, à Suprema Corte, a singular prerrogativa de dispor do monopólio da última palavra em tema de exegese das normas inscritas no texto da Lei Fundamental* (ADI 3.345, Rel. Min. Celso de Mello, j. 25.08.2005, DJe 20.08.2010).

políticos que favoreceram não apenas o controle de constitucionalidade, mas também, a construção da supremacia judicial[48].

Do mesmo modo que a deferência é o inverso do ativismo, a distribuição da autoridade constitucional pode ser o oposto da juristocracia. Ao se mudar o foco para o compartilhamento da autoridade constitucional e alocar a responsabilidade pela interpretação da Constituição em diferentes Poderes, seria possível não apenas reduzir conflitos entre Poderes[49] mas também enfatizar que todos devem se submeter à Constituição, a qual não é de domínio exclusivo de nenhuma instituição.

Se todos devem se submeter à posição privilegiada que a Constituição ocupa, deve-se também disseminar a autoridade interpretativa sobre a mesma. Logo, mesmo aqueles que eventualmente criticam determinada decisão por parte do Judiciário, devem levar em consideração que outra instituição precisa assumir a autoridade constitucional exercida pela Corte. Como observa Keith Whittington, o Direito Constitucional se situa em um campo mais amplo que é o da política constitucional, e os limites e conteúdos do Direito Constitucional poderão ser moldados por esta política[50]. Nesse diapasão, a autoridade constitucional é dinâmica e objeto de contestação política. Isso faz com que o Judiciário seja considerado como um importante participante do processo constitucional, contudo, este se equivoca ao acreditar ser capaz de atuar sozinho nesse cenário.

Deve-se considerar, ademais, a ênfase conferida à última palavra ou aos diálogos institucionais por cada ator político. Por mais que a supremacia do Judiciário dependa do interesse de agentes políticos externos para ocorrer, o compartilhamento da autoridade sobre a

48 *If judicial supremacy cannot simply be assumed to exist, then it must be politically constructed* (WHITTINGTON, Keith E. *Political foundations of judicial supremacy*: The presidency, the supreme court, and constitutional leadership in U.S. history. Princeton: Princeton University Press, 2007, p. 4).

49 WHITTINGTON, Keith E. *Political foundations of judicial supremacy*, p. 14.

50 WHITTINGTON, Keith E. *Political foundations of judicial supremacy*, p. 26-27.

Constituição possui maior probabilidade de ser efetivado entre atores desejosos de participar de diálogos do que entre aqueles que procurem afirmar o monopólio da última palavra sobre a interpretação da Constituição[51].

Segundo Graber, as leituras constitucionais de um ramo do governo influenciam as dos demais. Além disso, os membros de um ramo muitas vezes consentem que membros de outro tomem decisões constitucionais (retome-se o exemplo das decisões sobre financiamento de campanhas eleitorais por pessoas jurídicas)[52].

Uma forma de incentivar a prática dos diálogos institucionais está no compartilhamento da autoridade constitucional. Tome-se a situação hipotética em que o Supremo Tribunal Federal, após reconhecer que dado tema envolve disputa política acirrada, tendo o ato normativo impugnado sido aprovado no Congresso por pequena diferença de votos, é instado a participar de mais uma rodada deliberativa por meio de uma ADI aforada pela oposição. Na sequência do ajuizamento da ação, observa a emergência de intenso debate entre os cidadãos e nos meios de comunicação sobre o caso, considerado de grande relevância política e social para o país.

Perante tal cenário, ao menos três alternativas devem ser consideradas. Primeiro, havendo margem hermenêutica para tanto, pode assumir uma postura deferente e afirmar a constitucionalidade da lei

---

51 *[...] deve-se reconhecer que a experiência brasileira, no essencial, confirma as credenciais consequencialistas e epistêmicas da teoria dos diálogos constitucionais. Com efeito, a possibilidade de aprovação de emendas constitucionais permitiu que fossem superadas decisões do STF que, embora fundadas em elementos técnicos e textuais, produziam efeitos práticos muito ruins. Já o STF contribuiu bastante para a solução de problemas constitucionais nos quais o Congresso Nacional simplesmente não conseguia cumprir o seu dever constitucional de legislar, ou em que a norma editada não lograva transcender a influência de grupos de interesses especialmente articulados em sede parlamentar* (BRANDÃO, Rodrigo. *Supremacia judicial versus diálogos constitucionais*: a quem cabe a última palavra sobre o sentido da Constituição? Rio de Janeiro: Lumen Juris, 2012, p. 299).

52 GRABER, Mark. *A new introduction to american constitutionalism*. Oxford: Oxford University Press, 2013, p. 103.

questionada, propiciando nova derrota à oposição. Segundo, pode assumir uma postura contramajoritária, declarar a lei inconstitucional e afirmar que o faz em defesa da Constituição para além das paixões momentâneas da maioria – garantindo uma vitória à oposição. Por fim, há a alternativa da tomada de uma decisão que procure limitar sua abrangência decisória e de seus argumentos a aspectos fundamentais do caso, deixando a responsabilidade sobre minúcias para o aperfeiçoamento legislativo para outros agentes políticos[53]. Em tais circunstâncias, o Supremo Tribunal Federal não se furta ao seu dever de decidir; porém, deixa em aberto espaços para outras construções políticas em ambientes institucionais distintos do Judiciário.

Um dos efeitos esperados do compartilhamento da autoridade constitucional é o incentivo à participação popular, ao permitir que cidadãos e movimentos políticos também possam se manifestar sobre os temas de política constitucional e participar da construção das soluções[54].

Nas três hipóteses suscitadas previamente, fica em aberto, com maior ou menor extensão, a possibilidade de a decisão vir a ser contestada pelas partes que tiveram sua leitura constitucional derrotada. Para que as mudanças interpretativas ocorram, faz-se necessário mobilizar forças políticas suficientes para modificar a compreensão estabelecida.

Uma das premissas do próprio constitucionalismo democrático está centrada na dependência entre a autoridade da Constituição e sua

---

53 *Judicial deference of a different sort takes place when cases are decided on fairly narrow constitutional grounds, a practice that empowers other governing officials to retain at least temporary authority over other manifestations of some constitutional controversy* (GRABER, Mark. *A new introduction to american constitutionalism*, p. 125). Cass Sunstein defende a formação de acordos que não foram teorizados por completo: *Participants in legal controversies try to produce incompletely theorized agreements on particular outcomes. They agree on the result and on relatively narrow or low-level explanations for it. They need not agree on fundamental principle. They do not offer larger or more abstract explanations than are necessary to decide the case* (SUNSTEIN, Cass. Incompletely theorized agreements. *Harvard Law Review*, v. 108, n. 7, 1995, p. 1735-1736).

54 GRABER, Mark. *A new introduction to american constitutionalism*, p. 138.

legitimação democrática. A Constituição precisa dialogar com os cidadãos a ponto de eles tratarem-na não apenas como um documento vazio, mas como um dos elementos (pilares) que constituem a própria comunidade política.

Nos termos de Robert Post e Reva Siegel, é importante convidar os cidadãos a fazerem suas próprias leituras dos sentidos da Constituição e, por meio dos mecanismos institucionais estabelecidos, sendo o caso, manifestarem oposição ao governo quando julgarem que este não está respeitando a Constituição[55]. Cabe ao governo, por sua vez, responder e eventualmente resistir às demandas formuladas pelo povo. Tais intercâmbios possibilitam o compartilhamento sobre a autoridade da Constituição, quando aqueles que constroem o seu sentido são também aqueles que vão se submeter aos seus ditames.

Para Post e Siegel, as Cortes exercem uma autoridade particular de fazer com que os direitos sejam cumpridos, em razão da própria estrutura constitucional. Por isso, ao passo que os cidadãos respeitam as Cortes como instituições com a responsabilidade de proteger importantes valores quando os governos excedem seus limites, a própria autoridade judicial para fazer com que a Constituição seja cumprida – ocupada em posição privilegiada pelas Cortes, mas, de obrigação de todos os oficiais de governo – depende dos próprios cidadãos para se sustentar. Se as Cortes tomarem decisões que ofendem convicções populares arraigadas, a cidadania ativa poderá construir caminhos de resistência, comunicando suas objeções e buscando interferir na composição das instituições governamentais[56].

Uma distinção que precisa ser feita para diminuir certas confusões envolve os processos de tomada de decisão constitucional e a própria Constituição. Uma vez que o povo ou a oposição resistem às ações do governo apresentando outras interpretações constitucionais, que não aquelas esposadas pelos Tribunais, isso não necessariamente significa uma ameaça à ordem constitucional. Faz parte do jogo demo-

55 POST, Robert C.; SIEGEL, Reva B. Roe Rage: Democratic constitutionalism and backlash. *Harvard Civil Rights-Civil Liberties Law Review*, v. 42, 2007, p. 374.

56 POST, Robert C.; SIEGEL, Reva B. Roe Rage, p. 374.

crático divergir. Por isso, quando os cidadãos: [...] falam sobre os seus compromissos mais apaixonadamente estabelecidos na linguagem de uma tradição constitucional compartilhada, eles revigoram esta tradição[57]. De tal maneira, deve-se compreender que mesmo as resistências às interpretações constitucionais das Cortes servem como contributo para o compartilhamento da autoridade constitucional e como mecanismo de reforço da legitimação democrática.

5. Considerações Finais

Procurou-se avançar o debate sobre questões recorrentes no cenário jurídico-político nacional. Para tanto, o artigo buscou evidenciar que a ocorrência da judicialização da política e do ativismo judicial nem sempre ocorrem em momentos de vazio de poder.

Através de exemplos, também foi exposto que isso pode funcionar em favor não apenas do governo como da oposição, logo, não se pode falar que a atuação das Cortes Constitucionais é sempre contramajoritária. Ela se insere no panorama mais amplo da política constitucional, a qual molda as estruturas de poder e confere oportunidades de maior presença do Judiciário na definição de temas políticos latentes.

Também foi defendida a perspectiva de que, no caso do Brasil, tanto o fato de termos uma democracia nova como a atuação estratégica de grupos favorecem a formação da juristocracia. Assim, como alternativa para o cruzamento de fronteiras por parte do Judiciário, foi sugerida a adoção, quando possível, da noção de autoridade constitucional compartilhada.

6. Referências

ARENDT, Hannah. *Entre o passado e o futuro*. São Paulo: Perspectiva, 2007.

______. *Sobre a revolução*. São Paulo: Companhia das Letras, 2011.

BARROSO, Luís Roberto. Judicialização, ativismo judicial e legiti-

57 POST, Robert C.; SIEGEL, Reva B. Roe Rage, p. 375 (tradução livre).

midade democrática. *Revista de Direito do Estado*, n. 13, jan./mar. 2009.

BRANDÃO, Rodrigo. *Supremacia judicial versus diálogos constitucionais*: a quem cabe a última palavra sobre o sentido da Constituição? Rio de Janeiro: Lumen Juris, 2012.

CANOTILHO, J. J. Gomes. *Direito constitucional e teoria da Constituição*. 7. ed. Coimbra: Almedina, 2003.

CLÈVE, Clèmerson Merlin; LORENZETTO, Bruno Meneses. Constituição Federal, controle jurisdicional e níveis de escrutínio. *Direitos Fundamentais & Justiça*, n. 32, jul./set. 2015.

DWORKIN, Ronald. *O império do direito*. São Paulo: Martins Fontes, 2003.

FAVOREU, Louis. *As cortes constitucionais*. São Paulo: Landy, 2004.

FRIEDMAN, Barry. *The will of the people*: how public opinion has influenced the Supreme Court and shaped the meaning of the Constitution. New York: Farrar, Straus and Giroux, 2009.

GRABER, Mark. *A new introduction to american constitutionalism*. Oxford: Oxford University Press, 2013.

GRABER, Mark A. The nonmajoritarian difficulty: legislative deference to the judiciary. *Studies in American Political Development*, n. 7, 1993.

HAMILTON, A.; MADISON, J.; JAY, J. *The federalist papers*. New York: Signet Classics, 2003.

HIRSCHL, Ran. The new constitutionalism and the judicialization of pure politics worldwide. *Fordham Law Review*, v. 75, 2006.

______. The political origins of the new constitutionalism. *Indiana Journal of Global Legal Studies*, v. 11, 2004.

______. *Towards Juristocracy*: the origins and consequences of the new constitutionalism. Cambridge: Harvard University Press, 2004.

KELSEN, Hans. *Jurisdição Constitucional*. São Paulo: Martins Fontes, 2007.

POST, Robert C.; SIEGEL, Reva B. Democratic constitutionalism. In: BALKIN, Jack M.; SIEGEL, Reva B. *The Constitution in 2020*. Oxford: Oxford University Press, 2009.

POST, Robert C.; SIEGEL, Reva B. Roe Rage: Democratic constitutionalism and backlash. *Harvard Civil Rights-Civil Liberties Law Review*, v. 42, 2007.

SCHMITT, Carl. *O guardião da Constituição*. Belo Horizonte: Del Rey, 2007.

SUNSTEIN, Cass. Incompletely theorized agreements. *Harvard Law Review*, v. 108, n. 7, 1995.

VIEIRA, Oscar Vilhena. A Constituição como reserva de justiça. *Lua Nova*, n. 42, 1997.

______. Supremocracia. *Revista Direito GV*, v. 4, n. 2, jul./dez. 2008.

______. Supremo Tribunal Federal: o novo poder moderador. In: MOTTA, Carlos Guilherme; SALINAS, Natasha S. C. (Coords.). *Os juristas na formação do estado-nação brasileiro*: (de 1930 aos dias atuais). São Paulo: Saraiva, 2010.

WALDRON, Jeremy. Arendt´s constitutional politics. In: VILLA, Dana. *The Cambridge Companion to Hannah Arendt*. Cambridge: Cambridge University Press, 2000.

WHITTINGTON, Keith E. *Political foundations of judicial supremacy*: The presidency, the supreme court, and constitutional leadership in U.S. history. Princeton: Princeton University Press, 2007.

SOBRE O PATERNALISMO JUDICIAL PROCESSUAL – OU PORQUE NÃO PODEMOS ENTENDER QUE EXISTE UM DIREITO À ANALISE DE RECURSO EXTRAORDINÁRIO PELO SUPREMO

Daniela Giacomet

1. Carlos Mário da Silva Velloso, o Professor de Direito Público

Não foi Sua Excelência o Ministro Carlos Mário Velloso da Silva que conheci. O acesso a essa carismática figura não me foi dado, como acontece para a maioria dos advogados, numa sala de audiências. O primeiro contato que tive com o Sr. Carlos Mário da Silva Velloso foi no banco universitário. Ele, do lado de lá, como Professor da Universidade de Brasília, no final do ano de 1990, e eu, de cá, aluna do segundo semestre do curso de Direito. Aconteceu, portanto, numa sala de aula. E isso faz uma enorme diferença.

Descobri, anos depois, com o exercício do magistério jurídico, ainda que de maneira tacanha e provisória, quando ministrei a disciplina "Jurisdição Constitucional" para os alunos da Universidade do Estado do Rio de Janeiro, no ano de 2010 (fato que muito me honrou e marcou), que uma aula bem preparada, bem ministrada, interessante, com conteúdo, e que impeça os alunos de dormirem, após 20 minutos de fala, demanda muito esforço prévio. E os grandes Mestres, como o Professor Velloso (nós o chamávamos assim), conseguem fazer crer que não houve esforço algum. Também requer uma bagagem de leitura, de vida, de vivência jurídica, que consiga já ter transformado a teoria em vivência pessoal. Nosso Professor também a possuía.

Mas mais do que tudo isso, a passagem de conhecimento àqueles que ainda não o tem é um ato de vontade verdadeiramente. A vontade de dedicar muitas horas, em uma semana cheia, ao outro, para estar em sala de aula; a vontade de tornar acessível aquilo que para si já é óbvio, mas que para o outro ainda é irreconhecível; a vontade de suplantar a inércia do outro, e transmitir também a própria vontade de adquirir conhecimento. E ainda percorrer esse caminho com um sorriso no rosto, esse era o nosso Professor Velloso.

A disciplina que ele ministrava era Teoria Geral do Direito Público. Constitucional, Administrativo, Teoria Política, Filosofia. O conteúdo era denso. E além das aulas, nas quais ele palestrava, transitando em meio às cadeiras dos alunos (certa feita, passando por uma queridíssima colega que dormia, após uma madrugada de estudos, avisou à classe que falaria em um tom de voz um pouco mais baixo, para não atrapalhar o justo sono!), com uma fala mansa, e um ritmo pausado.

Primeira vez que ouvi os nomes Lassale, Montesquieu, Marshall, Weimar, Sieyès. Poder constituinte, direitos fundamentais, princípios constitucionais, teoria da Constituição, liberdade, igualdade, equidade. E nos apresentou o controle de constitucionalidade. Fascínio imediato. Tribunais constitucionais, sistemas americano, francês, alemão.

Foi quando percebi que aquele Professor nosso, de voz mansa e passo macio, era também um julgador constitucional. Por suas mãos passavam esses temas, materializados em processo judicial. Era como se eu tivesse colocado óculos novos, e agora via a realidade com mais foco: professor e juiz constitucional. Portanto, meu primeiro contato com o Direito Constitucional foi duplamente qualificado. Pude apreendê-lo com alguém que unia o discurso e a vivência constitucionais. É graças a esta primeira experiência, e é com grande reverência, que homenageio agora o meu querido Professor Velloso, e traço algumas linhas sobre uma questão que me parece primordial para a permanência do Supremo Tribunal Federal brasileiro como órgão de cúpula do Poder Judiciário: a filtragem de casos.

2. Introdução

Defende-se aqui que, não por acaso, mas propositadamente, é que deverão ser escolhidos – ou não deverão ser escolhidos – os temas para julgamento pelas Cortes Constitucionais contemporâneas. Essas escolhas deverão considerar tanto a necessidade da sociedade, naquele momento, em encontrar respostas para questões conflituosas que estão postas – admitindo-se que o Poder Judiciário poderá ser aquele a dar uma resposta para tais pretensões, para traçar *standards* e atualizar significados no texto constitucional, numa típica atitude de ativismo judicial, na forma definida por Luís Roberto Barroso[1], ao enunciar que o ativismo é: [...] ***uma escolha, um modo de interpretar os preceitos constitucionais de modo proativo, emprestando-lhes maior eficácia*** [...] – quanto a opção dessas Cortes de não se manifestarem sobre determinado assunto, em determinada conjuntura, numa atitude de um Poder Judiciário minimalista, na forma detalhada por Cass Sunstein[2]:

> *An understanding of minimalism helps to illuminate a range of important and time-honored ideas in constitutional law: that courts should not decide issues unnecessary to the resolution of a case; that courts should refuse to hear cases that are not "ripe" for decision; that courts should avoid deciding constitutional questions; that courts should respect their own precedents; that courts should not issue advisory opinions; that courts should follow prior holdings but not necessarily prior dicta; that courts should exercise the "passive virtues" associated with maintaining silence on great issues of the day. All of these ideas involve the constructive use of silence. Judges often use silence for pragmatic, strategic, or democratic reasons. Of course it is important to study what judges say; but it is equally important to examine what judges do not say, and why they do not say it*[3].

1 BARROSO, Luís Roberto. Judicialização, ativismo judicial e legitimidade democrática. In: *Revista de Direito do Estado – RDE*, ano 4, n. 13, jan./mar. 2009, p. 75.

2 SUNSTEIN, Cass R. One case at a time – judicial minimalism on the Supreme Court, *Harvard University Press*, p. 04 e 05.

3 Livre tradução: *Um entendimento do minimalismo ajuda a iluminar um conjunto de ideias importantes e consagradas pelo tempo no direito constitucional: que as Cortes não devem resolver assuntos desnecessários para a resolução de um*

Esse assunto se mostra, ainda, de interesse primordial para o Brasil, especialmente neste momento em que se trilha, em nosso Supremo Tribunal Federal, a busca pela consolidação de uma jurisprudência sobre a nova atribuição constitucional, dada a esta Casa, para escolher os casos sobre os quais depositará sua jurisdição no controle difuso de constitucionalidade, desde que incorporado ao art. 102, da nossa Constituição Federal, o requisito da repercussão geral para o recurso extraordinário, dando ao Supremo a oportunidade de recusar a admissão do recurso que não tiver tal característica.

Buscou-se no Direito comparado exemplos de como os outros tribunais constitucionais têm lidado com os filtros de acesso ao controle concreto de constitucionalidade.

Como metodologia de trabalho, o texto foi dividido em três partes – a primeira, que trata da comparação das Cortes constitucionais e seus mecanismos de filtragem. Nesse item, foram escolhidos três países paradigmas, com os mais apurados modelos de controle de constitucionalidade – Estados Unidos, França e Alemanha. A segunda parte trata de algumas definições conceituais para repercussão geral, que embasam a terceira parte, que traz sugestões de aprimoramento na aplicação do requisito.

3. Modelos de Direito Comparado

3.1. Sistema americano

O primeiro grande passo americano, para a implementação do controle de constitucionalidade, foi a instalação de uma Suprema

caso; que as Cortes devem se recusar a conhecer de casos que não sejam maduros para decisão; que as Cortes devem evitar decidir questões constitucionais; que as Cortes devem respeitar seus próprios precedentes; que as Cortes não devem debater sobre consultas; que as Cortes devem seguir precedentes anteriores mas não necessariamente prior dicta; *que as Cortes devem exercitar as "virtudes passivas" associadas com manter o silêncio sobre os grandes assuntos do dia. Todas essas ideias envolvem o uso construtivo do silêncio. Juízes geralmente usam o silêncio por razões práticas, estratégicas ou democráticas. É lógico que é importante estudar o que os juízes dizem; mas é igualmente importante examinar o que os juízes não dizem, e por que eles não o dizem.*

Corte federal, que tivesse efetiva jurisdição sobre todos os Estados americanos – à época fortes, dentro de uma federação, então fraca.

A ideia originária nesse momento era estabelecer o controle entre leis estaduais, face às leis federais, e também à Constituição Federal.

O evoluir desse inicial "grande chamamento" à Corte Constitucional acabou sendo a necessidade de se excluir determinados assuntos da jurisdição da Suprema Corte, para não inviabilizá-la.

Dois atos normativos foram marcos para essa evolução: o *Bill's Act*, de 1925, que instituiu o *writ of certiorari* como um dos meios de acesso principal à Suprema Corte, aprimorado por um ato legislativo de 1988, que praticamente acabou com o acesso à Suprema Corte, via *appeal* – consolidando-se, assim, a discricionariedade no filtrar de casos. Estabeleceu-se, em Regra procedimental da Corte – Regra 10 – que a decisão sobre a aceitação do recurso seria discricionária; *a revisão pelo certiorari não é questão de direito, mas de discricionariedade judicial.* Havia apenas um requisito: *special reasons,* que apontava para a discricionariedade.

O procedimento interno na Suprema Corte: o Presidente do Tribunal elabora uma listagem de processos para submissão à apreciação do *certiorari* pelos demais juízes. Isso quer dizer que aqueles processos que já se encontram fora desta lista não possuem o *certiorari.* Todavia, outros juízes da Corte podem pedir inclusão de um processo, no qual entendam que haja importância da questão a ser julgada. A determinação dos casos escolhidos se dá, assim, em julgamento fechado, sem fundamentação da escolha, sem recurso. A única exigência é a chamada "Regra dos 4": é preciso que quatro, de nove Juízes, se manifestem pelo *certiorari.* Em números levantados em 2004: de 2.041 petições, só 69 foram escolhidas para ter sua apreciação de mérito pelo tribunal.

3.2. Sistema francês

O Conselho Constitucional foi criado pela Constituição Francesa de 1958, como um mecanismo para frear o Parlamento, pelo exercício do controle prévio de constitucionalidade. Isso significa que o

Conselho não seria o guardião da Constituição; apenas controlaria a aplicação das regras do processo legislativo.

A introdução do controle de constitucionalidade *a posteriori* deu-se de maneira tardia na França, apenas com a reforma constitucional de 2008, e a respectiva previsão do seu exercício pelo Conselho. Expedida a sua lei orgânica em novembro de 2009, e por decisão do Conselho, já no seu novo papel, decidiu-se pela sua constitucionalidade, em março de 2010.

Isso demandou uma grande mudança de mentalidade dos juristas franceses, passando-se da cultura da legalidade para a cultura da Constituição. Essa mudança ainda não se consolidou inteiramente.

E para finalizar o quadro de alterações, com a implementação do novo papel do Conselho, seguiu-se a formulação do requisito da *Questão Prioritária de Constitucionalidade – QPC*, prevista no art. 61-1 da Constituição. Propunha-se, dentre outras inovações, uma maior democratização do acesso ao controle de constitucionalidade, pois qualquer cidadão com um litígio poderia suscitar a QPC, em qualquer instância judicial. E aqui tem-se, novamente, a introdução do requisito do filtro de acesso à jurisdição constitucional, ainda que em um sistema recém-implementado, como na França.

O procedimento a ser adotado: necessária inicialmente a existência de um litígio em juízo. A filtragem se faz em duas etapas: pelo juiz da causa, que realiza uma primeira avaliação sobre a existência da QPC; e depois, Corte de Cassação ou Conselho de Estado, de acordo com a competência para o feito, apreciam novamente a existência da Questão, decidindo enviar ou não o processo ao Conselho Constitucional. E, finalmente, o Conselho Constitucional também decide se há ou não Questão, a justificar a sua apreciação.

Para isso, considera-se a ocorrência de dois requisitos: ofensa a direitos e liberdades garantidos na Constituição Federal, e ter a questão processual uma "característica séria". Essa decisão do Conselho é irrecorrível. Mas há publicação de votos, e diferentemente do sistema americano, há fundamentação da decisão sobre a QPC.

Em números de março/2010 a março/2011, a Corte de Cassação e o Conselho de Estado receberam 527 QPC; enviaram para o Conselho

Constitucional 124; 102 casos já haviam sido julgados até o final de 2011.

3.3. Sistema alemão

Inicialmente, é importante lembrarmos do importante papel da Corte Constitucional alemã – *Tribunal Constitucional Federal alemão* – para o resgate dos direitos fundamentais na Alemanha, no período pós-Hitler. Os cidadãos alemães efetivamente acreditam no Tribunal como órgão garantista de direitos, e Guardião da Constituição Federal.

Isso fez com que se tenha optado por uma ampla legitimidade ativa para o recurso para a Corte Constitucional. O chamado *Recurso Constitucional* é, portanto, cabível no caso de ofensa a qualquer direito fundamental previsto na Constituição Federal. Faz-se necessário apenas o esgotamento prévio das vias possíveis para garantia do direito fundamental em litígio.

Também foi estabelecido um mecanismo de filtragem: a chamada *fundamental importância constitucional*, que aponta para a discricionariedade.

O procedimento adotado: a filtragem é exercida pelas Câmaras do Tribunal (três Câmaras), verdadeiras "comportas" para barrar o grande número de recursos. Dessa decisão, não há recurso. Não é dada a fundamentação, mas a decisão precisa ser unânime.

Em números: de 1951 a 2005, 151 mil recursos constitucionais foram ajuizados, e somente 3.700, com êxito, admitidos, o que revela uma pequeníssima possibilidade de admissão.

4. Discricionariedade no Brasil

Por que seria possível dizer que, no Brasil, é válido, hoje, sustentar-se que não existe uma garantia de acesso pleno à jurisdição constitucional? Caso não se possibilitasse o estabelecimento de filtragem, não se trataria de uma espécie de paternalismo judicial processual, a acolher todo e qualquer pedido de julgamento de recurso pelo Supremo? E o Tribunal pode escolher os casos que irá julgar?

A primeira justificativa, para a filtragem, é de índole fática: há uma impossibilidade numérica de serem julgados todos os recursos extraordinários endereçados ao Supremo Tribunal brasileiro. O número de temas estabelecidos como de repercussão geral já atinge, hoje, a casa dos 800.

Os três exemplos do Direito comparado, trazidos aqui, bem ilustram a opção constante do constituinte, e também do legislador ordinário, pela restrição do acesso às Cortes constitucionais, na via do controle concreto de constitucionalidade. *Compelling reasons, imperative public importance,* no Direito americano; *caractère serieux*, no Direito francês; *fundamento constitucional importante*, no Direito alemão; são todas fórmulas utilizadas pelos sistemas elencados, para concretizar-se a ideia da restrição.

Como forma de realizar essa restrição, a apreciação dos modelos do Direito comparado aponta para o instrumento comum, trazido como alicerce para as escolhas realizadas pelas Cortes Constitucionais: a discricionariedade judicial. Autorizada a escolha discricionária por atos normativos (França, Alemanha e Estados Unidos), a saída comum aos sistemas, para evitar o entupimento da jurisdição constitucional no caso concreto, foi, efetivamente, a atribuição de discricionariedade ao julgador, no momento da filtragem dos casos.

No Direito brasileiro, desde o início da aplicação do requisito da repercussão geral, a fórmula nacional para realizar a filtragem – estabelecido pela Emenda Constitucional nº 45/2004, e regulamentado pela Lei nº 11.418/2006 – a doutrina tem se posicionado, com alguns poucos dissidentes[4], pelo entendimento de ser a repercussão geral um

---

4 É a conclusão que pode ser extraída de artigo pioneiro sobre o tema, de José Carlos Barbosa Moreira, A redação da Emenda Constitucional nº 45 (Reforma da Justiça). In: *Revista Forense*, v. 378, ano 101, mar.-abr. 2005, p. 43, *verbis: Visa o dispositivo a permitir que o Supremo Tribunal Federal se abstenha de julgar recursos extraordinários sobre questões de interesse puramente individual, para ocupar-se exclusivamente daqueles em que se agite matéria relevante para a coletividade. A norma, obviamente inspirada na prática da Suprema Corte norte-americana,* [...]. Também é o que parece defender o autor Ulisses Schwarz Viana, op. cit., p. 21 e 37, ao tratar o conceito de repercussão geral sob a ótica da teoria dos sistemas de Luhmann.

requisito de natureza vinculada do recurso, estabelecendo que não poderiam ser adotados avaliação e exame discricionários, pelo julgador, para a decisão sobre a repercussão[5].

Mas há razões de ordem jurídica para justificar a escolha discricionária dos casos.

A primeira delas é que o termo *repercussão geral* é um conceito jurídico indeterminado. Apesar de a doutrina não ser uniforme na diferenciação entre cláusula geral e conceito jurídico indeterminado, optou-se por classificar a repercussão como conceito, em razão de ser exaurida a liberdade do aplicador da lei na fixação da premissa fática prevista no ordenamento, já que a consequência da aplicação da norma já está predeterminada – em existindo a repercussão, o recurso deverá ser apreciado pelo Supremo.

A discricionariedade reside, então, no estabelecimento do que seja **questão relevante**, para a determinação da existência de repercussão geral (antecedente da norma). O autor Andreas Krell aponta a dificuldade para definir onde termina a interpretação e onde começa o exercício da discricionariedade. E aqui se fez uma opção por chamar a definição do estabelecimento do que é questão relevante como discricionariedade.

Ademais, a garantia do devido processo legal não inclui o acesso à instância extraordinária – só há a exigibilidade para o cumprimento de duas instâncias judiciais – até sob a ótica dos tratados internacionais de direitos humanos.

Esse argumento toca no ponto do devido processo legal. É assente, hoje, o tratamento que o princípio recebe no Brasil, entendendo, tanto os tribunais quanto a doutrina, que o princípio compreende duas, e não mais do que duas, instâncias judiciais.

O recurso extraordinário não é para todos. A própria concepção de um recurso de natureza extraordinária, fora da sistemática or-

5 Como exemplos deste posicionamento, CRUZ E TUCCI, José Rogério. Anotações sobre a repercussão geral como pressuposto de admissibilidade do recurso extraordinário (Lei 11.418/2006), *Revista do Advogado*, São Paulo, 2007, v. 92, p. 23-31; MARINONI, Luiz Guilherme e MITIDIERO, Daniel. *Repercussão geral no recurso extraordinário*. São Paulo: Revista dos Tribunais, 2007, p. 35.

dinária recursal, já apontava para isso[6]. Portanto, é da própria natureza extraordinária deste recurso que se pode extrair a possibilidade de que ele tenha seguimento em apenas alguns casos.

Ainda que não se concorde com a classificação da natureza dos recursos em ordinária e extraordinária, deve-se considerar a antiga e remansosa jurisprudência do Supremo Tribunal Federal que não considerou inconstitucional a exigência do chamado "depósito recursal" para o recurso ao segundo grau administrativo, entendendo que a garantia do devido processo legal, porque não constante de cláusula expressa do texto constitucional, não restava desrespeitada pela exigência do recolhimento de valores para protocolo do recurso administrativo[7]. Da mesma maneira, pode-se dizer que não estando estabelecido o terceiro grau de jurisdição na cláusula constitucional do devido processo legal (*vide* a redação do art. 5º, inc. LIV), constitucional será qualquer dispositivo que submeta a certos requisitos o acesso ao terceiro grau, como é o caso da repercussão geral.

Analisando-se a questão sob a ótica dos tratados internacionais de direitos humanos (Pacto de San José da Costa Rica, por exemplo), assimilados pelo Direito pátrio após ratificação, também pode-se chegar à mesma conclusão. Tais pactos somente preveem a instância revisora

---

6 Quem bem explica a natureza extraordinária do recurso extraordinário, em contraposição ao que seriam os recursos de natureza ordinária, trazendo várias correntes doutrinárias que acatavam ou não essa diferenciação, é o autor José Miguel Garcia Medina. MEDINA, José Miguel Garcia. *Prequestionamento e repercussão geral, e outras questões relativas aos recursos especial e extraordinário.*5. ed. São Paulo: Revista dos Tribunais, 2009. Aponta o autor que, a favor da utilização da classificação "Ordinários e extraordinários" estão, dentre outros, os juristas Seabra Fagundes, Sergio Bermudes, Nelson Luiz Pinto, Ada Pellegrini Grinover, Antonio Magalhães Gomes Filho, Antonio Scarance Fernandes, e ele próprio. Contra a utilização desta classificação, José Carlos Barbosa Moreira.

7 Como precedentes originais o julgamento das Medidas Cautelares nas Ações diretas de inconstitucionalidade nºs 1.922 e 1.976; Ação direta de inconstitucionalidade nº 1.049; Recurso Extraordinário nº 234.425, e Recurso Extraordinário nº 384.144.

(duplo grau de jurisdição), e não mais do que isso[8]. Portanto, a negativa de acesso a uma terceira instância, de natureza extraordinária, com requisitos próprios, de maneira alguma poderá suscitar a alegação de comprometimento do princípio do devido processo legal, previsto no art. 5º, inc. LIV, da Constituição Federal, assim como ofensa ao princípio da ampla defesa (art. 5º, inc. LV, CF).

5. Propostas

A apreciação dos modelos de Direito comparado, aqui trazida, buscou demonstrar que, desde a existência do sistema para controle de constitucionalidade implantado há mais tempo (caso da Suprema Corte americana), até o mais novo deles, a adotar o controle de constitucionalidade no caso concreto (sistema francês), todos têm feito a opção de adotar um mecanismo de filtragem de casos. Não há como uma Corte Constitucional furtar-se a isso, portanto: é preciso que haja filtros para o acesso a sua jurisdição. Ao se visualizar esta realidade, presente nas Cortes Constitucionais, percebe-se que o Brasil está, também, ao adotar o requisito da repercussão geral para o recurso extraordinário, acompanhando este evoluir das Cortes.

Todavia, apesar de este requisito estar presente na ordem constitucional brasileira, e na legislação ordinária, pode-se dizer que o Supremo Tribunal está aplicando o permissivo processual na sua extensão devida? Entende-se aqui que não.

Esse é o primeiro ponto que justificaria uma proposta de alteração do modo atual – da maneira com que o Supremo o tem utilizado – de aplicação do instrumento da repercussão. Há uma latência na aplicação do dispositivo constitucional da repercussão geral, e sua disciplina estabelecida na legislação ordinária. E que latência seria essa?

8 Exemplo disso é o julgamento do Supremo Tribunal Federal, proferido no ED no RHC nº 79.785, STF, Tribunal Pleno, Rel. Min. Sepúlveda Pertence, DJ 23.05.2003, o qual estabeleceu o *status* do princípio do duplo grau de jurisdição, de estatura legal, pela assinatura e ratificação do Pacto de San José da Costa Rica, onde tal direito encontra-se estabelecido. Da mesma forma, o HC 88.420, Rel. Min. Ricardo Lewandowski, STF, 1ª T., DJ 08.06.2007.

Justamente a aplicação com a extensão que a emenda constitucional e a lei ordinária deram ao instituto: com a possibilidade de escolha discricionária dos recursos levados a futuro julgamento de mérito.

Uma segunda justificativa para proposição de uma alteração no aplicar da repercussão geral aponta para um dado fático: o Supremo já decidiu existir, desde a regulamentação do instituto, até o mês de novembro de 2015, mais de 800 temas jurídicos, nos quais foi aceita a existência de repercussão geral. Desses temas, com repercussão geral estabelecida, apenas 31,56% dos processos já tiveram seu mérito julgado.

Uma operação matemática simples (simples como um profissional das áreas humanas se arriscaria a fazer) demonstra, portanto, que se o Tribunal começasse a julgar, todos os dias, um caso de repercussão geral por dia, ininterruptamente, sem deixar de se reunir sequer aos domingos, conseguiria esgotar os temas, até hoje firmados como de repercussão, no período de pelo menos dois anos e meio. Portanto, mesmo com o uso do pré-requisito da repercussão para o recurso extraordinário, novamente vê-se um Tribunal inviabilizado pelo seu acervo, muito diverso do ideal de 3 mil a 5 mil casos por ano, por exemplo, admitidos na Suprema Corte alemã[9].

Assim, a fim de que se possa atribuir um acervo razoável para julgamento pelo Supremo Tribunal (e razoável, aqui, na acepção contida no art. 37 da Constituição Federal), um aprimoramento da aplicação do instituto da repercussão é pertinente.

Uma terceira razão aponta para a insatisfação dos jurisdicionados com a aplicação do instituto. Num cenário de aproximação dos modelos de controle de constitucionalidade[10], no qual a objetivação

9 Informações obtidas no site do Tribunal Constitucional Federal alemão, disponíveis em: <http://www.bundesverfassungsgericht.de/en/organization/vb_merkblatt.html>. Acesso em: 26 mai. 2011.

10 Baracho já apontava o encontro dos sistemas do *common law* e do *civil law*, pela adoção de método comum de interpretação constitucional: *Tradicionalmente, identifica-se o direito continental como um direito legislado, e o direito anglo-saxão como um direito jurisprudencial baseado no precedente. Este entendimento vem perdendo a sua importância, principalmente quando examinamos os Tribunais Constitucionais Continentais. Uma análise do comportamento dos*

do controle, no caso concreto, faz-se cada vez mais evidente[11], há a impossibilidade de participação dos terceiros atingidos pela escolha de um tema jurídico, como de repercussão geral, com a atual dinâmica procedimental do Plenário Virtual. Em se considerando que a decisão proferida no caso escolhido como de repercussão geral não possuirá somente efeitos *inter partes*, e servirá também como precedente vinculante sobre o tema para os demais órgãos do Poder Judiciário, típicos efeitos do julgamento de constitucionalidade no processo objetivo, a inadmissão de participação daqueles que poderão vir a ser atingidos pelos efeitos da futura decisão, possibilidade já garantida nos julgamentos de processos objetivos, como na ação direta de inconstitucionalidade e na ação declaratória de constitucionalidade, afronta o princípio do devido processo legal, de feição constitucional (art. 5º, incs. LIV e LV).

O Plenário Virtual é insatisfatório também no ponto em que não possibilita a existência de um julgamento público, com a oitiva desse julgamento possibilitada às partes e seus advogados, o que também afronta a garantia constitucional do devido processo, assim como o art. 93, inc. IX, da Constituição Federal, que garante a publicidade dos julgamentos e o acesso aos fundamentos das decisões.

Finalmente, há a necessidade de uma melhor organização da agenda do Tribunal; o momento escolhido para o julgamento das questões

Tribunais Constitucionais leva à conclusão de que o fundamento de suas decisões é preponderantemente jurisprudencial. A aproximação entre o direito continental e o direito anglo-saxão é hoje reconhecida pela doutrina. Os tribunais constitucionais fundamentam suas sentenças nos precedentes, inclusive em decisões de outros tribunais constitucionais. BARACHO, José Alfredo de Oliveira. *Direito processual constitucional*: aspectos contemporâneos. 1. reimp. Belo Horizonte: Fórum, 2008, p. 312.

11 No ponto, vale a leitura do precursor artigo de Francisco Segado, sobre a aproximação dos sistemas: SEGADO, Francisco Fernandéz. Controle de constitucionalidade e justiça constitucional – a obsolescência da bipolaridade tradicional (modelo americano – modelo europeu-kelseniano) dos sistemas de justiça constitucional. In: TAVARES, André Ramos; MENDES, Gilmar Ferreira e MARTINS, Ives Gandra da Silva. *Lições de direito constitucional em homenagem ao jurista Celso Bastos*. São Paulo: Saraiva.

constitucionais de grande relevância não pode ser apenas determinado pela Presidência do Tribunal, como hoje se faz.

As justificativas para as alterações propostas são muitas, portanto: prezar a qualidade do trabalho exercido na Casa Constitucional, através da diminuição de casos que a essa jurisdição abrir-se-á o acesso; dar uma prestação jurisdicional efetiva[12] e que não venha a destempo para o jurisdicionado; a prestação da jurisdição nos casos que haja uma justificativa fundamentada para passarem pelo crivo de uma Corte Constitucional Suprema, baseada em critérios de defesa de direitos fundamentais.

6. Referências

ANDRIGHI, Fátima Nancy. Cláusulas gerais e proteção da pessoa. In: TEPEDINO, Gustavo (Org.). *Direito civil contemporâneo*: novos problemas à luz da legalidade constitucional: anais do Congresso Internacional de Direito Civil-Constitucional da Cidade do Rio de Janeiro, São Paulo, Editora Atlas, 2008.

ARAUJO, José A. Estévez. *La crisis del estado de derecho liberal – Schmitt en Weimar*. Barcelona: Editorial Ariel S.A., 1989.

ÁVILA, Humberto. *Teoria dos princípios – da definição à aplicação dos princípios jurídicos*. São Paulo: Malheiros Editores, 9. ed. ampl. e atual., 2009.

BARACHO, José Alfredo de Oliveira. *Direito processual constitucional*: aspectos contemporâneos. 1. reimpr. Belo Horizonte: Fórum, 2008.

BARBOSA MOREIRA, José Carlos. A redação da emenda constitucional nº 45 (Reforma da Justiça). In: *Revista Forense*, v. 378, ano 101, mar.-abr. 2005.

12 Sobre a importância da aplicação do princípio da efetividade também à prestação jurisdicional, vale trazer a lição de BARROSO, Luís Roberto, op. cit., p. 222: *O direito de ação e as ações constitucionais e infraconstitucionais constituem as garantias jurídicas dos direitos constitucionais e os principais mecanismos de efetivação das normas constitucionais quando não cumpridas espontaneamente.*

BARROSO, Luís Roberto. *O direito constitucional e a efetividade de suas normas*: limites e possibilidades da Constituição brasileira. 3. ed. Rio de Janeiro, Editora Renovar, 1996.

BARROSO, Luís Roberto. *O controle de constitucionalidade no direito brasileiro*. São Paulo: Saraiva, 2009.

BARROSO, Luís Roberto. *Curso de direito constitucional contemporâneo*: os conceitos fundamentais e a construção do novo modelo. 1. ed. 3. tir. São Paulo: Saraiva, 2009.

BARROSO, Luís Roberto. Judicialização, ativismo judicial e legitimidade democrática. In: *Revista de Direito do Estado RDE*, ano 4, n. 13, p. 71/91, jan./mar. 2009.

BICKEL, Alexander M. *The morality of consent*. New Haven and London: Yale University Press, 1975.

BIGONHA, Antonio Carlos Alpino; MOREIRA, Luiz. Legitimidade da jurisdição constitucional. Rio de Janeiro: Lumen Juris, 2010.

BINENBOJM, Gustavo. *Uma teoria do direito administrativo*: direitos fundamentais, democracia e constitucionalização. 2. ed. rev. e atual. Rio de Janeiro, Editora Renovar, 2008.

BINENBOJM, Gustavo. *A nova jurisdição constitucional brasileira – legitimidade democrática e instrumentos de realização*. Rio de Janeiro: Renovar, 2010.

BRANCO, Paulo Gustavo Gonet; COELHO, Inocêncio Martires; MENDES, Gilmar Ferreira. *Curso de direito constitucional*. São Paulo: Saraiva, 2009.

BRENNER, Saul; WHITMEYER, Joseph M. *Strategy on the United States supreme court*. Nova Iorque: Cambridge University Press, 2009.

CANOTILHO, J. J. Gomes. *Direito constitucional e teoria da Constituição*. Coimbra: Editora Almedina, 1999.

CARVALHO, José Luiz Tuffani de. *Constituições estrangeiras*. Rio de Janeiro: Espaço Jurídico, 2003.

CHEMERINSKY, Erwin. *Federal Jurisdiction*. Estados Unidos, Aspen Publishers, 5. ed. 2007.

COELHO, Gláucia Maria. *Repercussão geral da questão constitucional no processo civil brasileiro*. São Paulo: Editora Atlas, 2009.

DIIDIER JR., Fredie. *Curso de direito processual civil – teoria geral do processo e processo de conhecimento*. 12. ed. Salvador, Bahia: Editora JusPodivm, 2010. v. 1.

DIIDIER JR., Fredie e CUNHA, Leonardo José Carneiro da. *Curso de direito processual civil – meios de impugnação às decisões judiciais e processo nos tribunais*. 8. ed. Salvador, Bahia: Editora JusPodivm, 2010. v. 3.

GRIENENBERGER-FASS, Michael. Les filters juridictionnels dans la question préalable en appreciation de constitucionnalité, préfiguration d'un contrôle diffuse de constitutionnalité? *Petites affiches*, n. 212, 23 out. 2009. Disponível em: <http://www.lextenso.fr>. Acesso em: 20 jan. 2011.

HÄBERLE, Peter. *Hermenêutica constitucional – a sociedade aberta dos intérpretes da Constituição: contribuição para a interpretação pluralista e "procedimental" da Constituição*. Tradução de MENDES, Gilmar Ferreira. Porto Alegre: Sergio Antonio Fabris Editor, 1997.

HÄBERLE, Peter. O recurso de amparo no sistema germânico de justiça constitucional. In: *Revista de Direito Público* n. 2, out.-nov.-dez./2003.

HARTNETT, Edward A. Questioning certiorari: some reflections seventy-five years after the judge's bill. Estados Unidos, *Columbia Law Review*, v. 100, n. 7, nov./2000.

KELSEN, Hans. *Jurisdição constitucional*. São Paulo: Editora Martins Fontes, 2007.

KRELL, Andreas. Discricionariedade administrativa, conceitos jurídicos indeterminados e controle judicial. *Revista Esmafe*: Escola de Magistratura Federal da 5ª Região, n. 8, dez. 2004. Disponível em: <http://bdjur.stj.gov.br/xmlui/bitstream/handle/2011/27203/discricionariedade_administrativa_conceitos_juridicos..pdf?sequence=3>. Acesso em: 07 ago. 2011.

LASSALE, Ferdinand. *A essência da Constituição*. Rio de Janeiro: Lumen Juris, 1998.

MARINONI, Luiz Guilherme e MITIDIERO, Daniel. *Repercussão geral no recurso extraordinário*. São Paulo: Revista dos Tribunais, 2007.

MARTINS, Ives Gandra da Silva e MENDES, Gilmar Ferreira. *Controle de constitucionalidade*. São Paulo: Saraiva, 2009.

MEDINA, José Miguel Garcia. *Prequestionamento e repercussão geral, e outras questões relativas aos recursos especial e extraordinário*. 5. ed. São Paulo: Revista dos Tribunais, 2009.

MELLO, Patrícia Perrone Campos. *Precedentes – o desenvolvimento judicial do direito no constitucionalismo contemporâneo*. Rio de Janeiro: Renovar, 2008.

MENDES, Conrado Hübner. *Direitos fundamentais, separação de poderes e deliberação*. São Paulo: Saraiva, 2011.

MENDES, Gilmar Ferreira. *Jurisdição constitucional*. São Paulo: Saraiva, 2004.

MENDES, Gilmar Ferreira; COELHO, Inocêncio Mártires; BRANCO, Paulo Gustavo Gonet. *Curso de direito constitucional*. 4. ed. São Paulo: Saraiva, rev. e atual., 2009.

MORAES, Alexandre de. *Jurisdição constitucional e tribunais constitucionais*. 2. ed. São Paulo: Atlas, 2003.

MOREIRA, José Carlos Barbosa. Comentários ao código de processo civil, Lei n. 5869, de 11 de janeiro de 1973, v. V, arts. 476 a 565. Rio de Janeiro: Forense, 2010.

MOREIRA NETO, Diogo de Figueiredo. 3. ed. *Legitimidade e discricionariedade: novas reflexões sobre os limites e controle da discricionariedade*. Rio de Janeiro: Forense, 1998.

MORESCO, Celso Luiz. Conceitos jurídicos indeterminados. In: *Revista Trimestral de Direito Público*, n. 14, 1996, p. 79-95.

NERY JÚNIOR, Nelson. *Princípios do processo civil na Constituição Federal*. 3. ed. São Paulo: Revista dos Tribunais, 1996.

PAULSEN, Leandro (Coord.). *Repercussão geral no recurso extraordinário*: estudos em homenagem à Ministra Ellen Gracie. Porto Alegre: Livraria do Advogado Editora, 2011.

PERRY, H. W. Jr. *Deciding do decide: agenda setting in the United States Supreme Court*. Estados Unidos: Harvard University Press, 1994.

PAIVA, Paulo. *A jurisdição constitucional francesa após a reforma constitucional de 2008*. Observatório da Jurisdição Constitucional, ISSN 1982-4564, ano 3, 2009/2010.

POST, Robert e SIEGEL, Reva. Roe rage: democratic constitucionalism and backlash. Harvard Civil Rights – *Civil Liberties Law Review* 42:373, 2007.

ROSENFELD, Michel. *O julgamento constitucional na Europa e nos Estados Unidos*: paradoxos e contrastes. In: TAVARES, André Ramos (Coord.). *Justiça constitucional*: pressupostos teóricos e análises concretas. Belo Horizonte: Fórum, 2007.

ROUSSEAU, Dominique. *Droit du contentieux constitutionnel. Paris, Éditions Montcherestien*, Lextenso éditions, 9. ed. 2010.

S.O.L'E. LASSER, Mitchel de. *Judicial Deliberations:* a comparative analysis of judicial transparency and legitimacy. Nova Iorque: Oxford University Press, 2009.

SARMENTO, Daniel. *O controle de constitucionalidade e a Lei 9.868/99*. Rio de Janeiro: Lumen Juris, 2001.

SCHWABE, Jurgen. *Cinquenta anos de jurisprudência do tribunal constitucional alemão*. Leornardo Martins (Org.) et al. Montevideo: Editora Fundación Konrad-Adenauer, Oficina Uruguay, 2005.

SEGADO, Francisco Fernandéz. Controle de constitucionalidade e justiça constitucional – a obsolescência da bipolaridade tradicional (modelo americano – modelo europeu-kelseniano) dos sistemas de justiça constitucional. In: TAVARES, André Ramos; MENDES, Gilmar Ferreira e MARTINS, Ives Gandra da Silva. *Lições de direito constitucional em homenagem ao jurista Celso Bastos*. São Paulo: Saraiva.

SEGAL, Jeffrey A. e SPAETH, Harold J. *The supreme court and the attitudinal model revisited.* Cambridge, Cambridge University Press, 2005.

SÉRROUSSI, Roland. Introdução ao direito inglês e norte-americano. São Paulo: Landy Editora, 2006.

SUNSTEIN, Cass R. *One case at a time – judicial minimalism on the Supreme Court*, Harvard University Press.

SWEET, Alec Stone. *Governing with judges – constitucional politics in Europe.* Nova Iorque: Oxford University Press, 2000.

TARR, G. Alan. *Judicial process and judicial policymaking.* 5. ed. Boston: Wadsworth Cengage Learning, 2010.

THALER, Richard e SUNSTEIN, Cass R. *Nudge*: o empurrão para a escolha certa – aprimore suas decisões sobre saúde, riqueza e felicidade. Rio de Janeiro: Elsevier, 2009.

TUCCI, José Rogério Cruz e. Anotações sobre a repercussão geral como pressuposto de admissibilidade do recurso extraordinário (Lei 11.418/2006), *Revista do Advogado*, São Paulo, 2007, v. 92, p. 23-31.

TUSHNET, Mark. *Weak courts, strong rights – judicial review and social welfare rights in comparative constitucional Law.* Nova Jérsei: Princeton University Press, 2008.

VIEIRA, Oscar Vilhena. Supremo Tribunal Federal – Jurisprudência Política. 2. ed. São Paulo: Malheiros Editores.

VIANA, Ulisses Schwarz. *Repercussão geral sob a ótica da teoria dos sistemas de Niklas Luhman.* São Paulo: Saraiva, 2010.

VOEGELIN, Eric. *Hitler e os alemães.* São Paulo: Editora É Realizações, 2008.

A CRISE DA DEMOCRACIA REPRESENTATIVA ELETIVA PARLAMENTAR E A SUA SUPERAÇÃO PELA ASCENSÃO DE UMA DEMOCRACIA PARTICIPATIVA SELETIVA JUDICIAL[1]

UMA VISÃO PROSPECTIVA E INTEGRATIVA DA JUDICIALIZAÇÃO

Diogo de Figueiredo Moreira Neto

1. Balizamentos Introdutórios: as Sociedades Pós-Modernas e as Funções Públicas que a Atendem

1.1 Os rumos da política e seus valores

A Pós-Modernidade política se funda em valores capitais perfeitamente definidos no binômio *direitos fundamentais* e *democracia*, que informa de modo *vinculante* o exercício de todas as funções de Estado.

---

1 Ensaio em homenagem ao Ministro Carlos Mario Velloso.

Tais órgãos se classificam, conforme as suas atividades-fim previstas, em duas categorias fundamentais: *órgãos de governança pública* e *órgãos de controle público*, ambos com as suas respectivas atuações constitucionalmente identificadas e independentes. Aos *órgãos de governança*, incumbem desempenhar, além das funções extroversas que lhe são próprias, as introversas, de *controle interno de juridicidade*, sujeitos, também, à supervisão e ao controle de *órgãos de controle externo,* constitucionalmente instituídos.

1.2. As funções de governança e as de controles públicos

A função de *governança pública* se apresenta como uma função híbrida cometida a órgãos *político-partidários* – legislativos e executivos, enquanto a de *controle externo*, desdobrada em diversificados cometimentos e, distribuída entre órgãos *politicamente neutrais* e *axiologicamente comprometidos* com o mesmo par de valores fundantes.

A tarefa de idealizar e de executar ações *políticas* é ancestral atribuição de *dirigentes*, desenvolvida nas sociedades humanas organizadas e voltada à satisfação de suas *necessidades coletivas*, daí haver, imemorialmente, prevalecido uma *unidade de concepção e de ação*, então concentrada em indivíduos detentores de poder nos grupos.

Essa antiga tradição – a da *unidade funcional* na concepção e realização de soluções políticas para o atendimento de necessidades coletivas de sociedades organizadas – foi, com esporádicas exceções históricas, marca constante de todos os regimes, desde a Antiguidade até a Modernidade, só vindo a se alterar quando o longevo absolutismo monárquico começou a ceder algum espaço decisório às *assembleias de representantes*, daí partindo a *divisão das funções de governo* entre a coroa e os parlamentos, o que instituiria um modelo de *duplicidade funcional:* a função de *concepção política* e a função de *execução política.*

Essa bífida repartição de funções, que então se ensaiava, logo viria a se consolidar nas primeiras Constituições da Modernidade, portanto, distinguindo, de um lado, a atribuição de estabelecer os *balizamentos abstratos* necessários para *definir* o que fazer e o como fazer

– portanto, uma prerrogativa de agentes *legisladores*, e, de outro, a atribuição de tomar as necessárias *decisões concretas* para *executar* o que deveria ser feito – então, a prerrogativa que incumbia aos agentes *administradores*.

Esse brevíssimo resumo do histórico conformador do modelo de governança do Estado Moderno teve o seu ponto estrutural culminante com a clássica definição da *tripartição de poderes*, que viria a realçar este resultado do lento processo que havia conduzido à *fragmentação constitucional* de uma *função unitária* de satisfazer interesses públicos, por longa data entendida como uma indivisa *atribuição de seus dirigentes*. Assim é que, a partir da Modernidade, bipartir-se-ia o atendimento dos interesses públicos: de um lado, como um produto mais de políticos e, de outro, mais de burocratas e técnicos, separando-se, portanto, com certa estanqueidade, essas fases funcionais da *legislação* e da *execução* governamentais[2].

Não é mais essa, todavia, a tradicional, porém hoje obsoleta *interpretação funcional formalmente desagregadora do poder estatal*, que, à época, entendia essa distinção de poderes funcionais – o de *legislar* e o de *administrar* – como sujeitas a uma nítida *separação*, que somente poderia admitir um *mínimo absolutamente necessário de coordenação institucional*, então ditada pela preocupação de se evitar, o que então se considerava indesejável: uma interferência de um ramo funcional sobre o outro.

Muito ao revés, na atualidade, como já havia sido observado por Sabino Cassese em 2001, o Direito Administrativo – e não o Direito Constitucional – se havia tornado o verdadeiro "*campo de batalha*" das mudanças em curso, havendo que se interpretar os fenômenos sociais e políticos de nosso tempo em se adotando *um método particular*, *que assinale a tendência*, *sem se perder na repetição*, sob pena, como advertiu o próprio Mestre de *La Sapienza*,

---

2 Para desenvolvimento do tema, ver Capítulo I – *La funzione amministrativa. Dalla frammentazione allo statuto unico dell'amministrazione*, da obra de MARIO S. SPASIANO. *Funzione amministrativa e legalità di resultato*.Torino: G. Giappichelli Editore, 2003.

de os manuais que viessem a ser escritos ficarem *destinados a uma veloz obsolescência...*[3]

Assim é que se passou a desenvolver uma *concepção integrada da função pública administrativa de governo*, destinada a superar a antiga compreensão subjetiva e parcial, então fruto de uma primeira interpretação, *literal* e *radical*, da doutrina de Montesquieu, tornando-se, desse modo, hoje aceito, na Ciência do Direito Público, o ingente esforço sistemático, desenvolvido por juristas contemporâneos, notadamente os ilustres mestres peninsulares – como o próprio Sabino Cassese e Umberto Allegretti – no sentido de que os *princípios democráticos informam também a função administrativa*; afirmação hoje amplamente aceita, tal como se constata na passagem, em que o último autor mencionado descreve que a visão democrática:

> Se traduz no conceber a administração como atividade de realização de tarefas, ou como atividade voltada a um fim, o que transmite a ideia de função (*si traduce nel concepire l'amministrazione come "di realizzazione di compiti, o come attività per un fine, che dà l'idea di funzione"*)[4].

Abandonava-se, assim, a *subjetivação histórica da função administrativa*, graças ao esforço sistemático, notadamente por parte desses juristas italianos, ao alertarem que *já estava ocorrendo a objetivação da função administrativa*, observação que também se refletiu entre nós, em obra publicada em 2008,[5] com a especial referência ao *paradigma pós-moderno do resultado*, do qual procederia a edição da Lei italiana nº 241, de 1990, na qual se contém a afirmação de que: *a atividade administrativa persegue os fins determinados pela lei*, ou seja:

3 CASSESE, Sabino. In: *Presentazione* da obra de D. OSBORNE – T. GAEBLER, *Dirigire e governare. Una proposta per reinventar la pubblica amministrazione.* Milão: 1995, p. 8, *apud* SPASIANO, Mario R., op. cit., p. 4, nota 5.

4 ALLEGRETTI, Umberto. Pubblica amministrazione e ordinamento democratico. In: *Foro it.*, 1984, v. 207, p. 205 e ss. (n/ tradução).

5 MOREIRA NETO, Diogo de Figueiredo. *Quatro paradigmas do direito administrativo pós-moderno – legitimidade – finalidade – eficiência – resultados.* Belo Horizonte: Editora Fórum, 2008, p.123 e ss.

visa à realização de um *fim público*, que, posto em outros termos, nada mais é que o *resultado objetivado no ordenamento.*

Dava-se, assim, a passagem de uma administração pública *subjetiva*, focada na pessoa do soberano ou, mais tarde, na de um Estado Executor, para uma administração pública *objetiva,* graças à inclusão funcional do Estado Legislador, pondo, desse modo, em evidência, que *a atividade administrativa se estende a ambas as expressões estatais*; não sendo exclusiva nem do Executivo, ao qual compete prover *ações de realização de resultados* previstos, nem, tampouco, do Legislativo, ao qual cabe *prever e balizar em abstrato as condições e limites dessas ações*.

Todavia, hoje já não é possível concebê-la, até mesmo, como uma atividade *exclusiva* do Estado, pois se entende que cabe à *sociedade* pós-moderna acompanhar e fiscalizar ambas as funções, seja atuando *indiretamente* através de *órgãos neutrais* de opinamento (cogestão) e de controle (supervisão), seja desempenhando-a *diretamente*, neste caso, ou em face do Estado – por um distinto complexo de vias participativas franqueadas aos cidadãos, seja, até, além do Estado – por entidades privadas transnacionais.

Quanto às *funções de controle público*, que durante a Modernidade era muito mais política do que jurídica, ao final no período se ampliaria, ainda discretamente, com as primeiras correções judiciais de atos administrativos e a criação do controle específico das contas públicas. Era um tímido começo do grande progresso que seria experimentado sob os haustos jus-humanistas e democratizantes do Segundo Pós-Guerra, que ampliariam e diversificariam essas funções e aprofundariam e reforçariam os seus controles *neutrais* sobre as funções governativas, *político-partidariamente comprometidas*.

Sinteticamente, para os efeitos deste ensaio, é útil que se distinga de modo especial e tomando como exemplo a Constituição brasileira, três esplêndidas contribuições da Pós-Modernidade: (1) a *função de controle jurisdicional ampliada*, não mais limitada ao controle da *legalidade*, mas estendida ao controle da *legitimidade* e, ainda, ao da *licitude* (a moralidade pública); (2) a *função de controle de contas estendida,* não mais restrita ao simples acerto contábil, mas abrangente da gestão pública financeira, orçamentária, operacional e patrimonial, tanto sob aspecto da legalidade, quanto da legitimidade e da economicidade e, inovadoramente, a, até então, tímida (3) *função de controle social cidadã,* não mais restrita a peticionar junto aos órgãos de governo, mas disseminada entre todas as manifestações juridicamente habilitadas da sociedade, a cargo das *advocacias lato sensu,* o que inclui a advocacia geral, privada, e os ramos públicos: a advocacia de interesses específicos da sociedade, a advocacia de interesses das pessoas estatais e a advocacia dos desfavorecidos.

Como peculiaridade dessas novas e complexas funções, *em razão de sua natureza neutral*, as suas investiduras democráticas não se processam por *eleição*, como, necessária e distintamente, se procede para funções governativas, mas por *seleção*, ou seja, pelo regime do mérito.

1.3. Características das sociedades pós-modernas

As sociedades contemporâneas, profundamente modificadas pela Revolução das Comunicações, passaram a se caracterizar pelo *pluralismo*, pela *complexidade*, pela *incerteza* e pela *imprevisibilidade*[6].

Nessas condições, mesmo nas sociedades juspoliticamente mais avançadas, é crescente a dificuldade de atendimento satisfatório, desde logo, a partir de demandas por legislações que possam satisfazer diferentes exigências de *legitimidade*, tantas são as indecisões, lacunas e recobrimentos a serem superados. Em suma: a *anomia,* tanto por ausência, como por obsolescência, está na raiz dos problemas da governança contemporânea.

2. Carências e Deficiências dos Legislativos

Um primeiro diagnóstico pode apontar como causa dessas carências e deficiências, a *crise do Estado*, que, segundo Cassese, vem sendo discutida desde o início do século XX, quando se começou a mencionar a proliferação de *organismos poderosos, como os sindica-*

6 CHEVALLIER, Jacques. *L'état post-moderne*. 2. ed. Paris: L.G.D.J, 2004, p. 14.

tos e os grupos industriais, que tinham posto em dúvida a soberania interna do Estado, como descrito em livro dedicado a esse fenômeno[7].

Relações exemplificativas dessas carências e deficiências dos legislativos contemporâneos e, especialmente do brasileiro, têm sido abundantemente publicadas em artigos, teses e monografias, variando desde as críticas à sua composição, passando pelos processos de deliberação, até ao descompasso entre a sua produção e a realidade.

Surgiram até hipóteses originais, como a da *legitimação por manipulação*, levantada pelo ilustre jurista espanhol Alejandro Nieto, que sói ocorrer quando os legislativos não realizam as aspirações populares ou não as atendem eficazmente, e, como não mais prevalece a velha alternativa da *imposição,* recorrem à *manipulação,* de modo que, assim conclui: *À violência... se seguiu o engano*[8].

Triste realidade contemporânea, em que o uso da informação se apresenta bifronte como um novo e terrível Jano, embora, como tênue compensação, haja, por outro lado e ao revés, um animador abandono de subterfúgios, que se deu com o tácito, mas nítido, reconhecimento, por parte dos Legislativos, de suas imensas dificuldades em atender reclamos sociais a tempo e com eficiência, que é precisamente o que se revelou ao passarem a adotar a solução da *deslegalização, transferindo a disciplina normativa de uma determinada matéria ou atividade da sede legislativa para a sede regulamentar*[9], tal como no Brasil se incorporou, como uma modalidade de *transferência de função sem delegação*[10].

---

7 CASSESE, Sabino. *La crisi dello stato*. Roma-Bari: Laterza, 2002, p. 3 (tradução do autor).

8 NIETO, Alejandro. *El desgobierno de lo público.* Barcelona: Ariel, 2008, p. 52-53.

9 MARTINES. Delegificazione e fonti del diritto. In: *Studi in onore di P. Biscaretti di Ruffia*. Milano: 1987, *apud* COCOZZA, Vicenzo, *La delegificazione. Modello legislativo – atuazione.* 3. ed. Napoli: Jovene Editore, 2003, p. 63.

10 MOREIRA NETO, Diogo de Figueiredo. *Curso de direito administrativo.* 16. ed. Rio de Janeiro: GEN/Forense, 2014, p. 32.

3. As Alternativas Pós-modernas que se Apresentam para Superar a Carência de Normas Adequadas

Nessa linha, de implícito reconhecimento das limitações contemporâneas opostas às possibilidades dos Legislativos de superarem a anomia, se desenvolvem paralelamente algumas alternativas, sob a *justificação operacional* oferecida por Arnaud Cabanes, *desembaraçada de uma ganga ideológica, visando unicamente a legitimar o emprego do poder político na democracia*, aplicando o princípio da Escola Jônica, que havia apontado – na tradição deliberativa, pelo diálogo e pela controvérsia – a refutação da falsa autoridade do mito, da ideologia e da ficção: o caminho para a verdade[11].

Sem pretensão de esgotar os exemplos, seguem-se importantes hipóteses de deslegalização que vêm sendo adotadas: (1) por normas reguladoras, (2) por normas de acordos substitutivos, (3) por normas transadministrativas e (4) por normas contramajoritárias judiciais.

3.1. Por normas reguladoras

Trata-se de uma hipótese de deslegalização triplamente motivada: pela dificuldade de acompanhamento da matéria técnica, pela necessidade de negociação tópica e pela celeridade das respostas normativas.

Pela *regulação*, obtém-se a norma sob medida: a que se adapta dialogicamente a necessidades cambiantes, graças à *independência funcional* outorgada às agências administrativas na democracia, que, segundo acatada monografia de Giorgio Giraudi e Maria Stella Righettini, resumem-se a três conceitos, que consideram igualmente:

> Relevantes e significativos: 1) independência frente ao Executivo: como ausência de interferência proveniente de um controle do tipo hierárquico; 2) independência face aos partidos políticos: como ausência de controles políticos de maiorias; 3) independência quanto aos interesses regulados:

11 CABANES, Arnaud. *Essai sur la gouvernance publique*. Paris: Gualino éditeur, 2004, p. 74-75 (tradução do autor).

> como ausência da interferência proveniente do controle corporativo dos destinatários da atividade da agência[12].

É dessa obra citada – por sinal, extraordinariamente apoiada em quase trezentas citações atualíssimas com que nos brindam seus autores – que se retirou o subtítulo escolhido para destacar como epígrafe para este ensaio – *Da democracia da representação à democracia da eficiência* – síntese que põe em evidência que a democracia é essencial, mas não é o bastante.

3.2. Por normas de acordos substitutivos

Do mesmo modo, a possibilidade de regrar situações conflitivas por meio de órgãos administrativos voltados à *concertação* de interesses conflitantes, com o emprego de *processos administrativos normativos* destinados a produzir regras tópicas consensuais para uma rápida composição dos interesses em jogo – ainda porque alguns dos quais poderão ser públicos – em lugar de procrastinarem-se burocraticamente as soluções, com geral prejuízo[13].

3.3. Por normas transadministrativas

Outra possibilidade está na adesão a *regramentos extraestatais*, em razão do importante fenômeno contemporâneo, que Sabino Cassese[14], pioneiro em seu estudo, atribui à circulação e à rápida e eficiente difusão planetária dos institutos jurídicos.

Não se trata, porém, da formação de um *sistema universalizado de normas*, o que estaria mais a gosto do positivismo jurídico, mas de um *sistema consensual de soluções normativas*, alcançadas mediante concertação, aplicáveis a conflitos privados através de instituições

12 GIRAUDI, Giorgio e RIGHETTINI, Maria Stella. *Le autorità amministrative indipendenti – Della democrazia della rappresentanza alla democrazia dell'eficienza*. Roma-Bari. Ed. Laterza, 2001, p. 5 (tradução do autor).

13 MOREIRA NETO, Diogo de Figueiredo. *Curso de direito administrativo*. 16. ed. Rio de Janeiro: GEN/Forense, 2014, p. 178, 216 e 217.

14 CASSESE, Sabino. *Oltre lo stato*. Roma-Bari: Laterza, 2006.

também privadas, de modo que a característica de universalidade se limita apenas à ciência, sem investir contra o relativismo desse ordenamento extraestatal[15].

3.4. Por normas contramajoritárias judiciais

A possibilidade de definição normativa judiciária *in casu* – na ausência de norma legislada – que seja impositivamente decretada por Cortes de Justiça é precisamente a hipótese destas considerações: que Ronald Dworkin define como o *emprego judicial da discricionariedade* para criar uma norma e aplicá-la ao caso *sub judice*[16].

Essa possibilidade só se abre ao juiz quando a pretendida discricionariedade a ser por ele aplicada tem como seu supedâneo *uma norma que exprima um valor supralegal,* ou seja, independentemente das produzidas pela regra majoritária: portanto, uma *norma contramajoritária*, o que se apreciará mais detidamente adiante.

4. Conceito e Formação da Vontade Normativa Democrática

Definida a existência de dois grandes padrões jurídicos – o padrão *majoritário*, regedor das atividades governativas político-partidariamente *engajadas* – que são a legislativa e a executiva – e o padrão *contramajoritário*, regedor das atividades judicantes e a elas essenciais, que são todas as político-partidariamente *neutrais* – descritas nos *Balizamentos Introdutórios* do presente ensaio, cumpre, desde logo, afirmar que se tratam, ambas, de *expressões democráticas essenciais e complementares.*

Não obstante a formação da vontade democrática por via da representação seja inafastável, se reconhece que, como método de deliberação apresenta um alto nível de incerteza quanto a seu acerto em função dos interesses públicos envolvidos.

---

15 CASSESE, Sabino. *Oltre lo stato*, op. cit., p. 97.

16 DWORKIN. Ronald. *Levando os direitos a sério*. Tradução e notas de Nelson Boeira. São Paulo: Martins Fontes, 2002, p. 127.

Nesse debate, a autora Vanice Regina Lírio do Valle traz ao tema a contribuição do filósofo e matemático francês, o Marquês de Condorcet, ao estabelecer o celebrado teorema, de que a probabilidade de uma *resposta correta* de um grupo, pelo *método majoritário*, aumenta, tendendo a cem por cento, na medida em que o número de participantes se amplia. Embora seja uma afirmação atrativa para a justificação das escolhas democráticas, Vanice indaga, porém, o que haveria de ser uma *resposta correta*, quando o que se decide tem forte conteúdo abstrato, como os temas axiológicos ou éticos o têm...[17]

Com efeito, sob o aspecto valorativo, o neoconstitucionalismo pós-moderno resolve em parte essa aporia, ao definir, com clareza e precisão, a superioridade e a efetividade inerentes à norma *constitucional*, em contraste com a norma *legal*, o que reduz, no que toca às *maiorias legislativas ordinárias*, a possibilidade de virem a dar uma *resposta incorreta* em grande número de hipóteses legiferantes, que se choquem com normas constitucionais vigorantes.

Como se observa, nesses casos, o *princípio majoritário*, que é adequado para a tomada de decisões legislativas, cede ao *princípio contramajoritário*, que se mostra adequado para tomar decisões judicativas necessárias para eliminar quaisquer dessas inadequações, próprias do exercício da função de *guarda da Constituição*.

Em suma, a *vontade normativa democrática*, estabelecida com dois níveis de relevância, reduz sensivelmente a possibilidade de subsistir a "*resposta errada*" do nível legislativo, o que se põe como uma conquista não apenas da racionalidade, mas da *justiça*, por se tratar da salvaguarda dos *valores fundamentais* das sociedades civilizadas.

5. O Papel Democrático das Funções Essenciais à Justiça

A *neutralidade* do juiz o leva a só atuar quando provocado, sendo, a autoprovocação, uma *exceção*, que demanda lei expressa, daí decorrendo a necessidade de se estabelecer *canais de acesso*, imprescindí-

17 VALLE, Vanice Regina Lírio do. *Audiências públicas e ativismo. Diálogo social no STF*, op. cit., p. 101-103.

veis para provocar correta e adequadamente a função jurisdicional, cabendo, constitucionalmente, aos exercentes de *funções essenciais à Justiça*, já referidos neste ensaio, tal função preparatória e essencial de, extrajudicialmente, orientarem as pessoas e, judicialmente, as representarem, na promoção ou defesa de seus direitos.

A Pós-Modernidade, como acima levantado, ampliou a atuação e a responsabilidade das *funções essenciais à Justiça*, reforçando a institucionalização de muitas de *suas funções de ponte democrática* entre a sociedade e os órgãos do Estado, tudo de acordo com as duas novas diretrizes básicas de valor trazidas – a da *democracia* e a dos ***direitos fundamentais*** – e, em acréscimo, tornando-as copartícipes intermediárias necessárias da gradativa construção pós-legislativa das normas jurídicas a serem afinal aplicadas, tanto através de suas atuações representativas de interesses, como de suas funções opinativas e consultivas.

Essa necessária coparticipação segue a acatada linha desenvolvida por Robert Alexy, em sua *Teoria Geral da Argumentação Jurídica*, quando afirma que *o discurso jusfundamental não está sujeito às decisões tomadas no procedimento legislativo, senão que tem prioridade sobre este*[18], fazendo-se, assim, na busca da *norma aplicável* ao caso, a essencial distinção entre o *texto* da norma legal e a *vontade* do legislador constitucional.

A doutrina de Peter Häberle[19] se segue adiante, para afirmar o papel criador da *sociedade aberta dos intérpretes da Constituição* na construção do *Direito*, portanto, trabalhando com a lei, mas, *além dela*, com a *jusfundamentação dialógica*, que poderá se iniciar prejudicialmente, mas, ao prosseguir seu percurso de aperfeiçoamento em nível judicial, nele passará por tantos graus dialógicos, quantos sejam

18 ALEXY, Robert. *Teoría de los derechos fundamentales*. Madri: Centro de Estudios Constitucionales, 1997, p. 532.

19 HÄBERLE, Peter. *Hermenêutica constitucional. A sociedade aberta dos intérpretes da Constituição: contribuição para a interpretação pluralista e 'procedimental' da Constituição*. Tradução de Gilmar Ferreira Mendes. Porto Alegre: Sérgio Antonio Fabris, 1997.

constitucionalmente necessários e possíveis para se alcançar a *norma aplicável*: a final e incontestável.

Como lembrado, os vários ramos das funções essenciais à justiça – as advocacias *lato sensu*, uma vez que todos representam *categorias de interesses* juridicamente tutelados – são constitucionalmente definidos: como um *ramo privado*, a advocacia geral (art. 133, CF), e três *ramos públicos*, respectivamente: a advocacia específica da sociedade e de valores explícitos (o Ministério Público, art. 127, CF), a advocacia dos entes estatais (a Advocacia Pública, arts. 131 e 132, CF) e a advocacia dos necessitados (a Defensoria Pública, art. 134, CF).

Em comum, *todos* os ramos devem defender e sustentar, em quaisquer circunstâncias fáticas em que se apresentem a *democracia* e os *direitos fundamentais,* o que compreende, no caso brasileiro, que as funções de tutela desses valores, acolhidos em vários princípios expressos na Constituição, bem como *quaisquer outros, decorrentes do regime ("democrático") e dos princípios por ela ("Constituição") adotados ou dos tratados internacionais em que a República Federativa do Brasil for parte* (art. 5º, § 2º), obrigam, igual e necessariamente, *a todos*.

Tais funções, assim cometidas implicitamente *a todos os ramos* mencionados, sejam, indistintamente, públicos ou privados, são muito semelhantes e correspondentes àquelas cometidas aos *ombudsmen*, aos *defensores del pueblo*, aos *médiateurs* ou aos equivalentes, em países que as concentrem em *funções específicas*, tais como o são as cinco a seguir destacadas apropriadamente por Antonio-Enrique Pérez Luño, ao oferecer *respostas* aos novos desafios postos ao Estado Democrático de Direito Constitucional: 1) a função dinamizadora, adaptadora e de reciclagem dos direitos fundamentais; 2) a função mediadora e orientadora; 3) a função preventiva das agressões das liberdades; 4) a função de afirmação e consolidação do sistema democrático do Estado Constitucional de Direito e 5) a função esclarecedora de seu próprio significado e alcance (perante a opinião pública)[20].

20 PÉREZ LUÑO, Antonio-Enrique. *Nuevos retos del estado constitucional: valores, derechos, garantías.* Alcalá de Henares (Madri): Universidad de Alcalá, 2010, p. 137 e ss.

Sem dúvida – impende concluir – a solução de difundir esse elenco de funções de vanguarda, como cometimento, assim dito, *comum* a todas as *Funções Essenciais à Justiça* criadas na Carta de 1988, contribui forte e favoravelmente para a plena consolidação das lições de Alexy e de Häberle, às quais tanto deve a *autêntica visão de um Direito Democrático*, não apenas no estágio da dicção legislativa por parte do Estado, mas, notadamente, no da interpretação dialógica por parte da sociedade.

6 . O Contramajoritário Legitimado

6.1. O novo espaço judiciário contramajoritário

A denominação – *contramajoritário* – expressa, *ipsis litteris,* que, topicamente, se afasta a regra da maioria; mas, juridicamente, a sua aplicação se condiciona à defesa de *interesses* que, embora denegados ou ignorados pela regra de maiorias legislativas, são *constitucionalmente protegidos por valores insuperáveis*, expressos sob a forma de *princípios*, dentre os quais os que expressam *direitos fundamentais.*

Robert Alexy encarece o sentido *contramajoritário* desses *direitos fundamentais*, na própria ilustração que apresenta dessa categoria de direitos, ao destacar a função contramajoritária como uma superposição em relação a outros direitos: *direitos fundamentais são posições que são tão importantes que a decisão sobre garanti-las ou não garanti-las não pode ser simplesmente deixada para a maioria parlamentar simples*[21].

Vanice Regina Lírio do Valle, autora nacional que se tem dedicado, desde 2009, a estudar o *ativismo jurisdicional, na doutrina e na jurisprudência*[22]*,* aponta a contribuição de Alexander Bickel, em obra na qual "*estabeleceu de forma definitiva*" a categoria jurídica do

21 ALEXY, Robert. *Teoria dos direitos fundamentais*. São Paulo: Malheiros, 2011, p. 446.

22 VALLE, Vanice Regina Lírio do. *Ativismo judicial e o Supremo Tribunal Federal* (obra coletiva por ela organizada), Curitiba: Juruá, 2009 e *Audiências públicas e ativismo. Diálogo social no STF*. Belo Horizonte: Editora Fórum, 2012.

contramajoritário como apanágio de *supremacia* da Suprema Corte norte-americana, esclarecendo que tal *status* só veio a ser formal e expressamente afirmado, na decisão do caso *Cooper vs. Aron,* em 1952[23].

O emprego e a importância desse conceito do *contramajoritário* e de seus desdobramentos no Direito, notadamente em sua recepção pelo Supremo Tribunal Federal, têm recebido, por várias vezes, da pena de Luís Roberto Barroso, uma cuidada e especial atenção doutrinária e, uma vez guindado ao mais alto Pretório do País, também contribuído com sua expressão jurisprudencial de vanguarda. Ainda recentemente, em palestra no Instituto Fernando Henrique Cardoso, em São Paulo, sobre Direito, política, o papel do STF e suas relações com os demais Poderes da República, o ministro reafirmou, com a nitidez que lhe é própria, esse magistério acadêmico e a sua posição de magistrado sobre o tema, reafirmando o *contramajoritário* e o *representativo*, como os dois grandes papeis que esse Tribunal de cúpula desempenha, à semelhança das demais Cortes Supremas de nações democráticas[24].

6.2. Pluralismo e superestatalidade normativa

É consabido que o *pluralismo* é situação inerente às sociedades humanas progressivamente mais diversificadas, notadamente em tempos de globalização, mas sucede que nem sempre certas diferenças são bem aceitas por parte de alguns indivíduos ou, mesmo, de grupos, daí ser também entendido como um *valor*, afeto à virtude da tolerância.

Igualmente se sabe que, quanto mais pluralista seja uma sociedade, mais aumenta a lista de *valores* segmentados que, embora não sejam compartilhados por todos, devem ser preservados e respeitados a bem da harmonia geral, sob pena da eclosão de conflitos entre frações sociais com diferentes visões, embora do mesmo grupo.

23 VALLE, Vanice Regina Lírio do. *Audiências públicas e ativismo. Diálogo social no STF*. Op. cit., p. 9-10.

24 Disponível em: <http://www.migalhas.com.br/Quentes/17,MI225392,41046-Constituicao+Direito+e+politica+por+Luis+Roberto+Barroso>. Acesso em: 16 nov. 2015.

A solução do Direito, ante esse fenômeno do pluralismo que afeta tradicionais ordenamentos, até então voltados à disciplina de sociedades mais ou menos homogêneas, foi, portanto, a instituição da *superestatalidade normativa*, possibilitando classificar os valores erigidos a princípios jurídicos, em *dois níveis de validade*, na linha prescrita pelo neoconstitucionalismo e formalmente inaugurada com a importante "*Grundgesetz für die Bundesrepublik Deutschland*", de 1949, dando precedência a certos valores superiores a todos comuns, por isso, assim superclassificados, como expressado por Pérez Luño:

> *Uno de los rasgos informadores de los Estados constitucionales de Derecho en el presente es el fenómeno de "superestatalidad normativa", Tal fenómeno supone la adopción de valores, princípios o reglas jurídicas comunes en el ámbito de ordenamentos.*

6.3. Da disciplina das intenções para a de resultados

Não parou neste aporte, o notável avanço que a Pós-Modernidade continuaria a trazer para o grande progresso contemporâneo do Direito Público, superando um período de hegemonia do positivismo jurídico, que, na ausência de maiores preocupações com *valores*, pois que considerados aos cuidados da função legislativa, hipertrofiara os cuidados legiferantes com preocupações formalistas, com o propósito de, com eles, vir a proporcionar uma oferta de serviços legalmente perfeita.

Dava-se, então, o que já fora constatado por François Roussely[25], ao estudar as relações entre o serviço público e os cidadãos, a partir do modelo originário:

> O Estado francês construiu a sua administração sobre a *lógica da oferta*, ou seja, de serviços organizados *a priori* e de maneira racional em relação a alguns princípios gerais do direito: assegurar a liberdade de acesso dos cidadãos, a gratuidade e a continuidade no tempo e no espaço...

---

25 ROUSSELY, François. Clarifier les rapports entre le service public et les citoyens. In : *L'état moderne et l'administration.* Direction de Christian Join-Lambert. Paris: L.G.D.G.,1994, p. 56-57 (tradução do autor).

Mas, não obstante ter sido declarado, desde a origem o *princípio da adaptação* necessitaria ser mais bem entendido e praticado, como uma imprescindível orientação para afeiçoar-se à inafastável *lógica da demanda*... Estava assim demarcado o caminho para a correção, que logo adviria atinente a todo o Direito Administrativo, para complementá-lo, na transição de uma disciplina das *intenções* para a de *resultados*.

Portanto, uma vez com os direitos do homem postos no centro das preocupações do Estado, seria lógico que, segundo o raciocínio, hoje já clássico, de Umberto Allegretti[26], segundo a Constituição, *a missão do Estado é o serviço dos direitos e, que assim, dos direitos dos cidadãos derivam as missões do Estado e as missões da Administração*. E esclarece Giancarlo Sorrentino[27]:

> Desse modo, se supera o binômio "poder-sujeição", ao qual – no sistema constitucional – se substitui a relação "função social-direitos da pessoa" e se tempera também a contraposição entre fim público e direitos dos cidadãos, pois que o primeiro consiste na realização do segundo.

Isso afirmado, em última análise (como exatamente se põe na Lei italiana de 8.6.1990, nº 142, e na Lei de 7.8.1990, nº 241), o que importa para a satisfação dos direitos postos à cura do Estado são, afinal, *os resultados*: pois sem efetivamente alcançá-los, por mais estrita e rigorosa que haja sido a *legalidade* dos atos e processos, constitucionalmente de nada valerão, senão no que necessário possa ser para apenar os responsáveis, *quando não houverem cumprido devidamente a missão governativa a seu cargo*.

Com esses admiráveis aportes doutrinários, a busca e o reforço de garantias constitucionais contramajoritárias se tem qualificado e intensificado, como anotado por Pérez Luño[28] em seu extraordinário ensaio

---

26 ALLEGRETTI, Umberto. *Amministrazione Pubblica e costituzioni*. Padova: Editoriale Scientifica, 1996, p. 14-15.

27 SORRENTINO, Giancarlo. *Diritti e partecipazione nell'amministrazione di resultato*. Napoli: Editoriale Scientifica, 2003, p. 31.

28 PÉREZ LUÑO, Antonio-Enrique. *Nuevos retos del estado constitucional: valores, derechos, garantías*. Alcalá de Henares (Madri): Universidad de Alcalá, 2010, p. 108.

sobre os novos desafios do Estado constitucional contemporâneo, na seguinte passagem:

> [...] urge indagar é o porque surgiu e tomou corpo essa inquietude, comum a quase todas as nações democráticas, de buscar ou importar novos instrumentos de garantia dos direitos fundamentais e de controle da Administração.

6.4. A participação sobrelegitimadora

Alcança-se aqui, no ensaio, a resposta à indagação retórica de Perez Luño, quanto a *dar respostas consistentemente legitimadas* para a garantia dos direitos fundamentais. Por certo, os *instrumentos à disposição dos cidadãos* se têm multiplicado segundo essa saudável tendência, bem como se têm aperfeiçoado *os sistemas de órgãos neutrais da sociedade na estrutura estatal*, especificamente instituídos para essa tarefa – a de assegurar a *juridicidade* do funcionamento dos órgãos dos sistemas *político-partidários* – um elenco em crescimento, tal a importância de suas funções, como o são os órgãos independentes de contas, os essenciais à promoção e defesa de interesses na Justiça, os diversos tipos de conselhos de ética e de controle setoriais e tantos mais, em que se vem desdobrando a função de resguardo da juridicidade.

Todos, afinal, convergem para, se necessário, levar ao Judiciário as postulações exigidas para a aplicação de seus poderes *contramajoritários*, daí a preocupação geral, notadamente a desses órgãos, com a *legitimação* de sua atuação interventiva.

Assim se explica e se justifica que os órgãos do Judiciário tenham buscado soluções processuais que lhes garantam um convencimento legitimatório cada vez mais confortável para as suas tomadas de decisão, como, aqui destacadamente, tem sido o instrumento processual bastante empregado da *participação sobrelegitimadora*, que, embora por si só, não baste para legitimar uma decisão judicial, efetivamente acrescenta ao processo judicial um elemento de enriquecimento probatório para a aceitação de pareceres técnicos e para a abertura da audiência de representantes técnicos autorizados da sociedade.

Essa via sobrelegitimatória de participações colegitimadoras tem sido objeto de debates e estudos no Direito Constitucional norte-americano, segundo expõe a estudiosa do tema, Vanice Regina Lírio do Valle[29], desde 2009, provocados pela instigante obra *Uma Constituição de muitas mentes. Porque o Documento Fundante não significa o que significava antes*, de Cass Sustein[30], da qual a autora brasileira retira o fio condutor de uma investigação, profunda e documentada, para, em suas próprias palavras:

> Compreender, portanto, os mecanismos pelos quais – em nome do exercício do princípio contramajoritário – o Supremo Tribunal Federal exercita uma abertura cognitiva (até para conhecer o real alcance desse mesmo conflito) é etapa subsequente na análise do exercício por essa corte do diálogo social.

Sobre a *função legitimadora* da participação, neste mesmo diapasão, em obra monográfica *Direito da participação política: legislativa. administrativa, judicial: Fundamentos e técnicas constitucionais da democracia*, publicada em 1992[31], tratando em sede jurisdicional, o autor deste ensaio chama a atenção para esse tipo de benefício à democracia, de que aportaram esses institutos que ganharam expressão na Constituição de 1988, como o *mandado de segurança coletivo*, a *ação popular*, a *ação civil pública,* bem como os *júris* e os *escabinatos*, todos produzindo, aproximando e sintonizando a percepção dos órgãos judiciais com a dos setores da sociedade.

Como se observa: já era encontrada, na orientação geral da Constituição de 1988, a semente e iniciativa lançada para se ampliar o, hoje assim denominado, *diálogo social legitimatório* ou, ainda mais

---

29 VALLE, Vanice Regina Lírio do. *Audiências públicas e ativismo. Diálogo social no STF*, op. cit., p. 10.

30 SUSTEIN, Cass. *A Constitution of many minds. Why the founding document doesn't mean what it mean before*. Princeton: Princeton University Press, 2009.

31 MOREIRA NETO, Diogo de Figueiredo. *Direito da participação política: legislativa. administrativa, judicial: fundamentos e técnicas constitucionais da democracia*. Rio de Janeiro: Editora Renovar, 1992, p. 145, 149 e 151.

precisamente, como acima empregado, *sobrelegitimatório*, uma vez que, na realidade, os seus institutos não conferem, senão *concorrem* para alcançar essa desejável qualificação democrática.

7. Conceito e Limites do Ativismo Judicial

As sucessivas apresentações encadeadas neste ensaio, que se iniciaram com um conceito *dual* de grandes funções estatais – a de *governo* e a de *controle* – a primeira, de natureza político-partidária e a segunda, de natureza neutral; se seguiram com o exame das carências e deficiências da função legislativa; daí, com a menção à formação democrática da sociedade aberta de intérpretes da Constituição; com o conceito de contramajoritário legítimo; com a origem do conceito de superestatalidade no pluralismo das sociedades contemporâneas; com o progresso da administração de intenções para a administração de resultados e, culminando, com o avanço da participação sobrelegitimatória, como instrumento da democracia na função jurisdicional, todas convergindo para o debate sobre o tema central: o *ativismo judicial.*

Desde logo, é de se recordar que, no Brasil, a redemocratização de 1988 provocou uma radical mudança de *atitudes,* disseminada por todo o aparelho de Estado, nelas sobressaindo uma geral preocupação com a realização da *juridicidade*, como a resultante da legalidade, da legitimidade e da licitude no agir de todos os seus órgãos, o que, especialmente quanto ao Supremo Tribunal Federal, o levou, em resposta, a exercer cada vez mais efetivamente a sua reforçada missão legitimatória, passando a adotar e aprimorar práticas inovativas no País, voltadas à resolução de controvérsias de relevância nacional, que foram se apresentando à sua jurisdição, para a solução das quais a legislação era inadequada ou, até, contrariava os novos valores constitucionais introduzidos[32].

32 Vale conferir nesse sentido, o discurso proferido pelo Ministro CELSO DE MELLO, quando da posse do Ministro GILMAR MENDES como Presidente do Supremo Tribunal Federal: *Nem se censure eventual ativismo judicial exercido por esta Suprema Corte, especialmente porque, dentre as inúmeras causas que justificam esse comportamento afirmativo do Poder Judiciário, de que resulta*

A sucessão de decisões prolatadas veio a caracterizar, assim, uma *tendência* à prática do denominado *ativismo judicial*, tornando aquela Corte protagonista na efetivação dessa épica conquista contemporânea da *democracia material*, sem dúvida, de grande importância para a proteção do regime democrático e dos direitos fundamentais de minorias em face de maiorias políticas desarmônicas eventuais.

Essa conquista se generalizou em diversas Cortes Constitucionais, pois que já não cabe mais atuarem apenas como "legislador negativo", em atendimento, de corte kelseniano[33], do vetusto princípio da separação e independência entre os Poderes do Estado (contido literalmente no art. 2º da Constituição brasileira), senão que, muito ao revés, em frequentes situações concretas, notadamente em razão da lentidão, anacronismo, perda de qualidade e antijuridicidade da produção legislativa, o Poder Judiciário se vê chamado a intervir na construção interpretativa da norma aplicável, *com vistas a salvaguardar direitos fundamentais ou o próprio regime democrático*[34].

Dentre outros fatores, contribuiu a ascensão de novos cânones do pós-positivismo[35], materializados pela textura aberta e pela força

---

uma positiva criação jurisprudencial do direito, inclusive a necessidade de fazer prevalecer a primazia da Constituição da República, muitas vezes transgredida e desrespeitada por pura, simples e conveniente omissão dos poderes públicos (Disponível em: <http://www.stf.jus.br/arquivo/cms/notíciaNotíciasStf/anexo/discursoCMposseGM.pdf>. Acesso em: 23 set. 2011).

33 KELSEN, Hans. *Jurisdição constitucional*. São Paulo: Martins Fontes, 2003.

34 O fenômeno da *judicialização* das questões envolvendo direitos fundamentais e os excessos nele cometidos são abordados por Luís Roberto Barroso em sua obra: Da falta de efetividade à judicialização excessiva: direito à saúde, fornecimento gratuito de medicamentos e parâmetros para a atuação judicial. In: BARROSO, Luís Roberto. Temas de direito constitucional – Tomo IV. Rio de Janeiro: Renovar, 2009, p. 217-254).

35 BARROSO, Luís Roberto. Fundamentos teóricos e filosóficos do novo direito constitucional brasileiro (pós-modernidade, teoria crítica e pós-positivismo. In: BARROSO, Luís Roberto (Org.). *A nova interpretação constitucional. Ponderação, direitos fundamentais e relações privadas*. Rio de Janeiro: Renovar, 2003, p. 1-48.

normativa dos princípios constitucionais[36], bem como a crise de legitimidade experimentada pelo antigo modelo, então reduzido à mera democracia formal eletiva, apenas representativa e com aferição de legitimidade quase totalmente limitada a periódicos sufrágios colhidos nas urnas.

Nasceu daí a necessidade da intervenção do Poder Judiciário na integração dos, cada vez mais frequentes, vazios legislativos e na correção de abusos antijurídicos de eventuais maiorias assembleístas e, mormente, sob impulso da evolução contemporânea do constitucionalismo, para a afirmação da *democracia substantiva*: essa que se realiza pela observância dos valores fundamentais explícitos ou implícitos nas Constituições.

Não há, contudo, uma necessária conjugação entre o *judicial review* e o atributo de supremacia das decisões judiciais[37]. No Brasil, o reconhecimento da "última palavra" ao Judiciário se deu, principalmente, por representar uma garantia proporcionada pela abertura política ocorrida no País nas últimas décadas.

Tal fenômeno se deve à adoção dos valores que caracterizam um efetivo Estado Democrático de Direito, advindo com a Constituição brasileira de 1988, superando dois períodos de autoritarismo e arbítrio durante os quais não vigiam direitos e garantias fundamentais dos cidadãos.

---

36 KONRAD HESSE foi o primeiro a alertar para a força normativa das disposições constitucionais em sua obra seminal: *A força normativa da Constituição*. Tradução de Gilmar Ferreira Mendes, Porto Alegre: Editora Sérgio Antônio Fabris, 1991).

37 A desvinculação ocorreu, desde a sua formatação original, cunhada nos Estados Unidos da América, em que somente em um passado recente o panorama foi alterado: *As has so often been noted, Marshall never claimed supremacy for the Court in Marbury. The opinion ends, after all, with Marshal saying that courts have an equal right to the other departments in interpreting the Constitution. The Court committed itself explicitly to judicial supremacy only relatively recently.* GRIFFIN, Stephen. *The age of Marbury: judicial review in a democracy of rights. Tulane University School of Law*: Public Law and Legal Theory Working Papers Series, set. 2003. Disponível em <http://papers.ssrn.com/sol3/papers.cfm?abstract_id=441240>. Acesso em: 23 set. 2011.

A proeminência, assim justamente alcançada pelo Poder Judiciário, se insere, ainda, consoante apreciação de abalizados autores, no processo em marcha de construção de uma *sociedade global*, na qual, aos olhos do homem comum, os tribunais, conformados por imparciais cultores do Direito, seriam mais confiáveis do que as assembleias de legisladores, mesmo que democraticamente eleitos, por, não raro, se encontrarem estes, constantemente premidos por interesses primordialmente de política partidária, quando não meramente individuais, envolvidos em manobras de acesso e manutenção de poder ou imersos em preocupações movidas por interesses demagógicos, todos, tantas vezes antagônicos aos autênticos fundamentos de valor do Direito[38].

Entende-se que a razão do deslocamento da autoridade do sistema representativo para o sistema jurisdicional se deve à profusão de Constituições rígidas e dirigentes, em que, não obstante se constatar uma hiperconstitucionalização dos fenômenos sociais, conferindo inúmeros direitos sociais e transindividuais aos cidadãos, resta a cargo dos Poderes Legislativos e Executivos, a árdua missão de escolher prioridades para se concretizar a vontade do legislador constitucional[39].

Esses fenômenos viram-se mais acentuados no Brasil, como já destacado, precisamente em virtude do papel conferido ao Supremo Tribunal Federal pela Constituição brasileira de 1998, passando a exercer, simultaneamente, várias funções relevantes: a de *tribunal constitucional*[40], por caber-lhe um onímodo controle de constitucio-

---

38 Cf. V. VIERA, Oscar Vilhena. Superdemocracia. In: *Filosofia e teoria constitucional contemporânea.* Daniel Sarmento (Coord.). Rio de Janeiro: Lumen Juris, 2009, p. 2.009.

39 Acerca do fenômeno da constitucionalização do direito e seus reflexos, inclusive quanto à disseminação da jurisdição constitucional, cf. BARROSO, Luís Roberto. Neoconstitucionalismo e constitucionalização do direito. In: BARROSO, Luís Roberto. *Da falta de efetividade à judicialização excessiva: direito à saúde, fornecimento gratuito de medicamentos e parâmetros para a atuação judicial. Temas de direito constitucional* – Tomo IV. Rio de Janeiro: Renovar, 2009, p. 61-120.

40 Confira-se o teor do art. 102 da Constituição brasileira.
Art. 102. Compete ao Supremo Tribunal Federal, precipuamente, a guarda da Constituição, cabendo-lhe:

nalidade, tanto de modo difuso como concentrado, a saber: (1) a de *órgão da cúpula do Poder Judiciário brasileiro*, por se constituir na última instância julgadora de recursos extraordinários; (2) e a de foro especializado[41] para o julgamento de autoridades do mais alto patamar hierárquico da República, bem como (3) a de garante último para certas matérias definidas como de relevante interesse para o País, que implicam na salvaguarda de valores essenciais de uma democracia substantiva. Essas funções foram ainda mais ampliadas com a Emenda Constitucional nº 45, de 30 de dezembro de 2004, ao introduzir uma reforma no Poder Judiciário brasileiro, que dilargou consideravelmente a *vinculação aos precedentes*[42] da Suprema Corte e, por consequ-

---

I – processar e julgar, originariamente:
a) a ação direta de inconstitucionalidade de lei ou ato normativo federal ou estadual e a ação declaratória de constitucionalidade de lei ou ato normativo federal; [...]
p) o pedido de medida cautelar das ações diretas de inconstitucionalidade; [...]
II – julgar, mediante recurso extraordinário, as causas decididas em única ou última instância, quando a decisão recorrida:
a) contrariar dispositivo desta Constituição;
b) declarar a inconstitucionalidade de tratado ou lei federal;

41 Considerem-se algumas dessas competências previstas na Constituição brasileira:
Art. 102. [...]
I – processar e julgar, originariamente: [...]
b) nas infrações penais comuns, o Presidente da República, o Vice-Presidente, os membros do Congresso Nacional, seus próprios Ministros e o Procurador-Geral da República;
c) nas infrações penais comuns e nos crimes de responsabilidade, os Ministros de Estado e os Comandantes da Marinha, do Exército e da Aeronáutica, ressalvado o disposto no art. 52, I, os membros dos Tribunais Superiores, os do Tribunal de Contas da União e os chefes de missão diplomática de caráter permanente;
d) o habeas corpus, *sendo paciente qualquer das pessoas referidas nas alíneas anteriores; o mandado de segurança e o* habeas data *contra atos do Presidente da República, das Mesas da Câmara dos Deputados e do Senado Federal, do Tribunal de Contas da União, do Procurador-Geral da República e do próprio Supremo Tribunal Federal; [...]*

42 Sobre o tema, confira-se MELLO, Patrícia Perrone Campos. *Precedente: o desenvolvimento judicial do direito no constitucionalismo contemporâneo*. Rio de janeiro: Renovar, 2008.

ência, conferiu maior relevância à sua atuação, como uma espécie de "poder moderador" quanto à proteção dos direitos fundamentais.

Institutos novos, como as *súmulas vinculantes*, a *exigência de repercussão geral* na interposição de recursos extraordinários, os efeitos conferidos aos mandados de injunção e *às reclamações*, confluíram todos para reforçar a missão e a responsabilidade da Suprema Corte na resolução de demandas de repercussão social, já denotando, com nitidez, um processo de "substituição parcial" à atuação do Poder Legislativo[43].

Sob outro prisma, a própria atuação do Poder Legislativo não só permitiu como induziu a ampliação desse espaço de proeminência do Judiciário na vida social e política brasileira. Com efeito, está-se - e não apenas no Brasil - diante de uma grave crise de *representatividade*, quiçá, até de certo envelhecimento da hegemonia política do bicentenário modelo assembleísta rousseauniano, pois que as sociedades já não mais veem como legítimas, muitas das decisões de seus representantes políticos, notadamente por senti-los mais preocupados com assuntos partidários e de disputa de espaços de influência do que com os legítimos interesses das pessoas, levando-as, por isso, a confiar cada vez mais em instituições outras, que elas sintam mais

43 A respeito, alguns dos novos dispositivos acrescentados no ordenamento constitucional brasileiro:

Art. 102. [...]

§ 2º As decisões definitivas de mérito, proferidas pelo Supremo Tribunal Federal, nas ações diretas de inconstitucionalidade e nas ações declaratórias de constitucionalidade produzirão eficácia contra todos e efeito vinculante, relativamente aos demais órgãos do Poder Judiciário e à administração pública direta e indireta, nas esferas federal, estadual e municipal. (Redação dada pela Emenda Constitucional nº 45, de 2004).

Art. 103-A. O Supremo Tribunal Federal poderá, de ofício ou por provocação, mediante decisão de dois terços dos seus membros, após reiteradas decisões sobre matéria constitucional, aprovar súmula que, a partir de sua publicação na imprensa oficial, terá efeito vinculante em relação aos demais órgãos do Poder Judiciário e à administração pública direta e indireta, nas esferas federal, estadual e municipal, *bem como proceder à sua revisão ou cancelamento, na forma estabelecida em lei. (Incluído pela Emenda Constitucional nº 45, de 2004) (Vide Lei nº 11.417, de 2006).*

próximas e responsivas ao dia a dia de suas necessidades e de seu atendimento[44].

O descolamento entre o texto legal e a realidade fática também deixa um grande número de questões sem uma resposta satisfatória da ordem jurídica positiva, daí por que, frequentemente, se recorre ao Estado-juiz para solucionar as demandas decorrentes da ausência de uma previsão normativa preceitual adequada e atual, que possa refletir os interesses da sociedade brasileira em cada contexto conjuntural.

Essa situação tanto mais legítima torna o produto jurisdicional dito "ativista", se o processo de interpretação *não for um exercício circunscrito aos tribunais*, mas, como de fato se vem tornando, uma legítima expressão de toda a sociedade, tal como iluminadamente preconizada por Peter Häberle, ainda na década de setenta do século passado, em sua *Hermenêutica constitucional: a sociedade aberta dos intérpretes da Constituição: contribuição para a interpretação pluralista e procedimental da Constituição*, que influenciou e continua a influenciar fortemente os rumos do Direito da Pós-Modernidade.

Acresce que, graças a essa efetiva participação cooperativa da sociedade – que se faz pela intensa e profícua ação de seus intérpretes habilitados nos processos decisórios – menos poderá se arguir acerca de uma eventual dificuldade contramajoritária dos tribunais. Além da participação das funções essenciais à justiça, que deverão, necessariamente ou não, intervir nos feitos, é possível alcançar-se altos níveis de excelência decisória do sistema judiciário, quanto mais vier a ser ampliada a *participação social* em prestações pré-jurisdicionais,

---

44 Pesquisas recentes mostram que a proporção de 33% da população crê na confiabilidade do Judiciário, enquanto apenas 20% confia no Congresso Nacional. Demonstrando também o problema, a confiança nos partidos políticos foi avaliada em espantosos 8% da população nacional. Apenas a título de comparação, a confiança nas Forças Armadas é de 60%, enquanto a Igreja Católica possui credibilidade de 56%. A Pesquisa foi feita pela Escola de Direito da Fundação Getulio Vargas de São Paulo. Disponível em: <http://bibliotecadigital.fgv.br/dspace/bitstream/handle/10438/7837/RelICJBrasil4TRI2010%27.pdf?sequence=1>. Acesso em: 21 set. 2011.

tais como em audiências de mediação e de conciliação, bem como em decisões judiciárias de interesse geral, tanto atuando nas audiências públicas[45], como colhendo depoimentos de pessoas com experiência e autoridade na matéria conflituosa, ampliando o ingresso de *amicus curiae*[46] em casos de controle abstrato de constitucionalidade ou convocando entidades direta ou indiretamente interessadas nas futuras decisões prolatadas[47], bem como as autoridades ou entidades *especialmente capacitadas* para oferecer esclarecimentos relevantes sobre certas questões postas sob juízo.

Está-se, pois, com um conceito de *ativismo*, como *uma proatividade finalística na prestação de justiça*, diante de um novo e importante fator de pluralização e de legitimação[48] do debate judicial, que se torna ainda mais importante, quando as decisões devam repercutir e se estender no espaço e no tempo, como geralmente ocorre em se tratando de matéria contenciosa constitucional.

Em suma: a abertura dialógica dos tribunais, como a adota o Supremo Tribunal Federal é uma *via de legitimação* ancilar para as suas decisões, na linha do resguardo do essencial e permanen-

45 As previsões legais para a instauração de audiências públicas em sede de controle de constitucionalidade se encontram no art. 9°, § 1º, da Lei n° 9.686/99, que trata da Ação Direta de Inconstitucionalidade e da Ação Declaratória de Constitucionalidade, e no art. 6°, § 1º, da Lei n° 9.882/99, que trata da Arguição de Descumprimento de Preceito Fundamental.

46 Já a admissão da manifestação de *amici curiae* encontra guarida no art. 7°, § 2º, da Lei n° 9.868/99.

47 O autor se sente muito à vontade para mencionar esse instituto, uma vez que tem advogado a sua introdução no Brasil desde 1999, como se lê na obra *O sistema judiciário brasileiro e a reforma do estado*, São Paulo: IBDC – Celso Bastos Editor, 1999, Cap. VI, item 4.9, p. 82.

48 [...] Legitimação, que não há de ser entendida apenas em sentido formal, resulta da participação, isto é, da influência qualitativa e de conteúdo dos participantes sobre a própria decisão. Não se trata de um "aprendizado" dos participantes, mas de um "aprendizado" por parte dos Tribunais em face dos diversos participantes (HÄBERLE, Peter. *Hermenêutica constitucional: a sociedade aberta dos intérpretes da Constituição: contribuição para a interpretação pluralista e "procedimental" da Constituição*. Tradução de Gilmar Ferreira Mendes. Porto Alegre: Sergio Antônio Fabris, 2002, p. 31-32.

te fundamento axiológico constitucional, que são os seus *princípios fundamentais*.

8. Conclusão

A *democracia representativa eletiva parlamentar* ganha a sua complementação contemporânea com a ascensão de uma *democracia participativa seletiva judicial.* Assim, a vontade da sociedade, de *expressão indireta* pela *representação*, se manifesta e se legitima por via *eletiva*, enquanto a vontade da sociedade, de *expressão direta* pela *participação*, se manifesta e se legitima por via *seletiva,* a que for constitucionalmente prescrita: portanto, ambas, por igual, *democraticamente legitimadas* e complementares.

O aperfeiçoamento da democracia cada vez mais se fará pela diversificação constitucional das formas de participação e pela *coexistência institucional dessas duas vias de legitimação de investiduras públicas – primo*, a dos agentes constitucionalmente legitimados por via *eletiva* (a que se processa através de escolhas pessoais, por critério de fidúcia, entre cidadãos *genericamente* qualificados) – *secundo*, a dos agentes constitucionalmente legitimados por via *seletiva* (a que se processa através de escolhas impessoais, por critério de mérito, entre cidadãos *especialmente* qualificados). É a via, em percurso, *da democracia da representação à democracia da eficiência.*

Destarte, o futuro do Direito e o Direito do futuro se projetam, cada vez mais, como um produto consensual: o do *diálogo*, terçado permanentemente em vários níveis sociais.

Teresópolis, outono de 2015.

A FOSFOETANOLAMINA SINTÉTICA: UMA PROPOSTA DE REFLEXÕES SOBRE O PATERNALISMO EXACERBADO DO PODER JUDICIÁRIO NA ÁREA DO DIREITO À SAÚDE

Fátima Nancy Andrighi

SUMÁRIO: 1. Descompasso entre o Paternalismo Exacerbado do Poder Judiciário e a Ciência Médico-Farmacêutica na Distribuição de Fosfoetanolamina Sintética. **2.** Uma Proposta de Reflexões Sobre o Paternalismo Exacerbado do Poder Judiciário na Área do Direito à Saúde.

1. Descompasso entre o Paternalismo Exacerbado do Poder Judiciário e a Ciência Médico-Farmacêutica na Distribuição de Fosfoetanolamina Sintética

Em outubro deste ano houve muitas discussões sobre o uso da fosfoetanolamina sintética, anunciada como cura para diversos tipos de câncer. Trata-se de uma substância química produzida em laboratório por um professor de química da Universidade de São Paulo, hoje aposentado, que acredita ser ela capaz de tratar o câncer.

Fabricada pelo referido pesquisador, do Instituto de Química da USP de São Carlos/SP, a substância vinha sendo por ele distribuída gratuitamente a pacientes de câncer à total revelia da administração daquela Universidade, sem nenhuma autorização farmacêutica ou regularização de ordem sanitária e sem qualquer acompanhamento médico, razões pelas quais acabou sendo interrompida pela Portaria IQSCN nº 1.389/2014 do diretor do Instituto, que impediu a manipulação e distribuição da substância na forma como vinha sendo realizada.

A proibição da distribuição da substância gerou pedidos de milhares de portadores de câncer, e, desde então, o fornecimento coercitivo da fosfoetanolamina sintética foi postulado ao Poder Judiciário, que deferiu liminares para que a Universidade de São Paulo entregasse as cápsulas do produto a pessoas com câncer. Até o presente momento, já teriam sido deferidas mais de 1.500 liminares determinando o fornecimento da fosfoetanolamina sintética, sendo que ainda há mais de 2.400 ações aguardando análise com a mesma finalidade. E esses números são provisórios.

O problema, porém, é que as pessoas que obtiveram essas liminares receberam a fosfoetanolamina sintética do Instituto de Química da USP de São Carlos sem nenhuma indicação médica de uso. Isto é, a fosfoetanolamina sintética vinha sendo fornecida por força de liminares a milhares de pacientes com câncer, sem prescrição médica sobre como tomá-la e quanto tomar, sem conhecimento sobre sua interação com outras substâncias químicas e sobre os efeitos esperados, sem referência a efeitos adversos. Enfim, sem indicações de uso, simplesmente porque a substância em questão ainda não é um medicamento, o que é gravíssimo, mormente pelo potencial risco à saúde dessas milhares de pessoas, fazendo exsurgir desse fato o preocupante descompasso entre o paternalismo exacerbado do Poder Judiciário ao deferir os pedidos de entrega da substância e a ciência médico-farmacêutica.

Com efeito, para poder ser considerado um medicamento de uso humano, toda e qualquer substância química deve antes passar por uma série de estudos e pesquisas que comprovem sua eficácia terapêutica e segurança, tudo de acordo com protocolos científicos e diretrizes bioéticas, tanto nacionais, definidos pelo Ministério da Saúde (Anvisa, Conselho Nacional de Saúde e Comissão Nacional de Ética em Pesquisa) e pelo Conselho Federal de Medicina, quanto internacionais, estabelecidos pela Organização Mundial da Saúde (International Clinical Trials Registry Platform – Plataforma Internacional de Registro de Ensaios Clínicos).

Por isso, o desenvolvimento de novos medicamentos é um processo longo, que geralmente leva anos, até décadas, desde a descoberta da substância química até o *status* de medicamento seguro e eficaz para seres humanos, porque tal processo deve ser realizado respeitando todas as etapas científicas recomendadas e aceitas mundialmente para tanto, exatamente para que os riscos à saúde da população sejam os menores possíveis.

Basicamente, esses estudos e pesquisas são divididos em duas grandes etapas: a fase pré-clínica e a fase de pesquisa clínica, que, por sua vez, se divide em três ou até quatro subfases.

Em linhas gerais, na fase pré-clínica, as substâncias químicas com objetivo terapêutico em seres humanos são inicialmente testadas em *modelos in vitro* (células) e/ou *in vivo*, isto é, em animais de experimentação (como roedores, porcos e macacos), para se avaliar a eficácia contra determinada doença e verificar se ela tem uma atividade muito tóxica ou se é segura para o uso, ou seja, qual é o potencial mínimo de toxicidade, e a ocorrência de carcinogenicidade, teratogenicidade e mutagenicidade da substância em seres vivos.

Se a substância química for tóxica ou não funcionar, não segue adiante. Se todos os resultados na fase pré-clínica forem favoráveis, passar-se-á, então, para a próxima, a de pesquisa clínica em seres humanos, também conhecida como ensaio clínico ou protocolo clínico, que consiste num processo de investigação científica envolvendo seres humanos que pretende responder perguntas sobre determinada substância. Esse processo é feito em até quatro subfases.

Na primeira fase de pesquisa clínica, a substância química é usada pela primeira vez em seres humanos saudáveis, geralmente voluntários, que não têm a doença para a qual a substância está sendo estudada. Nesta fase, são avaliadas diferentes vias de administração e diferentes doses, realizando-se testes iniciais de segurança e tolerabilidade em humanos e de interação com outras substâncias químicas, o que se denomina estudo farmacocinético, a saber, como determinada droga é absorvida e, mais tarde, eliminada pelo organismo humano.

Na segunda fase, a substância química é testada em pessoas que têm a doença ou condição para a qual ela está sendo estudada, com o objetivo de obter informações mais detalhadas sobre a toxicidade e começar a avaliar sua eficácia como novo possível medicamento.

Depois de concluído o estudo piloto na segunda fase da pesquisa clínica, inicia-se a terceira, com grandes estudos em vários centros de pesquisa de diferentes países, ampliando-se o universo de indivíduos avaliados, geralmente milhares de pacientes, por um maior período de tempo e com a comparação com medicamentos já existentes e recomendados para a mesma doença. Esta fase visa a obter maiores informações sobre segurança, eficácia e interação da substância química testada com outras substâncias e drogas já usadas. A análise dos dados obtidos nesta fase de pesquisa clínica pode levar ao registro e aprovação da substância química pelas autoridades sanitárias para disponibilização à população como novo medicamento.

Na quarta fase da pesquisa clínica, após o novo medicamento ser aprovado, fabricado e levado ao mercado, são feitos testes de acompanhamento de seu uso em milhares de pacientes, possibilitando o conhecimento de detalhes adicionais sobre a segurança e a eficácia do produto. Um dos objetivos importantes dos estudos nesta fase é detectar e definir efeitos colaterais previamente desconhecidos ou incompletamente qualificados, assim como os fatores de risco relacionados. Esta última fase é conhecida como monitoramento pós-comercialização ou farmacovigilância.

É registrado pela literatura um importante dado estatístico: durante os testes clínicos em seres humanos, cerca de 90% das substâncias são reprovadas para uso como medicamento.

Portanto, qualquer substância química só se torna cientificamente um medicamento para seres humanos depois de passar pela fase pré-clínica e por todas as etapas da fase seguinte, a chamada pesquisa clínica, feita mediante conhecidos métodos de pesquisa (duplo-cego, de grupo placebo controlado etc.). Por isso, um medicamento ou tratamento em desconformidade com esses protocolos de pesquisa é visto pela comunidade médica com muita cautela, pois tende a contrariar um consenso científico mundialmente vigente.

No que concerne à fosfoetanolamina sintética, ainda está na fase pré-clínica, ou seja, somente foi testada em modelos *in vitro* (células) e em animais de experimentação, não em seres humanos. E, segundo o farmacêutico Dr. Adilson Kleber Ferreira, pesquisador do Instituto de Ciências Biomédicas da USP e coautor de seis artigos publicados em revistas internacionais sobre a fosfoetanolamina, *os dados pré-*

-clínicos ainda não estão maduros o suficiente para ir adiante com os testes clínicos[1].

De fato, o professor de química que vinha distribuindo a fosfoetanolamina sintética a pacientes com câncer alegou ter pedido à Agência Nacional de Vigilância Sanitária (Anvisa) que desenvolvesse as pesquisas clínicas necessárias em seres humanos. A Anvisa, porém, afirmou:

> Não há na Anvisa qualquer registro concedido ou pedido de registro para medicamentos com o principio ativo fosfoetanolamina. Neste contexto, ressaltamos que também não há em curso qualquer avaliação de projetos contendo a fosfoetanolamina para fins de pesquisa clínicas envolvendo seres humanos (Nota Técnica nº 56/2015/Sumed/Anvisa).

Vê-se, pois, que a fosfoetanolamina sintética nunca foi submetida a pesquisas clínicas em seres humanos no Brasil, e não se tem conhecimento de que tenha sido testada clinicamente em outros países; muito menos foi aprovada para uso como medicamento contra o câncer em seres humanos.

Como a fosfoetanolamina sintética é uma substância química que nunca foi testada clinicamente em seres humanos, mesmo que pareça promissora para alguns pesquisadores sem formação médico-farmacêutica, cientificamente ela não é um medicamento contra o câncer até que fique provada a sua segurança e eficácia com estudos científicos sérios, isto é, que passem por todas as etapas da fase clínica, em conformidade com os padrões nacionais e internacionais aceitos mundialmente.

É indubitável que, mesmo para quem carece de mais conhecimentos científicos na área médico-farmacêutica, como nós, a maioria dos operadores do Direito, não se pode concluir, com segurança, que os resultados obtidos em estudo sobre a fosfoetanolamina sintética em um único tipo de câncer de pele em camundongos – como a pesquisa

---

1 Disponível em: <http://www1.folha.uol.com.brequilibrioesaude/2015/10/1696939-dados-de-remedio-anticancer-criado-na-usp-ainda-nao-estao-maduros.shtml>. Acesso em: 12 nov. 2015.

feita pelo Dr. Renato Meneguelo para sua dissertação de mestrado[2] – podem ser necessariamente os mesmos resultados esperados para o tratamento dos mais diversos tipos de câncer em seres humanos; ou que, se determinada substância química teve resultados terapêuticos positivos na fase pré-clínica em camundongos, já pode ser fornecida indiscriminadamente como medicamento para todos os tipos de câncer em seres humanos.

O mesmo se pode afirmar em relação ao fornecimento, como medicamento para seres humanos, de qualquer substância química não aprovada em pesquisas clínicas, mas somente com base nos relatos de pacientes, olvidando-se o que em ciência se chama "*viés de seleção*", isto é, só os casos de sucesso são relatados, já que os possíveis efeitos colaterais jamais são reportados, simplesmente porque os pacientes não estão sendo acompanhados em pesquisas clínicas. A esse respeito, o Dr. Evanius Garcia Wiermann, médico Presidente da Sociedade Brasileira de Oncologia Clínica, afirma: *Se uma pessoa diz que tomou a cápsula e se curou, eu pergunto: quantas pessoas tomaram e morreram, por isso não puderam dar testemunho? Quantas pessoas passaram mal?*[3]

Ademais, o fornecimento da fosfoetanolamina sintética apenas com base nos relatos de pacientes ignora também a elementar noção do conhecido *efeito placebo*, ou seja, do efeito terapêutico pseudo-positivo gerado exclusivamente por fatores psicológicos do paciente, quando se administra a ele uma substância farmacologicamente inativa ou ineficaz para sua doença, o que pode até leva-lo a abandonar o tratamento convencional. Exemplo disso é o que ocorreu com o fundador da *Apple*, o empresário Steve Jobs, que retardou a cirurgia do câncer de pâncreas para aderir a um tratamento alternativo com ervas, o que teria agravado o seu quadro, acelerando sua morte.

---

2 Conforme se pode verificar ao consultar a íntegra da referida dissertação, disponível em: <http://www.teses.usp.br/teses/disponiveis/82/82131/tde-12022008-135651/publico/TDE_RenatoMeneguelo. pdf>.

3 Disponível em: <http://g1.globo.com/bemestar/noticia/2015/10/relatos-de-cura-nao-provam-eficacia-da-fosfoetanolamina-alertam-medicos.html>. Acesso em: 12 nov. 2015.

De fato, a Sociedade Americana de Oncologia Clínica (American Society of Clinical Oncology) afirma que cerca de 80% dos pacientes com câncer recorrem a tratamentos alternativos, mas aquela instituição médica é enfática em ressaltar que não há nenhum indício de que tais tratamentos contribuam para a regressão ou cura do câncer[4].

Da mesma forma, ao se deferir o fornecimento da fosfoetanolamina sintética indistintamente a pacientes com os mais diversos tipos de câncer, e sem prescrição médica da dose a ser tomada, como vinha sendo feito, simplesmente se ignora que "câncer", popularmente, "é o nome dado a um conjunto de mais de cem doenças que têm em comum o crescimento desordenado (maligno) de células que invadem os tecidos e órgãos", consoante, por exemplo, a definição do Instituto Nacional de Câncer (Inca)[5], e que essa centena de tipos de câncer é dividida em subtipos como, por exemplo, o câncer de mama, que tem mais de vinte subtipos, e cada um é tratado com uma droga diferente, conforme esclarece o oncologista Dr. Drauzio Varella[6]. Aliás, por essa razão, ele sustenta que não existe um único remédio capaz de curar todos os tipos de câncer.

Ignora-se, ainda, que cada paciente de câncer possui suas particularidades e que, por isso, a administração de qualquer tratamento deve variar segundo a necessidade do paciente. Ora, trata-se de doença letal cujo tratamento deve individualizar o quadro clínico de cada paciente, histórico médico e perspectivas de cura.

---

4 Disponível em: <http://www1.folha.uol.com.br/fsp/saudeciencia/236491-decisao-abre-precedente-para-charlatanismo-na-medicina.shtml>. Acesso em: 12 nov. 2015.

5 Disponível em: <http://www1.inca.gov.br/conteudo_view.asp?id=322>. Acesso em: 12 nov. 2015.

6 Disponível em: <http://g1.globo.com/fantastico/noticia/2015/10/drauzio-varella-alerta-sobre-capsulas-distribuidas-como-cura-do-cancer.html>. Acesso em: 12 nov. 2015.
Disponível em: <http://www1.folha.uol.com.br/tv/tvfolhaaovivo/2015/10/1699315-uma-droga-que-cura-todo-tipo-de-cancer-nunca-existira-diz-drauzio-varella.shtml>. Acesso em: 12 nov. 2015.

Não é preciso ser cientista para compreender que não se pode simplesmente padronizar a liberação de uma substância química que não foi testada clinicamente para o tratamento de câncer em seres humanos, como se fosse um simples analgésico, porque todas, absolutamente todas as substâncias químicas provocam reações no corpo humano – até a água em doses excessivas pode fazer mal à saúde, até matar – e se não se sabe quais são os possíveis efeitos colaterais da fosfoetanolamina sintética em seres humanos, muito menos a eficácia dela para cada tipo e subtipo de câncer.

Além desse descompasso com a ciência médica a respeito da doença, já bastante preocupante pelo potencial risco à saúde pública, a situação ainda é agravada por questões farmacossanitárias, pois, como declarou o diretor do Instituto de Química da USP de São Carlos em depoimento prestado em um dos processos envolvendo o fornecimento da fosfoetanolamina sintética[7], o Instituto vinha sendo compelido, por força das decisões liminares, a produzir a substância em local sem as mínimas condições de segurança e higiene exigidas para a manipulação farmacêutica. Na verdade, apenas um "canto" de um laboratório de química comum, sem adequado controle de assepsia do local e das pessoas presentes e, por não se tratar de um ambiente apropriado, há constante saída e entrada de técnicos e funcionários, circunstância absolutamente incompatível com a manipulação farmacêutica. Além disso, não há nenhum controle de qualidade dos insumos utilizados e do produto final.

Ou seja, para cumprir as decisões judiciais, o Instituto de Química da USP de São Carlos vinha manipulando a fosfoetanolamina sintética como "remédio" para tratamento de câncer sem nenhuma condição farmacossanitária para tanto. Aliás, por isso, no dia 28 de outubro último, o Conselho Regional de Farmácia do Estado de São Paulo (CRF-SP) autuou o Instituto de Química da USP de São Carlos sob o fundamento de que a fosfoetanolamina sintética vinha sendo ali produzida *em condições precárias, sem nenhum controle e sem garantia de que o produto é feito adequadamente, com qualidade. Não tem ne-*

7 Processo n° 1008491-42.2014.8.26.0566.

nhuma condição, não tem responsável técnico, não tem farmacêutico, nem na produção, nem na dispensação. O medicamento é manipulado em um local inapropriado[8]. *É a mesma coisa que você preparar um remédio na sua cozinha*, afirmou o presidente do CRF-SP[9].

De fato, para a manipulação de substâncias químicas com fins medicinais, há regras sanitárias e farmacêuticas mínimas, legalmente definidas, exatamente para garantir, ou pelo menos minimizar o máximo possível, os riscos à saúde pública.

Nesse sentido, a Lei n° 9.782/99 estabelece, no art. 8°, § 1º, inc. I, que *medicamentos de uso humano, suas substâncias ativas e demais insumos, processos e tecnologias* devem ser *submetidos ao controle e fiscalização sanitária* da Anvisa.

Por sua vez, o art. 24 da Lei n° 6.360/76 estabelece que são *isentos de registro os medicamentos novos, destinados exclusivamente a uso experimental, sob controle médico*. Ou seja, como a fosfoetanolamina sintética vinha sendo distribuída como medicamento para o câncer sem o acompanhamento de nenhuma pesquisa clínica em seres humanos, conforme a Anvisa afirmou expressamente na Nota Técnica nº 56/2015/Sumed/Anvisa[10], não está isenta de registro na Anvisa, porque, em termos da ciência médico-farmacêutica, ainda não pode ser considerada um medicamento, sequer de uso experimental.

De fato, a Lei n° 5.991/73 define como droga a substância ou matéria-prima que tenha a finalidade medicamentosa ou sanitária (inc. I do art. 4°) e como medicamento, o *produto farmacêutico, tecnicamen-*

---

8 Disponível em: <http://www.ebc.com.br/noticias/2015/11/conselho-autua-usp-por-falta-de-condicoes-para-producao-da-fosfoetanolamina>. Acesso em: 12 nov. 2015.

9 Disponível em: <http://www1.folha.uol.com.br/equilibrioesaude/2015/11/1701747-conselho-de-farmacia-autua-usp-por-produzir-pilula-do-cancer-sem-aval.shtml>. Acesso em: 12 nov. 2015.

10 *Não há na Anvisa qualquer registro concedido ou pedido de registro para medicamentos com o principio ativo fosfoetanolamina. Neste contexto, ressaltamos que também não há em curso qualquer avaliação de projetos contendo a fosfoetanolamina para fins de pesquisa clínicas envolvendo seres humanos.*

te obtido ou elaborado, com finalidade profilática, curativa, paliativa ou para fins de diagnóstico (inc. II do art. 4°). Estabelece, ainda, que dispensação é o *ato de fornecimento ao consumidor de drogas, medicamentos, insumos farmacêuticos e correlatos, a título remunerado ou não* (inc. XV do art. 4°). Em seguida, a mesma lei estabelece que *a dispensação de medicamentos é privativa de: a) farmácia; b) drogaria; c) posto de medicamento e unidade volante; d) dispensário de medicamentos* (art. 6º) e que *apenas poderão ser entregues à dispensação drogas, medicamentos, insumos farmacêuticos e correlatos que obedeçam aos padrões de qualidade oficialmente reconhecidos* (art. 8º). Por fim, a Lei n° 5.991/73 ainda dispõe que a dispensação ou distribuição *de drogas, medicamentos, insumos farmacêuticos e correlatos será exercida somente por empresas e estabelecimentos licenciados pelo órgão sanitário competente dos Estados, do Distrito Federal e dos Territórios, em conformidade com a legislação supletiva a ser baixada pelos mesmos, respeitadas as disposições desta Lei (art. 21).*

Portanto, é claríssimo que, legalmente, qualquer substância química sintética somente pode ser dispensada, isto é, distribuída para fins medicinais, ao público, ainda que gratuitamente, apenas por *a) farmácia; b) drogaria; c) posto de medicamento e unidade volante; d) dispensário de medicamentos* (alíneas do art. 6º da Lei n° 5.991/73), devidamente *licenciados pelo órgão sanitário competente dos Estados, do Distrito Federal e dos Territórios* (art. 21 da Lei n° 5.991/73) e desde que a substância distribuída tenha os *padrões de qualidade oficialmente reconhecidos* (art. 8º da Lei n° 5.991/73); isto é, que tenha registro na Anvisa ou em órgão internacional equivalente, exatamente para que haja um controle estatal dos riscos à saúde pública em decorrência do uso de substâncias químicas sintéticas com fins medicinais.

Todavia, até onde se sabe, a fosfoetanolamina sintética vinha sendo distribuída como medicamento para o câncer pelo Instituto de Química da USP de São Carlos, que não é licenciado para isso, conforme exige a Lei n° 5.991/73, nem tem registro na Anvisa e no Conselho Regional de Farmácia.

A violação dessas regras se constitui em uma questão tão grave que, nos termos do art. 273 do Código Penal, é considerada crime a distribuição, sob qualquer forma, de matérias-primas ou insumos farmacêuticos sem registro na Anvisa.

Com efeito, além de não ter sido submetida à pesquisa clínica em seres humanos, para que, então, pudesse ser considerada cientificamente um medicamento, a fosfoetanolamina sintética vinha sendo distribuída em total afronta à Lei n° 5.991/73, razão, aliás, que levou o Instituto de Química da USP de São Carlos a ser autuado pelo Conselho Regional de Farmácia do Estado de São Paulo no dia 28 de outubro deste ano.

Portanto, é evidente que a distribuição de substância química sintética para fins medicinais em violação à Lei n° 5.991/73 lesa a ordem pública, ficando também evidenciada a manifesta lesão à saúde pública, pelas razões médico-científicas referidas anteriormente.

2. Uma Proposta de Reflexões Sobre o Paternalismo Exacerbado do Poder Judiciário na Área do Direito à Saúde

O descompasso entre as rígidas e necessárias regras da ciência médico-farmacêutica para a distribuição de fosfoetanolamina sintética e o "paternalismo exacerbado" que teria sido praticado pelo Poder Judiciário ao determinar a entrega compulsória ao cidadão de substância não licenciada demanda indispensáveis reflexões sobre o papel do juiz no exercício da jurisdição na área do direito à saúde.

Inicialmente, é necessário considerar a intensidade do sentimento de angústia e insegurança que perpassa o coração do juiz de primeiro grau de jurisdição ao receber pedido desesperado de entrega de uma substância, não reconhecida cientificamente, como medicamento capaz de aliviar a dor sofrida por paciente portador de câncer. A Justiça tradicional, até bem pouco tempo, considerando apenas a aplicação literal da lei, não concedia esses pedidos. Mas podemos fazê-lo atualmente?

Com certeza, vive-se momento inusitado, cujos dias são profundamente alterados por incontáveis fatores, os quais, de forma antes nunca imaginada, afetam diretamente a atividade jurisdicional. Hoje, não é mais possível prestar a jurisdição sem adotar profundas mudanças de postura, quer na forma dos processos, quer na forma de pensar o ato de decidir, o qual decorre da convicção adquirida no subjetivo de cada juiz.

É possível ousar comparação dos tempos contemporâneos com os denominados "tempos de kalyuga", representados, na compreensão dos hindus, pela **era das máquinas**, na qual o espaço da sensibilidade humana cedeu lugar ao das reações automáticas regidas por um senso comum previamente estabelecido, pela **era da morte,** na qual presenciamos um significativo número de mortes súbitas, por graves acidentes de todas as espécies, e, ainda, pela **era dos conflitos interpessoais**, notadamente, no que concerne, aos relacionamentos humanos, que se tornaram líquidos, fluidos e de fragilidade incomparável.

Mesmo diante de tantas e tão profundas alterações vivenciadas no mundo, deve o juiz continuar julgando sempre rente aos fatos e à vida, na profícua lição de Pontes de Miranda. Por isso, nosso olhar, quer de *colega-juíza*, completando quase quarenta anos de magistratura, quer de Corregedora Nacional de Justiça, é sempre de amorosidade e disponibilidade para auxiliar e apoiar os juízes, na esperança de que prestem a jurisdição da forma mais adequada e justa possível.

É bem menos impactante estar numa sala distante e arejada estudando em abstrato importantíssimas teses jurídicas do que estar numa sala de audiência num dos longínquos fóruns do País, onde um juiz recebe um cidadão, não raras vezes usando turbante ou um boné, com o fim de ocultar os efeitos da quimioterapia, postulando a entrega compulsória de uma substância para aliviar sua dor...

Todos nós, juízes, sabemos que o art. 196 da Constituição Federal estabelece que *a saúde é direito de todos e dever do Estado*. Entretanto, como aplicar com justiça essa regra sem infringir os rígidos limites do ordenamento jurídico, do equilíbrio dos Poderes, sem incidir, algumas vezes, no denominado paternalismo exacerbado, gerando danos ainda maiores com o deferimento?

O direito à saúde é fundamental e um dos mais relevantes, todavia não é absoluto. Exige, sempre, a atenta ponderação do juiz, colocando na avaliação os ingredientes da razoabilidade e da proporcionalidade, para que não incida no extremo de atender os interesses individuais em detrimento dos interesses coletivos com alguns doentes atendidos e muitos sem nenhum atendimento.

Na hipótese específica da fosfoetanolamina sintética, exatamente porque a substância ainda não é, de acordo com a ciência médico-farmacêutica, um remédio, nem mesmo se poderia argumentar que o direito constitucional à saúde preponderaria sobre o registro formal do medicamento na Anvisa, porque não há nenhuma comprovação científica de que, em humanos, a fosfoetanolamina sintética, que não é um remédio, produza algum efeito positivo no combate a todos os tipos de câncer.

Em outras palavras, não há comprovação médico-científica de que a fosfoetanolamina sintética realmente ajuda a tutelar o direito constitucional à saúde. A esse fato alia-se outro: não se sabe se tal substância pode prejudicar velada e perigosamente os titulares desse mesmo direito, a ponto de, além de fornecer falsas esperanças, provocar o efeito inverso de agravamento do quadro da doença.

É natural que o paciente, em seu desespero, apegue-se a um fio de esperança para obter alívio e, quem sabe, a cura de tão insidioso mal, mas é justificável que o Poder Judiciário, agindo como um *pai condoído pela dor do filho* dê guarida a essa atitude desesperada, fornecendo a substância não reconhecida como remédio?

Voltando ao juiz com jurisdição em uma distante comarca... Terá ele condições de, no tempo exigido pela lei processual, analisar a liminar sopesando todos os aspectos aqui explicitados, os quais foram obtidos após uma longa e demorada pesquisa?

A propósito, aprofundando a reflexão, mostrou-se patente que o paternalismo exacerbado do Poder Judiciário no processo do fornecimento da fosfoetanolamina sintética a doentes de câncer colidiu, frontalmente, com os princípios da ciência médico-farmacêutica, colocando em sério risco a saúde pública, porque, afinal, como questionou o Presidente da Sociedade Brasileira de Medicina Farmacêutica sobre a referida substância, *o que acontecerá se houver comprovação da toxicidade da "droga da USP" e mortes em decorrência dela? Quem serão os responsáveis?*[11]

Essa é uma perspectiva médico-científica de noção de justiça que vinha até o momento sendo ignorada pelo Poder Judiciário na hipótese da fosfoetanolamina sintética. A afirmação "vinha sendo ignorada" explica-se porque, após ter proferido estas palavras no dia 9 de novembro de 2015, no evento *Protagonismo judicial, segurança jurídica e paternalismo exacerbado: desafios em tempos de incerteza*, realizado pelo Tribunal de Justiça do Estado do Rio de Janeiro, pela Harvard Law School Association of Brazil e pela FGV Direito Rio em 11 de novembro de 2015, o Órgão Especial do Tribunal de Justiça do Estado de São Paulo, cassou todas as liminares que determinavam à Universidade de São Paulo fornecer fosfoetanolamina a pacientes com câncer, afirmando que:

> É irresponsável, portanto, a liberação de substância sintetizada em laboratório, denominada fosfoetanolamina, que não é medicamento aprovado e que vem sendo utilizada sem um mínimo de rigor científico e sem critério por pacientes de câncer que relatam melhora genérica em seus quadros clínicos, porque não foram realizadas pesquisas exaurientes – pelas comunidades científicas internacional e nacional – que permitam estabelecer uma correlação segura e indubitável entre seu uso e a hipotética evolução relatada. E não pode o Poder Judiciário, em razão de tantas lacunas científicas e éticas, permitir que substância de duvidosa eficácia e de desconhecida toxicidade seja distribuída indiscriminadamente (Agravo Regimental nº 2194962-67.2015.8.26.0000/50080).

Sem dúvida, a decisão do Tribunal de Justiça do Estado de São Paulo voltou a iluminar o Direito pela *Ciência* médico-farmacêutica, em detrimento da escolástica, da convicção de estar ajudando o jurisdicionado e do exacerbado paternalismo.

A visível e verdadeira "reviravolta jurídica" serve para a conscientização de que não podemos ter a ilusão de que haverá decisões

11 Disponível em: <http://www1.folha.uol.com.br/opiniao/2015/10/1697375-a-falaciosa-droga-contra-o-cancer.shtml>. Acesso em: 12 nov. 2015.

ou respostas totalmente corretas e definitivas nos conflitos na área da saúde, em face do inerente grau de complexidade que a envolve.

Volto ao juiz solitário da comarca distante que decidiu pelo deferimento do pedido do cidadão... É correto afirmar ter esse juiz praticado paternalismo exacerbado? Tinha ele condições de conhecer todos os complexos meandros da ciência médico-farmacêutica em relação à substância que lhe era solicitada?

Essas indagações, a partir do quanto observado com a fosfoetanolamina sintética, induzem a uma inexorável conclusão: o modo de conduzir o processo, no qual se postula direito relativo à saúde envelheceu; não há margem para continuar prestando jurisdição de forma amadora, como por exemplo, eu fazia há quarenta anos na Comarca de Herval do Sul–RS.

Da mesma forma que hoje o juiz da Vara da Fazenda Pública precisa ter um serviço de inteligência à sua disposição (Cadin, Bacenjud, cadastro atualizado, programa de computador interligado com a Secretaria da Fazenda, Coaf, Registro de Imóveis etc.), igualmente o juiz que decide na área da saúde precisa de auxílio multidisciplinar.

Urge a necessária presença de um corpo médico, de farmacêutico e de biólogo com disponibilidade em tempo integral para auxiliar os juízes, especialmente aqueles que trabalham em comarcas distantes, com informações e análise técnico-científica, propiciando exame preciso e adequado do pedido liminar, tudo com o foco direcionado para a dimensão das consequências das decisões a serem proferidas.

Urgem, repito, providências imediatas, tanto do Poder Executivo quanto do Poder Judiciário, para que instrumentalize a equipe multidisciplinar a serviço do bem de todos os cidadãos, evitando apenas críticas estéreis de que o Poder Judiciário, com a concessão de liminares, provoca profundos desequilíbrios nos orçamentos públicos.

Voltando ao solitário juiz de direito... Tomando por exemplo a comarca de Manacapuru-AM, situado na Cabeça do Cachorro, cujo acesso é por via aérea ou fluvial, com viagem de aproximadamente quinze dias da Capital, posso imaginar o sentimento de aflição que perpassa seu coração ao ter nas mãos um pedido desse jaez sem qualquer apoio técnico-científico para decidir.

Assim, aproveitando a justa e merecida homenagem que prestamos ao Excelentíssimo Senhor Ministro Carlos Mário da Silva Velloso, peço permissão para jogar luz e esperança em estudos técnicos em conjunto com o Poder Executivo na busca da solução de um dos mais delicados problemas vivenciados atualmente pelo Judiciário brasileiro.

Realizada a reflexão, ousamos concluir que o denominado paternalismo exacerbado atribuído aos juízes no âmbito da saúde pública é muito mais produto da falta de uma fonte segura de informações médicos-científicas do que de uma forma ideológica de decidir.

Há, portanto, que pensar numa forma racional e dinâmica de prestar jurisdição no âmbito dos direitos relativos à saúde. Alhures, há algum tempo, afirmamos que é proibido ao juiz envelhecer. Eis, com a hipótese debatida, uma das razões: o mundo contemporâneo está exigindo dos juízes a concretização da maciçamente repetida necessidade de se provocar uma mudança de mentalidade, sempre com um olhar agudo para adotar uma forma diferenciada de conduzir os processos e, também, sempre atento ao ditame constitucional da sua duração razoável.

Ao findar as reflexões e observar o contexto em que foram lançadas, são oportunas as palavras proferidas pelo Juiz da Suprema Corte Americana Benjamin Cardozo, as quais representam com fidelidade os dilemas e sentimentos enfrentados pelos juízes diante de pedidos de profunda dor que aportam a nossas mãos:

> Passei por períodos tão grandes de incerteza, que algumas vezes disse a mim mesmo: jamais poderei votar neste caso de um modo ou de outro.
> Então, de repente a bruma desapareceu. Atingi o estágio da paz mental.
> Sei, de modo vago, que existe dúvida se a minha conclusão é correta.
> Devo admitir a dúvida em face do trabalho que me custou chegar ao porto.
> Não posso questionar com os que se recusam a acompanhar-me, para mim, porém, não importa o que possa ser para os outros, o julgamento conseguido com tanto sofrimento foi a única conclusão possível.
> As dúvidas foram absorvidas e finalmente se extinguiram na calma da convicção.

APONTAMENTOS SOBRE SEGURANÇA JURÍDICA, ESTADO CONSTITUCIONAL E PROTAGONISMO JUDICIAL

Flávio Ahmed

1. À Guisa de Introito

A presente obra foi concebida na perspectiva da formulação de uma reflexão critica acerca do protagonismo judicial e segurança jurídica em um momento muito peculiar da história e do Direito brasileiro.

A tarefa do operador do Direito, nos dias de hoje, se vê cercada de desafios.

Se, há algumas décadas atrás, as questões a serem decididas pelo juiz eram solucionadas através da leitura de manuais e a interpretação da lei, mediante mecanismos de subsunção erigidos pelo positivismo e, no caso de lacunas e antinomias, técnicas de colmatação, a percepção de como enfrentar a interpretação da lei e sua consequente aplicação se alterou de modo significativo.

O que se verifica nos dias atuais é um distanciamento do modelo tradicional. Aquele paradigma em que tudo podia ser solucionado dentro da ideia de ordenamento jurídico e sistema, em que tudo vinha articulado de modo lógico, integrado e sincrético – ainda que tal modelo representasse uma falácia – faleceu. E os questionamentos se mostram inevitáveis: será que hoje se pode falar em sistema?[1] E em ordenamento jurídico de forma integrada?

Será que esses conceitos conservam algum sentido originário no cenário atual como mecanismos aptos a encapsular o Direito e conferir segurança jurídica àquele que precisa saber qual caminho correto seguir? Ou, mais ainda: será possível assegurar àquele que teve um direito violado e imagina, com base nos pressupostos citados, procurar, com a ajuda do profissional do Direito, saber qual será o destino da sua pretensão se deduzida em Juízo? Se certos ramos do Direito, com suas especialidades, quase que se autonomizam frente aos demais, passando a ostentar toda uma lógica interpretativa própria (como o direito ambiental, v.g.), como falar em sistema?

---

1 Maria Helena Diniz destaca que a palavra *sistema* tem origem grega e traduz aquilo que é construído, uma totalidade cujas partes apontam para uma ordem, uma reunião de elemento ou coisas, e, sobretudo, um aparelho teórico por meio do qual se pode estudar a realidade. E prossegue afirmando que *todo sistema é uma reunião de objetos e seus atributos (que constituem seu repertório) relacionados entre si, conforme certas regras (estrutura do sistema) que variam de concepção para concepção.* In: DINIZ. Maria Helena. *Lacunas do direito.* 9. ed. São Paulo: Editora Saraiva, 2009, p. 24-26. E ainda sublinhando o caráter dinâmico do Direito e o Direito como sistema aberto: *O direito deve ser visto em sua dinâmica como uma realidade que está em perpétuo movimento, acompanhando as relações humanas, modificando-se, adaptando-se às novas exigências e necessidades da vida, inserindo-se na história, brotando do contexto cultural. A evolução da vida social traz em si novos fatos e conflitos, de maneira que os legisladores, diariamente, passam a elaborar novas leis; juízes e tribunais constantemente estabelecem novos precedentes e os próprios valores sofrem mutações, devido ao peculiar dinamismo da vida* (p. 72). A referida autora, sem abrir mão da ideia de sistema, destaca que *o direito não é um sistema jurídico, mas uma realidade que pode ser estudada de modo sistemático pela ciência do direito* (p. 26). Para Miguel Reale, o Direito é *a ordenação heterônoma, coercível e bilateral atributiva das relações de convivência, segundo uma integração normativa de fatos e valores.* In: REALE. Miguel. *Lições preliminares de direito*, 3. ed. São Paulo: Saraiva, 1976, p. 67. A crise da ideia de sistema que citamos acima vem sendo objeto de aprofundadas pesquisas por Tércio Sampaio de Ferraz Jr., que alicerça a problematização acima exposta.

Ora, se não é possível mais recorrer a um todo articulado para saber qual é o direito a seguir e qual o direito que será aplicado no caso do conflito de interesses, o que fazer?

O certo é que migramos de um cenário em que o protagonismo era da dogmática jurídica para outro, no qual a jurisprudência dos Tribunais assume um papel central. Deslocou-se o eixo condutor em que o Direito já pronunciado (em suas múltiplas vertentes) assume um papel mais relevante do que aquele elaborado pela doutrina e construído pela Teoria Geral do Direito.

Essa realidade se constata através da leitura de manuais que mais se assemelham a repertórios de jurisprudência, afastando-se daqueles nos quais se estudava há 30 anos atrás em que nos debruçávamos sobre a lei e os conceitos jurídicos, no plano meramente da abstração.

A cultura jurídica dos *cases* se espalha no próprio modo de ensinar o Direito; tão importante quanto a lei, a forma como os Tribunais a interpretam, como a Câmara tal do Tribunal tem julgado, qual a parcela minoritária, como isso se sustenta...; técnicas de argumentação, ao invés de categorias jurídicas...

Aproximamo-nos de um *modus operandi* da *Common Law* sem que tenhamos nenhuma afinidade cultural com a mesma. Ou ainda: sem que tenhamos percorrido e construído um sistema com base nos pressupostos ínsitos ao Direito consuetudinário.

As afirmações acima não pretendem, de forma alguma, privilegiar uma ou outra forma de conceber e aplicar o Direito, mas tão somente constatar a significativa transformação por que passa a cultura jurídica em nosso país.

Nesse cenário, o papel do juiz se robustece e as fronteiras entre a separação e repartição de Poderes, próprias do sistema democrático, se tornam mais tênues. Como lidar com isso? Como, diante desse cenário, falar em segurança jurídica?

Não se pretende aqui, nesse brevíssimo espaço, em que se homenageia o jurista Carlos Mário Velloso, um símbolo de reverência à segurança e à higidez das decisões judiciais, contrapor modelos apontando o mais adequado (mesmo porque ambos aqui referidos apresentam falhas), mas apenas problematizar, sob a ótica da advocacia e com o olhar no robustecimento do Estado Democrático de Direito, algumas questões que podem trazer melhoras para a cidadania, principalmente sob a ótica da implementação dos direitos fundamentais.

De forma muito modesta, o objetivo do presente trabalho se circunscreve a refletir sobre ensinamentos doutrinários que pretendem estabelecer critérios mais robustos de certeza, desenhando um quadro de maior estabilidade e forjando certos parâmetros, em um cenário em que a figura do magistrado se mostra cada dia mais essencial na afirmação dos nossos anseios democráticos.

Portanto, ao trabalho.

2. Do Positivismo ao Neoconstitucionalismo

Nossas primeiras considerações repousam sobre um breve retrospecto histórico acerca das diversas formas de se conceber o Direito, interpretá-lo e aplicá-lo.

Falaremos um pouco do positivismo.

Embora não se possa falar de Teoria positivista de modo unitário[2], porquanto existem várias, prevaleceu entre nós a de Kelsen[3], que orbita em torno da norma jurídica, equiparada ao texto legal, norma esta de caráter abstrato e que irá permitir a solução do caso concreto mediante mecanismos de subsunção.

Nesta perspectiva a sentença é um ato de silogismo onde o sujeito revela a norma, através da vontade do legislador ou capturado na vontade da lei, como se houvesse uma cisão de objeto.

No paradigma kelseniano, o Direito encontra-se na norma, que se distingue do fato, tendo a norma o valor em si, posto que positivação da própria ciência jurídica.

---

2 Desde os Códigos produzidos nos novecentos (positivismo legalista/exegético) ao que se estrutura no conceito de regra (HART, Hebert. *Conceito de direito.* 1. ed. São Paulo: Martins Fontes, 2009), bem como o de John Austin (*The province of jurisprudence determined,* 1832). A propósito do tema, uma síntese crítica pode ser lida em DWORKIN, Ronald. *Levando os direitos a sério.* 3. ed. São Paulo: Martins Fontes, 2014, p. 27 e ss.

3 KELSEN, Hans. *Teoria pura do direito*. 3. ed. São Paulo: Martins Fontes, 1992.

Por certo que esse modelo parte de pressupostos equivocados, e passa a perder prestígio diante da grande evolução sobrevinda no mundo que se seguiu ao pós-guerra, notadamente através das Constituições e um redesenho dos direitos públicos, através, sobretudo, da afirmação dos direitos fundamentais.

Diante do nazifacismo, a ordem jurídica devia sufragar os direitos fundamentais e as Constituições dotá-los de normatividade. Essas Constituições passaram a possuir um importante papel de limitação dos Poderes.

Ocorre que a chegada do *neoconstitucionalismo* no Brasil veio acompanhada da jurisprudência de valores e da teoria de argumentação de Robert Alexy.

Tal introdução, se por um lado, tentou superar os entraves que decorriam da aplicação da letra fria da lei e também direcionou a jurisdição constitucional para um viés mais "protetivo", por outro abriu um caminho perigoso para a discricionariedade em âmbito judicial.

Juízes, sem afastar a Lei (por inconstitucionalidade), passaram a julgar orientados por princípios[4], como se os mesmos se sobrepusessem à lei.

Nesse sentido a oportuna crítica de Lênio Luiz Streck, para quem:

> O termo "neoconstitucionalismo" pode ter-nos levado a equívocos. Em linhas gerais, é possível afirmar que, na trilha desse *neoconstitucionalismo*, percorremos um caminho que nos leva à jurisprudência da valoração

4 Nesse sentido importante as considerações de Lênio Streck sobre uma leitura equivocada que se faz de Dworkin ao mencionar princípios, *verbis: quando Dworkin diz que o juiz deve decidir lançando mão de argumentos de princípio e não de políticas, não é porque esses princípios sejam ou estejam elaborados previamente, à disposição da "comunidade jurídica" como enunciados assertóricos ou categorias (significantes primordiais-fundantes). Na verdade, quando sustenta essa necessidade, aponta para os limites que devem constar no ato de aplicação judicial (por isso, ao direito, não importa convicções pessoais/morais do juiz acerca da política, sociedade, esportes etc. – ele deve decidir por princípios). [...] Dworkin está firmemente convencido – e acertadamente – de que não tem sentido, em um Estado Democrático, que os juízes tenham discricionariedade para decidir os "casos difíceis"*. *Verdade e Consenso*. 4. ed. São Paulo: Saraiva, 2012, p. 485.

> e suas derivações axiologistas, temperadas por elementos provenientes da ponderação alexyana[5].

Se é certo que o termo tenha representado inicialmente um importante passo para a afirmação do caráter normativo do Direito Constitucional, conforme assinala o autor, no Brasil acabou por proporcionar uma *recepção acrítica da Jurisprudência dos Valores, da teoria da argumentação de Robert Alexy (...), e do ativismo judicial*[6].

E assim, conclui que, *verbis:*

> Passadas duas décadas da Constituição de 1988 e levando em conta as especificidades do direito brasileiro, é necessário reconhecer que as características desse "neoconstitucionalismo" acabaram por provocar condições patológicas que, em nosso contexto atual, acabaram por contribuir para a corrupção do próprio texto da Constituição. Ora, sob a bandeira "neoconstitucionalista" defendem-se, ao mesmo tempo, um direito constitucional da efetividade; um direito assombrado pela ponderação de valores; uma concretização *ad hoc* da Constituição e uma pretensa constitucionalização do ordenamento a partir de jargões vazios de conteúdo e que reproduzem o prefixo *neo* em diversas ocasiões: *neoprocessualismo* e *neopositivismo*. Tudo isso porque, ao fim e ao cabo, acreditou-se ser a jurisdição a responsável pela incorporação dos "verdadeiros valores" que definem o direito justo[7].

Contra esse *neoconstitucionalismo* de caráter discricionário, em que se aposta na valoração, na aplicação desarrazoada de princípios[8], na possibilidade de mais de uma decisão correta ao caso concreto – claro, pois se é possível mais de uma escolha – o referido autor

5 *Idem*, p. 35

6 *Idem*.

7 *Idem*, p. 36.

8 Leia-se, ainda, quando Streck assinala: *Importante anotar que, no Brasil, os tribunais, no uso descriterioso da teoria alexyana, transformaram a regra da ponderação em um princípio. Com efeito, se na formação proposta por Alexy, a ponderação conduz a formação de uma regra – será aplicada ao caso por subsunção –, os tribunais brasileiros utilizam esse conceito como se fosse um enunciado performático, uma espécie de álibi teórico capaz de fundamentar os posicionamentos*. *Idem*, p. 50.

contrapõe o Constitucionalismo Contemporâneo como redimensionamento da práxis político-jurídica, que se projeta tanto no nível da teoria do Estado e da Constituição, quanto também no plano da teoria do Direito.

Nesta linha de raciocínio, aponta significativas mudanças, a saber: no plano da teoria do Direito ocorre uma reformulação da teoria das fontes em que a lei cede espaço à onipresença da Constituição; no campo da teoria da norma, opera-se a normatividade dos princípios e no campo da teoria da interpretação, uma blindagem à discricionariedade e ao ativismo (sobre o qual discorreremos mais adiante)[9].

Não iremos nos estender por ora nesse novo modelo, que exsurge como garantia à ordem e como imperativo à segurança jurídica em um Estado Democrático de Direito[10].

Cabe-nos, doravante, verificar em que medida surgiram condições históricas em que ocorreu esse deslocamento para a prevalência do papel desempenhado pelo juiz, que não pode ser confundido com a politização do Judiciário.

Em primeiro lugar, temos, com a constitucionalização, o nascimento da jurisdição constitucional e o próprio surgimento do Estado constitucional, aonde a Constituição deixa de ser um texto destinado a regular a atividade estatal para regular a própria sociedade.

---

9 *Idem*, p. 37

10 *Daí a inegável importância da hermenêutica nesse novo direito exsurgido no Estado Democrático de Direito. Há, visivelmente, uma aposta na Constituição (direito produzido democraticamente) como instância da autoridade do direito para delimitar a transformação das relações jurídico-institucionais, protegendo-as do constante perigo da exceção. Disso tudo é possível dizer que tanto o velho discricionarismo positivista quanto o pragmatismo fundado no declínio do direito tem algo em comum: o déficit democrático, isso porque, se a grande conquista do século XX foi o alcance de um direito transformador das relações sociais, a esta altura da história é um retrocesso reforçar/acentuar formas de exercício de poder fundadas na possibilidade de atribuição de sentidos de forma discricionária, circunstância que conduz, inexoravelmente, às arbitrariedades, soçobrando, com isso, a própria Constituição. É nesse contexto que se afigura imprescindível uma principiologia, ao mesmo tempo apta a proteger o direito e a concretizá-lo.* STRECK, Lênio. *Idem*, p. 45.

Conforme ensina Georges Abboud, *verbis:*

> No Estado Constitucional, não se deve mais distinguir entre Estado e sociedade. O Estado constitucional caracteriza-se não apenas pelo princípio da legalidade formal que subordina os poderes públicos às leis gerais e abstratas, mas também pela legalidade substancial que vincula o funcionamento dos três poderes à garantia dos direitos fundamentais e a dignidade da pessoa humana[11].

Com a constitucionalização, a jurisdição constitucional, que irá possuir função fundamental de limitação e racionalização, controlando o poder estatal, salvaguardando os direitos das minorias e reparando os perigos a que fica exposta a dignidade da pessoa humana[12].

A jurisdição constitucional, portanto, controla o Poder Executivo e o próprio Legislativo desempenhando uma função central de equilíbrio entre os Poderes e impondo a normatividade do texto constitucional.

Essa função se destina a preservar a Constituição e sua especificidade reside em um alcance político diferenciado.

Portanto, a jurisdição constitucional possui como função limitar o Poder Público, leia-se, Executivo, bem como corrigir os erros do Poder Legislativo.

Além dessa função, de controle, visa a preservar o direito das minorias e o catálogo de direitos fundamentais.

Ela possui por função a criação de uma jurisprudência que alicerça valores jurídicos e solidifica a própria construção do direito[13].

Portanto, ao falarmos em constitucionalismo contemporâneo, em normatividade constitucional, em prevalência dos direitos fundamentais, em jurisdição constitucional, estamos claramente advogando a ideia de que os atos jurídicos devem ser fundamentados

---

11 ABBOUD, Georges. *Discricionariedade administrativa e judicial.* São Paulo: Revista dos Tribunais, 2014, p. 200.

12 HABERLE, Peter. La jurisdiccion constitucional em la fase actual de desarollo de estado constitucional. In: *Estudios sobre la jurisdiccion constitucional.* Buenos Aires: Ástrea de Alfredo y Ricardo Depalma, 2007, p. 285.

13 *Idem, ibidem.*

e que a Constituição é o *lócus* através do qual se irradia toda a normatividade.

Esse estado de coisas fez supor um importante papel do Judiciário na concretização de políticas públicas. Contudo, tem dado ensejo a práticas controversas, que decorrem mais de equívocos no enfretamento da matéria do que do paradigma cientificamente concebido e anteriormente citado.

Citaremos duas delas, a primeira que consiste no fortalecimento do papel do juiz e a outra, mais diretamente ligada ao tema acima citado, o do Poder Judiciário no controle de políticas públicas.

3. A Uniformização da Jurisprudência, a Doutrina do Precedente, o Fortalecimento do Papel do Juiz

Como disse alhures, nossa tradição romano-germânica da *Civil Law* vem sendo posta em confronto com a *Common Law*, tradição esta na qual o papel da jurisprudência ocupa particular destaque.

Como preleciona Tércio Sampaio Ferraz Júnior:

> A subsunção é, aos poucos, sobrepujada pela ponderação de princípios, pois os juízes não apenas aplicam a legislação, mas fazem referências aos princípios jurídicos. Antes os princípios eram invocados para integrar o direito, isto é, apenas nos casos de lacunas (nesse sentido deles fala a nossa *Lei de Introdução*). Com isso, à primeira vista, parece que o juiz, agora, tem uma liberdade muito maior para reconstruir e até construir o direito, que antes era assumido como um dado. Mesmo porque o rol de princípios admitidos não se limita a princípios expressos na legislação ordinária e constitucional, mas são "descobertos" a partir das exigências decisórias [...].
>
> Em consequência, passamos da centralidade da lei para a centralidade da jurisdição, jurisdição entendida em sentido amplo: os tribunais, judiciais, tribunais de arbitragem, agências administrativas com poder judicante (com tribunais e conselhos administrativos), órgãos da administração direta (que dizem o direito por meio de sentenças, acórdãos, decisões interlocutórias, resoluções, pareceres normativos). Por isso a tensão se desloca do legislador/doutrina dogmática para juiz/doutrina dogmática. O problema da aplicação, da justificação da decisão jurídica ganha uma importância inédita. [...]
>
> Surge daí um constitucionalismo ***principialista*** e ***argumentativo***, de clara matriz anglo-saxônica, que não só parte para um ataque à argumentação

> positivista [...], mas se endereça também para uma concepção da argumentação jurídica que vem sendo chamada de neoconstitucionalista[14].

Com essa tradição anglo-saxônica, fomos assombrados pela falsa percepção de que um sistema assentado sobre institutos destinados a uniformizar a jurisprudência poderia ser capaz de oferecer respostas adequadas e céleres para o alto grau de litigiosidade da sociedade brasileira, ou mais ainda: para sua incapacidade de fornecer respostas rápidas.

Este não é o espaço para desenvolver o tema na dimensão que o mesmo exige, em virtude dos inúmeros aspectos que o cercam, mas o certo é que na tradição anglo-saxônica uma decisão judicial não é proferida de forma a ser, de antemão, concebida como precedente, mas o precedente é descoberto *a posteriori*, após exaustivo processo de confronto com os casos que a seguem.

No Brasil, as súmulas vinculantes, os enunciados dos Tribunais Superiores acabam se apresentando como regras dotadas de abstração e que, formulados como se fossem textos legais, prontos para serem aplicados, sem que os tribunais ou os juízes possam contra os mesmos se insurgir, configuram uma espécie de supernorma com maior valor do que a lei, pois, com relação a esta, o magistrado poderá se escusar de negar sua aplicação se verificar sua inconstitucionalidade, por exemplo. Mas tal não será (em tese) com os novos mecanismos introduzidos no Direito brasileiro, o que vem bem rechaçado, em nosso entender, pela abalizada doutrina de Nelson Nery Jr.[15]. Acresça a isso

---

14 FERRAZ JR., Tercio Sampaio. *O direito, entre o futuro e o passado*. São Paulo: Noeses, 2014, p. XV/XVI.

15 *Como o Juiz pode fazer o controle da constitucionalidade da lei e do ato normativo contestado em face da CF, deixando de aplicá-lo quando os entender contrários à letra ou ao espírito da Constituição, com muito maior razão poderá fazer o controle de constitucionalidade de súmula de tribunal, simples ou vinculante – esta última em razão de seu caráter normativo (geral e abstrato). Esse controle implica a possibilidade de o juiz deixar de aplicar o enunciado da súmula e de, mesmo que o aplique, receber o recurso interposto contra sua decisão* (In: NERY JR., Nelson. *Princípios do processo na Constituição Federal – processo civil, penal e administrativo*. 9. ed. São Paulo: Editora RT, 2009, p. 94)

outros institutos, provenientes do Direito alienígena e "adaptados" de forma no mínimo questionável, como o IRDR (Incidente de Resolução de Demandas Repetitivas – art. 976 e seguintes do NCPC)[16], que em uma ação específica vincula inúmeros casos repetitivos definidos como tal pelo Tribunal, sem que as partes dos processos sobre os quais se irradiam os efeitos da repetição tenham direito de objetar.

Ademais, ao contrário dos precedentes, que não são formulados para serem aplicados, mas são descobertos como tal (muitas vezes muito tempo depois), os enunciados dos Tribunais já são redigidos para serem aplicados a casos futuros através de mecanismos de subsunção!!!

Detectam-se, pois, nos institutos em questão uma forte tendência de se abstrair o direito, como se cada lide não possuísse um DNA próprio e como se o juiz não possuísse o dever de explorar em toda sua facticidade e em toda sua atividade interpretativa para se alcançar a resposta correta.

O juiz, notadamente os competentes para tal, tornam-se superjuízes, mais do que isso: legisladores, que passam a legislar com um poder superior àqueles a quem a Constituição atribui competência para tal.

Esse preocupante paradigma de *estandartização* do direito abrange os escritórios de advocacia que se tornam verdadeiras empresas com produções em massa de petições, em um copia-e-cola interminável, onde se misturam narrativas (e o advogado que comparece à audiência não sabe nem a que se refere o caso objeto do litígio) mitigando a argumentação e submetendo casos distintos, de forma semelhante, ao Judiciário.

Ora, quando alguém vai a Juízo postula o direito com base nas nuances do caso concreto. Nenhum caso é igual ao outro. Jamais, por

16 Ao analisar o instituto do prejulgado, previsto no art. 263 do Código Eleitoral, o Ministro Sepúlveda Pertence declarou a inconstitucionalidade do instituto afirmando que o mesmo conflita com a Constituição porque *dá ao precedente judicial força de lei, o que viola a separação de poderes*, asseverando que *é tão violenta a força vinculante que o prejulgado pretende, que ele é maior que a força obrigatória da lei* (TSE. REsp 9.936/RJ, Pleno, Rel. Min. José Paulo Sepúlveda Pertence, 14.09.1992).

exemplo, um caso de dano moral será igual, pois as circunstâncias específicas diferenciarão um caso de outro. O desfecho de cada demanda deveria ser diferente!!! Mas não é o que ocorre. O ambiente jurídico, ao se transformar em um ambiente de *estandartização* de teses e modelação de petições e de decisões judiciais, ocasiona, assim, uma negativa à cidadania e à efetivação do Direito.

Muito apropriado, nesse sentido, as palavras de Tércio Sampaio Ferraz Jr., quando discorre:

> Há algum tempo (2011), uma reportagem sobre um escritório de advocacia instalado no Estado de São Paulo dava conta que, mediante um *software* adequado, um pequeno grupo de advogados era capaz de acompanhar cerca de 25.000 processos por ano, que hoje, dizem, são 300.000. O título da reportagem era "Salsicharia Jurídica". [...] Afinal, se há um pequeno grupo de advogados capaz de acompanhar 25.000/300.000 processos, há certamente juízes que não agem de modo diferente[17].

Por outro lado, não são os Tribunais superiores tribunais de teses jurídicas. São Tribunais que examinam casos concretos, mesmo nas hipóteses onde não há lide, como as ADIs etc.

Daí que, diante do paradigma pelo qual o Direito brasileiro optou, primeiramente, com os mecanismos da vinculação aprovados nas reformas processuais e agora, com o advento do novo CPC, a necessidade de interpretação se fará mais e mais necessária de modo a se afastar a discricionariedade em prol de um paradigma democrático e de segurança jurídica, tendo em vista o fundamental papel do Judiciário naquilo que consideramos fundamental que é a estabilidade do sistema e a afirmação dos direitos fundamentais em uma democracia substancial e não meramente formal.

4. Do Estado Constitucional como Conquista Civilizatória

Antes de adentrarmos na questão que nos parece fundamental e que indicará como, diante da separação dos Poderes, é possí-

17 *Idem*, p. XVII.

vel a intervenção do Judiciário em políticas públicas, necessário abrir esse pequeno parêntesis no sentido de reafirmar a questão do Estado Constitucional como conquista civilizatória. A normatividade constitucional como imperativo constitucional é uma exigência da cidadania e da afirmação dos direitos fundamentais.

Como bem assinala Nelson Nery Jr., o Estado Constitucional (*Verfassugstaat*) consiste em uma versão aprimorada do Estado Democrático de Direito, mas que não encontrou sua plena normatização no Direito brasileiro, mesmo passadas 3 (três) décadas da Constituição Federal de 1988[18].

Ou seja, encontramo-nos em um momento incipiente de constitucionalismo em que a discricionariedade ainda ocupa um forte lugar. Mas qual a origem desta discricionariedade?

Advinda de uma concepção tradicional e pouco refletida, que encontra sua gênese no Direito Administrativo, os atos discricionários seriam aqueles em que o administrador poderia agir seguindo critérios de conveniência e de oportunidade.

A origem remota de tal previsão remonta ao absolutismo, em que o Poder dos Reis ficava infenso à legalidade na prática de seus atos de império[19].

Ocorre que essa ideia, de que o administrador possui essa margem de espaço para decidir, é falsa, devendo se submeter o Estado-

---

18 NERY JR., Nelson. Apresentação. In: ABBOUD, Georges. *Discricionariedade administrativa e judicial*. São Paulo: Revista dos Tribunais, 2014, p. 14.

19 Nesse sentido, a lição de Georges Abboud, para quem: *No Estado Absolutista, o rei possui a concentração de poderes e, para governar, valia-se do* gubernaculum *e da* iurisdictio. *O* gubernaculum *era a instituição de governo e a* iurisdictio *instituição de garantia. Por meio do* gubernaculum *o rei relacionava-se com outros Estados e cuidava internamente dos chamados assuntos de Estado* (arcana imperii), *cuja própria natureza determinava que eles fossem confiados a uma única pessoa para que pudessem se decididos de forma rápida. Esse poder, por sua própria natureza, era discricionário,* extra legem, *não podia ser exercido com base nas leis estabelecidas e era confiado à prudência do rei. Por outro lado, a* iurisdictio, *que consistia no dever de administrar a justiça. Ao exercer esse poder, o rei estava limitado ao direito e deveria pronunciar-se* secundum legem. Op. cit., p. 259.

Administração e o Estado-Jurisdição ao paradigma da normatividade constitucional, que envolve um compromisso permanente de motivar suas decisões com base na legalidade.

Ou seja, não há espaço para a discricionariedade no Estado Constitucional.

Essa é a lição de Georges Abboud, para quem, *verbis:*

> Lênio Streck ressalta que a discricionariedade ganha espaço com as teorias positivas e as pretensamente pós-positivas no momento que a decisão do juiz deixar de se pautar pela lógica dos textos normativos, mormente a lei, e passa a ser preenchida pela vontade do julgador.
> Nessa perspectiva, em geral, a regra, a discricionariedade era apontar como funcionamento teórico para o Administrador decidir algo (ainda que esse algo fosse uma questão jurídica) fora dos parâmetros jurídicos, ou seja, decidir em termos discricionários[20].

Essa migração da discricionariedade do administrador para o Judiciário ganhou sensível espaço com a adoção da Jurisprudência dos Valores e o que Lênio Streck denomina *panprincipiologismo*[21], no

---

20 *Idem*, p. 313.

21 *De consignar, por fim, que esse uso da ponderação, como um verdadeiro princípio, decorre de um fenômeno muito peculiar à realidade brasileira, que venho denominando de* panprincipiologismo. *Esse* panprincipiologismo *é um subproduto do neoconstitucionalismo que acaba por minar as efetivas conquistas que formaram o caldo de cultura que possibilitou a consagração da Constituição brasileira de 1988. Esse* panprincipiologismo *faz com que, a pretexto de aplicar princípios constitucionais, haja uma proliferação descontrolada de enunciados para resolver determinados problemas concretos, muitas vezes ao alvedrio da própria legalidade constitucional.* STRECK, Lênio, op. cit., p. 50. O uso desarrazoado dos princípios vem também criticado por Humberto Ávila, a saber: *Hoje, mais do que ontem, importa construir o sentido e delimitar a função daquelas normas que, sobre prescreverem fins a serem atingidos, servem de fundamento para a aplicação do ordenamento constitucional – os princípios jurídicos. É até mesmo plausível afirmar que a doutrina constitucional vive, hoje, a euforia do que se convencionou chamar de* Estado Principiológico. *Importa ressaltar, no entanto, que notáveis exceções confirmam a regra de que a euforia do novo terminou por acarretar alguns exageros e problemas teóricos que têm inibido a própria efetividade do ordenamento jurídico. Trata-se, em especial e paradoxalmente, da efetividade*

qual o juiz preenche lacunas ou soluciona aparentes conflitos mediante a técnica de ponderações.

Eros Roberto Grau identifica claramente essa deturpação em decisões judiciais, assinalando que:

> O que há em tudo de mais grave é, no entanto, a *incerteza jurídica* aportada ao sistema pela *ponderação de princípios*. É bem verdade que a *certeza jurídica* é sempre relativa, dado que a interpretação do direito é uma prudência [...], uma única correta sendo inviável, a norma sendo produzida pelo intérprete. Mas a vinculação do intérprete ao texto – o que excluiria a discricionariedade judicial – instala no sistema um horizonte de relativa certeza jurídica que nitidamente se esvai quando as opções do juiz entre princípios são praticadas à margem do sistema jurídico. Então a previsibilidade e calculabilidade dos comportamentos sociais tornam-se inviáveis e a racionalidade jurídica desaparece[22].

E prossegue, em outra passagem, classificando a discricionariedade valorativa como uma tirania ao destacar que:

> A submissão de todos nós a essa tirania é tanta mais grave quanto se perceba que os juristas – em especial os juízes – quando operam a ponderação entre princípios fazem-no para impor os seus valores, no exercício de pura discricionariedade, em regra não se dando conta de que o fazem[23].

Identificando igualmente a gênese da discricionariedade no Direito Administrativo, bem como o dever de banir a discricionariedade da esfera judicial, Teresa Arruda Alvim Wambier aponta igualmente, de forma clara:

---

de elementos chamados de fundamentais – os princípios jurídicos. Nesse quadro, algumas questões causam perplexidade. ÁVILA, Humberto. *Teoria dos princípios – da definição à aplicação dos princípios jurídicos*. 16. ed. São Paulo: Malheiros Editores, 2015, p. 43.

22 GRAU, Eros Roberto. *Ensaio e discurso sobre a interpretação/aplicação do direito*. 5. ed. São Paulo: Malheiros, 2009, p. 287.

23 *Idem*, p. 289.

> A noção de discricionariedade foi concebida, num primeiro momento histórico, no seio da doutrina administrativa por isso nos parece, com a devida vênia de muitos dos processualistas brasileiros, que merecem todo o nosso respeito e admiração, que algumas observações devem ser feitas com o objetivo de diferenciar e afastar de definitivamente essa liberdade que goza o magistrado no ato de decidir, da liberdade com que pode contar o agente da administração pública em seu atuar. Trata-se de dois fenômenos diferentes[24].

Cremos, portanto, que o administrador não goza de liberdade, quando seu agir é jurídico, pois sempre estará pautado por critérios legais e um dever de motivação permanente, suscetível, consequentemente, ao controle judicial, conforme veremos posteriormente.

Por outro turno, menos ainda o magistrado, que possui o dever constitucional de motivar suas decisões, conforme regra explicitada no novo CPC[25] totalmente despicienda, pois já encontrava eco no texto constitucional[26].

Esse postulado é essencial, de forma que não se pode cogitar, no âmbito judicial, de discricionariedade, já que conforme assinala Lênio Streck:

> A discricionariedade abre as portas para a arbitrariedade [...] justamente porque, tanto numa como noutra, o problema é o mesmo, ou seja, a falta de controle conteudístico. Pode-se dizer que o espaço disso que se chama de discricionariedade é um espaço de "anomia", no qual o intérprete põe o direito[27].

Daí que, em nome da segurança jurídica e do fortalecimento do Constitucionalismo, a valoração deva ser afastada e a moderna hermenêutica constitucional privilegiada, com decisões motivadas.

---

24 ARRUDA ALVIM WAMBIER, Teresa. *Recurso especial, recurso extraordinário e ação rescisória*. 2. ed. São Paulo: RT, 2008, p. 192.

25 § 1º do art. 489 da Lei nº 13.105/2015.

26 Art. 93, inc. IX, da CF.

27 *Idem*, p. 47

5. Segurança Jurídica: o Poder Judiciário e o Dever da Resposta Correta

A ideia de segurança jurídica envolve a percepção de que os participantes do processo democrático saibam com clareza, previamente, as regras do jogo e tenham condições de avaliar de forma correta, clara e antecipadamente as consequências que decorrem das suas condutas.

Quando um cliente ingressa no escritório do advogado, em um cenário de segurança jurídica, supõe-se que o profissional habilitado possa oferecer as respostas adequadas às indagações que lhe forem apresentadas indicando qual conduta deve ser seguida e quais os riscos advindos no caso de sua inobservância[28].

Para Canotilho, a segurança jurídica, elevada à categoria de princípio, não é apenas um fundamento do Estado do Direito. Ela vem imbricada de dois conceitos essenciais: o primeiro deles decorre da estabilidade, que é conferida às decisões adotadas pelos Poderes de forma geral, de maneira que só poderão ser alteradas mediante fundamentos robustos e pressupostos materiais extremamente relevantes; o segundo conceito é o da previsibilidade, que proporciona aos cidadãos certeza e calculabilidade no que diz respeito às consequências e efeitos jurídicos dos atos normativos[29].

O princípio em questão, do mesmo modo, ao envolver estabilidade, previsibilidade e coerência assegura pressupostos de igualdade e

28 É certo que, mesmo em um cenário de segurança jurídica o empreendimento citado não é fácil, haja vista os problemas não técnicos que envolvem a aplicação do Direito. Nesse sentido as palavras de Dworkin, para quem, *verbis: Os juristas* (lawyer, *no texto em inglês), quando argumentam em favor de uma causa, aconselham seus clientes ou redigem projetos de lei para atender objetivos sociais específicos, veem-se diante de problemas técnicos, no sentido de que há um acordo geral entre os membros de sua profissão quanto ao tipo de argumento ou prova que é relevante. Às vezes, porém os juristas lidam com problemas que não são técnicos nesse sentido e sobre os quais não há consenso geral quanto ao modo de proceder*. Op. cit., p. 129.

29 CANOTILHO, José Joaquim Gomes. *Direito constitucional e teoria da Constituição*. 7. ed., Til. 2, Cap. 1, n. C. II. Coimbra: Editora Almedina, 2004, p. 263.

calculabilidade normativa aos cidadãos possibilitando-lhes organizar suas formas de comportamento no plano individual, relacional e coletivo, de modo que possam estimar os resultados que possam advir das suas respectivas ações[30].

À luz das definições acima e diante do exemplo acima exposto, hoje, no país, algo que não existe é segurança jurídica[31] e, respondendo à hipótese anteriormente citada, o diagnóstico que o operador do Direito fornecerá ao seu cliente será sempre pautado por um cenário de possibilidades, que decorre não apenas da crise da ideia da concepção de "ordenamento e sistema" (Será que podemos falar em ordenamento? É possível falar-se em sistema?), diante da inflação de textos legais, regulamentos (os quais, por vezes, extrapolam a atribuição meramente regulamentar, invadindo a reserva legal), como também de uma multiplicidade de possibilidades que decorrem de uma esquizofrenia jurisprudencial[32].

---

30 BLANCO DE MORAIS, Carlos. *Justiça constitucional*. Coimbra: Coimbra Editora, 2005, t. II, p. 284-285.

31 E as consequências dessa insegurança repercutem em toda a sociedade, como bem adverte Fabio Ulhôa Coelho, ao discorrer sobre os seus efeitos na economia: *A imprevisibilidade das decisões judiciais, ao atingir níveis críticos, pode desequilibrar a economia de qualquer país. Os investidores, atentos à elevação do risco, tendem a não se contentar com retornos razoáveis (os que estimariam como tais em outras economias com marcos institucionais estabilizados). Ao invés de investidores de longo prazo, aos quais interessa um maior comprometimento com o lugar da inversão, esse desequilíbrio acaba atraindo especuladores,* risk makers, *interessados unicamente em aportar seus capitais onde terão, a curtíssimo prazo, o melhor retorno.* In: A Justiça desequilibrando a economia, artigo publicado no *Valor Econômico*, 10.11.2006. Disponível em: <http://www.ulhoacoelho.com.br/site/pt/artigos/direito-e-politica/59-a-justica-desequilibrando-a-economia.html>. Acesso em: 15 dez. 2015.

32 Sobre esses efeitos, leia-se artigo do Ministro José Delgado, para quem, *verbis: A acentuada imprevisibilidade das decisões judiciais fortalece os males provocados pela insegurança jurídica, contribuindo para enfraquecer o regime democrático. A presença da não uniformidade das decisões judiciais, por inexistência de causas jurídicas justificadoras para a mudança de entendimento por parte dos Tribunais Superiores e do Supremo Tribunal Federal, gera intranquilidade, tornando-se causa aumentativa dos conflitos. Ofende, de modo fundamental, aos princípios do regime democrático e do respeito à dignidade*

Não se pode vislumbrar nesse quadro, a toda evidência, a segurança jurídica necessária à afirmação do Estado Democrático de Direito.

Nem se defende aqui, em um cenário de alta complexidade como o que vivenciamos, que as soluções sejam concebidas previamente, mas acredita-se na importante missão do Judiciário em cumprir o seu dever hermenêutico na certeza de que cada caso é um caso e que, para cada caso, há só uma resposta correta.

Nesse sentido, a Lição de Cássio Scarpinella Bueno, para quem, *verbis:*

> O direito precisa ser interpretado para ser aplicado. Ele ser para ser interpretado e aplicado. É como se dissesse, sem muito exagero, que não há, propriamente, "direito" sem sua específica aplicação aos casos concretos. Há, no máximo, textos que representam o direito, mas não as normas jurídicas propriamente ditas. Estas precisam, sempre, ser interpretadas e aplicadas para existirem como tais[33].

Não há acesso hermenêutico fora do caso concreto e sem uma fundamentação pormenorizada, conforme nos ensina José Carlos Barbosa Moreira que bem eleva a função do Poder Judiciário, *verbis:*

> No Estado de Direito, todos os poderes sujeitam-se à Lei. Qualquer intromissão na esfera jurídica das pessoas deve, por isso mesmo, justificar-se, o que caracteriza o Estado de Direito como "rechtsfertigender Staat", como "Estado que se justifica". [...]
> Compete ao Poder Judiciário – em regra com exclusividade, mas em todo caso com absoluta preeminência – a função de custodiar a integridade da ordem jurídica. A ele podem recorrer os que porventura queiram pleitear a tutela do direito supostamente ameaçado ou lesado. É no seu âmbito que se submete ao teste definitivo a efetividade do ordenamento; não basta a este reconhecer direitos *in abstracto*, senão que lhe cumpre assegurar a possibilidade de obter-se, *in concreto*, a proteção ou a reintegração dos direitos abstratamente reconhecidos. [...]

humana, da valorização da cidadania e da estabilidade das instituições. DELGADO, José Augusto. *A imprevisibilidade das decisões judiciárias e seus reflexos na segurança jurídica.* Disponível em: <https://www.stj.gov.br/>. Acesso em: 15 dez. 2015.

33 BUENO, Cássio Scarpinella. *Curso sistematizado de direito processual civil.* 6. ed. São Paulo: Saraiva, 2012. v. 1, p. 105.

> Mas a atuação eficaz da garantia jurisdicional exige que os órgãos incumbidos de prestá-la igualmente se submetam – e até *a fortiori* – ao princípio da justificação necessária, no seu duplo momento, material e formal. É preciso que o pronunciamento da Justiça, destinado a assegurar a inteireza da ordem jurídica, realmente se funde na lei; e é preciso que esse fundamento se manifeste, para saber se o império da lei foi na verdade assegurado. A não ser assim, a garantia torna-se ilusória: caso se reconheça ao garante a faculdade de silenciar os motivos porque concede ou rejeita a proteção na forma pleiteada, nenhuma certeza pode haver de que o mecanismo assecuratório está funcionando corretamente, está deveras preenchendo a finalidade para a qual foi criado[34].

Não se trata, propriamente, de novidade ao Direito esses pressupostos de segurança jurídica que repousam na fundamentação e na repulsa à discricionariedade ao motivar de forma exaustiva a decisão.

A solução correta há de envolver a normatividade, mas também a cadeia de decisões judiciais que perfilem a coerência e historicidade dos casos levados a juízo. A coerência jurisprudencial[35] concatenada à normatividade do caso (na rigorosa acepção de Friedrich Muller onde a norma jurídica só existe no caso concreto[36]) fornece a coerência da decisão e a resposta correta. Em um paradigma fenomenológico, é algo que deva ser visto com certas reservas, mas que, diante da disciplina do novo CPC não se pode afastar.

---

34 BARBOSA MOREIRA, José Carlos. *Temas de direito processual (Segunda Série)*. 2. ed. São Paulo: Saraiva, 1988, p. 89.

35 Nesse sentido, as palavras de Alexandre Freitas Câmara, aonde se vislumbra, inclusive, forte crítica ao solipsismo judicial, saber: *A ideia central de um ordenamento jurídico íntegro e coerente é a concretização da isonomia substancial, impedindo-se deste modo decisões construídas de forma solipsista pelo juiz, a partir de seus próprios e pessoais valores (decidindo conforme a sua consciência). A decisão deve ser construída – em contraditório, sempre – a partir do que anteriormente se decidiu a respeito daquela mesma matéria (integridade), de forma a assegurar que em casos análogos se apliquem os mesmos princípios (coerência)*. CÂMARA, Alexandre Freitas. *O novo processo civil brasileiro*. São Paulo: Editora Atlas, 2015, p. 433.

36 MULLER, Friedrich. *Teoria estruturante do direito*. 2. ed. São Paulo: RT, 2009, p. 80, aonde se lê, *verbis: A norma não existe, não é "aplicável". Ela é produzida apenas no processo de concretização.*

Portanto, inafastável a busca pela decisão correta. Nesse sentido assinala Teresa Arruda Alvim Wambier que "mesmo *nas hipóteses em que o Juiz cria direito*, pode-se vislumbrar uma *única solução correta para o caso*. Não se trata propriamente *da única que exista previamente*: *mas será única*, a partir da sua criação tida como a correta para os casos subsequentes"[37].

De todo modo, juízes não são legisladores, nem os Tribunais de tese (mas instâncias revisoras de casos concretos) e, como dissemos anteriormente, a atividade jurisdicional implica num acesso hermenêutico pautado antes de tudo pela coerência que decorre do texto constitucional, não podendo a teoria do precedente judicial representar uma recusa do necessário percurso de busca pela solução correta dos casos submetidos à jurisdição.

É ainda Teresa Arruda Alvim Wambier que assinala em outra passagem do seu texto que:

> Com isso queremos dizer que o juiz, até certo ponto e sob certas condições, pode criar direito no caso concreto, embora sempre à luz das demais regras do sistema e dos princípios jurídicos, e deve fazê-lo de forma harmônica com o sistema. Afinal, o direito não poderia ser concebido, se não houvesse ao menos marcada tendência à coerência[38].

Dito isto, bem como explicitado que o juiz não se guia por valores, nem por princípios inexistentes, mas guarda um compromisso com a motivação de seus atos para dirimir os conflitos, passaremos a um ponto fundamental, em que se perquire acerca do protagonismo judicial e os limites do Judiciário de intervenção nas políticas públicas.

---

37 ARRUDA ALVIM WAMBIER, Teresa. Há uma só decisão correta? In: *Revista Jurídica Luso-Brasileira*, ano 1 (2015), n. 05, 1.405/1.410, p. 1.409 (grifos do original).

38 *Idem*, p. 1.408.

6. Do Dever do Judiciário na Intervenção em Políticas Públicas

Admitir que o Judiciário possa intervir em políticas públicas não significa afirmar que o Judiciário possa substituir-se ao administrador. Permitir que o Judiciário obste a execução de determinado ato administrativo (mediante juízo de cassação) e ainda, determine a execução do ato de outra forma mediante o correspondente juízo de revisão não equivale a afirmar que o Estado-Juiz estará administrando. Não!!!

Nem é certo afirmar que os atos "discricionários" da Administração estarão imunes à tutela do Poder Judiciário, sendo certo, também, em nosso entender, que blindar o ato administrativo e as políticas públicas da revisão judicial sob o argumento de que o Judiciário estará adentrando no mérito do ato administrativo constitui um equívoco gravíssimo.

De sorte que Nelson Nery Junior e Rosa M. A. Nery assinalam com propriedade que:

> Tanto na concretização dos conceitos legais indeterminados, quanto na efetivação de políticas públicas, o administrador deve motivar e fundamentar o ato administrativo, de sorte que esse ato é sempre passível de controle judicial. Cabe ao Poder Judiciário examinar a conformidade do ato administrativo à CF e à lei, invalidando-o quando for o caso (sentença desconstitutiva). Esse controle judicial, entretanto, não pode ser exercido com o objetivo de o Poder Judiciário substituir a Administração Pública na tomada de decisões administrativas (sentença constitutiva)[39].

Vê-se claramente que não se trata de hipótese de o Poder Judiciário praticar atos próprios do Poder Executivo ou invadir sua competência. Não. Nenhum ato jurídico está imune à Constituição e à lei, de modo que se o ato administrativo é praticado em desconformidade com o que preleciona a lei, ele é sindicável.

Nesse sentido assinalam os juristas acima referidos que é plenamente possível:

---

39 NERY JR., Nelson e NERY, Rosa Maria de Andrade. *Constituição Federal comentada*. 4. ed. São Paulo: Ed. RT, 2013. Coment. 31 CF 37, p. 468.

> Resolução de lide, acolhendo-se pretensão deduzida em juízo contra a Administração Pública. Resolver lides é tarefa típica do Poder Judiciário. O que lhe é vedado fazer é legislar abstratamente a partir de decisões concretas de lide, ou praticar ato administrativo de política pública como se fora o Poder Executivo[40].

No mesmo sentido, Luigi Bonizzato, para quem:

> Sob a égide da força normativa da Constituição e de seus preceitos, com a conferência de fundamentalidade e aplicabilidade dos direitos sociais, numerosos são os entendimentos segundo os quais deve o Judiciário agir quando não age o Executivo[41].

Cabe aqui uma importante consideração: sindicar direitos sociais ou examinar o mérito do ato administrativo não significa invasão de competência. Nem poderá o Judiciário, com base em valores, substituir a discricionariedade da Administração pela *sua discricionariedade*, sob pena de incorrer no grande mal do século que assola o Judiciário brasileiro, o ativismo judicial.

Daí que, segundo Nery Jr. e Abboud:

> Ativismo judicial é toda decisão judicial que se fundamenta em convicções pessoais, senso de justiça do intérprete em detrimento da legalidade vigente, legalidade aqui entendida como legitimidade do sistema jurídico e não como mero positivismo estrito ou subsunção do fato ao texto normativo[42].

---

40 *Idem*.

41 BONIZZATO, Luigi. Atual direito constitucional à saúde: múltiplas facetas e nuanças. In: *Direito constitucional – questões clássicas, contemporâneas e críticas*. Rio de Janeiro: Editora Lumen Juris, 2011, p. 227.

42 NERY JR., Nelson e ABBOUD, Georges. Ativismo Judicial como conceito natimorto para consolidação do Estado Democrático de Direito: as razões pelas quais a justiça não pode ser medida pela vontade de alguém. In: DIDIER JR., Fredie *et alli* (Org.). *Ativismo judicial e garantismo processual*. Salvador: JusPodivm, 2013, p. 525.

De sorte que não há bom ou mau ativismo, seja o socialista ou o conservador, de cariz positivista[43], pois ambos se distanciam da maior conquista democrática, que é a segurança jurídica respaldada no texto constitucional. Ou seja, todos eles são perniciosos para o Estado Democrático de Direito, destacando os autores acima que muitas confusões são realizadas nesse sentido, como, por exemplo, por Pablo I. Manilli ao classificar como bom ativismo o que resulta de posturas que, na verdade, concretizam o texto constitucional ao: a) assegurar direitos; b) ampliar a garantia para proteção de direitos; c) assinalar ao Congresso a necessidade de reforma legislativa em determinada matéria; d) controlar os excessos do poder em geral; e) flexibilizar decisões legislativas restritivas de direito; f) implementar mecanismos para superar a inconstitucionalidade por omissão[44].

De fato, a tentativa de superação do positivismo e a incapacidade do mesmo em fornecer respostas para os casos objeto da apreciação judicial de forma plena ocasionaram no Brasil, como já tivemos a oportunidade de expor, a importação de teorias que vêm sendo aplicadas de modo desarrazoado, implicando essa aplicação em verdadeira violação da legalidade. Sob a pecha de estar implementando um protagonismo, o Judiciário, por vezes guiado exclusivamente por valores, vem atuando não para cumprir a lei, não para cumprir sua missão constitucional, mas para fazer política. A judicialização de políticas públicas não significa uma outorga para que o Poder Judiciário substitua o Poder Executivo.

43 Como salienta Dworkin, *Hart, como Austin, reconhece que as regras jurídicas possuem limites imprecisos (ele se refere a elas como tendo uma "textura aberta") e, ainda como Austin, explica os casos problemáticos afirmando que os juízes têm e exercitam seu poder discricionário para decidir esses casos por meio de nova legislação. (Tentarei mostrar, mais adiante, por que aquele que pensa sobre o Direito como um conjunto especial de regras é quase inevitavelmente levado a explicar casos difíceis em termos de um exercício de poder discricionário por parte de alguém*). Op. cit., p. 35.

44 MANILLI, Pablo. El activismo em la jurisprudência de la Corte Suprema. In: Quintana e Carlos S. Fayt (Orgs.). *Revista Juridica Argentina La Ley. Derecho Constitucional. Doctrinas Esenciales*. Linares Buenos Aires: La Ley, 2008, t. I, n. II, p. 1.147-1.153 *apud* NERY JR., Nelson e ABBOUD, Georges, Op. cit.

A verdade é que ninguém está imune à Constituição, nem aos direitos fundamentais[45] – muito menos o Poder Público – de modo que a Constituição e os direitos fundamentais são imputados a todos e a cada um, não podendo, ninguém, violá-los. Cai por terra a ideia da supremacia do interesse público, utilizado como um mantra para justificar qualquer ofensa a direito e frequentemente invocado como álibi para justificar qualquer arbitrariedade.

Nesse sentido vale destacar a decisão do STF em lide envolvendo o Município de São Paulo, de relatoria do Ministro Celso de Mello, na qual a E. Corte entendeu que o art. 208, IV, da CF assegura à criança

45 Nesse diapasão, mister destacar o constitucionalismo garantista de Luigi Ferrajoli, para quem: *Afirmar que tais direitos (direitos fundamentais), em razão da sua forma lógica universal, não constituem senão as normas que os enunciam, equivale a dizer que a parte substancial da Constituição é imputada, no sentido técnico-jurídico do termo, a todos e a cada um, isto é, a todo o povo e cada pessoa que o compõe. Daí a "natural" rigidez das Constituições: os direitos fundamentais e, portanto, as normas constitucionais em que eles consistem, precisamente porque são direitos de todos e de cada um, não podem ser suprimidos nem limitados pela maioria. Na verdade, a maioria não pode dispor daquilo que não lhe pertence. Se todos e cada um somos titulares da Constituição porque somos titulares dos direitos fundamentais nela inscritos, a Constituição é patrimônio de todos e de cada um, de maneira que nenhuma maioria política pode violá-los senão por intermédio de um golpe de Estado e de uma ruptura ilegítima do pacto de convivência. Por isso, uma vez estipulados constitucionalmente, os direitos fundamentais não se encontram na esfera de disponibilidade de contingentes maiorias e deveriam ser subtraídos também ao poder de revisão; ou, melhor, deveria ser admitida apenas a sua ampliação, jamais a sua restrição e, muito menos, a sua supressão.*
Disso resulta a segunda implicação: a mudança de sentido, com relação à democracia somente política ou formal, do princípio da soberania popular. A constitucionalização dos direitos fundamentais, ao elevar tais direitos ao patamar de normas supraordenadas a quaisquer outras do ordenamento, confere aos seus titulares – isto é, a todos os cidadãos e a todos as pessoas de carne e osso – uma posição por sua vez supraordenada em relação ao conjunto de poderes, públicos e privados, que são vinculados e funcionalizados ao respeito e à garantia destes próprios direitos. É nesta titularidade comum da Constituição, resultante da titularidade dos direitos fundamentais, que reside à soberania [...]" FERRAJOLI, Luigi. *A democracia através dos direitos – O constitucionalismo garantista como modelo teórico e como projeto político.* São Paulo: Editora LTr, 2015, p. 87.

de até 5 (cinco) anos de idade o atendimento em creches e o direito à pré-escola, impondo o dever estatal de fazê-lo, haja vista a competência constitucional insculpida no art. 211, § 2º, da CF, não podendo o Município de São Paulo (Agravante, no caso) alegar nem discricionariedade, nem tampouco reserva do possível, vez que se trata de direito fundamental[46].

O próprio Ministro Celso de Mello, em julgado anterior, sufragava essa ideia explicitando que:

> Embora resida, primariamente, nos Poderes Legislativo e Executivo a prerrogativa de formular e executar políticas públicas, revela-se possível, no entanto, ao Poder Judiciário, determinar, ainda que em bases excepcionais, especialmente nas hipótese de políticas públicas definidas pela própria Constituição, sejam estas implementadas pelos órgãos estatais inadimplentes, cuja omissão – por importar em descumprimento dos encargos político-jurídicos que sobre eles incidem em caráter mandatório – mostra-se apta a comprometer a eficácia e a integridade de direitos sociais e culturais impregnados de estatura constitucional[47].

Julgado recente também compeliu a Cedae (Cia. de Águas e Esgoto do Rio de Janeiro) a realizar obras visando a impedir a poluição do Rio Paraíba do Sul, ratificando decisão anteriormente prolatada pelo E. TRF da 2ª Região[48].

Os entendimentos no STJ vêm se alterando de forma substancial também nesse sentido, sendo digno de nota, por exemplo, decisões no âmbito do Direito Ambiental, como a que obrigou o Poder Público a executar obras de recuperação ambiental de áreas degradadas e instituir programa de coleta seletiva de lixo[49], e ainda tantas outras determinando aos órgãos públicos o exercício do poder de polícia no afã de evitar a degradação do meio ambiente[50].

---

46 STF, AgRg no Ag. no RE 639.337/SP, Rel. Min. Celso de Mello, DJ 15.09.2011.

47 STF, AgRg no RE nº 410.715/SP, Rel. Min. Celso de Mello, DJ 22.11.2005.

48 STF, AgRg no RE nº 4.177.408/RJ, Rel. Min. Dias Toffoli, DJe 26.04.2012.

49 STJ, REsp nº 429.570-GO, Rel.ª Min.ª Eliana Calmon, DJU 22.03.2004 e REsp 575.998-MG, Rel. Min. Luiz Fux, DJU 16.11.2004.

50 STJ, REsp 397.840-SP, Rel. Min. Francisco Falcão, DJU 13.06.2006 e REsp 1.113.789-SP, Rel. Min. Castro Meira, DJe 29.06.2009.

Como se pode depreender dos seus respectivos conteúdos, não se trata de decisões que substituem a "discricionariedade" administrativa, mas que propiciam a realização do desiderato constitucional nos casos acima citados, quando determinam a observância do meio ambiente ecologicamente equilibrado em sintonia ao que prescreve a Constituição e as leis.

Contudo, tais posturas não podem ser confundidas com as ativistas de que tratamos anteriormente e também muito frequentes quando o tema é meio ambiente e proteção das minorias.

O reconhecimento, por exemplo, do direito fundamental ao meio ambiente ecologicamente equilibrado não pode acarretar a supressão do exercício do também fundamental direito de propriedade, quando, por exemplo, a supressão deste último estiver amparada por uma Resolução do Conama (Conselho Nacional de Meio Ambiente), pois como bem lembra Paulo Affonso Leme Machado, ainda que o direito de participação seja uma das notas de tal colegiado, o mesmo não é um órgão do Legislativo nem um parlamento "verde", mas mero órgão integrante do Poder Executivo Federal.

A mesma cautela há que se ter em relação à proteção das minorias e as chamadas ações afirmativas.

A Constituição assegura tratamento diferenciado e uma série de leis estabelecem em cada área específica técnicas de compensação e tratamento diferenciado para os hipossuficientes. Essas técnicas estão previstas em lei e, claro, sua correta aplicação representa a implantação da igualdade substancial, como no caso do meio ambiente. Contudo, jamais poderão desencadear ações afirmativas do Poder Judiciário, pois correm o risco de significar ativismo, depondo contra a segurança jurídica e contra o Estado Democrático de Direito.

Nesse sentido as polêmicas ponderações de Lênio Streck, para quem, *verbis:*

> Julgamentos políticos no sentido de que os resultados dos julgamentos por vezes atenderam reivindicações dos mais diversos setores da sociedade. Assim, o "partido" das nações indígenas foi ao STF e teve suas demandas atingidas; o "partido" das cotas queria legitimar as cotas, e deu certo; o "partido" das uniões homoafetivas queria que o STF dis-

> sesse que a união estável era equiparável ao casamento, e obteve êxito; o "partido" das causas feministas, entre outras coisas, buscou retirar da mulher vitimada por maus-tratos a titularidade da representação, e igualmente se saiu bem; o "partido" das questões ligadas aos embriões e células-tronco, *idem*; o "partido" dos governadores (envolvendo a guerra fiscal) bateu à porta do STF uma infinidade de vezes; o "partido" das reivindicações de prestação de saúde via judicialização da saúde também atingiu seu desiderato; o "partido" da moralização das eleições (ficha limpa) foi pressionar para que o STF considerasse constitucional a Lei da Ficha Suja (ou Limpa); até mesmo o "partido" do parlamento saiu-se bem, pois mesmo sem obedecer a Constituição, conseguir validar quase 500 medidas provisórias graças a uma modulação de efeitos concedida pelo STF... E assim por diante. As decisões estiveram teleologicamente corretas? Principiologicamente incorretas (algumas)? Aí é que está o problema. Julgamentos não devem ser teleológicos[51].

E o mesmo autor prossegue afirmando que:

> A resposta do STF foi invasiva, por vezes ingressando na competência dos demais poderes [...] Talvez o grande problema esteja na distinção entre judicialização e ativismo. Explico: a primeira acontece porque decorre de (in)competências de poderes e instituições, abrindo caminho-espaço para demandas das mais variadas junto ao Judiciário; a segunda é, digamos assim, behaviorista, dependendo da visão individual de cada julgador. A judicialização pode ser inexorável; o ativismo, não. O ativismo não faz bem à democracia[52].

Diante da discriminação, cabe ao Judiciário levantar-se e sua missão se agiganta diante dos desafios do mundo contemporâneo e da sua complexidade.

As soluções por ele apresentadas, todavia, devem cada dia buscar corresponder a tais desafios e não, sob a égide do mecanicismo positivista ou da valoração exacerbada, fechar os olhos para particularidades da cultura e da riqueza do mundo e a singularidade de cada questão posta em Juízo, sob a qual repousam anseios de realização de cidadania e de justiça.

---

51 STRECK, Lênio Luiz. *Compreender direito – desvelando as obviedades do discurso jurídico*. 2. ed. rev. São Paulo: Revista dos Tribunais, 2014, p. 178.

52 *Idem*.

Referências

ABBOUD, Georges. *Discricionariedade administrativa e judicial.* São Paulo: Revista dos Tribunais, 2014.

ARRUDA ALVIM WAMBIER, Teresa. Há uma só decisão correta? In: *Revista Jurídica Luso-Brasileira*, ano 1 (2015), n. 05, 1.405/1.410.

______. *Recurso especial, recurso extraordinário e ação rescisória*. 2. ed. São Paulo: RT, 2008.

ÁVILA, Humberto. *Teoria dos princípios – da definição à aplicação dos princípios jurídicos*. 16. ed. São Paulo: Malheiros Editores, 2015.

BARBOSA MOREIRA, José Carlos. *Temas de direito processual (Segunda Série)*. 2. ed. São Paulo: Editora Saraiva, 1988.

BLANCO DE MORAIS, Carlos. *Justiça constitucional.* Coimbra: Coimbra Editora, 2005.

BONIZZATO, Luigi. Atual direito constitucional à saúde: múltiplas facetas e nuanças. In: *Direito constitucional – questões clássicas, contemporâneas e críticas*. Rio de Janeiro: Editora Lumen Juris, 2011, p. 227.

BUENO, Cássio Scarpinella. *Curso sistematizado de direito processual civil*. 6. ed. São Paulo: Saraiva, 2012. v. 1.

CÂMARA, Alexandre Freitas. *O novo processo civil brasileiro*. São Paulo: Editora Atlas, 2015.

CANOTILHO, José Joaquim Gomes. *Direito constitucional e teoria da Constituição.*7. ed. Coimbra: Editora Almedina, 2004.

COELHO, Fábio Ulhôa. A justiça desequilibrando a economia, artigo publicado no *Valor Econômico*, 10.11.2006. Disponível em: <http://www.ulhoacoelho.com.br/site/pt/artigos/direito-e--politica/59-a-justica-desequilibrando-a-economia.html>. Acesso em: 15 dez. 2015.

DELGADO, José Augusto. A imprevisibilidade das decisões judiciárias e seus reflexos na segurança jurídica. Disponível em: <https://www.stj.gov.br/>. Acesso em: 15 dez. 2015.

DINIZ. Maria Helena. *Lacunas do direito*. 9. ed. São Paulo: Editora Saraiva, 2009.

DWORKIN, Ronald. *Levando os direitos a sério*. 3. ed. São Paulo: Martins Fontes, 2014.

FERRAJOLI, Luigi. *A democracia através dos direitos – O constitucionalismo garantista como modelo teórico e como projeto político*. São Paulo: Editora LTr, 2015.

FERRAZ JR., Tercio Sampaio. *O direito, entre o futuro e o passado*. São Paulo: Noeses, 2014.

GRAU, Eros Roberto. *Ensaio e discurso sobre a interpretação/aplicação do direito*. 5. ed. São Paulo: Malheiros, 2009.

HABERLE, Peter. La jurisdiccion constitucional en la fase actual de desarollo de estado constitucional. In: *Estudios sobre la jurisdiccion constitucional*. Buenos Aires: Ástrea de Alfredo y Ricardo Depalma, 2007.

HART, Hebert. *Conceito de direito*. 1. ed. São Paulo: Martins Fontes, 2009.

KELSEN, Hans. *Teoria pura do direito*. 3 . ed. São Paulo: Martins Fontes, 1992.

MULLER, Friedrich. *Teoria estruturante do direito*. 2. ed. São Paulo: RT, 2009.

NERY JR., Nelson ABBOUD, Georges. Ativismo Judicial como conceito natimorto para consolidação do estado democrático de direito: as razões pelas quais a justiça não pode ser medida pela vontade de alguém. In: DIDIER JR., Fredie *et alli* (Org.). *Ativismo judicial e garantismo processual*. Salvador: Juspodivm, 2013.

NERY JR., Nelson e NERY, Rosa Maria de Andrade. *Constituição Federal comentada*. 4. ed. São Paulo: Ed. RT, 2013.

NERY JR., Nelson. *Princípios do processo na Constituição Federal – processo civil, penal e administrativo*. 9. ed. São Paulo: Editora RT, 2009.

MANILLI, Pablo. El activismo en la jurisprudência de la Corte Suprema. In: Quintana e Carlos S. Fayt (Orgs.). *Revista Juridica*

Argentina La Ley. Derecho Constitucional. Doctrinas Esenciales. Linares. Buenos Aires: La Ley, 2008, t. I, n. II, p. 1.147-1.153.

REALE. Miguel. *Lições preliminares de Direito*. 3. ed. São Paulo: Saraiva, 1976.

STRECK, Lênio. *Verdade e consenso*. 4. ed. São Paulo: Saraiva, 2012.

______. *Compreender direito – desvelando as obviedades do discurso jurídico*. 2. ed. São Paulo: Revista dos Tribunais, 2014. v. 1.

A DEMOCRACIA CONSTITUCIONAL EM PERIGO: OS RISCOS DO MESSIANISMO JUDICIAL E SEU FALSO PROTAGONISMO

Georges Abboud

SUMÁRIO: 1. O Messianismo Judicial ou de Como o Tribunal se Transformou em Palco. **2.** A Incompreensão de uma Visão que Aposte Puramente no Aumento dos Poderes dos Tribunais Superiores Resgata um Obsoleto Realismo Jurídico. **3.** Na Democracia Constitucional, Não Há Aplicação do Direito que Dispensa Interpretação. Da Mesma Forma que Não Há Uma Carta em Branco para que os Conceitos Jurídicos Sejam Definidos e Preenchidos por Aquilo que os Tribunais Puramente Decidirem. **4.** De Como o Teorema dos Dois Corpos do Rei nos Possibilita Compreender a Correta Função do Poder Judiciário em Especial dos Tribunais Superiores.

1. O Messianismo Judicial ou de Como o Tribunal se Transformou em Palco

O messianismo compreende diferentes religiões. Dada a esfera nacional, inserida em uma tradição mais fortemente judaico-cristã, é mais recorrente a associação dessa imagem ao messias não vindo de Israel ou ao próprio Jesus Cristo, amplamente referido pelo epíteto de "o Messias". Nesse contexto brasileiro, o messianismo não figura – ao menos não imediatamente e de maneira simplista – como movimento político de grave repercussão na esfera jurídica. Há, porém, outro campo em que o fundamentalismo messiânico pode expor sua faceta mais cruel: o campo jurídico.

Da mesma maneira em que novos supostos profetas (falsos ou não, a depender do juízo de valor) nascem e morrem ao longo dos séculos, as decisões proferidas em solo nacional (principalmente na última década), não raro, agem como novo messias: surgem com a pretensão de salvar o Brasil a partir de uma via única, a judicial.

O messias – e aqui não nos referimos a nenhuma religião em específico – sob alguns prismas, pode, também, ser visto como falso profeta: praticando aquilo que se crê, redunda em poder paralelo, um justiceiro, ativista ou juiz protagonista.

Se houve, ou não, verdadeiros messias na história das religiões, não nos caberia julgar. Mas está óbvio ao senso comum as consequências religiosas destas anunciações, haja vista o vasto e díspar mapa de diferentes religiões existentes no Brasil. De muitas e diferentes "novas religiões" se faz o messianismo judicial.

Sob a égide da discricionariedade e de um protagonismo que não lhe cabe, parcela do Judiciário transforma os tribunais em palcos de um ativismo que não escolhe gênero ou vertente político-ideológica. Pior: faz de plateia – atônica e emudecida – toda uma nação que lhe confia seus direitos.

Pensando nisso, o propósito do artigo é, enfim, alertar que a democracia constitucional não é uma dádiva divina, pelo contrário, ela é produto do processo civilizador que perpassa determinadas nações. A sua concretização demanda esforço contínuo da sociedade civil e de seus agentes democráticos, em especial o juiz. Nesse contexto, a democracia não pode ser palco para que o juiz ativista/protagonista realize seus experimentos, concretize suas vaidades iluministas ou pratique seus sentimentos de justiça. A ele cabem somente os bastidores.

2. A Incompreensão de uma Visão que Aposte Puramente no Aumento dos Poderes dos Tribunais Superiores Resgata um Obsoleto Realismo Jurídico

A correta visão acerca da dimensão do protagonismo judicial perpassa pela compreensão da função do Judiciário em uma democracia constitucional.

Obviamente que a temática lançada no parágrafo acima extrapola os limites do vertente artigo. O que pretendemos tratar é que a análise crítica do protagonismo judicial não pode ser dissociada do exame das funções a serem desempenhadas pelos Tribunais numa democracia. Mais precisamente, a obrigatoriedade de haver uma criteriosa análise qualitativa acerca das temáticas jurídicas dirimidas por nossos Tribunais Superiores[1].

Nosso alerta se justifica porque, recentemente, tem ganhado fôlego, tanto nas discussões acadêmicas quanto nas legislativas, uma visão obtusa sobre o fenômeno jurídico que pode ser sintetizada na seguinte frase: *O direito é aquilo que os Tribunais Superiores disserem que ele é.*

Essa forma de raciocínio, na realidade, resgata uma forma autoritária e obsoleta de realismo jurídico. É autoritária porque exclui as dimensões: doutrinárias, hermenêuticas e legislativas do fenômeno jurídico. E é uma visão obsoleta porque não dissocia a *persona* de sua função. Da mesma forma que o indivíduo que ocupa a Presidência da República não pode ser visto como pura e simplesmente a própria República, o direito não pode ser identificado como os pronunciamentos dos Tribunais Superiores.

3. Na Democracia Constitucional, Não Há Aplicação do Direito que Dispensa Interpretação. Da Mesma Forma que Não Há uma Carta em Branco para que os Conceitos Jurídicos Sejam Definidos e Preenchidos por Aquilo que os Tribunais Puramente Decidirem

Em diversos momentos, o realismo jurídico, não obstante as nobres intenções, é resgatado mediante uma *adoração* aos provimentos vinculantes oriundos dos Tribunais Superiores. Em pleno século XXI, no Brasil, a discussão do fenômeno jurídico é, por diversas vezes, reduzida tão somente a uma compreensão do Direito como uma manifestação dos Tribunais Superiores.

Nessa perspectiva, diversas vezes é defendida a *commonlização* do Direito brasileiro porque se busca, a partir de uma noção enviesada da *common law,* consolidar um entendimento de que o direito *tem-de-ser* aquilo que os Tribunais Superiores disserem que ele é, por mais ilegal e inconstitucional que seja a decisão. Daí a defesa da *common-*

---

1 Sobre o tema, remetemos o leitor para: ABBOUD, Georges. *Discricionariedade administrativa e judicial.* São Paulo: RT, 2014, em especial a terceira parte, p. 265 e ss.

lização como se essa tradição jurídica fosse blindada à insegurança jurídica e apresenta-se uma superioridade qualitativa em relação à *civil law.*

Na realidade, a insegurança jurídica e a discricionariedade judicial, que é sua principal causa, caracterizam-se independentemente da tradição jurídica.

Em outros termos, ser *civil law* ou *common law,* não assegura haver maior ou menor segurança jurídica, até porque a discricionariedade culminará ou num decisionismo (mais afeto à *civil law*) ou num incorreto ativismo judicial (em regra, relacionado à *common law)*[2].

Nesse ponto, não é possível coadunar com o entendimento de Marinoni, que enxerga uma superioridade da *common law* em relação à *civil law.* O insigne processualista afirma que a *civil law* estaria, desde sua origem, vinculada à impossibilidade de o juiz interpretar a lei, cabendo-lhe tão somente atuar a vontade da lei. A *common law,* por sua vez, nunca teria se iludido com o absurdo de que o juiz não poderia interpretar a lei, logo, em razão disso, criou-se um sistema de precedentes que seria o instrumento capaz de garantir a segurança e a previsibilidade de que a sociedade precisa para se desenvolver[3].

Em suma, Marinoni entende que haveria uma supremacia da *common law* sobre a *civil law* porque, no segundo, até hoje, imagina-se que o juiz não interpreta a lei, mas tão somente atua sua vontade. Em contrapartida, a *common law,* desde sempre, teve a clareza de saber que a atividade judicial não poderia ser vista como mera reveladora do Direito costumeiro, sendo-lhe, portanto, atribuída função criadora[4].

De início, cumpre esclarecer que qualquer afirmação peremptória do tipo a "*common law* é melhor que a *civil law*", ou o seu contrário, somente apresenta algum sentido no campo da estética ou do gosto pessoal daquele que interpreta. Não há nenhum embasamento empíri-

---

2 Sobre o tema, v. ABBOUD, Georges. *Discricionariedade administrativa e judicial,* cit., p. 326 e ss.

3 MARINONI, Luiz Guilherme. *Precedentes obrigatórios.* 2. ed. São Paulo: RT, 2011, n. 12, p. 62-63.

4 MARINONI, Luiz Guilherme. *Precedentes obrigatórios,* cit., n. 12, p. 64.

co para realizarmos tal afirmação. Da mesma forma que não podemos asseverar que a *common law* é melhor que a *civil law* porque o sistema jurídico da Inglaterra funciona melhor que o brasileiro, também não podemos dizer que a *civil law* é melhor que a *common law*, porque o sistema da Alemanha é mais preciso que o dos Estados Unidos.

Outrossim, se fôssemos utilizar um critério prático de cariz *darwinista* e biológico, podemos dizer que o *civil law* se universalizou justamente por sua maior praticidade e adaptabilidade, enquanto o *common law* não teve o mesmo caráter universalizante, limitando-se genuinamente à Inglaterra e, posteriormente, aos Estados Unidos. Nunca esquecendo que há grandes diferenças entre o sistema inglês e o norte-americano, no qual há uma verdadeira profusão de leis, aproximando-o em muitos aspectos da própria *civil law*.

Ou ainda: se é fato que o sistema jurídico inglês e o alemão são melhores que o brasileiro, essa constatação não se dá porque um é *civil law* e o outro é *common law*. Essa assertiva confirma-se por diversos fatores, porém, o que interessa para a presente obra é que, seja *civil law* ou *common law*, em regra, na Alemanha ou na Inglaterra, as decisões judiciais talvez sejam melhores do que a nossa, afinal, pouco importa se *common law* ou *civil law*, a melhora qualitativa das decisões judiciais passa por uma rigorosa investigação de como devem ser decididas as questões jurídicas, com o escopo de se diminuir a discricionariedade judicial que as permeia. O que, por sua vez, implica numa obrigatoriedade de não apostar as fichas do jogo democrático no protagonismo ou messianismo judicial.

Ademais, não se pode perder de vista que mesmo os sistemas de países pertencentes ao mesmo grupo, frequentemente, são profundamente diferentes, e.g., tanto o Brasil quanto a Alemanha pertencem à *civil law*. Essa assertiva parece ser suficiente para demonstrar que a mera confrontação *common law vs. civil law* pouco contribui para melhoria qualitativa e conteudística de nossas decisões.

A afirmação de que a *civil law*, diferentemente da *common law*, não admitia a interpretação da lei, é uma afirmação que simplifica uma questão altamente complexa. Isso porque, o problema da interpretação jurídica não se limitou à *civil law* ou à *common law*, visto que a identificação da interpretação com ato de vontade – ora da lei, ora do legislador – era frequente em ambos os sistemas.

Se, de fato, após a Revolução Francesa, o juiz deveria ser visto tão somente como a boca da lei, não se pode perder de vista que, até hoje, o *originalismo*[5] possui grande força nos Estados Unidos. Trata-se de corrente que identifica uma verdadeira impossibilidade de interpretação do magistrado, devendo ele, ao realizar tal desiderato, ter por exclusividade concretizar a vontade dos Patriarcas da nação, autores da Constituição dos Estados Unidos.

Do mesmo modo, o silogismo como ferramental para se solucionar as questões jurídicas estava presente em ambos os sistemas. Frise-se que o problema de interpretar o direito como atividade reprodutiva de vontade da lei ou do legislador não tem por pano de fundo a dicotomia *civil law* e *common law*. O que de fato está por trás disso é o paradigma acerca da interpretação judicial, qual seja o positivismo por meio do qual se postula a possibilidade de solucionar questões jurídicas através de silogismo, dispensando-se a interpretação. Tanto assim é que existem positivistas na *common law* e na *civil law*.

Dentre os positivistas da *common law*, Hart figura como um dos maiores expoentes. Hart é um teórico contemporâneo que apresenta uma teoria altamente sofisticada sobre o sistema jurídico. Ainda assim, ele admite a possibilidade de se solucionar determinadas questões jurídicas sem a correspondente interpretação.

Para Hart, toda expressão linguística tem um núcleo duro e uma zona de penumbra. O núcleo duro está conformado pelos casos de fácil interpretação, mais precisamente, aqueles nos quais quase todos os intérpretes estariam de acordo sobre a expressão que se aplica ao caso em questão, seja ele um objeto ou um fato social. No âmbito da decisão judicial, isso significa que uma regra sempre possuirá um nú-

---

5 Sobre tema, v. TRIBE, Laurence. *American constitutional law*. 3. ed. New York: Foundation Press, 2003, Cap. 1, p. 56-60.
V., ainda, STONER JR., James R. *Common law liberty:* rethinking american constitutionalism. Kansas: University Press of Kansas, 2003, p. 4, 10 e 16.

cleo duro e uma zona de penumbra, frente à qual o juiz deverá escolher qual sentido deve prevalecer[6].

Assim, naqueles chamados casos fáceis, o juiz limita-se a subsumir a aplicação da regra jurídica em seu núcleo duro, dispensando, portanto, a obrigatoriedade de se realizar interpretação jurídica. Nos casos difíceis, deveria partir para a interpretação das regras, sendo admissível a utilização da discricionariedade no julgamento.

Tudo isso para explicitarmos que a correção da interpretação independe do sistema jurídico adotado – *common law* ou *civil law*. Em ambos os sistemas, é possível que o juiz adote uma postura estritamente positivista e discricionária. Nos dois, o juiz, se não realizar uma atualização hermenêutica de seu paradigma decisório, poderá afirmar que a interpretação do Direito consiste em atividade para desvelar a vontade do Legislador, do Fundador da Nação, da lei, do precedente etc. Em síntese, argumentar por lei ou por precedente não assegura, por si só, uma resposta hermeneuticamente autêntica.

As razões pelas quais a doutrina brasileira se mantém devotada em torno do modelo silogístico de aplicação do Direito, que conduz a conclusões de que o problema da interpretação do Direito brasileiro resolver-se-ia pela superação do *civil law* ou pela atribuição de efeito vinculante às decisões dos tribunais superiores, podem ser melhor compreendidas se pensarmos na conformação da dogmática jurídica que tem lugar no contexto do século XIX[7].

De algum modo, as posturas metodológicas que se afirmaram nos ano novecentos construíram um modelo de raciocínio jurídico com bases estritamente apodíticas, que acabava por atribuir aos textos jurídicos (que, nessa época, confundiam-se com a norma) uma autofundamentação e uma transparência que impedia a colocação do problema interpretativo em seu devido lugar. Isso pode ser percebido desde o

---

6 Sobre a questão, v., ABBOUD, Georges; CARNIO, Henrique G. e OLIVEIRA, Rafael T. de. *Introdução à teoria e à filosofia do direito*. 3. ed. São Paulo: RT, 2015, n. 7.2, p. 250-251.

7 Cf. FERRAZ JÚNIOR, Tércio Sampaio. *Função social da dogmática jurídica*. São Paulo: Max Limonad, 1998.

exegetismo presente na Escola da Exegese francesa até na pandectística alemã, que produzirá nessa época um rigoroso formalismo conceitual, sustentador da chamada *jurisprudência dos conceitos*[8].

Nesse importe, vale referir às lições de Harold Berman que, analisando o modo como os medievais formataram o estudo do Direito Romano, aponta as influências da filosofia grega na composição do método escolástico de interpretação e discussão dos textos que compunham aquilo que Inério nomeou de *Corpus Juris Civilis*. Segundo Berman, Aristóteles foi o grande responsável por oferecer os suportes metodológicos utilizados pelos estudiosos medievais. Com base em Aristóteles, os medievais distinguiam dois tipos de raciocínio: o apodítico e o dialético. O raciocínio apodítico é aquele construído por premissas reconhecidas como necessariamente verdadeiras (tais como: "todos os homens são mortais"; ou "o fogo queima"), ao passo que o raciocínio dialético é aquele para o qual a premissa que o fundamenta deixa dúvida quanto à sua verdade e não se apresenta com a transparência que reveste o raciocínio apodítico. Como o estudo do Direito Romano na Idade Média se dava de uma forma distante da realidade (vale lembrar que o Direito estudado nas universidades não era exatamente o Direito vigente à época), o raciocínio dialético influenciou fortemente o método dos medievalistas – a ponto de Berman apontá-lo como fator determinante para a formação sistemática do estudo do Direito Romano pelos medievais[9].

A transmutação do texto-base – dos escritos romanos, presentes no digesto, para os Códigos dos séculos XVIII e XIX – modificou radicalmente o modo de se compreender o Direito e acabou por instituir uma espécie de prevalência do apodítico com relação ao dialético (convém recordar que os Códigos modernos possuem uma singular significação política que não existia, ao menos não em primeiro plano, nos estudos

8 Para análise da jurisprudência dos conceitos, conferir: LARENZ, Karl. *Metodologia da ciência do direito*. 5. ed. Lisboa: Fundação Calouste Gulbenkian, 2009, n. I.II, p. 21 e ss.

9 Cf. BERMAN, Harold. *Law and revolution I. The formation of the western legal tradition*, Cambridge: Harvard University Press, 1983, n. 3, p. 132 e ss.

dos romanistas). Interessante perceber como esse predomínio de uma racionalidade apodítica se dá em descompasso com as conquistas da hermenêutica romântica desenvolvidas por Schleiermacher. A aproximação que este autor realiza do problema da interpretação dos textos com a tradição humanista e historicista acaba por apontar para uma dimensão muito mais expressionista, que tem mais semelhanças com o raciocínio dialético do que com o apodítico.

O século XX, por seu turno, vislumbra algo que pode ser nomeado de "recepção" (Lamego) da hermenêutica pelas teorias e/ou metodologias jurídicas. Isso significa que, cada vez mais, o debate que se produz no âmbito da filosofia sobre o problema da compreensão e da interpretação e de seu papel na produção dos conceitos das ciências humanas passa a ser incorporado de alguma forma ao discurso jurídico. Entre nós, Lenio Streck aponta para uma "resistência positivista" na aceitação destes estudos hermenêuticos pelo *senso comum teórico dos juristas*. Daí que Streck, diferentemente de Lamego, não vai falar numa simples recepção, mas, sim, na necessidade de uma exploração hermenêutica da construção do Direito[10].

Nesse ponto que reside nosso alerta, de nada adianta investirmos no fortalecimento dos poderes dos Tribunais Superiores mediante criação de instrumentos vinculantes se não compreendermos a correta maneira de se estruturar e concretizar o processo decisório-jurídico.

De nada adianta alçarmos a *commonlização* como a salvação de nosso sistema jurídico. Se por esse fenômeno escamotearmos uma obsoleta forma de realismo jurídico que se consolida pela junção de dois elementos: 1) o fenômeno jurídico é reduzido aos pronunciamentos dos Tribunais Superiores, sendo ignorada sua historicidade, e 2) o juiz e os Tribunais são transformados em protagonistas da democracia, passará a ser vista como positiva qualquer ingerência judicial em face dos demais Poderes. Todas as promessas não cumpridas da modernidade passam a ser atribuídas ao juiz. A junção desses dois elementos é o ponto de partida para darmos início à transição de uma democracia

10 Cf. STRECK, Lenio Luiz. *Hermenêutica jurídica e(m) crise.* 11. ed. Porto Alegre: Livraria do Advogado, 2014, *passim.*

constitucional ainda precariamente consolidada no Brasil em direção a uma *juristocracia.*

4. De Como o Teorema dos Dois Corpos do Rei nos Possibilita Compreender a Correta Função do Poder Judiciário em Especial dos Tribunais Superiores

Para evidenciar o equívoco dessa associação do pensamento jurídico, é fundamental a obra intitulada os *Dois Corpos do Rei.*

Ernst Kantorowicz, em seu livro clássico, os *Dois Corpos do Rei,* resgatava o teorema heurístico do rei gêmeo que explicava o conceito de poder na Idade Média. De acordo com essa teoria, o rei teria dois corpos, o físico e o místico, ou o corpo natural e o político[11].

O corpo natural era o comum concernente a todas as pessoas – ele poderia adoecer, ser ferido, vale dizer, sujeitava-se a todas as agruras da vida. Já o corpo político não poderia ser visto ou tocado. Ele era composto de política e governo. O corpo político não pode ser atingido por nenhuma intempérie que acomete o corpo natural. Os dois corpos do rei dessa forma estão contidos um no outro. Todavia, não pode haver dúvida da superioridade do corpo político sobre o natural. O corpo natural é finito enquanto o corpo místico nunca morre, não adoece e em nenhuma hipótese erra[12].

Por meio dos dois corpos do rei, Kantorowicz identifica o fundamento teológico no ato do poder. Tanto assim é que, não obstante a teoria dos dois corpos ser criação do direito medieval inglês, Kantorowicz associa a ideia dos dois corpos à figura de Jesus Cristo, uma vez que, as religiões monoteístas até o cristianismo não tinham intermediação direta entre o humano e o divino. Assim, somente com Cristo é que surge um ponto entre Deus e os homens. Até então, os homens e Deus ficavam em planos separados. Com a figura de Cristo se completam os dois corpos o divino e o mortal: o divino, que renas-

---

11 KANTOROWICZ, Ernst H.. *The king's two bodies.* New Jersey: Princeton University Press, 1997, *introduction,* p. 3 e ss.

12 KANTOROWICZ, Ernst H. *The king's two bodies,* n. I, p. 7 e ss.

ce mesmo depois da morte porque infinito, e o físico, que é mortal e recebe todos os sofrimentos impostos pelos homens[13].

No modelo político em que vigora o teorema dos dois corpos do rei, não há distinção entre público e privado, justamente porque não diferenciamos o agente público em relação ao cargo ou função que ele desempenha. O rei governa e é o governo.

Se no âmbito político temos superado a concepção dos dois corpos do rei, não seria nenhum exagero dizermos que em diversos aspectos essa geminação ainda contamina o cenário jurídico. Basta pensarmos nas recorrentes assertivas tão conclamadas em nosso cenário acadêmico e jurisprudencial do tipo *Constituição é aquilo que o STF diz que é,* ou quando um ministro explicitamente afirma ser completamente desnecessário perquirir o que pensa a doutrina acerca do tema a ser decidido bastando tão somente a autoridade do tribunal para conferir legitimidade a sua decisão[14]. Ou, ainda, decisões de ministros que deixam de aplicar a lei (CPC 501) por considerarem-na defasada

---

13 KANTOROWICZ, Ernst H. *The king's two bodies,* n. V.1, p. 194 e ss.

14 Colocamos essa decisão em nota porque é a única que não havia sido citada na tese, as demais assertivas estão representadas por acórdãos do STF ou STJ já criticados ao longo do terceiro capítulo da tese.
Não me importa o que pensam os doutrinadores. Enquanto for Ministro do Superior Tribunal de Justiça, assumo a autoridade da minha jurisdição. O pensamento daqueles que não são Ministros deste Tribunal importa como orientação. A eles, porém, não me submeto. Interessa conhecer a doutrina de Barbosa Moreira ou Athos Carneiro. Decido, porém, conforme minha consciência. Precisamos estabelecer nossa autonomia intelectual, para que este Tribunal seja respeitado. É preciso consolidar o entendimento de que os Srs. Ministros Francisco Peçanha Martins e Humberto Gomes de Barros decidem assim, porque pensam assim. E o STJ decide assim, porque a maioria de seus integrantes pensa como esses Ministros. Esse é o pensamento do Superior Tribunal de Justiça, e a doutrina que se amolde a ele. É fundamental expressarmos o que somos. Ninguém nos dá lições. Não somos aprendizes de ninguém. Quando viemos para este Tribunal, corajosamente assumimos a declaração de que temos notável saber jurídico – uma imposição da Constituição Federal. Pode não ser verdade. Em relação a mim, certamente, não é, mas, para efeitos constitucionais, minha investidura obriga-me a pensar que assim seja. STJ, 1ª Seção, AgRgEDivREsp 279889-AL, Rel. p/ac. Min. Humberto Gomes de Barros, voto do Relator, j. 27.08.2003, m.v., DJU 28.10.2003, p. 184.

ou aborrecedora. Enfim, decisões que passam por cima do texto da própria Constituição Federal, por exemplo, o inc. X do art. 52, decisão que impõe a relativização da coisa julgada em hipótese que não tem previsão legal e que atualmente é objeto de análise em projetos de lei do próprio Congresso etc.

Decisões do jaez das supracitadas, frise-se todas do STF ou STJ, permitem-nos afirmar que entre nós vigora uma espécie de *dois corpos do julgador.* De certa forma, nosso julgador, e nesse ponto nos referimos precipuamente aos ministros do STF e do STJ, não se separam da função que exercem.

Ou seja, o STF, em vez de se preocupar em resguardar a Constituição por meio de sua jurisdição, passa a se identificar com a própria Constituição, consequentemente, passa a imaginar que está autorizado a proferir decisões que ultrapassem o próprio texto constitucional, que, ao final, representa ele próprio. O mesmo é feito pelo STJ em relação à legislação infraconstitucional.

Se for verdade que a Constituição é aquilo que o STF diz e a lei aquilo que o STJ diz, e o direito, o conjunto que ambos dizem, qual a importância do próprio texto legislativo? Qual a importância da dimensão legislativa do próprio Direito? Há alguma relevância para o que a doutrina e a teoria do Direito afirmam? De que adianta a lei e a Constituição para o cidadão, se ao final o Direito será aquilo que os Tribunais disserem que ele é? Que parâmetros existiriam para avaliar uma decisão do STF como inconstitucional e do STJ como ilegal, se eles são a própria Constituição e leis?

Criticando essa decisão, Lenio Luiz Streck destaca que:
Já como preliminar é necessário lembrar – antes mesmo de iniciar estas reflexões no sentido mais crítico – que o direito não é (*e não pode ser*) aquilo que o intérprete quer que ele seja. *Portanto, o direito não é aquilo que o Tribunal, no seu conjunto ou na individualidade de seus componentes, diz que é.* A doutrina deve doutrinar, sim. *Esse é o seu papel. Aliás, não fosse assim, o que faríamos com as mais de mil faculdades de Direito, os milhares de professores e os milhares de livros produzidos anualmente? E mais: não fosse assim, o que faríamos com o parlamento, que aprova as leis? E, afinal, o que fazer com a Constituição, "lei das leis"*. STRECK, Lenio Luiz. *O que é isto, decido conforme minha consciência,* cit., n. 2, p. 25.

É justamente o próprio regime democrático e as estruturas do Estado Constitucional que ficam abalados, quando se passa a defender (em qualquer âmbito) uma concepção de superfunções para os Tribunais Superiores, conferindo-lhes atribuições e importâncias que não possuem respaldo constitucional.

Desse modo, no Brasil fundimos num só corpo o órgão julgador e a própria Constituição, quando o STF deixa de ser o Guardião e passa a ser o representante do texto constitucional; ele, em verdade se assenhora da Constituição, logo, repristinamos o teorema dos dois corpos do rei, *in casu,* os dois corpos do julgador. O mesmo ocorre para o STJ. Sustentar que o Direito é aquilo que os Tribunais Superiores dizem que ele é, é resgatar a visão heurística em que o STF é a própria Constituição e o STJ é a própria lei.

Nesse cenário, é inescapável o predomínio do julgamento discricionário. Portanto, para traçarmos parâmetros mínimos para produzirmos a resposta correta, faz-se necessária a separação dos *dois corpos do julgador,* a fim de democratizarmos e melhorarmos qualitativamente nossas decisões. Vale dizer, enquanto o julgador identificar-se com o instituto jurídico a ser aplicado, seja a lei ou a própria Constituição, o resultado do julgamento, fatalmente será discricionário, porque a duplicidade fará com que ele decida a questão jurídica com base em sua própria vontade ou sentimento. Esse é o modo de agir do juiz messiânico. O juiz que conhece o *fim da história.* O juiz dotado de um *iluminado* conhecimento extrajurídico. Em suma, o juiz que se considera apto a conduzir os demais mortais para a direção social que ele reputa mais correta e adequada, ainda que contrária à vontade da maioria.

Quando o julgador se identifica com o preceito jurídico a ser aplicado, o julgador não adquire consciência da finitude de sua tarefa e dos limites que lhe são concernentes. Num cenário em que a Constituição for o que o STF diz que é, e as decisões do STJ valerem justamente porque são do STJ, só podemos concluir que o STF e o STJ nunca erram, ou seja, resgatamos a dimensão do corpo místico na hora de julgar as questões jurídicas. Esse é o contexto a partir do qual devemos elucubrar sobre as limitações e eventuais ampliações das funções de nossos Tribunais Superiores.

Ocorre que o STF e o STJ erram, inclusive mais do que deveriam[15]. Atualmente, torna-se imprescindível que nossos tribunais não mais se identifiquem com a lei e a Constituição que devem aplicar e defender. Essa dissociação é fundamental para que nossos Tribunais compreendam que os institutos jurídicos, em especial a lei e a Constituição, não estão à sua disposição, do mesmo modo que a consciência e a vontade do julgador não podem constituir os parâmetros decisórios de uma democracia, uma vez que a psique do julgador não pode ser identificada com o Direito em si. *Quando se decide discricionariamente, não se decide juridicamente. Eis o primeiro dilema que o protagonismo judicial não ousa enfrentar.*

15 V. ABBOUD, Georges. *Discricionariedade administrativa e judicial,* cit., n. 3.7, p. 416 e ss.

MIN. CARLOS VELLOSO E O PRINCÍPIO DA SEGURANÇA JURÍDICA NA JURISPRUDÊNCIA DO STF

Gilmar Mendes

SUMÁRIO: **1.** Introdução. **2.** Segurança Jurídica. **2.1.** O caso Infraero – MS 22.357/DF. **2.2.** A virada de entendimento do Supremo em relação ao art. 8º do ADCT – RE nº 165.438/DF. **3.** Pensamento do Possível. **3.1.** O voto do Ministro Carlos Velloso na ADI 1.289/DF. **4.** Conclusão.

1. Introdução

O eminente jurista Carlos Mário Velloso construiu com esplendor sua carreira na magistratura federal em Minas Gerais até ser nomeado ministro do Tribunal Federal de Recursos (TFR) em 19 de novembro de 1977. Com a vigência da Constituição de 1988, passou a exercer o cargo de ministro do Superior Tribunal de Justiça (STJ).

Em 29 de maio de 1990, foi nomeado por Decreto Presidencial ministro do Supremo Tribunal Federal, para suceder a vaga decorrente do pedido de exoneração do Ministro Francisco Rezek. Ocupou a cadeira que lhe foi designada até sua aposentadoria em 19 de janeiro de 2006.

O Ministro Velloso atuou ainda, em duas oportunidades, como ministro do Tribunal Superior Eleitoral (TSE), tendo sido empossado presidente desta Corte em 1994 e em 2005. Durante o primeiro desses mandatos, empenhou árduos esforços para a realização das primeiras eleições com urna eletrônica, acontecimento que marcou profundamente a história da democracia brasileira.

Em sua trajetória, destaca-se também pelo seu empenho acadêmico, enquanto professor de Direito Constitucional nas Faculdades de Direito das Universidades Católica (PUC-MG) e da Universidade

Federal de Minas Gerais (UFMG),desde 1968. Também foi professor Titular da Faculdade de Direito da Universidade de Brasília – UnB, nos cursos de graduação e pós-graduação, nas cadeiras de Teoria Geral do Direito Público e Direito Constitucional. Aposentou-se em abril de 1998, tendo a UnB lhe conferido o título de Professor Emérito em 1999.

Sua vivência, tanto no magistério quanto na magistratura, revela uma preocupação ímpar com temas fundamentais para a sustentação do Estado de Direito, como a proteção de direitos fundamentais e a garantia de efetividade das decisões da Corte Constitucional. No peculiar brilhantismo de seus votos e de seus ensinamentos doutrinários, o ministro Velloso destacou-se pela defesa de posições de vanguarda na ordem constitucional pós-1988.

Entre as suas mais honrosas contribuições, ressalta-se exemplificativamente a defesa do perfil aditivo das sentenças em Mandado de Injunção, instrumento que, segundo a visão do ministro, *faz as vezes da norma infraconstitucional ausente e integra o direito ineficaz*[1].

A esse respeito, é válido destacar que o Ministro Velloso divergia da visão – à época predominante na jurisprudência do STF – de que a procedência do Mandado de Injunção importaria simples ciência ao órgão incumbido da norma regulamentadora. Considerando a força normativa do art. 5º, LXXI, da CF/88, o eminente magistrado opunha-se a esse postulado nos seguintes termos:

> Sei que esta Eg. Corte tem entendido que com o mandado de injunção obtém-se o mesmo que se obtém através da ação direta de inconstitucionalidade. Vale dizer, procedente a ação do mandado de injunção, simplesmente dá-se ciência ao órgão incumbido de elaborar a norma regulamentadora de que está ele omisso. Divirjo, *data venia*, desse entendimento, que esvazia a nova garantia constitucional.
>
> A diferença entre mandado de injunção e ação de inconstitucionalidade por omissão [...] está justamente nisto: na ação de inconstitucionalidade por omissão, que se inscreve no contencioso jurisdicional abstrato, de competência exclusiva do Supremo Tribunal Federal, a matéria é versada apenas em abstrato e, declarada a inconstitucionalidade por omissão, será

1 VELLOSO, Carlos. *As novas garantias constitucionais*, RDA, 177/14, p. 24.

> dada ciência ao Poder competente para a adoção das providências necessárias e, em se tratando de órgão administrativo, para fazê-lo no prazo de trinta dias (CF, art. 103, § 2º). No mandado de injunção, reconhecendo o juiz ou tribunal que o direito que a Constituição concede é ineficaz ou inviável, em razão da ausência de norma infraconstitucional, fará ele, juiz ou tribunal, por força do próprio mandado de injunção, a integração do direito à ordem jurídica, assim tornando-o eficaz e exercitável (CF, art. 5º, LXXI)[2].

Nesse sentido, o Ministro Velloso defendia, por exemplo, a necessidade de se aplicar provisoriamente aos servidores públicos a Lei de Greve relativa aos trabalhadores em geral. Registre-se, a propósito, trecho de seu voto no MI 631/MS[3]:

> Assim, Sr. Presidente, passo a fazer aquilo que a Constituição determina que eu faça, como juiz: elaborar a norma para o caso concreto, a norma que viabilizará, na forma do disposto no art. 5º, LXXI, da Lei Maior, o exercício do direito de greve do servidor público.
> A norma para o caso concreto será a lei de greve dos trabalhadores, a Lei 7.783, de 28.6.89. É dizer, determino que seja aplicada, no caso concreto, a lei que dispõe sobre o exercício do direito de greve dos trabalhadores em geral, que define as atividades essenciais e que regula o atendimento das necessidades inadiáveis da comunidade.
> Sei que na Lei 7.783 está disposto que ela não se aplicará aos servidores públicos. Todavia, como devo fixar a norma para o caso concreto, penso que devo e posso estender aos servidores públicos a norma já existente, que dispõe a respeito do direito de greve.

Esse entendimento veio a prevalecer na jurisprudência do STF nos anos seguintes. A partir de uma série de precedentes, o Tribunal passou a admitir soluções "normativas" para a decisão judicial como alternativa legítima de tornar a proteção judicial efetiva (CF, art. 52, XXXV)[4].

---

2 MI 176 QO, Rel. Min. Celio Borja, Red. p/ Acórdão: Min. Marco Aurélio, Tribunal Pleno, DJ 14.08.1992.

3 MI 631/MS, Rel. Ilmar Galvão, Tribunal Pleno, DJ 02.09.2002.

4 Nesse sentido, cf. os seguintes precedentes: MI 2.283, Rel. Min. Sepúlveda Pertence, DJ 14.11.1991; MI 2.232/RJ, Rel. Min. Moreira Alves, DJ 27.03.1992; MI B 284, Rel. Min. Marco Aurélio, Red. p/ o acórdão Min. Celso de Mello, DJ

Em relação ao direito de greve dos servidores públicos civis, a mudança de posicionamento da Corte consolidou-se de modo emblemático no julgamento do MI 670/ES, em que se reconheceu que a omissão constitucional demandaria alguma regulamentação provisória, sob pena de se esvaziar o conteúdo do direito de greve prescrito na Carta Maior. Nesse caso, o voto do redator para acórdão, Ministro Gilmar Mendes, reconheceu a importância das contribuições do Ministro Carlos Velloso para a matéria[5]:

> Assim como na interessante solução sugerida pelo Ministro Velloso, creio parecer justo fundar uma intervenção mais decisiva desta Corte para o caso da regulamentação do direito de greve dos servidores públicos (CF, art. 37, VII).

A revisitação do legado construído pelo Ministro Velloso afigura-se especialmente oportuna em tempos de incertezas institucionais, como os vividos atualmente. Nesses contextos, a manutenção da ordem constitucional exige a valorização de seus princípios estruturantes – como a segurança jurídica e a proteção de direitos adquiridos – temáticas que foram cuidadosamente trabalhadas pelo ministro em suas decisões no Supremo Tribunal Federal.

A fim de elucidar a importância desses temas, no presente texto serão analisados de forma pormenorizada alguns precedentes paradigmáticos do STF. São eles: o MS 22.357/DF, em que se discutiu a impossibilidade de anulação de atos administrativos estabilizados no tempo; o RE 165.438/DF, de relatoria do Ministro Velloso, que marcou a mudança de entendimento do Supremo sobre a promoção de militares anistiados, e a ADI 1.289/DF, também de relatoria do eminente ministro, na qual se desenvolveu o pensamento do possível para se afirmar o resguardo de posições jurídicas consolidadas.

26.06.1992; MI 2.543/DF, Rel. Min. Octavio Gallotti, DJ 24.05.2002; MI 679/DF, Rel. Min. Celso de Mello, DJ 17.12.2002; e MI 562/DF, Rel.ª Min.ª Ellen Gracie, DJ 20.06.2003.

5 MI 670, Rel. Min. Maurício Corrêa, Red. p/ Acórdão: Min. Gilmar Mendes, Tribunal Pleno, DJe 31.10.2008.

Esses precedentes serão tratados no âmbito de dois eixos inter-relacionados: a segurança jurídica e o pensamento de possibilidades na jurisdição constitucional. Ao fim, será delineada uma breve conclusão do conteúdo apresentado no presente artigo.

2. Segurança Jurídica

Tratar da interpretação dos princípios constitucionais como parâmetros de Controle de Constitucionalidade em tempo de crise econômico-financeira é de suma importância no contexto contemporâneo.

Diante da gravidade da situação financeira e econômica dos países, medidas de austeridade são tomadas numa perspectiva de evitar ou conter os efeitos das crises. Nesse contexto, a salvaguarda dos direitos deve ser analisada num quadro de situações emergenciais.

Em face da insuficiência do princípio do direito adquirido para proteger tais situações, a própria ordem constitucional tem se valido de uma ideia menos precisa e, por isso mesmo, mais abrangente, que é o princípio da segurança jurídica enquanto postulado do Estado de Direito[6].

Se de um lado, tem-se a ideia central da segurança jurídica como uma das expressões máximas do Estado de Direito; de outro, revelam-se presentes a possibilidade e a necessidade de mudança. Por isso, constitui um grande desafio tentar conciliar essas duas pretensões em aparente antagonismo.

A revisão radical de determinados modelos jurídicos ou a adoção de novos sistemas ou modelos suscita indagações relevantes no contexto da segurança jurídica, tornando imperativa a adoção de cláusulas de transição nos casos de mudança radical de um dado instituto ou estatuto jurídico. Daí por que se considera, em muitos sistemas jurídicos, que, em casos de mudança de regime jurídico, a não adoção de cláusulas de transição poderá configurar omissão legislativa inconstitucional grave.

Assim, ainda que se não possa invocar a ideia de direito adquirido para a proteção das chamadas situações estatutárias ou que se não

6 Cf., Christoph Degenhart, *Staatsrecht I*, 21. ed., Heidelberg, 2005, p. 131 e ss.

possa reivindicar direito adquirido a um instituto jurídico, não pode o legislador ou o Poder Público em geral, sem ferir o princípio da segurança jurídica, fazer tabula rasa das situações jurídicas consolidadas ao longo do tempo. Situações ou posições consolidadas podem assentar-se até mesmo em um quadro inicial de ilicitude.

Em verdade, a segurança jurídica, como subprincípio do Estado de Direito, assume valor ímpar no sistema jurídico, cabendo-lhe papel diferenciado na realização da própria ideia de justiça material.

Nesse sentido, decisões reiteradas do Supremo Tribunal têm rejeitado a possibilidade de revogação ou de anulação de atos administrativos sem a observância do direito ao contraditório e à ampla defesa, ou em razão de decurso de tempo razoável, e têm proclamado a subsistência de atos concretos a despeito da declaração de inconstitucionalidade de lei que lhes dava base legal[7].

Nesse contexto, não só a revisão de atos administrativos, como também a mudança de entendimento jurisprudencial podem causar ofensa à segurança jurídica se não acompanhadas de providências adequadas.

No julgamento do RE 630.733, por exemplo, o Supremo Tribunal Federal mudou sua jurisprudência para negar o direito a novo teste de aptidão física em decorrência de situações individuais e peculiares a cada candidato, mas ressalvou a validade dos exames repetidos até a data de julgamento, em clara preocupação com a mudança de orientação jurisprudencial[8].

No mesmo sentido, ao tratar da mudança de orientação jurisprudencial no âmbito do TSE, o Supremo Tribunal Federal pacificou que a segurança jurídica impõe também a aplicação da anterioridade eleitoral nas mudanças radicais de interpretação da Constituição[9].

---

7 MS 24.927/RO, Rel. Min. Cezar Peluso, *DJ* 25.08.2006; MS 24.268/MG, Rel. Min. Gilmar Mendes, *DJ* 17.09.2004; RMS 24.699/DF, Rel. Min. Eros Grau, *DJ* 1º.07.2005; RE–ED/PR, 351.489, Rel. Min. Gilmar Mendes, *DJ* 09.06.2006; RE 452.721, Rel. Min. Gilmar Mendes, *DJ* 03.02.2006.

8 RE 630.733, Rel. Min. Gilmar Mendes, Tribunal Pleno, *DJe 20.11.2013*.

9 RE 637.485, Rel. Min. Gilmar Mendes, *Tribunal Pleno, DJe 21.05.2013*.

Na ocasião, após ratificar o novo entendimento do TSE a respeito do prefeito itinerante, no sentido de que a Carta Magna proíbe a terceira eleição para o cargo de prefeito ainda que em município diverso, o STF entendeu que a alteração de seu entendimento deveria respeitar a segurança jurídica e, assim, não poderia ferir o princípio da proteção da confiança, presente nas expectativas de eleitores e candidatos, que se pautavam e organizavam pela jurisprudência anterior.

2.1. O caso Infraero – MS 22.357/DF

No âmbito da jurisprudência recente do STF, sobreleva-se paradigmático o julgamento do MS 22.357/DF[10]. No *mandamus*, impugnava-se a legalidade de ato do Tribunal de Contas da União (TCU) que determinara à Infraero a adoção de providências para a regularização de 366 admissões realizadas sem concurso público nos anos de 1991 e 1992.

À época, o tema da obrigatoriedade de concurso público para provimento de cargos em empresas públicas e sociedades de economia mista era objeto de intensas controvérsias, já que a redação contemporânea dos arts. 37, II, e 173, § 1º, da CF/88 revelava certa contrariedade.

Foi somente em 23 de abril de 1993, com a publicação do acórdão no MS 21.322/DF[11], de relatoria do Ministro Paulo Brossard, que a matéria restou pacificada na jurisprudência do STF. Neste julgamento, firmou-se o entendimento no sentido de que as autarquias, empresas públicas ou sociedades de economia mista estão sujeitas à regra, que envolve a administração direta, indireta ou fundacional, segundo a qual quaisquer dos Poderes da União, dos Estados, do Distrito Federal e dos Municípios estão sujeitos ao princípio constitucional do concurso público para acesso aos cargos e empregos públicos.

Anos depois, com o advento da Emenda Constitucional nº 19/98, o art. 173, § 1º, da CF/88 passou a vigorar com nova redação, restando

10 MS 22.357, Rel. Min. Gilmar Mendes, Tribunal Pleno, DJ 05.11.2004.

11 MS 21.322, Rel. Min. Paulo Brossard, Tribunal Pleno, DJ 23.04.1993.

totalmente superado o entendimento de que as sociedades de economia mista poderiam se submeter ao regime jurídico das empresas privadas.

O TCU, ao julgar as contas da Infraero referentes ao exercício de 1990, reconheceu a necessidade de adoção do concurso público para futuras admissões, embora tal entendimento ainda não houvesse sido pacificado na jurisprudência do STF. Em um primeiro momento, concebeu-se que a decisão do TCU importaria simples prescrição futura, acompanhada da convalidação das contratações anteriores.

Contudo, no julgamento das contas relativas ao ano de 1991, em acórdão publicado em 13 de dezembro de 1993, a Corte de Contas revisou aquele entendimento, determinando que a Infraero regularizasse as admissões realizadas nos anos de 1991 e 1992, sob pena de nulidade.

Diante da impetração de *mandamus* em face desta decisão, o eminente Ministro Néri da Silveira deferiu em parte liminar suspendendo a determinação do TCU. No julgamento do mérito do *writ*, considerou-se que a demissão dos 366 trabalhadores da Infraero mais de 10 anos após as contratações importaria nítida violação ao princípio da segurança jurídica.

O voto do Ministro Gilmar Mendes considerou, no mérito do *writ*, que o próprio Tribunal de Contas da União havia aceitado a situação de fato existente à época, convalidando as contratações e recomendando a realização de concurso público para admissões futuras.

Em relação ao princípio da segurança jurídica, ponderou-se que este se associa a elementos de naturezas variadas ligados à boa-fé da pessoa afetada pela medida, à confiança depositada na inalterabilidade da situação e ao decurso de tempo razoável.

A ideia de segurança jurídica no âmbito da anulação de atos administrativos desenvolvida no voto referenciado alinha-se às formulações teóricas de Almiro do Couto e Silva:

> É interessante seguir os passos dessa evolução. O ponto inicial da trajetória está na opinião amplamente divulgada na literatura jurídica de expressão alemã do início do século [séc. XX] de que, embora inexistente, na órbita da Administração Pública, o princípio da *res judicata*, a faculdade que tem o Poder Público de anular seus próprios atos tem limite

> não apenas nos direitos subjetivos regularmente gerados, mas também no interesse em proteger a boa-fé e a confiança (*Treueund Glauben*) dos administrados.
>
> [...]
>
> Esclarece Otto Bachof que nenhum outro tema despertou maior interesse do que este, nos anos 50, na doutrina e na jurisprudência, para concluir que o princípio da possibilidade de anulamento foi substituído pelo da impossibilidade de anulamento, em homenagem à boa-fé e à segurança jurídica. Informa ainda que a prevalência do princípio da legalidade sobre o da proteção da confiança só se dá quando a vantagem é obtida pelo destinatário por meios ilícitos por ele utilizados, com culpa sua, ou resulta de procedimento que gera sua responsabilidade. Nesses casos não se pode falar em proteção à confiança do favorecido (*Verfassungsrecht, Verwaltungsrecht, Verfahrensrecht in der Rechtssprechung des Bundesverwaltungsgerichts*, Tübingen 1966, 3. Auflage, v. I, p. 257 e ss.; v. II, 1967, p. 339 e ss.).
>
> Embora do confronto entre os princípios da legalidade da Administração Pública e o da segurança jurídica resulte que, fora dos casos de dolo, culpa etc., o anulamento com eficácia *ex tunc* é sempre inaceitável e o com eficácia *ex nunc* é admitido quando predominante o interesse público no restabelecimento da ordem jurídica ferida, é absolutamente defeso o anulamento quando se trate de atos administrativos que concedam prestações em dinheiro, que se exauram de uma só vez ou que apresentem caráter duradouro, como os de índole social, subvenções, pensões ou proventos de aposentadoria[12].

Na mesma linha, observa Couto e Silva em relação ao Direito brasileiro:

> MIGUEL REALE é o único dos nossos autores que analisa com profundidade o tema, no seu mencionado "Revogação e Anulamento do Ato Administrativo" em capítulo que tem por título "Nulidade e Temporalidade". Depois de salientar que "o tempo transcorrido pode gerar situações de fato equiparáveis a situações jurídicas, não obstante a nulidade que originariamente as comprometia", diz ele que "é mister distinguir duas hipóteses: (a) a de convalidação ou sanatória do ato nulo

12 SILVA, Almiro do Couto e. Os princípios da legalidade da administração pública e da segurança jurídica no estado de direito contemporâneo, *Revista da Procuradoria-Geral do Estado do Rio Grande do Sul*, Porto Alegre, Instituto de Informática Jurídica do Estado do Rio Grande do Sul, v. 18, n. 46, p. 11-29, 1988.

> e anulável; (b) a perda pela Administração do benefício da declaração unilateral de nulidade (*le bénéfice du préalable*)[13].

Conforme considerado no voto do relator, entendeu-se que a segurança jurídica como subprincípio do Estado de Direito assume valor ímpar no sistema jurídico, cabendo-lhe papel diferenciado na realização da própria ideia de justiça material.

É por isso que se considerou que o fato de as contratações terem sido realizadas há mais de 10 anos pela Infraero e a existência de controvérsia, à época da contratação, quanto à exigência de concurso público, nos moldes do art. 37, II, da Constituição, no âmbito das empresas públicas e sociedades de economia mista, tornariam mandatória a interferência do Judiciário para garantir segurança jurídica a pessoas que agiram de boa-fé.

2.2. A virada de entendimento do Supremo em relação ao art. 8º do ADCT – RE nº 165.438/DF

Outro contributo de inegável valor para a construção jurisprudencial do princípio da segurança jurídica no Supremo Tribunal Federal foi o voto do Ministro Carlos Velloso no RE 165.438/DF[14]. A decisão constitui exemplo vigoroso de como a superação de precedentes por meio da adoção de novas interpretações constitucionais pode se coadunar com o princípio da segurança jurídica, desde que laboradas cuidadosamente e que as novas posturas jurisprudenciais sejam bem fundamentadas.

Antes desse julgamento, a jurisprudência do STF orientava-se no sentido de que os militares anistiados deveriam cumprir indistintamente todos os requisitos para fazerem jus a promoções na carreira. Nas hipóteses em que lei exigisse requisitos que não poderiam ser afe-

13 SILVA, Almiro do Couto e. Os princípios da legalidade da administração pública e da segurança jurídica no estado de direito contemporâneo, *Revista da Procuradoria-Geral do Estado do Rio Grande do Sul*, Porto Alegre, Instituto de Informática Jurídica do Estado do Rio Grande do Sul, v. 18, n. 46, p. 11-29, 1988.

14 RE 165.438/DF, Rel. Min. Carlos Velloso, Tribunal Pleno, DJ 05.05.2006.

ridos quando se referia ao militar inativo (como cursos exigidos para promoções por merecimento) restaria impossibilitada a promoção dos militares anistiados.

Este entendimento estava consolidado em diversos precedentes do Tribunal. Nesse sentido, no julgamento do RE 141.290/DF, o Plenário, por maioria de votos, havia decidido que[15]:

> O art. 8º do ADCT não assegura, indiscriminadamente, todas as promoções que, em tese, seriam possíveis, mas apenas aquelas a que teria direito o servidor, caso houvesse permanecido em atividade. Cabe verificar, em cada caso, as características e peculiaridades das carreiras dos servidores civis e militares, observando-se os respectivos regimes jurídicos. Disso resulta a indispensabilidade de examinar a legislação que disciplina cada situação, em ordem a considerar a existência de direito â promoção, ou de mera expectativa *juris*, se na atividade estivesse o servidor. Se o impetrante houvesse permanecido na ativa teria, para galgar o posto de Capitão, de preencher requisitos regulamentares, pois o acesso, no caso, não decorre de mera promoção, por antiguidade, e, sim, de critério baseado na avaliação dos atributos do candidato. Promoção por merecimento. Com base no art. 8° do ADCT, não é possível ter como ocorridas, automaticamente, as promoções, de tal maneira que, em se cuidando de promoções sujeitas a apuração de requisitos subjetivos, segundo a lei de sua regência, esses se presumam satisfeitos. Precedentes do STF.

Tal posicionamento foi perfilado pelo Tribunal por anos, tendo prevalecido, por exemplo, no julgamento do RE 140.616 ED/DF[16]e do RE 141.367[17].

O Ministro Carlos Velloso já se opunha a tal entendimento ainda enquanto ministro do TFR e do STJ. No Superior Tribunal de Justiça, em seu voto vista no MS 245/DF[18], ponderou que:

> [...] Ao militar afastado, compulsoriamente, por um ato político, do serviço ativo, e depois anistiado, não seria possível exigir, para concessão de promoções, comprovação de méritos através de cursos, condecorações

15 RE 141.290, Rel. Min. Néri da Silveira, DJ 02.04.1993.

16 RE 140.616 ED, Rel. Min. Paulo Brossard, DJ 03.12.1993.

17 RE 141.367, Rel. Min. Moreira Alves, Primeira Turma, DJ 06.11.1992.

18 MS 245/DF, Rel. Min. Carlos Velloso, Primeira Seção, DJ 25.06.1990.

> ou outros requisitos, por isso que esses cursos, condecorações ou outros requisitos ele não poderia ter obtido, já que afastado, compulsoriamente, do serviço ativo.

O Supremo retomou a matéria no julgamento do RE 165.438/DF. No caso, discutia-se a legalidade de ato do Ministro da Aeronáutica que negara promoção a militar excluído do quadro das Forças Armadas como punição por suposto envolvimento na "Intento na Comunista de 35". Posteriormente, o militar foi beneficiado pela anistia nos termos do art. 8º do ADCT e requereu, sem sucesso, a sua promoção à patente de Capitão.

O voto relator do Ministro Velloso reconheceu o direito líquido e certo do anistiado, uma vez cumprido o tempo necessário para promoção. Considerou que:

> O que a norma do art. 8º do ADCT exige para a concessão de promoções, na aposentadoria ou na reserva, é a observância, apenas, dos prazos de permanência em atividade inscritos nas leis e regulamentos vigentes, inclusive, em consequência do requisito de idade-limite para ingresso em graduações ou postos que constem de leis e regulamentos vigentes na ocasião em que o servidor, civil ou militar, seria promovido.

O voto teve como fundamento capital a necessidade de se buscar a realização de justiça baseada em um critério isonômico de promoção dos militares. Reportando-se a voto proferido ainda no TFR, o Ministro Velloso asseverou: "*Não posso, pois, exercendo a função jurisdicional em nome desse mesmo Estado, deixar de conceder a esse indivíduo a promoção. Este é um caso em que temos que temperar a nossa justiça com a equidade*".

Como analisado, este posicionamento afigurava-se diametralmente oposto ao consolidado na jurisprudência da Corte. A mudança de entendimento exigia, portanto, um exame mais apurado da matéria posta em análise. Nesse âmbito, emergia uma preocupação fundamental com o resguardo do princípio da segurança jurídica.

Tal como assinalado por Bryde, parece importante que o Tribunal não se limite a mudar uma orientação eventualmente fixada, mas que o faça com base em uma crítica fundada do entendimento anterior que explicite e justifique a mudança[19].

Também, nesse sentido, vale registrar a douta observação de Larenz:

> De entre os factores que dão motivo a uma revisão e, com isso, frequentemente, a uma modificação da interpretação anterior, cabe uma importância proeminente à alteração da situação normativa. Trata-se a este propósito de que as relações fácticas ou usos que o legislador histórico tinha perante si e em conformidade aos quais projectou a sua regulação, para os quais a tinha pensado, variaram de tal modo que a norma dada deixou de se "ajustar" às novas relações. É o factor temporal que se faz notar aqui. Qualquer lei está, como facto histórico, em relação actuante com o seu tempo. Mas o tempo também não está em quietude; o que no momento da gênese da lei actuava de modo determinado, desejado pelo legislador, pode posteriormente actuar de um modo que nem sequer o legislador previu, nem, se o pudesse ter previsto, estaria disposto a aprovar. Mas, uma vez que a lei, dado que pretende ter também validade para uma multiplicidade de casos futuros, procura também garantir uma certa constância nas relações inter-humanas, a qual é, por seu lado, pressuposto de muitas disposições orientadas para o futuro, nem toda a modificação de relações acarreta por si só, de imediato, uma alteração do conteúdo da norma. Existe a princípio, ao invés, uma relação de tensão que só impele a uma solução – por via de uma interpretação modificada ou de um desenvolvimento judicial do Direito – quando a insuficiência do entendimento anterior da lei passou a ser "evidente"[20].

Essa observação coincide, fundamentalmente, com a de Peter Häberle, segundo a qual não existe norma jurídica, senão norma jurídica interpretada (*Es gibt keine Rechtsnormen, es gibt nur interpretierte Rechtsnormen*). Interpretar um ato normativo nada mais é do que colocá-lo no tempo ou integrá-lo na realidade pública (*Einen Rechssatz "auslegen" bedeutet, ihn in die Zeit, d. h. in die öffentliche Wirklichkeit stellen – um seiner Wirksamkeit will*en).

---

19 BRYDE, Brun-Otto. *Verfassungsentwicklung, stabilitàt und dynamik im verfassungsrecht der bundesrepublik deutschland,* Baden-Baden: Nomos, 1982, p. 420.

20 LARENZ, Karl. *Metodologia da ciência do direito.* 3. ed., Lisboa, 1997, p. 495.

Por isso, Häberle introduz o conceito de pós-compreensão (*Nachverständnis*), entendido como o conjunto de fatores temporalmente condicionados com base nos quais se compreende "supervenientemente" uma dada norma. A pós-compreensão nada mais seria, para Häberle, do que a précompreensão do futuro, isto é, o elemento dialético correspondente da ideia de pré-compreensão[21].

Tal concepção permite a Häberle afirmar que, em sentido amplo, toda norma interpretada – não apenas as chamadas leis temporárias – é uma norma com duração temporal limitada (*In einem weiteren Sinne sind alle – interpretierten – Gesetzen "Zeitgesetze" – nicht nur die zeitlich befristeten*). Em outras palavras, a norma, confrontada com novas experiências, transforma-se necessariamente em outra norma.

Essa reflexão e a ideia segundo a qual a atividade hermenêutica nada mais é do que um procedimento historicamente situado autorizam Häberle a realçar que uma interpretação constitucional aberta prescinde do conceito de mutação constitucional (*Verfassungswandel*) enquanto categoria autônoma.

Nesses casos, fica evidente que o Tribunal não poderá fingir que sempre pensara dessa forma. Daí a necessidade de, em tais casos, fazerse o ajuste do resultado, adotandose técnica de decisão que, tanto quanto possível, traduza a mudança de valoração. No plano constitucional, esses casos de mudança na concepção jurídica podem produzir uma mutação normativa ou a evolução na interpretação, permitindo que venha a ser reconhecida a inconstitucionalidade de situações anteriormente consideradas legítimas. A orientação doutrinária tradicional, marcada por uma alternativa rigorosa entre atos legítimos ou ilegítimos (*entweder als rechtmässig oder als rechtswidrig*), encontra dificuldade para identificar a consolidação de um processo de inconstitucionalização (*Prozess des Verfassungswidrigwerdens*). Prefere-se admitir que, embora não tivesse sido identificada, a ilegitimidade sempre existira.

21 HÄBERLE, Peter. *Zeit und verfassung, in probleme der verfassungsinterpretation*, Dreier, Ralf/Schwegmann, Friedrich (Orgs.). Baden-Baden: Nomos, 1976, p. 312-313.

Todas essas considerações estão a evidenciar que as mudanças radicais na interpretação da Constituição devem ser acompanhadas da devida e cuidadosa reflexão sobre suas consequências, tendo em vista o postulado da segurança jurídica.

Tal como anota mais uma vez Häberle:

> O tempo sinaliza ou indica uma reunião (*ensemble*) de forças sociais e ideias. [...] A ênfase ao "fator tempo" não deve levar ao entendimento de que o tempo há de ser utilizado como "sujeito" de transformação ou de movimento [...]. A história (da comunidade) tem muitos sujeitos. O tempo nada mais é do que a dimensão na qual as mudanças se tornam possíveis e necessárias[22].

Assim, há como se entender possível e condizente com o princípio da segurança jurídica a mudança de entendimento na jurisprudência constitucional, quando bem fundamentadas as razões de decidir.

No caso do RE 165.438/DF, o imperativo de justiça, como bem ponderado pelo Ministro Velloso em seu voto, fez com que o Tribunal passasse a então interpretar de forma mais ampla o art. 8º do ADCT da CF/88, no sentido de que, para a concessão de promoções, inclusive por merecimento, na aposentadoria ou na reserva, deve ser considerado tão somente o decurso de tempo necessário para alcançar o posto na hierarquia militar, de acordo com a legislação vigente.

3. Pensamento do Possível

Diante de um contexto de incertezas institucionais, para além da indispensável valorização da segurança jurídica – mas também de forma intrinsicamente relacionada a esse princípio – aflora-se oportuno o aprofundamento do pensamento das possibilidades na jurisdição constitucional, tema também desenvolvido com louvor pelo douto ministro Velloso em suas decisões no Supremo Tribunal Federal.

---

22 HÄBERLE, Peter. *Zeit und verfassung, in probleme der verfassungsinterpretation*, Dreier, Ralf/Schwegmann, Friedrich (Orgs.). Baden-Baden: Nomos, 1976, p. 300.

O "pensamento de possibilidades" (*Möglichkeitsdenken*) é um modo alternativo de interpretar o direito constitucional, a lógica jurídica e a teoria da argumentação. Trata-se de modelo fundado na dúvida, que não pensa de forma absoluta, mas busca encontrar diversas alternativas à questão que pretende solucionar.

Peter Häberle é um dos principais defensores dessa ideia. Ao conceber o Direito Constitucional como disciplina diretamente vinculada à cultura, à filosofia e à realidade contemporânea à qual se vincula, entende que todas as situações relacionadas ao texto constitucional não podem ser interpretadas de modo isolado. Foi justamente essa compreensão aberta do Direito que fez com que Häberle aprofundasse seus estudos sobre o pensamento de possibilidades.

Não é difícil encontrar exemplos dessa forma de pensar o Direito Constitucional na jurisprudência do Supremo Tribunal Federal, muitas vezes assentados na eventual configuração de uma incompletude constitucional. Nessas hipóteses, o pensamento de possibilidades passa a ser relevante para casos em que não há uma clara resposta do Direito ao problema enfrentado e que valores constitucionais devem ser, necessariamente, sopesados, para chegar-se a uma conclusão.

O "*pensamento de possibilidades*" é, para Peter Häberle, expressão, consequência, pressuposto e limite para uma interpretação constitucional aberta.[23] Trata-se de pensar *a partir* e *em* novas perspectivas, questionando-se: "Que outra solução seria viável para uma determinada situação?"

Nesse aspecto, o professor alemão ressalta que o *pensamento de possibilidades* não pode ser confundido com o *pensamento alternativo*, para que não seja associado a conceitos mutualmente excludentes ("ou um ou outro")[24]. As ideias defendidas por Häberle pressupõem análise aberta a diversos espectros de uma mesma questão. Não há apenas uma ou outra alternativa, mas, ainda, uma terceira, uma quarta e, assim, sucessivamente.

---

23 HÄBERLE, Peter. Demokratische verfassung theorie im lichte des möglichkeitsdenken. In: *Die verfassung des pluralismus*. königstein/TS, 1980, p. 9.

24 HÄBERLE, Peter. *Die verfassung des pluralismus*, cit., p. 3.

Gustavo Zagrebelsky, seguindo entendimento semelhante ao de Häberle, afirma que o pensamento a ser adotado, predominantemente em sede constitucional, há de ser o *pensamento de possibilidades*. Para ele, esta "atitude mental 'possibilista' representa para o pensamento o que a 'concordância prática' representa para a ação".[25]

Assim como Häberle, o professor italiano também destaca a importância da teoria possibilista em sociedades pluralistas, isto é, naquelas constantemente abertas a novas e diversas alternativas:

> As sociedades pluralistas atuais – isto é, as sociedades marcadas pela presença de uma diversidade de grupos sociais com interesses, ideologias e projetos diferentes, mas sem que nenhum tenha força suficiente para fazer-se exclusivo ou dominante e, portanto, estabelecer a base material da soberania estatal no sentido do passado – isto é, as sociedades dotadas em seu conjunto de um certo grau de relativismo, conferem à Constituição não a tarefa de estabelecer diretamente um projeto predeterminado de vida em comum, senão a de realizar as condições de possibilidade da mesma[26].

Ao ter um caráter amplamente aberto, o *pensamento de possibilidades* tem dupla relação com a realidade. Uma é de caráter negativo: o *pensamento de possibilidades* indaga sobre o *também possível*, sobre alternativas em relação à realidade, sobre aquilo que ainda não é real. Por outro lado, o *pensamento de possibilidades* depende da realidade em outro sentido: possível é apenas aquilo que pode ser real no futuro (*Möglichistnurwas in Zukunftwirklichseinkann*). É a perspectiva da realidade (futura) que permite separar o impossível do possível.[27]

Todavia, o *pensamento de possibilidades* não necessita ser orientado apenas para o futuro, eis que, de acordo com o entendimento de Luhmann, "a democracia permite em todo caso manter vivas e considerar como virtualmente possíveis inclusive todas aquelas possibilida-

25 ZAGREBELSKY, Gustavo. *El derecho dúctil. Ley, derechos, justicia*. Trad. de Marina Gascón. 3. ed. Madrid: Trotta S.A., 1999, p. 17.

26 ZAGREBELSKY, Gustavo. *El derecho dúctil. Ley, derechos, justicia*. Trad. de Marina Gascón. 3. ed. Madrid: Trotta S.A., 1999, p. 13.

27 HÄBERLE, Peter. *Die verfassung des pluralismus*, cit., p. 10.

des que já foram, por qualquer motivo, desconsideradas no passado". Trata-se do que Häberle denomina "pensamento da reversibilidade" (de todas as possibilidades e alternativas que surjam no contexto constitucional) – *Gedanke der Reversibilität, Alternativen im Rahmen der Verfassung*[28].

Nessa perspectiva, mencione-se a importância do *pensamento de possibilidades* à democracia. A constante abertura a novas possibilidades configura fator essencial aos ordenamentos jurídicos vigentes e "representa o conteúdo central dos princípios jurídico-constitucionais mais relevantes"[29].

Para enfatizar esse aspecto, Häberle aponta que a ideia de que a democracia pressupõe a pluralidade de alternativas é mencionada por Konrad Hesse, para quem democracia seria "pluralismo de iniciativas e de alternativas". De modo semelhante, entenderia a doutrina americana, que pensa a democracia desde os ideais de "pluralismo e competitividade". Outro exemplo de pluralidade de alternativas associada à democracia seriam as eleições, importante forma de participação democrática[30].

Desse modo, uma Constituição democrática que seja pluralista é um verdadeiro "compromisso de possibilidades", uma proposta de soluções e de coexistências possíveis, que não pretende impor a força política de cima para abaixo.

Nesse contexto, os direitos fundamentais acabam por representar importante meio de alternativas e de opções, fazendo que, com eles, seja possível um *pluralismo democrático*[31]. Liberdade é, assim, sinônimo de democracia[32].

Com isso, e essa parece ser uma das importantes consequências da orientação perfilhada por Häberle, "*uma teoria constitucional das alternativas*" pode converter-se em uma "*teoria constitucional da*

28 HÄBERLE, Peter. *Die verfassung des pluralismus*, cit., p. 5.

29 HÄBERLE, Peter. *Die verfassung des pluralismus*, cit., p. 5.

30 HÄBERLE, Peter. *Die verfassung des pluralismus*, cit., p. 5.

31 HÄBERLE, Peter. *Die verfassung des pluralismus*, cit., p. 6.

32 HÄBERLE, Peter. *Die verfassung des pluralismus*, cit., p. 6.

tolerância".[33] Daí perceber-se, também, que *alternativa enquanto pensamento possível afigura-se relevante, especialmente no evento interpretativo: na escolha do método, tal como verificado na controvérsia sobre a tópica enquanto força produtiva de interpretação*[34]. Ainda, *para o estado de liberdade da* ***res publica*** *afigura-se decisivo que a liberdade de alternativa seja reconhecida por aqueles que defendem determinadas alternativas*. Daí ensinar que *não existem apenas alternativas em relação à realidade, existem também alternativas em relação a essas alternativas*[35].

O pensamento de possibilidades como técnica de interpretação constitucional já foi utilizado em diversos julgados do Supremo Tribunal Federal brasileiro. Em várias situações, essa teoria se mostrou a alternativa mais razoável para solucionar a questão debatida.

3.1. O voto do Ministro Carlos Velloso na ADI 1.289/DF

Um caso de grande destaque na atuação do Ministro Carlos Velloso no Supremo – e que serviu de precedente a decisões futuras, como o julgamento dos Embargos Infringentes nesse mesmo processo – foi o seu voto vista na ADI 1.289/DF.

No caso, discutia-se a constitucionalidade – em face do art. 115, parágrafo único, inc. II, combinado com o art. 94 da Constituição –, de resolução do Conselho Superior da Justiça do Ministério Público do Trabalho que dispunha sobre a formação da lista sêxtupla em hipóteses de inexistência de membros do Ministério Público com mais de 10 anos de carreira[36].

No mérito, em voto-vista, o Ministro Carlos Velloso anotou, ao pronunciar-se pela constitucionalidade da ação, o seguinte, *verbis*:

> Temos, sob nossa apreciação, um princípio, o do quinto constitucional, instituído em favor dos advogados e do Ministério Público. É dizer, a

33 HÄBERLE, Peter. *Die verfassung des pluralismus*, cit., p. 6

34 HÄBERLE, Peter. *Die verfassung des pluralismus*, cit., p. 7.

35 HÄBERLE, Peter. *Die verfassung des pluralismus*, cit., p. 6.

36 ADI 1.289, Rel. Min. Octavio Gallotti, Tribunal Pleno, DJ 29.05.1998.

Constituição institui o princípio segundo o qual um quinto dos lugares dos Tribunais Regionais Federais, dos Tribunais dos Estados e do Distrito Federal e dos Tribunais Regionais do Trabalho será composto de membros do Ministério Público, com mais de dez anos de carreira, e de advogados de notório saber jurídico e de reputação ilibada, com mais de dez anos de efetiva atividade profissional, indicados em lista sêxtupla pelos órgãos de representação das respectivas classes (C.F., art. 94; art. 115, parágrafo único, II).

O princípio, para a sua concretização, exige a satisfação dos requisitos inscritos no art. 94 da Constituição. No que concerne aos membros do Ministério Público, são dois os requisitos: a) contarem "com mais de dez anos de carreira"; b) serem indicados em lista sêxtupla pelo órgão de representação de sua classe.

De um lado temos, pois, o princípio constitucional, o do "quinto". De outro, os requisitos.

Surge, então, o problema.

Se não houver membros do Ministério Público com o requisito acima indicado, como compor a lista sêxtupla, a fim de realizar-se o princípio? Seria possível compor-se ou complementar a lista sêxtupla com membros do Ministério Público que ainda não tenham completado dez anos na carreira?

Depois de muito meditar sobre o tema, respondo afirmativamente.

É que o princípio, o do quinto constitucional, constitui a premissa maior. É certo que o requisito do tempo na carreira o embasa.

Este, entretanto, há de ceder no momento em que a realização do princípio possa não ocorrer por falta de membros do Ministério Público que o satisfaçam. Temos informações seguras no sentido de que em diversos TRTs, em razão do deferimento da cautelar, suspendendo a eficácia da resolução objeto desta ação, há vagas de juízes do Ministério Público que estão ocupadas por juízes de carreira. Segundo um dos memoriais que nos foi oferecido, isto estaria ocorrendo relativamente a quatorze vagas dos TRTs. No memorial que nos foi apresentado pelo ilustre advogado Orlando Vaz Filho, está consignado, ademais, com a prova do afirmado – declaração fornecida pelo Sr. Sérgio da Costa e Silva, Diretor da Divisão do Pessoal da Procuradoria-Geral do Ministério Público do Trabalho – que "contam registrados 379 (trezentos e setenta e nove) Membros em efetivo exercício neste Ministério Público do Trabalho, sendo que 43 (quarenta e três) constam com mais de 10 (dez) anos de efetivo exercício na carreira".

Assim sendo, se não for permitida a inclusão, na lista sêxtupla, de membro do Ministério Público com menos de dez anos de carreira, ter-se-á: ou a não realização do princípio constitucional do quinto, assim descumprindo-se o que a Constituição quer e determina (C.F., art. 94), ou o não cumprimento do segundo requisito, o da lista sêxtupla, vale dizer, com

> a feitura desta apenas com um ou dois nomes. De um modo ou de outro a ofensa à Constituição é grave: primeiro: a não realização do princípio constitucional do quinto torna irregular a composição do Tribunal e chega a pôr em dúvida a perfectibilidade de suas decisões; segundo, a não observância da lista sêxtupla, para o fim de realizar-se o princípio do quinto constitucional, implica ofensa a princípio outro: o de que o Tribunal, que deve fazer a redução da lista sêxtupla para lista tríplice tem inibida ou mitigada a prerrogativa de escolha que lhe conferiu a Constituição; e se a lista que deveria ser sêxtupla passou a ser, na origem, tríplice, então o Tribunal não tem escolha nenhuma; e se a lista, que na origem deveria ser sêxtupla, mas que contém apenas um nome ou dois nomes, então teríamos duas ofensas, ao mesmo tempo, à Constituição: nem o Tribunal nem o Presidente da República poderiam exercer à prerrogativa constitucional de escolha (C.F., parágrafo único do art. 94) (fls. 150/153).

Em seguida, concluiu:

> É de ver-se, portanto, que o ato normativo objeto desta ação impede a ocorrência de ofensas maiores à Constituição.
> Esclareça-se, no caso, que o referido ato normativo garante a inclusão na lista sêxtupla de procurador com dez anos na carreira – "ficando garantida na lista sêxtupla as vagas dos procuradores com 10 (dez) anos". Preserva-se, portanto, tanto quanto possível, a norma do art. 94 da Constituição Federal.

Ao assentar que um dos valores constitucionais para a composição de órgãos judiciais era a observância do quinto constitucional, o ilustre Ministro Carlos Velloso chamou a atenção para um elemento que assume valor ímpar nas sociedades pluralistas: a composição plural dos órgãos judiciais. Entre nós, a regra do quinto constitucional rende notória homenagem a esse valor, permitindo que as Cortes tenham, necessariamente, uma composição diversificada. A não satisfação da regra do quinto constitucional configura, portanto, um desvalor que, certamente, não encontra respaldo na estrutura constitucional, tal como anotado no voto do ministro.

Ademais, cumpre observar que, ao consagrar o critério da lista sêxtupla composta por procuradores que ainda não preenchiam o requisito temporal, no caso de falta de membros habilitados, a resolução referida atendeu a um outro valor, igualmente importante para o texto constitucional: o respeito à liberdade de escolha por parte do Tribunal e do próprio Poder Executivo. Do contrário, restaria prejudicado o equilíbrio que o texto constitucional pretendeu formular para o sistema de escolha: participação da classe na formação da lista sêxtupla; participação do Tribunal na escolha da lista tríplice e participação do Executivo na escolha de um dos nomes.

A formação incompleta da lista sêxtupla ou até mesmo o envio de um ou dois nomes que preenchessem todos os requisitos constitucionais acabaria por afetar o modelo original concebido pelo constituinte, reduzindo ou eliminando a participação do Tribunal e do Executivo no processo de escolha.

A interpretação dada pelo Ministro Velloso ao caso veio a prevalecer no julgamento dos Embargos Infringentes relativos a esse mesmo processo. No caso, o voto do Ministro Gilmar Mendes, reconhecendo a importância das contribuições do Ministro Velloso, pontuou que[37]:

> Portanto, entre as interpretações cogitáveis, parece-me que aquela que mais se aproximava desse "pensamento de possibilidades", na espécie, foi exatamente a perfilhada no voto-vista do Ministro Carlos Velloso, que, como se vê, logra realizar os princípios em eventual tensão constitucional, ou seja, respeita-se a regra do quinto e a cláusula da lista sêxtupla, que, menos do que a revelação de um número cabalístico, contém uma definição em favor da liberdade relativa de escolha por parte do Tribunal e do Poder Executivo.
>
> Muito mais distante da vontade constitucional seria a composição do Tribunal sem a participação dos integrantes do Ministério Público, significa dizer, sem a observância do princípio do quinto constitucional na espécie. Da mesma forma, haveria de revelar-se distante do texto constitucional a composição da lista com número inferior ao estabelecido constitucionalmente, afetando o modelo já restrito de liberdade de escolha.

Assim, dentre os caminhos possíveis de serem trilhados, escolheu-se no caso, a partir das reflexões do Ministro Velloso, aquele que mais se aproximava da integridade da decisão constitucional, respei-

37 ADI 1.289 EI, Rel. Min. Gilmar Mendes, Tribunal Pleno, DJ 27.02.2004.

tando a regra do quinto constitucional e a liberdade de escolha dos órgãos dos Poderes Judiciário e Executivo.

4. Conclusão

Conforme analisado, as contribuições deixadas pelo Ministro Carlos Velloso na jurisprudência do Supremo Tribunal Federal revelam uma preocupação ímpar com temas fundamentais para o sustentáculo do Estado de Direito, cujo aprofundamento teórico revela-se especialmente oportuno em tempos de incertezas institucionais.

Nesse sentido, destacamos que a garantia da força normativa do princípio da segurança jurídica – especialmente quando racionalizado no sentido da proibição de condutas contraditórias por parte do Estado – tem sido intensamente valorizada pela jurisprudência do Supremo nos últimos anos. A esse respeito, analisamos o célebre caso do MS 22.357/DF, de relatoria do Ministro Gilmar Mendes, em que se considerou que ato do TCU não poderia determinar a anulação de contratações realizadas sem concurso público pela Infraero há mais de 10 (dez) anos.

Alinhavamos também que essa deferência à segurança jurídica não constitui um entrave intransponível à mudança de entendimentos jurisprudenciais. Ao contrário, diante de modificações nas situações fáticas ou jurídicas, é possível que as Cortes superem precedentes obsoletos sem que necessariamente incorram em violação ao princípio da segurança jurídica. Nesse sentido, examinamos o esplendoroso voto do Ministro Carlos Velloso no RE 165.438/DF que, diante de temperamentos de justiça e equidade, considerou imprescindível modificar a jurisprudência do STF, a fim de se garantir aos militares anistiados nos termos do art. 8º do ADCT condições plenas de promoção por merecimento.

Outro tema cuja revisitação afigura-se extremamente oportuna em tempos de crise é o pensamento das possibilidades no âmbito da jurisdição constitucional. Sobre esse assunto, destacamos brilhante voto-vista do Ministro Velloso na ADI 1.289/DF, que constitui exemplo singular de aplicação desse pensamento na jurisprudência do STF e que inspirou decisões futuras da Corte.

Todos esses aspectos revelam o quão valioso para nós se apresenta o legado deixado pelo Ministro Velloso durante seus anos de atuação no Supremo Tribunal Federal. Reconhece-se inequivocamente que a herança deixada pelo eminente jurista possui sobrelevada importância para a história da jurisdição constitucional brasileira pós-1988.

O PROTAGONISMO JUDICIAL E O SUPERENDIVIDAMENTO DOS CONSUMIDORES NO BRASIL

Guilherme Magalhães Martins
Laila Natal Miguel
Stella de Souza Ribeiro de Araujo

SUMÁRIO: 1. Introdução. O Protagonismo judicial. **2.** O Superendividamento dos Consumidores no Brasil. **3.** O Projeto de Lei nº 283/2012 e a Regulamentação do Superendividamento no Brasil. **4.** Conclusão. **5.** Referências.

1. Introdução - O Protagonismo judicial

A inércia legislativa na concretização dos valores fundamentais abraçados pela Constituição da República enseja o protagonismo judicial, numa situação de aparente conflito com o princípio da separação de poderes, principalmente quando busca fazer valer a supremacia de princípios constitucionais[1].

O protagonismo judicial vem sendo relacionado à realidade brasileira em razão da dificuldade na efetivação dos direitos fundamentais[2]. O Judiciário tem decidido sobre temas em constante evolução[3], exer-

---

1 BARROSO, Luís Roberto. *Judicialização, ativismo judicial e legitimidade democrática*. Consultor Jurídico, 2008. Disponível em: <http://www.conjur.com.br/2008-dez-22/judicializacao_ativismo_legitimidade_democratica?pagina=5>. Acesso em: 19 nov. 2015.

2 Como ensina Pérez Luño, *los derechos fundamentales son parte del núcleo definitorio de la propia Constituición, cuya permanencia se hace necesaria para mantener y salvaguardar la propia identidad del texto constitucional*. PÉREZ LUÑO, Antonio E. *Los derechos fundamentales*. 10. ed. Madrid: Tecnos, 2011, p. 64.

3 Relevante tema tratado no âmbito do Supremo Tribunal Federal (STF) diz respeito ao conteúdo e eficácia da decisão no Mandado de Injunção, cabendo a

cendo uma atividade criativa e construtiva, abordada pela doutrina do ponto de vista interpretativo[4].

Diversas questões de grande repercussão política e social vêm sendo enfrentadas pelo Poder Judiciário, e não pelas instâncias políticas tradicionais, Legislativo e Executivo. Dentre elas, demandas que envolvem pesquisas com células-tronco embrionárias (ADIn 3.150), a descriminalização da maconha (RE 635.659), aborto de feto anencéfalo (ADPF 54), e o fornecimento de medicamentos pelo Sistema Único de Saúde (AgRg no Ag nº 553.712/RS).

Nos casos de omissão ou inércia do legislador, principalmente, parece não haver outro caminho que não uma postura ativa do juiz quando se defronta com estes *hard cases*[5], visto que a espera por uma posição legislativa para solução do caso pode ser danosa à sociedade[6].

---

indagação se seria papel da Corte Suprema apenas proferir decisão no sentido de determinar que a lacuna normativa seja sanada pelo poder omisso; ou se seria o caso de permitir ao Judiciário suprir imediatamente a omissão. Os que se filiam à segunda posição afirmam que o art. 5º, LXXI, da CF/88, permite que se garantam diretamente os direitos omitidos. Contudo, a posição que prevaleceu foi a de que haveria apenas uma eficácia mandamental com base nos princípios da legalidade e da separação de poderes. Não obstante, em julgados a partir de 2007, o STF passou a fornecer maior eficácia à garantia processual, mudando de posição, inclusive formulando diretamente a norma faltante reclamada. In: NAVARRO PEREZ, Carlos. Relação entre o ativismo judicial e a atuação deficiente do poder legislativo – altruísmo a desserviço da democracia. *Revista de Direito Constitucional e Internacional*, v. 78, 2012.

4 CITTADINO, Gisele. *Pluralismo direito e justiça distributiva: elementos da filosofia constitucional contemporânea*. 4. ed. Rio de Janeiro: Lumen Juris, 2009.

5 Para Ronald Dworkin, os *Hard Cases* ou casos difíceis, são aqueles em que não há decisões judiciais ou práticas sociais inequívocas sobre determinado tema. Nesse caso, o autor argumenta que ainda assim o juiz tem o dever de analisar e descobrir os direitos das partes, o que não quer dizer que exista um método mecânico para atingi-lo. Sua teoria da decisão, portanto, se basearia em identificar uma moralidade comunitária formada pela moralidade política que as leis e as instituições da comunidade pressupõem. In: DWORKIN, Ronald. *Levando os direitos a sério*. 3. ed. São Paulo: Martins Fontes, 2010, p. 197.

6 CARVALHO FARIAS, Rachel Nunes. *O ativismo judicial e a ingerência do poder judiciário na escolha de políticas públicas. Revista dos Tribunais Nordeste, RTNE*, 2014, p. 127-150.

O suprimento da omissão legislativa por meio da criação jurisprudencial da norma faltante, com ênfase no caso de superendividamento do consumidor, é o objetivo do presente estudo.

Para Mauro Cappeletti, não há antinomia entre as atividades de legislar e de julgar, visto que se cria em função da necessidade de preencher lacunas derivadas do processo legislativo por meio da interpretação[7].

Ademais, para além da manutenção da segurança jurídica, compreender as atribuições do juiz hodiernamente, em uma sociedade pós-moderna e envolta pelo hiperconsumo, é de grande importância para se definir o tipo de sociedade que desejamos construir a partir da que já possuímos.

Em face de um Estado que frequentemente não cumpre suas responsabilidades, para Hirschl, a judicialização da política é recurso cada vez mais utilizado por tribunais para o enfrentamento de importantes dilemas morais, questões de política pública e controvérsias políticas[8].

No Estado Democrático de Direito o Judiciário encontra-se constitucionalmente vinculado à política estatal. Quando este é convocado para exercer o controle de uma política pública, considera-se que está exercendo o controle constitucional com base no art. 3º da Constituição Federal, incidindo sobre a realidade social[9].

Luís Roberto Barroso destaca, após a Segunda Grande Guerra, em considerável parte dos países ocidentais, o importante papel desempenhado pela justiça constitucional em face do tradicional espaço dedicado à política no âmbito dos Poderes Legislativo e Executivo. Os textos constitucionais notadamente principiológicos albergam uma nova perspectiva do Direito. Entende-se, portanto, que a interpretação do direito legislativo pelo Judiciário possui algum grau de criatividade. Isto ocorre tendo em vista que a atividade legislativa constantemente

---

7 CAPPELLETTI, Mauro. *Juízes legisladores?* Trad. de Carlos Alberto Álvaro de Oliveira. Porto Alegre: Fabris, 1993, p. 21.

8 HIRSCHL, Ran. *The judicialization of politics*, Oxford, 2009, p. 140.

9 GRINOVER, Ada Pellegrini. O controle de políticas públicas pelo poder judiciário. *Revista de Processo,* ano 33, n. 164, São Paulo: RT, out. 2008, p. 13-14.

apresenta certas lacunas que permitem ambiguidades que devem ser completadas pelo juiz[10].

Desta forma, para que o Judiciário seja capaz de cumprir com seu papel de garantidor de direitos, ao juiz compete muitas das vezes impreterível constitucionalização a partir da aplicação direta dos princípios, buscando garantir a própria força normativa da Constituição. Sendo assim, na concretização de direitos fundamentais, o juiz deve apresentar soluções à altura da complexidade dos fatos.

O texto constitucional se dirige à realização da personalidade e à tutela da dignidade da pessoa humana através de uma ótica extrapatrimonial nas relações privadas. O legislador em muitos casos deve, portanto, funcionalizar a proteção de situações jurídicas tradicionalmente disciplinadas sob uma ótica exclusivamente patrimonial aos valores existenciais consagrados na Constituição da República[11].

Se o ordenamento jurídico transmuda-se para colocar no ser humano a sua motivação, significa que os três pilares do Direito Civil, a família, a propriedade e o contrato, devem ser examinados à luz dos dispositivos constitucionais, tendo sempre a dignidade da pessoa humana como norte, para que esta não se torne mercadoria.

É notável o déficit, sofrido pela maioria da população brasileira, entre direito posto e efetivo, sob o ponto de vista do exercício de uma existência digna. Quando os textos constitucionais incorporam princípios e objetivos, abrem espaço para a construção no plano normativo de interpretações construtivistas judiciais, justificando-se, portanto, o próprio protagonismo da instituição, principalmente nos casos de omissão legislativa.

O objetivo do protagonismo não é o fomento de uma supremacia

10 BARROSO, Luís Roberto. *Judicialização, ativismo judicial e legitimidade democrática*. Consultor Jurídico, 2008b. Disponível em: <http://www.conjur.com.br/2008-dez-22/judicializacao_ativismo_legitimidade_democratica>. Acesso em: 19 nov. 2015.

11 TEPEDINO, Gustavo. *Temas de direito civil*. 4. ed. rev. e atual. Rio de Janeiro: Renovar, 2008, p. 10.

institucional, mas a efetivação de direitos fundamentais constitucionalmente resguardados.

2. O Superendividamento dos Consumidores no Brasil

No caso em destaque, o superendividamento dos consumidores é um fenômeno econômico-social, endêmico à sociedade de consumo, que atinge a pessoa física que de boa-fé contraiu crédito. Trata-se de uma situação em que o consumidor encontra-se de tal forma endividado, que não conseguiria pagar as prestações sem comprometer o mínimo existencial necessário ao seu sustento e ao de sua família[12].

A oferta desmedida de crédito aliada às peculiaridades da sociedade moderna, à atordoante velocidade dos meios de transmissão de informações, à rápida evolução tecnológica e aos métodos invasivos e agressivos de publicidade vem compelindo o consumidor a consumir cada vez mais, em ritmo veloz, de forma que seus rendimentos não são mais suficientes para manter o ciclo de compra e descarte. Assim, passa a adquirir crédito de forma não sustentável, até atingir a situação de superendividamento.

As instituições financeiras, por sua vez, violam os deveres anexos de conduta da boa-fé objetiva, oferecendo crédito "sem burocracia" e sem consulta prévia aos órgãos de proteção ao crédito a consumidores que não têm condição efetiva de adimplir com suas obrigações (*subprime market*). A rentabilidade desse tipo de operação é garantida pelas altas taxas de juros cobradas do consumidor e pelo baixo risco do empréstimo consignado com desconto em folha de pagamento.

O ordenamento jurídico brasileiro hoje não possui legislação específica para tratar e prevenir o superendividamento, embora o Judiciário venha aplicando as normas gerais do Código de Defesa do Consumidor relativas à boa-fé objetiva e ao equilíbrio contratual. No entanto, por ocasião da apresentação deste trabalho, foi aprovado

---

12 CARPENA, Heloísa. Contornos atuais do superendividamento. In: MARTINS, Guilherme Magalhães (Coord.) *Temas de direito do consumidor*. Rio de Janeiro: Lumen Juris, 2010, p. 232.

pelo Plenário do Senado Federal o Projeto de Lei nº 283/2012, que visa a atualizar o Código de Defesa do Consumidor, dispondo sobre o superendividamento.

Sob a ótica dos consumidores, o crédito pode ser a representação da inclusão social, da oportunidade de investimento, da organização da economia familiar, do acesso a bens indicadores de qualidade de vida, da autonomia financeira e do perfil empreendedor dos indivíduos, valioso instrumento de combate à desigualdade e à pobreza, e mesmo de incentivo à emancipação feminina, como demonstrado pela experiência de Muhammad Yunus com o *Grameen Bank*, e também por outras iniciativas nacionais, como o Banco Pérola[13].

Igualmente, o crédito, do ponto de vista macroeconômico, traz diversos benefícios. Ao propiciar a expansão do consumo, o crédito obriga as empresas a produzir em maior escala e a empregar mais, aumentando o poder de compra da população e gerando crescimento. Em algumas das economias mais pujantes do planeta, o valor dos empréstimos ultrapassa o PIB, relação que impulsiona a atividade produtiva, gerando renda e progresso[14].

Claudia Lima Marques, professora da Universidade Federal do Rio Grande do Sul e expoente brasileiro no tema, aponta que endividar-se, isto é, ter uma dívida frente a um fornecedor, é um fato inerente

---

13 Criado em outubro de 2009 na cidade de Sorocaba/SP por Alessandra França, o Banco Pérola é uma Organização da Sociedade Civil de Interesse Público (Oscip) sem fins lucrativos, voltada para a concessão de Microcrédito Produtivo Orientado (MPO) a jovens empreendedores que não conseguiriam empréstimo no sistema financeiro tradicional. Em janeiro de 2013, o Pérola apoiava 341 negócios e emprestava valor superior a um milhão de reais. Disponível em: <http://www.bancoperola.org.br/site>. Acesso em: 05 jun. 2015.

14 Em 2005, a relação empréstimos/PIB dos Estados Unidos era de 260%. Outros países de forte economia seguem a mesma tendência, valendo citar o Reino Unido, com 166%, a Alemanha, com 112%, o Japão, com 99% e a França, com 94%. Nesse mesmo ano, a relação no Brasil foi de 31%.
Cfr. SOARES, Marden Marques; MELO SOBRINHO, Abelardo Duarte de. *Microfinanças*: o papel do Banco Central do Brasil e a importância do cooperativismo de crédito. Brasília: Banco Central do Brasil, 2008.

à vida na sociedade de consumo, faz parte da liberdade das pessoas no mercado e integra o "ser consumidor" em todas as classes sociais[15].

Para a mesma autora, o Brasil, na condição de economia de mercado em desenvolvimento, é uma economia de endividamento, e não de poupança. Esse perfil tem como característica o alto gasto do consumidor com despesas básicas (moradia, alimentação, fornecimento de água e energia, transporte, vestimentas), necessitando de crédito para adquirir bens de maior valor. Na economia de poupança, por sua vez, o consumidor não gasta todo seu orçamento familiar com despesas de subsistência, e pode então reservar uma quantia, planejar-se, e esperar até que o valor investido seja retirado para consumir os bens e serviços que deseja[16].

Em que pesem as mencionadas vantagens do crédito, no entanto, tal como Jano, o deus romano de dois rostos, ele pode apresentar uma outra face oposta à primeira, obscura sob a sombra da exclusão social, da miserabilidade, do excesso de dívidas e da estagnação econômica. É a tênue linha que separa o endividamento do superendividamento, o empreendedorismo da servidão, o crescimento econômico da quebra financeira.

Metáfora proposta por Claudia Lima Marques, endividamento e crédito são duas faces de uma mesma moeda, que só é produtiva (só "sorri") quando está na vertical e em movimento, girando e mostrando ao mesmo tempo as duas caras. Esse movimento perpétuo, no entanto, exige um equilíbrio difícil de conseguir, tombando a moeda e deixando apenas a face do endividamento para cima: o consumidor cai no inadimplemento individual, refletindo no orçamento de sua família.

15 MARQUES, Claudia Lima. *Fundamentos científicos da prevenção e tratamento do superendividamento*. In: BRASIL, Ministério da Justiça. Prevenção e tratamento do superendividamento – *Caderno de Investigações Científicas*. Brasília: Departamento de Proteção e Defesa do Consumidor/ Secretaria de Direito Econômico, 2010, p. 17-37. Disponível em: <http://www.vidaedinheiro.gov.br/docs/Caderno_Superendividamento.pdf>. Acesso em: 07 jun. 2015.

16 MARQUES, Claudia Lima. *Fundamentos científicos da prevenção e tratamento do superendividamento,* op. cit., p. 17.

Quando, porém, muitas moedas caem ao mesmo tempo, desencadeiam uma crise na sociedade, desacelerando a economia[17].

Clarissa Costa de Lima, seguindo a mesma linha, expõe as duas faces do superendividamento:

> No plano jurídico, o endividamento é constituído pelo conjunto do passivo, ou seja, o saldo devedor de uma família com origem apenas em uma dívida ou mais do que uma dívida simultaneamente, denominando-se, neste último caso, de multiendividamento. O endividamento não é um problema em si mesmo, quando ocorre num ambiente favorável de crescimento econômico, queda de juros e, sobretudo, se não atingir camadas sociais com rendimentos próximos do limiar da pobreza. Todavia, o endividamento assume uma dimensão patológica, com repercussões econômicas, sociais, psicológicas e até médicas, quando o rendimento familiar não é mais capaz de suportar o cumprimento dos compromissos financeiros. Nesse caso, o endividamento é identificado no direito comparado como superendividamento, falência ou insolvência dos consumidores[18].

Nos casos mais graves, as dívidas superam o patrimônio do devedor[19], impossibilitando o pagamento. O superendividado passa a

---

17 MARQUES, Claudia Lima. Sugestões para uma lei sobre o tratamento do superendividamento de pessoas físicas em contratos de crédito ao consumo: proposições com base em pesquisa empírica de 100 casos no Rio Grande do Sul. In: MARQUES, Claudia Lima; CAVALLAZZI; Rosângela Lunardelli (Coord.). *Direitos do consumidor endividado*: Superendividamento e crédito. São Paulo: Revista dos Tribunais, 2006.

18 LIMA, Clarissa Costa de; BERTONCELLO, Karen Rick Danilevicz. *Superendividamento aplicado*: aspectos doutrinários e experiências no poder judiciário. Rio de Janeiro: GZ, 2010, p. 26-28.

19 Sophie Gjidara, citada por Clarissa Costa de Lima, aponta que a visão tradicional da gestão do patrimônio referia-se quase sempre aos bens da família, sendo compreendidos como uma estratégia de investimento. Após a banalização do crédito, no entanto, a gestão patrimonial tornou-se global e evolutiva, integrando não apenas o ativo mas também o passivo. A partir de então, o patrimônio ultrapassa largamente o conceito de economia, para se adaptar à situação financeira de seu detentor. Cf. GJIDARA, Sophie. *L'endettement et le droit privé*. Paris: LGDJ, 1999, p. 143 *apud* LIMA, Clarissa Costa de; BERTONCELLO, Karen Rick Danilevicz. *Superendividamento aplicado*: aspectos doutrinários e experiências no poder judiciário. Rio de Janeiro: GZ, 2010, p. 14.

carregar o estigma do "devedor", enfrentando dificuldades para se reinserir no mercado de trabalho, numa rotina de marginalização e punição. Incluído nos cadastros de restrição ao crédito, não consegue celebrar novos contratos. A situação extrapola a pessoa do consumidor, tornando-se fonte de tensões na família e acarretando defasagem na educação dos filhos, crises conjugais, problemas de saúde, baixa produtividade no trabalho. Anulado pelo mercado e transformado em "refugo humano"[20], gera alto custo social e demanda dos Poderes Públicos uma solução a fim de contornar a miserabilidade completa.

Estimulados a consumir cada vez mais e a contratar sempre mais crédito, muitos consumidores fatalmente irão depositar mais confiança do que deveriam na prosperidade econômica e na garantia de seu trabalho, comprometendo-se demasiadamente. Quando, porém, a saúde, o mercado de trabalho, a psique e a economia do país não se encontram na mais perfeita ordem, as quantias generosamente emprestadas pelos bancos já não podem ser devolvidas nos termos iniciais.

É então que a sociedade de consumo, antes acolhedora, prestativa e calorosa, vira as costas ao consumidor, que se tornou falho. Não dispõe mais de poder de compra para manter o ritmo de vida capitalista, seu trabalho não é suficiente para quitar seus débitos, não pode mais comprar. A face do mercado o contempla cruel, reprovadora, inquisitiva. Os outros consumidores o enxergam como um infeliz que não soube administrar suas finanças, um exemplo do que devem temer e evitar, à sua semelhança ou não.

Introduzido na academia brasileira a partir dos anos 90, com os estudos norteados no direito comparado conduzidos por Claudia Lima Marques[21], José Reinaldo de Lima Lopes[22], Márcio Mello

20 BAUMAN, Zygmunt. *Vida a crédito*. Tradução de Alexandre Werneck. 1. ed. Rio de Janeiro: Zahar, 2010.

21 MARQUES, Claudia Lima. Os contratos de crédito na legislação brasileira de proteção ao consumidor. *Revista de Direito do Consumidor*, v. 18, p. 53 e ss. São Paulo: Revista dos Tribunais, abr.-jun. 1996.

22 LOPES, José Reinaldo de Lima. Crédito ao consumidor e superendividamento – uma problemática geral. *Revista de Direito do Consumidor*, v. 17, p. 57-64. São Paulo: Revista dos Tribunais, jan.-mar. 1996.

Casado[23] e Geraldo de Faria Martins da Costa[24], o fenômeno do superendividamento dos consumidores, a despeito da multiplicação de casos levados ao Judiciário e da atenção dedicada pela doutrina, ainda não recebeu a atenção devida pelo legislador, carecendo a matéria de regulação efetiva.

Pouco depois da entrada em vigor da Lei nº 8.078/90, nascia na doutrina nacional a preocupação de que o Código não conseguisse abranger a escalada crescente do potencial danoso da sociedade de mercado, impulsionada pelo desenvolvimento acelerado da produção e venda em massa e das tecnologias[25].

Inspirada pela doutrina francesa, Claudia Lima Marques considera o superendividamento como fenômeno social e jurídico, que *pode*

---

23 CASADO, Márcio Mello. Os princípios fundamentais como ponto de partida para uma primeira análise do sobre-endividamento no Brasil. *Revista de Direito do Consumidor*, n. 33, São Paulo, Revista dos Tribunais, p. 130-142, jan.-mar. 2002.

24 COSTA, Geraldo de Faria Martins da. *Superendividamento.* A proteção do consumidor de crédito em direito comparado brasileiro e francês. São Paulo: Revista dos Tribunais, 2002.

25 É nesse contexto que José Reinaldo de Lima Lopes traz a lume a discussão sobre os problemas do crédito e do superendividamento que, embora já regulados com legislação específica nos Estados Unidos e em diversos países da Europa, ainda não havia sido estudado a fundo no Brasil. Em janeiro de 1996, a *Revista de Direito do Consumidor* publica seu primeiro artigo dedicado ao tema, que traz o conceito de superendividamento e faz ponderações sobre a ausência de positivação do fenômeno no Brasil. Nas palavras do autor, *trata-se do fenômeno social (e não apenas pessoal) da inadimplência dos consumidores por ultrapassarem sua capacidade de consumo a crédito. Em geral, a questão, do ponto de vista do direito, é tratada como um problema pessoal (moral, muitas vezes) cuja solução passa apenas pela execução pura e simples do devedor. Esquece-se que o endividamento depende de que o consumidor tenha tido acesso ao crédito (responsabilidade do credor), que tenha sido estimulado e incentivado a consumir e a consumir a crédito, que tenha sido vítima, em certos casos, de uma força maior social, qual seja uma recessão, uma onda de desemprego (hoje em dia desemprego estrutural crescente, dado o jobless grouth.* LOPES, José Reinaldo de Lima. Crédito ao consumidor e superendividamento – uma problemática geral. *Revista de Direito do Consumidor*, v. 17, p. 57-64. São Paulo, Revista dos Tribunais, jan.-mar. 1996, p. 59.

ser definido como a impossibilidade global do devedor pessoa física, consumidor, leigo e de boa-fé, pagar todas as suas dívidas atuais e futuras de consumo (excluídas as dívidas com o Fisco, oriundas de delitos e de alimentos[26].

Muitos são os fatores que contribuem para a verdadeira epidemia de casos de consumidores superendividados em todo o mundo, valendo citar o desejo construído pelo *marketing*, que alimenta o consumo-distração e o consumo-sedução, oferecendo ao consumidor uma "válvula de escape" das tensões do dia a dia[27]; a lógica-moda e a hipersegmentação do mercado, produzindo produtos cada vez mais específicos para cada nicho de consumo e promovendo a rápida sucessão dos objetos, que têm sua durabilidade (tanto física como estética) diminuída, alimentando a corrida inovacionista e o ciclo crescente de necessidades[28]; a "cultura do agora[29]", que estimula a vida plena no momento presente, um *carpe diem* pós-moderno que rejeita os hábitos de economia e poupança; a popularização do crédito e do acesso à Internet, possibilitando ao consumidor comprar em qualquer lugar e a qualquer hora, mesmo sem dinheiro e sem contato direto com os produtos; a necessidade de aceitação e integração social, o desejo de pertencer a um grupo, a construção da identidade pelos signos do consumo; o medo do ostracismo, da marginalização e do ridículo[30]; e tam-

26 MARQUES, Claudia Lima. Sugestões para uma lei sobre o tratamento do superendividamento de pessoas físicas em contratos de crédito ao consumo: proposições com base em pesquisa empírica de 100 casos no Rio Grande do Sul. In: MARQUES, Claudia Lima; CAVALLAZZI; Rosângela Lunardelli (Coord.). *Direitos do consumidor endividado*: Superendividamento e crédito. São Paulo: Revista dos Tribunais, 2006.

27 LIPOVETSKY, Gilles. *A felicidade paradoxal* – Ensaio sobre a sociedade de hiperconsumo. Trad. de Maria Lucia Machado. São Paulo: Companhia das Letras, 2007.

28 *Idem, Ibidem.*

29 BAUMAN, Zygmunt. *Vida para consumo*: a transformação das pessoas em mercadoria. Trad. de Carlos Alberto Medeiros. 1. ed. Rio de Janeiro: Zahar, 2008.

30 BAUMAN, Zygmunt. *Vida a crédito*. Trad. de Alexandre Werneck. 1. ed. Rio de Janeiro: Zahar, 2010.

bém a alienação entre o *eu comprador* e o *eu pagador* na compra a crédito, dissociando o prazer da compra do sacrifício do pagamento[31].

O panorama da economia nacional em 2015 também pode fornecer pistas para a compreensão da multiplicação de casos de superendividamento: os fatores conjunturais, como o desemprego e o aumento da inflação e do custo de vida apresentam significativo impacto no orçamento das famílias, que – muitas vezes já vivendo no limite de seus rendimentos – veem como única alternativa a contratação não planejada de crédito.

Contrariamente à tendência de queda na inadimplência consolidada desde 2009[32], o cenário em 2015 se mostra bem diferente da evolução até então registrada. A inadimplência aumentou substancialmente, constando nos indicadores do Serviço de Proteção ao Crédito (SPC Brasil) que, em abril deste ano, a lista de devedores negativados contava 55,3 milhões de consumidores, número equivalente a quase um quarto (37,9%) da população economicamente ativa (entre 18 e 95 anos). O segmento "Bancos" detém quase a metade das dívidas, com 48,43% da participação, seguido do "Comércio", com 20,1% e

---

31 BAUDRILLARD, Jean. *O sistema dos objetos*. Trad. de Zulmira Ribeiro Tavares. 5. ed. São Paulo: Perspectiva, 2012. Clarissa Costa de Lima aponta outras razões para a incidência do superendividamento: a desregulamentação dos mercados de crédito mediante redução dos mecanismos de controle pelos bancos centrais e abolição do teto de juros; redução do Estado de bem-estar social, onerando o orçamento das pessoas físicas com despesas em educação e assistência médica; excesso de crédito disponível e sua concessão irresponsável; a tendência ao consumo impulsivo sem planejamento racional para o futuro; a desconsideração dos riscos e superestimação das chances de sucesso pelos consumidores, que tendem a tomar decisões acreditando que permanecerão no emprego, que terão o salário garantido e que a economia permanecerá estável; o déficit de informação e educação financeira; e a diversificação constante das modalidades de crédito. LIMA, Clarissa Costa de. *O tratamento do superendividamento e o direito de recomeçar dos consumidores*. São Paulo: Revista dos Tribunais, 2014, p. 35-36.

32 BANCO CENTRAL DO BRASIL. *Relatório de economia bancária e crédito 2012*. Disponível em: <http://www.bcb.gov.br/pec/depep/spread/rebc_2012.pdf>. Acesso em 29 mai. 2015.

"Comunicação", com 15,23%[33]. O número total de dívidas também aumentou, com alta de 5,02% em relação a 2014, estabelecida a média em mais de duas dívidas (2,11) para cada devedor, maior patamar dos últimos três anos[34].

Esse aumento na inadimplência pode ser atribuído a uma série de causas que, consideradas em conjunto, mostram a face periclitante da concessão e contratação desordenadas de crédito: aumento da inflação, que em abril de 2015 havia crescido 8,34% nos últimos 12 meses, encarecendo os produtos de consumo do dia a dia, com destaque para o setor de "Saúde e cuidados pessoais", que apresentou a maior alta[35]; e o desemprego, que em abril de 2015 atingiu 7,9%, um aumento de 12,6% em relação ao primeiro trimestre do ano anterior[36].

O crescimento da inadimplência, impulsionado pelos indicadores da inflação e do desemprego, tem como consequência o aumento do *spread* bancário, causando juros mais altos, que aumentam o custo dos empréstimos e afastam o consumidor médio. Segundo o levantamento realizado pela Associação Nacional dos Executivos de Finanças, Administração e Contabilidade (Anefac) com os 30 maiores bancos do país, as taxas de juros das operações de crédito tiveram, em abril de 2015, a quarta elevação do ano, sétima consecutiva. Das seis linhas

---

33 CONFEDERAÇÃO NACIONAL DE DIRIGENTES LOJISTAS. Número de dívidas em atraso sobe 2,83% e tem a maior alta para abril desde 2010, indica SPC Brasil. Assessoria de imprensa, 12.05.2015. Disponível em: <http://www.cndl.org.br/noticia/abril-2015/>. Acesso em: 29 mai. 2015.

34 *Ibidem.*

35 Segundo o cálculo do Índice de Preços ao Consumidor Amplo (IPCA), auferido pelo Instituto Brasileiro de Geografia e Estatística desde 1980. Disponível em: <http://www.ibge.gov.br/home/estatistica/indicadores/precos/inpc_ipca/ipca-inpc_201504_1.shtm>. Acesso em: 29 mai. 2015.

36 Pesquisa Nacional por Amostra de Domicílios Contínua (Pnad Contínua), pesquisa por amostra probabilística de domicílios, de abrangência nacional, por esquema de rotação de domicílios, conduzida pelo IBGE. Instituto Brasileiro de Geografia e Estatística. *Pesquisa Nacional por Amostra de Domicílios Contínua.* Divulgação 07.05.2015. Disponível em: <http://www.ibge.gov.br/home/estatistica/pesquisas/pesquisa_resultados.php?id_pesquisa=149>. Acesso em: 30 mai. 2015.

de crédito para pessoa física pesquisadas, todas tiveram suas taxas de juros elevadas no mês (juros do comércio, cartão de crédito rotativo, cheque especial, CDC-bancos-financiamento de veículos, empréstimo pessoal-bancos e empréstimo pessoal-financeiras)[37].

No mês de abril de 2015, a taxa de juros anual do cartão de crédito atingiu 295,48%. Os números do cheque especial são igualmente alarmantes, contabilizando juros de 205,06% ao ano. O empréstimo pessoal foi a modalidade que alcançou a maior alta, apresentando, no mês pesquisado, taxa de juros média de 60,10% ao ano, quando contratado com bancos, e de 139,24%, nas financeiras[38].

Paralelamente, o consumo médio das famílias caiu no primeiro trimestre de 2015, apresentando a maior queda desde 2003. A coordenadora de contas nacionais do IBGE, Rebeca de La Rocque Palis, em entrevista ao canal de notícias G1, afirmou que a demanda interna caiu tanto no consumo das famílias como nos investimentos, analisando que o crescimento nominal de 5,2% do saldo de operações de crédito do sistema financeiro nacional para pessoas físicas não foi suficiente para impactar positivamente o consumo das famílias, pois o crescimento está bem abaixo da inflação, representando uma queda em termos reais[39].

Dessa forma, completa-se o círculo vicioso da retração da economia: a inflação e o desemprego diminuem o poder de compra do consumidor, que não consegue arcar com as obrigações assumidas e torna-se inadimplente, afastando-se do mercado. A queda do consumo desacelera a economia e acarreta mais desemprego. Faz-se preciso contrair mais empréstimos para saldar as dívidas já existentes, mas a

---

37 ASSOCIAÇÃO NACIONAL DOS EXECUTIVOS DE FINANÇAS, ADMINISTRAÇÃO E CONTABILIDADE – ANEFAC. *Pesquisa de juros* – abril de 2015. Disponível em: <http://www.anefac.com.br/uploads/arquivos/2015512124511379.pdf>. Acesso em: 30 mai. 2015.

38 *Ibidem.*

39 Consumo das famílias registra maior queda desde 2003, diz IBGE. *G1 Notícias* (Cristiane Caoli). Rio de Janeiro, 29.05.2015. Disponível em: <http://g1.globo.com/economia/noticia/2015/05/consumo-das-familias-registra-maior-queda-desde-2003-diz-ibge.html>. Acesso em: 30 mai. 2015.

própria inadimplência faz crescer os custos do crédito, aumentando os juros e diminuindo a oferta. O resultado é a estagnação.

A crise, no entanto, parece não atingir o setor bancário, que, ao revés, apresenta lucros crescentes e expansão dos negócios no primeiro trimestre de 2015. Os três maiores bancos privados do país, Itaú, Bradesco e Santander, registraram ganhos superiores ao mesmo período do ano passado, respectivamente, em 26,8%, 23,3% e 32%[40]. Tal expansão se deve ao aumento dos juros e encargos, bem como da carteira de crédito consignado, que tem baixas taxas de inadimplência. O Banco do Brasil marca resultado ainda mais assombroso, com aumento do lucro líquido em 117,3%, alavancado pela parceria com a operadora de cartões de crédito Cielo, estimada em 3,2 bilhões de reais[41].

A ausência de um marco regulatório acerca do tema promove uma relação de interdependência entre tribunais e doutrina: ao tempo em que os julgadores buscam na (agora farta) produção acadêmica sobre o superendividamento possíveis soluções para a tutela da figura do consumidor, também o Legislativo e a doutrina bebem na fonte da práxis judiciária, aproveitando na redação do Projeto de Lei nº 283/2012 o resultado de práticas inovadoras conduzidas por juízes e tribunais no Brasil, valendo apresentar como exemplo o Projeto Piloto de tratamento do superendividamento conduzido pelo Tribunal de Justiça do Rio Grande do Sul.

Idealizado pelas magistradas Káren Rick Danilevicz Bertoncello e Clarissa Costa de Lima, o Projeto Piloto foi instaurado nas comarcas de Charqueadas e Sapucaia do Sul, e conta com a atuação conjunta dos profissionais do Sistema Nacional de Defesa do Consumidor e do

40 Bancos privados aumentam o lucro com juros maiores e calote estável. *Folha de S.Paulo* (Toni Sciarretta). São Paulo, 06.05.2015. Disponível em: <http://www1.folha.uol.com.br/mercado/2015/05/1625227-bancos-privados-aumentam-lucro-com-juros-maiores-e-calote-estavel.shtml>. Acesso em: 30 mai. 2015.

41 Lucro do Banco do Brasil cresce 117% no primeiro trimestre, para R$ 5,82 bilhões. Folha de S.Paulo: São Paulo, 14.05.2015. Disponível em: <http://www1.folha.uol.com.br/mercado/2015/05/1628889-lucro-do-banco-do-brasil-cresce-1173-no-trimestre-para-r-581-bilhoes.shtml>. Acesso em: 30.05.2015.

Procon/RS, bem como de profissionais da assistência social, saúde e economia. O Projeto viabilizou a realização de trabalhos de experimentação na busca de soluções práticas para os problemas decorrentes do superendividamento dos indivíduos e seus núcleos familiares[42].

Tendo como principal objetivo a reinserção social do consumidor superendividado, os magistrados promovem conciliação judicial ou extrajudicial, em audiências de renegociação com a totalidade dos credores, propondo a renegociação com cada credor, na mesma solenidade, a partir das condições pessoais do superendividado e respeitando a preservação de seu mínimo vital[43].

Para garantir efetividade aos princípios reguladores do Código de Defesa do Consumidor, a jurisprudência brasileira vem encontrando caminhos através das normas axiológicas tanto da Lei nº 8.078/90, como do Código Civil e da Constituição da República, como a boa-fé objetiva, o dever geral de informação por parte do fornecedor, a razoabilidade e a solidariedade social[44]. Assim, é possível encontrar

42 BERTONCELLO, Káren Rick Danilevicz; LIMA, Clarissa Costa de. *Relatório do superendividamento no Sul do Brasil*: estudo de caso, perfil, estatísticas e a experiência da conciliação (2007-2008). In: LIMA, Clarissa Costa de; BERTONCELLO, Karen Rick Danilevicz. *Superendividamento aplicado*: aspectos doutrinários e experiências no Poder Judiciário. Rio de Janeiro: GZ, 2010.

43 LIMA, Clarissa Costa de; BERTONCELLO, Karen Rick Danilevicz. Adesão ao Projeto Conciliar é Legal – CNJ: *Projeto Piloto* Tratamento das situações de superendividamento do consumidor. Porto Alegre: Poder Judiciário do Rio Grande do Sul. Disponível em: <https://www1.tjrs.jus.br/export/processos/conciliacao/doc/projeto_superendividamento.pdf>. Acesso em: 16 nov. 2015.

44 CARPENA, Heloísa. Contornos atuais do superendividamento. In: MARTINS, Guilherme Magalhães (Coord.) *Temas de direito do consumidor.* Rio de Janeiro: Lumen Juris, 2010, p. 232. A autora aponta a primeira decisão brasileira pesquisada a reconhecer o superendividamento, cuja ementa é a seguinte: *Apelação cível. Direito civil e do consumidor. Responsabilidade civil. Danos morais. Cliente de banco que, movido por inexperiência, desempregado, de baixa classe social e reduzido poder aquisitivo, faz uso de elevado crédito, inexplicavelmente disponibilizado por banco, em flagrante lesão. Obrigações contraídas se evidenciam desproporcionais ao seu próprio proveito, passando os anos seguintes a celebrar novações e dilapidando o patrimônio da família para fazer frente à obrigação assumida, que alcança três vezes o valor original,*

decisões vanguardistas reconhecendo a abusividade da instituição financeira, e mesmo a ocorrência de lesão, decorrente do descumprimento do dever de informar.

O Código de Defesa do Consumidor conta com dois artigos que visam à proteção específica do consumidor inadimplente, pela vedação de sua exposição ao ridículo ou a qualquer tipo de constrangimento ou ameaça na cobrança das dívidas, e também garantindo o seu acesso às informações existentes em cadastros, fichas, registros e dados pessoais e de consumo arquivados sobre ele. Tais são as normas dos arts. 42 e 43, que vedam, ainda, o fornecimento pelos Sistemas de Proteção ao Crédito de quaisquer informações que possam impedir ou dificultar novo acesso ao crédito junto aos fornecedores após a consumação da prescrição relativa à cobrança dos débitos.

Também não silenciou a legislação protetiva do consumidor quanto à possibilidade de interferência dos magistrados no contrato entre

---

em lucro exorbitante para o credor (art. 157 do CC). Débitos que eram sempre apresentados de modo a não poderem ser quitados. Negativação do nome do autor no SPC, depois que, contraindo dívidas com outras financeiras para saldar a prestação com o réu, este, debitando os encargos contratuais, faz com que o valor restante se torne insuficiente para o pagamento, quando já havia pago o dobro do montante creditório originariamente contraído. Violação, pelo banco, dos princípios da justiça social (art. 170 da CF), da solidariedade social e da boa-fé, que informam o ordenamento jurídico civil brasileiro. Contrato celebrado com indiscutível lesão ao autor, que, além de inexperiente, não foi informado das condições do crédito. Violação a seus direitos básicos, enquanto consumidor, à informação adequada e clara sobre os diferentes produtos e serviços e à educação e divulgação sobre o consumo adequado dos produtos e serviços, asseguradas a liberdade de escolha e a igualdade nas contratações (art. 6º do CDC). Abuso de direito da negativação do nome do autor. Sentença condenatória em danos morais, no valor de 50 salários-mínimos, equivalente a R$ 12.000,00, nesta data, que se confirma. Recurso improvido (BRASIL. Tribunal de Justiça do Estado do Rio de Janeiro. 15ª Câmara Cível. Apelação cível nº 2003.001.02181. Apelante: Unibanco União de Bancos Brasileiros S.A. Apelado: Melchiades Monteiro de Maris. Rel. Des. José Pimentel Marques. Rio de Janeiro, 25.06.2003. TJ-RJ – Divisão de registro de acórdãos. Registrado em 11.09.2003. Inteiro teor disponível em: <http://www1.tjrj.jus.br/gedcacheweb/default.aspx?UZIP=1&GEDID=0003D66284E37B5C39EBF5AA285B8631DB92E647C3174327>. Acesso em: 20 jun. 2015).

as partes, de maneira a rever parcelamentos e prestações, expurgando os encargos abusivos, em ações judiciais com pedidos de revisão[45]. A outorga de tais poderes é garantida pelo artigo 6º, inciso V do CDC, que estabelece como direito básico do consumidor a modificação das cláusulas contratuais que estabeleçam prestações desproporcionais ou sua revisão em razão de fatos supervenientes que as tornem excessivamente onerosas. Tampouco a pactuação de obrigações iníquas, abusivas, que coloquem o consumidor em desvantagem exagerada, ou sejam incompatíveis com a boa-fé e a equidade encontra guarida, sendo cláusulas desse tipo nulas de pleno direito, nos termos do art. 51, inc. IV.

A jurisprudência, no entanto, não responde uníssona à questão do superendividamento, especialmente no que tange ao crédito consignado. As decisões judiciais em primeiro e segundo graus, e também na Justiça Especial, vêm oscilando, sendo comum em ações com pedido de revisão do contrato de crédito a extinção sem apreciação do mérito, por impossibilidade jurídica do pedido, ou o proferimento de sentença de improcedência, fundada nos princípios clássicos do *pacta sunt servanda* e da autonomia da vontade[46].

---

45 GAULIA, Cristina Tereza. O abuso na concessão de crédito: o risco do empreendimento financeiro na era do hiperconsumo. *Revista de Direito do Consumidor*, v. 71, p. 34-64. São Paulo: Revista dos Tribunais, jul.-set. 2009.

46 *Ibidem*. São especialmente representativas desse entendimento as seguintes ementas: *Ordinária. Ação de nulidade de cláusula contratual c/c revisional de obrigação creditícia e indenizatória. Cartão de crédito. Inadimplência comprovada. Não cabe ao Poder Judiciário intervir nas cláusulas contratuais, salvo quando ofendem a lei. Princípio da intangibilidade dos contratos. Contrato de adesão firmado voluntariamente.* Pacta sunt servanda. *Financiamento. Assunção do custo. Pagamento da dívida extingue a obrigação. Extinção do contrato. Sentença de improcedência mantida por seus próprios fundamentos. Desprovimento do recurso* (BRASIL. Tribunal de Justiça do Estado do Rio de Janeiro. 11ª Câmara Cível. Apelação cível nº 2006.001.15329. Apelante: Carmen Pires de Souza. Apelado: Diner's Club International Administradora de Cartões de Crédito Credicard S/A. Rel. Des. Paulo Sergio Prestes dos Santos. Rio de Janeiro, 10.05.2006). *Civil. Contrato de auxílio financeiro. Desconto em folha de pagamento. Cláusula inerente à espécie contratual. Inocorrência de abusividade. Penhora sobre remuneração não configurada. Supressão*

O superendividamento, como fenômeno endêmico à sociedade de consumo, demanda soluções que o considerem como um fato social, e não como um conjunto de casos isolados. Urge a aprovação de legislação específica para prevenir e tratar o superendividamento, solucionando divergências jurisprudenciais, garantindo a segurança jurídica e reabilitando os consumidores em penúria financeira.

3. O Projeto de Lei nº 283/2012 e a Regulamentação do Superendividamento no Brasil

O Projeto de Lei nº 283/2012 materializa a voz uníssona da doutrina, ao apresentar soluções para prevenir e tratar o superendividamento. Produzido com base no relatório da Comissão de Juristas presidida pelo Ministro Antonio Herman Benjamin, o projeto, aprovado pelo Plenário do Senado Federal, inclui nos incisos do art. 5º do Código de Defesa do Consumidor a *instituição de mecanismos de prevenção e tratamento extrajudicial e judicial do superendividamento e de proteção ao consumidor pessoa física, visando a garantir o mínimo existencial e a dignidade humana*[47].

---

unilateral da cláusula de consignação pelo devedor. Impossibilidade. É válida a cláusula que autoriza o desconto, na folha de pagamento do empregado ou servidor, da prestação do empréstimo contratado, a qual não pode ser suprimida por vontade unilateral do devedor, eis que da essência da avença celebrada em condições de juros e prazo vantajosos para o mutuário. Recurso especial conhecido e provido (BRASIL. Superior Tribunal de Justiça. 4ª T. Recurso Especial nº 728.563/RS. Recorrente: Cooperativa de Economia e Crédito Mútuo dos Servidores Públicos Municipais de Porto Alegre – Cooperpoa. Recorrido: Paulo Ricardo do Amaral Elias. Rel. Min. Aldir Passarinho Junior. Brasília, 08.06.2005).

47 Projeto de Lei nº 283/2012
Art. 1º A Lei nº 8.078, de 11 de setembro de 1990 (Código de Defesa do Consumidor), passa a vigorar com as seguintes alterações:
Art. 5º [...]
VI – instituição de mecanismos de prevenção e tratamento extrajudicial e judicial do superendividamento e de proteção ao consumidor pessoa física, visando a garantir o mínimo existencial e a dignidade humana.
Art. 6º [...]
XI – a garantia de práticas de crédito responsável, de educação financeira, de

Ainda em seu art. 1º, acrescenta ao art. 6º o inc. XI, que pretende garantir como direito básico do consumidor *a garantia de práticas de crédito responsável, de educação financeira, de prevenção e tratamento das situações de superendividamento, preservando o mínimo existencial, por meio da revisão e repactuação da dívida, entre outras medidas*. Ambos os acréscimos traduzem a preocupação do legislador com a tutela da dignidade humana e do mínimo existencial. Ademais, expressam também a opção pelo modelo da reeducação, estimulando o crédito responsável e a educação financeira, e prevendo a revisão e repactuação da dívida como principais medidas.

O projeto vem preencher a significativa lacuna legislativa da prevenção e tratamento do superendividamento. Quanto aos aspectos relativos à prevenção, apresenta-se detalhado e eficaz, prevendo sanções inovadoras, como a perda dos juros para a instituição credora em caso de abuso, e também regulando a publicidade. A valorização do binômio educação financeira do consumidor e concessão responsável de crédito pelo credor é o ponto alto do projeto, que não se apresenta de forma paternalista, pois sempre coloca o consumidor como protagonista e sujeito responsável por suas escolhas, e no entanto o resguarda de práticas abusivas e contrárias à boa-fé objetiva.

Ao optar pelo acesso ao crédito responsável como finalidade, o projeto demonstra que a prevenção do superendividamento, longe de estar caracterizada por uma postura proibitiva ou desencorajadora do crédito, perpassa primeiramente pela concessão responsável, avaliando as reais possibilidades econômicas do mutuante, e também pela educação financeira, que visa a garantir autonomia decisória aos consumidores, que se tornam menos influenciáveis pelas táticas publicitárias. Educação financeira ajuda a prevenir contratações impulsivas de crédito, e também o desaconselhável hábito de comprar a crédito sem levar em conta o valor do produto, mas sim o valor da parcela. Contabilizar despesas e renda, a famosa "ponta do lápis", é um cos-

---

prevenção e tratamento das situações de superendividamento, preservando o mínimo existencial, por meio da revisão e repactuação da dívida, entre outras medidas.

tume distante da realidade de uma grande massa de brasileiros, tornando-se a educação financeira a forma de instruir os consumidores a fazerem escolhas responsáveis e livres.

Concessão responsável de crédito e educação financeira constituem uma via de mão dupla. Mesmo a mais sofisticada educação financeira não é capaz de suprimir a vulnerabilidade técnica do consumidor diante da instituição de crédito. Assim, regular a concessão de crédito previne práticas abusivas – capazes de driblar o mais instruído consumidor – garantindo efetividade na tutela de seus direitos. Por outro lado, apenas a regulação do crédito, quando não aliada a uma eficaz educação para o consumo, se torna uma atitude paternalista, que trata o consumidor como uma peça desprovida de pensamento crítico e autonomia, sujeita aos caprichos da boa vontade das instituições financeiras. Estimular os consumidores a assumirem a condição de protagonistas de seu patrimônio promove a transformação do consumidor infantilizado e hipersuscetível às práticas abusivas em alguém consciente dos seus gastos, capaz de fazer escolhas, espalhando, assim, o senso de responsabilidade.

O diálogo do legislador com as decisões jurisprudenciais também se manifesta na redação do art. 54-D do projeto, que visa a proteger o mínimo existencial por meio da reserva de desconto em folha limitada a 30% dos vencimentos líquidos do devedor para pagamento de parcelas por empréstimo, enfatizando a responsabilidade dos fornecedores pelo crédito, pois uma vez ultrapassado o valor máximo previsto, torna-se causa imediata para a revisão ou renegociação do contrato pelo juiz.

A limitação dos descontos em folha, antes regulada apenas nos empréstimos contraídos por servidores públicos, por meio do Decreto nº 6386/2008[48], passaria, nos termos do projeto de lei, a valer para

---

48 Decreto nº 8.386/2008
Art. 8º A soma mensal das consignações facultativas de cada consignado não excederá a trinta por cento da respectiva remuneração, excluído do cálculo o valor pago a título de contribuição para serviços de saúde patrocinados por órgãos ou entidades públicas, na forma prevista nos incisos I e II do art. 4º.

todos os empréstimos consignados. Trata-se de consolidação da tendência, uníssona na jurisprudência, limitando a margem em 30% da remuneração do trabalhador para desconto em folha[49].

---

49 Nesse sentido se orienta a jurisprudência do Superior Tribunal de Justiça: *AGRAVO REGIMENTAL NO RECURSO ESPECIAL. DESCONTO EM FOLHA DE PAGAMENTO. LIMITAÇÃO EM 30% DA REMUNERAÇÃO RECEBIDA. POSSIBILIDADE. RECURSO IMPROVIDO* (AgRg no REsp 1.174.333/RS, Rel. Min. Massami Uyeda, 3ª T., DJ 12.05.2010).
CIVIL. AÇÃO REVISIONAL. COMISSÃO DE PERMANÊNCIA. LICITUDE DA COBRANÇA. SÚMULA Nº 294 DO STJ. DESCONTO EM FOLHA DE PAGAMENTO. SUPRESSÃO UNILATERAL. IMPOSSIBILIDADE. LIMITE DE 30% DOS VENCIMENTOS. 1. Omissis. 2. Cláusula contratual que autoriza desconto em folha de pagamento de prestação de empréstimo contratado não pode ser suprimida por vontade unilateral do devedor, uma vez que é circunstância facilitadora para obtenção de crédito em condições de juros e prazos mais vantajosos para o mutuário; todavia, deve ser limitada a 30% dos vencimentos. 3. Agravo regimental parcialmente provido (AgRg no REsp 959.612/MG, Rel. Min. João Otávio de Noronha, 4ª T., DJ 03.05.2010) [...] *AGRAVO REGIMENTAL NO RECURSO ESPECIAL. EMPRÉSTIMO BANCÁRIO. DESCONTO EM CONTA-CORRENTE DE PERCENTUAL SUPERIOR A 30% DOS VENCIMENTOS DO CORRENTISTA. IMPOSSIBILIDADE. 1. A jurisprudência desta Casa consolidou-se no sentido de que os descontos de empréstimos na folha de pagamento devem ser limitados a 30% da remuneração, tendo em vista o caráter alimentar dos vencimentos. Precedentes. 2. Agravo regimental a que se nega provimento* (AgRg no REsp 1,226.659/RS, Rel. Min. Maria Isabel Gallotti, 4ª T., DJe 08.04.2011) [...] *RECURSO ESPECIAL. NEGATIVA DE PRESTAÇÃO JURISDICIONAL. ALEGAÇÃO GENÉRICA. APLICAÇÃO, POR ANALOGIA, DA SÚMULA Nº 284/STF. EMPRÉSTIMO. DESCONTO EM FOLHA DE PAGAMENTO/CONSIGNADO. LIMITAÇÃO EM 30% DA REMUNERAÇÃO RECEBIDA. RECURSO PROVIDO. 1. A admissibilidade do recurso especial exige a clara indicação dos dispositivos supostamente violados, assim como em que medida teria o acórdão recorrido afrontado a cada um dos artigos impugnados. 2. Ante a natureza alimentar do salário e do princípio da razoabilidade, os empréstimos com desconto em folha de pagamento (consignação facultativa/voluntária) devem limitar-se a 30% (trinta por cento) dos vencimentos do trabalhador. 3. Recurso provido* (REsp 1.186.965/RS, Rel. Min. Massami Uyeda, 3ª T., DJe 03.02.2011) [...] *AGRAVO REGIMENTAL. AGRAVO DE INSTRUMENTO. CONTRATO DE MÚTUO BANCÁRIO. DÉBITO EM CONTA CORRENTE. LIMITAÇÃO DO DESCONTO. DECISÃO AGRAVADA MANTIDA. IMPROVIMENTO. I. Ante a natureza alimentar do salário e do princípio da razoabilidade, os empréstimos com desconto em folha de pagamento (consignação facultativa/voluntária)*

Num país de tão profundas desigualdades sociais e precária distribuição de renda, porém, a fixação de um percentual uniforme de 70% da remuneração para todos os consumidores como o necessário para a manutenção do mínimo existencial pode se transformar em uma faca de dois gumes. Por um lado, trabalhadores bem remunerados e de situação financeira estável poderiam desejar comprometer uma parte maior de seus vencimentos com empréstimos pessoais, e a limitação pode se tornar uma medida paternalista que os impediria de aproveitar plenamente as oportunidades que o crédito poderia oferecer. Por outro lado, este muito mais grave (e também mais numeroso), muitos consumidores não têm condições de garantir uma vida digna com 70% de sua renda mensal.

Para quem percebe um salário-mínimo ou pouco mais que isso (quantia que já demonstrou ser insuficiente para prover às despesas de subsistência de uma família média, tomando-se como exemplo o critério de miserabilidade previsto pela legislação de assistência social, fixado em ¼ do salário mínimo *per capita,* e ainda assim sujeito à flexibilização, conforme recente julgado do Supremo Tribunal Federal), sobreviver com 70% desse valor torna-se tarefa hercúlea e quase impossível, sujeitando muitas famílias a condições indignas de habitação e segurança alimentar.

Levando em conta essas especificidades, e a partir do estudo comparado do Código do Trabalho francês, Clarissa Costa de Lima propõe dois caminhos mais adequados e flexíveis: o primeiro é a fixação do mínimo existencial em percentual variável conforme a faixa de renda do devedor, sendo o percentual maior de subsistência para as rendas mais baixas e menor para as rendas mais altas. A autora exemplifica atribuindo o mínimo existencial para o grupo que recebe até dois salários-mínimos em 90% da renda líquida mensal; 80% para

devem limitar-se a 30% (trinta por cento) dos vencimentos do trabalhador (REsp 1.186.965/RS, Rel. Min. Massami Uyeda, DJe 03.02.2011). II. O Agravante não trouxe nenhum argumento capaz de modificar a conclusão do julgado, a qual se mantém por seus próprios fundamentos. Agravo Regimental improvido (AgRg no Ag 1.381.307/DF, Rel. Min. Sidnei Beneti, 3ª T., DJe 27.04.2011).

o grupo com renda entre dois e quatro salários-mínimos; 70% da renda líquida mensal entre cinco a sete salários-mínimos; 60% para o grupo que aufere de oito a dez salários-mínimos; e assim sucessivamente até os 30% para quem tem renda mensal superior a quatorze salários-mínimos[50].

A segunda alternativa seria, em sede de revisão contratual em juízo, conferir ao juiz o poder discricionário de determinar, levando em conta as características de cada devedor em particular, qual a fração da renda líquida mensal deve ser resguardada para a eficaz preservação do mínimo existencial. Essa proposta, ao tempo em que apresenta a vantagem de permitir um ajuste do valor caso a caso, também tem o inconveniente da possibilidade de soluções diferentes em situações semelhantes, pondo em risco a segurança jurídica.

Em caso de abuso na concessão do crédito consignado, o parágrafo 2º do dispositivo prescreve o dever de revisão ou renegociação do contrato, podendo o juiz, nos moldes da sanção civil de perda dos juros prevista no art. 54-C, § 2º, adotar a dilação do prazo de pagamento, sem acréscimo nas obrigações do consumidor; a redução dos encargos da dívida e da remuneração do fornecedor; e a constituição, consolidação ou substituição de garantias. O artigo acrescenta, ainda, a expressão "entre outras" às medidas descritas nos incisos. Essa previsão possibilita ao juiz analisar caso a caso as situações concretas de revisão e renegociação sujeitas à sua apreciação, podendo propor diversas medidas não estipuladas no artigo, de forma a garantir a reparação do abuso na concessão de crédito consignado.

Da mesma forma, a redação proposta para o art. 54-F, inc. I[51], que visa a proteger o consumidor proprietário de cartão de crédito contra fraudes ou extravios vem a positivar entendimento consolidado no Superior Tribunal de Justiça, que entende serem nulas as cláusu-

50 LIMA, Clarissa Costa de. *O tratamento do superendividamento e o direito de recomeçar dos consumidores.* São Paulo: Revista dos Tribunais, 2014, p. 164.

51 *Art. 54-F. Sem prejuízo do disposto no art. 39 deste Código e da legislação aplicável à matéria, é vedado ao fornecedor de produtos e serviços que envolvam crédito, entre outras condutas:*

las contratuais que impõem exclusivamente ao consumidor a responsabilidade por compras realizadas com cartão de crédito extraviado, embasado na interpretação dos arts.14 e 18 do Código de Defesa do Consumidor[52]. Confira-se a ementa do *leading case*, de 2006:

> CONSUMIDOR. CARTÃO DE CRÉDITO. FURTO. RESPONSABILIDADE PELO USO. CLÁUSULA QUE IMPÕE A COMUNICAÇÃO. NULIDADE. CDC/ART. 51, IV.
> São nulas as cláusulas contratuais que impõem ao consumidor a responsabilidade absoluta por compras realizadas com cartão de crédito furtado até o momento (data e hora) da comunicação do furto. Tais avenças de adesão colocam o consumidor em desvantagem exagerada e militam contra a boa-fé e a equidade, pois as administradoras e os vendedores têm o dever de apurar a regularidade no uso dos cartões[53].

Encerradas as disposições sobre a prevenção do superendividamento, o projeto traz também a proposta de inclusão ao CDC de um quinto capítulo no Título III (Da proteção ao consumidor em juízo), capítulo esse que passará a consistir no art. 104-A, que dispõe sobre a conciliação no superendividamento. A preferência do legislador pelos aspectos da prevenção fica expressa pela escolha em abordar os aspectos judiciais do tratamento do fenômeno em um único artigo.

I – realizar ou proceder à cobrança ou ao débito em conta de qualquer quantia que houver sido contestada pelo consumidor em compras realizadas com cartão de crédito ou meio similar, enquanto não for adequadamente solucionada a controvérsia, desde que o consumidor haja notificado a administradora do cartão com antecedência de pelo menos três dias da data de vencimento da fatura, vedada a manutenção do valor na fatura seguinte;

[...]

52 *Banco deve responder solidariamente por extravio de cartão de crédito*. Notícias do STJ (Coordenadoria de Editoria e Imprensa). Brasília, 12.12.20122. Disponível em: <http://stj.jus.br/portal_stj/publicacao/engine.wsp?tmp.area=398&tmp.texto=104141>. Acesso em: 22 jun. 2015.

53 BRASIL. Superior Tribunal de Justiça. Recurso especial nº 348.343/SP. Recorrente: Banco do Estado de São Paulo – Banespa S/A. Recorrido: Constantinos Joannis Athanassakis. Rel. Min. Humberto Gomes de Barros. Brasília, 04.02. 2006, DJ 26.06.2006, p. 130.

Diferentemente do anteprojeto formulado por Claudia Lima Marques, Clarissa Costa de Lima e Káren Bertoncello a partir das experiências com projetos-piloto no âmbito do Poder Judiciário[54], o legislador optou por não criar uma lei própria para cuidar de todos os aspectos do superendividamento, inclusive os processuais, inserindo as alterações no próprio Código de Defesa do Consumidor. Ao tempo em que essa escolha pode ser benéfica, facilitando ao consumidor leigo perceber no CDC um panorama completo de seus direitos, também peca ao não estabelecer normas específicas para a tutela do consumidor superendividado em Juízo.

A forma de tratamento proposta pelo art.104-A é a repactuação da dívida a partir da elaboração de plano de pagamento com prazo máximo de cinco anos. Não apenas nos aspectos da prevenção, como também no tratamento, o legislador optou pelo modelo da reeducação já consagrado pela França. O plano de pagamento suspende ou extingue as ações judiciais de cobrança já em curso, exclui o consumidor dos bancos de dados e cadastros de inadimplentes, e também estabelece ao endividado o dever de abster-se de condutas que agravem sua situação. O pedido de repactuação não importa em declaração de insolvência civil, e somente poderá ser repetido após decorridos dois anos da liquidação das obrigações.

O artigo prevê a realização de audiência conciliatória, em que o devedor apresentará aos credores seu plano de pagamento, observado o mínimo existencial. Os efeitos da revelia estão previstos no § 2º, acarretando o não comparecimento do credor em suspensão da exigibilidade do débito e interrupção dos encargos da mora. No caso de conciliação, a sentença homologatória tem eficácia de título executivo e força de coisa julgada.

54 MARQUES, Claudia Lima; LIMA, Clarissa Costa de; BETRONCELLO, Káren. Anteprojeto de lei dispondo sobre a prevenção e o tratamento das situações de superendividamento de consumidores pessoas físicas de boa-fé. *Revista de Direito do Consumidor*. v. 73. p. 345-367, São Paulo, Revista dos Tribunais, jan.-mar. 2010.

O projeto de lei, que data do ano de 2012, também não acompanhou os avanços na hibridização do modelo francês, que buscou formas de reinserir na sociedade e no mercado os consumidores que não teriam condições financeiras para arcar com um plano de pagamento, encontrando-se em situação de miséria tal, que qualquer comprometimento de sua renda configuraria afronta direta ao mínimo existencial, tirando-lhe a dignidade.

Trata-se de casos como o da consumidora Goretti, atendida pelo projeto-piloto de conciliação do superendividamento, do Poder Judiciário do Rio Grande do Sul[55]. Goretti trabalhava como catadora de papel, e recebia o benefício assistencial do Bolsa Família. Ao precisar arcar com diversas despesas médicas para o tratamento de saúde de sua mãe, contraiu empréstimo pessoal, que deveria ser pago em 12 parcelas de R$ 270,00. Ocorre que a consumidora não tinha emprego formal e sua única renda fixa, o benefício assistencial, era de apenas R$ 230,00. Como sua renda era absolutamente insuficiente para o pagamento do empréstimo, passou a trabalhar em dois turnos, durante o dia e à noite, como recicladora, para tentar adimplir sua dívida. Recorreu ao projeto antes de vencer a dívida, quando percebeu que mesmo com o esforço incessante de seu trabalho, não conseguiria pagar.

Goretti foi reduzida a uma situação de moderna escravidão por dívida. Sua renda, já insuficiente para a manutenção de despesas básicas, a ponto de precisar contrair empréstimo para gastos do dia a dia, não comportaria nenhum comprometimento para um plano de pagamento. Trata-se de um círculo sem fim em que mais comprometimento de renda gera mais dívidas, ainda que diante do trabalho redobrado.

Casos como esse demonstram que, diante das práticas irresponsáveis dos fornecedores de crédito, que chegam ao ponto de conceder empréstimos a pessoas que logram sobreviver com valores muito

55 LIMA, Clarissa Costa de; BERTONCELLO, Karen Rick Danilevicz. Conciliação aplicada ao superendividamento: estudo de casos. *Revista de Direito do Consumidor*, v. 71, p. 106-141. São Paulo, Revista dos Tribunais, jul.-set. 2008, p. 116.

abaixo do salário-mínimo, ou sem renda fixa, mesmo o conjunto de medidas previstas nos arts. 104-A e 54-D, § 2º, não é capaz de garantir a restauração da dignidade e do mínimo existencial desse contingente de pessoas sem bens e sem renda.

Clarissa Costa de Lima aponta o perdão como um direito especial e social do consumidor sem bens e sem renda, ressaltando que a ausência de um regime especial para esses devedores deixaria os mais pobres, desempregados, aqueles que recebem benefícios sociais à mercê de seus credores, ou mesmo levando-os a aceitar planos de pagamento absolutamente incompatíveis com a sua realidade financeira, entrando pela "porta giratória"[56]. A autora propõe um acréscimo ao projeto de um art. 104-B, tratando especificamente dos casos em que a conciliação resta infrutífera, instaurando-se o processo de superendividamento. Confira-se excerto da redação sugerida:

> § 3º Nos casos em que se constatar que o devedor não tem bens disponíveis e nem renda que exceda o mínimo existencial para o pagamento dos credores, o juiz poderá declarar a remissão das dívidas remanescentes mediante condições que poderão ser exigidas do devedor, isolada ou cumulativamente:
> não ocultar ou dissimular os rendimentos que receba a qualquer título, devendo apresentar relatórios sobre seus esforços de recuperação financeira sempre que for requisitado;
> exercer uma profissão remunerada, não a abandonando sem motivo legítimo, e a procurar diligentemente tal profissão quando desempregado, não recusando injustificadamente algum emprego para o qual seja apto;
> informar o juiz e o administrador de qualquer mudança de domicílio ou de condições de emprego, no prazo de 10 dias após a respectiva ocorrência;
> entregar ao administrador, a parte dos rendimentos disponíveis, quando houver, para rateio entre os credores;
> não fazer quaisquer pagamentos diretamente a credores a não ser por meio do administrador e não criar qualquer vantagem especial para algum desses credores;
> frequentar curso de educação financeira ou similar.
> § 4º O juiz fixará o prazo de cumprimento das condições, que não poderá exceder a dois anos, tendo em consideração, especialmente, as caracte-

56 LIMA, Clarissa Costa de. *O tratamento do superendividamento e o direito de recomeçar dos consumidores*. São Paulo: Revista dos Tribunais, 2014.

rísticas pessoais do devedor, o grau de superendividamento, bem como os motivos que o levaram ao superendividamento.

§ 5º O juiz poderá declarar a remissão imediata das dívidas quando verificar que o crédito foi concedido de forma irresponsável ou sem a observância dos deveres de informação e conselho pelo fornecedor.

§ 6º A remissão das dívidas não abrange as dívidas alimentícias, as indenizações devidas por atos ilícitos praticados pelo devedor, as multas administrativas, sanções criminais e os créditos tributários[57].

Diante do aumento crescente dos índices de desemprego e da inflação, aliados à desigualdade estrutural de renda, que mantém um enorme contingente de cidadãos incapazes de manter ao mínimo de subsistência, a massa definida por Bauman como "refugo humano", abordada no primeiro capítulo, a inclusão da possibilidade do perdão da dívida no projeto se apresentaria como a forma mais eficaz de restaurar a dignidade dos consumidores superendividados sem bens e sem renda.

4. Conclusão

Por todo o exposto, conclui-se que, a efetivação de direitos fundamentais constitucionalmente resguardados inúmeras vezes levará à aplicação direta dos princípios constitucionais pelo juiz. Sendo assim, este deverá apresentar soluções à altura da complexidade dos fatos, o que não significa o incentivo de uma supremacia institucional.

Atualmente não há no ordenamento jurídico brasileiro legislação específica para tratar e prevenir o superendividamento, nem mesmo jurisprudência consolidada sobre o tema. A fim de reinserir socialmente o consumidor superendividado, o Projeto de Lei nº 283/2012 em conformidade com grande parte da doutrina, apresenta soluções com o intuito de preencher esta lacuna.

Não obstante isso, para o estabelecimento de uma real tutela da dignidade humana e do mínimo existencial, ainda se faz necessário que se estabeleçam normas processuais específicas para a tutela do consumidor superendividado em juízo, além de levar em consideração

57 *Ibidem*, p. 174-175.

as profundas desigualdades sociais e a precária distribuição de renda nacional. Por conseguinte, diante dos casos concretos, ainda não há opção que não o suprimento da omissão legislativa por meio da criação jurisprudencial da norma faltante.

5. Referências

BARROSO, Luís Roberto. Judicialização, ativismo judicial e legitimidade democrática. *Consultor Jurídico*, 2008b. Disponível em: <http://www.conjur.com.br/2008-dez-22/judicializacao_ativismo_legitimidade_democratica>.

BAUDRILLARD, Jean. O sistema dos objetos. Trad. de Zulmira Ribeiro Tavares. 5. ed. São Paulo: Perspectiva, 2012.

BAUMAN, Zygmunt. Vida a crédito. Trad. de Alexandre Werneck. 1. ed. Rio de Janeiro: Zahar, 2010.

______. *Vida para consumo*: a transformação das pessoas em mercadoria. Trad. de Carlos Alberto Medeiros. 1. ed. Rio de Janeiro: Zahar, 2008.

CAPPELLETTI, Mauro. *Juízes legisladores*? Trad. de Carlos Alberto Álvaro de Oliveira. Porto Alegre: Fabris, 1993.

CARVALHO FARIAS, Rachel Nunes. O ativismo judicial e a ingerência do poder judiciário na escolha de políticas públicas. *Revista dos Tribunais Nordeste, RTNE*, 2014.

CASADO, Márcio Mello. Os princípios fundamentais como ponto de partida para uma primeira análise do sobre-endividamento no Brasil. *Revista de Direito do Consumidor*, n. 33, São Paulo, Revista dos Tribunais, jan.-mar. 2002.

CITTADINO, Gisele. *Pluralismo direito e justiça distributiva:* elementos da filosofia constitucional contemporânea. 4. ed. Rio de Janeiro: Lumen Juris, 2009.

COSTA, Geraldo de Faria Martins da. *Superendividamento. A proteção do consumidor de crédito em direito comparado brasileiro e francês*. São Paulo: Revista dos Tribunais, 2002.

GAULIA, Cristina Tereza. O abuso na concessão de crédito: o risco do empreendimento financeiro na era do hiperconsumo. *Revista de Direito do Consumidor*, v. 71, p. 34-64, São Paulo, Revista dos Tribunais, jul.-set. 2009.

GRINOVER, Ada Pellegrini. O controle de políticas públicas pelo poder judiciário. *Revista de Processo*, ano 33, n. 164, São Paulo, RT, out. 2008.

HIRSCHL, Ran. *The judicialization of politics*. Oxford, 2009.

LIMA, Clarissa Costa de; BERTONCELLO, Karen Rick Danilevicz. *Superendividamento aplicado*: aspectos doutrinários e experiências no poder judiciário. Rio de Janeiro: GZ, 2010.

LIMA, Clarissa Costa de. *O tratamento do superendividamento e o direito de recomeçar dos consumidores*. São Paulo: Revista dos Tribunais, 2014.

LIPOVETSKY, Gilles. A felicidade paradoxal – Ensaio sobre a sociedade de hiperconsumo. Trad. de Maria Lucia Machado. São Paulo: Companhia das Letras, 2007.

LOPES, José Reinaldo de Lima. Crédito ao consumidor e superendividamento – uma problemática geral. *Revista de Direito do Consumidor*, v. 17, São Paulo, Revista dos Tribunais, jan.-mar. 1996.

MARQUES, Claudia Lima; CAVALLAZZI; Rosângela Lunardelli (Coords.). *Direitos do consumidor endividado*: Superendividamento e crédito. São Paulo: Revista dos Tribunais, 2006.

______. Fundamentos científicos da prevenção e tratamento do superendividamento. In: BRASIL, Ministério da Justiça. Prevenção e tratamento do superendividamento – *Caderno de Investigações Científicas*. Brasília: Departamento de Proteção e Defesa do Consumidor/Secretaria de Direito Econômico, 2010. Disponível em: <http://www.vidaedinheiro.gov.br/docs/Caderno_Superendi vidamento.pdf >.

______. Os contratos de crédito na legislação brasileira de proteção ao consumidor. *Revista de Direito do Consumidor*, v. 18, p. 53 e ss. São Paulo: Revista dos Tribunais, abr.-jun. 1996.

MARTINS, Guilherme Magalhães (Coord.). *Temas de direito do consumidor*. Rio de Janeiro: Lumen Juris, 2010.

NAVARRO PEREZ, Carlos. Relação entre o ativismo judicial e a atuação deficiente do poder legislativo – altruísmo a desserviço da democracia. *Revista de Direito Constitucional e Internacional*, v. 78, 2012.

PÉREZ LUÑO, Antonio E. *Los derechos fundamentales*. 10. ed. Madrid: Tecnos, 2011.

SOARES, Marden Marques; MELO SOBRINHO, Abelardo Duarte de. *Microfinanças*: o papel do Banco Central do Brasil e a importância do cooperativismo de crédito. Brasília: Banco Central do Brasil, 2008.

TEPEDINO, Gustavo. *Temas de direito civil*. 4. ed. rev. e atual. Rio de Janeiro: Renovar, 2008.

PROTAGONISMO INSTITUCIONAL DO PODER JUDICIÁRIO NO ESTADO CONTEMPORÂNEO: REFLEXÕES SOBRE A JUDICIALIZAÇÃO, O ATIVISMO JUDICIAL E A AUTONOMIA PROCESSUAL DA JUSTIÇA CONSTITUCIONAL

Guilherme Peña de Moraes [1]

RESUMO: Este trabalho procura investigar as definições de protagonismo judicial, judicialização da política e ativismo judicial, correlacionando-as entre si. O caráter inovador reside na afirmação das possibilidades do ativismo judicial que não se confunde com a autonomia processual da justiça constitucional, sem, no entanto, deixar de impor-lhe limites.

PALAVRAS-CHAVE: Protagonismo judicial; Judicialização da política; Ativismo judicial.

ABSTRACT: This work tries to look into the definitions of judicial protagonism, judicialization of politics and judicial activism, correlating them with each other. The innovative character lies in the affirmation of possibilities of judicial activism, not to be confused with the processual autonomy of constitutional justice, without, however, fail to impose limits.

KEYWORDS: Judicial Protagonism; Judicialization of Politics; Judicial Activism.

---

1 Inicialmente, devo consignar o meu agradecimento ao Desembargador Werson Franco Pereira Rêgo, organizador da presente obra coletiva em homenagem ao Prof. Dr. Carlos Mário da Silva Velloso, que honrou a magistratura nacional no exercício dos cargos de Ministro do Tribunal Federal de Recursos, do Superior Tribunal de Justiça, do Tribunal Superior Eleitoral e do Supremo Tribunal Federal.

1. Introdução

O artigo que ora vem a lume tem a pretensão de investigar o "movimento global em direção ao Judiciário"[2], que experimenta uma ascensão institucional na organização dos Poderes do Estado contemporâneo, por força do qual os juízes são trazidos para o primeiro plano da vida pública.

O ponto de convergência da judicialização e ativismo do Poder Judiciário, dessa forma, encontra-se no quadro de valorização das atividades dos juízes[3]. A nosso ver, no espaço dos diálogos constitucionais, é identificado o protagonismo, ou mesmo supremacia, do Poder Judiciário que, por causa da judicialização de relações de natureza social e política, pode operar o efeito do ativismo judicial[4].

Debruçar-nos-emos, pois, sobre o trinômio judicialização da política – protagonismo institucional – ativismo do Judiciário ao longo do texto para, ao final, examinar o conceito de autonomia processual da justiça constitucional.

2. Judicialização da Política

A elocução "judicialização da política" pode ser remontada a Neal Tate e Torbjörn Vallinder, segundo os quais *a judicialização consiste, de todo modo, na transformação de algo em formato de processo judicial*[5].

Nesse sentido, o papel invasivo da ciência jurídica é determinado pela invasão do direito tanto nas relações sociais – "judicialização da

---

2 MORAES, Guilherme Peña de. *Constitucionalismo multinacional:* uso persuasivo da jurisprudência estrangeira pelos tribunais constitucionais. São Paulo: Atlas, 2015, p. 19.

3 CROWE, Justin. *Building the judiciary:* law, courts and the politics of institutional development. New Jersey: Princeton University Press, 2012, p. 270.

4 HIRSCHL, Ran. *Towards juristocracy:* the origins and consequences of the new constitutionalism. Cambridge: Harvard University Press, 2007, p. 7.

5 TATE, Neal; VALLINDER, Torbjörn. *The global expansion of judicial power.* New York: NYU Press, 1997, p. 13. Ver, também: The judicialization of politics: a world-wide phenomenon. *International Political Science Review*, n. 15, 1994, p. 91-100.

sociedade"[6] – quanto nos poderes republicanos – "judicialização da política"[7].

Com efeito, a judicialização da sociedade deriva da intervenção do Direito na sociabilidade, com a regulação das práticas sociais.

O Poder Judiciário é exposto, sem nenhum tipo de mediação, dentro dessa lógica de raciocínio, às expectativas por cidadania de setores socialmente emergentes.

A Justiça, como "guardiã das promessas democráticas" ainda não realizadas durante a modernidade, é convertida em "lugar em que se exige a realização da democracia"[8].

Demais disso, a judicialização da política exsurge da intervenção do Direito nas instituições, com o reconhecimento, antes, de um novo padrão de configuração do Poder Judiciário e, depois, de um novo padrão de relacionamento entre os Poderes do Estado.

No novo padrão de configuração, ao Poder Judiciário é atribuído o poder de elaborar o Direito, a partir do esvaziamento progressivo da supremacia legislativa e, por via de consequência, da transposição de poder do Legislativo para o Judiciário[9].

O deslocamento do centro de gravidade revela a evolução de um sistema jurídico monocêntrico para outro policêntrico, no qual toda a produção normativa não está alocada na legislatura eleita[10].

---

6 FRIEDMAN, Lawrence; PÉREZ-PERDOMO, Rogelio. *Legal culture in the age of globalization*. Redwood: Stanford University Press, 2003, p. 64.

7 SHAPIRO, Martin; SWEET, Alec. *On law, politics and judicialization*. Cary: Oxford University Press, 2002, p. 55.

8 Na visão de Antoine Garapon, *tornou-se o Poder Judiciário o último refúgio de um ideal democrático decantado ao longo do tempo*. GARAPON, Antoine. *Le gardien des promesses. justice et démocratie*. Paris: Odile Jacob, 1996, p. 20, 22 e 45, e *Les juges dans la mondialisation*. Paris: Seuil, 2005, p. 71. Ver, também, da mesma autoria: L'imaginaire pirate de la mondialisation. *Revue Esprit*, 1º.07.2009, p. 154-167, e La peur de l'impuissance démocratique. *Revue Esprit*, 1º.02.2014, p. 19-30.

9 DRESSEL, Björn. *Judicialization of politics*. New York: Routledge, 2012, p. 15.

10 TUSHNET, Mark. *Taking the Constitution away from the courts*. New Jersey: Princeton University Press, 2000, p. 6.

No novo padrão de relacionamento, o Poder Judiciário, instituição estratégica nas democracias de hoje, impondo-se, entre os dois Poderes do Estado, como ator político e parceiro no processo decisório, é convocado ao exercício de novos papéis constitucionais[11].

A judicialização da política, não pode ser negado, é revestida de natureza dúplice ou ambivalente, eis que, de um lado, as minorias parlamentares demandam a intervenção do Poder Judiciário contra a vontade da maioria (defesa das minoria), ao tempo em que, de outro lado, os agentes institucionais, como, por exemplo, o Poder Executivo e as Instituições de Provedoria de Justiça demandam a intervenção do Poder Judiciário contra a representação parlamentar, com vistas à racionalização do governo (defesa da sociedade)[12].

3. Protagonismo Judicial

O Poder Judiciário, devido à judicialização das relações sociais e políticas, é colocado no epicentro jurídico-constitucional do Estado contemporâneo[13].

---

11 POPOVA, Maria. *Politicized justice*. Cambridge: Cambridge University Press, 2014, p. 26.

12 Na visão de Luciano Da Ros, o Poder Judiciário pode atuar em relação à judicialização da política como "instrumento de oposição", pela defesa das minorias, ou "árbitro da partida", para defesa da sociedade e, por conseguinte, manutenção das regras do jogo. DA ROS, Luciano. Tribunais como árbitros ou como instrumentos de oposição: uma tipologia a partir dos estudos recentes sobre judicialização da política com aplicação ao caso brasileiro contemporâneo. *Direito, Estado e Sociedade*, n. 31, 2007, p. 86, e Ministério Público e Sociedade Civil no Brasil Contemporâneo: em busca de um padrão de interação. *Politica Hoje*, n. 18, 2009, p. 29. Ver, também, da mesma autoria: Fundamentos sociopolíticos do pioneirismo jurisprudencial e da diversificação do espaço jurídico: notas a partir de estudo de caso. *Revista da Ajuris*, n. 35, 2008, p. 217-230, e Difícil hierarquia: a avaliação do Supremo Tribunal Federal pelos magistrados da base do Poder Judiciário no Brasil. *Revista da GV*, n. 9, 2013, p. 47-64.

13 O protagonismo institucional do Poder Judiciário é relacionado ao "quadro de valorização do papel do juiz", por José Ribas Vieira, "protagonismo judicial-processual", por Lenio Luiz Streck, ou "nova ideia de direito, com o juiz como figura principal", por Evandro Gueiros Leite. VIEIRA, José Ribas. Leituras e

O protagonismo institucional do Poder Judiciário pode ser constatado em decisões de temas polêmicos, que envolvem questões de dissenso moral razoável da sociedade ou aspectos morais não socialmente estáveis[14]. O Poder Judiciário, nestas matérias, é evidenciado como uma arena – jurídica – para a qual são deslocados os conflitos de interesse de outra arena – política[15].

Exemplos do protagonismo judicial são detectados ao redor do mundo, como as decisões da Suprema Corte do Canadá, no caso *Operation Dismantle v. The Queen*, acerca do teste de mísseis de cruzeiro americanos no território do país[16], do Tribunal Constitucional da Coreia do Sul, no caso *Roh Moo-hyun*, sobre o julgamento do processo de *impeachment* do Presidente da República[17], do Conselho Constitucional da França, na *Décision nº 2010-44 QPC*, acerca do imposto de solidariedade das riquezas[18], da Suprema Corte de Israel, no caso *Ornan Yekutieli v. The Minister of Religious Affairs*, a respeito do bloqueio da Faixa de Gaza ao Hamas[19], do Conselho Constitucional da Hungria, na *Döntés száma 8/2010*, sobre o imposto de redistribuição das fortunas[20], do Tribunal Constitucional da Turquia, no caso *Pasinler Criminal Court of Peace*, acerca da preservação da laicidade

debates em torno da interpretação no direito constitucional nos anos 90. *Impulso – Revista de Ciências Sociais e Humanas*, n. 20, 1996, p. 16; STRECK, Lenio Luiz. Hermenêutica, constituição e processo, ou de "como discricionariedade não combina com democracia": o contraponto da resposta correta. *Constituição e processo: a contribuição do processo ao constitucionalismo democrático brasileiro*. Belo Horizonte: Del Rey, 2009, p. 8, 10, 17 e 24, e LEITE, Evandro Gueiros. Ativismo judicial. *BDJur – Biblioteca Digital Jurídica*, n. 5, 2008, p. 2.

14 VALLE, Vanice Regina Lírio do. *O ativismo jurisdicional e o Supremo Tribunal Federal*. Curitiba: Juruá, 2009, p. 33.

15 RAMOS, Elival da Silva. *Ativismo judicial: parâmetros dogmáticos*. São Paulo: Saraiva, 2010, p. 13.

16 Operation Dismantle *v.* The Queen [1985] 1 S.C.R. 441.

17 2004 Hun-Na1, 16-1 KCCR 609.

18 Décision nº 2010-44 QPC. *Journal Officiel* 29.09.2010, p. 671.

19 Ornan Yekutieli *v*. The Minister of Religious Affairs, HCJ 4124/00.

20 Döntés száma 8/2010. Magyar Közlöny 2010/10.

do Estado contra o fundamentalismo islâmico[21], e da Suprema Corte dos Estados Unidos da América, no caso *Citizens United v. Federal Election Commission*, sobre os limites à participação financeira de empresas, ou mesmo organizações sem fins lucrativos, em campanhas eleitorais de que trata o *Bipartisan Campaign Reform Act*[22].

Da mesma forma, como ator do processo de interpretação da Constituição, o Supremo Tribunal Federal do Brasil enfrentou as questões da antecipação terapêutica de parto de fetos anencéfalos, na Arguição de Descumprimento de Preceito Fundamental nº 54/DF[23], da fidelidade partidária dos detentores de mandatos eletivos, no Mandado de Segurança nº 26.602/DF[24], do cultivo, industrialização e comercialização de organismos geneticamente modificados,

na Ação Direta de Inconstitucionalidade nº 3.035/PR[25] , da união estável entre pessoas do mesmo sexo, na Arguição de Descumprimento de Preceito Fundamental nº 132/RJ[26], do uso de células-tronco embrionárias em pesquisas, na Ação Direta de Inconstitucionalidade nº 3.510/DF[27], da progressão de regime prisional em crimes hediondos, no *Habeas Corpus* nº 82.959/SP[28], e das ações afirmativas raciais no acesso às instituições de ensino superior públicas, na Arguição de Descumprimento de Preceito Fundamental nº 186/DF[29].

4. Ativismo Judicial

A expressão *ativismo judicial* pode ser reputada a Arthur Schlesinger Junior que, ao analisar o perfil dos juízes da Suprema Corte norte-americana em 1947, identificou os "ativistas judiciais" –

21 Esas n.: 2014/36. Karar n.: 2015/51.

22 Citizens United *v.* Federal Election Commission, 558 U.S. 310.

23 ADPF nº 54/DF, DJe 080.

24 MS nº 26.602/DF, DJe 197.

25 ADI nº 3.035/PR, DJe 152.

26 ADPF nº 132/RJ, DJe 198.

27 ADI nº 3.510/DF, DJe 096.

28 HC nº 82.959/SP, DJe 022.

29 ADPF nº 186/DF, DJe 205.

Justices Hugo Black, William O. Douglas, Frank Murphy e Wiley B. Rutledge, Jr. –, os "campeões do autocontrole"– *Justices* Robert H. Jackson, Felix Frankfurter e Harold H. Burton – e, por último, o "grupo intermediário" – *Justice* Stanley F. Reed, sob a liderança do *Chief Justice* Frederick M. Vinson[30].

4.1. Definição

A definição de ativismo judicial não é unívoca.

A partir da constatação de cinco significados, o fenômeno sob investigação pode ser examinado como (i) "prática utilizada para atacar os atos emanados de outros Poderes do Estado, com constitucionalidade defensável", (ii) "estratégia de

não aplicar os precedentes", (iii) "afastamento dos cânones de interpretação", (iv) "conduta de legislar desde os tribunais" ou (v) "julgamento predeterminado a um fim"[31].

Em que pese a multiplicidade de significados, permitimo-nos definir o ativismo judicial como método de criação judicial do Direito *extra legem*, porém *intra ius*[32].

4.2. Tipologia

O debate norte-americano acerca do ativismo e da autocontenção judicial gira em torno de uma questão de calibragem da atividade dos juízos e tribunais, sendo exato que, na história da Suprema Corte, os conceitos desenvolveram uma trajetória pendular[33].

30 SCHLESINGER JUNIOR, Arthur. The Supreme Court: 1947. *Fortune Magazine*, 1º.01.1947, p. 202. Ver, também: *The cycles of american history*. Boston: Houghton Mifflin, 1986, p. 422-423.

31 KMIEC, Keenan D. The origin and current meanings of "judicial activism". *California Law Review*, n. 92, 2004, p. 1.463-1.476.

32 MORAES, Guilherme Peña de. *Justiça constitucional:* limites e possibilidades da atividade normativa dos tribunais constitucionais. São Paulo: Atlas, 2012, p. 96, 105 e 168.

33 AMAR, Akhil R. *America's unwritten Constitution*. New York: Basic Books, 2012, p. 95.

Entendido como participação mais intensa do Poder Judiciário na atividade intelectual de concretização dos valores constitucionais[34] ou, de outro modo, interferência em maior grau do Judiciário na esfera de atuação dos demais Poderes do Estado[35], na definição que nos é fornecida pela dogmática tradicional, o ativismo judicial não pode ser confundido com a politização do Judiciário (ativismo extrajudicial), o estado de coisas inconstitucional (ativismo dialógico) e a autonomia processual da Justiça Constitucional (ativismo procedimental)[36].

4.2.1. Ativismo extrajudicial

A politização do Judiciário, isto é, "articulação com representantes de outros Poderes do Estado", por meio da qual os juízes "se relacionam com o mundo da política"[37], não tem a ver com o desempenho da jurisdição.

Muito pelo contrário, o ativismo extrajudicial é relacionado à forma como os magistrados se apresentam perante os demais Poderes, a sociedade e a opinião pública, por seus modos de pronunciamento externo ao processo, tendo em vista as questões de interesse da judicatura.

Dentro dessa perspectiva, *o ativismo extrajudicial torna mais explícita uma dimensão de politização do Judiciário, que o aproxima do procedimento de atuação dos outros Poderes do Estado legitimados democraticamente*[38].

---

34 ROOSEVELT, Kermit. *The myth of judicial activism.* New Haven: Yale University Press, 2006. p. 37.

35 FORTE, David F. *The supreme court in american politics*: judicial activism vs. self-restraint. Lexington: Heath, 1972, p. 17.

36 O ativismo judicial é constituído por sete espécies ou modalidades, de acordo com William P. Marshall: o contramajoritário, o não originalista, o jurisdicional ou formal, o de precedentes, o material ou criativo, o remediador e o *partisan*. MARSHALL, William P. Conservatism and the seven sins of judicial activism. *University of Colorado Law Review*, n. 73, 2002, p. 1.217.

37 TORQUATO, Francisco Gaudêncio. A politização do judiciário. *O Estado de S.Paulo*, 13.03.2005, p. A2.

38 VIEIRA, José Ribas; CAMARGO, Margarida Maria Lacombe; SILVA, Alexandre Garrido da. O Supremo Tribunal Federal como arquiteto institucional:

4.2.2. Ativismo dialógico

O estado de coisas inconstitucional é demonstrado pelo fracasso generalizado de políticas públicas que, causado pelo bloqueio do processo político ou institucional, resulta em violações massivas de direitos humanos[39].

A teoria foi desenvolvida pela Corte Constitucional da Colômbia na solução de casos estruturais[40] como, por exemplo, os relacionados aos estabelecimentos carcerários[41], deslocamentos internos[42] e saúde pública[43], à luz do art. 27, nº 3, do Decreto nº 2.591, de 19 de novembro de 1991[44].

O estado de coisas inconstitucional é contemplado em ordens judiciais de execução complexa do tribunal constitucional que, no exercício da jurisdição supervisora que lhe é investida, deve proceder à realização de audiências públicas de prestação de informa-

---

a judicialização da política e o ativismo judicial. *Versus: Revista de Ciências Sociais Aplicadas do CCJE/UFRJ*, n. 2, 2009, p. 74.

39 GARAVITO, César Rodríguez. *Juicio a la exclusión:* el impacto de los tribunales sobre los derechos sociales en el sur global. Buenos Aires: Siglo Veintiuno, 2015, p. 33.

40 Resolución, abril 28 de 1998: *Este Tribunal tem utilizado a figura do estado de coisas inconstitucional a fim de buscar remédio para situações de violação dos direitos fundamentais que têm um caráter geral, que afetam tantas pessoas, e cujas causas são de natureza estrutural, isto é, como regra, não se originam exclusivamente da autoridade demandada e, portanto, sua solução exige esforços conjuntos de diferentes entidades. Nessas condições, a Corte Constitucional decide que, como milhares de pessoas estão na mesma situação, o mais indicado é emitir ordens às instituições públicas competentes, com vistas a colocar em ação o seu poder para eliminar este estado de coisas inconstitucional.* Disponível em: <http://www.corteconstitucional.gov.co>. Acesso em: 24 set. 2015.

41 Sentencia T-606/98. Octubre 27 de 1998.

42 Sentencia T-025/04. Abril 27 de 2004.

43 Sentencia T-760/08. Julio 31 de 2008.

44 Decreto nº 2.591/91, art. 27, nº 3: *Em todo caso, o juiz deve estabelecer os efeitos da sua decisão para o caso concreto, mantida a sua competência até que o direito seja totalmente reintegrado ou as causas da ameaça tenham cessado.* Disponível em: <http://www.congreso.gov.co>. Acesso em: 24 set. 2015.

ções e de autos de monitoramento das providências adotadas pelo Estado[45].

Diferentemente do ativismo clássico, que tem a pretensão de resolver, com a sentença ou acórdão, todos os problemas discutidos no processo judicial, propõe o ativismo dialógico o emprego de procedimentos de mudança organizacional pela implementação gradual do julgado.

4.2.3. Ativismo procedimental

O maior grau de liberdade na configuração do processo constitucional é, em resumo, um atributo da Justiça Constitucional que, no desempenho da autonomia processual que lhe é inerente, pode fornecer ao processo constitucional uma natureza dúctil, flexível e, sobretudo, aberta às suas necessidades[46].

O ativismo procedimental é informado pelo princípio da adaptabilidade, que investe os tribunais constitucionais no poder de suprir a incompletude ou inconsistência, ou então, a inconveniência ou inoportunidade da aplicação do

Direito Processual Constitucional. Em outras palavras, os tribunais constitucionais gozam de não pouca margem de discricionariedade judicial, que permite-lhes *preencher uma lacuna jurídica* e, bem assim, *modificar o sistema conforme considerações de conveniência e oportunidade que são alheias ao próprio sistema (pelo menos na opinião de alguns)*[47].

A deformalização do processo constitucional é fomentada pela autonomia processual da Justiça Constitucional que, a nosso sentir, pode

---

45 LANGFORD, Malcolm. *Teoría y jurisprudencia de los derechos sociales: tendencias emergentes en el Derecho Internacional e Comparado*. Bogota: Universidad de los Andes-Siglo del Hombre, 2013, p. 209.

46 MARTINS, Leonardo. A retórica do processo constitucional objetivo no Brasil. In: NOVELINO, Marcelo (Org.). *Leituras complementares de direito constitucional*. Salvador: JusPodivm, 2007. p. 30.

47 DIMOULIS, Dimitri; LUNARDI, Soraya Regina. Efeito transcendente, mutação constitucional e reconfiguração do controle de constitucionalidade no Brasil. *Revista Brasileira de Estudos Constitucionais*, n. 5, 2008, p. 220.

ser constatada, posto que evidente, na filtragem dos recursos excepcionais, pluralização do debate constitucional e redimensionamento da eficácia das decisões tomadas em controle de constitucionalidade[48].

4.3. Limitação

Todo poder é limitado por mais que se tenha ele[49].

Poder e limitação constituem os parâmetros, aparentemente contraditórios, a partir dos quais são fundadas as estruturas de todas as democracias contemporâneas. Forte nesta premissa, a conclusão há de ser pela afirmação das possibilidades do ativismo judicial, sem, entretanto, deixar de impor-lhe limites.

Temos que o ativismo e a autocontenção judicial são iluminados por cinco *standards* ou padrões de avaliação sobre a discriminação ou preconceito, a deliberação popular, o funcionamento da democracia, a capacidade técnica e a proteção deficiente dos direitos das gerações futuras[50].

4.3.1. Discriminação ou preconceito

Ativismo ou autocontenção judicial conforme a questão envolva, ou não, minorias objeto de discriminação ou preconceito.

As discriminações, sob a forma de preconceitos de origem, raça, sexo, cor ou idade, devem ensejar a participação mais intensa do Poder Judiciário na concretização dos valores constitucionais em jogo.

A proteção judicial dos direitos das minorias e dos grupos vulneráveis nas sociedades pluralistas deve compor a agenda dos tribu-

---

48 VAL, Eduardo. A "corte" Gilmar Mendes revisitada (2008-2010): mais ativismo no controle de constitucionalidade brasileiro? In: BELLO, Enzo (Org.). *Ensaios críticos sobre direitos humanos e constitucionalismo*. Caxias do Sul: EDUCS, 2012, p. 121.

49 BOETHIUS, Anicius Manlius Torquatus Severinus. *De consolatione philosophiae, opuscula theologica*. Munich & Leipzig: K.G. Saur (Bibliotheca Teubneriana), 2000, p. 65.

50 MORAES, Guilherme Peña de. A redução da maioridade penal é constitucional? Não. *Carta Forense*, 04.05.2015, p. B23.

nais constitucionais, em ordem a fornecer efetividade ao direito a ser diferente[51].

4.3.2. Deliberação Popular

Ativismo ou autocontenção judicial consoante a maior ou menor deliberação popular sobre a matéria.

Nesse contexto, quanto maior for o grau de deliberação popular no processo de tomada de decisão dos agentes da política, menor deve ser o nível de interferência do Judiciário na esfera de atuação dos demais Poderes do Estado.

O tribunal constitucional, como guardião da formação da deliberação popular, deve conter-se frente a organizações de mesma hierarquia. Evidenciar-se-ia, do contrário, uma supremacia inconstitucional daquele em relação a estas[52],[53].

4.3.3. Funcionamento da democracia

Ativismo ou autocontenção judicial conforme a questão envolva, ou não, pressupostos para o funcionamento da democracia[54].

---

51 ATALIBA, Geraldo. Judiciário e minorias. *Revista de Informação Legislativa*, n. 96, 1987, p. 189-194.

52 SOUZA NETO, Cláudio Pereira de. Teoria da Constituição, democracia e igualdade. *Teoria da Constituição: estudos sobre o lugar da política no direito constitucional*. Rio de Janeiro: Lumen Juris, 2003, p. 24.

53 A partir da concepção de procedimento democrático (*demokratische verfahren*), a teoria da deliberação foi engendrada por Jürgen Habermas. Defende o Autor que a formação da vontade política deve ser submetida a um procedimento democrático na esfera pública, com a função de racionalizar as decisões do governo e da administração pública, eis que *os pressupostos comunicacionais da formação democrática da vontade funcionam como importantes escoadouros da racionalização discursiva das decisões de um governo e administração pública vinculados ao direito e à lei. Racionalização significa mais que mera legitimação, mas menos que a ação de constituir o poder político*. HABERMAS, Jürgen. *Die einbeziehung des anderen*. Frankfurt am Main: Suhrkamp, 1996, p. 277-292. Ver, também, da mesma autoria: *Faktizität und geltung*. Frankfurt am Main: Suhrkamp, 1998, p. 311.

54 COMMAGER, Henry. *Majority rule and minority rights*. New York: Peter Smith Pub. Inc., 1980. p. 38-41.

A democracia é resultado da convivência entre a preservação da vontade da maioria (*majority rule*) e, sobretudo, a proteção dos direitos fundamentais (*minority rigths)*[55].

Em linha de princípio, o governo da maioria deve ser protegido, a não ser na hipótese em que a vontade de quem tenha a maioria dos votos imponha ameaça ou lesão à preservação dos direitos fundamentais, quando, então, a regra se inverte[56].

4.3.4. Capacidade técnica

Ativismo ou autocontenção judicial consoante a maior ou menor capacidade técnica de resolução do litígio.

Nesse diapasão, quanto maior for o nível de capacidade técnica para deslinde da questão jurídica, menor deve ser o grau de interferência do Judiciário na esfera de atuação dos outros Poderes do Estado.

O tribunal constitucional, no entanto, dispõe da possibilidade de requisitar informações adicionais, designar perito para que emita parecer acerca da questão, ou fixar data para ouvir depoimentos de pessoas com experiência na matéria, para esclarecimento de circunstância de fato sobre a qual não possua *expertise*[57], [58].

---

55 MORAES, Guilherme Peña de. (Des)ordem e violência. *O Dia*, 14.05.2014, p. 12.

56 HAHN, Harlan. *Minority rights and majority rule*. New York: John Wiley & Sons Inc., 1976, p. 19-22.

57 MENDES, Gilmar Ferreira. Controle de constitucionalidade: hermenêutica constitucional e revisão de fatos e prognoses legislativos pelo órgão judicial. *Direitos fundamentais e controle de constitucionalidade. Estudos de direito constitucional*. São Paulo: Saraiva, 2007, p. 471.

58 A teoria do controle das prognoses legislativas pode ser reconduzida à Klaus Jürgen Philippi, para quem o processo de conhecimento envolve a análise integrada de elementos fáticos e jurídicos. Considerando a existência da "comunicação entre norma e fato" (*Kommunikation zwischen Norm und Sachverhalt*), desmistifica o Autor a ideia de que a questão constitucional configura simples "questão jurídica" (*Rechtsfragen*) de aferição de legitimidade da lei em face da Constituição. Dessa forma, Klaus Jürgen Philippi constata a possibilidade jurídica de exame ou revisão dos fatos legislativos pressupostos ou adotados pelo legislador, entendendo-se como tal qualquer "fato real" (*realer Sachverhalt*) que tenha relevo para aplicação de uma norma. Em seguida, o

4.3.5. Proteção deficiente dos direitos das gerações futuras

Ativismo ou autocontenção judicial conforme a questão envolva, ou não, no presente os direitos das gerações do futuro.

A proteção deficiente dos direitos das gerações futuras de satisfazer as suas próprias necessidades pode ensejar a participação mais intensa do Poder Judiciário na concretização dos valores constitucionais em jogo.

A vinculação às cláusulas pétreas das gerações presentes, como entendemos, há de ser interpretada com moderação. Ela não pode expor os princípios básicos da ordem constitucional, que lhe conferem identidade. Todavia, ela não deve obstar a decisão majoritária dos órgãos de representação popular que tenham a legítima pretensão de ajustar a Constituição à realidade que lhe é subjacente. As cláusulas pétreas, que não resultam na intocabilidade dos enunciados linguísticos da Constituição, desse modo, têm o condão de impedir a deliberação de proposta de reforma que possa importar em descaracterização do núcleo essencial do bem jurídico tutelado por ela[59].

5. Conclusão

Pelo fio do exposto, as conclusões que obtivemos ao longo do desenvolvimento da pesquisa são três.

Autor procede à classificação dos fatos legislativos em "fatos históricos" (*historische Tatsache*), "fatos atuais" (*gegenwärtige Tatsachen*) e "eventos futuros" (*zukünftige Tatsachen*). No tocante aos "eventos futuros", segundo a concepção dos prognósticos legislativos, a decisão acerca da legitimidade ou ilegitimidade de uma dada lei ou ato normativo depende da confirmação de uma prognose fixada pelo legislador ou da provável verificação de um dado evento. De outro modo, havendo erro no prognóstico, ou a mera inocorrência do evento previsto, estaria viciada de inconstitucionalidade a lei editada sob este fundamento: a não confirmação da prognose legislativa. PHILIPPI, Klaus Jürgen. *Tatsachenfeststellungen des bundesverfassungsgerichts: ein beitrag zur rational-empirischen fundierung verfassungsgerichtlicher entscheidungen*. Köln: Heymann, 1971, p. 14-15. Ver, também, da mesma autoria: *Reflexion und wirklichkeit*. Tübingen: Max Niemeyer, 1966, p. 152.

59 ANDRADE, Fábio Martins. As cláusulas pétreas como instrumentos de proteção dos direitos fundamentais. *Revista de Informação Legislativa*, n. 181, 2009, p. 207-226.

A um, as definições de protagonismo judicial, de judicialização da política e de ativismo judicial, embora sejam relacionadas ao Poder Judiciário, não se confundem.

O protagonismo judicial é delineado como uma posição de vértice, a judicialização da política, um fato, e o ativismo judicial, um comportamento.

Em consequência, no quadro da organização dos Poderes, o Judiciário ocupa uma posição, do alto da qual pode observar um fato e, se houver por bem, amoldar um comportamento que se lhe afigure suficiente e pertinente para resolução das questões de direito das quais deva conhecer.

A dois, em linha de princípio, a judicialização da política é investigada como causa do protagonismo judicial, que opera o efeito do ativismo judicial nos sistemas jurídicos contemporâneos.

A judicialização da política, todavia, não resulta, *ipso facto*, em ativismo judicial, e vice-versa.

O ativismo judicial é possível sem que, anteriormente, tenha havido a judicialização da política, na medida em que o Poder Judiciário pode adotar uma postura ativista em matérias que já eram submetidas à cognição judicial.

De outro giro, a judicialização da política é possível sem que, posteriormente, venha a haver o ativismo judicial, uma vez que o Poder Judiciário pode conter-se em matérias que tenham sido trazidas da arena política.

Ao final, o aumento da margem de judicialização da política e, bem assim, a diminuição progressiva do espaço de ativismo judicial, em razão dos limites que lhe foram impostos, levam-nos a concluir que os níveis de ambos os institutos não são equivalentes.

Enquanto o grau de judicialização da política é alto, o nível de ativismo judicial, no Direito Constitucional brasileiro, pela interpretação do protagonista em cena, o Supremo Tribunal Federal, é baixo ou, pelo menos, moderado.

6. Referências

AMAR, Akhil R. *America's unwritten Constitution*. New York: Basic Books, 2012.

ANDRADE, Fábio Martins. As cláusulas pétreas como instrumentos de proteção dos direitos fundamentais. *Revista de Informação Legislativa*, n. 181, 2009.

ATALIBA, Geraldo. Judiciário e minorias. *Revista de Informação Legislativa*, n. 96, 1987.

BOETHIUS, Anicius Manlius Torquatus Severinus. *De consolatione philosophiae, opuscula theologica*. Munich & *Leipzig: K.G. Saur* (Bibliotheca Teubneriana), *2000*.

COMMAGER, Henry. *Majority rule and minority rights*. New York: Peter Smith Pub. Inc., 1980.

CROWE, Justin. *Building the judiciary:* law, courts and the politics of institutional development. New Jersey: Princeton University Press, 2012.

DA ROS, Luciano. Tribunais como árbitros ou como instrumentos de oposição: uma tipologia a partir dos estudos recentes sobre judicialização da política com aplicação ao caso brasileiro contemporâneo. *Direito, Estado e Sociedade*, n. 31, 2007.

_______. Ministério Público e sociedade civil no Brasil contemporâneo: em busca de um padrão de interação. *Politica Hoje*, n. 18, 2009.

_______. Fundamentos sociopolíticos do pioneirismo jurisprudencial e da diversificação do espaço jurídico: notas a partir de estudo de caso. *Revista da Ajuris*, n. 35, 2008.

_______. Difícil Hierarquia: a avaliação do Supremo Tribunal Federal pelos magistrados da base do Poder Judiciário no Brasil. *Revista da GV*, n. 9, 2013.

DIMOULIS, Dimitri; LUNARDI, Soraya Regina. Efeito transcendente, mutação constitucional e reconfiguração do controle de constitucionalidade no Brasil. *Revista Brasileira de Estudos Constitucionais*, n. 5, 2008.

DRESSEL, Björn. *Judicialization of politics*. New York: Routledge, 2012.

FORTE, David F. *The supreme court in american politics:* judicial activism vs. self-restraint. Lexington: Heath, 1972.

FRIEDMAN, Lawrence; PÉREZ-PERDOMO, Rogelio. *Legal culture in the age of globalization*. Redwood: Stanford University Press, 2003.

GARAPON, Antoine. *Le gardien des promesses. Justice et démocratie*. Paris: Odile Jacob, 1996.

_______. *Les juges dans la mondialisation*. Paris: Seuil, 2005.

_______. L'imaginaire pirate de la mondialisation. *Revue Esprit*, 1º.07.2009.

_______. La peur de l'impuissance démocratique. *Revue Esprit*, 1º.02.2014.

GARAVITO, César Rodríguez. *Juicio a la exclusión:* el impacto de los tribunales sobre los derechos sociales en el sur global. Buenos Aires: Siglo Veintiuno, 2015.

HABERMAS, Jürgen. *Die Einbeziehung des anderen*. Frankfurt am Main: Suhrkamp, 1996.

_______. *Faktizität und geltung*. Frankfurt am Main: Suhrkamp, 1998.

HAHN, Harlan. *Minority rights and majority rule*. New York: John Wiley & Sons Inc., 1976.

HIRSCHL, Ran. *Towards Juristocracy:* the origins and consequences of the new constitutionalism. Cambridge: Harvard University Press, 2007.

KMIEC, Keenan D. The origin and current meanings of "judicial activism". *California Law Review*, n. 92, 2004.

LANGFORD, Malcolm. *Teoría y jurisprudencia de los derechos sociales: tendencias emergentes en el derecho internacional e comparado*. Bogota: Universidad de los Andes-Siglo del Hombre, 2013.

LEITE, Evandro Gueiros. Ativismo judicial. *BDJur – Biblioteca Digital Jurídica*, n. 5, 2008.

MARSHALL, William P. Conservatism and the seven sins of judicial activism. *University of Colorado Law Review*, n. 73, 2002.

MARTINS, Leonardo. A retórica do processo constitucional objetivo no Brasil. In: NOVELINO, Marcelo (Org.). *Leituras complementares de direito constitucional.* Salvador: JusPodivm, 2007.

MENDES, Gilmar Ferreira. Controle de constitucionalidade: hermenêutica constitucional e revisão de fatos e prognoses legislativos pelo órgão judicial. *Direitos fundamentais e controle de constitucionalidade. Estudos de direito constitucional.* São Paulo: Saraiva, 2007.

MORAES, Guilherme Peña de. *Justiça constitucional:* limites e possibilidades da atividade normativa dos tribunais constitucionais. São Paulo: Atlas, 2012.

_______. *Constitucionalismo multinacional:* uso persuasivo da jurisprudência estrangeira pelos tribunais constitucionais. São Paulo: Atlas, 2015.

_______. (Des)ordem e Violência. *O Dia*, 14.05.2014.

_______. A redução da maioridade penal é constitucional? Não. *Carta Forense*, 04.05.2015.

PHILIPPI, Klaus Jürgen. *Reflexion und wirklichkeit.* Tübingen: Max Niemeyer, 1966.

_______. *Tatsachenfeststellungen des bundesverfassungsgerichts*: ein beitrag zur rational-empirischen fundierung verfassungsgerichtlicher entscheidungen. Köln: Heymann, 1971.

POPOVA, Maria. *Politicized justice.* Cambridge: Cambridge University Press, 2014.

RAMOS, Elival da Silva. *Ativismo judicial: parâmetros dogmáticos.* São Paulo: Saraiva, 2010.

ROOSEVELT, Kermit. *The myth of judicial activism.* New Haven: Yale University Press, 2006.

SCHLESINGER JUNIOR, Arthur. The Supreme Court: 1947. *Fortune Magazine*, 1º.01.1947.

_______. *The cycles of american history*. Boston: Houghton Mifflin, 1986.

SHAPIRO, Martin; SWEET, Alec. *On Law, Politics and judicialization*. Cary: Oxford University Press, 2002.

SOUZA NETO, Cláudio Pereira de. Teoria da Constituição, democracia e igualdade. *Teoria da Constituição: estudos sobre o lugar da política no direito constitucional*. Rio de Janeiro: Lumen Juris, 2003.

STRECK, Lenio Luiz. Hermenêutica, Constituição e Processo, ou de "como discricionariedade não combina com democracia": o contraponto da resposta correta. *Constituição e processo:* a contribuição do processo ao constitucionalismo democrático brasileiro. Belo Horizonte: Del Rey, 2009.

TORQUATO, Francisco Gaudêncio. A politização do judiciário. *O Estado de S.Paulo*, 13.03.2005.

TUSHNET, Mark. *Taking the Constitution away from the courts*. New Jersey: Princeton University Press, 2000.

VAL, Eduardo. A "corte" Gilmar Mendes Revisitada (2008-2010): mais ativismo no controle de constitucionalidade brasileiro? In: BELLO, Enzo (Org.). *Ensaios críticos sobre direitos humanos e constitucionalismo*. Caxias do Sul: EDUCS, 2012.

VALLE, Vanice Regina Lírio do. *O ativismo jurisdicional e o Supremo Tribunal Federal*. Curitiba: Juruá, 2009.

VALLINDER, Torbjörn. The judicialization of politics: a world-wide phenomenon. *International Political Science Review*, n. 15, 1994.

_______; TATE, Neal. *The global expansion of judicial power*. New York: NYU Press, 1997.

VIEIRA, José Ribas. Leituras e debates em torno da interpretação no direito constitucional nos anos 90. *Impulso – Revista de Ciências Sociais e Humanas*, n. 20, 1996.

_______; CAMARGO, Margarida Maria Lacombe; SILVA, Alexandre Garrido da. O Supremo Tribunal Federal como arquiteto institucional: a judicialização da política e o ativismo judicial. *Versus: Revista de Ciências Sociais Aplicadas do CCJE/UFRJ*, n. 2, 2009.

LA RELACION ENTRE MEDIACIÓN Y SEGURIDAD JURIDICA EN EL CONTEXTO DE LOS CONFLICOS FAMILIARES. JUSTICIA *OBJETIVA* VERSUS JUSTICIA *SUBJETIVA*

Guillermo Orozco Pardo

SUMARIO: 1. Introducción. **2.** Delimitación Terminológica del Concepto de Mediación. **3.** Mediación y Seguridad Jurídica. **4.** La "Irresistible Ascensión" de la Mediación Familiar. **5.** Una Reflexión Final.

ABSTRAC: El presente trabajo aborda la aparente contradicción entre la Mediación como vía complementaria o alternativa de resolución de conflictos y el proceso objetivo de carácter formal que representan los Tribunales de Justicia. La Seguridad Jurídica es una figura que aporta a la Justicia estabilidad y dinamismo a la vez y a ello contribuye decisivamente la implantación de la Mediación como instrumento para conciliar el valor *Objetivo* de la Justicia – la norma legal que aporta *estabilidad* – y el valor Subjetivo representado por los criterios e intereses de las partes del litigio – que aportan dinamismo en cuanto sintonizan con el sentimiento de lo justo por la sociedad – modulados adecuadamente durante el procedimiento de Mediación por la intervención de un profesional que orienta y asesora a las partes hacia un acuerdo consensuado, viable y justo.

1. Introducción

Es ya casi un *tópico* de la literatura jurídica actual el afirmar la *crisis* de los métodos y criterios tradicionales de administrar Justicia en el contexto de una sociedad como la actual y la necesidad de abrir nuevas vías para abordar la prevención y resolución de los litigios que hoy desbordan al sistema judicial. Así lo pone de relieve del Rio Fernandez cuando afirma: *estamos en una sociedad muy judicializada y acostumbrada a que "otros" nos resuelvan siempre el problema.*

Si la justicia es un valor y un principio a preservar, al tiempo que un derecho y un servicio público, debemos educar a la sociedad en su uso racional, al tiempo que buscar otras vías alternativas que desjudicialicen ciertos conflictos. Son necesarias nuevas estrategias que no solo se limiten a cambiar las leyes que regulan el *fondo* de las cuestiones que se suscitan en un litigio, sino también la forma o vía en que se ha de proceder a resolver – cuando no prevenir – los conflictos que los sustentan. Y para ello es preciso concienciar a todos los sujetos implicados en el tema: legisladores, jueces, fiscales, abogados y a las partes del conflicto. En este sentido, el papel del Poder Judicial es esencial para implantar estas nuevas vías o métodos complementarios – a la vez que alternativos en ciertos casos – como nos señala el autor antes citado:

> Una de las tendencias que más claramente se perciben en los últimos tiempos en relación con el papel asignado al poder judicial consiste, precisamente, en favorecer el abandono de las fórmulas tradicionales de resolución de conflictos para dar paso a nuevos sistemas. El punto de partida de estas iniciativas lo constituye la situación actual de la justicia, muy alejada del rendimiento óptimo, del plazo razonable, junto a la importancia de frenar la inercia individualista imperante, la cultura de confrontación y litigio permanente[1].

Como acertadamente afirma Spengler, existen varios factores en la sociedad actual que han determinado una crisis de *identidad* y *eficiencia* en el judiciario, por la diversidad de fuentes normativas, los desfases y *lagunas* legales y al hecho de que nuestras leyes están diseñadas para resolver conflictos inter-individuales bien nítido en sus causas y sus líneas de intervención. Crisis de *identidad* porque el juez debe atender a la realidad social de momento, a los valores preeminentes y las circunstancias de los sujetos en litigio, basándose en una norma *objetiva* ajena a la escala de valores e intereses de los sujetos en conflicto, cuando las partes le demandan una cierta implicación como conciliador. Crisis de eficiencia en la medida en que el judiciario se

1 Vid. *Tratado de mediación en la resolución de conflictos*. Dir. Orozco Pardo y Monereo Pérez. Técnos, Madrid, 2015, p. 28 y ss.

ve en la necesidad de asumir unas tareas o funciones que no serían estrictamente jurisdiccionales, lo que conlleva una insatisfacción con el resultado de su intervención[2].

En este contexto, pretendemos abordar en estas líneas la temática relativa al debate que suscita la *aparente* tensión entre la Justicia *objetiva*, estática, *adversarial* y despersonalizada – representada por el sistema judicial – que tiende a enfrentar a las partes en su condición de *adversarios*, frente a la justicia *subjetiva* que las propias partes pueden administrarse, y en base a sus propios criterios personales, orientadas y apoyadas por el mediador como catalizador del acuerdo que resuelve el conflicto de una manera amigable, duradera y asumida por los sujetos. Es decir, se nos presentaría sí la Mediación como una vía diferente hacia una justicia *alternativa*, hacia un nuevo concepto de justicia ajeno a los Juzgados, cercana, consensual y *propia* de los ciudadanos, pues se basaría en sus sentimientos, emociones e intereses. Cierto es que hoy la crisis de los sistemas tradicionales de resolución de conflictos se debe a múltiples factores, como la proliferación de conflictitos que acceden a los juzgados, la falta de medios de éstos y la tardanza en la resolución, lo que finalmente ha llevado a una visión *peyorativa* del sistema por parte de los ciudadanos. Como dice Carretero Morales:

> Se hace necesario invertir esta tendencia. El sistema judicial solo ha de ser utilizado cuando no exista otro método más adecuado o más eficiente para la resolución del conflicto [...] las personas han de estar lo suficientemente preparadas como para gestionar e intentar resolver sus propias controversias del modo más conveniente[3].

Ello la convierte en un instrumento ideal de la demanda de dinamismo y cercanía que la Justicia plantea, siendo así un medio adecuado para implantar una Seguridad Jurídica *antiprocesal*. Cierto es que la Mediación es una vía, a veces *complementaria* y a veces *alternativa* de la llamada Justicia *formal* representada por los Jueces y Tribunales

2 Vid. *Da jurisdiçao á mediaçao*. Unijui, 2010, p. 107 y ss.

3 Vid. *Mediación y resolución de conflictos: técnicas y ámbitos*. SOLETO, H. Dirección. Técnos, Madrid, 2011, p. 56 y ss.

y, por tanto, un instrumento muy útil tanto en su vertiente de mediación *intra-procesal*, como en la mediación privada o externa al proceso, pero como veremos seguidamente, no es adecuado presentar esta relación entre Justicia y Mediación como una dicotomía, sino como una relación fructífera y que los Estados y la *gente de justicia* debemos potenciar por cuanto viene demostrando su utilidad para promover el acceso de los ciudadanos a una Justicia más propia, humana y, por tanto, *legitima*. No obstante, hemos de tener presente, como nos recuerda del Rio Fernandez, que el proceso civil español *ya conoció la mediación como requisito previo obligatorio para acudir a la jurisdicción ordinaria, si bien el acto de conciliación terminó convirtiéndose en un mero trámite formal previo a la interposición de la demanda judicial*[4].

Haremos nuestra reflexión sobre el contexto de los conflictos familiares, de pareja e *intergeneracionales*, por ser esta la materia que presenta mejores características para la adecuada práctica de la Mediación[5]. Ello es así por los importantes cambios que los modelos de familia han desplegado en nuestra época y de los cuales se ha deducido una necesaria tarea de puesta al día del Derecho de Familia, tal y como ha sucedido en España donde tales cambios legislativos ha sido, en palabra de Ruiz Becerril, *de un extraordinario calado y con una inusual celeridad*[6]. Efectivamente, la Mediación se adapta muy adecuadamente a la resolución de los posibles conflictos en el contexto familiar porque, como veremos, no solo incide sobre los efectos de los mismos, sino también sobre sus causas, dando entrada a la autonomía de privada en cuanto a emociones, sentimientos y valores de convivencia del grupo familiar en el que se suscita el litigio, atendiendo también a su contexto y a lo querido por las partes, teniendo siempre

---

4 Vid. Mediación y cambio cultural, hacia una nueva filosofía penal. *Revista Mediara*, n. 1, p. 6 y ss.

5 Vid. CASTILLEJO MANZANARES, R. *Mediación en el ámbito familiar*. In: *Mediación y resolución…*, cit., p. 341 y ss.

6 Vid. *La familia del siglo XXI*. In: Tratado *de mediación en la resolución…*, cit., p. 175 y ss.

presente limites como el interés preferente del menor y las normas de obligatorio cumplimiento[7]. Por tanto, la Mediación puede surtir un efecto *preventivo* del litigio, así como *resolutorio* y *terapéutico*, lo que cobra importancia a la hora de resolver conflictos en contextos donde los sujetos han de mantener a posteriori una relación más o menos parmente, tal y como sucede con una pareja de divorciados con hijos comunes. Es por eso que, como señala Ruiz Rico y Ruiz Morón, que la Mediación se ha venido aplicando en este contexto antes incluso de su regulación legal:

> En España la utilización de la mediación como mecanismo de resolución de conflictos no sólo fue anterior a su regulación legal, sino que al mismo tiempo quedó enmarcada, en un primer momento, en el ámbito familiar, y más en concreto en el marco de las denominadas crisis matrimoniales, donde cobra especial importancia el mantenimiento de los implicados más allá de la ruptura personal[8].

2. Delimitación Terminológica del Concepto de Mediación

Según el diccionario de la Real Academia Española, *mediación* es *la acción y efecto de mediar*. Una de las acepciones o significados de *mediar* entendida como actividad es *interponerse entre dos o más que riñen o contienden, procurando conciliarlos y unirlos en amistad*. Por tanto, se trata de una actividad que pretende *acercar posiciones* entre personas o grupos que contienden, lo que cual implica contar con la confianza de ambas partes y conocer la causa del conflicto. Esta actividad de *mediar* es consustancial al ser humano en cuanto medio de prevenir o regular conflictos porque, tal y como afirma Martín Serrano, *los individuos y la misma sociedad desarrollan y utilizan sistemas de regulación institucionalizados para reducir la disonancia*[9].

---

7 Vid. STAWINSKI FUGA, M. *Mediaçao familiar*. UPF, Passo Fundo, 2003, p. 20 y ss.

8 Vid. *La mediación familiar*. In: *Tratado de mediación en la resolución...*, cit., p. 191.

9 Vid. *Diccionario Unesco de ciencias sociales*. T. III, p.1.359.

En consecuencia, podemos entender que, según esta acepción, el concepto de mediación está referido a su carácter de instrumento para lograr la resolución de una contienda o conflicto entre personas, merced a la intervención de un tercero que realiza esa actividad de *mediar* sobre la base de establecer un *orden* fundado en unos criterios asumidos, o aceptados, por los *contendientes*. Así concebida, la mediación se convierte en un instrumento al servicio de la Justicia por vía de su aplicación como instrumento de la seguridad jurídica. Así mismo, la mediación se presenta con perfiles comunes a otras figuras muy cercanas a ella, tales como la conciliación y el arbitraje, si bien existen ciertos rasgos distintivos que la distinguen, como se ha visto.

Hemos de tener presente que en nuestro Derecho, el término *mediación* posee también una acepción muy específica en sede del Derecho de Obligaciones y Contratos: el llamado *contrato de mediación*, que presenta notas comunes con la acepción antes comentada, pero también se diferencia en otros aspectos. Seguidamente, abordaremos distintos aspectos de la mediación y su proyección en la mediación familiar. La ley española 5/2012 de Mediación en asuntos civiles y mercantiles, la define en su artículo primero con estas palabras:

Se entiende por mediación aquel medio de solución de controversias, cualquiera que sea su denominación, en que dos o más partes intentan voluntariamente alcanzar por sí mismas un acuerdo con la intervención de un mediador. Como podemos comprobar, las notas esenciales serían que se trata de un medio de resolución de disputas de carácter voluntario para *intentar* lograr un acuerdo y en el que interviene un tercero – mediador – que no decide, sino colabora y orienta a las partes hacia un final de consenso y solución de su conflicto[10].

Todo el procedimiento de mediación se ha de atener unas formalidades en cuanto al control de disponibilidad del objeto, documentación de los distintos actos y profesionalidad del mediador y a unos principios básicos como la voluntariedad, confidencialidad, igualdad

---

10 Vid. ROGEL VIDE, C. Mediación y transacción en el derecho civil. In: *Mediación, arbitraje y resolución de conflictos en el siglo XXI*. Madrid, 2010, p. 29 y ss.

de las partes e independencia y neutralidad del mediador. Así mismo, como quiera que se trata de un contrato, se deberán aplicar los principios básicos de Derecho contractual, como por ejemplo el de la buena fe y no *abusividad* de sus cláusulas[11]. Es importante resaltar varios factores: la *disponibilidad* del objeto de la disputa – concepto similar al de disponibilidad del objeto del proceso – lo que deja fuera cuestiones tales como la mayoría los delitos penales; así mismo, la *voluntariedad* del acceso, la permanencia en el procedimiento de mediación y la aceptación del acuerdo final y, por último, el carácter no *dirimiente* del papel del mediador: no puede *imponer* un acuerdo a las partes – incluso en muchos ordenamientos no puede tan siquiera *proponerlo* – pues éste ha de ser fruto de su intervención pero *propio* de las partes. Esto permite poner en cuestión la duda acerca de si el legislador puede imponer una mediación previa al proceso judicial o el juez derivarlo una comenzado éste. Tal posibilidad fue admitida por la Directiva 2008/52/CE del Parlamento Europeo y del Consejo, de 21 de mayo de 2008, *sobre ciertos aspectos de la mediación en asuntos civiles y mercantiles*. Así se prevé en su artículo 5 que dispone bajo la rúbrica ***Recurso a la mediación***

> 1. El órgano jurisdiccional que conozca de un asunto, cuando proceda y teniendo en cuenta todas las circunstancias del caso, podrá proponer a las partes que recurran a la mediación para solucionar el litigio. Asimismo el órgano jurisdiccional podrá pedir a las partes que asistan a una sesión informativa sobre el uso de la mediación, si se celebran tales sesiones y si son fácilmente accesibles.
> 2. La presente Directiva no afectará a la legislación nacional que estipule la obligatoriedad de la mediación o que la someta a incentivos o sancio-

11 Como tal contrato está sometido al régimen básico del Código Civil y así, por ejemplo, al principio de buena fe, tal y como afirma la Sentencia del Tribunal Supremo de 27.06.2013. La Sentencia de la Audiencia Provincial de Barcelona Sección 18ª, de 6 de febrero de 2013 afirma: *solicitar la mediación no es suficiente para justificar la pretensión de retroacción, ya que la* ***buena fe implica*** *aceptar el proceso por considerar que la vía extrajudicial es lo más conveniente y no como argucia procesal. Si el aparentar pretender una mediación (aceptada por la otra parte en la sesión informativa) y posteriormente no acudir a las sesiones y sin embargo solicitar la retroacción, es evidentemente un fraude procesal.*

> nes, ya sea antes o después de la incoación del proceso judicial, siempre que tal legislación no impida a las partes el ejercicio de su derecho de acceso al sistema judicial[12].

En España el primer Anteproyecto de adaptación de esta Directiva de 2008 preveía una mediación previa obligatoria para asuntos relativos a una cuantía inferior a una cantidad determinada, sin embargo nuestro Legislador finalmente no adoptó esa postura sin una explicación clara y convincente, pues no cabe pensar que una mediación previa y obligatoria en el ámbito civil y mercantil pueda considerarse contraria al *derecho fundamental a la tutela judicial efectiva* (consagrado en el artículo 24 de la Constitución Española de 1978) por tratarse de materia *disponible*[13], aplicarse el principio de voluntariedad antes comentado y ser el acuerdo impugnable por las mismas causas que los contratos[14]. Y ello impide que la Mediación se haya consagrado como un instrumento adecuado para conciliar adecuadamente la Justicia y la Seguridad jurídica, como veremos seguidamente[15]. Nuestro propio or-

12 Sobre el tema vid. DALFINO, D. "Accesso alla Giustizia" e "Mediazione" nel quadro normativo europeo. El marco regulatorio de la mediación en la Unión Europea. In: *Mediación, justicia y Unión Europea*. Ed. Tirant, Valencia, 2014, p. 125 y ss.

13 No obstante, la Mediación Penal viene siendo aplicada cada vez con mayor incidencia en este campo tan alejado de la autonomía privada y la disponibilidad. Vid. CRUZ PARRA, J. *La mediación penal*. In: *Tratado de mediación en la resolución…*, cit., p. 420 y ss.; OBARRIO, M. C., y Quintana, M. *Mediación penal*. Ed. Quorum, Buenos Aires, 2004 y Del Rio Fernandez: Mediación y cambio cultural…, cit.

14 Vid. CAVUOTO, E. *La nueva mediación obligatoria en Italia*. In: *Mediación, justicia y Unión Europea,* cit., p. 299 y ss.

15 Según dispone la Ley española 5/2012, la Mediación puede acordarse por las partes o ser propuesta por el Juez y en éste caso, como acertadamente nos recuerda Vidal Teixidó: *Por consiguiente es el Juez el que* ***decide****, valorando las circunstancias – es decir, una vez conocido el caso – la conveniencia de que las partes acudan a mediación. Posiblemente el Juez conocerá algo del caso una vez haya leído la demanda, y un poco más si ha leído la demanda y la contestación, pero dudamos que el Juez pueda valorar la conveniencia de la mediación antes de oír a las partes, salvo que esta conveniencia vaya implícita en la propia idea que pueda tener el magistrado de la mediación.*

denamiento contiene supuestos de mediación previa obligatoria, como sucede en el ámbito de los conflictos de Consumo, los laborales y los conflictos de menores[16].

3. Mediación y Seguridad Jurídica

Es útil a nuestro propósito hacer una breve referencia a la Seguridad Jurídica y su conexión con la mediación, entendida ésta como un instrumento al servicio de aquella, ya como técnica de resolución de conflictos, ya como instrumento para evitarlos. La Seguridad Jurídica aparece consagrada en el artículo 9.3 de la Constitución Española de 1978, como un principio/mandato fundamental del Estado de Derecho. En lo que interesa a estas líneas, merece la pena destacar la idea de Puy Muñoz según la cual la seguridad jurídica consiste en *el logro de una situación que realice por cauces legales la promoción y defensa de los intereses particulares*[17]. No obstante podemos perfilar

De pronto, pues, nos encontramos con dos supuestos claros. Uno de ellos es el de la posibilidad que el Juez remita a las partes a mediación, una vez tiene conocimiento del caso y considera que la mediación puede ser viable y ventajosa para llegar a un acuerdo y un segundo supuesto consistente en que previo a conocer el caso por parte del Juez las partes hayan de ir a un proceso de mediación antes de instar la demanda contenciosa, o en todo caso hayan de ir a una sesión informativa. Y como consecuencia lógica de lo anterior concluye: *Pero si el Juez ha de valorar el caso para determinar la necesidad de acudir a mediación ello conlleva a una presentación de la demanda previa, o en la mayoria de los casos a la presentación de unas medidas previas, lo que significa que el conflicto está abierto y los dardos ya se han lanzado. Lo* ***óptimo*** *sería la necesaria intervención a una sesión informativa o a un intento de mediación antes de la presentación de la demanda, salvo casos de fuerza mayor o de urgencia, aplicando el símil de la medicina preventive.* Vid. Dossier de los tribunales sobre mediación. *Revista La Ley*, n. 7.927, de 2012.

16 Cfr. Respectivamente Real Decreto 231/208 que regula el Sistema Arbitral de Consumo; la Ley 36/2011 Reguladora de la Jurisdicción Social y Ley Orgánica 5/2000, de 12 de enero, reguladora de la responsabilidad penal de los menores. Sobre el tema vid. *Tratado de mediación en la resolución...*, cit. y SANZ HERMIDA, A. M. *Mediación penal: el modelo de justicia de menores y posibles propuestas de futuro*. In: *Mediación, justicia y Unión Europea,* cit. p. 187 y ss.

17 Vid. *Enciclopedia RIALP.* T. XXI, p. 121 y ss.

aún más el concepto desglosando su contenido literal: *seguridad* indica estabilidad, certeza, porque una situación es segura cuando está amparada de cualquier mutación *ilegítima*, es decir, de aquella que no procede de una causa establecida por la Ley. Con el término *jurídica*, se hace referencia a aquellas situaciones o relaciones que son objeto o interesan al Derecho. Además, hemos de puntualizar que la seguridad jurídica también esta afecta a la promoción de los intereses generales, no solo los de los particulares.

Pérez Luño ha estudiado con acierto esta institución poniendo de relieve algunas consideraciones dignas de ser destacadas. En primer lugar, que este es un concepto complejo, con una diversidad de significados y distintas proyecciones en los demás valores, figuras y categorías jurídicas. Establece este autor dos acepciones diferentes:

1. Seguridad jurídica *strictu sensu* como exigencia objetiva de regularidad estructural y funcional de todo ordenamiento jurídico como sistema coherente, que se vertebra a través de sus normas e instituciones.

2. La faceta *subjetiva*, como sinónimo de la necesaria certeza del Derecho, la estabilidad de las situaciones nacidas a su amparo y la ausencia de conflictos o lesiones injustificadas. Ello implica que el Derecho debe ser conocido para que los sujetos puedan adecuar previamente sus conductas a la norma basándose en unas pautas y unos valores previos coherentes, ciertos y razonables[18].

El Tribunal Constitucional afirma que la seguridad jurídica es *la suma de certeza y legalidad, jerarquía y publicidad normativa, irretroactividad de lo no favorable, interdicción de la arbitrariedad*, pero que si se agotara en la adición de estos principios, no hubiera precisado de ser formulada expresamente (STC 27/81 de 20 de julio). En otra sentencia, el Alto Tribunal destaca así mismo que la seguridad jurídica ampara *la confianza que los ciudadanos pueden tener en la observancia y en el respeto a las situaciones derivadas de la aplicación de normas válidas y vigentes* (STC 147/86 de 25 de noviembre). Por tan-

18 Vid. *Seguridad Jurídica*. Barcelona, Ariel, 1992, p. 20 y ss. Así mismo, DEL CACHO, Mezquita. *Seguridad jurídica y sistema cautelar.* Barcelona, Bosch, 1989.

to, la seguridad jurídica comporta exigencias de *corrección formal y material* del Ordenamiento que funcionan como auténticas *garantías*: irretroactividad de las leyes penales, unidad y continuidad en la jurisprudencia, respeto a los derechos adquiridos, cauces adecuados para su ejercicio, acceso a la Justicia en sus diversas modalidades, serían algunas de ellas.

Esta certeza y estabilidad que impone la seguridad jurídica, ha de ser conciliada con la demanda de *dinamismo y mutación* que *impone* la Justicia en cuanto valor superior al que aquella queda supeditada, por lo que la seguridad jurídica no comporta en absoluto ausencia de cambio o evolución en el ordenamiento, sino que éste se producirá por unos cauces y a un ritmo adecuado para evitar *rupturas* que puedan ser inadmisibles en un Estado de Derecho.

Así mismo, hemos de recordar que nuestra Constitución no hace distinciones entre relaciones de Derecho Público y Privado a la hora de aplicar las garantías que la seguridad jurídica comporta. Y es en el campo contractual donde queremos aplicar lo que antecede, porque sirve para limitar o perfilar la autonomía de la voluntad del artículo 1255 del Código Civil, de suerte que cuando un pacto o un uso negocial son contrarios a la seguridad jurídica, son nulos (STS 13 de noviembre de 1992). Este efecto *derogatorio* con respecto al *ordenamiento convencional*, comporta una *eficacia negativa* de la seguridad jurídica. La seguridad jurídica *pone en valor* con plena eficacia principios como el de igualdad, buena fe o abuso del derecho. Es por ello que el artículo 1.258 C.C. cobra pleno sentido en este contexto en cuanto criterio integrador en sentido positivo y negativo en el campo negocial: los contratos obligan a lo que expresamente se pacta y a todas aquellas *consecuencias* que, atendiendo a su naturaleza, sean conformes a la buena fe, a los usos y a la Ley.

Esto implica una integración *positiva*, relativa a consecuencias no previstas y que comportan la aplicación de nuevas *cláusulas* o la realización de conductas; en el sentido *negativo* implica la derogación de cláusulas recogidas en el contrato y la observancia de deberes de abstención de conductas contrarias a aquellos criterios antes apuntados.

Esta proyección de la seguridad jurídica posee un claro valor *antiprocesal* por cuanto tiende a evitar la proliferación de causas de conflicto y sus perniciosas consecuencias, merced a la *certeza* del contenido de los actos jurídicos y el alcance de las obligaciones contraídas a consecuencia de aquél. Así debemos entender como positiva la *vuelta* al formalismo contractual, la *tipificación* de multitud de contratos en los que se impone un contenido mínimo para garantizar un equilibrio en las prestaciones y la tutela de los derechos del consumidor, la proliferación de normas que han elevado el nivel de protección de la parte débil por diversos mecanismos, entre los cuales podemos citar la consagración de unos derechos básicos, de acciones individuales o colectivas de defensa, la promoción de la responsabilidad objetiva, y la intervención de terceros para autorizar determinados contratos que han de supervisar su *calidad* en términos de licitud, forma y equidad. Todo ello sirve para tratar de evitar las posibles causas de conflicto en la medida en que se impiden abusos, se corrigen desigualdades, se veda la arbitrariedad a la hora de interpretar o ejecutar el contrato o se garantiza la cobertura de responsabilidad imponiendo un seguro para el caso. Pero la seguridad jurídica *extraprocesal* no se agota con ello, sino que es también digno de destacar el hecho de que han aumentado las vías de solución de conflictos en las relaciones intersubjetivas que hacen innecesario acudir a la vía procesal, con los efectos positivos de todo orden que ello conlleva.

En nuestros días, se ha producido un aumento considerable de conflictos en los más diversos ámbitos y materias entre las cuales cabe citar las relaciones laborales, profesionales, de consumo diario, de responsabilidad por productos o servicios o las del ámbito de la familia. Ello ha provocado el lógico incremento de la actividad jurisdiccional sin que el *sistema* estuviera adecuadamente preparado para resolver el elevado número de asuntos que demandan una solución judicial. Este hecho queda perfectamente reflejado en la frase de Derek Bok, referida al sistema judicial norteamericano, pero aplicable al nuestro, al considerarlo como *un sistema sembrado de las esperanzas defraudadas de aquellos que lo encuentran demasiado difícil de comprender, demasiado quijotesco para imponer respeto y demasiado caro para resultar práctico*[19]. Esta percepción de la insuficiencia del sistema llevó a la búsqueda de nuevos instrumentos de solución para los conflictos que fueran unas adecuadas alternativas extrajudiciales. Sus impulsores centraron sus críticas a la justicia civil en el hecho de que *destruye,* más que *construye,* las relaciones *interpersonales* designando un *ganador* y un *perdedor*, por lo que hace difícil alcanzar cualquier compromiso. Ello se debe a que reposa sobre la adecuación a normas/modelos/tipos abstractos y preestablecidos, más que atendiendo a la realidad diversa de los distintos sujetos y comunidades[20].

Sobre todo, se ha buscado dotar a la sociedad de instituciones alternativas subrayando las características específicas de los conflictos *privados* y negándose, como afirma Théry, a encerrar las disputas en *carcasas* jurídicas inadecuadas e insuficientes, porque los profesionales del Derecho son contrarios a admitir los límites entre el Derecho y el *No-Derecho*, entre lo Judicial y lo *No-Judicial* y cuando pretenden borrar tales límites *chocan* con el *justiciable*[21]. Lo cierto es que la conflictividad en el ámbito familiar, sobre todo de pareja es un problema que *desborda* los cauces *tradicionales,* hasta ahora previstos en nuestro ordenamiento, ya que predominan las *soluciones traumáticas* por cuanto la inmensa mayoría de las separaciones y divorcios, y sus secuelas, se dirimen en el ámbito judicial, con las consecuencias que de ello se derivan. Se hace preciso, como venimos manteniendo, una reforma que incluya desde medidas legales hasta la adopción de nuevos sistemas que colaboren a resolver esta conflictividad por unos cauces más flexibles y cercanos a los sujetos inmersos en ellos. Y es por esta razón que mantenemos la mediación

19 Citado por BARONA VILAR, S. *En aproximación al movimiento ADR en EEUU, RFA e Italia. Revista de la Corte Europea de Arbitraje*, 1998.

20 Cuestión diferente es la que plantean los distintos *esquemas* de valores de algunas comunidades, basados en criterios religiosos, culturales y demás, que, dentro de un mismo país, presentan unas pautas de conducta dentro de la familia que no coinciden con las del resto de la sociedad, lo que origina *tensiones* que no siempre son resueltas con facilidad.

21 Vid. *Le démariage*. Paris, 1996.

familiar más que como una *alternativa*, como un instrumento a integrar dentro del contexto de nuestro *sistema jurisdiccional.*

4. La "Irresistible Ascensión" de la Mediación Familiar

Es singularmente llamativo el hecho de que la mediación familiar se plantea en unos términos un tanto *extremos*: o concita un gran apoyo, o bien recibe fuertes críticas. Tal vez ello se deba al hecho de haber sido planteada como una *alternativa* al divorcio contencioso, o *adversarial*, lo que se pone de manifiesto en autores como Villagrasa y Vall Rius cuando afirman que *la mediación supone la superación del binomio que se refleja en el proceso judicial entre las partes, actora – demandada, ganadora – perdedora o culpable – inocente; al dirigirse, de forma pacífica y no competitiva, a través de un proceso voluntario, a obtener un resultado de máxima satisfacción...* para cada uno de los sujetos en *conflicto*[22]. Posiblemente, sea Thery quien mejor ha puesto de relieve, a nuestro juicio, este problema de que la mediación, y otras ADR, han servido en muchos casos para *desacreditar* el *formalismo* judicial como instrumento de resolver conflictos y los *peligros* que ello puede entrañar. Esta crítica queda ejemplificada, en sus límites extremos, en unas líneas, magistrales por otra parte, de Victor Hugo en las que un juez sordo, juzga a un acusado, sordo y mudo, siendo así que *no hay circunstancia menos atenuante que aquella que cae en la oreja de un sordo*, haciendo con ello una crítica al *distanciamiento* existente entre la realidad de los sujetos del derecho y los instrumentos de su aplicación en justicia[23]. Frente a ello, Constant defendía que la independencia privada es el fundamento de la libertad, pero esa *libertad civil* dota a la ley de un papel esencial pues se opone a la *arbitrariedad* ya que, frente a ésta, *vaga y sin contornos*, la ley se revela como *precisa y formal*. Llega incluso a considerar las formas, previstas en

---

22 Vid. La mediación familiar: una nueva vía para gestionar los conflictos familiares. *Revista La Ley*, n. 5.049.

23 Vid. *Nuestra señora de París*. Edición de A. Martínez Menchén y A. Sorel. Legasa, Madrid, 1982. Libro Sexto, Capítulo primero: *Ojeada imparcial sobre la antigua magistratura.* T. I, p. 206 y ss.

las leyes, como las *divinidades protectoras* de la inocencia y de las asociaciones humanas, pues fuera de ellas todo queda librado a la *conciencia solitaria* y a la opinión *vacilante*[24].

Parece, pues, que esta dinámica sigue vigente en algunos aspectos, toda vez que la mediación familiar se presenta como *otra esfera* diferente dentro del complejo mundo del Derecho en cuanto técnica de resolución de conflictos. Y ello no debería ser así. Significativamente, muchos ordenamientos se ocupan de la mediación y la conciliación en el ámbito procesal, quedando sin regular la privada o *extrajudicial.* Y tal vez ello sea adecuado en alguna medida, puesto que así concebida, la mediación *intrajudicial* se convierte en un instrumento plenamente reconocido y regulado en aras de cooperar con la resolución de conflictos privados en este ámbito. Ahora bien, esto no quiere decir que la mediación privada deba quedar *huérfana* de regulación, porque ello podría llevar a algunas consecuencias no deseadas, tal y como se ha puesto de relieve en algunos países de nuestro entorno[25].

Como se ha dicho, la mediación familiar surge en Europa por medio de la influencia del mundo anglosajón en la práctica del Derecho actual, impulsada por profesionales que no son estrictamente juristas, para aplicarla sobre todo al divorcio al que se quiere convertir en un proceso privado, pacifico, equitativo y constructivo, llegándose incluso a propugnar para *restaurar* la construcción sentimental de la pareja divorciada y resolver los conflictos surgidos por los problemas en el ejercicio del derecho de visita. Esta será la materia más *sensible* porque, como afirma Rivero Hernández, *entre las múltiples consecuencias de la crisis matrimonial – a veces la crisis personal más grave existencial y afectivamente en la biografía de sus protagonistas – la más importante con frecuencia es la relacionada con los hijos, particularmente en lo que afecta a con quién van a quedar cuando los pro-*

24 Citado por Thery en *Le demarriage...*, cit. p. 17 y ss.

25 No obstante, la *opción* del legislador galo no ha estado exenta de críticas. Vid. PERROT, R. Conciliation et mediation: les modalités et les limites du décret du 22 juillet 1996, pris en application de la loi du 8 février 1995. In: *R. Procedures*, n. 11, de 1996.

genitores se separen definitivamente, y que tipo de relación personal y humana van a mantener con aquél con quien ya no convivan tras esa separación[26]. Con ello pone el acento en una dialéctica que será determinante para un cierto sector doctrinal a la hora de afrontar algunas de las cuestiones más importantes de la mediación familiar*: el factor humano* frente al *imperativo jurídico*. Efectivamente, en toda la dinámica hasta ahora estudiada de la mediación familiar late una *constante* que enfrenta las posiciones de este tema pues, frente a las exigencias de justicia que el Derecho plantea al contenido y sentido del acuerdo que pone fin con *éxito* al proceso de mediación, se alza la defensa de la autonomía de la voluntad representada por los sujetos en conflicto y la posibilidad de que estos asuman un resultado basado en criterios personales, frente a aquellos que la ley consagra. Como veremos, la solución a este dilema no es fácil, pero cobra verdadero sentido en la mediación *extrajudicial* pues no estaría sometida, en determinados casos, al *control* de la autoridad judicial en cuanto a su resultado y es, por tanto, la más interesante a estos efectos.

No cabe *discutir* el interés y utilidad de la mediación familiar *extrajudicial*, sea mixta o privada, pues tal y como pusimos de relieve todas las sociedades crean mecanismos extrajudiciales de prevención y resolución de conflictos. Así mismo, como la *desconfianza* ante el posible monopolio del Estado en este campo, ha llevado a que esta actividad se vaya extendiendo en nuestra sociedad, sea por su rapidez, economía, *discreción* y por la autonomía que confiere a los sujetos en conflicto. En consecuencia, la mediación familiar tiene cada vez más defensores en cuanto aparece como un procedimiento pragmático, atiende a la realidad de cada caso, práctico, se integra por un proceso sencillo, autónomo, se basa en el protagonismo de las partes y útil, suele arrojar un amplio consenso entre los sujetos que la han utilizado[27].

---

26 Vid. La guarda y custodia de los hijos y derecho de visita tras la crisis matrimonial. In: *La situación jurídica de la mujer en los supuestos de crisis matrimonial*. Universidad de Cádiz, 1997.

27 En este sentido destacan Villagrasa y Vall Rius un estudio realizado en Canadá en 1987 que puso de manifiesto la satisfacción de los usuarios: entre el 80 y 90%

Lo cierto es que la mediación, según se ha visto, es una técnica con honda raigambre en nuestro Derecho, solo que se venía aplicando al campo patrimonial, básicamente en el Derecho Mercantil – como *corretaje* – y el Laboral – como paso previo a la judicialización del conflicto – y que ahora empieza a extenderse, merced a la práctica más que a la teoría, a otros campos, el Derecho de Familia según vimos, pero que ello obliga a abrir un *debate crítico* sobre la cuestión debido al hecho de la especial naturaleza de las relaciones jurídicas que en esta campo se plantean. Además, la ausencia de un análisis crítico, así como de una sólida construcción teórica que la fundamente, puede llevar a la consecuencia de *deslegitimar* toda la teoría de los sujetos del Derecho y los procedimientos judiciales aplicables al caso. Como seguidamente veremos, parece plantearse por algunos defensores de la mediación familiar una suerte de *disyuntiva* entre la justicia que se *impone* y la que se *negocia* entre los propios sujetos que contienden[28]. El mediador se nos aparece así como una profesión nueva, distinto del abogado y el asesor jurídico, cuya función es *restaurar* la voluntad y el consenso a los sujetos, devolviéndoles el poder de decisión sobre sus asuntos familiares. Así pone de relieve Six que el juez *aplica*, *decide* y *zanja* la contienda y el mediador no decide por otro, sino que les pone en situación de ser *protagonistas del proceso*, dentro de sus márgenes de libertad, para que encuentren en *sí* mismos, por *sí* mismos, la solución a *sus* conflictos[29]. Con estos contornos, el mediador familiar se nos presenta como diferente al abogado, al juez o al arbitro ya que *devuelve* el poder de controlar el proceso y de decidir a las partes y ello porque no se coloca en una posición de autoridad sobre ellas y porque su actuación es neutral, desinteresada, imparcial, independiente ya que

valoran positivamente la experiencia, un 64% llegaron a algún acuerdo y un 6% se había reconciliado con su pareja. Vid. *La mediación familiar: una nueva vía para gestionar los conflictos familiares. Revista La Ley* n. 5.049, p. 3.

28 Con razón afirma Trubek a propósito de las ADR que los cambios más importantes no se han producido en la práctica, sino en la teoría del Derecho, en la representación de la justicia y en la misma justicia del Estado. Citado por Thery en *Le demarriage...*, cit. p. 327.

29 Vid. *Dinámica de la mediación.* Paidós, Barcelona, 1997.

actúa sin ejercer ninguna presión. Se produce, como señala Thery, un desplazamiento de la fuente de la voluntad y del poder, en la medida en que el abogado analiza y administra el conflicto, el juez zanja y el *terapeuta alumbra* el pasado y da salida a las emociones y sentimientos. El mediador, *sugiere* las soluciones valiéndose de negociaciones *razonadas* que dejan el poder de decisión a las partes[30].

Este argumento de la *devolución del poder de decisión* es *fundamental* en toda la teoría de la mediación y, sobre todo, en la familiar, porque pensemos que se trata de una institución que tiene su origen en el campo contractual, ya que versaba sobre materia patrimonial sometida a la voluntad privada: la oportunidad de suscribir un contrato o realizar un negocio con un tercero que el mediador procura; mientras que ahora se convierte en la figura esencial de un proceso en el que unos sujetos *disponen de un conflicto familiar*, sobre todo una crisis de pareja que les afecta a ellos y a terceros. Este *fundamento n*o implica sólo una *crítica* a las *carencias* del sistema judicial para resolver adecuadamente estos conflictos, sino que se trata de la diferencia entre el poder *impuesto* y el poder *devuelto* a los sujetos, supone *la reversión completa del poder*, es la desaparición de toda *referencia exógena* lo que se presenta como la característica fundamental de la mediación familiar y lo que se reivindica como clave de su *éxito* (Thery).

Ya veremos con ocasión de estudiar la postura de Marlow con respecto al papel del Derecho y la información jurídica en la mediación familiar, que la idea del mediador *neutral*, *independiente* y *desinteresado* implica que no representa a ninguna instancia, ni interna o externa al proceso, ni le mueve más interés que el acuerdo, y que tampoco ninguna otra *regla* que no sean las del diálogo y la negociación que las partes *se otorgan*, condicionarán su actuación profesional. Se opone así la solución *legal* impuesta por el juez, frente a aquella que las partes se dan a sí mismas mediante sus propias reglas, valores e intereses. Se plantea así una dicotomía un tanto *maniquea*: de la *heteronomía*, que supone una *imposición* por vía de la ley y el juez, frente a *autonomía*, que implica la libertad de las partes que *se imparten* su

30 Vid. *Le demarriage...*, cit., p. 329 y nota 13.

propia *justicia*. Es decir, la solución *legal* es *externa* a los sujetos del conflicto, y la *mediada* procede de ellos y sus propios criterios. Esto se valora como una *conquista y como una liberación*, según acertadamente señala Thery. La singularidad del caso, la personalidad de los sujetos, los interese concretos en juego, en definitiva, la condicionante *ad hoc* se presentan como criterios/valores más útiles, y tal vez más legítimos, para resolver el conflicto familiar frente a la abstracción y generalidad de aquellos estándares que la ley consagra.

Se afirma que el proceso judicial *despersonaliza*, enfrenta las soluciones y *estandariza*, mientras que la mediación *individualiza* e incide en el *factor humano* concreto buscando la solución *unívoca* consensual. Como hemos podido constatar, se defiende que en la mediación se supera el discurso entre *perdedores* y *ganadores* que suele plantear una justicia *impuesta e ineficaz*. Si en el proceso *adversarial* se produce un *trauma*, en la mediación no hay perdedores, sino partes responsables que buscan beneficiarse de una solución a la que cada uno puede adherirse libremente, porque ahora una parte no ha de ceder frente a la otra. En definitiva, se busca una concepción constructiva de las crisis familiares – separación y divorcio – mediante una regulación acordada y positiva de la misma, así como organizar las relaciones futuras del grupo familiar (Thery). *La mediación familiar analiza el pasado para comprender el presente y construir el futuro*[31].

Ya hemos puesto de relieve en páginas precedentes, como la mediación es entendida por algunos autores como *otro universo de justicia* en el que se *devuelve el poder* de decisión a las partes para solucionar el conflicto que les enfrenta. Esta expresión de *devolver* implica, de

31 Thery en su reflexión crítica concluye que se nos presenta la mediación como una figura perteneciente *a otro mundo* en el que reina el espíritu de la colaboración, la igualdad, la gratuidad y el amor al prójimo, siendo así que se perfila al mediador familiar como una persona racional, responsable de las relaciones entre las personas que *no es ciego ante las heridas del discurrir humano*. En definitiva, la mediación en esta *visión* sería una *vocación* que nos hace entrar por decisión propia en un mundo magnífico, donde se realiza una actividad que es mucho más que prestar un servicio o aplicar una mera técnica de resolver conflictos. Vid. *Le demarriage...*, cit., p. 332.

alguna manera, que esa capacidad de decidir había sido *arrebatada* a los sujetos de una forma más o menos legítima. Este poder de decisión de los *protagonistas* del conflicto, implica una mediación voluntaria y en la que el mediador es sólo un agente *catalizador* del acuerdo y, por tanto ocuparía un *segundo plano*, siendo así que su intervención *propicia*, pero no *predispone*, el elemento *clave* del proceso: el *acuerdo*.

Así mismo, se entiende por algunos que el llamado *sistema adversarial,* se basa en unos criterios y se vale de unos mecanismos de alguna manera *ajenos* al mundo *real* que viven, y han vivido, los sujetos del litigio. Es por ello que ante la pregunta de si la mediación es un medio *alternativo* de resolución de conflictos, contestan desde una perspectiva que, a su manera, justifica la respuesta negativa. Para Marlow, la mediación no es una ADR porque ni se usan los mismos medios, ni se han de juzgar los resultados con el mismo criterio, pues para un mediador lo importante es que se alcance un acuerdo asumido por las partes, que son quienes han de cumplirlo y vivir con él en lo sucesivo, no que éste se considere *correcto* por un tercero (juez, árbitro o mediador) basándose en unos criterios *abstractos* y *objetivos* ajenos al contexto subjetivo (*historia* emocional, sentimientos, valoración personal de las circunstancias, motivaciones propias, etc.) de las partes que lo adoptan[32].

Para un mediador, en este caso *familiar*, el procedimiento *adversarial* de divorcio *es* una ADR, porque si la pareja a lo largo de su convivencia ha tomado por si misma las decisiones importantes que les afectaban, con la mediación familiar seguirán haciendo lo mismo que hasta ahora acudiendo, a lo sumo, a un consejo profesional, y a la ayuda del mediador si fuere preciso. Y sólo acudirían a un medio *alternativo* si decidieran utilizar el procedimiento *adversarial* del di-

---

32 Vid. *Mediación familiar. Una práctica en busca de una teoría. Una nueva visión del derecho.* Barcelona, 1999, p. 33 y ss. En *puridad de conceptos*, la mediación no es una completa *alternativa* pues no excluye, como el arbitraje, la vía judicial, sino que la *complementa* en algunos casos, las llamadas *intrajudicial* y la *parcial*, y en otros casos para exigir la ejecución de un acuerdo de mediación *extrajudicial* deberá instarse a la autoridad judicial, tal y como hemos puesto de manifiesto en páginas precedentes.

vorcio o separación ante los tribunales. Es por ello que afirma que el mediador familiar les *devuelve* su capacidad y *propicia* su *actitud* para tomar decisiones en este *trance* y *juzgarlas* sobre la base de los criterios *personales* que siempre fueron importantes para ellos, no sobre criterios legales que no *dominan*, ni sienten como propios. Con ello se trata de *recomponer* el consenso perdido, porque la mediación no es un proceso basado en la *confrontación*, sino en el *consenso*. Es así como ostentarán ellos mismos el control sobre sus vidas pues, en el otro caso, lo tienen los jueces y abogados.

En el procedimiento llamado *adversarial*, protagonizado por tanto por *adversarios* enfrentados entre sí, los sujetos y los criterios actúan de una forma diferente. En primer lugar, sostiene Marlow, los *abogados* acuden a la aplicación de las normas para buscar una solución favorable a su cliente y no para resolver el problema que enfrenta a los sujetos del litigio. Con ello el Derecho se vuelve una *técnica argumentativa* al servicio de una *estrategia de parte* que se basa en argumentos extraídos de la interpretación de la norma. En consecuencia, sostiene, las normas jurídicas no pueden *garantizar* una respuesta correcta, si bien pueden ayudar a encontrar una respuesta. No obstante, como permiten plantear diversas opciones diferentes, al fin y al cabo, pueden crear otros *problemas* añadidos, más que resolver el que se ha planteado. He aquí la primera gran diferencia, el mediador busca *una solución conjunta* para ambos sujetos y el abogado busca aquella que favorece a una parte, y sólo tendrá a esta como *legítima*, lo que condicionará la actitud de su cliente que considerará que cualquier otra solución es *injusta*[33]. Y todo ello sucede porque el Derecho no es una *ciencia exacta*, donde todos los procedimientos y reglas aplicables a

33 Se entiende que las partes invocan un principio de justicia y *demuestran* su derecho sobre una base *abstracta* que le es ajena: textos legales, referencias doctrinales y jurisprudencia. De antiguo se ha venido entendiendo que las alegaciones que el abogado hace en el transcurso del proceso son asumidas por la parte como *propias*, no así los errores que cometa. La fidelidad a la defensa del cliente es un deber que impone la *deontología* profesional del abogado desde sus orígenes. Vid. AGUDO RUIZ, A. *Abogacía y abogados. Un estudio histórico-jurídico.* Universidad de la Rioja, Logroño, 1997, p. 154 y ss.

un caso conducen a la misma respuesta, porque en los casos jurídicos intervienen una diversidad de factores que condicionan el proceso y su resultado[34].

Por tanto, según este autor, un mediador *percibirá* de otra forma el papel de las normas jurídicas en su labor profesional, pues más que ayudarle, *empeorarán* las cosas, porque cuanto más justa quiera ser la solución *legal*, menos previsible y claro será el resultado. En consecuencia, una solución *equitativa* no tiene porqué ser objetiva e igualitaria, ya que deben tener en cuenta diversos factores, lo que la hará más subjetiva y menos previsible. Además, para conocer la solución *legal*, sería preciso iniciar un procedimiento *adversarial*, que es el que se basa estrictamente en la aplicación de la ley. Mientras que para el abogado *ayudar* a su cliente supone argumentar a favor de sus intereses y objetivos, lo que le llevará a emplear una *estrategia* basada en *posiciones inaceptables* para la otra parte[35]; el mediador *ayuda* a ambos *acercando* sus posiciones, porque percibe los intereses propios *individuales* de cada parte y sus mejores intereses *comunes* como una

34 Cierto es que la Matemática y el Derecho son muy distintas, pero ambas, finalmente, se basan en la lógica y el Derecho lo pone de manifiesto cuando acudimos a la *Analogía,* como instrumento de *reacción inmediata* del Derecho frente al supuesto no previsto. Porque, como dice Larenz con respecto al esquema lógico de aplicación de la Ley, *la principal dificultad resulta, sin embargo, de la naturaleza de los medios de expresión lingüística y de la inevitable discrepancia entre la regulación proyectada para una realidad determinada y la variabilidad de esa realidad, es decir, el carácter "fluyente" de la mayor parte de los hechos regulados.* Vid. *Metodología de la ciencia del derecho.* Traducción de M. Rodríguez Molinero. Ariél, Barcelona, 1980, p. 265 y ss. El artículo 120.3 CE consagra el principio *de motivación* de las sentencias que supone un *deber* para jueces y Tribunales, y un *derecho* para los ciudadanos e implica exponer las razones y argumentos, los antecedentes de hecho y los fundamentos de Derecho, que conducen y *motivan* al fallo judicial, para que sea entendida por el *justiciable* y posibilite un remedio procesal frente a ella. Vid. CUESTA, Sierra Gil de la. I. Los principios del proceso civil. In: *Jornadas sobre práctica de Derecho Procesal. Análisis actual y nuevas orientaciones.* Uned, Melilla, 1994, p. 81 y ss.

35 Tras esta postura, dicen los *críticos*, se esconden viejos rencores, tácticas dilatorias y estrategias personales que originan que la solución *impuesta* en el proceso no sea asumida por los sujetos.

sola e *idéntica* cosa. Y ello porque su propósito es conseguir *una sola* respuesta *correcta,* razón por la cual hacer uso de las normas jurídicas para que prevalezca el interés de una parte nos aleja de la solución correcta, lo cual hará que la pareja conciba su matrimonio y su divorcio como un *error* (Marlow).

Se pregunta Marlow si la pareja durante su matrimonio tomó las decisiones sin atender a las normas jurídicas, sino a las consideraciones personales importantes para ellos, porqué han de acudir ahora a aquellas. Porque, responde, ciertamente el contexto, las motivaciones y las limitaciones a su decisión son ahora distintas y precisan *ayuda* para decidir, y porque las normas jurídicas *caracterizan* el mundo *real* y *cristalizan* el sentimiento de lo justo en la sociedad en que viven estableciendo un *terreno común objetivo* en el que se contiene lo que es justo para todos y, por tanto, *modelan* sus expectativas y les *obligan* limitando el *orden privado* que ellos quieren establecer por sí mismos. Así concebido, el Derecho por medio de la Ley, permite conocer a cada parte cual es su *estatus* desde el que iniciar las negociaciones y hasta donde pueden lograr o ceder, por lo que condiciona y enmarca la negociación durante la mediación[36].

En principio, pues, *parece* que se acepta la *condicionante jurídica*, el papel relevante del Derecho, en todo el proceso de la mediación familiar y su resultado. Pero ello no es totalmente cierto, dado que los planteamientos de esta tesis van más allá a la hora de *relativizar* el papel de las normas jurídicas en este campo, pues, como se ha dicho, entiende que la Ley aplica *valores*[37] para buscar la solución, pero no aporta soluciones concretas, lo que supone sustituir el criterio de las partes, basado en su consideración de lo que es *importante* para ellos (*valor subjetivo*), por el del juez, basado en lo que es importante para la ley (*valor objetivo*).

Partidario, pues, de ese *subjetivismo* en cuanto a los valores que inspiran y guían a la mediación familiar y fundamentan el acuerdo,

36 Vid. *Mediación...,* cit. p. 149 y ss.

37 Heller define los valores como *modos de preferencias conscientes generalizables*. Citado por Pérez Luño. In: *Teoría del derecho. Una concepción de la experiencia jurídica*. Técnos, Madrid, 1997, p. 213.

Marlow llama la atención acerca de la intervención de los abogados y asesores legales en este campo. Cuando cada parte acuda a *su* abogado, este le proporcionará una sola respuesta posible, aquella que favorece a sus intereses, por lo que mediante su intervención, cada parte defenderá *su* respuesta, única y *verdadera*, que consagra *sus* derechos y legitima su actuación, por lo que será distinta de la otra y no querrá *moverse* de ella. Y ello se debe a dos razones, de un lado, el abogado solo conoce una versión de la *historia* del conflicto, la de su cliente; de otro lado, el contexto *adversarial* condiciona necesariamente su actitud frente al problema, pues la defensa departe es la razón de ser de su actividad profesional en este caso: la ley se utiliza como *arma* frente a la otra parte, que hará lo propio. En consecuencia, sostiene que la información jurídica concerniente al caso debería facilitarla un solo abogado, lo cual obliga a éste a replantear su papel como defensor de parte y actuar como asesor *imparcial* lo que le acercaría al papel del juez.

Por otra parte, la crítica a la utilización de la ley como *arma estratégica*, no quiere decir que se trate de *obviar* a las normas jurídicas, sólo de emplearlas de otra manera. Lo lógico sería, según este autor, que la pareja exponga conjuntamente la totalidad del problema que origina el conflicto, en la parte relacionada con el objeto de la mediación, y reciba toda la información jurídica pertinente al caso así como las posibles soluciones a adoptar, sobre todo aquellas que contienen mayores elementos de consenso, teniendo presente las partes que en todo acuerdo deberán asumir un nivel de *sacrificio* y otro de *satisfacción*. Esta *información jurídica* les ha de ser facilitada por una misma persona, para evitar los problemas antes descritos y esa persona será el mediador familiar[38].

38 En este punto, conviene tener presente que Marlow distingue la *información jurídica*, objetiva e iluminadora, la *opinión jurídica*, que implica un *posicionamiento* del jurista y una valoración del problema, y el *consejo jurídico*, que supone orientar o condicionar la decisión. Entiende este autor que la primera compete al mediador y al asesor jurídico/abogado; la segunda al abogado y la tercera no debería ser emitida por el abogado, pues más que una decisión *jurídica*, es una decisión *personal* con efectos jurídicos. Es decir, que el abogado debe ofrecer al cliente varias posibilidades de solución no erróneas, pero respetar el derecho de éste a decidir.

Así mismo, si nos fijamos el papel de la norma jurídica en esta propuesta es de *información*, no de presupuesto *condicionante*, y ello porque para un sector doctrinal la ley a la hora de proponer soluciones tiende *objetivar* los criterios (*valores*) y no tiene en cuenta otros factores como son los sentimientos y las consideraciones personales que para la pareja son importantes. Si la mediación busca *reparar* el consenso perdido de la pareja es para eso, para que vuelvan a decidir basándose en sentimientos y criterios que les unían anteriormente. De manera que el mediador asesora, plantea soluciones, conduce la negociación y promueve el consenso para que haya un acuerdo. No es tarea fácil.

Con estos presupuestos, es lógico que esta *tesis* no *centre* el problema del acuerdo en los términos que nosotros consideramos *ajustado*, es decir, que verse sobre materia *disponible* susceptible de ser planteada judicialmente, sea *voluntariamente* aceptado por las partes y sea *justo* en cuanto respete los principios y limitaciones del Orden público familiar[39]. A juicio de Marlow, el término *justo* es difícil de definir por cuanto es una abstracción que incorpora toda una serie de *juicios de valor no enunciados y no sujetos a revisión.* Además, se basa en unos criterios objetivos e impersonales establecidos por la ley, que suelen estar alejados de la realidad de la crisis familiar, lo cual supone utilizar durante el divorcio un criterio diferente al que utilizó la pareja durante su matrimonio. Además, pone en duda que *norma jurídica* sea un sinónimo de *justo* por lo que la aplicación de estas no supone una *garantía* necesaria de la justicia del acuerdo. Si las normas no son la *panacea* para *construir* el acuerdo, tampoco lo serán para *juzgarlo*. Si no debemos basar la solución en criterios objetivos y *externos* a los sujetos, sino en *valores subjetivos* referidos a sentimientos, emociones y consideraciones personales, que caracterizan e individualizan nuestra personalidad, tampoco debemos juzgar entonces con criterios objetivos lo que se ha basado en criterios subjetivos,

39 El artículo 25.2 de la Ley Española 5/2012 exige que el acuerdo *no sea contrario a Derecho* para poder elevarlo a escritura pública y que adquiera carácter de titulo ejecutivo.

pues ello supone una desarmonía totalmente ilógica. Por tanto, no parece correcto *invocar abstracciones* no definidas, para inmiscuirnos en áreas de decisión de otras personas y emitir juicios de valor sobre sus decisiones. Si eso es así, no parece lógico que se concluya que sea el mediador quien diga si el acuerdo es justo o no, aunque se admita que su decisión es susceptible de ser *revisada* por el juez; porque ello supone admitir que el mediador *decide*, como su fuera un laudo, y que el juez valore basándose en criterios subjetivos que le son ajenos, con lo cual de alguna manera se *deslegitima* el control judicial en cuanto *revisa* el acuerdo basándose en unos criterios de *justicia objetiva y externa* que no se consideran adecuados como valores para sustentarlo y *justificarlo*. Para superar esta aparente contradicción, se mantiene la *neutralidad* del mediador: éste no tiene porqué plantearse si un acuerdo es justo o injusto, un *criterio más* al fin y al cabo, sino que basta con que las partes lo entiendan así y lo asuman en consecuencia. Por ello se utiliza el término *correcto* o *adecuado* para calificar al acuerdo: aquél que es *asumible y viable*, es decir susceptible de ser mantenido en el tiempo, *razonable y posible*, porque no impone sacrificios excesivos a las partes, y que no sea probable que un juez lo rechace.

En definitiva, el mediador debe *procurar* el logro de un acuerdo que las partes sientan como *justo* y estén dispuestas a cumplir y mantener, aunque éste se base en criterios subjetivos ajenos al Ordenamiento. Frente a ello, el juez, que sólo consigue *entrever* una parte de la causa y el objeto del conflicto (la cima del *iceberg*) tenderá a proporcionar una solución *abstracta* sobre la base de una parte del debate. Esto tendrá como consecuencia que la decisión del juez no contente a los sujetos al resolver solo una parte del problema y, por tanto, se generará una nueva conflictividad, porque habrá aspectos que el *amor propio* impedirá asumir. Mientras, la solución *mediada* les permitirá reanudar sus relaciones porque se ha basado en el diálogo de las partes del conflicto, y en el consejo experto del mediador, pero sin *suplantar* su voluntad a la hora de solventar las diferencias. Pero si el juez ha de revisar el acuerdo, se producirá la *desarmonía* antes enunciada: lo hará basándose en criterios objetivos ajenos al *sentir* de la pareja que lo adoptó[40].

Ante tales argumentos es muy difícil *resistirse* y plantear objeciones, pero nuestra condición de *jurista* nos induce ineludiblemente a estar en desacuerdo con algunas de estas afirmaciones. Inicialmente, partimos de la base de que *tiene razón* Marlow cuando sostiene que la separación y el divorcio son de por sí unos procesos *duros* que dañan a las personas, las desestabilizan personal y afectivamente hasta provocar serias crisis, por lo que *peor* será aún si *encima* se les *impone* un una *¿solución*? que sienten como *ajena* e *injusta*. No obstante, no parece adecuado construir toda la teoría de la mediación sobre la crítica, exagerada a nuestro juicio, del sistema judicial y *adversarial* como si fuera un mundo anacrónico perteneciente al pasado ya obsoleto, basado en una Seguridad Jurídica *estática*. Como señala Thery[41], se nos presenta así la mediación familiar, más que como una técnica para resolver conflictos en ámbito familiar, singularmente en las crisis de pareja, como una *causa* que va ganando adeptos en la medida en que resuelve los problemas basándose en criterios más *humanos* y cercanos a los sujetos afectados, superando el distanciamiento y la abstracción de los criterios legales, en cuanto al fondo, y los enfrentamientos y tensiones del procedimiento *adversarial*. Es decir, en una Seguridad Jurídica dinámica. Ello supone una concepción ajena a la crítica, elemento esencial de todo análisis científico, y plantear la mediación como una figura *nueva* y *alternativa* al procedimiento judicial, razón por la cual la idea de *devolver el poder* a las partes implica una *nueva jurisdicción* más autónoma por cuanto deciden los propios sujetos, y más *legítima* pues parece que se les reintegra *algo* que les fue arrebatado, el *poder* de decidir sobre sus vidas, y porque deciden basándose en criterios que ellos consideran *realmente* importantes. Y nosotros volvemos a precisar que la mediación no es una figura nueva en nuestro Derecho, ni *absolutamente* alternativa a la *solución* judicial, ni debe suponer una

40 Vid. Marlow. Mediación..., cit., p. 297 y ss.

41 Vid. *Le demarriage...*, cit., p. 332.

deslegitimación de los criterios legales a la hora de buscar la justicia en la solución de los conflictos familiares.

Esta *influencia foránea*, sobre todo anglosajona, impone una *importación selectiva* (Thery) de esos *nuevos aspectos* de la mediación que permita *perfilar* con mayor *nitidez* la figura del mediador familiar, desechando aquellos elementos o notas significativas que *son* ajenas a nuestra sociedad y, por tanto, a nuestro Derecho, pues aunque la mediación familiar no sea una cuestión *exclusivamente* jurídica, el Derecho es su *condicionante esencial* porque no se trata sólo de *desactivar* un conflicto, sino de poner al descubierto sus causas y resolverlo en *justicia*[42]. La mediación es, no una simple *alternativa*, sino un instrumento de *colaboración* con la Justicia porque, como venimos insistiendo, aunque en su *origen* sea una figura *contractual*, es voluntaria y sobre materia disponible, su aplicación en el ámbito familiar, tan *sensible* a la sociedad actual, le dota de unas características que la individualizan con respecto a aquel *inicial* contrato *mercantil.*

Además, esta postura *militante* esta basada en dos *pilares* que no la sustentan con *seguridad.* En primer lugar, la concepción y el papel de las leyes y de los jueces en el Derecho anglosajón no son los mismos que en nuestro Ordenamiento, luego las ideas de Marlow, y quienes le *siguen,* pueden *chocar* menos en aquél sistema que en el nuestro. Sierra Gil de la Cuesta, cuando alude al tema, ya tratado, de los *fundamentos* del mandato constitucional que impone la *motivación* de las resoluciones judiciales llamadas *sentencias*, pone de relieve los siguientes:

> – La necesidad de adecuar la norma a la realidad del caso concreto, precisando su contenido, consecuencias y alcance.
> – El juez cuando juzga *ha de garantizar el imperio de la Ley* y ello ha de ser *explicado* en cada caso concreto lo que exige una *argumentación* que *justifique* que en ese supuesto ha existido *una perpetua adecuación de lo jurídico al orden real o de la praxis.*
> – Datos estadísticos permiten concluir a este autor que la mayoría de los jueces españoles *estiman que lo que predetermina en su ánimo la sentencia a dictar en cada caso concreto proviene, de la Ley escrita, de la*

42 El debate en los países anglosajones ha derivado hacia la línea de situar a la mediación familiar dentro del ámbito de lo que se denomina la *justicia informal.*

> *percepción de lo justo en cada caso concreto, del sentido común y de la jurisprudencia del Tribunal Supremo.* Así mismo, la motivación permite percibir el grado de formación jurídica y humanística del juez, así como su *sensibilidad* en orden al sentimiento de lo justo de la comunidad que le rodea[43].

Dell'Aquila pone de relieve que Inglaterra no conoció formalmente o de hecho la *recepción* del Derecho Romano, lo que unido al *vacío* provocado por la conquista normanda, hizo que los jueces se encontraran sin un cuerpo normativo completo al que acudir para realizar su labor de modo que *tuvieron la necesidad de buscar y elaborar por su cuenta los criterios que podían usar para resolver los asuntos judiciales.* Esto le lleva a concluir que *la regla del precedente fue la consecuencia lógica de dicho vacío jurídico, puesto que a falta de un cuerpo normativo completo al que atenerse, para los jueces resultó práctico y conveniente aprovechar, a la hora de fallar, los criterios ya utilizados por otros jueces en decisiones anteriores, salvo que hubiera algún buen motivo que les aconsejara apartarse de ellos.* Lógicamente, esta posición comenzó siendo *facultativa* y se convirtió en *obligatoria* toda vez que se hizo necesario para dar fijeza al Derecho. Del *precipitado* que se obtuvo de este conjunto de resoluciones se fueron extrayendo las *reglas generales y abstractas* aplicables para resolver los casos análogos, lo que sucede incluso en supuestos en los que existe Derecho escrito[44] (*Statutes*). Por tanto, el juez en este sistema *anglosajón* dispone de un *poder* y despliega unas facultades que no tienen los jueces en nuestro ordenamiento. Significativamente, cabe comparar el sistema de mediación *judicial* establecido por la legislación francesa con el *anglosajón.* En este caso, el juez puede *estimular* a las partes para que procedan a realizar una mediación previa al

43 Vid. *Principios...*, cit. Loc. cit. De otro lado, las resoluciones administrativas han de ser igualmente motivadas, según el artículo 54 de la Ley 3/92 lo que se pone en conexión con el derecho a la *tutela judicial efectiva* del artículo 24 CE y supuso un notable *avance* respecto a la legislación anterior. Vid. Consejo de Estado *Memoria de 1999*, p. 116.

44 Vid. *Introducción al derecho inglés*. Universidad de Valladolid, 1992, p. 91 y ss.

inicio del proceso, sobre todo en aquellos casos en los que el interés en juego no justifica el coste de un procedimiento; pero no se *entromete* designando un mediador, él tiene a disposición de los sujetos un listado con nombres y direcciones personas y asociaciones que se dedican a realizar actividades de esta naturaleza.

El sistema aplicado por la ley francesa ha recibido críticas doctrinales porque *implica* demasiado al juez en el proceso y le confiere unas facultades excesivas. Entendía Estoup[45] antes de aprobarse la ley, que dar al juez la posibilidad de *imponer* una mediación previa que podría condicionar la admisibilidad de un recurso y ocasionar problemas. Ello puede desembocar, estimaba, en una utilización *sistemática* del sistema de mediación por parte de determinados jueces que se verán tentados de no intentar resolver el conflicto por ellos mismos, pues será más cómodo encomendar esa tarea a un tercero. Afectaría a las expectativas de las partes, que se han dirigido a un juez y serán *autoritariamente* remitidas a otro interlocutor sin poder elegir otra opción. Establecer así la mediación sería crear una nueva fuente de problemas para los justiciables, que se verían *penalizados* mediante un retraso en la solución de su pleito. Por tanto, concluye, la *institucionalización* de la mediación debe hacerse teniendo en cuenta los principios fundamentales del procedimiento civil y de la organización judicial, que prohíben al juez *delegar* sus poderes, pues ello supondría ir en contra de la evolución del Derecho que refuerza la posición del juez en aras de evitar retrasos a la hora de resolver los litigios. Y este va a ser un argumento constante entre los críticos de la mediación *intrajudicial*, pues aluden a la experiencia para poner de manifiesto que técnicas similares, por ejemplo la conciliación, suelen ser poco útiles porque las partes no acuden e, incluso, la toman como una *declaración de guerra*, lo que *retrasa y enrarece* aún más la *atmosfera* entre ellas. Por tanto, la mediación *forzada* podía así convertirse en un mero mecanismo inútil, que representa un gasto innecesario y puede provocar una peligrosa *delegación* de poder del juez a un tercero, mediador, que puede ser incluso ajeno al conocimiento del Derecho y su aplicación. Por ello, la

45 Vid. Le projet de réforme de la procedure civile. In: *Gazzette du Palais*, 1989.

mayoría de los ordenamientos que la regulan, conciben la Mediación como un instrumento al *servicio* de la justicia, al que las partes se adhieren voluntariamente, sin que les sea *impuesto*, y la *legitimidad* de la fuente de su eficacia es doble: la autonomía de la voluntad, y la *sanción* dispensada por el control judicial, que legitima la decisión de las partes otorgándole al acuerdo eficacia ejecutiva si es homologado. Por tanto, la *institucionalización* de la mediación no es un tema que deba plantearse en términos de *adhesión u oposición*, sino de optar por un *modelo* y unos *criterios* adecuados al contexto y finalidad que persigue esta institución.

Friedman pone de relieve que el elemento *clave* para todo sistema jurídico es el *comportamiento social*: *lo que, de hecho, hace la gente.* Para este autor *el comportamiento en materias jurídicas* es aquél que está influenciado por una norma, resolución u orden de alguien revestido de *autoridad jurídica.* Sin embargo, mantiene que al analizar estos comportamientos *legales* debemos distinguir distintos supuestos pues, en unos casos, será necesario *obedecer* las normas (tráfico, etc.) mientras que en otros se trata de decidir si se *utiliza o no* la ley. En este segundo caso pone de ejemplo el divorcio: *Evidentemente, toda esa actividad – acudir al tribunal y obtener el divorcio – forma parte del comportamiento jurídico. Ciertamente los esposos han cumplido con ciertas formas y leyes. Pero difícilmente diríamos que "han acatado" las leyes. Las leyes no ordenan a nadie que se divorcie. Lo que hacen es decirnos cómo obtener el divorcio cuando lo precisamos. Por tanto, no tiene sentido hablar de obedecer o desobedecer la ley en lo que se refiere al ejemplo relatado. Hablaríamos, más bien, de utilizar (o no utilizar) la ley del divorcio*[46]. Esto implica la existencia de un sistema

46 Este autor considera que los Tribunales son, en Estados Unidos, la parte más *familiar* del Derecho, por lo que afirma que cuando alguien piensa en el Derecho, se representa la imagen de los Tribunales. Al analizar la figura del juez y su acceso ala carrera judicial, llama la atención sobre el hecho de que estos no son *funcionarios de carrera*, como los europeos, sino *abogados* que ha tenido una práctica en la política *activa*, lo cual se debe a que para ser juez deben ser *elegidos* por votación, razón por la cual se encuadran dentro de partidos políticos, formando parte de una candidatura, y así afirma que *los jueces suelen*

basado en una *cosmovisión* de la Ley y la Judicatura, y sus respectivos papeles, distintos al nuestro, con un menor *peso* de la norma y su capacidad *conformadora* de la realidad, lo que nos permite mantener que la *tesis* de Marlow es más fácilmente *entendible* en los parámetros y el contexto del Derecho anglosajón, que en el de nuestro.

En segundo lugar, gran parte de esta propuesta sería indiscutible en un contexto *ideal* en el que una pareja, a la que sus relaciones han llevado a tomar la decisión de interrumpir su convivencia y *liquidar* la esfera personal y patrimonial que la sustentaba, estuviera dispuesta a actuar de la misma manera que lo hicieron cuando decidieron contraer matrimonio o convivir; es decir, que su *substrato emocional* y sus condicionantes personales fueran las mismas que en aquella época, pero ello no es así ni mucho menos. Además, debemos tener en cuenta que la decisión de esa pareja, cristalizada en el acuerdo, no sólo le alcanza y afecta a ellos mismos, sino también a terceros: hijos, abuelos, otra pareja, etc. cuyos intereses, sentimientos y derechos han de ser tenidos en cuenta. Finalmente, *excluir la ley*, o al menos el Derecho, como criterio orientador y de valoración del acuerdo supone *negar la mayor* en cuanto a las reglas de convivencia que la sociedad se ha dado. En efecto, si la norma jurídica es un *mandato con eficacia social organizadora*, como dijera el maestro De Castro, su carácter objetivo es necesario para *homogeneizar y modalizar* las conductas socialmente relevantes y no cabe duda de que la separación y divorcio lo son. Por ello estimamos que no cabe generalizar esta postura de los defensores a ultranza de la mediación familiar a todos los casos. Como el propio Marlow reconoce, no es lo mismo una mediación *parcial* que *global*, ni una *privada y extrajudicial* que una *intrajudicial*, ni una pareja de *convivientes* sin hijos, que un matrimonio con descendientes menores. En cada caso, los *intereses en conflicto* afectarán a más o menos

ser miembros fieles de un partido y la plaza de juez es la recompensa por los servicios políticos prestados. La justificación de todo ello, según Friedman, estaría en el hecho de que así se hace a los jueces *responsables frente a los ciudadanos*. Vid. *Introducción al derecho norteamericano. Barcelona, 1998,* p. 67 y 236 y ss.

sujetos, serán más o menos relevantes socialmente y, por tanto, el *imperativo ético* de la norma condicionará en mayor o menor medida el acuerdo, en función de que la materia esté más o menos a sometida al *poder de disposición* de las partes o vinculada al orden público familiar. Así mismo, aunque la mediación es *voluntaria*, no todas las personas podrán negociar en iguales condiciones pues la *igualdad en las posiciones* no suele ser el predicado común de estos casos y, tal y como pusimos de relieve, las mujeres suelen ser las *perjudicadas* en estos supuestos, y terminan aceptando un acuerdo que no les beneficia por la simple razón de que es más rápido y menos costoso que un proceso con los costes de tiempo, abogados, procurador, etc. que suele conllevar, por lo que aceptan la *oferta* o ceden en el *ámbito personal* en aras de resolver una situación humanamente *erosionante* y asegurar unas mínimas condiciones de vida (pensión, vivienda etc.) y ello, aunque pueda parecer aceptable no lo es, y es por lo que interviene el *orden público familiar* y, por medio de la ley, *impone* un control de legalidad por parte del juez quien, ciertamente, aplica la norma jurídica, *objetiva* y *trascendente*, pero esta es, por el momento, el instrumento que nos parece más adecuado para asegurar la no *discriminación* de una de las partes en el resultado del procedimiento de resolución del conflicto familiar en lo que concierne a materias *relevantes*. Y todo ello cobra especial relevancia si, como mantienen los defensores de esta posición, el mediador debe ser *neutral* y *transparente*, sin implicarse a favor de nadie ni proponer ni orientar hacia contenidos determinados en el acuerdo, aunque se le exige que promueva las condiciones de igualdad de las partes en la negociación, lo que, de alguna manera, implica *tomar partido*. Así lo entiende la sentencia del Tribunal Supremo de fecha de 20.05.2010 cuando afirma que la Mediación *puede llegar a soluciones menos* ***traumáticas*** *que el dilatado tiempo que se invierte en el proceso y el acuerdo al que se* ***llega siempre será menos duro*** *que la resolución judicial que se apoya* ***exclusivamente*** *en la razonada aplicación de la norma jurídica.*

Con ello se coloca al mediador en una delicada posición: no debe proponer una solución, pero si debe convencer a las partes de cuales son los intereses comunes que basarán aquella solución, pues en el primer caso puede llegar a *arbitrar*, pero si se *distancia* excesivamente de la solución, acabará siendo un mero *conciliador*. El mediador debe mostrarles el *abanico* de posibles soluciones, y aconsejarles para que eliminen aquellas que sean *legalmente inaceptables* y avisarles de las *consecuencias* de adoptar una decisión *objetivamente injusta* en términos legales, pues las que ellos no quieran asumir las *eliminarán* por sí mismos. Esto ha conducido a algunos autores, Thery y Hughes singularmente, a analizar críticamente algunos *mitos* de la mediación familiar, en un sentido que ya hemos apuntado anteriormente y que ahora vamos a comentar más detenidamente[47].

En cuanto a lo que se denomina *el tercero transparente*, que hace referencia a la *neutralidad* del mediador, las críticas hacen referencia a la *ingenuidad* de este planteamiento. Indudablemente, la presencia del *tercero transforma* el proceso negociador y la discusión misma, porque su presencia hace perder a los *protagonistas* el control del proceso de negociación y decisión, razón por la que cabe poner en cuestión la *firmeza* de aquella aseveración acerca del poder *devuelto* a las partes. Precisamente, se acude al mediador para solucionar un conflicto que las partes no han sido *capaces* de resolver por sí mismas – es decir, basándose en sus *aptitudes y actitudes* negociadoras y en sus *criterios* personales de valoración del problema y sus propias propuestas de solución – y que, por tanto, deja de ser un asunto personal y privado, y es por ello que el mediador debe jugar un papel *activo*, no ser un mero observador. De manera que esta *neutralidad* es un concepto que debe ser matizado y puesto en relación con la independencia del mediador y la *equidad* como referente de su conducta. Más lógico parece entender que se trata de que el mediador se atenga a la idea de una *intervención mínima*, actuando de *catalizador* fomentando el diálogo y orientándolo en el sentido más adecuado para que se analicen los problemas de una forma realista y positiva, incidiendo en aquellos puntos que unen a las partes, para ir *construyendo* un acuerdo que los resuelva. Porque, como se ha señalado acertadamente, si el mediador fuera un simple *organizador* del diálogo y las soluciones las aportaran las partes por sí

47 Vid. STAWINSKI FUGA, M. *Mediaçao familiar.* Cit., p. 82 y ss.

mismas, la mediación no diferiría mucho, en cuanto a su *resultado* y su *legitimidad*, de otros supuestos en los que la solución se alcanza sin acudir a ella. Además, según hemos visto, el mediador debe garantizar un *marco* de negociación *igualitario*, *reequilibrando* si es necesario la posición de las partes, lo que le obliga a *intervenir* porque, de lo contrario, esas *relaciones de poder* entre las partes, que seguramente han contribuido de forma importante a generar el conflicto, tendrán como consecuencia que quien discute mejor, quien maneja con más habilidad los argumentos, quien es más convincente con las palabras, quien defiende con ahínco sus intereses, quien económicamente esta mejor situado en relación con las *fuentes* de ingresos y el patrimonio de la familia, condicionará el proceso y resultado consecuente en su favor: será la parte *fuerte* que *predisponga* el contenido del acuerdo final[48].

Según ha puesto de manifiesto la experiencia, los sujetos que han participado en la medición familiar reconocen como *ventajas* que ésta les permitió *segregar* los temas que confluyen en la crisis: los problemas de pareja, los hijos, el régimen económico etc. y centrarse el debate de aquellos realmente *contenciosos*. Las *quejas* más comunes están referidas a que, en ocasiones, alguna de las partes actúa a la *defensiva*, surgiendo incluso sentimientos de *cólera* e *irritación*, y que no se sienten *comprendidos* por el mediador. Así mismo, perciben la mediación, en ciertos casos, como un proceso demasiado *rápido*, siendo menos apreciado por las mujeres que por los hombres, pues se le considera, a veces, como un medio que facilita al varón *liquidar* con prontitud las consecuencias de su divorcio[49].

---

48 Así lo afirma el Código de Conducta Europeo para Mediadores en su párrafo 3.1: *El mediador conducirá el procedimiento de manera apropiada, teniendo en cuenta las circunstancias del caso,* ***los posibles desequilibrios de poder****, los deseos que puedan expresar las partes, la legislación aplicable y la necesidad de llegar a una resolución rápida del conflicto.*

49 Recordemos aquí como Thery pone de manifiesto que *numerosos* estudios realizados han constatado que la mediación es, en la mayoría de los casos, *desfavorable* a la mujer. Vid. *Le demarriage*..., cit., p. 336 y nota 39. No parece que sea necesario hacer un gran esfuerzo para presumir las *causas*: dependencia económica, mayor peso del condicionante social y familiar, papel tradicional de

Es por ello que no podemos admitir esta idea de la mediación neutral y no intervencionista, porque puede contribuir a dotar de legitimidad a acuerdos contrarios a principios elementales de justicia. Porque recordemos que la *disponibilidad*, el principio *pro familia* y el *control* judicial, suponen unos criterios y unos instrumentos de garantía que no siempre actúa con la misma eficacia, sobre todo en una mediación *privada* extrajudicial. Por tanto, el mediador *debe equilibrar las posiciones* de las partes en la mediación y jugar un papel activo para que las partes alcancen un acuerdo favorable al interés y necesidades de la familia y de los propios padres. No es tanto un cambio de *filosofía o principios*, cuanto la utilización de un *nuevo cauce* para aplicarlos. Es decir, no podemos conferir *todo el poder* a las partes, ni *fiarlo* todo a sus criterios y valores, porque todo el proceso mediador y su resultado están *condicionados*, como venimos diciendo, por el *imperativo ético* de las normas jurídicas aplicables en este campo, dado que existen valores e interese superiores a la mera autonomía de la voluntad de las partes[50]. Y ello porque el Derecho no es sólo una *técnica argumentativa* al servicio del interés de una parte, sino que su verdadera razón de ser es la de prevenir o resolver los conflictos basándose en unos criterios de justicia, en este caso conmutativa, razón por la cual el mediador no debe *juzgar* al Derecho en razón del uso que se haga de

sometimiento al marido, etc. Afortunadamente, en nuestros días este panorama *va cambiando* poco a poco conforme las circunstancias socioeconómicas lo van permitiendo y el Derecho la promueve.

50 En este sentido, dice Reverte Navarro que *acaso se podría sostener que si el artículo 1255 está cimentado sobre las bases de la igualdad y la libertad (formal, es verdad) de los contratantes y sobre la licitud de las convenciones, no se debería desconectar su aplicación e interpretación de la libertad y la igualdad efectiva o material que proclaman la Constitución española.* Vid. *Comentarios al código civil y compilaciones forales*. Edersa, T. II, p. 126 y ss. Todo ello ha llevado a un *intervencionismo* del Estado que limita y modula esta autonomía privada del artículo 1.255 C.C. en aras de una justicia *distributiva – suum quique* – y como salvaguarda de la libertad y la igualdad, que se aplican al campo contractual. Lógicamente, estas exigencias cobran especial relevancia en el Derecho de Familia donde el contrato adquiere una especial significación y aquellos límites una mayor relevancia y sensibilidad social: la protección de la familia es un *mandato constitucional* para el Estado y para los particulares.

él en determinadas ocasiones, p. ej. en el procedimiento *judicial*, pero incluso en .este acaba prevaleciendo el Derecho *equidistante (justicia distributiva)*: la solución que el juez *propone*, que tiene en cuenta los *intereses* y de ambos y los *factores* relevantes del caso que le han sido expuestos y probados[51].

A nuestro juicio, el llamar *legal* al *proceso adversarial* no es adecuado, porque no todo proceso legal es contencioso, ni todo proceso *adversarial* está regido por la ley o sometido a su criterio, y el arbitraje de *equidad* es un buen ejemplo de ello. Además, la ley no *enfrenta* a las partes, sino que quien lo hace son los *criterios subjetivos*, que en muchas ocasiones *encubren* puros *intereses*, a los que ahora se *apela* como instrumento de solución: su historia, sus emociones, sus sentimientos y sus valoraciones personales de las conductas del otro, con lo que se pide al mediador que solucione el conflicto con aquellos criterios que lo han ocasionado. En definitiva, el termino *legal* no es consustancial al procedimiento *adversarial*, la mediación se inicia como un procedimiento *adversarial*, regulado legalmente por normas jurídicas y deontológicas en la mayoría de los casos, y es la *habilidad profesional* del mediador, y el cambio de actitud consecuente de las partes,

51 Siguiendo su línea argumental, Marlow sostiene que el juez y el mediador persiguen objetivos distintos, pues el juez pretende que la pareja obtenga un acuerdo que sea reflejo de las normas jurídicas, y el mediador busca un acuerdo respecto con el que la pareja pueda vivir en el futuro. En consecuencia concluye que *como resultado, al dictar sentencia, el juez excluirá como (legalmente) relevantes un gran número de factores, las consideraciones personales que para la pareja son importantes. Incluso puede excluir aquellos que la pareja considera como los factores más importantes.* Con ello, desplaza el centro de gravedad de todo el sistema de la Ley a la voluntad de las partes en su aspecto más subjetivo y personal, ignorando que el juez en su resolución debe actuar conforme al dictado del artículo 3 del Código civil, atendiendo a la *realidad social*, al *contexto de caso concreto y al espíritu y finalidad de las normas*, conforme a su leal saber y entender como *persona*, basándose en hechos alegados y probados y respetando los principios procesales que le obligan a dar sentido y coherencia a su fallo. Baste recordar aquí los criterios de fijación de la pensión por *desequilibrio* del artículo 97 del Código civil y la exigencia de motivar las sentencias que la Constitución impone a jueces y tribunales. Vid. *Mediación...*, cit., p. 269.

las que lo vuelven *consensual*[52]. Todo ello se torna más relevante en la mediación *privada* o *extrajudicial*, en la medida en que no parece claro que su resultado deba ser sometido a control judicial, según esta tesis, y puede haberse alcanzado por la intervención de un mediador para el que la *condicionante de ética jurídica* no fuere determinante, sin el concurso de asesores legales, y sin que terceros afectados puedan concurrir al proceso. Es en estos casos donde la *Lex Artis ad hoc* del mediador se torna más relevante y donde su contenido *ético/jurídico* le *obliga a implicarse* en mayor medida en el contenido del acuerdo que se ha alcanzado.

En el fondo, si nos fijamos bien, se trata de un problema de *priorizar* valores que actúan como criterios para fundar y juzgar la solución al conflicto, y en este punto es importante recordarlo que afirma Pérez Luño:

> *Por ser abstracciones mentales* – según Bobbio realizadas a partir de una experiencia humana concreta – *los valores son un producto del hombre,*

52 Precisamente la *contienda* es lo que dota de *significado* al proceso, sea judicial o extrajudicial, sea dirimente o se base en la búsqueda de un acuerdo, y ello se pone de manifiesto en los principios procesales de *audiencia*, *contradicción* y *defensa*, que se deducen del artículo 24 CE. Vid. CUESTA, Sierra Gil de la. *Principios...*, cit., loc. cit. Tal vez, subyace en el fondo de esta *dialéctica* la diferente concepción del Derecho y la Justicia que los distintos autores sostienen. Nosotros preferimos no *involucrarnos* en esta tarea, sobre todo cuando es harto difícil dar una definición *omnicomprensiva* de ambos, porque, como afirma Pérez Luño, verdadero experto en la cuestión, *existen pocas cuestiones, en el ámbito de los estudios jurídicos, que hayan motivado tan amplio y, en apariencia, estéril debate como aquella que hace referencia a la pregunta "quid ius?", ¿qué cosa es el derecho?.... Es evidente* – continúa – *que en nuestro tiempo todavía siguen teniendo valor las consideraciones de Kant sobre la dificultad que entraña el arribar a una definición del derecho, hasta el punto de que el problema ha podido ser calificado, con razón, de paradigma de ambigüedad.* En cuanto a la *Justicia*, subyace aún la *tensión* entre las tres acepciones *platónicas* de la justicia: la *positivista*, que representa y consagra a través de la ley la voluntad del más fuerte, la *iusnaturalista formal*, que consiste en dar a cada uno lo que le corresponde y la *iusnaturalista material*, reflejada en la idea de la plenitud y armonía de las virtudes en la sociedad y el individuo, siendo esta la más cercana a la posición que sustenta Marlow. Vid. LUÑO, Pérez. *Teoría del derecho. Una concepción de la experiencia jurídica.* Ed. Técnos, Madrid, 2009, p. 26 y 213 y ss., respectivamente.

que se configuran a partir del discurso racional intersubjetivo basado en las necesidades humanas. El valor es una proyección de la consciencia del hombre hacia el mundo externo, representa preferencias que arrancan de determinadas condiciones sociales e históricas y que, por tanto, tienen un fundamento racional y empírico y no metafísico[53].

Pero, la cuestión que nos ocupa no versa *simplemente* en *modificar el orden* en la escala de valores a tener en cuenta, sino que si damos *absoluta* preferencia al criterio de las partes, convertimos la mediación familiar, y la materia sobre la que versa, en una *cuestión privada* y *extrajurídica*, y ello no debe ser así. No afirmamos, como se ha visto, la preeminencia *absoluta* de la ley en todo caso, sino la aplicación de una equilibrada *escala de valores* según las circunstancias de cada caso, como le exige la *Lex Artis* al mediador y como hace el juez en su actuación. Y de nuevo acudimos a Pérez Luño, cuyas palabras expresan mejor el fundamento de nuestra postura, cuando afirma: *Respecto al fundamento de los valores conviene evitar los extremos de la Escila y Caribdis que representan las versiones radicales del objetivismo y el subjetivismo axiológicos. Los valores que informan el contenido del derecho, no pueden concebirse como un sistema estático de principios absolutos situados en una* ***esfera ideal anterior e independiente a la experiencia,*** *como pretende el* ***objetivismo****; pero tampoco pueden* ***reducirse al plano de los deseos o intereses de los individuos****, como pretende el* ***subjetivismo****.*

Aboga, pues, este autor, y nos sumamos a ello, por un *intersubjetivismo axiológico que parte de la posibilidad de llegar a establecer las condiciones que permiten a la racionalidad práctica a un cierto consenso abierto y revisable,* ***sobre la base del Derecho justo***[54].

53 Vid. *Teoría...*, cit., p. 213.

54 Vid. *Teoría...*, cit., loc. cit. Donde pone de relieve que *producen desconfianza las tesis que propugnan un orden ontológico, cerrado y ahistórico de valores metafísicos, eternos e inmutables, porque existe el riesgo de que un sector de la sociedad, sintiéndose intérprete y portavoz de ese orden axiológico objetivo, trate de imponer una "tiranía de valores" a los demás; lo que es abiertamente incompatible con un sistema ético, jurídico y político pluralista. No menos insatisfactorias parecen determinadas versiones del subjetivismo que, al*

Hay que evitar, por tanto, la *deslegitimación* de los valores que consagra el Derecho, sobre todo el Derecho de Familia, para servir de límite, orientación y criterio de evaluación del acuerdo alcanzado en la mediación familiar y del mismo proceso de negociación. Esto no quiere decir que no hagamos una adecuada *combinación* en esa escala de valores *objetivos* y *subjetivos*, si bien cuando ello así lo imponga el *interés de la familia* y de los hijos, habrá de darse preferencia a aquellos que sustentan el orden público familiar. Con ello estos principios ponen en conexión, como dice De Castro, el sistema jurídico positivo y los valores éticos y de justicia (el *buen orden jurídico*) negando validez a acuerdos, total o parcialmente, contrarios a los criterios de la moral o de la justicia[55]. Esto tendrá como consecuencia que el acuerdo, o *cláusula* específica, que sea contrario a aquellos límites no será admitido por el juez, o el abogado de la otra parte, y, en tal caso procederá aplicar la solución que propone Reverte Navarro: *la simple derogación de una norma imperativa por la voluntad de las partes se resolverá, según los casos, en su integración en el contenido contractual, no obstante esa contraria voluntad, por vía del artículo 1258, o bien en la nulidad del contrato o bien en la de alguna de sus cláusulas*[56].

Como ya hemos visto en páginas precedentes, este acuerdo *mediado* se asimila al convenio regulador (*Transacción condicionada)* y, por tanto, las consecuencias de que su contenido sea *contrario a Derecho* implican que no sea aprobado por el juez y que éste les remita a un nuevo proceso de mediación o que dicte las medidas que estime adecuadas a tenor del artículo 103 del Código civil[57]. Si atendemos al supuesto del artículo 750.2 L.E.C. 1/2000, representación y defensa

extremar su matriz individualista, engendran formas de decisionismo o la propia anarquía de valores.

55 Citado por Reverte Navarro en *Comentarios...*, cit., p. 255.

56 Vid. *Comentarios...*, cit., p. 242.

57 Recordemos en este punto el artículo 751,1 de la LEC 1/2000 que decreta *que no surtirán efecto* ni la renuncia, ni el allanamiento ni la transacción, cuando se producen en un proceso sobre capacidad, filiación, *matrimonio o menores* si versa sobre materia no disponible por las partes.

únicas, en caso de que el tribunal no apruebe alguno de los pactos propuestos por los cónyuges, les permitirá optar por la posibilidad de continuar con la defensa única o litigar cada uno con la suya propia. Si lo que se pide es la ejecución *judicial* del acuerdo aprobado judicialmente, se requiere a la otra parte para que nombre abogado y procurador en su defensa y representación. Este precepto, con representar un avance nos plantea alguna *reflexión* por cuanto parece consagrar la figura del abogado *mediador* en el ámbito de la mediación familiar *intrajudicial*, ya que hace referencia a *los procedimientos de separación y divorcio* y se trata de la función de *defensa y representación*, conferida a estos profesionales. Pensamos que esto no excluye a otros profesionales de realizar la función mediadora en este ámbito, sólo que el acuerdo alcanzado será puesto en conocimiento del juez o tribunal por vía del abogado que ejerce la defensa y representación única. Es también interesante reiterar que un acuerdo válido, en términos de forma y fondo, que ha sido *suscrito por las partes* y *homologado por el tribunal* precise de un *procedimiento adversarial* para ser ejecutado judicialmente, si una parte lo solicita ante el incumplimiento de la otra. Finalmente, hace referencia a los *cónyuges*, en los casos de separación y divorcio, pero entendemos que ello no impide que los *convivientes* utilicen un sistema similar en ejercicio de la libertad que les confiere el artículo 19 de la misma Ley, aunque no parezca claro que un proceso de disolución de una unión familiar de hecho pueda denominarse, en *puridad* de conceptos, un *proceso especial* de familia. Así mismo, debemos reiterar aquí la necesidad de observar los límites establecidos por el *orden público familiar*, en cuanto a la *disponibilidad* de las partes del objeto del proceso en este campo, y el papel relevante del Ministerio Fiscal en estos asuntos.

5. Una Reflexión Final

Se hace preciso, pues, un debate crítico del que hemos de extraer conclusiones que permitan perfilar más adecuadamente el aspecto *teórico* de la Mediación para desarrollarla adecuadamente dentro de los parámetros de nuestro Derecho como Ciencia y como Ordenamiento positivo[58]. Así mismo, y teniendo en cuenta todo lo anterior, la mediación se nos presenta ahora como una actividad compleja de dirección y control de la negociación, que se orienta a lograr un acuerdo que sea favorable a los intereses de las partes y *homologable* jurídicamente en términos de Justicia. Es decir, con ello se logra conciliar la doble dimensión de la Seguridad jurídica: *dinamismo* y *estabilidad* en cuanto se da entrada a criterios y valores subjetivos de las partes, de un lado, y se respeta el Derecho como marco legal y como límite y fuente de principios aplicables al proceso y al acuerdo. Esto supone, como se ha dicho, poseer unos conocimientos y dominar unas técnicas de contenido científico diverso lo cual lleva a una *institucionalización* paulatina de esta actividad. No abogamos, por tanto, por un *sistema o modelo único* de mediación, aunque pensamos que la mediación *intrajudicial* debe ser establecida por el Estado a través de normas civiles y procesales, que son de su competencia.

Al incidir en que *Lex Artis profesional* del mediador está condicionada por el *imperativo jurídico*, no pretendemos hacer de la mediación una *profesión jurídica* – exclusiva y excluyente - pero sí llamar la atención acerca de que su carácter interdisciplinar esta finalmente al servicio del Derecho y la Justicia, que la psicología, la oratoria *persuasiva*, la dialéctica *negociadora*, y demás conocimientos científicos y técnicos, están al servicio de una negociación equitativa y un acuerdo *razonablemente justo*, porque este es el resultado que al final importa a las partes, al mediador y a la sociedad. Por ello defendemos un mediador independiente, pero no *neutral e indiferente*, porque como la experiencia ha puesto de relieve, cuanto más activamente interviene el mediador, más posibilidades de acuerdo existen. Tengamos presente que la mediación provoca una *satisfacción inmediata* que se va atenuando con el paso del tiempo, por lo que cuanto más *justo* (*objetiva* y *subjetivamente*) sientan las partes el acuerdo, más posibilidades tienen de mantenerlo y, al menos, quedará la *seguridad* de que el juez no lo rechazará si se demanda su aprobación o su ejecución judicial. De lo

58 Vid. NIETO, A. y GORDILLO, A. *Las limitaciones del conocimiento jurídico*. Ed. Trotta, Madrid, 2003.

contrario, podemos crear una *inseguridad* que, en el fondo, *sustrae* el fundamento de la mediación como técnica de resolución de conflictos.

Del mismo modo, no proponemos aquí optar por un modelo *privado* o *mixto* de mediación, sino por la existencia de profesionales *titulados* que ejerzan la mediación, ya sea como actividad profesional *privada e independiente* o prestando sus servicios dentro de los órganos de las administraciones competentes, pero con la existencia de unos mecanismos de control social: *instituciones de mediación*, Colegios profesionales, control de la Administración correspondiente y *disciplina legal* de su actividad. Tampoco creemos que se deba construir la figura profesional del mediador por oposición a otros, abogado, asesor jurídico, sino delimitar y coordinar con coherencia la competencia de cada uno de estos profesionales, sin negar el acceso de los mediadores a los despachos de abogados, ni el de estos a la profesión de mediador.[59] En consecuencia, consideramos que se debe potenciar esta figura del mediador y la mediación así como el resto las técnicas que integran la llamada ADR, promoviendo la regulación jurídica completa de esta figura, aprovechando para ello la experiencia de otros países, puesta de manifiesto por la doctrina especializada, pues la ley española 5/2012 se contrae al campo civil y mercantil, dejando fuera otras materias lo que nos deja un panorama *fragmentario* que supone una quiebra para la seguridad jurídica.[60] No obstante, para nosotros, la mediación no debe concebirse como una *alternativa* planteada *frente* a, o *fuera de*, nuestro sistema judicial, sino como una institución que sirve a una mejor aplicación de las leyes, *junto* o *dentro de* nuestro *sistema*, en aras de la potenciación del consenso a la hora de resolver los litigios.

El mediador puede ser una sola persona o bien actuar dirigiendo un equipo integrado de distintos profesionales con una preparación

59 Al *hilo* de esta reflexión final, recordemos que algunos autores llaman la atención acerca de si esta *profesionalización y tecnificación* no supondrán el someter a las personas a una nueva técnica *disciplinar* y a una nueva *elite profesional.*

60 Vid. OROZCO PARDO, G. Régimen jurídico de la mediación. In: *Tratado de mediación en la resolución...*, cit., p. 89 y ss.

específica en cada campo de aplicación a esta actividad. En todo caso, el mediador ha de estar cualificado para la tarea, ser aceptado por las partes, independiente, hábil para la comunicación, debe mantener la confidencialidad, ser paciente, poseer capacidad de persuasión e *implicarse* en el resultado de su actividad. Todas estas características demandan una especialización profesional a la que la sociedad debería ser capaz de responder con una formación *interdisciplinar*, que permitiera promover la figura de la mediación en este y otros campos donde se plantean conflictos susceptibles de ser resueltos por esta vía *alternativa*[61]. Para iniciar esta tarea, es necesario, como venimos diciendo, que la doctrina científica aborde el estudio de esta institución, promoviendo el debate constructivo sobre la misma y aportando soluciones a los problemas y lagunas que presenta. Estas líneas pretenden ser una modesta aportación a esta labor y, junto con los estudios ya existentes, planteamos nuestras propuestas en las que, seguramente, habrá unas más *discutibles* que otras, pero ello es inevitable cuando se aborda una temática falta de un tratamiento *consolidado*.

61 Vid. GONZÁLEZ, J. L. Pérez Serrabona. *El estatuto del mediador*. In: *Tratado de mediación en la resolución…*, cit., p. 137 y ss.

SEGURANÇA JURÍDICA E ATIVISMO NA LEGALIDADE CIVIL-CONSTITUCIONAL

Gustavo Tepedino

SUMÁRIO: 1. Introdução. **2.** Realidade Social e Fenômeno Jurídico na Complexidade do Ordenamento. **3.** Dificuldades entre a Teoria e Prática: o Apego Injustificável à Subsunção. **4.** Notas Conclusivas.

1. Introdução

A justa homenagem ao eminente Ministro Carlos Velloso nos remete imediatamente à sua extraordinária atuação, ao longo de quase quatro décadas, na magistratura brasileira. Do acervo fabuloso de votos que se tornaram notórios, e a cuja referência seria despicienda, valeria aqui mencionar uma decisão talvez menos conhecida. Em 1989, quando ainda atuava no Superior Tribunal de Justiça, antecipou, com precursora altivez, a não recepção na ordem constitucional de 1988 dos dispositivos autoritários da famigerada Lei de Imprensa, que somente 20 anos depois teria a sua inconstitucionalidade proclamada pelo Pleno do Supremo Tribunal Federal[1]. Não é exagero afirmar que a decisão, ao deferir liminar em mandado de segurança para garantir a circulação dos exemplares da edição de 07.09.1989, ano XXI, nº 1.024, do jornal *Pasquim*, contribuiu decisivamente para o fim da censura prévia no Brasil. O Ministro Carlos Velloso, na ocasião, foi responsável por trazer às comunicações sociais os ventos constitucionais da liberdade de expressão e da democracia, e, ao conceder liminar para a liberação (e salvação econômica) do semanário, afirmou ser *preferí-*

---

1 A decisão, de 21 de setembro de 1989, é relatada em *A apreensão de periódicos pelo Executivo (o caso* Pasquim *e o fim da censura prévia)*. In: *Temas de direito civil*. Rio de Janeiro: Renovar, 2008. t. I, p. 553-557.

vel errar em favor da liberdade do que contra esta. Por fim, concluiu, em lição irretocável, que *o juiz jamais poderá deslembrar-se de que a característica maior do Judiciário é ser guardião da Constituição e dos direitos individuais.*

Na atualidade, muito se tem debatido acerca das possibilidades e limites do que se tem designado, genericamente, como *ativismo judicial.* O fenômeno, que suscita intensa controvérsia, não pode ser tratado de maneira unitária e maniqueísta, ora como discurso sedicioso em favor de concepção política contrária ao ordenamento, ora como ardil antidemocrático a ser combatido. No tempo que passa, mostra-se notável a evolução do papel da magistratura, especialmente após a Constituição de 1988, que deflagrou o itinerário vitorioso da efetividade das normas constitucionais, notadamente nas relações privadas[2]. A vetusta imagem, cunhada por Montesquieu, do juiz como "*la bouche de la loi*", encontra-se definitivamente afastada da teoria da interpretação[3].

O novo papel da magistratura, contudo, longe de configurar tendência usurpadora da soberania popular, representa aspecto significativo do denominado constitucionalismo democrático[4], legitimado na

---

2 Confira-se, acerca do significado hermenêutico da aproximação entre direito público e direito privado, TEPEDINO, Gustavo. Premissas metodológicas para a constitucionalização do direito civil. In: *Temas de direito civil.* 4. ed. Rio de Janeiro: Renovar, 2008. t. I, p. 20 e ss.

3 Já se destacou, nesta linha, o ocaso da subsunção na teoria da interpretação, tendo em vista que, *se o ordenamento é unitário, moldado na tensão dialética da argamassa única dos fatos e das normas, cada regra deve ser interpretada e aplicada a um só tempo, refletindo o conjunto das normas em vigor. A norma do caso concreto é definida pelas circunstâncias fáticas na qual incide, sendo extraída do conjunto normativo em que se constitui o ordenamento como um todo* (TEPEDINO, Gustavo. O ocaso da subsunção. Editorial, *Revista Trimestral de Direito Civil*, v. 34, abr.-jun./2008).

4 A expressão denota o reconhecimento de que a democracia não se esgota no respeito ao princípio majoritário, pressupondo antes o acatamento das regras do jogo democrático, que incluem a segurança de direitos e garantias fundamentais previstos na Constituição da República, de modo a viabilizar efetiva participação igualitária do cidadão na esfera pública, com a indispensável tutela das minorias. Tal noção de democracia é comungada por grande parte dos teóricos

experiência brasileira pela Constituição da República, no âmbito do qual o ativismo judicial permite a atuação jurisdicional direcionada à concretização dos valores e fins constitucionais, com interferência crescente no espaço de atuação dos demais Poderes[5]. Os limites, portanto, dessa interferência é que devem ser objeto de reflexão por parte da teoria da interpretação, para que sejam estabelecidos critérios de preservação da segurança jurídica.

Nesta medida, a noção de ativismo, como ruptura do formalismo positivista, mostra-se benfazejo e alvissareiro método hermenêutico em prol da efetividade dos comandos constitucionais, especialmente levando-se em conta o ambiente de justiça transicional identificado pela doutrina constitucionalista no processo político brasileiro[6]. Entretanto, a ausência de balizas predefinidas para a atuação do magistrado pode gerar desequilíbrio na moldura institucional em que se assentam as democracias contemporâneas, com a separação do poder político entre as esferas administrativa, legislativa e judiciária[7]. No

---

contemporâneos. Por todos, ver HABERMAS, Jürgen. Popular sovereignty as procedure. In: *Deliberative democracy*. BONHAM, James e REHG, William (Orgs.). Cambridge, The MIT Press, 1997, p. 49: *Human rights do not compete with popular sovereignty; they are identical with the constitutive conditions of a self-limiting practice of publicly discursive will-formation. The separation of powers is then explained by the logic of application and supervised implementation of laws that have been enacted through such a process.*

5 BARROSO, Luís Roberto. Judicialização, ativismo judicial e legitimidade democrática. In: *Constituição e ativismo judicial*: limites e possibilidades da norma constitucional e da decisão judicial. Jacinto Nelson de Miranda Coutinho; Roberto Fragale Filho; Ronaldo Lobão (Orgs.). Rio de Janeiro: Lumen Juris, 2011, p. 279.

6 Sobre a complexa transição jurídica entre os regimes autoritário e democrático, ver BARROSO, Luís Roberto. Vinte anos da Constituição brasileira de 1988: o Estado a que chegamos. In: *Temas de direito constitucional*. Rio de Janeiro: Renovar, 2009. t. IV, p. 50 e ss. Na mesma linha, cfr. SARMENTO, Daniel. *Por um constitucionalismo inclusivo*: história constitucional brasileira, teoria da Constituição e direitos fundamentais. Rio de Janeiro: Lumen Juris, 2010, p. 102 e ss.

7 Por todos, BINENBOJM, Gustavo. *A nova jurisdição constitucional brasileira*: legitimidade democrática e instrumentos de realização. Rio de Janeiro: Renovar, 2014, p. 91 e ss.

modelo contemporâneo de equilíbrio entre Poderes[8], a atuação dos agentes públicos, entre a ousadia e a prudência, mostra-se imprescindível na efetivação dos preceitos constitucionais.

Certo é que ao intérprete, independentemente de sua boa intenção em favor de certos direitos com assento no ordenamento, não é dado julgar conforme a sua consciência[9], encontrando-se vinculado à ordem jurídica como um todo, em cujo contexto caberá construir solução para os casos concretos a partir dos princípios constitucionais, o mais das vezes veiculados por meio da técnica das cláusulas gerais. A partir desta técnica, as Constituições e os legisladores contemporâneos, convencidos de sua própria incapacidade para regular todas as numerosas e multifacetadas situações nas quais a pessoa humana se insere e exige tutela, franqueiam espaço amplo de atuação do intérprete, o qual, contudo, não poderá se afastar do dever de promoção da axiologia constitucional.

Insere-se neste contexto a reflexão acerca do ativismo judicial na experiência brasileira, ressaltando-se o esforço metodológico das últimas décadas na construção de hermenêutica que seja, a um só tempo, comprometida com a efetividade das normas constitucionais na complexidade do ordenamento e vinculada à estrutura institucional da democracia constitucional, em que não se admitem soluções subjetivas e discricionárias por parte da magistratura, descompromissadas com os valores do sistema jurídico.

2. Realidade Social e Fenômeno Jurídico na Complexidade do Ordenamento

A alteração do perfil do Poder Judiciário coincide com a crescente solução de controvérsias interprivadas com fundamento em princípios constitucionais nem sempre refletidos na legislação infraconstitucio-

8 Sobre o tema, ver BRITTO, Carlos Ayres. Separação dos poderes na Constituição brasileira. In: *Doutrinas essenciais de direito constitucional*, v. 4, mai./2011, p. 42 e ss.

9 Assim, BARROSO, Luís Roberto. Judicialização, ativismo judicial e legitimidade democrática, op. cit., p. 280.

nal, cuja aplicação mecânica, no caso concreto, levaria ao sacrifício de valores constitucionalmente relevantes. Daí a necessária reflexão sobre a denominada *constitucionalização do direito civil,* que se associa à mudança do papel do Código Civil nas relações jurídicas de direito privado.

O despertar do Direito Civil (e, por conseguinte, da magistratura) para a vida além do Código, na tentativa de abrir o sistema e buscar o conteúdo normativo dos preceitos codificados a partir do compromisso constitucional da sociedade relaciona-se, por sua vez, a duas circunstâncias históricas que alteraram radicalmente a preocupação da civilística nas últimas décadas, relativizando os confins entre o Direito Público e o Privado: (i) a dignidade da pessoa humana alçada a paradigma axiológico das relações privadas; (ii) as novas tecnologias, que alteram fundamentalmente a dogmática concernente à autonomia privada, tanto do ponto de vista subjetivo, quanto dos pontos de vista objetivo e formal. Deve-se conceber a constitucionalização do Direito Civil, portanto, não como o deslocamento topográfico de normas de Direito Privado para cartas políticas ou tratados internacionais, mas como procedimento metodológico de compreensão do ordenamento em sua complexidade, no âmbito do qual os valores constitucionais se incorporam aos normativos e à própria racionalidade da legislação infraconstitucional.

Cuida-se de trajetória que invoca a profunda alteração do papel das codificações atuais em relação ao Códigos dos Séculos XVIII e XIX, dentre os quais se destaca a primeira codificação brasileira, cujo pensamento cultural ainda povoa o imaginário de muitos doutrinadores na atualidade. Com efeito, o Código Civil de 1916 refletia o pensamento dominante das elites europeias do século XIX, marcadamente individualista e liberal. O indivíduo, considerado sujeito de direito por sua capacidade de ser titular de relações patrimoniais, deveria ter plena liberdade para a apropriação, de tal sorte que o direito civil se estruturava a partir de dois grandes pilares, o contrato e a propriedade, instrumentos que asseguravam o tráfego jurídico de aquisição e de preservação do patrimônio. Expressão normativa da Escola da Exegese, movimento inspirado pelo racionalismo, cujas origens romano-medievais foram retomadas e reelaboradas nos Séculos XVIII e

XIX, o Código Civil pretendia ser o corpo jurídico único e exclusivo das relações patrimoniais. Tal exclusividade normativa constituía elemento de segurança social[10].

O Código Civil exercia esse papel de corpo normativo único das relações patrimoniais privadas e atendia plenamente à preocupação – que se tornou um verdadeiro mito – da completude, como forma de oferecer segurança à sociedade burguesa quanto às chamadas regras do jogo. O juiz tem o dever de julgar todos os casos que lhe são submetidos, e, em seu julgamento, deve se basear na lei, que por sua vez trata de todas as possíveis situações em que o sujeito de direito se vê em conflitos. O esquema se completava com a atribuição de grande espaço para a autonomia da vontade, de modo que as partes contratantes pudessem completar, nos casos concretos, a tarefa do legislador, que se limitava a reprimir ilícitos. Transferem-se aos contratantes, assim, os riscos e o sucesso da livre-iniciativa, destinada à acumulação de capital.

O dogma representado pela completude, na ideologia do liberalismo, fazia com que, de um lado, se situasse o Código Civil como norma exclusiva, levando-se ao extremo o monopólio estatal da produção le-

---

10 Tullio Ascarelli, em página de aguda atualidade, analisa o conflito entre as codificações do Século XIX, moldadas por valores de sociedades rurais e pré-industriais, e a realidade econômica pós-industrial, especialmente após o segundo pós-guerra europeu, a exigir do intérprete a "reconstrução tipológica da realidade". É ver-se: *È così la stessa necessità di umana applicazione del diritto, in una realtà sempre mutevole perchè identica con la stessa storia umana, che impone la continua ricostruzione tipologica alla quale è indotto l'interprete e proprio per conciliare con la storicità e la concretezza della realtà, la costanza di un dato in realtà così sempre rinnovato nel rinnovamento di quella schematizzazione della realtà alla quale si referisce la disciplina, perciò stesso (e solo perciò) applicabile. Accanto a quelle che, riprendendo il passo paulino, diremo le regule juris, i riassunti mnemonici della disciplina, incontreremo sempre quei concetti (o, se vuolsi, pseudoconcetti) che, servendo a determinare lo stesso ambito di applicazione della norma, altrimenti inapplicabile, attengono a una costruzione tipologica della realtà in funzione della norma* (*Problemi giuridici*, tomo primo, Milano: Casa Editrice Dott. A. Giuffrè, 1959, p. 75-76).

gislativa concentrado em um único monumento legislativo. Por outro lado, exasperava-se a dicotomia entre o Direito Público e o Direito Privado: o Direito Público, responsável pelas garantias do cidadão perante o Estado, e o Direito Privado, expressão da razão e da natureza das coisas, conferia liberdade absoluta de contratação e de apropriação. Tais circunstâncias explicam o chamado significado constitucional do Código Civil para as relações de direito privado, bem como a compreensão da norma constitucional como mera norma de organização política, que tem como destinatário o legislador ordinário.

Este estado de coisas, cujo itinerário não se pode aqui percorrer, vai se alterando na Europa desde o início do século XX, e no Brasil a partir dos anos 30, com a intervenção do Estado na economia, que resultaria no fenômeno conhecido como dirigismo contratual. O Direito Civil, assim como os outros ramos do chamado Direito Privado, assistiu a uma profunda intervenção por parte do Estado, na tentativa de evitar que a exasperação da ideologia individualista – ao invés de gerar o que se imaginara no século anterior, ou seja, a riqueza das nações e das pessoas – continuasse a acirrar as desigualdades, com a formação de novos miseráveis, tornando inviável até mesmo o regime de mercado, essencial ao capitalismo.

A partir dessa intervenção do Estado e da configuração do dirigismo contratual, verificam-se mudanças profundas na técnica legislativa. O legislador deixa de simplesmente estabelecer as regras do jogo, passando a determinar metas econômicas, instrumentalizadas à consecução de finalidades sociais mediante políticas públicas predefinidas. A funcionalização das situações jurídicas patrimoniais a valores não patrimoniais, atinentes à pessoa humana e à sua personalidade, torna-se, assim postulado imperativo da ordem jurídica, introduzida pouco a pouco pela legislação especial e consagrada, no caso brasileiro, na esteira desse processo histórico, pela Constituição da República de 5 de outubro de 1988.

A dignidade humana, alçada a fundamento da República no art. 1º, III, da Constituição, assume particular relevo deste processo como vetor interpretativo-integrativo de todo o ordenamento jurídico. Nesta direção, atribui-se cada vez mais aos princípios o papel de reunificação do Direito Civil a partir da releitura de tradicionais institutos à luz da tábua axiológica constitucional, atribuindo-se ao magistrado a missão de delimitar categorias e conceitos jurídicos indeterminados de modo a assegurar eficácia jurídica às cláusulas gerais positivadas pelo legislador. O direito civil como espaço de liberdade patrimonial garantido ao proprietário e ao contratante expande-se na promoção da liberdade substancial e da autonomia existencial na legalidade constitucional[11]. O modelo teórico, racional e abstrato, desvinculado da práxis, cede lugar ao pensamento tópico-sistemático[12], atento à realidade social, com características fenomenológicas diversas da ciência jurídica anteriormente concebida em sua neutralidade conceitual.

A perspectiva binária, separando realidade social e ciência jurídica, ignora que a atuação do Direito depende visceralmente dos fatos, em recíproco condicionamento, de modo que a conceituação analítica das diversas espécies de fatos (jurídicos) mostra-se indispensável para a definição da disciplina normativa correspondente. Fato social é o acontecimento que, submetido à incidência do Direito, torna-se, tecnicamente, fato jurídico. Afirma-se, por isso mesmo, que um fato qualquer – pré-jurídico –, a partir do momento em que deixa de ser indiferente ao Direito, adquire aptidão para gerar efeitos jurídicos. Nesta direção, se é verdade que o dado social – como elemento da realidade fática – não se confunde com o dado normativo – a norma jurídica –, parece arbitrário considerar alguns fatos simplesmente alheios ao Direito, ou despidos de relevância ou pressupostos de eficácia, já que a experiência normativa alcança integralmente a vida social, mesmo os espaços de liberdade que o Direito, valorando-os, preserva deliberadamente contra qualquer tipo de regulamentação.

---

11 Nas palavras de Luiz Edson Fachin: *Da autonomia privada à liberdade substancial, das titularidades exclusivas aos deveres extraproprietários, dos modelos excludentes ao valor jurídico da afetividade, são exemplos dessa passagem da estrutura para a função, e bem assim dos princípios gerais do Direito para os princípios constitucionais como normas vinculantes* (*Direito civil*: sentidos, transformações e fim. Rio de Janeiro: Renovar, 2015, p. 49).

12 Nessa perspectiva, Luiz Edson Fachin, op. cit., p. 50.

Diante de tal circunstância, afirma-se que todo fato social interessa ao Direito, já que potencialmente interfere na convivência social e, portanto, ingressa no espectro de incidência do ordenamento jurídico. Deste modo, considerando que os fatos sociais são plasmados pela ordem jurídica, que os valora em confronto com a tábua axiológica constitucional, não pode o intérprete furtar-se da análise fática que consistirá no suporte sobre o qual aplicará o ordenamento como um todo, em sua unidade e complexidade. Não havendo valores pré-jurídicos, imunes a qualquer filtro valorativo, caberá ao intérprete a árdua tarefa de encontrar, a partir da técnica da ponderação, o ordenamento do caso concreto. Não se trata, aqui, de ativismo judicial, senão de pura atividade hermenêutica, essencial ao adequado funcionado do sistema.

A complexidade do ordenamento, em última análise, não decorre apenas de sua gênese – análise estrutural entre Direito interno e externo e distinção cronológica e hierárquica da produção normativa – mas da tensão dialética representada por sua inserção na realidade social. A experiência vivida forja a norma, e a cultura – como complexo de experiências econômica, religiosa, política, tecnológica – condiciona internamente o sistema jurídico e, conseguintemente, a teoria da interpretação, que assume necessariamente feição procedimental e dinâmica na formulação, pelo magistrado, da norma interpretada, ou do ordenamento do caso concreto, promulgado em cada sentença.

3. Dificuldades entre a Teoria e a Prática: o Apego Injustificável à Subsunção

O apego à concepção cultural acima criticada, que anteviu a realidade jurídica em perspectiva binária (a partir da separação do fato social e do fato jurídico) associa-se à visão do Direito como modelo teórico, racional e abstrato em face das turbulências *da vida como ela é*, com características fenomenológicas diversas da ciência jurídica, suscitando ao menos cinco graves problemas na teoria da interpretação: (i) o descompasso insolúvel entre teoria e prática, entre o Direito e a vida, aquele correndo sempre para alcançar esta, algo como o inconsolável cachorro que se desespera em torno da própria cauda; (ii) o fortalecimento da *lex mercatoria*, que capta melhor essa realidade e acaba por impor a hegemonia econômica na vida social; (iii) a crise da legalidade e da democracia representativa diante da aparente insensibilidade do dado legislativo, que, por definição, não dá conta – e nunca dará conta – de compor os conflitos da realidade social; (iv) a mistificação do precedente jurisdicional, que significaria a feliz solução para problema anterior, a simplificar a vida da Justiça, demonizando-se os enunciados normativos por sua distância da vida real; (v) a dificuldade de aplicação da norma constitucional como o mais distante desses modelos normativos, já que desprovida da lógica racional-descritiva típica das regras jurídicas.

Tais problemas sintetizam, em alguma medida, as dificuldades interpostas entre a teoria (civilística) e a práxis (jurisprudencial), que se cristalizam mediante reiterado recurso ao expediente aparentemente neutro e mecânico, efetuado por meio de raciocínio silogístico, na aplicação do Direito, que se traduz na técnica da subsunção[13].

Como se sabe, o magistrado tem o dever de julgar as controvérsias que lhe são submetidas, desde que no âmbito de sua competência e se encontrando presentes os pressupostos e as condições da ação. E deve fazê-lo com base no ordenamento:[14] unitário, complexo e siste-

---

13 *Aquele que a existência assim consuma, / Tal vestígio de si deixa na terra, / Como o fumo no ar e na água a espuma. / Ergue-te, pois! Torpor de ti desterra! / Recobra o esforço que os perigos vence! / Impere alma no corpo em que se encerra!* (Inferno, Canto XXIV, versos 49-54). *Pressa; pressa! De tempo já sem perda! / Pouco zelo não haja! – outros clamaram – / Não refloresce a Graça n'alma lerda!* (Purgatório, Canto XVIII, versos 103-105).

14 Norberto Bobbio associa o problema da completude do ordenamento jurídico à dinâmica dos sistemas em que vigorem duas regras: *1) o juiz é obrigado a julgar todas as controvérsias que se apresentarem ao seu exame; 2) deve julgá-las com base em uma norma pertencente ao sistema. Entende-se que, se uma das duas regras perder o efeito, a completude deixará de ser considerada como um requisito do ordenamento. Podemos imaginar dois tipos de ordenamentos incompletos, caso falte a primeira ou a segunda regra. Num ordenamento em que faltasse a primeira regra, o juiz não teria que julgar todas as controvérsias que lhe fossem apresentadas: poderia pura e simplesmente repelir o caso como juridicamente irrelevante, com um juízo de* non liquet *(não convém). [...] Num*

mático[15]. Vale-se de princípios e valores que uniformizem o sentido das decisões, reconduzindo-as da fragmentação da casuística à unidade axiológica indispensável à compreensão do ordenamento como sistema. Para tanto, não pode levar em conta uma regra isoladamente considerada, ainda que apropriada para a hipótese, mas o conjunto das normas inserido no ordenamento[16]. Nada obstante, a persistência da subsunção deve-se à aparente neutralidade técnica de sua utilização, mediante operação lógica conhecida como silogismo, pela qual o processo interpretativo consistiria na identificação da previsão legislativa geral e abstrata (chamada premissa maior) contendo a hipótese fática em questão (chamada de premissa menor). A etapa seguinte seria mecânica, mediante a aplicação da premissa maior à premissa menor, enquadrando esta àquela[17].

Entretanto, a despeito da racionalidade lógica do silogismo, há duas premissas equivocadas que autorizam a subsunção. A primeira delas é a separação entre o mundo abstrato das normas e o mundo real

ordenamento no qual faltasse a segunda regra, o juiz seria, sim, levado a julgar cada caso, mas não seria obrigado a julgá-lo baseado em uma norma do sistema" (*Teoria do ordenamento jurídico*, Brasília, UnB, 1995, p. 118-119).

15 Pietro Perlingieri observa a influência recíproca entre Direito e realidade social e daí faz derivar os seguintes corolários, caracterizadores do ordenamento jurídico: *a) historicidade da* societas *e historicidade do* ius *são um todo único; b) o* ius *coincide com a* societas *sem exaurir-se na pura normatividade; c) o* ius, *que justamente pode se definir totalidade da experiência jurídica, é, como qualquer totalidade, necessariamente complexidade; d) a complexidade do* ius *exige que a sua análise não perca a sua necessária unidade; e) tal unidade conceitual é síntese individual somente na efetividade da sua aplicação* (*O direito civil na legalidade constitucional*. Trad. Maria Cristina de Cicco. Rio de Janeiro: Renovar, 2008, p. 194).

16 A propósito, afirmou-se que *não se interpreta o direito em tiras; não se interpreta textos normativos isoladamente, mas sim o direito no seu todo, marcado, na dicção de Ascarelli, pelas suas premissas implícitas*" (GRAU, Eros. *Ensaio e discurso sobre a interpretação/aplicação do direito*. 5. ed. São Paulo: Malheiros, 2009, p. 101).

17 Para a descrição da subsunção em sua perspectiva clássica, v., por todos, ENGISCH, Karl. *Introdução ao pensamento jurídico*. 8. ed. Lisboa: Calouste Gulbekian, 2001, p. 94.

dos fatos no qual aquelas devem incidir, já que, a rigor, o Direito se insere na sociedade e, por conseguinte, os textos legais e a realidade mutante se condicionam mutuamente no processo interpretativo. Em segundo lugar, a subsunção distingue artificialmente o momento da interpretação da norma abstrata (identificação da premissa maior) e o momento da aplicação da norma ao suporte fático concreto (enquadramento da premissa menor ao texto normativo). Contrariamente a tal compreensão, não é possível interpretar a norma aplicável sem levar em conta a hipótese fática que, por sua vez, se encontra moldada pelas normas de comportamento estabelecidas pelo Direito (o qual condiciona a atuação individual). Daí a unicidade da interpretação e aplicação, sendo falsa a ideia de que haveria normas ideais em abstrato, capazes de tipificar e captar as relações jurídicas em concreto[18].

Mediante o raciocínio da subsunção, reduz-se a atividade do magistrado à aplicação mecânica da norma ao fato concreto, procedimento que se torna ainda menos criativo quando o texto legal é considerado claro: *in claris non fit interpretatio*, eis o brocardo que se tornou verdadeiro dogma para a hermenêutica clássica. Ainda como consequência de tal orientação, a norma infraconstitucional, porque tendencialmente mais detalhada, torna-se protagonista do processo de interpretação do Direito, exercendo papel de mediadora entre os princípios e o suporte fático sobre o qual incide. Já os princípios constitucionais, incompletos como modelo abstrato de comportamento, mostram-se inaptos para exercerem a função de premissa maior da subsunção, o que os torna coadjuvantes das regras, a despeito de sua superioridade hierárquica sobre estas. Desse modo, a tarefa do intérprete circunscreve-se à adequação do conteúdo principiológico à regra infraconstitucional, a qual será legítima desde que não viole frontalmente o texto constitucional. Reduz-se, assim, a força normativa da Constituição ao conteúdo estabelecido pelo legislador infraconstitucional. O princípio, em uma palavra, será aquilo que o legislador infraconstitucional entender

18 Para uma crítica veemente à subsunção em julgamento do Supremo Tribunal Federal, ver STF, ADIn 3.689/PA, Tribunal Pleno, Rel. Min. Eros Grau, j. 10.05.2007.

sê-lo. E como, por exigência prática, quanto mais pedestre se situar a regra na pirâmide normativa mais analítica e minuciosa será a sua linguagem, os valores e princípios constitucionais transformam-se em limite remoto à atuação (teratológica) do legislador ordinário.

Em direção oposta, consolida-se hoje o entendimento de que cada regra deve ser interpretada e aplicada em conjunto com a totalidade do ordenamento, refletindo a integralidade das normas em vigor. A norma do caso concreto é definida pelas circunstâncias fáticas nas quais incide, sendo extraída do complexo de textos normativos em que se constitui o ordenamento. O objeto da interpretação são as disposições infraconstitucionais integradas visceralmente às normas constitucionais, sendo certo que cada decisão abrange a totalidade do ordenamento, complexo e unitário. Cada decisão judicial, nessa perspectiva, é um ordenamento singular extraído da mesma tábua axiológica.[19] Curiosamente, o último bastião em defesa da subsunção tem sido a possibilidade de excepcioná-la, como válvula de escape para o sistema. Admite-se, deste modo, em hipóteses específicas, que o magistrado possa valer-se de princípios, afastando a previsão regulamentar, nos chamados casos difíceis – *hard cases* –, assim discricionariamente compreendidos certos casos sensíveis à sociedade, dignos de comoção popular, que justificariam, ao contrário de todas as outras causas julgadas pelo mesmo magistrado – e consideradas (a *contrario sensu*) fáceis –, o abandono da subsunção e a adoção franca dos princípios constitucionais.

A solução mostra-se arbitrária e injustificada. Os chamados casos difíceis são aqueles que, por sua suposta dificuldade, decorrente de colisão de direitos, autorizariam o juiz a afastar regra expressa, que lhe serviria comodamente de premissa maior, evitando a subsunção em favor da ponderação. Todavia, cada caso concreto mostra-se sempre

19 Assim, PERLINGIERI, Pietro. Complessità e unitarietà dell'ordinamento giuridico vigente. In: *Rassegna di Diritto Civile*, v. 1/05, Edizioni Scientifiche Italiane, p. 192. No mesmo sentido, TEPEDINO, Gustavo. Normas constitucionais e direito civil na construção unitária do ordenamento. In: *Temas de direito civil*, Rio de Janeiro: Renovar, 2009. t. 3, p. 11.

singular e difícil, devendo ser resolvido mediante a aplicação integral do ordenamento – insista-se: unitário, complexo, sistemático e coerente[20]. Mesmo quando aparentemente o magistrado aplica somente uma regra, de linguagem clara e direta, vale-se, a rigor, de cada uma das normas que convivem unitariamente no ordenamento, reclamando coerência e inter-relação normativa; e especialmente dos princípios que lhe dão fundamento, respeitada a hierarquia constitucional. Por isso, e a despeito da dificuldade em estabelecer a fronteira entre casos difíceis e fáceis, não se pode considerar a ponderação como expediente excepcional, a ser utilizado em hipóteses extremas, quando não fosse possível a aplicação mecânica das regras, sob pena de se subverter a hierarquia do ordenamento.

Tais conclusões estimulam a revisão do conceito de segurança jurídica. A subsunção propicia a falsa impressão de garantia de igualdade na aplicação da lei. Entretanto, não há respeito à isonomia quando o magistrado deixa de perceber a singularidade de cada caso concreto e, mediante procedimento mecânico, faz prevalecer o texto abstrato da regra. Por outro lado, o silogismo revela-se capaz de camuflar intenções subjetivas ou ideológicas do magistrado, poupando-lhe da imperiosa necessidade de justificar sua decisão e oferecendo-lhe salvo-conduto para escapar do controle social quanto à aderência de sua atividade interpretativa à axiologia constitucional. Segurança jurídica deve ser alcançada pela compatibilidade das decisões judiciais com os princípios e valores constitucionais, que traduzem a identidade cultural da sociedade. Em alguma medida, as novas tecnologias denunciam, com o dinamismo de sua evolução, o ocaso da *ideologia da subsunção*. Surgem a cada dia questões inovadoras, sequer cogitadas pelo legislador, muito distantes das previsões abstratas pretensamente capazes de regular o comportamento social. Basta pensar no impacto das tecnologias de captação, armazenamento e divulgação de imagens na tutela da personalidade; das tecnologias de comunicação na formação dos contratos; das tecnologias de construção e exploração econômica sobre a propriedade e

20 BOBBIO, Norberto. *Teoria do ordenamento jurídico*, op. cit., p. 34-35.

outros direitos reais; das tecnologias reprodutivas sobre o Direito de Família e de Sucessões, e assim por diante.

Reflexo ainda dessa *ideologia da subsunção* e da diminuta relevância por ela reservada às peculiaridades do caso concreto mostra-se o entendimento jurisprudencial, consolidado nos Tribunais Superiores, pelo qual o *simples* reexame de provas não justifica os Recursos Especial e Extraordinário. Nesta direção unificaram-se a jurisprudência das Súmulas nº 279, do STF (*Para simples reexame de prova não cabe recurso extraordinário*), e nº 7, do STJ (*A pretensão de simples reexame de prova não enseja recurso especial*).

Tal entendimento jurisprudencial, forjado pela compreensível preocupação de reduzir o número de processos nos Tribunais Superiores, certamente causa embaraço aos eminentes julgadores, os quais dificilmente poderiam explicar sua atuação jurisdicional sem a indispensável análise dos fatos concretos e de suas circunstâncias, traduzidas no material probatório. A propósito, há quem sustente a inconstitucionalidade de tal posicionamento, observando que *a aplicação do direito expresso na Súmula acabou por fazer com que em muitas situações o STJ se visse tolhido no seu propósito de ministrar a Justiça*[21]. Diante do rigor das aludidas Súmulas, alguns julgadores procuram, com razão, contornar a dicção dos enunciados, construindo valorosa tese segundo a qual o *reexame* das provas não se confunde com a sua revaloração: *a revaloração da prova constitui em atribuir o devido valor jurídico a fato incontroverso sobejamente reconhecido nas instâncias ordinárias*[22]. Na perspectiva que se procurou traçar, não há interpretação jurídica sem qualificação do fato, cujo exame, portanto, se faz imprescindível e insuperável. A valoração da prova pelo magistrado, em outras palavras, ocorrerá necessariamente, na medida em que procure compreender os fatos para analisar a incidência normativa (norma do fato concreto qualificado pelo intérprete à luz da integralidade do ordenamento).

21 MOREIRA, Joaquim Manhães. Revaloração das provas pelos tribunais, *Valor Econômico*, 17.04.2012.

22 STJ, AgRg no REsp.1.036.178/SP, 4ª T., Rel. Min. Marco Buzzi, j. 13.12.2011.

A valoração dos direitos a partir do seu exercício, que somente *in concreto* se poderá aferir, remete à já mencionada crítica à dicotomia entre a realidade social e os modelos jurídicos; e, em consequência, à necessária superação da distinção entre fato social e fato jurídico. O desafio do intérprete, portanto, consiste em atingir o equilíbrio em atividade hermenêutica que, fugindo à facilidade tentadora dos silogismos, considere o ordenamento em sua unidade e complexidade sem, contudo, derivar para ativismo irresponsável, de criação livre do direito, despreocupado com o desenho institucional democrático que deve pautar a atuação do Estado, inclusive o Estado-juiz.

Como instrumento imprescindível ao intérprete neste desafio que se lhe apresenta, tem-se a ponderação, como técnica de sopesamento dos diversos vetores normativos incidentes no caso concreto. Por isso mesmo, a ponderação não deve ser adotada apenas na aplicação de princípios, mas também entre regras, e regras e princípios, já que todos os enunciados normativos dialogam entre si, contemporaneamente, sob a mesma tábua axiológica[23]. E a valoração prévia do legislador,

23 A doutrina constitucionalista costuma restringir a técnica da ponderação às hipóteses de compatibilização de princípios em conflito. Robert Alexy, referência obrigatória na matéria, descreve a técnica da seguinte maneira: *The first stage involves establishing the degree of non-satisfaction of, or detriment to, a first principle. This is followed by a second stage in which the importance of satisfying the competing principle is established. Finally, in the third stage, it is established whether the importance of satisfying the latter principle justifies the detriment to or non-satisfaction of the former* (Balancing, constitutional review, and representation. *International Journal of Constitutional Law*, v. 3, n. 4, 2005, p. 574). Na civilística contemporânea, mostra-se bem mais ampla a utilização da ponderação, uma vez que a noção de legalidade constitucional impõe ao intérprete *argumentar sobre normas-princípios, cuja aplicação "não assume a forma silogística da subsunção, mas aquela da otimização ao realizar o preceito"* (PERLINGIERI, Pietro. *O direito civil na legalidade constitucional*, op. cit., p. 596). No Direito Civil brasileiro, ver, dentre outros, SCHREIBER, Anderson. *Novos paradigmas da responsabilidade civil*. Rio de Janeiro, Renovar, 2007, p. 146 e ss.; NEVARES, Ana Luiza Maia. *A função promocional do testamento*: tendências do direito sucessório. Rio de Janeiro, Renovar, 2009, p. 170 e ss. (em matéria de controle da autonomia privada testamentária); MAIA, Roberta Mauro Medina. *Teoria geral dos direitos reais*. São Paulo: RT, 2013, p. 256 e ss. (em matéria de relatividade dos efeitos

na sociedade democrática, não afasta, antes reclama, o exercício do dever inderrogável do magistrado de compatibilizar as escolhas legislativas com as escolhas efetuadas pelo constituinte[24]. A técnica da ponderação como mecanismo de utilização indispensável na atividade interpretativa decorre da constatação de que o texto legislativo se mostra necessariamente incompleto e de que a decisão judicial revela procedimento de construção da norma do caso concreto. Interpretação e aplicação da norma constituem-se em processo unitário, inexistindo duplicidade de etapas entre a qualificação do fato e do direito aplicável. Tal conclusão implica a definitiva superação da subsunção como método interpretativo[25]. Afirmou-se, nesta direção, que o *CC não é um conjunto de normas. É um conjunto de possibilidades de normas. Um ordenamento em potência. Só será norma depois da interpretação. O intérprete desvencilha o texto do seu invólucro. A norma é o resultado da interpretação.*[26]

---

obrigacionais); OLIVA, Milena Donato. *Patrimônio separado*: herança, massa falida, securitização de créditos imobiliários, incorporação imobiliária, fundos de investimento imobiliário, trust. Rio de Janeiro: Renovar, 2009; BANDEIRA, Paula Greco. *Contrato incompleto*. São Paulo: Atlas, 2015.

24 TEPEDINO, Gustavo. A constitucionalização do novo código civil, Editorial, *Revista Trimestral de Direito Civil*, v. 15, Rio de Janeiro, Padma, jul.-set./2003.

25 Cfr., na perspectiva do direito italiano, PERLINGIERI, Pietro. *O direito civil na legalidade constitucional*, op. cit., p. 579.

26 GRAU, Eros. A construção do direito: da elaboração do texto à produção da norma, palestra proferida na Faculdade de Direito da Universidade do Estado do Rio de Janeiro – UERJ, em 31.03.2008, na qual se observou, ainda: *Não há distinção entre interpretação e aplicação do direito: a interpretação do direito consiste em encontrar uma solução que só se opera na medida em que se realize a sua aplicação.* No mesmo sentido, observa Lênio Streck: *Pensar que uma regra pode ser interpretada independente dos princípios ou que uma regra pode "valer" mais do que um princípio é uma concessão ao positivismo ou uma espécie de retorno ao positivismo, como se regra e princípio contivessem uma ambiguidade, e que pudessem ser, ao mesmo tempo, um "critério" de conhecimento (regra) e um "critério" de explicação (princípio), aferíveis a partir do esquema representacional sujeito-objeto* (O papel da Constituição dirigente na batalha contra decisionismos e arbitrariedades interpretativas. In: COUTINHO, Jacinto Nelson de Miranda; MORAIS, Jose Luis Bolzan de; STRECK, Lênio Luiz (Org.), *Estudos constitucionais*. Rio de Janeiro: Renovar, 2007, p. 186).

Exemplo emblemático das dificuldades acarretadas pela subsunção tem-se na decisão extraída da jurisprudência alemã em que uma transexual de identidade feminina, com órgãos genitais masculinos, pretendeu, para consolidar sua relação homoafetiva com uma mulher, celebrar a união legal prevista pela lei alemã para pessoas do mesmo sexo. A autoridade local negou-se a conceder tal permissão, ao argumento de que, sendo o seu sexo genético masculino, ser-lhe-ia facultado o casamento com a sua parceira (previsto pelo Código Civil alemão para pessoas de sexos diferentes), não já a união legal para pessoas do mesmo sexo. Inconformada, a interessada recorreu ao juiz de primeiro grau e ao Tribunal de Apelação, sendo-lhe, contudo, indeferido o pedido nas duas instâncias. De fato, com base em técnica subsuntiva, as previsões legais de casamento e de união de pessoas do mesmo sexo associam-se a premissas fáticas diversas, indiscutíveis e imponderáveis. A Corte Constitucional alemã, contudo, reverteu a decisão, autorizando a união homoafetiva pretendida, mediante a técnica da ponderação[27].

5. Notas conclusivas

Da análise empreendida, extrai-se que a corajosa atuação da magistratura não deve ser combatida, embora se mostre imprescindível a definição pela doutrina de parâmetros constitucionais para a valoração e solução de controvérsias que, multiplicadas inevitavelmente pelo exercício da cidadania inerente à dinâmica da democracia e da sociedade da informação, agitam o Judiciário sem que o legislador possa dar conta de sua específica e mutante regulamentação.

Em tal contexto, o papel constitucional da magistratura assume importância crucial para a democracia, seja em favor da segurança jurídica representada pelo respeito às leis legitimamente promulgadas, seja para tutelar direitos fundamentais de minorias, mesmo quando a intervenção do Poder Judiciário assuma feição contramajoritária. A tênue linha divisória entre essa atuação alvissareira do magistrado e o

---

27 Tribunal Constitucional Federal da Alemanha, BVerfGE 128, 109 (2011).

voluntarismo ideológico deve ser contornada não de modo autoritário – ainda que escamoteado por argumento de autoridade –, mas mediante o estímulo à fundamentação das decisões, exigindo-se argumentação que permita o amplo e transparente controle social da magistratura e a paulatina construção de padrões de comportamento estáveis na reconstrução da segurança jurídica – aparentemente perdida pela ocaso da técnica legislativa regulamentar.

Segue-se daí a importância de se evitar a contaminação dos novos valores e categorias que compõem a teoria da interpretação contemporânea por métodos extraídos da dogmática tradicional, que guarda constrangedora incompatibilidade com a legalidade constitucional. Tal perigosa tendência mostra-se ainda recorrente quer na manualística, quer na prática judiciária. Não se mostra infrequente, por exemplo, a designação dos princípios constitucionais, situados no ápice da pirâmide normativa, como princípio geral de direito, previsto no art. 4º da LINDB como instrumento residual de integração, formulado pelo intérprete pelo método indutivo, em nível infraconstitucional, na ausência de lei, analogia ou costume aplicáveis. Cuida-se de subversão hermenêutica que impede a preservação da unidade do ordenamento construída a partir (e com a incorporação plena) das normas constitucionais. Muito já se evoluiu, nas últimas décadas, na experiência brasileira, no campo da interpretação. E o só fato de se refletir, entre os diversos domínios do Direito Público e Privado, acerca do ativismo judicial, indica provavelmente o itinerário vicejante e auspicioso, posto nada linear, em direção à ordem jurídica mais justa, igualitária e democrática.

A PROVA E A INICIATIVA DO JUIZ NO NOVO CÓDIGO DE PROCESSO CIVIL: DISPUTA ENTRE GARANTISMO E ATIVISMO JUDICIAL

Humberto Theodoro Júnior

SUMÁRIO: **1.** Conceito de Prova em Processo. **2.** Direito Fundamental à Prova (CF, art. 5º, LV). **3.** Direito Autônomo à Prova (NCPC, art. 381, II e III). **4.** Finalidade e Destinatário Principal da Prova. **5.** Prova, Verdade e Decisão Justa (NCPC, art. 6º). **6.** Sistema Legal da Valorização da Prova (NCPC, art. 371). **7.** Poder de Instrução do Juiz (NCPC, art. 370). **8.** Iniciativa Probatória do Juiz e Democracia (CF, art. 3º, I). **9.** Garantismo Processual e Ativismo Judicial: Exigência de Fundamentação Adequada para as Decisões (NCPC, art. 489, § 1º). **10.** Processo Democrático e Cooperação entre os Sujeitos Processuais (NCPC, art. 357, II e § 3º). **11.** Como se Limita a Iniciativa Judicial Probatória, Dentro dos Moldes do Processo Justo e Cooperativo (NCPC, arts. 141 e 460).

1. Conceito de Prova em Processo

Todos os pretensos direitos subjetivos que podem figurar nos litígios a serem solucionados pelo processo se originam de *fatos* (*ex facto ius oritur*). Por isso, o autor, quando propõe a ação, e o réu, quando oferece sua resposta, hão de invocar fatos com que procurem justificar a pretensão de um e a resistência do outro. Do exame dos fatos e de sua adequação ao direito objetivo, o juiz extrairá a solução do litígio que será revelada na sentença.

Enquanto o processo de execução é voltado para a satisfação do direito do credor e atua sobre *bens*, o processo de conhecimento tem como objeto as *provas* dos fatos alegados pelos litigantes, de cuja apreciação o juiz deverá definir a solução jurídica para o litígio estabelecido entre as partes.

De tal sorte, às partes não basta simplesmente alegar os fatos.

Para que a sentença declare o direito, isto é, para que a relação de direito litigiosa fique definitivamente garantida pela regra de direito correspondente, preciso é, antes de tudo, que o juiz se certifique da verdade do fato alegado, o que se dá por meio das provas[1].

Há, por isso, dois sentidos em que se pode conceituar a prova no processo:

(a) um *objetivo*, isto é, como o instrumento ou o meio hábil, para demonstrar a existência de um fato (os documentos, as testemunhas, a perícia etc.);

(b) e outro *subjetivo*, que é a certeza (estado psíquico) originada quanto ao fato, em virtude da produção do instrumento probatório. Aparece a prova, assim, como convicção formada no espírito do julgador em torno do fato demonstrado.

Prova é, pois, em sentido objetivo, *todo e qualquer elemento material dirigido ao juiz da causa para esclarecer o que foi alegado por escrito pelas partes, especialmente circunstâncias fáticas*[2].

Mas, para o processo, a *prova*, como ensinava João Monteiro, não é (em sentido subjetivo) somente um fato processual, *mas ainda uma indução lógica, é um meio com que se estabelece a existência positiva ou negativa do fato probando, e é a própria certeza dessa existência*[3].

2. Direito Fundamental à Prova (CF, art. 5º, LV)

O acesso à Justiça, mediante um *processo justo*, é garantido por direito inserido entre os fundamentais catalogados pela Constituição. Entre os requisitos desse processo, figuram o contraditório e a ampla defesa (CF, art. 5º, LIV e LV), que envolvem, sem dúvida, o direito inafastável à prova necessária à solução justa do litígio.

---

1 MONTEIRO, João. *Curso de processo civil*. 3. ed. São Paulo: Duprat, 1912, v. II, § 122, nota 2, p. 93.

2 RUBIN, Fernando. Teoria geral da prova: do conceito de provas aos modelos de constatação da verdade. *Revista Magister de Direito Civil e Processual Civil*, n. 52, p. 43, jan.-fev./2013.

3 MONTEIRO, João. Op. cit., II, p. 96.

Sem a garantia da prova, anula-se a garantia dos próprios direitos, já que "todo direito resulta de norma e fato". Portanto, sendo a existência ou o modo de ser do fato (origem do direito controvertido) posto em dúvida, não há como se possa fazer valer o direito sem a produção de prova. Vale dizer: "como a Constituição Federal diz que *a lei não excluirá da apreciação do Poder Judiciário lesão ou ameaça a direito,* e que *ninguém será privado da liberdade ou de seus bens sem o devido processo legal*, e diz, ainda, que *aos litigantes, em processo judicial ou administrativo, e aos acusados em geral serão assegurados o contraditório e ampla defesa, com os meios e recursos a ela inerentes* [grifos do original], resulta claro que o direito de produzir prova é um direito fundamental constitucionalmente assegurado[4].

Ainda que a Constituição não lhe faça referência expressa, o direito à prova ocupa, reconhecidamente, posição de extrema relevância no sistema processual, pois, *sem ele, as garantias da ação e da defesa careceriam de conteúdo substancial; afinal impedir que a parte tivesse direito à prova significaria privá-la dos meios legítimos de acesso à ordem jurídica justa, a serviço da qual o processo deve estar constitucionalmente predisposto*[5].

Com efeito, não é, de fato, possível o exercício da ampla defesa sem o concurso do direito fundamental à prova, já que, dentro do processo justo, idealizado no âmbito da Constituição, o ato de provar constitui "*projeção prática* do direito fundamental à ampla defesa e ao contraditório"[6].

Nessa ordem de ideias, por se tratar de garantia fundamental, não pode agir o juiz de maneira excessivamente rígida no indeferimento de pedido de prova. Ainda que seja o caso de dúvida acerca do cabimento

4 MACHADO, Hugo de Brito. O direito de produzir provas. *Revista Dialética de Direito Processual*, São Paulo, n. 103, p. 45-46, out./2011.

5 CAMBI, Eduardo. *Direito constitucional à prova no processo civil.* São Paulo: RT, 2001, p. 113.

6 TAVARES, Fernando Horta; CUNHA, Maurício Ferreira. O direito fundamental à prova e a legitimidade dos provimentos sob a perspectiva do direito democrático. *Revista de Processo*, São Paulo, n. 195, p. 129, mai./2011.

ou da eficiência de certo meio probatório, o caso será de deferimento, visto que as garantias constitucionais devem sempre ser interpretadas e aplicadas no sentido da máxima eficiência. Somente quando se evidenciar o descabimento ou a inutilidade da prova, é que sua inadmissão será legítima[7]. Fora desse quadro, configura-se o cerceamento do direito à ampla defesa, cuja consequência refletirá sobre a decisão que resolver o mérito da causa, acarretando-lhe a nulidade[8].

3. Direito Autônomo à Prova (NCPC, art. 381, II e III)

Uma das grandes novidades do Código de Processo Civil de 2015 foi o reconhecimento de que a parte tem direito à prova judicial não apenas para instruir sua defesa em processo em curso. Existe também um direito autônomo à obtenção de prova, antes mesmo que a situação jurídica material se torne objeto de demanda deduzida em juízo.

Esse direito subjetivo, cuja existência já era defendida em doutrina[9], agora merece acatamento expresso da ordem jurídica. O novo

---

7 À luz da garantia constitucional de ampla defesa, o permissivo infraconstitucional que autoriza o juiz a indeferir diligências inúteis deve ser exercido com "menor liberdade", de modo a ser aplicado *tão somente quando o caso concreto apontasse para esse sentido; nos demais casos, inclusive os de dúvida a respeito da necessidade ou não de produzir a prova, a mesma deve ser admitida em respeito ao direito prioritário à prova* (RUBIN, Fernando. Teoria geral da prova: do conceito de prova aos modelos de constatação da verdade. *Revista Magister de Direito Civil e Processual Civil*, n. 52, p. 51, jan.-fev. 2013).

8 MACHADO, Hugo de Brito. O direito de produzir, op. cit., p. 47.

9 *A prova – incluindo-se aí as regras sobre distribuição dos respectivos ônus – não desempenha no sistema apenas a função de esclarecimento do órgão julgador na missão de declarar o direito no caso concreto. Mais que isso, a prova pode e deve ser vista como elemento pelo qual os interessados avaliam suas chances, riscos e encargos em processo futuro, e pelo qual norteiam sua conduta, inclusive de sorte a evitar uma decisão imperativa* (YARSHELL, Flávio Luiz. *Antecipação da prova sem o requisito da urgência e direito autônomo à prova*. São Paulo: Malheiros, 2009, n. 24, p. 137). *Afirmação dessa ordem – foi dito inicialmente – implica reconhecer a existência de um* direito à prova *ou, por outras palavras, um direito à respectiva pré-constituição em processo cujo objeto seja limitado a tal providência* (*Idem*, p. 441). No mesmo sentido, também Daniel Amorim Assumpção Neves admite produção antecipada

Código de Processo Civil, ao regular a produção antecipada de prova, de maneira bem diferente do Código anterior, não se limita a estabelecer seu cabimento para a hipótese do receio de que venha a tornar-se impossível ou muito difícil a verificação dos fatos na pendência da ação (NCPC, art. 381, I). Vai além, e numa política de facilitação à autocomposição extrajudicial de conflito, e até mesmo de evitar o ajuizamento de ações malfadadas, estabelece duas situações em que o interessado pode obter prova em juízo, antes de qualquer processo contencioso, sem o requisito da urgência e da cautelaridade.

Assim é que o art. 381 do CPC/2015 admite seja a prova produzida antecipadamente, sem vinculá-la a ulterior processo a ser necessariamente instaurado:

> *(a)* quando seja suscetível de viabilizar a autocomposição ou outro meio adequado de solução de conflito (inc. II); ou
> *(b)* quando propicie conhecimento dos fatos capaz de justificar ou evitar o ajuizamento de ação (inc. III).

Esse direito autônomo à apuração de fatos jurídicos relevantes demonstra que a prova não tem o juiz como único destinatário. O interessado tem legitimidade para obter provas que contribuam para seu próprio convencimento, do qual possa surgir motivo para não recorrer à solução judicial do conflito delineado. Com isso, é bem provável que o caso se encaminhe para uma forma de autocomposição, ou que a intenção de litigar simplesmente desapareça.

Trata-se de mecanismo judicial probatório de relevante reflexo sobre a preocupação contemporânea de reduzir a litigiosidade exacerbada presente na cultura brasileira de nosso tempo. Sob tal perspectiva, esse direito de acesso amplo à prova instrumentalizado pelo art. 381, II e III, do NCPC, afina-se com a norma fundamental constante de seu art. 3º, na qual se estatui o dever do Estado de promover, sem-

---

de prova como ação probatória autônoma (não cautelar), que possa ser utilizada *como forma de preparação para qualquer demanda principal* (NEVES, Daniel Amorim Assumpção. *Ações probatórias autônomas*. São Paulo: Saraiva, 2008, p. 356-357).

pre que possível, a solução consensual dos conflitos (§ 2º), e que todos os sujeitos do processo – juízes, advogados, defensores públicos e membros do Ministério Público – deverão estimular *a conciliação, a mediação e outros métodos de solução consensual de conflitos* (§ 3º). Sem dúvida, a obtenção de provas esclarecedoras dos fatos litigiosos ante o ajuizamento de qualquer demanda constitui importante fator de dissuasão do propósito de ingressar em juízo e de estímulo à autocomposição dos conflitos.

4. Finalidade e Destinatário Principal da Prova

O processo moderno procura solucionar os litígios à luz da verdade *real* e é, na prova dos autos, que o juiz busca localizar essa verdade. Como, todavia, o processo não pode deixar de prestar a tutela jurisdicional, isto é, não pode deixar de dar solução jurídica à lide, muitas vezes essa solução, na prática, não corresponde exatamente à verdade real. O juiz não pode eternizar a pesquisa da verdade, sob pena de inutilizar o processo e de sonegar a justiça postulada pelas partes.

O processo é um método de composição dos litígios. As partes têm que se submeter às suas regras para que suas pretensões, alegações e defesas sejam eficazmente consideradas. A mais ampla defesa lhes é assegurada, desde que feita dentro dos métodos próprios da relação processual.

Assim, se a parte não cuida de usar das faculdades processuais e a verdade real não transparece no processo, não cabe ao juiz a culpa de não ter feito a justiça pura, que, sem dúvida, é a aspiração das partes e do próprio Estado. Só às partes, ou às contingências do destino, pode ser imputada semelhante deficiência.

Ao juiz, para garantia das próprias partes, só é lícito julgar segundo o alegado e provado nos autos. O que não se encontra no processo, para o julgador não existe. Há, ainda, presunções legais que, em muitos casos, condicionam a verdade a critérios apriorísticos do legislador, sem que exista qualquer prova nos autos. Em consequência, deve-se reconhecer que o direito processual se contenta com a *verdade processual*, ou seja, aquela que aparenta ser, segundo os elementos do processo, a realidade.

Dessa forma, o juiz deve convencer-se acerca da verdade do suporte fático das alegações da parte. É certo que a prova atua no plano e nos limites das *alegações*, mas visando sempre à demonstração da *verdade* dos fatos que as sustentam.

Os *fatos* existem ou não existem, aconteceram ou não aconteceram, por isso, no dizer de Dinamarco, são as *alegações* a seu respeito que podem ser qualificadas como corretas ou incorretas, ou seja, podem ser condizentes ou não com a *verdade*. Daí a pertinência de prová-las, ou seja, demonstrar que são boas e verazes[10].

Filosoficamente, a afirmação é irrepreensível. Porém, processualmente, como se pode demonstrar que uma alegação é ou não verdadeira, senão apurando se os fatos invocados nas arguições da parte correspondem ou não à realidade, isto é, à verdade? A prova, portanto, na lição de Taruffo, *é o instrumento por meio do qual o juiz pode verificar a verdade dos fatos sobre os quais versa a decisão*[11].

5. Prova, Verdade e Decisão Justa (NCPC, art. 6º)

Há uma necessária conexão entre a função da prova e a função do processo. A este cabe não apenas encontrar uma solução qualquer para o litígio, mas sim aquela que seja *justa*. E para que seja *justa*, deve ser resultado de uma *correta aplicação da norma jurídica que constitui a regra de decisão do caso*, como adverte Taruffo, para quem:

> Entre as condições necessárias para que se tenha uma decisão justa, e para que a norma que regula o caso seja aplicada corretamente, urge que seja certificada a *verdade* dos fatos que se acham à base da controvérsia [...] tal certificação configura como uma *condição necessária* da justiça

10 DINAMARCO, Cândido Rangel. *Instituições de direito processual civil*. São Paulo: Malheiros, 2005, v. 3, p. 58.

11 TARUFFO, Michele. Il concetto di "prova" nel diritto processuale. *Revista de Processo*, São Paulo, n. 229, p. 80, mar./ 2014.

> da decisão, cuja falta, por si, faz com que não se possa ser aceita como justa (grifos do autor)[12].

Em conclusão, demonstra Taruffo que a prova é, pois, necessária para que o juiz possa chegar à formulação de uma decisão afinada com a verdade, e, portanto, *justa*, diante das alegações conflituosas dos litigantes. É claro que a decisão girará em torno das alegações deduzidas pelas partes em juízo, mesmo porque a elas, e não ao juiz, compete definir o *objeto litigioso* a ser solucionado no processo. Assim, para certificar se tais alegações são verdadeiras, ou não, hão de ser apurados os fatos que as sustentam. Logo:

> A prova é o meio exclusivo de conhecimento da verdade dos fatos... Isto corresponde a um dos princípios fundamentais da epistemologia geral, segundo o qual a verdade de um enunciado se funda sobre sua interpretação metodologicamente correta de todas as informações disponíveis. *Id est*: a prova é aquilo que permite ao juiz adquirir todas as informações que são necessárias para estabelecer a verdade dos enunciados relativos *aos fatos da causa*[13].

Nessa perspectiva epistemológica, a prova demonstra a veracidade ou não das alegações dos litigantes, mas, para tanto, é endereçada e concluída pela apuração da verdade dos fatos[14].

Não conduz a resultados significativos ou relevantes, no domínio do direito processual, a distinção entre ser objetivo da prova a apuração da verdade das alegações ou da verdade dos fatos. No fundo, tudo se resume a verificar se o suporte fático das afirmações das partes corresponde ou não à realidade ou à verdade.

É claro que a *verdade absoluta* jamais será alcançada pelo homem, tampouco estará ao alcance do juiz no processo, em vista das limitações do conhecimento humano. Isto, porém, não deve resultar

---

12 TARUFFO, Michele. Op. cit., p. 80.

13 TARUFFO, Michele. Op. cit., p. 81.

14 TARUFFO, Michele. Op. cit., p. 81.

numa indiferença do processo pela veracidade dos fatos com que as partes sustentam suas alegações perante o juiz. O processo não pode ser reduzido a um mero jogo retórico. As provas têm a missão de proporcionar ao juiz o acesso à verdade possível, ainda que de maneira não plena. Em outras palavras, devem proporcionar *um razoável conhecimento dos fatos*[15].

Num processo compromissado com a *justa composição* do litígio, a orientação que é digna de ser seguida é aquela segundo a qual um "*acertamento verdadeiro dos fatos* pode ser, e aliás deve ser alcançado no processo, como condição de justiça da decisão"[16].

O que o processo há de garantir é a busca da verdade, ainda que não absoluta, já que o conhecimento de como os fatos se passaram é fator de legitimação da decisão judicial, e por isso deve ser perseguido[17]. Assim, segundo a lição de Taruffo, nos mais variados ordenamentos jurídicos, de diferentes culturas e em diferentes momentos históricos, esteve sempre presente a noção de que a *prova visa estabelecer se determinados fatos ocorreram ou não*[18] e, com isso, no processo a prova *legitimaria a decisão judicial*[19].

---

15 A propósito da função da prova, *nulla impedisce di adottare orientamenti epistemologici secondo i quali è possibile una conoscenza relativa i ragionevole dei fatti empirici, attraverso adeguati strumenti di accertamento della verità* (COMOGLIO, Luigi Paolo; TARUFFO, Michele; FERRI, Corrado. *Lesioni sul processo civile*. 4. ed. Bologna: Il Mulino, 2006, v. I, p. 414).

16 COMOGLIO, Luigi Paolo; TARUFFO, Michele; FERRI, Corrado. Op. cit., loc. cit.

17 GRECO, Leonardo. *Estudos de direito processual civil*. São Paulo: RT, 2006, p. 379. Cf., também, BUENO, Cassio Scarpinella. *Curso de direito processual civil sistematizado*. São Paulo: Saraiva, 2007, v. 2, t. 1, p. 237.

18 TARUFFO, Michele. *La prueba de los hechos*. Trad. de Jordi Ferri Beltran. Madrid: Trotta, 2005, p. 21.

19 Primeiro, se *acerta* a verdade sobre os fatos, para depois *decidir* sobre qual norma jurídica geral a eles seja aplicável, criando-se, dessa maneira, a norma concreta particular que regerá o caso *sub judice* (cf. EGGLESTON, Richard. *Prova, conclusione probattoria e probabilità*. Milano: Giuffrè, 2004, p. 2, *apud* PEREIRA, Guilherme Setoguti J. Verdade e finalidade da prova. *Revista de processo*, n. 213, p. 162, nov./2012.

Dessa forma, a busca pela verdade foi e continua a ser vista por muitos sob uma perspectiva ainda mais ampla, ou seja, como a função não só da prova, mas também do próprio processo, principalmente quando se trata do processo de conhecimento[20].

6. Sistema Legal da Valorização da Prova (NCPC, art. 371)

Dizia o Código de 1973 que o juiz deveria *apreciar livremente a prova, atendendo aos fatos e circunstâncias constantes dos autos*, competindo-lhe, porém, *indicar, na sentença, os motivos que lhe formaram o convencimento* (art. 131). Esse critério legal recebia da doutrina a denominação sistema da "persuasão racional" ou de "livre convencimento motivado".

Reconhecia-se, por meio dele, a inexistência de hierarquia entre as provas, que por isso poderiam ser "livremente avaliadas", segundo a força de convencimento gerada sobre o juiz (destinatário de todas as provas produzidas no processo). Não se tratava, porém, de um poder discricionário, já que, a par da liberdade de selecionar as provas que melhor se prestariam à solução da causa, a lei impunha o dever de fundamentar sua escolha, que somente poderia ser feita mediante prévio contraditório entre as partes, e posterior possibilidade de impugnação recursal[21]. Entendia-se que, mediante os três elementos referidos (contraditório, motivação e duplo grau de jurisdição), resguardava-se o devido processo legal e combatia-se o arbítrio jurisdicional na valoração da prova tomada como base para a resolução do litígio[22].

---

20 PEREIRA, Guilherme Setoguti J., op. cit., loc. cit., apoiado em Malatesta, para quem "o fim supremo da crítica judiciária é, portanto, a *verificação de uma realidade explicada*" (cf. MALATESTA, Nicola Framarino Dei. *A lógica das provas em matéria criminal*. Trad. Waleska Girotto Silverberg. São Paulo: Conan, 1995, v. I, p. 67. Cf, também, MARINONI, Luiz Guilherme; ARENHART, Sérgio Cruz. *Comentários ao código de processo civil*. São Paulo: RT, 2000, v. 5, t. I, p. 29.

21 OLIVEIRA, Carlos Alberto Álvaro de; MITIDIERO, Daniel. *Curso de processo civil*. São Paulo: Atlas, 2012, v. II, p. 78-79.

22 Cf. DINAMARCO, Cândido Rangel. *A instrumentalidade do processo*. 4. ed. São Paulo: RT, 1994; BARBOSA MOREIRA, José Carlos. A motivação das decisões judiciais como garantia inerente ao estado de direito. *Temas de direito*

Esse entendimento, ao ver de certo ramo da Filosofia do Direito, implicava compromisso com a *discricionariedade judicial* ou com a formação de decisões conforme a *consciência do julgador*. É certo que a regra não visava a um objetivo totalmente consagrador dos julgamentos de consciência, visto que, em outro dispositivo, o mesmo Código determinava que cabia ao juiz, no julgamento da lide, *aplicar as normas legais* (art. 126 do CPC/1973).

De qualquer forma, a liberdade na apreciação dos elementos relativos à demonstração das alegações fáticas poderia ensejar a inconveniente possibilidade de o juiz isolar certa prova, para dar-lhe força suficiente para formar seu convencimento, com total ou parcial eliminação do exame e avaliação dos demais elementos probatórios produzidos no processo. É claro que uma visão sectária na operação interpretativa dos fatos acabaria por gerar uma aplicação também sectária e inadequada do direito na resolução da causa.

Adotando o novo Código o princípio democrático da participação efetiva das partes na preparação e formação do provimento que haverá de ser editado pelo juiz para se chegar à *justa composição do litígio*, entendeu o legislador em suprimir a menção ao "livre convencimento do juiz" na apreciação da prova. Agora está assentado, no art. 371 do NCPC, que "o juiz *apreciará a prova constante dos autos*, independentemente do sujeito que a tiver promovido, e indicará na decisão as *razões da formação de seu convencimento*".

Com isso, estabeleceu-se o dever de apreciar não a prova que livremente escolher, mas todo o conjunto probatório existente nos autos. Repeliu-se a tendência esboçada em certa corrente jurisprudencial que reconhecia ao juiz o dever de justificar a conclusão a que chegou, expondo apenas as razões capazes de sustentá-la. Segundo tal entendimento, o juiz, no regime do CPC de 1973, não estaria sujeito a responder a todos os argumentos da parte, nem a analisar exaustiva-

---

processual. 2ª série. São Paulo: Saraiva, 1988, p. 83-95; OLIVEIRA, Carlos Alberto Álvaro de. *Do formalismo no processo civil*. 2. ed. São Paulo: Saraiva, 2003, p. 151; RUBIN, Fernando. Teoria geral da prova, op. cit., p. 48-49.

mente todas as provas, desde que sua fundamentação pudesse explicar as razões do decisório[23].

O novo Código, de tal sorte, esposou a teoria, até então minoritária nos tribunais, mas não menos expressiva, de que *sentença e acórdão haverão de examinar os vários fundamentos relevantes deduzidos na inicial e na contestação* [assim como todas as provas que lhes sejam pertinentes – acrescentamos], *justificando porque não são acolhidos*[24]. É bom lembrar que a corrente majoritária, que se satisfazia com a fundamentação parcial, nunca foi aplaudida pela boa doutrina. Pelo contrário, Taruffo advertia que semelhante tese, por trás de aparente razoabilidade, esconde grave equívoco procedimental[25].

Enfim, a doutrina nunca reconheceu ao juiz o poder de agir livremente na escolha e na avaliação da prova que servirá de fundamento de sua decisão. O convencimento, *in casu*, só é livre:

> No sentido de que não acarreta pré-valorações legais que vinculem o juiz; não é livre, por outro lado, das regras da lógica e da racionalidade em geral. Afinal, de nada adiantaria produzir amplo e rico material pro-

---

23 Exemplo de semelhante tese encontra-se no seguinte aresto: *Saliente-se que o magistrado tem o dever de fundamentar devidamente sua decisão, mas não tem a obrigação de analisar todos os argumentos apresentados pelas partes* (TJ-RS, 6ª Câm. Civ., ED 70016937179, Rel. Des. Ney Wiedemann Neto, ac. 19.10.2006. No mesmo sentido: TJ-RS, 10ª Câm. Cív., ED 70022860035, Rel. Des. Paulo Roberto Lessa Franz, ac. 28.02.2008; STJ, 2ª T., EDcl no AgRg no Ag 492.969/RS, Rel. Min. Herman Benjamin, ac. 19.10.2006, DJU 14.02.2007, p. 206; STJ, 1ª T., REsp 799.564/PE, Rel. Min. Teori Albino Zavascki, ac. 18.10.2007, DJU 05.11.2007, p. 225.

24 STJ, 3ª T., REsp 30.220/MG, Rel. Min. Eduardo Ribeiro, ac. 08.02.1993, DJU 08.02.1993, p. 3.118.

25 TARUFFO, Michele. *La motivazione dela sentenza.* Padova: CEDAM, 1975, p. 445 e ss. Também Moniz de Aragão reconhecia a existência da afirmação corriqueira de que na fundamentação da sentença ou acórdão o magistrado não precisaria examinar todas as questões do processo: *Isto está absolutamente equivocado [...]; é inadmissível supor que o juiz possa escolher, para julgar, apenas algumas questões que as partes lhe submeteram. Sejam preliminares, prejudiciais, processuais ou de mérito, o juiz tem de examiná-las todas. Se não o fizer, a sentença estará incompleta* (MONIZ DE ARAGÃO, Egas. *Sentença e coisa julgada.* Rio de Janeiro: AIDE, 1992, p. 101-103).

> batório, se o juiz pudesse simplesmente desconsiderá-lo na hora de tomar a decisão[26].

Portanto, só é legítima a valorização da prova quando feita pelo juiz de forma racional e analítica, "respeitando critérios de *completude, coerência, congruência e correção lógica*"[27].

Com efeito, o processo democrático não pode tolerar construções de resultados processuais que sejam fruto do puro discricionarismo do juiz. A participação de todos os sujeitos do processo na formação do provimento jurisdicional é uma imposição da constitucionalização da tutela jurisdicional. A fundamentação da sentença, portanto, não pode se confundir com a simples fundamentação escolhida pelo juiz para justificar seu convencimento livre e individualmente formado diante da lide. Todos os argumentos e todas as provas deduzidas no processo terão de ser racional e objetivamente analisados, sem preconceitos subjetivos. O juiz interpreta e aplica o Direito e não seus sentimentos pessoais acerca de justiça. É por isso que não se deve atrelar o julgamento ao *livre convencimento* do sentenciante. O exame das provas, sem hierarquização de valor entre elas, terá de se realizar, segundo critérios objetivos que se voltem para a definição não da *vontade do julgador*, mas do ordenamento jurídico, como um todo, concretizado e individualizado diante do caso dos autos. O juiz apenas a descobre e declara na sentença, aplicando-a à solução do conflito submetido à jurisdição.

De fato, na constitucionalização do processo democrático, no Estado contemporâneo, não cabe mais pensar-se num comando processual apoiado no "livre convencimento" e na "livre apreciação da prova" a cargo do juiz, pelo risco que tais critérios trazem de gerar "decisões conforme a consciência do julgador", quando se sabe que toda evolução do Estado Constitucional contemporâneo se deu no sentido de que, no processo:

---

26 RAMOS, Vitor de Paula. Direito fundamental à prova. *Revista de Processo*, n. 224, p. 51, out./2013.

27 RAMOS, Vitor de Paula. Op. cit., p. 53.

> As decisões judiciais não devem ser tomadas a partir de critérios pessoais, isto é, a partir da consciência psicologista [...] A justiça e o Judiciário não podem depender da opinião pessoal que juízes e promotores tenham sobre as leis ou fenômenos sociais, até porque os sentidos sobre as leis (e os fenômenos) são produto de uma intersubjetividade, e não de um indivíduo isolado[28].

O Direito não é aquilo que o Judiciário diz livremente que é. Muito antes do litígio e do processo, o Direito já existe e se acha configurado naquilo que se costuma qualificar de dogmática jurídica, de maneira que todos (partes, juízes, intérpretes) *estão já sempre e necessariamente vinculados e sustentados por um processo de compreensão que envolve o surgimento de qualquer enunciado teórico do direito*[29]. Não há como admitir que interpretação e aplicação concreta do Direito sejam operações autônomas ou independentes. A apreciação judicial não se dá *ex novo*, com força de substituir o Direito abstrata e aprioristicamente construído. A situação prática, vivida no processo, é "simplesmente instrumental de interpretação/aplicação das normas". Não há discricionariedade na função instrumental que possa permitir ao juiz "corrigir o direito" e muito menos "criar direito" apreciável pela sentença. O Direito é um *a priori,* que o Judiciário apenas aplica e concretiza. Às vezes, tem de adaptar criativamente o preceito literal do enunciado da lei, mas não o fará por meio de ditames originados de sua consciência pessoal, mas por operação integrativa realizada a partir dos princípios constitucionais e da inserção da norma cogitada dentro do sistema jurídico como um todo.

Não merece censura, portanto, o novo CPC, quando afastou, em matéria de avaliação dos elementos probatórios do processo, a menção ao "livre convencimento" do julgador. O juiz julgará sempre segundo a prova dos autos e segundo o Direito aplicável aos fatos apurados, mas não o fará discricionariamente mediante escolha de uma inteligência que se apoie apenas em sua consciência de justiça. É preciso

---

28 STRECK, Lênio Luiz. *O que é isto – decisão conforme minha consciência?* 4. ed. Porto Alegre: Livraria do Advogado, 2013, p. 117.

29 STRECK, Lênio Luiz. Op. cit., p. 118.

ter sempre presente que o princípio da legalidade é o primeiro entre os qualificadores do Estado de Direito (CF, art. 5º, II).

7. Poder de Instrução do Juiz (NCPC, art. 370)

Caberá ao juiz, de ofício ou a requerimento da parte, determinar as provas necessárias ao julgamento do mérito (NCPC, art. 370)[30]. O novo Código, como se vê, na esteira da legislação anterior, não consagra o princípio dispositivo em sua plenitude. Se a parte tem a disposição da ação, que só pode ser ajuizada por ela, o impulso do processo, após o ajuizamento, é oficial. Além do interesse da parte, em jogo na lide, há o interesse estatal, em que a lide seja composta de forma justa e segundo as regras do Direito. Não era assim no Direito antigo. Em Roma, por exemplo, não se atribuía ao juiz a atividade investigatória, que ficava a cargo apenas das partes, princípio que perdurou na Idade Média entre os povos que se orientavam pelas tradições romano-germânicas. Foi somente a partir do Código prussiano (1793-1795) que se ensaiou, durante algum tempo, o regime de investigação probatória a cargo do juiz[31]. No século XIX, enfim, graças à influência dos Códigos de Processo Civil do Cantão de Genebra (1819) e da Áustria (1895) e, sobretudo, sob a influência de Franz Klein, os poderes do juiz em tema de apuração da verdade foram acentuados. Daí em diante o processo civil europeu continental, assim como os dos países ocidentais dele derivados, generalizou a iniciativa probatória do juiz como uma das mais importantes características do processo justo, cuja finalidade tutelar não pode se afastar da busca da verdade real, na medida do possível.

Eis por que o juiz, no processo moderno, deixou de ser simples árbitro diante do duelo judiciário travado entre os litigantes e assumiu poderes de iniciativa para pesquisar a verdade real e bem instruir a causa. Entretanto, esse poder não é ilimitado, pois, segundo as regras

---

30 CPC/1973, art. 130.

31 MILLAR, Robert Wyness. *Los principios formativos del procedimiento civil*. Buenos Aires: Ediar, 1945, p. 69.

que tratam dos ônus processuais e presunções legais, na maioria das vezes a vontade ou a conduta da parte influi decisivamente sobre a prova e afasta a iniciativa do juiz nessa matéria. Assim acontece, por exemplo, quando o réu deixa de contestar ação e esta não versa sobre direitos indisponíveis, ou quando, na contestação, deixa de impugnar precisamente os fatos ou algum fato narrado na inicial.

Nesses casos, ocorre presunção legal de veracidade dos fatos que se tornaram incontroversos (arts. 341[32] e 344[33]) e ao juiz não será dado produzir prova de sua iniciativa para contrariar a presunção (arts. 355 e 374, IV).

Também a confissão, de forma expressa ou como consequência de recusa a depoimento pessoal, tem grande efeito sobre a prova[34]. Uma vez estabelecida a *verdade plena* acerca do fato constitutivo do direito disputado no processo por força da confissão, não cabe iniciativa alguma do juiz para buscar outras provas contra a versão do confitente, máxime quando se tratar de litígio acerca de direitos disponíveis[35].

Antiga doutrina, prestigiada em edições velhas de nosso Curso, encontrava no ônus da prova um empecilho a que o juiz tomasse a iniciativa de promover a prova não diligenciada oportunamente pela parte interessada. Apenas nos estados de perplexidade entre elementos de convicção conflitantes, já existentes nos autos, é que se admitia o juiz, de ofício, determinar a produção de outras provas[36].

---

32 CPC/1973, art. 302.

33 CPC/1973, art. 319.

34 Cf. nosso *Curso de direito processual civil*. 56. ed. Rio de Janeiro: Forense, 2015, v. I, n. 706.

35 Há na confissão "*prova legal* a que o juiz se acha vinculado, tanto como nos casos do art. 319 [NCPC, art. 341]" (MARQUES, Frederico. *Manual de direito processual civil*. 10. ed. São Paulo: Saraiva, 1989, v. II, n. 467, p. 206).

36 COUTURE. Op. cit., n. 136 e 138, p. 217 e 219. O poder do juiz, nessa matéria, no entendimento de Amaral Santos, não é o de suprir a inatividade da parte interessada, se a matéria não é de ordem pública. *Se tivesse esse poder, se colocaria mais como parte do que como juiz. Deverá agir apenas para sair do estado de perplexidade em que o deixaram as provas oferecidas pelos litigantes; apenas para formar convencimento seguro diante da incerteza em que se encontrar, dadas as provas oferecidas, havendo sinais de que poderão ser completadas; para um lado ou*

A evolução do direito processual, rumo à plenitude do devido processo legal, modernamente visto como o *processo justo*, conduziu à superação dos velhos limites opostos à iniciativa judicial em matéria de instrução probatória. Acima do ônus da prova – cujas regras atuam na fase final de julgamento da lide e não durante a coleta dos elementos de instrução da causa – prevalece o compromisso com a verdade real.

O entendimento do STJ, que se consolidou em torno do tema, foi esse:

> – Os juízos de primeiro e segundo graus de jurisdição, sem violação ao princípio da demanda, podem determinar as provas que lhes aprouverem, a fim de firmar seu juízo de livre convicção motivado, diante do que expõe o art. 130 do CPC (de 1973).
>
> – A iniciativa probatória do magistrado, em busca da verdade real, com realização de provas de ofício, é amplíssima, porque é feita no interesse público de *efetividade da Justiça*[37].

Sem embargo de a iniciativa probatória do juiz encontrar-se consagrada na maioria dos Códigos modernos, persistem na doutrina algumas poucas vozes hostis à liberdade judicial de perseguição da verdade real, sob o pretexto de que a assunção de tal poder quebraria a imparcialidade do julgador, elemento indispensável à configuração do devido processo legal[38]. Para os que assim pensam, o melhor seria tratar a prova como matéria de controle e ampla disponibilidade das partes, longe, portanto, da interferência do juiz[39].

---

para outro; nunca para completar a prova no sentido de fazer pesar a balança para um lado ou para outro; nunca para fazer prova que poderia ser e não foi proposta pela parte a quem cumpria o ônus de provar. Não é porque a prova seja deficiente que o juiz tomará a iniciativa de completá-la, mas sim porque a prova colhida o tenha deixado perplexo, em estado de não poder decidir com justiça (AMARAL SANTOS, Moacyr. *Prova judiciária no cível e comercial*. 4. ed. São Paulo: Max Limonad, 1971, v. I, n. 235, p. 336).

37 STJ, 3ª T., AgRg no REsp 738.576/DF, Rel.ª Min.ª Nancy Andrighi, ac. 18.08.2005, DJU 12.09.2005, p. 330.

38 LIEBMAN. Fondamento del principio dispositivo. *Problemi del processo civile*. Napoli, 1962, p. 12-13.

39 Adotam tal pensamento, entre outros, Montero Aroca, na Espanha, e Franco Cipriani, na Itália. Para o primeiro, por exemplo, o processo é visto como simples

A lei, no entanto, quando confia ao juiz a iniciativa da prova, para a necessária busca da verdade real, está, como adverte Taruffo, pensando no bom juiz, isto é, naquele que comanda o processo cumprindo as técnicas e poderes próprios do *justo processo*, os quais haverão de ser exercitados, como é óbvio, de maneira correta e racional. Quem assim age não oferece margem a suspeitas, uma vez que, exercitando racionalmente seus poderes, não haverá motivo para tê-lo como parcial e incapaz de valorar honestamente as provas, apenas pelo fato de ter partido dele a ordem ou a sugestão de produção de determinado meio de convicção[40].

Os meios de controle da imparcialidade do juiz não exigem sua inércia diante da iniciativa da busca da verdade real. Os remédios contra os danos que a parcialidade pode contaminar a atividade do magistrado são outros, e "consistem na plena atuação do *contraditório* das partes, também por obra do próprio juiz, e na necessidade de que ele redija uma *motivação* analítica e completa, racionalmente estruturada, sobre a base de justificações controláveis, para a decisão sobre os fatos"[41].

---

técnica de compor litígios, de modo que o juiz, no seu exercício, deve "renunciar à verdade no âmbito do processo", e há de proceder apenas como árbitro em relação ao duelo travado entre as partes (cf. MONTERO AROCA, Juan. *Los princípios políticos de la nueva ley de enjuiciamiento civil.* Los poderes del juez y la oralidad. Valencia: Tirant lo Blanch, 2001, p. 109; CIPRIANI, Franco. *La prueba en el proceso civil.* 3. ed. Madrid: Civitas, 2002, p. 244 e 248). Nessa mesma linha, Damaška entende que *o processo de resolução dos conflitos é indiferente a como se sucederam as coisas* (DAMASKA, Mirjan. *I volti della giustizia e del poder.* Analise comparatistica del processo. Trad. Italiana. Bologna: Il Mulino, 1991, p. 213). Michele Taruffo, rebatendo esse estranho posicionamento, invoca as críticas de Owen Fiss, para quem *a teoria do processo como [pura] resolução de conflitos [tal como a imaginam Montero Aroca e Damaška] se funda sobre um individualismo radical e inaceitável na sociedade moderna, e sobre a "privatização" dos valores em jogo na administração da justiça, com total desprezo a outros valores caros ao direito contemporâneo como a igualdade real* (TARUFFO, Michele. Poderes instrutorios de las partes e del juez en Europa. *Revista Iberoamericana de Derecho Procesal*, Buenos Aires, n. 10, p. 329, nota 85, 2007).

40 Cf. TARUFFO, Michele. Poderes instrutorios... Op. cit., p. 339.

41 TARUFFO, Michele. Poderes instrutorios... Op. cit., p. 340.

As partes têm o direito de demandar a tutela jurisdicional quando se sentem ameaçadas ou lesadas em seus direitos. Mas o juiz tem o poder/dever (função) de dar ao litígio uma *justa* composição, a ser encontrada numa comunhão de esforços estabelecida entre ele e os litigantes (art. 6º)[42].

A orientação preconizada pelo art. 370 do novo Código, que corresponde à postura tradicional presente em nosso direito positivo desde o CPC de 1939 (art. 117), afina-se com a doutrina largamente dominante. Com efeito, o que hoje se tem como certo é que o juiz do Estado Democrático de Direito tem, no processo justo, o dever não só de admitir a participação dos litigantes, mas também de atuar, ele próprio, para realizar o contraditório dinâmico, que não prescinde do clima de ativismo judicial e de cooperação efetiva entre todos os sujeitos do processo[43].

Assim, o juiz, no processo moderno, não pode permanecer *ausente* da pesquisa da verdade material. Como entende Fritz Baur, *antes fica autorizado e obrigado a apontar às partes as lacunas nas narrativas dos fatos e, em casos de necessidade, a colher de ofício as provas existentes*. Essa *ativização* do juiz visa não apenas a propiciar a rápida solução do litígio e o encontro da verdade real, mas também a prestar às partes uma "assistência judicial". No entender do professor:

> Não devem reverter em prejuízo destas o desconhecimento do direito, a incorreta avaliação da situação de fato, a carência em matéria probatória; cabe ao juiz sugerir-lhes que requeiram as providências necessárias e ministrem material de fato suplementar, bem como introduzir no processo as provas que as partes desconhecem ou lhes sejam inacessíveis[44].

---

42 CPC/1973, sem correspondência.

43 Repudia-se no processo justo "a figura do *juiz Pilatos*, que 'deixa acontecer sem interferir'" (DINAMARCO, Cândido Rangel. *Instituições de direito processual civil*. 2. ed. São Paulo: Malheiros, 2002, v. 1, p. 233; COSTA, Ana Surany Martins; CARVALHO, Newton Teixeira. A magistratura diante da iniciativa probatória no moderno contexto processual civil: um confronto entre o juiz Pilatos *versus* o juiz contemporâneo. *Revista Brasileira de Direito Processual*, Belo Horizonte, n. 74, p. 171).

44 BAUR, Fritz. Transformações do processo civil em nosso tempo. *Revista Brasileira de Direito Processual*, v. VII, p. 58-59, 3º trim./1976.

Em pleno século XXI, não se pode, de fato, aceitar que o objeto da prova se restrinja às afirmações das partes de maneira absoluta, pois:

> Se bem que cada uma delas estará interessada em demonstrar a sua verdade, também o juiz, procurando alcançar uma *justa decisão* (g.n.), tem a obrigação de *descobrir a verdade* – assim, sem adjetivos –, sustentada sobre os acontecimentos e não, cega e estritamente, em respeito das afirmações questionadas, pois corre o risco de que [sem suas diligências investigatórias] a convicção judicial tenha sua origem numa comprovação apenas formal de um silogismo[45].

No processo justo, autor, réu e juiz não são mais tratados como sujeitos singulares e autônomos. Integram um trinômio, que atua interativamente e de maneira harmoniosa em busca de alcançar a verdadeira pacificação social. Nesse contexto democrático do processo constitucionalizado, o juiz, de forma alguma, pode ser reduzido ao papel de mero espectador do duelo das partes, tem de atuar necessariamente como participante ativo do processo "tanto atuante quanto as demais partes"[46].

O juiz, porém, deve cuidar para não comprometer sua imparcialidade na condução do processo. A necessidade da prova, ordenada de ofício, deve surgir do contexto do processo e *não de atividade extra-autos, sugerida por diligências e conhecimentos pessoais ou particulares hauridos pelo magistrado fora do controle do contraditório*. O

45 ARMIENTA CALDERON, Gonzalo M. La prueba. In: CALDERON ARMIENTA. *Homenage al maestro Hernando Devis Echandía*. Colombia: Instituto Colombiano de Derecho Procesal, 2002, p. 690.

46 COSTA, Ana Surany; CARVALHO, Newton Teixeira. Op. cit., p. 175-176: *[...] a determinação de uma prova pelo magistrado não significa que o resultado prático da diligência deva ser interpretado como favorável ao autor ou ao réu, mas sim ao convencimento do próprio magistrado, e ao desvendamento da verdade*. Representa apenas uma diligência à procura do conhecimento da verdade dos fatos alegados pelas partes, sem o qual não se pode realizar a *justa composição* do litígio. Se a diligência é deliberada e executada com observância do devido processo legal e do contraditório, não há quebra alguma do princípio da imparcialidade do juiz.

juiz pode ordenar a produção de provas não requeridas pela parte, mas não pode tornar-se um investigador ou um inquisidor[47].

Os poderes conferidos ao juiz, em matéria de investigação probatória, engendram a figura do juiz *ativo*, mas não do juiz *autoritário*, como adverte Taruffo. Sua participação na busca da verdade real não tem o fito de anular ou impedir a iniciativa própria das partes. Trata-se de atividade integrativa e supletória, de modo que, quando estas exercitam seus poderes para produzir todas as provas disponíveis e o munem dos elementos suficientes para a comprovação dos fatos relevantes da causa, não há nenhuma necessidade de que o magistrado utilize seus poderes instrutórios. Cabe, contudo, ao juiz, usar dos poderes de iniciativa, na espécie, sempre que algum meio de prova a seu alcance possa ser empregado para o melhor conhecimento dos fatos fundamentais do conflito, mesmo que os litigantes não o requeiram[48]. Nesse passo, seu compromisso não é com a posição de nenhuma das partes, mas com a verdade, sem a qual não se consegue fazer a justiça, para cuja realização se idealizou a tutela jurisdicional no Estado Democrático de Direito.

Grave é a falta cometida pelo juiz que faz inclinar seu poder para forçar a prova apenas dos fatos que interessam e beneficiam a uma das partes, pouco se importando com o neutro e imparcial conhecimento de todo o quadro fático do litígio. Tão ou mais grave é, todavia, a postura de indiferença à verdade, quando está ao alcance do juiz o meio de desvendá-la, e prefere julgar o litígio na sombra da indefinição e

---

47 Sobre o tema, ver nosso Estudo Prova – princípio da verdade real – poderes do juiz – ônus da prova e sua eventual inversão – provas ilícitas – provas e coisa julgada nas ações relativas à paternidade (DNA)", publicado na *Revista Brasileira de Direito de Família*, Ed. Síntese, p. 5-23, out.-nov.-dez. 1999.

48 Absolutamente diversa da função *ativa* seria a função *inquisidora* e *autoritária* do juiz que, a pretexto de deter a iniciativa da prova, limitasse a pesquisa dos fatos apenas aos meios e objetos que ele mesmo definisse, expropriando às partes direitos e garantias que lhes cabem no âmbito do processo. Não é isso, entretanto, o que se passa nos modernos ordenamentos. A liberdade de iniciativa probatória é tanto das partes como do juiz, e o exercício dela por qualquer de seus agentes não deve restringir ou inibir a dos outros (cf. TARUFFO. Michele. Op. cit., p. 325).

ao amparo da frieza técnica de pura distribuição legal do ônus da prova. Esse, definitivamente, não é um juiz comprometido com os rumos constitucionais do *justo processo* programado pelo moderno Estado Democrático de Direito.

8. Iniciativa Probatória do Juiz e Democracia (CF, art. 3º, I)

Costuma-se, em alguns setores da doutrina processual, associar-se a iniciativa probatória do juiz aos regimes políticos autoritários, enquanto o alheamento do juiz à instrução processual seria mais consentânea com as liberdades individuais preconizadas pela democracia. Tais teses, todavia, distanciam-se da essência do problema, já que não existe um padrão único de Estado Democrático, e, mesmo entre os incontestavelmente democráticos, o papel atribuído às políticas públicas pode estar estabelecido de formas muito diferentes. Assim, há aqueles que como os Estados Unidos da América perseguem políticas de Estado mínimo no que toca ao controle das liberdades individuais, primando pelo sistema normativo que apenas visa a "proteger a ordem e em constituir-se em foro para a resolução dos conflitos que não possam ser compostos pelos próprios cidadãos". A esse modelo, a teoria política denomina "Estado reativo". Já em outras Democracias, o Estado assume programas de modificação e progresso social, com fito de introduzir melhorias morais e materiais nas condições de vida da população. A política de intervenção estatal na solução dos conflitos não se dá de forma neutra, já que o Estado tem interesse próprio nos programas de progresso da convivência comunitária. A essas democracias ativistas atribui-se o nome de "Estado ativo", sem necessariamente descambar para regime autoritário e antidemocrático[49].

Para aferir se a regra processual que confere amplos poderes de iniciativa probatória ao juiz é ou não autoritária e incompatível com o Estado Democrático de Direito brasileiro, é preciso: (i) primeiro definir

---

49 CÂMARA, Alexandre Freitas. Poderes instrutórios do juiz e processo civil democrático. In: WAMBIER, Luiz Rodrigues; WAMBIER, Teresa Arruda Alvim (Orgs.). *Doutrinas essenciais*. Processo civil. São Paulo: RT, 2014, v. IV, p. 1.208-1.209.

que modelo de democracia escolheu nossa Constituição, para depois (ii) chegar à conclusão de que o juiz ativo, com os poderes instrutórios conferidos por nossa lei processual civil, seria ou não compatível com o ordenamento constitucional a que se acha vinculado.

Responde Alexandre Freitas Câmara, com segurança, que o Estado brasileiro está mais próximo do Estado *ativo* que do Estado *reativo*, consoante os princípios adotados pela Teoria Geral do Estado. É que o Estado Democrático de Direito foi organizado por nossa atual Constituição com objetivos básicos de transformação do *status quo*, e com previsão explícita de intervenções para promover "uma adaptação *melhorada* das condições sociais de existência"[50].

Um Estado como o nosso, que se afirma solenemente empenhado na implementação da igualdade, da justiça e da segurança jurídica, buscando a melhoria das condições de vida das pessoas, em nome da dignidade do homem, somente pode ser qualificado como um Estado Democrático *Ativo*, e não apenas reativo, como adverte Alexandre Freitas Câmara. Esse qualificativo mais se impõe quando a Constituição brasileira estabelece, em seu art. 3º, "que são *objetivos fundamentais* do Estado: construir uma *sociedade livre, justa e solidária*; garantir o *desenvolvimento nacional*; erradicar a *pobreza* e a *marginalização* e *reduzir as desigualdades sociais e regionais*; promover o *bem de todos*, sem qualquer tipo de preconceito ou discriminação"[51] (g.n.).

Se esta é a estrutura político-institucional do Brasil, o processo civil nela estruturado de permeio com os direitos e garantias fundamentais não pode deixar de ter os mesmos escopos sociais e políticos perseguidos pela Constituição.

A teoria da prova, em nossa lei processual, não pode ser vista como algo manejável com indiferença à verdade, e como simples peça útil à resolução de conflitos. A função do processo é dar atuação efetiva à vontade concreta do Direito, e não apenas dar solução a lides. A ordem constitucional se acha comprometida com a promoção da justi-

50 Cf. STRECK, Lênio; MORAES, Luiz Bolzan de. *Ciência política e teoria geral do estado*. Porto Alegre: Livraria do Advogado, 2000, p. 89-90.

51 CÂMARA, Alexandre Freitas. Op. cit., p. 1.210.

ça, e não se garante justiça, sem que o juiz (representante do Estado no processo) se empenhe em apurar a verdade dos fatos em torno dos quais se estabeleceu o litígio. Se a Constituição exige dele solução justa, é claro que lhe impõe o dever de se preparar, adequadamente, para conhecer a verdade e com base nela chegar à justa composição do conflito. Não é de outra forma que haverá de participar da construção da sociedade justa e solidária programada pela nossa Constituição (art. 3º, I).

Não comete, portanto, o NCPC, pecado algum contra a democracia brasileira, quando confere amplo poder de iniciativa da prova ao juiz. Isto porque, na sempre lembrada lição de Alexandre Freitas Câmara, no modelo de Estado Democrático de Direito adotado por nossa Constituição (que é o de um Estado democrático *ativo*), *a busca da verdade é absolutamente essencial para que o processo possa atingir seus fins, entre os quais a correta atuação da vontade do direito objetivo nos casos concretos submetidos à apreciação do Poder Judiciário*[52].

9. Garantismo Processual e Ativismo Judicial: Exigência de Fundamentação Adequada para as Decisões (NCPC, art. 489, § 1º)

Por garantismo processual qualifica-se um movimento doutrinário contemporâneo que, contrariando a tendência generalizada no direito positivo ocidental, procura anular o ativismo judicial, principalmente no campo da iniciativa das provas. Para assegurar a imparcialidade do juiz melhor seria, para essa corrente, que ficasse restrita às partes a escolha e produção dos meios de prova.

O compartilhamento das iniciativas probatórias entre as partes e o juiz – regra predominante nos Códigos atuais –, é, sem dúvida, o caminho mais adequado ao processo democrático de nosso tempo. Nesse compartilhamento, com efeito, situa-se "o cerne da conformação ideológico-cultural do processo". É de se lamentar, todavia, que a

52 *Para que tal desiderato seja alcançado, impõe-se o reconhecimento de amplos poderes de iniciativa probatória do juiz, permitindo-se que este agente estatal cumpra sua missão constitucional: fazer justiça* (CÂMARA, Alexandre Freitas. Op. cit., p. 1.213).

perseguição da inevitável evolução seja, muitas vezes, embaçada por radicalismos, conferindo aos debates doutrinários "um tom passional próximo ao paroxismo e ao maniqueísmo"[53].

É muito mais relevante a preocupação com a correta avaliação da prova e com a adequada fundamentação da sentença nela assentada, do que a censura à iniciativa probatória do juiz, uma vez que aquela se justifica pela evidente necessidade, que tem o juiz, de conhecer a verdade sobre os fatos alegados pelas partes. A fundamentação da decisão é, realmente, "a pedra de toque de um processo que leve a sério o devido processo legal. Não se pode confundir a decisão com *escolhas arbitrárias* (g.n.) do que se produziu em determinado processo"[54]. O esforço de aprimoramento do processo democrático não há de ser feito retirando do juiz os poderes investigatórios, mas impondo-lhe regras de avaliação racional da prova e de critérios lógicos de motivação do convencimento acerca do suporte fático da causa, adotado para resolver o litígio.

Nessa ordem de ideias, o novo Código enfatiza que o juiz não pode ser lacônico e parcial no exame da prova e da defesa das partes. Não é, para o direito positivo, qualquer argumentação que se presta para sustentar o julgamento de um processo que se quer, constitucionalmente, como *justo*. A valoração do material de convencimento existente no processo há de ser feita de maneira racional, completa e concludente (art. 489, § 1º).

É claro que muitos argumentos, muitas alegações e muitos instrumentos probatórios podem ser qualificados como irrelevantes, por nada contribuírem para a apuração da verdade em torno dos fatos realmente influentes no julgamento do mérito da causa. Entre, porém, os elementos idôneos a influir na composição do litígio, não pode o juiz agir discricionariamente, escolhendo para sustentar a sentença apenas aqueles que se afinem com sua concepção pessoal adrede formada

53 GODINHO, Robson Renault. Reflexões sobre os poderes instrutórios do juiz: o processo não cabe no "leito de Procusto". *Revista de Processo*, São Paulo, n. 235, p. 102, set./2014.

54 GODINHO, Robson Renault. Reflexões sobre os poderes, op. cit., p. 108.

acerca do modo que subjetivamente arquitetou como sendo o ideal para a hipótese dos autos.

A fundamentação, no processo justo, não pode se resumir tão apenas a um "discurso retórico/persuasivo". Cabe ao juiz, ao avaliar o conjunto probatório reunido no processo, "demonstrar a *veracidade dos fatos* de acordo com as provas disponíveis, explicitando as razões que sustentam racionalmente a conclusão"[55]. É exatamente nesse sentido a orientação traçada pelo novo Código de Processo Civil.

Isto importa no destaque de que, independentemente de "quaisquer gestos retóricos", a obrigação de motivar a decisão "exige que a fundamentação da decisão de fato *exista*, seja *completa* e seja também consistente"[56]. Mostra-se, portanto, atentatória à plenitude da motivação a inferência parcial às provas, limitando-se, o juiz, a mencionar as "que confirmam a conclusão, desprezando as demais, como se fosse possível uma espécie de seleção artificial em matéria probatória"[57].

O exercício dos poderes instrutórios do juiz, quando praticado com observância do contraditório e demais predicamentos da garantia constitucional do processo justo, somente pode ser visto como contribuição legítima para "a essência e a finalidade do processo jurisdicional". Insere-se, portanto, no quadro de garantias processuais, com o fito de impedir que se desnature sua finalidade institucional, e que acabe representando "uma ameaça ao devido processo legal"[58]. É evidente, por fim, que esses poderes não poderão jamais ser desviados por práticas judiciais abusivas tendentes a maliciosamente tutelar, ao arrepio da lei, interesses processuais de uma das partes, em prejuízo injusto da outra. A iniciativa bem como a valoração das provas haverão de ser realizadas sem quebra da imparcialidade do juiz na direção do processo e no julgamento do mérito da causa.

---

55 GODINHO, Robson Renault. Op. cit., loc. cit.

56 TARUFFO, Michele. *La símplice verità:* il giudice e la costruzione dei fatti. Roma: Laterza, 2009, p. 241.

57 GODINHO, Robson Renault. Op. cit., p. 116.

58 GODINHO, Robson Renault. Op. cit., loc. cit.

O direito processual contemporâneo não se resume em outorgar a iniciativa da prova ao juiz, mas, a par disso, empenha-se em imputar-lhe rigorosos deveres no plano de respeitar e fazer cumprir um efetivo e dinâmico contraditório, cujos efeitos haverão de se fazer sentir sobre o provimento judicial, construído sempre em ampla cooperação entre todos os sujeitos da relação processual, sobre bases racionais e jurídicas, a partir da verdade real, tal como exige o processo justo programado constitucionalmente.

10. Processo Democrático e Cooperação entre os Sujeitos Processuais (NCPC, art. 357, II e § 3º)

Não se chegou, ainda, a um consenso em torno dos limites do poder instrutório do juiz. É irrecusável que o direito positivo lhe confere a atribuição de determinar, de ofício ou a requerimento da parte, as provas necessárias ao julgamento do mérito da causa (art. 370, *caput*). No entanto, quando se trata do modo de exercer tal encargo, formam-se várias correntes doutrinárias. Há aqueles que veem no poder instrutório do juiz um caráter supletivo ou subsidiário, de modo a torná-lo utilizável tão somente quando, após a diligência das partes houver necessidade de melhor esclarecimento da verdade"[59].

Uma outra corrente admite que o juiz não tem a faculdade, mas o *poder-dever* de instruir o processo, o qual será exercido simultaneamente com as partes[60].

Por fim, há os que defendem o poder instrutório do juiz em caráter amplo e autônomo frente ao direito das partes, o que, de maneira alguma interferiria na sua imparcialidade[61].

---

59 AMARAL SANTOS, Moacyr. *Primeiras linhas de direito processual civil.* 12. ed. São Paulo: Saraiva, 1989, v. 2, p. 351.

60 MATOS, Sérgio Luiz Wetzel de. Iniciativa probatória do juiz e o princípio do contraditório no processo civil. In: OLIVEIRA, Carlos Alberto Alvaro de (Coord.). *Prova cível.* Rio de Janeiro: Forense, 1999, p. 127.

61 CÂMARA, Alexandre Freitas. *Poderes instrutórios do juiz e processo civil democrático. Revista de Processo,* n. 153, p. 33.

Procurando conciliar os diversos entendimentos, Natasha Rocha Valente e Felipe Garcia Lisboa Borges observam que boa parte da divergência doutrinária decorre da confusão entre extensão dos poderes instrutórios do juiz e o melhor momento para o seu exercício, quando se discute sobre sua autonomia ou subsidiariedade. A seu modo de ver, *o melhor é que a atividade probatória judicial surja após os litigantes realizarem a indicação das provas que pretendem produzir. Assim, o magistrado primeiramente saberá o que as partes querem comprovar e poderá fazer melhor juízo da suficiência ou não dos meios escolhidos para o seu convencimento*[62].

Com a adoção pelo novo CPC da técnica do contraditório dinâmico e cooperativo (arts. 6º e 10), correto se afigura o antigo e sempre atual posicionamento de José Roberto dos Santos Bedaque:

> A atividade probatória também deve ser exercida pelo magistrado, não em substituição das partes, mas *junto com elas,* como um dos sujeitos interessados no resultado do processo[63].

O que não se pode tolerar é que a atividade probatória seja atribuída com exclusividade a um ou outro sujeito processual. A iniciativa, *in casu,* cabe igualmente às partes e ao juiz, de sorte que todos "exercem a mesma capacidade instrutória nos autos"[64].

Esse caráter cooperativo presente na instrução do processo está bem ressaltado pelo novo CPC, quando prevê, nas causas complexas, o dever do juiz de designar audiência *para que o saneamento seja feito em cooperação com as partes, oportunidade em que o juiz, se for o caso, convidará as partes a integrar ou esclarecer suas alegações* (art. 357, § 3º). Na mesma audiência, ou em seguida a ela, o juiz delimitará

---

62 VALENTE, Natasha Rocha; BORGES, Felipe Garcia Lisboa. Conteúdo e limites aos poderes instrutórios do juiz no processo civil contemporâneo. *Revista de Processo,* n. 243, p. 122, mai./2015.

63 BEDAQUE, José Roberto dos Santos. *Poderes instrutórios do juiz.* 4. ed. São Paulo: Ed. RT, 2009, p. 160.

64 CABRAL, Tácia Navarro Xavier. *Poderes instrutórios do juiz no processo de conhecimento.* Brasília: Gazeta Jurídica, 2012, p. 70.

as questões de fato sobre as quais recairá a atividade probatória, *especificando os meios de prova admitidos* (art. 357, II).

É, como se vê, na fase de saneamento, depois de cotejadas as pretensões e os esclarecimentos das partes, o momento adequado (embora não o único) ao exercício do poder de iniciativa do juiz em matéria probatória.

Esse poder, sem dúvida, não é secundário nem subsidiário. É principal e autônomo, mas deve ser desempenhado de forma cooperacional com as partes, sem qualquer risco de quebra da imparcialidade do juiz, e sempre em busca da meta comum de uma solução justa e legítima, à base da efetiva tutela ao direito material.

11. Como se Limita a Iniciativa Judicial Probatória, dentro dos Moldes do Processo Justo e Cooperativo (NCPC, arts. 141 e 460)

É notório que, na ordem jurídica, nenhum poder se apresenta como *absoluto,* de sorte que ao intérprete e aplicador da lei incumbe desvendar e revelar, no tema em debate, quais são os *limites* da atividade probatória do juiz, seguro de que jamais serão ilimitados.

Entre esses limites, o primeiro e a mais importante a apontar é o de restringir-se a iniciativa probatória do juiz aos fatos alegados pelas partes. Não lhe é dado trazer para os autos fatos externos ao objeto litigioso, a pretexto de melhor apurar a verdade real. Isto conflitaria com o princípio dispositivo, que restringe às partes a instauração do processo e a definição do objeto litigioso. Inovar o juiz nesse terreno importaria surpreender os litigantes, em desrespeito à garantia do contraditório e ampla defesa[65].

65 *O limite mais certo ao poder instrutório é o próprio objeto da demanda. O magistrado deve ater sua atividade instrutória ao objeto litigioso, sendo-lhe vedado determinar a produção de provas que nada tenham a ver com os fatos e direitos tratados no processo* (VALENTE, Natasha Rocha; BORGES, Felipe Garcia Lisboa. Conteúdo e limites aos poderes instrutórios do juiz no processo civil contemporâneo. *Revista de Processo,* n. 243, p. 130, mai./2015).

É assim que Bedaque também explica os limites da atividade probatória do juiz, vinculando-a diretamente aos limites da demanda, que, em princípio não podem ser ampliados de ofício (NCPC, arts. 141 e 460)[66]. Assim, se estabelece uma técnica processual capaz de "definir exatamente o que carece de prova nos autos"[67].

Em conclusão

Não é, nem pode ser, absoluto o poder instrutório do juiz. Múltiplas limitações decorrerão do próprio objeto da lide, em situações como a de prova impraticável ou da que, por sua complexidade demandaria tanto tempo que acabaria por prejudicar o direito das partes[68].

Embora esse poder conferido ao juiz seja autônomo e não subordinado à vontade e à atuação das partes, aconselhável é que, numa forma mais condizente com o princípio da cooperação processual, seja exercido, na prática, depois que autor e réu, na fase postulatória, tenham indicado as provas que pretendem produzir. Como já lembramos, a fase de saneamento e organização do processo é, pois, a mais apropriada a esse mister (NCPC, art. 357, II e III), muito embora não seja a única. Aliás, o NCPC contém a notável e inovadora previsão de saneamento compartilhado, a ser realizado em audiência especialmente designada pelo juiz, a fim de que a sistematização dos atos instrutórios seja feita "em cooperação com as partes" (art. 357, § 3º). Eis aí, entre outros, um excelente momento processual para o exercício da iniciativa probatória do juiz, dentro de um clima democrático e muito conforme aos desígnios do processo justo.

66 BEDAQUE, José Roberto dos Santos. *Poderes instrutórios do juiz.* 7. ed. São Paulo: Ed. RT, 2013, p. 164.

67 CABRAL, Tácia Navarro Xavier. *Poderes instrutórios do juiz.* Op. cit., p. 109.

68 *Cabe ao juiz, então, no exercício de seu bom senso e justiça, adequar sua atividade probante* (VALENTE e BORGES, op. cit., p. 130).

Bibliografia

AMARAL SANTOS, Moacyr. *Primeiras linhas de direito processual civil.* 12. ed. São Paulo: Saraiva, 1989, v. 2.

______. *Prova judiciária no cível e comercial.* 4. ed. São Paulo: Max Limonad, 1971, v. I.

ARMIENTA CALDERON, Gonzalo M. La prueba. In: CALDERON ARMIENTA. *Homenage al maestro Hernando Devis Echandía.* Colombia: Instituto Colombiano de Derecho Procesal, 2002.

BARBOSA MOREIRA, José Carlos. A motivação das decisões judiciais como garantia inerente ao estado de direito. *Temas de direito processual.* 2ª série. São Paulo: Saraiva, 1988.

BAUR, Fritz. Transformações do Processo Civil em nosso Tempo. *Revista Brasileira de Direito Processual*, v. VII, trim./1976.

BEDAQUE, José Roberto dos Santos. *Poderes instrutórios do juiz.* 4. ed. São Paulo: Ed. RT, 2009.

______. *Poderes instrutórios do juiz.* 7. ed. São Paulo: Ed. RT, 2013.

BUENO, Cassio Scarpinella. *Curso de direito processual civil sistematizado.* São Paulo: Saraiva, 2007, v. 2, t. 1.

CABRAL, Tácia Navarro Xavier. *Poderes instrutórios do juiz no processo de conhecimento.* Brasília: Gazeta Jurídica, 2012.

CÂMARA, Alexandre Freitas. *Poderes instrutórios do juiz e processo civil democrático. Revista de Processo,* n. 153.

______. Poderes instrutórios do juiz e processo civil democrático. In: WAMBIER, Luiz Rodrigues; WAMBIER, Teresa Arruda Alvim (Orgs.). *Doutrinas essenciais. Processo civil.* São Paulo: RT, 2014, v. IV.

CAMBI, Eduardo. *Direito constitucional à prova no processo civil.* São Paulo: RT, 2001.

CIPRIANI, Franco. *La prueba en el proceso civil.* 3. ed. Madrid: Civitas, 2002.

COMOGLIO, Luigi Paolo; TARUFFO, Michele; FERRI, Corrado. *Lesioni sul processo civile.* 4. ed. Bologna: Il Mulino, 2006, v. I.

COSTA, Ana Surany Martins; CARVALHO, Newton Teixeira. A magistratura diante da iniciativa probatória no moderno contexto processual civil: um confronto entre o juiz Pilatos *versus* o juiz contemporâneo. *Revista Brasileira de Direito Processual*, Belo Horizonte, n. 74.

DAMASKA, Mirjan. *I volti della giustizia e del poder.* Analise comparatistica del processo. Trad. Italiana. Bologna: Il Mulino, 1991.

DINAMARCO, Cândido Rangel. *A instrumentalidade do processo*. 4. ed. São Paulo: RT, 1994;

______. *Instituições de direito processual civil*. 2. ed. São Paulo: Malheiros, 2002, v. 1.

______. *Instituições de direito processual civil*. São Paulo: Malheiros, 2005, v. 3.

EGGLESTON, Richard. *Prova, conclusione probattoria e probabilità*. Milano: Giuffrè, 2004, p. 2 *apud* PEREIRA, Guilherme Setoguti J. Verdade e finalidade da prova. *Revista de processo*, n. 213, nov./2012.

GODINHO, Robson Renault. Reflexões sobre os poderes instrutórios do juiz: o processo não cabe no "leito de Procusto". *Revista de Processo*, São Paulo, n. 235, set./2014.

GRECO, Leonardo. *Estudos de direito processual civil*. São Paulo: RT, 2006.

LIEBMAN. *Fondamento del principio dispositivo. Problemi del processo civile*. Napoli, 1962.

MACHADO, Hugo de Brito. O direito de produzir provas. *Revista Dialética de Direito Processual*, São Paulo, n. 103, out./2011.

MALATESTA, Nicola Framarino Dei. *A lógica das provas em matéria criminal*. Trad. Waleska Girotto Silverberg. São Paulo: Conan, 1995, v. I.

MARINONI, Luiz Guilherme; ARENHART, Sérgio Cruz. *Comentários ao código de processo civil*. são Paulo: RT, 2000, v. 5, t. I.

MARQUES, Frederico. *Manual de direito processual civil*. 10. ed. São Paulo: Saraiva, 1989, v. II.

MATOS, Sérgio Luiz Wetzel de. Iniciativa probatória do juiz e o princípio do contraditório no processo civil. In: OLIVEIRA, Carlos Alberto Alvaro de (Coord.). *Prova cível*. Rio de Janeiro: Forense, 1999.

MILLAR, Robert Wyness. *Los principios formativos del procedimiento civil*. Buenos Aires: Ediar, 1945.

MONIZ DE ARAGÃO, Egas. *Sentença e coisa julgada*. Rio de Janeiro: AIDE, 1992.

MONTERO AROCA, Juan. *Los princípios políticos de la nueva ley de enjuiciamiento civil*. Los poderes del juez y la oralidad. Valencia: Tirant lo Blanch, 2001.

MONTEIRO, João. *Curso de processo civil*. 3. ed. São Paulo: Duprat, 1912, v. II.

NEVES, Daniel Amorim Assumpção. *Ações probatórias autônomas*. São Paulo: Saraiva, 2008.

OLIVEIRA, Carlos Alberto Álvaro de; MITIDIERO, Daniel. *Curso de processo civil*. São Paulo: Atlas, 2012, v. II.

OLIVEIRA, Carlos Alberto Álvaro de. *Do formalismo no processo civil*. 2. ed. São Paulo: Saraiva, 2003.

RAMOS, Vitor de Paula. Direito fundamental à prova. *Revista de Processo*, n. 224, out./2013.

RUBIN, Fernando. Teoria geral da prova: do conceito de provas aos modelos de constatação da verdade. *Revista Magister de Direito Civil e Processual Civil*, n. 52, jan.-fev./2013.

STRECK, Lênio Luiz. *O que é isto – decisão conforme minha consciência?* 4. ed. Porto Alegre: Livraria do Advogado, 2013.

STRECK, Lênio; MORAES, Luiz Bolzan de. *Ciência política e teoria geral do estado*. Porto Alegre: Livraria do Advogado, 2000.

TAVARES, Fernando Horta; CUNHA, Maurício Ferreira. O direito fundamental à prova e a legitimidade dos provimentos sob a perspectiva do direito democrático. *Revista de Processo*, São Paulo, n. 195, mai./2011.

TARUFFO, Michele. Il concetto di "prova" nel diritto processuale. *Revista de Processo*, São Paulo, n. 229, mar./ 2014.

______. *La motivazione dela sentenza.* Padova: Cedam, 1975.

______. *La prueba de los hechos.* Trad. de Jordi Ferri Beltran. Madrid: Trotta, 2005.

______. *La símplice verità:* il giudice e la costruzione dei fatti. Roma: Laterza, 2009.

___________. Poderes instrutorios de las partes e del juez en Europa. *Revista Iberoamericana de Derecho Procesal*, Buenos Aires, 2007.

THEODORO JÚNIOR, Humberto. *Curso de direito processual civil.* 56. ed. Rio de Janeiro: Forense, 2015, v. I.

VALENTE, Natasha Rocha; BORGES, Felipe Garcia Lisboa. Conteúdo e limites aos poderes instrutórios do juiz no processo civil contemporâneo. *Revista de Processo,* n. 243, mai./2015.

YARSHELL, Flávio Luiz. *Antecipação da prova sem o requisito da urgência e direito autônomo à prova*. São Paulo: Malheiros, 2009.

O PROTAGONISMO JUDICIAL NO CONTEXTO DO NEOCONSTITUCIONALISMO

Ives Gandra da Silva Martins

Grande tem sido a tendência do Supremo Tribunal Federal de se curvar ao pensamento do neoconstitucionalismo, no sentido de que cabe ao Poder Judiciário, em algumas hipóteses, ser legislador positivo defendendo, portanto, uma atuação complementar do Poder Judiciário no vácuo legislativo[1].

---

1 Paulo Ferreira da Cunha, catedrático de Coimbra, em prefácio para o livro *Neoconstitucionalismo*, coordenado por Regina Quaresma, Maria Lúcia de Paula Oliveira e Farlei Martins Riccio de Oliveira e com colaboração de Alejandro Pérez Hualde, Alessandra R. Mascarenhas Prado, Alexandre Garrido da Silva, Alfonso García Figueroa, Ana Paula de Barcellos, Antonio Cavalcanti Maia, Carlos Botassi, Carlos Pinto Coelho Motta, Cláudio Pereira de Souza Neto, Daniel Sarmento, Diogo de Figueiredo Moreira Neto, Eduardo Ribeiro Moreira, Enéa de Stutz e Almeida, Fábio de Oliveira, Farlei Martins Riccio de Oliveira, Flávia Piovesan, Gustavo Merçon, Hilda Helena Soares Bentes, Ingo Wolfgang Sarlet, Ives Gandra da Silva Martins, José Carlos Vasconcellos dos Reis, José Vicente Santos de Mendonça, Lenio Luiz Streck, Lilian Balmant Emerique, Luciana Andrea Accorsi Berardi, Luis Prieto Sanchís, Luís Roberto Barroso, Manoel Messias Peixinho, Marcelo Figueiredo, Marcos Juruena Villela Souto, Margarida Camargo, Maria Garcia, Maria Lúcia de Paula Oliveira, Nagib Slaibi Filho, Patrícia Rosset, Paulo Ferreira da Cunha, Regina Quaresma, Rodrigo Tavares, Toshio Mukai, Walber de Moura Agra e Willis Santiago Guerra Filho, escreveu:
Um grande e novo fantasma assola os juristas cristalizados: o espectro do Neoconstitucionalismo. Elevado a tópico corrente da cultura geral, o início do célebre pequeno manifesto de Karl Marx e Friedrich Engels tem sido invocado e glosado para denotar simplesmente, mesmo sem qualquer carga ideológica particular (e assim de novo o convocamos aqui), a resistência à novidade por parte de quaisquer sociedades ou grupos cujo imediato reflexo condicionado é o do medo (motivado muitas vezes pelo desconhecimento), e concomitante rejeição de tudo o que lhes pareça ser novo (1. ed. Editora Forense: Rio de Janeiro, 2009, p. XXI).

Em contraposição, coloco-me de acordo com os pensadores clássicos, que entendem a separação dos poderes como uma garantia, nos regimes democráticos, cabendo ao Poder Judiciário atuar apenas como legislador negativo. Nesta linha de pensamento encontram-se autores como Manoel Gonçalves Ferreira Filho, Maria Garcia, Lênio Streck, Alexandre de Moraes, Celso Bastos e outros [2].

Tenho para mim que aceitar que o Poder Judiciário seja um legislador positivo é admitir que pessoas não eleitas pelo povo façam a lei em lugar dos representantes eleitos pela sociedade. Vale dizer, é admitir, numa democracia, que técnicos – o Poder Judiciário é um poder técnico, integrado por magistrados admitidos por concurso público, exceção feita, nos Tribunais, ao décimo constitucional (a cota dos advogados no quinto constitucional, pois os membros do Ministério Público foram no *Parquet* admitidos por concurso), cargos estes preenchidos por nomeação do Presidente da República e aprovação do Senado – decidam independente da vontade do povo, que não os elegeu.

E, à evidência, tal postura gera uma profunda insegurança jurídica, na medida em que, não a lei, mas a decisão de um magistrado, é que ditará a norma de conduta do cidadão, valendo muitas vezes sua posição pessoal como aquela que deverá prevalecer, e não o comando legislativo existente[3].

---

2 Manoel Gonçalves Ferreira Filho pronuncia-se no sentido de que o Judiciário só pode ser legislador negativo, ao comentar o § 2º do art. 103, dizendo:

Ciência. A declaração da omissão de órgão legislativo redunda numa "comunicação: 'será dada ciência'" [...]

A decisão, pois, tem caráter meramente declaratório, à moda portuguesa. Respeita-se desse modo a independência do Poder Legislativo, bem como a competência deste para decidir a propósito da conveniência e oportunidade de dar exequibilidade à norma constitucional não autoexecutável (*Comentários à Constituição brasileira de 1988*. São Paulo: Saraiva, 2000, v. 1, p. 518).

3 Escrevi:

Este ativismo judicial, que fez com que a Suprema Corte substituísse o Poder Legislativo, eleito por 130 milhões de brasileiros – e não por um homem só –, é que entendo estar ferindo o equilíbrio dos Poderes e tornando o Poder Judiciário o mais relevante dos três, com força para legislar, substituindo o

O caso dos anencéfalos é típica distorção da segurança jurídica, criada pelo Judiciário. Permite o Código Penal que apenas o aborto sentimental e o terapêutico sejam admitidos, havendo, mesmo os que defendem que tal dispositivo não foi recepcionado pela nova Constituição, que, pela primeira vez, falou em "inviolabilidade do direito à vida", e não apenas em "preservação dos direitos concernentes à vida"[4]. Eis, pois, a disposição do art. 128 do CP:

> Art. 128. Não se pune o aborto praticado por médico:
> **Aborto necessário**
> I – se não há outro meio de salvar a vida da gestante;
> **Aborto no caso de gravidez resultante de estupro**
> II – se a gravidez resulta de estupro e o aborto é precedido de consentimento da gestante ou, quando incapaz, de seu representante legal.

Assim é que o Código Civil declara (art. 2º do texto atual e 4º do antigo) que os direitos do nascituro são assegurados desde a concepção, sendo ridículo interpretar que todos os direitos lhe sejam assegurados, menos o direito à vida[5].

único poder que reflete a vontade da totalidade da nação, pois nele situação e oposição estão representadas.
Sei que a crítica que ora faço poderá, inclusive, indispor-me com os magistrados que a compõem. Mas, há momentos em que, para um velho professor de 76 anos, estar de bem com as suas convicções, defender a democracia e o Estado de Direito, em todos os seus aspectos, é mais importante do que ser politicamente correto.
Sinto-me como o personagem de Eça, na A ilustre casa de Ramires, *quando perdeu as graças do monarca: "prefiro estar bem com Deus e a minha consciência, embora mal com o rei e com o reino"* (A Constituição conforme o STF, artigo publicado no jornal *Folha de S.Paulo*, 20.05.2011).

---

4 O *caput* do art. 5º da CF está assim redigido:
Art. 5º Todos são iguais perante a lei, sem distinção de qualquer natureza, garantindo-se aos brasileiros e aos estrangeiros residentes no País ***a inviolabilidade do direito à vida****, à liberdade, à igualdade, à segurança e à propriedade, nos termos seguintes: [...] (grifo meu).*

5 O art. 2º do Código Civil tem a seguinte dicção:
Art. 2º A personalidade civil da pessoa começa do nascimento com vida; mas a lei põe a salvo, desde a concepção, os direitos do nascituro.

Ora, o STF criou uma terceira hipótese de aborto não constante de lei, ou seja, o aborto eugênico, nada obstante, sobre a matéria, haver inúmeros projetos em discussão no Congresso Nacional – que não foram aprovados, pois, em todas as pesquisas de opinião pública realizadas pelos diversos órgãos especializados, apurou-se que o povo brasileiro é contra o aborto[6].

O Supremo, por sobre o Congresso Nacional e contra a opinião pública, decidiu criar uma terceira hipótese de homicídio uterino, legalizando o aborto eugênico, o mesmo que Hitler aplicava não só aos nascituros, mas também aos nascidos, na sua busca insana por uma raça ariana pura.

Ora, a Constituição brasileira coloca, entre os cinco direitos fundamentais, ou seja, entre os cinco mais relevantes direitos individuais, a segurança, não só aquela física, mas a jurídica, que consiste em o cidadão saber que o direito aplicável é aquele aprovado nas Casas Legislativas, e não o dependente das opiniões individuais de cada magistrado que, de acordo com sua particular visão da Justiça, define, nas hipóteses que lhe são submetidas, o que seria justo e o que não seria, o que deveria ser aplicado e o que não deveria[7].

Em outras palavras, a partir da adoção do neoconstitucionalismo, nenhum advogado, nenhum jurista poderá dizer o que é legal e o que

---

6 Tem o Pacto de São José, do qual o Brasil é signatário, no art. 4º, *caput*, o discurso que se segue:
Toda a pessoa tem direito a que se respeite sua vida. Este direito estará protegido pela lei e, em geral, a partir do momento da concepção.

7 José Cretella ensina sobre a segurança jurídica:
Comentamos, neste livro, o ideal dos constituintes, expresso no Preâmbulo, de "assegurar o exercício dos direitos, sociais e individuais, como a segurança", repetindo-se, agora, no art. 5º, que "a Constituição assegura a inviolabilidade dos direitos concernentes à segurança". Nos dois passos da Constituição, podemos observar os vocábulos "assegurar a segurança", o que reflete a falta de cuidado com a linguagem e o estilo do diploma mais importante e significativo da Nação Brasileira. ***Garantir a segurança é, de fato, garantir o exercício das demais liberdades, porque a*** **vis inquietativa** ***impede o homem de agir*** (grifos meus) (*Comentários à Constituição 1988.* Rio de Janeiro: Ed. Forense Universitária, 1989. v. 1, p. 185).

não é, pois, não obstante o que a lei estabeleça, não se sabe o que o magistrado dirá, no seu poder de ser legislador positivo.

A França, algum tempo atrás, deu exemplo de como o Poder Judiciário não deve ser poder político, no caso da união de pessoas do mesmo sexo, declarando o Conselho Constitucional da França, que não cabe ao Judiciário legislar em matéria que diz respeito ao Poder Legislativo, visto que a união – até mesmo biológica – entre pessoas do mesmo sexo é de natureza diversa daquela entre um homem e uma mulher[8].

Assim é que preservou a função do Legislativo de legislar sobre a matéria, negando-se a transformar o Judiciário em legislador positivo, com o apoio da manifestação popular, inclusive em comícios. É interessante notar que um comício, promovido pelos que são contrários a equiparar a uma família duas pessoas do mesmo sexo que vivem juntas, uniu centenas de milhares de pessoas, numa manifestação que ganhou manchetes de jornais em todo o mundo.

No Brasil, nada obstante a clareza da Constituição – que declara que a família é constituída da união entre um homem e uma mulher (art. 226, § 3º) e de que o casamento religioso tem o mesmo efeito do casamento civil (art. 226, § 2º) –, sem emenda constitucional e sem a participação do Legislativo, o STF entendeu que

---

8 *A Corte Constitucional da França, em 27.01.2011, ao examinar a proposta de equiparação da união homossexual à união natural de um homem e uma mulher, declarou: "que o princípio segundo o qual o matrimônio é a união de um homem e de uma mulher, fez com que o legislador, no exercício de sua competência, que lhe atribui o artigo 34 da Constituição, considerasse que a diferença de situação entre os casais do mesmo sexo e os casais compostos de um homem e uma mulher pode justificar uma diferença de tratamento quanto às regras do direito de família", entendendo, por consequência, que: "não cabe ao Conselho Constitucional substituir, por sua apreciação, aquela de legislador para esta diferente situação". Entendendo que só o Poder Legislativo poderia fazer a equiparação, impossível por um Tribunal Judicial, considerou que "as disposições contestadas não são contrárias a qualquer direito ou liberdade que a Constituição garante.* (Lição do Conselho Constitucional da França. *O Estado de São Paulo* – 17.05.2011).

a união familiar e o casamento podem ser também de pessoas do mesmo sexo[9].

Tal poder de se transformar em legislador positivo, que se auto--outorgou o Supremo Tribunal Federal – assemelhando-se muito, em sua ação, àqueles que apregoam a "Justiça Alternativa", no Rio Grande do Sul, ou seja, que cada magistrado pode decidir de acordo com seu conceito de justiça, independente da lei escrita –, parece-me trazer para a democracia brasileira especial insegurança jurídica, pois, a partir desta visão, nem sempre o que a lei diz é que norteará a conduta de cada brasileiro, mas sim o que o Poder Judiciário dirá. Mesmo que contra a lei, no exercício de seu autodeclarado poder de criação de hipóteses de conduta que entenda não prevista pela norma, ou na efetiva ausência de lei, indesejada pela cidadania.

A meu ver, inclusive, a própria Constituição foi dilacerada, nesta postura de legislador positivo adotada pela Suprema Corte, visto que proíbe que o Poder Judiciário seja legislador positivo.

Analisando, com Bernardo Cabral, Sydney Sanches e Odir Porto, em jantar em Brasília, todos fomos unânimes em concluir que não poderia, o Supremo Tribunal Federal, nas ações diretas de inconstitucionalidade por omissão, ao declarar a inconstitucionalidade da postura do Congresso Nacional, legislar em nome do Parlamento[10]. A norma do § 2º do art. 103 da Constituição Federal está assim redigida:

---

9 O art. 226 e §§ 1º a 5º estão vertidos nos termos abaixo:
Art. 226. A família, base da sociedade, tem especial proteção do Estado.
§ 1º O casamento é civil e gratuita a celebração.
§ 2º O casamento religioso tem efeito civil, nos termos da lei.
§ 3º Para efeito da proteção do Estado, é reconhecida a união estável entre o homem e a mulher como entidade familiar, devendo a lei facilitar sua conversão em casamento.
§ 4º Entende-se, também, como entidade familiar a comunidade formada por qualquer dos pais e seus descendentes.
§ 5º Os direitos e deveres referentes à sociedade conjugal são exercidos igualmente pelo homem e pela mulher. [...].

10 Alexandre de Moraes ensina: *Na conduta negativa, o legislador constituinte brasileiro adotou o modelo constitucional português que determina que, declarada a inconstitucionalidade por omissão das medidas legislativas*

§ 2º Declarada a inconstitucionalidade por omissão de medida para tornar efetiva norma constitucional, será dada ciência ao Poder competente para a adoção das providências necessárias e, em se tratando de órgão administrativo, para fazê-lo em trinta dias.

Como se percebe, a redação do dispositivo determina, claramente, que a Corte Suprema comunicará ao Congresso que sua omissão é inconstitucional, para que o Parlamento faça a lei. Mas não impõe prazo, nem sanção para que o faça[11].

No referido jantar, fiz menção a que, não havendo prazo nem sanção, o Congresso poderia nunca sanar a omissão, ao que Sydney Sanches – meu colega de classe, ex-presidente da Suprema Corte e jurista de escol – perguntou: "Se fosse estabelecido um prazo e o Congresso não obedecesse, teríamos condição de prender 503 deputados – era o número da época – e 81 senadores, por desacato à determinação judicial?"

Os constituintes hospedaram, pois, a ideia, como discutida à época, muito embora tivessem elaborado a redação atual.

Sempre que o Supremo Tribunal Federal atua como legislador positivo – o que não poderia ocorrer, por ser guardião da Constituição, nos termos do *caput* do art. 102 da Lei Suprema – desatende a norma retrocitada, porque se auto-outorga o poder de legislar[12].

Nem se diga que a proibição de legislar estaria restrita às ações diretas de inconstitucionalidade por omissão. Nada é mais grave do

necessárias para tornar exigíveis as normas constitucionais, o Tribunal Constitucional português dará conhecimento ao órgão legislativo competente. Tratou-se de inovação do legislador de 1976, em sede de fiscalização abstrata e sucessiva de Constitucionalidade, tendo como finalidade o combate ao que Canotilho denomina silêncio legislativo, para, garantir a plena efetividade das normas constitucionais (*Constituição do Brasil interpretada e legislação constitucional.* São Paulo: Editora Atlas. 8. ed., 2011, p. 1.411).

11 A Lei nº 12.063, de 27.10.2009, regulou a ação direta de inconstitucionalidade por omissão.

12 O início do *caput* do art. 102 da CF está assim redigido:
Art. 102. Compete ao Supremo Tribunal Federal, ***precipuamente, a guarda da Constituição****, cabendo-lhe:[...]* (grifos meus).

que a omissão do Parlamento em produzir norma que a Constituição Federal impõe como de legislação imediata[13].

Quem não pode o mais, não pode o menos, se o menos for intrínseco ao mais. Se na omissão legislativa quanto àquilo que é uma imposição constitucional, está a Suprema Corte interditada de legislar, com muito maior razão, em matéria em que a obrigatoriedade não se impõe e que o Parlamento só legisla por pressão de seus eleitores e do povo em geral.

Acresce-se que o Congresso é escolhido por quase 140 milhões de brasileiros e o Supremo Tribunal Federal, por um homem só, ou seja, o Presidente da República.

Para mim, o fundamento da Separação dos Poderes continua íntegro. Como dizia Montesquieu, é necessário que o poder controle o poder, pois, senão, o poder absoluto gera a absoluta corrupção (Lord Acton)[14].

As funções são bem diversas. Ao Legislativo cabe legislar, ao Executivo administrar e ao Judiciário impor o cumprimento da lei.

Sempre que um Poder invade a competência de outro, o regime democrático corre riscos. Não sem razão, o art. 2º da Lei Suprema está assim redigido:

---

13 O § 1º do art. 5º da CF tem a seguinte dicção:
§ 1º As normas definidoras dos direitos e garantias fundamentais têm aplicação imediata.
Em outras palavras tais direitos não são normas programáticas e comportam a propositura de ação de inconstitucionalidade por omissão, se não regulados pelo Legislativo.

14 Escrevi:
Montesquieu intui a importância de tal independência, na medida em que a natureza humana é fraca e a fraqueza, a serviço da força do poder, provoca, decorrencialmente, a prática de uma justiça injusta.
A necessidade, portanto, de o poder controlar o poder, fá-lo separar o exercício de feitura das leis (Poder Legislativo), de execução das normas (Poder Executivo) e de interpretação oficial do direito e aplicação da Justiça (Poder Judiciário). Ao dizer: "Acontece sempre que todos os homens, quando têm poder, se inclinam a seu abuso, até encontrar limites" e ao concluir que é necessário que o "poder constitua um freio para o poder" sintetiza sua concepção a partir da descrença na natureza humana (De l'esprit des lois, La Pléiade, 1951, Liv. Xl; Chapitre 6, p. 397-407).

> Art. 2º São Poderes da União, independentes e harmônicos entre si, o Legislativo, o Executivo e o Judiciário.[15]

O próprio inc. XI do art. 49 da Lei Suprema, cuja dicção é a seguinte, permite ao Poder Legislativo preservar sua competência contra invasão por parte dos outros Poderes.

> Art. 49. É da competência exclusiva do Congresso Nacional:
> [...]
> XI – zelar pela preservação de sua competência legislativa em face da atribuição normativa dos outros Poderes;
> [...]

E, na eventualidade de confronto, o supremo árbitro para solucionar a divergência são as Forças Armadas, conforme determina o art. 142 da Lei Maior, versado nos seguintes termos:

> Art. 142. As Forças Armadas, constituídas pela Marinha, pelo Exército e pela Aeronáutica, são instituições nacionais permanentes e regulares, organizadas com base na hierarquia e na disciplina, sob a autoridade suprema do Presidente da República, **e destinam-se à defesa da Pátria,**

---

15 Celso Bastos lembra:
A função predominante, típica, de um órgão é aquela que ele exerce em caráter normal, conforme a tripartição estanque de Montesquieu.
Assim, a função típica do Legislativo é legislar, a do Executivo administrar e a do Judiciário exercer a jurisdição. Ao lado, contudo, de sua função típica, os poderes exercem sempre, em pequena proporção, função que originariamente pertenceria a outro. E isto se dá com vistas a dois objetivos. Em primeiro lugar, assegurar a própria autonomia institucional, que ficaria prejudicada caso o Executivo, a pretexto de lhe ser própria a função administrativa, quisesse administrar o próprio Poder Judiciário ou o Legislativo. Este exercício de função atípica, estabelecido pela Constituição, objetiva em última análise tornar viável a própria separação orgânica pretendida por Montesquieu. É em função dessa preocupação que se prefere mesclar o exercício das funções, do ponto de vista material, ressalvando-se, entretanto, a separação orgânica, a assegurar uma rígida distinção funcional que acarretaria a própria destruição do sistema (*Comentários à Constituição do Brasil*. São Paulo: Ed. Saraiva, 1988. v. 1, p. 436).

> **à garantia dos poderes constitucionais e, por iniciativa de qualquer destes, da lei e da ordem** (grifos meus)[16].

Entendo, inclusive, que, no caso de serem chamadas por qualquer um dos Poderes para impor a ordem e a lei, quem arbitrará a questão serão os comandantes das Forças Armadas, pois o Presidente da República poderá ser parte do conflito, se este se der com o Poder Executivo.

Compreende-se, pois, que a Constituição brasileira não navegou nas ondas procelosas do neoconstitucionalismo, visto que manteve a separação como a garantia do regime, num Estado Democrático de Direito. Não sem razão, é o segundo artigo da Carta Magna, só perdendo em relevância para a conformação da Federação brasileira, nos seus fundamentos maiores[17]. Ora, permitir a invasão de atribuições

---

16 Escrevi:
A segunda grande missão das Forças Armadas é a garantia que ofertam aos poderes constitucionais, o que vale dizer, se o Supremo Tribunal Federal é o guardião da Constituição, quem garante os poderes constituídos são as Forças Armadas. Quando Nélson Hungria, desconsolado, no golpe de estado que derrubou Café Filho, disse que o Supremo Tribunal Federal era um arsenal de livros, e não de tanques – e, por isso, nada podia fazer para garantir o governo, podendo apenas mostrar uma realidade, qual seja, a de que sem a garantia das Forças Armadas não há poderes constituídos –, definiu os verdadeiros papéis das duas instituições.
Por fim, cabe às Forças Armadas assegurar a lei e a ordem sempre que, por iniciativa de qualquer dos poderes constituídos, ou seja, por iniciativa dos Poderes Executivo, Legislativo ou Judiciário, forem chamadas a intervir.
Nesse caso, as Forças Armadas são convocadas para garantir a lei e a ordem, e não para rompê-las, já que o risco de ruptura provém da ação de pessoas ou entidades preocupadas em desestabilizar o Estado (*Comentários à Constituição do Brasil.* 2. ed. São Paulo: Ed. Saraiva, 2000. 5º v., p. 166-167).

17 O art. 1º da CF contém o discurso abaixo:
Art. 1º A República Federativa do Brasil, formada pela união indissolúvel dos Estados e Municípios e do Distrito Federal, constitui-se em Estado Democrático de Direito e tem como fundamentos:
I – a soberania;
II – a cidadania;
III – a dignidade da pessoa humana;
IV – os valores sociais do trabalho e da livre iniciativa;
V – o pluralismo político.

legislativas pelo Poder Judiciário ou mesmo pelo Poder Executivo é fragilizar os alicerces da democracia brasileira, pois, mesmo quando o Poder Executivo recebe expressamente da Constituição o poder de editar normas (medidas provisórias e leis delegadas), a palavra final não cabe a ele, mas ao Legislativo, conforme os arts. 62 e 68 do mesmo texto supremo[18].

O pior, entretanto, é que, ao atuar como legislador positivo, o Judiciário gera a insegurança jurídica, pois, se alguém cumprir a lei tal como produzida pelo Legislativo ou agir, no vácuo legislativo, como entender mais adequado – já que *ninguém será obrigado a fazer ou deixar de fazer alguma coisa senão em virtude de lei* (art. 5º, inc. II)[19] –, poderá ser surpreendido com a decisão do Poder Judiciário de que seu procedimento é ilegal, por não estar de acordo com a opinião do julgador – servidor público concursado, mas não eleito pelo povo.

Parágrafo único. Todo o poder emana do povo, que o exerce por meio de representantes eleitos ou diretamente, nos termos desta Constituição.

Realço, como fundamento, o próprio preâmbulo assim redigido:

Nós, representantes do povo brasileiro, reunidos em Assembléia Nacional Constituinte para instituir um Estado Democrático, destinado a assegurar o exercício dos direitos sociais e individuais, a liberdade, a segurança, o bem-estar, o desenvolvimento, a igualdade e a justiça como valores supremos de uma sociedade fraterna, pluralista e sem preconceitos, fundada na harmonia social e comprometida, na ordem interna e internacional, com a solução pacífica das controvérsias, promulgamos, ***sob a proteção de Deus****, a seguinte CONSTITUIÇÃO DA REPÚBLICA FEDERATIVA DO BRASIL, o que vale dizer que TODA A CONSTITUIÇÃO FEDERAL, inclusive, portanto, as competências dos poderes foi promulgada* ***SOB A PROTEÇÃO DE DEUS****" (grifos meus).*

18 Estão os referidos dispositivos assim redigidos:

Art. 62. Em caso de relevância e urgência, o Presidente da República poderá adotar medidas provisórias, com força de lei, devendo submetê-las de imediato ao Congresso Nacional. (Redação dada pela Emenda Constitucional nº 32, de 2001)

[...]

Art. 68. As leis delegadas serão elaboradas pelo Presidente da República, que deverá solicitar a delegação ao Congresso Nacional.

19 O art. 5º, inc. II tem a seguinte dicção:

II – ninguém será obrigado a fazer ou deixar de fazer alguma coisa senão em virtude de lei;

Esta é a razão que me leva a continuar na companhia dos constitucionalistas que não hospedam as novidades constitucionais de atribuir um poder legiferante ao Judiciário, por entender que a segurança jurídica máxima encontra-se na rigorosa separação de poderes que permite a um Poder controlar o outro, sem invasões indevidas.

Diria, mesmo, que a cidadania depende da separação de poderes. Se o cidadão não puder confiar que a lei promulgada pelo Congresso garante-lhe a certeza de que o Judiciário irá cumpri-la, e ficar na dependência dos julgamentos particulares dos magistrados, individual ou coletivamente, por melhores que sejam, certamente viverá em tensão permanente, sem qualquer segurança[20].

A lei pode não agradar, mas a certeza de que é aquela que deve ser seguida, oferta a segurança a que se refere o texto supremo. Por melhor que seja a solução legislativa do Judiciário, sempre acarretará a incerteza e a insegurança, pois o que vige passa a ser revogado por determinação não do Legislativo, mas do Judiciário. E tal confusão entre as funções dos Poderes amesquinha a democracia e dá um poder fantástico à magistratura, que, apesar de ser, a meu ver, o mais preparado dos Poderes, não é eleito pelo povo. O mais grave, todavia, é que, se o próprio Judiciário se transformar de poder legislativo negativo em positivo, não haverá a quem recorrer, pois quem fará a lei será o seu próprio julgador.

---

20 José Afonso da Silva explicita:
DIREITO À SEGURANÇA. Manoel Gonçalves Ferreira Filho arrola os direitos à segurança (direitos cujo objeto imediato é a segurança) como categoria de direitos individuais, não propriamente como garantias individuais.[66] E o caput *do art. 5º fala em "inviolabilidade do direito à segurança", o que, no entanto, não impede seja ele considerado um conjunto de garantias – natureza que, aliás, se acha insita no termo "segurança". Efetivamente, esse conjunto de direitos aparelha situações, proibições, limitações e procedimentos destinados a assegurar o exercício e o gozo de algum direito individual fundamental (intimidade, liberdade pessoal ou incolumidade física ou moral): segurança das relações jurídicas (art. 5º, XXXVI), segurança do domicílio (art. 5º, XI), segurança das comunicações pessoais (art. 5º, IV) e segurança em matéria penal e processual penal (art. 5º, XXXVII-XLVII)"* (*Comentário contextual à Constituição*. 7. ed. São Paulo: Malheiros Editores, 2010, p. 74).

Parece-me, pois, que o sistema de separação de poderes pode não ser o ideal, mas é o único que garante a certeza e a segurança do Direito e evita que, na invasão de funções, a democracia venha a se transformar numa ditadura[21].

21 Alexandre de Moraes ensina:
A divisão segundo o critério funcional é a célebre separação de poderes, que consiste em distinguir três funções estatais, quais sejam, legislação, administração e jurisdição, que devem ser atribuídas a três órgãos autônomos entre si, que as exercerão com exclusividade. Foi esboçada pela primeira vez por Aristóteles, na obra Política, detalhada, posteriormente por John Locke, no Segundo tratado do governo civil, *que também reconheceu três funções distintas e, finalmente, consagrada na obra de Montesquieu,* O espírito das leis, *a quem devemos a divisão e distribuição clássicas, tornando-se princípio fundamental da organização política liberal.*
Ao prelecionar sobre a divisão dos poderes, Montesquieu mostrava o necessário para o equilíbrio dos poderes, afirmando que, para formar-se um governo moderado, "precisa-se combinar os poderes, regrá-los, temperá-los, fazê-los agir; dar a um poder, por assim dizer, um lastro, para pô-lo em condições de resistir a um outro. É uma obra-prima de legislação, que raramente o acaso produz, e raramente se deixa a prudência produzir. Sendo o seu corpo legislativo composto de duas partes, uma acorrentada a outra pela mútua faculdade de impedir. Ambas serão amarradas pelo Poder Executivo, o qual o será, por seu turno, pelo Legislativo. Esses três poderes deveriam originar um impasse, uma inação. Mas como, pelo movimento necessário das coisas, são compelidos a caminhar, eles haverão de caminhar em concerto".
O texto constitucional não só prevê em seu art. 2º os três poderes da União, mas também, posteriormente, define suas composições, funções e prerrogativas (*Constituição do Brasil interpretada e legislação constitucional.* 8. ed., ob. cit., p. 70).

JUIZ ATIVISTA OU CONSEQUENCIALISTA?

José Renato Nalini

O Judiciário brasileiro foi chamado a um protagonismo inédito. A judicialização da vida comum é fenômeno que tem levado pensadores de outras áreas a uma reflexão instigante: todo e qualquer problema, desconforto ou mal-estar precisa ser levado à Justiça convencional e tornar-se tema de apreciação por parte de um técnico em ciência jurídica?

É o que acontece no Brasil neste início turbulento de século e de milênio. Tudo chega ao Fórum, cedo ou tarde. Aliás, mais cedo do que tarde.

Várias leituras são feitas nos círculos tradicionais. A visão otimista é a de que a Constituição Cidadã, de 05.10.1988, foi aquela que mais acreditou na solução judicial dos conflitos e que a ampliação do acesso à Justiça despertou a litigiosidade contida. Ela extravasou num crescente que chega a quase 110 milhões de processos em 2015. Situação paradoxal para uma Nação com 204 milhões de habitantes. Se em cada processo há sujeito ativo e sujeito passivo – considerada a lide interindividual, que não é hoje a única, pois multiplicam-se as ações coletivas – o Brasil fornece ao mundo a sensação de que *todos os brasileiros litigam.* Até as crianças, os inimputáveis, os idosos, os 700 mil presos!

Para os otimistas, o quadro sugere *Democracia Plena,* motivo de orgulho cívico e de celebração. Os Tribunais estão de portas abertas para receber todo e qualquer tipo de reivindicação. Comemoremos o êxito da República Federativa de índole democrática desenhada pelo constituinte de 1988.

Para os menos otimistas, a situação merece mais atenta reflexão. A universalização dos direitos fundamentais representa algum risco. Se tudo é *direito fundamental,* trivializa-se a noção considerada uma conquista consolidada em 1948, com a Declaração Universal dos Direitos do Homem e do Cidadão. Vive-se a era da *abundância de direitos*. Essa exuberância na fruição dos direitos que se prodigalizam faz com que interesses, anseios, desejos, sonhos e utopias sejam confundidos com direitos fruíveis e exigíveis diante de um juiz.

Explosões de litígios sazonais atulham os Tribunais de lides que não necessitariam inevitável submissão ao sofisticado rito processual. Citem-se, como exemplo, a judicialização da saúde, a das vagas em creches e em escolas, a moradia, a chamada *indústria do dano moral*. A *exibição de documentos* reclamada a bancos e instituições financeiras é outro filão que engrossa a litigância e impede que o Judiciário atenda ao preceito contido no inc. LXXVIII do art. 5º da Constituição da República, no sentido de se propiciar prestação jurisdicional oportuna a quem dela necessite.

Há inúmeras postulações que seriam atendidas pela Administração Pública ou pela concessionária, mas que se transformam, sem prévia busca à prestação do devedor, em ações judiciais. É um uso desnecessário do sistema Justiça, que se vê aturdido, perplexo e não consegue satisfazer as expectativas, menos ainda conferir solução favorável à demanda.

Há ponderações que não podem deixar de ser feitas. O Brasil possui mais Faculdades de Direito do que a soma de todas as demais Escolas de Formação Jurídica existentes no restante do Planeta. Essa afirmação foi feita pela primeira vez em palestra do então Secretário Nacional de Reforma do Judiciário, Flávio Croce Caetano, durante reunião do Instituto dos Advogados de São Paulo. O asserto foi reiterado inúmeras vezes em múltiplos auditórios. O jornalista Eduardo Oinegue, sócio da Análise Editorial e consultor de comunicação, a repetiu no artigo *O desafio de ser um grande advogado: Com menos de 3% da população mundial, o país possui mais escolas do que o resto do mundo – somado! Um em cada nove universitários brasileiros se forma em Direito*[1].

Menciona-se que até 1990, eram 200 as Faculdades de Direito no Brasil. Hoje são mais de 1.200, sem considerar a verdadeira *franchi-*

1 OINEGUE, Eduardo. O desafio de ser um grande advogado. In: *FSP* de 28.12.2015, p. A3.

sing de alguns grandes grupos, que disseminam *campi* pelo interior do País e mantêm vários deles na mesma cidade, para melhor atender a cada bairro.

Atribui-se ao empresário Jorge Gerdau haver fornecido numa reunião informal, a receita para melhorar o Brasil: substituir uma parte das Faculdades de Direito por Faculdades de Engenharia. Pois o engenheiro faz com que o Brasil ganhe dinheiro. Já o advogado...

Não haveria inconveniente em transmitir a todas as pessoas uma razoável noção de direitos, pois a normatividade é o que permite convívio civilizado. O lamentável é nutrir a falsa ideia de que um diploma de bacharel em Direito continua a abrir todas as portas do êxito pessoal, assim como construído pela mentalidade consumista. Ser "doutor" equivale à excelente remuneração, sucesso profissional e respeito granjeado pela comunidade ainda alimentada pela ilusão bacharelesca.

É muito triste verificar que a facilidade com que se adentra a uma Faculdade de Direito no Brasil, inclusive porque existem "vestibulares programados" a qualquer tempo, levem ao bacharelado alunos que não tiveram adequada formação escolar de base. Não sabem escrever e, analfabetos funcionais, não conseguem interpretar um texto ou conferir nova redação a uma ideia. Mesmo assim, obtêm o grau de Bacharel em Ciências Jurídicas. E passam a engrossar as fileiras dos que continuarão a desempenhar as mesmas tarefas anteriores ao curso de Direito. Só que agora frustrados porque despenderam tempo e dinheiro durante cinco anos e nada se modificará em sua vida.

O maior problema da formação jurídica é o seu anacronismo. Se pensarmos bem, a introdução dos Cursos Jurídicos no Brasil, implementada por Pedro I em 1827, visava à edificação de uma burocracia autenticamente brasílica, desvinculada do pensamento monopolizado pela metrópole. Mas o jovem e impulsivo Imperador foi buscar o modelo que ele conhecia, para fazer funcionar o Império nascente. O modelo coimbrão. Naquele primeiro quarto do século XIX, Coimbra já era um padrão bem antigo. Fora inspirado em Bolonha, cuja Universidade data do século XIII. Mas cuja Faculdade de Direito existiria desde os oitocentos. Então importamos um modelo milenar!

Qual a modificação que os Cursos Jurídicos sofreram no Brasil desde então? Praticamente nada. Registrou-se apenas o milagre da multiplicação das Escolas. Todas elas com a arcaica estrutura baseada em disciplinas que não dialogam, cada Departamento a se considerar mais relevante do que o outro, desvinculado de um projeto que renove a concepção de Justiça.

O resultado é a produção de um bacharel afeiçoado à solução processual de todo e qualquer conflito. Bacharel que não recebe noções de psicologia, de lógica, de antropologia, nem merece um treino em técnicas de persuasão e argumentação, ferramentas para obtenção de ajuste de vontade, técnicas de conciliação, mediação, arbitragem ou de tantas outras estratégias de composição consensual de conflitos que o Direito anglo-saxão possui há muito e que funciona adequadamente, pois o pragmatismo não permite a infinita duração das demandas.

A criação e manutenção de Escolas de Direito é um grande veio para o empresariado que visa ao lucro legítimo. Por isso os respeitáveis grupos internacionais que adentraram ao mercado do ensino jurídico, de olhos postos em seu crescimento e rentabilidade e prática ausência de riscos.

Imagine-se o empreendedor que se proponha a edificar um *shopping center*. Terá de enfrentar uma série imensa de imprevistos, como a oscilação da moda, o insucesso de alguns produtos, a inadimplência de quem se propõe a explorar a iniciativa privada, sempre sob suspeita no Brasil da burocracia. Terá de se armar contra inúmeras ciladas que atormentam a vida do empreendedor: os acidentes que possam ocorrer no recinto de seu empreendimento, os furtos de veículos no estacionamento, a ganância do Fisco, a insegurança da normatividade editada não apenas pelos Poderes constituídos, mas por essa rede infindável de agências reguladoras, órgãos de fiscalização e controle, protagonismo do Ministério Público e certa inclinação consolidada em se considerar o "poderoso" sempre responsável, enquanto o usuário é sempre o "hipossuficiente".

Pensará melhor e se proporá a instalar uma Faculdade de Direito. Basta um espaço condigno, uma legião de idealistas que se contenta em exercer tarefa docente por uma escassa remuneração, até porque é profissional que extrai seu sustento de uma carreira jurídica. Um professor de Direito consegue transmitir conhecimento a dezenas – já foram centenas!... – de alunos. Estes conseguem ultrapassar as avaliações, têm muitas chances de superar entraves, pois há segundas-épocas, segundas-chamadas, conselho de classe, aulas de reforço. Tudo mediante remuneração.

Ao final de cinco anos, eles recebem o seu diploma e não voltam para reclamar propaganda enganosa, nem se dirigem aos Procons, pretendendo indenização por terem sido alvo de uma promessa vã. Tudo sem reclamações trabalhistas, invocação ao Código de Defesa do Consumidor, pleito de indenizações por acidentes pessoais, inadimplência e outros obstáculos postos no caminho de quem pretenda se dedicar à iniciativa privada nesta República.

A legião de advogados produzida por uma Faculdade conservadora é o exército que faz com que o Judiciário no Brasil seja acionado a cada segundo, bem de acordo com a implantação eloquente do "processômetro", criado pela AMB – Associação dos Magistrados Brasileiros. O cenário percorreu várias capitais durante o ano de 2015 e mostrava o ingresso de ações em todo o Brasil, acrescentando que 60% das demandas não precisaria estar em juízo.

Mas de onde resulta o ativismo judicial?

As chamadas "carreiras jurídicas" ainda constituem enorme atrativo para o quase milhão de advogados em exercício no Brasil. Há um dos Poderes do Estado cujos integrantes são obrigatoriamente recrutados dentre os Bacharéis em Direito: o Poder Judiciário. Hoje são dezessete mil os juízes no Brasil. Ao lado deles, existe uma carreira similar e equiparada: a do Ministério Público. Função que há algumas décadas procurava um destino e à qual o constituinte conferiu o *status* de *instituição mais poderosa da República*. Basta a leitura do art. 129 da Constituição para verificar a dimensão dos poderes atribuídos ao Promotor de Justiça.

Mas ainda existe a *Defensoria Pública,* também com *status* constitucional. E as Procuradorias que atuam junto às Fazendas e demais entidades instituídas pelo Estado para poder se desincumbir da excessiva gama de atribuições a ele cometidas. Os delegados de polícia, também carreira jurídica, assim como os Oficiais de Justiça, os delegados dos serviços extrajudiciais e os advogados.

Ser juiz, ou promotor, defensor ou procurador, representa segurança e estabilidade. Os concursos públicos de provas e títulos constituem a meta de centenas de milhares de jovens brasileiros. Cada certame chega a congregar mais de uma dezena de milhar de candidatos[2]. Os interessados chegaram a cunhar o verbete "concurseiro", para identificar aqueles que percorrem o País inteiro à procura de aprovação num concurso.

Como é que se realiza essa prova?

É uma verdadeira *corrida de obstáculos*. Até há pouco, os critérios eram heterogêneos, pois dependiam da autonomia conferida a cada Tribunal e a cada ramo da Justiça brasileira[3]. O CNJ – Conselho Nacional de Justiça, tenta padronizar a modalidade de seleção dos quadros da Magistratura, mas ainda não conseguiu o projeto ideal, sempre em elaboração. A Resolução nº 75 do CNJ prevê várias fases. Como selecionar algumas dezenas dentre os milhares de candidatos?

Há uma prova preambular, com testes de múltipla escolha e leitura ótica, para destinar 300 candidatos para as demais fases. Estas consistirão em elaboração de sentença cível e sentença penal. Em seguida, testes psicossociais e exames orais, seguidos de exame de aptidão física.

Os candidatos são o fruto da formação jurídica já criticada. Os concursos priorizam a capacidade de memorização e a preparação

2 Presidi o 183º Concurso de Ingresso à Magistratura do Estado de São Paulo em 2011. Acorreram 18 mil candidatos. Os aprovados não ultrapassam uma centena.

3 Não é demais sublinhar que o Brasil também escolheu modelo sofisticado de Justiça: são cinco ramos distintos: Justiça Comum – Federal e Estadual – e Justiças Especiais: laboral (ou trabalhista), eleitoral e militar. Para completar, quatro instâncias ou graus de jurisdição e mais de cinquenta modalidades de reapreciação do mesmo tema, diante de um caótico sistema recursal, insuscetível de modificação, tais os entraves postos no caminho da racionalização e simplificação, considerada lesiva de dogmas constitucionais como o da amplitude de defesa e contraditório.

do candidato é confiada a inúmeros "cursinhos", experiência bem-sucedida de revisão intensificada e concentrada de todo o conteúdo do Bacharelado. O curso de Direito, que pode ser feito sem grandes esforços ou sacrifícios, será inteiramente revisto nessas usinas de preparação para os concursos públicos. Ali se cuidará não apenas de aprimorar a capacidade mnemônica, mas também se propiciará normas de conduta do candidato perante a Banca Examinadora. O sucesso é garantido e há "Cursinhos" famosos pelo seu elevado índice de aprovação em todo e qualquer concurso.

O Judiciário ainda não conseguiu aferir vocação e outros atributos humanísticos, talvez mais necessários e relevantes do que o conhecimento jurídico. Uma seleção que entrega ao Poder Judiciário apenas alguns daquele enorme universo de pretendentes ao cargo de juiz, tende a considerar muito especiais os aprovados. Na realidade são muito especiais. Passaram pela severa, árdua e sacrificada "corrida de obstáculos". Chegaram ao pódio. Mas podem ser acometidos de um excesso de autoestima.

O planeta não registra nada de novo nesse campo. Os americanos brincam bastante com algumas das idiossincrasias de seus magistrados. Conta-se, evidentemente como *boutade*, que um juiz federal americano é uma pessoa tão singular, tão talentosa e bem dotada de cultura e inteligência, que só pode se relacionar com outro juiz federal americano. Ou então com Deus, quando Ele precisar de conselho...

Certa arrogância[4] é natural num jovem que esteve durante bom período subsidiado pelos pais e se empenhou em decorar todo o acervo enciclopédico da legislação, doutrina e jurisprudência e logrou ser nomeado juiz de direito. O próprio sistema o reverencia e o considera um dos poucos e selecionadíssimos escolhidos, enquanto tantos outros foram chamados e restaram à margem do caminho.

---

4 *Irritação, nervosismo, rispidez, insegurança, arrogância, autoritarismo e prepotência são sintomas patológicos identificados em parte dos magistrados brasileiros.* QUADEROS FILHO, Saul. Juizite - um desserviço à magistratura! In: *Revista Trabalho* n. 346, p. 13, Curitiba: Editora DT, mai. 2011.

Esse jovem passa a merecer um tratamento obsequioso, ainda praxe no vetusto universo judiciário. Advogados polidos e reverentes. Funcionários atenciosos e até servis. O mais importante é que esse moço ou moça manda prender e a polícia prende. Manda soltar e a polícia solta. Tira filho da mãe e entrega para o pai. Ou vice-versa. Manda desocupar um imóvel em ação de despejo. Manda reintegrar uma área ocupada por centenas de pessoas. Tudo é rigorosamente cumprido. Bloqueia numerário em conta-corrente. Suas ordens são expressão da soberania estatal. O ser humano tende a crescer, a se superestimar e a esquecer o episódio do "asno carregado de relíquias", que o juiz Antoine Garapon faz questão de incluir em sua obra e a qual comenta em suas aulas na Escola Nacional da Magistratura Francesa.

Vale a pena recordá-la.

Um jumento é utilizado nas tradicionais procissões do *Corpus Christi* e ornamentado para carregar o ostensório com a hóstia sagrada, o sacramento do Corpo de Cristo.

Enquanto caminha pelas ruas também enfeitadas, sobre tapetes de flores ou mantos estendidos pelos fiéis, todos se ajoelham. Quando volta ao estábulo, retirada a Eucaristia e os demais acessórios, estranha os maus-tratos do cuidador. Porque pensou que as homenagens fossem para ele, burro, não para o Senhor na consubstanciação das espécies.

Isso pode ocorrer com quem se iludir com cargos, funções e relevâncias. *Sic transit gloria mundi.* Por isso é que os imperadores romanos se faziam seguir por servos que lembravam, continuamente, de que ao pó todos tornarão.

Todavia, enquanto não cessa o deslumbramento advindo de um cargo cuja simbologia se mantém, a despeito de certo descrédito nos recentes índices de confiabilidade nas instituições resultantes de pesquisas da FGV, pode prosperar uma espécie de ativismo alimentado pela inexata compreensão do que deve ser um julgador.

Os problemas não decorrem somente do excesso de bacharéis, da formação anacrônica, do recrutamento em base frágil alicerçada sobre a memória e o talento para decorar conteúdo jurídico. A normatividade contribui para um protagonismo que a muitos pode parecer exagerado.

Desde 05.10.1988, temos uma Constituição principiológica. E uma Constituição Dirigente, nada obstante Joaquim José Gomes Canotilho tenha renegado a paternidade dessa categoria.

Principiológica, porque sucedia a período de autoritarismo e pretendia resolver todos os problemas brasileiros, na polimórfica aspiração de uma sociedade complexa e heterogênea. Não poderia se ater ao paradigma estático e rígido, calcado no fetiche normativo, mas teria de ser flexível para satisfazer aos mais distintos anseios. A receita foi adotar princípios elásticos, suscetíveis de um temperamento a partir da moderação, da ponderação, de uma hermenêutica atenta à necessidade de adaptar o texto a contextos inesperados.

Conceitos indeterminados, cláusulas gerais, substituíram o regime da *dura lex, sed lex.* Abriu-se, com isso, espaço dilatado de discricionariedade interpretativa para o julgador. E se isso corresponde a um acréscimo de poder do magistrado, equivale também ao correspondente aumento de responsabilidade.

A consequência imediata é a multiplicação de leituras que o mesmo texto pode ensejar, a depender da formação ideológica, filosófica, religiosa, sociológica ou mesmo da idiossincrasia de cada ser humano chamado a julgar seu semelhante.

É o que ao menos em parte explica a profusão de julgamentos díspares de um idêntico tema, a possibilidade de escolha *a la carte* da jurisprudência dos Tribunais, o clamor reiterado por *segurança jurídica,* idealizada como previsibilidade das decisões judiciais.

Todavia, a Constituição é ainda do tipo *dirigente:* significa sinalizar um projeto de Nação, cuja edificação será objeto da atuação de um alentado grupo de agentes. Assim como se importou da doutrina alemã a tese da *comunidade aberta de intérpretes da Constituição,* também se adotou a orientação de que todos os Poderes e instituições foram igualmente encarregados da transformação do Brasil na promessa constituinte. Todos, inclusive o Poder Judiciário, têm a obrigação de edificar uma Pátria justa, fraterna e solidária.

Assumem os juízes brasileiros um protagonismo até então inocorrente. Submissos ao dogma da inércia processual, agindo apenas quando provocados, os juízes agora se imbuíram de um papel de significativa importância. São chamados a atuar na concretização de políticas públicas, interferem na atuação dos demais Poderes, inclusive porque a Carta dirigente é prenhe de conceitos como a *moralidade,* cuja abrangência depende da vontade do intérprete de integrar o movimento de transformação da sociedade.

O nível de interferência judicial em assuntos longevamente relegados à discricionariedade administrativa passou a se intensificar em todos os níveis. O Supremo Tribunal Federal adentrou à seara da biotecnologia, autorizou pesquisa com embriões humanos, o abortamento do feto anencéfalo, o casamento homoafetivo, entendeu revogada a Lei de Imprensa, regulamentou a greve no funcionalismo público e esteve à frente de todas as grandes discussões pátrias nesta década.

Os juízes assumiram papel de relevo na condução da administração, de certa forma atendendo às postulações do Ministério Público. Isso explica a chamada *judicialização da saúde,* tão decantada pela Administração que acusa o Judiciário de *fazer justiça no varejo enquanto perpetra a injustiça no atacado.* Os orçamentos municipais, principalmente, são esvaziados por alguns poucos que têm o privilégio do acesso ao Judiciário, enquanto a saúde de massa não tem recursos financeiros capazes de fazer face a uma crescente demanda por parte da população.

Há situações em que o juiz praticamente se substitui ao Prefeito e ordena a abertura de creches ou de vagas em estabelecimentos de ensino em regiões desprovidas de clientela suficientes para ensejar o investimento público. Ordens judiciais de inviável cumprimento são emitidas com frequência, como aquela que obrigava a Administração do Município de São Paulo a abrir, em 180 dias, 140 mil novas vagas em creches.

Para grande parte da Magistratura, em concordância com a política ministerial do *Parquet,* prevalecem os brocardos do Direito Romano – *fiat justitia, pereat mundus,* sem qualquer condescendência ou comiseração extraíveis da situação financeira de uma República aparentemente em grave crise de caixa.

Essa Magistratura vê com perplexidade a situação do Judiciário no *ranking* de confiabilidade nas Instituições, em que ela patina junto ao Parlamento e Partidos Políticos, enquanto os primeiros lugares são destinados às Forças Armadas, Igreja Católica e Ministério Público.

Será que o povo está sendo por demais severo com o sistema Justiça? Ou valeria a pena uma reflexão de todos os integrantes deste complexo sofisticado para tentar entender as críticas?

Não é apenas o volume imenso de processos em curso que impede melhor compreensão do fenômeno Justiça. Por óbvio, uma demanda racionalmente reduzida permitiria desafogo do congestionamento e as respostas do Judiciário viriam a tempo oportuno. Mas existem outras questões a serem enfrentadas.

Há uma percentagem considerável de decisões judiciais meramente processuais. A avalanche de processos tende a fazer com que o julgador também queira se livrar deles com rapidez. Há metas a serem atendidas. Então os obstáculos procedimentais fazem o seu papel: podem interceptar o caminho do jurisdicionado em busca da justiça para receber um "basta" que encerra o processo, mas não enfrenta o cerne do problema.

É explicável essa característica da Justiça brasileira. Durante longo período, a ciência processual era considerada "adjetiva". O direito material era o "substantivo", equivalendo à "substância", relevância e importância.

A subalternidade do Direito Processual despertou o empenho dos processualistas para a conquista da autonomia científica e o acaso histórico veio a colaborar com isso. Mentes privilegiadas tiveram de deixar o velho continente europeu ao advento do nazismo e se refugiaram no Largo de São Francisco. Mencionem-se, apenas para permanecer entre os que já nos deixaram, os honrados nomes de Túlio Ascarelli e Enrico Túlio Liebman. Em contato com alunado local já interessado em desenvolver o Direito Processual, produziu-se uma tonelagem de obras sobre processo, que deixou o direito substancial em segundo plano. O processo, de instrumento de realização do justo concreto, passou a ser finalidade. E as decisões de índole processual ou procedimental foram produzidas em ritmo ascendente.

Isso ainda continua. Singelo exemplo concreto é eloquente. Um grupo de 80 pesquisadores científicos do Estado de São Paulo viu-se prejudicado com ato do Executivo que interrompeu o pagamento de certa vantagem funcional. Como a questão era praticamente consensual, em termos jurídicos, o grupo contratou um advogado para pleitear a continuidade da percepção do benefício em Juízo. O advogado entendeu que seria dificultoso concentrar num só processo os 80 titulares do direito em questão e resolveu adentrar com 20 processos de quatro postulantes.

O resultado não poderia ser mais eloquente da álea que envolve o processo judicial brasileiro. Houve indeferimento da inicial, abertura de prazo para complementá-la, reconhecimento de decadência, acolhimento de exceções, instrução de outros feitos com deferimento e indeferimento da pretensão para os que conseguiram ultrapassar as barreiras processuais.

Como explicar aos detentores de cargo e função idêntica, em igualdade de condições, que os processos resultem nessa pluralidade de resultados?

Algo não está a funcionar a contento na Justiça brasileira.

O que se poderia fazer para conferir ao sistema encarregado de solucionar conflitos a eficiência que deve revestir toda atuação estatal, por força do preceito incluído no art. 37 da Constituição da República?

A receita não é singela. Implica em vontade de mudar, o que nem sempre existe num universo impregnado de equivocada concepção do que venha a ser a *inércia.* O Judiciário é inerte, sim. Só age se provocado. Mas o agonizante Código de Processo Civil prevê também o *impulso oficial.* Depois de iniciada a ação, fazer com que ela atinja seu final é responsabilidade do juiz.

Seja como for, a inércia é princípio adstrito ao processo. Não tem pertinência com o Judiciário como equipamento estatal encarregado de fazer incidir a vontade concreta da lei sobre os conflitos postos sob apreciação do Estado-juiz. Mas o princípio da inércia parece haver contaminado, durante bom tempo, uma parte do sistema Justiça. As mudanças são alvo de resistência. Reluta-se em mudar. Pois toda mutação é traumática.

Imagine-se que a blindagem da inércia venha a ser superada. Então haveria urgência na conversão da formação jurídica em função produtora de resultados, mudando sua vocação de *institucionalizadora* de controvérsias como hoje parece prevalecer. Sim. Um Judiciário com quatro instâncias e mais de 50 oportunidades de reapreciação do mesmo tema, diante de um caótico sistema recursal, não parece efetivamente interessado em *resolver* os problemas, senão em *institucionalizá-los* e mantê-los disciplinados durante a infinita duração de um processo.

A formação jurídica do amanhã deveria priorizar as alternativas ao processo convencional, mediante adoção das estratégias já comprovadamente eficientes de composição consensual de conflitos. O Direito anglo-saxão exercita inúmeras possibilidades de obtenção de um ajuste entre as vontades adversas, que poupam o interessado de percorrer as vicissitudes de um processo.

Uma Escola de Direito afeiçoada às urgências da contemporaneidade priorizaria as técnicas de argumentação e persuasão, a lógica, a psicologia, a sociologia, a capacidade de comunicação, a oratória, em lugar das disciplinas compartimentadas e resistentes ao diálogo do modelo atual.

Nem se argumente que essa visão é reducionista e tem por objetivo aliviar a insuportável carga de trabalho do Poder Judiciário. Se vier a ser obtido esse resultado, ele não é desprezível. Mas que seja um subproduto do objetivo principal: edificar uma sociedade que saiba enfrentar com altivez e protagonismo os problemas do convívio e não se infantilize cada vez mais, à espera de que o *Estado-babá* solucione todos os seus problemas, sem a participação do próprio interessado.

É o que ocorre em todos os níveis do Estado brasileiro de formatação recente, em que a abundância de direitos faz com que todos sejam titulares exigentes e irascíveis de todos e quaisquer aspirações, interesses, anseios e vontades, tudo – como já foi dito – confundido com direito fundamental.

No âmbito do sistema Justiça, embora eufemisticamente se chame a parte de "sujeito processual", na verdade ela é *objeto da vontade do Estado-juiz.* A parte só tem liberdade para argumentar no momento em que narra ao advogado o problema que a atormenta. A partir daí, o processo toma o rumo inevitável da burocracia processual e, a final, o "sujeito processual" se vê, não raras vezes, surpreendido com uma resposta insatisfatória. Pois a decisão judicial pode terminar o processo, mas não encerra, inevitavelmente, o conflito.

Já a adoção da conciliação, da mediação, da negociação, da arbitragem e de tantos outros métodos exitosos e ainda não implementados no Brasil, garantirá uma solução mais ética, pois autônoma. Conta com a participação dos envolvidos. Eles ouvirão o adverso, poderão se convencer em parte das razões expostas. Se chegarem ao acordo, este resultará de um protagonismo do maior interessado. Não será a resposta formal e técnica do Estado, que no processo tarifará a dor, o sofrimento, a angústia, a imensa gama de interesses que legitimam o ser humano a recorrer ao Judiciário.

Essa é uma política de difícil implementação e somente surtirá efeitos a longo prazo.

Algo poderia ser feito de imediato?

Também não é fácil modificar o sistema de recrutamento de magistrados. Reflexão que também serve para todas as demais formas de seleção das outras carreiras jurídicas. O teste de memorização que hoje prevalece não detecta problemas que surgirão no decorrer do exercício dessas importantes funções. A vocação é algo que saiu do foco dos que hoje enxergam a carreira como profissão, indistinta em relação a qualquer outra.

Mas há coisas mais prosaicas não aferíveis na modalidade atual de concurso de provas e títulos. Capacidade de trabalho, por exemplo. Nem sempre os "gênios" que obtêm as primeiras classificações dão conta do volume de trabalho. De que adianta proferir uma excelente sentença, destinada aos repertórios jurisprudenciais como paradigma, se milhares de outros jurisdicionados permanecem a aguardar, aflitos e desalentados, que os seus processos também mereçam definição judicial?

O funil do certame de seleção de juízes, promotores, defensores, procuradores, delegados e serventuários do extrajudicial tende a intensificar certa natural prepotência dos aprovados. Pois *muitos são os chamados; pouquíssimos os escolhidos*. A própria instituição reforça a tendência a considerá-los muito especiais, muito superdotados e, portanto, distanciados da massa a cujo serviço a função é preordenada.

Não é incomum a postura arrogante, pretensiosa, vaidosa e insensível de alguns dos integrantes dessas carreiras. Característica suscetível de enfatizar a sensação de *ativismo* de boa parte da Magistratura brasileira.

Fácil não é adotar um método de recrutamento único, para todos os cinco ramos do Judiciário e para um Estado continental como o Brasil, em que a diversidade regional seria suficiente para a identificação de vários países. Mas um caminho já trilhado e, de certa forma negligenciado, é o do fortalecimento das Escolas da Magistratura. Este o "lócus" ideal para a preparação à carreira judicial. Aqui a forja dos seres humanos chamados a atuar na resolução dos conflitos e que não podem confundir Magistratura com o exercício de outras funções estatais, ainda que de igual estatura em relevância e dignidade.

O juiz é um servidor muito peculiar. É o *decideur* que os franceses tão bem desenharam. É um solucionador, um arquiteto de resultados eficientes, um pacificador. E um transformador da qualidade da Democracia, de cujo ideal é também avalista e garante.

O próprio Judiciário não formatou o padrão de juiz ideal e parece concordar com a tese do "pluralismo", extraível de um dos inúmeros princípios acolhidos no pacto fundante. Só que o jurisdicionado não se satisfaz, quando é o seu problema a ser apreciado, com essa exuberância de concepções de direito à disposição do julgador. Ele gostaria de um mínimo de previsibilidade, daquilo que se denomina "segurança jurídica" e que, no Brasil de hoje, parece uma ideia oca, uma utopia, uma verdadeira ficção.

O problema não é exclusivamente brasileiro. Em outras Democracias, até mais tradicionais, ele também se manifesta. Na vizinha Argentina, a crítica à desenvoltura do juiz é recorrente:

> Mas algo muito mais grave tem ocorrido nos últimos tempos: sob o argumento de uma pretensa defesa da Constituição, alguns juízes com vocação a ser protagonista midiático começaram a intervir em toda sorte de assuntos, que em princípio são da esfera de atribuição de outros Poderes do Estado, interferindo, assim, na tarefa de governar ao assumir o cumprimento de funções que são privativas de outras autoridades. E, dessa forma, abandonam o acatamento à lei para entrar no campo do **cogover-**

> **no** e, ainda por cima, ingressando num terreno muito perigoso: o de um incrível desgoverno, já impossível de controlar[5].

Aparentemente, o Brasil registra protagonismo semelhante. As *políticas públicas* são tangidas ao sabor da vontade exteriorizada pelo julgador de plantão. Em todos os níveis. No primeiro grau de jurisdição, já se constatou que a ordem judicial de edificação de estabelecimentos de recolhimento de menores infratores, cumprida a duras penas pelo Prefeito imerso em compromissos frustrados pela crescente queda de arrecadação, mostrou-se desnecessária quando o juiz da comarca se promoveu e foi substituído por colega que não partilhava da mesma orientação.

Inúmeros prefeitos reclamam do excesso de intervenção na administração municipal, pois são eles os alvos diretos do juiz em exercício na comarca. Embora quatro sejam os níveis da Federação brasileira, aliás assimétrica e singular sob os parâmetros tradicionais do Federalismo – União, Estado-Membro, Distrito Federal e Município – é este o alvo principal das decisões judiciais condenatórias a prestações estatais.

O Professor André Franco Montoro costumava afirmar que *ninguém mora na União ou no Estado; as pessoas moram no Município.* Esta Unidade da Federação é, por isso mesmo, o destino direto das ordens judiciais que acolhem pretensões de titulares de direitos ainda insatisfeitos.

Os Municípios sofrem com essa perene intervenção. O histórico de casos concretos de situações surreais daria interessante material para a literatura ou para a dramaturgia do absurdo. Mencione-se, a propósito, a multiplicação de mandados de segurança com vistas a vagas em creche, resultante de um trabalho junto à Maternidade local, de abordagem junto às parturientes, solicitadas a assinar uma procuração assim que dessem entrada para dar à luz. Sessenta dias

5 VELLOSO, Adolfo Alvarado. O garantismo processual. In: *Ativismo judicial e garantismo processual.* DIDIER JR., Fredie *et alii* (Orgs.). Salvador: Editora JusPodivm, 2013, p. 32.

depois, a Municipalidade era acionada a fornecer a vaga, sem que a mãe se recordasse ou mesmo se interessasse pelo acolhimento de seu bebê.

Chefe do Executivo de Município cujo território é inteiramente situado numa APA – Área de Proteção Ambiental, viu-se compelido a demolir um vilarejo com 80 anos de existência, comunidade consolidada, inclusive com templo religioso tradicional, pois desprovido do competente licenciamento ecológico. Ao argumentar com a inexistência de gleba com outro *status* jurídico, recebeu a resposta pronta da autoridade judicial: – *Então construa as moradias em outro município! O problema é seu, não meu!*.

As estórias e relatos poderiam prosseguir e evidenciariam certo mal-estar no Brasil, pela inexata compreensão de qual o papel do Judiciário em relação à profusão de demandas exteriorizadas por uma sociedade sedenta por justiça, embora nem sempre consciente de quais sejam, efetivamente, os seus direitos.

Analistas de várias tendências têm se dedicado a examinar o quadro presente, o qual é bem explorado pela mídia[6]. No âmbito da ciência jurídica, os estudos hermenêuticos nunca tiveram tamanha relevância como hoje. Não se nega a contribuição da doutrina para dissecar a inexplicável profusão de tendências gerada por visões distintas ante o mesmo texto. O Ministro Eros Roberto Grau, por exemplo, já ofereceu sua consistente contribuição a respeito:

> A decisão judicial é determinada pelas palavras da lei e pelos antecedentes judiciais; pela figura delitiva que se imputa; pelas interpretações elaboradas pelas duas ou mais partes em conflito; pelas regras processuais; pelas expectativas de justiça nutridas pela consciência da sociedade; finalmente, pelas convicções do próprio juiz, que pode estar influenciado, de forma decisiva, por preceitos de ética religiosa ou social, por esquemas doutrinais em voga ou por instâncias de ordem política. De mais

6 A propósito, *O Estado de São Paulo* de 26.12.2015, na página A2, dedicada ao *Espaço Aberto,* trouxe artigo de Marco Aurélio Nogueira, professor titular de Teoria Política e Coordenador do Núcleo de Estudos e Análises Internacionais (Neai) da Unesp, sob o eloquente título: *Judiciário hiperativo, política em frangalhos.*

> a mais, o juiz, em verdade, considera o direito todo, e não apenas um determinado texto normativo[7].

O julgador é um ser humano. Ele e suas circunstâncias. Sua história de vida, suas experiências, suas vicissitudes e suas idiossincrasias. Propalar a *neutralidade,* a *imparcialidade como assepsia absoluta,* é algo que esbarra na realidade inafastável: *justiça humana é realizada pelo ser humano frágil, vulnerável e defeituoso,* como é próprio de sua natureza.

Aquele que é recrutado para ser o *feitor da sociedade,* o *zelador da normatividade,* o *guarda do pacto,* já chega como produto semiacabado ao obter aprovação no concurso. Já tem suas pré-compreensões, seu *design* de mundo, que nem sempre sofrerá radicais mutações. A formação psicológica é anterior ao ingresso. A consolidação dos preconceitos antecedeu a essa fase. É impossível que haja uma transmutação e que, por ser juiz, ele venha como *tábula rasa,* despido de toda a hierarquia axiológica com a qual cresceu e da qual hauriu condições de enfrentar sua trajetória pessoal no decorrer dos anos.

É fácil compreender tal realidade. O difícil é aceitá-la para a álea do caso concreto, quando o jurisdicionado que tem certeza do seu direito, vê-se surpreendido pela decisão desfavorável. Argumentar com a fragilidade dos julgamentos humanos não aplaca o seu desalento ou até sua ira.

Enquanto não se alterar a formação jurídica – tarefa para mais de uma geração – e não se mudar a fórmula de selecionar juízes, assim como enquanto não se alcança um estágio civilizatório em que o acordo seja a solução factível mais almejada, cumpre à lucidez pátria oferecer alternativa ao cenário presente.

Nem sempre é viável ajustar a sintonia entre a consciência individual do julgador com as exigências éticas que a normatividade nem sempre abriga, pois a elaboração da lei é algo cada vez mais falível na Democracia contemporânea. Conciliar a missão de pacificar e de contribuir com o aprimoramento do convívio é tarefa hercúlea. Tentar

7 GRAU, Eros Roberto. *Ensaio e Discurso sobre a Interpretação/Aplicação do Direito.* 3. ed. São Paulo: Malheiros Editores, 2005, p. 113.

obter um consenso mínimo numa sociedade em que, aparentemente, o único consenso é a *falta absoluta de consenso,* não é perspectiva que se vislumbra para um futuro próximo.

Tenha-se presente:

> O fato óbvio de que juízes de visão de mundo bem diversa tendem, naturalmente, a interpretar de modo distinto, senão contraditório, as fórmulas gerais do texto constitucional, tais como "construir uma sociedade livre, justa e solidária", "promover o bem de todos, sem preconceitos de origem, raça, sexo, cor, idade e quaisquer outras formas de discriminação"; "os valores sociais do trabalho e da livre-iniciativa" e, sobretudo, "a dignidade da pessoa humana". Daí por que o aprimoramento das instituições, em matéria de jurisdição constitucional, não é alcançado pela busca de uma imaginária pureza democrática, mas sim pelo estabelecimento de sólidas garantias de independência da magistratura, com a consequente responsabilidade funcional dos magistrados[8].

Este é um ponto sensível. Não há Magistratura mais independente do que a brasileira. Basta olhar em torno, aqui mesmo na América Latina e se constatará que o respeito ao Judiciário, o prestígio da Magistratura, o acatamento às ordens judiciais como ocorre no Brasil, não tem similar em nosso continente.

Nada obstante, há um déficit em relação à responsabilidade funcional, sempre acobertada pelo dogma da *soberania das decisões.* A questão correcional é bem administrada. Tanto as Corregedorias locais como a Corregedoria Nacional desempenham a contento sua missão de conter os excessos e de parametrizar a conduta do magistrado à expectativa de comportamento nutrida por uma sociedade que tem o Judiciário em alta conta, ao menos como instância simbólica de exteriorização do poder.

Os excessos precisam e devem ser contidos. Não há instituição imune a controle. Há exageros creditados ao Ministério Público, no afã de fiscalizar a ética cívica e a conduzir o juiz, ator inerte, à prática de injustiças. As investigações que não têm termo certo e que depois

8 COMPARATO, Fábio Konder. *Rumo à justiça.* São Paulo: Saraiva, 2010, p. 279.

resultam em ausência de elementos para propositura de ação, a divulgação de meros indícios como se foram fatores consistentes de convicção, as ordens judiciais insuscetíveis de atendimento, ante absoluta impossibilidade material ou insuficiência de orçamento, em nada contribuem para o fortalecimento do sistema Justiça.

A *responsabilidade funcional* dos magistrados – lembrando que na França e na Itália ambas as carreiras se fundem numa só, a Magistratura sentada – *de siège* – e a Magistratura em pé – *du Parquet* – pode ser intensificada. Há prejuízos morais e materiais que resultam de um protagonismo não condizente com uma Democracia adulta.

A Magistratura só ganharia em consistência se a sua responsabilidade se amparasse num conceito de certa forma singelo e já absorvido no Código de Ética editado pelo Conselho Nacional de Justiça em 2007. É o *consequencialismo,* responsabilidade do julgador ante os efeitos concretos de sua decisão no espaço em que ela incidirá.

Uma ordem judicial terá consequências. Estas não podem ser ignoradas por quem a emite. O Judiciário não pode compactuar com absurdos. Há um limite para o intervencionismo judicial. Os parâmetros serão fornecidos pela incontornável força da realidade. Ainda não desapareceu de todo, embora muito atenuado, o princípio *ad impossibilia nemo tenetur.* Nem se pode banir do ordenamento o controvertido conceito da *reserva do possível.*

A sensatez, a moderação, o *in medio virtus* muitas vezes parece faltar em alguns julgamentos. Não se cuida de se curvar à incúria governamental ou de transigir com o maltrato da coisa pública, negligente em relação a direitos indisponíveis e pródiga ao atuar em causa própria.

O Judiciário integra o contexto nacional com todas as suas características. Ele não pode destoar da pluralidade de influências que fornecem a mais adequada e possível interpretação do pacto fundante, vontade soberana do povo, único titular da soberania. Soberania que em nome do povo foi exercida por representação até 05.10.1988, quando se inovou na ordem constitucional para admitir direta intervenção popular na gestão da coisa pública, embora ainda tímida, mas denunciadora da vontade constituinte de implementação de uma Democracia participativa.

O juiz tem a missão de mediar a vontade estatal, adequando-a às expectativas da sociedade. Pois:

> A vinculação judicial à lei e a independência pessoal e funcional dos juízes não podem escamotear o fato de que o juiz interpreta a Constituição na esfera pública e na realidade... Seria errôneo reconhecer as influências, as expectativas, as obrigações sociais a que estão submetidos os juízes apenas sob o aspecto de uma ameaça a sua independência. Essas influências contêm também uma parte de legitimação e evitam o livre arbítrio da interpretação judicial. A garantia da independência dos juízes somente é tolerável, porque outras funções estatais e a esfera pública pluralista fornecem material para a lei[9].

A independência dos juízes brasileiros já se encontra assegurada. A contraprestação é uma tomada de posição mais madura sobre o consequencialismo, para que as decisões judiciais se afinem com a esfera do possível, reflitam o sentimento geral sobre a concepção do justo concreto e não caiam no vácuo, como sofisticado exercício de retórica inconsequente.

Direito é ciência humana, a ser utilizada a favor dos humanos. Não contrariamente a seus interesses. É instrumento, meio, ferramenta, não finalidade. Pode melhorar o convívio, aprimorar o ser humano ou dificultar as relações interindividuais e sociais, estimular a ganância e o egoísmo, desservindo aos objetivos para os quais se acha preordenado.

Ninguém pode, em sã consciência, defender o ativismo judicial na sua concepção negativa, qual a formulada por Ronald Dworkin:

> O ativismo é uma forma virulenta de pragmatismo jurídico. Um juiz ativista ignora o texto da constituição, a história de sua promulgação, as decisões anteriores da Suprema Corte que buscaram interpretá-la e as duradouras tradições de nossa cultura política. O ativista ignoraria tudo isso para impor a outros poderes do Estado o seu próprio ponto de vista sobre o que a justiça exige. O direito como integralidade condena o ativismo e qualquer prática de jurisdição constitucional que lhe esteja próxima. Insiste em que os juízes apliquem a constituição por meio da

---

9 HÄBERLE, Peter. *Hermenêutica constitucional. A sociedade aberta dos intérpretes da Constituição: Contribuição para a interpretação pluralista e "procedimental" da Constituição.* Trad. de Gilmar Ferreira Mendes. Porto Alegre: Sergio Antonio Fabris Editor, 2002, p. 18.

> interpretação, e não por *fiat*, querendo com isso dizer que suas decisões devem ajustar-se à prática constitucional, e não ignorá-la[10].

Embora com referência ao direito norte-americano, o texto é saudável para auxiliar a reflexão, notadamente quando aborda o ativismo como *forma virulenta de pragmatismo jurídico*[11].

Em síntese, se poderia optar pelo equilíbrio entre o ativismo, de um lado e o garantismo, de outro, na serena ponderação de Ricardo Dip:

> Do garantismo – o do decisor que cumpre a lei do soldado: "ordens são ordens" (*Radbruch*), qualquer seja seu conteúdo – e do ativismo, de quem julga segundo sua própria vontade (e "autoridade que se aparta da lei não tem valor de autoridade" – Cícero), distingue-se um médio superior proposto pela doutrina clássica, tipo confirmado pela experiência de muitos séculos: o do juiz equitativo que, em princípio, observa a lei escrita e a costumeira e delas apenas se afasta quando elas se avessam da lei natural ou quando, por deficiência da norma, não se aplicam justamente ao caso em que se situa o objeto terminativo do direito: a *res iusta*. Trata-se aí do juiz que almeja ser justo e prudente; não do juiz que se tem por boca da lei, nem a do decisor que, ventríloquo, é mera voz do arbítrio[12].

Esse meio-termo poderia se consubstanciar no ideal, ainda inatingível, do *juiz consequencialista.* Aquele que não perde de vista os efeitos concretos de sua decisão no ambiente em que ela vai ser cumprida. O juiz que não *lava as mãos,* como Pilatos, mas que pretende ser um solucionador de problemas, um agente que reduza a angustiante carga de aflições que recai sobre os humanos, notadamente quando se veem forçados a recorrer à Justiça dos homens.

---

10 DWORKIN, Ronald. *O império do direito*. Trad. de Jefferson Luiz Camargo. São Paulo: Martins Fontes, 1999, p. 272.

11 Não perder de vista que *o termo ativismo tem sido empregado com verdadeira poluição semântica, ora descrevendo fenômenos distintos, ora sendo utilizado para legitimar decisões judiciais apenas em função do seu resultado.* NERY JÚNIOR, Nelson e ABBOUD, Georges. *Ativismo judicial como conceito natimorto para consolidação do estado democrático de direito:* as razões pelas quais a justiça não pode ser medida pela vontade de alguém. In: DIDIER JR., Fredie, op. cit., *idem*, p. 527.

12 DIP, Ricardo Henry Marques. *Ativismo e garantismo:* novos nomes de positivismos antigos. In: DIDIER JR., Fredie, op. cit., *idem*, p. 553.

RAPIDEZ OU QUALIDADE? SEGURANÇA OU DECISIONISMO? DILEMAS DA JURISDIÇÃO CONTEMPORÂNEA

Leila Mariano

SUMÁRIO: 1. Introdução. **2.** A Crise Funcional. **3.** Crise Funcional. **4.** Crise de natureza individual. **5.** Conclusão.

1. Introdução

Inegável o protagonismo que o Poder Judiciário passou a assumir no Estado contemporâneo graças à sua descoberta pela sociedade, frustrada com os demais Poderes da República. Por outro lado, as exigências dessa mesma sociedade e do mercado de verem atendidos seus pleitos em tempo útil, o fizeram destinatário das mais acirradas críticas, atingindo diretamente sua legitimidade.

Depois da Constituição de 88, dois grandes temas, a morosidade e os custos da máquina judiciária, passaram a ocupar a pauta da imprensa e a agenda política, motivando movimentação nacional pela reforma do Judiciário que, depois de muita discussão, veio a ser consubstanciada na Emenda Constitucional nº 45, de 30 de dezembro de 2004.

Dentre as modificações introduzidas, foi estabelecido um novo direito fundamental, o do tempo razoável de duração do processo, que veio se somar àqueles outros já constantes na Carta: da inafastabilidade da jurisdição[1], do devido processo le-

1 *XXXV – a lei não excluirá da apreciação do Poder Judiciário lesão ou ameaça a direito.*

gal[2], do contraditório e da ampla defesa[3], bem como da plena acessibilidade[4].

Via de consequência, surgiu para o Poder Judiciário o dever jurídico de prover os meios que garantam a célere tramitação dos processos jurisdicionais que lhe estão afetos. Note-se que estamos falando do Judiciário de um país continental ao qual é atribuída, de forma universal e isonômica, a solução dos conflitos de interesses que afligem todos os brasileiros e estrangeiros nele residentes. Seus números não têm precedentes em escala mundial.

A chamada crise do Judiciário, em razão da defasagem entre as expectativas sociais e o que efetivamente é realizado em termos de prestação jurisdicional, passou a ser questão prioritária, sendo de se registrar a diminuição do grau de tolerância com a baixa eficiência do sistema judicial[5].

Passados 27 anos, essa crise assumiu grandes proporções, tendo o Professor Diogo de Figueiredo Moreira Neto[6] nela identificado:

> [...] três matrizes: uma estrutural que tem relação com a deficiência de juízes e a falta de controle efetivo; uma funcional que se refere à inadequação das leis e problemas de acesso à justiça e outra de natureza individual ou imaginária que é fortíssima porque faz o amálgama das duas primeiras vertentes e na qual se situam as dificuldades por que passam os juízes para dar conta dos desafios da jurisdição.
> É sobre essas matrizes que trataremos neste artigo.

---

2 *LIV – ninguém será privado da liberdade ou de seus bens sem o devido processo legal.*

3 *LV – aos litigantes, em processo judicial ou administrativo, e aos acusados em geral são assegurados o contraditório e ampla defesa, com os meios e recursos a ela inerentes.*

4 *LXXIV – o Estado prestará assistência jurídica integral e gratuita aos que comprovarem insuficiência de recursos.*

5 SADEK, Maria Tereza. O judiciário em questão. *Revista São Paulo em Perspectiva*, São Paulo, v. 10, n. 3, p. 53, 1996.

6 MOREIRA NETO, Diogo de Figueiredo. Uma política alternativa para o sistema judiciário brasileiro. Rio de Janeiro: Mimeo. In: STRECK, Lenio Luiz. Hermenêutica Jurídica e(m) crise: uma exploração hermenêutica da construção do direito, p. 87.

2. A Crise Estrutural

Fato incontestável é que, no pós-88, o Poder Judiciário não estava preparado para o protagonismo que passou a assumir, com as consequências daí advindas. Basta para se dimensionar essa grandeza que se consulte o catálogo de direitos e garantias fundamentais insculpidos na Carta Constitucional, a quantidade de novos direitos que passaram a ser reconhecidos e a amplitude subjetiva dos legitimados a pleitear em juízo, em seu próprio nome ou coletivamente.

O Poder Judiciário não dispunha e ainda não dispõe das condições essenciais para cumprir as obrigações que lhe são constitucionalmente impostas, quer pela carência de juízes e de servidores, quer pela falta de recursos tecnológicos e materiais, situação essa que se agrava em razão da crise financeira por que passa o país, com reflexos diretos no setor público e no mercado, gerando grande número de desempregos e de inadimplência.

Com a retração da economia, menos tributos são recolhidos e, consequentemente, dificuldades acessórias passam a existir na execução dos orçamentos públicos, levando a que muitos dos Tribunais não possam completar ou ampliar seus quadros, sequer sendo-lhes permitido realizar concursos públicos, por atingirem as despesas de pessoal o limite prudencial.

Mesmo assim, sem que tivesse havido qualquer planejamento ou reforço orçamentário e financeiro que permitissem aos Tribunais se prepararem para a multiplicidade da demanda que adviria, foram estes instados a ampliar o acesso à Justiça.

Não se pode olvidar que, num primeiro momento, frente às manifestações que levaram a sua criação pela Emenda Constitucional nº 45/2004, o Conselho Nacional de Justiça buscou concentrar os esforços dos diversos Tribunais na gestão, entendendo que a falta de conhecimento e de empreendimento na administração era a causadora da morosidade e da onerosidade excessiva, identificadas como os problemas mais sérios do Judiciário.

Cuidou, assim, de conhecer as dimensões desse Poder[7] para depois estabelecer planos estratégicos[8], metas e indicadores de alcance nacional, colocando, todavia, nos ombros dos magistrados[9] a grande responsabilidade de responder pelos resultados.

Apesar dos esforços concentrados dos quais redundaram o julgamento de milhões de ações, não decresceu o índice de congestionamento[10]. Ao contrário, os números vêm sendo majorados pela quantidade sempre crescente de novos ajuizamentos, sendo que a quantidade de processos baixados e arquivados não atinge a mesma proporção, havendo sempre resíduo a ampliar o estoque[11].

O excesso de judicialização traz um complicador bastante sério

---

7 Sob a presidência do Ministro Nelson Jobim, o CNJ iniciou levantamentos no sentido de comparar, por exemplo, os gastos com a manutenção da atividade judiciária e o PIB Nacional, o índice de congestionamento, entre outros, dando origem ao que hoje, de forma mais ampla, é divulgado anualmente no *Justiça em Números*.

8 Através da Resolução nº 12, de 14 de fevereiro de 2006, foram definidos padrões de interoperabilidade a serem utilizados no Poder Judiciário, entre eles, a padronização do número dos processos e de sua classificação. Paralelamente, para incrementar a informatização, foram disponibilizados aos tribunais equipamentos e sistemas informatizados que registram dados processuais e administrativos, tudo com objetivo de tornar realidade o Banco de Dados do Judiciário.

9 STRECK, Lenio Luiz. Hermenêutica e Ensino Jurídico em *Terrae Brasilis*. In: *180 anos do ensino jurídico no Brasil*. Campinas-SP: Millennium Editora, 2008, p. 382. *A discussão em torno da efetividade do processo é de cunho paradigmático. Veja-se que as teses instrumentalistas do processo continuam apostando na "delegação" em favor do juiz da tarefa de "dar agilidade ao processo". Trata-se da afirmação do paradigma da consciência, enfim, do solipsismo de um sujeito (juiz) que carrega sobre os ombros a "responsabilidade" de "bem conduzir o processo". Isso, no fundo, é mais do que repristinar a discricionariedade positivista (lembremos do debate Dworkin-Hart).*

10 *Judiciário em Números*, publicado em 23.09.2014. Disponível em: <http://www.cnj.jus.br>.

11 *Judiciário em Números*, publicado em 23.09.2014, que indica, relativamente ao Estado do Rio de Janeiro, crescimento do ajuizamento no período de 2011 a 2013 da ordem de 22 %, enquanto dos processos baixados se limitou a 5,3%. Disponível em: <http://www.cnj.jus.br>.

para a Administração dos Tribunais na medida em que estes, por mais que queiram, estão tolhidos quanto à nomeação de magistrados e servidores ou contratação de terceirizados como pessoal de apoio, como é o caso dos psicólogos e/ou assistentes sociais necessários para subsidiarem a atuação judicial em grande parte dos segmentos.

Isso em razão da Lei de Responsabilidade Fiscal que, nos Estados, embora limite as despesas de pessoal em 6% da sua receita líquida, tem seu limite prudencial fixado em 5,7% daquela base de cálculo, aí considerando as despesas com servidores estatutários e com contratados pelo regime celetista que atuem nas áreas fim e de apoio administrativo, seja diretamente ou através de terceirização.

Sem condições de aumentar os recursos humanos, tecnológicos e materiais, pelo menos proporcionalmente ao crescimento da demanda, não parece viável uma solução para esse impasse. Isso porque, como se verá, a crise estrutural está intimamente ligada à crise funcional, também responsável pela macrodimensão que o Poder Judiciário passou a assumir.

A maximização da demanda, em contraposição à minimização da mão de obra, é uma equação que não terá jamais resultado satisfatório. Daí merecer discussão o estabelecimento de metas exclusivamente quantitativas para os Tribunais e magistrados, isso porque, no afã de produzir, está sendo prejudicada a qualidade das decisões. Não raramente, não se está cuidando da legitimidade e representação das partes, está sendo superada a realização de provas essenciais e deixando de lado a análise fática do conflito, ou seja, numa evidente desconsideração do círculo hermenêutico, como se verá.

3. Crise Funcional

A complexidade[12] das relações sociais e empresariais advinda principalmente do inafastável processo de globalização e a consciência das pessoas quanto aos direitos inerentes à cidadania e à possibilidade

12 Complexidade. Edgar Morin, na obra *Introdução ao pensamento complexo* (5. ed., tradutora Elaine Lisboa. Porto Alegre: Editora Sulina, 2015), ressalta que [...] *a complexidade indica que tudo se liga a tudo e, reciprocamente, numa rede relacional e interdependente. Nada está isolado no Cosmos, mas sempre em*

de exigirem do Poder Público a efetivação daqueles direitos que lhes são garantidos em sede constitucional fizeram crescer a judicialização, não só quantitativa, mas também qualitativamente. Isso tudo refletindo diretamente na atividade jurisdicional, em especial na dificuldade de serem proferidas, em tempo razoável, decisões judiciais que ponham fim aos conflitos.

Com a democratização do país e o Neoconstitucionalismo ou Constitucionalismo Contemporâneo[13], foram parar na mesa dos ma-

---

relação a algo. Ao mesmo tempo em que o indivíduo é autônomo, é dependente, numa circularidade que o singulariza e distingue simultaneamente. Como o termo latino indica: "Complexus – o que é tecido junto." Examinando a questão, Vanice Lírio do Valle, em seu artigo Eficiência administrativa, pluralismo e hipercomplexidade: novas fronteiras da compreensão de um velho problema (*Revista da Procuradoria Geral do Município de Belo Horizonte*: Editora Fórum, 2010), pontua: *Os tempos são de hipercomplexidade – em que a aceleração do conhecimento, das inovações tecnológicas e da circulação de bens, pessoas e conhecimento, cada vez mais desafia a possibilidade de atualização de pessoas e instituições. Os problemas enfrentados pelas estruturas de poder político organizado se multiplicam – mas também se complexificam de forma exponencial, acompanhando a fenomenologia que incide sobre a sociedade que eles regulam.*

13 Constitucionalismo contemporâneo. A partir da 4ª edição *de Verdade e consenso – Constituição, hermenêutica e teorias discursivas*, São Paulo: Editora Saraiva, 2011, Lenio STRECK deixa de usar a nomenclatura "neoconstitucionalismo" por entender ser esse *nomen juris* motivo de ambiguidades teóricas. Esclarece que o termo, criado por constitucionalistas espanhóis, embora tenha representado importante passo para afirmação da força normativa na Constituição na Europa continental, no Brasil, [...] passadas duas décadas da Constituição de 88 e levando-se em conta as especificidades do Direito brasileiro, é necessário reconhecer que as características do neoconstitucionalismo aqui professado provocam condições patológicas que contribuem para corrupção do próprio texto constitucional. Isso porque sob essa bandeira defende-se o direito constitucional da efetividade; um direito assombrado pela ponderação de valores; uma concretização *ad hoc* da própria Constituição e uma pretensa constitucionalização do ordenamento a partir de jargões *vazios de conteúdo como o neoprocessualismo, o neopositivismo. Tudo porque se acreditou ser a jurisdição responsável pela incorporação dos "verdadeiros valores" que definem o direito justo. Passa a usar a expressão Constitucionalismo Contemporâneo, que representa um novo dimensionamento da* práxis *político-jurídica que se dá no plano da teoria do Estado e da Constituição, com o advento do Estado Democrático de Direito, e*

gistrados matérias antes inimagináveis. Frequentemente, estes precisam decidir sobre direitos fundamentais, direitos humanos e sociais e sobre outras questões cuja conceituação e fundamentos não se cingem ao universo jurídico e, para cuja solução, indispensável a utilização não só dos princípios constitucionais, de conteúdo moral, mas de outros saberes de natureza humanística.

Não bastasse, o fenômeno da judicialização da política[14] *forjado,* no Brasil, *por um contexto marcado por três fatores: redemocratização, constitucionalismo abrangente e incorporação de um sistema híbrido de controle de constitucionalidade*[15], abriu a temática posta à consideração judicial, impondo a sindicalização das políticas públicas, o que veio a contribuir para que os magistrados passassem a atuar discricionariamente, ao tentar suprir, com seu ativismo, a inércia dos outros Poderes do Estado.

Várias foram as leis que, ao estabelecerem novos direitos individuais ou sociais, ampliaram a atuação do Judiciário no e fora do processo judicial.

Desde 13 de julho de 1990, uma vez aprovado o Estatuto da Criança e do Adolescente pela Lei nº 8.069, foram estendidos aos menores até 18 anos, de forma prioritária, todos os direitos fundamentais

---

no plano da teoria do direito, no interior da qual se dá a reformulação da teoria das fontes (a supremacia da lei cede lugar a onipresença da Constituição); na teoria da norma (devido à normatividade dos princípios) e na teoria da interpretação (que, nos termos propostos pelo autor, representa uma blindagem às discricionariedades e aos ativismos).

14 TASSINARI, Clarissa. *Jurisdição e ativismo judicial – limites da atuação do judiciário*. Porto Alegre: Livraria do Advogado, 2013, p. 31. O fenômeno da judicialização da política é produto das transformações ocorridas no Direito com o advento do novo texto constitucional e com o deslocamento do polo de tensão do Executivo para o Judiciário, em razão da passagem da concepção do Estado Social para o Estado Democrático de Direito.

15 BARROSO, Luis Roberto. Judicialização, ativismo judicial e legitimidade democrática. In: COUTINHO, Jacinto N. de Miranda; FRAGALE FILHO, Roberto; LOBÃO, Ronaldo (Orgs.). *Constitucionalismo e Ativismo judicial: limites e possibilidades da norma constitucional e da decisão judicial.* Rio de Janeiro: Lumen Juris, 2011, p. 275-290.

inerentes à pessoa humana, além de lhes ser concedida proteção integral que lhes possibilitem todas as oportunidades e facilidades, a fim de lhes garantir o desenvolvimento físico, mental, moral, espiritual e social, em condições de liberdade e de dignidade. Essa gama de direitos trouxe obrigações para a família, a comunidade, a sociedade em geral e, principalmente, para o Poder Público.

Fato é que, nem esses grupos sociais nem o Poder Executivo estão aptos a atender às necessidades apontadas na multiplicidade de pretensões que passaram a ser deduzidas quer em nome individual, quer de forma coletiva, através das ações civis públicas. Verificando que as sentenças condenatórias não têm tido a efetividade que se impõe, o Poder Judiciário passou a atuar de forma mais ampla, propositiva, não só dizendo o direito, mas buscando, através do diálogo, em reuniões, encontros e audiências públicas, sensibilizar aquele Poder a implementar políticas públicas indispensáveis, principalmente nas áreas da educação e da saúde, e, quanto a esta, a se voltar para uma das principais mazelas que é o uso de drogas, dentre elas o crack, por adolescentes cada vez mais jovens. Com a participação do Ministério Público e da Defensoria Pública têm sido firmados alguns termos de ajustamento de condutas para viabilizar a execução consensuada das condenações impostas, sendo que, na prática, a efetividade desses acordos é ainda muito reduzida.

É de se registrar ainda que, em todos os casos afetos a esse segmento é indispensável a atuação e assessoria de equipes multidisciplinares que, através de estudos de casos e perícias, apoiem o agir judicial. O custeio desses servidores com formação qualificada ou da terceirização desse serviço é assumido, quase com exclusividade, pelo Poder Judiciário sendo de ressalvar que, as limitações quanto à execução orçamentária trazidas pela Lei de Responsabilidade Fiscal, no que se refere aos gastos com pessoal, impedem que se tenham os profissionais necessários para atender à demanda sempre crescente.

Não é de se esquecer que, poucos anos antes da promulgação da Constituição Cidadã, fora editada a Lei nº 7.210, de 11 de julho de 1984, que deu nova feição à Lei de Execuções Penais com objetivo de efetivar as disposições das sentenças ou decisões criminais e proporcionar condições para a harmônica integração social do condenado e do internado a quem são assegurados todos os direitos não atingidos pela sentença ou pela lei. Esse juízo especializado é um dos órgãos de execução penal, devendo, dentre outras atribuições, zelar pelo correto cumprimento da pena e da medida de segurança e inspecionar, mensalmente, os estabelecimentos penais, tomando providências para seu adequado funcionamento, e promovendo, quando for o caso, a apuração de responsabilidade. Para tanto, indispensável, também, a atuação de equipes técnicas multidisciplinares que subsidiem a atuação judicial, em especial no que concerne à fiscalização do cumprimento das penas alternativas. Também aqui repete-se a problemática orçamentária e financeira referida com relação à infância, adolescência e idosos.

Em 1995, tornou-se obrigatória a criação e instalação dos Juizados Especiais[16] para conhecer e julgar conflitos concernentes a questões cíveis de menor complexidade e criminais de menor potencial ofensivo, através de um processo simplificado onde a oralidade seria a tônica, podendo se utilizar para a solução dos conflitos de conciliadores e juízes leigos. Tudo, sem que houvesse experiência anterior nesse sentido em sede nacional[17].

Esse segmento, que se tornou realidade graças à criatividade e ousadia de juízes pioneiros, construiu-se de forma empírica, através de ensaios e erros, com características locais, e hoje abriga percentual considerável de demandas[18], em especial daquelas que tratam do Direito do Consumidor. É parte sensível do sistema de justiça porquanto, sua ineficiência, além de frustrar um grande número de jurisdicionados, faz com que essas demandas migrem para as varas cíveis

---

16 *Lei dos Juizados Especiais Cíveis e Criminais*, Lei nº 9.099, de 26 de setembro de 1995.

17 Com essa afirmativa não se está esquecendo que, sob ótica diversa, no período colonial e monárquico, os juízes ordinários, não letrados, julgando conforme os costumes, podiam ser considerados juízes leigos. Também que os jurados dos Tribunais do Júri são auxiliares leigos do Poder Judiciário. Vale lembrar que os Juizados de Pequenas Causas que antecederam aos Juizados Especiais não previam a atuação de conciliadores ou de juízes leigos.

18 Ver *Justiça em números,* CNJ, série histórica dos Juizados Especiais.

comuns, de forma gratuita, onerando não só a capacidade financeira dos Tribunais, mas a prestação jurisdicional como um todo. Fato é que na maior parte dos Estados os Juizados Especiais estão abarrotados, com agendamento de audiências para mais de um ano, praticamente negando as premissas que levaram à sua criação.

Os pesquisadores Jânia Maria Lopes Saldanha e José Luiz Bolzan de Morais[19] salientam que se repete nesse segmento o que ocorre na Justiça Comum: *um agigantamento vertiginoso da demanda e o congestionamento em todos os graus,* concluindo que, assim sendo, resta frustrada a potencialidade de democratização do acesso à Justiça prometida por essa forma simplificada de jurisdição. Ressaltam ainda que, *ante os discursos que demandam um modelo eficientista, podem os Juizados ser identificados como mecanismos resultantes das demandas neoliberais por formas simplificadas de prestação jurisdicional, comprometidas com quantidade (custo e produtividade), mas, sacrificando a qualidade e a eficácia.* Embora a respeito dos Juizados Especiais Federais, essas conclusões aplicam-se também aos Juizados Especiais Estaduais.

A multiplicidade do reconhecimento de direitos em favor dos consumidores, diretos ou por equiparação, confirmados em recursos levados às turmas recursais, fez surgir reações por parte das empresas, instituições financeiras ou concessionárias na busca de rediscutir as teses de seu interesse que, na Justiça comum, são levadas aos Tribunais Superiores, o que lhes é vedado nessa Justiça Especial. Nesse sentido, vem crescendo no meio jurídico discussão para que sejam criadas, vinculadas ao Superior Tribunal de Justiça, turmas uniformizadoras da jurisprudência estadual[20], a exemplo do que existe na esfera federal,

---

19 SALDANHA, Jânia Maria Lopes e MORAIS, José Luis Bolzan de. A dupla face do acesso à justiça: análises iniciais sobre a cultura da eficiência e o desafio de institucionalização dos Juizados Especiais Federais. In: *Constituição, Sistemas Sociais e Hermenêutica* – Anuário do Programa de Pós-graduação em Direito da Unisinos. Porto Alegre: Livraria dos Advogados Editora, 2011, p. 121-151.

20 O Pleno do STJ aprovou a criação da TNU – Turma Nacional de Uniformização de jurisprudência dos Juizados Especiais Estaduais e do DF. Elaborado

evitando-se assim, oscilações de entendimentos que coloquem em risco a segurança jurídica e o equilíbrio econômico do mercado.

Com a edição da Lei Federal nº 11.340/2006, vigente a partir de 22 de setembro de 2006, que passou a tratar com maior rigor as infrações penais praticadas com violência contra a mulher no âmbito doméstico e familiar, verificou-se o surgimento de uma demanda que se encontrava encoberta. A tal ponto que, de início, pelo menos no Estado do Rio de Janeiro, não se enxergava esse segmento como carente de proteção especial. A realidade, infelizmente, demonstrou ao contrário, fazendo com que em todo o país os Juizados de Violência Doméstica contra a Mulher passassem a ser intensamente procurados. Os números da série histórica publicada pelo CNJ[21] assim demonstram, bem como reportagens que trazem a lume problema social que persiste há séculos, o da dominação masculina sobre a mulher e os filhos, subjugados pela violência cometida, em sua maior parte, por influência da bebida e das drogas do que decorre a dissolução familiar e a prática de crimes que vão desde a agressão física e psicológica até o feminicídio[22].

por comissão criada pelo Presidente Felix Fischer e coordenada pelo Ministro Luis Felipe Salomão, o projeto que propõe alteração na Lei nº 12.153/2009, foi encaminhado à Câmara dos Deputados, convertendo-se no PL nº 5.741/2013, que tramita sob a relatoria do deputado Paes Landim (PTB-PI). Segundo o Ministro Luis Felipe Salomão, o sistema dos Juizados Especiais corre o risco de entrar em colapso por conta do excessivo volume de causas. "Sem um sistema que funcione quando haja divergência entre turmas de Estados diferentes, ele entra em colapso, por conta da multiplicidade de recursos". A Associação dos Magistrados Brasileiros manifestou-se contra o projeto sob a alegação de que ele não contribui para a segurança jurídica e desvirtua as finalidades próprias dos juizados especiais por ferir os princípios da celeridade, informalidade e simplicidade, acrescentando mais uma instância na esfera dos Juizados Especiais, que deve contribuir para congestionar ainda mais a tramitação dos processos judiciais. Disponível em: <http://www.conjur.com.br>. Acesso em: 05.08.2014.

21 *Judiciário em Números*. Disponível em: <http://www.cnj.jus.br>.

22 Feminicídio ou femicídio – Em 9 de março foi sancionada a lei nº 13.104/2015, que incluiu no Código Penal o feminicídio, homicídio qualificado praticado contra mulheres em razão de gênero, por causa de sua condição de mulher, ocorrido, na maior parte das vezes, no âmbito familiar. A pena varia de 12 a 30 anos, mais severa do que a prevista para homicídio simples, que é de 6 a 20

Essa espécie de jurisdição, além de necessitar de juízes vocacionados, precisa de infraestrutura maciça quer quanto à atividade cartorária, quer quanto às áreas interdisciplinares, já que a perspectiva legal é a recuperação do homem agressor e a reintegração da família. Com isso, nessa e em outras questões que envolvam políticas públicas, a responsabilidade social que, a rigor, deveria ser assumida pelo Poder Executivo, acaba sendo imputada ou pela própria lei ou pelo Conselho Nacional de Justiça[23], em sua maior parte, ao Poder Judiciário, sem que se tenha orçamento e material humano para tanto, sendo insuficientes os convênios, onerosos ou não, mantidos com instituições públicas ou privadas.

Esse quadro, para falar apenas em quatro grandes segmentos geradores de demandas, deve ser completado com a crescente judicialização de execuções fiscais, abrangendo cobranças tributárias e parafiscais pela administração direta e indireta. As execuções representam o maior percentual da taxa de congestionamento e, em sua grande maioria, são ajuizadas quando já ocorrida ou se avizinha a prescrição, representando débitos, em sua maior parte, incobráveis,

anos. Se o crime for contra gestantes ou nos três meses posteriores ao parto, mulheres menores de 14 anos, maiores de 60 ou com alguma deficiência, a pena é aumentada.

23 Confiram-se algumas das Resoluções do CNJ que estabelecem a adoção de políticas públicas pelos Tribunais.
Resolução nº 128, de 17 de março de 2011 – Determina a criação de Coordenadorias Estaduais das Mulheres em Situação de Violência Doméstica e Familiar no âmbito dos Tribunais de Justiça dos Estados e do Distrito Federal.
Resolução nº 165, de 16 de novembro de 2012, modificada pela Resolução nº 191, de 25 de abril de 2014 – Dispõe sobre normas gerais para o atendimento, pelo Poder Judiciário, ao adolescente em conflito com a lei no âmbito na internação provisória e do cumprimento das medidas socioeducativas.
Resolução nº 93, de 27 de outubro de 2009 – Acrescenta e altera dispositivos à Resolução nº 54, de 29 de abril de 2008, que cria e dispõe sobre a implantação e funcionamento do Cadastro Nacional de Adoção.
Resolução nº 188, de 28 de fevereiro de 2014 – Altera dispositivos da Resolução CNJ nº 77, de 26 de maio de 2009, que dispõe sobre a inspeção nos estabelecimentos e entidades de atendimento ao adolescente e sobre a implantação do cadastro nacional de adolescentes.

mas que oneram consideravelmente o Poder Judiciário, demandando para sua gestão quantidade considerável de servidores, magistrados e recursos orçamentários. Anote-se, porque importante para os interesses republicanos, que, com essa judicialização fora de hora, os chefes dos Poderes Executivos, principalmente os municipais, garantem seu registro junto a Justiça Eleitoral e, dessa forma, a possibilidade de concorrerem a mais uma eleição[24]. Assim se eterniza a ciranda: os políticos locais não cobram os tributos de seus eleitores e ajuízam execuções frustradas, exclusivamente para que não sejam enquadrados como ímprobos por terem aberto mão de receita pública.

A par do crescimento vertiginoso do estoque de ações a decidir que, a nível nacional, atinge o espantoso número de cem milhões, tem-se que considerar as dificuldades decorrentes da tramitação e condução desses processos judiciais sob influxo das diversas reformas, principalmente no que toca ao Processo Civil. Examinando essa matéria o professor mineiro José Coelho Nunes Dierle assim se manifestou:

> Desde o início da década de 1990, um peculiar movimento de acesso à Justiça, além da finalidade alegada – qual seja, a socialização do Direito Processual, permitiu uma série de alterações na legislação e no Direito Processual que possibilitaram a sobrevalorização da rapidez procedimental e de uma específica concepção funcional (de eficácia). Tais alterações, ao invés de instaurar um modelo social de processo, estabeleceram, em muitas hipóteses de aplicação, o neoliberalismo processual, com a massificação dos julgamentos e a redução do processo, em seu aspecto técnico, a mera formalidade, e sua função legitimadora e formadora dos provimentos a mera função legitimante das concepções judiciais que podem corroborar os interesses do mercado ou da Administração[25].

Sem perceber as diferenças entre os três paradigmas processuais que se seguiram, *do liberalismo processual, da socialização proces-*

---

24 Resolução do Tribunal Superior Eleitoral nº 23.191, de 16.12.2009, que dispõe sobre Propaganda eleitoral e condutas vedadas em campanhas eleitorais. DJe 31.12.2009, p. 2-15.

25 DIERLE, José Coelho Nunes. *Processo jurisdicional democrático – uma análise crítica das reformas processuais.* Curitiba: Juruá Editora, 2009, p. 209.

sual do pós-guerra, do neoliberalismo processual brasileiro[26], e premidos pelo discurso de produtividade e de rapidez na prolação das decisões, não raramente, os juízes possibilitam que estas não atinjam a uma adequação constitucional que as legitime, deixando de examinar o caso concreto em suas especificidades. O que se vê é que, partindo-se de uma suposta identidade entre as centenas de casos, passa-se, com a utilização dos permissivos contidos nos arts. 285-A, 543-A e 543-B do

26 DIERLE, op. cit. p. 73-77 – Dentre os caracteres do **processo liberal**, o autor destaca: a igualdade formal dos cidadãos; a escritura (o juiz devia julgar apenas com base nos escritos, nunca em contato direto com as partes, com as testemunhas, com os peritos, para evitar as tentações e os perigos da imparcialidade) e o princípio dispositivo que compreende o protagonismo processual das partes a quem eram confiados: a proposição, onde era fixado o objeto do juízo, e o impulso processual, estando o juiz vinculado à iniciativa das partes. – p. 79-115 – **Socialização processual** – A partir do início do séc. XX, como crítica à lógica liberal, são propostas alterações profundas no sistema de administração da Justiça Civil visando à socialização processual. Nesse paradigma temos o protagonismo do juiz que deveria dirigir o processo e estabelecer um equilíbrio entre as partes, podendo ter iniciativa quanto à produção de provas. Sob esse influxo foram aprovados os Códigos de Processo Civil de 1939 e de 1973. Desse ano até 1978 foi levado a cabo, sob o patrocínio da Fundação Ford, o Projeto Florença de Acesso à Justiça que envolveu representantes de 23 países. Suas tônicas eram a defesa dos procedimentos orais e o aumento da ingerência do juiz no processo, devendo as conclusões serem implementadas por ondas. A primeira, a assistência jurídica integral e gratuita; a segunda, a efetiva tutela dos interesses difusos ou coletivos para a proteção do consumidor e do meio ambiente e a terceira, a simplificação dos procedimentos e a utilização de formas privadas ou informais de solução de conflitos. – p. 158-169 – **Neoliberalismo processual – A** partir dos anos de 1990, com a implantação do neoliberalismo pelos governos Fernando Henrique e Collor, pelas vozes de suas equipes econômicas, passou a ser defendida a não interferência da jurisdição nos contratos financeiros, sob pena de se criar um risco ou "incerteza jurisdicional". Vozes da teoria econômica passaram a defender reformas processuais que reduzissem a função fiscalizadora e construtora do Judiciário, tendo por base o Documento Técnico 319 do Banco Mundial intitulado "O Setor Judiciário na América Latina e no Caribe". O modelo de reforma pretendido deveria assegurar uma uniformidade decisional que não levaria em consideração as peculiaridades do caso concreto, mas asseguraria alta produtividade decisória, de modo a assegurar os critérios de excelência e de eficiência requeridos pelo mercado financeiro; a defesa da máxima sumarização da cognição, com redução do espaço discursivo processual.

CPC, a um julgamento massificado e em larga escala, examinam-se, em verdade, teses jurídicas, negligenciando-se quanto à garantia que o processo deve representar graças a efetiva comparticipação de todos os sujeitos processuais[27].

Fato é que, nesse quadro e apesar de todos os esforços, a não redução da morosidade e a insegurança jurídica frustram as expectativas dos jurisdicionados e da sociedade em geral, reduzindo a credibilidade do Poder Judiciário, o que atinge, via de consequência, a autoestima dos seus magistrados e servidores, com repercussão direta na entrega da prestação jurisdicional, o que retro-opera o sistema, formando-se um círculo vicioso no qual todos perdem.

Daí, numa segunda vertente, o CNJ induzir os Tribunais a estabelecerem programas e ações destinadas a propiciar a autocomposição de conflitos[28] bem como a incentivar as instituições e empresas mais demandadas a formularem política conciliatória, evitando novas ações. Para 2015, fixou como meta, com a finalidade de reduzir a demanda judicializada e a judicialização, que os Tribunais aumentem os casos solucionados por conciliação, devendo para tanto impulsionar os trabalhos de seus Centros de Justiça e Cidadania através da homologação de acordos pré-processuais e da realização de conciliações em número superior à média das sentenças homologatórias nas unidades jurisdicionais correlatas.

Há questões a serem discutidas no que toca ao escopo dessa meta, sendo de se perguntar se, considerando que a máquina judiciária está assoberbada com o estoque das ações existentes, seria o caso de se atuar em conflitos sequer ajuizados, prevenindo-se judicializações futuras. Por outra, se é possível se estabelecer um número mínimo de conciliações exigíveis e qual o critério utilizado para essa fixação bem como se é viável comparar as soluções obtidas por essa via com as sentenças homologatórias proferidas pelas unidades correlatas. Que sentenças homologatórias? Todas, só de acordos, de desistências? O que se entende por unidades correlatas? Qual a utilidade prática dessa

27 DIERLE, op. cit., p. 209-211.

28 III Pacto Republicano.

superação quantitativa se hoje são as unidades correlatas (em princípio, varas ou juízos) que remetem os processos aos Centros de Justiça e Cidadania para serem submetidos à conciliação ou mediação, conforme a natureza do conflito?

O que tem que se registrar é, mais uma vez, a preocupação do órgão administrativo de controle – CNJ – com a quantidade, com a produtividade, com os números. Em que pesem serem animadores os resultados que se vêm conseguindo com a solução consensuada dos conflitos, não seria o caso de uma maior preocupação com a perspectiva qualitativa, de modo a se poder perceber as peculiaridades e diferenças de cada caso concreto e aí sim, se obter a pacificação social?

A respeito, apenas para pontuar o tema, é de se acentuar que, para que se considere democrática, *a ocorrência de uma conciliação endoprocessual deve resultar de um fluxo discursivo que respeite a autonomia privada das partes, e não de uma imposição que gerará um possível resultado: acordos inexequíveis e antissociais que busquem tão somente a obtenção de um dado no plano estatístico de casos "resolvidos" ou que ofereçam uma falsa sensação apaziguadora e de adequação constitucional*[29].

A questão é de suma importância porquanto o novo Código de Processo Civil, Lei nº 13.105, de 16 de março de 2015, em seu art. 334, impõe a conciliação prévia, antes da citação, em todos os novos processos. Conquanto se tenha por objetivo, com esse novo paradigma, estabelecer uma cultura de pacificação social e que o sucesso dessa fase preliminar reduza, a médio prazo, o número de ações a julgar, certo é que várias serão as etapas que os juízes e os Tribunais precisarão vencer no período da *vacatio*. Além da capacitação de magistrados e servidores, não se pode esquecer que estamos caminhando para a ampliação do processo eletrônico a exigir alterações não só nos sistemas de computação, mas do próprio modo de se conceber esse tipo de processo.

Apesar da grande expectativa em torno da vigência do novo Código de Processo Civil, em março de 2016, com inovações consi-

29 DIERLE, José Coelho Nunes, op. cit., p. 174.

deráveis quanto aos ritos processuais, sabemos que não será apenas a lei que irá resolver as questões de acesso à justiça nem dará solução à morosidade. É preciso mais, o Código será o que nós, juízes, fizermos dele.

4. Crise de Natureza Individual

Sob a ótica individual, outras são as dificuldades por que passam os juízes para dar conta dos desafios da jurisdição, a começar pelas deficiências de sua formação como bacharel em direito, calcada exclusivamente na dogmática jurídica[30] e, assim, insuficiente para dar conta das questões complexas que lhes são submetidas. Daí ser imperioso saber que conhecimentos são indispensáveis para complementar essa formação, dando-lhes uma base humanística que lhes possibilite afastar soluções voluntaristas, contraditórias, ou tomadas segundo idiossincrasias pessoais, em detrimento da própria democracia.

Isso porque uma das grandes responsabilidades dos magistrados é com a forma pela qual o Direito está sendo aplicado, sendo seu papel zelar por sua integridade, coesão e historicidade[31]. Indispensável, para tanto que se identifiquem os diversos paradigmas filosóficos que prevaleceram ao longo da história e suas influências na sociedade ocidental e no Direito, em especial a mudança paradigmática ocorrida no sec. XX, caracterizada pela invasão da filosofia pela linguagem e

30 DOGMÁTICA JURÍDICA – A dogmática jurídica, é constituinte do saber jurídico instrumental e auxiliar da solução dos conflitos de interesses individuais e coletivos. Segundo ensina Tércio Sampaio Ferraz, a dogmática jurídica é uma técnica, dominação e decisão (FERRAZ JR., Tércio Sampaio e MARANHÃO, Juliano Souza de Albuquerque. Função pragmática da justiça na hermenêutica jurídica. Lógica do ou no Direito. *Revista do Instituto de Hermenêutica Jurídica*, 2007). Warat denunciava o fato de que as obviedades, as certezas e verdades transmitidas pela dogmática jurídica não passam de construções retórico-ideológicas, senão no todo, pelo menos em parte, na medida em que esta se constitui em um espaço simbólico de "retaliações discursivas", "justificações *ad hoc*" e "neossofismizações".

31 INTEGRIDADE DO DIREITO. O Direito deve ser compreendido como um conjunto de normas que, permanentemente, reclamam sentido, sendo esse processo inexorável. Esse sentido só é dado pelo intérprete no ato de compreender e aplicar a norma jurídica que emana do texto legal.

pelo seu ingresso no mundo prático – o chamado giro ontológico--linguístico[32], que, ao superar a filosofia da consciência, não permite mais que o ato de julgar tenha sua complexidade reduzida pela discricionariedade do juiz[33].

Aliás, é de se considerar que a discricionariedade é um dos traços que identifica o positivismo e não, como faz crer o senso comum teórico dos juristas[34], a aplicação da lei. Na função interpretativa do juiz

---

32 GIRO ONTOLÓGICO-LINGUÍSTICO. Deve-se a Heidegger essa construção da qual decorreu a superação da filosofia da consciência, do esquema sujeito-objeto, do positivismo, trazendo uma reviravolta na interpretação do Direito. Por ela, a partir do "círculo hermenêutico", houve a reconciliação da razão teórica com a razão prática. Foi Heidegger que introduziu na filosofia dois conceitos fundamentais: o da hermenêutica e o da interpretação. A partir dele a hermenêutica não se limita à interpretação do texto, passa a ter como objeto a facticidade e atua no âmbito de um mundo compartilhado pela intersubjetividade, tendo por determinante a pré-compreensão. Com a fenomenologia, Heidegger reabilitou o mundo da vida ao afirmar que o compreender só é possível se percebemos o contexto em que vivemos. Inova ao sustentar que a compreensão e a interpretação não podem ser cindidas. Tratando--se a fenomenologia de uma teoria antirrelativista, funciona como uma blindagem contra interpretações arbitrárias, discricionariedades e decisionismos. (STRECK, Lenio Luiz. *Hermenêutica jurídica e(m) crise*, p. 271-272).

33 STRECK, Lenio Luiz, op. cit., p. 18 – *Assim, em tempos de viragem linguística – ou, para ser mais específico, em tempo de viragem ontológico-linguística –, não poderiam passar despercebidas teorizações ou enunciados performativos que reduzem a complexíssima questão do "ato de julgar" à consciência do intérprete, como se o ato (de julgar) devesse "explicações" a um, por assim dizer, "tribunal da razão" ou decorresse de um "ato de vontade" do julgador.*

34 SENSO COMUM caracteriza-se por saberes cotidianos sem fundamento científico, carregados de subjetividade porquanto exprimem sentimentos e opiniões individuais e de grupos que se cristalizam em preconceitos com os quais passamos a interpretar toda a sociedade que nos cerca e todos os acontecimentos. SENSO COMUM TEÓRICO DOS JURISTAS é o conhecimento atécnico, comum, que se encontra na base de todos os discursos científicos e epistemológicos do Direito. Sob o magistério de Warat esse conhecimento pode ser entendido também como uma racionalidade subjacente que opera sobre os discursos de verdade das ciências humanas e pode aparecer de vários modos e maneiras configurando a instância de pré-compreensão do conteúdo e os efeitos dos discursos de verdade do Direito. STRECK, Lenio Luiz. O senso (in)comum das "obviedades" desveladas: um tributo a Luis Alberto Warat. *Revista de Estudos Constitucionais, Hermenêutica e Teoria do Direito*, jun./dez. 2012, p.185-192.

esse saber difuso que consagra os interesses dominantes acaba sendo difundido pela via da argumentação, da persuasão[35]. Nessa linha, o juiz, ao justificar uma decisão tomada *a priori,* utiliza-se do senso comum para dar significado ou seja, para valorar o texto legal impreciso, ambíguo ou enigmático. Ademais, o senso comum teórico dos juristas, ao abrigar pseudoverdades tidas por absolutas e, portanto, inquestionáveis, sufoca as possibilidades interpretativas, delimitando previamente as dissidências, apenas admitindo o debate periférico cujas respostas não ultrapassem o teto hermenêutico. É de se anotar que decorrem dessas distorções o surgimento do decisionismo *stricto sensu*, do instrumentalismo no processo civil e do inquisitivismo no processo penal[36].

Pode-se afirmar que não é positivista o juiz que aplica a lei, mas sim aquele que decide de acordo com a sua consciência, afastando, integrando e interpretando de forma voluntarista essa lei. É bom que se lembre que, segundo o sistema vigente, a lei só pode deixar de ser aplicada em casos restritos: *quando for inconstitucional; quando for o caso de aplicação dos critérios de resolução de antinomia; quando se aplicar a interpretação conforme; quando se aplicar a nulidade parcial sem redução de texto; quando se aplicar a nulidade parcial com redução de texto ou se for o caso de deixar de aplicar uma regra em face de um principio*[37].

Hoje faz parte do discurso forense a necessidade de ser dada ao caso *sub judice* uma solução justa, sendo questão pertinente se saber se é aceitável um *Jus* distinto da *Lex*. Essa é mais uma armadilha que faz com que o juiz afaste a lei e decida de forma solipsista[38], ou seja,

---

35 WARAT, Luis Alberto, op. cit., p. 57.

36 STRECK, Lenio Luiz, op. cit., p. 85-86.

37 STRECK, Lenio Luiz. *Verdade e consenso – Constituição, hermenêutica e teorias discursivas*. 5. ed. São Paulo: Editora Saraiva, 2014, p. 604-605.

38 SOLIPSISMO é uma construção filosófica que *tem sua base no* cogito ergo sum *de Descartes passando pelas mônadas de Leibniz, pelo eu transcendental de Kant, até chegar a seu extremo em Schopenhauer com a ideia de mundo como vontade e representação.* Por essa corrente filosófica apenas *um Eu comanda o Mundo*, ou seja, *o mundo é comandado consciente ou inconscientemente pelo sujeito.* STRECK, Luiz Lenio. *O que é isto? Decido conforme minha consciência.* Porto Alegre: Livraria do Advogado, 2010, p. 56.

discricionariamente. Não se pode esquecer que o conceito de justiça é filosófico, mutável de acordo com o contexto histórico, transcendente. O que é justo para um, não o é para outro, não sendo dado que, a respeito, prevaleça a visão subjetivista do juiz, mormente porque, no estado de direito, no qual o jurisdicionado tem direito subjetivo a uma resposta constitucionalmente adequada[39], essa não comunga, necessariamente, com os ideais de justiça do intérprete. A respeito não se pode olvidar a advertência feita por Eros Grau ao juiz ao afirmar que, *como intérprete, ele está vinculado à objetividade do direito e não a sua ou a minha justiça*[40].

A questão nodal em toda a experiência jurídica está no problema da interpretação. Como também assinala Eros Grau, a interpretação não é mera atividade de conhecimento, mas sim uma atividade constitutiva, decisional, sendo o juiz o intérprete autêntico do direito, ao transformar o texto legal na norma individualizada aplicável ao caso concreto.

---

39 STRECK, Lenio Luiz. *Verdade e consenso.* 5. ed. São Paulo: Editora Saraiva, 2014, p. 656-657. *Há assim, um direito fundamental a que a Constituição seja cumprida. Trata-se de um direito fundamental a uma resposta adequada à Constituição ou, se quiser, uma resposta constitucionalmente adequada (ou, ainda, uma resposta hermeneuticamente correta em relação à Constituição. Essa resposta (decisão) ultrapassa o raciocínio causal explicativo, porque busca no ethos principiológico a fusão de horizontes demandada pela situação que se apresenta. [...] A decisão (resposta) estará adequada na medida em que for respeitada, em maior grau, a autonomia do direito (que se pressupõe produzido democraticamente), evitada a discricionariedade (além da abolição de qualquer atitude arbitrária) e respeitada a coerência e a integridade do direito a partir de uma detalhada fundamentação. O direito fundamental a uma resposta correta, mais do que o assentamento de uma perspectiva democrática (portanto de tratamento equânime, respeito ao contraditório e à produção democrática legislativa) é um "produto" filosófico, porque caudatário de um novo paradigma que ultrapassa o esquema sujeito objeto predominante nas duas metafísicas.* STRECK, Lenio Luiz. *O que é isto – decido conforme minha consciência,* p. 97. [...] *garantir que cada cidadão tenha sua causa julgada a partir da Constituição e que haja condições para aferir se essa resposta está ou não constitucionalmente adequada.*

40 GRAU, Eros Roberto. *Por que tenho medo dos Juízes.* São Paulo: Malheiros Editores, 2014, p. 19.

Subjacente saber se, ao julgar, o juiz deve se concentrar em declarar o direito ou se pode criá-lo, se a lógica dedutiva da tradição justiniana e montesquiniana[41] é o bastante ou se ele pode realizar escolhas, se a jurisdição pode ser entendida como mera atividade cognosciva e mecânica ou se deve ser integrativa. O festejado jurista parte da observação para afirmar que não há dúvidas que o juízes criam o direito, *que o papel do juiz é muito mais difícil e complexo* e que *ele é moral e politicamente bem mais responsável do que haviam sugerido as doutrinas tradicionais*[42].

Essa afirmativa, atribuída a Cappelletti, necessita ser analisada e entendida de forma mitigada. Isso porque, como reiteradamente dito, numa democracia constitucional, descabe ao juiz invadir a esfera legiferante criando a regra que o legislador deixou de fazer. Eros Grau[43], reproduzindo Cossio que, por sua vez cita Capograssi, refere: *aplicar a lei significa para o juiz, para o administrador, para o jurista prático, encontrar e formar a norma particular aplicável ao caso particular e a lei é apenas o critério dado ao juiz para regular-se melhor ao resolver a busca que o caso particular suscita.* Para tanto, o intérprete desnuda a norma que se encontra em estado de potência involucrada no enunciado do texto[44].

Na moderna hermenêutica não é de se buscar nem a vontade do legislador nem a vontade da lei, próprios da exegese, mas sim identificar no ordenamento existente a norma aplicável à hipótese. Por tal,

---

41 CAPPELLETTI, Marcos, op. cit., p. 32. *Justiniano procurou proibir todo comentário jurídico ao seu* Corpus Iuris, *e assim impedir que, no futuro juristas, "com sua verbosidade", causassem confusão à acabada clareza de sua legislação. Codex, 1,17,12. "Tentativa similar, com proibição aos juízes de interpretar as leis e a instituição do* référé législatif, *que de modo utópico reservava ao legislador tal interpretação, foi realizada pelos legisladores da Revolução francesa, sob a influência, entre outras, da filosofia de Rousseau e Montesquieu".*

42 CAPPELLETTI, Mauro. *Juízes legisladores*? Porto Alegre: Sergio Antônio Fabris Editor, 1999, p. 33.

43 GRAU, Eros Roberto. *Ensaio e discurso sobre a interpretação/aplicação do direito*. 5. ed. São Paulo: Malheiro Editores, p. 70.

44 GRAU, Eros Roberto, op. cit., p. 45.

é de se afirmar que o juiz, na sua atividade interpretativa, não legisla nem suplementa a lei, ele explicita a norma não formulada que já se encontra no sistema. Nesse diapasão pode-se dizer que ele cria direito dentro da lei mas não pode criá-lo fora dela[45], ou seja, é dentro do espaço que lhe sinaliza a lei que o juiz pode *se autodeterminar. De muito superada a forma tradicional de interpretação literal ou autêntica nas quais o foco principal dessa atividade estava no legislador e não no juiz.*

Após a Constituição de 88, nos casos de vagueza e ambiguidade, deve o juiz procurar a norma aplicável a partir dos princípios que, frisemos, também são normas. Mas não quaisquer princípios, como ocorria outrora, quando a integração se dava pelos princípios gerais de direito, mas sim exclusivamente pelos princípios constitucionais. Isso, em que pese o texto do art. 4º da Lei nº 12.376, de 2010, de introdução às normas do Direito brasileiro, que expressamente reprisa o texto da Lei de Introdução ao Código Civil de 1942, estabelecendo que, *quando a lei for omissa, o juiz decidirá o caso de acordo com a analogia, os costumes e os princípios gerais de direito,* complementado por seu art. 5º, que diz que, *na aplicação da lei, o juiz atenderá aos fins sociais a que ela se dirige e às exigências do bem comum.* O juiz deve se valer dos princípios constitucionais que consolidam os valores eleitos pelo legislador não para abrir, mas sim para fechar o sistema.

Invoca-se Dworkin, em sua crítica a Hart, ao afirmar que, mesmo nos casos de falta de regra clara e/ou de divergência interpretativa, haveria a necessidade de a decisão assim tomada aderir a padrões normativos obrigatórios, não estando o julgador livre para decidir segundo critérios extrajurídicos que lhe fossem convenientes. Por um dever moral, que Dworkin nomeia de responsabilidade política, estaria o juiz obrigado a descobrir o direito que as partes têm, sendo que essa busca não poderia ser empírica e deveria manter a integridade do direito.

Ao contrário da ideia que se encontra disseminada no ambiente jurídico de que o grande problema do positivismo jurídico é a limitação dos juízes à "letra da lei", seu verdadeiro problema é a legitimação

45 GRAU, Eros Roberto, op. cit., p. 70.

que ele empresta à discricionariedade judicial nos assim chamados *hard cases*.

A teoria dworkiana é limitadora da liberdade judicial ao sustentar que, mesmo quando a lei não é suficiente, o juiz estará vinculado aos princípios jurídicos, ao passado das decisões judiciais, à estrutura sistêmica do ordenamento jurídico e à noção de que a decisão do juiz é um trabalho inserido no contexto histórico das decisões, e não uma manifestação isolada de vontade ou de opinião[46]. Tudo a ser devidamente explicitado na fundamentação.

Apressadamente, alguns entenderam que o princípio do livre convencimento motivado havia sido superado pelo novo CPC. Isso em razão da redação dos §§ 1º, 2º e 3º do seu art. 489 que exigem que o juiz fundamente ampla e explicitamente sua decisão, de molde a que possa ser compreendida pelos jurisdicionados e por eles devidamente impugnadas, permitindo ao órgão revisor o conhecimento das razões de decidir, não se considerando fundamentada qualquer decisão judicial, seja ela interlocutória, sentença ou acórdão, *que se limite à indicação, à reprodução ou à paráfrase de ato normativo, sem explicar sua relação com a causa ou a questão decidida; empregue conceitos jurídicos indeterminados, sem explicar o motivo concreto de sua incidência no caso; invoque motivos que se prestariam a justificar qualquer outra decisão; não enfrente todos os argumentos deduzidos no processo capazes de, em tese, infirmar a conclusão adotada pelo julgador; se limite a invocar precedente ou enunciado de súmula, sem identificar seus fundamentos determinantes nem demonstrar que o caso sob julgamento se ajusta àqueles fundamentos; deixe de seguir enunciado de súmula, jurisprudência ou precedente invocado pela parte, sem demonstrar a existência de distinção no caso em julgamento ou a superação do entendimento*.

A regra do § 1º do art. 489, antes mencionada, trata de motivação e não de liberdade na valoração da prova, sendo essa objeto do art. 371 que estabelece que o juiz apreciará a prova atribuindo-lhe o valor que entender adequado, devendo, contudo, indicar as razões da formação do seu convencimento.

46 WORKIN, Ronald. *O império do direito*. São Paulo: Martins Fontes, 1999, p. 402.

As exigências, só agora explicitadas pelo legislador processual, estavam implícitas no inciso IX do art. 93 da Constituição Federal, segundo o qual todas as decisões judiciais serão fundamentadas, sob pena de nulidade. Embora dizendo o *minus*, a regra constitucional interpretada à luz dos princípios constitucionais de acesso à Justiça, ampla defesa e transparência legitima as exigências processuais feitas pelo novel *Codex*, sendo inverossímil nessa quadra da República que, apesar da massificação da jurisdição, a título de rapidez na entrega da prestação jurisdicional, se sacrifique o direito da parte.

5. Conclusão

Como se vê dessas considerações, a crise do Judiciário, em qualquer de suas matrizes, é bastante complexa e não terá solução a médio prazo. Se as dificuldades estruturais são praticamente intransponíveis, a menos que se mudem os paradigmas econômico-financeiros; se as funcionais são impossíveis de serem alteradas, já que inadmissível retrocesso quanto aos direitos sociais concedidos e a acessibilidade ampla de todos ao Judiciário, vai ser em relação às matrizes individuais que será possível alguma atuação.

Para tanto, entende-se que, além das preocupações com a administração judiciária, especificamente com a quantidade de decisões produzidas, seja focada a qualidade dessas decisões, que elas sejam proferidas em obediência ao direito positivado e de forma adequada à Constituição, e não segundo a vontade de seu prolator. Para isso, faz-se necessário que, tanto o CNJ como a Enfam, de forma integrada, discutam o estabelecimento de uma filosofia e de uma política educacionais, de viés interdisciplinar e de forma contínua, que abranjam as questões relativas à seleção, mas também à formação e ao aperfeiçoamento de magistrados, em seus diversos níveis e especialidades, que lhes deem condições de prestarem de forma mais qualificada e eficiente a jurisdição. O magistrado da contemporaneidade necessita repensar o Direito sob um viés eminentemente crítico, privilegiar a doutrina e não se valer somente dos paradigmas jurisprudenciais que, em grande parte dos casos, vêm sendo utilizados fora do contexto em que foram produzidos. É preciso que esse magistrado esteja preparado para identificar e se insurgir, de fato, contra o senso comum teórico que predomina nas decisões judiciais[47]. É preciso também, que aceite criticas às suas decisões, principalmente àquelas que se insurjam contra a cultura que se formou no Brasil de repetição de decisões como forma de enfrentar a massificação da jurisdição, tão comum nos julgamentos em bloco, os célebres pautões, cuja solução, também massificada, compromete o compromisso de cada juiz com a Constituição e com o sistema jurídico cuja integridade deve defender.

Só assim vão ter condições de concretizar, sem decisionismo, os direitos humanos e sociais fundamentais, superando as perspectivas de um Judiciário arbitrário, violador de todas as conquistas civilizatórias. Não é admissível que o direito seja o que o juiz diz ser, o Direito é muito mais do que isso – sua coerência, coesão e historicidade devem ser mantidas, sob pena de se violar todo o arcabouço que garante a segurança e isonomia perseguidos, não sem muita luta, ao longo dos tempos.

47 OLIVEIRA, Rafael Tomaz de e TRINDADE, André Karam. ABBOUD, Georges, CARNIO, Henrique Garbellini, OLIVEIRA, Rafael Tomaz de Oliveira. *Introdução à teoria e à filosofia do direito*. 2. ed. São Paulo: Revista dos Tribunais, 2014, p. 1.

O PAPEL DO JUDICIÁRIO NA DEFESA DAS LIBERDADES CONSTITUCIONAIS: UMA ANÁLISE DO CASO PASQUIM

Lenio Luiz Streck

SUMÁRIO: 1. Introdução. **2.** O Caso *Pasquim*. **3.** O Papel do Judiciário na Democracia. **4.** Considerações Finais. **5.** Referências.

1. Introdução

Em *Vida e Destino*, o escritor russo Vassili Grossman descreve, com riqueza de detalhes, as atrocidades praticadas tanto pelo totalitarismo de esquerda quanto pelo de direita. Na prática, não existiam grandes diferenças entre os *gulags* soviéticos e os campos de concentração nazistas, pois ambos pretendiam atingir o mesmo objetivo: alcançar o absoluto por meio da extinção da liberdade. Depois de tudo que aconteceu na primeira metade do século XX, hoje se pode afirmar, com toda certeza, que sem pluralidade a vida desaparece. Nesse sentido, Grossman faz a seguinte afirmação no início de seu romance:

> Em mais de um milhão de *isbás* russas de aldeia, não há, e nem pode haver, duas que sejam exatamente iguais. Tudo o que vive é único. É impensável que sejam idênticas duas pessoas ou duas roseiras... Onde tentam, à força, fazer desaparecer suas singularidades e peculiaridades, a vida se extingue[1].

Após todas as catástrofes da experiência totalitária, os princípios da limitação do poder e da defesa das liberdades individuas foram retomados em diversos países do continente europeu. O horror da

1 GROSSMAN, Vassili. *Vida e destino.* Rio de Janeiro: Alfaguara, 2014, p. 25.

Segunda Guerra precisava ser evitado pelo fortalecimento das instituições do constitucionalismo moderno. Onde um dia havia predominado o controle total imposto pelo Estado, agora era necessário fazer com que se sobrepusesse o Estado de Direito. O Direito não poderia continuar funcionando como um mero instrumento político de quem detém o poder. Era necessário que ele conquistasse sua autonomia em relação à política, para que *Auschwitz* nunca mais voltasse a acontecer.

A América Latina não passou pela experiência totalitária, mas durante a maior parte do Século XX foi varrida por diversas experiências autoritárias. Constantes golpes de Estado garantiram o rompimento com a ordem constitucional e estabeleceram ditaduras que sufocavam qualquer forma de manifestação crítica por parte da sociedade civil. Por trás da luta contra o comunismo, militares e civis conservadores se reuniram para derrubar governos eleitos democraticamente. Essa foi a trajetória do Brasil durante a maior parte de sua história republicana. Antes de 1988, o término de uma eleição presidencial já era motivo para movimentações estranhas dentro dos quartéis. Desse modo, se o fim da Segunda Guerra significou a retomada dos princípios do constitucionalismo moderno para a construção de uma ordem democrática; a Constituição de 1988 também representou um divisor de águas na história do Brasil, no sentido de romper com uma concepção instrumental do Direito para dar lugar a uma Constituição normativa.

Para entender o impacto dessa transformação constitucional no Brasil, é interessante resgatar um caso ocorrido em 1989, época em que o jurista Carlos Velloso ainda atuava como ministro do Superior Tribunal de Justiça. Naquela época, quase um ano após a promulgação da Constituição de 1988, uma decisão de Velloso garantiu que, a partir daquele momento, o Direito deixaria de servir como mero instrumento de quem detém o poder, para assumir sua condição de protetor das liberdades constitucionais. Ao contrário de juízes e promotores que, hodiernamente, por meio da chamada discricionariedade, arrogam-se no papel de justiceiros e em nome da "guerra contra o crime" ou da "luta contra corrupção" começam a tergiversar sobre a Constituição; Velloso, como um bom magistrado em tempos de democracia, sustentou a liberdade de imprensa por meio da supremacia constitucional.

Nesse sentido, para uma reflexão sobre o papel dos juízes num Estado de Direito, este artigo vai analisar uma decisão do ministro Velloso contrária à censura do jornal Pasquim imposta pelo então ministro da Justiça, Saulo Ramos. Este caso serve não apenas para recordar a atuação individual de Velloso como magistrado, mas principalmente como um paradigma sobre o papel que os juízes devem assumir na defesa das liberdades constitucionais, sem que para isso a discricionariedade seja a base de apoio da atuação dos magistrados. Em tempos de autoritarismo a Constituição era insuficiente para proteção dos direitos e garantias fundamentais e, portanto, juízes democráticos tinham que a atuar à margem da lei para resistir à repressão. Hoje, em tempos de democracia, a sociedade brasileira necessita apenas de juízes que cumprem a Constituição[2]. Esta foi a lição deixada por Velloso no caso Pasquim.

1. O Caso *Pasquim*

Em 1989, o então candidato a presidente Paulo Maluf fez uma estranha e polêmica afirmação em um ato de campanha realizado na cidade de Belo Horizonte. Ao tratar do tema da segurança pública, o candidato defendeu penas mais graves para casos de estupro seguidos de homicídio por meio da seguinte afirmação: *Está com vontade sexual, estupra mas não mata*. O discurso acabou veiculado em diversos meios de comunicação e recebeu duras críticas por sua apologia ao crime de estupro. Entre os jornais que criticaram o discurso do candidato Paulo Maluf estava o jornal *Pasquim*, já reconhecido na época por sua postura crítica e por seu jornalismo independente durante os anos de chumbo. Se na época da repressão o jornal carioca não deixava de assumir posições contundentes contra os atos de exceção praticados

2 Para uma crítica da discricionariedade judicial, v.: STRECK, Lenio Luiz. *Jurisdição constitucional e decisão jurídica*. Porto Alegre: Livraria do Advogado, 2013; *Hermenêutica jurídica e(m) crise*. 10. ed. Porto Alegre: Livraria do Advogado, 2011; *O que é isto – decido conforme minha consciência?* Porto Alegre: Livraria do Advogado, 2012; *Verdade e consenso*. 4. ed. São Paulo: Saraiva, 2011.

pelo Regime Militar; em plena democracia, restabelecida em 1988 por meio da promulgação da nova Constituição, o semanário não poderia se comportar de maneira diferente. Já que a ditadura havia acabado, certamente o jornal esperava mais segurança para assumir suas posições. Dessa forma, estampou na primeira página uma charge que mostrava Maluf atacado por um ladrão e dizendo: "Estupra, mas não mata".

Mas apesar de a transição ter sido realizada mais ou menos um ano antes da matéria publicada pelo jornal *Pasquim*, o espírito autoritário do *ancien régime* ainda não havia desaparecido totalmente. O então Ministro da Justiça, Saulo Ramos, a pedido do candidato Paulo Maluf, resolveu revisitar as antigas práticas autoritárias da Ditadura Militar e, contrariando a Constituição recentemente promulgada, mandou apreender o jornal. O governo ainda estava desacostumado com a liberdade de ideias e com a pluralidade política próprias de uma democracia, e assim, por meio de um ato arbitrário praticado por seu Ministro da Justiça, acreditou que ainda poderia censurar um jornal em pleno Estado de Direito. Diante deste constrangimento ilegal, o jornal *Paquim* impetrou mandado de segurança, com pedido de liminar, contra o ato praticado pelo Ministro da Justiça, já que este estava embasado no art. 63 da Lei nº 5.250, de 1967[3], contrariando frontalmente a liberdade de imprensa reconhecida pela Constituição de 1988. Ou seja, sem qualquer filtro constitucional que analisasse a recepção de um dispositivo legal do *ancien régime* pelo novo ordenamento constitucional, o Ministro da Justiça resolveu aplicar a censura contra o jornal *Pasquim*.

Foi nesse momento recente da redemocratização, no qual muitos juristas apenas apontavam com o dedo a Constituição por ainda não saberem como dizer o novo, como na *Macondo,* de Gabriel Garcia

3 A Lei nº 5.250, de 1967, conhecida como Lei de Imprensa, vigorou até 30 de abril de 2009, quando foi revogada pelo STF a partir de uma arguição de descumprimento de preceitos fundamentais proposta pelo deputado federal Miro Teixeira. A maioria dos ministros do STF decidiu pela sua inconstitucionalidade superveniente.

Marques[4], que o Ministro Carlos Velloso reforçou o compromisso do Poder Judiciário com a defesa das liberdades constitucionais, sem que para isso fosse necessária a discricionariedade. Velloso soube dizer o novo ao fortalecer a supremacia constitucional. Ele não precisou de procedimentos ilegais ou de qualquer outro tipo de abuso, como tem acontecido constantemente na operação Lava Jato, para se posicionar enquanto magistrado. Ele apenas fez valer a Constituição. Algo ao mesmo tempo simples e fundamental para a sobrevivência de uma democracia. Pois em tempos de Estado de Direito a comunidade não necessita de "heróis" que se apropriam do Direito, mas apenas de instituições comprometidas com a concretização da Constituição.

O ato do Ministro da Justiça havia violado os arts. 5º, IV e IX e 220, §§ 1º, 2º e 6º, da Constituição, que vedavam qualquer tipo de controle ou censura contra a livre manifestação do pensamento. Após duas décadas de repressão, o constituinte havia deixado explícita sua posição contrária a qualquer intervenção indevida do Estado na atividade jornalística ou em qualquer outra forma de livre manifestação das ideias. Ao mesmo tempo, ficava prejudicado o princípio do devido processo legal, já que o art. 63 da Lei nº 5.250, de 1967, determinava que apreensão ou suspensão da circulação do jornal dependia exclusivamente de um ato de ofício do Ministro da Justiça e, portanto, não oferecia nenhuma oportunidade ao contraditório. Na sua forma originária, o art. 63 da Lei nº 5.250, de 1967, continha quatro parágrafos que exigiam o procedimento do contraditório. No entanto, com o endurecimento da Lei de Segurança Nacional, de 1969, estes quatro parágrafos haviam sido revogados. Não era preciso muito esforço interpretativo da parte do Ministro da Justiça para reconhecer a total impossibilidade de recepção do art. 63 da Lei nº 5.250, de 1967. Um instrumento legal com claro objetivo autoritário não tinha nenhuma condição de sobrevivência em pleno Estado de Direito. Diante da gravidade do ato que havia violado a Constituição, o Ministro Velloso concedeu a liminar e fundamentou sua decisão com as seguintes palavras:

4 MÁRQUEZ, Gabriel Garcia. *Cien años de soledad.* Madrid: Alfaguara, 2007.

> [...] é preferível errar em favor da liberdade do que contra esta, como bem acentuava, na Corte Suprema americana, o Juiz Frankfurter. [...] porque, tendo em vista a eminência da garantia constitucional do mandado de segurança e o princípio da inafastabilidade de qualquer lesão da apreciação do Poder Judiciário (Constituição, art. 5º, XXXV), permitir o juiz o perecimento da garantia e do direito individual seria tratar mal a Constituição, certo que o juiz jamais poderá deslembrar-se de que a característica maior do Judiciário é ser guardião da Constituição e dos direitos individuais[5].

Os tempos haviam mudado e poucos juristas haviam percebido o impacto dessa transformação. A Constituição tinha deixado de ser um pequeno detalhe no direito brasileiro, para se transformar no principal documento jurídico-político de reconhecimento dos direitos e garantias fundamentais e de limitação do exercício do poder. Agora o Brasil possuía uma Constituição verdadeiramente inserida na tradição do constitucionalismo moderno de luta a favor das liberdades. Em poucas palavras o Ministro Velloso sintetizou essa transformação paradigmática e com simplicidade decidiu como todo magistrado deve decidir em tempos de democracia: sempre a partir da Constituição. Pode parecer um pleonasmo afirmar que todo juiz sempre deve decidir a partir da Constituição, mas não é. Em tempos de Lava Jato e de tantas outras decisões discricionárias proferidas pelo Poder Judiciário, relembrar os juízes de que eles não podem fazer escolhas no exercício da magistratura é prestar um grande serviço ao Estado de Direito. Esta foi a lição deixada pelo Ministro Velloso no caso *Pasquim*.

3. O Papel do Judiciário na Democracia

Em face do que foi exposto, é necessário afirmar que o Poder Judiciário não pode assumir uma postura discricionária em nome de valores subjetivistas. Na perspectiva aqui defendida, concebe-se

5 Leia voto do ministro Carlos Velloso contra censura no *Pasquim*. Disponível em: <http://www.conjur.com.br/2002-out-25/pasquim_foi_apreendido_1989_pedido_maluf>. Acesso em: 12 fev. 2016.

ao Poder Judiciário uma nova inserção no âmbito das relações dos Poderes de Estado, mediante uma atuação que leve em conta a perspectiva de que os direitos construídos democraticamente – e postos na Constituição – têm precedência mesmo contra textos legislativos produzidos por maiorias eventuais. Assim, parece correta a tese de Freeman, que entende a Constituição como um instrumento da soberania democrática que não se limita a definir procedimentos para elaborar e aplicar as leis, mas organiza e qualifica estes procedimentos ordinários de forma a evitar a usurpação da soberania popular por parte de instituições públicas ou privadas[6].

Entretanto, essa nova postura da justiça constitucional (concebida como judicialização da política) não pode representar uma perda ou ruptura na legitimidade no âmbito das relações entre os Poderes do Estado. Entre "substâncias" e "procedimentos", em nenhum momento o Judiciário pode vir a se assenhorear do espaço reservado à produção democrática do Direito por meio do ativismo judicial. E qual é o limite desse espaço? A Constituição e a força normativa de seu texto, como ocorreu na decisão do Ministro Velloso no caso *Pasquim*.

Sempre se poderá dizer – e este é um dos pontos preponderantes da discussão entre procedimentalistas e substancialistas – que faltam ao Poder Judiciário a legitimidade política e os instrumentos básicos necessários para a implementação das políticas do bem-estar social. Esse parece ser o cerne do problema. De há muito o debate envolvendo as posturas substancialistas e procedimentalistas vem sendo travado, sob as mais diversas denominações. Como muito bem assinala Cittadino:

> Se hoje nos permitimos discutir o processo de "judicialização da política" é porque fomos capazes de superar o autoritarismo e reconstruir o Estado de Direito, promulgando uma Constituição que, nesse processo, representa um consenso, ainda que formal, em torno de princípios jurídicos universais. Se a Constituição brasileira não pode ser tomada como uma ordem particular de valores, é preciso, portanto, implementar

6 FREEMAN, Samuel. Original meaning, democratic interpretation and the Constitution. *Philosophy & Public Affairs*, v. 21, n. 1, 1992, p. 13.

> e escrever os seus princípios em nossa história política. Para isso, o processo de "judicialização da política" não precisa invocar o domínio dos tribunais, nem defender uma ação paternalista por parte do Poder Judiciário. A própria Constituição de 1988 instituiu diversos mecanismos processuais que buscam dar eficácia aos seus princípios, e essa tarefa é de responsabilidade de uma cidadania juridicamente participativa que depende, é verdade, de atuação dos tribunais, mas sobretudo do nível de pressão e mobilização política que, sobre eles se fizer[7].

Desse modo, se a redemocratização ofereceu melhores condições institucionais para que o Judiciário exercesse seu papel – a decisão do ministro Velloso foi um exemplo, já que sua autonomia funcional permitiu que o Judiciário contrariasse a decisão arbitrária do Ministro da Justiça –, por outro lado é importante destacar as diferenças entre judicialização da política e ativismo judicial, para que a autonomia funcional do Judiciário não seja confundida em nenhuma hipótese com discricionariedade.

Há uma grande diferença entre esses dois fenômenos, ao menos no Brasil. O ativismo sempre é ruim para a democracia, porque decorre de comportamentos e visões pessoais de juízes e Tribunais. É como se fosse possível uma linguagem privada, construída à margem da linguagem pública. Já a judicialização pode ser ruim e pode não ser. Depende dos níveis e da intensidade em que ela é verificada. Na verdade, sempre existirá algum grau de judicialização (da política) em regimes democráticos que estejam guarnecidos por uma Constituição normativa. Por isso, é possível observá-la em diversos países do mundo. Aliás, ainda recentemente viu-se isso na Alemanha e nos Estados Unidos. Por vezes, para a preservação dos direitos fundamentais, faz-se necessário que o Judiciário (ou os Tribunais Constitucionais) seja chamado a se pronunciar, toda vez que existir uma violação por parte de um dos Poderes à Constituição. Portanto, a judicialização decor-

---

7 CITTADINO, Gisele. Judicialização da política, constitucionalismo democrático e separação de poderes. In: VIANNA, Luiz Werneck (Org.). *A democracia e os três poderes no Brasil.* UFMG, Iuperj, Faperj, 2002, p. 39.

re de (in)competência – por motivo de inconstitucionalidades – de Poderes ou instituições[8].

A questão da judicialização (da política), portanto, está ligada ao funcionamento (in)adequado das instituições, dentro do esquadro institucional traçado pela Constituição. Quanto maior a possibilidade de se discutir, no âmbito judicial, a adequação ou não da ação governamental *lato sensu* com relação aos ditames constitucionais, maior será o grau de judicialização a ser observado. Por isso que afirmo, como já o fiz em outras oportunidades, que a judicialização é contingencial. Ela depende de vários fatores que estão ligados ao funcionamento constitucionalmente adequado das instituições.

O ativismo judicial, por outro lado, liga-se à resposta que o Judiciário oferece à questão objeto de judicialização. No caso específico da judicialização da política, o ativismo representa um tipo de decisão na qual a vontade do julgador substitui o debate político (seja para realizar um pretenso "avanço" seja para manter o *status quo*).

Assim, de uma questão que sofreu judicialização pode-se ter como consequência uma resposta ativista, o que é absolutamente ruim e censurável numa perspectiva de democracia normativa. Todavia, é possível afirmar que existem casos de judicialização nos quais a resposta oferecida pelo Judiciário é adequada à Constituição, concretizadora de direitos fundamentais e/ou procedimentos guarnecedores da regra democrática e que, portanto, não pode ser epitetada de ativista. Afinal, como diz Marcelo Cattoni, há situações em que a jurisdição

8 Essa diferença entre ativismo e judicialização é de fundamental importância. Não me parece que se possa fazer uma crítica adequada se confundirmos os dois conceitos. A menos que tudo seja considerado judicialização, o que diminuiria sobremodo o papel da jurisdição, mormente em países periféricos. Nesse sentido, os trabalhos de Vanice do Valle e José Ribas Vieira, além de Clarissa Tassinari. O problema do ativismo afeta à democracia, havendo excelentes estudos acerca dessa pauta de autores como Marcelo Cattoni, Gilberto Bercovi, Martonio Barreto Lima, Otavio Luiz Rodrigues Jr., Rafael Tomaz de Oliveira, Georges Abboud, André Karam Trindade, Alexandre Morais da Rosa, entre outros.

constitucional deve ser agressiva no sentido da garantia dos direitos fundamentais[9].

Há uma pergunta fundamental que deve ser feita e que pode dar um indicador se a decisão é ativista: A decisão, nos moldes em que foi proferida, pode ser repetida em situações similares? Sendo essa primeira resposta um "não", há fortes indícios de que estejamos a ingressar no perigoso terreno do ativismo.

Uma decisão é ativista quando, por exemplo, concede a metade da herança para a concubina-adulterina, assim como é ativista quando diz que é juízo discricionário dizer se pode haver prova antecipada no caso do art. 366 do CPP. Também foi ativista a decisão do STF no caso das uniões homoafetivas (não gostaria de debater o mérito desse assunto novamente – apenas cito a decisão como amostragem de ativismo, nada mais). E sobre terras indígenas. E o caso Donadon no MS 32.326. E o que dizer do Estado de Coisas Inconstitucional (ECI)? Assim, o direito à saúde pode ser concedido por decisões que concretizam adequadamente o Direito... como também por decisões ativistas. Por exemplo, conceder um tratamento que consumirá um terço do orçamento do Município é um caso de judicialização que acaba em ativismo. Um exemplo explícito de ativismo: a decisão que concedeu a pílula contra o câncer, provocando uma corrida ao Judiciário. No mais, decisões *contra legem* são práticas ativistas, porque, nesse caso, o juiz se apropria da lei e coloca os seus juízos pessoais no lugar dos do constituinte e/ou do legislador ordinário. Também é ativista decisão que confunde explicitamente os conceitos de texto e norma, remetendo o Direito aos cânones formalistas.

Igualmente é uma confissão de ativismo quando se diz que o STF é a vanguarda iluminista do país, porque ele, o Supremo, teria vocação para "empurrar a história"[10]. Decisões no plano da jurisdição consti-

9 CATTONI, Marcelo. *Uma justificação do controle jurisdicional de constitucionalidade das leis e do processo legislativo*. Belo Horizonte: Editora Fórum, 2016.

10 Em entrevista à *Folha de S.Paulo*, o Ministro Luis Roberto Barroso fez a seguinte afirmação: [...] *a gente, para fazer andar a história, não precisa estar*

tucional objetiva costumam correr menos risco de ativismo, embora possam, sim, a pretexto de judicialização em face de contingências, ingressar nesse terreno. Por outro lado, o STF (ou outros Tribunais) pode declarar a inconstitucionalidade de leis em alto índice e ainda assim, tal atitude não ser, necessariamente, ativista. Se as leis forem inconstitucionais, é bom para a democracia – ou, diria, condição de possibilidade dela – que sejam assim declaradas nulas. Ativismo ou judicialização não se capta a partir do código "constitucional-inconstitucional" e tampouco do código "ação deferida-ação indeferida". Os conceitos de ativismo e judicialização que explicito é que dão o limite do sentido e o sentido do limite da discussão.

Numa palavra, quando um magistrado diz que julga "conforme sua consciência" ou julga "conforme o justo" ou "primeiro decide e depois vai encontrar um fundamento" ou ainda "julga conforme os clamores da sociedade", é porque está repetindo algo enraizado no imaginário jurídico. Um comportamento que se naturalizou leva muitos anos para "desnaturalizar". Transforma-se em dogmática, eliminando o tempo e as coisas. O que ocorre é que não queremos admitir que ideologizamos – para usar uma palavra suave – a aplicação da lei no país. Isso é facilmente verificável no conjunto de decisões. A "ideologia" de que falo está nas práticas puramente consequencialistas e/ou teleológicas. Basta examinarmos a jurisprudência de turmas, câmaras ou tribunais como um todo: por vezes se apela à clareza da lei, em outras, no mesmo dia, diz-se que a lei é só a ponta do *iceberg*, "essa lei é injusta", "os fatos sociais foram adiante da lei", "o contexto social fala mais alto"

com o povo gritando atrás. É preciso interpretar e fazê-la andar. [...] Está ruim, não está funcionando, nós temos que empurrar a história. Está emperrado, nós temos que empurrar. Ou seja, segundo o ministro do STF, em casos de inércia do Legislativo, cabe ao Judiciário a tarefa de empurrar a história. É como se, na atual conjuntura, os juízes devessem se portar como vanguarda das transformações sociais. O resultado dessa posição nós já conhecemos: mais discricionariedade. Nesse sentido, v.: *Inércia do Congresso traz riscos para a democracia*, diz Barroso. Disponível em: <http://www1.folha.uol.com.br/poder/poderepolitica/2013/12/1388727-entrevista-com-luis-roberto-barroso.shtml>. Acesso em: 12 fev. 2016.

ou, ainda, simplesmente, lança-se mão de argumentos retóricos travestidos de princípios para justificar a tal primazia desse(s) princípio(s) sobre uma regra jurídica votada pelo Parlamento. Só que tudo isso é dito para cima e para baixo, isto é, os mesmos julgadores que apelam a uma pretensa literalidade, lançam mão, em outros momentos, de um arcabouço de argumentos morais para corrigir a legislação. E, assim, a moral corrige o direito (d'onde pergunto: e quem corrigirá a moral?). Por exemplo, o mesmo Tribunal que considera claro um dispositivo do CPP no que tange à oitiva de testemunhas, considera que mais de um ano e meio de prisão preventiva configura apenas um pequeno atraso e isso justifica a manutenção da prisão cautelar. De outro lado, não é difícil para um tribunal sustentar que é possível usucapião em terras públicas, sob o argumento de que a União não comprovou que a área é importante para a estratégia nacional. Entretanto, o Tribunal não se dá conta de que essa decisão, levada a ferro e fogo, em termos de coerência e integridade, pode colocar por terra o próprio dispositivo constitucional que trata de terras públicas.

4. Considerações Finais

Infelizmente existem decisões do Poder Judiciário que entram para a história por sua arbitrariedade prejudicial à democracia; mas, por outro lado, também existem decisões judiciais que serão lembradas para sempre por seu compromisso com a preservação do Estado de Direito. Este é o caso da decisão do Ministro Carlos Velloso analisado neste artigo. Sua decisão ajudou a fortalecer a autonomia funcional do Judiciário nos momentos iniciais da redemocratização, sem que para isso fosse necessário qualquer tipo de atuação discricionária. Ao defender a liberdade de imprensa contra o ato arbitrário do Ministro da Justiça, Velloso ajudou a fortalecer a supremacia constitucional. Supremacia que deve funcionar também nos momentos em que o Poder Judiciário se manifesta.

A redemocratização modificou as responsabilidades do Judiciário. No tempo da ditadura, dificilmente as decisões judiciais conseguiriam contrariar as posições do Executivo. Alguns juízes tentavam contornar o peso da repressão por meio de práticas alternativistas, já que a lei não era resultado de uma disputa política democrática, mas apenas uma legalidade instrumental que servia para organizar a repressão. Esse era o sentido do art. 63 da Lei nº 5.250, de 1967, a chamada Lei de Imprensa. Tanto é que, neste dispositivo, nem havia previsão de recurso ao Judiciário contra o ato do Ministro da Justiça. Assim, se a lei era apenas um instrumento dos militares, os poucos juízes que ainda mantinham compromisso com a resistência democrática também tinham que trabalhar com ela a partir de uma concepção instrumental. O voluntarismo de alguns juízes, na luta contra a ditadura, era totalmente válido.

A Constituição de 1988 alterou completamente essa situação. Hoje o Poder Judiciário tem suas garantias funcionais respeitadas por todos os Poderes. A lei é produzida democraticamente pelo Parlamento. E o Executivo não interfere mais nas decisões judiciais. É claro que o sistema político brasileiro ainda tem muitos problemas. Contudo, a solução para todos eles não deve ser buscada fora da Constituição. Da mesma forma que Velloso em 1989, os juízes precisam reforçar seu compromisso com o Estado de Direito frente aos novos desafios. A defesa das liberdades constitucionais não depende de comportamentos discricionários. Se a judicialização da política ampliou as demandas no Judiciário, os juízes devem responder ao aumento de suas responsabilidades por meio de decisões baseadas em princípios, não em escolhas.

5. Referências

CATTONI, Marcelo. *Uma justificação do controle jurisdicional de constitucionalidade das leis e do processo legislativo.* Belo Horizonte: Editora Fórum, 2016.

CITTADINO, Gisele. Judicialização da política, constitucionalismo democrático e separação de poderes. In: VIANNA, Luiz Werneck (Org.). *A democracia e os três poderes no Brasil.* UFMG, Iuperj, Faperj, 2002.

FREEMAN, Samuel. Original meaning, democratic interpretation and the Constitution. *Philosophy & Public Affairs*, v. 21, n. 1, 1992.

GROSSMAN, Vassili. *Vida e destino*. Rio de Janeiro: Alfaguara, 2014.

MÁRQUEZ, Gabriel Garcia. *Cien años de soledad*. Madrid: Alfaguara, 2007.

STRECK, Lenio Luiz. *Jurisdição constitucional e decisão jurídica*. Porto Alegre: Livraria do Advogado, 2013.

______. *Hermenêutica jurídica e(m) crise*. 10. ed. Porto Alegre: Livraria do Advogado, 2011.

______. *O que é isto – decido conforme minha consciência?* Porto Alegre: Livraria do Advogado, 2012.

______. *Verdade e consenso*. 4. ed. São Paulo: Saraiva, 2011.

DESAFIOS E INCERTEZAS NA SEPARAÇÃO DOS PODERES

Leonardo Antonelli

SUMÁRIO: 1. Introdução. **2.** O Protagonismo Judicial. **3.** Segurança Jurídica e o Juiz Legislador Positivo Contemporâneo. **4.** Os Três Principais Contrapontos ao Ativismo Judicial.

1. Introdução

Foi com muita alegria que recebi o convite do Professor Werson Rêgo para apresentar um texto abordando o tema "Protagonismo Judicial, Segurança Jurídica e Paternalismo Exacerbado: desafios em tempos de incerteza", a fim de integrar uma obra coletiva em homenagem ao Ministro Carlos Mário da Silva Velloso.

Aliás, pude conhecer o homenageado, exatamente através da família Rêgo, a qual gentilmente me convidou a integrar a comitiva do Rio de Janeiro, quando da posse do mesmo na Presidência do Supremo Tribunal Federal.

Vem em boa hora a iniciativa de desenvolver-se o presente estudo tendo em vista que o Judiciário atingiu o seu ápice de poder e influência no cenário econômico e político nacional. A redemocratização do Brasil, com a Carta de 1988, a constitucionalização de matérias que antes não faziam parte do texto magno e a abrangência do sistema brasileiro de controle da constitucionalidade acarretaram a judicialização, ou seja, questões de larga repercussão política e social passam a ser decididas pelo Judiciário e não mais pelas clássicas instituições políticas, como o Congresso e o Executivo.

A divisão soberana de poderes que conviveriam entre si, desenvolvida por Montesquieu, na célebre obra *O espírito das leis* está em xeque. Tornou-se uma **incerteza** contemporânea.

Os tempos mudaram. Não sei ainda afirmar se para melhor ou pior, pois a cronologia etérea da vida humana não permite que possamos com clareza ver as transformações da história, quando nós mesmos fazemos parte dela. O futuro dirá.

O fato é que, modernamente, a ideia da separação de poderes também se modificou. Não existe mais a harmonia linear de Montesquieu, nem a clássica noção de interdependência entre os Poderes, para que um possa controlar o outro, no chamado controle pelo sistema de freios e contrapesos.

Há quem sustente, como Bonavides, que o princípio da separação dos poderes seria um princípio decadente na técnica do constitucionalismo moderno, visto que o Estado atual deve ser eficaz na garantia da liberdade e da personalidade do indivíduo[1].

Com isso, as visões clássicas da separação entre os Poderes, *que impunha limites rígidos à atuação do Poder Judiciário, cede espaço a outras visões mais favoráveis ao ativismo judicial em defesa dos valores constitucionais* [2]. São endossadas teorias de democracia mais

---

1 BONAVIDES, Paulo. *Do estado liberal ao estado social.* 7. ed. São Paulo: Malheiros, 2003, p. 86.

2 No mesmo sentido, Barroso: *O Estado constitucional de direito se consolida, na Europa continental, a partir do final da II Guerra Mundial. Até então, vigorava um modelo identificado, por vezes, como Estado legislativo de direito. Nele, a Constituição era compreendida, essencialmente, como um documento político, cujas normas não eram aplicáveis diretamente, ficando na dependência de desenvolvimento pelo legislador ou pelo administrador. Tampouco existia o controle de constitucionalidade das leis pelo Judiciário – ou, onde existia, era tímido e pouco relevante. Nesse ambiente, vigorava a centralidade da lei e a supremacia do parlamento. No Estado constitucional de Direito, a Constituição passa a valer como norma jurídica. A partir daí, ela não apenas disciplina o modo de produção das leis e atos normativos, como estabelece determinados limites para o seu conteúdo, além de impor deveres de atuação ao Estado. Nesse novo modelo, vigora a centralidade da Constituição e a supremacia judicial, como tal entendida a primazia de um tribunal constitucional ou suprema corte na interpretação final e vinculante das normas constitucionais* (BARROSO, Luís Roberto. Constituição, democracia e supremacia judicial: direito e política no Brasil contemporâneo. *Revista da Faculdade de Direito da UERJ,* Rio de Janeiro, v. 2, n. 21, p. 8, jan.-jun. 2012).

substantiva, em que o legislador pode ter a sua atuação limitada em prol dos direitos fundamentais. Desse modo, *enfatiza-se a centralidade da Constituição no ordenamento, a ubiquidade da sua influência na ordem jurídica, e o papel criativo da jurisprudência*[3]-[4].

No Brasil, com o aumento do escopo da jurisdição constitucional[5], o processo de judicialização da política foi favorecido[6], uma vez que qualquer partido com representação no Congresso, entidades representativas da sociedade civil organizada e principais instituições dos Estados membros passaram a ter o poder de provocar o STF.

Somem-se esses fatores à hiperconstitucionalização da vida contemporânea, como consequência do avanço de Constituições rígidas. Esse fato favorece o aumento da jurisdição constitucional, uma vez que praticamente todos os temas que envolvem a sociedade podem ser levados à discussão constitucional. Para Oscar Vieira, esse fato

---

3 BARROSO, Luís Roberto. Constituição, democracia e supremacia judicial: direito e política no Brasil contemporâneo. *Revista da Faculdade de Direito da UERJ,* Rio de Janeiro, v. 2, n. 21, p. 9, jan.-jun. 2012.

4 Para Vieira, *uma das características marcantes destes novos regimes foi a institucionalização de robustas jurisdições constitucionais, voltadas a assegurar pactos de transição, plasmados em ambiciosos textos constitucionais* (VIEIRA, Oscar Vilhena. Supremocracia. *Revista de Direito da FGV,* São Paulo, 2008, p. 444).

5 BARROSO, Luís Roberto. Neoconstitucionalismo e constitucionalização do direito, op. cit., p. 40. Para Sarmento, embora *pareça exagerado falar em superação da eterna querela entre jusnaturalistas e positivistas pela via do neoconstitucionalismo, não há dúvida de que a relevância prática da desavença é consideravelmente diminuída. [...] No paradigma neoconstitucionalista, a argumentação jurídica, apesar de não se fundir com a Moral, abre espaço significativo para ela* (SARMENTO, Daniel. *O neoconstitucionalismo no Brasil*, op. cit., p. 10).

6 *A escolha entre alternativas controvertidas de política nacional no âmbito da Constituição faz da função judicante uma função também "política"* (DERZI, Mizabel Abreu Machado. *Modificações da jurisprudência*, op. cit., p. 45). Para Oscar Vieira, ao ter de apreciar atos ligados à governança interna dos outros dois poderes, o Supremo "serve, nessas circunstâncias, como um tribunal de *pequenas causas políticas"* (VIEIRA, Oscar Vilhena. Supremocracia, op. cit., p. 449).

é *consequência da desconfiança da democracia e não a sua causa*[7]. Com isso, haveria uma:

> Opção institucional de ampliação do escopo das Constituições e de reforço do Judiciário como guardião dos compromissos constitucionais, isto evidentemente contribuirá para o amesquinhamento do sistema representativo[8].

Nesse processo, a descrença do povo brasileiro em relação à política, de um modo geral, o que inclui o Poder Legislativo, é relevante. Essa visão é fortalecida pela mídia. Assim, há forte expectativa de que a solução dos problemas do País possa vir do Judiciário. Pode-se dizer que o julgamento e a condenação dos réus do "Mensalão" ilustram bem esse cenário, principalmente pelo televisionamento das sessões do STF, que tornaram o julgamento um grande debate público.

Dentro do próprio Direito Constitucional, contudo, há a possibilidade de haver colisão entre princípios e direitos fundamentais garantidos, o que importa, também, na ponderação destes direitos pelos juízes, pela utilização de ferramentas metodológicas. Por exemplo, clara tensão existente entre desenvolvimento nacional e proteção ao meio ambiente e entre liberdade de expressão e direito de privacidade. Desse modo, o **desafio** hoje não se concentra na possibilidade ou não da jurisdição constitucional, mas, sim, até onde ela poderia ir. Dependendo da corrente positivista adotada, defende-se um ativismo judicial maior ou menor.

2. O Protagonismo Judicial

Há, ainda, muita confusão na doutrina e jurisprudência acerca da conceituação deste fenômeno. Ativismo judicial não pode ser confundido com "judicialização".

A judicialização *significa que algumas questões de larga repercussão política ou social estão sendo decididas por órgãos do Poder*

7 VIEIRA, Oscar Vilhena. Supremocracia, op. cit., p. 443.

8 VIEIRA, Oscar Vilhena. Supremocracia, op. cit., p. 443.

Judiciário, e não pelas instâncias políticas tradicionais: o Congresso Nacional e o Poder Executivo[9]. Com isso, há transferência de poder para os tribunais e alteração no modo de participação da sociedade nesse processo.

Barroso destaca o *reconhecimento de um Judiciário forte e independente, como elemento essencial para as democracias modernas*; a *crise de representatividade e de funcionalidade dos parlamentos em geral*; e a percepção de que os atores políticos preferem que *o Judiciário seja a instância decisória de certas questões polêmicas, em relação às quais exista desacordo moral razoável na sociedade*[10]. Com isso, esses atores evitariam o desgaste político notório na discussão de temas como união homoafetiva e aborto.

Importante destacar que toda atuação do STF se deu, mesmo nos seus anos de maior ativismo, de forma provocada, agindo dentro dos limites do que lhe foi pedido, cumprindo seu papel constitucional.

O ativismo judicial, por sua vez, pode ser definido como *uma atitude, a escolha de um modo específico e proativo de interpretar a Constituição, expandindo seu sentido e alcance*[11]. O ativismo, normalmente, pode ser observado *em situações de retração do Poder Legislativo, de certo descolamento entre a classe política e a sociedade civil, impedindo que as demandas sociais sejam atendidas de maneira efetiva*[12].

A origem histórica do termo ativismo judicial foi cunhada nos Estados Unidos e:

> Foi empregada, sobretudo, como rótulo para qualificar a atuação da Suprema Corte durante os anos em que foi presidida por Earl Warren,

---

9 BARROSO, Luís Roberto. Retrospectiva 2008 – judicialização, ativismo e legitimidade democrática. *RERE,* Salvador: IBDP, n. 18, p. 3, abr.-jun. 2008.

10 BARROSO, Luís Roberto. Constituição, democracia e supremacia judicial: direito e política no Brasil contemporâneo, op. cit., p. 7.

11 BARROSO, Luís Roberto. Retrospectiva 2008 – judicialização, ativismo e legitimidade democrática. *RERE,* Salvador: IBDP, n. 18, p. 6, abr.-jun. 2008.

12 BARROSO, Luís Roberto. Retrospectiva 2008 – judicialização, ativismo e legitimidade democrática, op. cit., p. 6.

> entre 1954 e 1969. Ao longo desse período, ocorreu uma revolução profunda e silenciosa em relação a inúmeras práticas políticas nos Estados Unidos, conduzida por uma jurisprudência progressista em matéria de direitos fundamentais. Todas essas transformações foram efetivadas sem qualquer ato do Congresso[13].

Essa interferência do Judiciário no espaço de atuação dos outros dois Poderes, exercida de modo legítimo, teria como fim a concretização de valores constitucionais, uma vez que procura extrair o *máximo das potencialidades do texto constitucional, inclusive e especialmente construindo regras específicas de conduta a partir de enunciados vagos (princípios, conceitos jurídicos indeterminados)*[14].

A tensão naturalmente surgirá quando o caso concreto confrontar a a autonomia do Judiciário e do direito em relação à política, mormente quando o próprio Estado é parte.

> É o que ocorre quando declara inconstitucional a cobrança de um tributo, suspende a execução de uma obra pública por questões ambientais ou determina a um hospital público que realize tratamento experimental em paciente que solicitou tal providência em juízo. Nesses casos, juízes e tribunais sobrepõem sua vontade à de agentes públicos de outros Poderes, eleitos ou nomeados para o fim específico de fazerem leis, construírem estradas ou definirem as políticas de saúde[15].

Para Oscar Vieira, a expansão da autoridade do Judiciário no Brasil ganhou contornos ainda mais acentuados que no resto do mundo, no que ele chama de "Supremocracia". Esse termo teria dois sentidos: o primeiro se refere *à autoridade recentemente adquirida em governar jurisdicionalmente (rule) o Poder Judiciário no Brasil*[16]. Para o autor, esse processo teria se consolidado com a criação da sú-

---

13 BARROSO, Luís Roberto. Constituição, democracia e supremacia judicial: direito e política no Brasil contemporâneo, op. cit., p. 9.

14 BARROSO, Luís Roberto. Constituição, democracia e supremacia judicial: direito e política no Brasil contemporâneo, op. cit., p. 11.

15 *Idem*, p. 19-20.

16 VIEIRA, Oscar Vilhena. Supremocracia, op. cit., p. 444.

mula vinculante. O segundo sentido se refere à expansão de autoridade do Supremo em relação aos demais Poderes, que, com a Constituição de 1988, deslocou-se para o centro do arranjo político brasileiro[17]. Na visão de Vieira:

> A ampliação dos instrumentos ofertados para a jurisdição constitucional tem levado o Supremo não apenas a exercer uma espécie de poder moderador, mas também de responsável por emitir a última palavra sobre inúmeras questões de natureza substantiva, ora validando e legitimando uma decisão dos órgãos representativos, outras vezes substituindo as escolhas majoritárias. [...] A distinção do Supremo (em relação a outros tribunais mundo a fora) é de escala e natureza. Escala pela quantidade de temas que, no Brasil, têm natureza constitucional e são reconhecidas pela doutrina como passíveis de judicialização; de natureza, pelo fato de não haver qualquer obstáculo para que o Supremo aprecie atos do poder constituinte reformador[18].

Thamy Pogrebinschi, por sua vez, afirma que o fortalecimento da democracia representativa pode se encontrar no incremento do papel das cortes constitucionais. Para a autora, as cortes constitucionais *podem ser tomadas como propulsoras da representação política, ampliando-a para além de sua forma moderna e de suas manifestações tradicionais*. Nesse sentido, entende que o escopo da representação política deve ser ampliado, a fim de que as cortes constitucionais sejam vistas como instância de representação política, convalidando e ampliando o trabalho do Legislativo, a despeito de seus membros não serem escolhidos por voto popular[19].

---

17 Um exemplo que vai ao encontro da mesma tese é o caso da Súmula nº 394. Após o STF a ter cancelado, excluindo do foro privilegiado os agentes públicos que deixassem o exercício da função, foi elaborada lei que restabelecia o entendimento anterior. A fim de preservar seu poder, a lei foi invalidada pelo STF, sob o argumento de usurpação da sua função de intérprete da Constituição.

18 VIEIRA, Oscar Vilhena. Supremocracia, op. cit., 445.

19 POGREBINSCHI, Thamy. *Judicialização ou representação. Política, direito e democracia no Brasil.* Rio de Janeiro: Elsevier, 2011, p. 165.

3. Segurança Jurídica e o Juiz Legislador Positivo Contemporâneo

Inúmeros são os exemplos em que a Corte Suprema tem navegado na "onda" contemporânea do ativismo judicial, colocando em xeque a segurança jurídica e quebrando o dogma da impossibilidade de o juiz legislar positivamente. Pinço o caso do Mandado de Injunção que tratava do direito de greve no serviço público. Esse remédio constitucional tem como fim precípuo a defesa de direitos subjetivos em face da omissão do legislador, sempre que afetar direitos e liberdades constitucionais. Como o instituto não previa regras processuais, houve grandes discussões sobre como o STF deveria atuar, se deveria apenas fazer uma recomendação ao Legislativo, ou se deveria emitir regra sobre o tema levado a si. Inicialmente, existia o entendimento de que não haveria a faculdade de legislar pelo Judiciário, em vista do princípio da separação dos poderes e da democracia. Com isso, inicialmente, o STF firmou jurisprudência no sentido de que a ele caberia apenas constatar a inconstitucionalidade da omissão, determinando que o legislador tomasse as providências necessárias à resolução do problema[20].

O instituto foi-se aperfeiçoando com o tempo e após o Mandado de Injunção 283 passou a ser fixado prazo para a devida manifestação do Legislativo, sob pena de perdas e danos. A virada do instituto acontece, contudo, no caso do direito de greve dos servidores públicos. Em diversos entendimentos anteriores, que se iniciaram com o Mandado de Injunção 20, havia sido decidido que esse direito de greve só poderia ser exercido após a edição de lei complementar, que daria eficácia ao preceito constitucional do tema. Essa lei nunca foi editada.

No ano de 2006, no julgamento dos MI 712/PA e MI 670/ES, os Ministros Eros Grau e Gilmar Mendes passaram a defender *uma solução normativa e concretizadora para a omissão verificada*, uma vez que o tema estava aguardando solução desde 1988[21]. Para Mendes, *a não regulação do direito de greve acabou por propiciar um qua-*

20 MENDES, Gilmar et al. *Curso de direito constitucional*, op. cit., p. 1.146-1.150.

21 *Idem*, p. 1.154-1.157.

dro de selvageria com sérias consequências para o Estado de Direito. [...] Nesse quadro, não vejo mais como justificar a inércia legislativa e a inoperância das decisões desta Corte[22]. Com isso, o ministro achou por bem recomendar uma sentença positiva e defendeu que essa postura é claramente vista na Itália. Para ele, no Estado Social, não basta apenas a declaração de inconstitucionalidade para que os direitos sejam garantidos, esses direitos devem ser efetivados e cabe ao Judiciário assegurar essa efetividade. Essa posição de Mendes foi acolhida pelo tribunal e o acórdão teve o seguinte dispositivo:

> O Tribunal, por maioria, conheceu do mandado de injunção e propôs a solução para a omissão legislativa com a aplicação da Lei nº 7.783, de 28 de junho de 1989, no que couber, vencidos, em parte, o Senhor Ministro Maurício Corrêa (Relator), que conhecia apenas para certificar a mora do Congresso Nacional, e os Senhores Ministros Ricardo Lewandowski, Joaquim Barbosa e Marco Aurélio, que limitavam a decisão à categoria representada pelo sindicato e estabeleciam condições específicas para o exercício das paralisações. Votou a Presidente, Ministra Ellen Gracie. Lavrará o acórdão o Senhor Ministro Gilmar Mendes[23].

Nesse exemplo, diante da clara e propositada omissão do legislador, o STF teve claro intuito ativista e ampliou sua competência a fim de julgar temas que reclamem uma solução diferenciada, para garantir a eficácia dos direitos envolvidos.

Naturalmente, essa nova postura do STF estimula que as forças sociais passem a procurá-lo com mais frequência, o que contribui para uma significativa alteração da agenda da Corte, que passa a se defrontar com temas fortemente impregnados de conteúdo moral, como pesquisa de células-tronco, o aborto de anencéfalo e uniões homoafetivas[24]. Além disso, passa a intervir mais fortemente no processo político, quando suas decisões afetam, de forma direta e profunda, a atuação

22 MI 670/ES, j. 25.10.2007. Disponível em: <http://www.stf.jus.br/portal/processo/ver ProcessoAndamento.asp?incidente=2018921>. Acesso em: 16 mai. 2013.

23 *Idem*.

24 SARMENTO, Daniel. O neoconstitucionalismo no Brasil, op. cit., p. 21.

dos outros Poderes. Como exemplo, podem ser citados os casos de perda de mandato parlamentar, estabelecimento de critérios rígidos para a quantidade de vereadores por municípios e a intensificação do controle judicial sobre as CPIs[25].

Parece-me que este é o panorama atual do ativismo judicial no Brasil. Todavia, essa "Supremocracia" tem o seu contraponto.

4. Os Três Principais Contrapontos ao Ativismo Judicial

A fixação do limite constitucional ao ativismo judicial contemporâneo é o desafio jurisdicional moderno ante as consequências do seu alargamento desenfreado. Essa falta de parâmetros já é objeto de severas críticas por parte da doutrina.

Sarmento apresenta três possíveis objeções ao neoconstitucionalismo, que podem ser lidas como críticas ao ativismo judicial. São elas:

> (a) a de que o seu pendor judicialista é antidemocrático; (b) a de que a sua preferência por princípios e ponderação, em detrimento de regras e subsunção, é perigosa, sobretudo no Brasil, em razão de singularidades da nossa cultura; e (c) a de que ele pode gerar uma panconstitucionali-

---

25 Nas palavras de Barroso: *No Brasil, há diversos precedentes de postura ativista do STF, manifestada por diferentes linhas de decisão. Dentre elas se incluem: a) a aplicação direta da Constituição a situações não expressamente contempladas em seu texto e independentemente de manifestação do legislador ordinário, como se passou em casos como o da imposição de fidelidade partidária e o da vedação do nepotismo; b) a declaração de inconstitucionalidade de atos normativos emanados do legislador, com base em critérios menos rígidos que os de patente e ostensiva violação da Constituição, de que são exemplos as decisões referentes à verticalização das coligações partidárias e à cláusula de barreira; c) a imposição de condutas ou de abstenções ao Poder Público, tanto em caso de inércia do legislador – como no precedente sobre greve no serviço público ou sobre criação de município – como no de políticas públicas insuficientes, de que têm sido exemplo as decisões sobre direito à saúde. Todas essas hipóteses distanciam juízes e tribunais de sua função típica de aplicação do direito vigente e os aproximam de uma função que mais se assemelha à de criação do próprio direito* (Constituição, democracia e supremacia judicial: direito e política no Brasil contemporâneo, op. cit., p. 10-11).

zação do Direito, em detrimento da autonomia pública do cidadão e da autonomia privada do indivíduo[26].

A **primeira crítica** se assenta na ideia de que as principais decisões políticas de uma sociedade devem ser tomadas por seus representantes eleitos democraticamente. Há a noção, por trás dessa crítica, de que o poder conferido aos juízes seria uma *espécie de poder constituinte permanente, pois lhes permite moldar a Constituição de acordo com suas preferências políticas e valorativas*[27]. No Brasil, essa crítica não teve espaço, pois quase sempre se associa o ativismo judicial a posições sociais progressistas, o que nem sempre é verdade.

Para Barroso, haveria três tipos de censuras. A primeira seria de cunho político-ideológico e tem relação com o déficit democrático do Judiciário, pelo fato de os juízes não serem eleitos pelo povo, chamada de dificuldade contramajoritária. Desse modo, ao substituir a vontade do legislador ou do Executivo, o Judiciário desempenha, também, um papel político. A crítica se relaciona à teórica incapacidade de esses Poderes, que tiveram sua vontade substituída, oporem-se à decisão judicial. Há, também, quem defenda que não há realmente defesa de direitos fundamentais e que o Judiciário só representa uma *instância tradicionalmente conservadora das distribuições de poder*. Assim, a *judicialização funcionaria como uma reação das elites tradicionais contra a democratização*[28]-[29].

26 SARMENTO, Daniel. O neoconstitucionalismo no Brasil, op. cit., p. 24.

27 *Idem*.

28 Essa seria a perspectiva de Ran Hirschl, em *Towards juristocracy*: the origins and consequences of the new constitucionalism, 2004, ao analisar as experiências do Canadá, Nova Zelândia, Israel e África do Sul. *Apud* BARROSO, Luís Roberto. *Constituição, democracia e supremacia judicial*: direito e política no Brasil contemporâneo, op. cit., p. 12.

29 Em outro texto, ao discutir legitimidade da jurisdição constitucional, Barroso afirma que os argumentos contrários são os seguintes: *A primeira: denominada contramajoritária (*countermajoritarian difficulty*), resultante do argumento de que órgãos compostos por agentes públicos não eletivos não deveriam ter competência para invalidar decisões dos órgãos legitimados pela escolha popular. Segunda: os pronunciamentos dos órgãos judiciais, uma vez esgotados*

Nesse aspecto, pode-se acrescentar a opinião dos adeptos do realismo jurídico de que decisões judiciais refletem as preferências pessoais dos julgadores; são politizadas e, segundo os cientistas sociais, são influenciadas por diversos fatores extrajurídicos. Todos os casos mais complexos, ao serem levados a julgamento, podem ter *mais de uma solução razoável a ser construída pelo intérprete*. Desse modo, ele escolheria aquela que mais se coaduna com suas opções pessoais, com suas ideologias, mesmo que inconscientemente[30]. Os julgadores são humanos. Por exemplo, um julgador muito católico sempre terá a opinião em relação ao aborto, mesmo que de anencéfalos, diferente de outro julgador ateu e, por meio de argumentos jurídicos, cada um pode convencer e julgar de forma diversa.

A **segunda crítica** se refere à limitação do debate, em razão do excesso de linguagem técnica do Judiciário e dos espaços restritos à participação pública. Audiências públicas, a participação de *amicus curiae* em processos judiciais e a possibilidade de propositura de ações diretas por entidades da sociedade civil são movimentos que tentam atenuar essa crítica, mas não eliminam o problema[31]. De todo modo, o excesso de participação popular também pode prejudicar o processo de jurisdição, porquanto a politização e a paixão não devem tomar o lugar da razão e da técnica. Nesse aspecto, vale ressaltar que a transmissão de julgamentos por meio de canal oficial confere legitimi-

os recursos processuais cabíveis – e que exaurem no âmbito do próprio Judiciário –, não estão sujeitos a qualquer tipo de controle democrático, salvo a hipótese complexa e pouco comum de sua superação por via de emenda à Constituição. Depois disso, conclui o autor que *é fora de dúvida que a tese da legitimidade do controle de constitucionalidade foi amplamente vitoriosa, assim no debate acadêmico como na prática jurisprudencial* (BARROSO, Luís Roberto. *O controle de constitucionalidade no direito brasileiro.* Exposição sistemática da doutrina e análise crítica da jurisprudência. São Paulo: Saraiva, 2004, p. 52-53).

30 BARROSO, Luís Roberto. *O controle de constitucionalidade no direito brasileiro.* Exposição sistemática da doutrina e análise crítica da jurisprudência. São Paulo: Saraiva, 2004, p. 43.

31 BARROSO, Luís Roberto. *O controle de constitucionalidade no direito brasileiro*, op. cit., p. 14.

dade à jurisdição constitucional e representa traço distintivo do Brasil em relação ao mundo. Com esse modelo, Barroso afirma que o Brasil segue um modelo agregativo e não deliberativo, em que:

> A decisão é produto da soma de votos individuais e não da construção argumentativa de pronunciamentos consensuais ou intermediários. Isso não significa que não possam ocorrer mudanças de opinião durante os debates. Mas o modelo não é concebido como uma troca de impressões previamente à definição de uma posição final[32].

Por fim, a **principal crítica** talvez seja a relacionada à capacidade institucional do Judiciário. A fim de limitar a ingerência judicial sobre todo e qualquer tema, foram elaboradas duas ideias, que devem ser observadas pelo julgador: a capacidade institucional e os efeitos sistêmicos. A capacidade institucional *envolve a determinação de qual poder está mais habilitado a produzir a melhor decisão em determinada matéria*. Nesse aspecto, por exemplo, podem-se observar casos que envolvam matéria regulatória, em que o próprio legislador delegou competência, por se achar inapto à tamanha técnica[33].

Além disso, o Judiciário deve avaliar o risco de efeitos sistêmicos de uma decisão mal sopesada, sempre que houver dúvida sobre o seu impacto sobre um segmento econômico ou sobre um setor regulado. Um exemplo claro e atual sobre o tema é a questão de decisões em matéria de saúde, em que o Estado é condenado a prestar determinados tratamentos milionários a pessoas com doenças raras, sem que se observe o risco que a reunião de muitos processos do mesmo gênero poderia causar ao Sistema Único de Saúde e seus beneficiados.

---

32 BARROSO, Luís Roberto. Constituição, democracia e supremacia judicial: direito e política no Brasil contemporâneo, op. cit., p. 40.

33 Quanto a esse ponto, Vellêda Bivar fala de limitações estruturais e técnicas do Judiciário, ressaltando que a quantidade excessiva de trabalho impediria a implementação de teorias hermenêuticas mais elaboradas no dia a dia dos tribunais (DIAS NETA, Vellêda Bivar Soares. *A interpretação dos direitos fundamentais:* argumentação jurídica e hermenêutica na motivação das decisões judiciais. Fortaleza: XIX CONPEDI, jun. 2010. (*paper*)

Nesse sentido, afirma Barroso que sempre que não estiver em jogo direitos fundamentais ou procedimentos democráticos, *os juízes e tribunais devem acatar as escolhas legítimas feitas pelo legislador, assim como ser deferentes com o exercício razoável de discricionariedade pelo administrador, abstendo-se de sobrepor-lhes sua própria valoração política*[34].

A doutrina da deferência aos atos de outro Poder tem como fonte principal o caso *Chevron, Inc. v. National Resorce Defense Council*, de 1984[35], que é considerado o *leading case* sobre a sindicabilidade de um ato administrativo regulatório. O controle se daria pela ótica da razoabilidade e da legalidade, da motivação dos atos e da efetiva consideração dos argumentos dados pelos interessados[36]. Desse modo,

34 BARROSO, Luís Roberto. *O controle de constitucionalidade no direito brasileiro*, op. cit., p. 16.

35 CHEVRON U. S. A. *Natural Resources Defense Council.* INC., ET AL. 467 U.S. 837. Supreme Court of United States. Argued February 29, 1984. Disponível em: <http://scholar.google. com.br/scholar_case?case=14437597860792759765&hl=pt-PT&as_sdt=0&sciodt=0>. Acesso em: 8 out. 2012. Sérgio Varella Bruna resume bem o caso: *Chevron diz respeito a uma lei de proteção ambiental que determinou à agência de proteção ambiental americana uma política que tinha como base a imposição de limites para emissão de poluentes. E esses limites eram dados por unidades produtivas. E a agência de proteção ambiental, depois de muita discussão e processo administrativo para determinar a regra concreta que iria prevalecer, criou o conceito de bolha. Então, passou a não olhar mais para as unidades produtivas individualmente consideradas, mas para o conjunto de equipamentos emissores de um determinado complexo industrial, fingindo que sobre ali havia uma bolha, de sorte que equipamentos que emitiam mais do que o limite podiam ter esse excesso compensado por equipamentos do mesmo complexo que emitissem menos. Isso foi questionado pelos ambientalistas, dizendo que extrapolava a norma de competência, a norma que tinha atribuído esta política. E se desenvolveu essa doutrina Chevron, que não tem muito a ver com a questão ambiental que está por trás disso, mas tem a ver com esta ideia de separação ou divisão de poderes entre o Judiciário e a agência* (BRUNA, Sérgio Varela. Mesa-redonda 2: o cotidiano judiciário e a representação das agências em um contexto de judicialização. In: SALGADO, Lucia Helena (Org.). *Marcos regulatórios no Brasil:* judicialização e independência. Rio de Janeiro: Ipea, 2009, p. 66).

36 RUBENSTEIN, David S. *"Relative checks":* towards optimal control of administrative power. Washburn University, 2019. p. 2230-2232. (*paper*).

a partir do caso *Chevron* foram estabelecidos alguns parâmetros para o controle judicial e se consagrou o princípio da deferência.

Foram estabelecidos dois passos para a revisão de um ato administrativo, que aqui podem ser lidos como atos que envolvam discricionariedade do administrador ou do legislador. Primeiro, deve-se analisar se há "intenção específica" do Congresso sobre o assunto posto em pauta e se essa intenção é clara ou ambígua. A prioridade é a lei. O segundo passo é avaliar se a interpretação dada ao ato atacado é razoável e plausível. Se sim, não se deve interferir no ato regulatório, porém se o ato não estiver dentro dos parâmetros do "bom senso", deve ser anulado.

Por fim, vale ressaltar a visão de Ives Gandra Martins, para quem os ministros do Supremo Tribunal Federal *não se sentem mais jungidos à função exclusiva de asseguradores da lei, mas seus verdadeiros produtores, sempre que, a seu ver, o Congresso Nacional tenha sido omisso*.[37] Ives tem uma posição bem crítica à atuação do STF como legislador positivo e destaca os seguintes artigos da Constituição para a sua análise:

> Art. 2º São Poderes da União, independentes e harmônicos entre si, o Legislativo, o Executivo e o Judiciário.
> [...]
> Art. 49. É da competência exclusiva do Congresso Nacional:
> [...]
> XI – zelar pela preservação de sua competência legislativa em face da atribuição normativa dos outros Poderes;
> [...]
> Art. 102. Compete ao Supremo Tribunal Federal, precipuamente, a guarda da Constituição;
> [...]
> Art. 103. [...]
> § 2º Declarada a inconstitucionalidade por omissão de medida para tornar efetiva norma constitucional, será dada ciência ao Poder competente para a adoção das providências necessárias e, em se tratando de órgão administrativo, para fazê-lo em trinta dias.

37 MARTINS, Ives Gandra da Silva. O ativismo judicial e a ordem constitucional. *RBDC*, n. 18, p. 2, jul.-dez. 2011.

> [...]
> Art. 142. As Forças Armadas, constituídas pela Marinha, pelo Exército e pela Aeronáutica, são instituições nacionais permanentes e regulares, organizadas com base na hierarquia e na disciplina, sob a autoridade suprema do Presidente da República, e destinam-se à defesa da Pátria, à garantia dos poderes constitucionais e, por iniciativa de qualquer destes, da lei e da ordem[38].

Com base nesses artigos, afirma que os Poderes devem conviver de forma harmônica e independente e que o Legislativo, como Poder mais representativo da sociedade, poderá sustar atos de invasão de sua competência por qualquer dos outros Poderes, com base no art. 49, XI, da CF/88. O STF, por sua vez, ao se tornar guardião da Constituição, deve atuar como legislador negativo, sem ter o direito de modificá-la. A fim de sustentar essa tese, Ives destaca o art. 103, § 2º, da CF, e reafirma a impossibilidade de o STF editar norma, mesmo quando declara que a omissão do Legislativo é inconstitucional[39]. Para o autor, as Forças Armadas têm como missão garantir os Poderes constituídos, garantir a lei e a ordem, devendo intervir sempre que solicitada pelo Poder atingido[40]-[41].

Desse modo, Ives defende que em qualquer caso que o STF invada competência do Legislativo, este poderia anular a eficácia de sua decisão, com fundamento no art. 49, XI, da CF. Caso o STF não acatasse essa anulação – veja onde chegamos – caberia *intervenção das*

38 Constituição da República Federativa do Brasil. Disponível em: <http://www.planalto.gov. br/ccivil_03/constituicao/constituicao.htm>. Acesso em: 14 mai. 2013.

39 MARTINS, Ives Gandra da Silva. O ativismo judicial e a ordem constitucional, op. cit., p. 4.

40 *Idem*, p. 4-5.

41 Ives cita alguns casos mais graves de invasão de competência legislativa como a cassação *dos mandatos dos Governadores do Maranhão e da Paraíba e a nomeação do candidato derrotado para substituí-los e não do presidente da Assembleia Legislativa*, indo de encontro aos arts. 80 e 81 da CF e o caso da fidelidade partidária, uma vez que o partido, de acordo com o art. 1º da CF, poderia ter a opção de adotá-la ou não, mas o STF entendeu que a mesma era obrigatória.

Forças Armadas para restabelecer a lei e a ordem turbadas pela quebra de harmonia entre os poderes, a fim de obrigar o STF a respeitar a decisão do Legislativo[42].

Ao final, destaca sua preocupação de que muitos ministros que tratam de matéria tributária tenham, como seus assessores, procuradores da Fazenda Nacional e procuradores do Estado, que como defensores do Estado e da Fazenda, podem não ter a necessária imparcialidade no preparo dos processos para julgamento. O autor conclui seu texto entendendo que o ativismo gera muita incerteza e fere a democracia, uma vez que qualquer lei passa a ser modificável sem que haja debate no Congresso Nacional, podendo, inclusive, ter efeitos retroativos. Reitera, contudo, que suas críticas não se estendem às figuras dos ministros, os quais merecem todo respeito e admiração[43].

Em conclusão, nesse campo fértil de desafios e incertezas, parece-me que é inequívoca a legitimação do ativismo judicial[44], uma vez que a Constituição, *obra do poder constituinte originário e expressão mais alta da soberania popular, está acima do poder constituído*. Assim, *se a Constituição tem* status *de norma jurídica, cabe ao Judiciário interpretá-la e aplicá-la.*

42 *Idem*, p. 11.

43 MARTINS, Ives Gandra da Silva. O ativismo judicial e a ordem constitucional, op. cit., p. 16.

44 ANTONELLI, Leonardo Pietro. *Correção legislativa da jurisprudência*. Rio de Janeiro. Editora Justiça e Cidadania, 2015: Como resposta à postura ativista do Judiciário, surge o fenômeno da correção legislativa da jurisprudência que é a reação do Congresso, por meio de emenda constitucional ou lei, modificando conscientemente determinada interpretação judicial, fazendo com que a decisão final sobre determinado assunto controvertido não necessariamente tenha seu fim no âmbito do Judiciário.
Essa possibilidade de reforma do entendimento judicial, independentemente de previsão legal, é aceita pela doutrina e jurisprudência. Como demonstrado na Constituição brasileira, o Poder Legislativo não se sujeita ao efeito vinculante das decisões proferidas em ação direta de inconstitucionalidade, em ação declaratória de constitucionalidade e Súmulas Vinculantes.

SEGURANÇA JURÍDICA E O SISTEMA DE PRECEDENTES NO NOVO CÓDIGO DE PROCESSO CIVIL: DESAFIOS EM TEMPOS DE INCERTEZA

Luis Felipe Salomão

SUMÁRIO: 1. Introdução. **2.** Conceito de Segurança Jurídica. **3.** Pesquisas sobre Segurança Jurídica. **4.** As Disposições do Novo Código de Processo Civil. **5.** Conclusão.

"Se um grupo de casos envolve o mesmo ponto, as partes esperam a mesma decisão. Grande injustiça seria decidir casos alternados tomando como base princípios opostos. Se um caso foi decidido contra mim ontem, quando eu era o réu, esperarei o mesmo julgamento hoje, se for o autor. Decidir de modo diferente levantaria um sentimento de injustiça e de ressentimento em meu íntimo; seria uma infração material e moral de meus direitos". Todos sentem a força desse sentimento, quando dois casos são semelhantes. A adesão ao precedente deve, pois, ser a regra e não a exceção, se se quer que os litigantes tenham fé na igualdade de condições na distribuição de justiça pelos tribunais. Sentimento igual em espécie, embora diferente em grau, está na fonte da tendência demonstrada pelo precedente, de estender-se ao longo das linhas de desenvolvimento lógico (CARDOZO, Benjamim N. A natureza do processo e a evolução do direito, Ed. Nacional de Direito, pg. 15).

1. Introdução

Desenganadamente, na era da pós-modernidade, no mundo da revolução tecnológica e das comunicações instantâneas, o conceito de segurança jurídica herdado dos antigos merece um olhar novo, tanto por parte dos juristas quanto da sociedade em geral.

O conceito de segurança jurídica, como se consagrou, possui um duplo viés. De fato, pode ser examinado como a garantia que confere aos cidadãos o direito positivado (Constituição e as leis), ou ainda permite seja visto pelo ângulo da efetiva proteção daqueles mesmos direitos, atividade que incumbe ao Poder Judiciário.

Há um direito fundamental à segurança jurídica, com base no art. 5º, XXXVI, da Constituição Federal?

Com efeito, há algo em comum entre estes temas tão díspares, submetidos ao Superior Tribunal de Justiça, no tempo fascinante da pós-modernidade: a) o caso do sistema operacional de *tablet* que só funciona se aplicado a um tipo de marca e modelo, exigindo do consumidor que adquira os produtos mais novos para que possa funcionar; b) a responsabilidade civil pela obsolescência programada; c) em relação às redes sociais, a indagação se há propriamente responsabilidade do provedor pelas manifestações de seus participantes; d) a discussão quanto aos supostos juros capitalizados na *tabela price*; e) o direito ao esquecimento no âmbito dos meios de comunicação; f) o limite máximo para o nível de endividamento de um assalariado; g) a não aplicação do Código de Defesa do Consumidor aos Fundos de Previdência Fechados; h) a possibilidade de um cadastro de bons pagadores; i) o debate sobre o FGTS dever ser dividido, no regime de comunhão parcial de bens, quando ocorre a separação?[1]

O traço que une tão diferentes assuntos é a maneira como irá apreciá-los o Tribunal da Cidadania, chamado a decidir questões viscerais, na esfera do direito infraconstitucional, levando em conta os aspectos diversos da segurança jurídica.

Esse posicionamento, deveras, espelha algo por vezes esquecido, que é a reflexão acerca da real importância dos julgamentos das Cortes Superiores e onde, exatamente, reside sua força.

Deve-se levar em conta, nesse passo, novamente as lúcidas ponderações de Benjamin N. Cardozo, juiz sempre festejado da Suprema Corte americana, o qual, ainda no alvorecer do Século XX, ressaltava que a importância e a força do julgamento colegiado não se hospedavam exatamente na aventada superioridade intelectual dos juízes de

1 a) Pet 10.890; b) REsp 984.106; c) REsp 1.512.647; d) REsp 1.124.552; e) REsp 1.335.153 e 1.334.097; f) REsp 1.169.334; g) REsp 1.536.786; h) REsp 1.419.697; i) REsp 1.399.199.

Cortes colegiadas, mas na circunstância de que, nas Cortes de Justiça, ocorre o chamado "temperamento judicial", que emancipa o jurisdicionado do "[...] poder sugestivo das aversões e predisposições individuais", de modo que a jurisprudência reflita um vetor resultante cujo valor sempre supere as forças singulares que o compõem:

> [...] as excentricidades dos juízes se equilibram. Um juiz examina os problemas do ponto de vista da história; outro, do ponto de vista da filosofia; um terceiro, do ponto de vista da utilidade social; um é formalista; outro, tolerante; um tem medo de mudanças; outro está insatisfeito com o presente. Do atrito entre diversas mentes cria-se algo que tem uma constância, uma uniformidade e um valor médio maiores do que seus elementos componentes[2].

2. Conceito de Segurança Jurídica

Nessa ordem de ideias, para que a segurança jurídica não se transforme em mero ingrediente vulgar de peculiar versatilidade, cumpre traçar – mesmo que de modo não exauriente – o conteúdo mínimo de sua manifestação (e de outras categorias jurídicas a ela correlatas).

Em termos de conceito do instituto, Ingo Wolfgang Sarlet afirma, com propriedade, que, no sistema constitucional atual, a segurança jurídica passa a ter o *status* de *subprincípio concretizador do princípio fundamental e estruturante do Estado de Direito. Assim, para além de assumir a condição de direito fundamental da pessoa humana, a segurança jurídica constitui simultaneamente princípio fundamental da ordem jurídica estatal*[3].

Na mesma direção, no âmbito do Supremo Tribunal Federal, o eminente Ministro Gilmar Mendes asseverou que *em verdade, a segurança jurídica, como subprincípio do Estado de Direito, assume*

---

2 CARDOZO, Benjamin N. *A natureza do processo judicial*. Tradução: Silvana Vieira. São Paulo: Martins Fontes, 2004, p. 131.

3 SARLET, Ingo Wolfgang. A eficácia do direito fundamental à segurança jurídica: dignidade da pessoa humana, direitos fundamentais e proibição de retrocesso social no direito constitucional brasileiro. In. *Revista de Direito Constitucional e Internacional*, ano 14, n. 57, out.-dez.2006. São Paulo: Instituto Brasileiro de Direito Constitucional – IBDC, p. 10-11.

valor ímpar no sistema jurídico, cabendo-lhe papel diferenciado na realização da própria ideia de justiça material[4].

Canotilho, na mesma linha que, de resto, é a da maciça doutrina, também noticia que o Estado de Direito possui como princípios constitutivos a segurança jurídica e a confiança do cidadão, ambos instrumentos de condução, planificação e conformação autônoma e responsável da vida[5].

No que concerne especificamente à segurança jurídica, o mestre português entende que tal princípio reconduz-se a dois outros princípios materiais concretizadores daquele geral relativo à segurança, quais sejam, o princípio da determinabilidade das leis (exigência de leis claras e densas) e o princípio da proteção da confiança, consubstanciado na necessidade de que as ações emanadas do Estado e dirigidas aos administrados sejam estáveis, ou, ao menos, *não lesivas de previsibilidade e calculabilidade dos cidadãos relativamente aos seus efeitos jurídicos*[6].

Diante dessa força irradiante para todo o sistema jurídico, parece claro que, para além do respeito à coisa julgada, ao ato jurídico perfeito e ao direito adquirido – aos quais se pode somar a necessidade de leis de aplicação prospectiva, claras e relativamente estáveis –, há mais a se descortinar.

No ponto, a postura do Poder Judiciário é de elevada importância para concretização da segurança jurídica, notadamente pela entrega de uma prestação jurisdicional previsível e que não atente contra a confiança legítima do jurisdicionado[7].

Deveras, parece não haver dúvida de que, se a ideia de previsibilidade e estabilidade está intrínseca à de coisa julgada, direito adquirido, ato jurídico perfeito, leis de aplicação prospectiva, claras e estáveis

---

4 Pet 2.900 Q.O. – RS. 2ª T., Rel. Min. Gilmar Mendes, julg. 27.11.2003.

5 CANOTILHO, J. J. Gomes. *Direito constitucional.* Coimbra: Livraria Almedina, 1991, p. 375-376.

6 *Idem, ibidem.*

7 NUNES, Jorge Amaury Maia. *Segurança jurídica e súmula vinculante.* São Paulo: Saraiva, 2010 [Série IDP], *passim.*

– ou seja, manifestações particulares do *valor segurança jurídica* –, a atividade jurisdicional não pode extraviar-se desse prumo. Do contrário, causaria grave insegurança ao jurisdicionado e, em última conta, um significativo desajuste no sistema.

Com efeito, presta elevada reverência à segurança jurídica a jurisprudência previsível, que efetivamente contribua com a ordenação da sociedade, ou, novamente com Canotilho, uma jurisprudência de condução, planificação e conformação autônoma e responsável da vida, qualidade que é atingida, em alguma medida, com a prestação jurisdicional uniforme e relativamente estável, o que, por certo, não se confunde nem é sinônimo de imutável.

De fato, a dispersão jurisprudencial deve ser preocupação de todos e, exatamente por isso, deve-se afirmar que, se a divergência de índole doutrinária é saudável e constitui importante combustível ao aprimoramento da ciência jurídica, o dissídio jurisprudencial é absolutamente indesejável[8].

Se bem analisado, o desalinho da jurisprudência – sobretudo o deliberado, recalcitrante e, quando menos, vaidoso – atenta, no mínimo, contra três valores fundamentais do Estado Democrático de Direito: a) segurança jurídica, b) isonomia e c) efetividade da prestação jurisdicional.

Contra a segurança jurídica, porque a previsibilidade ínsita ao próprio Estado de Direito estaria comprometida, instalando-se uma anárquica "loteria judiciária" a exigir um "dom premonitório do jurisdicionado", precisamente na esteira do que afirmou Ovídio Araújo Batista da Silva, no sentido de ser o processo uma "máquina diabólica de transformação de direitos em expectativas"[9].

Contra a isonomia, pois a igualdade não se completa com a edição de leis equânimes, gerais e abstratas, se a iguais jurisdicionados são entregues prestações jurisdicionais díspares.

8 REsp 753.159/MT.

9 *Apud* ZANETI JÚNIOR, Hermes. *Processo constitucional*: o modelo constitucional do processo civil brasileiro. Rio de Janeiro: Lumen Juris, 2007, p. 206.

E, finalmente, contra a efetividade da prestação jurisdicional, porquanto o processo efetivo há de congregar direito material e celeridade, ou, nos dizeres da doutrina, *processo efetivo é aquele que, observado o equilíbrio entre os valores segurança e celeridade, proporciona às partes o resultado desejado pelo direito material*[10].

Nesse particular, é inegável que a dispersão jurisprudencial acarreta, quando não o perecimento do próprio direito material, a desnecessária dilação recursal, com perdas irreversíveis de toda ordem ao jurisdicionado e ao aparelho judiciário.

3. Pesquisas sobre Segurança Jurídica

Interessante analisar algumas pesquisas de cientistas sociais e juristas que examinaram a temática da segurança jurídica.

Aquela realizada pela professora Maria Tereza Sadeck, intitulada "Magistrados Brasileiros: caracterização e opiniões", na qual se constatou que a orientação preponderante para as decisões judiciais é fundada, basicamente, nos parâmetros legais (86,5% dos juízes consideram esse aspecto como fundamental ao decidirem), depois as consequências sociais (78,5%), por fim as implicações econômicas (36,5%)[11].

Quando lançado o resultado da pesquisa, houve um alento no sentido de desmistificar a ideia de que os magistrados decidem as questões a seu talante, não observando a legalidade estrita.

Contudo, tal orientação sofreu impacto quando vieram à luz duas outras pesquisas mais recentes.

10 BEDAQUE, José Roberto dos Santos. *Efetividade do processo e técnica processual*. 3. ed. Malheiros Editores: São Paulo, 2010, p. 49.

11 Tabela 25: Orientação preponderante de decisões judiciais, por situação funcional, em percentuais de concordância

	Ativa	Aposentado	Total
Parâmetros legais	87,1	84,9	86,5
Compromisso com as consequências econômicas	40,5	25,4	36,5
Compromisso com as consequências sociais	83,8	64,1	78,5

Fonte: Pesquisa AMB, 2005 - <http://www.amb.com.br/portal/docs/noticias/PesquisaAMB2005.pdf>.

A outra avaliação é relacionada aos *habeas corpus* nos Tribunais Superiores[12]. O pesquisador Thiago Bottino constatou que, do total de impetrações que chegam ao Superior Tribunal de Justiça, 43,8% atacam decisões dos juízes paulistas. E o STJ concede a ordem em 27,86% de todos os casos impetrados.

Vale dizer, em regra não há propriamente uma observância geral aos precedentes da Corte Superior por parte do Tribunal paulista, não fosse assim não seriam tantos os *habeas* deferidos, levando em consideração as teses jurídicas já sedimentadas.

A outra pesquisa, outrossim, foi conduzida pela Associação Brasileira de Jurimetria, com apoio do IASP, observando as taxas de rejeição dos recursos analisados por Câmaras Criminais no Tribunal de Justiça – SP[13]. Os pesquisadores concluíram, comparando as taxas de duas Câmaras, que os resultados são perturbadores, considerando que as leis aplicadas são as mesmas: em uma Câmara a taxa de recursos negados foi de 75%, enquanto na outra o índice foi de 30%. Em outras palavras, o réu depende da sorte na distribuição.

4. As Disposições do Novo Código de Processo Civil

A preocupação do legislador com o vetor da segurança jurídica e a previsibilidade, no novo Código de ritos, foi louvável.

A Lei nº 13.105/2015, ao instituir o novo Código de Processo Civil, valeu-se de tendência que permeia o sistema processual dos países mais avançados, que se constitui na interpenetração de institutos do direito consuetudinário (*common law*) com o sistema de legalidade rigorosa.

Abriu-se o livro terceiro "Dos processos nos Tribunais e dos meios de impugnação das decisões judiciais" com um capítulo dentro da "Ordem dos processos e dos processos de competência originária dos Tribunais", no qual, a pretexto de fixação de regras gerais, o legislador

12 *Os habeas corpus no STJ e STF*. Disponível em: <http://www.fgv.br/supremoemnumeros/visualizacoes/cfilter-ipea/index.html>.

13 Reforma de decisão nas Câmaras de Direito Criminal em São Paulo. 23 de julho de 2015. NUNES, Marcelo G.; TRECENTI, Julio A. Z. Disponível em: <http://s.conjur.com.br/dl/estudo-camaras-criminais-tj-sp.pdf>.

inscreveu princípios relevantes para a aplicação dos precedentes e o funcionamento das Cortes, notadamente aqueles Tribunais Superiores e de superposição, como é destacadamente o Superior Tribunal de Justiça.

De fato, vale conferir a redação dos arts. 926 e 927:

> **Art. 926.** Os tribunais devem uniformizar sua jurisprudência e mantê-la estável, íntegra e coerente.
> § 1º Na forma estabelecida e segundo os pressupostos fixados no regimento interno, os tribunais editarão enunciados de súmula correspondentes a sua jurisprudência dominante.
> § 2º Ao editar enunciados de súmula, os tribunais devem ater-se às circunstâncias fáticas dos precedentes que motivaram sua criação.
>
> **Art. 927.** Os juízes e os tribunais observarão:
> I – as decisões do Supremo Tribunal Federal em controle concentrado de constitucionalidade;
> II – os enunciados de súmula vinculante;
> III – os acórdãos em incidente de assunção de competência ou de resolução de demandas repetitivas e em julgamento de recursos extraordinário e especial repetitivos;
> IV – os enunciados das súmulas do Supremo Tribunal Federal em matéria constitucional e do Superior Tribunal de Justiça em matéria infraconstitucional;
> V – a orientação do plenário ou do órgão especial aos quais estiverem vinculados.
> § 1º Os juízes e os tribunais observarão o disposto no art. 10 e no art. 489, § 1º, quando decidirem com fundamento neste artigo.
> § 2º A alteração de tese jurídica adotada em enunciado de súmula ou em julgamento de casos repetitivos poderá ser precedida de audiências públicas e da participação de pessoas, órgãos ou entidades que possam contribuir para a rediscussão da tese.
> § 3º Na hipótese de alteração de jurisprudência dominante do Supremo Tribunal Federal e dos tribunais superiores ou daquela oriunda de julgamento de casos repetitivos, pode haver modulação dos efeitos da alteração no interesse social e no da segurança jurídica.
> § 4º A modificação de enunciado de súmula, de jurisprudência pacificada ou de tese adotada em julgamento de casos repetitivos observará a necessidade de fundamentação adequada e específica, considerando os princípios da segurança jurídica, da proteção da confiança e da isonomia.
> § 5º Os tribunais darão publicidade a seus precedentes, organizando-os por questão jurídica decidida e divulgando-os, preferencialmente, na rede mundial de computadores.

O que se percebe, pois, é que o novo sistema de precedentes do Código de Processo Civil inovou.

No art. 926, o legislador de 2015 traçou os princípios gerais, valendo sublinhar a ideia central contida no *caput*, no sentido de que é ônus dos Tribunais manter uma jurisprudência estabilizada (ou seja, consolidada), íntegra (correta) e coerente (lógica).

Cassio Scarpinella esclarece esta parte[14]:

> Em suma, os "precedentes à brasileira", ou, para homenagear (e merecidamente) a Professora Teresa Arruda Alvim Wambier, o "direito *jurisprudencial*" a ser criado sobretudo (mas não exclusivamente) a partir dos arts. 926 a 928, é um dos pontos sensíveis do novo CPC e que já vem merecendo e merecerá, anos a fio, análise profunda da doutrina e da própria jurisprudência, inclusive (mas não só) na perspectiva do direito comparado. É isto o que, para cá, basta evidenciar a respeito desta perspectiva do assunto, inegavelmente palpitante.
>
> [...]
>
> O *caput* corresponde, sem nenhuma alteração, ao *caput* do art. 520 do Projeto da Câmara e é mais incisivo quanto ao dever nele estatuído, de os Tribunais uniformizarem sua jurisprudência e mantê-la (a jurisprudência) estável, íntegra e coerente, que seu correspondente no Projeto do Senado. Por sua vez, o *caput* do art. 882 do Projeto do Senado, que estabelecia competir aos Tribunais, em princípio, velar pela uniformização e pela estabilidade da jurisprudência, observando, para tanto, o que estabeleciam os incisos, que, com modificações e supressões, correspondem ao que, no novo CPC, está no art. 927.
>
> O § 1º do art. 926 corresponde ao inciso I do art. 882 do Projeto do Sentado, com redação diferente.
>
> O § 2º do art. 926, por seu turno, encontra eco no § 2º do art. 520 do Projeto da Câmara, também com alteração redacional.

No tocante ao art. 927, utilizou a forma impositiva "os juízes e os tribunais **observarão**", sobrelevando a característica de certa maneira vinculativa dos precedentes, em forma piramidal.

Nesse ponto, não há qualquer eiva de inconstitucionalidade do dispositivo, na medida em que, na verdade, o que se cumpre é o mandamento constitucional de estabilização das relações com a garantia da segurança jurídica.

14 BUENO, Cassio Scarpinella. *Novo código de processo civil anotado*. São Paulo: Saraiva, 2015.

Novamente Scarpinella[15]:

> Tratando-se de mera modificação de texto, não há por que aventar qualquer inconstitucionalidade formal nos dispositivos. Por outro lado, as escolhas feitas pelo Senado na última etapa do processo legislativo, deixando de acolher a maior parte das proposições que, para o tema, fazia o Projeto da Câmara, podem até ser lamentadas. Elas, contudo, não incidem em nenhuma violação ao parágrafo único do art. 65 da CF.
> [...]
> O *caput* do dispositivo, ao se valer do verbo "observar" conjugado no imperativo afirmativo insinua, não há por que negar, que não há escolha entre adotar ou deixar de adotar as diferentes manifestações das decisões jurisdicionais estabelecidas em seus cinco incisos. Não serão poucos, destarte, que verão nele a imposição de caráter vinculante genérico àquelas decisões e, nesta exata proporção, haverá espaço para questionar se este efeito vinculante é, ou não, harmônico ao "modelo constitucional do direito processual civil", fora das hipóteses em que a própria Constituição o admite, como ocorre, diga-se desde já, nos incisos I e II (e só neles). Nada de diverso, pois, do que já foi anotado a propósito do art. 926.

Em relação aos procedimentos para se obter uma jurisprudência estável, íntegra e coerente, o renomado Humberto Theodoro encerra o assunto[16]:

> O art. 927 traça a forma como os precedentes irão guiar a estabilidade da jurisprudência – traz, na verdade, uma regra geral a respeito dos parâmetros de observância dos precedentes, jurisprudência e enunciados de súmulas, e, tão ou mais importante que isso, traz, pela primeira vez no Brasil, referências à superação de entendimentos anteriores fixados. O artigo reforça o caráter vinculante das decisões do STF em controle concentrado de constitucionalidade (inciso I) e de súmulas vinculantes (inciso II), mas inova (para dar coerência à nova estrutura do Código) ao estabelecer a vinculação também de juízes e tribunais aos "acórdãos em incidente de assunção de competência ou de resolução de demandas repetitivas e em julgamento de recursos extraordinário e especial repetitivos" (inciso III). E dá às Súmulas do STF (em matéria constitucional) e

15 *Idem, ibidem.*

16 THEODORO JÚNIOR, Humberto; NUNES, Dierle; BAHIA, Alexandre Melo Franco; PEDRON, Flávio Quinaud. *Novo CPC – Fundamentos e sistematização.* 2. ed. Rio de Janeiro: Forense, 2015.

> do STJ (em matéria infraconstitucional) um inusitado caráter vinculante (IV). Ainda, o inciso V do art. 927 prevê, de forma geral, que também deve ser observada pelos Tribunais "a orientação do plenário ou do órgão especial aos quais estiverem vinculados".
> O § 1º do art. 927 explica que, na formação e aplicação (e, entendemos também, na revisão/cancelamento) de cada precedente o Tribunal deverá observar o que dispõem os arts. 10 – a respeito da concepção renovada de contraditório que, aplicada à dinâmica dos precedentes, implicará que o órgão apenas pode formar entendimento a partir de questões que estejam sendo discutidas no processo; questões estas que devem ter composto o entendimento da unanimidade/maioria sobre o tema para que tenha sido elaborado o precedente/súmula – e o art. 489, § 1º.
> O § 1º não é um dispositivo programático. É um comando de aplicação obrigatória, imediata e de eficácia plena.

Por fim, de modo a completar o raciocínio quanto à importância de se considerar o vetor segurança jurídica para as decisões judiciais, interessante e paradigmático julgado, ainda sob a égide do Código de 1973, quando o Supremo Tribunal Federal deixou assentado, no julgamento dos Embargos de Divergência nos Embargos de Declaração nos Embargos de Declaração no RE 194.662:

> EMBARGOS DE DECLARAÇÃO – ERRO DE JULGAMENTO – INADEQUAÇÃO. Os embargos de declaração não se prestam a corrigir erro de julgamento (RE 194.662 ED-ED-EDv, Rel. Min. Dias Toffoli, Rel. p/ Acórdão: Min. Marco Aurélio, Tribunal Pleno, julg. 14.05.2015, DJe-151 divulg. 31.07.2015, public. 03.08.2015, ement. v. 03992-02, p. 00196).

Eis o seguinte trecho do voto do Ministro Marco Aurélio, que acabou por prevalecer:

É estreme de dúvida que o acórdão embargado implicou alteração substancial do que decidido, após acalorados debates, no julgamento do recurso extraordinário. Conforme ressaltado pelo Ministro Sepúlveda Pertence, em um dos últimos votos proferidos neste Tribunal, sob a roupagem do equívoco, de inexistente contradição – a não ser presente o conflito revelado com as duas correntes, a por mim capitaneada e apoiada pelos Ministros Néri da Silveira e Celso de Mello, e a liderada pelo Ministro Nelson Jobim, à qual aderiu o Ministro Maurício Corrêa, mas essa contradição é inerente aos Colegiados, não respaldando os embargos declaratórios –, veio o órgão fracionado, a Segunda Turma, a rever o que assentara, fazendo-o, repito, com composição diversa daquela que apreciara o recurso. Não fora este fenômeno, resultante da minha saída e do Ministro Néri da Silveira, os declaratórios não teriam sido providos com a extensão constante do acórdão atacado. Na verdade, ante o que transpareceu como equivocada assertiva, a de tratar-se de situação peculiar, verificado quanto ao dissenso amplo debate, com votos, portanto, em sentido contrário, acabou por corrigir-se o que poderia ser tomado como um erro de julgamento, alfim inexistente. Os embargos declaratórios – voltados a afastar omissão, obscuridade ou contradição – não servem a tanto. Se, de um lado, ocorrendo um desses vícios, mostra-se possível chegar-se ao empréstimo de eficácia modificativa ao citado recurso, de outro, não menos correto é que o exame não pode resultar em rejulgamento da causa, em verdadeira revisão do que decidido, sob pena de grassar insegurança incompatível com a organicidade do Direito instrumental.

5. Conclusão

O instituto da segurança jurídica, ao tempo em que assegura o direito ao próprio ordenamento jurídico – Direito positivado –, consagra também a importância da função jurisdicional e a necessidade de se estabilizar a jurisprudência, tornando-a previsível, estável, íntegra e coerente, o que reverterá em provimentos mais justos e equânimes.

Não há dúvida de que a segurança jurídica foi alçada à categoria de princípio do Estado Democrático de Direito e se subdivide no princípio da confiança, a ser entregue pelo Estado a seus cidadãos. Por via de consequência, o dissídio jurisprudencial deve ser, na medida do possível, evitado.

Nessa ordem de ideias, foram analisados estudos comparativos cujo objetivo é exatamente propiciar uma análise mais acurada do tema, bem como as novas disposições legais do Código de Ritos e a jurisprudência da Suprema Corte, de modo a realçar a importância do tema, buscando-se, acima de tudo, a efetividade da justiça.

SEGURANÇA JURÍDICA NO NOVO CÓDIGO DE PROCESSO CIVIL

Luiz Fux

A reflexão sobre a segurança jurídica no âmbito do novo Código de Processo Civil (NCPC – Lei nº 13.105, de 16 de março de 2015) transcende a mera positivação formal e específica do direito fundamental à segurança[1]. A partir dessa advertência inicial, este artigo parte da premissa de que a noção de segurança jurídica está constitutivamente imbricada, tanto com a gênese quanto com o futuro do fenômeno de consolidação do Estado Democrático de Direito (CRFB/1988, art. 1º).

No contexto de emergência de recente codificação processual, discutir as premissas e as consequências da realização desse princípio geral concretizador do próprio Estado de Direito corresponde a um desafio intelectual e institucional em que tradição e inovação passam a ser sintetizadas criticamente sob a égide de uma tendência que tem se nominado "Nova Dogmática Processual".

A segurança desponta nesse paradigma, por conseguinte, como um plexo de valores e de bens jurídicos que não se resumem à conservação da integridade jurídica de titularidade do Estado ou das pessoas. Para além da previsão contemporânea nas Constituições oriundas do denominado movimento neoconstitucionalista, a segurança jurídica passa a ser traduzida por meio de institutos processuais e prerrogativas basilares tais como: a continuidade das normas jurídicas; a estabilidade das situações constituídas segundo o Direito; e a proteção

1 Art. 5º, *caput*, da CF Brasileira: *Todos são iguais perante a lei, sem distinção de qualquer natureza, garantindo-se aos brasileiros e aos estrangeiros residentes no País a inviolabilidade do direito à vida, à liberdade, à igualdade, à* ***segurança*** *e à propriedade, nos termos seguintes*.

jurídica que deva ser mantida em relação a situações anteriormente controvertidas.

Conforme sugere José Joaquim Gomes Canotilho[2], o princípio geral da segurança jurídica, em uma acepção ampla, abrange tanto a cláusula geral da proteção da confiança (*dimensão subjetiva*) quanto a sua dimensão objetiva: a segurança jurídica *stricto sensu.* Ambas as dimensões, segundo o mencionado constitucionalista português, se pautam pelas seguintes premissas: a) confiabilidade, clareza, racionalidade e transparência dos atos de poder; b) a garantia de proteção, em relação a tais atos, que os cidadãos ostentam em relação às disposições pessoais e dos efeitos jurídicos derivados de seus próprios atos; e c) tais garantias de estabilização de expectativas normativas se aplicam aos três Poderes da República[3].

Vale ressaltar que tais consectários da segurança jurídica inspiraram, num primeiro momento, a própria mentalidade que levou o constituinte derivado a implementar, por meio da Emenda Constitucional nº 45/2004, o aperfeiçoamento do Poder Judiciário. A denominada "Reforma do Judiciário" tornou, de um lado, o aparato de Justiça mais confiável, claro, racional e transparente; e, de outro, a prestação jurisdicional mais sensível e dotada de maior eficiência com relação a ameaças e violações de direitos fundamentais da cidadania.

Em período posterior, caberia à legislação infraconstitucional implementar tais cânones constitucionais com a finalidade de intensificar

---

2 Canotilho, José Joaquim Gomes. *Direito constitucional e teoria da Constituição.* 7. ed. 7. reimpr. Almedina: Lisboa, 2003, p. 257-266.

3 Segundo Canotilho: *O **princípio geral da segurança jurídica** em sentido amplo (abrangendo, pois, a ideia de proteção da confiança) pode formular-se do seguinte modo: o indivíduo têm do direito poder confiar em que aos seus actos ou às decisões públicas incidentes sobre os seus direitos, posições ou relações jurídicas alicerçados em normas jurídicas vigentes e válidas por esses actos jurídicos deixados pelas autoridades com base nessas normas se ligam os feitos jurídicos previstos e prescritos no ordenamento jurídico. Deduz-se já que os postulados da segurança jurídica e da proteção da confiança são exigíveis perante qualquer acto de qualquer poder – legislativo, executivo e judicial* (Canotilho, José Joaquim Gomes. *Direito constitucional e teoria da Constituição.* 7. ed. 7. reimpr. Almedina: Lisboa, 2003, p. 257).

as diretrizes de estabilização normativa sob um inovador paradigma processual, a partir dos 5 (cinco) objetivos reitores que a Exposição de Motivos do Anteprojeto da novel legislação endereçou à Comissão de Juristas[4], a saber:

> 1) estabelecer expressa e implicitamente verdadeira sintonia fina com a Constituição Federal; 2) criar condições para que o juiz possa proferir decisão de forma mais rente à realidade fática subjacente à causa; 3) simplificar, resolvendo problemas e reduzindo a complexidade de subsistemas, como, por exemplo, o recursal; 4) dar todo o rendimento possível a cada processo em si mesmo considerado; e, 5) finalmente, sendo talvez este último objetivo parcialmente alcançado pela realização daqueles mencionados antes, imprimir maior grau de organicidade ao sistema, dando-lhe, assim, mais coesão[5].

Eis a principiologia e o respectivo cenário legislativo que serviram como fio condutor da aprovação do NCPC, cuja aplicabilidade passa a reger as relações processuais a partir de 18 de março de 2016. A almejada atualização positiva da legislação processual, entretanto, não pode, nem deve ser considerada enquanto fim em si mesmo. É fundamental destacar, nesse sentido, o papel a ser desempenhado pelo princípio da segurança jurídica, de modo a correlacioná-lo com os institutos processuais realçados pela legislação em vigor.

Nos tempos hodiernos, o imperativo da segurança jurídica suscita o desenvolvimento de um sistema de justiça acessível ao povo. Isto é, um Judiciário que conceda ao cidadão uma resposta justa e tempestiva[6]. Em suma, esse modelo deve ser apto a nutrir o respeito ao órgão que a presta – [7] o Poder Judiciário – e, também, a credibilidade neces-

4 Para fins de elaboração do Anteprojeto do novo Código de Processo Civil, foi instituída Comissão de Juristas pelo Ato nº 379, do Presidente do Senado Federal, de 30 de setembro de 2009.

5 Exposição de Motivos do Anteprojeto do novo Código de Processo Civil.

6 Neste aspecto, mister consultar: CAPPELLETTI, Mauro. Aspectos sociales y políticos del procedimiento civil. In: *Proceso, ideologias, sociedad.* Buenos Aires: EJEA, 1974, p. 33-90.

7 Não passou despercebido pela Comissão que o Poder Judiciário vivencia vertiginosa ascensão. Tem sido a última palavra sobre as questões de Estado,

sária diante da cláusula pétrea constitucional da "inafastabilidade da jurisdição", a qual imuniza a ameaça ou lesão a direitos do indesejável estado de *non liquet*[8].

Por esse motivo, para fins do presente artigo, o alcance das metas relacionadas à segurança jurídica será estruturado a partir da correlação que essa garantia de estabilização de expectativas normativas apresenta com referência específica a duas tendências complementares que passam a ser realçadas a partir da novel codificação: a) a duração razoável dos processos; e b) a resolução de demandas repetitivas.

No que diz respeito à razoável duração, ainda no processo de elaboração do NCPC, verificaram-se, primeiramente, as causas que impediam o Judiciário brasileiro de conceder uma resposta judicial "pronta e célere". Tal avaliação inicial chegou à constatação de que o processo, conquanto instrumento de realização da justiça monopolizado pelo Estado, apresentava na sua configuração solenidades obrigatórias que, por si só, contribuíam para a demora da resposta judicial e, por conseguinte, para o próprio enfraquecimento da garantia da segurança jurídica.

Esse conjunto de problemas judiciais, além de reforçar a imbricação entre duração razoável e segurança judicial, traz à memória a velha expressão de Eduardo Couture, jurista uruguaio que afirmara,

---

não só aqui, como alhures. Sobre o tema, vale transcrição de trecho de citações de Tocqueville: *Não existe praticamente questão política nos Estados Unidos que não seja resolvida cedo ou tarde como se fosse uma questão judiciária. Daí a obrigação dos partidos, em sua polêmica diária, de tomar emprestadas à justiça suas ideias e sua linguagem.* TOCQUEVILLE, Alexis. *De la démocratie en Amérique.* Coll. Garnier-Flammarion, Ed. Flammarion, 1993, p. 47.

8 Art. 5º da CF: *XXXV – A lei não excluirá da apreciação do Poder Judiciário lesão ou ameaça a direito.* A dicção constitucional abarca a tutela repressiva (lesão) e a tutela preventiva ou inibitória (ameaça a direito), quer de natureza cautelar, quer de natureza satisfativa. Consulte-se sobre o tema a bibliografia correspondente: FUX, Luiz. *Curso de direito processual civil.* Rio de Janeiro: Forense, 2008.

com propriedade, nos seus *Fundamentos de derecho procesal civil* que a justiça retardada nada mais era do que "justiça denegada"[9].

Concluiu-se, por conseguinte, que passados 37 anos do Código de 1973, impunha-se elaborar um novo ordenamento, erigido entre a *inovação* e a *conservação*[10]. Isto é, atento aos novos reclamos eclipsados na cláusula constitucional da "duração razoável dos processos", bem como erigir novéis institutos e abolir outros que se revelaram ineficientes ao longo do tempo, com o escopo final de atingir aos reclamos de segurança jurídica, em especial daquilo que a genialidade do processualista denominou uma árdua tarefa para os juízes: "Fazer bem e depressa"[11].

A Comissão considerou a existência de bons materiais aproveitáveis do Código em vigor (1973) bem como a firmeza na crença de que a tarefa não se realizaria por meio do mimetismo. Segurança não se confunde com mera repetição. Por isso, tal desafio não poderia se comprazer em apenas repetir erros de outrora. A criação de um "novo código"[12] deveria ser apta a reduzir o número de demandas e recursos em tramitação no Poder Judiciário, fatores inegavelmente responsáveis pela morosidade judicial e, por consequência, pelo enfraqueci-

9 A Corte Europeia de Direitos Humanos costuma verificar eventual desrespeito à cláusula de duração razoável dos processos pela lente de observação de três critérios principais, a saber: a complexidade da causa; o comportamento das partes e dos seus procuradores; e a atuação do órgão jurisdicional.

10 A advertência é de Niceto Alcalá Zamora Y Castillo na Exposição de Motivos de CPC de 1939, assim repisada por Buzaid: Entram em jogo dois princípios antagônicos de técnica legislativa: o da *conservação* e o da *inovação*. Ambos se harmonizam, porque, se o primeiro torna menos perturbadora a mudança, o segundo remedeia os males observados durante a aplicação do Código. O reformador não deve olvidar que, por mais velho que seja um edifício, sempre se obtêm, quando demolido, materiais para construções futuras.

11 A expressão é de REIS, José Alberto dos. A figura do processo cautelar. Separata do *Boletim do Ministério da Justiça*, n. 3, Lisboa, 1947.

12 A perplexidade e o desafio são de todos os tempos, como demonstram as palavras de Chiovenda por ocasião da reforma italiana: *Convien decidersi a una riforma fondamentale o rinunciare alla speranza di un serio progresso* (CHIOVENDA, Giuseppe. *La riforma del procedimento civile*. Roma, 1911, p. 4).

mento da própria racionalidade, estabilidade e eficiência derivadas da cláusula normativa da segurança jurídica.

O novel Código busca superar as barreiras da morosidade através de criativas soluções. O primeiro enfrentamento revelou, de plano, 3 (três) fatores que representavam as causas mais significativas da longa duração dos processos.

A primeira, tributada ao excesso de formalidades do processo oriunda da era do iluminismo[13], na qual reinava profunda desconfiança

---

13 *Tratando-se de tutela cautelar que resguarda a utilidade prática do processo principal, como v.g., a constrição de bens do arresto garantidor de futura execução, justifica-se exigir a propositura da ação principal em prazo peremptório. Afinal, o juízo terá concedido a medida urgente com base em mera aparência em razão da urgência e da promessa de que adviria o processo principal propiciando uma análise mais aprofundada do direito da parte.*
Diferentemente, a tutela antecipada é satisfação antecipada na mesma relação processual em que se vai definir o direito ao final. Isso significa dizer que o juiz pode adiantar os efeitos práticos que advirão do pronunciamento final de procedência. Desta sorte, não há processo outro a instaurar e tudo se passa na mesma relação processual. Imperioso que se assente com clareza que a antecipação de tutela se opera no plano da realizabilidade prática e não no plano normativo. É adiantamento dos efeitos práticos do provimento, como por exemplo a entrega de uma coisa ou o pagamento de alimentos provisionais, sem que haja uma "sentença provisória", tanto mais que a própria lei explicita que deferida a antecipação o processo prossegue em direção ao seu destino que é a prolação da sentença.
Não obstante as diferenças traçadas, a tutela cautelar e a tutela satisfativa antecipada como subespécies do gênero tutela de urgência apresentam uma significativa característica comum, qual seja a da "mandamentalidade" da decisão que encerram.
Ressalta claro que a tutela de urgência não se submete à ritualidade da execução tradicional. A sua efetivação se opera simpliciter et de plano, *como sói exigir uma resposta judicial pronta. Não há execução "com intervalo" senão sincrética, no mesmo processo, e imediatamente acompanhada de medidas de apoio que a tornem realidade. Esta mandamentalidade, mercê de restaurar a figura soberana do magistrado, abandonando aquela outra burocrático-judicial, criminaliza o descumprimento da ordem, diferentemente do que se observa na sentença condenatória, que encerra uma mera "declaração" concitando o vencido para que cumpra a decisão. Há executividade intrínseca no comando decisório de urgência, como preconizava Liebman, de tal sorte que mais apropriado é denominar-se a sua realização prática de "efetivação ou atuação", como o fazem os nossos matizes europeus.*

sobre o comprometimento do Judiciário com o Antigo Regime, razão que conduziu os teóricos da época a formular técnicas de engessamento dos poderes judiciais[14].

Assim, evidencia-se a concessão de legitimidade da obtenção do bem da vida pretendido, porquanto o indivíduo não possa se valer das próprias forças para retirar um bem do patrimônio de outrem ou obrigá-lo a fazer ou deixar de fazer algo, ao seguir as determinações previstas no ordenamento, a conduta coercitiva remete a uma legitimidade a partir da teoria do pacto social, na qual a sociedade remete parcela de sua liberdade para que o Estado promova a harmonia e o bem comum, após uma aceitação dessas regras. Destarte, as normas estabelecidas no ordenamento formam o resultado da conjugação da

---

Nesse ângulo, aproximam-se os sistemas do civil law *e do* common law *ao eclipsarem na figura do magistrado o antigo pretor romano dos interditos e do* imperium iudiciis.

Outrossim, muito embora não se possa afirmar a existência de uma unanimidade a respeito, a repercussão enérgica na esfera jurídica do seu destinatário faz com que o juízo da medida de urgência obedeça ao princípio da menor onerosidade possível e ao da proporcionalidade do provimento, conferindo solução adequada e sob medida, evitando criar um prejuízo maior do que se pretende evitar e, para tal, analisando a liceidade do sacrifício de um interesse à custa de outro, na visão metodológica de Karl Larenz (v. FUX, Luiz. *Curso de direito processual civil*. Rio de Janeiro: Forense, 2001, p. 1.288-1.289).

14 Interessante passagem sobre a nova expectativa social sobre os juízes: *[...] Entre outras demonstrações deste "entulho" individualista, lugar de destaque pertence às posições que defendiam dever ser reduzida a participação e os poderes do juiz, ficando o processo (e principalmente seus resultados) totalmente entregue à sorte decorrente da iniciativa (ou falta de iniciativa) das partes. Esta concepção, hoje ultrapassada, de repúdio ao juiz ativo e participativo, era corolário da filosofia preponderantemente liberal e individualista que dominava o pensamento do século passado e baseava sua visão de mundo nos conceitos de liberdade, igualdade formal e propriedade, os quais eram estudados sob o enfoque do indivíduo, ou seja, sem que houvesse uma maior preocupação com a repercussão que o exercício de tais direitos pudesse ter em relação à coletividade. Neste contexto, era deixada para o Estado uma função secundária que vinha sintetizada pelo ideal do Estado Mínimo.* PUOLI, José Carlos Baptista. *Os poderes do juiz e as reformas do processo civil*. São Paulo: Juarez de Oliveira, 2002, p. 22.

vontade geral legitimando a atuação do Estado na sua conduta invasiva no patrimônio jurídico de um indivíduo[15].

Entretanto, essa cultura do formalismo chegou a um ponto em que impôs ao processo um excesso de etapas até o advento da solução judicial, que a morosidade decorrente acabou por emprestar às formas usuais de prestação de justiça ineficiência alarmante gerando a consequente insatisfação popular, e o descrédito do Poder Judiciário.

A segunda causa enfrentada revelou a litigiosidade desenfreada advinda, paradoxalmente, da conscientização da cidadania exsurgente da Carta Pós-positivista de 1988[16]. O povo, a partir da percepção de seus direitos tutelados pela Carta Cidadã[17], introjetou em sua cultura cotidiana a busca pela tutela judicial dos seus direitos supostamente lesados ou ameaçados de lesão. O acesso à Justiça tornou-se o direito dos direitos, o pressuposto inafastável de efetivação de todos os demais direitos, de maneira segura e eficiente[18].

---

15 SILVA, Irapuã Santana do Nascimento da. *O princípio da igualdade como pressuposto de validade da mediação para uma tutela jurisdicional efetiva.* 2015, p. 37-38. f. Dissertação (Mestrado em Direito Processual) – Faculdade de Direito, Universidade do Estado do Rio de Janeiro, Rio de Janeiro, 2015.

16 Porém, à medida que aumentou enormemente a demanda pela tutela jurisdicional, diminui a capacidade estatal de *expandir os serviços de administração da justiça de modo a criar uma oferta de justiça compatível com a procura então verificada.* E isto porque, consoante nos ensina Boaventura de Souza Santos, esta explosão de litigiosidade se deu justamente na década de 1970, momento de crise do Estado-providência, de redução progressiva dos recursos financeiros estatais e da sua crescente incapacidade de arcar com os compromissos assistenciais e previdenciários assumidos para com as classes populares na década anterior. SANTOS, Boaventura de Souza. Introdução à sociologia da administração da justiça. In *Direito e justiça:* a função social do Judiciário. São Paulo: Ática, 1989, p. 44.

17 Neste sentido ver AMSTUTZ, Marc; ABEGG, Andreas; KARAVAS, Vaios. Civil society constitutionalism: the power of contract law. In: Indiana Journal of Global Legal Studies. v. 14, Issue 2, p. 235-258 (Article), DOI: 10.1353/gls.0.0009, Summer 2007.

18 Neste sentido, CAPPELLETTI e GARTH asseveram: *Nos estados liberais "burgueses" dos séculos XVIII e XIX, os procedimentos adotados para solução de litígios civis refletiam a filosofia essencialmente individualista dos direitos, então vigorante. Direito ao acesso à proteção judicial significava essencial-*

A terceira causa revelou o excesso de recorribilidade decorrente da previsão legal de inúmeros meios de impugnação das decisões judiciais, denominada "prodigalidade recursal", a par da efetiva utilização na praxe forense dos recursos, como meio de retardar a consagração

---

mente o direito formal do indivíduo agravado de propor ou contestar uma ação. A teoria era de que, embora o acesso à Justiça pudesse ser um "direito natural", os direitos naturais não necessitavam de uma ação do Estado para sua proteção. Esses direitos eram considerados anteriores ao Estado; sua preservação exigia apenas que o Estado não permitisse que eles fossem infringidos por outros. O Estado, portanto, permanecia passivo com relação a problemas tais como aptidão de uma pessoa para reconhecer seus direitos e defendê-los, adequadamente, na prática. Afastar a "pobreza no sentido legal" – a incapacidade que muitas pessoas têm de utilizar plenamente a justiça e suas instituições – não era preocupação do Estado. A justiça, como outros bens, no sistema do laissez-faire, só podia ser obtida por aqueles que pudessem enfrentar seus custos... O acesso formal, mas não efetivo à Justiça, correspondia à igualdade, apenas formal, mas não efetiva [...] À medida que as sociedades do laissez-faire cresceram em tamanho e complexidade, o conceito de direitos humanos começou a sofrer uma transformação radical. A partir do momento em que as ações e os relacionamentos assumiram, cada vez mais, caráter mais coletivo que individual, as sociedades modernas necessariamente deixaram para trás a visão individualista dos direitos, refletida nas "declarações de direitos", típicas dos séculos XVIII e XIX. O movimento fez-se no sentido de reconhecer os direitos e deveres sociais dos governos, comunidades, associações e indivíduos [...]. Entre esses direitos garantidos nas modernas Constituições estão os direitos ao trabalho, à saúde, à segurança material e à educação. Tornou-se lugar-comum observar que a atuação positiva do Estado é necessária para assegurar o gozo de todos esses direitos básicos. Não é surpreendente, portanto, que o direito ao acesso efetivo à Justiça tenha ganhado particular atenção na medida em que as reformas do welfare state têm procurado armar os indivíduos de novos direitos substantivos em sua qualidade de consumidores, locatários, empregados e, mesmo, cidadãos. De fato, o direito ao acesso efetivo tem sido progressivamente reconhecido como sendo de importância capital entre os novos direitos individuais e sociais, uma vez que a titularidade de direitos é destituída de sentido, na ausência de mecanismos para sua efetiva reivindicação. O acesso à Justiça pode, portanto, ser encarado como o requisito fundamental – o mais básico dos direitos humanos – de um sistema jurídico moderno e igualitário que pretende garantir e não apenas proclamar os direitos de todos. (CAPPELLETTI, Mauro e GARTH, Bryant. *Acesso à justiça*: Porto Alegre: Sérgio Antônio Fabris Editora, 2008, p. 09).

da vitória do litigante portador do melhor direito[19]. Nesse sentido, os dados estatísticos comprovaram o número excessivo de recursos utilizados, sem paradigma no Direito comparado. Assim, v.g., a Corte Suprema americana, além do poder de eleição das impugnações que vai julgar, decide *anualmente de menos de uma centena (100) de recursos, ao passo que os Tribunais Superiores do Brasil têm no seu acervo 250.000 (duzentos e cinquenta mil) recursos para julgamento.*[20]

Dessa sorte, patenteou-se como evidente que os 3 (três) fatores preponderantes a serem enfrentados para a efetivação da duração razoável dos processos sintetizavam-se em 3 (três) grupos: I) O excesso de formalismos do processo civil brasileiro; II) o demasiado número de demandas; e, III) a prodigalidade recursal na ótica antes apontada[21].

Em conjunto, esse diagnóstico inicial permite aos intérpretes do NCPC, de sua gênese à sua aplicação, que encarem a noção de duração razoável dos processos como ferramenta de implementação adequada da eficiência na administração do Poder Judiciário.

De outra parte, no que concerne ao incidente de resolução de ações repetitivas, o seu principal alvo é o excesso de proposição de

19 Daí ter Ulpiano, há dois mil anos, preconizado no Digesto "*Appellandi usus quam sit frequens, quamque necessarius, nemo est qui nesciat...* (Ninguém ignora como o uso da apelação é frequente e como é necessário) [...] *licet nonnunquam benelata sententiae in pejureformet Boehmer*" (pois corrige a iniquidade ou imperícia dos julgadores, embora às vezes reforme para pior as sentenças proferidas, porque o fato de julgar por último não implica julgar melhor) [...] "*licet nonnunquam benelata sententiae in pejureformet Boehmer.*" Texto original ULPIANO, *Digesta Iustiniani: Liber 49*; Coleção Mommsen & Krüger. Tradução livre para português.

20 Uma compreensão do tema encontra-se em BAUM, Lawrence. *A suprema corte americana*. Rio de Janeiro: Forense Universitária, 1987.

21 Como bem destacado na exposição de motivos pela relatora, Professora Teresa Alvim Wambier: *Bastante simplificado foi o sistema recursal. Esta simplificação, todavia, em momento algum significou restrição ao direito de defesa. Em vez disso deu, de acordo com o objetivo tratado no item seguinte, maior rendimento a cada processo individualmente considerado.* (WAMBIER, Teresa Arruda. Exposição de motivos de Motivos. In: *Código de processo civil*: anteprojeto / Comissão de Juristas Responsável pela Elaboração de Anteprojeto de Código de Processo Civil. – Brasília: Senado Federal, Presidência, 2010).

demandas judiciais. Ao serem decididas isoladamente[22], tais causas

---

22 O projeto não regulamentou a tutela coletiva de direitos, o que continuará a cargo da legislação complementar. O incidente de coletivização, todavia, indiretamente alcança os conflitos potencialmente coletivos. Sobre o tema, a bibliografia mais recomendada: ALMEIDA, Gregório Assagra de. *Direito processual coletivo brasileiro:* um novo ramo do direito processual. São Paulo: Saraiva, 2003; ALPA, Guido. Interessi Diffusi. *Revista de Processo*, São Paulo: RT, n. 81, p. 146-159, jan./mar. 1996; ANGIULI, Annamaria. *Interessi collettivi e tutela giurisdizionale*. Nápoles: Novene, 1986; BAUDEL, Jules-Marc e FOURVEL, Jacques. *Les recours collectifs*: étude comparée. Paris: Société de législation comparée, 2006; CALAIS-AULOY, Jean. Die Regelung von Rechtsstreiten auf gerichtlichem Weg: Die Lage in Frankreich. In: *Europäische Konferenz über den Zugang der Verbraucher zur Justiz*. Lisboa: Instituto do Consumidor, 1994. v. III; CAPPALLI, Richard B. und Consolo, Claudio. Class Actions for continental Europe? A preliminary inquiry. *Temple International and Comparative Law Journal*, 6.2 (1993): 217-292; CAPPELLETTI, Mauro. O acesso dos consumidores à justiça. In: *Revista de Processo*, São Paulo: RT, n. 62, p. 205-220; CLARK, S. Stuart. *Class actions in Australia*. Texto e palestra apresentados na Conferência sobre *class actions*, Genebra, jul. 2000; COOPER, Edward H. Class-Action advice in the form of questions. *Duke Journal of Comparative and International Law*. Spring, 2001; DENTI, Vittorio. Relazione introduttiva. In: *Le azioni a tutela di interessi collettivi*: atti del convegno di studio (Pavia, 11-12 giugno 1974). Padova: Cedam, 1976; DINAMARCO, Cândido Rangel. Decisões vinculantes. In: *Revista de Processo*, São Paulo: RT, n. 100, out./dez. 2000; FISCH, William B. European analoges to the class action: Group action in France and Germany. *The American Journal of Comparative Law*, v. 27, 1979; FRIEDMAN, Mark W. Constrained individualism in group litigation: Requiring class members to make a good cause showing before opting out of a federal class action. *The Yale Law Journal*, v. 100, 1990; GOLDSTEIN, Stephen. Class Actions in Israel. In: *Israeli National Report Submitted to the XIII Congress of the International Academy of Comparative Law*. Montreal: August 1990; GRINOVER, Ada Pellegrini. As garantias constitucionais do processo nas ações coletivas. In: *Revista de Processo*, São Paulo: RT, n. 43, p. 19-30, jul./set. 1986; KRAMMER, Larry. Choice of law in complex litigation. In: *New York University Law Review*, v. 71, 1996; LEAL, Márcio Flávio Mafra. *Ações coletivas*: história, teoria e prática. Porto Alegre: Sergio Antonio Fabris, 1998; LINDBLOM, Per Henrik. Group actions in civil procedure in Sweden. *A national report for the XIII international congress of comparative law*. Montreal: august 19-25, 1990; MCKEE, S. Gordon. *Class actions in Canada*: a potentially momentous change to canadian litigation. The Fraser Institute. Out. 1999; MENDES, Aluisio Gonçalves de Castro. *Ações coletivas no direito nacional e comparado*. São Paulo: RT, 2002; WOOLF, Lord M. R. *Final report on access*

geravam, num primeiro plano, volume quantitativo de processos inassimilável por juízos e tribunais. Tal abarrotamento processual, além de inviabilizar o próprio funcionamento desses órgãos jurisdicionais, apresentava como um de seus consectários o impacto do aumento do tempo para a resolução de tais demandas.

Ademais da questão temporal, o fenômeno da massificação decorrente do excesso de litigiosidade também suscita elementos relacionados à estabilização de expectativas normativas quanto à aplicação do Direito, em especial no que concerne à padronização da resolução das denominadas ações de cunho repetitivo.

Uma sociedade de massa[23], no dizer de Mauro Cappelletti, gera litígios de massa – vale dizer, ações individuais homogêneas quanto à causa de pedir e ao pedido. Assim, v.g., o Brasil experimenta esse contencioso de massa por meio de milhares de ações questionando a legalidade da assinatura básica, os índices de correção da poupança em confronto com as perdas geradas pelos planos econômicos, os índices de correção do FGTS, o pagamento de impostos por determinadas categorias, a base de cálculo de tributos estaduais, municipais, federais etc.[24]

O modelo anterior, portanto, conviveu com o risco de decisões diferentes para causas iguais, com grave violação da cláusula pétrea da isonomia, como adverte Dennys Loyd. Assim, diante da possibilidade de que questões bastante similares gerem um quadro de insegurança jurídica quanto à adequada aplicação do Direito, o incidente

to justice, jul. 1996; ZACLIS, Lionel. *Proteção coletiva dos investidores no mercado de capitais*. São Paulo: RT, 2007.

23 *Quem habita este planeta não é o Homem, mas os homens. A pluralidade é a lei da Terra* (Hanna Arendt).

24 Consulte-se: TARUFFO, Michele. Precedente ed esempio nella decisione giudiziaria. In: *Rivista Trimestrale di Diritto e Procedura Civile*, ano XLVIII, p. 19 e ss., 1994; TARUFFO, Michele. Dimensioni del precedente giudiziario. In: Rivista citada, p. 411 e ss.; D. COLE, Charles. Precedente Judicial – a experiência americana, In: *Revista de Processo*, São Paulo: RT, ano 23, n. 92, p. 71-86, out./dez. 1998; GRECO, Leonardo. Novas súmulas do STF e alguns reflexos sobre o mandado de segurança. In: *Estudos de direito processual*. Faculdade de Direito de Campos, 2005, p. 401-422.

criado pelo anteprojeto permite a seleção de causas piloto que servem de mecanismo preventivo, de modo a evitar a multiplicação de juízos contraditórios acerca de causas com natureza semelhante.

O advento dessa ferramenta processual inspirou-se na experiência germânica do mercado de capitais (*musterverfhren*). Assim, uma vez julgadas tais questões, as causas piloto servem de paradigma obrigatório para as inúmeras ações em curso na mesma base territorial da competência do tribunal local encarregado de admitir o incidente por provocação das partes, do juiz, do Ministério Público ou da Defensoria Pública.

Dessarte, quando a matéria revelar potencial de repetição em todo o território nacional e admitido o incidente no tribunal local, qualquer interessado poderá requerer ao Superior Tribunal de Justiça ou ao Supremo Tribunal Federal, conforme a competência *ratione materiae.*

Ao se dimensionar a necessidade de estabilização normativa quanto aos padrões de aplicação do Direito, equaciona-se o problema pragmático segundo o qual o excesso de demandas também pertence ao campo interdisciplinar da sociologia jurídica e, por essa razão, deve encontrar amparo na cláusula do acesso à Justiça[25].

Esse quantitativo de demandas estava intimamente vinculado ao denominado "contencioso de massa",[26] no qual milhares de ações

---

25 *Tornou-se lugar-comum observar que a atuação positiva do Estado é necessária para assegurar o gozo de todos esses direitos sociais mais básicos. Não é surpreendente, portanto, que o direito ao acesso efetivo à Justiça tenha ganho particular atenção na medida em que as reformas do welfare state têm procurado armar os indivíduos de novos direitos substantivos em sua qualidade de consumidores, locatários, empregados e, mesmo, cidadãos. De fato, o direito ao acesso efetivo tem sido progressivamente reconhecido como sendo de importância capital entre os novos direitos individuais e sociais, uma vez que a titularidade de direitos é destituída de sentido, na ausência de mecanismos para sua efetiva reivindicação. O acesso à Justiça pode, portanto, ser encarado como o requisito fundamental – o mais básico dos direitos humanos – de um sistema jurídico moderno e igualitário que pretenda garantir e não apenas proclamar os direitos de todos.* CAPPELLETTI, Mauro. Acesso à justiça. Separata da *Revista do Ministério Público do Estado do Rio Grande do Sul.* Porto Alegre, v. 1, n. 18, p. 11-12.

26 ANDREWS, Neil. Multi-party proceedings in England: representative and group actions. In: *Duke Journal of Comparative and International Law*, v. 11, 2001.

em trâmite no território nacional versavam a mesma questão jurídica, revelando ações homogêneas, que sequer eram reguladas processualmente como aquelas que compõem a litigiosidade de varejo.

No que concerne à racionalização do procedimento, o incidente, uma vez instaurado, tem a sua admissibilidade aferida pelo tribunal que pode impor a suspensão das ações idênticas juridicamente, no âmbito da sua competência antes de apreciar o mérito da questão.

A possibilidade de interposição de recurso extraordinário ou recurso especial habilita os respectivos tribunais superiores a suspenderem todas as ações em tramitação no território nacional, mediante análise de *simplex petitio* nesse sentido, formulável por qualquer interessado.

Uma vez decidida a questão jurídica homogênea, cada ação individual retoma a sua marcha em primeiro grau, obedecendo ao julgamento da *questio* comum. Isto é, a resolução do elemento repetitivo que tenha dado ensejo à instauração do incidente não inviabiliza, após a sua efetiva resolução, a apreciação de singularidades que cada causa eventualmente apresente.

A implementação do incidente[27] revela-se, portanto, vantajosa e eficiente ao permitir a solução de milhares de demandas com idêntica questão jurídica, por meio de solução unificada ou padronizada. Essa orientação, uma vez fixada, torna obrigatória a normação adotada que vai influir, inclusive, na admissibilidade de eventuais recursos para os tribunais locais ou superiores, porquanto fixada a tese, a sua adoção será obrigatória.

---

27 Consoante anota Antonio Passo Cabral: *O procedimento se inicia com um pedido de instalação do incidente-padrão* (Musterfeststellungsantrag), *seja pelo autor seja pelo réu, perante o juízo do processo individual* (Prozessgericht, *o juízo de origem), com indicação do escopo da tratativa coletiva, descrito e exigido pela lei como requisito do pedido. Não pode haver instauração de ofício pelo juízo. A parte deve apontar os pontos litigiosos* (Streitpunkte) *que deseja ver resolvidos coletivamente, bem como os meios de prova que pretende produzir no incidente. Interessante notar que o requerente deve alegar e demonstrar que o pedido terá repercussão extraprocessual, interferindo na resolução de outros litígios similares.* CABRAL, Antônio do Passo. O novo procedimento-modelo (musterverfahren) alemão: uma alternativa às ações coletivas. In: *Revista de Processo,* São Paulo, v. 32, n. 147, p. 123-146, mai. 2007.

O registro eletrônico no Conselho Nacional de Justiça (CNJ) dos incidentes de resolução de demandas repetitivas suscitados nas unidades federadas do país permitirá aos tribunais a adoção de providências preventivas tendentes a evitar futuras decisões contraditórias mediante a suspensão preventiva dos processos[28].

Esse segundo passo complementar de estabilização normativa – desta vez, quanto à resolução de ações repetitivas – reforça a noção de segurança jurídica não somente do ponto de vista dos jurisdicionados que controvertam quanto à *quaestio* comum. Em verdade, a medida também proporciona a padronização institucional no âmbito do próprio Poder Judiciário, de modo a materializar o princípio da unicidade da jurisdição.

É dizer, a decisão dos Tribunais Superiores em um dos incidentes impõe a adoção da tese jurídica por todos os juízos e tribunais do país, evitando decisões contraditórias sobre a mesma questão jurídica, mercê de consagrar com largo espectro a isonomia judicial, tanto no aspecto jurídico (quanto à aplicação do Direito), quanto no institucional (quanto aos órgãos do sistema de justiça)[29-30].

---

28 V MENDES, Aluisio Gonçalves de Castro. *Ações coletivas no direito comparado e nacional*. São Paulo: RT, 2002, p. 60-61.

29 O preâmbulo da Constituição, em algumas poucas linhas, condensa o conteúdo e objetivos do Estado Democrático de Direito; fundamentalmente, em efetivar os direitos ali consagrados com vistas ao atingimento de uma sociedade mais justa, igualitária, solidária e fraterna. Assim, antes de tudo, premente situar normativamente o preceito isonômico na Constituição. Inicia-se, como não poderia deixar de ser, pelo próprio preâmbulo constitucional, o qual, como já acima referido, entremostra a forte carga valorativa inserida no conceito da igualdade, *verbis*: *Nós, representantes do povo brasileiro, reunidos em Assembleia Nacional Constituinte para instituir um Estado Democrático, destinado a assegurar o exercício dos direitos sociais e individuais, a liberdade, a segurança, o bem-estar, o desenvolvimento, a igualdade e a justiça como valores supremos de uma sociedade fraterna, pluralista e sem preconceitos, fundada na harmonia social e comprometida, na ordem interna e internacional, com a solução pacífica das controvérsias, promulgamos sob a proteção de Deus, a seguinte CONSTITUIÇÃO DA REPÚBLICA FEDERATIVA DO BRASIL.*

30 Alguns exemplos de desdobramentos do preceito igualitário ao longo da Constituição são os inc. I, do próprio art. 5º; os incs. XXX, XXXI e XXXII, todos do art. 7º; o inc. III do art. 19; o art. 146, inc. III, alínea *d*; o art. 151, inc. I; o art. 170, incs. VII e IX; dentre muitos outros.

De um modo sistêmico, o incidente traz, na sua gênese, a tendência de conferir força ao precedente judicial. Trata-se de justificação singular da teoria da argumentação, nas palavras de Chaïm Perelman, seguindo a velha tradição luso-brasileira dos assentos das casas de suplicação[31] e dos verbetes sumulares inaugurados pelo esforço ímpar de Victor Nunes Leal.

Nesse particular, vale anotar que o caso do incidente de resolução de demandas repetitivas é mais uma ilustração de que a jurisprudência tem assumido, cada vez mais. o destaque característico dos sistemas da família da *common law*. Ao vincular juízes e tribunais, reclama, por seu turno, a perfeita adequação da causa ao precedente (*distinguishing*), a possibilidade de sua modificação (*overruling*), bem como a modulação temporal da modificação jurisprudencial no afã de evitar a surpresa judicial, interdição que conspira em prol da prometida segurança jurídica eclipsada em cláusula pétrea constitucional. Essa força emprestada à jurisprudência viabiliza, também, a previsibilidade das decisões, respeitando as justas expectativas dos jurisdicionados.

Essa tendência corrobora o que Giuseppe Chiovenda vaticinara no primeiro quartel do século passado, vale dizer, a evolução do processo civil restaria por unir as famílias do *civil law* e da *common law*, permitindo uma interação capaz de institutos de um sistema serem úteis ao outro. Aliás, ao longo das últimas décadas, os sistemas romano-germânico e anglo-saxônico vêm se interpenetrando. Assim é que o Brasil, país de tradição legalista, propende cada vez mais para a utilização dos precedentes judiciais característicos do sistema anglo-saxônico, como regra apta a realizar a isonomia jurisdicional; ao passo que a Inglaterra desde 1999, país de tradição dos precedentes, adotou um complexo Código de Processo Civil (*Rules of Civil Procedure*).

Evidentemente, porém, para que tenha eficácia a recomendação no sentido de que seja a jurisprudência do STF e dos Tribunais superiores, efetivamente, norte para os demais órgãos integrantes do Poder

31 NEVES, A. Castanheira. *O instituto dos "assentos" e a função jurídica dos supremos tribunais*. Coimbra: Coimbra Editora, 1983, p. 669.

Judiciário, é necessário que aqueles Tribunais mantenham jurisprudência razoavelmente estável.

A segurança jurídica fica comprometida com a brusca e integral alteração do entendimento dos tribunais sobre questões de direito.

Encampou-se, por isso, expressamente princípio no sentido de que, uma vez firmada jurisprudência em certo sentido, esta deve, como norma, ser mantida, salvo se houver relevantes razões recomendando sua alteração. Trata-se, na verdade, de um outro viés do princípio da segurança jurídica, que recomendaria que a jurisprudência, uma vez pacificada ou sumulada, tendesse a ser mais estável.

No clássico discurso "Da liberdade dos antigos comparada à dos modernos", há cerca de dois séculos, Benjamin Constant prenunciava um desafio incessante que consiste em uma nota distintiva para quem pretende encarar as possibilidades e limites do texto processual em vigor (incluídas as modificações promovidas pela Lei nº 13.256, de 4 de fevereiro de 2016): *A obra do legislador não é completa quando apenas tornou o povo tranquilo.*

Dessarte, exsurge, cada vez mais, a relevância que a interpretação judicial e a consequente orientação jurisprudencial passam a desempenhar como leituras que complementam a obra do legislador.

A esse respeito, a eventual alteração do entendimento a respeito de uma tese jurídica ou do sentido de um texto de lei pode levar ao legítimo desejo de que as situações anteriormente decididas, com base no entendimento superado, sejam redecididas à luz da nova compreensão. Isto porque a alteração da jurisprudência, diferentemente da alteração da lei, produz efeitos equivalentes aos *ex tunc*. Desde que, é claro, não haja regra em sentido inverso. O § 1º do art. 489 do NCPC apresenta, no ponto, os pertinentes requisitos de fundamentação da decisão judicial: i) a necessidade de identificação de *seus fundamentos determinantes*, assim como *que o caso sob julgamento se ajusta* aos elementos que basearam o precedente ou enunciado de súmula eventualmente invocado (inc. V); e ii) em caso de não se *seguir enunciado de súmula, jurisprudência ou precedente invocado pela parte, a decisão (interlocutória, sentença ou acórdão* tem como dever a demonstração da *existência de distinção no caso em julgamento ou a superação do entendimento.*

Essa preocupação com a mudança (ou a permanência) de jurisprudência há se ser levada a sério em especial no contexto de uma sociedade complexa e globalizada em que, conforme anota o pensamento de Ulrich Beck[32], o risco se torna em mais uma das variáveis que contribuem para a instabilidade da vida social e institucional. Por isso mesmo, o sistema judicial passa a ser demandado não somente quanto à realização da justiça, mas também para desempenhar um papel diferenciado de estabilização de expectativas normativas para a regulação da sociedade por meio da jurisprudência.

A concepção e a estruturação de uma nova codificação processual corresponde, portanto, a um ponto de inflexão no que concerne às emergentes expectativas em torno da cláusula do devido processo legal. É dizer, ao mesmo tempo em que surgem demandas pelo aperfeiçoamento do sistema processual, a modificação dos institutos processuais deve ponderar não somente a alteração de rumos institucionais, mas também um modelo de transição que seja apto a permitir a implementação paulatina dessa nova sistemática.

Nesse particular, sem sombra de dúvidas, a vigência do novo Código de Processo Civil corresponde, portanto, a mais um decisivo passo jurídico e institucional voltado a essa nova direção.

A partir dessas duas tendências positivadas na legislação em vigor, pode-se afirmar que a atividade de prestação jurisdicional passa a estar cada vez mais apoiada no requisito de estabilização normativa das expectativas quanto ao tempo do processo e quanto à isonomia na prestação jurisdicional, por meio da uniformidade e estabilidade da jurisprudência. Ou seja, a administração dos conflitos não deve se balizar apenas pela realização ideal de justiça (encarada como correta aplicação do direito ao caso concreto), mas também pela adoção de marcos temporais e jurisprudenciais que sejam hábeis a oferecer,

32 BECK, Ulrich. *La sociedad del riesgo:* hacia uma nueva modernidad. Barcelona: Paidós, 1998.

fundamentadamente, uma pronta e adequada resposta institucional aos conflitos submetidos ao sistema de justiça.

Em conjunto, as inovações trazidas pelo novel Código, quanto à duração razoável do processo e, também, no que concerne à resolução de demandas repetitivas, correspondem a passos complementares de realização do princípio da segurança jurídica. Tal legislação processual reforçou, portanto, a ideia de que as normas jurídicas devem conferir maior efetividade às garantias constitucionais, tornando "segura" a vida dos jurisdicionados, de modo a que estes sejam poupados de "surpresas", podendo visualizar, em certo grau de previsibilidade, as possíveis consequências jurídicas de sua conduta.

Referências

ALMEIDA, Gregório Assagra de. *Direito processual coletivo brasileiro:* um novo ramo do direito processual. São Paulo: Saraiva, 2003.

ALPA, Guido. Interessi Diffusi. *Revista de Processo*, São Paulo: RT, n. 81, p. 146-159, jan./mar. 1996.

AMSTUTZ, Marc; ABEGG, Andreas; KARAVAS, Vaios. Civil Society Constitutionalism: The power of contract law. In: *Indiana Journal of Global Legal Studies*. v. 14, Issue 2, p. 235-258 (Article), DOI: 10.1353/gls.0.0009, Summer 2007.

ANDREWS, Neil. Multi-party proceedings in England: representative and group actions. In: *Duke Journal of Comparative and International Law*, v. 11, 2001.

ANGIULI, Annamaria. *Interessi collettivi e tutela giurisdizionale.* Nápoles: Novene, 1986.

BARBOSA MOREIRA. *Comentários ao código de processo civil.* 12. ed. p. 488, n. 266.

BAUDEL, Jules-Marc e FOURVEL, Jacques. *Les recours collectifs*: étude comparée. Paris: Société de législation comparée, 2006.

BAUM, Lawrence. *A suprema corte americana.* Rio de Janeiro: Forense Universitária, 1987.

BECK, Ulrich. *La sociedad del riesgo:* hacia uma nueva modernidad. Barcelona: Paidós, 1998.

BRASIL. Constituição (1988). Constituição da República Federativa do Brasil. Brasília, DF: Senado, 1988.

CABRAL, Antônio do Passo. O novo procedimento-modelo (*musterverfahren*) alemão: uma alternativa às ações coletivas. In: *Revista de Processo,* São Paulo, v. 32, n. 147, p. 123-146, mai. 2007.

CALAIS-AULOY, Jean. Die Regelung von Rechtsstreiten auf gerichtlichem Weg: Die Lage in Frankreich. In: *Europäische Konferenz über den Zugang der Verbraucher zur Justiz*. Lisboa: Instituto do Consumidor, 1994. v. III.

CAPPALLI, Richard B. und Consolo, Claudio. Class actions for continental Europe? A preliminary inquiry. *Temple International and Comparative Law Journal*, 6.2 (1993): 217-292.

CANOTILHO, José Joaquim Gomes. *Direito constitucional e teoria da Constituição*. 7. ed. 7. reimpr. Almedina: Lisboa, 2003.

CAPPELLETTI, Mauro. Aspectos sociales y políticos del procedimiento civil. In: *Proceso, ideologias, sociedad.* Buenos Aires: EJEA, 1974.

______. *Acesso à justiça*: Porto Alegre: Sérgio Antônio Fabris Editora, 2008.

______. Acesso à justiça. Separata da *Revista do Ministério Público do Estado do Rio Grande do Sul*. Porto Alegre, v. 1, n. 18.

______. Problemas de Reforma do Processo Civil nas Sociedades Contemporâneas. In: *Revista de Processo*, São Paulo: RT, n. 65, ano 17, jan./mar. 1992

______. O acesso dos consumidores à justiça. In: *Revista de Processo*, São Paulo: RT, n. 62.

CHIOVENDA, Giuseppe. *La riforma del procedimento civile*. Roma, 1911.

CLARK, S. Stuart. *Class actions in Australia*. Texto e palestra apresentados na Conferência sobre *class actions*, Genebra, jul. 2000.

COOPER, Edward H. Class-Action advice in the form of questions. *Duke Journal of Comparative and International Law*. Spring, 2001.

DENTI, Vittorio. Relazione introduttiva. In: *Le azioni a tutela di interessi collettivi*: atti del convegno di studio (Pavia, 11-12 giugno 1974). Padova: Cedam, 1976.

DINAMARCO, Cândido Rangel. *Relativizar a coisa julgada material*; DELGADO, José Augusto. *Efeitos da coisa julgada e princípios constitucionais*; THEODORO JÚNIOR, Humberto e FARIA, Juliana Cordeiro de. *A coisa julgada inconstitucional e os instrumentos processuais para seu controle*. In: *Coisa julgada inconstitucional*. Carlos Valder do Nascimento (Org.).

______. Decisões vinculantes. In: *Revista de Processo*, São Paulo: RT, n. 100, out./dez. 2000.

FISCH, William B. European analoges to the class action: group action in France and Germany. *The American Journal of Comparative Law*, v. 27, 1979.

FRIEDMAN, Mark W. Constrained individualism in group litigation: Requiring class members to make a good cause showing before opting out of a federal class action. *The Yale Law Journal*, v. 100, 1990.

FUX, Luiz. *Curso de direito processual civil*. Rio de Janeiro: Forense; 2008. v. I.

______. *O novo processo civil brasileiro*. (Coleção Direito em Expectativa); Rio de Janeiro: Editora GEN/Forense, 2011.

______. *Tutela de segurança e tutela da evidência*. São Paulo: Saraiva, 1996.

GOLDSTEIN, Stephen. Class Actions in Israel. In: *Israeli National Report Submitted to the XIII Congress of the International Academy of Comparative Law*. Montreal: August 1990.

GRECO, Leonardo. Novas súmulas do STF e alguns reflexos sobre o mandado de segurança. In: *Estudos de direito processual*. Faculdade de Direito de Campos, 2005, p. 401-422.

GRINOVER, Ada Pellegrini. As garantias constitucionais do processo nas ações coletivas. In: *Revista de Processo*, São Paulo: RT, n. 43, p. 19-30, jul./set. 1986.

KRAMMER, Larry. Choice of law in complex litigation. In: *New York University Law Review*, v. 71, 1996.

LEAL, Márcio Flávio Mafra. *Ações coletivas*: história, teoria e prática. Porto Alegre: Sergio Antonio Fabris, 1998.

LINDBLOM, Per Henrik. Group actions in civil procedure in Sweden. *A national report for the XIII international congress of comparative law*. Montreal: august 19-25, 1990.

MCKEE, S. Gordon. *Class actions in Canada*: a potentially momentous change to canadian litigation. The Fraser Institute, out. 1999.

MENDES, Aluisio Gonçalves de Castro. *Ações coletivas no direito comparado e nacional*. São Paulo: RT, 2002.

NEVES, A. Castanheira. *O instituto dos "assentos" e a função jurídica dos supremos tribunais*. Coimbra: Coimbra Editora, 1983.

PUOLI, José Carlos Baptista. *Os poderes do juiz e as reformas do processo civil*. São Paulo: Juarez de Oliveira, 2002.

REIS, José Alberto dos. A figura do processo cautelar. Separata do *Boletim do Ministério da Justiça*, n. 3, Lisboa, 1947.

SANTOS, Boaventura de Souza. Introdução à sociologia da Administração da Justiça. In: *Direito e justiça:* a função social do Judiciário. São Paulo: Ática, 1989.

SILVA, Irapuã Santana do Nascimento da. O princípio da igualdade como pressuposto de validade da mediação padra uma tutela jurisdicional efetiva. Dissertação de Mestrado em Direito Processual – Faculdade de Direito, Universidade do Estado do Rio de Janeiro, Rio de Janeiro, 2015.

SILVA, Ovídio Baptista da. *Curso de processo civil.* Porto Alegre: Fabris Editor, 1990. v. II.

TARUFFO, Michele. Precedente ed esempio nella decisione giudiziaria. In: *Rivista Trimestrale di Diritto e Procedura Civile*, ano XLVIII, p. 19 e ss., 1994.

______. Dimensioni del precedente giudiziario. In: Rivista citada, p. 411 e ss.; D.

TOCQUEVILLE, Alexis. *De la démocratie en Amérique*. Coll. Garnier-Flammarion, Ed. Flammarion, 1993.

ULPIANO, *Digesta Iustiniani: Liber 49*; Coleção Mommsen & Krüger.

WAMBIER, Teresa Arruda. Exposição de motivos de Motivos. In *Código de Processo Civil*: anteprojeto / Comissão de Juristas Responsável pela Elaboração de Anteprojeto de Código de Processo Civil. – Brasília: Senado Federal, Presidência, 2010

______. *Comentários ao código de processo civil.* 7. ed. Rio de Janeiro: Forense, 1991. v. II.

WOOLF, Lord M. R. *Final Report on access to justice*, jul. 1996.

ZACLIS, Lionel. *Proteção coletiva dos investidores no mercado de capitais*. São Paulo: RT, 2007.

A FUNÇÃO REPRESENTATIVA E MAJORITÁRIA DAS CORTES CONSTITUCIONAIS[1]

Luís Roberto Barroso

SUMÁRIO: Nota Prévia. **1.** Introdução. **2.** O Novo Direito Constitucional e a Ascensão do Judiciário **3.** A Expansão da Jurisdição Constitucional e seus Diferentes Papéis. **3.1.** O papel contramajoritário das Cortes Supremas. **3.2.** A crise da representação política. **3.3.** O papel representativo do Supremo Tribunal Federal. **4.** Conclusão.

Nota Prévia

É um prazer e uma honra participar dessa obra em homenagem a Carlos Mário Velloso. Antes de me tornar amigo dele e de toda a sua bela família, já o admirava como pessoa e como magistrado exemplar. Convivi com ele, inicialmente, como advogado, quando ele era Ministro do Supremo Tribunal Federal. Depois, estivemos juntos ao longo dos anos em eventos acadêmicos, congressos e palestras. Por fim, nos últimos tempos, ficamos próximos e nos frequentamos regularmente. Mas o que eu queria aqui destacar é que em todas essas situações de convivência – como juiz, como acadêmico e como amigo –, Carlos Mário Velloso conserva as mesmas características: integridade, afabilidade e generosidade. Ele é uma dessas pessoas que têm sempre uma palavra boa para o interlocutor, uma preocupação genuína com o outro. Trata-se de uma virtude rara na pressa aflita dos tempos modernos.

Relembro aqui três situações que bem documentam o seu caráter e personalidade. A primeira ocorreu em 1992, quando nos conhecemos

---

1 O presente texto é uma adaptação, especialmente para esta coletânea, de um trabalho maior, intitulado *A razão sem voto:* o Supremo Tribunal Federal e o governo da maioria.

pessoalmente, em Lisboa. O saudoso Professor Geraldo Ataliba havia organizado uma delegação composta por ministros do STF, algumas autoridades e professores para debaterem, em Portugal, temas associados a uma eventual revisão constitucional no Brasil, prevista para 1993. Geraldo, que além de grande jurista era um animador cultural, gostava de mim de graça – e eu dele, por bons motivos –, me convidou para juntar-me àquele grupo, sem que eu tivesse a mesma idade ou os mesmos títulos dos demais. Como me pareceu prudente, mais ouvi e observei do que falei, ao longo daquela jornada de uma semana, que incluiu visitas ao Presidente da República (Mário Soares) e ao Primeiro-Ministro (Cavaco Silva).

Pois foi nessa observação silenciosa que captei um flagrante que marcou para sempre a minha percepção do nosso querido homenageado, Carlos Mário Velloso. Em um final de tarde, no hotel onde nos hospedávamos, formou-se uma grande mesa, onde todos pontificavam. Ali estavam, em meio a outros, Pertence, Brossard, o Procurador-Geral da República da época, Aristides Junqueira, Celso Antônio, Eros Grau e outros professores de renome. Sentado na ponta da mesa, um jovem advogado brasileiro, estagiário de um grande escritório português, que cumprira a missão de levar encomenda para um dos doutos e foi convidado a sentar-se. Permaneceu calado, um pouco deslocado e totalmente intimidado a maior parte do tempo. Assisti quando o Ministro Velloso levantou-se de seu lugar, deu a volta na mesa, sentou-se ao lado do visitante e dirigiu-se a ele com um sorriso: "Conta para mim, como é a vida aqui?" Emocionado com a atenção, o jovem recuperou a cor e tornou-se, ainda que brevemente, um participante da roda. Ali percebi, de modo inequívoco, que nosso homenageado era um homem do bem e sensível.

A segunda situação revela um atributo que considero valioso na vida: o senso de humor. Estávamos em um evento no antigo Supremo Tribunal Federal, na Cinelândia, no Rio de Janeiro. Participávamos da mesa eu, Carlos Mario e o Professor Dalmo de Abreu Dallari. Na sua apresentação, o Professor Dallari dizia que o STF deveria sair de Brasília e se instalar em outro lugar, longe da Praça dos Três Poderes.

E sugeria algumas possibilidades, como a ida para Petrópolis ou, quem sabe, uma volta para a antiga sede, ali mesmo no Rio. Quando chegou a sua vez de falar, o Ministro Velloso, já próximo da aposentadoria, disse, com sua fidalguia habitual, que achava a ideia muito boa. Em seguida acrescentou que a proposta o lembrava de episódio que se passara na escola religiosa em que estudara quando jovem, dirigida por um cônego. Uma certa ocasião, contou ele, um jovem seminarista chegou à presença do cônego e disse, muito aflito, com fala entrecortada: "Cônego, acabo de ler que o Papa está cogitando acabar com o celibato na Igreja". E o cônego, já nonagenário, respondeu desconsolado: "Mas agora?" Aparentemente, já não contava desfrutar da mudança, que terminou não vindo.

Por fim, em época mais recente, estive em seu escritório por ocasião de seu ingresso no Instituto dos Advogados Brasileiros, numa sessão especial, conduzida pelo então Presidente Fernando Fragoso. Naquela ocasião, a saudação ao empossando foi feita por seu filho, Carlos Mário Velloso Filho, que fez um discurso emocionado em homenagem ao pai. Naquela peça memorável, lavrou Camário:

> Vivo o privilégio de ter um pai amoroso, firme, que nunca se omitiu, que sempre tentou persuadir, mas nunca desrespeitou as opções feitas em desacordo com o seu ponto de vista. Que me ensinou, entre milhares de outras coisas, que com princípios não se transige, que não se deve brigar para baixo, que o homem deve ser confiável, que amigo é coisa sagrada, que o homem é ele e suas circunstâncias, que filho é nervo exposto, que o lado mais quente do inferno está reservado aos omissos e àqueles que não assumem posição.

Carlos Mário Velloso, boa pessoa, bom jurista, bom juiz e bom amigo, saiu-se bem, também, na função de pai. Lembrando que ele foi um dos principais defensores de um Judiciário atuante – onde deva atuar, naturalmente – e que minoritariamente defendeu a interpretação generosa do mandado de injunção, que veio a prevalecer finalmente na jurisprudência do Supremo, apresento meu texto, que analisa a ascensão do Judiciário e os papéis desempenhados pelo Supremo Tribunal Federal.

1. Introdução

Dois professores debatiam acerca do papel do Poder Judiciário e das Cortes Supremas nas democracias, em uma das mais renomadas universidades do mundo. Ambos eram progressistas e tinham compromissos com o avanço social. O primeiro achava que só o Legislativo poderia consagrar direitos e conquistas. O segundo achava que o Legislativo deveria ter preferência em atuar. Mas se não agisse, a atribuição se transferia para o Judiciário. Eis o diálogo entre ambos:

> – Professor 1: "A longo prazo as pessoas, por meio do Poder Legislativo, farão as escolhas certas, assegurando os direitos fundamentais de todos, aí incluídos o direito de uma mulher interromper a gestação que não deseja ou de casais homossexuais poderem expressar livremente o seu amor. É só uma questão de esperar a hora certa".
> – Professor 2: "E, até lá, o que se deve dizer a dois parceiros do mesmo sexo que desejam viver o seu afeto e seu projeto de vida em comum agora? Ou à mulher que deseja interromper uma gestação inviável que lhe causa grande sofrimento? Ou a um pai negro que deseja que seu filho tenha acesso a uma educação que ele nunca pôde ter? Desculpe, a história está um pouco atrasada; volte daqui a uma ou duas gerações?"[2]

O texto que se segue lida, precisamente, com essa dualidade de perspectivas. Nele se explora o tema do papel representativo das Cortes Supremas, sua função iluminista e as situações em que elas podem, legitimamente, *empurrar a história*. Escrito para um seminário realizado em Belo Horizonte, no Brasil – terra, aliás, do nosso homenageado nesta obra –, o texto se utiliza de alguns aspectos da

---

2 O debate foi na Universidade de Harvard entre o Professor Mark Tushnet e o autor desse texto, realizado em 7 nov. 2011. Intitulado *Politics and the judiciary*, encontra-se disponível em vídeo em <https://www.youtube.com/watch?v=giC_vOBn-bc≥. Sobre o tema, ver, de autoria de Mark Tushnet, *Taking the constitution away from the courts*, 1999; e *Weak courts, strong rights:* judicial review and social welfare rights in comparative constitutional law, 2008. De autoria de Luís Roberto Barroso, ver. Constituição, democracia e supremacia judicial: direito e política no Brasil contemporâneo. In: *O novo direito constitucional brasileiro:* contribuições para a construção teórica e prática da jurisdição constitucional no Brasil, 2012.

experiência e da jurisprudência brasileira. O argumento desenvolvido, todavia, baseia-se na literatura internacional e tem pretensão de validade universal, aplicando-se a boa parte dos Estados constitucionais democráticos contemporâneos.

A conclusão a que se chega é bastante simples e facilmente demonstrável, apesar de contrariar em alguma medida o conhecimento convencional: em alguns cenários, em razão das múltiplas circunstâncias que afetam ou paralisam o processo político majoritário, cabe à Suprema Corte ou ao Tribunal Constitucional assegurar o governo da maioria e a igual dignidade de todos os cidadãos. A política majoritária, conduzida por representantes eleitos, é um componente vital para a democracia. Mas a democracia é muito mais do que a mera expressão numérica de uma maior quantidade de votos. Para além desse aspecto puramente formal, ela possui uma dimensão substantiva, que abrange a preservação de valores e direitos fundamentais. A essas duas dimensões – formal e substantiva – soma-se, ainda, uma dimensão deliberativa, feita de debate público, argumentos e persuasão. A democracia contemporânea, portanto, exige votos, direitos e razões. Esse é o tema do presente ensaio.

2. O Novo Direito Constitucional e a Ascensão do Judiciário

Ao final da Segunda Guerra Mundial, países da Europa continental passaram por um importante redesenho institucional, com repercussões de curto, médio e longo prazo sobre o mundo romano-germânico em geral. O Direito Constitucional saiu do conflito inteiramente reconfigurado, tanto quanto ao seu objeto (novas Constituições foram promulgadas), quanto no tocante ao seu papel (centralidade da Constituição em lugar da lei), como, ainda, com relação aos meios e modos de interpretar e aplicar as suas normas (surgimento da nova hermenêutica constitucional). Ao lado dessas transformações dogmáticas, ocorreu igualmente uma notável mudança institucional, representada pela criação de Tribunais Constitucionais e uma progressiva ascensão do Poder Judiciário. No lugar do Estado legislativo de direito, que se consolidara no século XIX, surge o Estado constitucional de direito, com todas as suas implicações[3]. Esse novo modelo tem sido identificado como constitucionalismo do pós-guerra, novo direito constitucional ou neoconstitucionalismo[4].

Este novo Direito Constitucional se desenvolve em um ambiente de transformações profundas da cultura jurídica, que incluíram: (i) a atenuação do formalismo jurídico, (ii) o desenvolvimento de uma visão filosófica pós-positivista e (iii) a passagem da Constituição para o centro do sistema jurídico. Os textos constitucionais se tornam mais analíticos, com a previsão de um catálogo extenso de direitos fundamentais. Por outro lado, as sociedades ficam mais complexas e plurais. Como consequência, diminui a capacidade de previsão normativa expressa de uma grande quantidade de questões, aumentando a indeterminação do direito. Nesse ambiente, tanto a Constituição como as leis transferem parte da competência decisória para os intérpretes judiciais, mediante o emprego de princípios e cláusulas de textura aberta. A interpretação judicial, por sua vez, recorre com maior frequência a conceitos e técnicas como ponderação, proporcionalidade e razoabilidade.

Concomitantemente a esses desenvolvimentos filosóficos, teóricos e práticos, verificou-se uma importante ascensão institucional do Poder Judiciário. O fenômeno é mundial e também está associado historicamente ao final da Segunda Guerra Mundial. A partir daí, o mundo deu-se conta de que a existência de um Judiciário independente e forte é um importante elemento de preservação das instituições

---

3 Sobre o tema, ver FERRAJOLI, Luigi. Pasado y futuro del Estado de derecho. In: CARBONELL, Miguel (Org.). *Neoconstitucionalismo(s)*, 2003.

4 A ideia de neoconstitucionalismo é frequentemente associada à filosofia política e jurídica de autores como Ronald Dworkin, Robert Alexy e Carlos Nino, embora nenhum deles tenha utilizado diretamente o termo, que se tornou mais comum em países como Itália, Espanha e Brasil. Para duas coletâneas importantes sobre o tema, em língua espanhola, ver CARBONELL, Miguel, *Neoconstitucionalismo(s)*, 2003, e *Teoría del neoconstitucionalismo:*ensayos escogidos, 2007. As ideias desenvolvidas nos dois parágrafos seguintes foram sistematizadas, originariamente, em BARROSO, Luís Roberto, Neoconstitucionalismo e constitucionalização do Direito, *Revista de Direito Administrativo 240:*1, 2005.

democráticas e dos direitos fundamentais. A esse fator somam-se, ainda, um certo desencanto com a política majoritária e a incapacidade dos parlamentos de produzirem consenso em relação a determinados temas controvertidos. O termo *neoconstitucionalismo* é, em última análise, *descritivo* dessa nova realidade, em que há expansão do papel da Constituição, ascensão do Judiciário e uma interpretação jurídica menos formalista e positivista. Mas a ideia de neoconstitucionalismo tem, igualmente, uma dimensão *normativa*, ao endossar essas transformações. Trata-se, portanto, não apenas de um modo de descrever o Direito Constitucional contemporâneo, mas também de desejá-lo. Um direito que deixa a sua zona de conforto tradicional, que é o da conservação de conquistas políticas relevantes, e passa a ter, também, uma função promocional, constituindo-se em instrumento de avanço social.

3. A Expansão da Jurisdição Constitucional e seus Diferentes Papéis

Ao longo da segunda metade do século XX, os países da Europa continental e os que seguem a tradição romano-germânica, de uma maneira geral, assistiram a uma importante mudança de paradigma em relação ao desenho e à teoria constitucionais: a passagem do Estado legislativo de direito para o Estado constitucional de direito[5]. No modelo antigo, a Constituição era compreendida, essencialmente, como um documento político, cujas normas não eram aplicáveis diretamente, ficando na dependência de desenvolvimento pelo legislador ou pelo administrador. Tampouco existia o controle de constitucionalidade das leis pelo Judiciário – ou, onde existia, era tímido e pouco relevante. Nesse ambiente, vigorava a centralidade da lei e a supremacia do parlamento. No Estado constitucional de direito, a Constituição passa a valer como norma jurídica. A partir daí, ela não apenas disciplina o

5 Sobre o tema, ver FERRAJOLI, Luigi. Pasado y futuro del estado de derecho. In: CARBONELL, Miguel (Org.), *Neoconstitucionalismo(s)*, 2003, p. 14-17; e Gustavo Zagrebelsky, *El derecho dúctil*: ley, derechos, justicia, 2005, p. 21-41.

modo de produção das leis e atos normativos, como estabelece determinados limites para o seu conteúdo, além de impor deveres de atuação ao Estado. Nesse novo modelo, vigora a centralidade da Constituição e a supremacia judicial, como tal entendida a primazia de um Tribunal Constitucional ou Suprema Corte na interpretação final e vinculante das normas constitucionais.

A expressão *jurisdição constitucional* designa a interpretação e aplicação da Constituição por órgãos judiciais. Nos Estados Unidos e nos países que adotam o seu modelo de *judicial review* – como é o caso do Brasil –, essa competência é exercida por todos os juízes e tribunais, situando-se a Suprema Corte no topo do sistema. A jurisdição constitucional compreende duas atuações particulares. A primeira, de aplicação direta da Constituição às situações nela contempladas. Por exemplo, o reconhecimento de que determinada competência é do Governo Federal e não dos Estados, ou o direito à liberdade de expressão sem censura prévia. Também se insere na aplicação direta da Constituição a competência, mais complexa e politicamente delicada, de sanar omissões inconstitucionais, nos casos em que a ausência de norma regulamentadora frustra o exercício de um direito fundamental. A segunda atuação envolve a aplicação indireta da Constituição, que se dá quando o intérprete a utiliza como parâmetro para aferir a validade de uma norma infraconstitucional (controle de constitucionalidade) ou para atribuir a ela o melhor sentido, em meio a diferentes possibilidades (interpretação conforme a Constituição). Em suma: a jurisdição constitucional compreende o poder exercido por juízes e tribunais na aplicação direta da Constituição, no desempenho do controle de constitucionalidade das leis e dos atos do Poder Público em geral e na interpretação do ordenamento infraconstitucional conforme a Constituição.

Do ponto de vista político-institucional, o desempenho da jurisdição constitucional por Supremas Cortes ou Tribunais Constitucionais mundo afora envolve dois tipos de atuação: a contramajoritária e a representativa. A atuação contramajoritária é um dos temas mais analisados na teoria constitucional, que há muitas décadas discute a legitimidade democrática da invalidação de atos do Legislativo e do

Executivo por órgão jurisdicional. Já a função representativa tem sido largamente ignorada pela doutrina e pelos formadores de opinião em geral. Nada obstante isso, em algumas partes do mundo, e destacadamente no Brasil, este segundo papel se tornou não apenas mais visível como, circunstancialmente, mais importante. O presente artigo procura lançar luz sobre esse fenômeno, que tem passado curiosamente despercebido, apesar de ser, possivelmente, a mais importante transformação institucional da última década.

3.1. O papel contramajoritário das Cortes Supremas

Supremas Cortes e Cortes Constitucionais em geral – inclusive o Supremo Tribunal Federal brasileiro – exercem o controle de constitucionalidade dos atos normativos, inclusive os emanados do Poder Legislativo e da chefia do Poder Executivo. No desempenho de tal atribuição, podem invalidar atos do Congresso ou do Parlamento – compostos por representantes eleitos pelo povo – e do Presidente da República, eleito com mais de meia centena de milhões de votos. Vale dizer: no caso brasileiro, onze ministros do Supremo Tribunal Federal (na verdade seis, pois basta a maioria absoluta), que jamais receberam um voto popular, podem sobrepor a sua interpretação da Constituição à que foi feita por agentes políticos investidos de mandato representativo e legitimidade democrática. A essa circunstância, que gera uma aparente incongruência no âmbito de um Estado democrático, a teoria constitucional deu o apelido de "dificuldade contramajoritária"[6].

A despeito de resistências teóricas pontuais[7], esse papel contramajoritário do controle judicial de constitucionalidade tornou-se quase universalmente aceito. A legitimidade democrática da jurisdi-

---

6 A expressão se tornou clássica a partir da obra de Alexander Bickel, *The least dangerous branch:* the supreme court at the bar of politics, 1986, p. 16 e ss. A primeira edição do livro é de 1962.

7 E.g., WALDRON, Jeremy. The Core of the Case against Judicial Review. *The Yale Law Journal 115:*1346, 2006; TUSHNET, Mark. *Taking the Constitution away from the Courts*, 2000; e KRAMER, Larry. *The people themselves:* popular constitutionalism and judicial review, 2004.

ção constitucional tem sido assentada com base em dois fundamentos principais: a) a proteção dos direitos fundamentais, que correspondem ao mínimo ético e à reserva de justiça de uma comunidade política[8], insuscetíveis de serem atropelados por deliberação política majoritária; e b) a proteção das regras do jogo democrático e dos canais de participação política de todos[9]. A maior parte dos países do mundo confere ao Judiciário e, mais particularmente à sua Suprema Corte ou Corte Constitucional, o *status* de sentinela contra o risco da tirania das maiorias[10]. Evita-se, assim, que possam deturpar o processo democrático ou oprimir as minorias. Há razoável consenso, nos dias atuais, de que o conceito de democracia transcende a ideia de governo da maioria, exigindo a incorporação de outros valores fundamentais.

Um desses valores fundamentais é o direito de cada indivíduo a igual respeito e consideração[11], isto é, a ser tratado com a mesma dignidade dos demais – o que inclui ter os seus interesses e opiniões levados em conta. A democracia, portanto, para além da dimensão procedimental de ser o governo da maioria, possui igualmente uma dimensão substantiva, que inclui igualdade, liberdade e justiça. É isso que a transforma, verdadeiramente, em um projeto coletivo de autogoverno, em que ninguém é deliberadamente deixado para trás. Mais do que o direito de participação igualitária, democracia significa que os vencidos no processo político, assim como os segmentos minoritários em geral, não estão desamparados e entregues à própria sorte. Justamente ao contrário, conservam a sua condição de membros igualmente dig-

8 A equiparação entre direitos humanos e reserva mínima de justiça é feita por Robert Alexy em diversos de seus trabalhos. Ver, e.g., *La institucionalización de la justicia*, 2005, p. 76.

9 Para esta visão processualista do papel da jurisdição constitucional, ver ELY, John Hart. *Democracy and distrust*, 1980.

10 A expressão foi utilizada por John Stuart Mill, *On liberty*, 1874, p. 13: *A tirania da maioria é agora geralmente incluída entre os males contra os quais a sociedade precisa ser protegida (...).*

11 DWORKIN, Ronald. *Taking rights seriously*, 1997, p. 181. A primeira edição é de 1977.

nos da comunidade política[12]. Em quase todo o mundo, o guardião dessas promessas[13] é a Suprema Corte ou o Tribunal Constitucional, por sua capacidade de ser um fórum de princípios[14] – isto é, de valores constitucionais, e não de política – e de razão pública – isto é, de argumentos que possam ser aceitos por todos os envolvidos no debate[15]. Seus membros não dependem do processo eleitoral e suas decisões têm de fornecer argumentos normativos e racionais que a suportem.

Cumpre registrar que, no Brasil, esse papel contramajoritário do Supremo Tribunal Federal tem sido exercido, como é próprio, com razoável parcimônia. De fato, nas situações em que não estejam em jogo direitos fundamentais e os pressupostos da democracia, a Corte tem sido deferente para com a liberdade de conformação do legislador e a razoável discricionariedade do administrador. Por isso mesmo, é relativamente baixo o número de dispositivos de leis federais efetivamente declarados inconstitucionais, sob a vigência da Constituição de 1988[16]. É certo que, em uma singularidade brasileira, existem alguns precedentes de dispositivos de emendas constitucionais cuja invalidade foi declarada pelo Supremo Tribunal Federal[17]. Mas, também aqui,

---

12 Ver MENDONÇA, Eduardo. *A democracia das massas e a democracia das pessoas:* uma reflexão sobre a dificuldade contramajoritária. Mimeografado, 2014, p. 84.

13 A expressão consta do título do livro de Antoine Garapon, *O juiz e a democracia:* o guardião das promessas, 1999.

14 DWORKIN, Ronald. The forum of principle, *New York University Law Review 56:*469, 1981.

15 RAWLS, John. *Political liberalism*, 2005, p. 231 e ss. A primeira edição é de 1993.

16 Com base em levantamento elaborado pela Secretaria de Gestão Estratégica do Supremo Tribunal Federal, foi possível identificar 93 dispositivos de lei federal declarados inconstitucionais, desde o início de vigência da Constituição de 1988 – um número pouco expressivo, ainda mais quando se considera que foram editadas, no mesmo período, nada menos que 5.379 leis ordinárias federais, somadas a outras 88 leis complementares.

17 Ver STF, DJ 09.03.1994, ADI 939, Rel. Min. Sydney Sanches; STF, ADI 1.946, DJ 16.05.2003, Rel. Min. Sydney Sanches; STF, DJ 18.02.2005, ADI 3.128, Rel. p/ o acórdão Min. Cezar Peluso; STF, DJe 19.05.2011, MC na ADI 2.356,

nada de especial significação, em quantidade e qualidade. Anote-se, por relevante, que em alguns casos emblemáticos de judicialização de decisões políticas – como a legitimidade ou não das pesquisas com células-tronco embrionárias, a validade ou não de lei federal que previa ações afirmativas em favor de negros no acesso a universidades e a constitucionalidade do decreto do Presidente da República que demarcou uma extensa área do Estado de Roraima como reserva indígena –, a posição do Tribunal, em todos eles, foi de autocontenção e de preservação da decisão tomada pelo Congresso Nacional ou pelo Presidente da República.

Até aqui procurou-se justificar a legitimidade democrática do papel contramajoritário exercido pela jurisdição constitucional, bem como demonstrar que não há superposição plena entre o conceito de democracia e o princípio majoritário. Antes de analisar o tema da função representativa das Cortes Supremas e concluir o presente ensaio, cabe enfrentar uma questão complexa e delicada em todo o mundo, materializada na seguinte indagação: até que ponto é possível afirmar, sem apegar-se a uma ficção ou a uma idealização desconectada dos fatos, que os atos legislativos correspondem, efetivamente, à vontade majoritária?

3.2. A crise da representação política

Há muitas décadas, em todo o mundo democrático, é recorrente o discurso acerca da crise dos parlamentos e das dificuldades da representação política. Da Escandinávia à América Latina, um misto de ceticismo, indiferença e insatisfação assinala a relação da sociedade civil com a classe política. Nos países em que o voto não é obrigatório, os índices de abstenção revelam o desinteresse geral. Em países de voto obrigatório, como o Brasil, um percentual muito baixo de eleitores é capaz de se recordar em quem votou nas últimas eleições parlamentares. Disfuncionalidade, corrupção, captura por interesses privados são temas globalmente associados à atividade política. E, não obstante

Rel. p/ o acórdão Min. Ayres Britto; STF, DJe 19.12.2013, ADI 4.357 e ADI 4.425, Rel. Min. Luiz Fux.

isso, em qualquer Estado democrático, política é um gênero de primeira necessidade. Mas as insuficiências da democracia representativa, na quadra atual, são excessivamente óbvias para serem ignoradas.

A consequência inevitável é a dificuldade de o sistema representativo expressar, efetivamente, a vontade majoritária da população. Como dito, o fenômeno é em certa medida universal. Nos Estados Unidos, cuja política interna tem visibilidade global, os desmandos do financiamento eleitoral, a indesejável infiltração da religião no espaço público e a radicalização de alguns discursos partidários deterioraram o debate público e afastaram o cidadão comum. Vicissitudes análogas acometem países da América Latina e da Europa, com populismos de esquerda, em uma, e de direita, em outra. No Brasil, por igual, vive-se uma situação delicada, em que a atividade política desprendeu-se da sociedade civil, que passou a vê-la com indiferença, desconfiança ou desprezo. Ao longo dos anos, a ampla exposição das disfunções do financiamento eleitoral, das relações oblíquas entre Executivo e parlamentares e do exercício de cargos públicos para benefício próprio revelou as mazelas de um sistema que gera muita indignação e poucos resultados. Em suma: a doutrina, que antes se interessava pelo tema da dificuldade contramajoritária dos tribunais constitucionais, começa a voltar atenção para o déficit democrático da representação política[18].

Essa crise de legitimidade, representatividade e funcionalidade dos parlamentos gerou, como primeira consequência, em diferentes partes do mundo, um fortalecimento do Poder Executivo. Nos últimos anos, porém, e com especial expressão no Brasil, tem-se verificado uma expansão do Poder Judiciário e, notadamente, do Supremo Tribunal Federal. Em curioso paradoxo, o fato é que em muitas situações juízes e tribunais se tornaram mais representativos dos anseios e demandas sociais do que as instâncias políticas tradicionais. É

---

18 Ver, e.g., GRABER, Mark A. The counter majoritarian difficulty: from courts to congress to constitutional order, *Annual Review of Law and Social Science 4:*361-62 (2008). Ver, também, BARROSO, Luís Roberto. *Neoconstitucionalismo e constitucionalização do direito:* o triunfo tardio do direito constitucional no Brasil, *Revista de Direito Administrativo 240:*1, 2005, p. 41.

estranho, mas vivemos uma quadra em que a sociedade se identifica mais com seus juízes do que com seus parlamentares. Um exemplo ilustra bem a afirmação: quando o Congresso Nacional aprovou as pesquisas com células-tronco embrionárias, o tema passou despercebido. Quando a lei foi questionada no Supremo Tribunal Federal, assistiu-se a um debate nacional. É imperativo procurar compreender melhor este fenômeno, explorar-lhe eventuais potencialidades positivas e remediar a distorção que ele representa. A teoria constitucional ainda não elaborou analiticamente o tema, a despeito da constatação inevitável: a democracia já não flui exclusivamente pelas instâncias políticas tradicionais.

3.3. O papel representativo do Supremo Tribunal Federal

> *A grande arte em política não é ouvir os que falam, é ouvir os que se calam.*
>
> *Etienne Lamy*

Ao longo do texto procurou-se ressaltar a substantivação do conceito de democracia, que, além de não se identificar integralmente com o princípio majoritário, tem procurado novos mecanismos de expressão. Um deles foi a transferência de poder político – aí incluído certo grau de criação judicial do direito – para órgãos como o Supremo Tribunal Federal. O presente tópico procura explorar esse fenômeno, tanto na sua dinâmica interna quanto nas suas causas e consequências. No arranjo institucional contemporâneo, em que se dá a confluência entre a democracia representativa e a democracia deliberativa[19], o exercício do poder e da autoridade é legitimado por votos e por argumentos. É fora de dúvida que o modelo tradicional de separação de Poderes, concebido no século

19 A ideia de democracia deliberativa tem como precursores autores como John Rawls, com sua ênfase na razão, e Jurgen Habermas, com sua ênfase na comunicação. Sobre democracia deliberativa, ver, entre muitos, em língua inglesa, GUTMANN, Amy e THOMPSON, Dennis. *Why deliberative democracy?*, 2004; em português, SOUZA NETO, Cláudio Pereira de. *Teoria constitucional e democracia deliberativa*, 2006.

XIX e que sobreviveu ao século XX, já não dá conta de justificar, em toda a extensão, a estrutura e funcionamento do constitucionalismo contemporâneo. Para utilizar um lugar comum, parodiando Antonio Gramsci, vivemos um momento em que o velho já morreu e novo ainda não nasceu[20].

A doutrina da dificuldade contramajoritária, estudada anteriormente, assenta-se na premissa de que as decisões dos órgãos eletivos, como o Congresso Nacional, seriam sempre expressão da vontade majoritária. E que, ao revés, as decisões proferidas por uma Corte Suprema, cujos membros não são eleitos, jamais seriam. Qualquer estudo empírico desacreditaria as duas proposições. Por numerosas razões, o Legislativo nem sempre expressa o sentimento da maioria[21]. Além do já mencionado déficit democrático resultante das falhas do sistema eleitoral e partidário, é possível apontar algumas outras. Em primeiro lugar, minorias parlamentares podem funcionar como *veto players*[22], obstruindo o processamento da vontade da própria maioria parlamentar. Em outros casos, o autointeresse da Casa Legislativa leva-a a decisões que frustram o sentimento popular. Além disso, Parlamentos em todo o mundo estão sujeitos à captura eventual por interesses especiais, eufemismo que identifica o atendimento a interes-

20 GRAMSCI, Antonio. *Cadernos do Cárcere*, 1926-1937. Disponível, na versão em espanhol, em <http://pt.scribd.com/doc/63460598/Gramsci-Antonio-Cuadernos-de-La-Carcel-Tomo-1-OCR>: *A crise consiste precisamente no fato de que o velho está morrendo e o novo não pode nascer. Nesse interregno, uma grande variedade de sintomas mórbidos aparecem*. Ver, também, entrevista do sociólogo Zigmunt Bauman, disponível em <http://www.ihu.unisinos.br/noticias/24025-%60%60o-velho-mundo-esta-morrendo-mas-o-novo-ainda-nao-nasceu%60%60-entrevista-com-zigmunt-bauman>.

21 Sobre o tema, ver LAIN, Corinna Barrett. Upside-down judicial review, *The Georgetown Law Review 101:*113, 2012-2103. Ver, também, KLARMAN, Michael J. The majoritarian judicial review: the entrenchment problem, *The Georgetown Law Journal 85:*49, 1996-1997.

22 *Veto players* são atores individuais ou coletivos com capacidade de parar o jogo ou impedir o avanço de uma agenda. Sobre o tema, ver ABRAMOVAY, Pedro. *Separação de poderes e medidas provisórias*, 2012, p. 44 e ss.

ses de certos agentes influentes do ponto de vista político ou econômico, ainda quando em conflito com o interesse coletivo[23].

Por outro lado, não é incomum nem surpreendente que o Judiciário, em certos contextos, seja melhor intérprete do sentimento majoritário. Inúmeras razões contribuem para isso. Inicio por uma que é menos explorada pela doutrina em geral, mas particularmente significativa no Brasil. Juízes são recrutados, na primeira instância, mediante concurso público. Isso significa que pessoas vindas de diferentes origens sociais, desde que tenham cursado uma Faculdade de Direito e tenham feito um estudo sistemático aplicado, podem ingressar na magistratura. Essa ordem de coisas produziu, ao longo dos anos, um drástico efeito democratizador do Judiciário. Por outro lado, o acesso a uma vaga no Congresso envolve um custo financeiro elevado, que obriga o candidato, com frequência, a buscar financiamentos e parcerias com diferentes atores econômicos e empresariais. Esse fato produz uma inevitável aliança com alguns interesses particulares. Por essa razão, em algumas circunstâncias, juízes são capazes de representar melhor – ou com mais independência – a vontade da sociedade. Poder-se-ia contrapor que este argumento não é válido para os integrantes do Supremo Tribunal Federal. Na prática, porém, a quase integralidade dos ministros integrantes da Corte é composta por egressos de carreiras jurídicas cujo ingresso se faz por disputados concursos públicos[24].

23 Este tema tem sido objeto de estudo, nos Estados Unidos, por parte da chamada *public choice theory*, que procura desmistificar a associação entre lei e vontade da maioria. Para um resumo desses argumentos, ver BRANDÃO, Rodrigo. *Supremacia judicial* versus *diálogos institucionais*: a quem cabe a última palavra sobre o sentido da Constituição, 2012, p. 205.

24 Na composição de julho de 2014: Celso de Mello era integrante do Ministério Público de São Paulo. Gilmar Mendes e Joaquim Barbosa vieram do Ministério Público Federal. Cármen Lúcia e Luís Roberto Barroso eram procuradores do Estado. Luiz Fux e Teori Zavascky provêm, respectivamente, da magistratura estadual e federal. Rosa Weber, da magistratura do trabalho. Os outros três ministros, embora não concursados para ingresso nas instituições que integravam, vieram de carreiras vitoriosas: Marco Aurélio Mello (Procuradoria do Trabalho e, depois, ministro do TST), Ricardo Lewandowski (Desembargador do Tribunal de Justiça de São Paulo, tendo ingressado na magistratura pelo quinto constitucional) e Dias Toffoli (Advogado-Geral da União).

Diversas outras razões se acrescem a esta. Em primeiro lugar, juízes possuem a garantia da vitaliciedade. Como consequência, não estão sujeitos às circunstâncias de curto prazo da política eleitoral, nem tampouco, ao menos em princípio, a tentações populistas. Uma segunda razão é que os órgãos judiciais somente podem atuar por iniciativa das partes: ações judiciais não se instauram de ofício. Ademais, juízes e tribunais não podem julgar além do que foi pedido e têm o dever de ouvir todos os interessados. No caso do Supremo Tribunal Federal, no Brasil, além da atuação obrigatória do Procurador-Geral da República e do Advogado-Geral da União em diversas ações, existe a possibilidade de convocação de audiências públicas e da atuação de *amici curiae*. Por fim, mas não menos importante, decisões judiciais precisam ser motivadas. Isso significa que, para serem válidas, jamais poderão ser um ato de pura vontade discricionária: a ordem jurídica impõe ao juiz de qualquer grau o dever de apresentar razões, isto é, os fundamentos e argumentos do seu raciocínio e convencimento.

Convém aprofundar um pouco mais este último ponto. Em uma visão tradicional e puramente majoritária da democracia, ela se resumiria a uma *legitimação eleitoral* do poder. Por esse critério, o fascismo na Itália ou o nazismo na Alemanha poderiam ser vistos como democráticos, ao menos no momento em que se instalaram no poder e pelo período em que tiveram apoio da maioria da população. Aliás, por esse último critério, até mesmo o período Médici, no Brasil, passaria no teste. Não é uma boa tese. Além do momento da investidura, o poder se legitima, também, por suas ações e pelos fins visados[25]. Cabe aqui retomar a ideia de democracia deliberativa, que se funda, precisamente, em uma *legitimação discursiva*: as decisões políticas devem ser produzidas após debate público livre, amplo e aberto, ao fim do qual se forneçam as *razões* das opções feitas. Por isso se ter afirmado, anteriormente, que a democracia contemporânea é feita de votos e argumentos. Um *insight* importante nesse domínio é fornecido pelo

25 Ver MOREIRA NETO, Diogo de Figueiredo. *Teoria do poder*, Parte I, 1992, p. 228-231, em que discorre sobre a legitimidade *originária, corrente* e *finalística* do poder político.

jusfilósofo alemão Robert Alexy, que se refere à Corte Constitucional como *representante argumentativo da sociedade*. Segundo ele, a única maneira de reconciliar a jurisdição constitucional com a democracia é concebê-la, também, como uma representação popular. Pessoas racionais são capazes de aceitar argumentos sólidos e corretos. O constitucionalismo democrático possui uma legitimação discursiva, que é um projeto de institucionalização da razão e da correção[26].

Cabe fazer algumas observações adicionais. A primeira delas de caráter terminológico. Se se admite a tese de que os órgãos representativos podem não refletir a vontade majoritária, decisão judicial que infirme um ato do Congresso pode não ser contramajoritária. O que ela será, invariavelmente, é *contrarrepresentativa*[27], entendendo-se o parlamento como o órgão por excelência de representação popular. De parte isso, cumpre fazer um contraponto à assertiva, feita parágrafos atrás, de que juízes eram menos suscetíveis a tentações populistas. Isso não significa que estejam imunes a essa disfunção. Notadamente em uma época de julgamentos televisados[28], cobertura da imprensa e reflexos na opinião pública, o impulso de agradar a plateia é um risco que não pode ser descartado. Mas penso que qualquer observador isento testemunhará que esta não é a regra. É pertinente advertir, ainda, para um outro risco. Juízes são aprovados em concursos árduos e competitivos, que exigem longa preparação, constituindo quadros qualificados do serviço público. Tal fato pode trazer a pretensão de sobrepor uma certa racionalidade judicial às circunstâncias dos outros Poderes, cuja lógica de atuação, muitas vezes, é mais complexa e menos cartesiana. Por evidente, a arrogância judicial é tão ruim quanto qualquer outra, e há de ser evitada.

---

26 Ver ALEXY, Robert. Balancing, constitutional review, and representation, *International Journal of Constitutional Law 3:*572, 2005, p. 578 e ss.

27 Tal particularidade foi bem captada por Eduardo Mendonça, *A democracia das massas e a democracia das pessoas:* uma reflexão sobre a dificuldade contramajoritária, 2014, p. 213 e ss.

28 No Brasil, as sessões do Supremo Tribunal Federal, inclusive na fase de deliberação, são transmitidas pela televisão aberta.

O fato de não estarem sujeitas a certas vicissitudes que acometem os dois ramos políticos dos Poderes não é, naturalmente, garantia de que as supremas Cortes se inclinarão em favor das posições majoritárias da sociedade. A verdade, no entanto, é que uma observação atenta da realidade revela que é isso mesmo o que acontece. Nos Estados Unidos, décadas de estudos empíricos demonstram o ponto[29]. Também no Brasil tem sido assim. Em dois pronunciamentos relevantes, o Supremo Tribunal Federal chancelou a proibição do nepotismo nos três Poderes[30], em claro alinhamento com as demandas da sociedade em matéria de moralidade administrativa. A tese vencida era a de que somente o legislador poderia impor esse tipo de restrição[31]. Também ao apreciar a legitimidade da criação do Conselho Nacional de Justiça – CNJ como órgão de controle do Judiciário e ao afirmar a competência concorrente do Conselho para instaurar processos disciplinares contra magistrados, o STF atendeu ao anseio social pela reforma do Judiciário, apesar da resistência de setores da própria magistratura[32]. No tocante à fidelidade partidária, a posição do STF foi ainda mais arrojada, ao determinar a perda do mandato por parlamentar que trocas-

29 Ver LAIN, Corinna Barrett. Upside-down judicial review, *The Georgetown Law Review 101:*113, 2012-2103, p. 158. Ver, também, DAHL, Robert A. Decision-making in a democracy: the Supreme Court as a national policy-maker, *Journal of Public Law 6:* 279, 1957, p. 285; e ROSEN, Jeffrey. *The most democratic branch:* how the courts serve America, 2006, p. xii: *Longe de proteger as minorias contra a tirania das maiorias ou contrabalançar a vontade do povo, os tribunais, ao longo da maior parte da história americana, têm se inclinado por refletir a visão constitucional das maiorias*. Na mesma linha, como assinalado, ver TUSHNET, Mark. *Taking the Constitution away from the courts*, 1999, p. 153.

30 Assim se deu no julgamento da ADC nº 13, Rel. Min. Carlos Ayres Britto, e na edição da Súmula Vinculante nº 13, que proíbe a nomeação de parentes até o terceiro grau para cargos em comissão ou funções gratificadas.

31 Em defesa do ponto de vista de que o CNJ não teria o poder de impor tal vedação, ver STRECK, Lenio; SARLET, Ingo Wolfgang e CLEVE, Clemerson Merlin. *Os limites constitucionais das resoluções do Conselho Nacional de Justiça (CNJ) e do Conselho Nacional do Ministério Público (CNMP)*. Disponível em: <http://www.egov.ufsc.br/portal/sites/default/files/anexos/15653-15654-1-PB.pdf>.

32 ADI nº 3.367, Rel. Min. Cezar Peluso, e ADI nº 4.638, Rel. Min. Marco Aurélio.

se de partido[33]. Embora tenha sofrido crítica por excesso de ativismo, é fora de dúvida que a decisão atendeu a um anseio social que não obteve resposta do Congresso. Outro exemplo: no julgamento, ainda não concluído, no qual se discute a legitimidade ou não da participação de empresas privadas no financiamento eleitoral, o STF, claramente espelhando um sentimento majoritário, sinaliza com a diminuição do peso do dinheiro no processo eleitoral[34]. A Corte acaba realizando, em fatias, de modo incompleto e sem possibilidade de sistematização, a reforma política que a sociedade clama.

Para além do papel puramente representativo, Supremas Cortes desempenham, ocasionalmente, o papel de vanguarda iluminista, encarregada de empurrar a história quando ela emperra. Trata-se de uma competência perigosa, a ser exercida com grande parcimônia, pelo risco democrático que ela representa e para que as Cortes Constitucionais não se transformem em instâncias hegemônicas. Mas, vez por outra, trata-se de papel imprescindível. Nos Estados Unidos, foi por impulso da Suprema Corte que se declarou a ilegitimidade da segregação racial nas escolas públicas, no julgamento de *Brown v. Board of Education*[35]. Na África do Sul, coube ao Tribunal Constitucional abolir a pena de morte[36]. Na Alemanha, o Tribunal Constitucional Federal deu a última palavra sobre a validade da criminalização da negação do holocausto[37]. A Suprema Corte de Israel reafirmou a absoluta proibição da tortura, mesmo na hipótese de interrogatório de suspeitos de terrorismo, em um ambiente social conflagrado, que se tornara leniente com tal prática[38].

33 MS nº 26.604, Rel.ª Min.ª Cármen Lúcia.

34 ADI nº 4.650, Rel. Min. Luiz Fux.

35 347 U.S. 483 (1954).

36 *S v. Makwanyane and Another* (CCT3/94) [1995] ZACC 3. Disponível em: <http://www.constitutionalcourt.org.za/Archimages/2353.pdf>.

37 90 *BVerfGe* 241 (1994). Ver BRUGGER, Winfried. Ban on or protection of hate speech? Some observations based on german and american law, *Tulane European & Civil Law Forum*, n. 17, 2002, p. 1.

38 *Public Committee Against Torture in Israel v. The State of Israel & The General Security Service*. HCJ 5100/94 (1999). Disponível em: <http://elyon1.court.gov.il/files_eng/94/000/051/a09/94051000.a09.pdf>.

No Brasil, o Supremo Tribunal Federal equiparou as uniões homoafetivas às uniões estáveis convencionais, abrindo caminho para o casamento entre pessoas do mesmo sexo[39]. Talvez esta não fosse uma posição majoritária na sociedade, mas a proteção de um direito fundamental à igualdade legitimava a atuação. Semelhantemente se passou com a permissão para a interrupção da gestação de fetos anencefálicos[40]. São exemplos emblemáticos do papel iluminista da jurisdição constitucional. Nesses dois casos específicos, um fenômeno chamou a atenção. Em razão da natureza polêmica dos dois temas, uma quantidade expressiva de juristas se posicionou contrariamente às decisões – *não por serem contrários ao mérito, absolutamente não[...]* –, mas por entenderem se tratar de matéria da competência do legislador, e não do Supremo Tribunal Federal. Como havia direitos fundamentais em jogo, esta não parece ser a melhor posição. Ela contrapõe o princípio formal da democracia – as maiorias políticas é que têm legitimidade para decidir – aos princípios materiais da igualdade e da dignidade da pessoa humana, favorecendo o primeiro em ambos os casos[41]. Coloca-se o procedimento acima do resultado, o que não parece um bom critério[42].

Às vezes, ocorre na sociedade uma reação a certos avanços propostos pela Suprema Corte. Nos Estados Unidos, esse fenômeno recebe o nome de *backlash*. Um caso paradigmático de reação do Legislativo se

---

39 ADPF nº 132 e ADI nº 142, Rel. Min. Carlos Ayres Britto.

40 ADPF nº 54, Rel. Min. Marco Aurélio.

41 Sobre princípios formais e materiais, e critérios para a ponderação entre ambos, ver ALEXY, Robert. Princípios formais. In: TRIVISONNO, Alexandre Travessoni Gomes; SALIBA, Aziz Tuffi e LOPES, Mônica Sette (Orgs.). *Princípios formais e outros aspectos da teoria discursiva*, 2014. Na p. 20, escreveu Alexy: *Admitir uma competência do legislador democraticamente legitimado de interferir em um direito fundamental simplesmente porque ele é democraticamente legitimado destruiria a prioridade da constituição sobre a legislação parlamentar ordinária.*

42 Inúmeros autores têm posição diversa. Ver, por todos, HABERMAS, Jurgen. *Between facts and norms*, 1996.

deu contra o julgamento de *Furman v. Georgia*[43], em 1972, no qual a Suprema Corte considerou inconstitucional a pena de morte, tal como aplicada em 39 Estados da Federação[44]. O fundamento principal era o descritério nas decisões dos júris e o impacto desproporcional sobre as minorias. Em 1976, no entanto, a maioria dos Estados havia aprovado novas leis sobre pena de morte, contornando o julgado da Suprema Corte. Em *Gregg v. Georgia*[45], a Suprema Corte manteve a validade da nova versão da legislação penal daquele Estado. Também em *Roe v. Wade*[46], a célebre decisão que descriminalizou o aborto, as reações foram imensas, até hoje dividindo opiniões de maneira radical[47]. No Brasil, houve alguns poucos casos de reação normativa a decisões do Supremo Tribunal Federal, como, por exemplo, em relação ao foro especial para certas autoridades[48], às taxas municipais de iluminação pública[49], à progressividade das alíquotas do imposto sobre proprieda-

43 408 U.S. 238 (1972).

44 Para um estudo da questão, ver LAIN, Corinna Barrett. Upside-down judicial review, *The Georgetown Law Review 101:*113, 2012, p. 12 e ss.

45 428 U.S. 153 (1976).

46 410 U.S. 113 (1973).

47 Sobre o tema, ver POST, Robert, SIEGEL, Reva e RAGE, Roe. Democratic constitutionalism and backlash, *Harvard Civil Rights-Civil Liberties Law Review*, 2007; Yale Law School, Public Law Working Paper n. 131. Disponível em: <http://ssrn.com/abstract=990968>.

48 O Congresso Nacional aprovou uma lei restabelecendo a competência do Supremo Tribunal Federal para julgar autoridades públicas, após haverem deixado o cargo. A lei procurava superar precedente do próprio Tribunal. No entanto, em um caso singular de reação jurisdicional à reação legislativa, o Supremo Tribunal Federal declarou a inconstitucionalidade da lei, afirmando que não caberia ao Congresso, mediante lei ordinária, rever a interpretação do texto constitucional dada pelo Tribunal. Ver STF, ADI 2.797, DJ 19.12.2006, Rel. Min. Sepúlveda Pertence.

49 A Emenda Constitucional nº 39/2002 superou o entendimento que fora fixado pelo STF no julgamento do RE 233.332/RJ, Rel. Min. Ilmar Galvão.

de urbana[50], à cobrança de contribuição previdenciária de inativos[51] e à definição do número de vereadores das Câmaras Municipais[52].

Em favor da tese que se vem sustentando ao longo do presente trabalho, acerca do importante papel democrático da jurisdição constitucional, é possível apresentar uma coleção significativa de decisões do Supremo Tribunal Federal que contribuíram para o avanço social no Brasil. Todas elas têm natureza constitucional, mas produzem impacto em um ramo específico do Direito, como enunciado abaixo:

> *Direito civil:* proibição da prisão por dívida no caso de depositário infiel, reconhecendo a eficácia e prevalência do Pacto de San Jose da Costa Rica em relação ao direito interno.
>
> *Direito penal:* declaração da inconstitucionalidade da proibição de progressão para regime mais favorável de cumprimento de pena, em caso de crimes de tráfico de drogas e outros considerados hediondos.
>
> *Direito administrativo:* vedação do nepotismo nos três Poderes.
>
> *Direito à saúde:* determinação de fornecimento de gratuito de medicamentos necessários ao tratamento da AIDS em pacientes sem recursos financeiros.
>
> *Direito à educação:* direito à educação infantil, aí incluídos o atendimento em creche e o acesso à pré-escola, reconhecendo o dever do Poder Público de dar efetividade a esse direito.
>
> *Direitos políticos:* proibição de livre mudança de partido após a eleição, sob pena de perda do mandato, por violação ao princípio democrático.

---

50 A Emenda Constitucional n° 29/2000 superou o entendimento da Corte e admitiu expressamente a progressividade.

51 A Emenda Constitucional nº 41/2003 superou o entendimento que fora firmado no julgamento da ADI 2.010/DF, Rel. Min. Celso de Mello.

52 A Emenda Constitucional nº 58/2009 superou em parte o entendimento que fora firmado no julgamento do RE 197.917/SP, Rel. Min. Maurício Corrêa.

Direitos dos trabalhadores públicos: regulamentação, por via de mandado de injunção, do direito de greve dos servidores e trabalhadores do serviço público.

Direito dos deficientes físicos: direito de passe livre no sistema de transporte coletivo interestadual a pessoas portadoras de deficiência, comprovadamente carentes.

Proteção das minorias:

(i) Judeus: a liberdade de expressão não inclui manifestações de racismo, aí incluído o antissemitismo.

(iii) Negros: validação de ações afirmativas em favor de negros, pardos e índios.

(iv) Homossexuais: equiparação das relações homoafetivas às uniões estáveis convencionais e direito ao casamento civil.

(v) Comunidades indígenas: demarcação da reserva indígena Raposa Serra do Sol em área contínua.

Liberdade de pesquisa científica: declaração da constitucionalidade das pesquisas com células-tronco embrionárias.

Direito das mulheres: direito à antecipação terapêutica do parto em caso de feto anencefálico; constitucionalidade da Lei Maria da Penha, que reprime a violência doméstica contra a mulher.

Três últimos comentários antes de encerrar. Primeiro: a jurisdição constitucional, como se procurou demonstrar acima, tem servido bem ao país. A preocupação com abusos por parte de juízes e tribunais não é infundada, e é preciso estar preparado para evitar que ocorram[53]. Porém, no mundo real, são muito limitadas as decisões do Supremo Tribunal Federal às quais se possa imputar a pecha de haverem ultrapassado a fronteira aceitável. E, nos poucos casos em que isso ocorreu, o próprio Tribunal cuidou de remediar[54]. Portanto, não se deve despre-

53 Para uma reflexão sobre o tema, tendo como marco teórico a teoria dos sistemas, de Niklas Luhmann, ver CAMPILONGO, Celso Fernandes. *Política, sistema jurídico e decisão judicial*, 2001, p. 63.

54 No julgamento envolvendo a demarcação da Terra Indígena Raposa Serra do Sol, em embargos de declaração, foi restringido o alcance das denominadas

zar, por um temor imaginário, as potencialidades democráticas e civilizatórias de uma Corte Constitucional. A crítica à atuação do Supremo Tribunal Federal, desejável e legítima em uma sociedade plural e aberta, provem mais de atores insatisfeitos com alguns resultados e de um nicho acadêmico minoritário, que opera sobre premissas teóricas diversas das que vão aqui enunciadas. A propósito, cabe formular uma pergunta crucial[55]: o argumento de que a jurisdição constitucional tem atuado em padrões antidemocráticos não deveria vir acompanhado de uma insatisfação popular com o papel desempenhado pela Suprema Corte? O que dizer, então, se ocorre exatamente o contrário: no Brasil e no mundo, os índices de aprovação que ostenta a Corte Constitucional costumam estar bem acima dos do Legislativo[56]. Por certo não se devem extrair desse fato conclusões precipitadas nem excessivamente abrangentes. Porém, uma crítica formulada com base em uma visão formal da democracia, mas sem povo, não deve impressionar.

O segundo comentário é intuitivo. Como já se teve oportunidade de afirmar diversas vezes, decisão política, como regra geral, deve ser tomada por quem tem voto. Portanto, o Poder Legislativo e o chefe do Poder Executivo têm uma preferência geral *prima facie* para tratar de todas as matérias de interesse do Estado e da sociedade. E, quando tenham atuado, os órgãos judiciais devem ser deferentes para com as escolhas legislativas ou administrativas feitas pelos agentes públicos legitimados pelo voto popular. A jurisdição constitucional somente deve se impor, nesses casos, se a contrariedade à Constituição for evidente, se houver afronta a direito fundamental ou comprometimento dos pressupostos do Estado democrático. Porém, como o leitor terá

"condicionantes" ali estabelecidas, para explicitar que não vinculavam, prospectivamente, novas demarcações. V. Pet. 3.388 – ED, Rel. Min. Luís Roberto Barroso.

55 Ver MENDONÇA, Eduardo. *A democracia das massas e a democracia das pessoas:* uma reflexão sobre a dificuldade contramajoritária, 2014, p. 19-20.

56 Segundo pesquisa do IBOPE, realizada em 2012, o índice de confiança dos brasileiros no STF é de 54 pontos (em uma escala de 0 a 100). O do Congresso é de 39 pontos. Ver <http://www.conjur.com.br/2012-dez-24/populacao-confia-stf-congresso-nacional-ibope>.

intuído até aqui, a jurisdição constitucional desempenha um papel de maior destaque quando o Poder Legislativo não tenha atuado. É nas lacunas normativas ou nas omissões inconstitucionais que o STF assume um papel de eventual protagonismo. Como consequência, no fundo, é o próprio Congresso que detém a decisão final, inclusive sobre o nível de judicialização da vida.

Merece registro incidental, antes de encerrar o presente trabalho, um fenômeno conhecido na doutrina como *diálogo constitucional* ou *diálogo institucional*[57]. Embora a Corte Constitucional ou Corte Suprema seja o intérprete final da Constituição em cada caso, três situações dignas de nota podem subverter ou atenuar esta circunstância, a saber: a) a interpretação da Corte pode ser superada por ato do Parlamento ou do Congresso, normalmente mediante emenda constitucional; b) a Corte pode devolver a matéria ao Legislativo, fixando um prazo para a deliberação; ou c) a Corte pode conclamar o Legislativo a atuar, o chamado "apelo ao legislador". Na experiência brasileira existem diversos precedentes relativos à primeira hipótese, como no caso do teto remuneratório dos servidores públicos[58] e da base de cálculo para incidência de contribuição previdenciária[59], além dos já referidos anteriormente neste mesmo tópico.

Em relação à segunda hipótese, referente à fixação de prazo para o Congresso legislar, há precedentes em relação à criação de Municípios[60] ou à reformulação dos critérios adotados no Fundo de Participações dos Estados[61], embora nem sempre se dê o adequado

57 A expressão tem origem na doutrina canadense. Ver HOGG, Peter e BUSHELL, Allison A. The charter dialogue between courts and legislatures (or perhaps the chart isn't such a bad thing after all), *Osgoode Hall Law Journal 35:*75, 1997.

58 ADI 14, Rel. Min. Celio Borja, j. 13.09.1989. No início da vigência da Constituição de 1988, o STF entendeu que o teto remuneratório do art. 37, XI, não se aplicava às "vantagens pessoais", frustrando, na prática, a contenção dos abusos nessa matéria. Foram necessárias duas emendas constitucionais para superar tal entendimento: a de nº 19, de 1998, e a de nº 41, de 2003.

59 RE 166.772, Rel. Min. Marco Aurélio, DJ 16.12.1994.

60 ADI 2.240, Rel. Min. Eros Grau.

61 ADI 3.682, Rel. Min. Gilmar Mendes. Neste caso, o STF fixou o prazo de 18

cumprimento dentro do período demarcado pela decisão. Por fim, relativamente à terceira hipótese, por muitos anos foi esse o sentido dado pela jurisprudência do STF ao mandado de injunção[62]. Um caso muito significativo de diálogo institucional informal se deu em relação ao art. 7º, I, da Constituição, que prevê a edição de lei complementar disciplinando a indenização compensatória contra a despedida arbitrária ou sem justa causa de um trabalhador. No julgamento de mandado de injunção, o plenário do Supremo Tribunal Federal deliberou que iria fixar, ele próprio, o critério indenizatório, tendo em vista a omissão de mais de duas décadas do Congresso em fazê-lo[63]. Diante de tal perspectiva, o Congresso aprovou em tempo recorde a Lei nº 12.506/2011, provendo a respeito.

Mais recentemente, dois casos de diálogo institucional tiveram lugar. Ao decidir ação penal contra um Senador da República, o STF, por maioria apertada de votos, interpretou o art. 55, VI, e seu § 2º no sentido de caber à Casa Legislativa decretar a perda do mandato de parlamentar que sofresse condenação criminal transitada em julgado[64]. Ministros que afirmaram a posição vencedora registraram sua crítica severa à fórmula imposta pela Constituição, instando o Congresso a revisitar o tema[65]. Pouco tempo após o julgamento, o Senado Federal aprovou proposta de emenda constitucional superadora desse tratamento deficiente da matéria. Em final de 2014, a proposta ainda se encontrava em tramitação na Câmara. Em outro caso, um Deputado

meses para o Congresso Nacional sanar a omissão relativamente à edição da lei complementar exigida pelo art. 18, § 4º, da CF, tida como indispensável para a criação de Municípios por lei estadual.

62 O mandado de injunção é uma ação criada pela Constituição brasileira destinada a remediar omissões legislativas inconstitucionais. Por largo período, o STF entendeu que a única decisão possível em mandado de injunção era comunicar ao Congresso Nacional seu estado de mora e omissão. Posteriormente, o Tribunal passou a criar ele próprio, normalmente por analogia com alguma lei existente, a norma faltante.

63 MI 943/DF, Rel. Min. Gilmar Mendes.

64 AP 565, Rel.ª Min.ª Cármen Lúcia (caso Ivo Cassol).

65 Ver meu voto no MS 32.326, Rel. Min. Luís Roberto Barroso.

Federal foi condenado a mais de 13 anos de prisão, em regime inicial fechado[66]. Submetida a questão da perda do seu mandato à Câmara dos Deputados, a maioria deliberou não cassá-lo. Em mandado de segurança impetrado contra esta decisão, foi concedida liminar pelo relator, sob o fundamento de que em caso de prisão em regime fechado, a perda do mandato deveria se dar por declaração da Mesa e não por deliberação política do Plenário[67]. Antes do julgamento do mérito do mandado de segurança, a Câmara dos Deputados suprimiu a previsão de voto secreto na matéria e deliberou pela cassação.

O que se deduz desse registro final é que o modelo vigente não pode ser caracterizado como de supremacia judicial. O Supremo Tribunal Federal tem a prerrogativa de ser o intérprete final do Direito, nos casos que são a ele submetidos, mas não é o dono da Constituição. Justamente ao contrário, o sentido e o alcance das normas constitucionais são fixados em interação com a sociedade, com os outros Poderes e com as instituições em geral. A perda de interlocução com a sociedade, a eventual incapacidade de justificar suas decisões ou de ser compreendido, retiraria o acatamento e a legitimidade do Tribunal. Por outro lado, qualquer pretensão de hegemonia sobre os outros Poderes sujeitaria o Supremo a uma mudança do seu desenho institucional ou à superação de seus precedentes por alteração no Direito, competências que pertencem ao Congresso Nacional. Portanto, o poder do Supremo Tribunal Federal tem limites claros. Na vida institucional, como na vida em geral, ninguém é bom demais e, sobretudo, ninguém é bom sozinho.

4. Conclusão

Nas décadas que se seguiram ao final da Segunda Guerra Mundial, verificou-se uma vertiginosa ascensão institucional do Poder Judiciário e da jurisdição constitucional. Não seria exagero afirmar que prevaleceu, em diversas partes do mundo, o modelo americano de constitucionalismo, com suas características de centra-

66 AP 396, Rel.ª Min.ª Cármen Lúcia (caso Natan Donadon).

67 MS 32.326, Rel. Min. Luís Roberto Barroso.

lidade da Constituição, controle judicial de constitucionalidade e judicialização das controvérsias envolvendo direitos fundamentais. No presente texto, procurei demonstrar que Cortes Supremas – como o Supremo Tribunal Federal brasileiro, por exemplo – passaram a desempenhar, simultaneamente ao papel contramajoritário tradicional, uma função representativa, pela qual atendem a demandas sociais que não foram satisfeitas pelo processo político majoritário. Por evidente, no desempenho de tal atribuição, o juiz constitucional não está autorizado a impor as suas próprias convicções. Pautado pelo material jurídico relevante (normas, doutrinas, precedentes), pelos princípios constitucionais e pelos valores civilizatórios, cabe-lhe interpretar o sentimento social, o espírito de seu tempo e o sentido da história. Com a dose certa de prudência e de ousadia.

Como se percebe claramente, sou um defensor da jurisdição constitucional. A meu crédito, tenho essa posição desde muito antes de me tornar juiz constitucional. Acho que ela desempenha um papel relevante mesmo em democracias maduras, como Estados Unidos, Alemanha ou Canadá. Mas considero-a ainda mais importante em países de redemocratização recente ou de democratização tardia. Nesses Estados, como é comum, o processo político majoritário não consegue satisfazer plenamente as demandas sociais, em razão de distorções históricas na distribuição de poder e riqueza. Por certo, não se deve viver a ilusão de que o Judiciário seja imune a essas distorções. Porém, circunstâncias associadas ao modo de investidura de seus membros, às suas garantias institucionais e ao tipo de relação que mantêm com a sociedade (que não é ligada ao voto ou a objetivos de curto prazo) potencializa sua aptidão para o uso da razão e a proteção dos direitos fundamentais. Por evidente, a condição imprescindível é que consiga escapar da política ordinária – como tem sido, felizmente, o caso do Brasil.

JUSTIÇA, SEGURANÇA JURÍDICA E PATERNALISMO MODERADO NAS RELAÇÕES DE CONSUMO

Luiz Roldão de Freitas Gomes Filho

SUMÁRIO: 1. Considerações Iniciais. **2.** A Segurança Jurídica. **3.** O Código de Defesa do Consumidor. **4.** As Relações de Consumo e a Necessidade de um Paternalismo Moderado. **5.** Conclusão. **6.** Referências.

1. Considerações Iniciais

Com uma demanda cada vez mais crescente, ao Poder Judiciário é conferida a nobre missão de pacificar os conflitos sociais e, com isso, gerar segurança jurídica, através da prolação de decisões justas e fundamentadas.

Não é sem razão que tribunais de todo o País, sejam estaduais ou federais, de instâncias ordinárias ou superiores, encontram-se assoberbados de processos, exigindo-se dos magistrados esforço diuturno e hercúleo para a entrega da tão almejada prestação jurisdicional. Afinal, quase tudo descamba na Justiça, a quem compete solucionar os litígios com a autoridade da coisa julgada.

Se essa moderna judicialização dos problemas denota o prestígio e a credibilidade do Poder Judiciário, revela, outrossim, o aumento exponencial da carga de trabalho e o alto grau de responsabilidade atribuído aos julgadores, sujeitos permanentemente à exposição e à opinião pública.

Surge, então, o grande desafio do magistrado, verdadeiro protagonista dos feitos: equalizar tempo, quantidade e qualidade, deixando de lado o paternalismo jurídico exacerbado, que, não raro, encurta a caminhada processual e torna mais cômoda a prestação jurisdicional, mas que nem sempre entrega a verdadeira justiça.

Advém o paternalismo das mais diversas fontes do Direito, dentre as quais podemos destacar o Código de Defesa do Consumidor (Lei n° 8.078/90) e a Consolidação das Leis do Trabalho (DL 5.452/43), além da própria jurisprudência.

Segundo o Professor e Procurador do Estado de Minas Gerais Rodolpho Barreto Sampaio Júnior[1]:

> No Brasil contemporâneo, o paternalismo jurídico se verifica como uma das modalidades de intervenção do Estado, fazendo-se presente em inúmeros textos legais. Contudo, também na jurisprudência, independentemente da instância ou da natureza do litígio, observa-se que há uma tendência em conferir excessiva proteção a certas categorias de pessoas, negando-lhes a possibilidade de agirem de acordo com a sua própria vontade e, em alguns casos, subtraindo-lhes *ex post factum* a capacidade de terem agido em determinadas situações, permitindo-lhes arrependerem-se de seus atos sem terem que arcar com qualquer consequência. O binômio liberdade-responsabilidade fica, neste contexto, seriamente abalado. Confere-se ao indivíduo uma paradoxal dupla possibilidade de agir, concomitante e sucessivamente, e se lhe permite arrepender-se do caminho trilhado sem nenhum ônus.

Fomentadora do protecionismo, a atividade consumerista tem especial destaque na Constituição Federal, que, ao tratar da Ordem Econômica e Financeira, estabelece como seus princípios, entre outros, a livre concorrência e a defesa do consumidor (art. 170, IV e V).

Também prevê a Carta Magna, como dever do Estado, a promoção da defesa do consumidor (art. 5°, XXXII), tendo o art. 48 do Ato das Disposições Constitucionais Transitórias fixado o prazo de 120 dias para a elaboração do respectivo Código, que resultou, como notório, na edição da Lei nº 8.078/90.

Um dos objetivos almejados pela Política Nacional de Relações de Consumo é justamente a harmonização dos interesses de seus participantes e a compatibilização da proteção ao consumidor com a necessidade de desenvolvimento econômico e tecnológico, de modo a

1 SAMPAIO JÚNIOR, Rodolpho Barreto. *A defesa do consumidor e o paternalismo jurídico*. Artigo disponível na internet.

viabilizar os princípios nos quais se funda a ordem econômica (art. 170 da CF), sempre com base na boa-fé e equilíbrio no trato entre consumidores e fornecedores (art. 4°, III, do CDC).

E uma das prioridades do II Pacto Republicano de Estado por um Sistema de Justiça mais Acessível, Ágil e Efetivo, celebrado em 13 de abril de 2009 pelos presidentes da República, do Supremo Tribunal Federal, da Câmara dos Deputados e do Senado é a atualização do Código de Defesa do Consumidor, com o objetivo de conferir eficácia executiva aos acordos e decisões dos Procons quanto aos direitos dos consumidores.

Vê-se, portanto, o peso das relações de consumo não apenas nas áreas jurídica e econômica, mas também no campo tecnológico.

2. A Segurança Jurídica

O princípio da segurança jurídica encontra-se entre os direitos e garantias fundamentais previstos na Carta Magna, especificamente no inc. XXXVI[2] do art. 5º.

Devido à localização no texto constitucional, é vedada sua exclusão do ordenamento jurídico, constituindo-se em "cláusula pétrea", nos termos do art. 60, § 4º, IV, da CF[3].

De acordo com a doutrina, a segurança jurídica apresenta uma dimensão objetiva e outra subjetiva. A primeira está voltada à garantia que o Estado deve conceder aos cidadãos, principalmente no que toca a mudanças na política pública que possam prejudicar ou fragilizar seu direito à estabilidade e previsibilidade das relações jurídicas. A segun-

2 Art. 5º, XXXVI, CF: *a lei não prejudicará o direito adquirido, o ato jurídico perfeito e a coisa julgada.*

3 *Art. 60. A Constituição poderá ser emendada mediante proposta:*
[...]
§ 4º Não será objeto de deliberação a proposta de emenda tendente a abolir:
I – a forma federativa de Estado;
II – o voto direto, secreto, universal e periódico;
III – a separação dos Poderes;
IV – os direitos e garantias individuais.

da refere-se à proteção da confiança depositada pelas pessoas nos atos praticados pelo Poder Público, levando em conta o elemento "boa-fé".

Atualmente, a proteção à confiança é compreendida como preceito autônomo em relação à segurança jurídica, restringindo-se esta ao campo objetivo do respeito aos direitos adquiridos, ao ato jurídico perfeito e à coisa julgada, enquanto aquela se relaciona aos componentes de ordem subjetiva e pessoal dos administrados.

No ramo do Direito Processual, a vertente que sobressai tem natureza objetiva e está atrelada à coisa julgada material, assim entendida como a autoridade que torna imutável e indiscutível a decisão de mérito não mais sujeita a recurso. Constitui verdadeiro impedimento processual porquanto, uma vez configurada, fulmina, sem análise do conteúdo meritório, qualquer tentativa de restabelecer a lide originária, com as mesmas partes, causa de pedir e pedido, ressalvando-se a efêmera e limitada hipótese de ação rescisória.

Daí a importância de se ter uma prestação jurisdicional efetivamente justa e pacificadora, sem paternalismo exacerbado (ao menos, o moderado!), que se proponha a estabilizar, em definitivo e sem modificações, as relações na esfera jurídica, do que resultará salutar efeito na ordem econômica nacional.

3. O Código de Defesa do Consumidor

Com sua base na Constituição Federal de 1988, a legislação consumerista brasileira é a pioneira da codificação em todo o mundo.

O Código do Consumidor buscou inspiração na legislação estrangeira, cuja origem remete à Resolução n° 39/248, de 09 de abril de 1985, da Assembleia Geral da Organização das Nações Unidas.

As mais importantes foram o *Projet de Code de la Consommation*, sob a presidência de Jean Calais-Auloy, *Ley General para la Defensa de los Consumidores y Usuarios* (Espanha – Lei 26/1984), *Lei Geral de Portugal* (Lei n° 29/81, de 22 de agosto), *Lei Federal de Protección al Consumidor* (México – Lei de 5 de fevereiro de 1976) e *Loi sur la Protection du Consommateur* (Quebec – promulgada em 1979).

Tiveram também influência o direito comunitário europeu, através das Diretivas 84/450 (publicidade) e 85/374 (responsabilidade civil pelos acidentes de consumo), as legislações de Portugal (Decreto-Lei n° 446/85, de 25 de outubro), da Alemanha (*Gesetz zur Regelung des Rechts der Allgemeinen Geschaftsbedingungen – AGB Gesetz, de 9 de dezembro de 1976*) e dos Estados Unidos da América (*Federal Trade Commission Act, Consumer Product Safety Act, Truth in Lending Act, Fair Credit Reporting Act* e *Fair Debt Collection Practices Act*).

É lei de natureza inter e multidisciplinar, considerada um microssistema jurídico pelos doutrinadores.

De acordo com o Jurista Sylvio Capanema de Souza[4], o Código do Consumidor:

> Surge, também, na crista de uma onda a que já me referi, que seria a da transformação da própria teoria geral dos contratos. Como lhes falei, o ideário individualista do Século XIX já não mais respondia à realidade do Século XX, agora às vésperas do Século XXI. Aqueles dogmas, que sempre impregnaram e inspiraram a teoria geral dos contratos (o dogma da autonomia da vontade, do *pacta sunt servanda*, da imutabilidade dos contratos), já não mais poderiam ser encarados de maneira absoluta como antigamente, e tiveram que ser temperados quando os contratos perderam sua visão individualista para adquirir uma feição social.

Prossegue o eminente Mestre:

> Então, tudo isso se conjugou para justificar esse novo direito – o Direito do Consumidor – que temperou ou mitigou esses dogmas. A autonomia da vontade, sim, é evidente que a autonomia da vontade continuará sendo o pilar de sustentação da teoria dos contratos, mas uma liberdade de contratar **se** as partes forem realmente iguais. *Pacta sunt servanda*, sim, continuará sendo o outro pilar de sustentação da teoria dos contratos, mas *pacta sunt servanda* **se** o contrato se mantiver durante toda a sua vida razoavelmente equilibrado, de maneira que não é mais possível encarar os contratos como antigamente, como um instrumento de satisfação individual, de realização apenas dos interesses dos contratantes. O contrato ganhou, hoje, uma feição social e é um poderoso instrumento de realização

4 SOUZA, Sylvio Capanema. O CDC e seus reflexos na teoria geral do direito civil, *Revista da EMERJ*, v. 2, n. 10, 1998.

> da justiça social, da melhor distribuição da renda. E o Judiciário, nesse panorama, adquire uma responsabilidade muito maior, porque passa a ser uma espécie de equilibrador ético, jurídico e econômico dos contratos.

Como assinala José Geraldo Brito Filomeno[5]:

> Ao lado de princípios que lhe são próprios, no âmbito da chamada *ciência consumerista*, o Código Brasileiro do Consumidor relaciona-se com outros ramos do Direito, ao mesmo tempo em que atualiza e dá nova roupagem a antigos institutos jurídicos. Por outro lado, reveste-se de caráter multidisciplinar, eis que cuida de questões que se acham inseridas nos Direitos Constitucional, Civil, Penal, Processuais Civil e Penal, Administrativo, mas sempre tendo por pedra de toque a *vulnerabilidade do consumidor* frente ao fornecedor, e sua condição de *destinatário final de produtos e serviços*, ou *desde que não visem a uso profissional.*

Suas principais inovações foram: formulação de um conceito amplo de consumidor e fornecedor; um rol de direitos básicos do consumidor e de instrumentos para implementá-los; proteção contra os vícios de quantidade e qualidade; melhoria nos prazos de prescrição e decadência; ampliação das hipóteses de desconsideração da personalidade jurídica das sociedades; criação de regras sobre oferta e publicidade, práticas e cláusulas abusivas, bancos de dados e cobrança de dívidas de consumo; introdução de um sistema punitivo administrativo e penal; facilitação do acesso à Justiça para o consumidor; incentivo à composição privada entre consumidores e fornecedores, notadamente com a previsão de convenções coletivas de consumo[6].

Em seu art. 2°, o Código define consumidor como *toda pessoa física ou jurídica que adquire ou utiliza produto ou serviço como destinatário final*, equiparando-se a consumidor, segundo o parágrafo único, *a coletividade de pessoas, ainda que indetermináveis, que haja intervindo nas relações de consumo.*

---

5 FILOMENO, José Geraldo Brito. *Código brasileiro de defesa do consumidor.* 7. ed. Rio de Janeiro: Forense Universitária, p. 19.

6 GRINOVER, Ada Pellegrini e outros. *Código brasileiro de defesa do consumidor*. 7. ed. Rio de Janeiro: Forense Universitária, p. 11.

E o art. 3° conceitua fornecedor como:

> Toda pessoa física ou jurídica, pública ou privada, nacional ou estrangeira, bem como os entes despersonalizados, que desenvolvem atividades de produção, montagem, criação, construção, transformação, importação, exportação, distribuição ou comercialização de produtos ou prestação de serviços.

4. As Relações de Consumo e a Necessidade de um Paternalismo Moderado

Dispõe o art. 4° do Código de Defesa do Consumidor:

> A Política Nacional das Relações de Consumo tem por objetivo o atendimento das necessidades dos consumidores, o respeito à sua dignidade, saúde e segurança, a proteção de seus interesses econômicos, a melhoria da sua qualidade de vida, bem como a transparência e harmonia das relações de consumo.

Reconhece o Código a vulnerabilidade do consumidor no mercado próprio (inc. I do art. 4°) e estabelece normas e instrumentos capazes de protegê-lo (inc. II), enaltecendo, por outro lado, a harmonização dos interesses dos participantes da relação consumerista e a compatibilização da defesa do mais vulnerável com o indispensável desenvolvimento econômico e tecnológico dos fornecedores, de modo a viabilizar os princípios nos quais se funda a ordem econômica: *soberania nacional, propriedade privada, função social da propriedade, livre concorrência, defesa do consumidor, defesa do meio ambiente, redução das desigualdades regionais e sociais, busca do pleno emprego e tratamento favorecido para as empresas de pequeno porte constituídas sob as leis brasileiras e que tenham sua sede e administração no País* (art. 170, CF).

Com o objetivo de melhorar a relação de consumo, o Código destaca a educação e informação de fornecedores e consumidores quanto aos seus direitos e deveres (inc. IV) e incentiva a criação pelos fornecedores de meios eficientes de controle de qualidade e segurança de produtos e serviços, assim como de mecanismos alternativos de solução de conflitos (inc. V).

Censura os abusos praticados no mercado, inclusive a concorrência desleal e a utilização indevida de inventos e criações industriais das marcas e nomes comerciais e signos distintivos, que possam causar prejuízos aos consumidores (inc. VI), prega a racionalização e melhoria dos serviços públicos (inc. VII) e prevê estudo constante das modificações nos meios consumeristas (inc. VIII).

Não obstante reconheça o legislador a situação de vulnerabilidade do consumidor e busque naturalmente protegê-lo, é nítida sua preocupação em estabelecer um relacionamento baseado na boa-fé e equilíbrio, de forma que o fornecedor tenha também os direitos assegurados e respeitados.

Constitui grave equívoco ter o CDC como "instrumento de terrorismo" ou "elemento desestabilizador do mercado"[7], na medida em que busca justamente a harmonia e transparência nas relações de consumo, conferindo segurança não só ao consumidor, mas de igual modo ao fornecedor.

Se por um lado estabelece a responsabilidade civil objetiva e a inversão do ônus da prova, por outro enfatiza as boas relações comerciais, assegura a livre concorrência e o livre mercado, tutela as marcas e patentes, os inventos e processos industriais, os programas de qualidade e produção, tudo com o escopo de alcançar o melhor relacionamento entre os contratantes.

E não há de ser diferente em um sistema capitalista como o nosso, onde fornecedor e consumidor, por razões notórias, dependem um do outro.

A posição de vulnerabilidade encontra limites nos princípios da razoabilidade e proporcionalidade, não se permitindo um estímulo à indústria do enriquecimento excessivo e indevido do consumidor, nem um entrave ao desenvolvimento econômico e tecnológico das empresas e, consequentemente, do próprio País, sob o risco de irreparável retrocesso. Paternalismo exacerbado, como já dito, não conduz à verdadeira justiça.

E nem a força do empresariado pode ser absoluta de modo a obstar qualquer ação ou reação do consumidor, colocando-o em posição

7 FILOMENO, José Geraldo Brito, op. cit., p. 53.

de permanente inferioridade e tornando injusto e desigual o relacionamento entre eles.

É fundamental que as tratativas sejam permeadas pela transparência, confiança e boa-fé entre os interessados.

Em artigo publicado na *Revista da EMERJ* intitulado *Direito do consumidor – visão empresarial*, o Desembargador Antonio Carlos Esteves Torres[8], com sua vasta experiência como ex-juiz titular da 4ª Vara Empresarial da Comarca do Rio de Janeiro, assinala:

> A legislação protetiva do consumidor – do consumidor, repita-se – desafia o poder interpretativo dos juízes, que, de um lado, não pode dispensar os princípios teóricos da ciência econômica, considerando o consumo como parte indissociável das relações da espécie, e, por outro, o atendimento aos critérios de proteção da parte mais vulnerável.

A atividade interpretativa deve considerar também a equidade contratual, de forma a alcançar o ideal equilíbrio entre as obrigações dos contratantes e a extirpar abusos ou excessos encontrados, evitando a onerosidade injusta do mais vulnerável ou o fortalecimento indevido do poderoso.

Para Cláudia Lima Marques[9]:

> Concluído o contrato entre o fornecedor e o consumidor, quando o pacto deve surtir seus efeitos, deve ser executado pelas partes, impõe a nova Lei o respeito a um novo princípio norteador da ação das partes, é o *Princípio da Equidade Contratual*, do equilíbrio de direitos e deveres nos contratos, para alcançar a justiça contratual. Assim, institui o CDC normas imperativas, as quais proíbem a utilização de qualquer cláusula abusiva, definidas como as que assegurem vantagens unilaterais ou exageradas para o fornecedor de bens e serviços, ou que sejam incompatíveis com a boa-fé e a equidade (veja o art. 51, IV, do CDC).

8 TORRES, Antonio Carlos Esteves. Direito do consumidor – visão empresarial. In: *Revista da EMERJ*, v. 11, n. 43, 2008, p. 101.

9 MARQUES, Cláudia Lima. *Contratos no código de defesa do consumidor*. 3. ed. São Paulo: RT, p. 390.

E esclarece que o *princípio da Confiança*, instituído pelo CDC, garante:

> Ao consumidor a adequação do produto e do serviço, para evitar riscos e prejuízos oriundos dos produtos e serviços, para assegurar o ressarcimento do consumidor, em caso de insolvência, de abuso, desvio da pessoa jurídica-fornecedora, para regular também alguns aspectos da inexecução contratual do próprio consumidor[10].

Com larga vivência como Coordenador do Centro de Apoio Operacional das Promotorias de Justiça do Consumidor do Estado de São Paulo, o procurador de Justiça Marco Antonio Zanellato[11] ressalta a significativa mudança de comportamento das empresas após a vigência do CDC, destacando-se como novas posturas favoráveis ao consumidor:

> a) preocupação com o cumprimento do dever de informar imposto pelo Código, que se refletiu na colocação de informações e advertências necessárias nas embalagens de produtos (prazo de validade, data de fabricação, advertência sobre riscos à saúde do consumidor etc.), no prévio conhecimento ao consumidor das condições gerais dos contratos, na referência, nos anúncios publicitários, de informações relevantes ao potencial consumidor (sobre o preço, condições de pagamento, juros, riscos à saúde de certos produtos, como o cigarro etc.);
> b) maior cuidado na elaboração dos contratos padronizados, quer quanto à forma, quer quanto ao conteúdo. Os contratos, de certo modo, passaram a ser redigidos em letras legíveis, com destaque às cláusulas que limitam ou excluem direitos do consumidor; procurou-se, em linhas gerais, evitar a inclusão, dentre as condições gerais, das cláusulas listadas, no CDC, como abusivas (a de mandato, a que permite a modificação unilateral do preço, a que prevê a rescisão ou resolução unilateral do contrato, a que estabelece a perda total das prestações pagas, a que autorize o fornecedor a modificar unilateralmente o conteúdo do contrato, após sua celebração etc.);
> c) preocupação com o cumprimento do prometido em oferta publicitária, o que levou as empresas a veicularem informações mais precisas sobre os produtos e serviços (indicação, por exemplo, da quantidade de produtos

10 MARQUES, Cláudia Lima, op. cit., p. 576.

11 ZANELLATO, Marco Antônio. *As empresas e o código de defesa do consumidor:* experiência do Ministério Público. Artigo disponível na internet.

> ofertados a preços promocionais, prazo de duração da oferta etc.), bem ainda a incluírem, em seus contratos, disposição relativa ao prometido na oferta publicitária;
> d) diminuição da veiculação de publicidade enganosa e de outras práticas abusivas, como, por exemplo, "venda casada", cobrança de ágio, nota promissória em branco, remessa de produtos sem prévia solicitação pelo consumidor (principalmente cartões de crédito), constrangimento na cobrança de dívidas, juros maiores anunciados na oferta etc.

Segundo José Geraldo Brito Filomeno[12], três são os grandes instrumentos para a harmonização da relação fornecedor-consumidor:

> a) o *marketing* de defesa do consumidor, consubstanciado pelas já centenas de departamentos de atendimento ao consumidor criados pelas próprias empresas e diversificadas técnicas de abordagem, como a possibilidade de contato telefônico, postal ou eletrônico;
> b) a *convenção coletiva de consumo*, assim definidos os pactos estabelecidos entre as "entidades civis de consumidores" e as "associações de fornecedores ou sindicatos de categoria econômica" de molde a regularem relações de consumo que tenham por objeto estabelecer condições relativas ao preço, à qualidade, à quantidade, à garantia e características de produtos e serviços, bem como à reclamação e composição de conflitos de consumo (art. 107 do CDC). Sua maior virtude é prevenir conflitos em benefício tanto dos consumidores como dos fornecedores;
> c) práticas efetivas de *recall*, ou seja, a convocação dos consumidores, geralmente de máquinas e veículos, para o reparo de algum vício ou defeito, como prevê o artigo 10 e parágrafos do Código. Antes do advento do CDC, o *recall* era mera praxe ou liberalidade do fabricante.

Ainda de acordo com o ilustre doutrinador[13], constitui responsabilidade dos produtores ou fornecedores:

> a) bem informar os seus consumidores sobre os riscos que apresentem seus produtos ou serviços, além, certamente, de suas características;
> b) retirar do mercado os produtos que apresentem riscos constatados após seu lançamento, assim como comunicar às autoridades competentes tais circunstâncias;

12 FILOMENO, José Geraldo Brito, op. cit., p. 61.

13 FILOMENO, José Geraldo Brito, op. cit., p. 67.

> c) preventivamente, ainda, estabelecer canais de comunicação com o público consumidor, quer para informações, quer para ouvir sugestões, quer para reparar danos já causados, e para que outros não ocorram, mediante mecanismos de solução conciliatória.

Com a maioridade atingida em setembro de 2008, o CDC firmou-se positivamente em nosso ordenamento, trazendo inovações legislativas e práticas de vanguarda, notadamente no que se refere à mudança de comportamento das empresas e consumidores.

Contudo, as diretrizes adotadas pelo Código, tais como a responsabilidade objetiva, a inversão do ônus da prova e a vedação da denunciação da lide, não autorizam a proteção exacerbada do consumidor. Se há paternalismo, que seja o moderado, baseado na lei e na justiça.

Não se deve proteger indistintamente o consumidor, como afirma o culto Professor e Desembargador Werson Rego, em entrevista ao boletim de notícias *ConJur*[14], destacando a existência de um projeto acadêmico-científico desenvolvido pela Harvard Law School Association of Brazil e a Escola de Direito da Fundação Getulio Vargas do Rio de Janeiro, em parceria com o Tribunal de Justiça deste Estado, prevendo ações múltiplas, sendo a principal delas a formação dos integrantes e servidores das Câmaras Especializadas em Direito do Consumidor. A respeito do objetivo do projeto, esclarece:

> Estimular o julgador a entender que a decisão dele tem repercussão nas atividades econômicas e levando-o à reflexão sobre a importância dos julgamentos levarem segurança jurídica, estabilidade e paz aos mercados. As decisões têm que buscar, tanto quanto possível, o melhor resultado coletivo e não apenas o interesse isolado de um demandante específico. O julgador tem que saber como o mercado interpreta uma decisão judicial. Se julgarmos contra a regra, aumentamos os riscos nos mercados, que vão se proteger. E como? Embutindo o risco nos preços dos serviços e produtos. No final, quem pagará a fatura é o consumidor. Quando se pensa estar protegendo um consumidor ao dar a ele uma proteção jurídica sem um efetivo direito, esta conta será dividida com todos os consumidores daquele mercado. Então, surge a pergunta: será que os outros consu-

14 REGO, Werson. Entrevista concedida ao boletim de notícias *ConJur* em 14.09.2015, disponível na internet.

midores, sabendo disso, vão querer pagar esta conta ou vão preferir que o juiz seja rigoroso na análise de quem tem ou não razão?

Indagado se a postura dos magistrados não é exigida pelo próprio CDC, que é protecionista, assim respondeu o Desembargador integrante da 25ª Câmara Cível do Tribunal de Justiça do Rio de Janeiro[15]:

> Não existe problema em termos uma legislação paternalista. O problema está no excesso. O Código de Defesa de Consumidor é um exemplo de paternalismo jurídico, mas o vocábulo paternalismo tem que ser desmitificado. Não posso encarar o vocábulo como algo ruim. Paternalismo jurídico significa proteção jurídica do vulnerável. E é normal que existam leis que protejam o vulnerável. O CDC cumpre também essa finalidade. Neste sentido, temos um paternalismo jurídico positivo, por assimetria de informações, que visa a tutela do vulnerável. Ou seja, em que o Estado pode intervir para assegurar ao indivíduo a tomada da decisão mais adequada.

É exatamente esse o problema: o excesso. Salutar que a legislação proteja o vulnerável, mas para garantir-lhe – e também ao que com ele contrate – a obtenção de uma prestação jurisdicional digna e equilibrada, sem exageros.

Afinal, é o que almejam todos os sujeitos do processo!

5. Conclusão

Não obstante reconheça o legislador a situação de vulnerabilidade do consumidor e busque naturalmente protegê-lo, é nítida sua preocupação em estabelecer um relacionamento baseado na boa-fé e equilíbrio, de forma que o fornecedor tenha também os direitos assegurados e respeitados.

Constitui grave equívoco ter o CDC como "instrumento de terrorismo" ou "elemento desestabilizador do mercado"[16], na medida em que busca justamente a harmonia e transparência nas relações de con-

15 REGO, Werson. Entrevista concedida ao boletim de notícias *ConJur* em 14.09.2015, disponível na internet.

16 FILOMENO, José Geraldo Brito, op. cit., p. 53.

sumo, conferindo segurança não só ao consumidor, mas de igual modo ao fornecedor.

A posição de vulnerabilidade encontra limites nos princípios da razoabilidade e proporcionalidade, não se permitindo um estímulo à indústria do enriquecimento excessivo e indevido do consumidor, nem um entrave ao desenvolvimento econômico e tecnológico das empresas e, consequentemente, do próprio País, sob o risco de irreparável retrocesso. Paternalismo exacerbado, como já dito, não conduz à verdadeira justiça.

E nem a força do empresariado pode ser absoluta de modo a obstar qualquer ação ou reação do consumidor, colocando-o em posição de permanente inferioridade e tornando injusto e desigual o relacionamento entre eles.

É fundamental que as tratativas sejam permeadas pela transparência, confiança e boa-fé entre os interessados.

A atividade interpretativa deve considerar também a equidade contratual, de forma a alcançar o ideal equilíbrio entre as obrigações dos contratantes e a extirpar abusos ou excessos encontrados, evitando a onerosidade injusta do mais vulnerável ou o fortalecimento indevido do poderoso.

As diretrizes adotadas pelo Código não autorizam a proteção exacerbada do consumidor. Se há paternalismo, que seja o moderado, baseado na lei e na justiça.

Nas palavras do ilustre Desembargador Werson Rego[17]:

> Não existe problema em termos uma legislação paternalista. O problema está no excesso. O Código de Defesa de Consumidor é um exemplo de paternalismo jurídico, mas o vocábulo paternalismo tem que ser desmitificado.

17 REGO, Werson. Entrevista concedida ao boletim de notícias *ConJur* em 14.09.2015, disponível na internet.

É exatamente essa a questão: o excesso. Salutar que a legislação proteja o vulnerável, mas para garantir-lhe – e também ao que contra ele litigue – a obtenção de uma prestação jurisdicional digna e equilibrada, sem exageros.

Afinal, é o que almejam todos, partes e julgador!

6. Referências

FILOMENO, José Geraldo Brito et al. *Código brasileiro de defesa do consumidor*. 7. ed. Rio de Janeiro: Forense Universitária, 2001.

GRINOVER, Ada Pellegrini et al. *Código brasileiro de defesa do consumidor*. 7. ed. Rio de Janeiro: Forense Universitária, 2001.

MARQUES, Cláudia Lima. *Contratos no código de defesa do consumidor*. 3. ed. São Paulo: RT, 1999.

REGO, Werson. Entrevista concedida ao boletim de notícias *ConJur* em 14.09.2015, disponível na internet.

SAMPAIO JÚNIOR, Rodolpho Barreto. *A defesa do consumidor e o paternalismo jurídico*. Artigo disponível na internet.

SOUZA, Sylvio Capanema. O CDC e seus reflexos na teoria geral do direito civil, *Revista da EMERJ*, v. 2, n. 10, 1998.

TORRES, Antonio Carlos Esteves. *Direito do consumidor – visão empresarial*. In: *Revista da EMERJ*, v. 11, n. 43, 2008.

ZANELLATO, Marco Antônio. *As empresas e o código de defesa do consumidor:* experiência do Ministério Público. Artigo disponível na internet.

APONTAMENTOS JURÍDICOS DO MÚTUO FENERATÍCIO: ENTRE O PROTAGONISMO JUDICIAL E A SEGURANÇA JURÍDICA

Marco Aurélio Bezerra de Melo

SUMÁRIO: 1. Introdução. **2.** Regras Gerais do Contrato de Mútuo. **3.** Mútuo Oneroso, Feneratício ou Frutífero. **4.** Natureza Jurídica dos Juros a que se Refere o Art. 591 do Código Civil. **5.** Limites de Juros Remuneratórios no Brasil: Evolução e Estado da Arte. **6.** Juros Remuneratórios nos Mútuos Celebrados Com Instituições Financeiras. **7.** A Submissão dos Mútuos Bancários ao Código de Defesa do Consumidor. **8.** A Cobrança da Comissão de Permanência por Parte das Instituições Financeiras. **9.** A Prática do Anatocismo. **10.** O Anatocismo nos Contratos de Mútuo Regidos Pelas Leis do Sistema Financeiro da Habitação. **11.** Protagonismo Judicial no Mútuo Com Garantia Pessoal ou Real e Naquele Feito Com Destinação Específica de Interesse Social. **12.** Conclusão.

1. Introdução

A cada dia estou mais convencido de que são os amigos, acumulem eles a função de membros de nossa família ou não, os personagens que nos proporcionam os melhores momentos na vida e esse trabalho é um exemplo disso, pois foi o valor da amizade que há mais de dois lustros nos une ao querido coordenador dessa obra, professor e desembargador Werson Rego o elemento que explica e justifica a ventura de participar dessa merecida homenagem ao festejado Ministro Carlos Mário da Silva Velloso que é um dos mais respeitados homens públicos e juristas deste país, tendo envergado a toga por décadas sem jamais envergar-se diante de nenhum outro interesse que não fosse o de alvitrar a Justiça.

O tema central do livro é instigante, pois é um constante desafio para os operadores do Direito e para a doutrina encontrar equilíbrio no trato entre a segurança jurídica e o protagonismo judicial.

Nesse diapasão, poucos temas trazem consigo tantas dúvidas e consequentes oscilações no tratamento jurídico entre o intervencionismo estatal e a liberdade contratual como o do mútuo oneroso ou feneratício. De certa forma, durante largo período de tempo houve a demonização da cobrança de juros remuneratórios, pois seria uma prática usurária que fomentaria abusos do detentor do capital e enriquecimento sem causa por parte deste. Essa percepção começa a ceder quando a sociedade percebe que esse acréscimo ao capital emprestado representa um fruto civil e, portanto, acessório, que pertence ao proprietário do bem principal que vem a ser o mutuante. O dinheiro que fica indisponível a este durante determinado período de tempo, passa ao domínio do mutuário a fim de que consiga adquirir bens de uso, consumo e de produção como, por exemplo, alimentos, vestuário, imóvel para moradia, assim como outras aplicações empresariais que podem se converter em uma sadia circulação de riquezas geradora de avanços sociais e tecnológicos, empregos e tributos.

Assim, se por um lado há uma necessária tutela dos mutuários e da própria função social desse tipo contratual que não pode se convolar em óbice ao fomento do comércio e da indústria por conta de uma remuneração exacerbada do capital mutuado, em outro giro, subsiste a preocupação com a obrigatoriedade do negócio jurídico na forma como se encontra expressado, formal e materialmente, pelos contratantes.

Nesse trabalho, buscaremos apresentar a estrutura e a função do contrato de mútuo oneroso e retratar alguns momentos em que se vislumbra certa dose de protagonismo judicial e em outros o enfoque vem a ser o de preservar os princípios da liberdade contratual, da obrigatoriedade e, com isso, respeitar o igualmente caro valor social e econômico da segurança jurídica.

2. Regras Gerais do Contrato de Mútuo: Conceito, Elementos Essenciais, Mútuo Feito a Menor, Classificação, Riscos e Deterioração Superveniente da Situação Econômica do Mutuário

Estabelece o art. 586 do Código Civil que o mútuo é empréstimo de coisas fungíveis, sendo esse o conceito que melhor identifica essa modalidade de empréstimo. A fungibilidade do bem leva a que a coisa emprestada passe, com a tradição, a pertencer ao mutuário que fica, por esse fato, obrigado a dar ao mutuante o que dele recebeu em coisa da mesma espécie, qualidade e quantidade. Por esse motivo, o mútuo tem se caracterizado, segundo a doutrina vigente[1], como um *contrato translativo* como o são a troca, a doação e a compra e venda.

Assim, se um aluno empresta ao seu colega de turma, gratuitamente, a importância de cinquenta reais para que seja ressarcido dali a uma semana, o adimplemento do mutuário advirá no momento em que este pagar ao mutuante a referida importância. Como se pode perceber, há uma logicidade muito grande no instituto que apesar de sua simplicidade é de larga aplicação, movimentando importantes recursos financeiros que alavancam a economia, propiciando o crescimento industrial e comercial do país pela circulação de riquezas e geração de empregos e impostos.

Diferentemente do comodato, que se consubstancia em *empréstimo de uso*, o mútuo é *empréstimo de consumo*, uma vez que por ele o mutuário torna-se proprietário da coisa mutuada, assumindo, obviamente, o risco decorrente de perda ou destruição do bem mutuado. Isso porque o comodato incide sobre bem infungível e, como dito, no conceito acima, o mútuo recai sobre bens fungíveis que, na feliz definição do art. 85 do Código Civil, são os bens móveis que podem substituir-se por outros da mesma espécie, qualidade e quantidade.

A *temporariedade*, *tradição* e *fungibilidade* do objeto constituem elementos essenciais dessa modalidade de empréstimo.

A transferência que o mutuante faz de sua titularidade para o mutuário não é definitiva, permanente, pois senão a relação negocial seria de doação e não de empréstimo. Ao revés, o mutuário fica obrigado, ao cabo de determinada condição ou termo, a pagar ao mutuante aquilo que recebeu se o mútuo for gratuito ou o equivalente acrescido de juros compensatórios se for oneroso.

O prazo pode ser convencional ou legal.

1 Por todos: COELHO, Fábio Ulhoa. *Contratos*. 6. ed. São Paulo: Saraiva, 2013, p. 282.

O art. 592 do Código Civil assinala hipóteses de prazo para o mútuo que merecem referência pelo caráter dispositivo e supletivo que exercem à falta de estipulação contratual expressa. No mútuo de insumos agrícolas, o tempo do pagamento será o da próxima colheita, pois é o tempo razoável para a restituição dos materiais usados na exploração agrícola e que foram objeto de empréstimo. Ora, se foi emprestado ao trabalhador rural determinada quantidade de adubos químicos ou de sementes, presume-se que este poderá restituí-los logo após a colheita. Na mesma linha da falta de disposição em sentido contrário, no mútuo de dinheiro, o prazo para o pagamento por parte do mutuário será de trinta dias, seja o contrato gratuito ou oneroso. Não se tratando de insumos agrícolas ou de dinheiro, o prazo corre em favor do mutuante que poderá exigir a qualquer tempo a restituição do que emprestou.

Apesar de a lei não ser tão explícita como sucede no comodato, a doutrina brasileira majoritária[2] tem entendido que o mútuo também é contrato real, sendo a tradição, portanto, um de seus elementos essenciais.

Se não houver tradição há apenas uma promessa de mútuo que se verifica, por exemplo, na chamada *abertura de crédito* comumente celebrada com a instituição financeira disponibilizando ao seu cliente a possibilidade de utilizar determinada ou indeterminada quantia em dinheiro. Enquanto não há a efetiva utilização do crédito previamente acordado haverá apenas um *pactum contrahendo* ou contrato preliminar de mútuo[3].

Em contratos preliminares de mútuo regidos pelo Código de Defesa do Consumidor[4] não é possível o arrependimento por parte do promitente mutuante, ainda que a obrigação seja assumida em veicula-

2 Por todos: GOMES, Orlando. *Contratos*. 26. ed. Rio de Janeiro: GEN/Forense, 2009, p. 391.

3 Nesse sentido: NADER, Paulo. *Contratos*. Rio de Janeiro: GEN/Forense, 2013, p. 292.

4 Súmula nº 297, STJ: *O Código de Defesa do Consumidor é aplicável às instituições financeiras*.

ção publicitária ou qualquer outro meio de informação suficientemente precisa quanto aos seus propósitos, *ex vi* do disposto nos arts. 30[5] e 35[6] da Lei nº 8.078/90.

Se o contrato for regido pelo Direito comum e gratuito é lícita a desistência por parte do promitente mutuante. Se for oneroso, a recusa de cumprimento somente será legítima se o mutuante tiver em seu favor uma causa para esse proceder, relacionada à capacidade econômica do mutuário.

O contrato de mútuo importa na tradição de um bem fungível (art. 85, CC). Na maioria das vezes, o objeto do mútuo é dinheiro, mas nada obsta que outros bens dessa natureza sejam transferidos ao mutuário com a obrigação deste de restituir na mesma espécie, quantidade e qualidade.

Figuremos a hipótese de um contrato de mútuo em que o mutuário tenha recebido cinco caminhões de água potável para restituir em determinado prazo. Na data aprazada, o mutuário deverá pagar cinco caminhões (quantidade) de água (espécie) potável (qualidade). O empréstimo de cinquenta quilos de feijão preto tipo 1 em favor do dono de um restaurante fazer a sua famosa feijoada de sábado também ensejará a que o mutuário assuma a obrigação de pagar ao mutuante o que dele recebeu. Em ambos os exemplos, as coisas mutuadas são fungíveis e consumíveis.

Causa certa perplexidade no espírito do estudioso do Direito o disposto no art. 588 no Código Civil que retira, como regra, a eficácia

---

5 *Art. 30. Toda informação ou publicidade, suficientemente precisa, veiculada por qualquer forma ou meio de comunicação com relação a produtos e serviços oferecidos ou apresentados, obriga o fornecedor que a fizer veicular ou dela se utilizar e integra o contrato que vier a ser celebrado.*

6 *Art. 35. Se o fornecedor de produtos ou serviços recusar cumprimento à oferta, apresentação ou publicidade, o consumidor poderá, alternativamente e à sua livre escolha:*

I – exigir o cumprimento forçado da obrigação, nos termos da oferta, apresentação ou publicidade;

II – aceitar outro produto ou prestação de serviço equivalente;

III – rescindir o contrato, com direito à restituição de quantia eventualmente antecipada, monetariamente atualizada, e a perdas e danos.

do contrato de mútuo quando o empréstimo for feito a pessoa menor, impossibilitando que o mutuante recupere o que emprestou do mutuário ou de seus eventuais fiadores. Ora, não é essa a ideia geral para os contratos feitos com pessoas incapazes sem a devida representação. Qual o fundamento para que o citado artigo não tenha feito sequer diferença entre o relativa e o absolutamente incapaz para o fim de estabelecer, no primeiro caso, a anulabilidade, e no segundo, a nulidade de pleno direito do contrato? Qual o motivo que inspirou o legislador para levar para a parte especial, uma regra que já se encontra devidamente disciplinada na teoria geral do Direito Civil?

A razão histórica é apontada por boa parte da doutrina[7] e está ligada a um decreto do Senado romano (*senatus consultum*) denominado *macedoniano* em referência ao nome do Senador Macedo, que foi assassinado pelo seu filho, o qual, enquanto menor, contraiu empréstimo por mútuo. O parricídio teve como motivação o recebimento da herança de seu pai a fim de que o devedor ao recolher a sua herança pudesse se livrar das dívidas e, assim, preservar a liberdade. Essa proibição, então, de que o menor contraia empréstimo traz consigo desde a velha Roma até os dias atuais, passando pelas Ordenações do Reino de Portugal e o Código Civil de 1916, elevadas razões de ordem moral e a intenção de proteger o menor contra a usura. No dizer de Clóvis Beviláqua[8] *o fim da lei é impedir que os jovens inexperientes sejam arrastados para o vício, e explorados por usurários, que lhes facilitem empréstimos visando lucros excessivos.*

---

7 RODRIGUES, Silvio. *Dos contratos e das declarações unilaterais de vontade.* 28. ed. São Paulo: Saraiva, 2002, p. 263/264; LOPEZ, Teresa Ancona. *Comentários ao código civil.* São Paulo: Saraiva, 2003, p. 153/154. v. 7; SANSEVERINO, Paulo de Tarso Vieira. *Contratos nominados II.* 2. ed. São Paulo: RT, 2011, p. 332/333; MONTEIRO, Washington de Barros. *Direito das obrigações.* 2. parte. 34. ed. São Paulo: Saraiva, 2003, p. 211; PONTES DE MIRANDA. *Tratado de direito privado.* 2.ed. Rio de Janeiro: Borsoi, 1963. v. 42, p. 42/46.

8 BEVILÁQUA, Clóvis. *Código civil dos estados unidos do Brasil.* Rio de Janeiro: Ed. Rio, 1940. v. II, p. 361.

Essa preocupação para que o menor não assuma empréstimos inclui a possibilidade de o fiador ser exonerado em razão da invalidade do contrato principal pela menoridade do mutuário. Sendo a fiança um contrato acessório, a ineficácia do mútuo feito nestas condições já teria o condão de repercutir no indigitado pacto, aplicando-se a regra de que o acessório segue a sorte do principal. Ocorre que os arts. 824[9] e 837[10] do Código Civil possibilitam que em uma obrigação principal nula que não seja por incapacidade, a fiança seja eficaz frente ao credor afiançado, o que não se aplica no mútuo em razão da parte final do art. 588 do Código Civil ([...] *nem de seus fiadores*). Assim, se, por exemplo, o contrato principal for uma empreitada celebrada com um menor, o fiador que prestar a garantia não poderá se valer da defesa que competiria ao devedor principal, pois a invalidade se baseia na incapacidade, mas se se tratar de mútuo, o fiador poderá se exonerar. Paulo de Tarso Vieira Sanseverino[11] identifica aqui o que chama de "*exceção da exceção*", concluindo com maestria que *como, em lógica, uma dupla negação significa uma afirmação, o efeito prático, no caso é o retorno da regra geral: a dívida não pode ser cobrada do menor ou de seu fiador.*

Cediço que os negócios jurídicos praticados por absoluta ou relativamente incapaz são, respectivamente, nulos (art. 166, I, CC) ou anuláveis (art. 171, I, CC) se não contarem com a devida representação, conforme dispõe o art. 116 do Código Civil.

O art. 589 do Código Civil apresenta situações em que o mútuo contraído pelo menor sem prévia autorização pode ser reavido pelo credor, ou seja, hipóteses em que, a despeito da citada irregularidade, o contrato é eficaz. As hipóteses excepcionais podem ser divididas da

9 Art. 824. As obrigações nulas não são suscetíveis de fiança, *exceto se a nulidade resultar apenas de incapacidade pessoal do devedor.*

10 Art. 837. O fiador pode opor ao credor as exceções que lhe forem pessoais, e as extintivas da obrigação que competem ao devedor principal, *se não provierem simplesmente de incapacidade pessoal, salvo o caso do mútuo feito a pessoa menor.*

11 Paulo de Tarso Vieira Sanseverino. Op. cit., p. 332.

seguinte forma: confirmação posterior do representante, reversão do empréstimo em favor do menor, pela malícia do menor, pela possibilidade deste suportar com seu patrimônio o cumprimento da obrigação. A eficácia do contrato ocorrerá quando se tratar de menor relativamente incapaz e também com os absolutamente incapazes na hipótese em que o empréstimo reverteu em seu proveito, mesmo em se tratando de menor absolutamente incapaz, o mutuante poderá buscar o pagamento do empréstimo.

Passemos então a comentar os incisos do art. 589 do Código Civil.

O inciso I prevê que a confirmação produz a sanatória voluntária da invalidade do negócio, pois trata-se do ato pelo qual se retira do negócio jurídico anulável o vício que maculava a sua validade. A confirmação, no presente caso, está positivada no art. 176 do Código Civil, o qual estabelece que *quando a anulabilidade do ato resultar da falta de autorização de terceiro, será validado se este a der posteriormente.*

A única crítica que se faz ao inciso é o de continuar fazendo referência à *ratificação,* quando o novo Código a substituiu por *confirmação*, exatamente para contemplar a possibilidade de um terceiro *confirmar* o negócio jurídico que precisava de sua participação e não *ratificar* um ato que não participou. A confirmação deve ser expressa, mas a lei admite a forma tácita e retroage à data da celebração do pacto.

O inciso II atribui eficácia ao contrato quando a ausência do representante legal leva a que o menor contraia o empréstimo para os seus alimentos habituais. Esse inciso visa a contemplar a possibilidade de o menor, em razão de seu representante não estar presente, necessitar de alimentos e alguém os prestar, realizando um mútuo em seu favor. Ficando caracterizada esta necessidade, cessam os motivos que ensejam a norma protetiva do *senatus consultum macedoniano* prevista no art. 588 do Código Civil, pois de toda sorte quem deverá arcar com o pagamento é o representante do menor.

Importante destacar que essa exceção somente se aplica se o mútuo for gratuito, pois se for realizado na versão frutífera ou feneratícia, isto é, com a imposição de juros, o credor não poderá exigir a restituição do mútuo com o pagamento dos referidos rendimentos.

Por outro lado, a expressão *alimentos habituais* contempla o alimento propriamente dito, mas também os cuidados médicos, vestuário, instrução e até mesmo lazer, se o credor provar que agiu como um diligente gestor de negócios. Nesse caso, ainda que o menor seja absolutamente incapaz, o dever de restituição continuará pesando sobre os ombros do representante do mutuante.

A situação legal descrita no inciso III, que se refere à hipótese em que o menor auferir ganhos com o seu trabalho e a cobrança não ultrapassar as suas forças, é extremamente rara, mormente com a atual codificação, tendo em vista que uma das causas legais de emancipação é exatamente a situação em que o menor, com dezesseis anos completos, possua economia própria (art. 5º, parágrafo único, V, CC). Ora, se o menor tem economia própria, já estará, *ipso facto*, emancipado e, como tal, já poderá validamente praticar negócios jurídicos.

Se ficar definida a possibilidade de o menor auferir ganhos com seu trabalho sem que se cuide de emancipação, o dever de restituição se impõe, mas não poderá ser afetado eventual patrimônio do menor fora dos limites dos bens que decorrem de sua força de trabalho. Em outras palavras, os bens do menor fora desta hipótese, são absolutamente impenhoráveis.

Pelo inciso IV se o mutuante provar que o empréstimo reverteu em benefício do menor, poderá cobrar do seu representante a restituição ou, se este for relativamente incapaz, afetar o próprio patrimônio deste. Note-se que o contrário dessa assertiva legal poderia acobertar uma hipótese de enriquecimento sem causa, malferindo os princípios do atual Direito Civil e a repressão normativa que se pode encontrar nos arts. 884 a 886 do Código Civil.

O último inciso alude à obtenção maliciosa do empréstimo por parte do menor. Esse dispositivo legal somente se aplica quando o menor for relativamente incapaz e se assemelha à regra contida no art. 180 do Código Civil, que proíbe o menor entre dezesseis e dezoito de invocar a sua idade se dolosamente a ocultou quando inquirido pela outra parte ou se espontaneamente se declarou maior no ato constitutivo da obrigação. Afinal de contas, ninguém – nem o menor relativamente incapaz – pode se aproveitar da própria malícia e torpeza, notadamente diante de uma codificação que tanto prestígio confere à ética e à boa-fé. Diziam os romanos que a malícia supre a incapacidade (*malitia suplet aetatem*). O dispositivo redigido no presente artigo é mais amplo do que o imaginado no anteprojeto de obrigações, que restringia o alcance da presente exceção apenas à hipótese em que *o menor, para o fim de obter o empréstimo, fizer-se passar por maior.* Desta forma, qualquer postura maliciosa do relativamente incapaz, devidamente provada, ainda que não contemplada na previsão do art. 180 do Código Civil, poderá ensejar a eficácia do mútuo.

O mútuo é um contrato unilateral, gratuito ou oneroso, informal, não solene e real.

É unilateral, pois apenas confere responsabilidades e obrigações para o mutuário que assume a obrigação de realizar o pagamento ao mutuante. Por ocasião da fase pré-contratual vislumbra-se a assunção de obrigação por parte do mutuante que pode assumir a obrigação de entregar o bem fungível mutuado. Como a obrigação referida diz respeito a momento anterior à celebração do contrato que tem natureza real, confirma-se a característica unilateral da avença.

O mútuo pode ser gratuito ou oneroso. Pelas raízes do Direito Romano, em que o mútuo estava ligado ao oferecimento de um auxílio, da necessidade de as pessoas se ajudarem mutuamente o contrato era gratuito[12], mas já se admitia excepcionalmente uma *stipulatio usurarum* relativa à inclusão de juros[13] sobre o valor principal emprestado. Washington de Barros Monteiro[14], citando Farinacio, traz à baila que antigamente o contrato era feito *a caritatis fonte emanatus*. Contudo, forçoso reconhecer que dificilmente se encontrará, hoje em dia, um contrato de mútuo sem o estabelecimento de juros compensatórios.

12 Até os dias atuais, o art. 1.905 do Código Civil francês coloca a gratuidade como característica do mútuo.

13 MOREIRA ALVES, José Carlos. *Direito romano.* 6. ed. Rio de Janeiro: Forense, 1997. v. II, p. 121; CHAMOUN, Ebert. *Instituições de direito romano.* 6. ed. Rio de Janeiro: Ed. Rio, 1977, p. 346.

14 MONTEIRO, Washington de Barros. Op. cit., p. 208.

Com efeito, hodiernamente, a regra nos parece ser a onerosidade[15], pois o mútuo, em suas diversas manifestações, bancárias ou não, possui *fins econômicos*, atraindo a regra contida na parte inicial do art. 591 do Código Civil, o qual prescreve que se destinando a tais objetivos, presumem-se devidos juros no mútuo. Quando o mútuo vem acompanhado da obrigação de pagar juros que serão calculados sobre percentual do capital mutuado diz-se que se trata de mútuo feneratício, vocábulo que tem origem em *foenus*[16] que significa juros. É também chamado de frutífero, pois os juros possuem natureza jurídica de frutos civis ou rendimentos. Mútuo feneratício ou frutífero é aquele em que sobre o valor principal emprestado incide a obrigatoriedade de pagamento de acessório, que são os juros.

É *informal* e *não solene*, pois não há na lei nenhuma forma ou solenidade sem a qual o contrato seria inválido (art. 104, III, CC). A adoção da forma escrita servirá como meio de prova da realização do contrato, o que é sempre conveniente ante a segurança jurídica que o contrato visa a preservar possibilitando que restem explícitos aspectos importantes, por exemplo, do mútuo de dinheiro no tocante à taxa de juros, à data do pagamento e ao estabelecimento de eventuais garantias reais ou fidejussórias.

É contrato *real*, pois a despeito de a lei brasileira não afirmar categoricamente essa característica, como faz com relação ao comodato na parte final do art. 579 do Código Civil, há reconhecimento doutrinário e jurisprudencial[17] bem firme no entendimento de que o mútuo tam-

---

15 No mesmo sentido: RIZZARDO, Arnaldo. *Contratos.* 13. ed., 2013, p. 589.

16 CHAMOUN, Ebert. Op. cit., p. 346.

17 Apelação Cível – Responsabilidade Civil – Indenização – Danos Morais – Mútuo – Ausência de Entrega do Numerário pela Instituição Financeira – Contrato não Aperfeiçoado – Inscrição do Nome do Mutuário em Cadastros Restritivos de Crédito – Ilicitude – Dano Moral Configurado – *Quantum* Indenizatório – Razoabilidade – Juros de Mora – Termo Inicial de Incidência – Data do Evento Danoso – Recurso desprovido.
– *Configura requisito essencial para o aperfeiçoamento do contrato de mútuo feneratício a entrega do numerário emprestado.* – Alegado pelo autor o descumprimento de contrato, do qual decorra débito motivador de apontamento

bém se perfaz com a tradição da coisa fungível mutuada que após tal ato passa para o domínio do mutuário. Conforme já assinalado, antes da tradição há apenas promessa de mútuo, como acontece com a abertura de crédito. Enfática, nessa esteira, é a lição de Silvio Rodrigues[18], quando tomando como objeto do mútuo o dinheiro, assevera que:

> Quando um banqueiro concorda em abrir crédito em conta-corrente a um cliente, não se concretizou um contrato de mútuo, mas apenas promessa de levá-lo a efeito. O mútuo se caracteriza quando, após a importância do empréstimo ser creditada na conta do mutuário, se incorpora ao patrimônio do devedor.

Diante do silêncio da lei com relação ao mútuo e por entender que essa classificação somente existe por uma equivocada reminiscência histórica, Serpa Lopes[19], com apoio no Direito comparado, entende pela consensualidade e bilateralidade do contrato que a seu viso independeria da tradição e geraria obrigação ao mutuante de realizar o empréstimo, assim como, é claro, ao mutuário, de restituir. Ousamos divergir desse posicionamento, pois nos parece que o ato de efetivar o empréstimo por mútuo integra a essência dessa contratação tipicamente translativa de domínio. Como emprestar sem entregar a coisa?

---

restritivo de crédito, incumbe ao réu, se em contestação o diz cumprido, comprovar a realização de sua prestação, por se tratar de fato impeditivo do direito do autor.
– A simples ocorrência, desde que injusta e desmotivada, de apontamento restritivo de crédito, enseja danos morais, pois gera, sabidamente, impedimento de acesso a bens e serviços contratados a prazo e causa sofrimento por vexame, vergonha, humilhação, revolta e tristeza.
– Compete ao Julgador estipular equitativamente o *quantum* da indenização por dano moral, segundo seu prudente arbítrio, analisando as circunstâncias do caso concreto e obedecendo aos princípios da razoabilidade e da proporcionalidade.
– Os juros moratórios fluem a partir do evento danoso, em caso de responsabilidade extracontratual. Inteligência do Enunciado nº 54 da Súmula do Superior Tribunal de Justiça (TJ-MG, 9ª CC, Apelação Cível nº 1.0344.09.053515-6/001 - 0535156-78.2009.8.13.0344 (1), Rel. Des. Márcio Idalmo Santos Miranda, julg. 1º.09.2015).

18 RODRIGUES, Silvio. Op. cit., p. 262.

19 LOPES, Miguel Maria de Serpa. *Curso de direito civil. Fontes das obrigações: contratos.* 5. ed. Rio de Janeiro: Freitas Bastos, 1999, p. 379/385.

Ainda que exista silêncio legal com relação ao mútuo, a realidade do pacto se faz presente na própria estrutura desse contrato típico.

Diversamente do contrato de comodato, cuja obrigação básica do comodatário é a restituir o bem infungível a ele emprestado, no mútuo há a transferência da coisa em favor do mutuário, correndo por conta deste, a partir da tradição, todos os riscos.

No rigor da técnica jurídica, ainda que por vezes tomemos uma palavra pela outra, a obrigação do mutuário é de *dar* e não de *restituir*, posto que a propriedade do bem emprestado lhe é transferida pela tradição. Desta forma, poderá ele usar como quiser o bem, e se o mesmo vier a perecer, quem sofre a perda é o mutuário, aplicando-se a parêmia latina *res perit debitori*[20] que, no caso, é o mutuário.

Nos termos do art. 1.267 do Código Civil, não se transfere a propriedade dos bens móveis antes da tradição. A tradição pode ser real, ficta ou simbólica e consensual. A tradição real é aquela que se verifica com a efetiva entrega da coisa. A tradição simbólica é a entrega de determinado objeto que simbolize a entrega do bem. Tradição consensual é aquela em que o bem é transferido por força de uma cláusula. Divide-se em *traditio longa manu, traditio brevi manu* e constituto possessório.

Na linha da natureza dinâmica do processo obrigacional e seguindo a orientação genérica contida no art. 477 do Código Civil[21], especificamente ao mútuo, o art. 590 do mesmo corpo de leis, com felicidade, estatui que *o mutuante pode exigir garantia da restituição, se antes do vencimento o mutuário sofrer notória mudança em sua situação econômica.*

A razão dessa norma jurídica está em que o mútuo é um contrato temporário, cujos efeitos se protraem no tempo. Exatamente, no tem-

20 GOMES, Orlando. Op. cit., p. 392.

21 *Art. 477. Se, depois de concluído o contrato, sobrevier a uma das partes contratantes diminuição em seu patrimônio capaz de comprometer ou tornar duvidosa a prestação pela qual se obrigou, pode a outra recusar-se à prestação que lhe incumbe, até que aquela satisfaça a que lhe compete ou dê garantia bastante de satisfazê-la.*

po hábil para que o mutuante possa exigir do mutuário o pagamento do que emprestou. Óbvia se nos parece a percepção de o mútuo submeter-se aos incertos efeitos que a passagem do tempo possa acarretar. Dessa forma, se o mutuante observar que antes do vencimento da obrigação o mutuário experimentou um significativo abalo em sua solvabilidade, poderá exigir uma garantia para a restituição.

Paira certa margem de dúvidas acerca da sanção para o caso de o mutuário não prestar garantia real (penhor, hipoteca, alienação fiduciária em garantia) ou fidejussória (fiança ou aval). A doutrina majoritária[22] com reflexos jurisprudenciais tem se orientado pelo vencimento antecipado da dívida à semelhança do que encontramos nos arts. 333 e 1.425 do Código Civil. A despeito do silêncio legal, Silvio Rodrigues chega a afirmar categoricamente que *a pena que sofre o mutuário que desatende tal exigência, é a do vencimento antecipado da dívida.*

Inegavelmente, maior segurança para o efeito jurídico do vencimento antecipado da dívida haverá se o contrato contiver cláusula expressa nesse sentido ou se a lei tivesse feito referência expressa à aludida consequência, uma vez que a regra do Direito Obrigacional é a de que o credor somente pode exigir a prestação do devedor na data do vencimento. As situações fáticas que ensejam o vencimento antecipado da dívida são excepcionais e merecem, a nosso viso, interpretação restritiva.

3. Mútuo Oneroso, Feneratício ou Frutífero

Sob a égide do Código Civil de 1916, havia a regulamentação do mútuo civil pelo Código Civil de 1916 (arts. 1.256 a 1.254) e o mútuo mercantil se encontrava regulado pelo Código Comercial de 1850 (arts. 247 a 255). A grande diferença entre as duas espécies de empréstimo era a de que o primeiro presumia-se gratuito e o segundo, oneroso, ressalvado, respectivamente, estipulação expressa em sentido contrário. Outra diferença de conteúdo menos objetivo pode ser

---

22 Por todos: DINIZ, Maria Helena. *Teoria das obrigações contratuais e extracontratuais.* 29. ed., 2013, p. 361.

assinalada. O mútuo civil podia ser praticado por qualquer pessoa, enquanto no comercial ou mercantil era indispensável que o comerciante figurasse como mutuante ou mutuário.

O atual Código Civil unifica o Direito Privado, revogando o Código Civil de 1916 e toda a primeira parte do vetusto Código Comercial de 1850 que continha o regramento do mútuo mercantil.

Por tal motivo, na atualidade, o art. 591 do Código Civil contempla o mútuo gratuito e o oneroso, estabelecendo que se o mútuo tiver uma destinação econômica, presumir-se-á a imposição dos juros. A presunção legal pode ser afastada por cláusula expressa em sentido contrário, mas o silêncio dos contratantes ensejará a convicção de que o mútuo fora celebrado com juros.

Se o intérprete observar que o contrato de mútuo não tem uma destinação econômica, como seria o caso de um empréstimo a um amigo íntimo ou, até mesmo, a um colega de trabalho, a presunção será a de que o mútuo é gratuito. Desse modo, forçoso reconhecer que se o mutuante quiser juros que compensem o capital mutuado, imperioso será que igualmente conste no contrato tal cláusula. A ausência da referida cláusula gerará a certeza de que o contrato fora celebrado na sua antiga e preponderante versão gratuita.

4. Natureza Jurídica dos Juros a que se Refere o art. 591 do Código Civil

Os juros a que se refere o art. 591 do Código Civil são *compensatórios* ou *remuneratórios*, isto é, objetivam compensar o mutuante pelo capital disponibilizado ao mutuário como se fora o pagamento de um aluguel sobre o dinheiro emprestado. A natureza jurídica dos juros é a de frutos civis ou rendimentos, pois a sua previsão no contrato gera em favor do mutuante um acréscimo real ao valor emprestado e não uma simples correção monetária que, ao contrário, visa, tão somente, a manter a atualização do valor de compra representado da importância mutuada ou uma recomposição decorrente da inflação do período.

Esses juros não se confundem com os *juros moratórios* ou legais estipulados em razão da mora do contratante em cumprir o contrato, cujo objetivo é indenizar o credor que sofre prejuízo com o inadimplemento do devedor. Assim, os juros se somarão ao valor devido, ainda que não haja prova do prejuízo que em tal caso se presume de modo absoluto pela lei (arts. 406 e 407, CC). Citando extensa doutrina em apoio a essa tese, ensina J. M. Leoni Lopes de Oliveira[23] que há uma *presunção legal de que o simples inadimplemento da obrigação, constituindo o devedor em mora, traz prejuízo para o credor, devendo ser este indenizado com o pagamento dos juros decorrentes da mora (juros moratórios). Portanto, são devidos juros de mora independentemente da demonstração do prejuízo*.

Essa modalidade de juro passa a incidir no momento em que o devedor é constituído em mora. Se a prestação do mutuário tem prazo certo, dispensada será a notificação, aplicando-se a máxima *dies interpellat pro homine*, ou seja, o advento do termo já possui o condão de constituir o devedor em mora.

Lembra ainda o ilustre professor[24] acima citado que é possível a cumulação dos juros moratórios e remuneratórios, uma vez que cada qual tem a sua base legal, não configurando, portanto, *bis in idem*. Os juros remuneratórios, que somente são devidos no mútuo feneratício, decorrem da utilização do capital alheio, enquanto os moratórios têm por fundamento punir a mora do mutuário.

5. Limites de Juros no Brasil: Evolução e Estado da Arte

Nos primórdios, a humanidade teve alguma dificuldade em admitir como correta a prática de cobrar juros sobre o dinheiro que se emprestava a alguém, pois segundo os valores éticos das épocas transatas, o empréstimo de coisa fungível deveria ser visto como um ato de amparo, auxílio que mutuamente os homens deveriam prestar sem esperar nenhuma vantagem patrimonial em troca.

---

23 LOPES DE OLIVEIRA, J. M. Leoni. *Curso de direito civil. Direito das obrigações e atos unilaterais,* 2015. v. II, p. 770/771.

24 LOPES DE OLIVEIRA, J. M. Leoni. Op. cit., p. 773/774.

Confirma essa assertiva, o fato de a usura já ter sido vista até mesmo como pecado no Antigo Testamento, o que acabou sendo durante certo tempo repudiado por setores cristãos, seja na fé católica ou na protestante.

Apenas para citar alguns exemplos, temos no capítulo 15 do Livro de Salmos uma indagação que poeticamente é feita ao Senhor acerca de quem habitaria a sua tenda e moraria no seu Santo Monte. Dentre as várias características do candidato a homem de bem estava a de não fazer ou falar mal do próximo, assim como a de não emprestar "o seu dinheiro a juros" (SL 15,1-5). No Deuteronômio, livro que é atribuído a Moisés, há um mandamento para que o judeu não exija juros de seu irmão, mas tolera a prática com relação ao estrangeiro (DT 23, 20). O profeta Ezequiel, após condenar diversos comportamentos como fazer mal a viúvas e órfãos, desprezar pai e mãe, profanar o nome de Deus e o seu dia, inclui entre as práticas abomináveis a de receber usura e ganhos ilícitos, usando de avareza com o próximo, sendo condenável, portanto, o que chama de "lucro desonesto" (EZ 22, 12-13).

Diversos outros exemplos podem ser citados, mas a ideia aqui é apenas a de demonstrar a dificuldade com a aceitação da cobrança dos juros compensatórios e, em um segundo momento, identificar qual seria a taxa admissível que representará o lucro justo e, por outro lado, tentar descortinar quando esse rendimento ou fruto civil torna-se abusivo, usurário, iníquo e até mesmo tipificado como crime.

O fato é que no curso da história, a sociedade viu-se na contingência de compreender que cobrar juros (acessório) do capital mutuado (principal) não era nada diverso de o titular de um bem dar em locação o que lhe pertence e justificadamente receber outro tipo de frutos civis que é o aluguel.

O dinheiro é um bem móvel que se pode "alugar" ao mutuário que se servirá do mesmo como lhe aprouver ou para determinado fim previsto no contrato e depois remunerará o mutuante que, por sua vez, fará jus a receber o que emprestou acrescido de uma remuneração pelo período de tempo em que o dinheiro ficou para ele indisponível. A compensação pecuniária também se justifica pelo risco que corre o mutuante ao transferir a propriedade ao mutuário, pois há sempre um grau de incerteza com relação à possibilidade da recuperação de seu ativo.

Há inegavelmente no oferecimento do crédito um poderoso instrumento para o crescimento da economia na medida em que ao mutuário se disponibiliza a possibilidade de se utilizar de uma riqueza que não lhe pertence para a consecução dos mais nobres propósitos de vida como a de adquirir uma casa para morar, um automóvel para lazer e trabalho, o exercício de determinada atividade empresarial, dentre outras infindas possibilidades que o dinheiro possibilita em uma economia capitalista.

Nessa toada, é correto afirmar que o empréstimo de dinheiro a juros exerce notável função social e econômica como determina a Constituição Federal e como tal deve ser regulamentado, dirigido e fiscalizado pelo Estado com autoridade, diligência e competência. Primordialmente, quem exerce esse papel na República brasileira é o Banco Central, tal como se pode verificar, por exemplo, no art. 10, VI, IX e X, da Lei nº 4.595/64[25].

Historicamente, o limite justo para a cobrança de juros compensatórios tem provocado as mais acesas e acaloradas discussões contemporâneas ao Código Civil de 1916, notável estatuto jurídico que recebeu com muita intensidade os ventos liberais que sopravam do Código Civil francês de 1804, nascido quinze anos depois da eclosão da Revolução Francesa com a queda da Bastilha.

---

25 *Art. 10. Compete privativamente ao Banco Central da República do Brasil: [...]*
VI – Exercer o controle do crédito sob todas as suas formas; [...]
IX – Exercer a fiscalização das instituições financeiras e aplicar as penalidades previstas;
X – Conceder autorização às instituições financeiras, a fim de que possam:
a) funcionar no País;
b) instalar ou transferir suas sedes, ou dependências, inclusive no exterior;
c) ser transformadas, fundidas, incorporadas ou encampadas;
d) praticar operações de câmbio, crédito real e venda habitual de títulos da dívida pública federal, estadual ou municipal, ações, debêntures, letras hipotecárias e outros títulos de crédito ou mobiliários;
e) ter prorrogados os prazos concedidos para funcionamento;
f) alterar seus estatutos;
g) alienar ou, por qualquer outra forma, transferir o seu controle acionário.

A revogada codificação civil não tratou de reprimir a usura, sob o falso argumento de que as pessoas, dotadas de razão, poderiam estipular o que melhor julgassem para as suas próprias vidas, não sendo oportuno nem conveniente que o Estado interviesse nessa relação jurídica de natureza privada de índole patrimonial. Nessa esteira, previa o art. 1.262 do Código Civil de 1916 que *é permitido, mas só por cláusula expressa, fixar juros ao empréstimo de dinheiro ou de outras coisas fungíveis. Esses juros podem fixar-se abaixo ou acima da taxa legal (art. 1.062), com ou sem capitalização*. Complementava o alcance de tal dispositivo o referido art. 1.062 que dispunha, *verbis: A taxa dos juros moratórios, quando não convencionada (art.1.262), será de seis por cento ao ano*.

Da leitura dos citados dispositivos legais, podemos depreender que o Código Civil de antanho escancarou as portas da usura, dando ensancha a acordos usurários feitos por agiotas que se valiam da dispositividade da citada norma para cobrar o percentual de remuneração que lhes aprouvesse do capital principal emprestado, tendo como limite apenas a obrigação principal, pois os juros, de natureza acessória, não poderiam suplantar o valor do capital mutuado. Esse liberalismo também podia ser encontrado nos arts. 937[26], 940[27] e 2.212[28] do Esboço de Teixeira de Freitas.

Com os sucessivos reclamos da sociedade em período histórico marcado por certo intervencionismo estatal – *Era Vargas* – é editado o Decreto n° 22.626/33 recepcionado, segundo a Constituição Federal vigente, como lei em sentido formal e material.

Getúlio Vargas, então Chefe do Governo Provisório que se instalou entre os anos 1930 e 1934, levou em consideração o Direito

---

26 *Art. 937. É livre taxar nos atos entre vivos, ou nas disposições de última vontade, o juro ou prêmio que a cada um aprouver, ou se trate de juros compensatórios ou de juros de mora.*

27 *Art. 940. Os juros de lei serão contados, como até agora, na razão de seis por cento ao ano; exceto nos casos em que se determinar expressamente o pagamento de juros superiores a esta taxa.*

28 *Art. 2.212. [...] A retribuição do mútuo oneroso pode consistir nos juros da lei (art. 940) ou em outro prêmio que se convencionar superior ou inferior aos juros da lei (art. 937). [...] (art. 1.900).*

comparado e o fato de que a economia de um país não pode permitir uma remuneração exagerada dos juros, pois isto funciona como um empecilho para o desenvolvimento das classes produtoras e sob tal argumento decretou no art. 1º que *é vedado, e será punido nos termos da presente lei, estipular em quaisquer contratos taxas de juros superiores ao dobro da taxa legal.* Sendo a taxa legal a de seis por cento ao ano, estava sedimentada no Brasil a concepção inspirada em determinado período do direito romano na admissão de até doze por cento ao ano de juros.

Cremos que a origem mais remota do teto máximo reputado como justo de um por cento ao mês ou doze por cento ao ano seja o art. 2º da Tábua Terceira da Lei das XII Tábuas[29] que, segundo o professor paraense Silvio Meira[30] estabelecia que *se alguém coloca o seu dinheiro a juros superiores a um por cento ao ano, que seja condenado a devolver o quádruplo.*

Outro momento jurídico marcante para exemplificar a preocupação do Estado brasileiro no controle da taxa de juros foi a promulgação da Constituição Federal de 1988, cujo art. 192, § 3º, prescrevia que *as taxas de juros reais, nelas incluídas quaisquer comissões e quaisquer outras remunerações direta ou indiretamente referidas à concessão de crédito,* não poderão ser superiores a doze por cento ao ano; *a cobrança acima deste limite será conceituada como crime de usura, punido, em todas as suas modalidades, nos termos que a lei determinar.*

Como a Carta Magna não esclareceu o que seria *taxas de juros reais*, o Supremo Tribunal Federal, na Ação Direta de Inconstitucionalidade nº 4-7/DF (Pleno, julg. 07.03.1991) proposta pelo Partido Democrático Trabalhista (PDT) houve por bem declarar que a citada norma cons-

---

29 Por volta de 450 a.C. foi elaborada aquela que talvez tenha sido a primeira Codificação Romana a fim de dar mais segurança jurídica, sobretudo aos plebeus que necessitavam saber de antemão das suas obrigações a fim de não serem surpreendidos com a execução de alguma pena. Trata-se da Lei das XII Tábuas (*Lex Duodecim Tabularum*).

30 MEIRA, Silvio. *A lei das XII tábuas*. 3. ed.,1972, p. 169.

titucional não era dotada de eficácia plena e, portanto, dependeria de uma lei complementar para definir o seu efetivo sentido e alcance, sobretudo da expressão "juros reais". Citamos o seguinte trecho da decisão do ilustre Ministro Sydney Sanches, relator da ação, que resume bem o mérito da ação:

> Tendo a Constituição Federal, no único artigo em que trata do Sistema Financeiro Nacional (art. 192), estabelecido que este será regulado por lei complementar, com observância do que determinou no "*caput*", nos seus incisos e parágrafos, não é de se admitir a eficácia imediata e isolada do disposto em seu parágrafo 3º, sobre taxa de juros reais (12 % ao ano), até porque estes não foram conceituados. Só o tratamento global do Sistema Financeiro Nacional, na futura lei complementar, com a observância de todas as normas do "*caput*", dos incisos e parágrafos do art. 192, é que permitirá a incidência da referida norma sobre juros reais e desde que estes também sejam conceituados em tal diploma.

Essa orientação viria reforçada após a entrada em vigor da Emenda Constitucional nº 40/2003, que revogou o art. 192, § 3º, da Constituição Federal, com a edição da Súmula de jurisprudência nº 648 editada pelo Supremo Tribunal Federal em outubro de 2003, cujo enunciado é bastante esclarecedor: *A norma do § 3º do art. 192 da constituição, revogada pela emenda constitucional 40/2003, que limitava a taxa de juros reais a 12% ao ano, tinha sua aplicabilidade condicionada à edição de lei complementar.*

Na prática, houve inegável protagonismo judicial, pois é como se a Constituição Federal jamais tivesse se ocupado de fixar limite máximo de juros remuneratórios. Em um primeiro momento, a excelsa Corte declarou a impossibilidade de aplicação da norma constitucional sem lei que complementasse o seu teor (norma constitucional de eficácia contida) e, sem vir a expectada lei complementar, as mesas da Câmara dos Deputados e do Senado Federal promulgaram a Emenda Constitucional nº 40, que revogou todos os incisos e parágrafos do primitivo art. 192 da Constituição Federal de 1988, que hoje possui a seguinte redação:

> O sistema financeiro nacional, estruturado de forma a promover o desenvolvimento equilibrado do País e a servir aos interesses da coletividade, em todas as partes que o compõem, abrangendo as cooperativas de crédito, será regulado por leis complementares que disporão, inclusive, sobre a participação do capital estrangeiro nas instituições que o integram.

O Código Civil vigente apresenta a taxa máxima de juros do mútuo feneratício no art. 591 como aquela vigente para os juros legais definidos no art. 406, o qual preconiza que *quando os juros moratórios não forem convencionados, ou o forem sem taxa estipulada, ou quando provierem de determinação da lei, serão fixados segundo a taxa que estiver em vigor para a mora do pagamento de impostos devidos à Fazenda Nacional.*

Desse modo, se os contratantes não dispuserem taxa alguma para servir de cálculo para o exato *quantum debeatur*, presumir-se-á de forma absoluta que o fizeram no valor da taxa legal que vem a ser aquela a que se submete o contribuinte em mora nas suas obrigações fiscais. Descortinar a taxa máxima de juros que pode ser cobrada em relações contratuais de mútuo em que não figure como mutuante instituição financeira parece ser uma tarefa simples.

Apenas na aparência há facilidade nessa questão, uma vez que na época em que foi confeccionado o Código Civil atual (1975) vigorava para o caso o art. 161, § 1º, do Código Tributário Nacional, que prevê o clássico limite de 12% ao ano. Sucede, entretanto, que a partir da edição da Lei nº 9.065/95, posteriormente alterada pela Lei nº 9.250/95, a taxa de juros moratórios junto à Fazenda Pública passou a ser equivalente à Taxa Referencial do Sistema Especial de Liquidação e Custódia – Taxa Selic – acumulada mensalmente.

Diante desse aparente conflito de normas jurídicas, duas correntes de opinião foram formadas.

A primeira defende a aplicação do art. 161, § 1º, do Código Tributário Nacional com o seu limite de 12% ao ano. À exceção da referência ao art. 192, § 3º, da Constituição Federal que, como dito acima, após a EC nº 40/2003 já não se encontra mais presente na ordem jurídica nacional, os fundamentos estão bem sintetizados no Enunciado nº 20 da I Jornada de Direito Civil do CJF/STJ a seguir transcrito:

> Art. 406. A taxa de juros moratórios a que se refere o art. 406 é a do art. 161, § 1º, do Código Tributário Nacional, ou seja, um por cento ao mês. *A utilização da taxa Selic como índice de apuração dos juros legais não é juridicamente segura, porque impede o prévio conhecimento dos juros; não é operacional, porque seu uso será inviável sempre que se calcularem somente juros ou somente correção monetária; é incompatível com a regra do art. 591 do novo Código Civil, que permite apenas a capitalização anual dos juros*, e pode ser incompatível com o art. 192, § 3º, da Constituição Federal, se resultarem juros reais superiores a doze por cento ao ano.

Com esse mesmo fundamento, em 2005, o Tribunal de Justiça do Estado do Rio de Janeiro aprovou por unanimidade a Súmula nº 95 da sua jurisprudência predominante: *Os juros, de que trata o art. 406, do Código Civil de 2002, incidem desde sua vigência, e são aqueles estabelecidos pelo art. 161, parágrafo 1º, do Código Tributário Nacional.*

A outra corrente sustenta a possibilidade da Taxa Selic após a vigência do Código Civil, entendendo que a admissão dos juros de 1% ao mês seria negar vigência ao art. 406 e, de tabela, ao art. 591 do Código Civil, uma vez que o art. 161, § 1º, do CTN já não mais se presta para o cálculo do valor relativo à mora do devedor da Fazenda Nacional, mas sim à referida taxa. Como, de fato, a taxa Selic contém correção monetária e juros, o que poderia ensejar um equivocado *bis in idem* em desfavor do devedor, a solução encontrada pelo Colendo Superior Tribunal de Justiça,[31] que adota essa tese fora a de expurgar

31 *Civil e processual. Recurso especial. Violação ao art. 535 do CPC. Não ocorrência. Ação de indenização. Desconto indevido de encargos e taxas bancárias de conta-corrente de cliente. Ressarcimento dos valores descontados. Juros. Correção monetária. Impossibilidade de exigir repetição corrigida pelos mesmos encargos exigidos pela instituição financeira em operação de mútuo financeiro.*

1. Consoante o entendimento sedimentado desta Corte Superior, é inviável a pretensão de restituição de valores indevidamente descontados de conta-corrente na mesma base de cálculo dos encargos cobrados pela instituição financeira em empréstimos a clientes (Precedentes: REsp nº 447.431/MG, Rel. Min. Ari Pargendler, Segunda Seção, DJU 16.08.2007; REsp nº 437.222/MG, Rel. Min. Aldir Passarinho, 4ª T., DJe 19.05.2008).

2. Assim, a restituição da importância irregularmente subtraída da conta-corrente da empresa deve ser realizada com acréscimo de juros remuneratórios

dos acessórios a serem pagos pelo devedor o valor da correção monetária. Aderimos a esse posicionamento, pois é o único que se coaduna com o Direito vigente e não acarreta para o devedor onerosidade excessiva.

A falta de neutralidade da taxa Selic que de fato contém a correção monetária projetada para o ano pelo Banco Central é resolvida com a retirada dessa parcela como tem feito o Superior Tribunal de Justiça[32]

---

de 1% (um por cento) ao mês, bem como de correção monetária pelo INPC, e juros de mora de 0,5% ao mês desde a citação, até a vigência do novo Código Civil. Após a vigência deste, juros de mora na forma do seu art. 406, sem correção monetária, porque já embutida na taxa SELIC.

3. Recurso especial parcialmente conhecido e, nesta parte, provido (REsp 1.087.999/MG, Rel. Min. Carlos Fernando Mathias (Juiz Federal convocado do TRF 1ª Região), 4ª T., julg. 19.02.2009).

Agravo Regimental – Agravo em Recurso Especial – Ação de Indenização – Acidente de Trânsito – Negligência – Súmula 283/STF – Juros Moratórios – Taxa Selic – Precedentes – Decisão agravada mantida – improvimento.

1. Reconhecida a negligência da Recorrente na sinalização do óleo na pista a fim de evitar a ocorrência de acidentes, o que é, por si só, fundamento suficiente para manter o julgado e não atacado no Apelo Especial tal fundamento, aplica-se a Súmula 283/STF.

2. O Superior Tribunal de Justiça firmou posicionamento no sentido de que os juros serão calculados à base de 0,5% ao mês, nos termos do art. 1.062 do Código Civil de 1916 até a entrada em vigor do novo Código Civil (Lei nº 10.406/2002). A partir da vigência do novo Código Civil (Lei nº 10.406/2002), os juros moratórios deverão observar a taxa que estiver em vigor para a mora do pagamento de impostos devidos à Fazenda Nacional (art. 406). Atualmente, a taxa dos juros moratórios a que se refere o referido dispositivo é a taxa referencial do Sistema Especial de Liquidação e Custódia – Selic (EDcl no AgRg no Ag 1.160.335/MG, Rel. Min. Ricardo Villas Bôas Cueva, 3ª T., julg. 27.11.2012, DJe 06.12.2012).

---

32 **Informativo nº 510, de 18 de dezembro de 2012.**
Terceira Turma
Direito civil. Juros de mora. Não incidência da Selic cumulada com correção monetária. A incidência da taxa Selic como juros moratórios exclui a correção monetária, sob pena de bis in idem, considerando que a referida taxa já é composta de juros e correção monetária. Precedentes citados: EDcl nos EDcl nos EDcl nos EREsp 727.842-SP, DJe 23.11.2009; REsp 951.521-MA, DJe 11.05.2011, e REsp 1.139.997-RJ, DJe 23.02.2011. EDcl no REsp 1.025.298-RS, Rel. originário Min. Massami Uyeda, Rel. para acórdão Min. Luis Felipe Salomão, julg. 28.11.2012.

com relação aos juros moratórios que, por força do art. 591 do Código Civil, também pode ser se aplicado para os juros compensatórios ou remuneratórios que estamos estudando se, por exemplo, o mútuo for destinado a fins econômicos e as partes não pactuarem nenhuma taxa de juros específica.

6. Juros Remuneratórios nos Mútuos Celebrados com Instituições Financeiras

Ainda que encontremos alguns julgados aplicando o art. 591 do Código Civil nos contratos bancários[33], assim como sofisticados posicionamentos doutrinários[34], o fato é que o entendimento amplamente majoritário caminha no sentido de que a antiga Lei de Usura (Dec. Nº 22.626/33) e o atual Código Civil não se aplicam nos contratos de mútuo celebrados com instituições financeiras, pois estas possuem as suas atividades submetidas ao Conselho Monetário Nacional a quem compete, dentre outras atribuições, a teor do inc. IX do art. 4º da Lei nº 4.595/64 limitar, sempre que necessário, as taxas de juros, descontos, comissões e todas as outras formas de remuneração de operações e serviços bancários ou financeiros.

Por tal motivo, podemos afirmar que continua prestigiada a Súmula de jurisprudência predominante no Supremo Tribunal Federal nº 596 que deve ser apenas atualizada para que se refira ao Código Civil de 2002. O enunciado do verbete afirma que *as disposições do Dec. 22.626/33 não se aplicam às taxas de juros e aos outros encargos*

33 Embargos Infringentes – Contrato de Crédito Bancário – Taxa de Juros Superior a 12% ao ano – Limitação à Taxa Legal – Possibilidade – Inteligência dos arts. 591 c/c 406 do Código Civil de 2002. A taxa de juros vigente no Direito brasileiro para a remuneração de mútuo feneratício é de 1% ao mês, nos termos dos arts. 1.262 e 1.062 do Código Civil de 1916, enquanto vigente, combinados com o art. 1º da Lei de Usura, continuando a ser de igual valor, nos termos dos arts. 591 c/c 406 do Código Civil de 2002, sob pena de se pactuados a mais, serem reduzidos (TJ-MG, 13ª CC, Embargos Infringentes nº 1.0024.03.886696-8/002 - 8866968-26.2003.8.13.0024 (1), Rel. Des. Adilson Lamounier, julg. 15.03.2007).

34 LOPEZ, Teresa Ancona. Op. cit., p. 178/184.

cobrados nas operações realizadas por instituições públicas ou privadas que integram o sistema financeiro nacional.

A definição de instituição financeira dada pelo art. 17 da Lei nº 4.595/64[35] é interpretada pelo ordenamento jurídico de forma ampliada, a incluir, por exemplo, as cooperativas de crédito já arroladas expressamente pela atual redação do art. 192 da Constituição Federal e as administradoras de cartões de crédito, pois estas funcionam como intermediárias na disponibilização do crédito (STJ, AgRg no REsp 518.639/RS, Rel.ª Min.ª Nancy Andrighi, julg. 29.10.2003) como já consagrado na Súmula nº 283 do Superior Tribunal de Justiça[36].

No julgamento do Recurso Especial nº 1.061.530/RS, submetido ao regime dos recursos repetitivos (art. 543-C, § 7º, do CPC/73) e sob a relatoria da Ministra Nancy Andrighi, além da possibilidade de controle da abusividade na cobrança dos juros por parte do consumidor a que nos referimos linhas acima, o Superior Tribunal de Justiça assentou em 22 de outubro de 2008 outras três teses envolvendo juros remuneratórios em caso de mútuos celebrados com instituições financeiras. São elas: a) as instituições financeiras não se sujeitam à limitação dos juros remuneratórios estipulada na Lei de Usura (Decreto nº 22.626/33), Súmula nº 596/STF; b) a estipulação de juros remuneratórios superiores a 12% ao ano, por si só, não indica abusividade[37]; c) são inaplicáveis aos juros remuneratórios dos contratos de mútuo bancário as disposições do art. 591 c/c o art. 406 do CC/2002.

---

35 *Art. 17. Consideram-se instituições financeiras, para os efeitos da legislação em vigor, as pessoas jurídicas públicas ou privadas, que tenham como atividade principal ou acessória a coleta, intermediação ou aplicação de recursos financeiros próprios ou de terceiros, em moeda nacional ou estrangeira, e a custódia de valor de propriedade de terceiros.*
Parágrafo único. Para os efeitos desta lei e da legislação em vigor, equiparam-se às instituições financeiras as pessoas físicas que exerçam qualquer das atividades referidas neste artigo, de forma permanente ou eventual.

36 Súmula nº 283, STJ: *As empresas administradoras de cartão de crédito são instituições financeiras e, por isso, os juros remuneratórios por elas cobrados não sofrem as limitações da Lei de Usura.*

37 Súmula nº 382, STJ: *A estipulação de juros remuneratórios superiores a 12% ao ano, por si só, não indica abusividade.*

Pelo que se pode perceber da jurisprudência apresentada, encontra-se suficientemente delineado até o presente momento que as instituições financeiras não se submetem à Lei de Usura em contratos celebrados antes da vigência do atual Código Civil e nem a este a partir da sua entrada em vigor. Também resta suficientemente claro que uma taxa superior a 12% ao ano não significa, por si só, abuso da posição contratual por parte da instituição financeira e que se houver abusividade concreta e o mutuário preencher os atributos legais que o qualificam como consumidor, será viável o pedido de revisão contratual a fim de expurgar a desvantagem exagerada, na forma prevista no art. 6º, V, da Lei nº 8.078/90.

Contudo, ainda há que se responder ao questionamento da taxa de juros remuneratórios a ser cobrada quando não há previsão expressa ou quando não for juntado aos autos o instrumento contratual. A jurisprudência[38], nesse passo, admite que, nesse caso, aplicar-se-á a taxa média de juros do mercado durante o período de tempo da cobrança.

7. A Submissão dos Mútuos Bancários ao Código de Defesa do Consumidor

Inicialmente, importa que se reafirme a submissão dos contratos de mútuos bancários ao Código de Defesa do Consumidor quando o mutuário for considerado consumidor, na forma do que preconiza o § 2º do art. 3º da Lei nº 8.078/90[39]. Essa afirmação já se encontra paci-

38 Súmula nº 530, STJ: *Nos contratos bancários, na impossibilidade de comprovar a taxa de juros efetivamente contratada – por ausência de pactuação ou pela falta de juntada do instrumento aos autos, aplica-se a taxa média de mercado, divulgada pelo Bacen, praticada nas operações da mesma espécie, salvo se a taxa cobrada for mais vantajosa para o devedor*.

39 Art. 3° Fornecedor é toda pessoa física ou jurídica, pública ou privada, nacional ou estrangeira, bem como os entes despersonalizados, que desenvolvem atividade de produção, montagem, criação, construção, transformação, importação, exportação, distribuição ou comercialização de produtos ou *prestação de serviços.* [...]

ficada na lei, doutrina[40] e jurisprudência pátrias[41], notadamente após o julgamento da ADI 2.591-DF pelo Pleno do Supremo Tribunal Federal no dia 7 de junho de 2006.

Podemos afirmar que essa matéria se encontra completamente pacificada na jurisprudência, uma vez que no julgado acima ficou expressamente assentado que *as instituições financeiras estão, todas elas, alcançadas pela incidência das normas veiculadas pelo Código de Defesa do Consumidor.*

Donde concluir-se que tais contratos atraem a incidência de importantes regras[42] do referido estatuto, notadamente a do art. 52 que pela sua importância e concreta aplicação ao caso merece ser transcrita no corpo do texto:

> Art. 52. No fornecimento de produtos ou serviços que envolva outorga de crédito ou concessão de financiamento ao consumidor, o fornecedor deverá, entre outros requisitos, informá-lo prévia e adequadamente sobre:
> I – preço do produto ou serviço em moeda corrente nacional;
> II – montante dos juros de mora e da taxa efetiva anual de juros;
> III – acréscimos legalmente previstos;
> IV – número e periodicidade das prestações;
> V – soma total a pagar, com e sem financiamento.
> § 1º As multas de mora decorrentes do inadimplemento de obrigações no seu termo não poderão ser superiores a dois por cento do valor da prestação.
> § 2º É assegurado ao consumidor a liquidação antecipada do débito, total ou parcialmente, mediante redução proporcional dos juros e demais acréscimos.

---

§ 2° Serviço é qualquer atividade fornecida no mercado de consumo, mediante remuneração, *inclusive as de natureza bancária, financeira, de crédito* e securitária, salvo as decorrentes das relações de caráter trabalhista.

40 MARQUES, Cláudia Lima; BENJAMIN, Antônio Herman V.; MIRAGEM, Bruno. *Comentários ao código de defesa do consumidor.* 3. ed. 2010, p. 156/163.

41 Súmula nº 297, STJ: *O Código de Defesa do Consumidor é aplicável às instituições financeiras.*

42 Por exemplo: *Art. 46. Os contratos que regulam as relações de consumo não obrigarão os consumidores, se não lhes for dada a oportunidade de tomar conhecimento prévio de seu conteúdo, ou se os respectivos instrumentos forem redigidos de modo a dificultar a compreensão de seu sentido e alcance.*

Em contratos de mútuo feneratício regidos pelo Direito comum o mutuário não tem direito de antecipar as prestações com o expurgo dos juros remuneratórios prefixados no contrato que se pactuou para viger por prazo determinado com prestações sucessivas no tempo. Isso porque a admissão desse postulado acarretaria o desvirtuamento do mútuo oneroso que assegura ao credor o recebimento da prestação principal acrescida dos juros compensatórios pela indisponibilidade dos recursos financeiros. Haverá igualmente a frustração da legítima expectativa do credor mutuante no sentido de ser remunerado, causando a ofensa, a um só tempo, à regra jurídica do art. 591 do Código Civil e ao princípio da boa-fé objetiva. Ademais, assinala o professor Nelson Abrão[43] que o mútuo mercantil é realizado em favor de ambos os contratantes. O mutuante tem por objetivo fruir os juros e comissões pactuados e o mutuário almeja a disponibilidade do capital de giro. Sendo contrato que interessa a ambos os contratantes incide a parte final do art. 133 do Código Civil[44], confirmando a impossibilidade de o devedor, *sponte sua*, antecipar a data do pagamento com a retirada dos frutos civis postos em favor do credor mutuante.

Por outro lado, em se tratando de mútuo bancário submetido ao campo de incidência principiológico e normativo do Código de Defesa do Consumidor, é assegurado o direito potestativo ao consumidor vulnerável de liquidar antecipadamente o débito com a devida redução proporcional dos juros e demais acessórios, a teor do disposto no art. 52, § 2º, da Lei nº 8.078/90 acima transcrito[45]. O exercício do aludido direito não pode ficar condicionado ao pagamento de nenhuma tarifa, sendo tal prática abusiva e em flagrante fraude à lei, como o Conselho Monetário Nacional teve ocasião de reconhecer na Resolução nº

---

43 ABRÃO, Nelson. *Direito bancário*. 13. ed. 2010, p. 133.

44 *Art. 133. Nos testamentos, presume-se o prazo em favor do herdeiro, e, nos contratos, em proveito do devedor, salvo, quanto a esses, se do teor do instrumento, ou das circunstâncias, resultar que se estabeleceu a benefício do credor, ou de ambos os contratantes.*

45 No mesmo sentido: NEVES, Thiago Ferreira de Cardoso. *Contratos mercantis*, 2013, p. 152.

3.516/2007 e a jurisprudência predominante no Superior Tribunal de Justiça que, diante de tamanha afronta ao direito positivo, determina a repetição do indébito em dobro na forma do art. 42 do diploma consumerista[46].

Outro importante efeito prático dessa realidade é o cabimento das ações revisionais de débito (art. 6º, V, da Lei nº 8.078/90)[47] propos-

46 *Direito Processual Civil e Bancário. Ação de Repetição de Indébito. Tarifa de Liquidação Antecipada de Operações de Crédito. Cobrança. Legalidade, limitada ao período de 06.09.2006 a 06.12.2007. Analisados: arts. 424 do CC/2002; 52, § 2º, do CDC; 4º e 9º da Lei nº 4.595/64; e 28 da Lei nº 10.931/2004.*
1. Ação de repetição de indébito ajuizada em 12.07.2010. Recurso especial concluso ao gabinete da Relatora em 27.09.2013.
2. Recurso especial em que se discute a legalidade da cobrança de tarifa para a liquidação antecipada de operações de crédito.
3. Nos termos dos arts. 4º e 9º da Lei nº 4.595/64, recebida pela CF/88 como lei complementar, compete ao Conselho Monetário Nacional dispor sobre taxa de juros e sobre a remuneração dos serviços bancários. 4. Constatada a existência de lacuna legislativa por parte do CMN, nada impede a aplicação subsidiária do CC e do CDC.
5. As instituições financeiras somente estiveram autorizadas a cobrar tarifa para liquidação antecipada de débitos no período compreendido entre 06.09.2006 (entrada em vigor da Resolução nº 3.401/2006 do CMN) e 06.12.2007 (entrada em vigor da Resolução nº 3.516/2007 do CMN).
6. Embora as Resoluções nº 2.303/96 e 3.518/2007 do CMN disciplinem genericamente a "cobrança de tarifas pela prestação de serviços por parte das instituições financeiras", nota-se de seu conteúdo que se destinam precipuamente à normatização de serviços relativos a conta-corrente de depósitos à vista e conta de depósitos de poupança, não abrangendo, pois, operações de crédito. Tanto é assim que o próprio CMN editou a Resolução nº 3.401/2006, tratando especificamente da quitação antecipada de operações de crédito.
7. A autorização para livre contratação de garantias e encargos, prevista no art. 28 da Lei nº 10.931/2004, não tem o condão de impedir o controle finalístico das cláusulas inseridas em contratos de adesão, que deverão manter a razoabilidade em função do justo interesse visado.
8. Contrato sub judice firmado após a edição da Resolução CMN nº 3.516/2007, em que foi expressamente vedada a contratação da tarifa de liquidação antecipada.
9. Recurso especial não provido (REsp 1.409.792/DF, Rel.ª Min.ª Nancy Andrighi, 3ª T., julg. 1º.04.2014, DJe 07.04.2014).

47 Sobre o tema: DONNINI, Rogério Ferraz. *A revisão dos contratos no código civil e no código de defesa do consumidor.* 2. ed., 2011, p. 224/225.

tas pelo mutuário consumidor[48] quando as taxas de juros se mostrarem em patamar razoavelmente superior ao valor da taxa média do mercado calculado pelo Bacen. Essa foi a conclusão a que chegou a Segunda Seção do Superior Tribunal de Justiça no julgamento do Recurso Especial nº 1.061.530/RS (Rel.ª Min.ª Nancy Andrighi, julg. em 22.10.2008) que fora afetado ao regime dos recursos repetitivos. Nesse julgado ficou assentado como tese a ser respeitada pelos demais Tribunais do país que *é admitida a revisão das taxas de juros remuneratórios em situações excepcionais, desde que caracterizada a relação de consumo e que a abusividade (capaz de colocar o consumidor em desvantagem exagerada – art. 51, § 1º, do CDC) fique cabalmente demonstrada, ante às peculiaridades do julgamento em concreto.*

8. A Cobrança da Comissão de Permanência por Parte das Instituições Financeiras

Nos limites da competência prevista no pré-falado inc. IX do art. 4º da Lei nº 4.595/64, o Conselho Monetário Nacional editou a Resolução nº 1.129/86[49], que afirma a possibilidade de as instituições

---

48 Nesse sentido: SANSEVERINO, Paulo de Tarso Vieira. Op. cit., p. 347.

49 Resolução nº 1.129/86.
O Banco Central do Brasil, na forma do art. 9º da Lei nº 4.595, de 31.12.64, torna público que o Conselho Monetário Nacional, em sessão realizada nesta data, tendo em vista o disposto no art. 4º, incs. VI e IX, da referida lei, Resolveu:
I – Facultar aos bancos comerciais, bancos de desenvolvimento, bancos de investimento, caixas econômicas, cooperativas de crédito, sociedades de crédito, financiamento e investimento e sociedades de arrendamento mercantil cobrar de seus devedores por dia de atraso no pagamento ou na liquidação de seus débitos, além de juros de mora na forma da legislação em vigor, "comissão de permanência", que será calculada às mesmas taxas pactuadas no contrato original ou à taxa de mercado do dia do pagamento.
II – Além dos encargos previstos no item anterior, não será permitida a cobrança de quaisquer outras quantias compensatórias pelo atraso no pagamento dos débitos vencidos.
III – Quando se tratar de operação contratada até 27.02.1986, a "comissão de permanência" será cobrada:
a) nas operações com cláusula de correção monetária ou de variação cambial nas mesmas bases do contrato original ou à taxa de mercado do dia do pagamento;

financeiras preverem em seus contratos a cobrança de comissão de permanência que possibilita ao credor, diante do inadimplemento do devedor, cobrar os juros compensatórios previstos no contrato. Ao Banco Central do Brasil compete cumprir e fazer cumprir a dita resolução, na forma do art. 9º[50] da citada lei.

Traz a referida comissão características da cláusula penal, pois a sua incidência depende da impontualidade do mutuário, mas ao mesmo tempo objetiva remunerar o mutuante pela indevida permanência da indisponibilidade do seu capital que já deveria ter sido restituído acaso houvesse o adimplemento da obrigação. Segundo o professor e magistrado paulista Paulo Jorge Scartezzini Guimarães[51], a comissão de permanência que apenas se legitima diante da impontualidade do mutuário, tem por *fundamento, o fato de necessitar, a instituição financeira mutuante, no período de prorrogação forçada da operação, de uma compensação.*

A comissão de permanência é cobrada por dia de atraso.

Para atingir os seus fins e não configurar cláusula abusiva em desfavor do consumidor, esse valor decorrente do inadimplemento do mutuário não pode ser cumulado com qualquer outro encargo decorrente da mora ou mesmo para fins remuneratórios. Essa é a melhor interpretação que se pode dar à referida resolução como vem fazendo a doutrina[52] e jurisprudência, como se pode perceber do Verbete nº 30

---

b) nas operações com encargos prefixados e vencidas até 27.02.1986 – até aquela data, nas mesmas bases pactuadas no contrato original ou a taxa de mercado praticada naquela data, quando se aplicará o disposto no art. 4º do Decreto-Lei nº 2.284/86, e de 28.02.1986 até o seu pagamento ou liquidação, com base na taxa de mercado do dia do pagamento; e

c) nas operações com encargos prefixados e vencidos após 27.02.1986 – com base na taxa de mercado do dia do pagamento.

50 Art. 9º Compete ao Banco Central da República do Brasil cumprir e fazer cumprir as disposições que lhe são atribuídas pela legislação em vigor e as normas expedidas pelo Conselho Monetário Nacional.

51 GUIMARÃES, Paulo Jorge Scartezzini. *A comissão de permanência cobrada pelos bancos frente ao código de defesa do consumidor.* São Paulo: Revista dos Tribunais, v. 781, 2000, p. 79.

52 GARCIA, Izner Hanna. *Ilegalidades nos contratos bancários.* 2. ed. Porto Alegre: Aide, 2002, p. 96/99.

do Superior Tribunal de Justiça, o qual reza que *a comissão de permanência e a correção monetária são inacumuláveis*.

Complementa o alcance da proibição de cumulação da comissão de permanência com outras verbas acessórias o enunciado da Súmula nº 472 da mesma Corte de Justiça quando assinala que *a cobrança de comissão de permanência – cujo valor não pode ultrapassar a soma dos encargos remuneratórios e moratórios previstos no contrato – exclui a exigibilidade dos juros remuneratórios, moratórios e da multa contratual*.

Assim, temos que a comissão de permanência não pode ser cumulada com correção monetária, juros moratórios e compensatórios ou mesmo eventual multa contratual prevista para o caso de não pagamento das prestações do mútuo bancário.

A ausência de potestatividade e validade da cláusula vêm descritas nas Súmulas nºs 294 e 296 do Superior Tribunal de Justiça. A primeira estabelece que *não é potestativa a cláusula contratual que prevê a comissão de permanência, calculada pela taxa média de mercado apurada pelo Banco Central do Brasil, limitada à taxa do contrato*. A segunda afirma que *os juros remuneratórios, não cumuláveis com a comissão de permanência, são devidos no período de inadimplência, à taxa média de mercado estipulada pelo Banco Central do Brasil, limitada ao percentual contratado*.

Insta acentuar que na exata dicção do estatuto consumerista, a cobrança de comissão de permanência depende de cláusula contratual expressa.

Se o valor estiver prefixado, há que se analisar se é abusivo segundo a taxa média de mercado definida pelo Banco Central e se não for essa a situação concreta, é devida a cobrança da taxa pactuada no contrato. Se não houver prefixação da taxa, a taxa média será o critério a ser seguido para que a cobrança não se mostre iníqua e, portanto, em clara ofensa ao direito do consumidor. A referência à taxa de mercado na jurisprudência se depreende, de certa forma, da interpretação dos incisos II e III da Resolução nº 1.129/86 do Banco Central.

Cremos que as orientações jurisprudenciais acima referidas trazem consigo o mérito de compatibilizar a difícil interpretação da citada resolução estatal com as diretrizes protetivas, normativas e principiológicas do Código de Proteção e Defesa do Consumidor.

9. A Prática do Anatocismo

Anatocismo é vocábulo que tem origem no grego (*ana* – repetição e *tokos* – juros), sendo coerente, portanto, a expressão *juros sobre juros* que por vezes é utilizada para indicar o fenômeno. Esse modo de calcular o valor da dívida no mútuo oneroso também passou pela experiência do Direito romano por meio de pactuação da cláusula denominada *usurae usurarum*[53].

Essa prática, em sua origem, estava vinculada aos juros de mora, na qual diante do inadimplemento do devedor, o credor faz incidir *juros sobre juros* que já foram contabilizados no valor devido.

Por exemplo, se em uma dívida de mil reais com juros de mora de 1% ao mês e pagamento em 10 de fevereiro de 2015, o devedor que não pagar a prestação na data aprazada, proporcionará a incidência dos juros sobre o capital principal, gerando o valor de mil e dez reais. Se a inadimplência continuar, no mês de março, novos juros incidirão sobre mil e dez reais, acarretando a cobrança de 1% sobre esse valor, o que alcançará a cifra de mil e vinte reais e dez centavos e assim por diante.

Podemos concluir no singelo exemplo assinalado que os juros impagos em razão do inadimplemento, ficam incorporados ao capital devido e quando houver contagem dos juros no mês subsequente, haverá nova incidência sobre o valor atualizado que, trazendo em seu bojo os juros do período, renderá ensejo ao denominado anatocismo também denominado *capitalização dos juros* ou *juros compostos* que nessa hipótese foi feito mês a mês, mas que também admite a sua contagem diária, quinzenal, trimestral, semestral, anual etc.

Nos dias que correm, as grandes controvérsias que envolvem o tema dizem respeito à possibilidade de essa capitalização ocorrer no mútuo feneratício com relação aos juros remuneratórios.

53 ALVES, José Carlos Moreira. Op. cit., p. 124.

Desde a antiga Lei de Usura que a capitalização anual dos juros é permitida, a teor do art. 4º do Decreto nº 22.626/33 que na primeira oração diz ser *proibido contar juros dos juros*, mas arremata prescrevendo que *esta proibição não compreende a acumulação de juros vencidos aos saldos líquidos em conta corrente de* ano a ano. No longínquo dezembro de 1963, prestigiando tal norma, o Supremo Tribunal Federal aprovou a Súmula nº 121 com o seguinte enunciado, *verbis*: *É vedada a capitalização de juros, ainda que expressamente convencionada*. O excelso pretório, no caso, entendeu que a capitalização de juros em período inferior a um ano se consubstanciava em norma de ordem pública e, portanto, inderrogável à vontade das partes[54].

O art. 591 do Código Civil, por ser norma jurídica superveniente e que regula a mesma matéria, acaba por revogar o aludido dispositivo da Lei de Usura, mas em sua parte final mantém a permissão da *capitalização anual*, desde que pactuada expressamente.

Diante de tais assertivas, nos é possível considerar que nos mútuos onerosos em que lei especial não autorize periodicidade diversa, somente será permitida a contagem de juros sobre juros a cada ano, circunstância que diminui em muito o saldo devedor se comparado com uma capitalização mensal, quinzenal, diária etc.

Importante destacar que há relações jurídicas de mútuo feneratício em que a capitalização com prazo inferior a um ano é permitida. Nessa senda, por força do art. 5º da Medida Provisória[55] nº 2.170/36[56],

---

54 A vedação legal do anatocismo é de ordem pública, prevalecendo sobre a convenção das partes (STF, 2ª T., RE 47.497/SP, Rel. Min. Victor Nunes Leal, julg. 30.05.1961).

55 A Medida Provisória nº 2170-36/2001 é anterior à Emenda Constitucional nº 32, de 11 de setembro de 2001 e, portanto, se encontra perenizada como se lei federal fosse, uma vez que o Congresso Nacional não a revogou expressamente nem a substituiu, aplicando-se ao caso o art. 2º do referido instrumento de reforma da Constituição que estabelece: *As medidas provisórias editadas em data anterior à da publicação desta emenda continuam em vigor até que medida provisória ulterior as revogue explicitamente ou até deliberação definitiva do Congresso Nacional.*

56 Art. 5º *Nas operações realizadas pelas instituições integrantes do Sistema Financeiro Nacional, é admissível a capitalização de juros com periodicidade inferior a um ano.*

de 23 de agosto de 2001, as instituições integrantes do Sistema Financeiro Nacional estão autorizadas a realizar empréstimos aos consumidores com capitalização de juros de periodicidade inferior a um ano, desde que essa circunstância conste expressa e destacadamente em contrato escrito.

A vigência dessa medida provisória sempre causou controvérsia na doutrina e jurisprudência em vários Tribunais do país. Exemplo disso foi o posicionamento unânime dos desembargadores do Órgão Especial do Tribunal de Justiça do Estado do Rio de Janeiro que reconheceram em maio de 2004 a inconstitucionalidade *incidenter tantum* do art. 5º da MP 2.170-36/2001[57], considerando a capitalização de ju-

---

Parágrafo único. Sempre que necessário ou quando solicitado pelo devedor, a apuração do valor exato da obrigação, ou de seu saldo devedor, será feita pelo credor por meio de planilha de cálculo que evidencie de modo claro, preciso e de fácil entendimento e compreensão, o valor principal da dívida, seus encargos e despesas contratuais, a parcela de juros e os critérios de sua incidência, a parcela correspondente a multas e demais penalidades contratuais.

57 0020388-17.2003.8.19.0000 (2003.017.00010) – Arguição de Inconstitucionalidade, Des. J. C. Murta Ribeiro, julg. 17.05.2004 – Órgão Especial – *Anatocismo – Remessa ao Órgão Especial – Arguição de Inconstitucionalidade* Incidenter Tantum *do art. 5º e parágrafo único da Medida Provisória nº 2.170-36 de 23 de agosto de 2001 que vem a permitir o anatocismo – Norma Incompatível com os Arts. 5º XXXII e 170 e inc. V da Constituição da República – Flagrante Afronta ao Princípio da Proporcionalidade – Arguição de inconstitucionalidade que se tem como procedente. É patente a inconstitucionalidade do artigo 5º e seu parágrafo único da Medida Provisória nº 2.170-36/2001, por ofensa ao inc. XXXII do art. 5º da Constituição da República que assim estabelece: O Estado promoverá, na forma da lei, a defesa do consumidor. Ora, se apresenta como prática nefasta a capitalização de juros pelos Bancos, isto porque, ao invés de promover a defesa do consumidor, patrocina de forma inadmissível e injustificável unicamente os interesses das instituições financeiras. Por outro lado, o dispositivo, objeto da presente Arguição, verdadeiramente não é proporcional, mas, excessivo e injustificável, e por isso mesmo, inconstitucional, na forma do art. 5º, § 2º, da Constituição da República. De se destacar que a norma alvejada autoriza o credor a cobrar juros não apenas do valor principal, mas também sobre o que não emprestou, obtendo, portanto, receita sem trabalho, sem contraprestação, agredindo brutalmente o art. 170 da nossa Lei Magna que assim estabelece: A ordem econômica, fundada na valorização do trabalho humano e na livre iniciativa, tem por fim assegurar a todos existência digna, conforme os ditames da justiça social, observados os seguintes princípios: V – defesa do*

ros verdadeira receita sem contraprestação a afrontar brutalmente os arts. 170, V, e 5º, XXXII da Constituição.

Em que pese a judiciosidade desse raciocínio, o fato é que hoje em dia essa questão se encontra pacificada em sentido contrário[58] (REsp nº 973.827/RS), tendo a Segunda Seção do Colendo Superior Tribunal de Justiça editado a Súmula nº 539, de 10 de junho de 2015, colocando uma pá de cal nessa discussão, *verbis*: *É permitida a capitalização de juros com periodicidade inferior à anual em contratos celebrados com instituições integrantes do Sistema Financeiro Nacional a partir de 31.03.2000 (MP nº 1.963-17/2000, reeditada como MP nº 2.170-36/2001), desde que expressamente pactuada.* Dessa forma, superado se encontra o citado Verbete nº 596[59] do Supremo Tribunal Federal de 1977 que se referia à Lei de Usura.

Nas operações de crédito de qualquer modalidade em que figurem como credoras instituições que integram o Sistema Financeiro

---

consumidor (grifei). Ademais, de se reconhecer não só a inconstitucionalidade material, mas, também, a formal, na medida em que, segundo o art. 192, § 3º, da Constituição da República, a norma combatida está reservada a lei complementar, sendo, por conseguinte, insuscetível de ser disciplinada pela via da medida provisória. Por tais considerações, julga-se procedente a presente Arguição para acolher a inconstitucionalidade do art. 5º e seu parágrafo único da Medida Provisória nº 2.170-36/2001.

58 *Direito Processual Civil e Direito do Consumidor. Contrato de arrendamento mercantil. Alegação de abusividade nas cláusulas contratuais. Cerceamento de defesa não configurado. Prova pericial que se mostrou desnecessária. Juros remuneratórios das instituições financeiras que não estão sujeitos à limitação da Lei de Usura. Prática de anatocismo. Está pacificado no Superior Tribunal de Justiça, através de julgamento de recursos repetitivos no REsp nº 973.827, o entendimento de que nos contratos bancários celebrados após 31.03.2000, permite-se a ocorrência do anatocismo, desde que expressamente pactuado. Capitalização de juros expressamente pactuada. Abusividade nos juros não demonstrada. Cumulação da comissão de permanência e correção monetária que não se configurou no presente caso. Recurso desprovido* (TJ-RJ, 2ª C.C., Apelação nº 0130109-03.2011.8.19.0038, Des. Alexandre Câmara, julg. 29.09.2015).

59 As disposições do Decreto nº 22.626/33 não se aplicam às taxas de juros e aos outros encargos cobrados nas operações realizadas por instituições públicas ou privadas, que integram o Sistema Financeiro Nacional.

Nacional e que sejam corporificadas pela emissão do título de crédito denominado Cédula de Crédito Bancário é igualmente válida a capitalização de juros com prazo inferior a um ano, *ex vi* do disposto no art. 28, § 1º, I, da Lei nº 10.931/2004[60], norma jurídica que vem sendo prestigiada pelos Tribunais[61].

10. O Anatocismo nos Contratos de Mútuo Regidos Pelas Leis do Sistema Financeiro da Habitação

Nos contratos de mútuo feneratício regidos pelo Sistema Financeiro da Habitação (Lei nº 4.380/64) não há previsão legal autorizativa para anatocismo.

Por tal motivo, a jurisprudência[62] tem reconhecido a invalidade de eventual cláusula contratual que preveja qualquer tipo de capita-

---

60 *Art. 28. A Cédula de Crédito Bancário é título executivo extrajudicial e representa dívida em dinheiro, certa, líquida e exigível, seja pela soma nela indicada, seja pelo saldo devedor demonstrado em planilha de cálculo, ou nos extratos da conta corrente, elaborados conforme previsto no § 2º.*
§ 1º Na Cédula de Crédito Bancário poderão ser pactuados:
I – os juros sobre a dívida, capitalizados ou não, os critérios de sua incidência e, se for o caso, a periodicidade de sua capitalização, bem como as despesas e os demais encargos decorrentes da obrigação.

61 *Apelação Cível. Embargos à Execução de Título Executivo Extrajudicial. Contrato de empréstimo denominado Cédula de Crédito Bancário – capital de giro. Sentença que julgou procedente o pedido. Inconformismo do embargado. Financiamento realizado mediante cédula de crédito bancário cuja disciplina legal traz expressa permissão quanto à capitalização, na forma do art. 28, § 1º, da Lei nº 10.931/2004. Verifica-se nos autos que o contrato foi firmado em 15.06.2011, nele havendo previsão de cobrança dos juros mensalmente capitalizados, sendo, portanto, lícito o anatocismo. Sentença que se reforma. Precedentes do TJ-RJ. Recurso provido a fim de julgar improcedentes os embargos à execução* (TJ-RJ, 16ª C.C., Apelação Cível nº 0017198-61.2013.8.19.0205, Rel. Des. Marco Aurélio Bezerra de Mleo, julg. 19.05.2015).

62 *Direito Civil e Processual Civil. Agravo no Recurso Especial. SFH. Contrato de Mútuo Hipotecário. Capitalização de Juros. – O contrato de mútuo bancário vinculado ao SFH não admite pacto de capitalização de juros, em qualquer periodicidade. Precedentes. Agravo no recurso especial não provido* (STJ, 3ª T., AgRg no Recurso Especial nº 1.029.545 – RS, Min.ª Nancy Andrighi, julg. 06.05.2008).

lização, pois, diante da especialidade do empréstimo que possui inegável caráter social com vistas ao incentivo estatal para que o trabalhador adquira casa própria, não há espaço sequer para a capitalização anual prevista genericamente no Código Civil. Essa questão, a propósito, já foi submetida ao regime de Recursos Repetitivos no Superior Tribunal de Justiça por ocasião do julgamento do Recurso Especial nº 1.070.297/PR, concluindo a Segunda Seção dessa colenda Corte que *nos contratos celebrados no âmbito do Sistema Financeiro da Habitação, é vedada a capitalização de juros em qualquer periodicidade* (Rel. Min. Luis Felipe Salomão, julg. 09.09.2009).

Em tais contratos é muito comum a utilização do sistema francês de amortização da dívida, também chamado de Tabela Price. Não há univocidade com relação à existência de anatocismo nesse recurso. Apenas o perito contábil nomeado no processo saberá desvendar esse verdadeiro enigma mediante a análise circunstanciada e casuística da forma como se dá o abatimento das prestações pagas com relação ao saldo devedor.

O Superior Tribunal de Justiça teve ocasião de afirmar em reiteradas situações que não lhe compete adentrar na existência ou não de anatocismo na Tabela Price em razão do óbice imposto pela Súmula nº 7 de sua jurisprudência, mas que *a utilização do Sistema Francês de Amortização, Tabela Price, para o cálculo das prestações da casa própria não é ilegal e não enseja, por si só, a incidência de juros sobre juros* (STJ, AgRg no AREsp 533.528/RS, Rel. Min. Raul Araújo, 4ª T., julg. 03.02.2015).

11. Protagonismo Judicial no Mútuo Com Garantia Pessoal ou Real e Naquele Feito Com Destinação Específica de Interesse Social

Não raro empréstimos são aviados acompanhados de garantia pessoal ou fidejussória ou real, mediante a contratação de contratos acessórios de fiança, aval em títulos de crédito, assim como direitos reais de garantia como penhor, hipoteca e alienação fiduciária em garantia.

Essas circunstâncias trazem consigo, ao menos em tese, a possibilidade de barateamento dos juros, pois estes oscilam de acordo com o tempo de indisponibilidade do capital, como anteriormente dito, mas também com o risco que corre o mutuante com relação à recuperação do ativo que emprestou em caso de descumprimento da obrigação por parte do mutuário.

Dessa forma, estando garantido, por exemplo, o mútuo com alienação fiduciária em garantia, na qual o devedor, com escopo de garantia, transfere ao credor bem de seu patrimônio, é muito provável que se houver inadimplemento, o mutuante terá condições mais seguras para recuperar o dinheiro que houvera emprestado. No volume correspondente ao estudo do direito das coisas, definimos[63] os direitos reais de garantia como sendo *direitos subjetivos constituídos pelo devedor ou por um terceiro em favor do credor, mediante a afetação de um bem, cujo valor representativo, no momento da execução, garantirá o cumprimento da obrigação.*

Ainda que o mútuo seja contrato informal que se concretiza com a tradição da coisa mutuada, o direito real de garantia que eventualmente a ele acede tem como causa contrato com diversos requisitos formais que se inobservados acarretam a ineficácia da garantia real.

No caso do aval, o Superior Tribunal de Justiça já teve ocasião de consolidar o entendimento no enunciado de Súmula nº 26 no sentido de que o *avalista de título de crédito vinculado a contrato de mútuo também responde pelas obrigações pactuadas, quando no contrato figurar como devedor solidário*. A solidariedade passiva aqui estabelecida reforça a proteção do credor mutuante que pode exigir, ao seu talante, o adimplemento da obrigação tanto do devedor como de seu garante.

Em outro giro, a mesma Corte reputa nulo o mandato em causa própria que muitas vezes é exigido pela instituição financeira como requisito para o mútuo ou para a promessa de mútuo, na qual o mutuário outorga procuração em favor do mutuante para que este tenha poderes

---

63 MELO, Marco Aurélio Bezerra de. *Curso de direito civil. Direito das coisas.* 2015. v. V, p. 439.

específicos para preencher a nota promissória assinada em branco pelo devedor. Trata-se de exemplo clássico de condição puramente potestativa[64], uma vez que o mutuário fica subordinado ao arbítrio do mutuante no tocante ao momento da cobrança, o valor da obrigação, taxa de juros etc. Por esse motivo, essa condição é repudiada com veemência pelo ordenamento jurídico pátrio[65]. Estamos falando da Súmula de jurisprudência nº 60 vazada nos seguintes termos: *É nula a obrigação cambial assumida por procurador do mutuário vinculado ao mutuante, no exclusivo interesse deste.*

No mútuo bancário, por vezes, o mutuante acumula a garantia pessoal com a fidejussória, levando a que o cliente consiga quem lhe avalize o título representativo do mútuo e ainda constituindo algum direito real de garantia sobre a coisa do devedor.

Inegavelmente, os juros decorrentes de financiamentos com garantia real serão menores do que no caso de um contrato de mútuo garantido mediante aval que por sua vez tem juros em valor inferior se comparados com empréstimos contraídos sem garantia alguma como ocorre com o cartão de crédito ou com a linha de crédito outorgada em contrato de conta-corrente, o denominado cheque especial.

Um exemplo marcante de protagonismo judicial na defesa do consumidor vulnerável de boa-fé é o reconhecimento de ineficácia da hipoteca perante o adquirente de imóvel nascida do mútuo celebrado entre a instituição financeira e a incorporadora, seja o empréstimo contraído antes da venda da unidade autônoma ou posteriormente. Superando a secular perspectiva do direito real de sequela deferido ao credor com garantia real, o colendo Superior Tribunal de Justiça editou o Verbete nº 308 redigida nos seguintes termos: *A hipoteca firmada entre a construtora e o agente financeiro, anterior ou posterior à*

64 Art. 122. São lícitas, em geral, todas as condições não contrárias à lei, à ordem pública ou aos bons costumes; *entre as condições defesas se incluem as que privarem de todo efeito o negócio jurídico, ou o sujeitarem ao puro arbítrio de uma das partes.*

65 Sobre o tema: OLIVEIRA, J. M. Leoni Lopes de. *Curso de direito civil. Parte geral.* 2015. v. I, p. 832.

celebração da promessa de compra e venda, não tem eficácia perante os adquirentes do imóvel.

O mútuo pode ser celebrado sem que o mutuário assuma perante o mutuante a obrigação de destinar o objeto mutuado a determinado fim específico. Em outro giro, pode suceder que o mutuante empreste dinheiro ao mutuário para que este o utilize com determinado objetivo delineado pela lei ou pela vontade das partes. Pontes de Miranda[66] denomina essa última hipótese de "*mútuo com destinação*, mútuo de escopo, ou mútuo para fim preciso", aduzindo o mestre que essa modalidade pode ser oriunda da lei ou de negócio jurídico e atender, portanto, a interesse público ou a interesse privado.

Assinala o civilista português Luís Manuel Teles de Menezes Leitão[67] que no mútuo de escopo, o mutuário assume a obrigação genérica de pagar a prestação mutuada e ainda a de aplicar os recursos na atividade que serviu de causa para a outorga do empréstimo. Essa segunda obrigação, diz o autor, torna esse pacto atípico, pois, de ordinário, a transferência da propriedade que ocorre no mútuo confere ao mutuário um poder insindicável de aplicar a quantia mutuada na forma como lhe aprouver.

Quando houver interesse público e a destinação for determinada por lei em sentido material ou formal, a taxa de juros, se houver, deverá ser mais baixa, pois há envolvida na questão um fomento à atividade econômica reputada como relevante para a sociedade.

A aludida possibilidade pode ser encontrada no art. 4º, IX, da Lei nº 4.595/64 quando confere competência ao Conselho Monetário Nacional para limitar, sempre que necessário, as taxas de juros, assegurando taxas favorecidas aos financiamentos que se destinem a promover a *recuperação e fertilização do solo; reflorestamento; combate a epizootias e pragas, nas atividades rurais; eletrificação rural; mecanização; irrigação; investimentos indispensáveis às atividades agropecuárias*. Como se pode perceber, as atividades relacionadas na

---

66 PONTES DE MIRANDA. Op. cit., p. 15.

67 LEITÃO, Luís Manuel Teles de Menezes. *Direito das obrigações. Contratos em espécie.* 6. ed. Coimbra: Almedina, 2009. v. III, p. 421/422.

referida lei de ordem pública denotam a preocupação estatal em tutelar a funcionalização de setores econômicos de produção rural. Exemplo marcante dessa perspectiva, aqui referida apenas para reflexão, é o chamado Programa Nacional de Fortalecimento da Agricultura Familiar (Pronaf) que se destina a *estimular a geração de renda e melhorar o uso da mão de obra familiar, por meio do financiamento de atividades e serviços rurais agropecuários e não agropecuários desenvolvidos em estabelecimento rural ou em áreas comunitárias próximas.* Segundo o sítio do Banco Central do Brasil a taxa de juros dos beneficiários do Pronaf oscila entre 2,5 a 5,5 % ao ano e com prazos de reembolso, a depender da safra, que variam de um a três anos. O mesmo se verifica em financiamentos para aquisição de casa própria, incentivo ao micro e pequeno empresário, dentre outras.

12. Conclusão

Ao fim deste breve estudo sobre o mútuo feneratício, chegamos à conclusão de que o Judiciário brasileiro tem buscado equilibrar a necessária tutela estabelecida pela Constituição ao contratante vulnerável por meio de diversas decisões protetivas, mas verificamos que há também, uma acentuada preocupação na preservação da segurança jurídica.

Tem sido uma quimera alentada, sobretudo, pelos trabalhadores brasileiros com baixo e médio poder aquisitivo, pagar uma remuneração ao capital emprestado que não se converta em abuso e enriquecimento sem causa. Essa tarefa alicerçada no equilíbrio contratual mostra-se extremamente difícil em uma economia frágil e diante de uma população que, em grande parte, ainda não consegue exercer os mínimos direitos existenciais como educação, saúde e moradia dignas. Parece haver um consenso no reconhecimento de que as taxas de juros remuneratórios no Brasil mostram-se elevadas ao extremo e precisam atingir patamares menores, mas a solução para esse desafio não é da nossa compreensão e nem vem a ser o objeto do estudo que se propõe unicamente jurídico.

Relevante, decerto, é a verificação de que tanto a liberdade contratual como o intervencionismo estatal merecem adequada tutela judicial e esta vem sendo alvitrada, na busca da funcionalização dos institutos prevista nos arts. 5º, XXIII, e 170, III, da Constituição Federal e no art. 421 do Código Civil, o qual aponta para um caminho que nos parece correto ao afirmar que a liberdade contratual enquanto valor jurídico deve ser exercida em razão e nos limites da função social do contrato.

ORÇAMENTO IMPOSITIVO: UMA ALTERNATIVA POSSÍVEL AO PATERNALISMO JUDICIAL

MANDATORY BUDGET EXECUTION: A POSSIBLE ALTERNATIVE TO JUDICIAL PATERNALISM

Marcus Abraham

RESUMO: O texto aborda o tema da judicialização de políticas públicas, tendo diante de si a realidade brasileira de uma Constituição que apresenta uma série de promessas ainda não cumpridas no campo social. Tenta propor uma via média que valoriza o orçamento impositivo como instrumento relacional entre Legislativo e Executivo capaz de garantir efetivo dispêndio de recursos autorizados no orçamento nas finalidades sociais eleitas pela Constituição, de modo a evitar uma ingerência excessiva do Poder Judiciário sobre a formulação de políticas públicas.

ABSTRACT: The article deals with the issue of public policy judicialization facing Brazilian reality of a Constitution that features a number of yet unfulfilled promises in the social field. It tries to propose a middle way that values mandatory budget execution as a relational tool between the Legislative and the Executive able to ensure effective expenditure of funds authorized in the Budget Act in social goals elected by the Constitution, so as to avoid excessive intervention by the Judiciary on the development of public policies.

PALAVRAS-CHAVE: Judicialização; Políticas públicas; Omissão estatal; Orçamento impositivo; Alocação de recursos.

KEYWORDS: Judicialization; Public policies; State failure to act; Mandatory budget execution; Resource allocation.

1. Introdução

A recente expansão, no Brasil, da esfera de atuação judicial sobre a realização de políticas públicas, setor tradicionalmente impermeável à intervenção judicial, é um dos grandes temas e desafios do Direito nacional neste início de século. A discussão revolve em torno de princípios fundamentais ao funcionamento da democracia, como o da separação dos Poderes e segurança jurídica, bem como coloca na ordem do dia o debate acerca do *paternalismo estatal* em sua vertente judicial.

Frequentemente, o Judiciário de países em desenvolvimento depara-se com um dilema: como fechar os olhos a demandas sociais candentes, sobretudo em países que, como o Brasil, possuem textos constitucionais analíticos contendo extenso rol de direitos sociais?[1]

---

1 O dilema é percebido por Varun Gauri e Daniel Brinks: A *life that achieves the full promise of human dignity requires, among other things, escape from premature death, the resources to withstand debilitating disease, the ability to read and write, and, in general, opportunities and freedoms unavailable in the midst of extreme poverty and deprivation. Over the past few decades, many have adopted the view that commanding some minimal level of social and economic resources not only is constitutive of dignity, but is a basic human right to which someone must respond. Yet, one billion people on earth remain extremely poor, and billions of others lack necessities and essential services. The scale of global poverty makes it obvious that no one has assumed the responsibility to respond or that those who have undertaken that responsibility are failing. From the perspective of many human rights activists, then, the challenges become how best to identify those who ought to respond, how best to evaluate those who have attempted a response, and, more generally, how best to assign duties and then hold accountable those who might provide an effective response. And, many believe, it is entirely appropriate to use courts to enforce these rights. Courts are, after all, the paradigmatic institutions for identifying legal duties and responding to claims that rights have been violated. In many countries, this process is well under way. To begin with, during and since the third wave of democratization around the world, more and more substantive rights have been enshrined in constitutions around the world [...]* (BRINKS, Daniel; GAURI, Varun. Introduction: The elements of legalization and the triangular shape of social and economic rights. In: BRINKS, Daniel; GAURI, Varun (Ed.). *Courting social justice*: judicial enforcement of social and economic rights in the developing world. New York: Cambridge University, 2008, p. 1.

Nessa balança em que se sopesam os valores em jogo, é comum que o Poder Executivo, tradicional *locus* das escolhas de políticas públicas, invoque sua autonomia como sinal da intromissão indevida do Judiciário numa seara para a qual a atividade jurisdicional não teria legitimidade, uma vez que juízes não são ungidos pelas águas lustrais do voto popular. É o denominado *déficit democrático* do Poder Judiciário, composto por técnicos altamente especializados, mas que não foram eleitos para seus cargos no sistema brasileiro.

Além disso, aponta-se que os magistrados, jungidos que estão ao microcosmo da demanda que lhe é posta ante os olhos, não estariam dotados da visão macroscópica necessária para a formulação de políticas públicas destinadas à população em geral, e não somente a este ou àquele cidadão específico.

Diante do impasse criado, o presente artigo tenta propor uma via média: ao mesmo tempo em que reconhece que a execução de políticas públicas é uma função primária do Poder Executivo, admite que a omissão reiterada deste na adequada alocação de recursos para atendimento dos direitos sociais pode legitimar, subsidiariamente, a atuação do ramo jurisdicional estatal. E formula uma proposta que poderia auxiliar na contenção da atividade judicial nesse campo: o orçamento impositivo como instrumento relacional entre Legislativo e Executivo capaz de garantir efetivo dispêndio de recursos autorizados nas finalidades sociais eleitas pela Constituição.

2. O Paternalismo Estatal e o Paternalismo Judicial

Em ciência política, o paternalismo pode ser entendido como *a interferência por algum agente externo sobre a liberdade de uma pessoa para salvaguardar o bem desta mesma pessoa*[2]. Na situação que nos interessa aqui, referimo-nos ao *paternalismo estatal*, isto é, modo de relação entre Estado e sociedade civil (ou entre Estado e cidadãos) em que o Estado pretende decidir no lugar dos cidadãos aquilo que

2 LE GRAND, Julian; NEW, Bill. *Government paternalism*: nanny state or helpful friend? Princeton: Princeton University, 2015, p. 7.

devem fazer, com o objetivo de protegê-los de decisões ou escolhas ruins.

O paternalismo estatal é visto, especialmente por autores de matriz liberal, como desrespeitoso com a liberdade do cidadão, que é tratado como um incapaz e não como um agente racional[3]. Em uma perspectiva mais sombria, poderia, sob pretexto de *auxílio*, transmudar-se em instrumento de manipulação dos cidadãos, de forma a cumprirem os objetivos traçados pelos ocupantes ocasionais do poder e funcionarem como massa de manobra.

Por sua vez, para os que defendem o paternalismo em alguma medida, os seres humanos nem sempre se comportam como agentes racionais perfeitos, mas estão dotados de uma racionalidade *imperfeita*[4], marcada pelo influxo das emoções sobre o modo de raciocínio

3 *Principled anti-paternalism comes in different forms. One alleges that interference with the choices of well-informed, competent adults cannot benefit them because each is the best judge of where his self-interest lies. This "best judge" principle is usually defended on the grounds that a preferentist account of prudential value is true and each knows his own preferences better than anyone else does. A second form of antipaternalism alleges that even if the paternalist knows what's best for you, being forced to conform to his judgment is a harm that outweighs any benefit derived from voluntarily conforming to it. This view implies that all coercive paternalism is necessarily self-defeating, while the first implies that any attempt even to persuade another well-informed adult that his choice is foolish, because its aim is foolish, is misguided. Both rest on dubious assumptions about what well-being is. For this reason a third form of principled anti-paternalism may seem more promising. It grants that some coercive paternalistic interference may leave its target better off but insists that it remains wrong because it violates a right to personal autonomy or "sovereignty". Not all paternalism is supposed to violate this right; "soft" paternalism is not. But many liberal theorists – the most prominent and influential of whom is Joel Feinberg – hold that any paternalism that does violate it (i.e., any "hard" paternalism) is wrong because the right in question is absolute* (SCOCCIA, Danny. The right to autonomy and the justification of hard paternalism. In: COONS, Christian; WEBER, Michael (Ed.). *Paternalism*: theory and practice. New York: Cambridge, 2013, p. 74).

4 A este respeito, a posição de Cass Sunstein: *The false assumption is that almost all people, almost all of the time, make choices that are in their best interest or at the very least are better, by their own lights, than the choices that would be made by third parties. [...] The presumption that individual choices should be*

humano. Sentimentos como medo, angústia, paixão, prazer, entre outros, podem afetar de maneira dramática a tomada de decisões. Por esta razão, seria melhor que, em alguns cenários, terceiros não diretamente envolvidos (no caso que nos interessa, agentes estatais) e afastados da influência emocional direta pudessem tomar decisões, evitando que a pessoa se prejudicasse. Já que evitar que alguém se autoprejudique é visto, por esta corrente, como uma finalidade moralmente boa, haveria justificativa ética suficiente para condutas paternalistas, quando necessárias.

Em ordenamentos jurídicos como o brasileiro, em que a Constituição veicula uma série de direitos sociais, a presença interventiva do Estado na vida da sociedade civil é inegável. Nosso modelo se aproxima daquele que Canotilho convencionou chamar de "constitucionalismo dirigente"[5]. Embora haja divergência sobre se tal modelo

---

respected is often based on the claim that people do an excellent job of making choices, or at least that they do a far better job than third parties could possibly do. But there is little empirical support for this claim, at least if it is offered in this general form. Consider the issue of obesity. Rates of obesity in the United States are now approaching 20 percent, and over 60 percent of Americans are considered either obese or overweight. There is overwhelming evidence that obesity causes serious health risks, frequently leading to premature death. It is quite fantastic to suggest that everyone is choosing the optimal diet, or a diet that is preferable to what might be produced with third-party guidance. Of course, rational people care about the taste of food, not simply about health, and it would be foolish to claim that everyone who is overweight is necessarily failing to act rationally. It is the strong claim that all or almost all Americans are choosing their diet optimally that seems untenable. What is true for diets is true as well for much other risk-related behavior, including smoking and drinking, which produce over 500,000 premature deaths in the United States each year. In these circumstances, people's choices cannot reasonably be thought, in all domains, to be the best means of promoting their wellbeing. Indeed, many smokers, drinkers, and overeaters are willing to pay for third parties to help them choose better consumption sets (SUNSTEIN, Cass. *Laws of fear*: beyond the precautionary principle. New York: Cambridge University, 2005, p. 178;181-182.)

5 CANOTILHO, José Joaquim Gomes. *Constituição dirigente e vinculação do legislador*: contributo para a compreensão das normas constitucionais programáticas. Coimbra: Coimbra Editora, 1982.

está ou não em crise, o débito da obra do Constituinte de 1988 com tal tipologia é inequívoco. A imagem do *Estado brasileiro provedor* é uma realidade que nos toca diariamente, como juristas, ao interpretarmos e aplicarmos a Constituição em nosso mister diário.

A Constituição Federal de 1988 relaciona e assegura um amplo leque de direitos sociais, que criam direitos para os cidadãos e fixam deveres para o Estado nessas áreas. Isso porque, como ensina Luís Roberto Barroso[6]:

> As normas constitucionais deixaram de ser percebidas como integrantes de um documento estritamente político, mera convocação à atuação do Legislativo e do Executivo, e passaram a desfrutar de aplicabilidade direta e imediata por juízes e tribunais. Nesse ambiente, os direitos constitucionais em geral, e os direitos sociais em particular, converteram-se em direitos subjetivos em sentido pleno, comportando tutela judicial específica. [...] Sempre que a Constituição define um direito fundamental ele se torna exigível, inclusive mediante ação judicial.

Barroso[7] denomina esses direitos que o cidadão pode exigir em face do Estado de "*direitos subjetivos públicos*". Segundo o constitucionalista, um direito subjetivo cumula três características: a) corresponde sempre a um dever jurídico; b) é violável; c) a ordem jurídica coloca à disposição de seu titular um meio jurídico – que é a ação judicial – para exigir-lhe o cumprimento, deflagrando os mecanismos coercitivos e sancionatórios do Estado. Define direito subjetivo como:

> O poder de ação, assente no direito objetivo, e destinado à satisfação de certo interesse. A norma jurídica de conduta caracteriza-se por sua bilateralidade, dirigindo-se a duas partes e atribuindo a uma delas a faculdade de exigir da outra determinado comportamento. Forma-se, desse modo,

6 BARROSO, Luís Roberto. Da falta de efetividade à judicialização excessiva: direito à saúde, fornecimento gratuito de medicamentos e parâmetros para atuação judicial. In: SARMENTO, Daniel; SOUZA NETO, Cláudio Pereira de. *Direitos sociais:* fundamentos, judicialização e direitos sociais em espécie. Rio de Janeiro: Lumen Juris, 2008, p. 875-904.

7 BARROSO, Luís Roberto. *O direito constitucional e a efetividade de suas normas*. Rio de Janeiro: Renovar, 2009, p. 99-100.

> um vínculo, uma relação jurídica que estabelece um elo entre dois componentes: de um lado, o direito subjetivo, a possibilidade de exigir; de outro, o dever jurídico, a obrigação de cumprir. Quando a exigibilidade de uma conduta se verifica em favor do particular em face do Estado, diz-se existir um direito subjetivo público.

Ao analisar esse novo contexto do Direito Constitucional contemporâneo, considerado pela doutrina como *neoconstitucionalismo*, Ana Paula de Barcellos esclarece que:

> Um dos traços fundamentais do constitucionalismo atual é a normatividade das disposições constitucionais, sua superioridade hierárquica e centralidade no sistema e, do ponto de vista material, a incorporação de valores e opções políticas, dentre as quais se destacam, em primeiro plano, aquelas relacionadas com os direitos fundamentais[8].

A partir dessa conformação jurídica, ao se identificar que o texto constitucional prevê um direito ou uma garantia de natureza fundamental, assentado como sendo um dever do Estado de fornecê-lo individual ou coletivamente, surgiria, para o cidadão necessitado daquele bem ou serviço, a legitimidade para demandar judicialmente tal prestação estatal, ainda que esta não se encontrasse prevista no orçamento público como sendo uma despesa pública devidamente programada. Segundo Flávio Galdino[9], *essa exigibilidade chama-se sindicabilidade (justicialidade ou justiciabilidade) e representa a possibilidade de acesso ao aparato estatal jurisdicional para tutela de direitos*.

Mas essas promessas constitucionais, nas mais variadas áreas de políticas públicas, como educação, saúde e moradia, são tradicionalmente atribuídas primariamente ao Poder Executivo. É este, eleito pelo povo para a execução de tais políticas, que deverá escolher os

---

8 BARCELLOS, Ana Paula de. Neoconstitucionalismo, direitos fundamentais e controle das políticas públicas. In: QUARESMA, Regina; OLIVEIRA, Maria Lucia de Paula; OLIVEIRA, Farlei Martins Riccio de (Org.). *Neoconstitucionalismo*. Rio de Janeiro: Forense, 2009, p. 803.

9 GALDINO, Flávio. *Introdução à teoria dos custos dos direitos:* direitos não nascem em árvores. Rio de Janeiro: Lumen Juris, 2005, p. 160.

modos e meios para a consecução dos fins previstos na legislação ou na própria Lei Maior. A participação do Legislativo é importante, mas tão somente na eleição legal dos fins – a tarefa de execução destas políticas sempre foi o reduto do Executivo.

Até aqui acompanha-nos a teoria clássica. Contudo, a não realização no mundo fático do rol de promessas constitucionais (algumas, admita-se, extremamente arrojadas) começou a esgarçar este modo de ver as coisas. O Judiciário, como poder estatal que detém a prerrogativa de ser aquele que emite a última palavra sobre a interpretação e aplicação do Direito, entra em cena, como espécie de "guardião das promessas"[10] formuladas em profusão em nossa Constituição.

Haveria, então, em caso de omissão ou inação do Poder Executivo, um deslocamento da escolha da realização da despesa pública para atendimento de necessidades da coletividade, que, naqueles casos específicos demandados judicialmente, deixaria a esfera decisória do administrador público e passaria para a do Poder Judiciário. A decisão judicial, então, obrigaria a Administração Pública a oferecer o bem ou o serviço ao cidadão beneficiado pelo provimento jurisdicional.

A realidade brasileira demonstra que, se há uma forte intervenção estatal constitucionalmente garantida, alguma medida de *paternalismo* é-nos inevitável. Se quisermos falar em termos de paternalismo, há uma mutação de um *paternalismo estatal do Executivo* para um *paternalismo estatal do Judiciário*, em que, embora seja o mesmo Estado a buscar garantir o direito, o faz por um novo arranjo de distribuição de atribuições, em que o Judiciário passa a assumir um novo papel *a latere* do Executivo, quando este último falha em planejar satisfatoriamente e efetivamente cumprir as promessas constitucionais.

Mais ainda: esta nova partição de funções não é provocada por uma decisão interna estatal, mas sim pelas demandas (individuais ou coletivas) dos cidadãos, que instam o Judiciário a retirar, em casos concretos, o poder de decisão sobre políticas públicas das mãos do administrador. Como afirma Cornell Clayton:

10 A expressão é de GARAPON, Antoine. *O juiz e a democracia*: o guardião das promessas. 2. ed. Rio de Janeiro: Revan, 1999.

> Como instituições que agem por provocação, os tribunais devem ter disputas políticas trazidas a eles na forma de casos antes de que possam decidir em matéria de política pública. A incapacidade do processo político-eleitoral para resolver importantes disputas políticas durante os períodos de governo dividido muitas vezes empurra a mobilização política para outras arenas: os movimentos sociais, os grupos de interesse e as elites escolhidas por eleição no Executivo e Legislativo começam a voltar-se para os tribunais e agências administrativas para alcançar objetivos políticos que não podem obter a partir de um Legislativo desunido. Neste sentido, os tribunais não são intrusos indesejáveis ao processo democrático, mas convidadas (e talvez necessárias) válvulas de escape de impulsos democráticos que não podem ser solucionadas através da via legislativa ordinária[11] (tradução nossa).

Em verdade, a novidade não se encontra no paternalismo, mas sim no *paternalismo judicial* que assume espaços outrora cometidos ao Executivo. A discussão principal hoje não é se haverá atuação estatal ou não para garantir direitos sociais, mas sim a quem compete, dentre os órgãos estatais, garanti-los.

Neste ponto, entra em campo o debate sobre a *judicial self-restraint* (autocontenção judicial) e a teoria clássica da separação de poderes. De fato, tradicionalmente, compete ao Judiciário fazer a justiça do caso concreto, e não formular políticas macroscópicas de atendimento a todo um segmento populacional. A alocação de recursos, as restrições orçamentárias, os meios necessários para a consecução de fins, tudo isso é a seara principal de atuação do Executivo. Mas a per-

11 *As reactive institutions, courts must have policy disputes brought to them in the form of cases before they can make policy. The inability of the electoral political process to resolve important policy disputes during periods of divided government often pushes political mobilizations into other arenas: Social movements, interest groups, and elites in the elected branches begin to turn to courts and administrative agencies for policy goals that they cannot obtain from a disunified Constitutional Legislature. In this sense, courts are not unwelcome intruders into the democratic process, but invited (and perhaps necessary) release valves for democratic impulses that cannot be addressed through the ordinary legislative route.* CLAYTON, Cornell. The supply and demand sides of judicial policy-making (or, why be so positive about the judicialization of politics?). *Law and contemporary problems*, v. 65, n. 3, Summer 2002, p. 77-78.

gunta continua sem resposta: o que fazer com as promessas constitucionais que não chegam a ser cumpridas por atos do Poder Executivo?

Aqui, poder-se-ia invocar um *princípio da subsidiariedade aplicado à atuação dos Poderes*. No Tratado da União Europeia em sua atual configuração (redação dada em 1997 por meio do Tratado de Amsterdã), o princípio da subsidiariedade é consagrado da seguinte forma:

> Art. 5º [...]
> 3. Em virtude do princípio da subsidiariedade, nos domínios que não sejam da sua competência exclusiva, a União intervém apenas se e na medida em que os objetivos da ação considerada não possam ser suficientemente alcançados pelos Estados-Membros, tanto ao nível central como ao nível regional e local, podendo contudo, devido às dimensões ou aos efeitos da ação considerada, ser mais bem alcançados ao nível da União.

Embora se trate, no âmbito da União Europeia, de um princípio de distribuição de atribuições entre a União e os Estados-Membros, o cerne de seu conteúdo está no fato de que o ente maior intervém apenas se e na medida em que os objetivos da ação considerada não possam ser suficientemente alcançados pelos entes menores[12].

Por analogia, embora não haja hierarquia entre os Poderes, se ao Executivo é atribuída a missão de salvaguardar direitos prestacionais, no momento em que não cumpre a contento seu múnus, estaria auto-

---

12 Assim define a subsidiariedade Torsten Stein: *Aquello que cada persona pueda hacer por su propia iniciativa y con sus propias fuerzas no debiera sustraérsele ni ser atribuido a la sociedad y que aquello que los entes inferiores puedan realizar y conducir a buen puerto no debiera ser absorbido por los entes superiores, porque toda actividad social es por naturaleza subsidiaria. Y al poder estatal supraordenado se le hace digerible la renuncia a inmiscuirse en tareas infraordenadas con la reflexión de que ocuparse con asuntos de menor importancia le mantendría distante de las tareas importantes, que sólo él puede afrontar y para las que tendría que reservarse; una rigurosa observancia del principio de subsidiariedad reforzaría la autoridad y la eficiencia sociales. Subsidiariedad significaría, por tanto, desde un enfoque vertical, asignación de la(s) actuación(es) a la correspondiente instancia inferior siempre que a ésta le alcancen las fuerzas para la cumplimentación de la tarea propuesta.* (STEIN, Torsten. El principio de subsidiariedad en el derecho de la Unión Europea. *Revista de Estudios Políticos (Nueva Época)*, n. 90, oct./dic. 1995, p. 71.

rizado o Judiciário, subsidiariamente, a atuar, se e enquanto o Poder Executivo não for capaz de fazê-lo. Uma vez que o Executivo cumpra a contento com suas obrigações constitucionais relativas a direitos sociais e à dignidade da pessoa humana, a atuação jurisdicional na formulação de políticas públicas e alocação forçada de recursos poderia cessar.

Por esse motivo, iremos propor, na próxima seção, uma reflexão sobre a distribuição dos recursos públicos pela via orçamentária, desfazendo alguns mitos sobre a falta de recursos em áreas específicas.

3. Os Recursos Orçamentários e sua Alocação

Como vimos, ocorre uma assunção, pelo Judiciário, de uma alocação de recursos que tradicionalmente deve ser feita pelo Executivo, quando este último não chega a ofertar as ações necessárias à garantia da saúde dos cidadãos. Esta atuação do Judiciário é subsidiária, ou seja, somente entra em cena quando há falha na prestação a contento do serviço público de saúde pelo Executivo (ou ao menos quando o cidadão reputa que a prestação que lhe fora dada não é suficiente). Sendo a preservação e restauração da saúde necessárias a uma vida digna, o Judiciário tende a buscar garantir a dignidade do cidadão-paciente, por entender que o Executivo descumpriu a função constitucional a que foi chamado de ser, em primeiro lugar, o provedor das políticas públicas de saúde. Subjaz a esta posição a noção de um *mínimo existencial* que, acaso negado pelo Executivo, deve ser afiançado pelo Judiciário.

Contudo, da perspectiva do Direito Financeiro, há um dilema a ser solvido. José Casalta Nabais recorda que de nada adiantará uma Carta Maior repleta de direitos, e, igualmente, não terá qualquer valia uma abalizada teoria dos direitos fundamentais, se o Estado não dispuser de recursos financeiros suficientes para realizá-los, já que para todo direito há, inequivocamente, um custo financeiro:

> Daí que uma qualquer teoria dos direitos fundamentais, que pretenda naturalmente espelhar a realidade jusfundamental com um mínimo de rigor, não possa prescindir dos deveres e dos custos dos direitos. Assim, parafraseando Ronald Dworkin, tomemos a sérios os deveres fundamentais e, por conseguinte, tomemos a sério os custos orçamentais de todos os

> direitos fundamentais. Pois, somente com uma consideração adequada dos deveres fundamentais e dos custos dos direitos, poderemos lograr um estado em que as ideias de liberdade e de solidariedade não se excluam, antes se completem. Ou seja, um estado de liberdade com um preço moderado[13].

Uma tentativa possível de resposta poderia estar na análise dos tipos de gastos que figuram no orçamento público. Embora todas as despesas públicas, em regra, atendam a finalidades públicas, é inegável reconhecer que há uma hierarquia de prioridades nos gastos. Já é consolidada na doutrina publicista a distinção feita entre os *interesses públicos primários* e os *interesses públicos secundários*. Enquanto os primeiros estão relacionados à atuação estatal para o atendimento de necessidades dos cidadãos, como educação, saúde, segurança, os segundos voltam-se para o atendimento de necessidades internas da máquina burocrática, de modo que a Administração Pública possa funcionar devidamente. Na lição do publicista italiano Renato Alessi:

> Tratando-se do poder soberano, estará em relação com a realização de interesses *públicos, coletivos*. Esses interesses públicos, coletivos, cuja satisfação está a cargo da Administração, não são simplesmente o interesse da Administração entendida como aparato organizativo, mas sim aquilo que se denominou de interesse coletivo *primário*, formado pelo conjunto de interesses individuais preponderantes em uma determinada organização jurídica da coletividade, enquanto que o interesse do aparato (se é que pode conceber-se um interesse do aparato unitariamente considerado) seria simplesmente um dos interesses secundários que se fazem sentir na coletividade, e que podem ser realizados somente em caso de coincidência com o interesse coletivo primário e dentro dos limites de dita coincidência. A peculiaridade da posição jurídica da Administração Pública radica precisamente nisto, em que sua função consiste na realização do interesse coletivo, público, primário.
>
> Ainda que se possa conceber um interesse secundário da Administração considerada como aparato organizativo, tal interesse não poderia ser rea-

13 NABAIS, José Casalta. A face oculta dos direitos fundamentais: os deveres e os custos dos direitos. In: NABAIS, José Casalta (Org.). *Por uma liberdade com responsabilidade* – estudos sobre direitos e deveres fundamentais. Coimbra: Coimbra Editora, 2007, p. 24.

> lizado senão em caso de coincidência com o interesse primário, público[14] (tradução nossa).

É que a noção contemporânea de Estado o vê não como um fim em si mesmo, mas como um *instrumento* a serviço do cidadão, para que este detenha as condições mínimas para seu florescimento humano. O Estado está ordenado ao ser humano, e não ao revés[15].

Deste modo, por exemplo, as prestações estatais na área de saúde atendem a um interesse público primário. Já gastos com locomoção de servidores públicos ou com publicidade institucional de ações governamentais, por sua vez, atendem a um interesse público interno da burocracia estatal (aquilo que Diogo de Figueiredo Moreira Neto chamou de *Administração introversa*):

> Para que o Estado possa servir adequadamente à sociedade que o institui, os seus órgãos de representação definem, pela atribuição constitucional e legal de *competências*, quais os *interesses* que deverão ser satisfeitos administrativamente, qualificando-os como *interesses públicos*, identificados como *interesses públicos primários*, ou *interesses públicos materiais*. Tais funções desempenhadas pelo Estado e seus delegados para a satisfação desses *interesses públicos primários*, que, por atenderem a necessidades da própria *sociedade*, caracterizam as *atividades-fim* da Administração Pública, e que, por se referirem à gestão externa dos interesses dos administrados, conformam a *administração extroversa*.
>
> Todavia, como condição para desempenhá-la, é necessário que o Estado *satisfaça seus próprios interesses institucionais*, conotados a seus atos, pessoas, bens e serviços, desdobrando, desse modo, outra e distinta classe de interesses a serem atendidos, a dos *interesses públicos secundários*, ou *interesses públicos instrumentais*, ou, ainda, *derivados*, caracterizando, por seu turno, as *atividades-meio* da Administração Pública as quais, por atenderem à gestão interna de seu pessoal, de

---

14 ALESSI, Renato. *Instituciones de derecho administrativo*. 3. ed. Tradução: Buenaventura Pellisé Prats. Barcelona: Bosch, 1970, p. 184-185.

15 The thought that we cannot live reasonably and well apart from a *civitas* is consistent with the proposition that the common good specific to the *civitas* as such – the public good – is not basic but, rather, instrumental to securing human goods which are basic [...]. FINNIS, John. *Aquinas*: moral, political, and legal theory. Oxford: Oxford University, 1998, p. 247.

> seus bens, de seus atos e de seus serviços, conformam a *administração introversa*[16].

Conquanto estes interesses secundários não sejam irrelevantes, não se pode equipará-los às ações estatais que atendem diretamente à população, sob pena de se perder de vista o fim ou objetivo para o qual o próprio Estado é constituído, a saber, prover necessidades concretas da coletividade em primeiro lugar.

Uma breve análise de dados do orçamento público federal em anos recentes revela uma curiosa constatação: embora as despesas realizadas para atender a demandas judiciais na área de saúde (interesse primário) sejam reconhecidamente elevadas, outros interesses públicos meramente secundários, como os de propaganda institucional[17], locomoção de servidores e serviços de consultoria[18] também são igualmente responsáveis por consideráveis dotações de recursos.

Não se está aqui a dizer que as despesas acima são ilegais. Apenas se chama a atenção de que, embora relevantes, não atendem a um interesse primário, nem podem ser equiparadas a ações de atendimento à população na área de saúde, as quais estão diretamente relacionadas à preservação da vida ou da manutenção de uma vida digna. A racionalização do gasto público, sobretudo em um país que ainda apresenta

---

16 MOREIRA NETO, Diogo de Figueiredo. *Curso de direito administrativo*. 16. ed. Rio de Janeiro: Forense, 2014. Edição eletrônica nº 25.1 – Administração Pública extroversa e introversa.

17 Em 2013, segundo dados da Secretaria de Comunicação Social da Presidência da República, os órgãos da Administração Direta federal empregaram cerca de R$ 761,4 milhões em ações de publicidade institucional de programas governamentais nos meios de comunicação. Disponível: <http://www1.folha.uol.com.br/poder/2014/04/1441349-dilma-bate-recorde-em-gastos-publicitarios.shtml>. Acesso em: 06 abr. 2015.

18 Em 2014, foram aplicados cerca de R$ 1,282 bilhão em passagens e despesas de locomoção no serviço público federal, bem como cerca de R$ 385 milhões em serviços de consultoria. Dados do Portal da Transparência. Disponíveis em: <http://www.portaldatransparencia.gov.br/PortalComprasDiretasEDDespesas.asp?Ano=2014&Pagina=5>. Acesso em: 06 abr. 2015.

várias demandas sociais a serem satisfeitas, passa também por uma análise criteriosa da prioridade da despesa a ser executada.

Tal singela demonstração de uso elevado de recursos públicos em atividades secundárias corrobora a afirmação feita pelo Judiciário, sobretudo por intermédio dos Tribunais Superiores, de que o Estado não pode opor a *reserva do possível* ao *mínimo existencial*, mormente quando se vê a alocação de dotações orçamentárias relevantes em atividades não prioritárias.

Mas existe uma interrogação ainda mais contundente em torno da alocação de recursos na área de saúde: estaria o Judiciário, de fato, *retirando recursos orçamentários de outras áreas da saúde* para deferi-los aos cidadãos que se valeram de medidas judiciais, em prejuízo de todos aqueles que não possuem tutela jurisdicional em seu favor? Ou, em tom mais popularesco, o "cobertor" da saúde no Brasil é curto, e o Judiciário só agravaria ainda mais o problema ao "puxá-lo" apenas para um lado?

Segundo relatório de 2013 do Tribunal de Contas da União de fiscalização do sistema de saúde (TC 032.624/2013-1), ao menos no âmbito federal, apresenta-se um dado surpreendente: as dotações orçamentárias na área de saúde *não são integralmente utilizadas pelo Poder Executivo*[19]. Também no ano de 2012, os gastos federais com ações judiciais para fornecimento de medicamentos foram abaixo do valor contingenciado na área de saúde[20].

---

19 À página 7 do referido relatório, constata-se (Tabela 2 – Função Saúde – execução orçamentária 2012 e 2013) que a dotação orçamentária federal de 2012 para a saúde foi de R$ 89,015 bilhões, mas só houve empenho efetivo de R$ 79,917 bilhões. Ou seja, cerca de 9 bilhões de reais deixaram de ser empenhados (empenho de cerca de 90% da dotação orçamentária autorizada). BRASIL. Tribunal de Contas da União. *Relatório Sistêmico de Fiscalização da Saúde 2013*. TC 032.624/2013-1 Disponível em: <http://portal2.tcu.gov.br/portal/page/portal/TCU/imprensa/noticias/noticias_arquivos/032.624-2013-1%20Fisc%20Saude.pdf>. Acesso em: 06 abr. 2015, p. 7.

20 O valor com atendimento de demandas judiciais de fornecimento de medicamentos pela União em 2012 foi de R$ 355.825.334,93, conforme relatório da própria AGU. Ora, o valor despendido por ordem judicial representa pouco mais de 3% do valor de 9 bilhões de reais que sequer chegou a ser

Esta constatação indica que, na verdade, ocorre uma omissão do Executivo, em área bastante sensível de política pública (por lidar com o bem *vida*), quanto à utilização de recursos que lhe são disponibilizados para este fim[21]. Diante deste quadro, é de se perguntar se a omissão do Executivo em realizar despesas já autorizadas não legitimaria a atuação do Judiciário, pois, de qualquer forma, há recursos disponíveis que não estão a ser usados a contento.

Neste ponto, importante destacar novamente o entendimento de Élida Graziane Pinto, que, com base na ideia da máxima eficácia dos direitos fundamentais e no seu caráter diretivo-vinculante, afirma que, *diferentemente do usualmente alegado pelos gestores públicos – as prescrições legais de obrigações de fazer em saúde e educação são muitas, criam vinculações substantivas inafastáveis para o conteúdo do gasto mínimo e reclamam eficácia imediata.* Segundo a Procuradora do Ministério Público de Contas do Estado de São Paulo:

> Emerge o controle judicial do ciclo orçamentário como exigência de coerência do sistema jurídico. Se o único modo constitucionalmente adequado e legítimo de alocar os recursos públicos no Brasil passa pela natureza normativa das leis de plano plurianual, diretrizes orçamentárias e orçamento anual, a execução de tais leis não pode desbordar dos limites legais, nem frustrar aquela normatividade, impondo-lhe mero sentido retórico. [...]
> O gasto matemático (gasto mínimo formal) é referido a ações vinculadas (gasto mínimo material), ou seja, não há ampla discricionariedade na eleição de como dar consecução ao mínimo, porque também integra o

---

utilizado pelo Executivo federal. Cf. BRASIL. Advocacia-Geral da União (Consultoria Jurídica / Ministério da Saúde*). Intervenção judicial na saúde pública*: panorama no âmbito da Justiça Federal e apontamentos na seara das Justiças Estaduais. Brasília, 2012. Disponível em: <http://u.saude.gov.br/images/pdf/2014/maio/29/Panorama-da-judicializa----o---2012---modificado-em-junho-de-2013.pdf>. Acesso em: 06 abr. 2015, p. 16.

21 A situação tampouco passou despercebida ao Ministro do TCU Benjamin Zymler: *Cabe registrar que, nos últimos cinco anos, deixaram de ser aplicados na Função Saúde R$ 20,4 bilhões, em valores atualizados, em relação ao que fora previsto nos orçamentos da União, sendo R$ 9,6 bilhões somente no exercício de 2012*. BRASIL. Tribunal de Contas da União. Op. cit., p. 50.

núcleo mínimo intangível do direito à educação e à saúde o cumprimento das obrigações legais de fazer.

Vista a questão da eleição de prioridades e de como, em certas áreas, ocorre o contingenciamento de recursos que deveriam ser utilizados para atendimento de políticas públicas, na última seção a seguir, cuidaremos da questão do orçamento impositivo como uma ferramenta que conduz ao cumprimento efetivo das despesas autorizadas na peça orçamentária, e que inclusive pode funcionar como mecanismo possível de diminuição do ativismo judicial em políticas públicas.

4. O Orçamento Impositivo e o Direito Brasileiro

Tema dos mais relevantes do Direito Financeiro brasileiro é aquele relacionado à natureza jurídica do orçamento público no Brasil. Os debates envolvem considerar o orçamento *impositivo* quando a sua execução é obrigatória e vinculada às previsões orçamentárias, e *autorizativo* quando permite que o administrador público possa, durante a sua gestão, realizar escolhas discricionárias entre gastar ou não gastar, podendo não executar parcela de suas previsões, através do denominado contingenciamento orçamentário[22].

Classicamente, não se fazia esta depuração e se dizia que o orçamento seria exclusivamente autorizativo ou impositivo, conforme o modelo jurídico analisado. Nossos autores, em sua grande maioria, postulavam a sua natureza exclusivamente *autorizativa*, pela qual se permitia a realização das despesas públicas, sem, contudo, obrigar a Administração Pública a cumprir as previsões orçamentárias. Assim, o orçamento apenas autorizaria a atividade financeira, não impondo ou vinculando a seus termos a atuação do Estado, que manteria sua autonomia política em matéria financeira. Noutras palavras, dizia-se que a lei orçamentária trazia em si uma "autorização de gastar" e não uma "obrigação de gastar", permitindo que o Poder Executivo, du-

22 As ponderações aqui realizadas foram adaptadas de capítulo sobre o tema de ABRAHAM, Marcus. *Curso de direito financeiro brasileiro*. 3. ed. Rio de Janeiro: GEN/Forense, 2015.

rante a execução orçamentária, não realizasse algumas das despesas previstas na lei orçamentária, contingenciando-as, sob a justificativa da necessidade de se dotar o Poder Executivo de flexibilidade na execução orçamentária.

A principal norma que fundamenta o modelo orçamentário brasileiro como sendo autorizativo decorre da interpretação do § 8º do art. 165 da Constituição Federal de 1988, o qual diz que *a lei orçamentária anual não conterá dispositivo estranho à previsão da receita e à fixação da despesa*. Entende-se que o termo "fixação" não equivaleria a uma obrigação de realização, mas tão somente ao estabelecimento de um limite para a realização da despesa. Como sabemos, a Constituição traz a regra de que, para se realizar uma despesa pública, esta deverá estar prevista no orçamento, sendo certo que não haveria liberdade para eventual alteração dos seus termos (art. 167). Ou seja, o Estado não pode gastar sem estar previamente autorizado e não pode modificar as previsões estabelecidas.

Apesar das controvérsias doutrinárias, um número cada vez maior de autores especializados em Direito Financeiro vem admitindo que as despesas constitucionais obrigatoriamente delimitadas na Constituição (como o mínimo destinado a saúde e educação) não são de execução discricionária. Por todos, veja-se a opinião de Regis Fernandes de Oliveira:

> O verbo *fixar*, utilizado para estabelecer as despesas, não se conforma com o sentido pouco estável da mera previsão de despesas. *Fixar* é mais que lançar provisoriamente no rol de gastos. É séria demonstração de reconhecimento de dívida, só ilidida por motivos relevantes e fundados. [...]
>
> Em regra, as despesas autorizadas obrigam o administrador, salvo se demonstrar a impossibilidade ou séria inconveniência de sua efetivação. [...]
>
> Dessa forma, mais convencidos estamos de que é inviável, diante das premissas assentadas na peça orçamental, que possa o Chefe do Executivo prever receita, para pagamento de serviços públicos essenciais, menor que o valor sabidamente certo que deve satisfazer. Em sendo assim, o orçamento converte-se em lei real e não de mera previsibilidade. [...]
>
> Não pode o Chefe do Executivo contingenciá-lo, uma vez que apenas poderá fazê-lo no caso de não haver realização das receitas. Se o montante

> das receitas equivale ao das despesas previstas, o cumprimento exato do orçamento torna-se obrigatório. Apenas poderá haver o contingenciamento na hipótese de não realização das receitas[23].

O tema do orçamento impositivo merece algumas reflexões. Primeiro, se, por um lado, essa ideia retiraria a flexibilidade de que o administrador público necessita para conduzir sua atividade, mormente pela impossibilidade fática de identificar e prever com antecedência todas as despesas públicas, por outro, resgataria a credibilidade e a importância do orçamento como documento formal de planejamento do governo, que muitas vezes sofre diante dos recorrentes descumprimentos das suas previsões, chegando a ser considerado de forma pejorativa uma simples "carta de intenções".

Há, ainda, aqueles que criticam o modelo autorizativo do orçamento por entenderem haver uma redução de importância no papel do Poder Legislativo nas questões orçamentárias. Justificam a afirmação ao mencionar que o Poder Executivo, além de possuir o poder de veto no orçamento, pode simplesmente não executar determinadas despesas sem ter de submeter a decisão ao debate.

Nossa proposta é que, em matéria de políticas públicas sociais para atendimento da população, o orçamento não possa sofrer contingenciamentos, a não ser mediante justificativa razoável do Poder Executivo, a ser votada pelo Poder Legislativo para que seja aceita. Dada a estatura constitucional dos direitos sociais envolvidos, a expressão "fixação da despesa" (art. 165, § 8º, CRFB 88), ao menos quanto a estes gastos que visam a assegurar direitos fundamentais, deve ser interpretada de maneira estrita. Por óbvio, situações supervenientes, como a não realização de receita, ou uma crise internacional, poderiam justificar tal limitação de despesas. Mas, como regra geral, o contingenciamento em áreas sensíveis não seria possível.

A relação do orçamento impositivo com aquilo que acima falamos sobre judicialização das políticas públicas e gastos na área social

23 OLIVEIRA, Regis Fernandes. *Curso de direito financeiro*. 6. ed. São Paulo: Revista dos Tribunais, 2014, p. 589-590.

está no fato de que, por vezes, os recursos destinados a tais temas são fixados pelo Legislativo no orçamento anual, mas não chegam a ser executados em sua integralidade, como provado acima em relação à área da saúde por relatório do Tribunal de Contas da União. Esta ausência de gastos integrais certamente gera uma pressão sobre o sistema de atendimento à população (pense-se, por exemplo, nas unidades do SUS) que acaba desembocando no Judiciário.

Se gastos sociais não sofressem contingenciamento sem justificativa razoável, a execução do orçamento tal como fixado pelo Legislativo poderia auxiliar sobremaneira na diminuição da tensão sobre o Poder Judiciário, que se vê compelido a prestar aquilo que o Executivo não o fez de forma espontânea (por vezes, alegando a *reserva do possível*, ainda que possua autorização legal para aquelas despesas, sem que o faça).

Portanto, a reflexão sobre a formatação do Direito Financeiro brasileiro e do orçamento público impositivo, embora não seja o único caminho, pode indicar uma vereda a ser trilhada para assistir na diminuição da litigiosidade judicial de massa envolvendo direitos sociais.

5. Conclusão

Ao longo deste artigo, concluímos que, dentro do marco constitucional brasileiro atual, não é possível evitar a visão de um *Estado provedor de prestações positivas que configuram um mínimo existencial*. Veja-se a expressão *paternalismo* como pejorativa ou não, fato é que não escapamos de um modelo social-liberal na Constituição cidadã.

O debate hoje já se pacificou quanto à exigibilidade de direitos sociais constitucionalmente afiançados, os quais ostentam natureza de direitos públicos subjetivos. A pergunta ainda a ser respondida, e causa de imensas controvérsias, é *quem*, dentro dos Poderes estatais, deverá tomar a peito tal missão.

Vimos também que, tradicionalmente, este mister era confiado ao Executivo, mas que, recentemente, vem tomando corpo uma função coadjuvante do Poder Judiciário na execução de políticas públicas. Tal atuação ancilar legitima-se, no concerto das instituições estatais, em razão da omissão do Executivo em matérias relacionadas à dignidade da pessoa humana. Como o Estado não pode deixar de atender a demandas básicas nesta esfera, o Judiciário, provocado por ações individuais ou coletivas, vê-se constrangido a atuar, como verdadeiro bastião último de salvaguarda das promessas constitucionais.

Propusemos também uma reflexão um pouco distinta, intimamente ligada ao Direito Financeiro: a eleição de prioridades nos gastos públicos, bem como o evitamento de contingenciamento nas áreas de direitos sociais, podem auxiliar a diminuir a pressão sobre o Poder Judiciário.

Por fim, cremos que a técnica do orçamento impositivo, ainda pouco explorada fora dos círculos especializados de estudiosos de Direito Financeiro, ao vincular o Executivo a executar aquilo que o Legislativo autorizou no orçamento anual (sobretudo em matéria de direitos humanos), pode indicar uma vereda a ser trilhada para assistir na diminuição da litigiosidade judicial de massa envolvendo direitos sociais em nosso país.

6. Referências

ABRAHAM, Marcus. *Curso de direito financeiro brasileiro*. 3. ed. Rio de Janeiro: GEN/Forense, 2015.

ALESSI, Renato. *Instituciones de derecho administrativo*. 3. ed. Trad. Buenaventura Pellisé Prats. Barcelona: Bosch, 1970.

BARCELLOS, Ana Paula de. Neoconstitucionalismo, direitos fundamentais e controle das políticas públicas. In: QUARESMA, Regina; OLIVEIRA, Maria Lucia de Paula; OLIVEIRA, Farlei Martins Riccio de (Org.). *Neoconstitucionalismo*. Rio de Janeiro: Forense, 2009.

BARROSO, Luís Roberto. *O direito constitucional e a efetividade de suas normas*. Rio de Janeiro: Renovar, 2009.

______. Da falta de efetividade à judicialização excessiva: direito à saúde, fornecimento gratuito de medicamentos e parâmetros para atuação judicial. In: SARMENTO, Daniel; SOUZA NETO,

Cláudio Pereira de. *Direitos sociais:* fundamentos, judicialização e direitos sociais em espécie. Rio de Janeiro: Lumen Juris, 2008.

BRASIL. Advocacia-Geral da União (Consultoria Jurídica / Ministério da Saúde). *Intervenção judicial na saúde pública*: panorama no âmbito da Justiça Federal e apontamentos na seara das Justiças Estaduais. Brasília, 2012. Disponível em: <http://u.saude.gov.br/images/pdf/2014/maio/29/Panorama-da-judicializa----o---2012---modificado-em-junho-de-2013.pdf>. Acesso em: 06 abr. 2015.

BRASIL. Tribunal de Contas da União. *Relatório Sistêmico de Fiscalização da Saúde 2013*. TC 032.624/2013-1 Disponível em: <http://portal2.tcu.gov.br/portal/page/portal/TCU/imprensa/noticias/noticias_arquivos/032.624-2013-1%20Fisc%20Saude.pdf >. Acesso em: 06 abr. 2015.

BRINKS, Daniel; GAURI, Varun. Introduction: The elements of legalization and the triangular shape of social and economic rights. In: BRINKS, Daniel; GAURI, Varun (Ed.). *Courting social justice*: judicial enforcement of social and economic rights in the developing world. New York: Cambridge University, 2008.

CANOTILHO, José Joaquim Gomes. *Constituição dirigente e vinculação do legislador*: contributo para a compreensão das normas constitucionais programáticas. Coimbra: Coimbra Editora, 1982.

CLAYTON, Cornell. The supply and demand sides of judicial policy-making (or, why be so positive about the judicialization of politics?). *Law and contemporary problems*, v. 65, n. 3, Summer 2002.

FINNIS, John. *Aquinas*: moral, political, and legal theory. Oxford: Oxford University, 1998.

GALDINO, Flávio. *Introdução à teoria dos custos dos direitos:* direitos não nascem em árvores. Rio de Janeiro: Lumen Juris, 2005.

GARAPON, Antoine. *O juiz e a democracia*: o guardião das promessas. 2. ed. Rio de Janeiro: Revan, 1999.

LE GRAND, Julian; NEW, Bill. *Government paternalism*: nanny state or helpful friend? Princeton: Princeton University, 2015.

MOREIRA NETO, Diogo de Figueiredo. *Curso de direito administrativo*. 16. ed. Rio de Janeiro: Forense, 2014.

NABAIS, José Casalta. A face oculta dos direitos fundamentais: os deveres e os custos dos direitos. In: NABAIS, José Casalta (Org.) *Por uma liberdade com responsabilidade* – estudos sobre direitos e deveres fundamentais. Coimbra: Coimbra Editora, 2007.

OLIVEIRA, Regis Fernandes. *Curso de direito financeiro*. 6. ed. São Paulo: Revista dos Tribunais, 2014.

SCOCCIA, Danny. The right to autonomy and the justification of hard paternalism. In: COONS, Christian; WEBER, Michael (Ed.). *Paternalism*: theory and practice. New York: Cambridge, 2013.

STEIN, Torsten. El principio de subsidiariedad en el derecho de la Unión Europea. *Revista de Estudios Políticos (Nueva Época)*, n. 90, oct./dic. 1995.

SUNSTEIN, Cass. *Laws of fear*: beyond the precautionary principle. New York: Cambridge University, 2005.

OS PLANOS DE SAÚDE E O DIREITO DO CONSUMIDOR

Maria Stella Gregori

SUMÁRIO: 1. Introdução. 2. A Constituição Federal. 3. O Código de Defesa do Consumidor. 4. A Lei dos Planos de Saúde. **5.** A Agência Nacional de Saúde Suplementar. **6.** A Relação de Consumo nos Planos de Saúde. **7.** Os Contratos de Planos de Saúde. **8.** A Lei nº 9.656/98 à Luz do Código de Defesa do Consumidor. **9.** Segurança Jurídica. **10. Protagonismo Judicial e Paternalismo Exacerbado. 11.** Desafios. **12.** Considerações Finais. **13.** Referências.

RESUMO: O presente artigo tem por finalidade comentar sobre os planos de saúde e o direito do consumidor, **observando,** sucintamente, **se há no setor de saúde suplementar segurança jurídica, protagonismo judicial e paternalismo exacerbado.**

1. Introdução

O presente artigo examina os planos de saúde sob a ótica do direito do consumidor observando, sucintamente, se no setor de saúde suplementar há segurança jurídica, protagonismo judicial e paternalismo exacerbado. Para tanto, aborda as inovações trazidas pela Constituição Federal de 1988 para o ordenamento jurídico, especialmente no que se refere aos campos da saúde e da proteção do consumidor. A seguir, passa a comentar o Código de Defesa do Consumidor, para demonstrar que a prestação de serviços por meio dos planos de saúde se configura como relação de consumo. A criação da Agência Nacional de Saúde Suplementar, órgão regulador incumbido de fiscalizar, regulamentar e monitorar o mercado de saúde suplementar, também é tema que merece considerações. A seguir, demonstra que há relação de consumo nos planos de saúde e que são ofertados no mercado por meio de contratos de adesão. Depois, busca fazer uma análise da Lei dos Planos de

Saúde à luz do Código de Defesa do Consumidor. Em seguida, propõe uma reflexão sobre haver, no setor de saúde suplementar, no que tange à proteção do consumidor, segurança jurídica, protagonismo judicial e paternalismo exacerbado. Por fim, aponta alguns desafios para minimizar os conflitos que permeiam o setor.

2. A Constituição Federal

No Brasil, a Constituição Federal, de 5 de outubro de 1988, trouxe inúmeras transformações no ordenamento jurídico. Inaugura-se uma nova era com a recolocação da sociedade no plano democrático e a inserção dos direitos sociais como valores supremos do Estado Democrático de Direito. Esta Constituição é a primeira a institucionalizar os direitos humanos, consagrando entre as garantias fundamentais, o direito à saúde e a proteção do consumidor.

Conhecida como Constituição Cidadã, agrega a concepção da solidariedade social, privilegiando uma categoria de direitos extrapatrimoniais, afirmando a preponderância do coletivo sobre o individual, ao incorporar como princípio maior a dignidade da pessoa humana, postulado que norteia a interpretação de todos os direitos e garantias conferidos ao indivíduo e à coletividade. Consagra os princípios do valor social do trabalho e da livre-iniciativa, da solidariedade social e da igualdade substancial. Trata, também, da separação de Poderes, da organização do Estado, e garante a todos o acesso à Justiça.

A CF de 1988 traz implícito, entre seus princípios fundamentais, o da segurança jurídica, ao estabelecer três institutos, em seu art. 5º, XXXVI, dispondo que a lei não prejudicará o direito adquirido, o ato jurídico perfeito e a coisa julgada. Isto quer dizer que a lei nova não poderá retroagir para prejudicar o direito adquirido, o ato jurídico perfeito e a coisa julgada.

A dignidade da pessoa humana, individual ou coletivamente considerada, pressupõe um piso vital mínimo, que assegure os direitos sociais enumerados, exemplificativamente, no art. 6º da Constituição, em consonância com o respeito ao meio ambiente ecologicamente equilibrado para as atuais e futuras gerações, como nos diz o art. 225.

Os direitos sociais são direitos fundamentais e englobam temas como: a educação, a saúde, a alimentação, o trabalho, a moradia, o lazer, a segurança, a previdência social, a proteção à maternidade e à infância, a assistência aos desamparados.

No campo da saúde, a Constituição mostra-se um documento bastante inovador e arrojado, ao conferir nova dimensão aos sistemas públicos de proteção social.

Saúde é um direito social básico, fundado nos princípios da universalidade, equidade e integralidade. Segundo o art. 196, saúde é direito de todos e dever do Estado, garantido mediante políticas sociais e econômicas que visem à redução do risco de doença e de outros agravos, e ao acesso universal e igualitário às ações e serviços para sua promoção, proteção e recuperação. Nesse sentido, a política estatal na área de saúde deve proporcionar o acesso a todos, propiciando a redução de desigualdades e não podendo criar quaisquer distinções entre os brasileiros.

A Constituição trata as ações e serviços de saúde com o enfoque do bem-estar social, definindo claramente que o sistema que adotou envolve tanto a participação do setor público como da iniciativa privada na assistência à saúde. A prestação dos serviços pode se dar pelo Estado diretamente ou pela iniciativa privada, conforme o art. 199, não havendo, portanto, monopólio estatal nesse setor. No entanto, dada à sua relevância pública, as ações e serviços de saúde devem ser regulamentados, fiscalizados e controlados pelo Poder Público, segundo o art. 197.

O sistema de saúde brasileiro se caracteriza, portanto, por seu hibridismo, sendo marcante a interação entre os serviços públicos e a oferta privada na conformação da prestação de serviços de assistência à saúde, dando origem a dois subsistemas. De um lado está o subsistema público, que incorpora a rede própria e a conveniada ou contratada ao Sistema Único de Saúde – SUS e, de outro, está o subsistema privado, que agrupa a rede privada de serviços de assistência à saúde e a cobertura de risco pelas operadoras de planos de assistência à saúde.

O sistema privado de saúde engloba a prestação direta dos serviços por profissionais e estabelecimentos de saúde ou a intermediação dos serviços, mediante a cobertura dos riscos da assistência à saúde pelas operadoras de planos de assistência à saúde.

Em relação à proteção do consumidor, a Constituição também foi moderna ao alçá-la como garantia de linhagem constitucional. O Direito do Consumidor foi tratado em nossa Carta, em vários de seus dispositivos, destacando-se primeiramente como item da cesta de direitos individuais e coletivos, conforme expressa o art. 5º, XXXII, ao determinar o dever do Estado brasileiro de promover, na forma da lei, a defesa do consumidor e estabelecendo-a como princípio informador da ordem econômica brasileira, por força do mandamento inscrito no art. 170, V. Nesse sentido, o art. 48 das Disposições Transitórias dita, pontualmente, a elaboração do Código de Defesa do Consumidor.

3. O Código de Defesa do Consumidor

O Código de Defesa do Consumidor – CDC, materializado na Lei nº 8.078, de 11 de setembro de 1990, e regulamentado pelo Decreto nº 2.181, de 20 de março de 1997, é o primeiro regramento específico do mercado de consumo no Direito brasileiro a estabelecer normas de proteção e defesa do consumidor, de ordem pública e interesse social[1]. Com efeito, suas regras não podem ser contrariadas nem por vontade das partes, pois são imperativas, obrigatórias e inderrogáveis. Ele abrange toda a coletividade de consumidores e sobrepõe os interesses da sociedade, vista em conjunto, aos dos particulares.

O CDC tem raiz constitucional, todo o princípio da proteção acha-se constitucionalmente assegurado. Para Nelson Nery Junior[2], o CDC criou um microssistema próprio, por se colocar, no ordenamento, como lei principiológica, pelo que a ela devem se subordinar todas as leis específicas quando tratarem de questões que atinem a relações de consumo.

---

1 Conforme expresso no art. 1º, CDC.

2 In: GRINOVER et al., 1999, p. 432.

O CDC trouxe para o ordenamento jurídico brasileiro uma mudança de paradigma onde seu campo de aplicação é bastante amplo.

Os princípios fundamentais reitores das relações de consumo, que devem orientar todo o sistema jurídico estão dispostos nos primeiros sete artigos do CDC, e alguns merecem ser comentados, dentre eles a vulnerabilidade do consumidor; a boa-fé objetiva, a transparência e a informação.

O CDC reconhece a vulnerabilidade do consumidor, pela constatação de ser ele o elo mais fraco da relação jurídico-contratual, pois quem detém o conhecimento técnico do produto ou serviço colocado no mercado de consumo é o fornecedor.

A harmonização dos interesses dos participantes das relações de consumo é feita sempre com base na boa-fé objetiva, na equidade e no equilíbrio. Cabe esclarecer que a boa-fé trazida pelo CDC possui acepção diversa da clássica, de natureza subjetiva, tratada como um estado de consciência individual de agir de modo a não prejudicar a outra parte. No CDC, a boa-fé é objetiva, denota a conduta social, observando os valores éticos, de lealdade, honestidade, probidade. Esse princípio, em comunhão com o da equidade e do equilíbrio, forma os princípios fundamentais das relações jurídicas de consumo.

O princípio da transparência traduz-se na imposição ao fornecedor do dever de ofertar e apresentar produtos e serviços, assegurando informações corretas, claras, precisas, ostensivas e em língua portuguesa.

Vinculados à transparência nas relações de consumo está o princípio da informação ao consumidor, sobre seus direitos e deveres, bem como sobre o produto ou serviço, no tocante a suas características, composição, qualidade, preço e riscos apresentados, relatórios com dados mensurados e analisados, na medida em que a informação correta permite ao consumidor contratar com segurança.

A matéria regulada pelo CDC é a relação de consumo, assim entendida a relação jurídica existente entre dois sujeitos: o consumidor[3] e

3 Arts. 2º e parágrafo único; 17 e 29, CDC.

o fornecedor[4], tendo por objeto a aquisição de produtos[5] ou utilização de serviços[6].

Esses requisitos devem necessariamente coexistir para se aplicar o CDC. Se alguns deles não se enquadrarem, não há relação de consumo e não se aplica o CDC.

4. A Lei dos Planos de Saúde

Dez anos após a promulgação da Constituição Federal e oito da edição do Código de Defesa do Consumidor, dá-se a entrada do marco regulatório do sistema de saúde privado, também chamado supletivo ou suplementar. Surgiu com a aprovação da Lei nº 9.656, de 03 de junho de 1998, e das medidas provisórias que sucessivamente a alteraram, hoje em vigor a Medida Provisória nº 2.117-44, de 24 de agosto de 2001, que dispõe sobre os planos privados de assistência à saúde, os chamados Planos de Saúde, incluindo, também, nessa terminologia, os Seguros-Saúde, que aguardam, até hoje, deliberação do Congresso Nacional. Antes, a normatização desse setor só existia para o seguro-saúde[7] e, mesmo assim, apenas nos aspectos econômico-financeiros dessa atividade.

A Lei nº 9.656/98 impõe uma disciplina específica para as relações de consumo na saúde suplementar, mediante o disciplinamento da cobertura assistencial, abrangência dos planos, rede credenciada, procedimentos e eventos cobertos e não cobertos, carências, doenças e lesões preexistentes e cumprimento de cláusulas contratuais, além de estabelecer normas de controle de ingresso e permanência e saída das operadoras nesse mercado, estabelecer normas relativas à solvência e liquidez dessas operadoras, a fim de preservar sua sustentabilidade e transparência.

4 Art. 3º, CDC.

5 Art. 3º, § 1º, CDC.

6 Art. 3º, § 2º, CDC.

7 Decreto-Lei nº 73/66 e Resoluções do Conselho Nacional de Seguros Privados.

5. A Agência Nacional de Saúde Suplementar

No governo Fernando Henrique Cardoso inicia-se a Reforma do Aparelho do Estado, consolidando um novo modelo: o Estado Regulador. A Constituição Federal de 1988, em seu art. 174, ao dispor sobre a ordem econômica, fixou o papel do Estado como agente normativo e regulador e como executor subsidiário de atividades econômicas. Nesse diapasão, surgem as Agências Reguladoras[8], órgãos do Estado, integrantes do setor das atividades exclusivas.

A função essencial das Agências é a de executar as políticas de Estado de orientação e planejamento da economia, com vistas à eficiência do mercado, corrigindo, ou, ao menos, atenuando suas falhas, tais como: assimetria de informações, abuso do poder de mercado. Isso se dá por meio de intervenção direta nas decisões dos setores econômicos, como por exemplo, a formação de preços; competição; entrada e saída do mercado; garantias de operação etc.

Cabe comentar, sucintamente, que as Agências Reguladoras, dentro de suas competências legais, podem regulamentar as normas emanadas do Poder Legislativo, ou seja, podem editar regulamentos respeitando a lei. No entanto, a regulamentação de uma lei não pode ultrapassar os limites por ela impostos, não podendo inovar na ordem jurídica, não se pode criar ou extinguir direitos. Todos os atos administrativos encontram-se submetidos aos ditames legais, sob pena de serem considerados ilegais e inválidos.

Nesse diapasão, ensina-nos Leila Cuellar[9]:

> Os regulamentos não podem desrespeitar as normas e princípios de direito que lhe são superiores. É-lhes vedado modificar, suspender, derrogar ou revogar as normas e princípios constitucionais, ou contrariar a lei, entendida em sentido amplo.

---

8 Na esfera federal foram criadas a Aneel, Anatel, ANP, Anvisa, ANS, ANA, ANTT, Antaq, Ancine e Anac.

9 CUELLAR, Leila. *As agências reguladoras e seu poder normativo*. São Paulo: Dialética, 2001, p. 124.

O mercado de saúde suplementar, a partir de 2000, passou a ser regulado pela Agência Nacional de Saúde Suplementar – ANS, vinculada ao Ministério da Saúde.

A ANS foi criada pela Medida Provisória nº 1.928, de 25 de novembro de 1999, posteriormente convolada na Lei nº 9.961, de 28 de janeiro de 2000. É uma autarquia, sob o regime de natureza especial. Ela tem como escopo fiscalizar, regulamentar e monitorar o mercado de saúde suplementar, isto é, regulando as operadoras setoriais inclusive quanto às suas relações com prestadores e consumidores e contribuir para o desenvolvimento das ações de saúde no País, no intuito de inibir práticas lesivas ao consumidor e estimular comportamentos que reduzam os conflitos e promovam a estabilidade do setor.

A ANS, ao regulamentar a Lei nº 9.656/98, deve observar as disposições previstas no Código de Defesa do Consumidor. Ela não pode criar nem extinguir direitos, isto é, não pode inovar na ordem jurídica.

6. A Relação de Consumo nos Planos de Saúde

No que se refere à relação jurídica de consumo nos planos de saúde[10], entende-se por consumidor, o titular de planos de saúde, seus dependentes, os agregados, os beneficiários, os usuários, ou seja, todos os que utilizam ou adquirem planos de saúde como destinatários finais ou equiparados. Como fornecedor enquadram-se as operadoras de planos de assistência à saúde, aquelas que oferecem serviços de assistência à saúde, através dos planos de saúde no mercado de consumo, isto é, as pessoas jurídicas constituídas sob a modalidade empresarial, associação, fundação, cooperativa, ou entidade de autogestão, obrigatoriamente registradas na Agência Nacional de Saúde Suplementar.

A relação entre os consumidores e as empresas que oferecem serviços de assistência à saúde está amparada pelo CDC. Portanto, os consumidores de planos de saúde têm o direito de ver reconhecidos

10 Planos privados de assistência à saúde, conhecidos como planos de saúde, incluindo, também, nessa terminologia os seguros-saúde.

todos os direitos e princípios assegurados pelo Código de Defesa do Consumidor.

7. Os Contratos de Planos de Saúde

A relação de consumo entre os consumidores e as operadoras de planos de assistência à saúde se concretiza por meio de contratos de planos de saúde, típicos de consumo, cujo objetivo é prestar serviços de assistência à saúde no mercado. É um contrato de adesão, padronizado, com todas as cláusulas preestabelecidas pela operadora.

Este contrato gera obrigações recíprocas, em que o consumidor assume o compromisso de pagar mensalmente as prestações pecuniárias correspondentes aos serviços oferecidos pelas operadoras, ao passo que a esta cabe fazer a gestão dos custos e oferecer uma rede de prestadores (médicos, hospitais, clínicas, laboratórios) para prestar o serviço de cobertura dos procedimentos médicos, hospitalares ou odontológicos, quando o consumidor dele necessitar.

O plano de saúde é um contrato que vigora por tempo indeterminado e com execução continuada, chamado de trato sucessivo. Cláudia Lima Marques[11] denomina-os contratos cativos de longa duração.

Esses contratos têm natureza securitária, pois, também, como os seguros, são contratos aleatórios, cuja obrigação da operadora de prestar assistência à saúde depende da ocorrência de evento futuro e incerto no tempo, mas tem uma segurança, no sentido de saber qual a prestação a esperar no tempo.

Cabe salientar que, no mercado de saúde suplementar, verificam-se duas espécies de contratos de planos de saúde: os planos antigos e os planos novos.

Consideram-se planos antigos os que não estão submetidos à Lei nº 9.656/98, ou seja, os firmados anteriormente à sua vigência[12] mas,

11 MARQUES, Claudia Lima. *Contratos no código de defesa do consumidor e o novo regime das relações contratuais*. 4. ed. rev., atual. e ampl. São Paulo: RT, 2002, p. 79.

12 Contratos firmados até o dia 31 de dezembro de 1998.

no entanto, devem respeitar o Código de Defesa do Consumidor. Já os planos novos são os firmados após a vigência[13] da Lei nº 9.656/98. Há, ainda, uma subespécie dos contratos novos, os planos adaptados, que são aqueles firmados antes da vigência da Lei nº 9.656/98, mas posteriormente alterados por meio de aditivo contratual, para ampliar o conteúdo do contrato original, ou através da migração, que é a celebração de um novo contrato de plano de saúde dentro da mesma operadora; ambas as formas para contemplar as regras vigentes. Portanto, tanto os planos novos como os adaptados têm de respeitar a lei específica e sua regulamentação que por sua vez, obviamente, também, devem respeitar os ditames do Código de Defesa do Consumidor.

8. A Lei nº 9.656/98 à Luz do Código de Defesa do Consumidor

A Lei nº 9.656/98, que trata sobre os planos de saúde, em seu art. 35-G, dispôs que se aplicam subsidiariamente aos contratos de planos privados de assistência à saúde as disposições do Código de Defesa do Consumidor:

> Art. 35-G. Aplicam-se subsidiariamente aos contratos entre usuários e operadoras de produtos deque tratam o inciso I e o § 1º do art. 1º desta Lei as disposições da Lei nº 8.078, de 1990.

O Código de Defesa do Consumidor, como já se disse, é lei geral principiológica e se aplica a toda relação de consumo. A Lei nº 9.656/98, por sua vez, é especial. regula os planos de saúde e expressamente menciona a aplicabilidade do CDC. No entanto, o legislador não foi apropriado ao determinar que a aplicação do CDC aos planos de saúde seja subsidiária. A terminologia adequada à aplicação do CDC deveria ser complementar.

Nesse diapasão, cabe recorrer à Cláudia Lima Marques[14] que, ao comentar a questão, assinala:

---

13 Contratos firmados após o dia 1º de janeiro de 1999.

14 MARQUES, Claudia Lima. *Contratos no código de defesa do consumidor e o novo regime das relações contratuais*. 4. ed. rev., atual. e ampl. São Paulo: RT, 2002, p. 548.

> Este art. da lei especial não está dogmaticamente correto, pois determina que norma de hierarquia constitucional, que é o CDC (art. 48 ADCT/CF88), tenha apenas aplicação subsidiária a normas de hierarquia infraconstitucional, que é a Lei 9.656/98, o que dificulta a interpretação da lei e prejudica os interesses dos consumidores que queria proteger. Sua *ratio deveria ser a de aplicação cumulativa de ambas as leis, no que couber, uma vez que a Lei 9.656/98 trata com mais detalhes os contratos de planos privados de assistência à saúde do que o CDC, que é norma principiológica e anterior à lei especial.* Para a maioria da doutrina, porém, a Lei 9.656/98 tem prevalência como lei especial e mais nova, devendo o CDC servir como lei geral principiológica a guiar a interpretação da lei especial na defesa dos interesses do consumidor, em especial na interpretação de todas as cláusulas na maneira mais favorável ao consumidor (art. 47 do CDC). *Particularmente defendo, em visão minoritária, a superioridade hierárquica do CDC"* (grifou-se).

Nesse sentido, entende-se ser perfeitamente admissível a aplicação cumulativa e complementar da Lei nº 9.656/98 e do Código de Defesa do Consumidor aos planos de saúde. Da lei geral extraem-se os comandos principiológicos aplicáveis à proteção do consumidor, ao passo que à legislação específica caberá reger, de forma minudenciada, os planos de saúde.

Percebe-se, claramente, que a intenção do legislador foi a de reforçar a incidência do Código de Defesa do Consumidor ao regular os planos de saúde. Mas, como já comentado, utilizou terminologia equivocada. No entanto, mesmo se não houvesse qualquer menção ao Código de Defesa do Consumidor na Lei nº 9.656/98, ele estaria subjacente, por ter raiz constitucional e se tratar de lei principiológica.

Deste modo, qualquer lei especial que vier regular um segmento específico que envolva, em um polo, o consumidor e, em outro, o fornecedor, transacionando produtos e serviços, terá de obedecer à Lei Consumerista, ainda que não haja remissão expressa. Como ensina Rizzatto Nunes:[15]

15 RIZZATTO NUNES, Luiz Antonio. *Comentários ao código de defesa do consumidor.* São Paulo: Saraiva, 2000, p. 86.

> Na eventual dúvida sobre saber qual diploma legal incide na relação jurídica, no fato ou na prática civil ou comercial, deve o intérprete, preliminarmente, identificar a própria relação: se for jurídica de consumo, incide na mesma a Lei 8.078/90.

Compartilhando do entendimento de Marcelo Sodré[16], cabe destacar que "as leis de defesa do consumidor, na exata medida em que fixarem princípios a serem perseguidos – e neste caso se tornarem leis principiológicas – terão superioridade em relação às demais leis especiais".

Por conseguinte, os consumidores de planos de saúde têm, em primeiro lugar, o direito a ver reconhecidos todos os seus direitos e princípios assegurados pelo Código de Defesa do Consumidor tanto na legislação especial quanto na esfera da regulamentação administrativa.

9. Segurança Jurídica

O princípio constitucional da segurança jurídica tem o condão de garantir estabilidade, previsibilidade e confiança ao estabelecer que se deve respeitar o ato jurídico perfeito, o direito adquirido e a coisa julgada. Estes institutos têm por escopo a proteção das relações jurídicas.

Tal princípio tem dois sentidos: i) estrito, que garante aos cidadãos a certeza da estabilidade em sociedade, ao impossibilitar alterações nas relações jurídicas em virtudes de modificações legislativas; ii) mais amplo, que visa a dar garantia aos cidadãos dos direitos previstos na Constituição Federal.

Desse modo, a garantia da segurança jurídica está prevista nas normas vigentes, que devem ser claras, não ensejar dúvidas ou conflitos e também não podem retroagir.

O setor de saúde suplementar apresenta alguns fatos relevantes que merecem nossa atenção, pois podem ensejar insegurança jurídica.

Primeiramente, cabe salientar que até o momento a Lei nº 9.656/98 vige no ordenamento jurídico, por meio da MP nº 2.177-44/2001, sem

---

16 SODRÉ, Marcelo. A construção do direito do consumidor. São Paulo: Atlas, 2009, p. 68.

apreciação do Congresso Nacional, consequentemente gera insegurança pelo fato de transmitir unicamente a vontade do Poder Executivo.

Segundo, a Lei dos Planos de Saúde e sua regulamentação apresentam algumas incompatibilidades[17] à luz do Código de Defesa do Consumidor. Entendemos que muitos conflitos, alvo de reclamações nos órgãos de defesa do consumidor e no Poder Judiciário, referem-se a essas incompatibilidades apontadas pelo marco regulatório, em face à lei consumerista.

Terceiro, a Lei nº 9.656/98 foi submetida à apreciação do Supremo Tribunal Federal, que já teve a oportunidade de se manifestar liminarmente, quando a Confederação Nacional de Saúde apresentou a ação direta de inconstitucionalidade (ADIn 1.931-8)[18], questionando a constitucionalidade de vários de seus dispositivos, no sentido de informar que ela só se aplica aos contratos firmados após a sua vigência.

Em 2010, a 2ª Seção do Superior Tribunal de Justiça (STJ) aprovou a Súmula nº 469[19], que consolida o entendimento, há tempos pacificado, de que: *Aplica-se o Código de Defesa do Consumidor, aos contratos de planos de saúde*. A Súmula[20] vem pacificar e uniformi-

---

17 Verificam-se alguns pontos pontuais da Lei nº 9.656/98 e de sua regulamentação que merecem ser repensados, a fim de serem compatibilizados com os princípios que norteiam os comandos do Código de Defesa do Consumidor, tais como: a possibilidade de rescisão do contrato pela operadora por inadimplência do consumidor, assim como de suspensão ou rescisão durante a internação do dependente; a ausência de obrigatoriedade de entrega das condições gerais do contrato para os consumidores de planos coletivos; a limitação da cobertura de transplantes para os casos de córnea, rim e medula óssea; a limitação da duração dos tratamentos em regime de urgência e emergência; a alteração unilateral do contrato por revisão técnica, a limitação de elegibilidade para portabilidade de carências aos planos individuais/familiares e coletivos por adesão.

18 ADIn 1.931, Rel. Min. Maurício Correa, Tribunal Pleno, j. 21.08.2003, DJU 03.09.2003.

19 STJ, 2ª Seção, j. 24.11.2010, DJU 06.12.2010.

20 Referências Legislativas: Código de Defesa do Consumidor – Lei 8.078/90 e Lei 9.656/98, que dispõem sobre os planos privados de assistência à saúde. Precedentes: REsp 1.106.557 SP 2008/0262553-6, Decisão: 16.09.2010, DJe 21.10.2010; AgRg no Ag 1.250.819 PR 2009/0222990-5, Decisão: 04.05.2010, DJe 18.05.2010; REsp 1.106.789 RJ 008/0285867-3, Decisão: 15.10.2009,

zar a interpretação de que o CDC se aplica aos planos de saúde. O Tribunal, em suas considerações, não fez qualquer ressalva em relação à época de contratação dos planos de saúde, sejam eles firmados antes ou depois da lei específica que os regula. Nesse sentido, todos os contratos de planos de saúde firmados a qualquer tempo, antigos ou novos, devem observar as regras do Código de Defesa do Consumidor. A edição da Súmula nº 469 do STJ reforça o entendimento da jurisprudência brasileira e corrobora nossa opinião de que os contratos de planos de saúde estão submetidos à égide do Código de Defesa do Consumidor.

Quarto, também cabe salientar que o contrato de planos de saúde firmado entre o consumidor e a operadora de planos de assistência à saúde é considerado ato jurídico perfeito, isto é, ato consumado segundo a lei vigente à época em que foi firmado e se efetuou, não sendo alcançado por lei posterior. O direito adquirido do consumidor ao firmar o contrato é que ele se torna titular dos direitos nele previstos. No entanto, por ser um contrato por prazo indeterminado, é sempre suscetível de questionamentos, quando há a ampliação de direitos na legislação ou por abusividade das cláusulas contratuais.

Outro ponto crítico, as operadoras de planos de assistência à saúde têm o dever de obedecer às regras da Lei dos Planos de Saúde e as editadas pela ANS, órgão regulador e fiscalizador ao qual estão submetidas. No entanto, muitas vezes, elas são penalizadas, administrativamente pelos Procons ou judicialmente por descumprirem regras estabelecidas pelo Código de Defesa do Consumidor.

Como se denota, o setor de saúde privado está eivado de situações que permeiam insegurança jurídica.

DJe 18.11.2009; REsp 418.572 SP 2002/0025515-0, Decisão: 10.03.2009, DJe 30.03.2009; REsp 285.618 SP 2000/0112252-5, Decisão: 18.12.2008, DJe 26.02.2009; REsp 1.046.355 RJ 2008/0075471-3, Decisão: 15.05.2008, DJe 05.08.2008; REsp 986.947 RN 2007/0216173-9, Decisão: 11.03.2008, DJe 26.03.2008; REsp 466.667 SP 2002/0114103-4, Decisão: 27.11.2007, DJ 17.12.2007; REsp 251.024 SP 2000/0023828-7, Decisão: 27.09.2000, DJ 04.02.2001; REsp 267.530 SP 2000/00718106, Decisão 14.12.00, DJ 12.03.2001.

10. Protagonismo Judicial e Paternalismo Exacerbado

Após a redemocratização do Brasil com a promulgação da Constituição Federal de 1988, bastante abrangente em valores e princípios, a sociedade brasileira torna-se mais informada, consciente e atenta e passa a buscar a proteção de seus direitos lesados junto ao Poder Judiciário, consequentemente há um aumento expressivo no volume das demandas judiciais, criando a cultura da litigiosidade. Segundo dados recentes do Conselho Nacional de Justiça – CNJ, para uma população em torno de 200 milhões de pessoas, existem mais de cem milhões de ações em tramitação, sendo que 40 % referem-se à saúde, pública e privada.

O fenômeno da judicialização significa a transferência de decisões que poderiam ser tomadas previamente pelos Poderes Legislativo ou Executivo ou pela própria operadora de planos de assistência à saúde, e, por serem inadequadas, abusivas ou omissas acabam sendo dirimidas pelo Judiciário.

Além do Judiciário, a sociedade também busca a satisfação de seus direitos, no âmbito administrativo, por meio dos Procons e das Agências Reguladoras. Segundo dados do Sindec/MJ[21], em 2014, os Procons atenderam 2.490.769 consumidores sendo 62,7% de reclamações e 37% de consultas, o assunto referente aos planos de saúde aponta 1,1% das reclamações recebidas. A ANS, por sua vez, também recebe inúmeras reclamações de consumidores que não são atendidos adequadamente por suas operadoras.

O Poder Executivo, ao dirimir os conflitos referentes aos planos de saúde, tem posições divergentes, a ANS decide com base nas normas regulatórias e os Procons decidem com fulcro no Código de Defesa do Consumidor, consequentemente, estas reclamações não são atendidas nessa esfera e, em última instância serão apreciadas pelo Poder Judiciário.

Note-se que o setor de saúde suplementar, especialmente, no que tange à proteção do consumidor é conflituoso, assim sendo o Poder

21 Disponível em: <http://www.justica.gov.br/consumidor/sindec>. Acesso em: 15.11.2015.

Judiciário nas questões relativas aos planos de saúde assume um papel ativo, especialmente porque tem a última palavra e a responsabilidade de pacificar os conflitos.

Entendemos que a insegurança jurídica, que permeia o setor de saúde suplementar, é um dos fatores preponderantes que ocasiona a judicialização da saúde suplementar e, consequentemente, gera protagonismo judicial e certo paternalismo, isto é, uma postura proativa e intervencionista do Poder Judiciário. Isso se dá porque se trata de um tema complexo, em que a solução dos problemas não está clara nas regras vigentes e, também, por ser uma relação de consumo diferenciada, porque afeta um bem constitucionalmente indisponível, que é a vida. Outro ponto é que a prestação da saúde envolve questões que têm impacto econômico e social, tais como: o envelhecimento da população, somada a uma expectativa positiva de vida mais longa, com custos assistenciais subindo rapidamente em função da vertiginosa incorporação de novas tecnologias, levando-se em conta que os recursos são finitos. Dessa forma, os conflitos ao invés de serem solucionados, se perpetuam.

A jurisprudência referente aos planos de saúde também não é pacífica. Ora as decisões observam os contratos de planos de saúde à luz dos ditames do CDC e do marco regulatório, ora somente de acordo com as regras regulatórias da saúde suplementar.

As demandas, tanto do Executivo como do Judiciário, sobre a saúde suplementar dizem respeito às negativas de coberturas, descumprimento dos contratos, oferta, reajustes, e atendimento em geral. Muitas se referem a problemas pontuais, da Lei nº 9.656/98 e de sua regulamentação, que não se compatibilizam com os princípios que norteiam os comandos do Código de Defesa do Consumidor.

Como já se disse, o setor de saúde suplementar é complexo e conflituoso, e como os Poderes Executivo e Legislativo não estão atendendo satisfatoriamente as demandas da sociedade, os consumidores têm que recorrer ao Poder Judiciário para buscar a proteção de seus interesses.

Os magistrados nas demandas relativas aos planos de saúde acabam muitas vezes assumindo um papel proativo e paternal, no intuito de garantir aos consumidores, com fulcro nos preceitos constitucionais da dignidade da pessoa humana e do direito à saúde, algo não previsto no contrato firmado ou na legislação vigente, e deixam de observar os impactos que suas decisões podem ter no âmbito social e econômico, expandindo o seu sentido e alcance. Isto gera tensão entre o mínimo existencial e a reserva do possível.

Entendemos que a judicialização não é a alternativa mais adequada para a garantia dos direitos à saúde dos consumidores. Nesse diapasão, é necessário buscar meios alternativos para a redução dos conflitos.

Como resolver este impasse? Quais são os desafios?

11. Desafios

A regulação da saúde suplementar precisa ser aperfeiçoada para harmonizar as relações entre as operadoras de planos de assistência à saúde e seus consumidores, especialmente, para minimizar os conflitos.

Para tanto, é primordial invocar a sustentabilidade com uma visão holística, na busca do equilíbrio de um desenvolvimento economicamente viável, socialmente justo e ambientalmente correto. O que significa dizer, em outras palavras, com operadoras devidamente remuneradas, consumidores devidamente atendidos e o meio ambiente equilibrado, visando à excelência assistencial da saúde.

Na sociedade pós-moderna em que vivemos é prioritária a necessidade de manter o diálogo aberto entre todos os atores envolvidos, o que dá a importância da ampliação do debate. O diálogo é a principal ferramenta para a construção de práticas jurídicas e sociais adequadas e responsáveis, levando em conta a transparência, a confiança e a boa-fé, isto quer dizer, os valores e os princípios éticos, pois o diálogo é a base de sustentação para o fortalecimento da democracia.

É necessário que esse debate se inicie, imediatamente, no intuito de aperfeiçoar o sistema, resolvendo as incompatibilidades legais existentes à luz da lei consumerista, e, também, é fundamental que essa discussão seja levada ao Congresso Nacional para aperfeiçoar o marco regulatório, isto é, convertendo em lei a Medida Provisória nº 2.177-44/2001, para justamente alcançar sua segurança jurídica.

Outra medida importante como mecanismo da redução de conflitos é a criação de Varas e Câmaras Cíveis especializadas em Saúde, onde os juízes sejam especialistas neste tema. Deve-se também, investir nas formas alternativas consensuais, como mediação[22] e conciliação[23].

Na tentativa de obter soluções para reduzir a judicialização da saúde, algumas iniciativas começam a despontar, tais como: NAT, Grupo Técnico sobre Consumo Saúde e Consumidor.gov.

O Núcleo de Apoio Técnico e de Mediação – NAT foi criado com base na Recomendação do Conselho Nacional de Justiça nº 36, que de forma expressa recomenda aos Tribunais de Justiça dos Estados e Tribunais Regionais Federais a celebração de convênios que objetivem disponibilizar apoio técnico, composto por médicos e farmacêuticos indicados pelos Comitês Executivos Estaduais, para auxiliar os Magistrados na formação de um juízo de valor quanto à apreciação das questões clínicas apresentadas pelas partes, por meio de um Termo de Cooperação Técnica firmado, em abril de 2015, entre o Tribunal de Justiça de São Paulo, a Associação Brasileira de Medicina de Grupo – Abramge e a Federação Nacional de Saúde Suplementar – Fenasaúde, com apoio da ANS. O NAT é um projeto-piloto junto ao Fórum João Mendes Junior, para auxiliar os magistrados no sentido de terem informações necessárias da área da saúde, para apresentar proposta de composição amigável e decidir sobre os pedidos. Não se tem dúvida de que o acesso à Justiça é direito fundamental, previsto em nossa Constituição Federal, mas como saúde é um direito indisponível, com muitas complexidades, é importante

22 A mediação é um método pelo qual um terceiro imparcial ajuda as partes a encontrar uma solução aceitável para ambas. O mediador não julga, não compõe o litígio. Ele apenas estimula as partes a chegarem a um acordo.

23 A conciliação é um método utilizado em conflitos mais simples, ou restritos, no qual o terceiro facilitador pode adotar uma posição mais ativa, porém neutra com relação ao conflito e imparcial. É um processo consensual, que busca uma efetiva harmonização social e a restauração, dentro dos limites possíveis, da relação social das partes.

que o Poder Judiciário busque apoio e informações para embasar decisões mais técnicas.

A Secretaria Nacional do Consumidor – Senacon teve, também, uma iniciativa louvável ao constituir um Grupo Técnico sobre Consumo Saúde, com representantes do Sistema Nacional de Defesa do Consumidor – SNDC, com o objetivo de estabelecer mecanismos de fortalecimento da proteção dos consumidores de planos e serviços de saúde privados, propor aperfeiçoamentos necessários para melhoria da regulação no setor e ampliar a fiscalização por desrespeito aos direitos dos consumidores. E, também, ao criar a plataforma **"Consumidor.gov.br"[24], que é um** serviço público, por meio da internet, que permite a interlocução direta entre consumidores e empresas, que aderiram formalmente ao serviço, monitorada pelo Estado, com o apoio da sociedade.

12. Considerações Finais

A Lei dos Planos de Saúde completou 17 anos e, no que se refere à proteção do consumidor, é possível comemorar algumas conquistas, mas ainda é necessário caminharmos no sentido da solução e redução dos conflitos que ainda persistem.

Não se tem dúvida de que o Brasil dispõe de um sistema normativo avançado, possui órgãos de proteção e defesa do consumidor e agência reguladora (ANS), que atuam no intuito de inibir práticas lesivas e promover a estabilidade do mercado. Tanto os consumidores como as operadoras de planos de assistência à saúde estão mais atentos em relação aos seus direitos e deveres.

No âmbito da proteção ao consumidor, há avanços trazidos pelo marco regulatório. Entretanto, ainda, há conflitos nas relações de consumo nesse setor, que acabam sendo dirimidas pelo Poder Executivo, através dos Procons e da ANS, e, especialmente, pelo Poder Judiciário.

Ao invés da cultura da judicialização da saúde suplementar, precisamos buscar a solução de conflitos resgatando a segurança jurídica

24 Decreto nº 8.573, de 19.11.2015.

e investir em mecanismos alternativos consensuais, como mediação e conciliação, que são ferramentas indispensáveis à sociedade pós-moderna em que vivemos, onde devemos deixar de ser conflituosos e ser mais cordiais uns com os outros.

Para todos os *stakeholders* do setor de saúde suplementar se sentirem vitoriosos – isto é, sem conflitos ou pelo menos que eles se reduzam consideravelmente, ou seja, que as relações de consumo sejam harmônicas e de confiança, faz-se urgente a participação e o envolvimento de todos os atores, desenvolvendo uma agenda comum visando a resultados positivos.

É imprescindível que esse debate seja ampliado, no intuito de aperfeiçoar o sistema na busca da consolidação de um mercado de saúde suplementar responsável, transparente, ético e justo. Isto quer dizer, em outras palavras, a efetiva construção de um setor virtuoso, com ganhos reais, onde todos os agentes podem se beneficiar, buscando o tão almejado equilíbrio econômico, social e ambiental para a atual e as futuras gerações.

13. Referências

BRASIL. Conselho Nacional de Justiça. *Justiça em números 2015: ano base 2014.* Brasília. CNJ. 2015

CUELLAR, Leila. *As agências reguladoras e seu poder normativo.* São Paulo: Dialética, 2001.

GRINOVER, Ada Pellegrini e outros. *Código brasileiro de defesa do consumidor:* comentado pelos autores do anteprojeto – Lei n. 8.078, 11 de setembro de 1990. 8. ed. Rio de Janeiro: Forense, 2004.

GREGORI, Maria Stella. *Planos de saúde:* a ótica da proteção do consumidor. 3ª ed. rev., atual. e ampl. São Paulo: RT, 2011 (Biblioteca de Direito do Consumidor, v. 31).

MARQUES, Claudia Lima. *Contratos no código de defesa do consumidor e o novo regime das relações contratuais*. 4. ed. rev., atual. e ampl. São Paulo: RT, 2002 (Biblioteca de Direito do Consumidor, v.1).

NERY JÚNIOR, Nelson. Os princípios gerais do código brasileiro de defesa do consumidor. In: *Revista de Direito do Consumidor,* n. 3. São Paulo, Revista dos Tribunais. set.-dez./1992, p. 44-77.

RIZZATTO NUNES, Luiz Antonio. *Comentários ao código de defesa do consumidor.* São Paulo: Saraiva, 2000.

SODRÉ, Marcelo. *A construção do direito do consumidor. São Paulo: Atlas, 2009.*

Sites consultados:

<http://www.ans.gov.br>

<http://www.justica.gov.br/consumidor/sindec>

A SEGURANÇA JURÍDICA NO MERCADO IMOBILIÁRIO

Maury Rouède Bernardes

A análise econômica da função social do contrato, realizada a partir da doutrina da análise econômica do direito, permite reconhecer o papel institucional e social que o direito contratual pode oferecer ao mercado, qual seja a segurança e previsibilidade nas operações econômicas e sociais capazes de proteger as expectativas dos agentes econômicos, por meio de instituições mais sólidas, que reforcem, ao contrário de minar, a estrutura do mercado. Ministro Luis Felipe Salomão – STJ – 4ª Turma – REsp nº 1.163.283 – RS (2009/0206657-6) Publ. 04.05.2015.

A segurança jurídica no mercado imobiliário, de que aqui iremos cuidar, tem como seu principal objeto o desenvolvimento da atividade da incorporação, o mais importante negócio realizado no mercado imobiliário.

A estruturação do desenvolvimento imobiliário é *modular e dinâmica* e tem seus principais procedimentos distribuídos quase sempre em 8 fases distintas, desde a prospecção do terreno até a entrega do empreendimento ao consumidor final.

1. Dinâmica do Procedimento

A estruturação modular é geralmente distribuída, segundo a natureza das correspondentes etapas, agrupadas nas seguintes fases: 1) prospecção e análise; 2) estudos de viabilidade econômica e financeira; 3) aquisição do ativo; 4) montagem imobiliária; 5) planejamento estratégico; 6) campanhas e vendas; 7) avaliação de resultado e legalização final; 8) entrega do empreendimento.

FASE I – Prospecção e análise

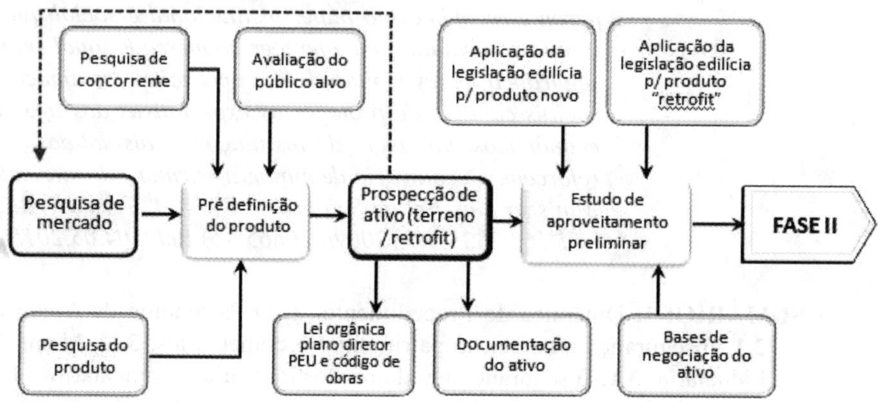

FASE II - Viabilidade econômica e financeira

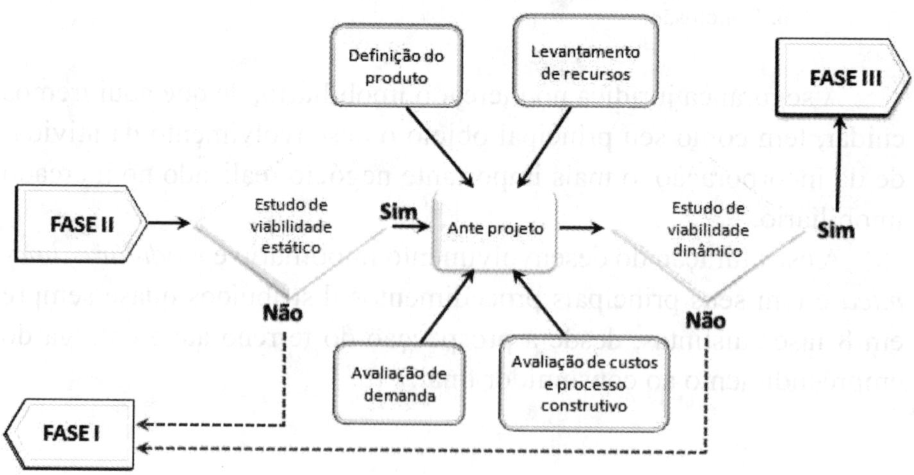

FASE III - Aquisição do ativo

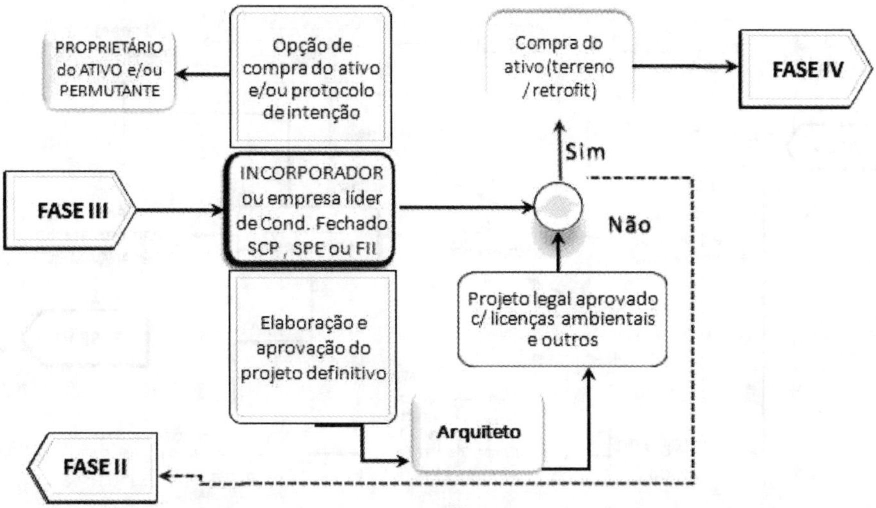

FASE IV – Montagem Imobiliária

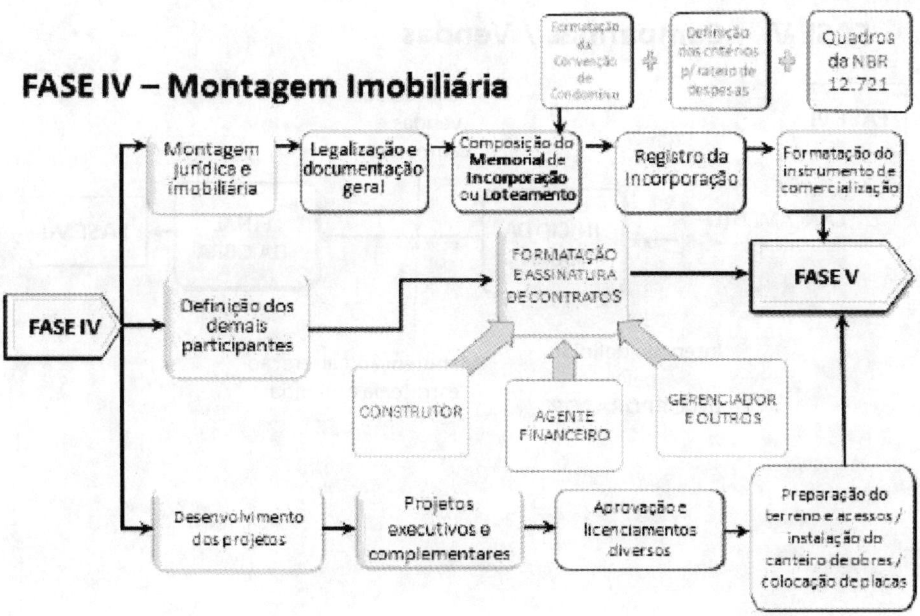

FASE V – Planejamento estratégico

FASE VI – Campanhas / Vendas

FASE VII – Reavaliação de resultado e legalização final

FASE VIII – Entrega do empreendimento

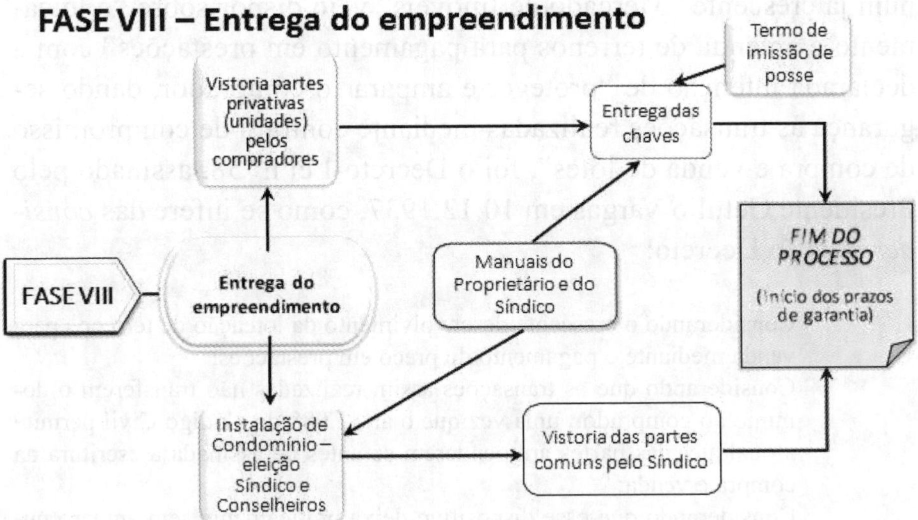

Além dos estudos de viabilidade econômica e financeira, com que se inicia o desenvolvimento imobiliário, qualquer que seja a formatação do empreendimento, tem-se a segurança e a previsibilidade como relevantes pressupostos para o necessário e antecedente regramento das relações contratuais que presidirão o desenvolvimento do negócio de seu objeto.

A base legal, construída em uma sequência de leis, não tão novas, mas inovadoras, e o respeito aos precedentes, representa importante insumo para a pavimentação do caminho que leva à segurança jurídica nos contratos imobiliários, de que aqui tratamos.

Para melhor compreendermos a "Genesis" da proteção do consumidor e a discussão e identificação das melhores práticas na direção da Segurança Jurídica no Mercado Imobiliário e sua "desjudicialização", optamos por apresentar a base legal e as suas pretendidas repercussões no desenvolvimento da atividade da incorporação imobiliária em uma sequência temporal, *quase uma "régua do tempo"*:

[10.12.1937] No Brasil, o primeiro texto legal endereçado à "proteção do consumidor" e, por decorrência, à "segurança jurídica" num já crescente "Mercado de Imóveis" veio dispor sobre "o loteamento e a venda de terrenos para pagamento em prestações" com a declarada intenção de "proteger e amparar o comprador, dando segurança às transações realizadas mediante contrato de compromisso de compra e venda de lotes", foi o Decreto-Lei nº 58, assinado pelo Presidente Getúlio Vargas em 10.12.1937, como se infere das *consideranda* ao Decreto:

> Considerando o crescente desenvolvimento da loteação de terrenos para venda mediante o pagamento do preço em prestações;
> Considerando que as transações assim realizadas não transferem o domínio ao comprador, uma vez que o art. 1.088 do Código Civil permite a qualquer das partes arrependerem-se antes de assinada a escritura da compra e venda;
> Considerando que esse dispositivo deixa praticamente sem amparo numerosos compradores de lotes, que têm assim por exclusiva garantia a seriedade, a boa fé e a solvabilidade das empresas vendedoras;
> Considerando que, para segurança das transações realizadas mediante contrato de compromisso de compra e venda de lotes, cumpre acaute-

> lar o compromissário contra futuras alienações ou onerações dos lotes comprometidos;
> Considerando ainda que a loteação e venda de terrenos urbanos e rurais se opera frequentemente sem que aos compradores seja possível a verificação dos títulos de propriedade dos vendedores, o Decreto-Lei nº 58/1937 veio determinar:
> Art. 1º Os proprietários ou coproprietários de terras rurais ou terrenos urbanos, que pretendam vendê-los, divididos em lotes e por oferta pública, mediante pagamento do preço a prazo em prestações sucessivas e periódicas, são obrigados, antes de anunciar a venda, a depositar no cartório do registo de imóveis da circunscrição respectiva: [...][1].

Caracterizou-se, portanto, o Decreto-Lei nº 58/1937, como o primeiro texto do nosso sistema legal direcionado à proteção do comprador de imóveis (os lotes de terrenos urbanos e rurais), criando a obrigação de registro prévio de um memorial de loteamento com o arquivamento dos documentos listados nos incs. I a V do seu art. 1º, no ofício registral competente.

[16.12.1964] A segurança jurídica no mercado imobiliário brasileiro começa a ganhar corpo com a publicação da Lei nº 4.591, em 16.12.1964, dispondo sobre o "condomínio em edificações" e impondo condições e regras para a realização de incorporações imobiliárias[2].

Nasce aí, da pena magistral de Caio Mario da Silva Pereira, o regramento da atividade da incorporação imobiliária e do "condomínio por planos horizontais", condomínio especial em que o todo (a edificação) se subdivide em unidades imobiliárias (os "apartamentos"), resultantes da acessão das benfeitorias às correspondentes frações ideais no terreno de sua implantação, passando a constituir unidades imobiliárias autônomas (os apartamentos), devidamente individualizadas e discriminadas, por efeito da averbação da construção do edifício[3] nas correspondentes matrículas imobiliárias.

---

1 Listando, em seus incisos I a V, os documentos a serem depositados.

2 Com modificações posteriormente introduzidas pela Lei nº 4.866, de 29.12.1965.

3 Lei nº 4.591/64 – *Art. 44. Após a concessão do "habite-se" pela autoridade administrativa, o incorporador deverá requerer a averbação da construção das edificações, para efeito de individualização e discriminação das unidades [...].*

[25.06.1928] Abrimos aqui, um "parêntesis", *voltando na "régua do tempo"*, para inserir uma "referência histórica" ao Decreto nº 5.841, de 25.06.1928, que introduziu no nosso sistema legal o "condomínio em edifícios", ao dispor sobre a "alienação parcial dos edifícios de mais de cinco andares, no todo ou em parte objetivamente considerado, constituindo cada apartamento uma propriedade autônoma" e estabelecer, em seu art. 2º:

> O terreno em que se assentem o edifício e suas instalações e o que lhe sirva a qualquer dependência de fim proveitoso e uso comum dos condôminos ou ocupantes, constituirão coisa inalienável e indivisível de domínio de todos os proprietários do prédio.

O Decreto 5.841/28 teve seu art. 1º modificado, uma primeira vez, pelo Decreto-Lei nº 5.234, de 08.02.1943, passando a se endereçar à alienação de edifícios de três ou mais pavimentos e, uma segunda vez, pela Lei nº 285, de 05.06.1948, para um novo ajuste na redação do art. 1º e, por decorrência, revogar o Decreto-Lei nº 5.234/43. A Lei nº 4.591/1964 revogou o Decreto nº 5.841/28.

A nova "Lei do Condomínio e Incorporações" também conhecida como "Lei Caio Mário" por justa homenagem ao seu autor, ao tempo em que estabelece regras de convivência no âmbito do "condomínio em edificações", regula a atividade da "incorporação imobiliária", indicando os sujeitos da nova relação jurídica "comprador e incorporador" e seus respectivos e correspondentes direitos e obrigações.

A incorporação imobiliária, em todo o território nacional, passa a se reger pela Lei nº 4.591/64 ao teor do disposto no seu art. 28, que a conceitua como sendo *a atividade exercida com o intuito de promover e realizar a construção, para alienação total ou parcial, de edificações ou conjunto de edificações compostas de unidades autônomas*.

Justamente com o propósito de assegurar aos adquirentes de imóveis a serem, ainda, construídos (bens para entrega futura), a almejada segurança jurídica para a formatação e a realização dos contratos com a prometida conclusão e entrega do imóvel de seu objeto, ao tempo e nas condições ajustadas, a nova lei estabelece que *o incorporador somente poderá negociar sobre unidades autônomas após ter arquivado, no cartório competente de Registro de Imóveis* os documentos, listados em seu art. "32", nas alíneas de *a* até *p*, devidamente colecionados no correspondente "Memorial de Incorporação".

[29.11.1965] Nesta data é sancionada a Lei nº 4.864, criando medidas de estímulo à indústria da construção civil. Com tal propósito: a) institui a Correção Monetária para atualização das parcelas mensais da parte financiada do saldo do preço nos contratos de venda, promessa de venda, cessão e promessa de cessão, ou de construção, que tenham por objeto imóveis construídos ou terrenos cuja construção esteja contratada, inclusive unidades autônomas e respectivas quotas ideais de terreno em edificação ou conjunto de edificações incorporadas em condomínio; b) altera e acrescenta dispositivos à Lei nº 4.591/64, dos quais destacamos o disposto em seus próprios arts. 5º, 6º, 7º e 8º, aqui em seguida transcritos:

> Art. 5º O art. 2º da Lei nº 4.591, de 16 de dezembro de 1964, fica acrescido dos seguintes parágrafos:
>
> § 1º O direito à guarda de veículos nas garagens ou locais a isso destinados nas edificações ou conjuntos de edificações será tratado como objeto de propriedade exclusiva, com ressalva das restrições que ao mesmo sejam impostas por instrumentos contratuais adequados, e será vinculada à unidade habitacional a que corresponder, no caso de não lhe ser atribuída fração ideal específica de terreno.
>
> § 2º O direito de que trata o § 1º deste artigo poderá ser transferido a outro condômino, independentemente da alienação da unidade a que corresponder, vedada sua transferência a pessoas estranhas ao condomínio.
>
> § 3º Nos edifícios-garagem, às vagas serão atribuídas frações ideais de terreno específicas.
>
> Art. 6º No caso de um conjunto de edificações a que se refere o art. 8º da Lei nº 4.591, de 16 de dezembro de 1964, poder-se-á estipular o desdobramento da incorporação em várias incorporações, fixando a convenção de condomínio ou contrato prévio, quando a incorporação ainda estiver subordinada a períodos de carência, os direitos e as relações de propriedade entre condôminos de várias edificações.
>
> Art. 7º O art. 9º da Lei nº 4.591, de 16 de dezembro de 1964, fica acrescido do seguinte parágrafo:
>
> § 4º No caso de conjunto de edificações, a que se refere o art. 8º, a convenção de condomínio fixará os direitos e as relações de propriedade

> entre os condôminos das várias edificações, podendo estipular formas pelas quais se possam desmembrar e alienar porções do terreno, inclusive as edificadas.
>
> Art. 8º O art. 18 da Lei nº 4.591, de 16 de dezembro de 1964, passa a vigorar com a seguinte redação:
>
> Art. 18. A desapropriação de edificações ou conjuntos de edificações abrangerá sempre a sua totalidade, com todas as suas dependências, indenizando-se os proprietários das unidades expropriadas.

E, também, para a hipótese de desistência com desmembramento do terreno, acrescenta um § 4º ao art. 9º da Lei nº 4.591/64, com as seguintes disposições:

> Art. 9º [...]
>
> § 4º No caso de conjunto de edificações, a que se refere o art. 8º, a convenção de condomínio fixará os direitos e as relações de propriedade entre os condôminos das várias edificações, podendo estipular formas pelas quais se possam desmembrar e alienar porções do terreno, inclusive as edificadas. (Parágrafo incluído pela Lei nº 4.864, de 29.11.1965).

[19.12.1979] Esses dois novos textos legais – as Leis nº 4.591/64 e nº 4.864/65 – endereçados à segurança jurídica nas relações contratuais do Mercado Imobiliário, ganham reforço nessa data, com a Lei nº 6.766/79 que, dispondo sobre *o parcelamento do solo para fins urbanos, mediante loteamento ou desmembramento*, condiciona sua comercialização ao prévio registro[4] com atendimento aos requisitos urbanísticos para loteamento, elaboração e aprovação do projeto de loteamento[5] ou de desmembramento[6], conforme o caso, devendo ainda

4 Lei nº 6.766/79 – *Art. 37. É vedado vender ou prometer vender parcela de loteamento ou desmembramento não registrado.*

5 Loteamento é a subdivisão de uma gleba em lotes destinados à edificação, com abertura de novas vias de circulação, de logradouros públicos ou prolongamento, modificação ou ampliação das vias existentes.

6 Desmembramento é a subdivisão de gleba em lotes destinados à edificação, com o aproveitamento do sistema viário existente, desde que não implique na abertura de novas vias e logradouros públicos, nem no prolongamento, modificação ou ampliação das já existentes.

submeter os projetos de loteamento aprovados ao registro imobiliário dentro de 180 (cento e oitenta) dias, sob pena de caducidade da aprovação. Por sua vez, a individualização dos lotes resultantes de um desmembramento, com abertura de novas matrículas, depende apenas da apresentação do Projeto Aprovado para registro no Oficio de Registro de Imóveis competente.

[11.09.1990] Nessa data, 26 anos depois, portanto, da publicação da Lei "Caio Mario", nosso ordenamento jurídico recepciona o "Código de Defesa do Consumidor, introduzido pela Lei nº 8.078", dispondo sobre *a Política Nacional das Relações de Consumo, os Direitos Básicos do Consumidor, a Qualidade de Produtos e Serviços, a Prevenção e a Reparação dos Danos, a Proteção da Saúde e Segurança, a Responsabilidade pelo Fato do Produto e do Serviço, a Responsabilidade por Vício do Produto e do Serviço, as Práticas Comerciais, a Oferta, Publicidade e Práticas Abusivas, a Proteção Contratual, as Cláusulas Abusivas, os Contratos de Adesão.*

[20.11.1997] É publicada a Lei nº 9.514/97, que *dispõe sobre o Sistema de Financiamento Imobiliário, institui a alienação fiduciária de coisa imóvel e dá outras providências*. Ao teor do seu art. 1º, diz a Lei nº 9.514 que *O Sistema de Financiamento Imobiliário – SFI tem por finalidade promover o financiamento imobiliário em geral, segundo condições compatíveis com as da formação dos fundos respectivos*. Esta lei veio alterar substancialmente a nossa legislação permitindo maiores garantias de financiamento aos agentes financeiros, construtores e incorporadores e, principalmente ao mutuário comprador. A principal diferença é que os contratos preveem "alienação fiduciária", e não hipoteca. É um tipo de garantia que dá maior segurança ao credor fiduciário, que detém a propriedade do imóvel até o momento da sua quitação, enquanto o devedor fiduciante tem apenas direito ao uso. Outra diferença é a fonte dos recursos utilizados. Para reunir os fundos de financiamento, os bancos emitem títulos com lastro imobiliário que são vendidos para investidores no Brasil ou no exterior. O mutuário pode usar seu FGTS, tanto como entrada quanto na quitação do saldo devedor. Neste caso, o contrato seguirá as regras do SFH.

Na hipótese de o cliente não utilizar o FGTS, as partes terão, então, liberdade para estipular juros e valores.

Nota: Dispositivos da Lei nº 9.514/97, alterados pela **Lei nº 11.076, de 30.12.2004**:

a) **parágrafo único do art. 22**: *A alienação fiduciária **poderá ser contratada por pessoa física ou jurídica**, não sendo privativa das entidades que operam no SFI, **podendo ter como objeto bens enfitêuticos**, hipótese em que será exigível o pagamento do laudêmio, se houver a consolidação do domínio útil no fiduciário*; b) **art. 38**: *Os atos e contratos referidos nesta Lei ou resultantes da sua aplicação, mesmo aqueles que visem à constituição, transferência, modificação ou renúncia de direitos reais sobre imóveis, **poderão ser celebrados por escritura pública ou por instrumento particular com efeitos de escritura pública**.*

[10.01.2002] É sancionada a Lei nº 10.406, instituindo o novo Código Civil que, à exceção dos dispositivos do § 4º do art. 24, do § 5º do art. 22 e do § 5º do art. 12, derroga os demais dispositivos do intervalo dos arts. 1º a 27 da Lei nº 4.591, de 16.12.1964, direcionados ao anteriormente denominado "condomínio em edificações". O novo Código Civil passa, então, a reger o "Condomínio Edilício" em seus arts. 1.331 a 1.358, em conjunto com os 3 (três) dispositivos da Lei nº 4.591/64, acima referidos e a seguir transcritos:

> Art. 24. [...]
> § 4º Nas decisões da Assembleia, que não envolvam despesas extraordinárias do condomínio, o locatário poderá votar, caso o condômino-locador a ela não compareça. (Redação dada pela Lei nº 9.267, de 25.03.1996)
> Art. 22. [...]
> § 5º O síndico poderá ser destituído, pela forma e sob as condições previstas na Convenção, ou, no silêncio desta pelo voto de dois terços dos condôminos, presentes, em assembleia-geral especialmente convocada.
> Art. 12. [...]
> § 5º A renúncia de qualquer condômino aos seus direitos, em caso algum valerá como escusa para exonerá-lo de seus encargos.

[02.08.2004] Lei nº 10.931/2004 – "Patrimônio de Afetação" – A Lei nº 4.591/64, por decorrência de sua derrogação parcial pela Lei nº

10.931/2004, conforme acima registramos, tem sua regência do "condomínio edilício" restringida às disposições dos três artigos da Lei nº 4.591/64, não derrogados, acima referidos, mantendo sob sua regência a "Incorporação Imobiliária", já antes disposta em seus arts. 28 a 47 e a "Construção em Condomínio", nos arts. 48 e seguintes, recepcionando, entretanto, em seu texto, o "Patrimônio de Afetação" nos arts. 31-A a 31-F, introduzidos pela Lei nº 10.931, de 02.08.2004, que tem a seguinte e enunciativa Ementa: *Dispõe sobre o "Patrimônio de Afetação": (Introduz os arts. 31-A até 31-E na Lei 4.591/64). Institui o Regime Especial Tributário – RET (arts. 1º ao 10º); Cria as Letras de Credito Imobiliário (arts. 12 ao 17), as Cédulas de Crédito Imobiliário (arts. 18 ao 25) e as Cédulas de Crédito Bancário (arts. 26 ao 45); estabelece regras para os Contratos de Financiamento de Imóveis (arts. 46 ao 49); institui critérios para os procedimentos judiciais que tenham por objeto obrigação decorrente de empréstimo, financiamento ou alienação imobiliários (art. 50); estende às obrigações em geral a possibilidade da garantia representada pela "alienação fiduciária" de bem imóvel (arts. 51 e 52); acrescenta novos dispositivos (arts. 31-A ao 31-F) na Lei 4.591/64 para instituir o "Patrimônio de Afetação" (art. 53); acrescenta um § 2º ao art. 32 da Lei 4.591/64*, estatuindo que *Os contratos de compra e venda, promessa de venda, cessão ou promessa de cessão de unidades autônomas são irretratáveis e, uma vez registrados, conferem direito real oponível a terceiros, atribuindo direito a adjudicação compulsória perante o incorporador ou a quem o suceder, inclusive na hipótese de insolvência posterior ao término da obra* e de que nos ocuparemos mais adiante, ao tratar da base legal em que hoje se assenta a "Segurança Jurídica no Negócio Imobiliário" e do "Desfazimento de Contratos de Promessa de Venda e Compra na Incorporação Imobiliária".

[09.02.2005] A Lei nº 11.101/2005, que regula a recuperação judicial, a extrajudicial e a falência do empresário e da sociedade empresária estatui, no inc. IX do art. 119:

Os patrimônios de afetação, constituídos para cumprimento de destinação específica, obedecerão ao disposto na legislação respectiva, permanecendo seus bens, direitos e obrigações separados dos do falido até o advento do respectivo termo ou até o cumprimento de sua finalidade, ocasião em que o administrador judicial arrecadará o saldo a favor da massa falida ou inscreverá, na classe própria, o crédito que contra ela remanescer.

[08, 09 e 10.07.2011] – A Ademi tomou a iniciativa de organizar e realizar um Fórum de Debates, promovendo o encontro de representantes do seu Grupo de Trabalho Estatutário, com um Grupo de Trabalho a ser formado por representantes do Judiciário, indicados, em conjunto, pela Emerj, pelo Cedes e pela Alta Administração do TJ-RJ. Foram também convidados a integrar esse Grupo representantes do Ministério Público, da Defensoria Pública e do Poder Legislativo. O êxito desse I Encontro de Trabalho com o tema "Segurança Jurídica no Negócio Imobiliário", realizado em Itaipava (RJ), motivou a realização de outros três encontros ainda em 2011. Nesses quatro "Encontros de Itaipava" foram aprovados 13 consensos, sete dos quais vieram a ser convertidos em "Proposições Jurídicas Consolidadoras de Tendências" no Encontro do Cedes com Desembargadores e Juízes, realizado no TJ-RJ em abril de 2012[7].

[2011] A crise anterior a 1994/2011 foi enfrentada e tratada com adequadas e eficientes iniciativas de governos, a saber:

> A criação do Plano Real (1994) ganhando impulso com a criação do Sistema de Financiamento Imobiliário – SFI (1997), a introdução do "patrimônio de afetação" de incorporações imobiliárias (2004), a edição da Medida Provisória nº 262/2004, mais conhecida como "MP do bem"[8], a estruturação do Sistema Nacional de Habitação de Interesse Social – SNHIS (2005) e as criações do Programa de Aceleração do Crescimento – PAC (2007) e do Programa Minha Casa Minha Vida – PMCMV1

7 Publicadas com o Aviso TJ-RJ nº 85/2012.

8 Nela, o governo propôs vários mecanismos de dispensa fiscal que beneficiaram em grande parte o setor imobiliário. Dentre as medidas adotadas, ressalta-se a isenção de Imposto de Renda na alienação de imóveis residenciais quando do emprego dos recursos na aquisição de outros imóveis residenciais. Esta ação ativaria o mercado de imóveis novos e ampliaria a oferta de imóveis usados.

(2009) e PMCMV2 (2011), propiciando o acesso de mais cidadãos aos produtos imobiliários[9].

[13.03.2012] Criação do Fórum "ADEMI-RGI – PADRONIZAÇÃO DO FORMATO DAS ESCRITURAS", objetivando a padronização do formato (ou "desenho", propriamente dito), das escrituras que devam ser recepcionadas pelos Ofícios de Registro de Imóveis, de sorte a facilitar – e por decorrência – a agilizar os trabalhos dos Srs. Examinadores, com o afastamento de modelos e práticas de que resultam frequentes e repetidas formulações de exigências.

Os trabalhos desenvolvidos em doze reuniões do "Fórum ADEMI-RGI", com a participação de Oficiais Registradores, representantes do TJ-RJ, do Sinduscon-Rio, da Abecip, de Instituições Financeiras públicas e privadas e de Incorporadoras, resultaram na criação de um *Check-list* (disponível no site da Ademi), para ser utilizado como capeamento dos títulos apresentados aos Registros de Imóveis, com toda a documentação exigida para seus registros ou averbações, evitando retrabalhos decorrentes de exigências formuladas por falta de documentos e, por decorrência, tornando mais célere a efetivação dos procedimentos cartorários.

A idealizada minuta com um "formato padronizado", objetivando apenas e tão somente dar maior celeridade aos trabalhos dos Examinadores, cedeu lugar à ideia de se produzir um texto com formato e conteúdo padronizados para contratos de promessa de compra e venda de unidades imobiliárias em construção, em consonância com os princípios e disposições legais que regem as relações entre fornecedores e consumidores, com o objetivo de afastar qualquer questionamento quanto à abusividade de cláusulas, posto que redigido com a efetiva intenção de se adotar as melhores práticas na comercialização de unidades imobiliárias incorporadas.

---

9 RÊGO, Werson. *Breves considerações sobre vulnerabilidade do consumidor e a [des]judicialização do mercado imobiliário* – "Direito Imobiliário – Escritos em homenagem ao Professor Ricardo Pereira Lira". São Paulo: Editora Atlas, p. 741.

[17.10.2012] – Foi aprovada por deliberação do Conselho de Administração da Ademi a edição de "RECOMENDAÇÕES ADEMI RJ", a serem publicadas pela Diretoria e observadas pelas associadas, considerando a conveniência de implantar as melhores práticas objetivando a desjudicialização das relações de consumo estabelecidas entre as empresas associadas da Ademi e os adquirentes de unidades imobiliárias por elas incorporadas[10].

[11.11.2013] MELHORES PRÁTICAS – Uma especial e inédita iniciativa veio a ser protagonizada, no Rio de Janeiro, pelo Fórum Multi-institucional formado pelo Tribunal de Justiça do Estado do Rio de Janeiro – TJ-RJ, pela Ordem dos Advogados do Brasil – Seção do Estado do Rio de Janeiro – OAB/RJ e pela Associação de Dirigentes de Empresas do Mercado Imobiliário – Ademi – com o tema "Mercado Imobiliário – Discutindo as Melhores Práticas", consistente na cuidadosa discussão, elaboração e consolidação de um modelo padronizado para "Contrato de Promessa de Venda e Compra de Unidade Imobiliária em Incorporação, Prevendo Financiamento Imobiliário".

A primeira versão desse modelo padronizado, nascido e elaborado em mais de uma dezena de reuniões do "Fórum ADEMI-RGI", instituído em março de 2012, foi apresentada e publicada em 11.11.2013, quando da formal instalação do fórum multi-institucional TJ-RJ-OAB/RJ-Ademi "Mercado Imobiliário: Discutindo as Melhores Práticas" na solenidade de abertura do VII Congresso de Direito Imobiliário e Registral, no TJ-RJ. A "Minuta Padronizada" incorporou, recentemente, a atualização do texto de oito cláusulas, com a exclusão de uma, em atendimento às conclusões de uma análise crítica do seu texto original, apresentada pela Secretaria Nacional do Consumidor do Ministério da Justiça – Senacon/MJ, como resultado de sua participação no V Encontro de Itaipava, realizado em novembro de 2014.

[16.03.2015] Sancionada a Lei nº 13.105/2015 que, em seu art. 833, inciso XII, declara serem impenhoráveis "os créditos oriundos da alienação de unidades imobiliárias sob regime de incorporação imobi-

10 Disponíveis no site da Ademi, no quadro Grupo Estatutário Segurança Jurídica

liária, vinculados à execução da obra", como é o caso dos empreendimentos submetidos à "afetação patrimonial"[11].

[28.11.2015] VI ENCONTRO sobre "Segurança Jurídica no Negócio Imobiliário" – Os novos textos das oito cláusulas atualizadas foram apresentados pelo Desembargador Werson Rego, com a indicação dos respectivos conceitos e justificativas durante os trabalhos do VI Encontro de Itaipava, realizado em 28.11.2015, em Itaipava (RJ).

Estiveram presentes, neste último Encontro, participando dos debates do SEMINÁRIO "MERCADO IMOBILIÁRIO: DISCUTINDO AS MELHORES PRÁTICAS": o Tribunal de Justiça do Estado do Rio de Janeiro – TJ-RJ, a Escola da Magistratura do Estado do Rio de Janeiro – Emerj, o Centro de Estudos de Direito Econômico e Social – Cedes, a Secretaria Nacional do Consumidor – Senacon/MJ, a Associação Nacional do Ministério Publico do Consumidor – MPCON, a Comissão Nacional dos Defensores Públicos do Consumidor – CNDPC, o Núcleo de Defesa do Consumidor da Defensoria Pública Geral do Estado do Rio de Janeiro – Nudecon, a Comissão de Direito do Consumidor da OAB/RJ, a Comissão de Direito Imobiliário da OAB/RJ, a Associação de Advogados do Mercado Imobiliário – Abami, a Associação das Incorporadoras – Abrainc e a Associação de Empresários do Mercado Imobiliário – Ademi, com seus dirigentes, advogados que integram o seu Grupo de Trabalho Estatutário "Segurança Jurídica". O texto da "Minuta Padronizada" é disponibilizado para leitura, download e impressão, no site da Ademi: <http://www.ademi.org.br>.

Questão que hoje reclama especial atenção dos juristas e operadores do Direito e dos agentes do mercado imobiliário, diz respeito não só a (por certo demoradas) ações na direção da retomada do crescimento, mas também no combate a práticas que conduzem à prolação de decisões equivocadas em dissonância com os preceitos ditados por diversos dispositivos de leis recentes, endereçados à garantia da segurança jurídica nas atividades desenvolvidas pelo mercado imobiliário,

11 O novo Código de Processo Civil tem sua vigência prevista para o dia 17.03.2016.

tais como os da alienação fiduciária – importante mecanismo de segurança jurídica e da circulação de recursos financeiros, através das novas formas de captação vinculadas ao setor financeiro com incremento na concessão de crédito imobiliário.

A "Segurança Jurídica no Negócio Imobiliário" tem por premissa básica a adequada inteligência e aplicação dos ditames legais endereçados a essa atividade, com especial destaque para os que dizem respeito aos procedimentos de exercício e execução das regras direcionadas a esses novos institutos: a "Afetação Patrimonial da Incorporação" (Lei nº 10.931, de 02.08.2004), a "Alienação Fiduciária de Imóvel em Garantia" (Lei nº 9.514, de 20.11.1997, com as alterações introduzidas pela Lei nº 10.931/2004) e a "Regra do Incontroverso" (art. 50 da Lei nº 10.931/2004) a cujos ritos e regência submetem-se os contratos utilizados na comercialização dos empreendimentos imobiliários.

A segurança jurídica permitiu a redução da inadimplência, viabilizou um incremento no volume de financiamentos e proporcionou a redução do déficit habitacional. Essa almejada "SEGURANÇA JURÍDICA" – e suas esperadas repercussões positivas – dependem da "segurança e previsibilidade nas operações econômicas e sociais capazes de proteger as expectativas dos agentes econômicos, por meio de instituições mais sólidas, que reforcem, ao contrário de minar, a estrutura do mercado"[12], se assenta em três pilares:

- o patrimônio de afetação;
- a alienação fiduciária de bem imóvel em garantia; e,
- a regra do incontroverso.

2. O Patrimônio de Afetação

O "Patrimônio de Afetação" é um regime facultativo, de afetação de uma incorporação imobiliária, previsto nos arts. 31-A a 31-F, acrescentados à Lei nº 4.591/64 pela Lei nº 10.931, de 02.08.2004[13].

---

12 Ministro Luis Felipe Salomão, *idem*.

13 Anteprojeto de Lei de autoria do advogado Melhim Namem Chalhub.

Na incorporação, o patrimônio de afetação é constituído mediante averbação, na matrícula do terreno destinado à edificação aberta no Serviço do Registro de Imóveis competente, de um termo denominado "termo de afetação", no qual o representante legal da empresa incorporadora declara que a incorporação está submetida ao regime da nova lei.

Com a instituição desse regime, o terreno e as acessões da incorporação, bem como os demais bens e direitos a ela vinculados, ficam apartados do patrimônio do incorporador, constituindo um "patrimônio de afetação", destinado à consecução do empreendimento correspondente e à entrega das unidades imobiliárias aos seus adquirentes.

O "Patrimônio de Afetação" não se comunica com os demais bens, direitos e obrigações do patrimônio geral do incorporador ou de outros patrimônios de afetação por ele constituídos e só responde por dívidas e obrigações vinculadas à incorporação respectiva.

No que diz respeito à proteção do comprador, a "Afetação Patrimonial" implica em que os recursos pagos pelos adquirentes fiquem segregados até o limite do orçamento da construção, constituindo uma reserva patrimonial para garantir a conclusão da obra, em caso de desequilíbrio financeiro da Incorporadora.

O controle financeiro é atribuído a uma comissão de representantes dos adquirentes e se faz mediante contabilidade própria de cada incorporação, destacada da contabilidade da incorporadora, e demonstrações periódicas do andamento da obra, em cotejo com a programação financeira. A movimentação dos recursos é feita em conta-corrente bancária específica.

Em caso de falência da empresa incorporadora, a comissão de representantes dos adquirentes assumirá a administração da incorporação, promoverá a venda, em leilão extrajudicial, das unidades imobiliárias do "estoque" da empresa incorporadora e prosseguirá a obra com autonomia, imune aos efeitos da falência, recolhendo à massa falida, no final da obra, o saldo positivo, se houver.

A afetação patrimonial da Incorporação confere poderes à comissão de representantes para: a) independentemente de decisão judicial, assumir a administração, dar continuidade à obra e receber as prestações diretamente dos compradores; b) excluir o empreendimento da falência da incorporadora conferindo poderes à comissão de representantes para leiloar as unidades ainda em estoque, ou seja, as que, no momento da falência, a empresa ainda não tiver vendido; c) em caso de quebra, as escrituras definitivas dos compradores serão assinadas pela comissão de representantes, independentemente do processamento da falência.

Nesse caso, os adquirentes passam a pagar as prestações diretamente à comissão de representantes e esta aplica na obra os valores recebidos. Se houver sobra de recursos depois de concluída a obra, a comissão deve arrecadar à massa falida o valor correspondente à sobra.

Mesmo na hipótese de paralisação da obra sem falência da Incorporadora, os adquirentes podem assumir a administração da incorporação, mediante a comprovação de que a incorporadora retardou o andamento da obra injustificadamente ou que a obra esteja paralisada há mais de 30 dias, também sem justificação.

Para esse fim, a lei oferece aos adquirentes mecanismos de controle e fiscalização de grande eficácia: o incorporador é obrigado a apresentar-lhes trimestralmente balancetes e relatórios sobre o estado da obra, de modo que eles possam acompanhar a movimentação financeira do negócio e verificar o cumprimento do cronograma físico das obras[14].

2.1. Insegurança na afetação patrimonial – Comentários

O ingresso do "Patrimônio de Afetação" no sistema legal brasileiro veio importar em aumento da segurança jurídica no mercado imobiliário, na medida em que se caracteriza como meio eficaz de realização da equação econômica dos contratos de incorporação imobiliária.

Com efeito, e nos termos da lei, a figura jurídica da afetação patrimonial atribui autonomia à incorporação de seu objeto, permitindo que a obra afetada prossiga sem intervenção do Judiciário e independentemente de processo de falência da Incorporadora.

---

14 *A prática do patrimônio de afetação nas incorporações imobiliárias – perguntas mais frequentes*. Obra Coletiva disponível no site da Ademi: <http://www.ademi.org.br>, no quadro "Grupo Estatutário Segurança Jurídica".

Não obstante podendo se valer dos mecanismos extrajudiciais, dotados de uma extraordinária celeridade, que a Lei do "Patrimônio de Afetação" disponibiliza para a manutenção e realização do curso normal do empreendimento afetado, houve caso em que a instituição financiadora da construção optou por suspender a liberação dos recursos financeiros contratados e promover ação de execução judicial do seu crédito, desprezando a prioridade dada pela Lei nº 10.931/2004, para consecução do empreendimento, em atenção à função social e econômica do contrato de incorporação.

Nesse caso foi desconsiderado o princípio da conservação do contrato e preservação do seu curso normal, bem assim a prioridade para os adquirentes de unidades imobiliárias em construção no empreendimento afetado, aos quais a lei deu o poder de decidir sobre a continuidade das obras, tudo em benefício da coletividade.

Resultado prático: A opção pelo ajuizamento da ação de execução resultou na paralisação das obras durante a tramitação do processo judicial, causada justamente pela falta dos recursos contratados com a própria instituição financiadora da construção. Com essa equivocada iniciativa, frustrou a realização da equação econômica do contrato da incorporação imobiliária afetada e sujeitou o empreendimento ao risco de insucesso.

3. A Alienação Fiduciária

A "Alienação Fiduciária de Bem Imóvel", instituída pela Lei nº 9.514, de 20.11.1997, é o negócio jurídico pelo qual o devedor (fiduciante), com o escopo de garantia, contrata a transferência da propriedade resolúvel de coisa imóvel ao credor (fiduciário).

A "Alienação Fiduciária de Bem Imóvel" em garantia pode: a) ser celebrada por instrumento público ou particular; b) ser contratada com pessoa física ou jurídica; c) ter como objeto imóveis prontos ou em construção; d) garantir financiamento/parcelamento concedido ao fiduciante, para aquisição do próprio bem de seu objeto ou de outros imóveis; e) garantir dívidas do próprio fiduciante ou de terceiros.

A eficácia da garantia mediante "Alienação Fiduciária" resulta da agilidade dos procedimentos de execução do devedor inadimplente, como se verifica dos seguintes dispositivos da Lei nº 9.514/97:

> Art. 26. Vencida e não paga, no todo ou em parte, a dívida e constituído em mora o fiduciante, consolidar-se-á, nos termos deste artigo, a propriedade do imóvel em nome do fiduciário.
>
> Art. 27. Uma vez consolidada a propriedade em seu nome, o fiduciário, no prazo de trinta dias, contados da data do registro de que trata o § 7º do artigo anterior, promoverá público leilão para a alienação do imóvel.
>
> § 1º Se, no primeiro público leilão, o maior lance oferecido for inferior ao valor do imóvel, estipulado na forma do inciso VI do art. 24, será realizado o segundo leilão, nos quinze dias seguintes.
>
> § 2º No segundo leilão, será aceito o maior lance oferecido, desde que igual ou superior ao valor da dívida, das despesas, dos prêmios de seguro, dos encargos legais, inclusive tributos, e das contribuições condominiais.
>
> § 3º Para os fins do disposto neste artigo, entende-se por:
>
> I – dívida: o saldo devedor da operação de alienação fiduciária, na data do leilão, nele incluídos os juros convencionais, as penalidades e os demais encargos contratuais;
>
> II – despesas: a soma das importâncias correspondentes aos encargos e custas de intimação e as necessárias à realização do público leilão, nestas compreendidas as relativas aos anúncios e à comissão do leiloeiro.
>
> § 4º Nos cinco dias que se seguirem à venda do imóvel no leilão, o credor entregará ao devedor a importância que sobejar, considerando-se nela compreendido o valor da indenização de benfeitorias, depois de deduzidos os valores da dívida e das despesas e encargos de que tratam os §§ 2º e 3º, fato esse que importará em recíproca quitação, não se aplicando o disposto na parte final do art. 516 do Código Civil.
>
> § 5º Se, no segundo leilão, o maior lance oferecido não for igual ou superior ao valor referido no § 2º, considerar-se-á extinta a dívida e exonerado o credor da obrigação de que trata o § 4º.
>
> § 6º Na hipótese de que trata o parágrafo anterior, o credor, no prazo de cinco dias a contar da data do segundo leilão, dará ao devedor quitação da dívida, mediante termo próprio.

Por fim e em favor dessa garantia fiduciária, que impulsiona a concessão de crédito aos adquirentes de imóveis, deve ser considerada a maior agilidade na retomada e reintegração na posse do imóvel alienado fiduciariamente, ao contrário do que acontece na execução da garantia hipotecária, a teor das disposições do art. 30, a seguir transcrito:

Art. 30. É assegurada ao fiduciário, seu cessionário ou sucessores, inclusive o adquirente do imóvel por força do público leilão de que tratam os §§ 1° e 2° do art. 27, a reintegração na posse do imóvel, que será concedida liminarmente, para desocupação em sessenta dias, desde que comprovada, na forma do disposto no art. 26, a consolidação da propriedade em seu nome.

3.1. Insegurança na alienação fiduciária – comentários

RESOLUÇÃO[15] **imotivada** de escritura de promessa de compra e venda formalizada e regularmente registrada na correspondente matrícula aberta junto ao Serviço do Registro de Imóveis competente: decisões judiciais determinando a RESCISÃO[16] de escrituras com devolução até do valor integral pago pelo autor, devedor fiduciante adimplente; e:

RESILIÇÃO[17] imotivada de contrato com cláusula de irretratabilidade, por exclusivo interesse e iniciativa do adquirente. **Desconsideração imotivada da cláusula de irretratabilidade**. A incorporação imobiliária envolve múltiplos interesses, decorrentes dos contratos celebrados com os adquirentes de unidades imobiliárias em construção, daí a irretratabilidade que a lei atribui aos contratos de promessa de compra e venda de unidades autônomas (§ 2º do art. 32 da Lei nº 4.591/64), objetivando o cumprimento integral do contrato, por todos os adquirentes de unidades incorporadas, de que depende a construção do prédio objeto do empreendimento.

Rescisões **motivadas** de escrituras de compra e venda formalizadas sob regência da Lei nº 9.514/97 e regularmente registradas nas

15 Resolução – É o meio de dissolução do contrato em caso de inadimplemento culposo ou fortuito. Quando há descumprimento do contrato ele deve ser tecnicamente resolvido (YOSHIKAWA, Daniella Parra Pedroso. Disponível em: <http://www.jusbrasil.com.br>.

16 Rescisão – É uma palavra com plurissignificados, podendo inclusive ter o significado de resolução em caso de inadimplemento. Há também o sentido de ser a extinção o contato em caso de nulidade (lesão ou estado de perigo). *Idem.*

17 Resilição – É o desfazimento de um contrato por simples manifestação de vontade, de uma ou de ambas as partes. Não pode ser confundido com descumprimento ou inadimplemento, pois na resilição as partes apenas não querem mais prosseguir. A resilição pode ser bilateral (distrato, art. 472, CC) ou unilateral (denúncia, art. 473, CC). *Ibidem.*

correspondentes matrículas abertas junto aos Serviços do Registro de Imóveis competentes, após a consolidação da propriedade do imóvel na pessoa do credor fiduciário, com determinação de devolução ao devedor inadimplente de parte substancial do valor pago ao vendedor.

Decisão errada (por desconhecimento ou desconsideração da lei): Rescisão de escritura de compra e venda com alienação fiduciária, após a consolidação da propriedade na pessoa do credor fiduciário, por ato praticado pelo Oficial do Registro de Imóveis, depois de configurada a mora do devedor fiduciante. Desconsideração da titularidade do imóvel já consolidada na pessoa do credor fiduciário (§ 7º do art. 26 da Lei nº 9.514/97):

> Decorrido o prazo de que trata o § 1º sem a purgação da mora, **o oficial do competente Registro de Imóveis, certificando esse fato, promoverá a averbação, na matrícula do imóvel, da consolidação da propriedade em nome do fiduciário**, à vista da prova do pagamento por este, do imposto de transmissão *inter vivos* e, se for o caso, do laudêmio. (Redação dada pela Lei nº 10.931, de 2004)

Ocorrências de demora na reintegração de posse e concessão de prazo para desocupação superior ao determinado pela lei. Desobediência à determinação expressa do art. 30 da Lei nº 9.514/97 que estatui:

> É assegurada ao fiduciário, seu cessionário ou sucessores, inclusive o adquirente do imóvel por força do público leilão de que tratam os §§ 1° e 2° do art. 27, a reintegração na posse do imóvel, que será concedida liminarmente, para desocupação em sessenta dias, desde que comprovada, na forma do disposto no art. 26, a consolidação da propriedade em seu nome.

Existem, também, muitos casos em que a medida liminar não vem sendo concedida, em prejuízo da esperada celeridade no andamento do processo, ao mesmo tempo em que se registram diversas ocorrências de concessão de prazos para desocupação superiores ao de sessenta dias estabelecido pela lei.

4. A Regra do Incontroverso

A "Regra do Incontroverso", estabelecida pelo art. 50 da Lei nº 10.931/2004, dispõe:

> Nas ações judiciais que tenham por objeto obrigação decorrente de empréstimo, financiamento ou alienação imobiliários, o autor deverá discriminar na petição inicial, dentre as obrigações contratuais, aquelas que pretende controverter, quantificando o valor incontroverso, sob pena de inépcia.

Os três primeiros parágrafos do art. 50 indicam o "passo a passo" e as regras de procedimento, estabelecendo que: a) o valor incontroverso continue sendo pago no tempo e modo contratados; b) a exigibilidade do valor controvertido poderá ser suspensa mediante depósito do montante correspondente, no tempo e modo contratados; c) havendo concordância do réu, o autor poderá efetuar o depósito do montante correspondente ao valor controvertido, com remuneração e atualização nas mesmas condições aplicadas ao contrato, na própria instituição financeira credora, ou em instituição financeira indicada pelo credor, oficial ou não, desde que as partes tenham assim pactuado.

O mesmo art. 50, em seus quarto e quinto parágrafos, endereçados ao curso do processo judicial: a) admite que o juiz poderá dispensar o depósito do montante correspondente ao valor controvertido, em caso de relevante razão de direito e risco de dano irreparável ao autor, por decisão fundamentada na qual serão detalhadas as razões jurídicas e fáticas da ilegitimidade da cobrança no caso concreto, e: b) veda a suspensão liminar da exigibilidade da obrigação principal sob a alegação de compensação com valores pagos a maior, sem o depósito do seu valor integral.

4.1. Insegurança na regra do incontroverso – comentários

Desobediência à Lei nº 10.931/2004 – A disposição do art. 50, § 1º, determinando que *O valor incontroverso deverá continuar sendo pago no tempo e modo contratados*, com frequência vem sendo desconsiderada pela não aplicação do preceito legal que determina o **pagamento do valor incontroverso no tempo e modo contratados**.

A insegurança jurídica experimentada pelo mercado imobiliário, em questões judiciais relacionadas à "Regra do Incontroverso" e à "Alienação Fiduciária de Bem Imóvel", bem assim nas ações com objeto de rescisão imotivada de contratos de promessa de compra e venda irretratáveis e de rescisão de escrituras de compra e venda de bem imóvel com alienação fiduciária em garantia, resulta de **decisões judiciais proferidas em contrariedade a dispositivos legais pertinentes, negando vigência aos mandamentos** do art. 32, § 2º, da Lei nº 4.591/64; do art. 6º, *caput* e § 7º, da Lei nº 9.514/97; e do art. 50, § 1º, da Lei nº 10.931/2004 e também dispensando o depósito do valor controvertido sem que se caracterizem as condições previstas no § 4º do art. 50.

Na direção de concluir este "registro sequenciado" dos dispositivos legais e de algumas interpretações que a eles se direcionam e, por decorrência, interferem nas atividades do desenvolvimento imobiliário abordaremos, a seguir, nova questão.

5. O Desfazimento de Contratos de Promessa de Venda e Compra e a Insegurança na Incorporação Imobiliária

Em sua apresentação, no VI Encontro de Itaipava, o Desembargador Werson Rego realçou a gravidade de um fenômeno que está causando enormes prejuízos para o mercado imobiliário e, em consequência, ameaçando a realização do projeto de aquisição da casa própria para inúmeros consumidores: os chamados "distratos", isto é, a resilição unilateral por ato de vontade dos adquirentes, em contratos celebrados em caráter irretratável e irrevogável, com a devolução dos valores pagos aos compradores – descapitalizando as incorporadoras, esvaziando as garantias e os recursos necessários para a conclusão das incorporações. Ponderou a necessidade de diferenciação entre "investidores" e "consumidores", afirmando que os primeiros devem ser tratados de modo diverso, sob a influência do Código Civil, enquanto os últimos estão submetidos ao campo de incidência principiológico-normativo do sistema de proteção e defesa do consumidor.

5.1. Resilição de contratos de adimplentes

No regime da incorporação imobiliária[18], a comercialização de unidades imobiliárias em construção é comumente formalizada atra-

18 Lei nº 4.591/64 – *Art. 28. [...] Parágrafo único. Para efeito desta Lei, considera-se incorporação imobiliária a atividade exercida com o intuito de promover e realizar a construção, para alienação total ou parcial, de edificações ou conjunto de edificações compostas de unidades autônomas.*

vés de multiplicados contratos de promessa de venda e compra, nos quais o incorporador assume a obrigação de construir e entregar aos respectivos compradores determinadas e correspondentes unidades imobiliárias prontas e concluídas (bens para entrega futura), cabendo a estes, por sua vez, cumprir o pagamento das parcelas do preço, "no tempo e modo contratados".

A promessa de compra e venda de imóvel para entrega futura caracteriza-se, portanto, nesse contexto, como um "contrato de incorporação imobiliária", quando se considera que a "incorporação imobiliária" é uma atividade empresarial, de iniciativa e responsabilidade do Incorporador, mas que resulta na formação de uma coletividade com interesse comum, constituída por titulares de um direito real que lhes é atribuído por força do registro imobiliário do título promissivo[19], na condição de compradores de determinadas partes de um edifício em construção, partes essas que, ao final e ao cabo da construção, serão devidamente discriminadas e individualizadas passando, por força das disposições do art. 44 da Lei nº 4.591/64, a constituir as unidades imobiliárias autônomas objeto do "condomínio edilício" assim formalizado.

Implica, portanto, em que a resilição imotivada do "contrato de incorporação imobiliária" a que aqui nos referimos atinge, em maior ou menor grau, os interesses dos demais compradores de unidades imobiliárias integrantes do edifício em construção, objeto da mesma incorporação imobiliária.

Melhim Namem Chalhub[20], discorrendo sobre o tema, ressalta justamente que:

> Entre as peculiaridades do contrato de incorporação que despertam especial atenção, está o aspecto associativo de que se reveste e a circunstância de que a contribuição pecuniária da totalidade dos adquirentes é

19 Lei nº 4.591/64 – *Art. 32. [...] § 2º Os contratos de compra e venda, promessa de venda, cessão ou promessa de cessão de unidades autônomas **são irretratáveis** e, uma vez registrados, conferem direito real oponível a terceiros, atribuindo direito a adjudicação compulsória perante o incorporador ou a quem o suceder, inclusive na hipótese de insolvência posterior ao término da obra.* (Redação dada pela Lei nº 10.931, de 2004)

20 CHALHUB, Melhim Namem. *Da incorporação imobiliária*. 3. ed. Rio de Janeiro: Editora Renovar, 2010, p. 330-337.

> indispensável para o cumprimento de sua função econômica e social. Dada essa característica, ao se apreciar o interesse de determinado adquirente em desfazer isoladamente seu contrato, não se pode desprezar o interesse dos demais comunheiros, pois, como observa o Ministro Cesar Asfor Rocha: "Se não fora assim, o comprador teria sempre uma situação cômoda: se o bem adquirido não se valorasse no mesmo patamar do dinheiro corrigido, ele se desvincularia da promessa de compra e venda pactuada; caso contrário, se a valorização fosse superior ao dinheiro corrigido, ele manteria o vínculo contratual"[21].

Esse tipo de comportamento vem revelando um afluxo de compradores com perfil de investidores, interessados em participar da incorporação imobiliária com o único propósito de auferir ganhos financeiros resultantes da esperada valorização dos imóveis incorporados. E, porque não estão interessados na efetiva aquisição do imóvel, senão que apenas no lucro que poderão auferir com sua revenda, colocam em risco a realização do empreendimento, em prejuízo dos demais adquirentes dos imóveis em construção que almejam recebê-los para uso próprio.

Esses "investidores" aderem à incorporação com o único objetivo de se apropriarem de parte do resultado financeiro por ela gerado e, por isso, não se caracterizam como "consumidores", destinatários do produto final para uso próprio e, portanto, não podem estar sob a proteção do CDC e assim serem considerados e tratados em juízo.

É imperioso reconhecer que o sistema financeiro não raro se afasta da realidade do valor intrínseco das unidades negociadas e que nem sempre o exercício do equilíbrio entre contratantes da espécie consegue evitar o resvalo na esparrela dos exageros protetivos paternalistas"[22].

Na mesma linha, mas direcionada à devolução do valor pago pelo comprador, a lição do saudoso Ministro Carlos Alberto Direito:

21 REsp 124.146-MG, 4ª Turma do STJ, j. 22.06.1999, DJU 18.10.1999, Rel. Min. Cesar Asfor Rocha.

22 Des. Antonio Carlos Esteves Torres, Diretor Adjunto do Cedes, em texto complementar à Carta do VI Encontro de Itaipava realizado nos dias 27/29.11.2015, com o título CONGRESSO DE ITAIPAVA – DIREITO IMOBILIÁRIO.

Não se pode transformar o contrato de compra e venda em um contrato de poupança, e a tanto equivale um contrato que autorizasse o comprador de um imóvel, financiado por 10 anos, a pedir a devolução do que pagou porque no quinto ano não tinha condições de honrar as obrigações que assumiu. Não haveria mais segurança em contrato de compra e venda de imóveis[23].

5.2. Resolução de contratos de inadimplentes

Há que se considerar, entretanto, hipóteses que resultam de situações específicas que:

> Podem dificultar ou impossibilitar o cumprimento das obrigações do adquirente, justificando sua desvinculação da incorporação mediante desfazimento do contrato, que deve ser estruturado em termos tais que, preservando, embora, seu direito individual, não frustre a funcionalidade econômica e social do contrato, vista sob o ângulo da comunidade dos demais integrantes do contrato – incorporador e adquirentes – e não somente sob o ponto de vista individual do retirante. É que sua retirada, com eventual restituição das quantias pagas, poderá importar em quebra do ritmo da obra, em prejuízo da comunidade dos adquirentes e do incorporador[24].

Discorrendo sobre o tema no IX Congresso de Direito Imobiliário Registral em Homenagem ao Professor Ricardo Lira[25], o Dr. Sylvio Capanema ressaltou o risco da resolução do contrato do inadimplente para os demais adquirentes de unidades no empreendimento, destacando que:

> Os novos paradigmas da função social do contrato e da boa-fé não devem apoiar soluções que prejudiquem o interesse coletivo, sacrificados em holocausto ao individual. Por outro lado, não se pode perder de vista que essas soluções individuais fragilizam o princípio do "*pacta sunt servanda*", que é o pilar de sustentação da segurança jurídica. A incorporação

---

23 REsp 59.870-Sp, 3ª Turma do STJ, decisão unânime, 07.02.2000, *Revista do Superior Tribunal de Justiça,* Brasília, a.12 (129): 246-257. Rel. Min. Ari Pargendler: *Civil. Compra e venda de imóvel resilida pela vontade unilateral do adquirente. Código do consumidor.*

24 V. Nota 21

25 Realizado nos dias 25 e 26.11.2015, no auditório Desembargador Antônio Carlos Amorim, no TJ-RJ.

> imobiliária é um contrato que envolve múltiplos interesses, a exigir sempre uma visão abrangente que proteja aqueles que estão cumprindo com as suas obrigações assumidas.

O Desembargador Antonio Carlos Esteves Torres, em seu texto "Congresso de Itaipava – Direito Imobiliário" (27/29.11.2015) pondera que *o consumidor, como parte institucionalmente mais fraca, evidentemente, merece a proteção que caracteriza a filosofia do CDC, Lei nº 8078/90. No entanto, passada a primeira década da legislação protetiva, também vieram os consumidores de proveito e os não consumidores que buscam vantagens ilícitas*, registrando ainda: *e, o que é pior, muito consumidor descansa no leito de suas prerrogativas, para, com a dificuldade imposta ao fornecedor pelos resultados da responsabilidade objetiva e da inversão do ônus da prova, angariar enriquecimento ilícito*, e sublinha: *o julgador está obrigado a prestar a devida atenção a estes particulares econômicos, que acabam por definir a ambiência contratual e traçar-lhe o desenho das tratativas. Só assim a prestação jurisdicional terá condições de cumprir com o seu papel equilibrador das relações sociais.*

6. Conclusão

Para que se alcance efetiva segurança jurídica nas relações contratuais estabelecidas em função das atividades do mercado imobiliário é preciso poder confiar em que os precedentes, as "regras do jogo" vigentes no momento da celebração do contrato continuarão sendo consideradas e adequadamente interpretadas em todas as instâncias e assim mantidas durante todo o tempo da regência, dos efeitos e das relações e condições estabelecidas nos contratos. Os resultados até aqui alcançados servem de estímulo e inspiração aos integrantes do "Fórum Multi-institucional" para que continuem trabalhando na identificação de **melhores práticas empresariais**, visando ao aperfeiçoamento da "Segurança Jurídica no Mercado Imobiliário" e, por decorrência, à urgente e necessária **desjudicialização do setor**.

A AUTONOMIA PATRIMONIAL DA INCORPORAÇÃO IMOBILIÁRIA

Melhim Chalhub

1. Nota Introdutória

Dentre os meios empregados para a concretização do princípio da segurança jurídica avulta a proteção patrimonial do conjunto de direitos e obrigações vinculados à atividade da incorporação imobiliária.

Caracterizada pela alienação de imóveis integrantes de conjuntos imobiliários, enquanto em construção, a incorporação imobiliária é atividade empresarial cujo lastro para formação do capital necessário à realização do seu objeto é limitado pelo número de unidades imobiliárias constantes do projeto de construção.

O conjunto de direitos e obrigações correspondentes à produção e venda das unidades do conjunto imobiliário conforma-se como uma unidade econômica autônoma, naturalmente separável do patrimônio geral do incorporador, circunstância que viabiliza sua organização como um patrimônio de afetação destinado à execução da construção, entrega das unidades aos adquirentes e liquidação do seu passivo.

Com efeito, o Memorial de Incorporação arquivado pelo incorporador no Registro de Imóveis, como requisito prévio para oferta pública dos imóveis a construir, atribui ao empreendimento identidade própria, distinta da configuração dos demais empreendimentos de que seja titular a mesma empresa incorporadora. O conjunto de elementos desse dossiê evidencia a autonomia material e financeira de cada negócio incorporativo, considerado isoladamente, e demonstra sua capacidade de geração de receita suficiente para a realização da obra e retorno do investimento, com autonomia em relação a outras fontes de receita da empresa incorporadora.

A existência de um objeto único – isto é, o conjunto imobiliário específico, distinto dos demais empreendimentos da mesma empresa incorporadora –, com condições de autossustentação financeira, viabiliza a segregação patrimonial de cada incorporação e seu desenvolvimento autônomo, com suas próprias forças e livre do risco de constrição decorrente de compromissos estranhos ao orçamento da obra do patrimônio afetado.

A afetação se justifica, igualmente, em razão da densidade social da incorporação imobiliária, que a torna merecedora de tutela especial destinada à proteção patrimonial dos participantes do negócio, notadamente os adquirentes, em razão da vulnerabilidade da sua posição contratual e dos pagamentos que fazem para formação do capital da incorporação.

2. Caracterização Geral da Incorporação Imobiliária

Caracterizada pela alienação, enquanto em construção, de imóveis integrantes de conjuntos imobiliários, a incorporação imobiliária se estrutura mediante arquivamento, no Registro de Imóveis, de um *Memorial de Incorporação*, que corresponde a um conjunto de documentos no qual constam a comprovação da titularidade do incorporador sobre o terreno onde será erigido o conjunto imobiliário, a discriminação das frações ideais do terreno, a descrição e caracterização do futuro conjunto imobiliário e suas unidades imobiliárias autônomas, entre outros elementos de caracterização do empreendimento e de demonstração da capacidade do incorporador para dispor das futuras unidades imobiliárias e da existência de lastro para formação do capital necessário à realização do empreendimento e retorno do investimento[1].

1 Sobre a matéria, permitimo-nos remeter à nossa obra *Da incorporação imobiliária*. 3. ed. Rio de Janeiro: Renovar, 2010, p. 9 e ss.

O registro do Memorial confere identidade própria à incorporação à que se refere, define os direitos e obrigações a ela relacionados e identifica o conjunto imobiliário que constitui seu objeto.

Seus elementos evidenciam a autonomia material e financeira da incorporação, caracterizada pela existência de lastro próprio para geração de recursos em montante suficiente para realização da obra e retorno do investimento.

Os recursos necessários à sustentação financeira da incorporação provêm da alienação das unidades que a integram, preponderantemente sob forma de promessa de compra e venda, que a Lei nº 4.591/64 qualifica como contrato irretratável.

O montante pagável pelos promitentes-compradores durante a obra – em torno de 20%/25% – não é suficiente para sua execução no prazo programado, circunstância que torna necessária a antecipação das receitas, correspondentes às parcelas vincendas do preço das promessas de venda, mediante cessão dos créditos nelas constituídos, ou, alternativamente, a contratação de financiamento para a construção, para cuja garantia o incorporador cede fiduciariamente à instituição financiadora os créditos constituídos nas promessas e grava com garantia real o terreno e as acessões correspondentes ao empreendimento.

A cessão dos créditos oriundos das promessas de venda, plena ou fiduciária, é particularmente relevante para a captação de recursos destinados à incorporação, por se revestir da segurança jurídica e econômica típica do direito real de garantia sobre um negócio imobiliário e, ainda, por ser dotada de liquidez, pois seu objeto material é crédito cujo recebimento é legalmente atribuído ao cessionário, gerando para este (em geral, o financiador da incorporação) a legítima expectativa de apropriar-se do produto da cobrança para amortização do financiamento que concedeu para a construção.

Viabiliza-se, por essa forma, a absorção, pelo mercado financeiro ou pelo mercado de capitais, do financiamento de longo prazo que o incorporador concede aos promitentes-compradores, proporcionando a esse empresário a antecipação de receitas em montante suficiente para a realização da obra no prazo programado.

Dado que a incorporação imobiliária é dependente de suas próprias forças para consecução do seu objeto, a lei contempla mecanismos jurídicos, econômicos e financeiros destinados a garantir a preservação do fluxo financeiro indispensável à execução da obra e liquidação do passivo da incorporação, dentre os quais se destacam:

a) irretratabilidade das promessas de venda, necessária para proteção do adquirente e preservação do capital necessário à realização da incorporação (Lei nº 4.591/64, § 2º do art. 32);

b) outorga de poderes à comissão de representantes dos adquirentes e ao incorporador para solucionar situações de mora com a celeridade necessária à recomposição do ritmo dos aportes financeiros, mediante venda da unidade do adquirente inadimplente em leilão extrajudicial (Lei nº 4.591/64, art. 63);

c) separação patrimonial de cada incorporação imobiliária, mediante constituição de patrimônios autônomos, de afetação (Lei nº 4.591/64, arts. 31-A e ss.), para impedir o desvio dos seus recursos para finalidades estranhas à incorporação e para blindar a incorporação contra os riscos do patrimônio geral do incorporador; e

e) impenhorabilidade dos créditos oriundos da alienação dos imóveis (novo Código de Processo Civil, Lei nº 13.105/2015, art. 833, XII), visando à preservação dos recursos vinculados à execução da obra e, igualmente, para blindagem da incorporação contra os riscos patrimoniais do incorporador.

3. A Incorporação Imobiliária Como Unidade Econômica Autônoma

Os contornos econômicos, financeiros e jurídicos assim fixados pelo Direito positivo identificam a incorporação imobiliária como entidade que, embora sem personalidade, é dotada de autonomia econômica e financeira, tendo em vista que seu ativo (terreno e unidades imobiliárias a construir) constitui lastro suficiente para gerar, autonomamente, a totalidade dos recursos necessários à execução da obra, liquidação do seu passivo e retorno do investimento.

É com base no potencial de receitas sinalizado pelas vendas realizadas logo após o lançamento da incorporação que o incorporador toma financiamento no mercado financeiro e, em garantia, cede fiduciariamente à instituição financiadora os créditos constituídos nas promessas de venda (existentes e futuros) e grava o terreno e as futuras acessões; o financiamento é liberado parceladamente, em correspondência às diversas etapas da obra; os créditos cedidos fiduciariamente passam a ser recebidos pela instituição financiadora, que lança o montante recebido a crédito do incorporador, para amortização do financiamento (Lei nº 9.514/97, arts. 18 a 20).

Concluída a obra, formalizam-se, em regra em um único instrumento, a compra e venda entre o incorporador e os adquirentes, o financiamento concedido a estes para pagamento de parte do preço da aquisição e o "repasse" do crédito do incorporador (correspondente ao complemento do preço de venda) à instituição financiadora; o valor do "repasse" é levado a crédito do incorporador para amortização do financiamento por este tomado para a construção.

A estrutura econômica e financeira assim constituída evidencia que a realização da incorporação imobiliária – a saber, execução da obra, entrega das unidades, liquidação do passivo da incorporação e retorno do investimento – tem como pilares de sustentação o potencial econômico e financeiro do ativo da incorporação e a disponibilidade das unidades imobiliárias integrantes desse ativo, tanto para captação de recursos mediante venda, como para prestação de garantia de financiamento destinado à construção.

Disso resulta que a segurança jurídica e econômica dessa atividade é determinada pela estabilidade dos contratos de comercialização das unidades do empreendimento, na medida em que o passivo da incorporação e o retorno do investimento são satisfeitos com as receitas das vendas.

Esses e outros elementos de caracterização da incorporação imobiliária conformam uma unidade operacional dotada de autonomia, fundada na sua capacidade de, com seu próprio ativo, gerar as receitas necessárias à sustentação do empreendimento e ao retorno do investimento, numa configuração semelhante à de um *project finance*[2].

Tanto no *project finance* como na incorporação imobiliária as garantias do financiamento incidem sobre o próprio ativo do empreendimento e suas obrigações são resgatadas com as receitas extraídas dele próprio, daí por que a análise de risco do financiamento concentra-se na avaliação do potencial desse ativo.

Dada essa caracterização, a incorporação imobiliária, tal como as operações organizadas nos moldes de um *project finance*, é usualmente organizada em forma de uma sociedade de propósito específico (SPE), que tem como único objeto social um determinado empreendimento imobiliário que se sustenta com suas próprias forças.

Seja sob forma de SPE ou de um patrimônio de afetação (destinado a satisfazer o interesse dos adquirentes, dos trabalhadores, dos fornecedores de material e de serviços, da instituição financiadora, enfim, dos credores vinculados àquela incorporação), a segregação vincula as receitas da comercialização e do financiamento à realização do objeto social correspondente ao empreendimento.

Especificamente para a incorporação imobiliária, a lei dispõe que o incorporador poderá constituir um patrimônio separado, de afetação, para cada empreendimento (Lei nº 4.591/64, arts. 31-A a 31-F).

Essas normas restringem os riscos da incorporação àqueles que lhe são próprios e envolvem o empreendimento com uma blindagem que impede sua contaminação por riscos gerados por outros negócios do incorporador, estranhos àquela operação econômica segregada, sejam os riscos inerentes ao patrimônio geral do incorporador ou os riscos de outras incorporações de que ele seja titular[3].

---

2 *Na perspectiva jurídica, constitui-se numa rede de contratos coligados que, buscando uma adequada alocação de riscos, viabilize o desenvolvimento de um empreendimento com base nos recursos por este gerados e nas garantias dele exclusivamente derivadas* (MUNIZ, Igor *et alii*. *Temas de direito bancário e do mercado de capitais*. Luiz Leonardo Cantidiano e Igor Muniz [Coords.]. Rio de Janeiro: Editora Renovar, 2014, p. 195).

3 A conformação é semelhante às operações de *project finance* de Parceria Público-Privada, que também constituem unidades econômicas autônomas e, assim

Em razão da segregação patrimonial que confere autonomia à incorporação, o conjunto de direitos e obrigações que compõem seu patrimônio não é alcançado por falência ou recuperação da empresa incorporadora; em ocorrendo a insolvência, a lei atribui aos adquirentes o poder de administrar o empreendimento, por sua comissão de representantes, e autonomia para deliberar sobre seu futuro, mediante prosseguimento da obra ou liquidação do patrimônio de afetação, independente do processo de falência.

Esses pressupostos de formação, execução e extinção do contrato de incorporação explicam e justificam a faculdade legalmente atribuída ao incorporador de valer-se de um "prazo de carência" para avaliar as condições de autossustentação da incorporação a partir de teste realista de mercado[4].

Trata-se de um período de seis meses a partir do início das vendas, dentro do qual o incorporador analisa seu planejamento ante a realidade do mercado, findo o qual estará apto a aquilatar a receptividade do produto ofertado, podendo, então, confirmar a realização do empreendimento, se o resultado sinalizar para sua viabilidade econômico-financeira, ou desistir do negócio, se o volume das reservas realizadas no período evidenciar incapacidade do empreendimento de gerar receitas que assegurem sua realização.

A estrutura da incorporação imobiliária assim delineada pela Lei nº 4.591/64 evidencia que sua realização é dependente, direta e exclu-

---

sendo, *o financiamento nessa modalidade leva em conta os riscos inerentes ao projeto, que devem ser considerados distintos dos riscos dos controladores da SPE. Como, em regra, a principal garantia dos financiadores é a vinculação das receitas operacionais futuras, os financiadores têm forte interesse em evitar qualquer insucesso na concessão. Nesse sentido, o instrumento da SPE constitui uma excelente ferramenta para assegurar que o projeto seja afetado apenas pelos riscos que lhe são próprios, sem contaminação por outros riscos suportados pelos controladores*. RIBEIRO, Maurício Portugal e PRADO, Lucas Navarro. *Comentários à lei de PPP – parceria público-privada*. São Paulo: Malheiros. 1. ed. 2007, p. 244/245.

4 Lei nº 4.591/64: *Art. 34. O incorporador poderá fixar, para efetivação da incorporação, prazo de carência, dentro do qual lhe é lícito desistir do empreendimento.*

sivamente, do capital levantado com lastro no seu limitado ativo e da regularidade do fluxo financeiro oriundo das promessas de venda das unidades, seja seu pagamento feito diretamente ao incorporador ou ao banco financiador que tiver recebido os créditos por meio de cessão plena ou fiduciária em garantia.

E na medida em que o capital para realização da incorporação tem como lastro o seu próprio ativo, fica claro que o emprego de recursos para finalidades diversas do pagamento das obrigações correntes da incorporação repercute diretamente na execução do programa contratual, em prejuízo da coletividade dos contratantes.

É para assegurar a regularidade do fluxo financeiro destinado ao empreendimento que a lei caracteriza a promessa como contrato irretratável e regulamenta a cessão fiduciária dos créditos dela oriundos, em garantia de financiamento da construção e da comercialização dos imóveis integrantes das incorporações.

4. A Caracterização da Incorporação Imobiliária como Patrimônio de Afetação

Os elementos de caracterização legal da incorporação imobiliária evidenciam sua natural conformação como um patrimônio afetado à específica e exclusiva finalidade de construção de certo conjunto imobiliário, sua entrega aos adquirentes e liquidação do respectivo passivo[5].

Como se sabe, a afetação não importa em cisão do patrimônio, mas implica atribuição de autonomia funcional a certos direitos ou acervos para cumprimento de determinada função, sem se criar uma nova personalidade; esses direitos continuam encravados no patrimônio do sujeito[6], constituem massas patrimoniais destacadas no interior do patrimônio geral para cumprimento de função especial, como, por

5 Tratamos da matéria em nosso *Negócio Fiduciário* e *Trust – perspectivas do direito contemporâneo na transmissão da propriedade para administração de investimento e garantia* (Rio de Janeiro: Editora Renovar).

6 PEREIRA, Caio Mário da Silva. *Instituições de direito civil.* 17. ed. Rio de Janeiro: Forense. 1995. v. I, p. 251/252.

exemplo, o quinhão da herança, que não se funde com o patrimônio do herdeiro, mas "fica como trecho *de outro colorido* no patrimônio do herdeiro", como observa Pontes de Miranda (destaque do autor)[7].

A utilidade prática da segregação de massas patrimoniais dentro do patrimônio do sujeito, além de estar associada à ideia de reservar determinados bens a um fim exclusivo, também diz respeito à segregação de determinado núcleo de bens em favor de certo grupo de credores, como leciona Francesco Messineo:

> A utilidade e a função prática da criação de um patrimônio separado, no âmbito do patrimônio do sujeito, decorrem da possibilidade: 1) de atribuir ou de reservar certos bens a uma determinada *exclusiva destinação*, de maneira que fique excluída outra destinação, mesmo que não possa ser alcançada; 2) ou então de reservar a um certo *grupo de credores* um determinado núcleo de bens, sobre os quais possam eles *satisfazer-se com exclusão dos outros*; com a consequência de que os *outros credores* fiquem *excluídos* e de que, sobre os outros bens, tal grupo de credores não pode alegar direitos ou que, ao contrário, este grupo pode satisfazer-se só subsidiariamente, e se necessário, sobre os restantes bens do sujeito (devedor)[8].

O patrimônio de afetação tem ativo e passivo próprios, e pode ser formado tanto pelos bens, direitos e obrigações com que tiver sido originalmente constituído, como, também, pelos frutos e encargos advindos da gestão desse patrimônio e pelos encargos que eventualmente venham a ser imputados a ele. Trata-se, no dizer de Serpa Lopes, de *pequenos organismos patrimoniais, com uma vida própria, com a sua autonomia distinta, sob um regime jurídico todo particular*[9].

Na medida em que o patrimônio de afetação corresponde a um complexo de direitos e obrigações funcionalmente organizado para

7 PONTES DE MIRANDA, Francisco Cavalcanti. *Tratado de direito privado.* São Paulo: Revista dos Tribunais, 2013, v. V, § 596.

8 MESSINEO, Francesco. *Manual de derecho civil y commercial.* Buenos Aires: Ediciones Jurídicas Europa-América, 1971. Tradução de Santiago Sentis Melendo, p. 263.

9 LOPES, Miguel Maria de Serpa. *Curso de direito civil.* Rio de Janeiro: Livraria Freitas Bastos, 1962. v. VI, p. 69.

determinada finalidade, deve desenvolver-se por suas próprias forças e no limite dessas forças; constituindo uma universalidade, responde pelas obrigações contraídas para cumprimento da finalidade para a qual tiver sido estruturado ou que a esta estejam vinculadas; só ele responde pelas obrigações relativas a essa massa e ele responde somente por essas obrigações, não por obrigações que estejam fora dessa esfera patrimonial.

Em relação à incorporação imobiliária, o Direito positivo estabelece a necessidade de vinculação de receitas, dada sua configuração como unidade econômica autônoma, nos termos da Lei nº 4.591/64 e do art. 833, XII, do Código de Processo Civil (Lei nº 13.105/2015).

Os arts. 31-A a 31-F da Lei nº 4.591/64 regulamentam a constituição de um patrimônio separado para cada incorporação imobiliária, instituem um regime de vinculação de receitas e estabelecem procedimento extrajudicial de autodefesa dos direitos dos adquirentes, outorgando-lhes poderes para dar prosseguimento à obra e efetivar o pagamento do passivo da incorporação com os recursos provenientes da alienação das unidades, mesmo em caso de falência ou recuperação judicial da empresa incorporadora.

Nesse sentido, a lei impõe obstáculos ao desvio de recursos da incorporação para fins estranhos às suas próprias obrigações e dispõe que seu ativo só pode ser objeto de garantia para financiamento destinado exclusivamente à realização do empreendimento;[10] além disso, explicita que a extinção do patrimônio de afetação só se dá quando da entrega das unidades e liquidação do passivo da incorporação, nota-

---

10 Lei nº 4.591/64:

Art. 31-A. [...]

*§ 1º **O patrimônio de afetação** não se comunica com os demais bens, direitos e obrigações do patrimônio geral do incorporador ou de outros patrimônios de afetação por ele constituídos e **só responde por dívidas e obrigações vinculadas à incorporação respectiva**. [...]*

§ 3º Os bens e direitos integrantes do patrimônio de afetação somente poderão ser objeto de garantia real em operação de crédito cujo produto seja integralmente destinado à consecução da edificação correspondente e à entrega das unidades imobiliárias aos respectivos adquirentes.

damente o pagamento do financiamento tomado para a construção[11].

Em caso de insolvência do incorporador, a comissão de representantes dos adquirentes assumirá a administração da incorporação e prosseguirá a obra ou liquidará o patrimônio de afetação correspondente à incorporação, o mesmo ocorrendo na hipótese de paralisação ou atraso injustificado da obra, caso em que a investidura da comissão de representantes na administração só é admitida se o incorporador não recolocar a obra em curso normal.

Fiel à lógica da afetação patrimonial, a Lei nº 11.101/2005 exclui os bens e direitos integrantes desses patrimônios separados dos efeitos de recuperação de empresa e falência, ao dispor que os negócios organizados em forma de patrimônios de afetação – qualquer espécie de negócio, e não apenas a incorporação – prosseguirão sua atividade até o cumprimento da sua função, quando será apurado o saldo, para arrecadação à massa, se positivo, ou habilitação, se negativo (art. 119, IX)[12].

Nesse mesmo sentido, as normas sobre a cessão fiduciária dos créditos oriundos de promessas de compra e venda, em garantia de financiamento da incorporação, dispõem que em caso de falência do

---

11 Lei nº 4.591/64:
Art. 31-E. O patrimônio de afetação extinguir-se-á pela:
I – averbação da construção, registro dos títulos de domínio ou de direito de aquisição em nome dos respectivos adquirentes e, quando for o caso, extinção das obrigações do incorporador perante a instituição financiadora do empreendimento;
II – revogação em razão de denúncia da incorporação, depois de restituídas aos adquirentes as quantias por eles pagas (art. 36), ou de outras hipóteses previstas em lei; e
III – liquidação deliberada pela assembleia geral nos termos do art. 31-F, § 1º.

12 Lei nº 11.101/2005:
Art. 119. Nas relações contratuais a seguir mencionadas prevalecerão as seguintes regras: (...);
IX – os patrimônios de afetação, constituídos para cumprimento de destinação específica, obedecerão ao disposto na legislação respectiva, permanecendo seus bens, direitos e obrigações separados dos do falido até o advento do respectivo termo ou até o cumprimento de sua finalidade, ocasião em que o administrador judicial arrecadará o saldo a favor da massa falida ou inscreverá na classe própria o crédito que contra ela remanescer.

cedente fiduciante, *prosseguirá o cessionário fiduciário [instituição financiadora da incorporação] no exercício de seus direitos*[...], isto é, continuará a receber as parcelas do preço convencionado na promessa, destinando-as à amortização do financiamento da construção[13].

No campo processual, o novo Código de Processo Civil (Lei nº 13.105/2015) torna impenhoráveis os créditos oriundos da alienação das unidades, vinculados à execução da obra, visando a preservar os recursos necessários à liquidação do passivo da incorporação (CPC/2015, art. 833, XII)[14].

Aspectos de extraordinário alcance social dessa norma processual são seu caráter cogente e a abrangência dos seus efeitos, pois a impenhorabilidade dos créditos vinculados à construção alcança toda e qualquer incorporação imobiliária.

Assim, pouco importando que tenha sido formalmente constituído um patrimônio de afetação mediante averbação do respectivo "termo" no Registro de Imóveis, todas as incorporações imobiliárias são dotadas de tutela legal que assegure a estabilidade do fluxo financeiro destinado ao cumprimento do programa contratual, impedindo o desvio de recursos para finalidades estranhas ao pagamento de suas obrigações correntes.

A autonomia patrimonial da incorporação imobiliária, independente da constituição formal de um patrimônio separado, já vinha sendo reconhecida pela jurisprudência como mecanismo de defesa e proteção da coletividade dos contratantes.

Disso é exemplo o acórdão do REsp 1.115.605–RJ, que exclui determinado empreendimento dos efeitos da falência de certa incorporadora, mesmo tendo sido decretada a quebra antes da vigência das

---

13 Lei nº 9.514/97:
Art. 20. [...]
Parágrafo único. Efetivada a restituição, prosseguirá o cessionário fiduciário no exercício dos seus direitos na forma do disposto nesta seção.

14 Código de Processo Civil (Lei nº 13.105/2015):
Art. 833. São impenhoráveis: [...];
XII – os créditos oriundos de alienação de unidades imobiliárias, sob regime de incorporação imobiliária, vinculados à execução da obra.

normas sobre afetação das incorporações imobiliárias; fundamenta-se a decisão em que a incorporação imobiliária configura um patrimônio separável por natureza e que a efetivação de sua segregação e a investidura dos adquirentes na administração, em caso de falência da incorporadora, *constitui a melhor maneira de assegurar a funcionalidade econômica e preservar a função social do contrato de incorporação, do ponto de vista da coletividade dos contratantes*[15].

5. Conclusão

Os elementos de caracterização da incorporação imobiliária, aqui considerados em apertada síntese, evidenciam a natural segregação do conjunto de direitos e obrigações correspondentes a essa atividade empresarial, determinada pela conformação dessa atividade como unidade econômica autônoma. Essa blindagem se justifica, de uma parte, pela limitação do lastro para formação do capital da incorporação, composto unicamente pelas unidades imobiliárias integrantes do conjunto imobiliário a construir, e, de outra parte, pela necessidade de proteção dos direitos patrimoniais dos adquirentes, que aportam recursos para a formação do capital da incorporação, em forma de pagamento das parcelas do preço de aquisição de suas unidades.

A par das normas de direito material que impõem rigoroso controle orçamentário, o novo CPC (art. 833, XII) torna impenhoráveis os

---

15 Destaque-se do voto da relatora, Ministra Nancy Andrighi: *Embora o art. 43, III, da Lei nº 4.591/64 não admita expressamente excluir do patrimônio da incorporadora falida e transferir para comissão formada por adquirentes de unidades a propriedade do empreendimento, de maneira a viabilizar a continuidade da obra, esse caminho constitui a melhor maneira de assegurar a funcionalidade econômica e preservar a função social do contrato de incorporação, do ponto de vista da coletividade dos contratantes e não dos interesses meramente individuais de seus integrantes. [...]. O espírito da Lei nº 4.591/64 se volta claramente para o interesse coletivo da incorporação, tanto que seus arts. 43, III e VI, e 49, autorizam, em caso de mora ou falência do incorporador, que a administração do empreendimento seja assumida por comissão formada por adquirentes das unidades, cujas decisões, tomadas em assembleia, serão soberanas e vincularão a minoria* (REsp 1.115.605 – RJ, DJe 18.04.2011).

créditos derivados das alienações das unidades, visando a impedir o desfalque do fluxo financeiro da incorporação e, assim, conferir efetividade específica ao direito material visado pela segregação patrimonial – execução da obra, entrega das unidades e liquidação do passivo da incorporação.

A adequada exegese dessas normas, seja pela comissão de representantes dos adquirentes ou pelo Poder Judiciário, orientada para a proteção do fluxo financeiro da incorporação, em favor da coletividade dos contratantes, a exemplo do acórdão do REsp 1.115.605-RJ, é decisiva para assegurar o cumprimento da função econômica e social da incorporação imobiliária.

OS CONFRONTOS DO JUDICIÁRIO FACE À DOUTRINA E AO LEGISLATIVO

Miguel Reale Júnior

SUMÁRIO: 1. A Jurisprudência como Fonte. **2.** O Judiciário e a Doutrina. **3.** O Judiciário e o Legislativo.

1. A Jurisprudência como Fonte

O juiz não é apenas um fiel aplicador do ditame legal, em trabalho meramente cognoscitivo, mas realiza um trabalho construtivo, constitutivo, no qual o fato concreto assume um papel de incitamento[1], provocando que o intérprete no juízo decisório concretize a norma a partir do caso em exame, *porque a norma na sua abstração fica aquém do normativamente por este (o caso) solicitado*[2].

Desta forma, desfaz-se a pretensão de que a decisão judicial alcance universalidade e racionalidade em função de sua estrutura lógico-dedutiva, como um silogismo que revela a verdade tendo em vista sua estrutura interna, como se *a decisão já estivesse contida no direito*[3].

A justificação interna[4], como estrutura lógica, compõe-se de uma premissa consistente na hipótese de direito, a *quaestio juris,* e a pre-

---

1 Ver nosso Razão e subjetividade no direito penal. In: *Ciências Penais*, n. 00, São Paulo: RT, 2004, p. 226-249.

2 CASTANHEIRA NEVES, Antonio. *O actual problema metodológico da interpretação jurídica-1.* Coimbra: Coimbra Editora, 2003, p. 75.

3 RENTERÍA DIAZ, Adrián. *Il labirinto della guistizia, giudice, discrezionalità, responsabilità.* Milão: Franco Angeli, 2000, p. 79.

4 WRÓBLEWSKI, Jerzy. Una base semantica per la teoria dell'interpretazione giuridica. In: *Diritto e analisi del linguaggio.* SCARPELLI, Uberto (Org.).

missa menor relativa ao fato, a *quaestio facti*, realizando-se então a tarefa de subsunção da premissa menor na hipótese legal da premissa maior, retirando-se a consequência prevista pela lei. A justificação interna é relevante por demonstrar não haver uma contradição entre a decisão e as premissas estabelecidas.

A questão está na escolha das premissas e na sua justificação, seja no que respeita à *quaestio facti*, seja quanto à *quaestio juris,* em uma reconstrução das razões em função das quais o juiz estabeleceu sua decisão, concluindo que um determinado fato ocorreu ou não, e se este fato é adequado a determinada situação normativa, o que permite tomar duas direções, como assinala Rentería Diaz, revelando o percurso do juiz ao decidir uma lide e indagando se este percurso é efetivamente justificador da decisão.

É necessário o exame da congruência narrativa, relativa à verificação dos fatos e à congruência normativa[5] referente à interpretação da norma, com relação ao setor normativo a que pertence ou a todo o sistema jurídico, aos precedentes judiciais, à doutrina, e mais amplamente em face dos valores constitucionais e dos valores presentes no meio social determinantes da elaboração legislativa, bem como a evolução destes significados no decorrer do tempo.

Milão: Edizioni comunità, 1976, p. 358. O autor considera que as normas em geral são formuladas de modo a serem imediatamente aplicadas a fatos normais, e o problema consiste *em encontrar a norma jurídica que se adapta a uma determinada situação* e a aderência imediata de uma norma a um caso-tipo é a premissa necessária para o bom funcionamento do sistema jurídico. Para análise da justificação interna, ver ALEXY, Robert. *Teoria de la argumentación jurídica.* Madrid: Centro de Estúdios Constitucionales, 1989. Trad. Atienza e Espejo, p. 214; ATIENZA, Manuel. *As razões do direito-teorias da argumentação jurídica.* São Paulo: Landy, 2002, p. 50, que bem elucida que a justificação interna, na terminologia de WRÓBLEWSKI refere-se a uma inferência a partir de premissas dadas, sendo uma questão de lógica dedutiva. RENTERÍA DIAZ, Adrián. Op. cit., p. 74 e ss.

5 Prefiro denominar consistência ou coerência o que MaCormick denomina *consintency,* que significa, conforme o autor, citado por RENTERÍA DIAZ (op. cit., p. 98) **ausência de autocontradição,** e traduzir, a exemplo de RENTERÍA DIAZ para o italiano, *coherence* por congruência, a narrativa e a normativa.

O intérprete, para cumprir sua missão de compreender e explicar a norma em face do fato concreto, constrói uma interpretação que se case não apenas àquele fato singular, mas a todos os fatos similares[6], constituindo um modelo de compreensão da norma. Mas é o caso concreto que incita à interpretação e muitas vezes a percepção dos fatos induz a uma determinada compreensão da norma, de modo a adequá-la àquela percepção.

Por isso, se a interpretação da norma busca formular, no exame do caso concreto, uma interpretação aplicável a todos os casos similares, na verdade, a interpretação da norma sofre a influência da percepção que se tem daquele caso específico. O Direito se contém no juízo decisório do caso concreto e é o que a interpretação for, como diz Castanheira Neves[7].

Conforme revela F. Muller o ato de interpretar não constitui um *mero ato de reconhecimento de um significado dado anteriormente*, mas, um *ato autenticamente estruturante*[8].

Diante da constatação de ser a decisão judicial uma busca de realização concreta da justiça, que muitas vezes extrapola os limites literais da norma e não se deixa levar pelas considerações da doutrina e nem mesmo pelos antecedentes jurisprudenciais, o Instituto dos Advogados de São Paulo encomendou pesquisa acerca de decisões[9]

6 BATIFFOL, H. Questions de la interprétation juridique. In: *Archives de Philosophie du Droit,* n. 17, Paris, 1972, p. 15, segundo o qual uma decisão judicial sobre um caso particular toma um valor geral.

7 CASTANHEIRA NEVES, Antonio. *O actual problema metodológico da interpretação jurídica-1.* Coimbra: Coimbra Editora, 2003, p. 39. O autor considera que se exige a determinação do sentido normativo que há de se assumir na norma em face do problema jurídico *decidendo*, não podendo nunca deixar de pressupor um problema da prática concretização de uma validade normativo-jurídica. A seu ver (p. 64), para a interpretação jurídica o direito não é um objeto a conhecer, mas um problema a resolver.

8 MULLER, F., *Métodos de trabalho do direito constitucional.* São Paulo: Max Limonad, 2. ed. Trad. Peter Naumann, 2000, p. 67 e ss.; VIOLA, F e ZACCARIA, G., op. cit., p. 118.

9 Nas tabelas 8 e 10 pode-se colher o resultado por Câmara e por Relator. Pode-se destacar que a 4ª Câmara de 3.083 apelações de sentenças condenatórias decidiu

proferidas pelas Câmaras Criminais do Tribunal de Justiça de São Paulo[10]. Tal pesquisa demonstra que o improvimento de apelações de réus condenados varia de acordo com a Câmara e segundo o relator do processo. A subjetividade e a insegurança passam a preocupar a busca de certeza do Direito.

Porém, além do subjetivismo próprio do universo das decisões, a ser limitado pelas Súmulas dos Tribunais Superiores, especialmente as Súmulas Vinculantes, há uma construção judicial, nesses tribunais, não alicerçada em perspectiva particular do julgador, mas na convicção de que além dos textos normativos e da contribuição da dogmática cabe ao juiz ditar o Direito, suprir as lacunas a partir de princípios constitucionais cuja concretização passa a depender do Judiciário.

pelo improvimento de 3.070, ou seja, 80,7%, enquanto a maioria das Câmaras deu improvimento em percentuais mais reduzidos, variando de 60% a 15%. De outra parte, há relatores que negaram provimento a apelações na proporção de 87% e outros de 30% ou 15%.

10 O Instituto dos Advogados de São Paulo encomendou pesquisa acerca de decisões proferidas pelas Câmaras Criminais do Tribunal de Justiça de São Paulo. Esta pesquisa foi realizada por Nunes, Marcelo G. Nunes e Julio A. Z Trecenti e foram estudadas mais de 57 mil decisões proferidas em 2014 em recurso de apelação contra sentença condenatória. É surpreendente que nos processos julgados pela 4ª Câmara Criminal, composta por membros oriundos do Ministério Público, houve elevado percentual de condenações de Primeira Instância mantidas, enquanto em outra Câmara, composta por juízes de carreira e oriundos da Advocacia o índice de improvimento das apelações é extremamente inferior. Frisa o trabalho em sua ementa: existe uma enorme variabilidade das taxas de improvimento em relação às câmaras julgadoras, discrepância que não pode ser explicada pela distribuição de tipos de crime julgados por cada Câmara. Esse último resultado pode indicar a existência de insegurança jurídica em matéria criminal. De outra parte, a controvérsia jurisprudencial foi objeto de trabalho critico por mim coordenado, contido em quatro volumes publicados pela Editora GZ – *Direito penal, debates jurisprudenciais* (agora a ser publicado em um só volume pela Editora Saraiva), no qual se examinava a frontal divergência da jurisprudência na aplicação dos tipos penais da parte especial do Código Penal. A contradição entre decisões é marcante, pois casos idênticos são julgados de forma frontalmente diversa, a mostrar como nem mesmo os antecedentes judiciais servem de limite à liberdade de decidir do juiz no caso concreto.

Deste modo, abriram-se confrontos face aos doutrinadores e face aos legisladores.

2. O Judiciário e a Doutrina

Este indesejado enfrentamento entre o poder criativo do juiz e o papel explicativo e crítico da doutrina ficou expresso na conhecida manifestação do Ministro Humberto Gomes de Barros, do STJ, que assim se expressou em voto proferido em Agravo Regimental:

> Não me importa o que pensam os doutrinadores. Enquanto for ministro do Superior Tribunal de Justiça, assumo a autoridade da minha jurisdição. O pensamento daqueles que não são ministros deste Tribunal importa como orientação. A eles, porém, não me submeto.
> Interessa conhecer a doutrina de Barbosa Moreira ou Athos Carneiro. Decido, porém, conforme minha consciência. Precisamos estabelecer nossa autonomia intelectual, para que este Tribunal seja respeitado. É preciso consolidar o entendimento de que os Srs. Ministros Francisco Peçanha Martins e Humberto Gomes de Barros decidem assim, porque pensam assim. E o STJ decide assim, porque a maioria de seus integrantes pensa como esses ministros. Esse é o pensamento do Superior Tribunal de Justiça e a doutrina que se amolde a ele. É fundamental expressarmos o que somos. Ninguém nos dá lições. Não somos aprendizes de ninguém (STJ, Rel. Min. Humberto Gomes de Barros, AgReg em EREsp n° 279.889-AL).

Miguel Reale, em *Fontes e modelos*, ensina que há quatro modelos jurídicos que são estruturas normativas integradoras de fatos e valores. Estes modelos, que constituem fontes do direito, são os modelos legislativos, jurisprudenciais, costumeiros e negociais[11]. Mas, ao lado dos modelos jurídicos há os modelos dogmáticos – também ditos hermenêuticos, ou doutrinários – *estruturas teoréticas referidas aos modelos jurídicos, cujo valor eles procuram captar e atualizar em sua plenitude*[12].

11 REALE, Miguel. *Fontes e modelos do direito. Para um novo paradigma hermenêutico*. São Paulo: Saraiva, 1994, p. 63-122.

12 REALE, Miguel. Vida e morte dos modelos jurídicos. In: *Estudos e filosofia e ciência do direito*. São Paulo: Saraiva, 1978, p. 18.

A construção dos modelos dogmáticos realiza-se pela reflexão e crítica dos modelos jurídicos, bem como pela compreensão do conjunto normativo que integra, a partir dos princípios fundantes desse sistema a que pertence. Bem observa Judith Martins Costa que o termo *doutrina,* nesta acepção, é indiscernível do significado de uma obra do pensamento, trabalho de reflexão dotado – pelo menos – de autoridade persuasiva e orientadora[13]. Diríamos, explicativa e crítica.

Contudo, Humberto Ávila, em texto apresentado ao Instituto de Estudos Culturalistas, depois de examinar o papel da doutrina ao longo do tempo, explanando sobre o sistema, os conceitos, as relações e os institutos, considerou que a doutrina perdeu importância prática ao se dar relevo não apenas às regras mas aos princípios *que protegem determinados bens jurídicos e que determinam a promoção de fins, parte do fenômeno jurídico teve de ser aplicada pelos Tribunais sem o auxílio orientador da doutrina, que deles deixou de se ocupar*[14].

Assim, a importância prática da Doutrina esmaece, pois caberia a ela, além de explicitar conceitos, apresentar soluções fruto do exame dogmático, dispensado no reino dos princípios a serem concretizados pela livre interpretação de cada norma pelo aplicador do Direito[15].

3. O Judiciário e o Legislativo

Com a posição teórica do Neoconstitucionalismo dá-se a prevalência dos princípios sobre as regras e se reconhece, como acentua Humberto Ávila, a supremacia da ponderação sobre a subsunção e

13 MARTINS-COSTA, Judith. Autoridade e utilidade da doutrina. In: Martins-Costa Judith *et alii. Modelos de direito privado.* São Paulo: Marcial Pons, 2014, p. 9-40.

14 ÁVILA, Humberto Bergmann. Notas sobre o papel da doutrina na interpretação. In: *Conversa sobre a interpretação do direito. Cadernos para Debate* n. 4. Instituto de Estudos Culturalistas, Canela, 2011.

15 Diz Judith Martins-Costa (op. cit.) que *o mister doutrinário não é apenas o de explicitar o direito positivado, esclarecendo o significado dos textos, mas, justamente, o de construir soluções jurídicas úteis à prática, possibilitando resolver os problemas da humana convivência.*

a do Poder Judiciário sobre o Legislativo, de forma que toda aplicação de uma norma consiste na aplicação de um princípio constitucional. A consequência, acentua Ávila, é o aniquilamento das regras e da função legislativa, superada pela criatividade do construtivismo constitucional.

O confronto entre o Judiciário e o Legislativo elevou-se com algumas decisões do Tribunal Superior Eleitoral e do Supremo Tribunal Federal, sendo bastante lembrar a determinação do TSE, depois confirmada no STF, acerca da perda do mandato de deputado que sem justa causa muda de agremiação, pois em face do voto proporcional conclui-se que o mandato pertence ao partido.

Assim, não apenas se acrescentou uma hipótese de perda do mandato eletivo de deputado não prevista na Constituição (art. 55) como se legislou, criando normas gerais ao disciplinar genericamente quando há justa causa legitimadora da transladação para outro partido[16].

Exemplo de o Judiciário invadir claramente o campo legislativo está na edição pelo TSE de Resolução, disciplinando por normas gerais quando haveria justa causa para a mudança de agremiação partidária, a fim de dar eficácia ao decidido na Consulta nº 1.398 no sentido de o mandato pertencer ao partido, e não particularmente ao deputado[17].

---

16 Consulta nº 1.398 do PFL, sobre a titularidade dos mandatos no TSE, Rel. Min. Cezar Peluso, que na conclusão afirmou: *O caráter intrinsecamente partidário do sistema político brasileiro, de si já evidente quanto aos cargos ocupados na proporção dos quocientes eleitorais, é indisputável. A relação típica entre o candidato eleito e o grupo político a que pertenceu durante a eleição é essencial à identificação dos fundamentos que outorgam legitimidade ao mandato eletivo proporcional.*
A inconsistência do raciocínio que prega como "portabilidade" ou labilidade da vaga, que acompanharia o eleito como predicado personalíssimo, qualquer que seja o partido a que se filie e a qualquer que seja o tempo de filiação, decorre do erro na identificação da natureza e titularidade dos cargos eletivos na sintaxe do sistema representativo proporcional.
Respondo à consulta, afirmando que os partidos e coligações têm o direito de preservar a vaga obtida pelo sistema eleitoral proporcional, quando, sem justificação nos termos já expostos, ocorra cancelamento de filiação ou de transferência de candidato eleito para outra legenda.

17 Foi então editada a Resolução nº 22.160/2007 nos seguintes termos:

O acirramento das relações entre Judiciário e Legislativo deu-se com relação à declaração de inconstitucionalidade dos arts. 45, § 6º, e 47, incs. I e II, da Lei nº **9.504**/97 (**Lei das Eleições**) na ADIn 4.430, relatada pelo Ministro Dias Toffoli, que considerou inconstitucionais tais normas introduzidas na lei eleitoral, pois inviabilizavam em termos práticos que o então recém-criado Partido Social Democrático (PSD) disputasse as eleições de 2012 com recursos financeiros e de comunicação compatíveis com sua representatividade.

Tão logo, emitido este julgamento declarando a inconstitucionalidade dos preceitos que visavam a estrangular a mudança de parlamentares a novos partidos, foi apresentado pelo deputado do PT, Edinho Silva, Projeto de Lei Complementar PLC nº 14/2013, em clara oposição ao decidido na antes referida ADIn 4.430, retirando-lhe eficácia, para reinstaurar limites à utilização do fundo partidário e do tempo de televisão, pelos novos partidos, de acordo com o número de deputados que a ele adentraram.

Efetivamente, por este projeto já aprovado na Câmara dos Deputados, tornava-se impossível a transferência dos recursos do fundo partidário e do horário de propaganda eleitoral no rádio e na televisão proporcionalmente ao número de deputados que venham a integrar o novo partido, com isso desestimulando a migração de parlamentares para agremiações em formação.

Art. 1º O partido político interessado pode pedir, perante a Justiça Eleitoral, a decretação da perda de cargo eletivo em decorrência de desfiliação partidária sem justa causa.

§ 1º Considera-se justa causa:

I – incorporação ou fusão do partido;

II – criação de novo partido;

III – mudança substancial ou desvio reiterado do programa partidário.

§ 2º Quando o partido político não formular o pedido dentro de 30 (trinta) dias da desfiliação, pode fazê-lo, em nome próprio, nos 30 (trinta) subsequentes, quem tenha interesse jurídico ou o Ministério Público eleitoral.

* Competência: o órgão competente para processar e julgar o pedido de cassação do mandato varia de acordo com a sua natureza. Em se tratando de mandato federal, a competência será do próprio TSE. Já no caso de mandato estadual ou municipal, será competente o tribunal estadual do respectivo Estado.

Com toda a razão, argumenta-se que o projeto leva ao esvaziamento do direito fundamental a livre criação de novos partidos e do pluralismo político, em ofensa ao já decidido pelo STF em Ação Direta de Inconstitucionalidade, a ADIn 4.430.

Em face da tramitação deste projeto de lei, já aprovado na Câmara dos Deputados, o Deputado Rollemberg interpôs Mandado de Segurança, 32.033/DF, visando ao reconhecimento do direito de livre criação de partidos em situação isonômica à dos demais atores e partidos envolvidos, bem como a ilegitimidade do projeto de lei complementar em direção "diametralmente oposta" à apontada pelo STF na ADIn 4.430.

O STF reconheceu a ilegitimidade do PLC 14/2013, nos termos em que aprovado pela Câmara dos Deputados, por ofensa a cláusulas pétreas da Constituição Federal de 1988. Assim, diante do perigo iminente de dano à liberdade política, o Ministro Gilmar Mendes deu liminar para sustar a tramitação do projeto, cujos efeitos nefastos já se faziam presentes. Foi o bastante para se espalhar a revolta dos parlamentares governistas em nome de um "espírito de corpo", para chamar às falas a "honra" do Congresso, pois o STF teria interferido na apreciação de projeto ainda em votação, intrometendo-se no curso do processo legislativo.

Em junho de 2011, havia sido apresentada no Congresso Nacional, a Proposta de Emenda Constitucional nº 33, de iniciativa do Deputado Nazareno Fonteles, do PT do Piauí. Por esta emenda, impunha-se grave restrição ao poder jurisdicional do Supremo Tribunal Federal (STF) como forma de combater o "ativismo judicial". Na justificativa da emenda afirma-se que o STF, sem legitimidade eleitoral, passou a ser um legislador ativo, pois, indo além da solução do caso concreto, cria normas invadindo a atribuição reservada aos parlamentares, os únicos legisladores.

A proposta de emenda ficou em "banho maria" por mais de ano e meio, tendo sido apresentado na Comissão de Justiça parecer favorável à sua admissibilidade apenas em dezembro de 2012 e reconhecida sua constitucionalidade em abril de 2014.

Um dos fatores desencadeadores da agilização do procedimento para apreciação da proposta de emenda está na sustação liminar da tramitação do projeto de lei complementar acima lembrado e já aprovado na Câmara dos Deputados, impondo limitação ao uso de fundo partidário e do tempo de televisão aos novos partidos a serem constituídos.

A emenda constitucional pretendia submeter o Judiciário ao Legislativo, proposta que ressurgiu, como represália, em seguida à decisão do Mandado de Segurança 32.033/DF.

Esta Proposta de Emenda Constitucional nº 33/2011 constitui uma verdadeira aberração: primeiramente, pretende-se garantir a intocabilidade das leis consideradas inconstitucionais pela maioria dos ministros do STF, pois a Constituição passaria a exigir para decretação da inconstitucionalidade das leis que este reconhecimento fosse feito por quatro quintos dos ministros do STF.

Assim, apenas se nove dos onze ministros entenderem a lei inconstitucional será esta assim reconhecida. Se oito ministros considerarem inconstitucional a norma, esta permanecerá eficaz, pois sua inconstitucionalidade foi reconhecida "apenas" por três quartos dos ministros. Dessa forma, pretende-se instalar a supremacia do Legislativo, cujas afrontas à Constituição devem ser perenizadas autorizando-se que lei, reconhecida inconstitucional pela maioria do STF, permaneça incólume.

Em outro artigo, a proposta de emenda generosamente permite ao STF criar súmula, também por quatro quintos dos seus membros, mas que só terá força vinculante se outorgado pelo Congresso Nacional tal efeito à Súmula. Recebida a comunicação de prolação da Súmula pelo STF, o Congresso Nacional terá prazo de 90 dias, para deliberar, em sessão conjunta, por maioria absoluta, sobre o efeito vinculante da mesma.

Assim, em matéria de cunho eminentemente jurisdicional como o relativo, por exemplo, à interpretação de norma constitucional tributária, o entendimento, mesmo de quatro quintos do STF, apenas terá força vinculante para a Administração Pública se o Congresso entender de atribuir a tal enunciado este efeito. A decisão técnico-jurídica do STF, fruto de decisão de quatro quintos de seus membros, ficará, então, sujeita ao crivo do Congresso Nacional, o único que, em sua suprema onisciência, poderá ou não dar força vinculante a uma súmula!!

Em outro dispositivo, chega-se a mais um absurdo: se o STF reconhecer a inconstitucionalidade de uma emenda constitucional, como esta mesmo, por exemplo, esta decisão não terá efeitos imediatos, mas dependerá de apreciação do Congresso, que julga o julgamento do STF. Se o Congresso rejeitar a decisão do STF, a matéria será objeto de consulta popular, um plebiscito, para que o povo diretamente avalie se a emenda constitucional é constitucional ou inconstitucional, se deve ou não ter eficácia. Avilta-se o STF em favor de um populismo perigoso ao se submeter questão técnica de inconstitucionalidade à apreciação da população!

Não prosperou a emenda constitucional, mas revela-se com o seu ressurgimento o clima de confronto que vem se estabelecendo entre Judiciário e Legislativo, de que é exemplo recente o criativismo do Supremo Tribunal Federal na análise do rito a ser seguido na apreciação do *impeachment*, a título de se acompanhar o procedimento adotado quanto ao processo de Collor, o que não corresponde à verdade.

O Supremo Tribunal Federal entendeu que uma decisão da Câmara dos Deputados de admitir a acusação contra a Presidente da República por 2/3 dos seus membros, ou seja, pelo voto de 342 representantes do povo, pode ser anulada no Senado, onde estão os representantes dos Estados por maioria simples, isto é, a maioria dos presentes, desde que estejam 41 senadores, portanto, por 21 senadores.

Esta decisão inova, contrariando texto expresso da Constituição, da Lei nº 1.079/50 e o disposto no Regimento Interno do Senado Federal, bem como o decidido no caso Collor, Mandado de Segurança 21.564/DF[18].

No artigo citado, ponderava:

> Sem haver qualquer princípio inspirador da possibilidade de uma maioria simples do Senado anular a determinação de 2/3 da Câmara de se instalar o processo, foi-se além dos limites de interpretação sistemática ou finalística, para em criatividade livre, contrariar a clareza dos textos constitucionais e legais.
>
> O art. 51 da Constituição diz competir privativamente à Câmara dos Deputados autorizar, por dois terços de seus membros, a instauração de processo contra o Presidente e no art. 86 edita-se: "Admitida a acusa-

18 A respeito, ver nosso artigo, O povo bestificado. In: *O Estado de S.Paulo*, de 02.01.2016, p. 2; igualmente ZACLIS, Leonel. O *impeachment* no Senado da República. In: *O Estado de S.Paulo*, de 04.01.2016.

> ção contra o Presidente da República, por dois terços da Câmara dos Deputados, será ele submetido a julgamento perante o Senado Federal, nos crimes de responsabilidade".

Neste art. 86, há determinação precisa: *Admitida a acusação pela Câmara dos Deputados será o presidente submetido a julgamento.* Assim, é cogente a Constituição ao dizer *será submetido a julgamento*, conforme aliás é disciplinado também no Regimento Interno do Senado (arts. 377 a 381).

Nada se prevê quanto à apreciação para se instaurar o processo no Senado, pois já foi admitida a acusação pela Câmara, em decisão similar à sentença de pronúncia nos casos de júri. Requer-se apenas a formulação de libelo por comissão processante, que intimará o presidente. Ao plenário cabe somente a decisão final, absolvendo ou condenando.

O Senado, admitida a acusação em votação qualificada de 2/3 dos deputados, não pode, pela via expressa de apreciação não prevista no Regimento do Senado (art. 380), por maioria simples, arquivar o processo.

Por outro lado, em elucidativo artigo, Zaclis demonstrou qual foi a orientação seguida pelo Supremo Tribunal Federal no mandado de segurança impetrado por Collor, reproduzindo clara manifestação do Ministro Celso de Mello para o qual o *impeachment* do Presidente da República por crimes de responsabilidade se desenrola no Senado, desde sua instauração até o julgamento final, após autorização da Câmara dos Deputados, sendo que, uma vez autorizado, não pode deixar de instaurá-lo. O voto do Ministro Sepúlveda Pertence também foi incisivo: a autorização da Câmara vincula, e não apenas libera o Senado, mesmo porque tem o significado de recebimento de denúncia.

A maioria assim decidiu, apenas constando da ementa menção a que o Senado recebe a denúncia, porém, o teor do acórdão é preciso no sentido de que cumpre ao Senado Federal julgar o Presidente, após a admissibilidade da acusação reconhecida pela Câmara dos Deputados.

Na decisão recente, todavia, o Supremo Tribunal Federal foi além da busca de preencher lacuna da lei, como na hipótese da perda do mandato de deputado por transferência injustificada de partido político. Nem se examinou a legitimidade de norma em face de princípios democráticos, como no caso da proibição de participação no Fundo Partidário e no tempo de televisão pelos novos partidos de acordo com o número de deputados que à nova sigla afluíram.

Agora, ao julgar o rito a ser seguido no *impeachment*, o Supremo Tribunal Federal construiu solução a partir da mera menção a que o presidente é afastado ao começar o processo no Senado, como se deste fato se pudesse extrair que por maioria simples o Senado tivesse o poder de desconstituir uma decisão de maioria qualificada da Câmara dos Deputados, que admite a acusação em decisão similar a uma sentença de pronúncia, por se reconhecer autoria e materialidade.

Em perigoso ativismo adentra o Supremo Tribunal Federal, a ponto de poder sugerir a criação de um universo jurídico paralelo e desnecessário, como no estabelecimento do rito do *impeachment* quando a Constituição, a lei, o Regimento Interno do Senado Federal e o precedente existente indicam, sem sombra de dúvidas, que admitida a acusação pela Câmara dos Deputados, cumpre ao Senado iniciar o processo de julgamento, a começar pela edição de um libelo por comissão processante, intimando-se o Presidente para se defender.

Se o preenchimento de lacunas no ordenamento pelo Judiciário muitas vezes é uma resposta contra o imobilismo do Legislativo, todavia, o risco da perspectiva neoconstitucionalista, conduzindo a decisões com base em princípios em desprezo pelo sistema normativo, permite uma politização perigosa da Justiça.

A APLICAÇÃO DO DIREITO NO CÓDIGO DE PROCESSO CIVIL DE 2015

Nagib Slaibi Filho

1. Ética, Direito e Aplicação do Direito

O tema da aplicação do Direito diz respeito não só aos magistrados, que são os aparentes destinatários dos comandos do art. 8º, mas também aos advogados e aos demais integrantes das instituições essenciais à função jurisdicional, pois o juiz não é o único realizador do Direito.

Interessa também a toda a sociedade, nestes primeiros anos do século XXI, pois todos estão em busca dos bens e serviços que devem ser acessíveis a todos os cidadãos e da segurança que se mostra essencial para a existência individual e coletiva.

A Ética é a parte da Filosofia que trata da conduta. O Direito é a ciência, a arte, a técnica, que trata da norma de conduta.

O Direito tem, assim, fundamento na Ética, palavra do grego *ethos*, que quer dizer o modo de ser, o caráter coletivo e individual. Os romanos traduziram o e*thos* grego para o latim *mos* (ou no plural *more*s), que quer dizer costume, de onde vem a palavra moral.

O *ethos* (caráter) e o *mos* (costume) indicam um tipo de comportamento propriamente humano que não é nato ou intrínseco como o instinto, mas é adquirido pelo hábito, pelo viver na vida social.

Norma é a regra de conduta, o termo vem do latim *norma* que significa régua ou esquadro.

A norma decorre do dispositivo, artigo ou símbolo gráfico da lei, que é o seu ponto de partida objetivo, enquanto a norma decorre da apreensão do significado do dispositivo.

A aplicação do Direito consiste em fazer valer no caso concreto a hipótese prevista na norma jurídica; é cumprir a tutela jurídica ao interesse individual ou coletivo que deve se efetivar em cada caso.

É muito mais que simplesmente aplicar a letra do texto da Constituição ou da lei.

Não se aplica simplesmente a lei, mas o Direito da qual a lei é um segmento, mas não o todo.

O legislador é também criatura humana, não consegue prever todas as condutas futuras para regulá-las desde já no texto da lei. E confessa a sua incapacidade, com comovente humildade, ao dispor na parte inicial do art. 126 do CPC/73 e no art. 140 do CPC/2015: *O juiz não se exime de decidir sob a alegação de lacuna ou obscuridade do ordenamento jurídico.*

Há mais de um século ensinou Carlos Maximiliano[1]:

> A aplicação do Direito consiste no enquadrar um caso concreto em a norma jurídica adequada. Submete às prescrições da lei uma relação da vida real; procura e indica o dispositivo adaptável a um fato determinado. Por outras palavras: tem por objeto descobrir o modo e os meios de amparar juridicamente um interesse humano.
>
> O direito precisa transformar-se em realidade eficiente, no interesse coletivo e também no individual. Isto se dá, ou mediante a atividade dos particulares no sentido de cumprir a lei, ou pela ação, espontânea ou provocada, dos tribunais contra as violações das normas expressas, e até mesmo contra as simples tentativas de iludir ou desrespeitar dispositivos escritos ou consuetudinários. Assim resulta a aplicação, voluntária quase sempre; forçada muitas vezes.

Ao se referir à aplicação do ordenamento jurídico, o que o art. 8º do CPC/2015 exige está muito além da fria e simples aplicação no

1 MAXIMILIANO, Carlos. *Hermenêutica e aplicação do direito*. 18. ed. Rio de Janeiro: Revista Forense, 1999, p. 6-17.

caso concreto do comando contido no dispositivo legal ou constitucional que se poderia extrair tão somente em simples interpretação literal ou gramatical:

> Art. 8º Ao aplicar o ordenamento jurídico, o juiz atenderá aos fins sociais e às exigências do bem comum, resguardando e promovendo a dignidade da pessoa humana e observando a proporcionalidade, a razoabilidade, a legalidade, a publicidade e a eficiência.

Aplicar o Direito abrange muito mais, como, aliás, já estava disposto na segunda parte do art. 126 do CPC/1973, dispositivo atualizado no CPC/2015 pelo referido art. 8º, este agora mais condizente com a realidade:

> No julgamento da lide, caber-lhe-á aplicar as normas legais, não as havendo, a analogia, os costumes e os princípios gerais do Direito.

Note-se: o art. 8º está se referindo à aplicação do Direito, à arte, à técnica, à ciência da norma de conduta.

Não está se referindo ao direito objetivo, à previsão jurídica do interesse, nem ao direito subjetivo, que é a titularização por alguém da situação concreta estabelecida na norma que prevê o interesse ou bem jurídico tutelado.

Dispõe a Lei de Introdução às Normas do Direito Brasileiro, a antiga Lei de Introdução ao Código Civil:

> Art. 4º Quando a lei for omissa, o juiz decidirá o caso de acordo com a analogia, os costumes e os princípios gerais de direito.
> Art. 5º Na aplicação da lei, o juiz atenderá aos fins sociais a que ela se dirige e às exigências do bem comum.

Tais disposições, da velha Lei de Introdução ao Código Civil, se mostram hoje ultrapassadas pelo disposto nos arts. 8º e 140 do CPC/2015, embora este pareça, repita-se, pareça, somente incidir sobre a atuação do juiz no processo civil.

O disposto no art. 8º do CPC/2015 institui normas que se estendem a todo o Direito pátrio, ao substituir o disposto no art. 126 do

CPC/73 que tem redação similar ao disposto no art. 4º da Lei Geral de Normas do Direito Brasileiro.

Na mesma linha de orientação, embora com redação um pouco diferente, o CPC/73 dispõe:

> Art. 126. O juiz não se exime de sentenciar ou despachar alegando lacuna ou obscuridade da lei. No julgamento da lide caber-lhe-á aplicar as normas legais; não as havendo, recorrerá à analogia, aos costumes e aos princípios gerais de direito. (Redação dada pela Lei nº 5.925, de 1º.10.1973)
>
> Art. 127. O juiz só decidirá por equidade nos casos previstos em lei.

Ao dizer que não pode o juiz deixar de sentenciar ou despachar alegando lacuna ou obscuridade da lei, a legislação é muito mais respeitosa e muito menos truculenta que o bicentenário Código Civil francês de 1804, ao dispor cruamente no seu art. 4º que *o juiz que se recusar a decidir, sob o pretexto do silêncio ou da obscuridade ou da insuficiência da lei, poderá ser processado como culpado do delito de denegação de Justiça!*

Já o CPC/2015, no citado art. 8º, vem alterar e atualizar substancialmente a aplicação do Direito ao comandar que o juiz não está restrito simplesmente à interpretação literal ou gramatical ou semiológica, mas, sim, iluminado por todo o ordenamento jurídico.

Na mesma linha do disposto no art. 8º, de efetivação do Direito, o novo Código também ampliou os poderes judiciais no sentido de se alcançar a realização da justiça material e efetiva, em cada caso concreto, ao dispor:

> Art. 6º Todos os sujeitos do processo devem cooperar entre si para que se obtenha, em tempo razoável, decisão de mérito justa e efetiva.
>
> Art. 139. O juiz dirigirá o processo conforme as disposições deste Código, incumbindo-lhe:
> I – assegurar às partes igualdade de tratamento;
> II – velar pela duração razoável do processo;
> III – prevenir ou reprimir qualquer ato contrário à dignidade da justiça e indeferir postulações meramente protelatórias;
> IV – determinar todas as medidas indutivas, coercitivas, mandamentais ou sub-rogatórias necessárias para assegurar o cumprimento de ordem

> judicial, inclusive nas ações que tenham por objeto prestação pecuniária;
> V – promover, a qualquer tempo, a autocomposição, preferencialmente com auxílio de conciliadores e mediadores judiciais;
> VI – dilatar os prazos processuais e alterar a ordem de produção dos meios de prova, adequando-os às necessidades do conflito de modo a conferir maior efetividade à tutela do direito;
> VII – exercer o poder de polícia, requisitando, quando necessário, força policial, além da segurança interna dos fóruns e tribunais;
> VIII – determinar, a qualquer tempo, o comparecimento pessoal das partes, para inquiri-las sobre os fatos da causa, hipótese em que não incidirá a pena de confesso;
> IX – determinar o suprimento de pressupostos processuais e o saneamento de outros vícios processuais;
> X – quando se deparar com diversas demandas individuais repetitivas, oficiar o Ministério Público, a Defensoria Pública e, na medida do possível, outros legitimados a que se referem o art. 5º da Lei nº 7.347, de 24 de julho de 1985, e o art. 82 da Lei nº 8.078, de 11 de setembro de 1990, para, se for o caso, promover a propositura da ação coletiva respectiva.
> Parágrafo único. A dilação de prazos prevista no inciso VI somente pode ser determinada antes de encerrado o prazo regular.
>
> Art. 140. O juiz não se exime de decidir sob a alegação de lacuna ou obscuridade do ordenamento jurídico.
> Parágrafo único. O juiz só decidirá por equidade nos casos previstos em lei.

Há mais de cem anos, Jean Cruet já dizia que o *juiz* [...] *tem sido na realidade a alma do progresso jurídico, o artífice laborioso do Direito novo contra as fórmulas caducas do Direito tradicional*[2].

Na busca de tornar efetiva a atuação do Poder Público como instrumento de ação da sociedade, e isso principalmente pelo que decorreu dos horrores da II Grande Guerra, as Constituições modernas ditaram normas no sentido de dispensar a interposição do legislador para a efetividade das normas constitucionais, como se vê no art. 5º, §§ 1º e 2º, da Constituição de 1988:

> § 1º As normas definidoras dos direitos e garantias fundamentais têm aplicação imediata.
> § 2º Os direitos e garantias expressos nesta Constituição não excluem outros decorrentes do regime e dos princípios por ela adotados, ou dos tra-

2 CRUET, Jean. Op. cit.

tados internacionais em que a República Federativa do Brasil seja parte. Sem o juiz não há Justiça nem a aplicação ou a efetivação do Direito.

2. *Civil Law* e *Common Law*

Justiniano (482-565) tornou-se o Imperador do Sacro Império Romano-Germânico em 527 d.C. e pretendia governar centenas de povos em grande extensão do mundo então conhecido.

Aliás, o título de imperador designa, justamente, o governante de vários povos, enquanto o título de rei é dado ao governante de um povo determinado.

O governo de Justiniano dependia de meios rudimentares e lentos de comunicação como navios e cavalos e o seu vasto império compreendia reis, povos e costumes das mais diversas culturas, embora todos os homens livres pudessem ser considerados como cidadãos iguais em direitos civis, como decorria do Édito de Caracala de 212 d.C., concedendo a todos os estrangeiros (peregrinos), homens e livres, a condição de cidadãos romanos, de modo a habilitá-los a maiores encargos fiscais.

Decorreu aí a necessidade de Justiniano tentar impor uma legislação comum, que afastasse a grande maioria das regras jurídicas decorrentes dos costumes que vigoravam em cada região, garantisse o governo, evitasse a dispersão do Império e conferisse, tanto quanto possível, identidades comuns em tanta diversidade.

Em tal complexo conteúdo cultural é que Justiniano editou diversas leis e Constituições, estas as leis que indicavam o modo de ser das instituições que, então existentes, eram reguladas pelo Direito Costumeiro.

Evidentemente os textos legais antes citados somente eram conhecidos por raros letrados, geralmente funcionários e quase sempre clérigos, que podiam entender os símbolos gráficos e que mesmo assim nem sempre poderiam apreender o seu significado, o que dependeria de sua capacidade individual.

Por isso as leis justinianas foram divulgadas em Latim, a língua que foi usada como padrão universal até os séculos XV e XVI, depois substituída nessa função pelo francês e, desde os meados do século XIX, pelo inglês.

A criação dos grandes Estados nacionais da Europa, dos quais Portugal foi o primeiro no século XV, e a consequente institucionalização de línguas nacionais como o português, o espanhol, o inglês e o francês, ao lado da criação da imprensa no século XVI, permitiu a divulgação das leis escritas, de forma a chegar ao que o Código Civil francês de 1804 proclamou a ficção jurídica adotada até hoje pela atual Lei de Introdução às Normas do Direito Brasileiro no art. 3º, de que *ninguém se escusa de cumprir a lei, alegando que não a conhece.*

Justiniano nos legou o sistema jurídico denominado Direito romano-germânico, ou a família jurídica da *Civil Law*, sistema jurídico da Europa Continental, em que a fonte primeira da norma jurídica é o texto legislado, posto pelo Poder Público, como ainda está hoje no art. 126 do CPC/1973.

No sistema da *Civil Law*, a grande fonte do Direito é o texto escrito, de onde se extrai a norma que regula a conduta em cada caso. A norma decorre do símbolo gráfico, do artigo, do dispositivo, com fonte em poder acima da sociedade.

Inexistente a lei, aplica-se a analogia, isto é, a situação prevista em outro dispositivo legal como solução mais próxima para o caso em julgamento. Ainda se não couber a analogia, adota-se a norma decorrente do costume, ou seja, a regra de conduta adotada por determinado grupo social e, finalmente, subsidiariamente, os princípios gerais do Direito.

O outro grande sistema jurídico é a *Common Law*, também denominado sistema anglo-americano, em que a grande fonte do Direito é o costume, buscando o juiz a conduta social, os costumes, como paradigma para o julgamento do caso concreto, ficando vinculado aos precedentes não só do próprio tribunal como dos tribunais superiores.

No terreno constitucional, os norte-americanos optaram pela Constituição escrita para organizar o Poder Público. Nos dois anos seguintes, aprovaram dez emendas constitucionais declarando os direitos individuais. Nos séculos seguintes, veio predominar a interpretação pelos Juízes, principalmente os da Corte Suprema, que se irrogaram o poder de controlar a constitucionalidade das leis desde o célebre caso *Marbury vs. Madison*, de 1803, como se vê no magistral voto redigido pelo *Justice* John Marshall.

A *Common Law* tem no precedente judicial (*case law*) a sua fonte principal. Caracteriza-se por reservar à lei papel secundário, provocado por situações excepcionais ou para solucionar conflito insuperável entre direitos jurisprudenciais, regionais ou estaduais (*statute law*). Por isso, nesse sistema é comum ser a lei interpretada restritivamente.

Mas a diferença entre o Sistema Continental e o da *Common Law* é mais de forma, pois, enquanto no primeiro predominam a lei e os códigos, no segundo dominam o precedente judicial, os repertórios de jurisprudência, decorrentes dos costumes; ambos os sistemas, no entanto, estão inspirados pelas instituições jurídicas desenvolvidas na Roma antiga.

3. Legalidade e Equidade

Mesmo com o princípio da supremacia perante as demais normas, a Constituição escrita não consegue regular todas as situações, nem mesmo consegue se adaptar com presteza aos fatos supervenientes.

Enfim, a melhor fonte do Direito é a vida, a realidade, como expressa a antiga parêmia *ex facto oritur jus* (do fato nasce o direito subjetivo).

Os costumes são criados pela sociedade e as leis, pelo legislador; aqueles vêm da prática da vida social, aquelas decorrem da vontade das pessoas que dispõem de poder de impor as condutas aos demais membros da sociedade.

A experiência e a razão criam o costume.

A experiência raramente cria a lei, porque a lei é desnecessária quando a conduta humana tem regulação social e segue os padrões de conduta. Aliás, é por isso que uma das características mais apontadas da lei é a capacidade de inovação na ordem jurídica, pois ela cria sempre algo de novo, algo que antes não existia.

O disposto no art. 8º do CPC/2015 difere profundamente do disposto no art. 126 do CPC/1973: aquele enfatiza o julgamento por equidade, este, o julgamento por legalidade.

Julgar pelo critério da legalidade é dar ao caso concreto a solução ou os efeitos previstos na norma jurídica decorrente do texto legal. Por exemplo, o juiz decreta o despejo do prédio porque a Lei nº 8.245/91, a Lei do Inquilinato Urbano, dispõe, no art. 9º, III, que a locação é extinta com o inadimplemento do aluguel e encargos, e na ação de despejo não purgou o inquilino a mora nem comprovou o pagamento.

A legalidade pode ser tomada no sentido amplo, como no art. 126 do CPC/1973, e no sentido estrito, como no art. 1.109 do mesmo Código:

> Art. 1.109. O juiz decidirá o pedido no prazo de 10 (dez) dias; não é, porém, obrigado a observar critério de legalidade estrita, podendo adotar em cada caso a solução que reputar mais conveniente ou oportuna.

Como a vida é muito mais rica em fatos do que pode suspeitar a previsão do legislador, hoje a maioria das causas é julgada pelo critério da equidade, isto é, em cada caso, fundamentadamente, o juiz adota a solução que reputar mais conveniente ou oportuna.

São exemplos mais conhecidos de julgamento pela equidade:

a) o arbitramento dos danos nas ações de responsabilidade civil, como dispõe o Código Civil, em seu art. 944: *A indenização mede-se pela extensão do dano. Parágrafo único. Se houver excessiva desproporção entre a gravidade da culpa e o dano, poderá o juiz reduzir, equitativamente, a indenização;*

b) a redução da pena como decorre do art. 413 do Código Civil: *A penalidade deve ser reduzida equitativamente pelo juiz se a obrigação principal tiver sido cumprida em parte, ou se o montante da penalidade for manifestamente excessivo, tendo-se em vista a natureza e a finalidade do negócio;*

c) em caso de onerosidade excessiva, no art. 478: *Nos contratos de execução continuada ou diferida, se a prestação de uma das partes se tornar excessivamente onerosa, com extrema vantagem para a outra, em virtude de acontecimentos extraordinários e imprevisíveis, poderá o devedor pedir a resolução do contrato. Os efeitos da sentença que a decretar retroagirão à data da citação;* e nos seguintes,

d) art. 479: *A resolução poderá ser evitada, oferecendo-se o réu a modificar equitativamente as condições do contrato;*

e) art. 480: *Se no contrato as obrigações couberem a apenas uma das partes, poderá ela pleitear que a sua prestação seja reduzida, ou alterado o modo de executá-la, a fim de evitar a onerosidade excessiva.*

É prerrogativa do magistrado decidir as causas sem que por isso possa ser punido, segundo a Lei Orgânica da Magistratura Nacional, Lei Complementar nº 35, de 14 de março de 1979, art. 41: *Salvo os casos de impropriedade ou excesso de linguagem o magistrado não pode ser punido ou prejudicado pelas opiniões que manifestar ou pelo teor das decisões que proferir.*

4. Interpretação do Direito

Interpretar é o ato de apreender o sentido da norma jurídica.

A Hermenêutica é a ciência da interpretação que indica os critérios ou os meios para se apreender o significado da norma. A palavra invoca o deus grego, Hermes, o mensageiro dos deuses.

Aplicar o Direito é efetivar as normas e também fazer incidir os valores e os interesses protegidos pela ordem jurídica.

A aplicação do Direito está muito além da *interpretação literal, ou filológica, ou semiológica*, que se prende somente ao texto legal, ou a *interpretação sistemática*, que gira somente em torno da incidência das regras impostas pelos dispositivos constitucionais e legais.

Insista-se: o Direito, ou ordenamento jurídico, como expressa o art. 8º, está muito além da lei, esta o conjunto dos dispositivos postos nos comandos legislativos através de artigos, parágrafos, incisos e alíneas.

5. Interpretação Literal

A interpretação literal ou gramatical ou semiológica, este termo se referindo à Semiologia, ou ciência dos símbolos, presa ao significado linguístico dos dispositivos legais, somente era legítima no velho liberalismo do século XIX e do início do XX, antes da II Grande

Guerra, em que se podia afirmar a supremacia do Parlamento através de leis genéricas e abstratas, sob a premissa de imanente igualdade entre os indivíduos.

Até então, a Constituição não tinha exequibilidade direta quanto aos direitos individuais, pois carecia da complementação do legislador. Por isso então se distinguiam as normas constitucionais em autoaplicáveis ou em não autoaplicáveis.

Charles de Secondat (1689-1755), o Barão de Montesquieu, magistrado do velho regime francês, no monumental *O Espírito das Leis*, afirmava que os juízes, ao julgar as causas que lhe eram submetidas, eram seres sem alma, que simplesmente pronunciavam as palavras da Lei: *Les juges de la nation ne sont que la bouche qui prononce les paroles de la loi, des êtres inanimés, qui n'en peuvent modérer ni la force ni la rigueur.*

Jean-Étienne-Marie Portalis (1746–1807) levou ao extremo a ideia de que o Direito simplesmente decorria do texto legal, ao proclamar que não ensinava o Direito Civil, mas o Código Civil francês de 1804, de cujas letras pretendia extrair todos os comandos necessários à vida do cidadão.

Mas o texto legal é criatura humana, e por mais excelente que seja, não se imuniza aos defeitos do seu criador, e não consegue prever todas as situações que ocorrem na vida.

Impossível ao legislador regular para o futuro a multidão dos casos que a dinâmica da vida impõe aos juízes resolver. Quase sempre os fatos derrotam a previsibilidade legal, por mais que esta seja ambiciosa ou arrogante.

Não há como substituir a função do Juiz tão somente pela letra fria da lei, que não pode tudo prever.

A função do Juiz é aplicar o Direito, efetivar no caso concreto o que as leis preveem genericamente.

6. Interpretação sistemática

Daí se evoluiu para o que se denominou *interpretação sistemática*, mantida a desconfiança no papel do juiz, embora prosseguindo a reverência quase sagrada ao texto da lei.

A interpretação sistemática busca suprir as lacunas e leva o juiz e os advogados a pesquisar no conjunto legislativo, nos diversos dispositivos dos textos legislativos pertinentes, qual seria a vontade hipotética do sistema da lei, a denominada *mens legis,* esta a significar a *inteligência da lei*, ou o *espírito da lei,* os fundamentos práticos ou filosóficos que levaram à edição do ato normativo.

O fundamento da interpretação sistemática é que há uma causa ou razão ou fundamento para a existência da lei, a ideia geratriz que conduziu à edição da lei, e que esta decorreria necessariamente de uma vontade única.

Assim é possível quando o diploma legal foi gerado por poucos legisladores, o que não coaduna mais com o regime da democracia representativa, em que a vontade parlamentar decorre do consenso entre centenas de representantes na Casa Legislativa.

O prestígio da interpretação sistemática só se destacou como fundamento da interpretação enquanto as leis eram autoritárias, outorgadas, e não produto do consenso entre centenas de legisladores, como se faz nos regimes democráticos.

Somente o texto legal autoritário, outorgado, imposto de cima para baixo, pode oferecer a homogeneidade de um sistema, não a lei decorrente do consenso, ou da maioria das vontades, discutida e votada em assembleias parlamentares em que se representam as mais diversas correntes de opinião.

Então, até mesmo enfatizava a doutrina que se procurava não a *mens legislatoris* – o que pretendia um pretenso e unívoco legislador –, mas o sistema normativo pretendido pelo conjunto do texto, a denominada *mens legis*.

Aliás, o processo moderno, e não só o processual civil, só se justifica eticamente se voltado à efetivação dos direitos, à transformação da realidade de forma a atender ao que esperam as normas jurídicas no Estado Democrático de Direito. E por isso mesmo dispõe o art. 6º do CPC/2015: *todos os sujeitos do processo devem cooperar entre si para que se obtenha, em tempo razoável, decisão de mérito justa e efetiva*[3].

3 GUTIERREZ SLAIBI, Maria Cristina Barros. *Dever judicial de julgamento do mérito*. 2. ed. Rio de Janeiro: LMJ Mundo Jurídico, 2013.

7. Interpretação Histórica

Mas continua a incompletude legislativa: a sacralidade do texto legal não combina com a vida, pois *vê-se todos os dias a sociedade reformar a lei; nunca se viu a lei reformar a sociedade*, como Jean Cruet colocou como epígrafe de sua obra, em 1905[4].

Passou-se, então, ao processo de atualização da lei, pela denominada interpretação histórica ou atualista, esta no sentido não de se ancorar a compreensão do Direito no passado em que foi feita a lei, mas levar o intérprete a verificar a História na sua dimensão infinita, que compreende o passado, o presente e o futuro.

A interpretação histórica não pode se assentar somente sobre o pretérito que conduziu o legislador a editar o dispositivo legal, como se os mortos pudessem vincular as novas gerações, e o passado se reproduzisse no futuro, sem considerar os percalços e as dificuldades do presente.

Cada geração tem o impostergável poder de traçar o próprio destino, de interpretar a lei levando em conta não os interesses e fundamentos das gerações pretéritas, mas dos interesses que avultam no presente. E nenhuma geração tem o poder de vincular as gerações futuras quanto à escolha do próprio destino.

Nessa investigação histórica, buscando legitimar o texto produzido no passado, viram-se destacados os elementos normativos a conter os denominados *conceitos indeterminados*, que já se chamaram de conceitos flexíveis quando da época de predomínio da interpretação literal, permitindo ao aplicador maior liberdade de ação, como, por exemplo, o disposto no Código Civil no essencial tema de arbitramento dos danos, no já transcrito art. 944.

Em tema rotineiro e visceral como o arbitramento da reparação dos danos, não ousou o legislador estabelecer critério senão o decorrente da própria situação fática, qual seja a própria extensão do dano, a significar que o caso concreto é a medida do arbitramento do dano.

---

4 CRUET, Jean. *A vida do direito e a inutilidade das leis*. 3. ed. Leme/SP: CL EDIJUR, 2008.

Os denominados *conceitos jurídicos indeterminados*, como razoabilidade, proporcionalidade, dignidade da pessoa humana, publicidade e eficiência, constantes do disposto no art. 8º, indicam outro critério de julgamento que não o da simples legalidade. Conceitos jurídicos indeterminados conduzem o aplicador do Direito ao julgamento pela equidade, levando em conta o caso em julgamento, e não a previsão tímida e incompleta posta na hipótese legal.

O julgamento pela legalidade estrita ocorre quando se aplica no caso concreto a solução dada pela norma legal, como diz o art. 126 do CPC/73; o julgamento pela legalidade ampla, quando se aplica não só a legalidade estrita como outros critérios derivados com a analogia, os costumes ou os princípios gerais do Direito.

O julgamento por equidade ocorre quando se dá ao caso a solução mais adequada, ainda que afastando o princípio da legalidade. Por exemplo, o que está no art. 1.109 do CPC/73, quanto à jurisdição voluntária: [...] *não é, porém, obrigado a observar critério de legalidade estrita, podendo adotar em cada caso a solução que reputar mais conveniente ou oportuna.*

Tal dispositivo não foi repetido no CPC/2015, por desnecessário, em face do que se contém no art. 8º, a adotar também o critério da equidade, que leve em conta não a letra fria da lei, como no critério da legalidade, mas a justiça e a efetividade do caso concreto em julgamento.

Não mais as premissas afirmadas *a priori*, como no critério da legalidade estrita, que nada mais são do que meios de prevalência ou de imposição de valores de eventuais maiorias legislativas, quando não nefandos meios da mais sórdida dominação, mas a afirmação de que o Direito somente se legitima como instrumento de resolução dos conflitos de interesses que se manifestam no presente.

Não mais o juiz-robô, mas o juiz que constrói a norma jurídica que vai regular cada caso concreto com a força de lei para as partes que rogam a proteção da Toga.

Grite-se que não bastam a legalidade, as disposições, os artigos ou os símbolos gráficos que se encontram na Constituição e nas leis para a regência da vida coletiva ou individual, pois o modo pelo qual são aplicadas as normas pelo Juiz em cada caso é que torna efetivo o Direito.

O critério da legalidade introduz o princípio da igualdade formal, decorrente do texto da lei: *todos são iguais perante a lei, sem distinção de qualquer natureza*, como proclama a Constituição de 1988, art. 5º, *caput, initio*.

O critério da equidade introduz o princípio da igualdade material, decorrente da aplicação em cada caso concreto.

Com a equidade, quebra-se, então, o confortável e falso conceito da igualdade formal, devendo-se buscar a isonomia material, ainda que tratando desigualmente os desiguais.

> A regra da igualdade não consiste senão em aquinhoar desigualmente aos desiguais, na medida em que se desigualam. Nesta desigualdade social, proporcionada à desigualdade natural, é que se acha a verdadeira lei da igualdade. O mais são desvarios da inveja, do orgulho, ou da loucura. Tratar com desigualdade a iguais, ou a desiguais com igualdade, seria desigualdade flagrante, e não igualdade real. Os apetites humanos conceberam inverter a norma universal da criação, pretendendo, não dar a cada um, na razão do que vale, mas atribuir o mesmo a todos, como se todos se equivalessem[5].

A isonomia formal está na letra fria da lei.

A isonomia material está na vida, no caso concreto. Sua fonte é a razão, a emoção, a intuição – enfim, o espírito – do aplicador do Direito.

O Direito não só garante direitos subjetivos, mas, também, intenta transformar a sociedade. Para isso, não passa ao largo das situações estabelecidas, dos fatos, da realidade, antes a considera para reconhecer os direitos subjetivos.

Confere-se superioridade jurídica a quem está em inferioridade econômica ou social, como se vê inumeráveis vezes no Direito daqui e de alhures.

5 BARBOSA, Rui. *Oração aos moços* (1999). Edições Casa de Rui Barbosa. Rio de Janeiro. Anexo IX – Oração aos Moços, p. 8.

8. Interpretação Axiológica ou Valorativa ou da Preponderância do Interesse

O disposto no art. 8º exige a interpretação axiológica, decorrente dos valores ou interesses ali postos como essenciais.

Na busca do valor que deva fazer predominar no julgamento da causa que lhe é submetida, finalmente o juiz atravessa a ponte de ouro entre o Direito (a Ciência da norma de conduta) e a Ética (a Ciência da conduta), esta o fundamento, a razão, a legitimação daquele.

Os fins sociais e as exigências do bem comum, ali referidos, são os valores notadamente declarados no art. 3º da Constituição, quais sejam os objetivos fundamentais da República Federativa do Brasil, as tarefas ou "dever de casa" da sociedade brasileira:

> Art. 3º Constituem objetivos fundamentais da República Federativa do Brasil:
>
> I – construir uma sociedade livre, justa e solidária;
>
> II – garantir o desenvolvimento nacional;
>
> III – erradicar a pobreza e a marginalização e reduzir as desigualdades sociais e regionais;
>
> IV – promover o bem de todos, sem preconceitos de origem, raça, sexo, cor, idade e quaisquer outras formas de discriminação.

A Constituição e a lei, esta no sentido amplo, neste século XXI, não mais são consideradas imparciais e distantes da realidade diferentemente do que se pensava no Século XIX.

Como decorre do transcrito art. 3º da Constituição, a sociedade e o Poder Público são agentes de transformação sociais e, assim, não mais olímpicos e indiferentes à realidade.

É o compromisso de todos os agentes sociais com os mandamentos constitucionais, que dirigem a conduta de todos os agentes públicos e privados na busca dos resultados de construir uma sociedade livre, justa e solidária, visando a garantir o desenvolvimento nacional, erradicar a pobreza e a marginalização e tudo o mais constante do mencionado art. 3º.

9. Dignidade da Pessoa Humana

A expressão *dignidade da pessoa humana* decorre dos fundamentos recitados logo no início da Constituição, art. 1º, III, e se remete ao individualismo filosófico, que prevalece desde o Renascimento, de que todos os seres humanos têm a mesma dignidade e relevância, ainda que se encontrem em situações diferentes e não sejam exatamente réplicas dos demais, pois a diversidade é imanente à natureza humana:

> Art. 1º A República Federativa do Brasil, formada pela união indissolúvel dos Estados e Municípios e do Distrito Federal, constitui-se em Estado Democrático de Direito e tem como fundamentos:
> I – a soberania;
> II – a cidadania
> III – a dignidade da pessoa humana;
> IV – os valores sociais do trabalho e da livre iniciativa;
> V – o pluralismo político.

O valor da dignidade humana expressa muito mais do que um mandamento no sentido de que todos são merecedores de respeito. Expressa que o Direito leva em conta que o ser vivo nascido de mulher, o homem, traz em si os direitos fundamentais como decorrência de sua condição indisponível de integrante da Humanidade.

Não é a Constituição ou o texto da lei, ainda que escrito em letras de ouro no mais valioso suporte, que dão direitos à pessoa humana. Cada um de nós traz em si os direitos e deveres que a todos assistem.

Immanuel Kant[6] considera a dignidade a partir da autodeterminação ética do ser humano, sendo a autonomia o alicerce da dignidade. O ser humano é capaz de autodeterminar-se e agir conforme as regras legais, qualidade encontrada apenas em criaturas racionais. Existe como um fim em si mesmo, e não como um meio para a imposição de vontades arbitrárias.

---

6 KANT, Immanuel. *Fundamentação da metafísica dos costumes e outros escritos*. Tradução de Leopoldo Holzbach. São Paulo: Martin Claret, 2006. Coleção A Obra-Prima de Cada Autor, 2006, p. 134 e 141.

Ainda nesse sentido, Kant[7] postula:

> No reino dos fins tudo tem ou um preço ou uma dignidade. Quando uma coisa tem um preço, pode pôr-se em vez dela qualquer outra como equivalente, mas quando uma coisa está acima de todo preço, e portanto não permite equivalente, então tem ela dignidade [...]. Esta apreciação dá, pois, a conhecer como dignidade o valor de uma tal disposição de espírito e põe-na infinitamente acima de todo preço. Nunca ela poderia ser posta em cálculo ou confronto com qualquer coisa que tivesse preço, sem de qualquer modo ferir a sua santidade?

E Carmen Lúcia Antunes Rocha conclui estas observações sobre o princípio da dignidade humana[8]:

> O sistema normativo de Direito não constitui, pois, por óbvio, a dignidade da pessoa humana. O que ele pode é tão somente reconhecê-la como dado essencial da construção jurídico-normativa, princípio do ordenamento e matriz de toda organização social, protegendo o homem e criando garantias institucionais postas à disposição das pessoas a fim de que elas possam garantir a sua eficácia e o respeito à sua estatuição. A dignidade é mais um dado jurídico que uma construção acabada no Direito, porque se firma e se afirma no sentimento de justiça que domina o pensamento e a busca de cada povo em sua busca de realizar as suas vocações e necessidades.

10. Razoabilidade e Proporcionalidade

O disposto no art. 8º também remete o juiz aos princípios da razoabilidade e da proporcionalidade, este também denominado pelos civilistas princípio da ponderação dos interesses e, pelos penalistas, princípio da redução do excesso.

É comando normativo salutar, pois conduz o operador do Direito a repensar a sua função, sopesando os valores em confronto no julga-

---

7 *Apud* SARLET, Ingo Wolfgand. *Dignidade da pessoa humana e direitos fundamentais na Constituição de 1988*. Porto Alegre: Livraria do Advogado, 2001, p. 33.

8 ANTUNES ROCHA, Carmen Lúcia. O *princípio da dignidade da pessoa humana e a exclusão social*. Disponível em: <http://www.egov.ufsc.br/portal/sites/default/files/anexos/32229-38415-1-PB.pdf>.

mento da causa. Não é mais a de mera aplicação do que está escrito na lei, na antiga e medieval expressão *dura lex sed lex* (a lei é dura mas é a lei), mas a relevante função de construir a regra de conduta que regulará a intensa e densa vida da sociedade, atento aos valores, aos interesses, à denominada objetividade jurídica que o Direito pretende amparar.

Luís Recaséns Siches (1903-1977), guatemalteco naturalizado mexicano, foi haurir no Iluminismo do Século XVIII, no racionalismo criticado por Kant, a expressão hoje tão difundida: *A lógica do Direito é a lógica do razoável.*

Para ele, toda axiologia supõe fundamentos *a priori*, o que não exclui a presença no Direito de elementos empíricos; no meio caminho entre o formal e o empírico está a lógica do razoável, como mediação entre a teoria, que são os princípios do ordenamento jurídico, e a *práxis,* que é a sua aplicação à vida humana.

A razoabilidade, como critério hermenêutico, os americanos a extraíram do *due process of law*, o conjunto de garantias processuais asseguradoras do caráter dialético do processo que objetiva inibir a liberdade ou a propriedade (veja-se a herança que está no art. 5º, LV, da Carta de 1988).

Os Juízes da Suprema Corte, a partir da década de 30, muitas vezes como reação às inovações do *New Deal* rooseveltiano, usaram e abusaram do critério da razoabilidade, chegando mesmo o grande Justice Charles Evans Hughes a afirmar que *nós (todos) vivemos sob uma Constituição e esta é aquilo que nós (a Corte) diz que é* [...].

A teoria da razoabilidade pressupõe premissas (pré-emitidas) ou pressupostos (pré-supostos) identificando-se com os preconceitos (ou valores pré-concebidos) que norteiam a aplicação do Direito.

Em contraposição ao enunciado de Recaséns Siches, e aí afirmando o empirismo, a experiência de vida como fundamento filosófico, Oliver Wendell Holmes cruamente afirmava que a lógica do Direito é a vida, propugnando a perquirição, em cada tema, dos valores culturais, sociais, políticos ou econômicos que devem conduzir à aplicação da norma.

Daí, finalmente, se imbrica a teoria da razoabilidade com o denominado critério da proporcionalidade, a buscar nos valores em contraste aquele de maior densidade que predominará na resolução do caso em julgamento.

Ao extrair do dispositivo as normas que aparentemente estejam em conflito quanto aos valores por elas protegidos, cabe ao intérprete sopesar tais valores, colocá-los em ponderação e, a final, optar pela norma que tutela o valor que deve preponderar no caso em julgamento.

Então o aplicador do Direito não mais declara a lei, buscando inspiração somente no texto legislativo. Mas constrói gradualmente a norma de conduta que vai regular o caso concreto, não só através do texto legislativo, como também da atualização e do cuidadoso confronto dos valores em disputa.

O Direito não é só razão, é a vida. É tópico, pois depende do tempo e do lugar, não é utópico (em lugar nenhum e assim onipresente) como o ideal da Justiça.

Ubi homo ibi societas, ubi societas ibi jus, assim referia Ulpiano no *Corpus Iuris Civilis* a significar *onde está o Homem, há sociedade; onde há sociedade há Direito*.

O operador jurídico navega sempre em mares revoltos – as tempestades são produzidas pelos interesses conflitantes que decorrem da própria individualidade – em busca do porto, nem sempre seguro, onde se concretiza a resultante norma de conduta.

11. Publicidade

A publicidade no atuar judicial é decorrente menos do disposto no art. 93, IX, da Constituição, mas muito mais do fato de que o juiz é autoridade pública e não está simplesmente resolvendo um caso privado e disponível, como aqueles resolvidos pelos árbitros escolhidos pelas partes.

E assim é porque a fonte da autoridade do árbitro é o compromisso ou cláusula arbitral, em que as partes exercem a disponibilidade do direito subjetivo de lhe delegar a resolução do conflito de interesses pelas regras processuais e de direito material que eles estabelecem.

É a publicidade a regra da jurisdição porque o juiz exerce autoridade pública, resolve o caso de acordo com as regras do ordenamento jurídico e somente pode restringir a publicidade quando assim exigir o caso em julgamento, como dizia o art. 155 do CPC/1973 e repete o CPC/2015:

> Art. 11. Todos os julgamentos dos órgãos do Poder Judiciário serão públicos, e fundamentadas todas as decisões, sob pena de nulidade.
> Parágrafo único. Nos casos de segredo de justiça, pode ser autorizada a presença somente das partes, de seus advogados, de defensores públicos ou do Ministério Público.

12. Eficiência ou efetividade

A eficiência na jurisdição é a efetividade das decisões, isto é, não se pode ter um processo tão autônomo que ignore a vida que existe no conflito de interesses que o juiz deve resolver.

Só se instaura a relação processual entre demandante, demandado e juiz porque há uma demanda, isto é, o demandante apresenta o pedido, que é a pretensão posta no processo. Dizia Francesco Calamandrei que a pretensão é a exigência de subordinação do interesse alheio ao próprio.

O Código de Processo Civil de 1973, na exposição de motivos, estabelece uma identidade entre os conceitos de lide e de mérito:

> Lide é, consoante a lição de CARNELUTTI, o conflito de interesses qualificado pela pretensão de um dos litigantes e pela resistência de outro. O julgamento desse conflito de pretensões, mediante o qual o juiz, acolhendo ou rejeitando o pedido, dá razão a uma das partes e nega-a à outra, constitui uma sentença definitiva de mérito. A lide é, portanto, o objeto principal do processo e nela se exprimem as aspirações em conflito de ambos os litigantes.

Dispõe o CPC/2015, sobre o dever de todos os sujeitos do processo, e não somente do juiz, de se buscar a resolução do mérito:

> Art. 6º Todos os sujeitos do processo devem cooperar entre si para que se obtenha, em tempo razoável, decisão de mérito justa e efetiva.

13. Conclusão

O desenvolvimento social, a mudança dos costumes, a consciência individual e coletiva sobre a dignidade da pessoa humana foram alguns dos fatores que levaram ao imenso esforço de elaboração do Código de Processo Civil de 2015.

Ali se escreveu, tanto quanto se permitiu na construção do consenso entre os legisladores, tudo o que se podia imaginar para que o processo permita a realização de sua função essencial no Estado Democrático de Direito, a realização da Justiça efetiva e acessível a quem dela necessite.

O PATERNALISMO EXACERBADO NAS DECISÕES JUDICIAIS E A POSSIBLIDADE DE IMPETRAR MANDADO DE SEGURANÇA CONDICIONADA À NATUREZA TERATOLÓGICA

Nathalia Correia Pompeu

SUMÁRIO: 1. Introdução. **2.** O Protagonismo Judicial e os Entraves ao Acesso à Justiça. **3.** O Mandado de Segurança e sua Aplicação Condicionada à Natureza Teratológica. **3.1.** Jurisprudência dos Tribunais Superiores. **4.** Conclusão. **5.** Referências.

RESUMO: O Brasil vive atualmente um momento de transformação política, processual, cultural e educacional com relação à cultura do litígio. Diversas são as formas de tentar diminuir as demandas judiciais em estoque, como também de evitar novas que serão propostas, bem como formas alternativas de solução de conflitos são estimuladas, tanto por leis processuais como pelos ativistas e sujeitos judiciais: magistrados, professores, advogados e sociedade. Essa nova concepção também se insurge nas decisões judiciais, que devem atender ao fim social e ao princípio do acesso à Justiça como máxime existente. Dessa forma, muitos magistrados terão que abandonar o paternalismo existente, incitado muitas vezes pela própria lei, e se preocupar com a repercussão econômica social que sua decisão disseminará, sob pena de um remédio constitucional para correção do desvio que poderá emergir.

PALAVRAS-CHAVE: judicialização; paternalismo judicial; acesso à Justiça; mandado de segurança.

ABSTRACT: Brazil is currently experiencing a period of transformation in policy, procedural, cultural and educational regarding the litigation culture. Many are the ways to try to reduce judicial demands in stock, as well as to prevent new ones that will be proposed, and the other hands as alternative forms of dispute resolution are encouraged both by procedural laws as well as by activists and legal subjects: judges, teachers, lawyers and society. This new design also protested in judicial decisions, which must meet the social order and the principle of access to justice as existing celing. Thus, many judges will have to abandon the existing paternalism, often incited by the law itself, and worry about the social economic impact that your decision will disseminate, on pain of a constitutional remedy for the deviation correction that may emerge.

KEY-WORDS: legalization; judicial paternalism; access to justice; writ of mandamus.

1. Introdução

O presente estudo propõe uma discussão a respeito das decisões judiciais baseadas exclusivamente em proteções individualistas sem um efetivo direito aplicado. O protagonismo judicial desenraizado de um fundamento sopeado em princípios macroconstitucionais como segurança jurídica, celeridade, imparcialidade e ampla defesa e contraditório terá, como consequência, uma repercussão negativa nas atividades econômicas e para a coletividade como um todo.

Em um momento marcado por alterações legislativas processuais (vigência do novo Código de Processo Civil que se aproxima), criações de formas alternativas de solução de conflito (novas Leis de Mediação e Arbitragem), oportuna a reflexão com relação à importância dos julgamentos na estabilidade das relações humanas em busca de um controle da "judicialização", que hoje é um fenômeno social crescente e que vai de encontro ao acesso à Justiça.

O Poder Judiciário não é a única, mas, atualmente, até que se implementem cultural e educacionalmente no sistema brasileiro as alterações retromencionadas, é a efetiva forma de acesso à Justiça.

Nesse sentido, vale ressaltar que o acesso à Justiça não é somente a busca de um direito por meio do Poder Judiciário, mas engloba conceitos mais amplos e conexos com a realidade fática de nosso tempo.

Dessa forma, partindo de premissas gerais a respeito do Estado Democrático de Direito, com a adoção e garantia de acesso à Justiça, estabilidade nas relações e segurança jurídica, revela-se a importância da figura do mandado de segurança para proteção dos cidadãos frente aos abusos estatais.

Esta pesquisa vai propor uma ponderação do uso do mandado de segurança como medida apta e eficaz para a correção de decisões judiciais desconexas com a realidade e de encontro a princípios basilares do Direito brasileiro.

2. O Protagonismo Judicial e os Entraves ao Acesso à Justiça

O acesso à Justiça pode ser alcançado de diversas formas. Para alguns estudiosos, significa simplesmente levar ao conhecimento do Poder Judiciário uma lide, ou mesmo qualquer violação a direito, sendo um meio pelo qual as pessoas podem reivindicar seus direitos.

Nesse sentido, o acesso à Justiça relaciona-se diretamente ao fato de se ajuizar uma ação. Entretanto, o fato de meramente interpor uma ação na esfera judiciária, deixando com que o Poder Judiciário resolva o conflito, é verdadeiramente ter acesso à Justiça? Ou seria simplesmente um acesso ao Poder Judiciário?

O art. 5º, inciso XXXV, da Constituição Federal de 1988 fundamenta com análise principiológica o que é acesso à Justiça. Aduz o artigo, nesse inciso, que *a lei não excluirá da apreciação do Poder Judiciário lesão ou ameaça a direito*.

Nesses termos, o acesso à Justiça, numa visão ampla, seria somente ter possibilidade de recorrer ao Judiciário para defender um direito violado ou prestes a ser violado. Tal entendimento segue uma teoria clássica da ação defendida pelo húngaro Plósz (1876) e pelo alemão Degenkolb (1877)[1], segundo os quais o direito de ação independe da materialidade do direito, basta que seu interesse seja juridicamente tutelado e poder-se-á ter a ação – teoria do direito abstrato.

Anos mais tarde, tal teoria passa a ser defendida por Liebman, para quem que o direito é abstrato. Ou seja, a ação é o direito que a

1 DINAMARCO, Candido Rangel. *Instituições de direito processual civil.* São Paulo: Malheiros, 2005.

parte tem de obter o julgamento do pedido formulado, sem importar-se com o resultado[2].

Apesar de ter seus reconhecidos méritos, principalmente para a construção da ciência autônoma do direito processual, distanciando--se da herança do Direito romano quanto à concepção privatística da ação (Savigny)[3], essa teoria tem de ser contestada em virtude do atual momento processual.

Desde 1903, com Giuseppe Chiovenda, relativa-se a teoria abstrata do direito. O autor criticava de forma severa a adoção dessa teoria e já afirmava que uma coisa é a faculdade de acionar o Poder Judiciário (o qual tomamos aqui como "acesso ao Judiciário"), outra é exercer o direito de ação[4].

Nesse mesmo sentido, Cândido Dinamarco (2001, p. 115) já dispunha: *Acesso* à justiça não equivale a mero ingresso em juízo. E acrescenta ainda: *A própria garantia constitucional da ação seria algo inoperante e muito pobre se se resumisse a assegurar que as pretensões das pessoas cheguem ao processo, sem garantir-lhes também um tratamento adequado.*

É notório que muitas discussões imperam para tentar definir o que o substivismo do art. 5º da Constituição Federal consagrou como acesso à Justiça. Não obstante, aceitar que ter acesso à Justiça é ter somente o ingresso ao Poder Judiciário, ou o deferimento do que foi pedido, é ilógico para o mundo do Direito.

Para tanto, basta lembrarmos que a lide sempre é bilateral, ou seja, duas pessoas tentam mostrar que ambas têm ou tiveram seus direitos violados. Ademais, destaque-se aqui o velho brocardo jurídico: *O direito de um termina quando inicia o do outro.*

---

2 SANTOS, Ernani Fidelis. *Manual de direito processual civil.* 14. ed. São Paulo: Saraiva, 2010. v. 1.

3 Nessa época não se conseguia separar a ação do direito, a primeira era integrante do segundo. Inclusive era a concepção adotada no Código Civil de 1916, art. 75: *A todo direito corresponde uma ação, que o assegura* (SANTOS, 2010, p.120).

4 *Apud* SANTOS, Ernani Fidelis, 2010, p. 121.

Outro enfoque é analisar o acesso à Justiça como o modo pelo qual os direitos tornam-se efetivos.

Segundo Mauro Cappelletti (1988, p. 15):

> [...] o conceito de efetividade é por si só algo vago. A efetividade perfeita, no contexto de um dado direito subjetivo, poderia ser expressa como a completa "igualdade das armas" – a garantia de a conclusão final depender apenas dos méritos jurídicos relativos das partes antagônicas, sem relação com diferenças que sejam estranhas ao Direito e que, no entanto, afetam a afirmação e reivindicação dos direitos.

A efetividade do Direito está intimamente ligada à proteção processual do direito material em específico. Nas palavras de Bedaque (p. 13):

> A modalidade de tutela processual depende única e exclusivamente do tipo de proteção de que o direito material necessita. Assim, para que a tutela jurisdicional seja eficaz quanto ao resultado que dela se espera, para que se possa dizer efetivo o mecanismo estatal de solução de controvérsias, é imprescindível que o titular da situação substancial carente de proteção possa utilizar instrumento estruturado para assegurar não apenas tutela formal de seu direito, mas proteção real, ou seja, capaz de proporcionar-lhe praticamente a mesma situação que o cumprimento espontâneo da norma lhe conferiria.

Neste trecho, o autor apresenta que a efetividade de um processo depende da existência dos meios adequados para a busca do direito, sob pena de este não ser idealizado. A realidade material não pode ser desconsiderada, ela necessita ser analisada para que o julgamento da causa, por meio de um instrumento processual adequado, consiga atingir o fim almejado do verdadeiro acesso à Justiça.

Ademais o "acesso" é hoje um ponto central da moderna processualística e a técnica processual utilizada não é a única responsável pela ineficiência do sistema. Ela é uma das opções viáveis na efetiva busca pelo acesso à Justiça.

Outro grande perigo é o que a demora na prestação da tutela jurisdicional pode trazer à efetivação do direito. Nesse sentido, em razão da morosidade do trâmite processual, aduz Bedaque (2003, p. 18):

> O tempo constitui um dos grandes óbices à efetividade da tutela jurisdicional, em especial no processo de conhecimento, pois para o desenvolvimento da atividade cognitiva do julgador, é necessária a prática de vários atos, de natureza ordinatória e instrutória. Isso impede a imediata concessão de provimento requerido, o que pode gerar risco de inutilidade ou ineficácia, visto que muitas vezes a satisfação necessita ser imediata sob pena de perecimento mesmo do direito reclamado.

Outrossim, é agravante a própria estrutura do Poder Judiciário, que tem a quantidade de juízes inversamente proporcional à quantidade de demandas, e, sendo assim, *não há mínimas condições de apresentar tempestivamente a tutela jurisdicional* (BEDAQUE, 2003, p.16).

Diante desse cenário, a qualidade das decisões judiciais não pode ser mais um problema para o momento de transformação que o Brasil se encontra. Ao partir de protecionismo exacerbado, sem atender aos princípios da legalidade e imparcialidade, se formarão ainda mais decisões diametralmente opostas à solução de uma demanda, o que enseja sempre uma recorribilidade desnecessária.

Neste aspecto, um dos principais objetivos do Direito é a aniquilação dos óbices existentes ao acesso efetivo à Justiça.

Sem o intuito de querer aqui esgotar os mais diversos problemas de entraves na busca da efetivação da tutela jurisdicional, que não é o objetivo no momento, o ponto central é o protagonismo judicial como forma de melhorar a efetivação da justiça.

É imperioso conscientizar que decisões judiciais que não levam em conta o anseio social e a repercussão mercadológica de composição de prejuízos serão decisões que não proporão celeridade, economia processual, e muito menos segurança às relações humanas.

Isso porque, conforme aduziu o desembargador do Tribunal de Justiça do Rio de Janeiro, Werson Rêgo, em uma entrevista ao sítio eletrônico Consultor Jurídico:

> Estimular o julgador a entender que a decisão dele tem repercussão nas atividades econômicas e levando-o à reflexão sobre a importância dos julgamentos levarem segurança jurídica, estabilidade e paz aos mercados. As decisões têm que buscar, tanto quanto possível, o melhor resultado coletivo e não apenas o interesse isolado de um demandante específico.

> O julgador tem que saber como o mercado interpreta uma decisão judicial. Se julgarmos contra a regra, aumentamos os riscos nos mercados, que vão se proteger. E como? Embutindo o risco nos preços dos serviços e produtos. No final, quem pagará a fatura é o consumidor. Quando se pensa estar protegendo um consumidor ao dar a ele uma proteção jurídica sem um efetivo direito, esta conta será dividida com todos os consumidores daquele mercado. Então, surge a pergunta: será que os outros consumidores, sabendo disso, vão querer pagar esta conta ou vão preferir que o juiz seja rigoroso na análise de quem tem ou não razão?

Para tanto, afirma também Dinamarco (2001, p. 115): É *indispensável que o juiz cumpra em cada caso o dever de dar efetividade ao direito, sob pena de o processo ser somente um exercício improdutivo de lógica jurídica.*

Em meio a essa problemática, uma discussão antiga, que parecia ter sido resolvida por lei infraconstitucional, aflora: a possibilidade de o mandado de seguranca solucionar déficits promovidos por decisões judicias teratológicas, já que tal remédio constitucional é, atualmente, um meio de defesa do cidadão que efetiva o acesso nas suas mais variadas formas.

O *writ* é considerado, desde seu surgimento, como instrumento de ação social e uma garantia, de nível constitucional, contra o Estado, sendo conhecido também como um instrumento de "efetividade" do Direito.

É sabido que o ativismo judicial tem limites estabelecidos, limites muitas vezes impostos por leis consideradas paternalistas, com hermenêutica finalista protecionista. No entanto, sabe-se também que o formalismo exacerbado pode levar à injustiça das decisões. Se o juiz ficar preso ao que a lei dispuser exclusivamente, e perder sua análise fática real, com a aplicação axiológica das questões que lhe surgem, ficará amarrado a julgamentos somente conforme à lei e não conforme aos fatos e lei que se subsumam.

Essa concepção é traduzida atualmente nas palavras de Guilherme Nobrega (2003):

> Por conseguinte, o Poder Judiciário, uma vez provocado, sai da anterior condição de poder invisível e nulo, mera *vox legis*, para se tornar pensante, abstraindo e implementando, de modo ativo, os objetivos do Estado segundo a Constituição, sem ficar restrito *à frieza da lei*, mas à sua correta aplicação.

3. O Mandado de Segurança e sua Aplicação Condicionada à Natureza Teratológica

O mandado de segurança é um remédio constitucional, como do próprio nome já se infere. É uma ação de índole hierarquicamente superior a muitas outras, por ter sua base fincada na Constituição Federal, destinada à proteção dos indivíduos contra aquele sujeito detentor de grandes privilégios e que é responsável pela organização social como um todo, o "Estado".

Hely Lopes Meirelles (2008, p. 21-22) define o mandado de segurança nos seguintes termos:

> O meio constitucional posto à disposição de toda a pessoa física ou jurídica, órgão com capacidade processual, ou universal reconhecida por lei, para a proteção de direito individual ou coletivo, líquido e certo, não amparado por *habeas corpus* ou *habeas data*, lesado ou ameaçado de lesão, por ato de autoridade, seja de que categoria for e sejam quais forem as funções que exerça.

Na verdade, não podem existir direitos fundamentais sem instrumentos processuais eficientes e juízes independentes para efetivá-los. *Hoje, mais do que justificar os direitos fundamentais, é importante protegê-los* (BOBBIO, 2004, p. 25).

Além de também instituir novos *writs*, como o mandado de injunção e *o habeas data,* a Carta de 1988 dispôs, no capítulo destinado aos direitos e garantias fundamentais (Título II da Constituição da República Federativa do Brasil), o que traduz ainda mais sua importância, em seu art. 5º, inciso LXIX, sobre a garantia fundamental do mandado de segurança, aqui colacionado:

> Art.5º [...]
> LXIX – conceder-se-á mandado de segurança para proteger direito líquido e certo, não amparado por *habeas corpus* ou *habeas data*, quando o responsável pela ilegalidade ou abuso de poder for autoridade pública ou agente de pessoa jurídica no exercício de atribuições do Poder Público;

São pressupostos para concessão do mandado de segurança, como a Constituição dispõe: direito líquido e certo, uma situação que não seja amparada por *habeas corpus* e *habeas data* (inovação trazida pela Constituição de 1988) e que seja decorrente de um ato ilegal ou abusivo de responsabilidade de autoridade pública ou agente de pessoa jurídica no exercício de atribuições do Poder Público.

O conceito de direito "líquido e certo" é estudado ao longo da criação desse instituto. Tanto é assim que Celso Barbi (2003, 1993, p. 55), aduz:

> A expressão direito líquido e certo não foi criada pelo legislador constituinte nem pelo legislador ordinário. Limitaram-se eles a buscá-la na jurisprudência do Supremo Tribunal Federal, onde a introduzira Pedro Lessa, ao tempo da formulação da doutrina brasileira do *habeas corpus*, e para aplicação a este.

Desde os estudos de Arnold Wald (1968, p. 123), direito líquido e certo é aquele relacionado aos fatos. Nesse sentido alegava o autor:

> É preciso que o fato alegado pela parte e em que se baseia o seu direito seja certo, tenha sido provado documentalmente, de modo absoluto e evidente. Assim, pouco importa a complexidade do problema jurídico discutido; indispensável é que o fato alegado esteja devidamente comprovado e dê ao impetrante o direito subjetivo cuja proteção requer o juiz.

Isto ocorre em razão de o mandado de segurança ser instituto célere, de procedimento rápido, incompatível com instrução probatória. Por isso, o *writ* é hoje uma espécie das tutelas de urgências.

Nesse aspecto, afirma-se que esse pressuposto não é uma restrição ao uso desse remédio constitucional, mas uma condição para viabilizar sua efetividade.

Sérgio Ferraz (2006, p. 25) separa o conceito de liquidez e certeza e assim aduz: *Líquido é o direito com alto grau de plausibilidade, e certo é o comprovado de plano, sem dilação probatória.*

Desta forma, explica-se: se há controvérsia quanto aos fatos discutidos no mandado de segurança, não se trata de direito líquido e certo. No entanto, se a controvérsia é quanto à matéria de direito, a discussão não retira a liquidez e certeza da ação, ainda que complexo o debate, pois esta é a função desse instituto, assim como a de qualquer outra pretensão resistida: discutir o Direito.

Nessa esteira, com o intuito de evitar decisões que extinguissem o mandado de segurança por haver controvérsia quanto à matéria de direito, o STF firmou entendimento e editou a Súmula nº 625, segundo a qual, *controvérsia sobre matéria de direito não impede concessão de mandado de segurança.*

Quanto aos termos hodiernamente empregados, "ilegalidade ou abuso de poder", a doutrina também faz significativas distinções. Estas diferenciam-se de acordo com a natureza do ato praticado pela autoridade impetrada: se é ato vinculado, fala-se em ilegalidade; se discricionário, seria abuso de poder[5] (ARRUDA ALVIM, 2010, p. 106).

Dessa forma, até aqui explicitada, uma decisão judicial que fere o efetivo direito de acesso à Justiça, por ser puramente paternalista e protetora, sem observar os transtornos sociais que ela pode causar, de plano pode ferir um direito líquido e certo, e foi produzida por um agente estatal.

No entanto, a Lei do Mandado de Segurança – Lei nº 12.016/2009 – que trouxe determinações que salientam o caráter precípuo da medida em defesa daquele que se encontra lesado frente a uma atuação abusiva ou ilegal do Estado, aduziu também alguns limites de sua utilização e destacaremos aqueles que se cingem à discussão desse estudo.

Atente-se ao conteúdo do citado artigo, *in verbis*:

> Art. 5º Não se concederá mandado de segurança quando se tratar:
> II – de decisão judicial da qual caiba recurso com efeito suspensivo;
> III – de decisão judicial transitada em julgado.

De acordo com o que a normativa aduz, a reflexão que se pretende incorrer neste momento não teria razão de continuar, visto que o cum-

---

5 Para Hely Lopes Meirelles, ato vinculado é aquele que "*confere à Administração Pública para a prática de ato de sua competência, determinando os elementos e requisitos necessários à sua formalização*". Por conseguinte, ato discricionário seria aquele "*que o Direito concede à Administração, de modo explícito ou implícito, para a prática de atos administrativos com liberdade de escolha de sua conveniência, oportunidade e conteúdo*". E continua explicitando que o abuso de poder abrange tanto o desvio de finalidade – quando a autoridade tem competência para a prática de tal ato e o pratica com os fins diversos daqueles estabelecidos legalmente; quanto o excesso de poder, que ocorre quando a autoridade vai além do permitido. (MEIRELLES, p. 112). Eduardo Arruda Alvim (p. 107) assevera ainda que o abuso de poder também pode se manifestar na forma omissiva, quando a autoridade impetrada omitir-se indevidamente da prática de determinado ato.

primento a rigor da supracitada lei acabava por impedir a impetração do mandado de segurança contra ato judicial.

No entanto, os Tribunais Superiores abrandaram esse entendimento no sentido de permitir o conhecimento do remédio constitucional impugnador de decisão jurisdicional que seja causadora de dano irreparável ao impetrante.

Ocorre que, a jurisprudência também impõe como requisito para concessão da segurança a teratologia desta decisão judicial que ensejou o *mandamus*.

E o que se pode falar a respeito de uma decisão judicial que desconsidera o anseio social, as novas alterações processualistas, os novos princípios sociais em busca de um acesso à Justiça célere e de uma minimização das demandas judiciais? Seria esta uma decisão mal concebida? Uma decisão deformada? Uma decisão, portanto, teratológica.

3.1. Jurisprudência dos Tribunais Superiores

A esse respeito, atente-se para os seguintes precedentes do STF e do STJ:

> Recurso ordinário em mandado de segurança. Matéria eleitoral. Controvérsia sobre o número de vagas de vereadores no município de Ipatinga/MG. Pedido de desistência de recurso especial eleitoral. Homologação questionada por terceiro que não integrou a relação processual originária. Prejuízo não demonstrado. **Ausência de teratologia ou ilegalidade.** Recurso ordinário em mandado de segurança a que se nega provimento (STF. RMS 28050, Rel.ª Min.ª Cármen Lúcia. Data: 26.10.2011) (sem grifos no original).
>
> Agravo regimental em recurso ordinário em mandado de segurança. Ato da 3ª Turma do Superior Tribunal de Justiça. Ato de índole jurisdicional. Inadmissibilidade de mandado de segurança. **Inexistência de decisão teratológica que cause ofensa a direito líquido e certo. Inexistência de obstáculo judicial. Agravo regimental a que se nega provimento.**
>
> 1. Inadmissibilidade de impetração de mandado de segurança contra ato revestido de conteúdo jurisdicional passível de recurso próprio. Precedentes. O ato questionado consiste em ato de índole jurisdicional passível de recurso. Deixou-se de interpor o respectivo recurso extraordinário, transitando em julgado a ação.
>
> 2. Não há particularidades no caso que apontariam para uma decisão teratológica. A decisão do Superior Tribunal de Justiça encontra-se

amplamente fundamentada na legislação aplicável à situação e na jurisprudência dominante daquele Tribunal, bastando uma rápida pesquisa em seu sítio na internet para que se verifique a necessidade da identificação do número do processo quando do preparo, sob pena d e ser o recurso considerado deserto.
3. Agravo regimental a que se nega provimento.
(STF. RMS-AgR 31.214, Rel. Min. Dias Toffoli. Data: 20.11.2012) (sem grifos no original).
Recurso ordinário em mandado de segurança. Juízo de primeiro grau que impôs multa ao recorrente, ante sua recusa em exercer a função de defensor dativo em processo criminal. Ausência de prova pré-constituída. Recorrente que não colacionou aos autos cópia da decisão que impôs a multa. Necessidade de dilação probatória. Direito líquido e certo não demonstrado. Recurso desprovido.
1. **A impetração de mandado de segurança contra ato judicial somente é admitida em hipóteses excepcionais, como decisões de natureza teratológica, de manifesta ilegalidade ou abuso de poder, capazes de produzir danos irreparáveis ou de difícil reparação ao Impetrante.**
2. O direito líquido e certo ameaçado ou lesado por ato ilegal ou abusivo de autoridade deve ser comprovado de plano, sem a necessidade de dilação probatória, o que não ocorreu na hipótese.
3. O Recorrente não juntou aos autos documento essencial à demonstração do direito líquido e certo ameaçado: a decisão do Juízo de primeiro grau que lhe impôs multa de R$ 250,00 (duzentos e cinquenta reais), em razão de ter se recusado a exercer a função de defensor dativo nos autos do processo-crime nº 986153-5/2006-AP.
4. Não é possível a reforma do acórdão recorrido que acertadamente indeferiu a petição inicial, em sede de liminar, do mandamus originário e, posteriormente, a confirmou em sede de agravo regimental, uma vez que a questão demandaria dilação probatória ante a ausência, nos autos, de prova pré-constituída do direito líquido e certo alegado como malferido.
5. Recurso desprovido.
(STJ. RMS 27.325/BA. 2008/0157923-0, Rel.ª Min.ª Laurita Vaz, j. 20.03.2012, Quinta Turma, DJe 29.03.2012) (sem grifos no original).
Processual civil. Recurso ordinário. Mandado de segurança contra decisão judicial que indeferiu pedido de efeito suspensivo a agravo de instrumento. Teratologia. Inocorrência.
1. Este recurso foi interposto em mandado de segurança impetrado ao Tribunal Regional Federal da 3ª Região, impugnando decisão do Desembargador relator que indeferiu a atribuição de pedido de efeito suspensivo a agravo de instrumento, o qual fora interposto contra decisum que, no bojo de ação civil pública, decretou a quebra de sigilo bancário e da movimentação de cartão de crédito do ora recorrente no período de 2003 a 2004.

> **2. A jurisprudência desta Corte firmou-se no sentido de que a impetração de mandado de segurança contra ato judicial é medida excepcional, o que faz que a admissão do writ encontre-se condicionada à natureza teratológica da decisão combatida, seja por manifesta ilegalidade, seja por abuso de poder.**
> [...]
> 5. Recurso ordinário não provido.
> (STJ. RMS: 28.737/SP. 2009/0017062-1, Rel. Min. Castro Meira, j. 09.02.2010, Segunda Turma, DJe 24.02.2010) (sem grifos no original).

4. Conclusão

Por meio do presente estudo resta indubitável que o Direito brasileiro passa por uma ruptura de valores, deixando o referencial positivista (classista) e partindo em busca de uma efetivação jurídica pós-positivista.

Nesse sentido, é equivocado afirmar com absoluto grau de certeza, que a matéria positivada é a que deve ser seguida e aplicada pelos magistrados na ordem processual.

Não se deve olvidar o alcance real do acesso à Justiça e a verdadeira efetivação do Direito, através de solução de lides da forma mais célere e em busca de uma solução mais justa e equânime.

Assim não ocorrendo, a sociedade buscará soluções alternativas de conflitos, tornando o valor do Poder Judiciário ressalvado quanto à sua eficácia, na medida em que a clássica tripartição de Poderes será dissolvida.

A sociedade evoluiu, tornou-se complexa e plural, o que dificulta a tomada de decisão pelo Poder Judiciário, tendo em vista que sua evolução não acompanhou a da sociedade.

A liberdade das decisões judiciais representa o fortalecimento da democracia e confirmação do Estado Democrático de Direito. Apesar de muitas discussões a respeito da insegurança jurídica que tais evidências contemplam, não se pode limitar as decisões judiciais e transformá-las em "moldes" de aplicação dos preceitos normativos, para tanto, a qualidade dessas decisões, que serve como parâmetro para novos casos, deve ser fortalecida por princípios macrossociais, e não apenas protecionistas individuais.

Ainda vale ressaltar que a figura do juiz, representando o Estado, é independente, na esteira do princípio constitucional do juiz natural, na sua tomada de decisões, e, dessa forma, cabe somente a ele ponderar cada fato e fundamentar sua deliberação, e este deverá ter consciência da repercussão que suas decisões alcançam.

Frise-se, porém, que o processo é tripartite (juiz, autor e réu) mas com consequências bilaterais imediatas e coletivas mediatas, com o transcorrer da publicidade e repercussão. Assim, a garantia constitucional processual é multifacetada, no sentido de proporcionar um resultado útil ao processo coletivamente sem sacrificar direitos a nenhuma das partes, obedecendo, acima de tudo, ao devido processo legal, respeitados o contraditório e ampla defesa.

Nesse sentido, as considerações finais acentuam quão difícil é a missão do Poder Judiciário, especialmente a do magistrado aplicador da lei, com o dever de adequar as necessidades do direito material proposto em uma ordem espantosamente crescente, com soluções de litígios cada vez mais céleres, sem, contudo, ferir disposições legais.

Além disso, deve o magistrado atingir a efetividade do direito, cumprir o cronograma estabelecido em metas e, ainda, balancear as posições dos sujeitos da relação processual, sem impor a qualquer das partes posição desvantajosa, apta a anular todo o processo, em virtude do desprezo de alguma regra ou princípio constitucional, norma fundamental de toda ordem nossa ordem processual.

5. Referências

ALVIM, Thereza. *O direito processual de estar em juízo*. São Paulo: RT, 1996.

ARRUDA ALVIM, Eduardo. *Curso de direito processual civil*. São Paulo: RT, 1999.

______. *Mandado de segurança*. 2. ed. reform. e atual. Rio de Janeiro: G/Z, 2010.

BASTOS, Celso Ribeiro. *Curso de direito constitucional*. 14. ed. São Paulo: Saraiva, 1992.

BEDAQUE, José Roberto dos Santos. *Direito e processo*. 3 ed. São Paulo: Malheiros, 2003.

______. *Efetividade e técnica processual*. São Paulo: Malheiros Ed., 2006.

______. *Tutela cautelar e antecipada (uma tentativa de sistematização)*, 2. ed. São Paulo: Malheiros, 2001.

BOBBIO, Norberto. *A era dos direitos*. Trad. Carlos Nélson Coutinho. Rio de Janeiro: Campus, 2004.

CAPPELLETI, Mauro; CARTH, Bryant. *Acesso à justiça*. Tradução e revisão: Ellen Gracie Northfleet. Porto Alegre: Sérgio Antônio Fabris, 1988.

DINAMARCO, Cândido Rangel. *Instituições de direito processual civil*. São Paulo: Malheiros, 2001. v. 1.

FIGUEIREDO, Lúcia do Valle. *Mandado de segurança*. São Paulo: Malheiros, 2009.

GRINOVER, Ada Pellegrini, DINAMARCO, Cândido Rangel e WATANABE, Kazuo (Coord.). *Participação e processo*. São Paulo: Revista dos Tribunais, 1988.

LACERDA, Galeno, *Comentários ao código de processo civil*. 3. ed. Rio de Janeiro: Forense, 1998. t. 1 e 2, v. III.

LIEBMAN, Enrico Tullio. *Estudos sobre o processo civil brasileiro*. Rio de Janeiro/São Paulo: Jurídica Universitária, 1969.

MEIRELLELS, Hely Lopes. *Direito administrativo brasileiro*. 30. ed. São Paulo: Malheiros, 2005.

MEIRELLELS, Hely Lopes. *Mandado de segurança e ação popular*. 30. ed. São Paulo: Malheiros, 2008.

MORAES, Alexandre de. *Curso de direito constitucional*. 23. ed. São Paulo: Atlas.

NEGRÃO, Theotonio e José Roberto Gouvêa. Código de processo civil e legislação processual em vigor. 41. ed. São Paulo: Saraiva, 2009.

NERY JUNIOR, Nelson. O processo civil no código de defesa do consumidor. *Revista de Processo*. São Paulo: Revista dos Tribunais, jan.-mar./1991, p. 24, v. 61.

NÓBREGA, Guilherme Pupeda. *A função política da jurisdição constitucional. Breves considerações sobre ativismo judicial, controle de constitucionalidade e judicialização da política*. Jus

Navigandi, Teresina, ano 13, n. 2159, 30.05.2009. Disponível em: <http://jus2.uol.com.br/doutrina/texto.asp?id=12910>.

NUNES, Luis Antonio Rizzatto. *Curso de direito do consumidor:* com exercícios. 4. ed. São Paulo: Saraiva, 2009.

OTHON SIDOU, J. M. *Habeas data, mandado de injunção, habeas corpus, mandado de segurança, ação popular, as garantias ativas dos direitos coletivos segundo a nova Constituição*. 4. ed. Rio de Janeiro: Forense, 1992.

PELUSO, Cesar. *Código civil comentado: doutrina e jurisprudência*. São Paulo: Manole, 2008.

REGO, Werson. *Segurança ao mercado. Para desembargador, paternalismo não pode orientar ações de consumo.* Disponível em <http://www.conjur.com.br/2015-set-14/desembargador-ve-aternalismo-exagerado-acoes-consumo>. Acesso em: nov. 2015.

SILVA, José Afonso da. *Direito constitucional comparado*. São Paulo: Malheiros, 2009.

THEODORO JÚNIOR, Humberto. *O mandado de segurança preventivo e a lei em tese*. Saraiva: São Paulo, 1990.

WALD, Arnold. *Do mandado de segurança na prática judiciária*. 5.ed. rev. aum. atual. Rio de Janeiro: Forense, 2006.

WAMBIER, Luiz Rodrigues. *Liminares: alguns aspectos polêmicos*. São Paulo: RT, 1995.

WATANABE, Kazuo. *Controle jurisdicional e mandado de segurança contra atos judiciais*. São Paulo: Ed Revista dos Tribunais, 1985.

______. Demandas coletivas e os problemas emergentes da práxis forense. *Revista de Processo*. São Paulo, Revista dos Tribunais. jul.-set./1992, p. 15, v. 67.

SEGURANÇA JURÍDICA E O SISTEMA DE PRECEDENTES JUDICIAIS NO NOVO CÓDIGO DE PROCESSO CIVIL (LEI 13.105/2015)

Nelson Tomaz Braga

SUMÁRIO: **1.** Importância do Sistema de Precedentes Judiciais de Observância Obrigatória no Novo Código de Processo Civil. **2.** Uso do Precedente Vinculante: Técnica de Confronto (*Distinguishing*), Técnica de Superação (*Overruling e Overriding*) e Não Aplicação Preventiva (*Antecipatory Overruling*). **3.** Observância do Precedente Obrigatório: Maior Segurança Jurídica ou Engessamento do Sistema? **4.** Conclusão. **5.** Referências.

RESUMO: O presente artigo tem por objetivo abordar a importância do sistema de precedentes judiciais obrigatórios, instituído no novo Código de Processo Civil com a finalidade promover o reequilíbrio do sistema processual e restaurar a segurança jurídica; bem como analisar as técnicas de confronto (*distinguishing*), de superação (*overruling e overriding*) e não aplicação preventiva (*antecipatory overruling*) dos precedentes; para ao final esclarecer se a obrigatoriedade de observância dos precedentes traz maior segurança ao sistema jurídico ou propicia o seu engessamento.

PALAVRAS-CHAVE: Novo Código de Processo Civil; Sistema de Precedentes Obrigatórios; Técnica de Confronto; Técnica de Superação; Uniformidade da Jurisprudência; Segurança Jurídica.

1. Importância do Sistema de Precedentes Judiciais de Observância Obrigatória no Novo Código de Processo Civil

A modificação abrupta da jurisprudência no Brasil, indiscutivelmente, além de violar o princípio da igualdade, na medida em que admite a coexistência de decisões judiciais distintas para situações fáticas idênticas, compromete a segurança jurídica e cria uma surpresa indesejável para o jurisdicionado, que geralmente se comporta e toma decisões de acordo com o posicionamento sedimentado na jurisprudência.

Logo, a instabilidade dos posicionamentos jurisprudenciais frustra, sem dúvida, a legítima expectativa do jurisdicionado, posto que, conforme salienta *Luiz Guilherme Marinoni*[1] o mínimo que o cidadão pode esperar do Estado de Democrático de Direito é o respeito à confiança gerada pelos atos e decisões do Poder Público.

Isto porque a jurisprudência coerente e estável representa para o cidadão um norte a ser seguido, e lhe propicia planejar seu comportamento com tranquilidade, evitar conflitos e, consequentemente, evitar o ajuizamento de demandas, pois saberá prever o desfecho das mesmas.

Nesse sentido, é precisa a visão de Paulo de Barros Carvalho[2]:

> De ver está que os Tribunais superiores foram investidos pela Constituição da República da competência para uniformizar a interpretação da Constituição Federal (STF) e da lei federal (STJ) em toda extensão do território brasileiro. **As manifestações que proferem em tom de súmula tornam-se diretrizes decisórias para os Tribunais hierarquicamente inferiores, ao mesmo tempo em que a sociedade as acolhe como expressão eloquente do direito que há de ser cumprido no plano das relações inter-humanas**. Além disso, a construção dos conteúdos sumulares se faz gradativamente, pela reiteração de julgamentos acumulados nos horizontes da mais legítima experiência jurídica. É a consolidação do trabalho judicante, produzindo o direito vivo, testado e compassadamente aplicado na composição de litígios sobre certos e determinados objetos do comportamento social (grifos nossos).

Entretanto, essa não é a realidade da jurisprudência brasileira, que é constantemente alterada, não mantém os seus posicionamentos sedimentados e não pode servir de norte para o jurisdicionado, o qual, quando se vê diante de um Tribunal Superior que muda de entendimento com frequência sente-se motivado a propor deman-

---

1 MARINONI, Luiz Guilherme. *Precedentes obrigatórios*. 2. ed. rev. e atual. São Paulo: Revista dos Tribunais, 2011.

2 CARVALHO, Paulo de Barros. Poesia e direito. In: HARET, Florence; CARNEIRO, Jerson (Coord.). Vilém *Flusser e juristas*: comemoração dos 25 anos do grupo de estudos Paulo de Barros Carvalho. São Paulo: Noeses, 2009.

das e a recorrer das decisões na esperança de uma grande virada na jurisprudência.

Aliás, sobre a problemática da oscilação da jurisprudência, a professora Teresa Arruda Alvim Wambier[3] alerta que:

> Ao que parece, o legislador brasileiro já se apercebeu: não é saudável que convivamos com Tribunais decidindo concomitantemente, de forma diferente, a mesma questão. [...] A jurisprudência dominante e a súmula do STJ ou do STF, como parâmetros para a decisão [...], só podem gerar resultados saudáveis, se os Tribunais Superiores deixarem de alterar suas decisões. Caso contrário, ousaríamos dizer que quase todas essas inovações poderão ser consideradas um desastre. [...] **Admitirem-se decisões diferentes concomitantes ou, ainda, as tais "grandes viradas", é negar o Estado de Direito, é estimular a propositura de ações e o ato de recorrer**. A quem interessa esta situação? É necessário que a população possa confiar nas decisões do STF, em suas súmulas, ainda que não vinculantes. O mesmo se diga quanto às decisões do STJ. Deve haver uma jurisprudência firme das Cortes, e não pessoal, de cada um dos seus Ministros (grifos nossos).

Noutro giro, além da frequente oscilação da jurisprudência brasileira, as decisões dos nossos Tribunais Superiores normalmente são inobservadas por juízes e Tribunais: **(i)** ao fundamento de que as jurisprudências do STF e STJ, salvo exceções decorrentes do controle concentrado de constitucionalidade, súmula vinculante ou recursos repetitivos, não possuem efeito vinculante; **(ii)** ao argumento de que o livre convencimento do magistrado não pode ser limitado pelas instâncias superiores, quando motivado; **(iii)** sob alegação de que, não raro, até mesmo os ministros dos Tribunais Superiores desrespeitam suas próprias decisões, quando deveriam zelar pelo entendimento sedimentado e reiteradamente aplicado pelo Tribunal Superior, de modo a respeitar a instituição e conferir credibilidade, segurança jurídica e estabilidade ao Direito.

Destarte, ao longo dos anos, tal oscilação e inobservância contribuíram para o desequilíbrio do sistema jurídico brasileiro, tornando-o

3 WAMBIER, Teresa Arruda Alvim. A uniformidade e a estabilidade da jurisprudência e o estado de direito – Civil law e common law. *Ideias e Opiniões*, a. VII, n. 15, p. 2, out. 2009.

instável e incoerente. Atento a este fato, o legislador incorporou ao novo Código de Processo Civil o sistema de precedente judicial (art. 489, incs. V e VI, c/c art. 927 da Lei nº 13.105/2015), fixando regras para a aplicação do precedente, bem como para uniformização e estabilidade da jurisprudência, de forma a propiciar ao jurisdicionado uma maior previsibilidade das demandas judiciais com o fito de reduzir o nível de insegurança jurídica consistente na possibilidade de decisões diferentes para situações idênticas.

Feitas as considerações sobre a razão de ser da incorporação do sistema de precedentes ao novo Código de Processo Civil, passa-se à análise das técnicas de confronto e de superação do precedente que permitem, de um lado, a estabilidade e uniformidade do Direito e, de outro, o seu natural desenvolvimento, sem que sejam postos à mesa obstáculos para a sua correta aplicação, como o argumento de que esse novo sistema engessaria a aplicação do Direito e limitaria a a atuação dos magistrados.

2. Uso do Precedente Vinculante: Técnica de Confronto (*Distinguishing*), Técnica de Superação (*Overruling e Overriding*) e Não Aplicação Preventiva (*Antecipatory Overruling*)

Ao atribuir força vinculativa aos precedentes judiciais, o novo Código de Processo Civil impõe aos magistrados o dever de investigar a *ratio decidendi* dos julgados anteriores, seja para invocar o precedente em sua decisão judicial, demonstrando que o caso em julgamento se ajusta àquele fundamento, seja para afastar a aplicação do precedente em sua decisão demonstrando a distinção no caso em julgamento ou a superação do entendimento, conforme se depreende da leitura dos arts. 489, § 1º, incs. V e VI c/c art. 927 do Código de Processo Civil.

Nesse sentido, José Rogério Cruz e Tucci[4] explica o fundamento da Teoria dos Precedentes Judiciais:

4 TUCCI, José Rogério Cruz e. *Precedente judicial como fonte do direito*. São Paulo: Revista dos Tribunais, 2004.

> O fundamento desta teoria impõe aos juízes o **dever funcional de seguir, nos casos sucessivos, os julgados já proferidos em situações idênticas.** Não é suficiente que o órgão jurisdicional encarregado de proferir a decisão examine os precedentes como subsídio persuasivo relevante, a considerar no momento de construir a sentença. Estes precedentes, na verdade, são vinculantes, mesmo que exista apenas um único pronunciamento pertinente (*precedent in point*) de uma corte de hierarquia superior (grifos nossos).

Contudo, é preciso atentar para o fato de que os precedentes vinculantes não deverão ser aplicados de qualquer maneira pelo magistrado e sequer terão aplicação automática, muito pelo contrário, a sua aplicação dependerá de uma minuciosa comparação entre as circunstâncias fáticas e a *ratio decidendi* do caso paradigma e as circunstâncias fáticas e a *ratio decidendi* do caso em julgamento, para assim saber se a *ratio decidendi* do primeiro afigura-se adequada a servir de motivo determinante à decisão que venha a regular as consequências jurídicas dos fatos do caso em julgamento[5].

A essa técnica de confronto e diferenciação entre os fatos relevantes do caso paradigma e o caso em julgamento dá-se o nome de *distinguishing*. Tal técnica é indispensável para fins de revelar a inadequação da aplicação da *ratio decidendi* do precedente ao caso em julgamento, em virtude da diversidade fática entre os mesmos.

Nessa linha, o ilustre jurista Fredie Didier[6] esclarece:

> Fala-se em *distinguishing (distinguish)* quando houver distinção entre o caso concreto (em julgamento) e o paradigma, seja porque não há coincidência entre os fatos e fundamentos discutidos e aqueles que serviram de base à *ratio decidendi (tese jurídica)* constante no precedente, seja porque, a despeito de existir uma aproximação entre eles, alguma particularidade no caso em julgamento afasta a aplicação do precedente. [...] pode-se utilizar o termo *distinguish* em duas acepções: (i) para designar o

5 ATAIDE JÚNIOR, Jaldemiro Rodrigues de. *Uma proposta de sistematização da eficácia temporal dos precedentes diante do projeto de novo CPC*. DIDIER JR., Fredie e BASTOS, Antonio Adonias Aguiar (Coords.). Salvador: JusPodivm, 2012.

6 DIDIER JR., Fredie; OLIVEIRA, Rafael; BRAGA, Paula. *Curso de direito processual civil conforme o CPC/2015*. Salvador: JusPodivm, 2015. v. 2.

> método de comparação entre o caso concreto e o paradigma (*distinguish*-método) – como previsto no artigo 489, § 1º, inciso V e artigo 927, § 1º do CPC; e (ii) para designar o resultado desse confronto, nos casos em que se conclui haver entre eles alguma diferença (*distinguish*-resultado), a chamada distinção, na forma consagrada no artigo 489, § 1º, inciso VI e artigo 927, § 1º, do CPC.

Aplicando-se o *distinguish*, se o magistrado chegar à conclusão de que os casos (paradigma e em julgamento) são diferentes[7], poderá seguir um de dois caminhos. Poderá *dar à ratio decidendi uma interpretação restritiva*[8]*, por entender que peculiaridades do caso concreto impedem a aplicação da mesma tese jurídica outrora firmada (restrictive distinguishing), caso em que julgará o processo livremente, sem vinculação ao precedente*[9], ou poderá *estender ao caso a mesma*

---

7 Existem situações, contudo, em que a *ratio decidendi* terá aplicabilidade, mesmo existindo novas circunstâncias fáticas, que se somam aos fatos que estavam presentes no caso que ensejou o precedente. Em sentido inverso, a norma jurídica geral do precedente judicial poderá não ser aplicada, quando se tomar em conta situação não tratada no precedente e entendimento posterior, capaz de justificar o afastamento (MARINONI, Luiz Guilherme. *Precedentes obrigatórios.* 2. ed. rev. e atual. São Paulo: Revista dos Tribunais, 2011). [...] *a adoção de solução diversa em caso aparentemente similar justifica-se somente se o juiz for capaz de mostrar que as características do caso concreto o distinguem relevantemente dos casos que formam a jurisprudência em questão, tendo por base argumentos extraídos do próprio conjunto normativo a ser aplicado. Em outras palavras, não é qualquer distinção que justifica o* distinguishing. *Fatos não fundamentais ou irrelevantes não tornam casos desiguais* (ROSITO, Francisco. *Teoria dos precedentes judiciais*: racionalidade da tutela jurisdicional. Curitiba: Juruá).

8 Francisco Rosito entende que o *modifying* (modificação) *é a técnica utilizada para reconhecer a existência de fundamento para alterar a* ratio decidendi *do precedente anteriormente estabelecido.* Há duas técnicas de modificação da *ratio decidendi*: *narrowing* (restrição) e *extending* (extensão) (ROSITO, Francisco. *Teoria dos precedentes judiciais*: racionalidade da tutela jurisdicional. Curitiba: Juruá, 2012). Entende-se que o *narrowing* (restrição) e o *extending* (extensão) tratados por Francisco Rosito correspondem ao *restrictive distinguishing* e *ampliative distinguishing*, respectivamente.

9 TUCCI, José Rogério Cruz e. *Precedente judicial como fonte do direito.* São Paulo: Revista dos Tribunais, 2004; DIDIER JR., Fredie; BRAGA, Paula Sarno; OLIVEIRA, Rafael Alexandria de. *Curso de direito processual civil.* 8. ed. rev., ampl. e atual. Salvador: JusPodivm, 2013. v. 2.

solução conferida aos casos anteriores, por entender, que, a despeito das peculiaridades concretas, aquela tese jurídica lhe é aplicável (ampliative distinguishing)[10].

Pode-se concluir, então, que o precedente judicial, como qualquer outra norma, precisa ser interpretado pelo operador do Direito, posto que não terá eficácia sem o *distinguish*.

Noutro giro, há vezes em que, aplicando-se o *distinguish* se conclui pela semelhança dos casos paradigma e em julgamento, e, ao mesmo tempo, pela impossibilidade de aplicação da decisão anterior, abrindo-se espaço para a incidência da técnica de superação do precedente judicial.

À técnica de superação do precedente judicial, dá-se o nome de *overruling*. Trata-se de técnica *através da qual um precedente perde a sua força vinculante e é substituído por outro precedente*[11]. É técnica que visa a reconhecer a existência de fundamento jurídico para abandono do precedente anteriormente estabelecido, não porque os fatos do caso presente são diferentes dos fatos do caso paradigma, mas sim porque outra tese jurídica deve ser a ele aplicada.

Desta forma, ocorrendo mudança na valoração das circunstâncias fáticas relevantes de casos similares, o julgador está autorizado a adotar entendimento diverso, desde que assumida a devida carga de fundamentação, pois a modificação dos precedentes judiciais não pode chegar ao extremo de comprometer a segurança jurídica e a credibilidade do Poder Judiciário, razão pela qual, existem limites orientadores para a admissão da superação do precedente judicial apontado pela doutrina[12].

Destarte, a superação é cabível quando a) o precedente judicial se torna inexequível ou obsoleto; b) o precedente judicial deixa de

---

10 TUCCI, José Rogério Cruz e. *Precedente judicial como fonte do direito*. São Paulo: Revista dos Tribunais, 2004.

11 DIDIER JR., Fredie; BRAGA, Paula Sarno; OLIVEIRA, Rafael Alexandria de. *Curso de direito processual civil*. 8. ed. rev., ampl. e atual. Salvador: JusPodivm, 2015, v. 2.

12 ROSITO, Francisco. *Teoria dos precedentes judiciais*: racionalidade da tutela jurisdicional. Curitiba: Juruá, 2012.

corresponder aos padrões de congruência social ou consistência sistêmica; c) surge nova concepção do direito; d) constata-se que o precedente judicial foi substancialmente errado ou mal concebido desde o início; bastando um desses motivos para se fundamentar a modificação ou revogação.

A observância dos critérios acima mencionados impede que o *overruling* abra espaço para insegurança jurídica e desrespeito aos precedentes judiciais sedimentados, bem como autoriza a superação do precedente judicial, que poderá ter substituição expressa (*express overruling*) ou tácita (*implied overruling*), bem como eficácia *ex tunc* (*retrospective overruling*) ou eficácia *ex nunc* (*prospective overruling*).

No *retrospective overruling*, o precedente substituído não poderá ser invocado no julgamento de casos ocorridos antes da substituição e que ainda estejam pendentes de apreciação e julgamento[13]. Enquanto no *prospective overruling*, o precedente substituído poderá ser aplicado aos casos ocorridos antes da substituição[14]. Ou seja, o novo precedente somente se aplicará aos casos futuros quando ocorrer o *retrospective overruling (efeito ex nunc)*[15].

Alguns fatores favorecem o *prospective overruling*. São eles, (i) a ideia de que a revogação importa estabelecimento de nova norma, que não pode ser aplicada de imediato; (ii) a verificação de que se faz necessário tempo para que haja a promoção da operação da norma; (iii) o fato de que a revogação poderá produzir desigualdades, caso o novo precedente seja aplicado retroativamente; (iv) o desestímulo para as partes buscarem a modificação do precedente, já que não serão atingidas pela razão de decidir[16], ao menos, no caso presente e; (v) a

---

13 TUCCI, José Rogério Cruz e. *Precedente judicial como fonte do direito*. São Paulo: Revista dos Tribunais, 2004.

14 DIDIER JR., Fredie; BRAGA, Paula Sarno; OLIVEIRA, Rafael. *Curso de direito processual civil*. 8. ed. rev., ampl. e atual. Salvador: JusPodivm, 2015, v. 2.

15 ROSITO, Francisco. *Teoria dos precedentes judiciais*: racionalidade da tutela jurisdicional. Curitiba: Juruá, 2012, p. 334; TUCCI, José Rogério Cruz e. *Precedente judicial como fonte do direito*. São Paulo: Revista dos Tribunais, 2004.

16 MELLO, Patrícia Perrone Campos. *Precedentes*: o desenvolvimento judicial do direito no constitucionalismo contemporâneo. Rio de Janeiro: Renovar, 2008.

lesão ao ato jurídico perfeito, ao direito adquirido e a coisa julgada ocasionada pela revogação retrospectiva[17].

Podem ocorrer ainda, (a) *antecipatory overruling* – que nada mais é do que a não aplicação preventiva pelos órgãos judiciais inferiores dos precedentes dos Tribunais superiores, quando estes sinalizam em recentes decisões que irão superar os seus precedentes; e também (b) o *overriding* – que é a limitação pelo tribunal do âmbito de incidência do precedente em razão da superveniência de uma regra ou princípio legal, operando-se, por assim dizer, a superação parcial do precedente.

Como se pode verificar, há diversas técnicas que poderão ser apresentadas pelos advogados das partes e nortear a atividade cognitiva do magistrado, que delas poderá se utilizar para fins de cumprir o seu dever de investigar a *ratio decidendi* dos julgados anteriores, seja para invocar, afastar ou superar o precedente em sua decisão judicial.

Assim, nesta seara o advogado terá também um importante papel a desempenhar, que consiste em **(i)** aplicar a técnica do *distinguish* no bojo de suas petições e recursos para fins de convencer o magistrado que a peculiaridade do caso concreto impede a aplicação da *ratio decidendi* do precedente invocado pelo *ex adverso* demonstrando que a circunstância fática é diferente da circunstância fática do caso paradigma; em **(ii)** aplicar a técnica do *overruling* apresentando no bojo de suas petições e recursos o surgimento de novos argumentos ou novos elementos deduzidos no caso em julgamento que não foram deduzidos ou não foram enfrentados no caso paradigma de modo a convencer o magistrado que ocorreu a superação do precedente judicial.

3. Observância do Precedente Obrigatório: Maior Segurança Jurídica ou Engessamento do Sistema?

Pelo que se pode perceber, o sistema de precedentes instituído pelo novo Código de Processo Civil não é uma forma de tolher os poderes do juiz, submetendo-o negativamente aos entendimentos

17 TARANTO, Caio Márcio Gutterres. *Precedente judicial*: autoridade e aplicação na jurisdição constitucional. Rio de Janeiro: Forense, 2010.

consolidados dos Tribunais e Cortes Superiores – *como afirmado por alguns dos contundentes críticos de qualquer vinculação jurisprudencial*[18] – ao contrário, servem para valorizar e prestigiar a análise e o conhecimento do magistrado a respeito dos fatos e das consequências jurídicas do caso em julgamento.

Nesse sentido, a obrigatoriedade de observância dos precedentes judiciais não retira do magistrado o poder e, sobretudo, o dever argumentativo de bem fundamentar suas decisões[19], especialmente no tocante à subsunção das circunstâncias fáticas às razões de decidir do precedente e à utilização de técnicas de confronto e de superação do precedente para fins de verificar se as razões de decidir atendem ou não às necessidades do caso em julgamento.

Sob essa ótica, frisa-se que o magistrado é o dono do fato, e nessa dimensão tem liberdade para decidir de acordo com a sua própria convicção sobre as circunstâncias fáticas, desde que fundamente as suas razões de decidir; ao passo que o Tribunal é o dono do Direito, na medida em que é o responsável pela criação dos precedentes que deverão ser observados[20].

Neste giro, as decisões judiciais de primeiro grau – baseadas em precedentes, conduzirão à maior efetividade do Direito, preservando-se sua estabilidade e uniformidade, tutelando a isonomia, a segurança jurídica e, ainda, como consequências da preservação destes valores, servirá como **desestímulo (i) ao ajuizamento de ações** contrárias aos entendimentos consolidados pelos tribunais, diminuindo-se, pois, a carga laboral dos órgãos jurisdicionais; e **(ii) a recorribilidade das decisões judiciais**, outrora motivadas pela constante oscilação da jurisprudência.

---

18 STRECK, Lenio Luiz. *Súmulas no direito brasileiro*: eficácia, poder e função. 2. ed. Porto Alegre: Livraria do Advogado, 1998, p. 233-150.

19 *A fundamentação da sentença, diante da essencialidade, foi tornada obrigatória pela Constituição (art. 93, IX, da CF). Isso evidencia uma absoluta diferença entre a norma criada pelo legislador e a sentença. A norma geral não é fundamentada.* MARINONI, Luiz Guilherme. *Curso de direito processual civil*: teoria geral do processo, p. 109.

20 WAMBIER, Teresa Arruda Alvim. *Primeiros comentários ao novo CPC*: artigo por artigo. São Paulo: Revista dos Tribunais, 2015.

4. Conclusão

Conclui-se, portanto, que a adoção do Sistema de Precedentes de observância obrigatória pelo novo CPC e a instituição de técnicas de confronto e superação do precedente se prestam a reequilibrar o sistema processual civil, reforçando valores como: segurança jurídica, previsibilidade, isonomia (perante a jurisdição e a lei), coerência da ordem jurídica, garantia de imparcialidade do juiz, definição de expectativas, desestímulo à litigância, favorecimento de acordos, racionalização do duplo grau de jurisdição, duração razoável do processo e economia processual; com a finalidade de aprimorar tal sistema e jamais para engessar a atuação interpretativa dos juízes e tribunais pátrios ou para limitar o direito de acesso à Justiça.

Aliás, conforme assevera Fredie Didier *é preciso desmistificar a ideia de que a obrigatoriedade de observância dos precedentes transforma o juiz num autômato que não tem outra opção senão aplicar ao caso concreto objeto do julgamento a solução dada por outro órgão jurisdicional em caso paradigma*[21], pois existem métodos de confronto e superação do precedente.

Logo, a observância obrigatória dos procedentes não significa, portanto, a e*ternização* das decisões judiciais. O magistrado continuará a exercer o seu livre convencimento e a agir conforme a sua ciência e consciência, invocando, afastando ou superando determinada norma quando ela for ou não capaz de solucionar efetivamente o caso concreto, respectivamente. Tudo vai depender da motivação. É através dela que se avaliará o exercício da função jurisdicional e, consequentemente, a eficiência do sistema de precedentes adotado pelo novo Código de Processo Civil.

21 DIDIER JR., Fredie; OLIVEIRA, Rafael; BRAGA, Paula. *Curso de direito processual civil*. Salvador: JusPodivm, 2015. v. 2.

5. Referências

ATAIDE JÚNIOR, Jaldemiro Rodrigues de. Uma proposta de sistematização da eficácia temporal dos precedentes diante do projeto de novo CPC. DIDIER JR., Fredie e BASTOS, Antonio Adonias Aguiar (Coords.). Salvador: JusPodivm, 2012.

CARVALHO, Paulo de Barros. Poesia e direito. In: HARET, Florence; CARNEIRO, Jerson (Coord.). *Vilém Flusser e juristas*: comemoração dos 25 anos do grupo de estudos Paulo de Barros Carvalho. São Paulo: Noeses, 2009.

DIDIER JR., Fredie; OLIVEIRA, Rafael; BRAGA, Paula. *Curso de direito processual civil*: Salvador: JusPodivm, 2015. v. 2.

MARINONI, Luiz Guilherme. *Precedentes obrigatórios*. 2. ed. rev. e atual. São Paulo: Revista dos Tribunais, 2011.

MELLO, Patrícia Perrone Campos. *Precedentes*: o desenvolvimento judicial do direito no constitucionalismo contemporâneo. Rio de Janeiro: Renovar, 2008.

ROSITO, Francisco. *Teoria dos precedentes judiciais*: racionalidade da tutela jurisdicional. Curitiba: Juruá, 2012.

STRECK, Lenio Luiz. *Súmulas no direito brasileiro*: eficácia, poder e função. 2. ed. Porto Alegre: Livraria do Advogado, 1998.

TARANTO, Caio Márcio Gutterres. *Precedente judicial*: autoridade e aplicação na jurisdição constitucional. Rio de Janeiro: Forense, 2010.

TUCCI, José Rogério Cruz e. *Precedente judicial como fonte do direito*. São Paulo: Revista dos Tribunais, 2004.

WAMBIER, Teresa Arruda Alvim. A uniformidade e a estabilidade da jurisprudência e o estado de direito – Civil law e common law. *Ideias e Opiniões*, a. VII, n. 15, p. 2, out. 2009.

______. *Primeiros comentários ao novo CPC*: artigo por artigo. São Paulo: Revista dos Tribunais, 2015.

O PRINCÍPIO DA SEGURANÇA JURÍDICA E A FORÇA VINCULANTE DOS PRECEDENTES NO NOVO CÓDIGO DE PROCESSO CIVIL

Paulo de Tarso Vieira Sanseverino

1. Introdução

O presente artigo é uma homenagem ao eminente jurista Carlos Mário Veloso, buscando sublinhar a sua notável atuação como Magistrado, tendo sido escolhido como inspiração para a exposição dos temas que o preocuparam como ministro do Supremo Tribunal Federal: a segurança jurídica e a importância dos precedentes como fonte de Direito.

Esses dois temas ganharam especial atualidade com a edição do novo Código de Processo Civil, no qual se atribuiu um expressivo papel aos precedentes, sendo cotejados pelo próprio legislador com os princípios da segurança jurídica e da proteção da confiança.

Essas alterações na legislação processual permitem vislumbrar ainda uma maior aproximação entre o nosso ordenamento jurídico e a família da *Common Law*, embora persistam, naturalmente, as diferenças em torno da noção de regra de Direito em cada sistema.

A presente exposição versará acerca do princípio da segurança jurídica e a força vinculante dos precedentes no novo Código de Processo Civil, sendo desenvolvida em três partes.

Analisar-se-á, inicialmente, a configuração do princípio da segurança jurídica em sua feição clássica e em sua faceta mais moderna plasmada na noção de proteção à confiança.

Na segunda parte, será examinada a importância dos precedentes nas famílias da *Common Law* e da *Civil Law* a partir da noção de regra de Direito em cada sistema jurídico.

Finalmente, na terceira parte, será objeto de exame a eficácia conferida aos precedentes pelo novo Código de Processo Civil, com ênfase na concreção dos princípios da segurança jurídica e da proteção da confiança.

2. Segurança Jurídica e Proteção da Confiança

Esta parte será desdobrada em dois tópicos destinados ao exame da configuração tradicional do princípio da segurança jurídica e sua faceta mais moderna, consubstanciada na proteção da confiança.

2.1. Configuração do Princípio da Segurança Jurídica

O princípio da segurança jurídica busca resguardar a estabilidade das relações jurídicas, tutelando a confiança do titular de um direito de que este será respeitado no futuro.

Canotilho formula o princípio da segurança jurídica, em sentido amplo, como *o direito de o indivíduo poder confiar em que aos seus atos e às suas decisões públicas incidentes sobre os seus direitos, posições ou relações jurídicas alicerçadas em normas jurídicas vigentes e válidas por esses atos jurídicos deixados pelas autoridades com base nessas normas se ligam os efeitos jurídicos previstos e prescritos no ordenamento jurídico*[1].

Segundo o autor, o princípio da segurança jurídica apresenta duas grandes refrações no plano do Direito Público:

a) clareza e transparência dos atos do Poder Público;

b) respeito aos direitos individuais e aos efeitos jurídicos dos atos praticados pelo cidadão.

---

1 CANOTILHO, José Joaquim Gomes. *Direito constitucional e teoria da Constituição*. 7. ed. Coimbra: Almedina, 2013, p. 257.

No Brasil, constitui um princípio insculpido na Constituição Federal de 1988, derivando da própria noção de Estado Democrático de Direito (art. 1º). Em vários momentos, a Constituição Federal faz referência à segurança, como valor, como princípio ou como regra jurídica (v.g., CF, art. 5º, XXXVI – direito adquirido).

Humberto Ávila observa que a segurança jurídica pode ser analisada em perspectiva estática, englobando os requisitos estruturais do próprio ordenamento jurídico (Estado de Direito), e em perspectiva dinâmica, abrangendo a atuação do Direito no tempo, especialmente nos momentos de transição da ordem jurídica[2].

Na sua perspectiva clássica ou objetiva, a segurança jurídica *stricto sensu* deriva das noções de Estado de Direito e de ordem jurídica estritamente considerada, como os princípios da divisão dos poderes e da legalidade.

Interessa, no momento, a perspectiva dinâmica, podendo ser analisada em três aspectos: confiabilidade do sistema jurídico; intangibilidade jurídica de situações individuais; previsibilidade (calculabilidade) das soluções jurídicas.

São essas, em síntese, as três grandes funções ou vertentes do princípio da segurança jurídica: a) certeza do Direito; b) confiabilidade; c) previsibilidade.

A certeza do Direito é a possibilidade de conhecimento prévio do conteúdo do ordenamento jurídico, permitindo-se a ciência antecipada das principais instituições integrantes da ordem jurídica. Abrange a transparência das instituições, a publicidade dos atos administrativos e a sua motivação, servindo de exemplo as regras de competência dos órgãos públicos em geral para o reconhecimento da validade dos atos praticados pela autoridade competente.

A confiabilidade é a possibilidade de "cálculo prévio" (*ex ante)* do respeito pelas instituições e pela ordem jurídica em geral aos direitos individuais. Situa-se aqui o respeito à legalidade e às situações jurídicas constituídas. Serve de exemplo a necessidade de segurança na transição de regimes jurídicos, como a previdência social.

2 ÁVILA, Humberto. *Segurança jurídica.* São Paulo: Malheiros, 2011, p. 305 e ss.

A previsibilidade é a possibilidade de se ter segurança de que, no futuro, serão respeitados os efeitos jurídicos dos atos praticados *(ex post)*. Compreende a garantia de estabilidade e de continuidade dos efeitos, embora não possam ser absolutos para evitar a petrificação da ordem jurídica. Fundamenta institutos como a preclusão, a decadência, a prescrição, a usucapião e o direito adquirido em sentido amplo, além da própria proteção da confiança.

Também chamada de intangibilidade das situações individuais, pode ser analisada em perspectiva objetiva ou subjetiva.

A intangibilidade objetiva das situações individuais constitui um limite clássico de proteção dos direitos individuais, em face do decurso do tempo ou da consolidação das situações individuais.

No tempo, avultam os institutos da prescrição; decadência; preclusão. Merece lembrança que a proteção da segurança jurídica no aspecto temporal aparece nos mais diferentes setores do Direito (Civil, Penal, Administrativo, Tributário, Processual), estabelecendo-se regras claras acerca da prescrição, decadência ou preclusão para assegurar a estabilidade das relações jurídicas.

A consolidação das situações jurídicas compreende os casos clássicos de direitos adquiridos previstos na própria Constituição Federal (art. 5º, XXXVI) e no art. 6º da Lei de Introdução às Normas do Direito Brasileiro (LINDB), antiga Lei de Introdução ao Código Civil (LICC), que se diferenciam entre si de acordo com a fonte do direito legitimamente adquirido: a) direito adquirido (nascido da lei); b) ato jurídico perfeito (derivado de um negócio jurídico); c) coisa julgada (sentença insuscetível de impugnação) [3].

A intangibilidade subjetiva das situações individuais constitui a principal preocupação na atualidade, tendo inspirado a construção da doutrina da proteção da confiança no Direito Alemão, posteriormente recepcionada pelo Direito Brasileiro, que será objeto de análise no próximo tópico.

---

3 A antiga Lei de Introdução ao Código Civil (Decreto-Lei nº 4.657/42) teve a sua denominação alterada pela Lei nº 12.376/2010, passando a ser chamada de Lei de Introdução às Normas do Direito Brasileiro (LINDB).

2.2. Proteção da confiança

O princípio da proteção da confiança constitui a face moderna da segurança jurídica, apresentando-se, frequentemente, em tensão com o princípio da legalidade.

O princípio da proteção da confiança estabelece limitações ao princípio da legalidade estrita, buscando tutelar a confiança depositada pelo particular na consolidação de determinada situação jurídica, apesar de esta não ter chegado a constituir um direito adquirido.

O princípio da proteção da confiança foi desenvolvido jurisprudencialmente no Direito alemão a partir de uma série de decisões judiciais na segunda metade do Século XX (década de cinquenta).

Serve de exemplo **o caso da pensionista**, um dos primeiros precedentes da jurisprudência alemã, referente à viúva de um funcionário público que, em face da promessa de percepção de uma pensão caso se transferisse de Berlim Oriental (RDA) para Ocidental (RFA), efetivou a mudança. Meses depois, estando ela a receber a pensão, constatou-se que ela não preenchia os demais requisitos legais, sendo determinada a sua suspensão e a devolução dos valores recebidos.

O Tribunal Administrativo Federal, embora reconhecendo a ilegalidade do ato concessivo da pensão, determinou a manutenção do ato administrativo benéfico em nome da proteção da confiança, pois a pensionista depositara legitimamente a sua confiança na Administração Pública, alterando a sua própria forma de vida.

Outras decisões seguiram-se nos anos seguintes, sendo chamada pela doutrina alemã de "marcha triunfal do princípio da proteção da confiança".

Em 1976, a Lei Federal do Processo Administrativo estabeleceu dois preceitos normativos relevantes acerca da extinção dos atos administrativos inválidos (§ 48) e dos atos administrativos válidos (§ 49), fixando limitações para os seus efeitos.

No Brasil, o princípio da proteção da confiança foi desenvolvido jurisprudencialmente pelo STF e pelo STJ, em diferentes perspectivas, muitas vezes sendo relacionado com o princípio da boa-fé, até receber consagração legislativa para determinadas situações específicas.

Judith Martins-Costa relembra a proximidade entre os princípios da boa-fé e da proteção da confiança, pois, em muitos casos, *a fonte da tutela da confiança legítima está na boa-fé, na medida em que existe uma interação entre confiança e crença/confiança e fé, aparecendo a confiança como "elemento constante" ora da proteção da boa-fé, ora como uma de suas "concretizações" ou "manifestações particulares"*[4].

Em relação aos atos legislativos, por exemplo, preocupam as regras de transição relativamente a situações jurídicas em constituição (v.g., tempo de serviço para aposentadoria).

No que tange aos atos administrativos, centrou-se, especialmente, em face de relações jurídicas constituídas a partir de atos ilegais ou fundamentados em normas inconstitucionais, cujos efeitos se prolongaram ao longo dos anos.

Em relação aos atos jurisdicionais, preocupa não apenas a coisa julgada (estabilidade das decisões judiciais), mas também, modernamente, a previsibilidade da jurisprudência em relação à interpretação dos efeitos dos atos normativos editados pelo Poder Legislativo (v.g., mudança da orientação jurisprudencial acerca de determinado tema).

Almiro do Couto e Silva analisou, com primazia, casos em que houve a aplicação do princípio da proteção da confiança pela jurisprudência para preservação dos efeitos de atos jurídicos irregulares, examinando três decisões do STF[5].

O primeiro caso, analisado na Questão de Ordem na Petição nº 2.900, foi de uma estudante universitária transferida de uma universidade federal para outra no Estado do Rio Grande do Sul. Após o indeferimento administrativo do seu pedido de transferência, obteve liminar em mandado de segurança, sendo posteriormente julgado pro-

4 MARTINS-COSTA, Judith. *A boa-fé no direito privado:* critérios para a sua aplicação. São Paulo: Marcial Pons, 2015, p. 314.

5 COUTO E SILVA, Almiro do. O princípio da segurança jurídica (proteção à confiança) no direito público brasileiro e o direito da administração pública anular os seus próprios atos administrativos: o prazo decadencial do art. 54 da lei do processo administrativo da União (Lei nº 9784/99). *Revista de Direito Administrativo,* n. 237, jul./set. – 2004, p. 283.

cedente em primeiro grau. No julgamento da apelação, o tribunal deu provimento ao recurso, denegando a segurança. A estudante interpôs recurso extraordinário, apresentando a petição indicada para agregar efeito suspensivo ao seu recurso. O relator (Min. Gilmar Mendes) acolheu a questão de ordem com fundamento no princípio da proteção da confiança, pois a estudante já estava concluindo o curso, sendo a decisão confirmada pela Segunda Turma do STF.

Outro caso enfrentado pelo STF, no julgamento do Mandado de Segurança nº 24.268, envolvia uma bisneta adotada pelo bisavô em 1984, uma semana antes de sua morte, ensejando o direito ao pensionamento. O TCU determinou o cancelamento do benefício 18 anos depois em face de irregularidade no instrumento de adoção. No STF, a Ministra Ellen Gracie, relatora do mandado de segurança, votou pela denegação da segurança, mas restou vencida a partir da divergência inaugurada pelo Min. Gilmar Mendes, afirmando a invalidade do ato administrativo revocatório por não ter observado nos princípios do contraditório e da ampla defesa. No seu voto, indicou também como fundamento o princípio da segurança jurídica (proteção da confiança), em face do longo tempo decorrido.

O terceiro caso, apreciado no Recurso Extraordinário nº 434.222, foi de um funcionário público aposentado que incorporara uma vantagem prevista na legislação estadual anterior à CF/88, que posteriormente tornou-se com ela incompatível. A incorporação foi mantida pelo STF, tendo como relator o Ministro Carlos Mário da Silva Veloso, com fundamento no princípio da boa-fé objetiva.

No STJ, o *leading case* do princípio da proteção da confiança foi o caso de uma candidata que se inscrevera para um concurso público não tendo completado 18 anos de idade (REsp 6.518/RJ[6] e 45.522/SP[7], relatoria do Min. Humberto Gomes de Barros). Aprovada no concurso, que demorara mais de um ano, contando

---

6 STJ, REsp 6.518/RJ, Rel. Min. Humberto Gomes de Barros, 1ª T., j. 19.08.1991, DJ 16.09.1991, p. 12.621.

7 STJ, REsp 45.522/SP, Rel. Min. Humberto Gomes de Barros, 1ª T., j. 14.09.1994, DJ 17.10.1994, p. 27.865.

então com 19 anos, teve negada a posse, em face da irregularidade na inscrição.

O STJ manteve a decisão do Tribunal de Justiça do Rio de Janeiro, entendendo que a idade e outras exigências seriam requisitos para o ingresso no serviço público, e não para inscrição no concurso.

Em seguida, houve a edição da Súmula nº 266/STJ (*O diploma ou habilitação legal para o exercício do cargo deve ser exigido na posse e não na inscrição para o concurso público*).

Posteriormente, no REsp 141.879/SP, da relatoria do Min. Ruy Rosado de Aguiar Júnior, aplicou-se a teoria dos atos próprios para limitar o controle exercido pela administração municipal em relação a atos praticados por ela própria. A proteção da confiança foi aplicada na perspectiva do princípio da boa-fé objetiva à Administração Pública em caso de parcelamento do solo urbano[8] (REsp 141.879/SP, Rel. Min. Ruy Rosado de Aguiar, 4ª T., j. 17.03.1998, DJ 22.06.1998, p. 90).

A legislação brasileira positivou lentamente o princípio da proteção da confiança.

Inicialmente, no âmbito da administração pública, a Lei nº 9.784/99, ao regular o processo administrativo no Poder Executivo Federal, após elencar a segurança jurídica como princípio fundamental da atividade administrativa (art. 2º), estabeleceu, em seu art. 54, um prazo decadencial para a Administração exercer o direito de invalidar seus próprios atos, salvo a ocorrência de má-fé do destinatário do ato administrativo[9].

Posteriormente, no âmbito dos processos judiciais, a consagração legislativa do princípio da proteção da confiança iniciou-se com

---

8 STJ, REsp 141.879/SP, Rel. Min. Ruy Rosado de Aguiar, 4ª T. j 17.03.1998, DJ 22.06.1998, p. 90.

9 *Art. 54. O direito da Administração de anular os atos administrativos de que decorram efeitos favoráveis para os destinatários decai em cinco anos, contados da data em que foram praticados, salvo comprovada má-fé.*

§ 1º No caso de efeitos patrimoniais contínuos, o prazo de decadência contar-se-á da percepção do primeiro pagamento.

§ 2º Considera-se exercício do direito de anular qualquer medida de autoridade administrativa que importe impugnação à validade do ato.

a edição da Lei nº 9.868/99, que, ao regulamentar o procedimento da ação declaratória de inconstitucionalidade e da ação declaratória de constitucionalidade, em seu art. 27, permitiu a modulação dos efeitos da declaração de inconstitucionalidade de lei ou ato normativo[10].

Mais tarde, na mesma linha, a Lei 9.882/99, ao regular o procedimento da arguição de descumprimento de preceito fundamental, em seu art. 11, estatuiu também a modulação dos efeitos[11].

Assim, a tutela da confiança, estabelecendo limites para o princípio da legalidade estrita, passou a ser positivada topicamente no Direito brasileiro.

Ainda no plano processual, a tutela da confiança aparece nos casos de alteração de competência, buscando-se preservar os efeitos dos processos em andamento ajuizados no foro incompetente. Exemplo ilustrativo dessa situação tem-se na fixação pelo STF da competência da Justiça do Trabalho para as ações de acidente de trabalho a partir da edição da Emenda Constitucional nº 45/2004, mediante a edição da Súmula Vinculante nº 22 do STF, em que houve a modulação dos efeitos para atingir os processos em andamento na Justiça Estadual em que ainda não tivesse sido prolatada sentença de mérito em primeiro grau na data da promulgação da emenda constitucional[12].

---

10 *Art. 27. Ao declarar a inconstitucionalidade de lei ou ato normativo, e tendo em vista razões de segurança jurídica ou de excepcional interesse social, poderá o Supremo Tribunal Federal, por maioria de dois terços de seus membros, restringir os efeitos daquela declaração ou decidir que ela só tenha eficácia a partir de seu trânsito em julgado ou de outro momento que venha a ser fixado.*

11 *Art. 11. Ao declarar a inconstitucionalidade de lei ou ato normativo, no processo de arguição de descumprimento de preceito fundamental, e tendo em vista razões de segurança jurídica ou de excepcional interesse social, poderá o Supremo Tribunal Federal, por maioria de dois terços de seus membros, restringir os efeitos daquela declaração ou decidir que ela só tenha eficácia a partir de seu trânsito em julgado ou de outro momento que venha a ser fixado.*

12 Súmula Vinculante nº 22 do STF: *A Justiça do Trabalho é competente para processar e julgar as ações de indenização por danos morais e patrimoniais decorrentes de acidente de trabalho propostas por empregado contra empregador, inclusive aquelas que ainda não possuíam sentença de mérito em primeiro grau quando da promulgação da Emenda Constitucional nº 45/2004 (dezembro/2009).*

No âmbito do Direito Processual Penal, merece lembrança a modulação dos efeitos da jurisprudência dos tribunais superiores (STF e STJ), que restringiu o cabimento de *habeas corpus*[13].

Enfim, o princípio da proteção da confiança, como face do princípio da segurança jurídica, tem plena aplicação no Direito brasileiro, não apenas no Direito Público, mas também no âmbito das relações jurídicas de Direito Privado e, especialmente, no plano do Direito Processual.

A concreção dos princípios da segurança jurídica e da proteção da confiança mostra-se especialmente atual no novo Código de Processo Civil na parte relativa à formação e eficácia dos precedentes jurisprudenciais, permitindo vislumbrar uma interessante aproximação do nosso Direito Processual com o sistema da *Common Law*.

3. Importância dos Precedentes na *Civil Law* e na *Common Law*

Esta parte será desdobrada em três tópicos destinados ao exame da importância dos precedentes nas famílias da *Civil Law* e da *Common Law*, iniciando-se pelas diferenças em torno da noção de regra de Direito nos dois sistemas.

---

13 STJ, HC 223.672/RJ, Rel. Min. Sebastião Reis Júnior, 6ª T., j. 04.12.2012, DJe 14.12.2012: *PENAL E PROCESSO PENAL. HABEAS CORPUS. DESVIRTUAMENTO. TRÁFICO DE DROGAS.*
1. O Supremo Tribunal Federal e o Superior Tribunal de Justiça, em recentes decisões, não têm mais admitido a utilização do habeas corpus *como sucedâneo do meio processual adequado, seja o recurso ou a revisão criminal, salvo em situações excepcionais, isto é, quando manifesta a ilegalidade ou sendo teratológica a decisão apontada como coatora, situação que, se verificada de plano, poderá ensejar a concessão da ordem de ofício. Precedentes.*
2. A aplicação de tal entendimento deve ser temperada nos casos de habeas corpus *impetrados anteriormente ao estabelecimento da referida tese, como forma de se garantir a observância dos princípios da segurança jurídica e da proteção à confiança dos jurisdicionados, sobretudo em razão da profunda e superveniente restrição ao conhecimento do* writ. *[...]*

3.1. Noção de regra de Direito na Civil Law *e na* Common Law[14]

Os ordenamentos jurídicos vinculados à família romano-germânica (*Civil Law*) e a *Common Law* apresentam diferentes formas de revelação das regras de Direito aplicáveis aos casos concretos.

Na *Civil Law*, a fonte principal é a legislação, enquanto na *Common Law* são os precedentes jurisprudenciais.

Com efeito, na família da *Common Law*, cujo modelo paradigmático é o do Direito inglês, os juristas buscam primordialmente nos precedentes jurisprudenciais a regra de Direito para solucionar um determinado caso concreto.

Considera-se precedente uma decisão judicial acerca de uma questão jurídica específica, cujas razões determinantes servirão de fundamento para o julgamento de casos futuros.

Curiosamente, porém, a legislação ocupa posição hierarquicamente superior à da jurisprudência como fonte de Direito, tendo o poder de derrogar os efeitos de um precedente.

Isso é fruto de lenta evolução histórica, a partir da invasão normanda, em 1066, quando se entendeu necessária a formação de um Direito Comum a toda a Inglaterra (*Common Law*), calcado na jurisprudência dos tribunais de Westminster.

Em 1485, passou a ser utilizada a *Equity* para oxigenar a rigidez da *Common Law*, estabelecendo-se uma rivalidade entre os dois sistemas, que se prolongou até o século XIX.

A partir de 1832, realizaram-se reformas radicais, ampliando a força da legislação e operando-se modificações no processo e na organização judiciária, culminando, entre 1873 e 1875, na edição dos *Judicature Acts*, com a supressão da distinção formal entre *Common Law* e *Equity*.

Consolidou-se, no Século XIX, a subordinação dos precedentes à legislação, ampliando-se, a partir daí, especialmente no Século XX, a importância das leis (*acts*) como fonte de Direito.

14 SANSEVERINO, Paulo de Tarso. Métodos de interpretação da lei no direito comparado. *Revista da Ajuris*. XXII, n. 64, jul. – 1995 (p. 103-131), p. 105.

Essa orientação das Cortes inglesas pode ser sintetizada na seguinte frase de Willis J. (1871): *Nós sentamos aqui como servos da Rainha e do Parlamento* (Legislature). *Podemos nós agir de forma superior àquilo que foi feito pelo Parlamento com o consentimento da Rainha? Eu nego que essa autoridade exista*[15].

A legislação inglesa, entretanto, apresenta características distintas em relação aos enunciados normativos das leis da família romano-germânica.

As leis inglesas (acts) são redigidas de forma minuciosa e casuística, especificando do modo mais completo possível todas as hipóteses de incidência do enunciado normativo.

Os juristas ingleses, analisando as leis dos ordenamentos jurídicos da família romano-germânica, comparam os seus enunciados a um conjunto de princípios, semelhante ao programa de um partido político. Em relação a suas próprias leis, os juristas ingleses são bastante céticos, procedendo a uma interpretação restritiva de seu conteúdo.

Em 1908, Roscoe Pound, analisando a postura do jurista da *Common Law* em face da legislação, na perspectiva do Direito norte-americano, observou quatro possibilidades distintas[16].

a) aceitação completa da lei no corpo do Direito não apenas como regra a ser aplicada, mas também como princípio a ser seguido;

b) aceitação completa da lei no sistema jurídico, mas atuando de forma coordenada com as regras jurisprudenciais;

c) recusa em receber a lei dentro do sistema, limitando-se a aceitar a sua incidência para cobrir o campo do Direito para o qual foi editada;

d) recusa em receber a lei, procedendo-se a uma interpretação literal e restritiva, atingindo apenas os casos por ela expressamente cobertos.

A conclusão de Pound é de que essa última é a posição ortodoxa adotada pelos juristas da *Common Law*, embora já fosse possível observar uma evolução na época para a terceira posição, também restritiva.

---

15 CROSS, Rupert. *Precedent in english law.* Oxford: Clarendon Press, 1977, p. 165.

16 POUND, Roscoe. *Common law and legislation.* Harvard Law Review, XXI, n. 6, abr. –1908 (p. 383-407), p. 385.

Evidencia-se, assim, a desconfiança e o ceticismo dos juristas ingleses em relação à legislação, denotando que a fonte do Direito mais respeitada são os precedentes jurisprudenciais.

Fica clara, desse modo, a substancial diferença cultural na formação dos juristas das duas famílias (*Common Law* e *Civil Law*) em torno da noção de regra de Direito.

Ampliou-se, ao longo do Século XX, o papel da legislação como fonte do Direito na *Common Law*, inclusive pela participação da Inglaterra na União Europeia, mas sem alterar substancialmente essa concepção tradicional acerca da noção de regra de Direito.

Do mesmo modo, nos países da *Civil Law*, houve uma ampliação do papel dos precedentes, mas também sem alterar o papel conferido à legislação como principal fonte dos ordenamentos jurídicos da família romano-germânica. Na realidade, a maior parte dos precedentes envolve a fixação do significado (interpretação) de enunciados normativos constantes de textos legais.

Apesar das diferenças culturais na formação jurídica dos operadores do Direito das duas famílias, é sensível a aproximação entre os dois sistemas, o que recomenda um exame da forma como são analisados na *Common Law* os precedentes como fonte de Direito.

3.2. Precedentes na Common Law

Os precedentes, na família da *Common Law*, apresentam significativa força vinculante, estabelecendo regras de conduta e gerando a expectativa de que casos semelhantes serão julgados da mesma maneira (*treat like cases alike*).

É o sistema do *judge made law* ou do *stare decisis* (*stare decisis et non quieta movere*).

O curioso é que a força vinculante dos precedentes não decorre de previsão legal ou constitucional, mas da tradição jurídica, como lapidarmente sintetizado por Oliver Holmes, ao dizer que deriva do *peso da tradição de pelo menos mil anos*[17].

---

17 Citado pelo Ministro Gilmar Mendes na Questão de Ordem (QO) no Recurso Extraordinário 370.682, julgado pelo Tribunal Pleno do STF em 06.10.2010.

Os precedentes possuem eficácia vinculante vertical, em relação aos órgãos hierarquicamente inferiores do Poder Judiciário, e horizontal em relação aos órgãos da mesma Corte.

A principal tarefa dos juristas da família da *Common Law*, desde os bancos acadêmicos, situa-se em estabelecer a essência dos precedentes, buscando identificar a *ratio decidendi*, que consubstancia a regra de direito aplicável a casos futuros.

Kelsen, em sua autobiografia, explicando o motivo pelo qual foi convidado para lecionar como *visiting professor* no Departamento de Ciência Política da Universidade da Califórnia (Berkeley), e não na Faculdade de Direito, descreve a metodologia do ensino jurídico adotada nos Estados Unidos da seguinte forma:

> As faculdades de direito estadunidense não têm interesse particular por uma teoria científica do direito. Elas são *training schools* – escolas jurídicas profissionalizantes; sua função é preparar para a profissão prática de advogado. Ensina-se quase exclusivamente direito estadunidense, e segundo o *case method*. Como os tribunais estadunidenses baseiam suas decisões essencialmente em precedentes, é compreensível que as faculdades de direito considerem como seu objetivo educacional familiarizar os estudantes com o maior número de casos possível[18].

Os juristas da *Common Law* desenvolvem assim a técnica para reconhecer a essência dos precedentes, identificando nos casos estudados a sua *ratio decidendi* (regra de direito aplicável a novos casos) e isolando os argumentos laterais e específicos do caso (*obiter dictum*).

Em síntese, a *ratio decidendi* é a tese jurídica central versada no precedente, devendo ser identificada e isolada das observações acessórias ou laterais de cunho argumentativo (*obiter dictum*). Somente o núcleo central do precedente (*ratio decidendi*) detém eficácia vinculante (*binding precedents*), enquanto os demais argumentos ou observações laterais constituem apenas *obiter dictum*.

---

18 KELSEN, Hans. *Autobiografia de Hans Kelsen*. Tradução: Gabriel Nogueira Dias e José Ignácio Coelho Mendes Neto. Rio de Janeiro: Forense Universitária, 2011, p. 108.

Na aplicação do precedente a um novo caso, deve-se verificar a semelhança entre os temas debatidos, não sc cxigindo que sejam exatamente iguais, mas, na aguda observação de Robert Alexy, *suficientemente iguais*[19].

O método para a identificação das semelhanças e diferenças entre o novo caso e o precedente é denominado técnica das distinções (*distinguishing*) para verificação da aplicabilidade, ou não, da regra de direito nele contida.

A principal crítica dos juristas da família da *Civil Law* ao sistema da *Common Law* era a sua rigidez, pois um precedente somente poderia ser alterado mediante a edição de regra específica pelo Parlamento inglês (*act*).

Em 1966, esse quadro foi alterado, na Inglaterra, pela *House of Lords*[20], passando a ser admitida a anulação ou superação de um precedente, quando a sua aplicação se mostrasse excessivamente severa, ensejando uma solução injusta no caso concreto [21].

Admite-se, atualmente, a alteração de um precedente pelo próprio tribunal que o criou ou por uma corte hierarquicamente superior, sendo essa situação denominada *overruling*, buscando-se corrigir, flexibilizar ou adaptar o precedente a uma nova situação.

O *overruling* pode ter efeitos pretéritos (*retrospective effects*) ou futuros (*prospective effects*).

No *overruling* com efeitos pretéritos (*retrospective effects*), sendo a eficácia *ex tunc*, a demanda acaba por ser julgada com fundamento em regra nova, que não existia no momento da conduta avaliada.

No *overruling* com efeitos futuros (prospective effects), a eficácia é *ex nunc*, determinando-se que a nova orientação firmada no precedente regulará apenas casos futuros, cujo marco temporal é fixado no próprio precedente.

---

19 ALEXY, Robert. *Teoria dos direitos fundamentais*. São Paulo: Malheiros, 2008, p. 557.

20 A *House of Lords* foi substituída, em outubro de 2009, pela Suprema Corte do Reino Unido.

21 FERREIRA DA SILVA, Luiz Renato. A regra do precedente no direito inglês. *Revista de Direito Civil*, ano XX, n. 75, jan./mar. – 1996, p. 54.

Finalmente, tem-se o *overwriting* quando, sem alterar a essência da *ratio decidendi*, modifica-se o enunciado do precedente, corrigindo alguma falha de redação.

Essa técnica de análise dos precedentes desenvolvida pelos ordenamentos jurídicos da família da *Common Law*, guardadas as diferenças de noção de regra de Direito dos dois sistemas, mostra-se especialmente atual para os países da família da *Civil Law*, especialmente para o Direito brasileiro, a partir da edição do novo Código de Processo Civil.

3.3. Precedentes na Civil Law

No sistema da *Civil Law*, a principal fonte do Direito continua a ser a legislação, ocupando a jurisprudência um papel secundário, embora, nos últimos anos, atribua-se aos precedentes um papel cada vez mais relevante.

O precedente, como já aludido, é uma decisão judicial acerca de uma questão jurídica específica, cujas razões determinantes servirão de fundamento para o julgamento de casos futuros.

A jurisprudência é formada por um conjunto de precedentes, harmônicos entre si, acerca de um mesmo tema, refletindo a orientação de um determinado tribunal a respeito da questão jurídica versada.

Tradicionalmente, na família da *Civil Law*, os precedentes não vinculam, servindo apenas como orientação para o julgamento futuro de casos semelhantes, constituindo, como já aludido, uma fonte secundária do Direito, pois a fonte principal continua sendo a legislação.

Normalmente, os precedentes versam acerca da interpretação de um enunciado normativo extraído da legislação (Constituição ou leis ordinárias), estabelecendo as Cortes Superiores (STF, STJ, TST, STM, TSE) a correta exegese das normas legais a ser observada pelos juízes e tribunais de segundo grau.

Nota-se, nos últimos anos, uma sensível ampliação do papel dos precedentes como fonte de Direito nos ordenamentos jurídicos vinculados à família romano-germânica, inclusive com maior força vinculante em relação às instâncias hierarquicamente inferiores do Poder Judiciário.

No Brasil, mudanças legislativas recentes permitem observar essa aproximação pontual entre os dois sistemas, como a súmula vinculante, a repercussão geral, os recursos repetitivos e as ações constitucionais.

O novo Código de Processo Civil vai além, estabelecendo uma aproximação mais abrangente, em função da força vinculante conferida aos precedentes, o que merece uma análise específica, cotejando com os princípios da segurança jurídica e da proteção da confiança.

4. Força Vinculante dos Precedentes e a Segurança Jurídica no Novo Código de Processo Civil

O novo Código de Processo Civil (Lei nº 13.105/2015), sancionado em 16.03.2015 e com vigência prevista para março de 2016, estatui uma regulamentação moderna e sistemática para o nosso sistema processual civil.

As inúmeras reformas realizadas no CPC de 1973, especialmente a partir da década de noventa, culminaram em uma assistematização do nosso processo civil, dificultando o trabalho dos operadores do Direito e tornando necessária a edição de um novo caderno processual.

O legislador do novo CPC foi além, elaborando uma codificação que, além de atender as principais exigências contemporâneas em relação ao processo individual, estatuiu novos institutos processuais que vinham sendo reivindicados pela doutrina e pela jurisprudência, faltando apenas a mesma regulamentação sistematizada do processo coletivo.

Em relação à segurança jurídica e à proteção da confiança, o novo diploma processual faz referência expressa ou implícita a esses princípios em várias oportunidades, especialmente quando versa acerca da força vinculante dos precedentes (arts. 926 e ss.).

Avultam como hipóteses de concreção implícita do princípio da segurança jurídica a valorização dos princípios do contraditório e da ampla defesa (arts. 9º e 10); a exigência de motivação das decisões (fundamentação analítica), como já consagrado na Constituição Federal (art. 93, IX), prevista no art. 11; a irretroatividade das novas normas processuais (art. 14).

Interessam, no momento, as hipóteses de expressa referência à segurança jurídica e à proteção da confiança no novo CPC, feitas na regulamentação do julgamento dos processos pelos tribunais, permitindo visualizar uma interessante aproximação de nosso direito processual civil, vinculado à família da *Civil Law*, com o sistema de precedentes da família da *Common Law*.

O novo CPC, ao regular a ordem dos processos nos tribunais, preocupa-se diretamente com os princípios da segurança jurídica, da proteção da confiança e da isonomia.

Estabelece, inicialmente, como diretriz básica o dever dos tribunais de "uniformizar sua jurisprudência e mantê-la estável, íntegra e coerente" (art. 926).

Estatui, na sequência, em seu art. 927, como política judiciária, o dever de obediência pelos juízes e tribunais das decisões do STF em controle concentrado de constitucionalidade (inc. I); dos enunciados de súmula vinculante (inc. II); dos acórdãos em incidente de assunção de competência ou de resolução de demandas repetitivas e em julgamento de recursos extraordinário e especial repetitivos (inc. III); dos enunciados da súmula do STF em matéria constitucional e do STJ em matéria infraconstitucional (inc. IV) e à orientação do plenário ou do órgão especial aos quais estiverem vinculados (inc. V).

Vai mais além, estabelecendo ainda a possibilidade de interposição pelo interessado de reclamação perante o tribunal que teve sua jurisprudência afrontada nas hipóteses de desrespeito a decisões proferidas em controle concentrado de constitucionalidade; súmula vinculante; precedente proferido em julgamento de casos repetitivos ou em incidente de assunção de competência (art. 988).

Note-se que a vinculação dos órgãos judiciários hierarquicamente inferiores não se refere apenas aos tribunais superiores (STF e STJ), mas também aos órgãos judiciários subordinados aos tribunais de segundo grau.

Estabelece-se, assim, força vinculante vertical aos precedentes das Cortes Superiores e dos Tribunais de Segundo Grau em relação aos órgãos judiciários hierarquicamente inferiores.

Acrescenta ainda que:

> A modificação de enunciado de súmula, de jurisprudência pacificada ou de tese adotada em julgamento de casos repetitivos, observará a necessidade de fundamentação adequada e específica, considerando os princípios da segurança jurídica, da proteção da confiança e da isonomia (§ 4º do art. 927).

Institui a possibilidade de modulação dos efeitos da decisão:

> Na hipótese de alteração da jurisprudência dominante do STF e dos tribunais superiores ou daquela oriunda de julgamento de casos repetitivos [...] no interesse social e da segurança jurídica (§ 3º do art. 927).

Essas duas normas processuais preocupam-se especificamente com a preservação da segurança jurídica nas hipóteses de *overruling*, ou seja, nos casos de mudança de uma orientação firmada em um precedente.

Deve-se notar, porém, a diferença dos enunciados normativos, pois, enquanto no dever de fundamentação, o legislador menciona também a proteção da confiança, na modulação dos efeitos, fala apenas na segurança jurídica.

Essa omissão na menção à proteção da confiança no enunciado do § 3º do art. 927 do novo CPC parece ter sido casual, pois a regra da modulação dos efeitos nas hipóteses de *overruling* é uma situação típica de concreção do princípio da segurança jurídica em sua perspectiva moderna.

Com efeito, há uma preocupação com a proteção da confiança depositada pelo jurisdicionado com a estabilidade dos precedentes jurisprudenciais, que se rompe nos casos de *overruling*.

Serve de exemplo um caso recentemente apreciado pela Segunda Seção do Superior Tribunal de Justiça, em que houve radical alteração do entendimento da Corte acerca da interpretação do enunciado normativo do art. 798 do Código Civil, o qual estatui que, no contrato de seguro de vida, os beneficiários não têm direito ao capital estipulado na hipótese de suicídio do segurado dentro do prazo de dois anos[22].

---

22 *Art. 798. O beneficiário não tem direito ao capital estipulado quando o segurado se suicida nos primeiros dois anos de vigência inicial do contrato, ou da sua recondução depois de suspenso, observado o disposto no parágrafo único do artigo antecedente.*

Estabeleceu-se controvérsia entre as duas turmas da Seção de Direito Privado em torno da interpretação desse dispositivo legal, ensejando a afetação de um caso para apreciação pela Segunda Seção do STJ em abril de 2011, tendo o colegiado firmado o seu entendimento no sentido da necessidade de uma interpretação sistemática do art. 798 do CC/2002 a luz do princípio da boa-fé objetiva, mantendo-se a linha firmada pela jurisprudência sumulada do Supremo Tribunal Federal (Súmula nº 105) e do Superior Tribunal de Justiça (Súmula nº 61)[23].

Parágrafo único. Ressalvada a hipótese prevista neste artigo, é nula a cláusula contratual que exclui o pagamento do capital por suicídio do segurado.

23 STJ, 2ª Seção, Agravo Regimental no Agravo de Instrumento nº 1.244.022-RS, j. 13.04.2011. *AGRAVO REGIMENTAL EM AGRAVO DE INSTRUMENTO. AÇÃO DE COBRANÇA. SEGURO DE VIDA. SUICÍDIO COMETIDO DENTRO DO PRAZO DE 2 (DOIS) ANOS DE INÍCIO DE VIGÊNCIA DA APÓLICE DE SEGURO. NEGATIVA DE PAGAMENTO DO SEGURO. ART. 798 DO CC/2002. INTERPRETAÇÃO LÓGICO-SISTEMÁTICA. BOA-FÉ. PRINCÍPIO NORTEADOR DO DIPLOMA CIVIL. PRESUNÇÃO. NECESSIDADE DE PROVA DA PREMEDITAÇÃO PARA AFASTAR-SE A COBERTURA SECURITÁRIA. PRECEDENTE. ACÓRDÃO DO TRIBUNAL. ANÁLISE DE PROVAS. AFASTADA A PREMEDITAÇÃO. REVISÃO. SÚMULA 7/STJ. AGRAVO REGIMENTAL A QUE SE NEGA PROVIMENTO. 1. Nas razões do recurso especial, não foi evidenciada de que forma o acórdão recorrido teria vulnerado os arts. 130, 330, 331 e 332 do CPC. Incidência da Súmula 284/STF. 2. A interpretação do art. 798 do Código Civil de 2002, deve ser feita de modo a compatibilizar o seu ditame ao disposto nos arts. 113 e 422 do mesmo diploma legal, que evidenciam a boa-fé como um dos princípios norteadores da redação da nova codificação civil. 3. Nessa linha, o fato de o suicídio ter ocorrido no periodo inicial de dois anos de vigência do contrato de seguro, por si só, não autoriza a companhia seguradora a eximir-se do dever de indenizar, sendo necessária a comprovação inequívoca da premeditação por parte do segurado, ônus que cabe à Seguradora, conforme as Súmulas 105/STF e 61/STJ expressam em relação ao suicídio ocorrido durante o período de carência. 4. "O artigo 798 do Código Civil de 2002, não alterou o entendimento de que a prova da premeditação do suicídio é necessária para afastar o direito à indenização securitária" (REsp 1.077.342/MG, Rel. Min. Massami Uyeda, 3ª T., j. 22/06/2010, DJe 03/09/2010). 5. Não há falar-se em violação ao art. 333, I, do CPC, uma vez que, nos termos do precedente citado, compete à Companhia Seguradora a prova da ocorrência de premeditação no suicídio ocorrido nos primeiros dois anos de vigência do contrato, para se eximir do pagamento da cobertura securitária contratada. 6. Na hipótese, a Corte Estadual expressamente consignou*

Extraiu-se, assim, em síntese, desse enunciado normativo uma regra no sentido de que, no caso de suicídio do segurado dentro do período de dois anos, compete à seguradora o ônus da prova da premeditação.

Quatro anos depois, em face de substancial modificação na composição da Seção de Direito Privado, novo caso foi afetado para apreciação pela Segunda Seção. Estabeleceu-se, então, uma nova interpretação para o enunciado normativo do art. 798 do Código Civil, mais atrelada ao seu sentido literal, fixando-se o critério objetivo temporal para determinar a cobertura relativa ao suicídio do segurado e afastando o critério subjetivo da premeditação. Desse modo, somente após transcorrido o período de carência de dois anos a seguradora será obrigada a indenizar, mesmo diante da prova mais cabal de premeditação[24].

Extraiu-se, com isso, do enunciado legal uma nova regra no sentido de que, durante os dois primeiros anos de vigência do contrato de seguro de vida, o suicídio é risco não coberto.

---

que os elementos de convicção dos autos evidenciam que o suicídio não foi premeditado. Entender-se de forma diversa demandaria necessária incursão nos elementos fático-probatórios dos autos, com o consequente reexame de provas, conduta vedada em sede de recurso especial, ante o óbice previsto na Súmula 7/STJ, consoante afirmado na decisão ora agravada. 7. Agravo regimental a que se nega provimento (AgRg no Ag 1.244.022/RS, Rel. Min. Luis Felipe Salomão, 2ª S., j. 13.04.2011, DJe 25.10.2011).

24 *RECURSO ESPECIAL. AÇÃO DE COBRANÇA. SEGURO DE VIDA. SUICÍDIO DENTRO DO PRAZO DE DOIS ANOS DO INÍCIO DA VIGÊNCIA DO SEGURO. RECURSO ESPECIAL PROVIDO. 1. Durante os dois primeiros anos de vigência do contrato de seguro de vida, o suicídio é risco não coberto. Deve ser observado, porém, o direito do beneficiário ao ressarcimento do montante da reserva técnica já formada (Código Civil de 2002, art. 798 c/c art. 797, parágrafo único). 2. O art. 798 adotou critério objetivo temporal para determinar a cobertura relativa ao suicídio do segurado, afastando o critério subjetivo da premeditação. Após o período de carência de dois anos, portanto, a seguradora será obrigada a indenizar, mesmo diante da prova mais cabal de premeditação. 3. Recurso especial provido* (STJ, REsp 1.334.005/GO, Rel. Min. Paulo de Tarso Sanseverino, Rel.ª p/ Acórdão Min.ª Maria Isabel Gallotti, 2ª S., j. 08.04.2015, DJe 23.06.2015).

Houve, dessa maneira, uma substancial alteração da jurisprudência do STJ acerca do tema, caracterizando uma hipótese de *overruling*. Alteraram-se, assim, as expectativas de inúmeros beneficiários de seguro de vida em que o segurado praticara o suicídio dentro do prazo de dois anos, cujas demandas estavam em andamento.

Essa situação enseja uma indagação: Se a alteração da jurisprudência do STJ, mediante incidente de assunção de competência (art. 947, CPC), tivesse ocorrido na vigência do novo CPC, como deveria ter sido feita a modulação dos efeitos?

Em outras palavras, nessas situações de modulação de efeitos nas hipóteses de *overruling*, deverá ocorrer controvérsia doutrinária e jurisprudencial em torno do momento a ser considerado para a produção dos efeitos da nova orientação jurisprudencial.

Qual será o marco temporal a ser considerado? As novas demandas, os processos não sentenciados ou os recursos pendentes de julgamento?

Parece que a melhor orientação deverá ser no sentido de se estabelecer como marco delimitador as novas ações a serem ajuizadas acerca do tema, pois protege-se a legítima expectativa do jurisdicionado no momento da propositura da demanda.

No caso dos recursos repetitivos, permite-se a desistência da ação antes da prolação da sentença, sendo que, se for anterior à apresentação de resposta pelo demandado, a parte autora ficará isenta das custas e dos honorários de sucumbência (art. 1.040, §§ 1º, 2º e 3º, do novo CPC).

A situação, nas hipóteses de *overruling*, é bastante diversa, pois havia uma orientação jurisprudencial firme, plasmada em um precedente de uma Corte Superior, enquanto, nos recursos repetitivos, fixa-se uma nova orientação acerca de um tema massificado.

Enfim, há uma clara preocupação do legislador do CPC com a segurança jurídica no processo de formação dos precedentes, procurando assegurar, de um lado, o seu amplo conhecimento pelos jurisdicionados (publicidade) e, de outro lado, limitando os seus efeitos em relação aos processos em andamento ao fixar a sua eficácia para as novas demandas (modulação dos efeitos).

Esse novo regime jurídico conferido aos precedentes permite visualizar uma clara aproximação de nosso sistema processual, vinculado a *Civil Law*, com o da *Common Law*.

Os juristas brasileiros deverão trabalhar cada vez mais com os conceitos desenvolvidos pela família da *Common Law*, como *ratio decidendi*, *obter dictum*, *overruling* ou *overwriting*, para que possam fazer a correta aplicação do sistema de precedentes, utilizando-se da técnica das distinções (*distinguishing*).

A aplicação dos precedentes aos casos exigirá maior cuidado, devendo ser feita à luz dos princípios da segurança jurídica e, especialmente, da proteção da confiança.

Gize-se, finalmente, que, apesar dessas mudanças, a noção de regra de Direito, em nosso sistema jurídico, não foi alterada, mantendo-se a estrutura fundamental das fontes, pois a legislação prossegue como a principal vertente jurídica, sendo ela própria, aliás, quem está ampliando a força vinculante dos precedentes, enquanto, na família da *Common Law*, essa força foi sendo gradativamente construída pela tradição.

Conclusão

As reformas operadas pelo novo CPC permitem observar uma interessante aproximação do sistema processual brasileiro com a técnica de precedentes da *Common Law*.

Não houve, porém, alteração substancial na noção cultural de regra de Direito, pois a principal fonte do ordenamento jurídico brasileiro, vinculado à família romano-germânica, continua a ser a legislação.

O papel dos precedentes, porém, cresceu significativamente, sendo recomendável que, na sua aplicação, seja considerada a larga experiência dos juristas da família da *Common Law*.

Mostra-se fundamental apenas que, na aplicação concreta dos precedentes, tenha-se como vetor os princípios da segurança jurídica e da proteção da confiança.

Referências

ALEXY, Robert. *Teoria dos direitos fundamentais.* São Paulo: Malheiros, 2008, p. 557.

ÁVILA, Humberto. *Segurança jurídica.* São Paulo: Malheiros, 2011.

BOBBIO, Norberto. *O positivismo jurídico.* São Paulo: Ícone, 1995.

_____. *Teoria do ordenamento jurídico.* Brasília: Editora Universidade de Brasília, 1997.

CANARIS, Claus-Wilhelm. *Pensamento sistemático e conceito de sistema na ciência do direito.* Lisboa: Calouste Gulbenkian, 1989.

CANOTILHO, José Joaquim Gomes. *Direito constitucional e teoria da Constituição.* 7. ed. Coimbra: Almedina, 2013.

CAPPELLETTI, Mauro. *Juízes legisladores?* Porto Alegre: Sérgio Antônio Fabris, 1993.

CARNEIRO, Athos Gusmão. *Recurso especial, agravos e agravo interno.* Rio de Janeiro: Forense, 2011.

CROSS, Rupert. *Statutory interpretation.* London: Butterworths, 1976.

_____. *Precedent in english law.* Oxford: Clarendon Press, 1977.

COUTO E SILVA, Almiro. O princípio da segurança jurídica (proteção à confiança) no direito público brasileiro e o direito da administração pública anular os seus próprios atos administrativos: o prazo decadencial do art. 54 da lei do processo administrativo da União (Lei nº 9.784/99). *Revista de Direito Administrativo,* n. 237, jul./set. – 2004.

COUTO E SILVA, Clóvis. *A obrigação como processo.* São Paulo: José Bushtsky Editor, 1976.

DAVID, René. *Os grandes sistemas do direito contemporâneo.* Lisboa: Meridiano, 1978.

ESSER, Joseph. *Principio y norma en la elaboración jurisprudencial del derecho.* Barcelona: Bosch, 1961.

ENGISCH, Karl. *Introdução ao pensamento jurídico.* 6. ed. Lisboa: Calouste Gulbenkian,1983.

_____. *La idea de concrecion en el derecho y en la ciência jurídica atuales*. Tradução de Juan José Gil Cremades. Pamplona: Ediciones Universidade de Navarra, 1968.

FERREIRA DA SILVA, Luiz Renato. A regra do precedente no direito inglês. *Revista de Direito Civil*, ano XX, n. 75, jan./mar. – 1996, p. 54.

GÈNY, François. *Méthode d'interpretation et sources en droit privé positif.* Paris: Librairie Générale de Droit & de Jurisprudence, 1954.

GIFIS, Steven H. *Barron's law dictionary.* New York: Prior Editions, 1975.

HESSE, Konrad. *A força normativa da Constituição.* Porto Alegre: Sérgio Antônio Fabris, 1991.

IHERING, Rudolf von. *A luta pelo direito.* Rio de Janeiro: Editora Rio, 1980.

JAMES, Philip S. *Introduction to english law.* Londres: Butterworth, 1989.

KELSEN, Hans. *Autobiografia de Hans Kelsen.* Tradução: Gabriel Nogueira Dias e José Ignácio Coelho Mendes Neto. Rio de Janeiro: Forense Universitária, 2011.

______. *Teoria pura do direito.* Coimbra: Armênio Amado, 1976.

LARENZ, Karl. *Metodologia da ciência do direito.* Lisboa: Fundação Calouste Gulbenkian, 1983.

MAFFINI, Rafael. *Princípio da proteção substancial da confiança no direito administrativo brasileiro.* Porto Alegre: Editora Verbo Jurídico, 2006.

MARINONI, Luiz Guilherme. *O STJ enquanto corte de precedentes.* São Paulo: Editora Revista dos Tribunais, 2014.

MARTINS-COSTA, Judith. *A boa-fé no direito privado: critérios para a sua aplicação.* São Paulo: Marcial Pons, 2015

MAXIMILIANO, Carlos. *Hermenêutica e aplicação do direito.* Rio de Janeiro: Forense, 1983.

MITIDIERO, Daniel. *Cortes superiores e cortes supremas*. São Paulo: Editora Revista dos Tribunais, 2014.

NOVAIS, Jorge Reis. *Contributo para uma teoria do estado de direito.* Coimbra: Universidade de Coimbra, 1987.

PORTO, Sérgio José. *A responsabilidade civil por difamação no direito inglês.* Porto Alegre: Livraria do Advogado, 1995.

POUND, Roscoe. Common Law and Legislation. *Harvard Law Review*, XXI, n. 6, abr. 1908 (p. 383-407)

REALE, Miguel. *O direito como experiência.* São Paulo: Saraiva, 1992.

_____. *História do novo código civil.* São Paulo: Revista dos Tribunais, 2005.

RECASÉNS, SICHES, Luis. *Tratado de sociologia.* Porto Alegre: Globo, 1968. v. 2.

_____. *Panorama del pensamiento juridico en el siglo XX.* México: Porruá, 1980.

SANSEVERINO, Paulo de Tarso. Métodos de interpretação da lei no direito comparado. *Revista da Ajuris.* XXII, n. 64, jul.1995 (p. 103-131).

SANSEVERINO, Paulo de Tarso Vieira. *Responsabilidade civil no código do consumidor e a defesa do fornecedor.* 2. ed. São Paulo: Saraiva, 2007.

_____. O princípio da reparação integral: indenização no Código Civil. São Paulo: Saraiva, 2010.

SILVEIRA, Alípio. *Hermenêutica no direito brasileiro.* São Paulo: Revista dos Tribunais, 1968.

SUNSTEIN, Cass R. Interpreting Statutes in the regulatory state. *Harvard Law Review*, n. 103, dec.1989 (p. 405-508)

VIEHWEG, Theodor. *Topica y jurisprudencia.* Madrid: Taurus, 1964.

WIEACKER, Franz. *História do direito privado moderno.* Lisboa: Calouste Gulbenkian, 1980.

SEGURANÇA JURÍDICA – PROTAGONISMO JUDICIAL E A NEUROBIOLOGIA DO(A) JULGADOR(A)

Paulo Valerio

RESUMO: Existem críticas no espaço jurídico em relação a algumas decisões judiciais proferidas por magistrados(as), que estariam afrontando preceitos do sistema normativo brasileiro, em nome de uma pretensa resolução mais justa do caso concreto. Discute-se neste trabalho os reflexos dessa postura, chamada por alguns de *protagonismo judicial*, para a segurança jurídica garantidora do Estado de Direito. Para tanto, utiliza-se como referencial fático a neurobiologia humana e suas implicações na tomada de decisão.

PALAVRAS-CHAVE: Segurança Jurídica; Protagonismo Judicial; Paternalismo Exacerbado; Decisão Judicial; Neurobiologia; Interpretação Sistemática do Direito.

ABSTRACT: There are critical in the legal space on some judgments handed down by magistrates, they would be confronting precepts of the Brazilian legal system on behalf of an alleged fairest resolution of the case. It is argued in this paper the effects of this approach, called by some judicial role, to legal certainty guarantor of the rule of law. To this end, it uses as a reference factual human neurobiology and its implications for decision-making.

KEYWORDS: Legal Certainty; Judicial Prominence; Exacerbated Paternalism; Judicial Decision; Neurobiology; Systematic Interpretation of the Law.

1. Segurança Jurídica

Recebi o honroso convite para participar desta obra, que objetiva discutir a importância do Poder Judiciário como instituição também responsável pela promoção de desenvolvimento social, político e econômico no Brasil.

Sem dúvida é tema instigante, e proporciona um amplo espectro de análise, motivo pelo qual se impõe a opção por algum tipo de enfoque, não exclusivo dos demais, que contenha algum traço de novidade, pois dos "lugares comuns" as pessoas já estão fartas.

A proposta original é explorar o protagonismo judicial e suas implicações para a sociedade como um todo. Também, examinar esse tema em conjunto com o princípio da segurança jurídica e o paternalismo exacerbado, para, então, ser possível indicar caminhos ou, ao menos, reflexões.

Gostaria de iniciar pelo conceito de segurança jurídica. Para tanto, utilizarei o fabuloso trabalho de Humberto Ávila[1], no qual o autor afirma a existência de dois tipos de segurança. A primeira seria a segurança externa, física ou objetiva, caracterizada pela busca do homem em se proteger contra ameaças externas. A segunda seria a segurança interna, psicológica ou subjetiva, identificada como o estado psicológico que revela aquilo a que *[...] se referiam os antigos como* animi tranquillitas, *ou estado de ausência de preocupações, criador da própria palavra "segurança" como "sine+cura" (sem preocupações).* Tal distinção, aponta Humberto, foi reconhecida por Héctor Villegas[2], expressando que a segurança subjetiva seria o "sentimento de segurança", enquanto a segurança objetiva a garantia que a sociedade assegura às pessoas, seus bens e direitos. Sintetizando, Humberto[3] refere que:

> Segurança jurídica só entra em cena quando se ultrapassa a dimensão psicológica individual para adentrar a dimensão axiológica social, mas não meramente comportamental: segurança jurídica representa, pois, a segurança como fenômeno valorativo intersubjetivável vinculado ao Direito

1 *Segurança jurídica – entre permanência, mudança e realização no direito tributário.* São Paulo: Malheiros Editores, 2011, p. 102.

2 Principio de seguridade jurídica em la creación y aplicación del tributo. *RDT* 66, p. 10, São Paulo, s.d.

3 Op. cit., p. 104.

> de uma dada sociedade, quer como valor, quer como norma, tendo o jurídico como seu objeto ou como seu instrumento.

Complementa o autor, dizendo que o *princípio da segurança jurídica* pode ser entendido, também, [...] *como norma objetiva que exige a realização de um estado de confiabilidade e de calculabilidade do Direito, baseado na sua cognoscibilidade, mas à eficácia reflexiva dessa norma relativamente a determinado sujeito*[4].

Portanto, as três realidades acima – *confiabilidade, calculabilidade* e *cognoscibilidade* – caracterizam de maneira objetiva o princípio em questão, comentando Humberto Ávila, especificamente sobre o Poder Judiciário, o que segue:

> Em virtude, no entanto, das causas sociais e jurídicas expostas na parte introdutória deste trabalho, também a jurisdição tem causado problemas de cognoscibilidade, de confiabilidade e de calculabilidade: de cognoscibilidade, em virtude da falta de fundamentação adequada das decisões ou, mesmo, da existência de divergências entre decisões, órgãos ou tribunais; de confiabilidade, em razão da modificação jurisprudencial de entendimentos anteriormente consolidados com eficácia retroativa inclusive para aqueles que, com base no entendimento abandonado, praticaram atos de disposição dos seus direitos fundamentais; e de confiabilidade, pela falta de suavidade das alterações de entendimento ou, mesmo, pela ausência de coerência na interpretação do ordenamento jurídico.

Por *cognoscibilidade* entende-se a possibilidade formal e material de os integrantes do organismo social terem acesso e conhecimento às regras e princípios que informam o sistema jurídico, bem como às interpretações que o Poder Judiciário oferece a tais normas, e, a partir disso, terem condições de planejar suas ações em sociedade.

Fala-se, então, no aspecto formal, especificamente de mecanismos idôneos de comunicação e disseminação das orientações e normas jurídicas, a fim de que todos tenham acesso ao conteúdo. No aspecto material, a possibilidade de real inteligibilidade dos conteúdos.

4 ÁVILA, Humberto, op. cit., p. 131.

Humberto Ávila[5] explica que é possível usar o termo:

> [...] "cognoscibilidade", ou "compreensibilidade", como capacidade, formal ou material, de conhecimento de conteúdos normativos possíveis de um dado texto normativo ou de práticas argumentativas destinadas a reconstruí-los. Note-se que tal expressão ainda é mais ampla que "determinabilidade", pois permite abranger tanto aspectos materiais relativos à acessibilidade do conteúdo (como publicação e intimação, por exemplo) e à sua abrangência quanto à sua inteligibilidade (como clareza e determinabilidade, por exemplo).

No tocante ao segundo elemento do conceito, a *calculabilidade*, foca-se no fundamental direito de todos de poderem planejar suas ações em sociedade, calculando, a partir do sistema jurídico, as atitudes, condutas, empreendimentos e projetos que necessitem ou desejem executar.

Sem *calculabilidade* torna-se impossível vislumbrar as consequências que advirão das posturas adotadas, o que redunda em uma inevitável retração, e possível estagnação, decorrente da falta de confiança que emerge da inexistência de relativa e suficiente certeza quanto ao resultado das posições eventualmente assumidas.

Por último, a *confiabilidade*. Ela, sem dúvida, é o ponto crucial do princípio da segurança jurídica, porque o ser humano funciona orientado pelas suas expectativas em relação aos fatos que lhe dizem respeito, sendo que, no Estado de Direito, tais expectativas qualificam-se como expectativas legítimas, na medida em que estão protegidas pelo Direito, pela lei *lato sensu*.

O problema é que ciências como a Física, Genética, Medicina e tantas outras estão estruturadas a partir de um **primado cognitivo**. Quer isso dizer que a descoberta e a confirmação de novas realidades nesses campos ocasiona uma quase que imediata alteração no tocante ao modo de praticar e de atuar dessas ciências.

O Direito é diferente. Está estruturado a partir do **primado normativo**. Ou seja, é estruturado por intermédio de normas (norma não

5 Op. cit., p. 123.

é o preceito; este é o invólucro. Norma é o que o intérprete extrai do preceito, o qual, por vezes, é constituído por conceitos jurídicos indeterminados – ex.: animal bravio, esportes radicais etc. – e de cláusulas gerais – ex.: boa-fé, proporcionalidade, razoabilidade, excessiva onerosidade, função social da propriedade etc.). As normas possuem as características da **generalidade**, **abstração** e **coercibilidade**. São criados, portanto, padrões de conduta gerados a partir da visão tridimensional do Direito, ou seja, ditados pelas **experiências** (mundo dos fatos), pelos **valores** (mundo dos princípios) de uma determinada sociedade, para, somente então, ser escolhida a norma específica, inclusa no mundo da dogmática jurídica (integrado por princípios, regras e postulados[6]), que regulará a controvérsia.

Como consequência, surge o desafio de como interpretar de maneira adequada essas três estruturas que integram o mundo da dogmática jurídica (postulados, princípios e regras), neste ponto residindo a grande abertura para que o protagonismo exacerbado eventualmente possa atuar e causar problemas.

2. Protagonismo Judicial

O que é o *protagonismo judicial*? Em que medida ele acontece, se é que existe alguma medida? É salutar ou prejudicial tal protago-

---

6 Quanto à qualificação das normas, entendemos que é melhor falar que as normas se dividem, de fato, em postulados, princípios e regras, tendo em vista que esta concepção possui maior adequação quando da atividade hermenêutica, facilitando a escolha das normas mais apropriadas para a resolução das situações concretas. Acredito que está correta tal posição, pois, efetivamente, as regras são imediatamente descritivas, contendo elementos linguísticos mais objetivos, no sentido de oferecer decisão e abrangência ao caso concreto a ser solucionado. Os princípios, por sua vez, são dotados de um conteúdo eminentemente finalístico, não sendo descritivos como as regras e estabelecendo um "dever-ser ideal" um "estado de coisas", nas palavras de Humberto Ávila. Já os postulados [...] *estabelecem diretrizes metódicas, com aplicação estruturante* [...] (*Teoria dos princípios – da definição à aplicação dos princípios jurídicos*. 8. ed. São Paulo: Malheiros Editores, 2008, p. 123), ou seja, são categorias que [...] *impõem condições a serem observadas na aplicação das regras e dos princípios, com eles não se confundindo* [...] (*Teoria dos princípios*, p. 71).

nismo? Estarão os(as) protagonistas judiciais preparados para realizar essa atividade?

Ana Teresa Silva de Freitas[7], com precisão, discorre sobre esse fenômeno:

> A precarização dos direitos sociais, a violação dos direitos individuais e, sobremodo, a exclusão social tornam cada vez mais indispensáveis a garantia efetiva desses direitos fundamentais, movimentando o Judiciário brasileiro em demandas individuais e coletivas para tornar efetivos os direitos, constitucionalmente estabelecidos, e que deveriam integrar políticas públicas e sociais ou que, embora as integrem, não encontram concretização real.
>
> Em expressão bastante adequada, Santos (2007a; 2007b) fala em protagonismo judicial para fazer referência a esse fenômeno, o qual tem sido crescente, em busca da concretização de direitos fundamentais, em especial dos chamados direitos fundamentais sociais. O Judiciário passa a ter um papel de destaque no controle da constitucionalidade, seja da ação ou da omissão dos demais poderes do Estado.

Para Bernardo Penna[8], o *protagonismo judicial* poderia ter um sentido diverso, e não tão meritório:

> [...] de forma simplificada, de uma expressão reconhecida e defendida por um suposto direito moderno que **amplia os poderes dos magistrados para que busquem uma decisão judicial o mais justa possível, mesmo que para isso tenham que espancar alguma lei ou, pasmem, a própria** Constituição. Muitos acabam por confundir essa certa discricionariedade com arbitrariedade e o Poder Judiciário caminha conforme vemos dia a dia (grifos meus).

Francisco José Borges Motta[9], em apertadíssima síntese, identifica o *protagonismo judicial* como sendo o *movimento de expansão*

---

7 Disponível em: <http://www.revistapoliticaspublicas.ufma.br/site/download.php?id_publicacao>. Acesso em: 07 out. 2015.

8 Disponível em: <http://bernardospenna.jusbrasil.com.br/artigos/150260706/protagonismo-judicial>. Acesso em: 07 out. 2015.

9 Disponível em: <http://www.repositorio.jesuita.org.br/handle/UNISINOS/2447>. Acesso em: 07 out. 2015. Ver também o livro do mesmo autor *Levando o direito a sério – uma crítica hermenêutica ao protagonismo judicial.* Porto Alegre: Editora Livraria do Advogado.

dos poderes e liberdades do juiz na condução e solução das causas que chegam ao "tribunal".

Como visto, várias abordagens podemos fazer em relação à expressão *protagonismo judicial*, mas irei trabalhar com as duas últimas, porque englobam a proposta deste livro, que é a de discutir o paternalismo exacerbado que acaba afrontando à própria lei em sentido amplo.

Devo iniciar a prospecção crítica do tema dizendo que o *protagonismo* será implementado por um(a) *protagonista*. Esse(a) protagonista, na proposta deste trabalho, é o(a) *julgador*(a); que, antes de ser *julgador*(a), é ser humano; que, antes da consideração de ser humano, é um ser biológico complexo sujeito a todos os efeitos das suas características inatas.

Pergunta-se, então: estará esse sujeito *protagonista* preparado para um protagonismo que eventualmente seja necessário? Terá esse sujeito *protagonista* condições de infraestrutura, condições técnicas e mesmo psíquicas para realizar tão meritório intento de promoção dos direitos fundamentais das pessoas? Até que ponto será admitida liberdade a esse sujeito *protagonista*, para que profira a melhor resposta para a sociedade? Será ela a melhor resposta? Somente se fará o protagonismo a partir da decisão do caso, ou encontraremos protagonismo, também, na adoção de soluções adequadas (alternativas) para os conflitos, por meio dos métodos autocompositivos?

Para tentar explorar tais questionamentos, partirei de uma análise científica do ser humano julgador(a), para, então, tentar emitir algumas sugestões que possam ser úteis na reflexão sobre o tema.

Nesse desiderato, estou propondo a abordagem de alguns aspectos das vulnerabilidades ou, de outra forma, características inatas ao *animal humano*, que, por vezes, estará executando a função de *julgador(a)*. Usarei de uma linguagem clara e sem rodeios, porque o exigível dos textos atuais é que eles possam ser compreendidos por todos.

3. A Regulação da Vida e a Neurobiologia do(a) Julgador(a)

Quando me deparei em um ensaio de Direito Ambiental que discutia o direito dos animais com a expressão *animal humano*, confesso que minha arrogância intelectual promoveu algum tipo de desconforto interno. Isso é normal, e não deve ser motivo de preocupação, porque vivemos com a crença incorreta de que dominamos com a nossa consciência e com o intelecto as ações diárias, mas nos esquecemos, incrivelmente, da nossa condição biológica![10]

Refletindo sobre o evento, já que me é obrigatória a *negociação intrapessoal*[11], não somente devido à necessidade de tal exercício diário a todos nós, como também porque é tema dos cursos de negociação e mediação que costumo ministrar, cheguei ao *consenso interno* de que é imprescindível a prospecção de mecanismos de relativo

10 Leonard Mlodinow, em *Subliminar. Como o inconsciente influencia nossas vidas*. Trad. Claudio Carina. Rio de Janeiro: Zahar, 2013, p. 155 e 137, nos coloca na realidade: *Nosso gênero* homo *vem evoluindo há alguns milhões de anos. A evolução do cérebro acontece no decorrer de muitos milhares ou milhões de anos, mas nós vivemos numa sociedade civilizada há menos de 1% desse tempo. Isso significa que, embora possamos estar com a mente lotada de conhecimentos do século XXI, o órgão dentro do crânio é um cérebro da Idade da Pedra [...] Mas o desenvolvimento da linguagem como a conhecemos só aconteceu quando os seres humanos modernos entraram em cena. Alguns dizem que a linguagem surgiu 100 mil anos atrás, outros afirmam que foi depois; mas a necessidade de uma comunicação sofisticada sem dúvida se tornou mais urgente com o desenvolvimento de seres humanos sociais "modernos em termos comportamentais", 50 mil anos atrás.* António R. Damásio. *E o cérebro criou o homem.* São Paulo: Companhia das Letras. Trad. Laura Teixeira Motta, 2011, p. 351 e 352 comenta que *nossos ancestrais humanos mais diretos datam de cerca de 200 mil anos, e por volta de 30 mil anos humanos criavam pinturas e esculturas (Caverna de Chauvet, em Ardèche, é de 32 mil anos). O desenvolvimento da escrita, há cerca de 5 mil anos, fornece-nos um punhado de dados irrefutáveis* [...].

11 Sobre o tema: FOX, Erica Ariel. *Mais do que chegar ao sim – método de negociação oficial da Harvard.* Trad. Cristina Yamagami. 1. ed. São Paulo: Saraiva, 2014, p. 59, quando a autora apresenta sua tese sobre os quatro grandes arquétipos que atuam constantemente em nosso interior psíquico, quais sejam: o sonhador (criatividade e inovação – criar visão de futuro, ousar realizar um sonho, identificar caminhos a seguir), o pensador (riscos e planejamento – aplicar fatos e lógica, ponderar as consequências e analisar a situação de todos os lados), o amante (relacionamentos e gestão de pessoas – conectar-se com as emoções, conquistar e manter a confiança e colaborar com os outros) e o guerreiro (a prática e a logística – dizer a verdade nua e crua, manter-se firme em sua posição e tomar uma atitude).

controle e técnica jurídica que possam ser capazes de minimizar os efeitos das características que naturalmente afetam o *animal humano,* inclusive o(a) *Julgador(a)*, a fim de que não se produzam resultados jurídicos insatisfatórios e distorcidos para os destinatários da proteção a direitos.

Irei abordar em um primeiro momento aspectos da biologia e da neurobiologia, que são comuns a todos nós, para, após, propor sugestões que possam ter alguma utilidade na melhoria do serviço público jurídico.

A escolha que faço na abordagem do assunto é uma forma de expressar a imperiosa necessidade de que pratiquemos uma postura crítica séria, direcionada ao interior de cada um de nós que trabalhamos com a resolução de conflitos e de problemas da sociedade, para que possam ser encontradas novas posturas, tendentes a, efetivamente, tornar a vida em sociedade mais compatível com o princípio da dignidade da pessoa humana, insculpido na Constituição Federal.

Veja-se que os operadores do Direito foram e continuam sendo, em sua grande maioria, forjados pelas limitações impostas nos Cursos de Direito, muitos chamados de *Ciências Jurídicas e Sociais,* formações acadêmicas essas que têm como *matéria-prima* o ser humano e as suas relações, mas, paradoxalmente, do ser humano em si muito pouco é ensinado.

Nas universidades, faculdades[12] e cursos jurídicos em geral são trabalhados procedimentos, maneiras de fazer valer direitos, formas para impor as regras do ordenamento jurídico, mas, acima de tudo, como "brigar" em juízo. Entretanto, não se aborda o funcionamento do ser humano em nível neurobiológico, quais as melhores vias de comunicação para que conflitos desnecessários não surjam, e, até mesmo, de que maneira as potencialidades biológicas humanas podem

12 Não desprezemos a crucial importância da formação jurídica para a criação da assombrosa estatística de mais de 95 milhões de processos que tramitam na Justiça brasileira. Segundo dados informados pelo Ex-Secretário da Reforma do Judiciário, Flávio Crocce Caetano, em palestra proferida no dia 28.11.2014, no Congresso Global Mediation, acontecido da cidade do Rio de Janeiro, o Brasil possui aproximadamente 1.240 faculdades de Direito, sendo que em todo o mundo existem perto de 1.100 apenas.

ser mais amplamente exploradas, objetivando alcançar uma vida em sociedade melhor para todos.

Na área do Direito do Consumidor, então, os problemas precisam ser enfrentados com urgência, pois, à parte a grande massa de processos contra o Estado (União, Estados e Municípios), que contribuiriam com 51%[13] do total de feitos judiciais brasileiros, a outra grande fatia de processos judiciais adviria das relações de consumo.

Não por outra razão é que surgiu no âmbito federal, em 2014, a Enajud (Estratégia Nacional de Não Judicialização), por intermédio da Portaria Interinstitucional nº 1.186, de 02 de julho de 2014, a qual tem como *objetivos desenvolver, consolidar e difundir procedimentos, mecanismos e métodos alternativos de solução de conflitos, promovendo a prevenção e a redução dos litígios e contribuindo para a ampliação do acesso à justiça*[14].

A Enajud foi concebida, segundo consta no seu 1º Relatório[15], com os [...] *quatro principais grupos da sociedade que serão por ela afetados: o setor público, o setor bancário, o setor varejista e o setor das telecomunicações*. Neste relatório é dito que a Estratégia Nacional [...] *baseou-se em dois documentos: "Os cem maiores litigantes do Poder Judiciário", elaborado pelo CNJ, referente ao ano de 2011; e o "Boletim do Sistema Nacional de Informações de Defesa do Consumidor (Sindec)", referente aos dados das reclamações recebidas pelos Procons no ano de 2012.*

---

13 Conforme FICHTNER, José Antônio, em palestra proferida no Global Mediation Rio, em 27 de novembro de 2014, no Auditório da Escola da Magistratura do Rio de Janeiro, dos 95 milhões de processos brasileiros, 38% são relativos ao setor financeiro e bancário, 6% telefonia, 5% outros e 51% feitos envolvendo União, Estados, Distrito Federal e Municípios. Tais dados foram parcialmente confirmados pelo Ex-Secretário de Reforma do Judiciário, Flávio Crocce Caetano, palestrando no mesmo dia, no Global Mediation Rio, apenas referindo que Bancos e Setor Financeiro corresponderiam a 31%. Ainda referiu que temos 17.000 Juízes(as), 12.500 Promotores(as) de Justiça, 6.500 Defensores(as) Públicos(as), 850.000 advogados(as), 3 milhões de bacharéis e um milhão de matriculados em Faculdades de Direito.

14 Em *1º Relatório 2014-2015 da Estratégia Nacional de Não Judicialização*. Secretaria de Reforma do Judiciário do Ministério da Justiça, p. 6.

15 Fonte já citada do 1º Relatório da Enajud, p. 6.

Fácil verificar, então, que a área das relações de consumo está gravemente envolvida nos problemas atinentes ao acesso à Justiça no Brasil e ao protagonismo judicial. Quais as principais razões para tal grave envolvimento das relações de consumo na quantidade de conflitos da sociedade atual? A resposta mais óbvia estaria na massificação dos relacionamentos, na urbanização, na globalização e na revolução dos meios de comunicação.

A mais primitiva, real, cotidiana e atual, entretanto, está na *Regulação da Vida.*

António Damásio, eminente neurocientista português, Professor da Universidade do Sul da Califórnia, em seu famoso livro *E o Cérebro Criou o Homem*[16], comenta que o ser humano, assim como todos os seres vivos, são animados pela *Regulação da Vida.* O autor afirma que há cerca de 2 bilhões de anos (talvez o segundo degrau da nossa evolução) surgiram as células com núcleo, células eucarióticas, pertencentes ao grupo dos protozoários. A ameba e o paramécio são exemplos desses organismos independentes. A estrutura deles com citoesqueleto (semelhante ao nosso esqueleto ósseo), núcleo (cérebro), citoplasma (interior do corpo com órgãos), cílios (pés e mãos) e membrana (pele) são uma caricatura do que nós somos hoje[17].

Segundo o famoso neurocientista[18]-[19]:

> Por mais simples que tenham sido e sejam, os organismos unicelulares tinham o que parece ser uma determinação inabalável e decisiva de se manter vivos por todo o tempo ordenado pelos genes existentes em seu nú-

---

16 São Paulo: Companhia das Letras. Trad. Laura Teixeira Motta. 2011, p. 50.

17 Op. cit., p. 51.

18 Op. cit., p. 52 e 53.

19 A ideia exposta por Antonio Damásio foi amplamente descrita no clássico *O gene egoísta* (trad. Rejane Rubino. São Paulo: Companhia das Letras, 2007), escrito por Richard Dawkins há mais de 30 anos, mas ainda aceito como teoria atualizada, no qual realizou uma magistral releitura da Teoria da Evolução de Darwin, explicando que a evolução não seria das espécies, mas dos genes, sendo que os seres vivos, sejam plantas, animais, insetos e tantos outros seriam meras máquinas de sobrevivência dos genes. No mesmo trabalho, Dawkins cria a unidade de evolução cultural, que é o *meme*.

cleo microscópico. O governo de sua vida incluía uma teimosa insistência em permanecer, resistir e prevalecer até o tempo em que alguns dos genes no núcleo suspendessem a vontade de viver e permitissem a morte da célula. Sei que é difícil imaginar as noções de "desejo" e "vontade" aplicadas a um organismo unicelular. Como é que atitudes e intenções que associamos à mente humana consciente, e que nossa intuição nos diz resultarem do funcionamento do enorme cérebro humano, podem estar presentes em um nível tão elementar? Mas o fato é que estão presentes, seja qual for o nome que se queira dar a essas características do comportamento celular. Desprovido de conhecimento consciente, sem acesso aos intrincados mecanismos de deliberação disponíveis a nosso cérebro, o organismo unicelular parece ter uma atitude: quer viver tanto quanto sua dotação genética lhe permite. Por mais que nos cause estranheza, esse ímpeto, com tudo o que é necessário para implementá-lo, precede o conhecimento explícito e a deliberação sobre as condições de vida, uma vez que o organismo claramente não os possui.

[...] O conhecimento oculto da gestão da vida *precedeu* a experiência consciente desse tipo de conhecimento. Sem menosprezar a consciência, certamente enalteço a gestão não consciente da vida e suponho que ela constitui o gabarito para as atitudes e intenções da mente consciente. Cada célula do nosso corpo tem o tipo de atitude não consciente que acabo de descrever. Será que o nosso muito humano desejo de viver, nossa vontade de prevalecer, começou como um agregado das incipientes vontades de todas as células do nosso corpo, uma voz coletiva libertada num canto de afirmação? A ideia de um grande coletivo de vontades expresso em uma só voz não é mera fantasia poética. Ela se vincula à realidade do nosso organismo, onde essa voz existe de fato, sob a forma do *self* no cérebro consciente. Mas como é que as vontades das células e seus coletivos, desprovidos como são de cérebro e mente, se transferem para o *self* da mente consciente originada no cérebro? Para que isso aconteça, precisamos introduzir em nossa narrativa um personagem radical que vai mudar o enredo: a célula nervosa, ou neurônio[20].

---

20 Exemplo disso é o experimento de Atsushi Tero, da Universidade de Hokkaido, que, juntamente com pesquisadores de outras universidades do Japão e do Reino Unido, colocou flocos de aveia sobre uma superfície molhada, em posições que correspondem à localização das cidades vizinhas de Tóquio, e permitiu que o fungo crescesse a partir do centro. Eles viram o estranho organismo, que tem uma só célula macroscópica e vários núcleos espalhar-se e formar uma rede que é comparável em eficiência, confiabilidade e custo à infraestrutura da rede ferroviária de Tóquio. Disponível em: <http://www.inovacaotecnologica.com.br/noticias/noticia.php?artigo=fungo-supera-engenheiros-projeto-redes&id=010180100209>. Acesso em: 18 jun. 2015.

Portanto, a *Regulação da Vida*, expressa pelo *Valor Biológico*, que é a capacidade que o organismo tem de valorar, ou seja, escolher aquilo que seja mais adequado para a manutenção da sua homeostase (equilíbrio dos tecidos e do organismo como um todo), é o que orienta todas as nossas atividades e reações, mesmo em sociedade. Discorre António Damásio[21] sobre o *valor biológico*:

> Sem dúvida, as populares moléculas e seus núcleos de origem são partes importantes do maquinário do valor. Mas não constituem a resposta às questões feitas acima. A meu ver, o valor é indelevelmente ligado à necessidade, e este, à vida. As valorações que estabelecemos nas atividades sociais e culturais cotidianas têm uma relação direta ou indireta com a homeostase. Essa ligação explica por que a circuitaria cerebral humana é tão prodigamente dedicada à predição e detecção de ganhos e perdas. Em outras palavras, ela explica a obsessão humana pela atribuição de valor. O valor relaciona-se direta ou indiretamente à sobrevivência. No caso particular dos humanos, o valor também se relaciona à qualidade da sobrevivência na forma de bem-estar. A noção de sobrevivência – e, por extensão, a de valor biológico – pode ser aplicada a diversas entidades biológicas, de moléculas e genes a organismos inteiros.
>
> [...] De certo modo o valor biológico é o representante da eficiência fisiológica. Minha hipótese é que nossa valoração dos objetos e processos que encontramos no dia a dia se faz mediante uma referência a essa primitiva do valor do organismo, um valor que a seleção natural determinou. Os valores que os humanos atribuem a objetos e atividades teriam, assim, alguma relação, não importa o quanto ela seja indireta ou remota, com estas duas condições: primeiro, a manutenção geral do tecido vivo dentro da faixa homeostática apropriada ao seu contexto corrente; segundo, a regulação específica requerida para que esse processo funcione dentro do setor da faixa homeostática associado ao bem-estar, levando-se em conta o contexto corrente.

Assim, a *Regulação da Vida* nos induziria à adoção de posturas, por intermédio das valorações que fazemos diariamente, que nos levariam a uma vida melhor, com mais *bem-estar*.

Por que isso muitas vezes não acontece da maneira como deveria? Haveria algum paradoxo nisso? A resposta está no fato de que somos imensamente animados em nossas ações pelo nosso inconsciente,

---

21 Op. cit., p. 67-69.

o qual nos obriga à prática de várias ações em nível consciente, mas que não decorreram de uma análise e valorações advindas deste último nível de atuação cerebral (o consciente). Mais uma vez Damásio[22] explica o aparente paradoxo:

> Penso, em especial, em questões de saúde e comportamento social. Nossa educação falha sobre os processos não conscientes, provavelmente explica, por exemplo, porque tantos de nós falham lamentavelmente em fazer o que seria bom em matéria de alimentação e exercícios. Pensamos estar no controle, mas com frequência não estamos, e as epidemias de obesidade, hipertensão e doenças cardíacas são a prova. Nossa constituição biológica nos inclina a consumir o que não devemos, mas além disso o mesmo fazem as tradições culturais que se pautaram nessa constituição biológica e foram por ela moldadas, e até a indústria da publicidade que a explora... O mesmo se aplica à epidemia de dependência de drogas. Uma das razões por que muitos indivíduos se tornam dependentes de todo tipo de droga, sem falar no álcool, tem relação com as pressões da homeostase. É natural que no decorrer de cada dia nos deparemos com frustrações, preocupações e dificuldades que desequilibram a homeostase e nos fazem sentir mal-estar, angústia, desânimo ou tristeza. Um efeito das chamadas substâncias viciantes é restaurar rapidamente e por um período finito o equilíbrio perdido. Como o fazem? Creio que elas alteram a imagem sentida que o cérebro está formando de seu corpo naquele momento. O estado de desequilíbrio homeostático é neuralmente representado como uma paisagem corporal obstruída, desarranjada. Depois de certas drogas, em certas dosagens, o cérebro representa um organismo funcionando com mais suavidade.

A mesma lição sobre o inconsciente nos é dada por Leonard Mlodinow[23]:

> Todos nós tomamos decisões pessoais, financeiras e de negócios confiantes de que pesamos de forma apropriada todos os fatores importantes e agimos de acordo com eles – e que sabemos como chegamos a essas decisões. Mas conhecemos apenas as nossas influências conscientes, e por isso temos apenas uma visão parcial delas. Como resultado, nossa visão de nós mesmos e de nossas motivações, e da sociedade, é como um

22 Op. cit., p. 342 e 343.

23 *Subliminar. Como o Inconsciente influencia nossas vidas*. Trad. Claudio Carina. Rio de Janeiro: Zahar, 2013, p. 38 e 44.

> quebra-cabeça em que falta a maior parte das peças. Nós preenchemos os espaços em branco e fazemos adivinhações, mas a verdade sobre nós é muito mais complexa e sutil do que aquilo que pode ser entendido como um cálculo direto de mentes conscientes e racionais.
> [...]
> Alguns cientistas estimam que só temos consciência de cerca de 5% de nossa função cognitiva. Os outros 95% vão para além da nossa consciência e exercem enorme influência em nossa vida – começando por torná-la possível.

Por que a abordagem relativa ao *Valor Biológico* e à *Regulação da Vida* pode ser relevante em um ensaio sobre o papel do Poder Judiciário na promoção de desenvolvimento social, econômico, político e o *protagonismo judicial*?

Ora, em primeiro lugar, porque os profissionais da área do Direito, em especial magistrados(as), trabalham essencialmente com valorações. Em uma linguagem bastante simples, laboram com *escolhas*, na medida em que, em uma visão bem singela, *valorar* é *escolher*[24].

---

24 Sobre *valores* e suas características, ver CARVALHO, Paulo de Barros. O princípio da segurança jurídica no campo tributário. São Paulo: *RDT* 94, p. 26 e 27 e em memorável conferência proferida no VII Congresso de Direito Tributário em Questão, organizado pela Fundação Escola Superior de Direito Tributário do Rio Grande do Sul, na data de 28.06.2008, em Gramado, Rio Grande do Sul. Na oportunidade esclareceu as características dos valores, reproduzidas no livro *O princípio da vulnerabilidade no contrato, na publicidade e nas demais práticas comerciais*, MORAES, Paulo Valério Dal Pai. 3. ed. rev. ampl. e atual. Porto Alegre: Livraria do Advogado, 2009, p. 26 e 27: *a) insuscetibilidade de definição – alguns valores não são suscetíveis de definição. Peguemos o valor República ou Justiça. É claro que podemos realizar atividade intelectiva que irá nos aproximar de algo que possa ser considerado uma definição, mas não atingiremos um resultado pleno, exatamente porque são valores, principalmente os apontados, com alto grau de complexidade e abstração; b) bipolaridade – esta característica ocorre em um eixo entre dois polos, sem que exista um ponto "0". Assim, onde está o bem estará o mal no lado oposto. Onde está o forte, estará o fraco. Onde está o rico, estará o pobre, sendo mantida entre eles uma relação de implicação recíproca que permite, justamente a realização da próxima característica; c) preferibilidade – decorrência da característica anterior, também é identificada a preferibilidade. Ou seja, existindo duas ou mais grandezas, é possível a escolha, sendo concedida preferência àquela que seja mais valiosa na resolução do caso concreto; d) objetividade – o valor ganha*

E para valorar, principalmente quando essas valorações envolverão a vida de outros, é necessário não somente preparo, mas também respeito a alguns princípios basilares do convívio organizado humano, sendo um deles o princípio da segurança jurídica.

Em segundo lugar, porque o ato de valorar, na sua visão ampla, envolve, da mesma forma, a produção e a interferência de sensações animais e sensações estritamente humanas[25] no(a) julgador(a), como não poderia ser diferente. De fato, mesmo com toda a maravilhosa tecnologia atual e com nossos extraordinários feitos intelectuais, é fundamental essa constatação, pelo fato de que tudo o que fazemos, assim como os alimentos que comemos, medicamentos que utilizamos, o lazer, a comunicação, a moradia, os ***julgamentos*** – judiciais ou não –,

---

objetividade, tendo em vista um determinado objeto, podendo ser concretizado e, assim, constituindo-se a sua escolha em uma decisão útil para a resolução de eventual controvérsia; e) historicidade – os valores vão sendo depositados gradativamente, o que demonstra que as "escolhas" feitas pela sociedade, durante o seu desenvolvimento histórico-social, irão se acumulando, se amoldando, se modificando, como resultado das vivências culturais experienciadas; f) incomensurabilidade – não temos como medir o valor dando graus, pontos etc.; g) inesgotabilidade – por eu achar lindo um quadro, dando valor a ele, não significa que também não possa achar linda uma paisagem, dado valor a ela; h) disposição hierárquica – a possibilidade de ser dada primazia a um valor em detrimento de outro; i) atributibilidade – o valor não vem com o objeto. Nós os aplicadores da Lei é que atribuímos valor a ele.

25 Sobre a evolução humana até o homem moderno, ver HERCULANO-HOUZEL, Suzana, disponível em: <http://www.fronteiras.com/artigos/o-cru-o-cozido-e-o-cerebro>, acesso em 03 nov. 2015. O ser humano é um animal que teve o diferencial de, há aproximadamente 1,9 a 1,8 milhões de anos (passagem do *homo habilis* para o *homo erectus*), começar a desenvolver o córtex cerebral mais do que os outros animais, muito provavelmente por causa da utilização do fogo para cozinhar os alimentos, o que proporcionou que eles chegassem ao estômago já processados, o que garante a total absorção dos nutrientes, já que o alimento cru demora mais para ser processado e só 1/3 é absorvido. Com isso, o animal humano não mais precisou ficar o dia inteiro comendo e digerindo para adquirir suprimento suficiente para as suas tarefas diárias, sobrando tempo para realizar atividades diversas, tais como a utilização de ferramentas e tantas outras, o que promoveu o desenvolvimento do córtex cerebral, onde são produzidas as atividades cognitivas superiores, tais como o raciocínio, a imaginação futura, a memória etc.

tudo, exatamente, tudo, está diretamente associado à boa *Regulação da Vida*, ao *Bem-Estar*.

Ou seja, a necessidade de uma adequada *regulação da vida*, por vezes, obriga as pessoas – falo aqui na dimensão da pessoa do(a) juiz(a) –, a determinadas ações ao julgar, que sequer elas têm consciência (o mero sentimento de cumprimento do dever; o prazer de estar auxiliando aos outros; o possível preenchimento de alguma carência sofrida na infância; sentimentos não tão meritórios de poder e força; reafirmação do ego e tantas outras motivações inconsciente, todas objetivando alcançar o bem-estar = homeostase biológica).

O mesmo acontece nos relacionamentos de consumo, e, portanto, na dimensão daqueles julgados pelo(a) juiz(a), porque o consumo de produtos e serviços de maneira desmedida e, por vezes, sem qualquer necessidade, é uma forma de atingir a homeostase biológica imediata. A consequência dessas necessidades neurobiológicas é o aumento dos relacionamentos de consumo, potencializados pelas publicidades massivas. Como produto disso, surgem milhares de desconformidades no fornecimento de produtos e serviços, desaguando a imensa quantidade de conflitos no Poder Judiciário.

Além disso, os problemas e conflitos que naturalmente decorrem da massa de relacionamentos de consumo acabam levando a um estado de infelicidade extremo, quando não solucionados a contento, pois atingem valores fundamentais do ser humano, quais sejam: a confiança, a segurança, a sobrevivência com saúde e a dignidade.

Veja-se o problema do superendividamento. Como é possível viver com equilíbrio físico e mental estando completamente atrelado a dívidas que nunca diminuem, e que transformam a vida do ser humano em uma constante escravidão a serviço do pagamento do débito, sem que nada mais exista no horizonte?

Ainda assim, os superendividados continuam a contrair empréstimos!

Não bastasse esse aspecto neurobiológico e inconsciente, que nos anima à tomada de decisão em um ou outro sentido, inúmeros outros mecanismos de regulação biológica atuam diretamente na tomada de decisões.

Daniel Kahneman, famoso psicólogo e Prêmio Nobel de Economia, no seu livro *Rápido e Devagar, duas formas de pensar*[26], apresenta pesquisa feita com juízes israelenses, o que é reportado pela ERA – Ética e Realidade Atual[27] e por Fábio Wanderley Reis[28]. Transcreverei os comentários da ERA:

> Nesse sentido, Jerome Frank, pensador do realismo jurídico norte-americano, escola marcada pela desconfiança em relação às normas jurídicas enquanto motivações decisivas dos vereditos, chegou a dizer que justiça seria "aquilo que os juízes comiam no café da manhã", sugerindo a existência de estranhos – por mais que decisivos – fatores na psicologia do processo decisório.
>
> [...]
>
> O que mais parece mera relação jocosa entre o sistema digestório e a decisão judicial começa a ganhar contornos de seriedade. Uma pesquisa publicada com o título "Extraneous factors in judicial decisions" pela revista *The Economist*, apontou que juízes criminais, nos momentos seguintes às refeições, são mais favoráveis aos pedidos de liberdade condicional e de abrandamento das condições de encarceramento.
>
> Conforme relata a matéria da *The Economist* e o abstract disponível no site do periódico científico, pesquisadores da Universidade Ben-Gurion do Negev (Israel) acompanharam por quase um ano oito juízes criminais ao longo de mais de 1.000 julgamentos, registrando em cada dia de julgamento três intervalos distintos, separados entre si pelas pausas para refeição. A pesquisa observou que os juízes começavam a jornada decidindo favoravelmente aos detentos em aproximadamente 65% dos casos, observando-se uma queda progressiva desse percentual a quase zero, até o momento em que se parava o julgamento para a primeira refeição. Uma vez alimentados os juízes e retomada a sessão, o percentual de julgados favoráveis subia abruptamente para a mesma faixa de 65%, novamente

---

26 Editora Objetiva, 2012.

27 Coordenado pelos Professores Danilo Marcondes de Souza Filho e Noel Struchiner, o núcleo ERA é um Projeto Institucional da PUC-Rio e reúne os departamentos de Filosofia, Direito e Administração, contando, ainda, com o financiamento da Finep. Disponível em <http://era.org.br/2013/01/energia-cerebral-e-julgamentos-falhos/>. Acesso em: 15 out. 2015.

28 Fábio Wanderley Reis é cientista político, doutor pela Universidade Harvard (EUA) e professor emérito da Universidade Federal de Minas Gerais. Disponível em: <http://www.conjur.com.br/2013-jan-21/fabio-reis-adesao-juiz-politica-ideologica-produz-decisoes-absurdas>. Acesso em: 15 out. 2015.

caindo paulatinamente até o momento da segunda refeição, após a qual a subida repentina novamente se verificava.

Em face dos resultados, os autores da pesquisa sugeriram duas hipóteses explicativas distintas, mas não distantes. A primeira delas infere que os níveis glicêmicos são variáveis cruciais na tomada de decisão, indicando ser um fator relevante o tempo passado desde a última refeição, embora, em melhor conformidade com os dados obtidos, seja mais acurado se falar no número de casos decididos do que propriamente na quantidade de horas passadas na cadeira. A segunda hipótese, por sua vez, aponta que a atividade decisória causa fadiga mental significativa, de modo que, quando forçadas a continuar decidindo, as pessoas acabam por buscar as respostas mais fáceis. Em matéria criminal, que foi o objeto da pesquisa, as respostas mais fáceis seriam aquelas correspondentes à manutenção do *status quo*, significando, portanto, a negativa à pretensão do encarcerado de soltura ou de abrandamento de seu regime prisional.

Para além, os pesquisadores evidenciaram ainda que as decisões desfavoráveis aos prisioneiros são alcançadas mais rapidamente do que as favoráveis (média de 5,2 contra 7,4 minutos) e que os vereditos desfavoráveis costumavam ser mais curtos do que os favoráveis (média de 47 contra 90 palavras). Embora os resultados da pesquisa não devam surpreender àqueles que já desconfiavam de variáveis não usuais influenciando os vereditos, não é de se estranhar o espanto que tais conclusões também possam gerar entre os operadores do Direito, teóricos de ciências sociais e cidadãos em geral. Num mundo em que a aplicação do Direito, ao menos em nível discursivo, encontra seu suporte nas leis, marcadas por generalidade e abstração, a descoberta de fatores decisórios – e decisivos – estranhos à percepção ordinária e à extraordinária coloca em xeque alguns abalados – embora não superados – pilares do Estado de Direito, como a previsibilidade e a igualdade de tratamento entre os indivíduos. Esta pesquisa, por si só, abre margem para profundas reflexões!

Paul Zak, um dos maiores neuroeconomistas do planeta[29], cita outra pesquisa realizada por Deborah Gruenfeld, psicóloga da Stanford Graduate School of Business, a qual estudou mil sentenças proferidas pelo Supremo Tribunal dos Estados Unidos ao longo de 40 anos e descobriu que, à medida que os juízes ganhavam poder no tribunal ou

29 *A molécula da moralidade – as surpreendentes descobertas sobre a substância eu desperta o melhor em nós.* Trad. Soeli Araujo. Rio de Janeiro: Elsevier, 2012, p. 96. Paul Zak é Diretor-Fundador do Claremont´s Center for Neuroeconomics Studies.

passavam a fazer parte de uma coalizão majoritária, seus pareceres consideravam menos perspectivas e consequências. O mais assustador é que as decisões tomadas dessa forma, por serem majoritárias, se tornam as leis daquele local.

A ciência tem comprovado, igualmente, que não estamos afastados dos nossos vieses psicológicos mais íntimos quando tomamos decisões que aparentemente decorreriam de um raciocínio motivado e objetivo.

Leornard Mlodinow[30] comenta que pensamos estar fazendo julgamentos isentos, mas, na verdade, as conclusões que adotamos estão impregnadas dos nossos desejos, sonhos e vontades:

> Como enuncia o psicólogo Johathan Haidt, há duas maneiras de chegar à verdade: a maneira do cientista e a do advogado. Os cientistas reúnem evidências, buscam regularidades, formam teorias que expliquem suas observações e as verificam. Os advogados partem de uma conclusão acerca da qual querem convencer os outros, e depois buscam evidências que a apoiem, ao mesmo tempo que tentam desacreditar as evidências em desacordo. A mente humana foi projetada para ser tanto cientista quanto advogado, tanto buscador consciente da verdade objetiva quanto um advogado inconsciente e apaixonado por aquilo em que *quer* acreditar.
>
> Podemos dizer que o cérebro é um bom cientista, mas é um advogado absolutamente *brilhante*. O resultado é que, na batalha para moldar uma visão coerente e convincente de nós mesmos e do resto do mundo, é o advogado apaixonado que costuma vencer o verdadeiro buscador da verdade. Os psicólogos chamam a abordagem feita pelo nosso advogado interior de "raciocínio motivado" [...]. Também molda a forma como entendemos e interpretamos nosso ambiente, especial nosso ambiente social, e nos auxilia a justificar nossas convicções preferidas.
>
> Como o raciocínio motivado é inconsciente, as pessoas podem ser sinceras ao afirmar que não são afetadas por vieses ou interesses próprios, mesmo quando tomam decisões que na verdade atendem a seus próprios interesses. Por exemplo, muitos médicos acreditam ser imunes à influência monetária, mas estudos recentes mostram que aceitar hospitalidade e presentes da indústria tem um efeito subliminar importante nas decisões de atendimento ao paciente[31]...que os julgamentos dos auditores são influenciados pelos incentivos oferecidos...

---

30 Op. cit., p. 237 e 243.

31 *Apud* Mlodinov: Susan L. Coyle, Physician-industry relations. Part 1, Individual physicians, *Annals of Internal Medicine*, v. 135, n. 5, 2002, p. 396-402.

> Estudos recentes do mapeamento do cérebro começam a lançar uma luz sobre como o cérebro cria esses vieses inconscientes. Mostram que, ao acessar dados emocionalmente relevantes, nosso cérebro, *de modo automático*, inclui nossos desejos, sonhos e vontades[32]; nossas computações internas, que acreditamos ser objetivas, não são as operações que uma máquina isenta realizaria, pois estão implicitamente coloridas pelo que somos e pelo que estamos buscando. Na verdade, o raciocínio motivado com que nos engajamos quando temos interesse pessoal em alguma questão é um tema que acontece via um processo físico diferente dentro do cérebro da análise fria e objetiva que realizamos quando não estamos envolvidos.

Esses são dados científicos bastante relevantes, porque nos induzem a reflexões importantes sobre a real capacidade do(a) *julgador(a)* de proceder a resoluções isentas de casos concretos. Veja-se que o(a) *julgador(a)* é, também, homem, mulher, *consumidor*, e, por certo, já foi abusado(a) em algum relacionamento de consumo na vivência massificada e complexa que nos é peculiar. Todo(a) *julgador(a)* é, da mesma forma, contribuinte, paga impostos e outros encargos aos governos, mas, por óbvio, não recebe as contraprestações que seriam justas, comparativamente ao que pagam. Por exemplo: como seria possível, ante a realidade neurobiológica que nos é inata, que o(a) *julgador(a)* pudesse resolver uma pendência salarial que dissesse respeito a toda a categoria profissional dos(as) juízes(as), quando ele também é juiz, estando, portanto, envolvido inconscientemente com a questão? Mas se a questão tem de ser resolvida, quem, então, seria o juiz de tal causa? Pois é. São problemas ainda não solucionados pelo nosso sistema jurídico brasileiro, até porque vigora a ilusão da isenção absoluta, a qual, ao que tudo indica, de fato é mera ilusão.

Em estudo que tenho desenvolvido sobre o que trato como *dano imaterial coletivo*[33] (ainda predomina, com a devida vênia, o incor-

---

32 *pud* Mlodinov: Karl Hackenbrack e Mark W. Wilson, "Auditors" incentives and their application of financial accounting standards, *Accounting Review*, v. 71, n. 1, jan. 1996, p. 43-59; Robert. Olsen, Desirability bias among professional investment managers, some evidence from experts, *Journal of Behavioral Decision Making*, n. 10, 1997, p. 65-72; Vaughan Bell et al., *Beliefs about delusions*, *Psychologist*, v. 16, n. 8, ago. 2003, p. 418-23.

33 Toda modificação desvaliosa do espírito coletivo, ou seja, qualquer violação aos valores fundamentais compartilhados pela sociedade. Ex.: decisão do STJ

reto entendimento que o denomina *dano moral coletivo*), procuro apontar os reflexos dos chamados danos sociais – magistralmente demonstrados pelo eminente Professor Antonio Junqueira Azevedo[34]. Diferentemente do dano moral – este, conforme Sergio Cavalieri Filho[35], é a [...] *agressão à dignidade humana, que se configura na "dor, vexame, sofrimento ou humilhação que, fugindo à normalidade, interfira intensamente no comportamento psicológico do indivíduo, causando-lhe aflições, angústia e desequilíbrio em seu bem-estar* [...]" –, o dano social atinge o patrimônio imaterial da sociedade representado pela confiança, pela tranquilidade social, pela segurança e pela punibilidade das ações ilegais, afetando, também, os(as) *julgadores(as)* nos seus sentimentos e interesses mais íntimos, pois são seres humanos inseridos na sociedade, conforme já salientei.

---

condenando Banco ao Dano Moral Coletivo por obrigar idosos, gestantes, deficientes físicos a subir lances de escada para chegar até o caixa. REsp 1.221.756, Massami Uyeda, 02.02.2012. Caso do Itaú Unibanco que só tinha caixa após lances de escada. Nessa decisão aparece o requisito da razoável significância e do desbordo dos limites de tolerabilidade. Também foi falado em [...] *sofrimento, intranquilidade social e alterações relevantes na ordem extrapatrimonial coletiva,* em MEDEIROS, Xisto Medeiros, LTr, 2004, p. 134, e em BESSA, Leonardo Roscoe, *RDC*, p. 89. Também é identificado como o sentimento de desapreço (menosprezo, desprezo) e de perda de valores essenciais que afetam negativamente toda uma coletividade; diminuição da tranquilidade social ou de quebra da confiança que acarretam a redução da qualidade de vida, ou seja, do BEM-ESTAR. A indenização visa a restaurar, repor à sociedade (por isso não seria pena), o nível social de tranquilidade diminuído pelo ato ilícito e elevar o patrimônio moral da sociedade, principalmente a respeito da segurança de vida e de integridade física e psíquica. Antonio Junqueira (*Por uma nova categoria de dano na responsabilidade civil, novos estudos e pareces de dir. privado*, 2009) explica que [...] *são lesões à sociedade, no seu nível de vida, tanto por rebaixamento de seu patrimônio moral – principalmente a respeito da segurança – quanto por diminuição de sua qualidade de vida.*

Carlos Alberto Bittar, *RDC* 12, p. 55, André de Carvalho Ramos, *RDC* 25/82 também falam em "abalo no patrimônio moral de uma coletividade").

34 *Por uma nova categoria de dano na responsabilidade civil, novos estudos e pareces de dir. privado*, 2009.

35 *Programa de responsabilidade civil*. 8. ed. Rio de Janeiro, 2009, p. 83.

A consequência inafastável é que, nos julgamentos que tais *julgadores(as)* proferirem, estarão agregados esses dados inconscientes, que acabarão surtindo reflexos evidentes na resolução do caso concreto.

Essas são apenas algumas realidades interessantes sobre a nossa condição natural psicológica e neurobiológica. Existem muitas outras, assim como aspectos externos ao(a) *julgador(a)*, que atingem as provas que ele(a) analisa, em específico questões atinentes às naturais e insólitas distorções que nossa memória executa, o que se reflete na precariedade da prova testemunhal, por vezes falha, fantasiosa e inverdadeira (não é que a testemunha minta, para ela está dizendo a verdade, ocorre que o inconsciente "prega peças" ao consciente e remete a ele mensagem de fatos que não aconteceram ou que, se aconteceram, o foram de maneira diversa)[36].

Como eliminar isso? Não há como! Mas é possível minimizar seus efeitos.

Precisamos, então, encontrar mecanismos de solução dos conflitos e de problemas nas relações de consumo, massificadas ou não, que

---

36 Leonard Mlodinov, op. cit., p. 67, 90 e 91, assim escreve: *Cerca de 75 mil exames de reconhecimento acontecem todos os anos na polícia dos Estados Unidos, e as estatísticas a respeito mostram que em 20 a 25% das vezes as testemunhas fazem uma escolha que a polícia* sabe *ser incorreta. E sabem disso porque as testemunhas escolhem um dos "inocentes conhecidos", ou "figurantes", que a polícia insere para completar a fila. Em geral são detetives da própria polícia ou detentos escolhidos na cadeia local. [...] Como resultado dessas questões, identificações falsas de testemunhas parecem ser a principal causa de condenações indevidas. Uma organização chamada Innocence Project, por exemplo, descobriu que, das centenas de pessoas isentadas de culpa com base em testes de DNA depois da condenação, 75% haviam sido presas com base em identificações imprecisas de testemunhas. [...] Falsas memórias e informações errôneas são tão facilmente implantáveis que foram induzidas em bebês de três meses, gorilas e até pombos e ratos. Nós, serem humanos, somos tão propensos a falsas memórias que às vezes elas podem ser induzidas por um simples comentário casual de alguém acerca de um incidente que não aconteceu na verdade. Com o tempo, essa pessoa pode "se lembrar" do incidente, esquecendo a fonte da lembrança. Em decorrência, ela vai confundir o evento imaginado com seu verdadeiro passado.*

possam dar uma resposta mais efetiva em termos de pacificação social, de modo a que as pessoas continuem a consumir, mas protegidas pela neutralização da impunidade e da burocracia que emperram a máquina social e levam ao mal-estar e à depressão resultante da desproteção e da demora na resolução das controvérsias surgidas no mercado de consumo.

De fato, o consenso que decorre da negociação, da mediação e da conciliação é melhor para a *regulação da vida* das pessoas. O consenso decorrente dos acordos é preferível não somente porque elimina o conflito, como também porque está na essência humana e foi um dos responsáveis pelo nosso êxito como espécie na intrincada luta pela evolução biológica vivida neste planeta.

Com efeito, comportamentos morais, como o reconhecimento recíproco das circunstâncias que importam a cada um dos interlocutores em conflito, assim como comportamentos que possam melhor acomodar o convívio em sociedade, fazem parte da estratégia biológica de manutenção da nossa espécie, ou dos nossos *genes*, segundo Richard Dawkins[37].

Paul Zak[38]-[39], neuroeconomista da Universidade de Claremont, do sul da Califórnia, expressa de forma direta essa ideia no seu estudo sobre a oxitocina, a *molécula da moralidade*:

> Somos criaturas biológicas, portanto tudo que somos advém de processo biológico. A biologia, por meio da seleção natural, recompensa e incentiva comportamentos adaptáveis, o que significa que contribuem para a saúde e a sobrevivência de tal modo que produzem o maior número de descendentes adiante. Por incrível que pareça, ao seguir essa diretriz da sobrevivência do mais forte, a natureza chega às mesmas conclusões mo-

37 *O gene egoísta* (trad. Rejane Rubino. São Paulo: Companhia das Letras, 2007, p. 91, 92 e 93.

38 *A molécula da moralidade*. Trad. Soeli Araujo. Rio de Janeiro: Elsevier, 2012, p. 19 e 22.

39 A confirmação dos ensinamentos de Paul Zak está no fabuloso trabalho de Richard Dawkins *O gene egoísta*. Obra já citada acima, a qual é leitura obrigatória para todos que pretendam compreender minimamente a natureza humana.

> rais oferecidas pela religião, ou seja, de que é sempre melhor se comportar de maneira colaborativa e – na falta de uma palavra melhor – moral.
>
> [...] Passei mais de um ano desenvolvendo meu modelo que demonstrava que o nível de confiança numa sociedade é o fator mais forte que determinará se ela irá prosperar ou permanecer na pobreza. Ser capaz de cumprir contratos, confiar no fato de que os outros cumprirão o prometido e não vão trapacear ou roubar é um fator mais importante para o desenvolvimento econômico de um país do que educação e acesso a recursos – ou qualquer outra coisa.
>
> [...] O fato de os precursores da confiança e da reciprocidade serem tão primitivos, de o DNA hereditário de nosso comportamento moral estar tão incorporado em células do corpo e de tudo ter origem na reprodução sugere muito claramente que o que chamamos hoje de moralidade não é uma questão secundária para a civilização, nem algo irrelevante que vai contra a natureza, mas algo profundamente relacionado com a sobrevivência.
>
> [...] É dessa forma que a natureza sempre mede o êxito – sobreviver por tempo suficiente para transmitir os genes à próxima geração e à seguinte.

Especificamente falando sobre os efeitos da oxitocina desprendida no organismo, Paul Zak[40] afirma:

> Em seres humanos, as regiões cerebrais associadas às emoções e aos comportamentos sociais –, a saber, a amígdala, o hipotálamo, o córtex subgenual e o bulbo olfativo –, são revestidas de receptores de oxitocina. Mas o efeito do hormônio é registrado em todo o corpo, sobretudo quando se conecta a receptores no coração e no nervo vago, que emite o impulso nervoso ao coração e ao intestino, reduzindo a ansiedade e a pressão arterial e resultando no calor que sentimos nas bochechas, que, em geral, associamos ao sexo.
>
> Mas há uma disseminação ainda maior de substâncias químicas. Quando um estímulo social positivo induz a liberação da oxitocina, a molécula da moralidade, por sua vez, aciona a liberação de dois outros neurotransmissores de bem-estar: dopamina e serotonina. A serotonina reduz a ansiedade e melhora o humor. A dopamina está associada a comportamentos que levam à busca pelo atingimento de metas, direcionamento e reforço de aprendizagem. Ela motiva e torna agradável a busca por atividades que resultam em recompensa.

40 Op. cit., p. 38 e 39.

E o que gera a oxitocina? Um simples abraço[41], a experiência de cooperação entre pessoas, a colaboração e o consenso, situações essas que, na forma vista acima, produzem dopamina e serotonina, neurotransmissores responsáveis pelo bem-estar e, consequentemente, pela melhor *Regulação da Vida*.

O hormônio antagonista da oxitocina, pois inibe a sua produção, é a testosterona. Muito bom para a performance atlética, pois aumenta a massa muscular e a densidade óssea. Muito bom [...] *para melhorar a qualidade do conjunto genético ao competir pela oportunidade de acasalar* [...]. *Com o tempo, essa mesma luta motivada pela testosterona, para ter seus próprios genes reproduzidos na geração seguinte, criou o impulso para o* status *social, que alimentou a iniciativa de melhorar a forma de fazer as coisas* [...]. *Assim, mesmo hoje, a testosterona ainda tem a incumbência de aumentar a motivação e a iniciativa – não apenas a do sexo – em todos os seres humanos, mulheres ou homens* [...][42]. Todavia, para a obtenção do consenso a testosterona não é boa.

Em uma síntese apertada, portanto, a oxitocina estaria associada a comportamentos de acolhimento e de consenso, enquanto a testosterona, a comportamentos competitivos e, até mesmo, de vingança.

Também em síntese apertada, a oxitocina estaria associada à necessária melhoria e estímulo aos serviços de mediação, conciliação e negociação no espaço judicial e extrajudicial de resolução de confli-

41 Paul Zak, op. cit., p. 47.

42 Paul Zak, op. cit., p. 80 e 83: *Ambos os sexos eram capazes de violência, competição e agressão, assim como união e compaixão, mas os homens (com muito mais testosterona) estavam hormonalmente predispostos a serem líderes em violência, competição e agressão, enquanto as mulheres (ao liberarem altos níveis de oxitocina em resposta a estímulos) eram hormonalmente predispostas a liderar em termos de união e compaixão* [...]. *Verificou-se que a testosterona bloqueia a ligação da oxitocina com seu receptor* [...]. *Quanto mais alto o nível de testosterona, mais a oxitocina é bloqueada e menos empatia a pessoa sente. Quanto menos empatia a pessoa sente, menos generosa fica. Logo, o déficit de empatia que vemos nos homens não é apenas uma desculpa para ser mais agressivo. A testosterona interfere, sobretudo, na absorção da oxitocina, cujo efeito é a redução da capacidade de ser carinhoso e afetivo.*

tos, de modo a que fosse promovido maior bem-estar a todos, sejam partes, servidores públicos ou *julgadores(as)*, e assim a *regulação da vida* poderia se operar de maneira positiva, o que contribuiria para o desenvolvimento político, social e econômico.

Paul Zak é específico neste sentido[43]:

> O comportamento moral de fato aumenta a eficiência e a lucratividade de transações comerciais... Nos últimos dois anos conheci um grupo de empresários liderados por John Mackey, CEO da Whole Foods, que está tentando se proteger dos aspectos negativos do comércio, praticando o que chama de "capitalismo consciente". Eles estão longe de ser esquerdistas sonhadores. Nos últimos 10 anos capitalistas conscientes lucraram 1.026%, outros 331%.
>
> [...] Depois que o Furacão Katrina devastou New Orleans, levou três semanas para que a Whole Foods encontrasse todos os seus funcionários. Quando encontraram, Mackey e o conselho decidiram pagar um ano inteiro de salário aos funcionários da cidade, independentemente do fato de as lojas serem ou não reabertas.
>
> Esse tipo de preocupação pelos funcionários vai inteiramente de encontro à abordagem "mestre do universo", que enxerga a tarefa do CEO começando e terminando com o retorno trimestral. O problema da abordagem de "maximizar" é que ela ignora o fato de que toda corporação não tem apenas acionistas, mas *stakeholders*, que incluem clientes, funcionários, a comunidade e a sociedade na qual opera. A ideia de que gerir um negócio se resume à maximização do valor do acionista leva ao pensamento de curto prazo, que engana o futuro e, muitas vezes, gera erros colossais.
>
> [...] Quando pessoas se preocupam com a sobrevivência, não só inibem a liberação de oxitocina como prejudicam sua confiança de consumidor, que sempre foi o primeiro passo para as crises econômicas.
>
> Para prosperar no longo prazo, qualquer mercado – negócio ou sociedade – exige regras de troca justas, claras e exequíveis, que sustentem o ciclo virtuoso da confiança, a liberação da oxitocina e a reciprocidade.

Em oposição ao que acima apontei, a postura adversarial do processo judicial gera testosterona, promovendo o despejo de hormônios de estresse[44], o que devasta o interior biológico das partes e, inevi-

43 Op. cit., p. 159, 179, 180 e 182.

44 Paul Zak, na obra já citada, p. 107, comenta que a epinefrina (adrenalina-hormônio agudo), que nos prepara para a "luta ou fuga" e é um golpe imediato

tavelmente, do(a) *julgador(a)*[45], não somente pela qualidade da litigiosidade (intensidade do conflito, com discussões, acusações, raiva, em um processo específico), como, igualmente, pela quantidade (é o cumulativo e reiterado efeito negativo que a impregnação hormonal decorrente da testosterona acaba impingindo ao(à) *julgador(a)* em decorrência da constante e continuada análise de situações de conflito, dor e sofrimento).

Por isso, talvez o protagonismo judicial, e aqui não se cogita de paternalismo, deva acontecer no caminho da essência biológica que nos é peculiar, que é a cooperação, o consenso e a união de esforços, para que sejam encontradas as soluções mais adequadas para os conflitos sociais.

Em nível de julgamento judicial estrito, que é a segunda reflexão que proponho após comentar sobre os métodos autocompositivos, impõe-se a adoção de um modelo de aplicação do ordenamento jurídico que possa dar liberdade ao(à) *julgador(a)* para que proceda às valorações, quando realiza suas decisões, porém alicerçado(a) no sistema jurídico posto. Significa dizer que **existirá liberdade para a escolha das normas aplicáveis ao caso concreto, mas sempre balizada pelos princípios que informam o sistema, os quais necessitam encontrar respaldo nos aspectos fáticos contextuais do caso concreto**.

Fornecendo um exemplo bastante sensível, são comuns os pleitos de consumidores objetivando a religação da energia elétrica cortada

---

à ação, e também o cortisol (hormônio crônico), o qual mantém a frequência cardíaca acelerada e a pressão arterial e respiração elevados.

45 GOLEMAN, Daniel. *O cérebro e a inteligência emocional – novas perspectivas*. Tradução Carlos Leite da Silva. Rio de Janeiro: Objetiva, 2012, p. 25 informa o que segue: [...] *pesquisas mostram que as vantagens de se estar de bom humor são de que somos mais criativos, melhores na resolução de problemas, temos melhor flexibilidade mental e podemos ser mais eficientes na tomada de decisões de muitas maneiras*. É sabido que a liberação de oxitocina promove o despejo dos hormônios de bem-estar serotonina e dopamina, os quais também estão associados ao bom humor, em especial a serotonina. Como consequência, a liberação de testosterona, ao promover a produção da adrenalina e do cortisol e o bloqueio da oxitocina, acaba acarretando ao(à) julgador(a) uma menor capacidade de resolução de problemas e uma menos eficiente tomada de decisões.

por falta de pagamento, sob a alegação de falta de recurso para saldar as dívidas ordinárias. Nesses casos, em que pese a grande movimentação sentimental que possa ser causada internamente no(a) *julgador(a)*, no sentido de que autorize o consumidor a receber a energia sem pagar, o sistema jurídico brasileiro, de um modo geral, não chancela tal conclusão. Isso, por uma razão muito simples, já reconhecida pelos Tribunais: o chamado *efeito dominó*. É evidente que se for autorizado àquele com parcos recursos que não pague sua conta ordinária de energia, o seu vizinho igualmente pobre desejará o mesmo, e o vizinho do vizinho também, e, assim, sucessivamente, resultando essa reação em cadeia na inviabilização do sistema de fornecimento da energia elétrica como um todo, por absoluta falta de aporte financeiro. Aceita que seja tal hipótese, e, considerado o aspecto fático-contextual acima descrito, teremos uma agressão ao princípio da dignidade da pessoa humana coletivamente considerada, pois milhões de seres humanos não poderão prover suas vidas com o mínimo de dignidade, porque o sistema de fornecimento teria restado inviabilizado pela falta de pagamento massificado das faturas.

Diversamente, se o caso concreto apresentar situação na qual pessoa com grave doença sobrevive por causa de aparelho ligado à energia elétrica, por óbvio que, na hipótese de inadimplência contumaz, não poderá ser autorizado o corte, porque isso significaria uma sentença de morte ao consumidor. Neste caso, o princípio de proteção à vida preponderaria, amparado nas circunstâncias fáticas especiais do caso concreto aventado. Por isso, refiro sempre: interpretação sistemática do direito à luz de princípios, mas iluminado pelo caso concreto.

Este é apenas um exemplo de interpretação sistemática do Direito, demonstrando que ao(à) julgador(a) é dado agir com liberdade, porém dentro do sistema, o qual é integrado por regras, princípios e postulados.

Parece que a maneira mais adequada seja interpretar sistematicamente o Direito como um todo, sempre avaliando a utilização de um preceito específico ou de vários, sob a perspectiva da relação que possui com todas as demais regras, princípios e postulados **ditados pelo sistema, e não pelo intérprete**, a fim de que se evidencie essa operação como um processo orientado por critérios objetivos, e **não arbitrariamente subjetivos do operador do Direito.**

É claro que a atividade de desvelar as normas contidas nos preceitos, e mesmo as não escritas, que integram o sistema sempre será uma ação realizada pelo sujeito que interpreta, seja ele o operador do Direito ou a sociedade como um todo, motivo que induz à conclusão no sentido de que a interpretação do Direito naturalmente possui uma subjetividade inafastável. O que importa ressaltar, todavia, é que não será uma postura, conforme dito, arbitrariamente subjetiva, pois estará vinculada aos padrões principiológicos ditados pelo sistema, resultado do acúmulo cultural e valorativo integrado ao direito positivo.

Para tanto, é necessária a conjugação de todos os métodos hermenêuticos, seja o literal, a interpretação conforme a Constituição, o analógico, o teleológico etc., pois só assim poderá ser descortinado o "espírito do sistema".

Nas palavras de Juarez Freitas[46]:

> A faceta de instrumentalidade do Direito como um todo significa que o intérprete é concitado a dialogar com a vontade da lei, objetivamente considerada, fazendo-o de modo não subserviente, pois é preciso descobrir os seus fins, expressos ou ocultos e, mais do que isso, descobrir os fins essenciais do sistema jurídico a serem concretizados através desta ou daquela norma. Assim, ao se interpretar e aplicar uma norma individual, não há como deixar de julgá-la também, sem que tal julgamento redunde num sociologismo usurpador de competências constitucionais e sem adentrar no mérito histórico e legislativo específico, quanto à conveniência ou oportunidade do seu surgimento. É que ao intérprete incumbe – convém frisar enfaticamente – dar sistematicidade à norma, vale dizer, colocá-la, formal e substancialmente, em harmonia com o sistema jurídico, concepcionado e pressuposto como garantidor da coexistência das liberdades e igualdades no presente vivo em que se dá a operação hermenêutica.

46 Op. cit., p. 50.

Seguindo, Juarez Freitas[47] define que a interpretação sistemática é:

> [...] uma operação que consiste em atribuir a melhor significação, dentre várias possíveis, aos princípios, às normas e aos valores jurídicos, hierarquizando-os num todo aberto, fixando-lhes o alcance e superando antinomias, a partir da conformação teleológica, tendo em vista solucionar os casos concretos.

Recordando a lição de Alexy, um sistema adequado deve ser constituído de princípios, regras e procedimentos, estes sendo os métodos funcionais capazes de orientar a aplicação correta dos primeiros. Em assim sendo, imprescindível a existência de um "metacritério" que instrumentalize a interpretação sistemática, sendo ele o "princípio da hierarquização axiológica", ou seja, o princípio de aplicação das normas que escalona valorativamente a(s) que deve(m) prevalecer no caso concreto, considerada a mobilidade já analisada e a diversidade tópica (empírica) que sempre se apresenta.

Por este princípio funcional do sistema, após a análise das normas e das peculiaridades do caso concreto, bem como depois da aplicação dos métodos hermenêuticos citados, será feita a valoração simultânea das regras e princípios que entraram em conjugação, excluindo do ato de concretizar os preceitos que irão sendo preteridos no confronto de normas, de modo a obter um sucessivo afunilamento, que terá como resultado a consecução da melhor ou das melhores normas a serem aplicadas para que o problema possa ser resolvido, sempre com vistas à unidade e à coerência do sistema, ditados pelas disposições constitucionais. Nessa atividade de exegese dos textos atuam os postulados, com a sua natureza metódica, visando à organização das normas objeto da interpretação a ser feita.

Também releva apontar que, para utilizar com proveito o princípio da hierarquização axiológica, é necessário reunir outros princípios hermenêutico-jurídicos, que também podem ser chamados de postulados, os quais são informados por Konrad Hesse[48]:

47 Op. cit., p. 54.

48 *Apud* Juarez Freitas, *Interpretação sistemática do direito*, p. 105 e ss.

– princípio da unidade da Constituição – nenhuma norma constitucional deve ser interpretada contrariamente a outra norma da Constituição, bem como que [...] *a relação de interdependência existente entre os distintos elementos da Constituição forçam a não se contemplar apenas a norma, esta ou aquela, isoladamente, senão o conjunto no qual se encontra situada*;

– princípio da concordância prática – por este [...] *os bens jurídicos constitucionalmente protegidos devem ser coordenados de tal sorte que, na solução do problema (da antinomia, por exemplo), todos conservem sua entidade. Acrescenta que onde se produzirem as antinomias, devem estas ser superadas mediante uma ponderação de bens ou de valores, realizada a exegese de acordo com o princípio da proporcionalidade*[49]*, o qual significa uma coordenação proporcional de bens, que faz as vezes de um critério orientador contido no próprio sistema, similarmente ao que sucede com a concepção de justiça* [...] *proporcionalidade significa relação entre magnitudes variáveis* [...];

– princípio da eficácia integradora – por este devem ser preferidos os pontos de vista que mantenham a unidade do sistema;

– princípio da força normativa da Constituição – este serve para orientar no sentido de que as normas constitucionais devem ter a máxima eficácia, devendo ser aplicados efetivamente no caso concreto, preponderando principalmente em relação a eventual regra positivada;

– princípio do Estado de Direito ou do primado do interesse público – segundo Juarez Freitas[50], [...] *tais princípios adquirem concretização através de subprincípios, que os densificam, como, por exemplo, o princípio da legalidade*;

– princípio da máxima efetividade – as normas do sistema devem ser interpretadas de forma a que se consiga a sua máxima efetividade e eficácia, recordando-se os conceitos lançados quando da abordagem relativa ao direito como sistema.

49 Sobre o princípio, Paulo Bonavides. *Curso de direito constitucional.* 4. ed. São Paulo: Malheiros Editores, 1993, p. 314-355.

50 Op. cit., p. 111.

Por último, devo ressaltar o papel da Tópica na execução da interpretação sistemática do Direito.

Como é sabido e, aliás, foi expressamente comentado até mesmo por Kelsen[51], ao tratar da impossibilidade da plena determinação da norma jurídica, as circunstâncias fáticas ou tópicas apresentam-se com uma variação tão grande que é impossível determiná-las integralmente no Direito positivo.

Com efeito, a Tópica, segundo Theodor Viehweg[52], é uma [...] *técnica del pensamiento problemático*, ou seja, [...] *todo problema objetivo y concreto provoca un juego de suscitaciones, que se denomina tópica o arte de la invención, es decir, utilizando las palabras de Zielinski, "el arte de tener presentes en cada situación vital las razones que recomiendan y las que desaconsejan dar un determinado paso – bien entendido, en ambos sentidos, es decir, tanto las razones a favor como las razones en contra*".

---

51 *Teoria pura do direito*. São Paulo: Edição Martins Fontes, 1995, p. 388: *A relação entre um escalão superior e um escalão inferior da ordem jurídica, como a relação entre Constituição e lei, ou lei e sentença judicial, é uma relação de determinação ou vinculação: a norma do escalão superior regula – como já se mostrou – o ato através do qual é produzida a norma do escalão inferior, ou o ato de execução, quando já deste apenas se trata; ela determina não só o processo em que a norma inferior ou o ato de execução são postos, mas também, eventualmente, o conteúdo da norma a estabelecer ou do ato de execução a realizar. Esta determinação nunca é, porém, completa. A norma do escalão superior não pode vincular em todas as direções (sob todos os aspectos), o ato através do qual é aplicada. Tem sempre de ficar uma margem, ora maior ora menor, de livre apreciação, de tal forma que a norma do escalão superior tem sempre, em relação ao ato de produção normativa ou de execução que a aplica, o caráter de um quadro ou moldura a preencher por este ato. Mesmo uma ordem o mais pormenorizada possível tem de deixar àquele que a cumpre ou executa uma pluralidade de determinações a fazer. Se o órgão A emite um comando para que o órgão B prenda o súdito C, o órgão B tem de decidir, segundo o seu próprio critério, quando, onde e como realizará a ordem de prisão, decisões essas que dependem de circunstâncias externas que o órgão emissor do comando não previu e, em grande parte, nem sequer podia prever.*

52 *Tópica y jurisprudência*. Madrid: Taurus Ediciones S.A. Reimpresión 1986, p. 54 e 55.

Por *problema,* esclarece o mesmo autor:

> [...] a toda cuestión que aparentemente permite más de una respuesta y que requiere necesariamente un entendimiento preliminar, conforme al cual toma el cariz de cuestión que hay que tomar en serio y a la que hay que buscar una única respuesta como solución.

A tópica, então, é a arte do pensamento problemático. Ou seja, a partir do caso concreto e com o auxílio do bom senso que deve ter o intérprete da situação sob análise, são estabelecidos certos *loci communes* jurídicos que servirão para a realização de futuras interpretações analógicas. O que importa neste tipo de método de pensamento são as variadas informações e peculiaridades empíricas, as quais serão unificadas pelo(a) *julgador(a)* – alguma dose de subjetivismo sempre naturalmente decorrerá da avaliação dos fatos –, mas orientado pelos princípios.

A ideia de conjugar a técnica da Tópica com a técnica de um sistema aberto apresenta resultados bastante diferentes e mais proveitosos, sendo isso, exatamente, o que propõe a interpretação sistemática do Direito.

Assim, colhidas as informações específicas do caso concreto, avaliadas as circunstâncias peculiares que ele apresenta, o intérprete passa ao segundo momento hermenêutico, que é o da avaliação do enquadramento desses dados no sistema jurídico como um todo, única e exclusivamente valendo-se de critérios objetivos ditados pelo sistema. Com isso, são conjugadas as virtudes aporéticas, pela utilização dos dados empíricos imediatos e emergentes, sem que a interpretação se contamine com um subjetivismo exagerado e, na forma antes escrita, arbitrário, o que é garantido pelas normas principiológicas e cogentes impingidas pelo sistema jurídico aberto, móvel e eminentemente axiológico.

Em rápidas palavras, esses são os elementos fundamentais da interpretação sistemática do Direito, do princípio da hierarquização axiológica e dos postulados, técnica que obrigará o intérprete do sistema legal a sempre ter de recorrer aos principais pilares do sistema, quando dos julgamentos. No caso do Direito do Consumidor em específico, o princípio da repressão eficiente a todos os abusos, o princípio da harmonia das relações de consumo e o princípio da vulnerabilidade, além dos princípios da dignidade da pessoa humana, da solidariedade social e o princípio da contextualização[53], serão os paradigmas valorativos que orientarão o(a) julgador(a) para que consiga aplicar quaisquer regras de conduta ou de organização espalhadas pelo CDC, pelo CC ou qualquer outro diploma que integre o microssistema das relações de consumo.

A segurança jurídica, a partir da boa utilização dos métodos hermenêuticos acima propostos, parece que estaria relativamente bem protegida, haja vista que os balizadores do intérprete seriam os princípios objetivos ditados pelo sistema, iluminados pelo caso concreto.

---

53 Em MORAES, Paulo Valério Dal Pai. *Macrorrelação ambiental de consumo.* Porto Alegre: Livraria do Advogado Editora, 2013, p. 110 e 111: *O paradigma ou princípio da* contextualização *é também um metavalor que, como tal, surgiu a partir da Revolução Industrial e tomou forma com a chamada sociedade de risco, estando representado pela realidade inafastável de que as situações fáticas estão interligadas e em constante comunicação e implicação recíprocas, de modo a que não possa ser desconsiderada esta ocorrência do mundo material, sob pena de ser realizada uma apreciação dos problemas concretos de maneira parcial, distorcida e alheia ao que efetivamente acontece no mundo real [...] Ou seja, o vazamento em uma Central de resíduos sólidos que tenha atingido um rio que banha dezenas de municípios até chegar ao mar, um imenso loteamento erigido em cima de área contaminada com resíduos industriais e de lixo urbano, que tenha causado doenças nos seus moradores, as quais foram disseminadas pelo contato direto ou pela própria contaminação generalizada promovida pelas "águas servidas" (esgoto, abastecimento normal de água etc.) e tantas outras situações estão, inevitavelmente, ligados,* contextualizados. Destarte, ao proferir uma decisão judicial o(a) magistrado(a) precisa considerar o contexto no qual está inserida a situação concreta *sub judice*, atentando para as consequências que a sua conclusão trará para o contexto, seja pelo precedente em que se constitui, seja pelos resultados diretos ou indiretos que a solução adotada trará para outros que estejam interligados às mesmas circunstâncias fáticas ou jurídicas. Múltiplas situações podem ser encontradas nos relacionamentos de consumo, os quais, devido à sua própria natureza, são massificados e contextualizados. Exemplo disso são os consórcios de veículos, cuja saída de um dos consumidores, com a imediata devolução das quantias por ele já pagas poderia acarretar o enfraquecimento financeiro do sistema, motivo pelo qual o numerário somente é devolvido ao final. O mesmo se diga dos sistemas de fornecimento de energia elétrica, de água e tantos outros, nos quais o custo não pago por um dos consumidores acaba sendo rateado entre os demais que pagam suas faturas mensais.

De qualquer forma, insisto, já é hora de retornarmos a refletir sobre a nossa identidade, nossa essência.

Fácil notar que a crise de valores que assola a sociedade atual ocorre principalmente por causa de dois fatores decisivos: a escassez e o afastamento da essência biológica cooperativa.

Portanto, a implementação de mecanismos consensuais no espaço judicial, para além de uma experiência promovida por alguns abnegados, é uma política pública[54] que deverá ser executada com seriedade, reiteração e investimento.

O estudo da neurobiologia, da psicologia e da comunicação nos espaços jurídicos, da mesma forma, precisa ser, ao menos, iniciado, pois, na forma apontada, diz respeito direto ao nosso trabalho cotidiano. Isso não é uma sugestão no sentido de que tenhamos de especializar operadores do Direito em tais ciências, mas sim que é possível o estabelecimento de convênios com entidades públicas ou privadas que desenvolvam tais pesquisas, de modo a que possamos aprender com elas e, quiçá, agregar às nossas estruturas judiciais, ou mesmo posturas jurídicas, as informações úteis que esses outros sistemas podem nos oferecer.

Terminaria, então, citando António Damásio[55]:

> Vem crescendo o temor de que os dados revelados pela ciência sobre o funcionamento do cérebro, ao se tornarem mais amplamente conhecidos, possam solapar a aplicação das leis, coisas que em geral os sistemas legais têm evitado, deixando de levar esses dados em consideração. Mas o necessário, na verdade, é uma análise mais criteriosa desses dados na hora de aplicar a justiça. O fato de que qualquer pessoa capaz de conhecimento é responsável por suas ações não significa que a neurobiologia da consciência seja irrelevante para o processo da justiça e para o processo de educação destinado a preparar os futuros adultos para a existência adaptativa em sociedade. Ao contrário, **advogados, juízes, legisladores, planejadores e educadores precisam familiarizar-se com a neurobiologia da consciência e da toma de decisão. Isso é importante para**

54 Os estudos sobre negociação, mediação e respeito ao outro deveriam integral a educação básica nas escolas e fundamental nas escolas, assim como as matérias ordinárias (física, geografia, matemática etc.), o mesmo devendo acontecer nas Faculdades de Direito.

55 Op. cit., p. 344 e 345.

promover a elaboração de leis realistas e preparar as futuras gerações para o controle responsável de suas ações.

Aos(às) *julgadores(as)* como eu – membros do Ministério Público também fazem seus julgamentos nas atuações cotidianas –, peço que não julguem minhas humildes palavras, e se o fizerem, que o façam com o ânimo original que viabilizou a boa *regulação da vida humana* até os dias de hoje, representado pela cooperação, pelo consenso e pela união de esforços.

Talvez essa seja a nossa única saída!

5. Referências

AZEVEDO, Antonio Junqueira. Por uma nova categoria de dano na responsabilidade civil – o dano social. Novos estudos e pareces de dir. privado. Separata da *Revista Trimestral de Direito Civil*, n. 19, Padma, Rio de Janeiro, 2009.

ÁVILA, Humberto. *Segurança jurídica – entre permanência, mudança e realização no direito tributário.* São Paulo: Malheiros Editores. 2011.

______ *Teoria dos Princípios – da definição à aplicação dos princípios jurídicos.* 8. ed. São Paulo: Malheiros Editores, 2008.

BELL, Vaughan Bell. Beliefs about delusions. *Psychologist*, v. 16, n. 8, ago. 2003, p. 418-23.

BESSA, Leonardo Roscoe. Dano moral coletivo. *RDC* 59, São Paulo.

BITTAR, Carlos Alberto. Do dano moral coletivo no atual contexto jurídico brasileiro. *Revista de Direito do Consumidor* n. 12. São Paulo, Revista dos Tribunais, 1994.

BONAVIDES, Paulo Bonavides. *Curso de direito constitucional.* 4. ed. São Paulo: Malheiros Editores, 1993.

CAETANO, Flávio Crocce. Palestra proferida no dia 28.11.2014, no Congresso Global Mediation acontecido da cidade do Rio de Janeiro.

CARVALHO, Paulo de Barros. O princípio da segurança jurídica no campo tributário. São Paulo: *RDT* 94.

______. Conferência proferida no VII Congresso de Direito Tributário em Questão, organizado pela Fundação Escola Superior de Direito Tributário do Rio Grande do Sul, na data de 28.06.2008, em Gramado, Rio Grande do Sul.

CAVALIERI FILHO, Sérgio. *Programa de responsabilidade civil.* 8. ed. Rio de Janeiro: Atlas, 2009.

COYLE, Susan L. Physician-industry relations. Part 1, Individual physicians. *Annals of Internal Medicine*, v. 135, n. 5, 2002.

DAMÁSIO, António R. *E o cérebro criou o homem.* São Paulo: Companhia das Letras. Trad. Laura Teixeira Motta, 2011.

DAWKINS, Richard. *O gene egoísta.* Trad. Rejane Rubino. São Paulo: Companhia das Letras, 2007.

FICHTNER, José Antônio, em palestra proferida no Global Mediation Rio, em 27.11.2014, no Auditório da Escola da Magistratura do Rio de Janeiro.

FOX, Erica Ariel. *Mais do que chegar ao sim – método de negociação oficial da Harvard.* Trad. Cristina Yamagami. 1. ed. São Paulo: Saraiva, 2014.

FREITAS, Ana Teresa Silva de. Disponível em: <http://www.revistapoliticaspublicas.ufma.br/site/download.php?id_publicacao...>. Acesso em: 07 out. 2015.

FREITAS, Juarez. *Interpretação sistemática do direito.* São Paulo: Malheiros, 1995.

GOLEMAN, Daniel. *O cérebro e a inteligência emocional – novas perspectivas.* Tradução Carlos Leite da Silva. Rio de Janeiro: Objetiva, 2012.

HACKENBRACK, Karl Hackenbrack e WILSON, Mark W. "Auditors" incentives and their application of financial accounting standards. *Accounting Review*, v. 71, n. 1, jan. 1996.

HERCULANO-HOUZEL, Suzana. Disponível em: <http://www.fronteiras.com/artigos/o-cru-o-cozido-e-o-cerebro>. Acesso em: 03 nov. 2015.

KAHNEMANN, Daniel. *Rápido e devagar – duas formas de pensar.* Tradução Cássio de Arantes Leite. Rio de Janeiro: Editora Objetiva, 2012.

KELSEN, Hans. *Teoria pura do direito.* São Paulo: Edição Martins Fontes. 1995.

MEDEIROS, Xisto Tiago de. *Dano moral coletivo.* São Paulo: Ltr, 2004, p. 134.

MINISTÉRIO DA JUSTIÇA. *1º Relatório 2014-2015 da Estratégia Nacional de Não Judicialização.* Secretaria de Reforma do Judiciário do Ministério da Justiça.

MLODINOW, Leonard. *Subliminar. Como o inconsciente influencia nossas vidas*. Trad. Claudio Carina. Rio de Janeiro: Zahar, 2013.

MORAES, Paulo Valério Dal Pai. *O princípio da vulnerabilidade no contrato, na publicidade e nas demais práticas comerciais*. 3. ed. rev., ampl. e atual. Porto Alegre: Livraria do Advogado. 2009.

______. *Macrorrelação ambiental de consumo.* Porto Alegre: Livraria do Advogado Editora, 2013.

MOTTA, Francisco José Borges. Disponível em: <http://www.repositorio.jesuita.org.br/handle/UNISINOS/2447>. Acesso em: 07 out. 2015.

______. *Levando o direito a sério – uma crítica hermenêutica ao protagonismo judicial.* 2. ed. Porto Alegre: Editora Livraria do Advogado, 2012.

OLSEN, Robert. Olsen. Desirability bias among professional investiment managers, some evidence from experts. *Journal of Behavioral Decision Making,* n. 10, 1997, p. 65-72.

PENNA, Bernardo. Disponível em: <http://bernardospenna.jusbrasil.com.br/artigos/150260706/protagonismo-judicial>. Acesso em: 07 out. 2015.

REIS, Fábio Wanderley. Disponível em: <http://www.conjur.com.br/2013-jan-21/fabio-reis-adesao-juiz-politica-ideologica-produz-decisoes-absurdas>. Acesso em: 15 out. 2015.

RAMOS, André de Carvalho. Ação civil pública e o dano moral coletivo. In: Revista dos Tribunais. *Revista de Direito do Consumidor*, São Paulo, n. 25, jan./mar. 1998.

SOUZA FILHO, Danilo Marcondes de Souza Filho. STRUCHINER, Noel. Núcleo ERA-PUC Rio de Janeiro. Disponível em: <http://era.org.br/2013/01/energia-cerebral-e-julgamentos-falhos/>. Acesso em: 15 out. 2015.

TERO, Atsushi. Disponível em: <http://www.inovacaotecnologica.com.br/noticias/noticia.php?artigo=fungo-supera-engenheiros-projeto-redes&id=010180100209>. Acesso em: 18 jun. 2015.

VIEHWEG, Theodor Viehweg. *Tópica y jurisprudência*. Madrid: Taurus Ediciones S.A., Reimpresión 1986.

VILLEGAS, Héctor. Principio de seguridade jurídica em la creación y aplicación del tributo. *RDT* 66, São Paulo.

ZAK, Paul. *A molécula da moralidade – as surpreendentes descobertas sobre a substância eu desperta o melhor em nós*. Trad. Soeli Araujo. Rio de Janeiro: Elsevier, 2012.

O INTERVENCIONISMO DO ESTADO NAS RELAÇÕES DE CONSUMO E A SEGURANÇA JURIDICA

Plinio Lacerda Martins

RESUMO: O presente estudo estabelece uma breve análise da sociedade de risco destacando as implicações jurídicas da modernidade reflexiva. O trabalho desenvolvido reflete a importância dos conceitos de Estado de Direito, segurança jurídica e intervencionismo estatal. Com o advento da modernização e os riscos do desenvolvimento faz-se necessário o dirigismo estatal para o equilíbrio nas relações de consumo.

PALAVRAS-CHAVE: Sociedade de Risco; Segurança Jurídica; Dirigismo Estatal.

ABSTRACT: This study makes a brief analysis of the risk society highlighting the legal implications of reflexive modernity. The work reflects the importance of the rule of law concepts, legal certainty and the state interventionism. With the advent of modernization and development risks it is necessary to state guidance for the balance in consumer relations.

KEYWORDS: Risk Society; Legal Security; State Interventionism.

1. Introdução

Honrado com o convite para redigir artigo relativo ao "papel do Judiciário no cenário politico econômico nacional", apresento este ensaio jurídico, demonstrando a relevância do Poder Judiciário na atual sociedade de risco em prol da segurança jurídica nas relações de consumo, destacando o papel do Estado Democrático de Direito através do exercício da jurisdição e a necessidade do dirigismo estatal em busca do justo equilíbrio que sempre deve reinar entre as partes envolvidas.

Salomão já dizia *nihil novi sub sole,* demonstrando assim que nada de novo sob o sol, sendo que a novidade não está na coisa em si e sim em nós mesmos. Alberto Nogueira, interpretando o texto bíblico afirma que *nós nos descobrimos a cada instante, e o mundo, sendo ele próprio o mesmo, se altera numa dinâmica fantástica, logo, esta relação entre o ser humano, o mundo e a realidade é ininterrupta e as transformações, as mutações, as metamorfoses são infindáveis*[1].

O sociólogo britânico Anthony Giddens assevera:

> Com o advento da modernidade, a reflexividade assume um caráter diferente, com a rotinização da vida cotidiana, não tendo nenhuma conexão intrínseca com o passado. A reflexividade da vida social moderna consiste assim no fato de que as práticas sociais são constantemente examinadas e reformadas à luz de informação renovada sobre estas próprias práticas, podendo ser alteradas à luz de descobertas sucessivas que passam a informá-las[2].

O ordenamento jurídico reflete a organização de valores acolhidos pela sociedade, que projeta no Estado como sendo o elemento de harmonização dos interesses, enfocando valores como a liberdade, a justiça, e a segurança que sistematizam a formulação de princípios, nos quais serão aplicados os preceitos.

2. Estado de Direito e Estado Democrático de Direito

Jorge Miranda ressalta a importância da distinção das expressões "Estado de Direito" e "Estado de Direito Democrático",[3] sendo que a Constituição Federal alemã fala em "Estado de Direito republica-

---

1 NOGUEIRA, Alberto. *Jurisdição das liberdades públicas*. Rio de Janeiro: Renovar, 2003, p. 144.

2 GIDDENS, Anthony. *As consequências da modernidade*. Trad. de FIKER, Raul. São Paulo: Unesp, 1991, p. 45.

3 MIRANDA, Jorge. *Manual de direito constitucional*. Lisboa: Coimbra, 2008, p. 227.

no democrático e social" (art. 28º), a Constituição espanhola menciona "Estado social e democrático dc Direito" (art.1º), e, do mesmo modo, a Constituição Federal brasileira de 1988 e a de 1937, "Estado Democrático de Direito" (art. 1º), esclarecendo ainda, que *antes de mais, Estado de Direito democrático traduz a confluência de Estado de Direito e democracia.*

Miranda, citando Habermas, afirma que princípio democrático e princípio do Estado de Direito são princípios co-originários, afirmando que um não é possível sem o outro[4].

Paulo Nader questiona como se poderá chegar à justiça se não houver primeiramente, um Estado organizado, uma ordem jurídica definida.[5]

Sustenta o doutrinador juiz-forano que o fundamental à caracterização do Estado de Direito é a proteção efetiva aos chamados *direitos humanos,* realçando que para alcance deste objetivo é necessário que o Estado se estruture de acordo com o clássico modelo dos Poderes independentes e harmônicos; que a ordem jurídica seja um todo coerente e bem definido, que o Estado se apresente não apenas como poder sancionador, mas como pessoa jurídica portadora de obrigações.

A doutrina registra três teorias relacionadas ao Direito e ao Estado, que são: teoria dualística, monística e do paralelismo.

Para a Teoria dualística[6], Direito e Estado constituem duas ordens inteiramente distintas[7] e estão um para o outro, como dois números que se ignoram [8].

---

4 MIRANDA, Jorge. Op. cit., p. 228.

5 NADER, Paulo. *Introdução ao estudo do direito.* Rio de Janeiro: Forense, 2001, p. 117.

6 NADER, Paulo. Op. cit., p. 133.

7 Para os dualistas o Estado não é a única fonte do Direito nem com este se confunde. O que provém do Estado é apenas o direito positivo. Existem também os princípios de direito natural, as normas de direito costumeiro e as regras, existindo ainda além do Direito não escrito o direito canônico que independe da força coativa do poder civil, o direito das associações etc.

8 NADER. Op. cit., p. 133.

A teoria monística sustenta a opinião que Direito e Estado constituem uma só entidade, conforme defendido por Kelsen, no qual o Estado não é mais do que a personalização de uma ordem jurídica[9].

Por fim, a teoria do paralelismo[10] dispõe que Direito e Estado são entidades distintas, mas que se acham interligadas em regime de mútua dependência[11].

O Estado Democrático de Direito surge como a modalidade mais avançada do chamado Estado de Direito, incorporando conteúdos do Estado Social conforme ensinamentos de Alberto Nogueira[12].

Em breve histórico, faz-se necessário retroagir no tempo relembrando que o regime do Estado Liberal se contrapõe ao do Estado absolutista, também conhecido como Estado não intervencionista, tendo como fundamento a não interferência do Estado na vida dos indivíduos denominando-se direitos negativos, ou seja: o Estado iria abster-se de não intervir na vida do povo. Estes direitos foram denominados direitos de primeira geração.

Assim, o Estado não intervém na vida do particular, sendo função do Estado-Juiz apenas aplicar a lei ao caso concreto, na expectativa de que as leis não contenham lacunas, não dando margem ao juiz para a interpretação por analogia bem como a outras diretrizes e interpretações, pois a lei bastava para dirimir os conflitos; denominando-o Estado mínimo.

Posteriormente, surge um Estado Social que, ao contrário do Liberal, exige uma atuação do Estado em prol dos direitos de segunda

---

9 Para os monistas só existe o direito estatal, pois não admitem a ideia de qualquer regra jurídica fora do Estado. O Estado é a única fonte do Direito. Foram precursores do monismo jurídico Hegel, Hobbes e Jean Bodin. Desenvolvida por Rudolf Von Ihering e John Austin, alcançou esta teoria a sua máxima expressão com a escola técnico-jurídica liderada por Jellinek e com a escola vienense de Hans Kelsen.

10 Esta corrente, procurando solucionar a antítese monismo-pluralismo, adotou a concepção racional da graduação da positividade jurídica, defendida por Giorgio Del Vecchio.

11 NADER. Op. cit., p. 133.

12 NOGUEIRA, Alberto. *Jurisdição das liberdades públicas*. Rio de Janeiro: Renovar, 2003, p. 364.

geração para proporcionar igualdade entre os cidadãos. Nesse sentido, o Estado, representado pela jurisdição, não poderia apenas se limitar a "dizer do direito" e sim intervir nas relações, mudando-se o escopo, procurando efetivar as garantias elencadas no Estado Liberal.

Habermas, lecionando sobre Estado Social, afirma:

> A crítica do Estado Social contra o Direito formal burguês concentra-se na dialética que opõe entre si a liberdade de direito e a liberdade de fato dos destinatários dos direitos, portanto, em primeira linha, na implementação de direitos sociais fundamentais. A liberdade de fato mede-se pelas consequências sociais observáveis que atingem os envolvidos, resultantes das regulamentações jurídicas, ao passo que a igualdade de direitos refere-se à sua competência de decidir livremente, no quadro das leis, segundo preferências próprias[13].

Franz Wieacker ensina que a evolução do Estado de Direito burguês-liberal para o Estado Social de Direito importou na efetivação da responsabilização da sociedade pela existência social, econômica e moral dos seus membros, sem prejuízo do direito e do respeito pelos direitos dos particulares, elencando as três características essenciais desta mudança que são: a relativização dos direitos privados pela sua função social, a vinculação ético-social destes direitos e o recuo perante o formalismo do sistema do Direito clássico do século XIX[14].

Por fim, surge no século XX em atenção aos direitos de terceira geração o Estado Democrático de Direito, passando a ser considerado como instrumento necessário para a decisão jurídica com fundamento nos princípios constitucionais, que cumpre papel fundamental na interpretação jurídica[15].

---

13 HABERMAS, Juergen. *Direito e democracia: entre facticidade e validade*. Trad. de KOTHE, Flávio R. 2. ed. Rio de Janeiro: Tempo Brasileiro, 2003, p. 154.

14 Recomenda-se a leitura da obra de WIEACKER, Franz. *História do direito privado moderno*. Trad. de HESPANHA, A. M. Botelho. 4. ed. Lisboa: Fundação Calouste Gulbenkian, 1993.

15 Esse modelo de regime foi expressamente definido no art. 1º da CF, *in verbis:* A República Federativa do Brasil, formada pela união indissolúvel dos Estados e Municípios e do Distrito Federal, constitui-se em Estado Democrático de Direito e tem como fundamentos:

Dessa forma, o juiz não estará limitado à mera aplicação da lei ao caso concreto. Vislumbra-se assim, que a lei não é mecanismo suficiente para dirimir os conflitos na sociedade, dando margem à introdução dos princípios constitucionais para a interpretação jurídica.

Bobbio afirma:

> Os direitos da nova geração, como foram chamados, que vieram depois daqueles em que se encontravam as três correntes de ideias do nosso tempo, nascem todos dos perigos à vida, à liberdade e à segurança, provenientes do aumento do progresso tecnológico[16].

Assim, no Estado Democrático e de Direito, o Estado busca um governo do povo, pelo povo e para o povo, aplicando os princípios constitucionais, em busca da hermenêutica dos direitos fundamentais para a efetivação da democracia.

A busca por segurança jurídica continua sendo um dos principais pilares de sustentação do Estado de Direito na concepção de John Locke, sendo que o objetivo principal do homem seria formar a sociedade de modo que pudesse desfrutar da propriedade em paz e segurança[17].

I – a soberania;
II – a cidadania;
III – a dignidade da pessoa humana;
IV – os valores sociais do trabalho e da livre-iniciativa;
V – o pluralismo político.

16 BOBBIO, Norberto. *A era dos direitos*. Rio de Janeiro: Elsevier, 2004, p. 229. Afirma ainda a doutrina a introdução dos direitos de quarta geração compreendendo os direitos à democracia, informação e pluralismo, o direito à paz como direito de quinta dimensão, conforme ensinamentos de Paulo Bonavides, existindo ainda os direitos de sexta, sétima e até o direito à oitava geração retratando o respeito à segurança pública.

17 LOCKE, John. *Segundo tratado sobre o governo*. Trad. de MARINS, Alex. São Paulo: Martins Claret, 2005, p. 98.

3. A Segurança Jurídica através dos Princípios

Conforme apontamentos de Luiz Roberto Barroso, a ideia de segurança jurídica enfrenta uma crise de identidade neste século, identificada com o rótulo de *pós-modernidade*[18].

Habermas, citando Wellmer, já criticava a teoria da sociedade traduzindo numa dialética que na sociedade industrial capitalista foi arrastada ao ponto em que *cada homem se tornou um antropomorfismo aos olhos do homem*, deixando assim transparecer *a mudança na identidade do homem*[19].

Aponta Barroso que vivemos a era da velocidade da transformação com novas gerações de computadores, novos instrumentos de conexão em rede universal, novas fronteiras nos medicamentos e na genética.[20] Essa sociedade contemporânea e globalizada recebe a denominação “sociedade de riscos”.

Sérgio Guerra indaga como enfrentar a insegurança em vista da globalização e das peculiaridades da sociedade de risco[21].

Parte da doutrina entende que a segurança jurídica é um sistema de legalidade, fornecendo aos cidadãos a certeza do Direito. Outra parte da doutrina entende que a simples certeza ordenadora não é suficiente para revelar as exigências contidas no valor segurança[22].

Contudo, na sociedade contemporânea acaba por trazer um clima de incerteza, insegurança e comprometimento social, questionando se a segurança jurídica, como princípio, é suficiente para garantir a previsibilidade das consequências jurídicas das ações humanas[23].

---

18 BARROSO, Luís Roberto. *Temas de direito constitucional*. 2. ed. Rio de Janeiro: Renovar.2002. p. 51.

19 HABERMAS, Juergen. *A crise de legitimação no capitalismo tardio*. Trad. de CHACON, Vamireh. Rio de Janeiro: Edições Tempo Brasileiro. 2002, p. 157.

20 BARROSO, Luís Roberto. Op. cit., p. 51.

21 GUERRA, Sergio. *Discricionariedade e reflexibilidade*: uma nova teoria sobre as escolhas administrativas. Belo Horizonte: Forum, 2008, p. 368.

22 NADER, Paulo. Op. cit., p. 114.

23 GUERRA, Sergio. Op. cit., p. 371-372. Guerra afirma ainda que na sociedade contemporânea, denominada pós-modernidade ou sociedade de risco, ela é

Elias Diaz não concorda que a segurança se identifique apenas com a noção da existência de uma ordem jurídica, com conhecimento do que está proibido e permitido, exigindo além de um sistema de legalidade, um sistema de legitimidade, pelo qual o direito objetivo consagre valores julgados imprescindíveis, afirmando *segurança não é só um fato, é também, sobretudo, um valor*[24].

Conforme orientação de Henkel os princípios gerais da segurança jurídica podem ser interpretados em três grupos: princípios relativos à organização do Estado, princípios do direito estabelecido e, princípio do direito aplicado.

Para o princípio relativo à organização do Estado por intermédio da justiça é indispensável que o Estado adote padrões de organização interna, com a clássica divisão dos Poderes, possuindo cada órgão competência peculiar da sua especialização, para que a segurança jurídica seja alcançada.

O que traduz o imperativo de segurança é a impossibilidade de um mesmo Poder ter as funções próprias de outro Poder, configurando anomalia como exposição de risco à segurança jurídica caso isso venha ocorrer.

Dessa forma, se o Poder Judiciário passa a criar o direito que irá aplicar estará praticando uma subtração de competência do Poder Legislativo, ameaçando a segurança jurídica e institucionalizando a incerteza do Direito[25].

Em relação aos princípios do Direito o destaque é para os princípios da positividade do Direito (é o caminho da segurança jurídica, que se constrói a partir da existência do direito, objetivado através de normas indicadoras dos direitos e deveres das pessoas, podendo manifestar-se em códigos e em costumes), segurança de orientação (a positividade e a divulgação do Direito não são o bastante para proporcionar a certeza jurídica sendo indispensável que as normas sejam

caracterizada pela evolução tecnológica, com desastres naturais, epidemias, terrorismo etc..

24 DIAZ, Elias. *Sociologia y filosofia del derecho*. Madrid: Taurus, 1977, p. 47.

25 NADER. Op. cit., p. 118.

dotadas de clareza, simplicidade, coerência e não contradição, logo, um texto de lei mal elaborado com linguagem ambígua e complexa é ininteligível), retroatividade da lei (impossibilidade de um novo direito atuar sobre fatos passados e julgar velhos acontecimentos), estabilidade relativa do direito (estabilidade nas instituições jurídicas é anseio comum aos juristas e ao povo).

Por fim, em relação aos princípios e ao Direito aplicado destacam-se: o princípio da prévia calculabilidade da sentença (as decisões judiciais e administrativas devem assentar-se em elemento objetivo, extraídas da ordem jurídica e não baseadas em critério aleatórios); princípio do respeito à coisa julgada (com a decisão judicial irrecorrível, não admitindo qualquer modificação, dando margem à presunção de verdade e constituindo princípio de segurança jurídica) e, princípio da uniformidade e continuidade jurisprudencial (é indispensável que a interpretação do Direito pelos tribunais tenha um mesmo sentido e permanência, sendo que a divergência jurisprudencial, em certos aspectos, *é nociva pois transforma a lei em* Jus Incertum)[26].

Os conceitos de segurança jurídica e de certeza jurídica não se confundem, sendo que o primeiro é de caráter objetivo, manifestando-se completamente através do direito e definindo que reúne algumas qualidades. Já a certeza expressa o estado de conhecimento da ordem jurídica pelas pessoas[27].

Paulo Nader afirma que a segurança é um valor fundante e a justiça é um valor fundado, ilustrando com a afirmação de Wilhelm Sauer em relação ao Direito: *a segurança jurídica é a finalidade próxima: a finalidade distante é a justiça*[28].

Karl Larenz aduz a estruturação dos princípios e, cotejando-os com as regras, afirma que os princípios são normas jurídicas que não possuem uma situação fática determinada, contudo há alguns princípios que foram descobertos e declarados pela doutrina ou pela jurisprudência atendendo a casos determinados que não são solucionados

26 NADER. Op. cit., p. 124.

27 NADER. Op. cit., p. 166.

28 NADER. Op. cit., p. 114.

de outro modo e que logo se impuseram na consciência jurídica graças à força de convicção do princípio[29].

Claus Wilhelm Canaris afiança quatro características dos princípios na formação do sistema, salientando que não valem sem exceção e podem entrar entre si em oposição ou em contradição; os princípios não têm a pretensão de exclusividade, ostentam o seu sentido próprio apenas numa combinação de complementação e restrições recíprocas e, precisam, para a sua realização, de uma concretização através de subprincípios e valores singulares, com conteúdo material próprio[30].

Em relação ao conceito de normas principiológicas, Ronald Dworkin argumenta que a estrutura normativa, composta por princípios e regras, tem os princípios como sendo mais genéricos e abstratos que as regras e não estão subordinados a uma situação de fato, possuindo importância de modo que para a sua aplicação pouco importa que estejam previstos no texto constitucional[31].

Dworkin sustenta ainda que na questão do peso dos princípios, na hipótese de colisão entre eles, prevalece o de maior peso, sem excluir outro princípio, distinguindo-se das regras, que não têm essa dimensão do peso.[32] Em idêntico sentido, Robert Alexy concorda que quando ocorre uma colisão de princípios é preciso verificar qual deles possui maior peso, de modo que a solução somente advém da ponderação do caso concreto.

Alexy entende que princípios são proposições normativas de alto nível de generalidade que podem, via de regra, não ser aplicados sem

29 LARENZ, Karl. *Metodologia da ciência do direito*. Trad. de LAMEGO, José. Lisboa: Fundação Calouste Gulbenkian, 1997, p. 577.

30 CANARIS, Claus Wilhelm. *Pensamento sistemático e conceito de sistema na ciência do direito*. Trad. de CORDEIRO, A. Menezes. 3. ed. Lisboa: Fundação Calouste Gulbenkian, 2002, p. 88.

31 DWORKIN, Ronald. *Levando os direitos a sério*. Trad. de BOEIRA, Nelson. São Paulo: Martins Fontes, 2002, p. 27-28.

32 DWORKIN, Ronald. Op. cit. p. 42-43.

o acréscimo de outras premissas normativas e sujeitos a limitações por conta de outros princípios,[33] lecionando:

> [...] los princípios son mandatos de optimización, que están caracterizados por el hecho de que puedem ser cumplidosnem diferente grado y que la medida debid de su cumprimento no sólo depende de las possibilidades reales sino también de las jurídicas. El âmbito de las possibilidades jurídicas es determinado por los princípios e reglas opuestos[34].

Humberto Ávila assevera que a distinção entre princípios e regras, sustentada por Alexy, deve resumir-se à diferença quanto à colisão, na medida em que os princípios colidentes apenas têm sua realização normativa limitada reciprocamente, ao contrário das regras, cuja colisão é solucionada com a declaração de invalidade de uma delas ou através da antinomia[35].

Dessa forma, o juiz não estará limitado à mera aplicação da lei ao caso concreto. Vislumbra-se, assim, que a lei não é mecanismo suficiente para dirimir os conflitos na sociedade, dando margem à introdução dos princípios de direito e constitucionais para a interpretação jurídica.

4. A Sociedade de Risco e o Direito do Consumidor

O conceito de sociedade de risco como nova categoria de sociedade deu ensejo à expressão citada por Beck como "Modernização Reflexiva"[36], significando a possibilidade de uma (auto)destruição

33 ALEXY, Robert. *Teoria da argumentação jurídica:* a teoria do discurso racional como teoria da justificação jurídica. Trad. de SILVA, Zilda Hutchinson Schild. São Paulo: Landy, 2001, p. 248.

34 ALEXY, Robert. *Teoria de los derechos fundamentais*. Trad. de VALDÉS, Ernesto Garzón. Madrid: Centro de Estudos Políticos y Constitucionales, 2002, p. 86.

35 ÁVILA, Humberto. *Teoria dos princípios:* da definição à aplicação dos princípios jurídicos. 6. ed. São Paulo: Malheiros, 2003, p. 30.

36 Beck, Urich. *Modernização reflexiva:* política, tradição e estética na ordem social moderna. São Paulo: Unesp, 2012, p. 12.

criativa para toda uma era, cujo sujeito não é a revolução, não é a crise, mas a vitória da modernização ocidental[37].

Com o advento da sociedade de risco, os conflitos da distribuição em relação aos "bens" (renda, empregos, seguro social), que constituíram o conflito básico da sociedade industrial clássica, são encobertos pelos conflitos de distribuição dos "malefícios", denominados conflitos de responsabilidade distributiva, que irrompem sobre o modo como os riscos que acompanham a produção dos bens, como por exemplo, a tecnologia nuclear, a pesquisa genética, a ameaça ao ambiente etc.

A crítica feita à modernidade reflexiva é que em virtude do dinamismo, a sociedade moderna está acabando com suas formações de classe, camadas sociais, ocupação, papéis dos sexos, família nuclear, agricultura, setores empresariais e as formas contínuas do progresso técnico-econômico.

O conceito de consumidor é pautado no princípio da vulnerabilidade, reconhecido na lei consumerista no art. 4º, III, *in fine,* significando que o consumidor, por ser a parte mais fraca na relação de consumo, merece ser tutelado pelo Estado, principalmente na sociedade de risco.

Nas lições de Judith Martins, nem sempre temos clareza ao perceber os direitos e liberdades como oposição ao Estado. Daí o Estado ter sido encarado não como um opositor ou potencial ameaça às liberdades, mas como um promotor de lucros privados, compartilhados por um pequeno grupo de brasileiros, que estabelecem entre si uma complexa rede de relações organizadas para manutenção de sua posição dominante[38].

---

37 Fabiana Maria, citando Ulrich Beck, chama essa transformação de modernização reflexiva, vale dizer, a par da constatação de novos riscos, anteriormente ausentes, causados pela expansão cega e contínua da sociedade e como elemento subjetivo dessa percepção, surge a reflexão sobre os próprios fundamentos desse desenvolvimento desmensurado. BECK, Ulrich. *La sociedad del risgo.* Buenos Aires: Paidós, 1998, p. 199 e ss. *Apud* GOMES, Fabiana Maria Martins de. Sociedade de risco e o futuro do consumidor. *Revista de Direito do Consumidor*, São Paulo, n. 44, 2002, p. 122.

38 MARTINS-COSTA, Judith. Op. cit., p. 52.

A perspectiva dos riscos apresenta modalidades diversas em três momentos históricos distintos. Na idade média, os riscos eram conhecidos e previsíveis, permitindo programação de medidas preventivas e sensação de segurança. Com a revolução industrial surgiu a modernidade e o aumento em quantidade e imprevisibilidade dos riscos. O atual avanço associado à globalização, a que alguns setores denominam pós-modernidade, tem consigo a total imprevisibilidade em matéria de riscos.

Direcionado para um legalismo estrito, chegou-se ao esgotamento do modelo e à mudança de perspectiva, pela qual o Direito Privado, antes considerado espaço de liberdade, deve ser sacrificado em favor da sociedade.

Conforme acima citado, a par da constatação de novos riscos na sociedade de consumo, anteriormente ausentes, causados pela expansão da sociedade, e como elemento subjetivo dessa percepção, surge a reflexão sobre os próprios fundamentos desse desenvolvimento. Hodiernamente, a sociedade vive em uma era de mudanças a um ritmo e em prol de uma elevada qualidade dos produtos ofertados no mercado de consumo.

Os riscos da sociedade moderna são diferentes dos riscos típicos da sociedade industrial, pois estes eram localizados no espaço e no tempo, como por exemplo, *as catástrofes medievais, como peste e a fome, que não provinham de decisões humanas, mas por forças naturais* conforme mencionado por Fabiana Gomes. Registra-se a presença de riscos incalculáveis, incontroláveis e não delimitáveis que irrompem na sociedade moderna, como é o exemplo do caso da Talidomida, o medicamento MER 29, vacina Salk, o talco Morhange, a crise da vaca louca, casos de sangue contaminado, o acidente de Chernobyl[39] e atualmente o acidente em Mariana, que é o maior da história com barragens.

Destarte, a sociedade de consumo possui um viés com a sociedade de risco, uma vez que a sociedade de consumo se destina à satisfação das necessidades da oferta e da procura de produtos, enquanto

39 GOMES, Fabiana Maria Martins de. Op. cit., p. 123.

a sociedade de risco representa um estágio avançado da sociedade industrial decorrente do processo de modernização e *conscientiza-se de seus efeitos catastróficos secundários em longo prazo*[40].

Infere-se a teoria do risco do empreendimento, para a responsabilidade do fornecedor, de forma objetiva. O risco proveniente da atividade é suscetível de previsão antecipada, necessário para a proteção do consumidor vulnerável, ou seja; os chamados riscos do desenvolvimento são aqueles que não podem ser cientificamente conhecidos no momento do lançamento do produto no mercado, contudo vindo a ser descoberto após a introdução no mercado e causando danos ao consumidor, será responsabilizado o fornecedor, conforme previsto na legislação consumerista[41].

Assim, na sociedade contemporânea, nasce um conflito que caracteriza a sociedade de risco, que é o avanço da tecnologia que gera o chamado "risco fabricado". Logo, a sociedade de consumo tem estreito relacionamento com a sociedade de risco, pois na área de consumo surgem novos riscos para o consumidor, visto que o consumo em massa registra a presença de riscos incalculáveis e incontroláveis.

5. O Dirigismo Estatal no Código do Consumidor

O Estado Democrático de Direito em que se fundamenta o atual Estado brasileiro foi construído em 1988 sob a forte influência do Estado Social.

Nas lições de Habermas, o Estado Social já impunha a necessidade de releitura dos conceitos pelo redimensionamento dos direitos

---

40 GOMES. Op. cit., p. 124.

41 *Art. 10. O fornecedor não poderá colocar no mercado de consumo produto ou serviço que sabe ou deveria saber apresentar alto grau de nocividade ou periculosidade à saúde ou segurança.*
§ 1º O fornecedor de produtos e serviços que, posteriormente à sua introdução no mercado de consumo, tiver conhecimento da periculosidade que apresentem, deverá comunicar o fato imediatamente às autoridades competentes e aos consumidores, mediante anúncios publicitários.

e liberdades individuais frente aos direitos supraindividuais[42], sendo desenvolvida no Brasil a corrente quanto à eficácia horizontal dos direitos fundamentais, adotando-os como balizadores das relações Estado-indivíduo através de valores constitucionais, ou no preenchimento de eventuais lacunas valorativas no Direito Privado.

A Constituição Federal estabelece, no art. 170, no capítulo da Ordem Econômica e Financeira, os princípios gerais da atividade econômica, consignando que a ordem econômica, fundada na valorização do trabalho humano e na livre-iniciativa, tem por fim assegurar a todos existência digna, conforme os ditames da justiça social, observado, entre os diversos princípios, o da defesa do consumidor.

A harmonização dos interesses dos participantes das relações de consumo e a compatibilização da proteção do consumidor com a necessidade de desenvolvimento econômico e tecnológico deve ser de modo a viabilizar os princípios nos quais se funda a ordem econômica, sempre com base na boa-fé e equilíbrio nas relações entre consumidores e fornecedores;

Destarte, o Estado possui o dever de coibição e repressão eficientes de todos os abusos praticados no mercado de consumo, inclusive a concorrência desleal e a utilização indevida de inventos e criações industriais das marcas e nomes comerciais e signos distintivos, que possam causar prejuízos aos consumidores[43].

Desta forma, a intervenção estatal no domínio econômico justifica-se não somente em atenção ao princípio constitucional da livre concorrência previsto no art. 170, inc. IV, da Constituição Federal, indispensável para o mercado de consumo equilibrado com ofertas de produtos com preços justos, mas, também, para a coibição de monopólios, atos de concentração econômica, como as fusões de empresas, condutas anticompetitivas, como por exemplo, o domínio de mercado relevante de bens, o aumento arbitrário dos lucros ou mesmo o

42 HABERMAS, Jurgen. *Direito e democracia*: entre facticidade e validade. Trad. de KOTHE, de Flávio R. 2. ed. Rio de Janeiro: Tempo Brasileiro, 2003, v. 1, p. 118-120.

43 Art. 4º, VI, da Lei nº 8.078/90.

exercício de forma abusiva da posição de dominante no mercado de consumo[44].

Destaca-se que as práticas anticompetitivas efetuadas pelo fornecedor, como a fixação de preços mediante cartel, venda casada, prática de preços predatórios etc., que afetam à sociedade de consumo, são punidas nos termos do art. 36 da Lei nº 12.529/2011 pelo Conselho Administrativo de Defesa Econômica – Cade, demonstrando assim a necessidade do intervencionismo do Estado no domínio econômico[45].

O Código de Proteção e Defesa do Consumidor assegura como direito básico do consumidor a proteção contra a publicidade enganosa e abusiva, métodos comerciais coercitivos ou desleais, bem como contra práticas e cláusulas abusivas ou impostas no fornecimento de produtos e serviços, demonstrando assim o dever do Estado de coibir os métodos comerciais coercitivos ou desleais[46].

A Política Nacional das Relações de Consumo tem por objetivo o atendimento das necessidades dos consumidores, o respeito à sua dignidade, saúde e segurança, a proteção de seus interesses econômicos, a melhoria da sua qualidade de vida, bem como a transparência e harmonia das relações de consumo, atendidos os princípios do reconhecimento da vulnerabilidade do consumidor no mercado de consumo e por ação governamental no sentido de proteger efetivamente o consumidor por iniciativa direta, por incentivos à criação e desenvolvimento de associações representativas, pela presença do Estado no mercado

---

44 O art. 88 da Lei nº 12.529/2011 prevê que os atos de concentração serão obrigatoriamente submetidos à aprovação do Cade. Constata-se ainda a intervenção estatal no domínio econômico, buscando assegurar a prevenção e a repressão ao abuso do poder econômico, orientadas pelos ditames constitucionais de liberdade de iniciativa, livre concorrência e defesa dos consumidores. A Lei nº 12.529/2011 estrutura o Sistema Brasileiro de Defesa da Concorrência, sobre prevenção e repressão às infrações a ordem econômica.

45 São exemplos de condutas que podem ser punidas nos termos do art. 36 da Lei nº 12.529/2011: a fixação de preços ou condições de venda entre concorrentes (cartel), ajustes de preços e condições em licitações públicas (cartel em licitações), discriminação de preços, venda casada, recusa de negociação, prática de preços predatórios e destruição de matérias-primas (açambarcamento).

46 Art. 6º, IV, da Lei nº 8.078/90.

de consumo, pela garantia dos produtos e serviços com padrões adequados de qualidade, segurança, durabilidade e desempenho[47].

Registre-se que a lei consumerista determina o intervencionismo do Estado no sentido de proteger o consumidor pela garantia da qualidade dos produtos ofertados no mercado de consumo, conforme prescreve o art. 4º, inc. II, do CDC, *in verbis:*

> Art. 4º [...]
> II – ação governamental no sentido de proteger efetivamente o consumidor:
> [...]
> d) pela garantia dos produtos e serviços com padrões adequados de qualidade, segurança, durabilidade e desempenho;

A Lei nº 8.137/90, que define os crimes contra a ordem econômica e tributária, também tipifica condutas que constituem crimes contra as relações de consumo, demonstrando assim a intervenção do Estado em prol do consumidor vulnerável, como por exemplo, o fato de expor à venda mercadorias em desacordo com as prescrições legais[48].

A ação governamental, com previsão nos arts. 5º, XXXII, e 170 da **Constituição Federal,** determina que o Estado tem o dever de promover a **defesa do consumidor**.

Assim, o legislador constitucional introduziu o dirigismo estatal no âmbito do mercado de consumo, possibilitando o intervencionismo do Estado inclusive nos contratos privados, com objetivo de restabelecer o justo equilíbrio.

Esse princípio da intervenção do Estado tem obrigação de atuar nas relações de consumo com a finalidade de proteger a parte mais frágil que é o consumidor[49].

A participação do Estado é imprescindível para que haja o equilíbrio de condições entre o fornecedor e o consumidor, devendo o

47 Art. 4º da Lei nº 8.078/90.

48 Art. 7º da Lei nº 8.137/90.

49 No mesmo sentido o art. 4º, II, da Lei nº 8.078/90.

Estado atuar na entrega da efetiva prestação jurisdicional tornando equivalentes as posições das partes envolvidas no negócio.

Rizzatto Nunes afirma que o Estado deve atuar de forma direta para *proteger efetivamente o consumidor, não só visando assegurar-lhe acesso aos produtos e serviços essenciais como para garantir qualidade e adequação dos produtos e serviços*[50].

No âmbito da União Europeia, registra-se que a Diretiva nº 85/374 da Comunidade Econômica Europeia eximia a responsabilidade civil do fornecedor em se tratando de risco de desenvolvimento. Contudo, a referida Diretiva foi alterada pela Diretiva nº 1999/34, que considera a viabilidade da responsabilidade pelos riscos, pois a segurança de produtos e a reparação de danos causados são imperativos sociais necessários à garantia do mercado de consumo.

A Lei do Consumidor encontra-se em sintonia com a Diretiva Europeia, consignando no art. 12 a responsabilidade do fornecedor independente de culpa, traduzindo assim a responsabilidade pelos riscos dos produtos ofertados, não prevendo como causa de exclusão da responsabilidade os riscos do desenvolvimento, que fazem parte do fortuito interno da pessoa que explora uma atividade econômica[51].

No mesmo sentido, a Lei do Consumidor estabelece o dirigismo estatal na tipificação penal de condutas do fornecedor em desacordo com o Código de Defesa do Consumidor, quando, por exemplo, determina que o fornecedor faça a comunicação aos consumidores e à autoridade competente a respeito da nocividade ou periculosidade de produtos cujo conhecimento seja posterior à sua colocação no merca-

50 NUNES, Rizzatto. *Curso de direito do consumidor*. 3. ed. São Paulo: Saraiva, 2008, p. 130.

51 O art.12, § 3º, consigna as hipóteses que o fornecedor poderá alegar para eximir-se de sua responsabilidade, o que na realidade traduz as hipóteses de rompimento do nexo causal, não incluindo entre as causas o fortuito interno, ou seja; as hipóteses do risco do desenvolvimento que são riscos assumidos pelo fornecedor na exposição do seu produto em oferta no mercado.

do, demonstrando assim que o risco do desenvolvimento não isenta da responsabilidade no mercado[52].

Na sociedade contemporânea, são várias as situações nas quais o Estado, por intermédio do Poder Judiciário, intervém objetivando a estabilização das relações de consumo.

A intervenção do Estado nas relações de consumo, através do Poder Judiciário, exerce papel fundamental na busca do equilíbrio na atual "sociedade de risco", censurando a autonomia da vontade e, permitindo que o Estado intervenha na relação contratual a fim de conjugar os interesses das partes com aqueles atinentes à sociedade.

Coube assim, ao Poder Judiciário, por meio das normas de ordem pública, a interpretação dos pactos a fim de assegurar o equilíbrio entre a circulação de riquezas e os interesses individuais e coletivos, prestigiando a função social do contrato e a boa-fé objetiva em detrimento da autonomia da vontade.

Ilustra-se, a título de exemplo, que a Lei nº 12.529/2011 assegura, no art. 106, a intervenção do Estado-Juiz na empresa para permitir a execução específica para o cumprimento de obrigação de fazer ou não fazer, nomeando o interventor com duração máxima de 180 dias, assegurando assim a eficácia do ato jurisdicional[53].

Idêntico o provimento jurisdicional na concessão da tutela específica prevista no art. 84 do CDC para a proteção da pretensão do consumidor.

Dessa forma, o intervencionismo estatal através da jurisdição faz-se necessário considerando que a lei não é mecanismo suficiente para dirimir os conflitos na sociedade, não estando o juiz mais limitado à mera aplicação da lei ao caso concreto, dando margem à introdução da

52 Nesse sentido dispõe o art. 64 do CDC: *Deixar de comunicar à autoridade competente e aos consumidores a nocividade ou periculosidade de produtos cujo conhecimento seja posterior à sua colocação no mercado: Pena – Detenção de seis meses a dois anos e multa.*

53 Nesse sentido a Lei nº 12.529/2011 estabelece no art. 95 a tutela específica do Estado-Juiz, podendo ser decretada a intervenção na empresa na forma do art. 102.

interpretação através dos princípios consumeristas e constitucionais para a entrega da satisfação da demanda deduzida em Juízo.

Conforme citado por Diaz, é necessário que a segurança jurídica se identifique não apenas com a noção da existência de uma ordem jurídica, com conhecimento do que está proibido e permitido, exigindo além de um sistema de legalidade, um sistema de legitimidade, pelo qual o direito objetivo consagre valores julgados imprescindíveis afirmando que *segurança não é só um fato, é também, sobretudo, um valor,* razão da importância do dirigismo estatal através do Judiciário[54].

6. Conclusão

Conforme mencionado, surge no Século XX em atenção aos direitos de terceira geração o Estado Democrático de Direito, passando a ser considerado como instrumento necessário para a decisão jurídica com fundamento nos princípios constitucionais, demonstrando assim que o Juiz não está limitado à mera aplicação da lei ao caso concreto. Vislumbra-se assim, que a lei não é mecanismo suficiente para dirimir os conflitos na sociedade, dando margem à introdução dos princípios constitucionais para a interpretação jurídica.

Em relação aos princípios do Direito destacam-se o princípio da estabilidade relativa do direito, que é anseio comum aos juristas e ao povo, e o princípio da uniformidade e continuidade jurisprudencial, que é indispensável para que a interpretação do Direito pelos tribunais tenha um mesmo sentido e permanência.

A modernização da sociedade erige a sociedade de risco em conjunto com a sociedade de consumo, expondo no mercado produtos com riscos que são exigidos pela mesma sociedade em decorrência da necessidade de novos produtos com qualidade.

Contudo, os riscos do desenvolvimento não podem ser repassados para o consumidor, que hoje necessita de amparo, considerado como vulnerável no mercado de consumo. Faz-se necessário o dirigismo estatal para a manutenção do equilíbrio e responsabilização do fornece-

54 DIAZ, Elias. Op. cit., p. 47.

dor pelos danos causados ao consumidor em decorrência de produtos expostos ao mercado, decorrentes dos riscos do desenvolvimento.

É necessário que o Poder Judiciário utilize a interpretação quanto à eficácia horizontal dos direitos fundamentais, balizadores das relações Estado-indivíduo que são eficazes nas relações privadas, seja na interpretação das normas do conflito privado, seja na concretização das cláusulas gerais através de valores constitucionais, seja no preenchimento de eventuais lacunas valorativas no Direito Privado.

A *Lei da Boa Razão*, introduzida no ano de 1769, denominada por Corrêa Telles, dizia que os Juízes deveriam ser escolhidos entre os homens prudentes e de conduta morigerada, de preferência conhecedores do Direito. Esta lei revogou as disposições das Ordenações Filipinas de 1850 e, constituiu um Código de Organização Judiciária, colecionando modo de escolha dos Juízes e sobre a hermenêutica jurídica[55].

Face ao exposto, os princípios aplicados pelo Estado de Direito através da Jurisdição no mercado de consumo consagram o justo equilíbrio entre as diversas demandas advindas de práticas comerciais consideradas abusivas, necessitando da tutela jurisdicional para a proteção do consumidor vulnerável.

Destarte, parafraseando o insigne doutrinador Werson Rego, que ensina que *são abusivas todas as condutas e/ou cláusulas que contrariam a principiologia do Código de Defesa do Consumidor, porque tendentes a ampliar a vulnerabilidade deste*[56], concluindo assim, pela relevância do Poder Judiciário na atual sociedade de risco em prol da segurança jurídica nas relações de consumo, necessitando do dirigismo estatal em busca do justo equilíbrio que sempre deve reinar entre as partes envolvidas.

---

55 SLAIBI FILHO, Nagib. *Reforma da Justiça*: (notas à Emenda Constitucional nº 45, de 8 de dezembro de 2004). Niterói: Impetus, 2005, p. 221. Nagib, citando Carlos Mário Velloso e Aliomar Baleeiro, afirma que o primeiro Juiz em terra brasileiras, segundo as tradições europeias, foi Martin Afonso de Souza, primeiro Governador-Geral investido por carta do Rei de Portugal nas funções administrativas e judiciárias (p. 220).

56 REGO, Werson. Apresentação feita na 10ª Reunião da Secretaria Nacional do Consumidor com o Sistema Nacional de Defesa do Consumidor Brasília – 03.12.2014.

7. Referências

ALEXY, Robert. *Teoria da argumentação jurídica:* a teoria do discurso racional como teoria da justificação jurídica. Trad. de SILVA, Zilda Hutchinson Schild. São Paulo: Landy, 2001.

ALEXY, Robert. *Teoria de los derechos fundamentais*. Trad. de VALDÉS, Ernesto Garzón. Madrid: Centro de Estudos Políticos y Constitucionales, 2002.

ÁVILA, Humberto. *Teoria dos princípios:* da definição à aplicação dos princípios jurídicos. 6. ed. São Paulo: Malheiros, 2003.

AZEVEDO, Antônio Junqueira de. *Negócio jurídico:* existência, validade e eficácia. 3. ed. São Paulo: Saraiva, 2000.

BARROSO, Luís Roberto. *Temas de direito constitucional*. 2. ed. Rio de Janeiro: Renovar, 2002.

BARSOSA, Lívia. *Sociedade de consumo*. Rio de Janeiro: Jorge Zahar, 2004.

BAUMAN, Zygmunt. *Modernidade líquida*. Rio de Janeiro: Zahar, 2001.

BENJAMIN, Antônio Herman de Vasconcelos e et al. *Código brasileiro de defesa do consumidor comentado pelos autores do anteprojeto*. Rio de Janeiro: Forense Universitária, 1998.

BOBBIO, Norberto. *A era dos direitos*. Rio de Janeiro: Elsevier, 2004.

BONATTO, Claudio. *Questões controvertidas no código de defesa do consumidor*: principiologia, conceitos, contratos. 3. ed. Porto Alegre: Livraria do Advogado, 2001.

CANARIS, Claus Wilhelm. *Pensamento sistemático e conceito de sistema na ciência do direito*. Trad. de CORDEIRO, A. Menezes. 3. ed. Lisboa: Fundação Calouste Gulbenkian, 2002.

CANOTILHO, J. J. Gomes. *Direito constitucional e teoria da Constituição*. Coimbra: Almedina, 2000.

CAVALIERI FILHO, Sérgio. *Programa de direito do consumidor*. São Paulo: Atlas, 2008.

DEBORD, Guy. *La societé du spatacle*. Paris: Champ Libre, 1971.

DIAZ, Elias. *Sociologia y filosofia del derecho*. Madrid: Taurus, 1977.

DWORKIN, Ronald. *Levando os direitos a sério*. Trad. de BOEIRA, Nelson. São Paulo: Martins Fontes, 2002.

______. *O império do direito*. Trad. de CARMARGO, Jefferson Luís. São Paulo: Martins Fontes, 1999.

EBERLE, Simone. *A capacidade entre o fato e o direito*. Porto Alegre: Sérgio Antônio Fabris, 2006.

EFING, Antônio Carlos. *Contratos e procedimentos bancários*. 2. ed. São Paulo: Revista dos Tribunais, 2012.

GIDDENS, Anthony. *As consequências da modernidade*. Trad. de FILKER, Raul. São Paulo: Unesp, 1991.

GOMES, Fabiana Maria Martins de. Sociedade de risco e o futuro do consumidor. *Revista de Direito do Consumidor*. São Paulo, n. 44, p. 122-139, 2002.

GUERRA, Sérgio. *Discricionariedade e reflexibilidade:* uma nova teoria sobre as escolhas administrativas. Belo Horizonte: Forum, 2008.

HABERMAS, Juergen. *A crise de legitimação no capitalismo tardio*. Trad. de CHACON, Vamireh. Rio de Janeiro: Tempo Brasileiro, 2002.

______. *Direito e democracia:* entre facticidade e validade. Trad. de KOTHE, Flávio R. 2. ed. Rio de Janeiro: Tempo Brasileiro, 2003.

______. *Facticidad y validez*: sobre el derecho y el estado democrático de derecho en términos de teoria del discurso. Trad. de REDONDO, Manuel Jimenez. Madrid: Trotta, 1998.

LARENZ, Karl. *Metodologia da ciência do direito*. Trad. de LAMEGO, Jose. Lisboa: Fundação Calouste Gulbenkian, 1997.

LIPOVESTSKY, Gilles. *A felicidade parodoxal:* ensaio sobre a sociedade de hiperconsumo. São Paulo: Companhia das Letras, 2007.

LOCKE, John. *Segundo tratado sobre o governo*. Trad. de MARINS, Alex. São Paulo: Martins Claret, 2005.

MARCUSE, Hebert. *A ideologia da sociedade industrial:* o homem unidimensional. Rio de Janeiro: Zahar, 1973.

MARTINS-COSTA, Judith. *Pessoa, personalidade, dignidade*. Tese de livre-docência em Direito Civil apresentada à congregação da faculdade de direito de São Paulo, mai. 2003.

MAUS, Ingeborg. *O judiciário como superego da sociedade*: o papel da atividade jurisprudencial na "sociedade órfã". Trad. de LIMA, Martônio et al. *Revista Novos Estudos CEBRAP*, n. 58, nov. 2000.

MIRANDA, Francisco Cavalcanti Pontes de. *Tratado de direito privado*, v. 2, 2. ed., Rio de Janeiro, Borsoi, 1954.

MIRANDA, Jorge. *Manual de direito constitucional*. Lisboa: Editora Coimbra, 2008.

NADER, Paulo. *Introdução ao estudo do direito*. Rio de Janeiro: Forense, 2001.

NEVES, Edson Alvisi. Revisitando o conceito de consumidor frente à sociedade de risco no Brasil. Sociedade de Risco e Direito Privado. Desafios normativos, consumeristas e ambientais. In: LOPEZ, Teresa Ancora; LEMOS, Patrícia Faga Iglecias; RODRIGUES JR., Otávio Luiz (Coord.). *A sociedade de risco e direito privado*. São Paulo: Atlas, 2013, p. 394-405.

NOGUEIRA, Alberto. *Jurisdição das liberdades públicas*. Rio de Janeiro: Renovar, 2003.

REGO, Werson. *Apresentação feita na 10ª Reunião da Secretaria Nacional do Consumidor com o Sistema Nacional de Defesa do Consumidor Brasília* em 03.12.2014.

SCHREIBER, Anderson. *Direito da personalidade*. São Paulo: Atlas, 2011.

SLAIB FILHO, Nagib. *Reforma da justiça (notas à Emenda Constitucional nº 45, de 8 de dezembro de 2004)*. Niterói: Impetus, 2005.

STRECK, Lenio. *O que é isso, decido conforme minha consciência?* 2. ed. Porto Alegre: Livraria do Advogado, 2010.

TEPEDINO, Gustavo (Org.). *Direito civil contemporâneo. Novos problemas à luz da legalidade constitucional*. São Paulo: Atlas, 2008.

WIEACKER, Franz. *História do direito privado moderno*. Trad. de HESPANHA, A. M. Botelho. 4. ed. Lisboa: Fundação Calouste Gulbenkian, 1993.

WOLKMER, Antônio Carlos. *Introdução ao pensamento jurídico crítico*. São Paulo: Saraiva, 2009.

PRINCÍPIO DA ETICIDADE NORMATIVA

Poul Erik Dyrlund

1. Considerações Iniciais

Objetiva-se com este ensaio delinear, no âmbito do Código Tributário Nacional, a presença do princípio da boa-fé objetiva, a partir do art. 146, bem como estabelecer quais os seus corolários na relação jurídico-tributária primária, entre Fisco e o contribuinte, através de critérios lógicos-normativos.

2. Pauta Axiológica

Adverte Eros Roberto Grau que *a interpretação é atividade que se presta a transformar disposições (textos, enunciados) em normas; é meio de expressão dos conteúdos normativos das disposições (Zagrebelsky, 1990/68 e ss. e Grau 1995/5-7, 1997/55 e ss. e 1998/65 e ss.),* e prossegue *por isso as normas resultam da interpretação. O intérprete dotado de poder suficiente para assim criar as normas, a partir delas construindo, em cada caso, a norma de decisão, é o **intérprete autêntico** no sentido conferido a essa expressão por Kelsen (1979/469 e ss.) – isso é fundamentalmente, o juiz*, e arremata ***não obstante****, também os que não preenchem os requisitos do **interprete autêntico** (os que não são juízes) interpretamos/aplicamos o direito até o momento anterior à norma de decisão* (destaques no original).

As disposições são dotadas, no dizer de Kelsen, de uma moldura, da qual se pode inferir um conjunto de normas, cabendo ao exegeta escolher dentre as possíveis a mais própria ou "adequada", na medida em que *a norma não é objeto de* ***demonstração****, mas de justificação* (Grau), o que se coaduna, v.g., com a Carta da República de 1988, art. 93, IX, quando, em relação aos julgamentos judiciais, *a fortiori* em sentido lato administrativo, esta impõe que as decisões sejam fundamentadas.

Distinguem-se, portanto, o texto e a norma, sendo aquele seu aspecto denotativo, sua exteriorização, sua forma, enquanto esta corresponde ao ângulo conotativo, sua essência, a substância, que é o que se intenta, afinal, aplicar no caso concreto, como diretriz estabelecida pelo ordenamento jurídico, orientado por seus valores, atendidas as exigências do bem comum.

Do texto pode o exegeta, em princípio, extrair diversas normas – de cunho subjetivo, ou objetivo, – na razão direta em que se faça uma opção, dentre as exegeses possíveis, norteadas pela ideologia **social** – conjunto de ideias, princípios, valores, entendidos como ideais, que refletem uma determinada sociedade, em dado momento temporal, e espacial – e **não pessoal**, sob pena, neste último caso, de se sobrepor, afinal, à vontade coletiva, com risco aos direitos individuais e coletivos.

Antes de adentrar a distinção entre norma subjetiva e objetiva, cabe reforçar a ideia de que o caráter axiológico permeia a construção da norma, invocando-se o escólio de Carlos Maximiliano *se é certo que o juiz deve buscar o verdadeiro sentido e alcance do texto, todavia este alcance e aquele sentido não podem estar em desacordo com o fim colimado pela legislação – o bem social*, e prossegue: *opte-se na dúvida pelo sentido mais consentâneo com as exigências da vida em coletividade e o desenvolvimento cultural de um povo; atenda-se também à praticabilidade do Direito.*

Corroborando a assertiva de que a identificação da norma é permeada por um viés axiológico, – nem poderia ser diferente, especialmente no diálogo pós- positivista (*rectius,* não positivista) entre Direito e Ética, sendo o texto apenas um ponto de partida, para a busca dos valores que a mesma se destina a servir –, cabe colacionar o asseverado pelo Superior Tribunal de Justiça (RHC 5.454, DJ 17.02.1997). *O Direito, com efeito, é norma e fato (valorados). A experiência jurídica fornece assim, o grande material para o juiz. Não é difícil explicar e compreender* ***as divergências dos tribunais são****, fundamentalmente,* ***ideológicas*** (sem destaques no original).

2.1. Mutação axiológica

Neste ponto, cabe aduzir que aquele conjunto de valores que confere a identidade de uma sociedade é cambiável no tempo, conforme a própria evolução e marcha daquele agrupamento social, quanto aos seus hábitos e costumes, gerando novas necessidades na realidade hodierna, a impor, como consequência a alteração da norma jurídica, que havia sido identificada no âmbito de uma disposição.

Karl Laurenz, discorrendo, *mutatis mutandis*, sobre essas alterações registrou:

> De entre os factores que dão motivo a uma revisão e, com isso, frequentemente a uma modificação da interpretação anterior, cabe uma importância proeminente à alteração da situação normativa.
> Trata-se a este propósito de que as relações fácticas ou usos que o legislador histórico tinha perante si e em conformidade aos quais projetou a sua regulação para os quais a tinha pensado, variaram de tal modo que a norma dada deixou de se "ajustar" às novas relações. É o factor temporal que se faz notar aqui. Qualquer Lei está como facto histórico, em relação actuante com o seu tempo.

E arremata Larenz:

> A alteração da situação normativa pode assim conduzir à modificação – restrição ou extensão – do significado da norma até aqui prevalecente. De par com a alteração da situação normativa existem factos tais como, sobretudo, modificações na estrutura da ordem, jurídica global, uma nítida tendência da legislação mais recente, um novo entendimento da *ratio legis* ou dos critérios teleológico-objetivo, bem como a necessidade de adequação do Direito pré-constitucional aos princípios constitucionais, que podem provocar uma alteração de interpretação.

Verifica-se, portanto, que a interpretação é cambiante no tempo, dada a variação dos usos e costumes sociais, acarretando, necessariamente, a modificação daquele resultado do processo interpretativo, designado como norma jurídica, a fim de ajustá-la ao novo pensamento dominante, que exterioriza uma nova pauta de valores éticos.

Esta mutação se apresenta como um fenômeno jurídico normal, dado o evoluir da sociedade, não significando qualquer afronta ao princípio da separação dos Poderes, por parte do exegeta, pois a adequação axiológica da disposição, ao revés de ser entendida como desprezo deste, indica a sua revitalização com a preservação das relações sociais.

Nesta perspectiva, a hermenêutica vem cada vez mais sendo ampliada pela semiótica jurídica, que permite ao aplicador da disposição considerar os valores que as normas encerram com destaque para os princípios compartilhados pela sociedade, que a respectiva aplicação seja feita com a realidade social do seu tempo.

3. Disposições Jurídicas

As disposições jurídicas, e não as normas, estas extraídas das primeiras, são dotadas de atributos, destacando-se, no que interessa a este ensaio, o da generalidade ou universalidade, traduzida na indeterminação dos seus destinatários, e, mais especialmente, o da abstração, que permite a sua aplicação a casos indeterminados.

Esses atributos, profliga Francisco Amaral, *decorrem do princípio da igualdade formal, próprio do modelo jurídico do liberalismo e de ideologia do Estado do Direito*, ou seja, por imperativo constitucional, como regra, a linguagem das disposições é de textura aberta, de molde a se preservarem aquelas qualidades, e restarem adequadas ao postulado da isonomia, o que naturalmente, gera certa indeterminação conceitual que deverá ser enfrentada pelo aplicador da disposição.

Kelsen alertava que a aplicação das disposições é feita em face de molduras interpretativas criadas pela indeterminação – intencional, ou não – daquelas, cabendo ao órgão aplicador definir a norma jurídica a ser utilizada para a sua incidência.

Trata-se de situação inevitável, na medida em que as disposições devem ostentar tais atributos, o que acarreta como corolário a necessidade de se delimitar o alcance das mesmas, com a formulação das normas respectivas, observada a pauta de valores ético-sociais, havendo, nesta trilha, consignado o STJ: *A lei trabalha com o gênero. Da espécie cuida o magistrado* (STJ, REsp 68.120, DJ 09.12.1996), a *fortiori* o aplicador da disposição.

4. Normas Jurídicas Objetivas e Subjetivas

Estabelecido que a norma jurídica é fruto do trabalho de uma exegese imprimida a uma disposição, e que a mesma deve ser continuamente construída, por não ser constante, absoluta, senso cambiável conforme o evoluir social, cabe assentar sua dicotomia em objetivas e subjetivas.

As primeiras – objetivas – decorrem da circunstância inarredável imposta ao aplicador da disposição de estabelecer, a partir de um juízo de hermenêutico, ou semiótico, um critério jurídico, dentre os possíveis, para identificar a incidência da disposição ao caso concreto.

Como salientado, em razão do princípio constitucional da isonomia, a implicar no atributo abstração das disposições, o legislador utiliza vocábulos, muitas vezes com significados múltiplos, bem como conceitos vagos destituídos da objetividade, o que implica na fixação de um significado, elaborado a partir do texto interpretado, que se acomoda, dentre as diversas alternativas postas, na moldura da disposição, possibilitando a respectiva aplicação.

A dogmática alcunhou esta tomada de posição de orientação administrativa, ou jurisprudencial, tendo o Código Tributário Nacional, em seu art. 146, *a*, batizado de "critério jurídico".

Alerte-se que as normas jurídicas objetivas podem, por seu turno, assumir as modalidades expressas ou orgânicas, e implícitas, inorgânicas ou tácitas.

Colhem-se as primeiras – as expressas – quando a orientação administrativa (*rectius*: uma norma jurídica objetiva) vem formalizada em atos administrativos normativos, tais como, portaria, decreto, ordem de serviço, instrução (art. 100, I, CTN), ou mesmo consultas (art. 161, § 2º, CTN), enquanto as segundas – tácitas – se apresentam na dicção do CTN, art. 100, III, nas *práticas reiteradamente observadas pelas autoridades administrativas*.

O segundo grupo – normas jurídicas subjetivas – caminha mais adiante da objetiva, pois além de estabelecer um critério jurídico, previamente considera, outrossim, para solução da hipótese, colocada diante do órgão aplicador da disposição, os elementos do caso, ou seja, os feitos em suas nuances e peculiaridades, permitindo a construção da solução justa, a teor da lógica do razoável.

Observe-se, desde já, que a Administração Pública labora no mais das vezes com norma jurídica objetiva, todavia, quando é formulada uma consulta tributária, tem-se a incidência da segunda espécie (subjetiva), o que ganha relevo, por ter o Código Tributário Nacional estabelecido regimes jurídicos diversos para cada uma, conforme se demonstrará adiante.

5. Princípios da Boa-fé Objetiva e da Confiança

A boa-fé, em sua vertente objetiva ou normativa, ressurgiu mais fortemente com a entrada em vigor do Código Civil de 2002, com a inclusão, dentre outras disposições, dos arts. 112 e 422, podendo, segundo o magistério de Francisco Amaral ser conceituada como:

> A consideração pelo agente, dos interesses alheios, ou a imposição de consideração pelos interesses legítimos do contratante, o que é próprio de um comportamento leal, probo, honesto, que traduz, um dever de lisura, correção e lealdade, o que o direito italiano chama de CORRETEZZA.

Nesta perspectiva, a dogmática aponta, com razão, que uma das funções da boa-fé objetiva é estabelecer uma fonte autônoma de direitos e deveres entre as partes envolvidas em determinada relação jurídica, passando a compor esta, de tal sorte que a inobservância da mesma pode ensejar consequências jurídicas.

Eros Roberto Grau, *mutatis mutandis*, verberava que, – mesmo antes do novel Código Civil –, *a boa-fé incorpora o valor ético da confiança, representando uma das vias mais fecundas da erupção do conteúdo ético-social na ordem jurídica. Dele deriva o dever de correção da Administração, que, a toda evidência, pauta o exercício, por esta, de seus deveres-poderes, inclusive o de prestar ao seu consulente em matéria tributária a orientação que confirme a certeza administrativa por ele pretendida*, e, conclui:

> Rompido esse dever de correção e compreendido o valor ético da confiança infração do princípio de que ninguém pode impunemente *venire contra factum proprium* enseja a responsabilização da Administração pelos danos causados mediante o rompimento e comprometimento daquele dever e valor ético.

A referência, em epígrafe, ao aforisma – *venire contra factum proprium* – remete à Teoria dos Atos Próprios, pela qual não se permite *in casu* à Administração Pública que desconsidere o seu proceder anterior depois de estabelecer relações jurídicas, naqueles termos, com o cidadão, em cuja seriedade o mesmo confiou, no pressuposto de que fosse uma expectativa legítima e razoável.

Essas digressões servem para assentar, em harmonia com pretéritas, que uma vez cristalizada, em linha de princípio, uma norma jurídica objetiva para uma determinada disposição, seja pela vertente administrativa, ou judicial, – porquanto o art. 146 do Código Tributário Nacional abarca as duas situações – pela boa-fé objetiva, mais conhecida no âmbito tributário como princípio da proteção à confiança, deve ser tutelada esta crença jurídica do contribuinte, em relação aos fatos passados.

Remarque-se, – pela própria dinâmica das normas jurídicas –, é de sua natureza a respectiva mutação, podendo haver a mudança superveniente de interpretação da disposição, orientação administrativa, ou judicial, conforme v.g. defluem os verbetes nº 343 e nº 400, ambos da Súmula do Supremo Tribunal Federal de Recursos, inadmitindo-se, apenas, à vista do princípio abordado, que haja aplicação a anteriores eventos tributários.

6. Solução de Compromisso

Neste tópico, pretende-se apontar as diversas soluções possíveis oferecidas pelo ordenamento jurídico nas situações em que o contribuinte, tendo observado os critérios jurídicos firmados pela

Administração Pública, verifica que o Poder Público, posteriormente, os firmou em uma percepção, ou de forma equivocada, ou que os mesmos não mais se sustentam perante as alterações culturais operadas na sociedade, e intenta reajustá-los para que se adequem aos novos paradigmas.

O ordenamento jurídico oferece, assim, soluções calcadas no princípio da não contradição, a indicar ser aquele sistêmico, a inviabilizar que, por um lado, os princípios da legalidade tributária, de sede constitucional, e o da obrigatoriedade do lançamento sejam inobservados, e, noutra banda, que o contribuinte seja maculado em sua boa-fé objetiva, na medida em que praticou sua conduta em termos de recolhimento de tributos pelos critérios jurídicos apontados pela Administração Pública.

A regra básica deflui do art. 146 do Código Tributário Nacional, encampada pelo verbete nº 227 da Súmula do extinto Tribunal Federal de Recursos, a apontar no sentido de que a modificação do critério jurídico (*rectius*: norma jurídica) só deve alcançar os fatos geradores ocorridos posteriormente a esta, resguardando-se o contribuinte que observou o critério, até então tido como correto pela Administração Pública.

Em segundo lugar, o critério jurídico pode emanar de consulta tributária formulada pelo interessado, em uma situação específica, hipótese em que pelo princípio da autovinculação, a Administração Pública terá que observar o mesmo, dada a formação de coisa julgada administrativa (Inf. STJ 80, REsp 278.178), que só poderá ser revertida, em princípio, abstraídas as divergências doutrinárias sobre o tema, por ação anulatória proposta pelo Fisco (art. 156, IX, CTN).

Finalmente, a questão que se coloca é como resolver a discrepância entre a norma jurídica objetiva estabelecida pela autoridade competente e a posterior constatação de que a mesma em muito se afastou, já na sua configuração originária, e não em decorrência de mudança superveniente, provocada pela evolução social, considerando os princípios adredemente relacionados.

Anote-se que as soluções determinadas estão longe, não obstante tenhamos nos esforçado para fundamentá-las no Código Tributário Nacional, de serem uma unanimidade, quer no plano doutrinário, quer no jurisprudencial.

7. Disposições Finais

A razão deste ensaio foi demonstrar que a relação jurídico-tributária é dotada de deveres jurídicos anexos ou implícitos, dos quais se destaca a eticidade, na perspectiva de que a Administração Pública – tanto quanto o contribuinte –, tem o dever de agir com lealdade, não criando armadilhas ao estabelecer orientação ou entendimento de uma disposição tributária, de tal sorte que, sendo observado aquele critério jurídico pelo interessado, estará o contribuinte tutelado pelo ordenamento jurídico, à consideração de sua boa-fé objetiva.

8. Referências

AMARAL, Francisco. *Direito civil. Introdução*. 5. ed. Rio de Janeiro: Renovar, 2003.

GRAU, Eros Roberto. *O direito posto e o direito pressuposto*. 6. ed. São Paulo: Malheiros Ed. Ltda., 2005.

KELSEN, Hans. *Teoria pura do direito*. Trad. João Batista Machado. 4. ed. Armênio/Editor, Coimbra, 1979.

LARENZ, Karl. *Metodologia da ciência do direito*. 3. ed. Lisboa, 1997.

MAXIMILIANO, Carlos. *Hermenêutica e aplicação do direito*. 12. ed. Rio de Janeiro: Forense, 1992.

WALD, Arnold. Doutrina. Superior Tribunal de Justiça. Edição Comemorativa – 15 anos. *A Contribuição do Superior Tribunal de Justiça na consolidação do Princípio da Confiança*.

SEGURANÇA JURÍDICA E "INCERTEZA JURISDICIONAL" NO BRASIL

Ricardo Villas-Boas Cueva

SUMÁRIO: 1. Segurança Jurídica. **2.** O Debate Sobre "Incerteza Jurisdicional". **3.** Outras Percepções de "Insegurança Jurídica". **4.** Reformas Tendentes a Ampliar a Segurança Jurídica. **5.** Considerações Finais.

Honrado com o convite para participar desta obra coletiva em homenagem ao Ministro Carlos Mário da Silva Velloso, pareceu-me interessante confrontar a noção de segurança jurídica com a percepção de que há algum tipo de "incerteza jurisdicional" no Brasil, apresentando, em seguida, algumas das mudanças recentes em nosso ordenamento que parecem vir em reforço do princípio da segurança jurídica.

1. Segurança Jurídica

O tema da segurança jurídica remete à complexa relação entre tempo e Direito[1]. Em vista de incertezas e contingências incontrolá-

1 V. OST, François. *O tempo do direito*. Bauru: Edusc, 2005. Para o autor, os dois polos essenciais da regulação jurídica do tempo social são o perdão e a promessa. O juiz é *o guardião das promessas: ele aplica a lei preestabelecida a fatos passados. Ele declara o direito em respeito à segurança jurídica.* Mas o problema da retroatividade das leis *assume uma acuidade muito particular, desde que, como sabemos, os juízes se viram atribuir, no decurso destas últimas décadas, um papel cada vez mais central na rede jurídica: numerosas questões, não verdadeiramente resolvidas na lei, são deixadas, em definitivo, para sua apreciação; suas competências não cessaram de se ampliar, ao mesmo tempo em que se multiplicavam os recursos de toda ordem, e, enfim, é claro, as jurisdições estão daqui para frente habilitadas a anular ou passar certificado de invalidade não somente a normas administrativas, mas igualmente a textos promulgados por assembleias parlamentares*. Para resolver o conflito entre segurança e legalidade há uma série de argumentos opostos à retroatividade: *a confiança dos*

veis, trata-se de estabilizar as expectativas normativas quanto a alterações no direito positivo que possam afetar atos e relações iniciados e concluídos no passado ou ainda em curso. Não é sem razão, assim, que, em sua dimensão objetiva, a segurança jurídica se manifeste, em nível constitucional, na proteção do direito adquirido, do ato jurídico perfeito e da coisa julgada.[2] A vedação da irretroatividade da lei tem tido historicamente relevância maior no Direito Penal e no Direito Privado. É bom lembrar, contudo, que no Brasil, assim como na maioria dos ordenamentos, a proibição à retroatividade não é absoluta. A

jurisdicionados, que não se pode abalar impunemente, em um Estado de Direito; a necessária previsibilidade das situações, indispensável a uma gestão sadia dos negócios públicos e privados; a irreversibilidade dos fatos materiais e do tempo decorrido, que não se pode impedir de haver sido. Trata-se de uma difícil conciliação entre *a necessárias segurança jurídica e não menos indispensável faculdade de reabrir às vezes o passado para nele reinscrever as premissas em direito ou de uma justiça que estavam extraviadas.* Com isso, *busca-se por vias mais ou menos harmoniosas o difícil equilíbrio entre manutenção do passado e abertura do presente, que é, também, como se percebe, uma divisão delicada de atribuições entre juiz, legislador e administração* (p. 177 e ss.).

2 Cf. SILVA, José Afonso da Silva, Constituição e segurança jurídica. In: ROCHA, Cármen Lúcia Antunes (Org.). *Constituição e segurança jurídica*: direito adquirido, ato jurídico perfeito e coisa julgada. Belo Horizonte: Fórum, 2005, p. 15-30. O autor distingue segurança do direito de segurança jurídica. A primeira refere-se à proteção do direito objetivo e pressupõe sua positividade, a possibilidade de conhecimento seguro das normas jurídicas e a segura aplicabilidade do direito posto. Segurança jurídica, ao revés, diz respeito à proteção dos direitos subjetivos, especialmente em sua dimensão temporal, confundindo-se com a proteção constitucional do direito adquirido, do ato jurídico perfeito e da coisa julgada. Ver, também, COUTO E SILVA, Almiro do. O princípio da segurança jurídica no direito público brasileiro e o direito da administração pública de anular seus próprios atos administrativos: o prazo decadencial do art. 54 da lei do processo administrativo da União (Lei 9.784/99). In: COUTO E SILVA, Almiro do. *Conceitos fundamentais do direito no estado constitucional.* São Paulo: Malheiros, 2015. Para o autor, o princípio da segurança jurídica tem duas dimensões: *A primeira, de natureza objetiva, é aquela que envolve a questão dos limites da retroatividade dos atos do Estado, até mesmo quando estes se qualifiquem como atos legislativos [...] A outra, de natureza subjetiva, concerne à proteção à confiança das pessoas no pertinente aos atos, procedimentos e condutas do Estado, nos mais diferentes aspectos de sua atuação* (p. 46-47).

Constituição obsta a retroatividade penal (art. 5º, XL), protege o direito adquirido, o ato jurídico perfeito e a coisa julgada (art. 5º, XXXVI) e garante a anterioridade tributária (art. 150, III, *a*), mas não repele inteiramente a edição de normas com efeitos retroativos.

Mas o princípio da segurança jurídica, que atua objetivamente para impedir alterações no sentido e no alcance das normas que decorreriam da retroatividade da lei, colide por vezes com a ideia de justiça. Trata-se de conflitos de difícil solução, pois assegurar que o passado não seja reaberto pode levar a conclusões injustas, que não correspondem, por um lado, à mudança decorrente do próprio decurso do tempo, e, por outro, às promessas contidas no ordenamento como um todo. Daí dizer-se que, no Estado de Direito, deve-se procurar, nos processos decisórios, um resultado ao mesmo tempo previsível (ou que ao menos observe regras procedimentais previsíveis) e justo[3]. Essa seria a dimensão subjetiva do princípio da segurança jurídica, consistente na proteção da confiança legítima, verdadeiro pressuposto do Estado de Direito, entendido como ordem jurídica que não se confunde com a vontade unilateral e caprichosa de um soberano, mas que é *um sistema durável de interações e de compromissos recíprocos baseados na confiança*[4].

---

3 FERRAZ JR., Tercio Sampaio. Do efeito *ex nunc* na declaração de inconstitucionalidade pelo STF. In: FERRAZ JR., Tercio Sampaio. *Direito constitucional*: liberdade de fumar, privacidade, estado, direitos humanos e outros temas. Barueri: Manole, 2007, p. 100.

4 Cf. OST, François, op. cit. *Em um regime de* Rule of Law *prevalece um contrato tácito, no fim do qual os governados só obedecerão enquanto as autoridades respeitem, elas mesmas, as regras que adotaram (princípio* "pateres legem quam ipse fecisti"). *Este contrato gera de uma parte e de outra "expectativas legítimas", expectativas normativas: estamos, doravante, no direito de esperar das autoridades que respeitem sua palavra, do mesmo modo que elas podem contar com a nossa colaboração cívica. Uma ordem jurídica não é analisada, então, como a projeção da vontade unilateral e instantânea do soberano; deve ser compreendida, antes, como um sistema durável de interações e de compromissos recíprocos baseado na confiança.* Para o autor, o que distingue um regime de direito de um regime de gestão empresarial é o fato de que, no primeiro, são editadas regras gerais que garantem, ao mesmo tempo, a isonomia e a segurança, enquanto no segundo não há pretensão de generalidade nem de

A segurança jurídica, assim, pode ser vista como um estado de coisas, no qual não há dúvida sobre os direitos e os deveres do cidadão. Cuida-se de um elemento essencial da própria estrutura do Estado de Direito e compreende a clareza e a cognoscibilidade das normas, a confiabilidade e a calculabilidade. Como tal, a segurança jurídica presta-se a proteger o cidadão da surpresa e de exigências ou imposições excessivas, sejam elas provenientes do Legislativo, do Executivo ou do Judiciário[5].

A proteção da confiança é particularmente delicada nas relações verticais entre Estado e cidadão, pois no Direito Público prevalecem as noções de supremacia e de indisponibilidade do interesse público, que, em princípio, garantem à administração o direito de anular seus próprios atos. A questão que se põe, então, é como disciplinar os efeitos retroativos da anulação dos atos administrativos. Para tanto, a doutrina distingue a retroatividade autêntica da retroatividade aparente. *Há retroatividade autêntica quando a lei nova retroage para alcançar as consequências legais passadas de ações pretéritas*, produzindo

---

convergência entre intenções e atos. *É que seu princípio de ação é a eficácia, ao passo que o imperativo dos dirigentes no Estado de direito é a manutenção da confiança mútua* (p. 205).

5 Cf. ÁVILA, Humberto. *Teoria da segurança jurídica*. 3. ed. São Paulo: Malheiros. 2014. O autor conceitua segurança jurídica como *norma-princípio que exige, dos Poderes Legislativo, Executivo e Judiciário, a adoção de comportamentos que contribuem mais para a existência, em benefício dos cidadãos e na sua perspectiva, de um estado de confiabilidade e cognoscibilidade jurídicas, com base na sua cognoscibilidade, por meio da controlabilidade jurídico-racional das estruturas argumentativas reconstrutivas de normas gerais e individuais, como instrumento garantidor do respeito à sua capacidade de – sem engano, frustração, surpresa e arbitrariedade – plasmar digna e responsavelmente o seu presente e fazer um planejamento estratégico juridicamente informado do seu futuro* (p. 698). Em seu aspecto material, portanto, a segurança jurídica diz respeito à cognoscibilidade, à confiabilidade e à calculabilidade. A cognoscibilidade das normas supõe sua acessibilidade e inteligibilidade, bem como sua interpretação por métodos controláveis intersubjetivamente. A confiabilidade do Direito implica a proteção do ato jurídico perfeito, do direito adquirido e da coisa julgada. A calculabilidade, por fim, implica a proteção da confiança legítima e a proibição de arbitrariedade.

efeitos *em relação a período anterior à sua entrada em vigor, atingindo fatos e situações que se iniciaram e se concluíram no passado*. Já na retroatividade aparente, a lei nova produz efeitos para o futuro, mas alcança atos ou relações jurídicas que começaram no passado e que ainda subsistem[6].

O princípio da proteção da confiança legítima, reconhecido no Direito alemão[7] e no Direito comunitário europeu, veda, em geral, a retroatividade autêntica, com algumas exceções, como quando a confiança do particular for adequadamente tutelada ou quando não houver confiança a proteger, quando a retroatividade for benéfica ou ainda quando houver interesse público preponderante. A retroatividade aparente, contudo, em regra, é admitida. Ainda assim, a confiança legítima pode ser protegida se ficar demonstrado que: a) a alteração normativa foi súbita e imprevisível; b) havia base objetiva que gerou expectativa de estabilidade normativa; c) houve prejuízo; e d) a confiança do particular deve preponderar sobre o interesse público subjacente[8].

No Brasil, a confiança legítima também é protegida. Vale lembrar, a propósito, o art. 2º da Lei do Processo Administrativo (Lei nº 9.784/99), que expressamente vincula a Administração Pública ao princípio da segurança jurídica e proíbe interpretação retroativa da norma administrativa (inc. XIII). Além disso, o art. 54 da mesma lei limita o direito da Administração de anular os atos administrativos dos quais decorram efeitos favoráveis para os destinatários ao prazo decadencial de cinco anos, contados da data em que foram praticados, salvo comprovada má-fé. Para Almiro do Couto e Silva, tal dispositivo

6 BAPTISTA, Patrícia Ferreira. A tutela da confiança legítima como limite ao exercício do poder normativo da administração pública – A proteção às legítimas expectativas dos cidadãos como limite à retroatividade normativa, *RDE* n. 3, Rio de Janeiro, 2006, p. 155-181. Vale lembrar também a classificação tripartite adotada pelo STF na ADI 493, que divide a retroatividade, de acordo com seu grau de intensidade, em máxima, média e mínima.

7 No ordenamento alemão, exemplo de proteção da confiança legítima é o tratamento dado à revogação de atos administrativos da Lei do Procedimento Administrativo (*Verwaltungsverfahrensgesetz*), nos arts. 48 e 49.

8 BAPTISTA, Patrícia Ferreira, op. cit.

expressou, no plano da legislação ordinária, o princípio constitucional da segurança jurídica, em regra jurídica[9].

Não obstante, detectam-se percepções de uma difusa "incerteza jurisdicional", que ora se confunde com a imprevisibilidade das decisões judiciais, sem levar em conta que a incerteza é até certo ponto estrutural do processo decisório, ora se manifesta como crítica às alterações verificadas em nosso ordenamento a partir da Constituição Federal de 1988, bem como às significativas mudanças no modo de interpretar e aplicar o Direito.

2. O Debate Sobre "Incerteza Jurisdicional"

A discussão a respeito da "incerteza jurisdicional" pode ter como ponto de partida o artigo publicado há dez anos pelos economistas Pérsio Arida, Edmar Bacha e André Lara-Resende, no qual se sustenta, em linhas gerais, que a incerteza jurisdicional seria a principal razão das altas taxas de juros de curto prazo e da inexistência no Brasil de um mercado de crédito de longo prazo. A incerteza não se limitaria ao Judiciário, mas teria um caráter difuso, a permear também as deci-

9 COUTO E SILVA, Almiro do. O princípio da segurança jurídica no direito público brasileiro e o direito da administração pública de anular seus próprios atos administrativos: o prazo decadencial do art. 54 da lei do processo administrativo da União (Lei 9.784/99). In: COUTO E SILVA, Almiro do. Conceitos fundamentais do direito no estado constitucional. São Paulo: Malheiros, 2015, p. 62. *Como se trata de regra, ainda que inspirada num princípio constitucional, o da segurança jurídica, não há que se fazer qualquer ponderação entre o princípio da legalidade e da segurança jurídica, como anteriormente à edição dessa regra era necessário proceder. O legislador ordinário é que efetuou essa ponderação, decidindo-se pela prevalência da segurança jurídica, quando verificadas as circunstâncias perfeitamente descritas no preceito. Atendidos os requisitos estabelecidos na norma, isto é, transcorrido o prazo de cinco anos e inexistindo a comprovada má-fé dos destinatários, opera-se, de imediato, a decadência do direito da Administração Pública Federal de extirpar do mundo jurídico o ato administrativo por ela exarado, quer pelos seus próprios meios, no exercício da autotutela, quer pela propositura de ação judicial visando a decretação de invalidade daquele ato jurídico. Com a decadência, mantém-se o ato administrativo com todos os efeitos que tenha produzido, bem como fica assegurada a continuidade dos seus efeitos no futuro* (p. 63-64).

sões do Executivo e do Legislativo, no sentido de um viés antidevedor e antipoupador.[10] O artigo, que teve grande impacto no debate acerca da relação entre o comportamento dos agentes econômicos no mercado financeiro e o nível de proteção conferido pelo sistema jurídico aos direitos dos credores e aos direitos de propriedade de modo geral, mereceu respostas de vários tipos.

O jurista José Carlos Barbosa Moreira, por exemplo, curioso quanto ao sentido da expressão "incerteza jurisdicional", critica a fragilidade do estudo empírico que fundamenta a tese central do artigo de Arida, Bacha e Lara-Resende e argumenta que *os três economistas não apresentaram provas da propensão da Justiça para favorecer os devedores*, concluindo, com ironia, que, caso tivessem eles examinado *a legislação em vigor, encontrariam nela alguma base para sustentar que, em certa medida [...], tal propensão é recomendada aos juízes*. É que, segundo ele, o ordenamento jurídico brasileiro *decididamente não adota uma concepção sacralizada do contrato, e em não poucas hipóteses autoriza ou até obriga o órgão judicial a interferir na disciplina contratual, a fim de mitigar o rigor de estipulações dela constantes*[11].

Tal conclusão não foi confirmada por um estudo empírico elaborado exatamente com o propósito de medir o viés dos juízes brasileiros. Os economistas Paulo Furquim de Azevedo e Luciana Luk-Tai Yeung analisaram 1.687 recursos especiais julgados pelo Superior Tribunal de Justiça entre 1998 e 2008 e concluíram que os dados coligidos invalidam a tese de Arida, Bacha e Lara-Resende, pois as decisões não demonstraram significativa pendência para um outro lado da relação contratual, não sendo possível apontar nenhum viés explícito, ao menos nesse tribunal superior.[12]

---

10 ARIDA, Bacha e LARA-RESENDE, André. Credit, interest and jurisdictional uncertainty: conjectures on the case of Brazil. In: GIAVAZZI, GOLDFAJN E HERRERA (Orgs.). *Inflation targeting, debt, and the brazilian experience*: 1999 to 2003. Cambridge, MA: MIT Press, 2005.

11 BARBOSA MOREIRA, José Carlos. Dois cientistas políticos, três economistas e a justiça brasileira, *Revista Brasileira de Estudos Políticos*.

12 YEUNG, Luciana Luk-Tai e AZEVEDO, Paulo Furquim de. Pró-devedor ou pró-credor? Medindo o viés dos juízes brasileiros. *Insper working paper* 240/2011. Disponível em: <http://iepecdg.com.br>.

De outro ponto de vista, Joaquim Falcão, Luiz Fernando Schuartz e Diego Arguelhes argumentam que a incerteza é constitutiva do próprio modo de produzir decisões judiciais. Em um Estado de Direito o que se garante é a observância de meios adequados à resolução dos conflitos, não os resultados. Em consequência, há quem distinga uma incerteza estrutural (aquela que decorre da interpretação e aplicação de normas jurídicas que, frequentemente, admitem mais de uma solução correta) de uma incerteza patológica (como a que deflui do mau funcionamento do sistema de justiça). De uma perspectiva interna do Direito, que leve em consideração a complexidade do processo decisório, que vai muito além da aplicação de um silogismo, é impossível opor juízes autômatos (aqueles que simplesmente aplicariam a lei) a juízes ativistas ou consequencialistas. O ordenamento muitas vezes impõe que sejam tomadas em conta as circunstâncias sociais dos casos concretos como elementos integrantes da decisão. A indeterminação é parte do processo decisório e de criação da norma jurídica individual concreta, pois a relação entre fatos e normas é de mútua imbricação. Os fatos apreendidos pelo juiz são selecionados em vista das normas a serem aplicadas e vice-versa[13].

3. Outras Percepções de "Insegurança Jurídica"

Como se viu, a chamada "incerteza jurisdicional" tem sido debatida tanto por juristas como por economistas com o emprego de pressupostos e métodos tão diversos que chegam a ser irreconhecíveis, de modo que não é possível afirmar, conclusivamente, a existência de qualquer viés nas decisões judiciais.

Contudo, é muito difundida a percepção de que o "custo Brasil" deriva, em grande medida, de um estado de incerteza que decorreria da morosidade das decisões judiciais. A crise do sistema brasileiro de Justiça consiste, sobretudo, numa invencível sobrecarga de trabalho,

13 FALCÃO, Joaquim; SCHUARTZ, Luís Fernando; ARGUELHES, Diego Werneck. Jurisdição, incerteza e Estado de Direito, *Revista de Direito Administrativo*, v. 246, 2006, p. 79-112.

que, a despeito da alta produtividade média dos seus mais de 16 mil magistrados, não tem como dar solução adequada e tempestiva para os cerca de 95 milhões de processos em andamento. É que a taxa de congestionamento do sistema é de cerca de 70%, ou seja, *de 100 processos que tramitaram no ano de 2013, aproximadamente 29 foram baixados no período*[14].

A partir da Constituição de 1988, ampliou-se o acesso à Justiça, ampliou-se o número de juízes, bem como o orçamento dos tribunais, mas não se encontrou um equilíbrio entre qualidade e quantidade, entre celeridade, efetividade da jurisdição e segurança jurídica. Há um claro descompasso entre as promessas constitucionais de acesso à Justiça, de assistência jurídica integral e gratuita aos que comprovarem insuficiência de recursos e de duração razoável do processo (incs. XXXV, LXXIV e LXXVIII do art. 5º da Constituição Federal, respectivamente). Nesse sentido, o direito fundamental de acesso à Justiça não pode ser interpretado no sentido de que todo e qualquer conflito, independentemente de sua relevância jurídica, econômica e social, deva ser solucionado pelo complexo, lento e custoso processo judicial. Mauro Cappelletti e Bryant Garth já se demonstravam céticos, há mais de trinta anos, em sua clássica obra *Acesso à Justiça*, quanto ao *potencial das reformas tendentes ao acesso à justiça em sistemas sociais fundamentalmente injustos,* reconhecendo que *as reformas judicias e processuais não são substitutos suficientes para as reformas políticas e sociais*[15].

O Judiciário não se presta, claramente, a resolver todos os conflitos. Ignorar que o Judiciário não tem encontrado soluções efetivas e céleres para os litígios de massa, não redutíveis a processos cole-

14 Relatório *Justiça em números 2014*, do Conselho Nacional de Justiça, que indica, ainda, que *o total gasto pelo Poder Judiciário foi de aproximadamente R$ 61,6 bilhões, com crescimento de 1,5% em relação ao ano de 2012, e em 8,9% em relação ao último triênio (2011-2013). Essa despesa é equivalente a 1,3% do Produto Interno Bruto (PIB) nacional, 2,7% do total gasto pela União, pelos Estados e pelos Municípios no ano de 2013 e a R$ 306,35 por habitante.*

15 CAPPELLETTI, Mauro e GARTH, Bryant. *Acesso à justiça.* Porto Alegre: Fabris, 1988, p. 161.

tivos, e continuar a ampliar desmesuradamente o aparato da Justiça, sem questionar a qualidade e a celeridade da prestação jurisdicional, é ignorar o imperativo constitucional da duração razoável do processo. Os meios alternativos de resolução de conflitos, como a conciliação, a mediação e a arbitragem, devem ser estimulados, por exemplo, nos conflitos derivados de serviços públicos, de contratos bancários, de contratos de seguro, de questões de saúde e previdenciárias. O novo Código de Processo Civil (Lei nº 13.105/2015) e a Lei de Mediação (Lei nº 13.140/2015) abrem novas perspectivas para esse difícil problema, com a introdução de um modelo de justiça coexistencial ou multiportas, que tem por escopo buscar soluções adequadas para os conflitos, e não apenas o encerramento do conflito por meio de decisão judicial, bem como da disciplina jurídica abrangente da mediação.

Para além da crise do sistema de justiça, há uma disseminada percepção de que novos métodos de interpretação do Direito, dentre eles, e com destaque, o neoconstitucionalismo, têm contribuído para um progressivo esmaecimento da segurança jurídica, que decorreria de uma aplicação indiscriminada de princípios em detrimento da letra da lei[16]. O ativismo judicial, nesse contexto, tem levado muitos juízes

---

16 Cf., significativamente, GALVÃO, Jorge Octávio Lavocat. *O neoconstitucionalismo e o fim do estado de direito*. São Paulo: Saraiva, 2014, p. 308: O trabalho do neoconstitucionalistas tem sido basicamente o de desenvolver instrumentos que possibilitem uma atuação judicial mais expansiva e criativa. Hércules virou Zeus. Razoabilidade, proporcionalidade, constitucionalização do Direito, eficácia horizontal dos direitos fundamentais, derrotabilidade das normas jurídicas, força normativa da Constituição, sobreinterpretação constitucional, filtragem constitucional etc., são todas expressões que possuem em comum o fato de conferirem aos juízes um maior poder de interferência na realidade social. Normas e regras jurídicas fazem parte de um vocabulário antiquado. Fala-se agora em princípios, valores, fins, *standards*, conceitos jurídicos indeterminados, cláusula gerais, enfim, toda matéria-prima que confere maior margem à manipulação dos resultados por parte dos intérpretes. A indeterminação dos textos legais é paradoxalmente festejada e admirada. Quanto mais abstrato, mais sentido tem. O que tem significado é que passa a ser insignificante. Ver, também, STRECK, Lenio Luiz. *Verdade e consenso*: constituição, hermenêutica e teorias discursivas. 5. ed. São Paulo: Saraiva, 2014, p. 524 e ss.

a interferir em relações privadas e a remodelar políticas públicas[17]. É que, no Estado social ou pós-liberal, o papel do juiz deixa de ser o de aplicador mecânico da lei. Com a emergência dos direitos sociais, que implicam a concretização de programas previstos em normas constitucionais, ao magistrado *não cumpre apenas julgar no sentido de estabelecer o certo e o errado com base na lei (responsabilidade condicional do juiz politicamente neutralizado), mas também e sobretudo examinar se o exercício do poder de legislar conduz à concretização dos resultados objetivados (responsabilidade finalística do juiz que, de certa forma, o repolitiza)*[18].

---

17 Ver, por exemplo, RAMOS, Elival da Silva. *Ativismo judicial: parâmetros dogmáticos*. São Paulo: Saraiva, 2010. Referindo-se à jurisprudência do STF acerca do direito à educação, o autor sustenta que *não é dado ao Poder Judiciário definir, discricionariamente, o nível de eficácia de norma constitucional, em sede de direitos fundamentais ou não. Se a análise dos elementos interpretativos pertinentes, com destaque, na espécie, para os de ordem sistemática, histórica e teleológica, bem como, secundariamente, para os dados extraídos da realidade material, indica a natureza programática da norma-matriz, não é lícito à Corte Constitucional, sob o argumento da fundamentalidade do direito nela expresso, conjugado com referências genéricas ao princípio da força normativa, ignorar a opção prescritiva adotada, inequivocamente, pela Constituição, a qual torna dependente de providências integrativas de amplo espectro (que vão da formulação de políticas públicas adequadas à sua cabal execução, abrangente de medidas legislativas, administrativas – normativas e não normativas – e orçamentárias) a implementação efetiva do direito contemplado. Os direitos fundamentais sociais dependentes de prestações estatais, veiculados por norma constitucional de eficácia limitada, constituem direitos fundamentais derivados, "entendidos [em citação de Canotilho] como direito dos cidadãos a uma participação igual nas prestações estaduais concretizadas por lei segundo a medida das capacidades existentes.*

18 Cf. FERRAZ JR., Tercio Sampaio. *O Direito, entre o futuro e o passado*. São Paulo: Noeses, 2014, p. 124. O autor sustenta haver tendência atual à *desneutralização política do juiz, que é chamado, então, a exercer uma função socioterapêutica, liberando-se do apertado condicionamento da estrita legalidade e da responsabilidade exclusivamente retrospectiva que ela impõe (julgar fato, julgar o passado), obrigando-se a uma responsabilidade prospectiva, preocupada com a consecução de finalidades políticas (julgar no sentido de prover o futuro). E disso ele não mais se exime em nome do princípio de uma legalidade formal (*dura lex sed lex*). Não se trata, nessa transformação,*

Seja como for, detecta-se ainda uma percepção, amplamente difundida entre os operadores do Direito, de que profundas modificações no direito positivo têm comprometido a segurança jurídica no Brasil, especialmente no Direito Empresarial. Fabio Ulhôa Coelho, por exemplo, sustenta que, com a maré crescente da argumentação por princípios:

> Diluíram-se no espírito dos profissionais do direito e, em especial, dos magistrados, os valores fundamentais concretizados pelas normas do direito comercial. A importância da adequada proteção dos investimentos em vista dos interesses dos brasileiros (consumidores, trabalhadores, cidadãos etc.), pouco a pouco, vem se apagando do conjunto dos valores introjetados pelas pessoas da comunidade jurídica, em razão da relegação a plano secundário dos princípios jurídicos de direito comercial. O resultado, visível aos olhos de qualquer advogado da área, é a ineficácia de regras essenciais à atração, retenção e proteção dos investimentos, como, por exemplo, a da limitação da responsabilidade dos sócios pelas obrigações sociais. Desconectada de argumentações centradas em princípios, esta regra parece anacrônica. Em suma, o tecido dos valores da disciplina está esgarçado e é necessário recosê-lo, para que tenhamos maior segurança jurídica[19].

O Direito Privado passou por profundas transformações no último quarto de século. Particularmente, o Direito das Obrigações tem sido fortemente influenciado por regras e princípios de Direito Público. A Constituição Federal de 1988, o Código de Defesa do Consumidor de 1990 e novo Código Civil de 2002 criaram novo regime jurídico

de uma simples correção da literalidade da lei no caso concreto, por meio de equidade ou da obrigatoriedade de, na aplicação contenciosa da lei, olhar os fins sociais a que ela se destina. Isso já existia. A responsabilidade do juiz alcança agora a responsabilidade pelo sucesso político das finalidades impostas aos demais Poderes pelas exigências do Estado providência. Ou seja, como o Legislativo e o Executivo, o Judiciário torna-se responsável pela coerência de suas atitudes em conformidade com os projetos de mudança social, postulando-se que eventuais insucessos de suas decisões devem ser corrigidos pelo próprio processo judicial (p. 125-126).

19 COELHO, Fábio Ulhôa. Ideologia e segurança jurídica, *Revista de Direito Empresarial*, Belo Horizonte, ano 11, n. 1, p. 15-24, jan./abr. 2014.

para os contratos. Pode-se mesmo falar de uma erosão do *pacta sunt servanda*. A autonomia privada, a pedra de toque do direito privado, foi enfraquecida pelo uso indiscriminado de princípios como a boa-fé objetiva, o equilíbrio econômico e a função social dos contratos. As condições gerais de validade dos negócios jurídicos previstas no novo Código Civil permanecem as mesmas que as anteriormente exigidas no Código de 1916. Mas o acréscimo de conceitos jurídicos indeterminados, como a função social da propriedade (art. 421), a boa-fé objetiva (art. 422) e o equilíbrio econômico dos contratos, acabou por minar a segurança jurídica. A boa-fé objetiva, por exemplo, é uma fonte autônoma de obrigação e implica uma série de deveres instrumentais, como o dever agir com cuidado, trocar informações e proteger a outra parte e sua propriedade. A teoria do diálogo das fontes, de inspiração germânica, igualmente tem contribuído para a maneira como se interpreta e aplica o direito. Tal teoria embaralha as distinções entre *lex generalis* (Código Civil) e *lex specialis* (Código de Defesa do Consumidor) e tende a abolir regras seculares de hermenêutica, como a hierarquia entre normas. O aplicador do Direito muitas vezes é levado a escolher a norma incidente[20]. Como resultado, o CDC acaba por ser aplicado mesmo em circunstâncias nas quais não incide, como nos contratos entre empresas. Não é sem razão, assim, que tramita no Congresso projeto de lei destinado a implantar um novo Código Comercial, o que nos levaria à situação anterior à do Código Civil de 2002, que unificou o Direito Privado.

4. Reformas Tendentes a Ampliar a Segurança Jurídica

Por outro lado, dentre as recentes reformas tendentes a garantir a segurança jurídica, a Emenda Constitucional nº 45, de 2004, se desconsiderarmos as sucessivas e contínuas reformas processuais dos últimos vinte anos, foi a primeira das respostas recentes às variadas percepções de insegurança jurídica acima alinhavadas. A pedra de to-

20 SCHMIDT, Jan Peter. *Zivilrechtskodifikation in Brasilien*: strukturfragen und regelungsprobleme in historisch-vergleichender perspektive. MohrSiebeck, 2009.

que da reforma constitucional foi a criação do Conselho Nacional de Justiça como órgão ao qual incumbe *o controle da atuação administrativa e financeira do Poder Judiciário e do cumprimento dos deveres funcionais dos juízes, cabendo-lhe, além de outras atribuições que lhe forem conferidas pelo Estatuto da Magistratura*, zelar pela autonomia do Judiciário, pelo cumprimento do Estatuto da Magistratura e pela observância do disposto no art. 37 da Constituição. O Conselho tem ampla competência disciplinar e correicional, sem prejuízo da competência originária dos tribunais. Além disso, cabe-lhe coligir estatísticas e apresentar relatório anual ao Supremo Tribunal Federal (§ 4º do art. 103-B da Constituição Federal)[21]. O CNJ, assim, é, ao mesmo tempo, órgão de controle e de planejamento, que tende a criar condições para a identificação precisa dos problemas vividos por nosso complexo e fragmentário sistema de justiça, bem como para a difusão de práticas administrativas e gerenciais que possam aprimorar o funcionamento do Judiciário. Além disso, a EC 45/2004 inseriu o § 3º ao art. 102 da Constituição, que introduziu a repercussão geral, como requisito

21 Ver COMPARATO, Fabio Konder. *O poder judiciário no Brasil*. In: LEMBO, Claudio; CAGGIANO, Monica Herman; ALMEIDA NETO, Manoel Carlos de (Coords.). Juiz constitucional: Estado e poder no século XXI – Homenagem ao Ministro Enrique Ricardo Lewandowski. São Paulo: RT, 2015, p. 161: *já na fase final do regime autoritário, exatamente em 14.03.1979, foi editada a LC 35, instituindo a Lei Orgânica da Magistratura Nacional. Entre outras disposições, essa lei criou o Conselho Nacional da Magistratura. Em 1998, porém, em simples despacho de um de seus Ministros, o Supremo Tribunal Federal julgou-o extinto, em razão da superveniência àquela Lei Complementar da Constituição Federal de 1988, a qual dispunha a respeito do mencionado Conselho. Ele foi, afinal, ressuscitado, doravante sob a denominação de Conselho Nacional de Justiça, pela EC 45, de 08.12.2004. A criação desse órgão de controle da magistratura veio, sem dúvida, atender à necessidade – longamente sentida desde o período colonial, como lembrado acima – de se estabelecer um regime de responsabilização mais amplo e preciso dos magistrados. A reação destes à criação do novo órgão foi, porém, desde logo muito negativa. Antes mesmo de sua publicação oficial, a EC 45 foi objeto de uma ação direta de inconstitucionalidade (ADIn 3.367), proposta pela Associação dos Magistrados Brasileiros. O STF, embora afastando por unanimidade o vício formal da inconstitucionalidade, decidiu tão só por maioria julgar improcedente a ação em sua totalidade.*

de admissibilidade do recurso extraordinário, o que teve significativo impacto na quantidade de recursos julgados pelo Supremo Tribunal Federal[22].

No âmbito infraconstitucional, o Superior Tribunal de Justiça passou a contar, em 2008, com o recurso repetitivo, de que trata o art. 543-C do Código de Processo Civil[23], que tem sido importante para uniformizar o Direito federal e garantir segurança jurídica. Lê-se no art. 543-C que, havendo *multiplicidade de recursos com fundamento em idêntica questão de direito* (caput), *caberá ao presidente do tribunal de origem admitir um ou mais recursos representativos da controvérsia, os quais serão encaminhados ao Superior Tribunal de Justiça, ficando suspensos os demais recursos especiais até o pronunciamento definitivo do Superior Tribunal de Justiça* (§ 1º). Pode também o relator, no STJ, em idêntica situação, suspender a tramitação de recursos nos tribunais de segundo grau, afetando seu julgamento à Seção ou à Corte Especial[24]. A técnica do repetitivo destina-se a criar precedente a

22 O instituto só veio a ser disciplinado dois anos depois, com a edição da Lei nº 11.418, de 19.12.2006. Ao decidir a Questão de Ordem no Agravo de Instrumento 664.567/RS, Rel. Min. Sepúlveda Pertence, o STF entendeu que a demonstração da repercussão geral só é exigível *quando a intimação do acórdão recorrido tenha ocorrido a partir de 3 de maio de 2007, data da publicação da Emenda Regimental 21, de 30 de abril de 2007*. Chega a 98.165 o número de processos que foram atingidos pelos julgamentos definitivos de repercussão geral (decisão pela inexistência de repercussão geral e julgamento de mérito proferidos em temas com repercussão geral reconhecida), conforme consulta ao sítio do Supremo Tribunal Federal. Disponível em: <http://www.stf.jus.br/portal/cms/verTexto.asp?servico=estatistica &pagina=impactorg>.

23 O projeto de lei que resultou na Lei nº 11.672/2008, a qual inseriu o art. 543-C no CPC, foi sugerido pelo Ministro Athos Gusmão Carneiro, sob a inspiração da Lei nº 11.418/2006, que havia encartado ao estatuto processual o art. 543-B, que autorizou o Supremo Tribunal Federal, em caso de multiplicidade de recursos "com fundamento em idêntica controvérsia" a julgar um ou mais recursos representativos da mesma controvérsia, sobrestando o andamento dos demais.

24 Em consulta ao sítio do Superior Tribunal de Justiça, em 25.11.2015, verificou-se existirem 504.994 processos suspensos em razão dos repetitivos, conforme os relatórios enviados pelos tribunais de origem. Disponível em: <http://www.stj.jus.br/sites/STJ/TV/pt_BR/Consultas/Recursos-repetitivos/Processos-suspensos>.

partir de idêntica questão de direito. Há de se verificar a existência de casos semelhantes, de moldura fática análoga ou assemelhada. A partir da multiplicidade de demandas que ventilam os mesmos pressupostos jurídicos, procura-se construir uma tese que ao mesmo tempo antecipe e resolva os conflitos já instaurados. A criação de precedente pressupõe alto grau de abstração, que vai além da concretude do caso trazido a lume. O que se busca com o precedente não é a ampliação da eficácia da coisa julgada, mas a utilização dos fundamentos relevantes de uma decisão em outras decisões. Para determinar o que seja fundamento relevante é preciso separar as razões de decidir dos *obter dicta*.

Em nosso ordenamento, a preocupação com a estabilização das relações jurídicas e, consequentemente, com a segurança jurídica, é visível também na norma que autoriza o STF a declarar a inconstitucionalidade de lei com efeitos *ex nunc*. Tradicionalmente, a declaração de inconstitucionalidade em controle abstrato pressupõe extirpar do ordenamento a norma invalidada pela decisão judicial. Como exceção, o art. 27 da Lei 9.868/99 faculta ao Supremo Tribunal Federal, em vista de *razões de segurança jurídica ou de excepcional interesse social, por maioria de 2/3 de seus membros, restringir os efeitos daquela declaração ou decidir que ela só tenha eficácia a partir de seu trânsito em julgado ou de outro momento que venha a ser fixado*. Ainda que, em regra, o efeito *ex tunc* seja decorrência do reconhecimento do vício que invalida a norma e, como tal, possa também ser considerado como resultado da aplicação do princípio da segurança jurídica, a atribuição de efeitos *ex nunc* deve ser vista como homenagem à segurança, na dimensão subjetiva, destinada à proteção da confiança. Trata-se, na lição de Tercio Sampaio Ferraz Jr.:

De respeitar o passado em face das alterações no sentido normativo dos fatos, precavendo-se da possibilidade de tornar ilusórias, por força do efeito *ex tunc* expectativas legítimas então vigentes (boa fé, promessas, acordos, confiança em decisões). A atribuição de efeitos *ex nunc* resgata e sustém, assim, um passado em face do futuro, garantindo essas expectativas em face de modificações ocorridas no presente (declaração de inconstitucionalidade). O *sentido* dos eventos passados mantém, assim, um contorno próprio, conforme critérios então vigentes, tornando-se imune à perda de sentido provocada pela nulidade (quando da declaração de inconstitucionalidade resulta uma anomia), ou no sentido que se lhes volte a atribuir pelo restabelecimento da lei revogada pela norma declarada inconstitucional[25].

O novo Código de Processo Civil, em linha com a vertente subjetiva do princípio da segurança jurídica, tendente a proteger a confiança, estende a possibilidade de modulação dos efeitos das decisões judiciais, para atender aos interesses social e da segurança jurídica, às hipóteses de *alteração de jurisprudência dominante do Supremo Tribunal Federal e dos tribunais superiores ou daquela oriunda de julgamento de casos repetitivos* (art. 927, § 4º, NCPC). É que o novo CPC foi elaborado para evitar a fragmentação e a instabilidade da jurisprudência, com a preocupação de escapar da rigidez de nosso modelo de origem romano-germânica e de nos aproximar do modelo da *common law.* Daí por que o novo Código impõe aos tribunais o dever de *uniformizar sua jurisprudência e mantê-la estável, íntegra e coerente* (art. 926, NCPC) e aos magistrados, de modo geral, o dever de observar as decisões do STF em controle concentrado de constitucionalidade, os enunciados de súmula vinculante, os acórdãos em incidentes de assunção de competência ou de resolução de demandas repetitivas e em julgamento de recursos extraordinário e especial repetitivos, bem como os enunciados da súmulas do STF e do STJ e, ainda, a orientação do plenário ou órgão especial aos quais estiverem vinculados (art. 927, NCPC)[26].

---

25 FERRAZ JR., Tercio Sampaio. Do efeito *ex nunc* na declaração de inconstitucionalidade pelo STF. In: FERRAZ JR., Tercio Sampaio. *Direito Constitucional*: liberdade de fumar, privacidade, estado, direitos humanos e outros temas. Barueri: Manole, 2007, p. 93.

26 Cf. DANTAS, Bruno. Dever dos tribunais de uniformizar e concretizar a estabilidade, integridade e coerência de sua jurisprudência. In: LEMBO, Claudio; CAGGIANO, Monica Herman; ALMEIDA NETO, Manoel Carlos de (Coords.). *Juiz constitucional*: Estado e poder no século XXI – Homenagem ao Ministro Enrique Ricardo Lewandowski. São Paulo: RT, 2015, p. 67: *se a jurisdição tem a função de proteger direitos, especialmente os fundamentais, e se o exercício da jurisdição – que no passado foi lastreado num singelo esquema de lógica formal denominado subsunção – passou modernamente a encerrar*

O novo CPC, além disso, introduz a flexibilização do procedimento por ato do juiz para adequá-lo às necessidades do conflito (art. 139, VI, NCPC), por meio de convenção entre as partes (art. 190, NCPC) ou, ainda, pela fixação, de comum acordo entre o juiz e as partes, de calendário processual (art. 191, NCPC). Enseja, com isso, discussão acerca de um modelo de gerenciamento de processos que rompe o monopólio do juiz na condução do processo e enseja a gestão compartilhada do procedimento. Ademais, enquanto o Código Buzaid só admitia negócios processuais típicos, o novo Código contém cláusula geral de negócio jurídico processual (art. 190), mediante a qual podem as partes celebrar negócios bilaterais atípicos, ou seja, não especificados em lei, aptos a modificar o procedimento e a alterar seus ônus, poderes, faculdades e deveres processuais. Pode-se dizer, assim, que o novo Código acolhe dois modelos de negócios jurídicos processuais: i) os atípicos ou inominados, de que trata o art. 190, sempre bilaterais; e ii) os típicos ou nominados, que se encontram em vários dispositivos e podem ser unilaterais, bilaterais e plurilaterais, a exemplo dos muitos já previstos no CPC/1973, aos quais agora se agregou notadamente a convenção para escolha de perito (art. 471) e a calendarização (art. 191). Esta se funda no consenso entre o juiz e as partes e tende a aumentar a previsibilidade do procedimento, em reforço da segurança jurídica e da efetividade da prestação jurisdicional. Embora haja ainda muita dúvida na doutrina quanto aos limites dos negócios jurídicos processuais, pode-se conjecturar que, uma vez estabilizada a jurisprudência acerca do novo Código e assentadas as bases para uma transformação da cultura de litigiosidade hoje existente, a cooperação entre as partes e a disseminação das convenções processuais, pautadas pelo contraditório e pela boa-fé, contribuam para a solução mais célere e mais adequada das demandas de alta complexidade e dos chamados casos difíceis[27].

---

operação hermenêutica complexa, devido à gama de princípios constitucionais, cláusulas gerais e conceitos jurídicos indeterminados a serem considerados, a previsibilidade que a sociedade deseja deve brotar menos da lei e mais da atuação dos juízes e tribunais.

27 Ver CUEVA, Ricardo Villas Bôas. *Flexibilização do procedimento e calendário processual*, artigo escrito para obra coletiva em homenagem ao Ministro Arnal-

5. Considerações Finais

Como se vê, as reformas acima resumidas parecem apontar para um cuidado crescente com a segurança jurídica. O novo CPC, ao propor a adoção de uma ética de precedentes, aproximando-nos da *common law*, não terá por efeito reduzir a "incerteza jurisdicional", que é constitutiva e estrutural do modo de argumentação e fundamentação utilizado nas decisões judiciais, mas tenderá, de certa forma, a aumentar sua previsibilidade, na medida em que a jurisprudência seja uniformizada para manter-se estável, íntegra e coerente. Difícil prognosticar, contudo, se o novo Código será efetivamente um instrumento de mudança de nossa cultura de alta litigiosidade. Do mesmo modo, é difícil prever, decorridos mais de dez anos da criação do CNJ, se a promessa de que se consolide como órgão de controle administrativo e financeiro e, ao mesmo tempo, de planejamento do Judiciário virá a realizar-se. Por fim, incerto é também, obviamente, o futuro do Direito Privado no Brasil, não sendo possível vaticinar se caminha para uma "despublicização" e uma "desunificação", pelas quais clamam algumas vozes.

---

do Esteves Lima, sob a coordenação do professor Aluisio Gonçalves de Castro Mendes, ainda no prelo.

REPRESSÃO A CONDUTAS ANTICONCORRENCIAIS: A CONTRIBUIÇÃO DO JULGAMENTO DA ADI 1.094 MC/DF

Roberto Augusto Castellanos Pfeiffer

RESUMO: O controle de condutas anticoncorrenciais é essencial para o adequado desempenho da economia e, consequentemente, para bem-estar dos consumidores. Exemplo contundente dá-se com a repressão aos cartéis, conduta ilícita que causa notórios danos ao elevar os preços e reduzir as quantidades ofertadas. Neste contexto, o julgamento pelo Supremo Tribunal Federal da medida cautelar solicitada no âmbito da Ação Direta de Inconstitucionalidade nº 1.094 teve um papel central na consolidação da repressão a infrações da ordem econômica no Brasil, ao adotar o entendimento de que são compatíveis com a Constituição Federal instrumentos fundamentais previstos na Lei de Defesa da Concorrência, tais como a responsabilidade objetiva na configuração das condutas anticoncorrenciais, as respectivas sanções estabelecidas para a sua repressão e a necessidade de prestação de caução idônea para a suspensão judicial das decisões do Conselho Administrativo de Defesa Econômica (Cade).

PALAVRAS-CHAVE: Repressão de condutas anticoncorrenciais; ADI 1.094 MC/DF, responsabilidade objetiva, multa, caução idônea.

ABSTRACT: The control of anti-competitive conducts is essential to appropriate performance of the economy and, consequently, to consumer welfare. A strong example is the repression of cartels, because they raise prices of services and products and reduce the quantities offered. The judgment of ADI 1.094 MC/DF by the Supreme Court had a central role in the consolidation of the repression of anticompetitive conducts in Brazil, on account that was adopted the understanding that are compatible with the Constitution fundamental tools established by competition law, such as strict liability, sanctions against antitrust violations and imposition of judicial escrow to suspend decisions of the Administrative Council for economic Defense (Cade).

KEY WORDS: control of anti-competitive practices; ADI 1.094 MC/DF; economic welfare; consumer interests; strict liability; fine; judicial escrow.

1. Introdução

Ao receber o convite para participar do livro organizado em homenagem ao Ministro Carlos Velloso, de imediato veio-me à mente o mais importante precedente do Supremo Tribunal Federal em matéria de direito concorrencial e que teve o homenageado como o seu relator: o julgamento da medida cautelar requerida na Ação Direta de Inconstitucionalidade nº 1.094.

O indeferimento da medida cautelar foi essencial para a consolidação do controle de condutas anticoncorrenciais no Brasil, já que a ação direta de inconstitucionalidade buscava a impugnação de dispositivos fundamentais para a repressão a infrações da ordem econômica previstos na Lei nº 8.884/94. O fato de o Supremo Tribunal Federal não ter suspendido tais dispositivos permitiu que o Conselho Administrativo de Defesa Econômica aplicasse em sua inteireza a Lei de Defesa da Concorrência e construísse uma sólida jurisprudência, em especial no julgamento de cartéis, a infração que mais causa danos à livre concorrência e, consequentemente, ao bem-estar dos consumidores.

A matéria permanece atual apesar da revogação da Lei nº 8.884/94, uma vez que os dispositivos impugnados foram reproduzidos na atual norma de defesa da concorrência, a Lei nº 12.529/2011.

O artigo discorre acerca dos principais fundamentos do julgamento da referida ação direta de inconstitucionalidade e destaca a sua importância para a consolidação do controle de condutas anticoncorrenciais no Brasil.

2. O Indeferimento da ADI 1.094 MC/DF

A Ação Direta de Inconstitucionalidade 1.094 foi proposta pela Confederação Nacional da Indústria (CNI) pleiteando a declaração de diversos dispositivos da Lei nº 8.884/94.

No presente ensaio serão destacadas seis normas impugnadas, que estão intimamente relacionadas à repressão administrativa a condutas anticoncorrenciais.

Ressalto em primeiro lugar a suscitação da inconstitucionalidade da expressão "independentemente de culpa" estabelecida no *caput* do art. 20 da Lei nº 8.884/94. A autora da ação direta de inconstitucionalidade insurgiu-se contra o estabelecimento da responsabilidade objetiva, sustentando que ela seria incompatível com as prescrições constitucionais.

Houve, também, a alegação de inconstitucionalidade do art. 23, *caput*, que estabelecia o *quantum* mínimo e máximo da multa pecuniária, que seria fixada entre 1% e 30% do faturamento bruto da empresa. A CNI alegou que tal sanção teria natureza confiscatória.

Ainda no campo das sanções foram impugnados os incs. II e IV do art. 24, que estabeleciam, respectivamente, as seguintes penas que poderiam, segundo a gravidade da conduta analisada, ser impostas cumulativamente à multa pecuniária: proibição de contratar com o Poder Público (inc. I) e recomendação aos órgãos públicos competentes para que efetivassem a licença compulsória de patentes e para que não concedessem parcelamentos em tributos federais, incentivos fiscais ou subsídios públicos (inc. II, letras *a* e *b*). Na visão da proponente da ação direta de inconstitucionalidade tais sanções seriam desproporcionais.

Finalmente, destaco a alegação de inconstitucionalidade em relação aos arts. 65 e 66 da Lei nº 8.884/94. Tratam-se de dispositivos relacionados à efetividade das decisões do Cade.

O art. 65 determinava que a suspensão da execução da decisão do Cade que impusesse multa pecuniária somente poderia ser suspensa: 1 – em razão do ajuizamento de ação de desconstituição ou oferecimento de embargos à execução pela parte condenada e; 2 – desde que prestada caução a ser fixada pelo juízo competente.

Já o art. 66 estabelecia que na hipótese de obrigações de fazer ou não fazer determinadas pelo Cade, ainda que tivesse sido prestada a caução, o juízo poderia determinar o cumprimento total ou parcial das providências determinadas na decisão do Cade, caso assim o recomendasse a gravidade da infração apenada e houvesse risco de dano irreparável ou de difícil reparação.

O Ministro Carlos Velloso, relator do julgamento da medida cautelar pleiteada na ADI 1.094 posicionou-se pelo indeferimento da medida cautelar em relação à quase totalidade das normas impugnadas, posicionando-se pela suspensão apenas dos incs. I e II do art. 24 e do art. 64 da Lei nº 8.884/94[1], sendo acompanhado pelo Ministro Marco Aurélio. Porém, os demais Ministros não vislumbraram inconstitucionalidade em tais dispositivos e, assim, votaram em sentido contrário ao deferimento da cautelar.

Como resultado, a medida cautelar foi indeferida *in totum*, sendo mantida por completo a vigência de todos os dispositivos impugnados, em acórdão assim ementado:

> CONSTITUCIONAL. ORDEM ECONÔMICA: INFRAÇÕES. CONSELHO ADMINISTRATIVO DA DEFESA ECONÔMICA – CADE. ABUSOS DO PODER ECONÔMICO: REPRESSÃO. LEI Nº 8.884, DE 11.06.94.
>
> I. – Suspensão cautelar da eficácia dos incisos I e II do art. 24 e as expressões "do Distrito Federal" e "à escolha do Cade", inscritas no art. 64 da Lei 8.884, de 11.06.94. Indeferimento da cautelar quanto ao mais (voto do relator), vencido.
>
> II. – Cautelar indeferida[2].

Trata-se de importante precedente que contribuiu decisivamente para a institucionalização dos mecanismos de repressão administrativas a infrações da ordem econômica, ao manter a exigibilidade de todas as normas da Lei nº 8.884/94, como será demonstrado no próximo item do presente artigo.

1 O art. 64 da Lei nº 8.884/94 não é objeto de análise do presente ensaio e dispunha sobre a competência para as ações em que o Cade figurasse como autor ou réu.

2 Supremo Tribunal Federal. ADI 1.094 MC/DF. Rel. Min. Carlos Velloso, j. 21.09.1995.

3. Contribuições para a Consolidação da Repressão a Condutas Anticoncorrenciais

3.1. A importância da responsabilidade objetiva

No meu entender, o diapositivo mais importante impugnado no âmbito da Ação Direta de Inconstitucionalidade 1.094 foi o *caput* do art. 20 da Lei nº 8.884/94, a seguir transcrito:

> Art. 20. Constituem infração da ordem econômica, independentemente de culpa, os atos sob qualquer forma manifestados, que tenham por objeto ou possam produzir os seguintes efeitos, ainda que não sejam alcançados:
> I – limitar, falsear, ou de qualquer forma prejudicar a livre concorrência ou a livre-iniciativa;
> II – dominar mercado relevante de bens ou serviços;
> III – aumentar arbitrariamente os lucros;
> IV – exercer de forma abusiva posição dominante.

O dispositivo transcrito foi revogado, porém é idêntico ao contido no vigente art. 36 da Lei nº 12.529/2011. Deste modo, a Lei de Defesa da Concorrência estabelece responsabilidade objetiva, já que não exige a comprovação do dolo ou culpa do agente para configurar a ocorrência de infração. Neste contexto, o enquadramento de uma conduta como infração da ordem econômica demanda a comprovação dos seguintes elementos: a – a prática da conduta; b – a potencial ou efetiva produção dos efeitos anticoncorrenciais descritos nos incisos do vigente art. 36 da Lei nº 12.529/2011 e; c – o nexo de causalidade entre a conduta e tais efeitos.

Por seu turno, na ADI 1.094 MC/DF foi suscitada a inconstitucionalidade da expressão "independentemente de culpa" do *caput* do art. 20 da Lei nº 8.884/94, sob o argumento de que ela contrariava o art. 173, § 4º, da Constituição Federal que, ao se referir à repressão ao abuso de poder econômico utiliza a expressão "vise", o que denotaria responsabilidade subjetiva.

O Supremo Tribunal Federal por unanimidade acatou os fundamentos do voto do relator, entendendo não ser atentatório à Constituição o estabelecimento da responsabilidade objetiva na configuração de infração contra a ordem econômica. Reproduzo o seguinte trecho do voto do Ministro Carlos Velloso:

> Abrindo o debate, esclareça-se que a ordem econômica, segundo o modelo constitucional brasileiro, fundada na valorização do trabalho humano e na livre iniciativa, tem por finalidade assegurar a todos existência digna, no rumo da justiça social, objetivos que deverão ser atingidos mediante a observância dos princípios enumerados nos incisos I a IX do art. 170 da Constituição. Um desses princípios, por isso mesmo viga mestra do sistema econômico, é o da livre concorrência. Quer dizer, tudo aquilo que possa embaraçar ou de qualquer modo impedir o livre exercício da concorrência é ofensivo à Constituição. Bem por isso, essa mesma Constituição, no § 4º do art. 173, dispõe que "a lei reprimirá o abuso do poder econômico que vise à dominação dos mercados, à eliminação da concorrência e ao aumento arbitrário dos lucros".
> Posta assim a questão, não me parece, pelo menos ao primeiro exame, que seria atentatório à Constituição estabelecer a lei que, independentemente de culpa, seriam consideradas infrações da ordem econômica os atos que tenham por objetivo produzir os efeitos enumerados nos incs. I a IV do art. 20, dado que tais objetivos cerceiam, limitam, ou de qualquer forma prejudicam a livre concorrência ou a livre-iniciativa – livre concorrência que constitui princípio da ordem econômica (CF, art. 170, IV), livre-iniciativa que é fundamento desta (CF, art. 170, *caput*)[3].

Foi extremamente precisa a fundamentação do voto do relator, ao destacar que há plena compatibilidade entre o estabelecimento da responsabilidade objetiva e a repressão ao abuso do poder econômico.

Trata-se de decisão de grande importância, já que seria praticamente inviável a comprovação de dolo ou culpa nos processos administrativos de apuração de condutas anticoncorrenciais. A maior parte das vezes a representada é pesssoa jurídica e analisar a intenção seria uma questão de extrema dificuldade.

Assim, um dos pilares básicos da proteção da concorrência é o estabelecimento da responsabilidade objetiva na configuração da infração da ordem econômica. Com efeito, há grande complexidade na apuração de condutas anticoncorrenciais, pelo fato de haver a neces-

3 Supremo Tribunal Federal. ADI 1.094 MC/DF. Rel. Min. Carlos Velloso, j. 21.09.1995.

sidade de demonstração de incidência de poder de mercado e de ocorrência de efeitos anticoncorrenciais (potenciais ou efetivos), além da ponderação necessária em decorrência da aplicação da regra da razão[4].

Assevere-se, ainda, que no direito comparado também é adotada a responsabilidade objetiva, sem a investigação de culpa ou dolo na prática de conduta anticompetitiva. É o que ocorre nos Estados Unidos da América[5] e na União Europeia[6], por exemplo.

3.2. Multa pecuniária incidente sobre o faturamento da empresa

Igualmente fundamental para a consolidação da repressão a condutas anticoncorrenciais foi o entendimento do Supremo Tribunal Federal no sentido de não ser inconstitucional a sanção pecuniária prevista no art. 23, inc. I, da Lei nº 8.884/94, que estabelecia em caso de empresa multa que seria imposta no patamar de 1% a 30% do valor do faturamento bruto no seu último exercício, excluídos os impostos, não podendo ser inferior à vantagem auferida, quando quantificável.

A Confederação Nacional da Indústria – CNI defendeu a tese de que tal multa teria caráter confiscatório, especialmente em seu patamar máximo de 30% do faturamento da empresa, pondendo inviabilizar financeiramente a empresa sancionada.

O argumento, no entanto, foi afastado pelo Plenário do Supremo Tribunal Federal, que por unanimidade indeferiu a medida cautelar. Transcrevo o seguinte trecho da fundamentação do voto do relator:

> Sustenta-se que a multa, no percentual de 30% do valor do faturamento bruto é confiscatória, pelo que atenta contra o direito de propriedade garantido no art. 5º, XXII.

---

4 Ver a propósito dos demais requisitos de configuração da infração da ordem econômica: PFEIFFER, Roberto Augusto Castellanos. *Defesa da concorrência e bem-estar do consumidor*. São Paulo: Revista dos Tribunais, 2005, p. 221-229.

5 HOVENKAMP, Herbert. *Federal antitrust policy:* the law of competition and its practice. St. Paul: Thomson/West, 2005.

6 BELLAMY, Christopher; CHILD, Graham D. *European community law of competition.* London: P.M. Roth QC, 2001.

> Não se tem, no caso, entretanto, multa de 30%. Tem-se, sim, multa de um a trinta por cento do valor do faturamento bruto, excluídos os impostos. Concedo que em certos casos, poderá ocorrer inconstitucionalidade material, vale dizer, inconstitucionalidade em concreto, no caso de aplicação da multa no seu grau máximo. Em abstrato, entretanto, não vejo configurada, pelo menos ao primeiro exame, a inconstitucionalidade arguida[7].

É elogiável a fundamentação adotada na decisão. Em primeiro lugar por entender que não haveria, em tese, inconstitucionalidade na multa fixada. Caso o dispositivo fosse suspenso, o Cade ficaria extremamente manietado, pois restaria destituído da prerrogativa de impor sanções pecuniárias para a prática de infrações da ordem econômica.

Não se pode perder de vista que o principal efeito das sanções pecuniárias é o seu efeito disuassório, desestimulando a prática de condutas ilícitas[8]. Neste contexto, retirar a sanção pecuniária esvaziaria por completo tal caráter, conferindo às empresas a sensação de impunidade.

Há um segundo aspecto importante na fundamentação do voto do relator: alertar para a possibilidade de inconstitucionalidade em caso concreto de multa excessivamente elevada, o que conduz à necessidade de fundamentação e proporcionalidade na aplicação da multa, caso ela seja em valor que corresponda ao máximo previsto ou próximo disto.

Assim, a construção de parâmetros proporcionais para a dosimetria da sanção pecuniária é um dos grandes desafios das autoridades administrativas de defesa da concorrência.

Na Lei nº 12.529/2011 a matéria vem disposta no seu art. 37, I, a seguir transcrito:

> I – no caso de empresa, multa de 0,1% (um décimo por cento) a 20% (vinte por cento) do valor do faturamento bruto da empresa, grupo ou conglomerado obtido, no último exercício anterior à instauração do pro-

---

7 Supremo Tribunal Federal. ADI 1.094 MC/DF. Rel. Min. Carlos Velloso, j. 21.09.1995.

8 CONNOR, John; HELMERS, Gustav. Statistics on modern private international cartels, 1990 – 2005. *American Antitrust Institute Working Paper* n. 07-01, 2007. Disponível em: <http://papers.ssrn.com/sol3/papers.cfm?abstract_id=944039#PaperDownload>. Acesso em: 22.11.2009.

> cesso administrativo, no ramo de atividade empresarial em que ocorreu a infração, a qual nunca será inferior à vantagem auferida, quando for possível sua estimação.

Com a atual disposição há ainda menos motivos para infirmar a constitucionalidade da norma que dispõe sobre a sanção pecuniária.

Com efeito, houve a diminuição tanto do percentual mínimo como máximo da sanção. Anteriormente, a variação dava-se no intervalo entre 1% a 30% e atualmente o intervalo é de 0,1% a 20%.

Mais impactante foi a modificação da base de cálculo da multa, que anteriormente era o faturamento do grupo empresarial e, atualmente, corresponde exclusivamente ao faturamento da empresa no ramo de atividade em que ocorreu a infração.

Por outro lado, permaneceu o parâmetro da vantagem auferida, que é o patamar mínimo da sanção pecuniária. Porém, em pouquíssimos casos ocorre o cálculo da vantagem auferida e, assim, normalmente tal parâmetro não é levado em consideração nas decisões do Cade.

3.3. Sanção de proibição de contratar com o poder público e recomendação de licenciamento de patente

Na ADI 1.094 foi suscitada a inconstitucionalidade de duas sanções que o Cade pode impor caso assim o exigirem a gravidade dos fatos ou o interesse público. São elas: a proibição de contratar com instituições financeiras oficiais e participar de licitação (art. 24, II, da Lei nº 8.884/94, reproduzido no art. 38, II, da Lei nº 12.529/2011) e a recomendação aos órgãos públicos competentes para que seja concedida licença compulsória de patentes de titularidade do infrator e não seja concedido ao infrator parcelamento de tributos federais por ele devidos ou para que sejam cancelados, no todo ou em parte, incentivos fiscais ou subsídios públicos e (art. 24, IV, *a* e *b* da Lei nº 8.884/94, reproduzido no art. 38, IV, *a* e *b* da Lei nº 12.529/2011).

A CNI sustentou que tais penas acessórias poderiam levar à ruína a empresa, o que atentava contra a liberdade de inciativa, invocando a jurisprudência do Supremo Tribunal Federal, em especial as Súmulas nºs 70, 323 e 547.

O relator posicionou-se pela suspensão cautelar de tais dispositivos, com os seguintes argumentos:

> No particular, a arguição é relevante, dado que a lei consagra a denominada execução política, que obstaculiza o livre exercício da atividade empresarial, causando maus tratos à livre-iniciativa, fundamento da ordem econômica. O Supremo Tribunal Federal, aliás, nunca admitiu a execução política, conforme se verifica das Súmulas 70, 323 e 547[9].

Porém, tal tese restou vencida, tendo os demais ministros acompanhado a divergência inaugurada com o Ministro Maurício Corrêa, que aduziu:

> Não vejo comparado com o texto constitucional, nada, absolutamente, que violente a Constituição Federal, razão por que me permito, com todas as vênias, discordar do eminente Ministro-Relator, nesta parte, para indeferir a cautelar[10].

Exemplo da imposição da sanção de proibição de contratação com instituições financeiras oficiais e de participação em licitações deu-se no cartel dos vigilantes, no qual se constatou a ocorrência de conluio entre empresas prestadoras de serviços de vigilância no Estado do Rio Grande do Sul, para atuar em licitações públicas e privada[11].

Como o cartel efetivou-se no âmbito de contratação pública, a sanção adicional de vedação à participação em licitações pelo período de cinco anos foi bastante importante em termos de efetividade e disuassão.

Destaco, ainda, a existência de precedente[12] em que o Cade, além da imposição da multa pecuniária, efetivou a recomendação aos órgãos públicos que não realizassem o parcelamento de tributos federais

---

9 Supremo Tribunal Federal. ADI 1.094 MC/DF. Rel. Min. Carlos Velloso, j. 21.09.1995.

10 *Idem*.

11 Processo Administrativo nº 08012.001826/2003-10. Rel. Conselheiro Abraham Benzaquem Sicsú, j. 19.09.2007.

12 Processo Administrativo nº 08012.002127/2002-14. Rel. Conselheiro Luiz Carlos Thadeu Delorme Prado, j. 13.07.2005.

e que fossem cancelados incentivos fiscais ou subsídios públicos concedidos às empresas condenadas.

O referido julgamento, que apurou a formação de Cartel entre empresas que atuavam no mercado relevante de pedra britada na Região Metropolitana de São Paulo/SP, é um dos mais importantes casos apreciados pelo Cade, pelo fato de ter sido um cartel de longa duração e profundamente institucionalizado e que causou danos à toda cadeia produtiva da construção civil, motivando, em consequência, a imposição de sanção pecuniária no patamar de 20% do faturamento bruto das empresas líderes do conluio.

3.4. Obrigatoriedade de caução nas suspensões liminares de decisões do Cade

O último grupo de normas a ser analisado no presente ensaio diz respeito aos arts. 65 e 66 da Lei nº 8.884/94, que cuidam das hipóteses em que as decisões do Cade são objeto de execução judicial ou de ação anulatória, matéria que atualmente é tratada pelos arts. 98 e 99 da Lei nº 12.529/2011.

Em tais casos, a suspensão da decisão da autarquia durante o período de tramitação do processo judicial é condicionada ao depósito de caução idônea (art. 65 da Lei nº 8.884/94 e art. 98 da Lei nº 12.529/2011).

Ademais, nas hipóteses em que, mesmo ocorrendo o depósito da caução, houver na decisão do Cade determinação de obrigação de fazer ou não fazer (por exemplo, cessar uma prática anticoncorrencial, tal como uma imposição de exclusividade), e houver perigo de dano irreparável ou de difícil reparação, o juízo poderá determinar a sua adoção imediata, total ou parcialmente (art. 66 da Lei nº 8.884/94 e art. 99 da Lei nº 12.529/2011).

A CNI sustentou que a exigência de caução para a suspensão da decisão do Cade implicaria em contrariedade ao direito fundamental de inafastabilidade do Poder Judiciário

O Ministro Carlos Velloso, relator da ADI 1.094 MC/DF, rebateu a tese com os seguintes argumentos:

> Sustenta-se que tais dispositivos legais causam lesão à garantia constitucional de acesso ao Poder Judiciário (C.F., art. 5º, XXXV).
> No que concerne ao art. 65, não é procedente a arguição. O depósito, no caso, visa, apenas, a impedir o ajuizamento da execução, não impedindo o andamento da causa e a discussão dos temas propostos. Trata-se de regra velha, inscrita no Código de Processo Civil, art. 585, § 1º.
> Também quanto ao art. 66 não vejo relevância na arguição. É que o citado dispositivo legal institui medida cautelar, vale dizer, confere ao juiz a faculdade de determinar a adoção, no todo ou em parte, das providências contidas no título executivo, em razão da gravidade da infração da ordem econômica e havendo fundado receio de dano irreparável ou de difícil reparação. A questão, pois, será decidida pelo juiz, que deferirá, ou não, a medida cautelar.

A questão possui extrema relevância para a efetividade das decisões do Cade. Isto porque, em regra, as empresas sancionadas em valores elevados (o que ocorre com bastante frequência) ajuízam ações para desconstituir as decisões do Cade ou oferecem embargos às ações de execução ajuizadas pela autarquia.

O principal objetivo da sanção pecuniária é o seu efeito disuasório, ou seja, desestimular a prática da conduta considerada ilícita. A imposição de multa em patamar elevado busca evitar que seja financeiramente positiva a prática da conduta ilícita. Aliás, é por tal motivo que a lei determina que a sanção pecuniária não seja inferior à vantagem auferida.

Além da questão do valor, a circunstância temporal assume relevância para o efeito disuasório. Ou seja, quanto mais próxima do tempo em que foi praticada a conduta, maior será a efetividade da multa imposta.

É neste contexto que se inserem os dispositivos dos arts. 65 e 66 da Lei nº 8.884/94, cujo texto, após a sua revogação, foi reproduzido nos arts. 98 e 99 da Lei nº 12.529/2011.

Com efeito, a imposição de caução determinada pelo art. 65 da Lei nº 8.884/94 (e reproduzida no art. 98 da Lei nº 12.529/2011) visa, em primeiro lugar, a garantir que a multa seja paga na hipótese de ser mantida a decisão do Cade pelo Poder Judiciário. O longo período de tramitação das ações judiciais aumenta consideravelmente o risco de não pagamento da sanção pecuniária, sendo, assim, imprescindível a caução de seu respectivo valor.

Porém, não pode ser desprezada uma segunda função desempenhada por tal garantia: desestimular a utilização meramente protelatória da ação judicial ou dos embargos à execução, ou seja, usar o acesso ao Poder Judiciário exclusivamente para o adiamento do pagamento da multa, ajuizando ações ou interpondo embargos mesmo nas hipóteses em que a tese da empresa carece de um mínimo de fundamento.

Destaco, por fim, um terceiro efeito positivo advindo da imposição de caução: aproximar no tempo a prática da conduta, a imposição da sanção pecuniária e o desembolso de seu respectivo valor, o que contribui para o incremento da efetividade da sanção.

Portanto, foi muito importante a decisão do Supremo Tribunal Federal em não efetivar a suspensão de tais dispositivos, dada a sua alentada importância.

Tanto isto é verdade que o Superior Tribunal de Justiça pacificou o entendimento quanto à aplicação de tal dispositivo, adotando o entendimento de que a caução idônea deve corresponder ao valor integral da multa aplicada.

Reproduzo, a propósito, os seguintes trechos de ementa de julgado do Superior Tribunal de Justiça, que faz expressa referência à decisão do Supremo Tribunal Federal na ADI 1.094 MC/DF:

> PROCESSO CIVIL. ADMINISTRATIVO. CADE. VIOLAÇÃO DO ART. 535 DO CPC. INEXISTÊNCIA. ART. 65 DA LEI 8.884/94. OBRIGAÇÕES DE PAGAR E OBRIGAÇÕES DE FAZER. MULTA. DEPÓSITO NO VALOR INTEGRAL. NECESSIDADE. SÚMULA VINCULANTE Nº 10.
>
> 1. As penalidades administrativas previstas na lei antitruste consistem, basicamente, em obrigações de pagar e obrigações de fazer. As primeiras constituem prestações quantificáveis em dinheiro, em que se sabe exatamente o valor da multa aplicada. As últimas, na maioria das vezes, caracterizam-se como prestações cujo valor pecuniário é incerto e indeterminado, em que é apenas possível proceder a uma mera estimativa de quanto o cumprimento daquela prestação representaria em moeda.
>
> 2. O art. 65 da Lei 8.884/94 fornece critérios para a fixação da garantia a ser prestada para impugnar-se judicialmente a decisão administrativa proferida pelo Cade, que tem natureza de título executivo extrajudicial,

> a teor do disposto no art. 60 da mencionada lei. Para que se possa mitigar liminarmente um dos efeitos inerentes a esse título executivo, suspendendo a sua eficácia, a norma estabelece dois mecanismos distintos: tratando-se de obrigação de pagar, deve-se realizar o depósito no valor da multa aplicada; sendo obrigação de fazer, cabe ao juiz fixar o valor de caução idônea a garantir o cumprimento da decisão final.
> 3. Essa é a única interpretação do art. 65 da Lei 8.884/94. A uma, porque a conjunção "assim como" não encerra natureza disjuntiva, mas conjuntiva. A duas, porque é princípio basilar na hermenêutica que a norma não possui expressões inúteis. Por isso, quando o dispositivo legal prevê a garantia no valor da multa, assim como, a prestação de caução a ser fixada pelo juiz, não é possível admitir que o cumprimento de apenas uma dessas cominações satisfaça o comando normativo. Caso assim fosse, bastaria estar previsto na lei que, em todo caso, caberia ao juiz fixar o valor da caução. A três, porque admitir que a garantia deve ser prestada no valor da multa e, ao mesmo tempo, que o juiz pode fixar caução em valor inferior, resulta em cominação contraditória e sem qualquer respaldo lógico-interpretativo.
> 4. Afastar a aplicabilidade do art. 65 da Lei 8.884/94, sob qualquer justificativa constitucional, seja em relação ao princípio da proporcionalidade, da razoabilidade, da dignidade da pessoa humana etc., implica, necessariamente, na declaração incidental de sua inconstitucionalidade, a qual se submete à cláusula de reserva de plenário prevista no art. 97 da CF e à Súmula Vinculante nº 10.
> A esse respeito, deve-se considerar que o Supremo Tribunal Federal, ao apreciar cautelar nos autos da ADI n. 1.094/DF, indeferiu a liminar que pleiteava a suspensão desse dispositivo legal[13].

O mesmo entendimento foi adotado pela Primeira Turma do Superior Tribunal de Justiça, novamente com expressa referência à decisão do Supremo Tribunal Federal no julgamento da ADI 1.094 MC/DF:

> PROCESSUAL CIVIL E ADMINISTRATIVO. LEI 8.884/94. DECISÃO PLENÁRIA DO CADE. IMPOSIÇÃO DE MULTA. TÍTULO EXECUTIVO EXTRAJUDICIAL. DESCONSTITUIÇÃO DO JULGADO. NECESSIDADE DE APRESENTAÇÃO DE GARANTIA. RECURSO ESPECIAL. REQUISITOS DE ADMISSIBILIDADE.
> 1. "A nova lei antitruste, no art. 60, dispõe que a decisão do Cade conti-

13 Superior Tribunal de Justiça. REsp 1.156.176. Rel.ª Min.ª Eliana Calmon. Relator para o acórdão Min. Castro Meira. 2ª T., j. 15.06.2010.

nua tendo duplo conteúdo: cominação de multa e imposição de obrigação de fazer ou não fazer.

A novidade consiste na atribuição de natureza de título executivo extrajudicial à decisão do Cade.

No sistema adotado pelo Código de Processo Civil de 1973, Lei nº 5.869, de 11 de janeiro de 1973, toda execução terá por base um título executivo que poderá ser de origem judicial ou extrajudicial.

No inciso VII do art. 585 do Código de Processo Civil, está estabelecido que são títulos executivos extrajudiciais, além dos enumerados nos incisos anteriores, 'todos os demais títulos, a que, por disposição expressa, a lei atribuir força executiva'. Assim, a disposição do art. 60 da Lei nº 8.884, de 1994, está em consonância com a lei que disciplina o processo comum.

[...]

A decisão proferida pelo Cade tem, portanto, no dizer de Hely Lopes Meirelles, uma natureza administrativa, mas também jurisdicional, até porque a nova lei antitruste, no art. 3º, como já salientado, conceitua o Cade como um 'órgão judicante'. Não resta dúvida que as decisões do Cade, pela peculiaridade de versarem sobre matéria especificamente complexa, que requer um órgão especializado, apresentam natureza bastante similar a uma decisão judicial. E o legislador quis exatamente atribuir a essa decisão uma natureza especificamente judicial, posto que de origem administrativa" (João Bosco Leopoldino da Fonseca. *Lei de proteção da concorrência*. Rio de Janeiro: Editora Forense, 2001, p. 312/313).

2. Na forma do art. 65 da Lei 8.884/94, qualquer ação que vise à desconstituição da decisão plenária do Cade, não suspenderá a sua execução, ainda que referente às multas diárias, sem que haja a garantia do juízo.

3. O Plenário do E. STF indeferiu medida cautelar na ADIn 1.094-8/DF, na qual se questiona a constitucionalidade, dentre outros, do art. 65 da Lei 8.884/94, concluindo pela improcedência de alegação de lesão à garantia constitucional de acesso ao Poder Judiciário.

4. O art. 60 da Lei 8.884/94 dispõe inequivocamente que as decisões plenárias do Cade, quer impondo multas, quer estabelecendo obrigações de fazer ou de não fazer, constituem título executivo extrajudicial[14].

Havendo precedentes das duas Turmas de direito público do Superior Tribunal de Justiça é possível concluir que a jurisprudência da Corte firmou-se no sentido da efetiva necessidade de caução idônea para a suspensão judicial de decisões do Cade. E a circunstância de ambos os precedentes citarem como fundamento desta interpretação

---

14 Superior Tribunal de Justiça. REsp 590.960. Rel. Min. Luiz Fux. 1ª T., j. 26.10.2004.

a decisão do Supremo Tribunal Federal no julgamento da ADI 1.094 MC/DF demonstra a importância e impacto de tal julgamento.

Destaco, por fim, que também foi mantido em sua inteireza o art. 66 da Lei nº 8.884/94, reproduzido pelo art. 99 da Lei nº 12.529/2011, que é endereçado às decisões do Cade que imponham o cumprimento de obrigações de fazer ou não fazer. Hipótese recorrente é a imposição da obrigação de a empresa suprimir de seus contratos cláusulas consideradas anticoncorrenciais (como, por exemplo, ocorreu em processo administrativo no qual determinou a Shopping Center a retirada de cláusula de raio nos contratos de locação com os seus lojistas[15]).

4. Conclusão

As condutas anticoncorrenciais são extremamente danosas ao ambiente econômico, pois afetam a dinâmica de mercado e, consequentemente, prejudicam os consumidores.

Tais danos são particularmente evidentes em relação aos cartéis: a uniformização de práticas comerciais leva a aumentos de preços e reduções de quantidades ofertadas, causando significativo prejuízo ao bem-estar dos consumidores.

É, assim, imprescindível a institucionalização de mecanismos de repressão a infrações da ordem econômica, que para ser bem-sucedidos devem dispor dos instrumentos técnicos adequados.

O indeferimento da medida cautelar solicitada na Ação Direta de Inconstitucionalidade nº 1.094 foi de grande importância para a consolidação do sistema de repressão a infrações da ordem econômica instituído pela Lei nº 8.884/94 e aperfeiçoado pela Lei nº 12.529/2011.

Foram mantidos dispositivos fundamentais para a repressão a infrações da ordem econômica previstos na Lei de Defesa da Concorrência, o que possibilitou ao Conselho Administrativo de Defesa Econômica aplicá-la em sua inteireza e construir progressivamente uma sólida jurisprudência, em especial no julgamento de cartéis.

15 Conselho Administrativo de Defesa Econômica. PA nº 08012.002841/2001-13. Rel. Conselheiro Roberto Augustos Castellanos Pfeiffer. Representada: Center Norte S/A.

5. Referências

BRASIL. Conselho Administrativo de Defesa Econômica. *PA nº 08012.002841/2001-13*. Rel. Conselheiro Roberto Augustos Castellanos Pfeiffer. Representada: Center Norte S/A.

BRASIL. Superior Tribunal de Justiça. *Recurso Especial 1.156.176*. Rel.ª Min.ª Eliana Calmon. Relator para o acórdão Min. Castro Meira. 2ª T., 15.06.2010.

BRASIL. Superior Tribunal de Justiça. *Recurso Especial 590.960*. Rel. Min. Luiz Fux. 1ª T., j. 26.10.2004.

BRASIL. Supremo Tribunal Federal. *ADI 1.094 MC/DF*. Rel. Min. Carlos Velloso, j. 21.09.1995.

FONSECA, João Bosco Leopoldino da. *Lei de proteção da concorrência*. Rio de Janeiro, Editora Forense, 2001

FORGIONI, Paula A. *Contratos de distribuição*. São Paulo: Revista dos Tribunais, 2014.

PFEIFFER. Roberto Augusto Castellanos. *Defesa da concorrência e bem-estar do consumidor*. São Paulo: Revista dos Tribunais, 2015.

CONTROLE JUDICIAL DA REGULAÇÃO ESTATAL NA SOCIEDADE DE RISCOS E INCERTEZAS

Sérgio Guerra

SUMÁRIO: 1. Ambivalência e Subsidiariedade na Sociedade de Riscos. **2.** Certeza e Estabilidade das Relações e Situações Jurídicas. **3.** Segurança Jurídica no Contexto Regulatório Estatal Brasileiro. **4.** Incerteza e Imprevisibilidade nos Temas Afetos à Regulação. **4.1.** Riscos e previsibilidade técnica. **4.2.** Novos Paradigmas do Controle Judicial Sobre os Atos Regulatórios. **4.3.** Um Caso Paradigmático Julgado pelo Ministro Carlos Velloso. **5.** Conclusão. **6.** Referências.

É com muita satisfação que participo da justa homenagem ao Ministro Carlos Mario da Silva Velloso. Jurista com pensamento percuciente e julgador preciso em seus argumentos, influenciou toda uma geração de operadores de Direito com seus estudos, artigos e decisões na Suprema Corte.

E, para homenageá-lo, examinaremos no presente artigo algumas questões que envolvem a atuação executiva na regulação de atividades econômicas e serviços públicos, sob uma ótica evolutiva, bem como o papel do Poder Judiciário no controle das escolhas administrativas discricionárias[1].

A análise, que culminará na apresentação de um caso julgado pelo Ministro Velloso, parte da legalidade e da chamada "crise da lei". Isso porque a lei surgiu como elemento concretizador da vontade geral, sob a concepção *rousseauniana.* Editada sob o manto da *volonté generale*, seria válida independentemente de seu conteúdo, pois, justamente por ser fruto da vontade de cada cidadão, e na medi-

---

1 O tema foi explorado, com maior profundidade, na obra GUERRA, Sérgio. *Discricionariedade, regulação e reflexividade*: uma nova teoria sobre as escolhas administrativas. 3. ed. Belo Horizonte: Fórum, 2015.

da em que ninguém é injusto consigo mesmo, jamais poderia revelar--se injusta[2].

Sustentava-se naquele importante momento histórico de construção do Estado de Direito que todas as carências deveriam ser supridas pelo contido na lei, que a liberdade consistia no direito de fazer tudo que as leis permitiam. Mas, como anota o nosso homenageado, Ministro Carlos Mário da Silva Velloso, a sociedade foi se transformando, impondo certos ajustes àquela premissa inicial:

> Já no século XIX verificava-se que a *weltanschaung* iluminista não fazia felizes as pessoas. Essa cosmovisão filosófica, na verdade, infelicitava, os indivíduos. A Revolução Francesa de 1848 e o Manifesto Comunista de Marx e Engels, do mesmo ano, são prova disso. A concepção do *welfare state*, do Estado prestador de serviços, do Estado providência, que substitui, em nível constitucional, com a Constituição do México de 1917 e com a Constituição de Weimar, de 1919, a *weltanschaung* iluminista, impõe a tomada de uma nova posição[3].

Ao longo do tempo, algumas críticas surgiram quanto aos critérios formais de validade do Direito positivo, confrontando-as com o aumento do espaço para as escolhas administrativas discricionárias.

A primeira se refere à edição de inúmeras leis (furacão normativo[4] ou inflação legiferante), com inúmeras remissões a outras regras, que transforma o operador de Direito em "jurista detetive"[5]. A segunda pelo fato de a lei não conseguir tudo prever diante das necessidades, complexidade e características da sociedade contemporânea multiclasse. A terceira está, em muitos casos, na redação da lei de forma ambígua, propositadamente ou não, por acordos e disputas entre partidos políticos e parlamentares. A quarta, pelo fato de muitas vezes a lei

2 GARCÍA DE ENTERRÍA, Eduardo. *Justicia y seguridad jurídica en un mundo de leyes desbocadas*. Madrid: Civitas, 2000, p. 25.

3 VELLOSO, Carlos Mário da Silva. Delegação legislativa – a legislação por associações, *RDP* n. 92, out.-dez.1989.

4 PALMA FERNÁNDEZ, José Luis. *La seguridad jurídica ante la abundancia de normas*. Madrid: Centro de Estudos Políticos y Constitucionales, 1997, p. 14.

5 Id. Ibid., p. 14 e 49.

ser mal redigida, como se estivesse o "direito em estado gasoso"[6], provocando imprecisões e dificuldades para a aplicação no caso concreto. A quinta, por conter inúmeras cláusulas gerais e conceitos jurídicos indeterminados, nem sempre indispensáveis[7], que, somados, conduzem a espaços discricionários e arbitrários.

Destacando as transformações econômicas e sociais, e que alteraram profundamente o quadro em que se inseria esse pensamento político-jurídico-econômico, Alberto Venâncio Filho comenta que as implicações cada vez mais intensas das descobertas científicas e de suas aplicações, que se processam com maior celeridade, a partir da Revolução Industrial, o aparecimento de gigantescas empresas fabris, trazendo, em consequência, a formação de grandes aglomerados urbanos, representam mudanças profundas na vida social e política dos países, acarretando alterações acentuadas nas relações sociais, o que exigirá que paulatinamente, sem nenhuma posição doutrinária preestabelecida, o Estado vá, cada vez mais, abarcando maior numero de atribuições, intervindo mais assiduamente na vida econômica e social, para compor os conflitos de interesses de grupos e de indivíduos[8].

---

6 Id. Ibid., p. 29.

7 Bermejo Vera comenta este aspecto em cotejo com a segurança jurídica: *Una cierta indeterminación o incompletud de las leyes, pese al principio de reserva legal, no puede ser entendida como contraria a la seguridad jurídica. Como es obvio, las leyes no pueden agotar la regulación de una materia o cuestión. Utilizando el punto de partida o contenido principal del derecho o del deber configurado por las leyes, las normas secundarias precisan aquellos contenidos, ganando en determinación, cuando las descripciones genéricas o la utilización de conceptos jurídicos indeterminados se precisan en las disposiciones de desarollo. Esto ocurre, por ejemplo, en leyes como las de protección de los consumidores, donde se alude frecuentemente o se utilizan conceptos como 'peligros', 'riesgos', 'normal utilización', u otros similares, con los que no puede dicirse que se atente a los principios de seguridad jurídica – ni tampoco al de reserva de ley – que son fundamentales en la interpretación del ordenamiento jurídico y en la garantía de los derechos cívicos.* BERMEJO VERA, José. *El declive de la seguridad jurídica en el ordenamiento plural.* Madrid: Civitas, 2005, p. 124.

8 VENANCIO FILHO, Alberto. *A intervenção do estado no domínio econômico.* Ed. Fac-Similar. Rio de Janeiro: Renovar, 1998, p. 8.

E para a consecução de tal desiderato de se conferir maior efetividade ao Estado, cada vez mais provedor, tornou-se indispensável o auxílio e a cooperação por parte do Poder Executivo, como bem observa o eminente Ministro Carlos Mário da Silva Velloso[9]:

> [...] as ações positivas do Estado implicam um mundo de competências para o Estado, competências que deveriam ser realizadas, no sistema de tripartição do poder de Montesquieu, pelo Executivo, o poder que administra. De outro lado, a ideia de Estado-de-Direito, no sentido de que todas as ações do Estado estão sujeitas à lei ou nada mais são senão a mera execução da lei, cevaram os estudiosos do Direito Constitucional a imaginarem a delegação legislativa. É que, a partir do momento em que o Estado deixou de ser mero espectador e passou a participar da sociedade [...] no momento, pois, em que o Estado assume esse mundo de competências, passando a enfrentar questões de alta tecnicidade econômico-financeiras, que devem ser resolvidas com rapidez, muitas delas tornando inconveniente o debate público – as que dizem respeito, v.g., ao câmbio – ou se pensava em dotar o órgão que administra de meios para realização desse mundo de competências, ou o Estado fracassaria na sua missão. A partir, então, do final da 1ª Grande Guerra, a partir, portanto, dos anos vinte, imaginam-se técnicas de delegação legislativa, que se realizam de diversos modos [...].

Tudo isso contribuiu para ampliar, a cada dia, os espaços para as escolhas administrativas e, em igual ou maior escala, trazer imprevisibilidade e consequente insegurança jurídica.

A exemplo do que ocorreu com a legalidade, a normatização pelo Executivo trouxe outros desafios para a concretização da justiça, notadamente ao propiciar amplo espaço para escolhas discricionárias.

Primeiro, pela silenciosa restrição de acesso à elaboração da norma construída no âmbito do Executivo "em gabinetes fechados e sem publicidade alguma, libertos de qualquer fiscalização ou controle da sociedade ou, mesmo, dos segmentos sociais interessados na matéria"[10]. Segundo, pela ausência de fixação, nas leis setoriais, em

9 VELLOSO, Carlos Mário da Silva. *Delegação legislativa...* Op. cit., p. 151.

10 BANDEIRA DE MELLO, Celso Antônio. "Poder" regulamentar ante o princípio da legalidade. *Revista Trimestral de Direito Público*, São Paulo, v. 4, p. 71-78, 1993, p. 74.

bases claras e bem definidas, do que é matéria de natureza política e do que é matéria de natureza técnica. Terceiro, pela possibilidade de se editar regulamentos com tal grau de tecnicismo que impeça a compreensão por setores não especializados[11]; havendo grande chance de imprevisibilidade de decisões, arbítrio e, consequentemente, aumento da insegurança jurídica.

E o Poder Judiciário? Diante do quadro evolutivo, acima, naturalmente intensificou-se o protagonismo judicial, que, em igual ou maior escala, também contribui, em determinadas situações para trazer imprevisibilidade e consequente insegurança jurídica.

Some-se a isso, mais recentemente, o sistema de valorização dos precedentes judiciais emanados dos tribunais superiores, aos quais se atribui, cada vez com mais intensidade, força persuasiva e expansiva[12] em relação aos demais processos análogos, alcançam não apenas seu destinatário imediato[13], mas, parte da sociedade.

---

11 A advertência é feita por PALMA FERNÁNDEZ, José Luis. *La seguridad jurídica...*, op. cit., p. 47: *La elaboración de las normas, incluso las que se alejan de los sectores especializados y se adentran en el terreno de la generalidad de los ciudadanos, comienza a estar presidida por un afán de alcanzar ámbitos sectoriales de élite jurídica, perdiendo la noción de que existe un colectivo no especializado (por supuesto, el más numeroso) sobre el que se proyectan los efectos y que no tiene obligación de profundizar en terminología o denominaciones propias de experto conecedor del Derecho.*

12 Conforme voto do Ministro Teori Zavascki no RCL 4.335/AC: *Nesse ponto, o Brasil está acompanhando um movimento semelhante ao que também ocorre em diversos outros países que adotam o sistema da* civil law, *que vêm se aproximando, paulatinamente, do que se poderia denominar de cultura do* stare decisis, *própria do sistema da* common law. *A doutrina tem registrado esse fenômeno, que ocorre não apenas em relação ao controle de constitucionalidade, mas também nas demais áreas de intervenção dos tribunais superiores, a significar que a aproximação entre os dois grandes sistemas de direito (*civil law *e* common law*) é fenômeno em vias de franca generalização.*

13 Anthony Giddens aborda o tema nos seguintes termos: *Hoje em dia, as ações cotidianas de um indivíduo produzem consequências globais. [...] Esta extraordinária – e acelerada – relação entre as decisões do dia a dia e os resultados globais, juntamente com seu reverso, a influência das ordens globais sobre a vida individual, compõem o principal tema da nova agenda.* GIDDENS, Anthony. *A vida em uma sociedade pós-tradicional...*, op. cit., p. 75. Bauman

Esses fatos acabam por produzir efeitos de natureza multilateral, multipolar[14], levando Bauman[15] a afirmar que *cada resolução de problema gera novos problemas*.

Além de todos os pontos antes evidenciados, outro aspecto merece análise sobre a crise da lei, da função regulamentar e do papel do Poder Judiciário. Refere-se ao modelo de Estado Regulador, surgido com a Constituição Federal de 1988. Nesse cenário, observa-se que há necessidade de expedição, pelas entidades administrativas independentes, de inúmeras regras decorrentes da deslegalização de matérias.

A deslegalização significa não estarem completamente indicados na lei os meios necessários para se alcançar os fins na atuação dos agentes estatais responsáveis pela regulação de subsistemas sensíveis. Essa escolha regulatória, que também observa farta integração de conceitos técnicos-jurídicos indeterminados, não se enquadra nos diminutos espaços residuais do processo legiferante, nem tampouco se conforma no estreito vezo regulamentar.

A escolha regulatória alcança mais do que simplesmente a função de editar atos normativos. Por meio da regulação permite-se o exercício da capacidade técnica das entidades descentralizadas para dispor com maior densidade do que a legislativa sobre as matérias que lhes

associa o tema à difícil renúncia à segurança: *Segurança e confiança são coisas a que não se pode renunciar facilmente. Na medida em que dependem da postura "ordinária", espera-se que os membros do grupo interior defendam zelosamente o caráter inegociável, imutável, absoluto mesmo de sua visão de mundo feita de conhecimento partilhado e graduado. Enquanto o defenderem com sucesso, ficarão efetivamente vacinados contra os horrores da existência ambivalente.* BAUMAN, Zigmunt. *Modernidade e ambivalência.* Tradução: Marcus Penchel. Rio de Janeiro: Jorge Zahar Editor, 1999, p. 86.

14 A multilateralidade, na lição de Vasco Manuel da Silva, surge como a característica mais marcante da Administração do Estado pós-social. As escolhas administrativas, típicas da Administração prospectiva ou prefigurativa, não dizem respeito a um relacionamento meramente bilateral entre os privados e os órgãos decisores; correspondem, antes, a um relacionamento multipolar uma vez que produzem efeitos susceptíveis de afetar um grande número de sujeitos. SILVA, Vasco Manuel Pascoal Dias Pereira da. *Em busca do acto administrativo perdido*. Coimbra: Almedina, 2003, p. 130.

15 BAUMAN, Zygmunt. *Modernidade e ambivalência...*, op. cit., p. 227.

competem para equilibrar, de maneira cíclica e prospectiva, o subsistema regulado.

A singularidade da função regulatória[16] acaba por atribuir, para além de uma escolha discricionária (conveniência e oportunidade), uma escolha *regulática*[17] à Administração Pública[18] ou, como sustentamos, *reflexiva*[19].

Por essa forma de intervenção estatal, o regulador deve, observando sua competência legal, atender ao interesse público sem, contudo, deixar de sopesar os efeitos e impactos dessas decisões no subsistema

---

16 Diogo de Figueiredo Moreira Neto adverte que o recurso a outras fontes normativas decorre, também, da *pletórica produção legislativa dos Estados, que vem assumindo proporções avassaladoras e inquietantes,* ***abalando a certeza e segurança jurídica*** *das sociedades complexas que emergiram com a Era da Informação*. MOREIRA NETO, Diogo de Figueiredo. *Direito regulatório:* a alternativa participativa e flexível para a administração pública de relações setoriais complexas no estado democrático. Rio de Janeiro: Renovar, 2003, p. 124. Grifo nosso.

17 A expressão é de Diogo de Figueiredo Moreira Neto. *Regulática* é a aceitação de espaços de autonomia de vontade coletiva, geralmente recobertos, nas sociedades organizadas, pelas entidades intermédias. É a substituição de um direito fundamentalmente imperativo por um direito também consensual, que prescinde da necessidade de definições políticas e de emprego imediato de coerção. Id. A globalização e o direito administrativo. In: *Uma avaliação das tendências contemporâneas do direito administrativo.* Diogo de Figueiredo Moreira Neto (Coord.). Rio de Janeiro: Renovar: 2003, p. 561.

18 Diogo de Figueiredo Moreira Neto destaca essa questão do ponto de vista da eficiência, legitimidade e justificação das decisões das agências reguladoras: *Nesse novo cenário, como os obrigatórios fundamentos da decisão administrativa já não mais se reduziam à eficácia e à legalidade, ambas características necessariamente presentes na democracia formal e na ação pública burocrática tradicional, mas, além delas, se ampliavam, como se expôs, à eficiência e à legitimidade, como expressões da democracia material e da ação pública voltada a resultados, passou-se a exigir, em acréscimo, a justificação das decisões, principalmente daquelas que viessem a ser tomadas no desempenho das sensíveis funções administrativas em que se faz necessário precisar conceitos indeterminados ou realizar escolhas discricionárias.* Id. *Direito regulatório...*, op. cit., p. 100.

19 GUERRA, Sérgio. *Discricionariedade, regulação e reflexividade*: uma nova teoria sobre as escolhas administrativas. 3. ed. Belo Horizonte: Fórum, 2015.

regulado (custos e benefícios) com os interesses de segmentos específicos da sociedade – e, até mesmo, com o interesse individual no caso concreto.

Nesse diapasão, desponta uma questão de capital importância concernente à configuração do preceito da segurança jurídica nas relações contemporâneas entre a Administração Pública reguladora com "competências especializadas"[20], o agente regulado que desenvolve atividade econômica, o Poder Judiciário e a sociedade, tudo isso diante da velocidade com que se operam as mutações cotidianas face um incontrolável tecnicismo e cientificismo[21].

O controle judicial das escolhas em bases deslegalizadas, muitas vezes, deixa de observar os encaminhamentos decorrentes das condições originárias do subsistema regulado, confrontado pelo regulador por meio da ponderação de custos e benefícios, interferindo nos efeitos prospectivos e gerando insegurança.

Em resumo: com o atual cenário social, baseado em "regras de regulação cujos efeitos, na prática, são inegavelmente onerosos"[22], a dou-

---

20 Bauman adverte que o relacionamento do indivíduo com a natureza e a sociedade é efetivamente mediado pelas competências especializadas e a tecnologia que as serve. Os técnicos são aqueles que possuem essa competência e administram suas técnicas que comandam as atividades vitais. A técnica, produzida e controlada pelo especialista, constituiu o verdadeiro ambiente da vida individual. Nesse ambiente surgem em grande parte a ambivalência e a insegurança e, com elas, grande parte dos perigos percebidos. BAUMAN, Zygmunt. *Modernidade e ambivalência...*, op. cit., p. 225. Grifo nosso.

21 *Estamos todos presos às experiências do cotidiano, cujos resultados, em um sentido genérico, são tão abertos quanto aqueles que afetam a humanidade como um todo. As experiências do cotidiano refletem o papel da tradição – em constante mutação – e, como também ocorre no plano global, devem ser consideradas no contexto do deslocamento e da reapropriação de especialidades, sob o impacto da invasão dos sistemas abstratos.* ***A tecnologia, no significado geral da "técnica", desempenha aqui o papel principal, tanto na forma de tecnologia material quanto da especializada expertise social.*** GIDDENS, Anthony. *A vida em uma sociedade pós-tradicional...*, op. cit., p. 77. Grifo nosso.

22 STIGLER, George J. A teoria da regulação econômica. In: *Regulação econômica e democracia*: o debate norte-americano. Paulo Mattos (Coord.). São Paulo: Editora 34, 2004, p. 23.

trina administrativista se depara com as diversas indagações, decorrentes da "crise de identidade" que afeta o postulado da segurança jurídica[23].

Nessa ordem de ideias, impõe-se um exame crítico acerca dessas questões e o esboço de uma metodologia que possa ser suficiente para privilegiar a segurança jurídica a ser observada pelas entidades reguladoras na elaboração de normas que sustentam suas escolhas e, de alguma forma (i) limitar o protagonismo judicial na substituição de escolhas regulatórias e, no sentido oposto, ao invés de, simplesmente, alegar a insindicabilidade da discricionariedade (ii) ter o Judiciário como guardião da incolumidade sistêmica.

O tema deve ser analisado sob a ótica material da abertura constitucional, da mutação da segurança jurídica, tudo com as especificidades das incertezas da "sociedade de riscos".

1. Ambivalência e Subsidiariedade na Sociedade de Riscos

A Carta Magna de 1988 disciplinou o espaço que cabe ao Estado e à sociedade, em termos de exploração de atividades econômicas. A Constituição Federal não só apresenta os princípios acerca desta questão como é impositiva – não restando qualquer dúvida, portanto, quanto ao papel público e privado – ao determinar que compete ao Poder Público as funções regulatórias conformadas pelas atividades de fiscalização, incentivo e planejamento.

O papel do Estado está subsumido ao princípio da subsidiariedade, em que se destaca a primazia do setor privado sobre as iniciativas estatais no exercício de atividade econômica.

---

23 Identificando esse dilema como a "luta entre o novo e o velho", Almiro do Couto e Silva denota que o futuro não pode ser um perpétuo prisioneiro do passado, nem pode a segurança jurídica se transformar em valor absoluto, capaz de petrificar a ordem jurídica, imobilizando o Estado e impedindo-o de realizar as mudanças que o interesse público estaria a reclamar. Por outro lado – assevera o jurista gaúcho – ao se esperar uma linha de coerência administrativa não é igualmente admissível que o Estado seja autorizado, em todas as circunstâncias, a adotar novas providências em contradição com as que foram por ele próprio impostas, surpreendendo os que acreditaram nos atos do Poder Público. SILVA, Almiro do Couto e. *O princípio da segurança jurídica...*, op. cit., p. 13.

Sob essa configuração de subsidiariedade *redesenha-se a segurança dos direitos fundamentais na fase atual do relacionamento entre Estado e Sociedade, em que esta assume o papel preponderante*[24], em que o Estado deve agir subsidiariamente *na função regulatória e na impossibilidade de o indivíduo ou a sociedade resolverem seus próprios problemas*[25].

Nesse campo de questões, e sob o ponto de vista da gradativa subsidiariedade – do indivíduo para a comunidade e, só depois, para o Estado –, a sociedade contemporânea e globalizada recebe de alguns autores a denominação "sociedade de riscos", edificada após os efeitos simbolicamente representados pela queda do muro de Berlim, em 1989[26].

A sociedade de riscos não é uma opção a ser escolhida ou rejeitada pela sociedade[27]; tem os traços pós-modernos conformados pela *ambivalência, insegurança, a procura de novos princípios e o redesenho do relacionamento entre as atribuições das instituições do Estado e da própria sociedade*[28].

O conceito de sociedade de riscos como nova categoria da sociedade atual[29] designa um estágio ou superação da modernidade em que começam a tomar corpo ameaças produzidas até então no caminho da sociedade industrial. Isso levanta a questão da autolimitação daquele desenvolvimento, assim como da tarefa de redeterminar os padrões de

---

24 TORRES, Ricardo Lobo. *Tratado...,* op. cit., p. 176.

25 Id. Ibid.

26 Nesse sentido, v. BECK, Ulrich. A reinvenção da política: rumo a uma teoria da modernização reflexiva. In: *Modernização reflexiva:* política, tradição e estética na ordem social moderna. BECK, Ulrich; GIDDENS, Anthony; LASH, Scott. Tradução: Magda Lopes. São Paulo: Unesp, 1997, p. 11.

27 Id. Ibid., p. 16.

28 TORRES, Ricardo Lobo. *Tratado...,* op. cit., p. 177. Prossegue o autor: *Da ambivalência e do caráter paradoxal da sociedade de risco* ***decorre a modificação do próprio conceito de segurança, em crescente contraste com o de insegurança***. Id. Ibid., p. 178. Grifo nosso.

29 A inclusão da sociedade de riscos como nova categoria da sociedade atual mereceu críticas de autores, em que se destaca DE GIORGI, Raffaele. *Direito, democracia e risco*: vínculos com o futuro. Vários tradutores. Porto Alegre: Sergio Antonio Fabris Editor, 1998, p. 196-197.

responsabilidade, segurança, controle, limitação do dano e distribuição das consequências do dano atingidos até aquele momento, levando em conta as ameaças potenciais[30].

Na atualidade surge um "conflito fundamental"[31], característico da sociedade de riscos. Os progressos decorrentes da industrialização – desenvolvidos até o século XIX – levavam o homem a pensar que suas ações conduziriam à segurança total, isto é, com suas técnicas o homem buscava lograr o fim dos riscos e catástrofes naturais. Contudo, o avanço tecnológico – que gerou um "risco fabricado"[32], "fruto da decisão humana"[33] – ocorrido durante o século passado levou o homem a sofrer os efeitos de sua própria ação.

Por isso, segundo o sociólogo Bauman, não se encontra na pós-modernidade a *utilidade para a "certeza" e "segurança"*[34]. Nada pode ser conhecido com segurança e qualquer coisa que seja conhecida pode ser conhecida de um modo diferente: *apostar, agora, é a regra onde a certeza, outrora, era procurada, ao mesmo tempo que arriscar-se toma o lugar da teimosa busca de objetivos*[35].

A compreensão do Estado de risco como aspecto nuclear na organização da sociedade contemporânea remete a uma dinâmica peculiar que submete o Estado a um novo papel, a uma transformação.

30 BECK, Ulrich. *A reinvenção da política...*, op. cit., p. 17.

31 Id. Ibid., p. 23.

32 GIDDENS, Anthony. *Mundo em descontrole:* o que a globalização está fazendo de nós. Tradução: Maria Luiza X. de A. Borges. 4. ed. Rio de Janeiro: Record, 2005, p. 24.

33 LUHMANN, Niklas. *Sociologia del rischio*. Tradução: Giancarlo Corsi. Milano: Bruno Mondadori, 1996, p. 31-32.

34 BAUMAN, Zygmunt. *Modernidade e ambivalência...*, op. cit., p. 113.

35 Id. *O mal-estar da pós-modernidade*. Tradução: Mauro Gama e Cláudia Martinelli Gama. Rio de Janeiro: Jorge Zahar Editor, 1998, p. 36 (título original: *Posmodernity and its discontents*).

2. Certeza e Estabilidade das Relações e Situações Jurídicas

Se vivemos numa sociedade de riscos e incertezas, como enfrentar a insegurança jurídica em questões afetas à regulação? De início e para a perfeita compreensão da questão e busca de métodos para privilegiar a segurança jurídica, cumpre examinar seus contornos clássicos.

As garantias e os direitos fundamentais, para se tornarem efetivos, devem estar sob o manto da segurança das relações jurídicas entre o Estado e cada membro da sociedade. A segurança jurídica representa, dessa forma, a ideia de um conjunto de condições que possa tornar possível à sociedade o prévio conhecimento das consequências de seus atos à luz das normas preestabelecidas pelo sistema jurídico.

Essa ordem de pensamento não encontra dissenso doutrinário. Isto é, a busca por segurança jurídica foi – e continua sendo – um dos principais pilares de sustentação do Estado de Direito, como indica John Locke na defesa intransigente do Poder Legislativo como poder supremo da comunidade.

Nas conclusões apresentadas por William Simon[36], *o ideal libertário exige que as pessoas tenham conhecimento dos seus direitos e obrigações antes de agir, para que possam planejar os seus negócios*. Por isso, e ao comentar os princípios da boa-fé e da confiança legítima, ambos derivados da segurança jurídica[37], Jesús Gonzáles Pérez[38]

36 SIMON, William H. *A prática da justiça.* São Paulo: Martins Fontes, 2001, p. 67.

37 Patrícia Baptista aponta que não obstante a boa-fé tutele o valor ético da confiança, os princípios da boa-fé e da proteção da confiança legítima não são equivalentes idênticos nem sinônimos. Para ela o princípio da proteção da confiança legítima, por incorporar os valores de previsibilidade e estabilidade oriundos da ideia de segurança jurídica, confere ao administrado um raio de proteção mais amplo que o princípio da boa-fé. Ademais disso, sustenta que o exame da boa-fé do administrado é uma condição da incidência da proteção da confiança legítima. BAPTISTA, Patrícia Ferreira. *Segurança jurídica e proteção da confiança legítima no direito administrativo*: análise sistemática e critérios de aplicação no direito administrativo brasileiro, 2006, 374 p. Tese (Doutorado em Direito do Estado) – Universidade de São Paulo, p. 141.

38 GONZÁLES PÉREZ, Jesús. *El principio general de la buena fe en el derecho administrativo*. 3. ed. Madrid: Civitas, 1999, p. 53.

denota que segurança jurídica supõe garantia e certeza do direito nas relações com o poder público, certeza esta que se materializa na manutenção de determinadas situações, ainda que não sejam de todo conforme o Direito, mas que exista confiança em sua legitimidade.

Malgrado esse conceito quase unânime em sede doutrinária, que atenderia plenamente à necessidade prática de se preservar direitos e garantias fundamentais em qualquer situação, é indisputável nesse início de milênio que a rápida evolução tecnológica e científica que permeia os subsistemas regulados – isso sem contar com epidemias, grandes desastres naturais, terrorismo etc. – acaba por trazer um clima de incerteza ("que prolifera por toda parte")[39], insegurança e "comprometimento da coesão social"[40].

Bauman anota que uma das características mais marcantes da modernidade em seu estado "sólido" era uma visão *a priori* de um "estado final", que seria o eventual ponto culminante dos esforços correntes de construção da ordem. Seria um estágio em que a economia ficaria estável, haveria um sistema em equilíbrio, uma sociedade justa ou um código de direito e ética racionais. Contudo, a pós-modernidade ou *modernidade diluída [...] liberta as forças da mudança, como a bolsa de valores ou os mercados financeiros: deixa que as pessoas "encontrem seu próprio nível*"[41].

Segundo Laubadère, a flexibilidade inerente ao direito traduz-se pelo lugar dado às possibilidades de mudança e de adaptação de regras, atos, situações jurídicas. *Mutabilidade, plasticidade, direito móvel ou flexível ou movediço, estas expressões são vulgarmente empregadas para caracterizar um dos aspectos [...] da maleabilidade do direito administrativo econômico*[42].

---

39 Na advertência de BECK, Ulrich. *A reinvenção da política...*, op. cit., p. 24.

40 GRAU, Eros Roberto. *A ordem econômica...*, op. cit., p. 47.

41 BAUMAN, Zigmunt. *Comunidade*: a busca por segurança no mundo atual. Tradução: Plínio Dentzien. Rio de Janeiro: Jorge Zahar Editor, 2003, p. 69.

42 LAUBADÈRE, André de. *Direito público económico*. Tradução: Maria Teresa Costa. Coimbra: Ed. Almedina, 1985, p. 114.

Nessa quadra histórica propugna-se a efetividade de uma abertura constitucional governada por uma ordem de valores, em que não mais se admite a divinização da lei.

3. Segurança Jurídica no Contexto Regulatório Estatal Brasileiro

Peres Luño[43] adverte que os principais temas cotidianos, tais como valores e princípios constitucionais, liberdade ou submissão do juiz ao aplicar o Direito, concepção procedimental da justiça, tutela dos direitos humanos, obediência ao Direito, dissenso na técnica legislativa – pluralidade de fontes –, e, por fim, as implicações jurídicas decorrentes das novas tecnologias – tecnicidade – não podem ser perfeitamente compreendidos – ou sequer explicados – sem referência expressa à segurança jurídica.

Nesse vezo, o autor examina a questão sob o seguinte enfoque na parte introdutória de obra específica sobre o tema:

> Este estudio se propone, por tanto, dar cuenta de los nuevos rumbos por los que discurre la proyección jurídica de la seguridad como valor fundamental (*Grundwert*) de las sociedades democráticas actuales. Ello exige revisar el concepto de la seguridad jurídica; su relevancia en el Estado de Derecho, de modo especial en el Estado social de Derecho; así como su significado como valor fundamental de esa forma política, lo que obliga a reconsiderar su conexión con los demás valores, en particular, con la justicia.[44]

O destaque dado por Peres Luño no enquadramento da complexidade e tecnicidade cotidiana como aspecto essencial – a ser observado quando do reposicionamento da segurança jurídica na atual sociedade de riscos – relaciona-se diretamente à regulação estatal.

Quando se está diante de uma decisão administrativa complexa (*hard case)* em sede de regulação estatal de atividades econômicas, que, por sua natureza, afeta diretamente parcela da sociedade, não pa-

43 PERES LUÑO, Antonio-Enrique. *La seguridad juridica...*, op. cit., p. 13.

44 Id. Ibid.

rece ser correto invocar a segurança jurídica legislada e, portanto, estrita. Há de se ponderar e alcançar situações consensuais observadas na clausura autorreferencial do subsistema à luz de custos e benefícios para a manutenção de outros valores de idêntica dignidade jusnatural e constitucional.

Para se saber se a escolha regulatória é considerada justa para a hipótese, é necessário, na perspectiva do Direito contemporâneo, não apenas que a justificativa seja retrospectiva, levando em conta dados do passado, mas que sejam considerados também, por meio de um exercício prospectivo, elementos justificativos voltados para o futuro[45].

É nesse contexto que se destaca a questão axiológica da segurança jurídica na regulação. Na escolha regulatória, a segurança jurídica estará presente na demonstração de que as soluções adotadas para o equilíbrio autorreferencial do subsistema, uma vez implementadas, partiram de uma norma previamente debatida, ponderada e valorada tecnicamente.

No caso, deve haver o sopesamento entre custos e benefícios para sua aplicação e que tais soluções não comprometerão outros valores que mereçam ser salvaguardados ou, pelo menos, que o farão em nível proporcionalmente tolerável em relação a esses valores fundamentais.

Diante dessa premissa, o enquadramento da segurança jurídica na regulação estatal de atividades econômicas, sob a vertente axiológica, impõe uma releitura da segurança jurídica exaltada no modelo positivista oitocentista.

Com efeito, a segurança jurídica no ambiente regulatório não deve estar simplesmente atrelada às leis; deve estar apoiada no equilíbrio cíclico e autorreferencial sistêmico, vinculada aos direitos fundamentais, pois preocupada com o caso concreto. *Apenas no caso concreto será possível determinar a extensão de aplicação das exigências de segurança jurídica e dos outros valores eventualmente em conflito*[46].

45 MOREIRA NETO, Diogo de Figueiredo. *Direito regulatório...*, op. cit., p. 101.

46 BAPTISTA, Patrícia Ferreira. *Segurança jurídica...*, op. cit., p. 50.

Isso faz sentido, pois o positivismo, ao negar a via valorativa, deriva para o "monismo axiológico"[47], defendendo a preponderância de um só valor. É, ainda, função do Direito, que assegura a realização das liberdades[48] e da justiça[49].

Como valor, a segurança jurídica estará apta a ser considerada condição para a existência do equilíbrio de interesses sem "posição de superioridade fáctica ou jurídica"[50] acoplada a outros valores de igual distinção jurídica. *A certeza quanto ao direito aplicável não é o único valor tutelado pelo ordenamento. A segurança jurídica pode se contrapor, por exemplo, ao interesse público, [...] às exigências de justiça material*[51]. Não deve, dessa forma, ser invocada pelos administradores públicos reguladores e pelos tribunais simplesmente como princípio, a ser ponderado e sopesado com outros princípios.

Bermejo Vera[52] traduz a segurança jurídica como valor, sob argumento de que a mesma aspira ordenar a vida social por meio da justiça. Contudo, adverte que justiça é algo externo, derivado do Direito, enquanto o Direito contém, em sua própria essência, a segurança jurídica. Segurança jurídica *é um valor constitucional, que se qualifica como subprincípio do princípio maior do Estado de Direito*[53].

O Estado de Direito é, por si só, uma organização política permeável às mudanças para atender a necessidades sociais, de modo que a segurança jurídica deixa de ser um princípio, uma categoria estática, para garantir a dinâmica e adaptações do Direito à *práxis*. O enfoque dado ao tema – e que dificulta sua compreensão – parte de uma heterogeneidade entre justiça – valor – e segurança jurídica – dado fático que deriva da positividade do direito, ou de determinadas condições de fato sociológicas ou políticas.

---

47 TORRES, Ricardo Lobo. *Tratado...,* op. cit., p. 52.

48 PERES LUÑO, Antonio-Enrique. *La seguridad juridica...,* op. cit., p. 37-38.

49 Id. Ibid., p. 96.

50 SILVA, Vasco Manuel Pascoal Dias Pereira da. *Em busca...*, op. cit., p. 207.

51 BAPTISTA, Patrícia Ferreira. *Segurança jurídica...,* op. cit., p. 50.

52 BERMEJO VERA, José. *El declive de la seguridad jurídica...*, op. cit., p. 43.

53 SILVA, Almiro do Couto e. *O princípio da segurança jurídica...,* op. cit., p. 17.

4. Incerteza e Imprevisibilidade nos Temas Afetos à Regulação

Se, de um lado, é justo sustentar que a função normativa regulatória decorre do tecnicismo galopante em que vive a sociedade de riscos, de outro, o modelo estatal previsto na Constituição brasileira deve-se assentar em solução jurídica que impeça que a grande quantidade de atos normativos editados pelas entidades autárquicas especiais venha a conduzir o subsistema regulado ao agravamento da imprevisibilidade e consequente insegurança jurídica inerente à sociedade pós-industrial.

Ademais disso, conforme anota Patrícia Baptista[54], para além do processo de produção das normas, a superação da hermenêutica sistêmica e a influência de sistemas exteriores ao Direito (economia, moral, política etc.) trazem imprevisibilidade para a aplicação do Direito. Isto é, urge no modelo regulatório mecanismos para mitigar[55] a incerteza decorrente da abertura de espaços para o exercício das escolhas administrativas por meio de certa previsibilidade técnica, somado a um sistema formal para a edição de normas regulatórias.

O caminho passa pela ideia de previsibilidade técnica e a observância de novos paradigmas do controle judicial.

4.1. Riscos e previsibilidade técnica

O relacionamento entre a Administração e o cidadão deixou de ser esporádico e instantâneo[56], surgindo espaços para relações duradouras e continuadas. Isto é, "a decisão deve ser prospectivamente responsável, levantando e estimulando, para esse efeito, as *consequên-*

54 BAPTISTA, Patrícia Ferreira. *Segurança jurídica e proteção da confiança legítima...,* op. cit., p. 18.

55 Id. Ibid., p. 21-22: *Não se perca de vista, porém, que o ideal de um direito seguro não pode ser mais do que isso: um ideal. É necessário e desejável aumentar a segurança do direito – i.e., a estabilidade, a acessibilidade e a previsibilidade das normas e das decisões –, mas não se conseguirá jamais eliminar todas as imprecisões e indefinições. Afinal, trata-se de normas que são feitas e aplicadas por seres humanos.*

56 Id. Ibid., p. 99.

cias previsíveis"[57], de modo que a mesma seja ponderada *tanto quanto a seu valor intrínseco quanto a seu valor posicional no contexto da questão a ser solucionada*[58].

Se, de um lado, a evolução das escolhas administrativas caminha para uma nova fase, que não nega a necessidade de se ampliar a atuação estatal executiva, e, de outro, sustenta-se haver incompatibilidade entre a fórmula que compõe a discricionariedade administrativa "dependente de critério político"[59] com as reais necessidades cotidianas da sociedade pluriclasse, pode-se ter, como importante antídoto contra os riscos do arbítrio/tecnocracia, a previsibilidade técnica por via do procedimento.

O procedimento, como "novo conceito central do direito administrativo",[60] permite maior participação dos administrados, valorizando a "relação jurídico-administrativa"[61] com o Poder Público, notadamente diante de casos difíceis submetidos à escolha regulatória.

A procedimentalização efetivada com a participação real de grupos interessados e publicidade eficaz – divulgação na internet, participação em audiências públicas, dentre outras – é importante mecanismo para se alcançar a transparência necessária à legitimação da escolha reguladora descentralizada[62].

No âmbito desta procedimentalização da concretização das políticas públicas estatais, a previsibilidade técnica, como parâmetro mitigador dos riscos do arbítrio, é importante remédio contra as decisões casuísticas. A complexificação crescente da atividade administrativa contemporânea implica na consideração da escolha administrativa

---

57 MOREIRA NETO, Diogo de Figueiredo. *Direito regulatório...*, op. cit., p.102.

58 MOREIRA NETO, Diogo de Figueiredo. *Direito regulatório...*, op. cit., p.102.

59 SEABRA FAGUNDES, Miguel. *O controle dos atos administrativos pelo poder judiciário*. 4. ed. Rio de Janeiro: Forense, 1967, p. 150.

60 SILVA, Vasco Manuel Pascoal Dias Pereira da. *Em busca...*, op. cit., p. 301 e ss.

61 Nos moldes identificados por BAPTISTA, Patrícia Ferreira. *Segurança jurídica...*, op. cit., p. 128-129.

62 MARQUES NETO, Floriano de Azevedo. A nova regulação estatal e as agências independentes. In. *Direito administrativo econômico*. Carlos Ari Sundfeld (Org.). São Paulo: Malheiros, 2000, p. 96.

como instrumento funcionalmente ligado à criação de clareza e previsibilidade relativamente ao desenvolvido futuro das relações jurídicas administrativas[63].

Além da procedimentalização, outro fator a ser considerado refere-se a certa estabilidade das normas.

Na advertência de Patrícia Baptista[64], se é certo que não é legítimo ao cidadão esperar que as normas jurídicas não sejam alteradas, também é certo que ele deve esperar que eventuais mudanças não sejam bruscas nem tampouco contrariem explicitamente as expectativas despertadas por comportamentos da Administração Pública.

Esta previsibilidade das técnicas e dos mecanismos procedimentais que devem limitar a atuação das entidades reguladoras pode conformar solução jurídica que ajude a impedir que a grande quantidade de atos normativos decorrentes da deslegalização, editados por essas entidades autárquicas, venha a conduzir o subsistema regulado a uma insegurança jurídica insuportável.

Alguns cenários em que a previsibilidade técnica vincula a escolha administrativa são apresentados por Paulo Otero. O conteúdo vinculante é determinado por meio do recurso a ciências exatas ou não, dotadas de origem empírica e que expressam o fruto de uma avaliação do tipo científica visando a determinados fins.

Segundo o autor[65], pode ocorrer: (i) nos casos em que o regulador acolha regras técnicas e científicas, autovinculando a futura atividade de seus órgãos; (ii) nas hipóteses em que as escolhas administrativas só possam ser feitas na sequência de estudos técnicos e científicos que conduzam a resultados tendencialmente unívocos e que, portanto, não comportam valorações; (iii) na integração de conceitos jurídicos indeterminados que comportem a formulação de juízos de natureza ou conteúdo científico, e que, portanto, só podem ser concretizados por meio de critérios extraídos de tais ciências e (iv) no conjunto de

63 SILVA, Vasco Manuel Pascoal Dias Pereira da. *Em busca...*, op. cit., p. 461.

64 BAPTISTA, Patrícia Ferreira. *Segurança jurídica...*, op. cit., p. 328.

65 OTERO, Paulo. *Legalidade e administração pública:* o sentido da vinculação administrativa à juridicidade. Coimbra: Almedina, 2003, p. 764 e ss.

operações materiais que, desenvolvidas no contexto das escolhas administrativas, traduzam o exercício de uma atividade profissional que obedece, em si e por si, a normas técnicas e científicas específicas.

Nesse contexto, entre questões técnicas já testadas e provadas, não deve o administrador público "inventar" fórmulas ou subterfúgios para proferir escolhas administrativas em "desconformidade aos precedentes anteriormente estatuídos"[66], isto é, em contradição com o que, na prática, tem sido observado por entidades técnicas, reguladores e regulados.

Considerando que as regras criadoras das entidades reguladoras brasileiras não dispõem acerca de mecanismos para a eleição quanto aos meios de materialização dos comandos normativos técnicos, impactando, inclusive a intensidade do controle judicial, sugere-se:

(i) a fixação, nas leis, de espaços mais claros e objetivos do que seria considerado política pública, de competência dos órgãos da administração direta, bem como a indicação do que representa competência técnica, voltada à atuação do regulador;

(ii) reconhecer como válida a trilha antes seguida por países como Alemanha, Reino Unido, e Suécia, no sentido de pôr termo prefixado às normas. Isto é, transcorrido aquele tempo de vigência da norma, a mesma fica derrogada automaticamente[67];

(iii) poder-se-ia cogitar, ainda, uma publicação anual das normas de regulação de cada subsistema, a exemplo do que já se encontra positivado no art. 212 do Código Tributário Nacional[68]; e, finalmente,

---

66 ARAGÃO, Alexandre Santos de. Teoria das autolimitações administrativas: atos próprios, confiança legítima e contradição entre órgãos administrativos. *Revista de Direito do Estado*, n. 4, out./dez. 2006, Rio de Janeiro, Renovar, 2006, p. 231-244.

67 Cf. SANTAMARIA PASTOR, Juan A. La administración como poder regulador. In: *Estudios para la reforma de la administración pública*. Madrid: Inap, 2004, p. 398 e ss.

68 Lei nº 5.172, de 25 de outubro de 1966:
Art. 212. Os Poderes Executivos federal, estaduais e municipais expedirão, por decreto, dentro de 90 (noventa) dias da entrada em vigor desta Lei, ***a consolidação, em texto único, da legislação vigente, relativa a cada um dos tributos, repetindo-se esta providência até o dia 31 de janeiro de cada ano****.*

(iv) a definição de mecanismos claros de participação da sociedade nos processos, na ponderação e na valoração tecnicamente motivada, seja por meio de consultas e audiências públicas.

Alcançando-se a conjugação cumulativa dessas propostas, pensa-se que as escolhas regulatórias deixariam de ser atos unilaterais, voltados a critérios de conveniência, oportunidade e excludentes da participação dos interessados, e, desse modo, privilegiando a segurança jurídica, teriam mais dificuldades de surpreender o agente regulado.

4.2. Novos Paradigmas do Controle Judicial Sobre os Atos Regulatórios

A função jurisdicional instituída, dentre outros fins, para evitar ou sustar as escolhas administrativas com erro, abuso e arbitrariedade, é imprescindível para o Estado Democrático de Direito e para a manutenção das garantias e direitos fundamentais dos cidadãos. Entretanto, em alguns casos, o excesso da atuação jurisdicional sobre escolhas administrativas (no caso, as regulatórias) traz consigo a controvérsia acerca da substituição das decisões de agentes públicos, democraticamente eleitos ou não, pelos magistrados.

Alejandro Nieto García adverte sobre essa questão:

> Si admitimos que la discrecionalidad era el caballo de Troya del Estado de Derecho [...] hay que admitir también que el control judicial de tales actos es el caballo de Troya del decisionismo judicial en la actividad política y estrictamente administrativa, que en cualquier Estado está confiada a los políticos y a los administradores, no a los jueces.

No passado, o controle judicial das escolhas discricionárias, em vista da fórmula que se sustenta na conveniência e oportunidade de decisão exclusiva do administrador público, na maioria das vezes, e em vista da tradição de insindicabilidade do mérito do ato administrativo, impossibilitava o Poder Judiciário de perscrutar o ato.

Diante da "judicialização das relações sociais" e da "judicialização da política", é cada vez mais comum, ao contrário, que, em determinadas situações submetidas à escolha regulatória, notadamente de grande apelo popular, a invalidação da escolha administrativa pelo Judiciário seja seguida de um comando judicial que a substitui no mérito.

Conforme já se apurou em algumas situações concretas, que ressaltam a alta complexidade e tecnicidade, que dependem da análise econômica dos custos e benefícios das concessões e ponderação de interesses no caso concreto, o controle judicial sobre escolhas regulatórias não deve seguir as premissas adotadas para o controle das escolhas discricionárias (ora afirmando que não deve perscrutar o ato[69], ora substituindo-o).

O controle judicial, de um lado, não deve inviabilizar o serviço delegado ou a atividade econômica regulada, que acaba por prejudicar a todos, e, de outro, não deve deixar desprotegidos a sociedade e os direitos de cada cidadão. Daí a importância dos fatos e impactos decorrentes da decisão judicial sobre o caso concreto.

Se, de um lado, é sustentável uma maior participação do Poder Judiciário na sindicância das escolhas administrativas para evitar-se o arbítrio do administrador, de outro, também é necessária uma comedida e moderada atuação das funções jurisdicionais na revisão dessas escolhas, notadamente em sede de cognição liminar.

É grande, em sede de escolha regulatória o risco de o magistrado usurpar a competência (técnica) do regulador para levar em conta a mediação de interesses e a apreciação dos custos e benefícios da decisão com origem na autorreferência cíclica do subsistema regulado.

Quando um juiz decide modificar uma escolha administrativa de caráter geral, seja ela vinculada ou discricionária, com o fim de apreciar determinado direito, individual ou coletivo, os efeitos dessa escolha, em regra, afetam apenas os cidadãos envolvidos, ou seus impactos quase sempre são abrandados e diluídos na coletividade.

Por outro lado, nas escolhas regulatórias reflexivas, a atuação do administrador público, em determinado aspecto do conjunto social, tende a produzir impacto em outro segmento, regulado ou não, e afetar o direito individual.

---

69 Como no caso citado no item 4.3, corrigido pelo voto do Ministro Velloso.

Por essa razão, quando o Poder Judiciário exerce um protagonismo exacerbado e altera uma escolha regulatória, que envolve, fundamentalmente, a eleição dos meios técnicos necessários para o alcance dos fins e interesses setoriais, com menor impacto para a sociedade e de modo mais eficiente, poderá, por uma decisão voltada a apenas um dos aspectos em questão, danificar a harmonia do subsistema regulado.

Para motivar se determinada decisão administrativa deve ser considerada justa para a hipótese, é necessário, na perspectiva do Direito contemporâneo, não apenas que a justificativa seja retrospectiva, levando em conta dados do passado. Devem ser considerados os elementos justificativos voltados para o futuro por meio de um exercício prospectivo.

Desse modo, será possível demonstrar que as soluções adotadas, uma vez aplicadas, não comprometerão outros valores que mereçam ser salvaguardados ou, pelo menos, que o farão em nível proporcionalmente tolerável em relação a esses valores fundamentais, que a própria ordem jurídica declara e preserva. O controle judicial é balizado pelo Direito, de modo que essa perspectiva pode limitar o acesso do magistrado a todos os aspectos e impactos prospectivos da escolha regulatória que se fundamenta, para além do Direito, em critérios metajurídicos.

A confrontação de razões do regulador com as razões dos Tribunais não se desenvolve em um plano de igualdade; isto é, não é simétrica. A Administração é livre para eleger, dentro do amplo espaço que em cada caso lhe permite a lei e o Direito, as razões – jurídicas, econômicas, sociais, técnicas, ambientais – a curto, médio e longo prazo, que servem de suporte a suas decisões.

Essas razões não podem, regra geral, ser utilizadas pelos Tribunais para justificar as suas, como dito apenas de direito sobre determinados conflitos entre partes conflitantes.

Em termos de escolha regulatória, o controle judicial deve estar presente sempre que houver dúvida acerca da observância do *due process of law*, notadamente na apreciação da vinculação da decisão regulatória aos dados empíricos e demais fatos do caso real. Entretanto, o Judiciário não deve perscrutar a interpretação cíclica (reflexiva) e prospectiva que afeta o subsistema, que deve levar o regulador a concentrar sua preocupação nos impactos futuros, mediante a ponderação dos benefícios e dos ônus advindos da regulação.

Há escolhas administrativas que supõem tal grau de especialização técnica que somente aquele que as toma, a partir da consideração de elementos altamente complexos, as pode valorar. O Poder Judiciário deve acatá-las, exercendo controle unicamente em relação aos erros manifestos que nelas se exteriorizam, de modo que o regulador, nesses casos, goza de liberdade técnica de escolha, liberdade que, no entanto, não é absoluta, visto que coartada quando seu exercício resultar viciado por erro manifesto.

4.3. Um Caso Paradigmático Julgado pelo Ministro Carlos Velloso

Um caso, que reflete o que foi aqui exposto, foi apresentado no Recurso Especial nº 79.937/DF, em que foi Relatora a Ministra Nancy Andrighi e julgado pela Segunda Turma em 06.02.2001.

Trata-se de um caso de tabelamento de preços, em valor abaixo da realidade de mercado, que deixou de ser anulado por ter sido considerado um ato discricionário e, portanto, inalterável pelo Poder Judiciário.

Veja-se a ementa:

> Direito Econômico. Intervenção do Estado no domínio econômico. Tabelamento. Preço único. Setor sucroalcooleiro. Congelamento de preços. Planos econômicos. IAA – Instituto do Álcool e do Açúcar. Apuração de custo de produção pela FGV – Fundação Getulio Vargas. Indenização pleiteada por prejuízo ocasionado por política de fixação de preços em desacordo com os critérios do art. 9º da Lei nº 4.870/65.
>
> I – O exercício da atividade estatal, na intervenção no domínio econômico, não está jungido, vinculado, ao levantamento de preços efetuado por órgão técnico de sua estrutura administrativa ou terceiro contratado para esse fim específico; isto porque há discricionariedade do Estado na adequação das necessidades públicas ao contexto econômico estatal; imprescindível a conjugação de critérios essencialmente técnicos com a valoração de outros elementos de economia pública.
>
> II – O tabelamento de preços não se confunde com o congelamento, que é política de conveniência do Estado, enquanto intervém no domínio econômico como órgão normativo e regulador do mercado, não havendo

> quebra do princípio da proporcionalidade ao tempo em que todo o setor produtivo sofreu as consequências de uma política econômica de forma ampla e genérica.

Contra esse acórdão foi interposto Recurso Extraordinário no Supremo Tribunal Federal (RE 422.941/DF), sendo Relator o nosso homenageado, Ministro Carlos Velloso, em julgamento ocorrido em 06.12.2005.

O voto do Ministro Velloso, que não foi acompanhado apenas pelo Ministro Joaquim Barbosa, gerou a seguinte ementa, corrigindo a situação em bases próximas àquela acima apontada neste artigo:

> Constitucional. Econômico. Intervenção estatal na economia: Regulamentação e **regulação de setores econômicos**: Normas de intervenção. Liberdade de iniciativa. CF, art. 1º, IV; art. 170. CF, art. 37, § 6º. I – A intervenção estatal na economia, mediante regulamentação e regulação de setores econômicos, faz-se com respeito aos princípios e fundamentos da Ordem Econômica. CF, art. 170. O princípio da livre iniciativa é fundamento da República e da Ordem econômica: CF, art. 1º, IV; art. 170.
>
> II – **Fixação de preços em valores abaixo da realidade e em desconformidade com a legislação aplicável ao setor: empecilho ao livre exercício da atividade econômica, com desrespeito ao princípio da livre iniciativa.**
>
> III – Contrato celebrado com instituição privada para o estabelecimento de levantamentos que serviriam de embasamento para a fixação dos preços, nos termos da lei. Todavia, a fixação dos preços acabou realizada em valores inferiores. Essa conduta gerou danos patrimoniais ao agente econômico, vale dizer, à recorrente: obrigação de indenizar por parte do poder público. CF, art. 37, § 6º.
>
> IV – Prejuízos apurados na instância ordinária, inclusive mediante perícia técnica.
>
> V – RE conhecido e provido.

Colhe-se do voto do Ministro Velloso:

> No caso, o acórdão recorrido ignorou os prejuízos causados à recorrida pelo poder público, prejuízos apurados na instância ordinária, inclusive mediante perícia. Ignorou, olimpicamente, os prejuízos, ao curioso argumento de que assiste ao Estado o poder discricionário "na adequação das necessidades públicas ao contexto econômico estatal". É dizer, com base na discricionariedade inadmissível num Estado de Direito, é possível ao

> Estado, ao intervir no domínio econômico, desrespeitar liberdades públicas e causar prejuízos aos particulares, impunemente.

As conclusões a que chegou o Ministro Velloso, há 10 anos, já apontavam para a necessidade de se observar a "realidade" no campo da regulação de atividades econômicas.

5. Conclusão

Na fase por que passa a sociedade não se encontra a utilidade para a certeza e segurança. A compreensão do Estado de risco como aspecto nuclear na organização da sociedade contemporânea remete a uma dinâmica peculiar que submete o Direito Administrativo a um novo papel, a uma transformação.

A regulação estatal de atividades econômicas, neste contexto, cumpre uma função essencial na prevenção e composição das antinomias surgidas pela ambivalência e aporias surgidas com a tecnicidade e a complexidade das relações sociais.

A conclusão a que se chega é a de que a configuração da segurança jurídica nas relações contemporâneas entre a Administração Pública reguladora descentralizada e o agente regulado que desenvolve atividade econômica é um tema pouco explorado em nossa doutrina.

Observou-se que a ideia de segurança jurídica enfrenta uma "crise de identidade" neste início de século. No campo da regulação de atividades econômicas pelo Estado, a "crise" advém do fato de que a estrutura normativa regulatória deve ser estruturada de forma diversa do conceito legalitário formal.

As políticas nacionais típicas do Estado pós-moderno se apresentam, na prática, mediante a edição de diversas normas gerais com conceitos jurídicos indeterminados, que, logicamente, não conseguem tudo prever para nortear a atuação dos agentes públicos reguladores nem tampouco dos agentes regulados.

Concluiu-se que, em algumas regras editadas pelos reguladores, não se pode pensar em simplesmente executar o que está indicado na lei, produzida no âmbito do Parlamento. Nas questões difíceis (*hard cases*) submetidas à escolha regulatória, as normas têm linhas mestras da política econômica e social, fazendo com que tenha de haver uma liberdade ao administrador público na hora de executar reflexivamente os comandos gerais da norma, dependendo (i) dos dados empíricos decorrentes das técnicas disponíveis e testadas; (ii) da circunstância fática em que a norma está sendo aplicada, e (iii) dos impactos prospectivos multilaterais decorrentes do ato.

Diante dessas considerações, o ponto agudo identificado conduziu a busca de meios para compatibilizar a premissa basilar do valor "segurança jurídica" na regulação de atividades econômicas, decorrente do Estado Democrático de Direito, com outros valores, outros princípios e outras regras.

Nessa senda, apresenta-se neste estudo uma proposta de metodologia que possa ser suficiente para privilegiar a segurança jurídica a ser observada pelas entidades estatais na elaboração de normas que sustentam suas escolhas. As vantagens na padronização dos mecanismos de edição de normas regulatórias podem ser resumidas no aumento da eficácia da ação administrativa, na diminuição da pressão dos interesses privados organizados sobre a decisão administrativa e na potencialização dos valores de certeza, igualdade e segurança.

O pluralismo conduz a atuação estatal para uma modelagem de escolha regulatória, que deve ponderar interesses e, desse modo, representar a reflexividade e o equilíbrio dos diversos subsistemas.

A assunção de atividades econômicas de relevante compromisso social e serviços públicos pelo setor privado impõe a clausura autorreferencial (reflexividade) da regulação.

Por meio desse mecanismo de estruturação da escolha administrativa pode-se buscar, com maior chance de êxito, um ambiente de **segurança jurídica plural**, em que haverá demonstração de maturidade política, respeitabilidade externa e atratividade dos investidores nacionais e estrangeiros.

Nesse novo contexto, o Poder Judiciário precisa compreender e conviver com a nova realidade da reflexividade e efeitos prospectivos da escolha regulatória. Urge que a magistratura nacional se adapte a esses novos paradigmas do controle judicial das escolhas regulatórias reflexivas, que se insere nas hodiernas premissas do Direito Administrativo em permanente mutação.

6. Referências

ARAGÃO, Alexandre Santos de. Teoria das autolimitações administrativas: atos próprios, confiança legítima e contradição entre órgãos administrativos. *Revista de Direito do Estado*, n. 4, out./dez. 2006, Rio de Janeiro, Renovar, 2006.

BANDEIRA DE MELLO, Celso Antônio. "Poder" regulamentar ante o princípio da legalidade. *Revista Trimestral de Direito Público*, São Paulo, v. 4, p. 71-78, 1993.

BAPTISTA, Patrícia Ferreira. *Segurança jurídica e proteção da confiança legítima no direito administrativo*: análise sistemática e critérios de aplicação no direito administrativo brasileiro, 2006, 374 p. Tese (Doutorado em Direito do Estado) – Universidade de São Paulo.

BAUMAN, Zigmunt. *Comunidade*: a busca por segurança no mundo atual. Tradução: Plínio Dentzien. Rio de Janeiro: Jorge Zahar Editor, 2003.

_____. *Modernidade e ambivalência.* Tradução: Marcus Penchel. Rio de Janeiro: Jorge Zahar Editor, 1999.

_____. *O mal-estar da pós-modernidade*. Tradução: Mauro Gama e Cláudia Martinelli Gama. Rio de Janeiro: Jorge Zahar Editor, 1998, p. 36 (título original: *Posmodernity and its discontents*).

BECK, Ulrich. A reinvenção da política: rumo a uma teoria da modernização reflexiva. In: *Modernização reflexiva:* política, tradição e estética na ordem social moderna. BECK, Ulrich; GIDDENS, Anthony; LASH, Scott. Tradução: Magda Lopes. São Paulo: Unesp, 1997.

BERMEJO VERA, José. *El declive de la seguridad jurídica en el ordenamiento plural*. Madrid: Civitas, 2005.

DE GIORGI, Raffaele. *Direito, democracia e risco*: vínculos com o futuro. Vários tradutores. Porto Alegre: Sergio Antonio Fabris Editor, 1998.

GARCÍA DE ENTERRÍA, Eduardo. *Justicia y seguridad jurídica en un mundo de leyes desbocadas*. Madrid: Civitas, 2000.

GIDDENS, Anthony. A vida em uma sociedade pós-tradicional. In: BECK, Ulrich; GIDDENS, Anthony; LASH, Scott. *Modernização reflexiva*: política, tradição e estética na ordem social moderna. Tradução Magda Lopes. São Paulo: Ed. Unesp, 1997.

_____. *Mundo em descontrole:* o que a globalização está fazendo de nós. Tradução: Maria Luiza X. de A. Borges. 4. ed. Rio de Janeiro: Record, 2005.

GRAU, Eros Roberto. *A ordem econômica na Constituição de 1988*: (interpretação e crítica). 7. ed. São Paulo: Malheiros, 2002.

GONZÁLES PÉREZ, Jesús. *El principio general de la buena fe en el derecho administrativo*. 3. ed. Madrid: Civitas, 1999.

GUERRA, Sérgio. *Discricionariedade, regulação e reflexividade*: uma nova teoria sobre as escolhas administrativas. 3. ed. Belo Horizonte: Fórum, 2015.

LAUBADÈRE, André de. *Direito público económico*. Tradução: Maria Teresa Costa. Coimbra: Ed. Almedina, 1985.

LUHMANN, Niklas. *Sociologia del rischio*. Tradução: Giancarlo Corsi. Milano: Bruno Mondadori, 1996.

MARQUES NETO, Floriano de Azevedo. A nova regulação estatal e as agências independentes. In: *Direito administrativo econômico*. Carlos Ari Sundfeld (Org.). São Paulo: Malheiros, 2000.

MOREIRA NETO, Diogo de Figueiredo. *Direito regulatório:* a alternativa participativa e flexível para a administração pública de relações setoriais complexas no estado democrático. Rio de Janeiro: Renovar, 2003.

_____. A globalização e o direito administrativo. In: *Uma avaliação das tendências contemporâneas do direito administrativo.* Diogo de Figueiredo Moreira Neto (Coord.). Rio de Janeiro: Renovar: 2003.

OTERO, Paulo. *Legalidade e administração pública:* o sentido da vinculação administrativa à juridicidade. Coimbra: Almedina, 2003.

PALMA FERNÁNDEZ, José Luis. *La seguridad jurídica ante la abundancia de normas*. Madrid: Centro de Estudos Políticos y Constitucionales, 1997.

PÉREZ LUÑO, Antonio-Enrique. *La seguridad juridica*. 2. ed. Barcelona: Ariel Derecho, 1994.

SANTAMARIA PASTOR, Juan A. La administración como poder regulador. In: *Estudios para la reforma de la administración pública*. Madrid: Inap, 2004.

SEABRA FAGUNDES, Miguel. *O controle dos atos administrativos pelo poder judiciário*. 4. ed. Rio de Janeiro: Forense, 1967.

SILVA, Almiro do Couto e. O princípio da segurança jurídica (proteção à confiança) no direito público brasileiro e o direito da administração pública de anular seus próprios atos administrativos: o prazo decadencial do artigo 54 da lei do processo administrativo da União (Lei nº 9.784/99). *Revista Brasileira de Direito Público – RBDP*, Belo Horizonte, ano 2, n. 6, p. 1-59, jul./set. 2004.

SILVA, Vasco Manuel Pascoal Dias Pereira da. *Em busca do acto administrativo perdido*. Coimbra: Almedina, 2003.

SIMON, William H. *A prática da justiça*. São Paulo: Martins Fontes, 2001.

STIGLER, George J. A teoria da regulação econômica. In: *Regulação econômica e democracia*: o debate norte-americano. Paulo Mattos (Coord.). São Paulo: Editora 34, 2004.

TORRES, Ricardo Lobo. *Tratado de direito constitucional financeiro e tributário*. Rio de Janeiro: Renovar, 2005. v. 2.

VELLOSO, Carlos Mário da Silva "*Delegação Legislativa – A Legislação por Associações*", RDP n. 92, out.-dez. 1989.

VENANCIO FILHO, Alberto. *A intervenção do estado no domínio econômico*. Ed. Fac-Similar. Rio de Janeiro: Renovar, 1998.

A CENTRALIDADE DA JURISPRUDÊNCIA NO CPC/2015

Sergio Kukina

1. Introdução

Avizinha-se a entrada em vigor do terceiro Código de Processo Civil brasileiro, fruto da sanção da Lei nº 13.105, de 16 de março de 2015, com *vacatio legis* estipulada em um ano (art. 1.045). É nesse ambiente de justificada expectativa, pois, que correrão as linhas adiante.

À saída, cumpre recordar que o CPC de 1973, antes ainda de completar sua segunda década de vigência, tornou-se alvo de sucessivas e profundas alterações legislativas, consubstanciadas por meio de minirreformas orientadas a debelar específicos "pontos de estrangulamento" nele identificados, tendo por norte o aprimoramento da tempestividade e da efetividade da prestação jurisdicional.

Nesse sentido, para se ficar em poucos mas importantes exemplos, pode-se destacar o advento da tutela antecipada (Lei nº 8.952/94) e do novo regime de liquidação e cumprimento de sentença (Lei nº 11.232/2005), não se podendo, de outra parte, ignorar as grandes transformações operadas na seara recursal, de início, com a reintrodução, no CPC, da disciplina dos recursos afetos ao STF e ao STJ (Lei nº 8.952/94), seguindo-se, pouco depois, radical modificação nas formas de interposição e processamento do agravo de instrumento direcionado contra interlocutória de primeiro grau (Lei nº 9.139/95); alguns anos à frente, grande impacto ainda sobreviria com o surgimento, sucessivamente, do filtro da repercussão geral (EC 45/2004) e da técnica do recurso especial repetitivo (Lei nº 11.672/2008), merecendo alusão, por fim, a substituição do agravo de instrumento pelo agravo nos próprios autos, ao fito de se destrancar os recursos extraordinário e especial (Lei nº 12.322/2010).

Essas tantas modificações impostas ao CPC de 1973, talvez ainda não suficientemente absorvidas pelo labor doutrinário e jurisprudencial, motivaram certo questionamento quanto à conveniência e oportunidade de se elaborar um novo código de ritos. Nesse sentido, de modo bastante contundente, Antônio Cláudio da Costa Machado apregoou:

> O equívoco de se tentar resolver o problema do caos judiciário pela via de um novo Código: a Justiça não funciona por razões administrativas, antes de tudo, e por falta de vontade política e orçamentária para aparelhar melhor nossos juízes e tribunais (*Combati o bom combate, completei a carreira, guardei a fé*: uma história de luta contra o novo CPC. Osasco: Edifieo, 2015, p. 9-10).

Respeitadas as convicções de cada estudioso, e tendo em mira que a nova codificação processual civil tornou-se fato consumado (após, ressalte-se, amplo e democrático debate), cumpre aos atores jurídicos, doravante, empreender esforços para dela extrair os melhores resultados, sobretudo em benefício dos litigantes, seus efetivos destinatários finais.

A tal desiderato, dentre as inovações que mais atenção vêm despertando no novo diploma, assoma, sem dúvida, o diferenciado tratamento outorgado à jurisprudência dos tribunais e seu fundamental papel em termos de pacificação social, enquanto escopo a ser permanentemente buscado por uma eficiente atuação jurisdicional. Seguem, pois, algumas poucas incursões a esse respeito.

2. O Eixo Jurisprudencial

Uma primeira e atenta leitura do CPC/2015, aí incluída sua exposição de motivos, deixa ver o relevante e central papel que, doravante, tocará à jurisprudência das Cortes revisoras.

A tanto, já na abertura do Livro III, que cuida da ordem dos processos nas instâncias recursais e dos meios de impugnação das decisões judiciais, desponta do art. 926 que *Os tribunais devem uniformizar sua jurisprudência e mantê-la estável, íntegra e coerente*. Em acréscimo, o subsequente art. 927 dispõe que os juízes e os tribunais observarão: I – as decisões do STF em controle concentrado de constitucionalidade; II – os enunciados de súmula vinculante; III – os acórdãos em incidente de assunção de competência ou de resolução de demandas repetitivas e em julgamento de recursos extraordinário e especial repetitivos; IV – os enunciados das súmulas do STF em matéria constitucional e do STJ em matéria infraconstitucional; V – a orientação do plenário ou do órgão especial aos quais estiverem vinculados.

Com os olhos voltados para o ainda projeto de lei que antecedeu o CPC/2015, Arruda Alvim, no ponto que ora interessa, fez assinalar que:

> As inovações propostas para os recursos no novo CPC orientam-se pela necessidade de uniformizar a aplicação do direito, em nome da realização da igualdade de todos perante a lei e também igualdade perante decisões judiciárias, em que a lei é aplicada, e ainda com o escopo de estabilizar a jurisprudência (O projeto de novo CPC e os recursos excepcionais. In: *O direito nos tribunais superiores* – com ênfase no novo direito processual civil. J. S. Fagundes Cunha (Coord.). Curitiba: Bonijuris, 2015, p. 28).

É indubitável, nessa linha de raciocínio, que a valorização da jurisprudência guarda imediato compromisso com anseios que postulam, não só diante de lides já instaladas, mas, antes ainda, no âmbito das relações do cotidiano social, uma razoável segurança jurídica, mediante tratamento igualitário e previsível, por parte do Judiciário, a litígios fática e legalmente assemelhados entre si. Luiz Rodrigues Wambier e Eduardo Talamini, quanto a esse primado, esclarecem que:

> A segurança, de fato, é um valor que desde sempre tem desempenhado papel de um dos objetivos do direito. O homem sempre está a procura de segurança e o direito é um instrumento que se presta, em grande parte, ao atingimento desse desejo humano. Por meio do direito, procura-se tanto a segurança no que diz respeito ao ordenamento jurídico como um todo, quanto no que tange às relações jurídicas individualizadas (*Curso avançado de processo civil* – teoria geral do processo e processo de conhecimento. 13. ed. São Paulo: RT, 2013. v. 1, p. 627).

Historicamente, no entanto, o legislador brasileiro, porque ligado às tradições do modelo romano-germânico (*civil law*), pouca atenção devotou para a jurisprudência como fonte do Direito. Vivo reflexo dessa orientação, o art. 126 do CPC/1973, sem menção qualquer à fonte pretoriana, limita-se a exortar o juiz a que julgue com base na lei e, à sua falta, que recorra à analogia, aos costumes e aos princípios gerais, diretriz, aliás, decalcada do art. 4º da Lei de Introdução ao Código Civil – Decreto-Lei nº 4.657/42 (hoje, Lei de Introdução às Normas de Direito Brasileiro).

Em rigor, a jurisprudência, no âmbito do Código Buzaid, passou a ter alguma expressão somente quando, por meio da Lei nº 9.139/95, flexibilizando-se o princípio da colegialidade nos tribunais e, na mão inversa, outorgando-se maiores poderes ao relator, possibilitou-se a este, monocraticamente, negar seguimento a recurso contrário a súmula do respectivo tribunal ou de tribunal superior (art. 557). Três anos depois, mercê da Lei nº 9.756/98, o relator viu-se em condições de, para além de negar seguimento, também dar provimento ao recurso, com parâmetro na jurisprudência dominante.

Por outro viés, conquanto o STF já viesse editando enunciados de sua súmula desde meados da década de 1960, é certo que nunca se cogitou da obrigatoriedade de os juízes e demais tribunais observarem seus conteúdos. Tal cenário, entretanto, ganhou novos contornos com a edição da Emenda Constitucional nº 45/2004, que instituiu a denominada súmula de efeito vinculante, não só em relação aos demais órgãos do Poder Judiciário, mas também em relação à Administração Pública direta e indireta, nos três níveis da Federação. Seu descumprimento (por contrariedade ou aplicação incorreta) poderá ser debelado pelo emprego de reclamação junto ao próprio STF (art. 103-A, § 3º, da CF).

É, pois, em meio ao progressivo incremento de sua importância que a jurisprudência irrompe com destacado vigor no corpo do CPC/2015.

Tal aspecto, aliás, é bem sublinhado e justificado por Teresa Arruda Alvim Wambier, relatora da Comissão pioneiramente designada pelo Senado da República para a elaboração do anteprojeto do novo CPC, cuja doutrinadora, ao explicar o conteúdo do art. 926 (antes transcrito), assinala, *verbis*:

> Este dispositivo revela, de forma inequívoca, uma preocupação que esteve presente, como pano de fundo, em todos os momentos de elaboração do novo CPC. Esta preocupação diz respeito à extrema desuniformidade da jurisprudência brasileira, que ocorre mesmo em torno de temas extremamente relevantes, desuniformidade esta que compromete de maneira profunda e indesejável a previsibilidade e a segurança jurídica [...] Mas não é só. Também ocorrem no Brasil, com reprovável frequência, alterações bruscas jurisprudenciais. Estas mudanças repentinas comprometem a segurança jurídica, surpreendendo o jurisdicionado e impedindo os indivíduos e as empresas de planejar suas vidas, "de acordo com o direito". Por isso, uma das linhas mestras do NCPC é estimular e criar condições mais favoráveis para que se produza, no país, jurisprudência uniforme, estável (WAMBIER, Teresa Arruda Alvim (Coord.); CONCEIÇÃO, Maria Lúcia Lins; RIBEIRO, Leonardo Ferres da Silva e MELLO, Rogerio Licastro Torres de. *Primeiros comentários ao novo código de processo civil – artigo por artigo*. São Paulo: RT, 2015, p. 1.313-1.314).

Em síntese, o novo CPC está a reclamar maior estabilidade da atuação judicial no que tange à interpretação e aplicação da lei a casos concretos que guardem bases fáticas similares. Tal demanda, porém e num primeiro olhar, parece estar imprimindo um sentido excessivamente conservador à atividade exegético-judicial, pondo-a em descompasso com a velocidade das mudanças tecnológicas e das relações sociais ao seu redor, como vai assentado no tópico a seguir.

3. Um Paradoxo Apenas Aparente

Na presente fase do estágio civilizatório, em que o mundo analógico foi literalmente varrido pelo ambiente digital, pode gerar perplexidade o fato de o legislador do CPC/2015 apresentar um arranjo normativo orientado a refrear o ímpeto dos órgãos judicantes em extrair, de um mesmo texto legal, interpretações e aplicações variadas para casos alegadamente semelhantes.

No mundo das ciências exatas, o processo de obsolescência que se abate sobre os saberes de seus técnicos e pesquisadores ocorre em períodos temporais absurdamente curtos. A novidade tecnológica celebrada há cinco anos atrás, ou menos ainda, já se acha convenientemente depositada em museus. Crianças e adolescentes, com seu pleno domínio sobre as tecnologias de ponta da informática, converteram-se, na contemporaneidade, em intelectos indispensáveis para assegurar a atualização de seus familiares mais velhos, incapazes de acompanhar a vertiginosa velocidade de novas e tantas informações digitais necessárias ao seu dia a dia.

Já nos domínios da nova legislação processual civil está-se a ordenar, em sentido aparentemente oposto, que a interpretação judicial opere em modo estável e previsível, sem se deixar impregnar pela celeridade e urgência próprias de um mundo virtualizado e em permanente mutação.

Compreensível será, portanto, a inquietação daqueles que venham a enxergar no CPC/2015 fator de possível engessamento ou estagnação do Direito brasileiro aplicado. O desassossego assim delineado, entretanto, carece de fundamentos mais sólidos, que pudessem respaldá-lo.

A regra positivada, é cediço, exsurge como caudatária da realidade social, que é por aquela fotografada num específico contexto histórico-socioeconômico, sendo natural que, ao depois, os intérpretes e aplicadores do mesmo texto legislado venham a ter percepções diferentes acerca de sua incidência ante uma realidade concreta já modificada.

Daí que, dentre várias interpretações possíveis e aceitáveis que possam surgir a respeito de um mesmo dispositivo legal, pretender-se eleger uma única delas como sendo a mais adequada para disciplinar também casos futuros, poderá conduzir a questionamentos acerca de sua própria legitimidade, máxime por se saber que casos concretos ulteriores, inevitavelmente, estarão sujeitos a condições não imaginadas pelo intérprete pretérito.

A título histórico, sabe-se que um dos produtos da Revolução Francesa consistiu em aniquilar qualquer centelha de atuação interpretativa do juiz, que, por aquela época, deveria comportar-se como mera "boca da lei", sem nada acrescentar-lhe, uma vez que, segundo o sentimento revolucionário, o legislador já teria se desincumbido, a contento, de previamente amoldar a fórmula normativa abstrata ao exato acontecimento empírico que viesse a ser relatado pelo queixoso.

Tal propósito, por óbvio, não resistiu às exigências da vida real, por isso que, em sua concepção hodierna, como assinala Luiz Guilherme Marinoni:

> O Judiciário está situado ao lado do Legislativo na tarefa que o Estado possui de dar à sociedade um direito adequado à realidade, ou seja, um direito em contínua e permanente mobilidade e adaptação às necessidades sociais (*O STJ enquanto corte de precedentes* – recompreensão do sistema processual da corte suprema. São Paulo: RT, 2013, p. 138).

Entrementes, o excerto doutrinário que se acaba de transcrever fornece, a um só tempo, duas dimensões bastante úteis para o enfrentamento do eventual paradoxo imposto à atividade judicial interpretativa pelo CPC/2015. Assim é que, num primeiro momento, remarca a inevitabilidade de o Poder Judiciário interpretar e revelar as potencialidades práticas do texto abstratamente fornecido pelo legislador. Num segundo instante, aponta para o compromisso de o órgão judicial, em seu ato hermenêutico, não desgarrar-se da subjacente realidade social, a que deve a norma servir.

A partir dessa compreensão, faz-se lícito concluir que a nova ordem legal trazida pelo CPC/2015, no que solicita a "estabilidade" da jurisprudência pelos tribunais (art. 926), longe está de erigir-se num convite à sua "estagnação ou imutabilidade", o que seria de todo reprovável. Por isso, nesse particular aspecto, calha mencionar a escorreita lição de Samia Saad Galotti Bonavides, que, analisando o art. 926 do novo *Codex*, sublinha que:

> Ao referir-se o legislador a uma uniformização da jurisprudência que deve ser mantida *estável*, não quis, certamente, dizer que a jurisprudência deve ser *imutável* e que isso é uma qualidade a ser perseguida, e sim, que eventual mudança deve ter uma justificativa que continue validando a interpretação, de forma também íntegra e coerente, como, aliás, deve, na dicção do legislador, agora, ser feita a uniformização (Código de processo civil comentado. CUNHA, José Sebastião Fagundes, BOCHENEK, Antonio César e CAMBI, Eduardo [Coords.]. São Paulo: RT, 2016, p. 1.283).

Ainda nesse propósito, cumpre lembrar que os Regimentos Internos do STF (art. 103) e do STJ (art. 125), de há muito disciplinam a forma pela qual se poderá deflagrar procedimento com a finalidade de revisar a jurisprudência compendiada em sua Súmula e, no caso do Supremo, inclusive de sua jurisprudência assentada em matéria constitucional. Não se revelaria idônea, portanto, qualquer insinuação que tendesse a rotular a pretérita jurisprudência dessas Cortes superiores com o dístico da imutabilidade. A título ilustrativo, o Superior Tribunal de Justiça, com 26 anos de funcionamento, encerrou o ano judiciário de 2015 com 561 Súmulas editadas, das quais 15 se acham canceladas (a saber, as de números 91, 142, 152, 157, 174, 183, 217, 230, 256, 263, 276, 348, 357, 366 e, por fim, 470, esta última cancelada pela Segunda Seção, em 27.05.2015).

Nessa toada, a evidência de que o legislador do CPC/2015 passou bem distante de qualquer propósito que pudesse conduzir ao receio de engessamento ou de perpetuação de precedentes, é prontamente extraída dos parágrafos do art. 927, nos quais se assegura que a alteração de teses jurídicas sumuladas ou havidas em feitio repetitivo poderão – ou melhor, "deverão" – ser precedidas de audiências públicas (§ 2º); que será possível – ou melhor, "necessário" – recorrer-se à técnica da modulação de efeitos, quando se estiver frente a hipóteses de alteração de jurisprudência dominante do STF e dos tribunais superiores ou daquela oriunda de julgamento de casos repetitivos (§ 3º); que as Cortes responsáveis por tais mudanças deverão observar a necessidade de ofertar fundamentação adequada e específica, em atenção aos princípios da segurança jurídica, da proteção da confiança e da isonomia (§ 4º).

Todas essas salutares exigências impostas aos tribunais, acrescente-se, desaguam na obrigação adicional de darem plena publicidade a seus precedentes, organizando-os por questão jurídica decidida e divulgando-os, preferencialmente, na rede mundial de computadores (§ 5º), máxime porque, como sustenta Kalyani Muniz Coutinho Pimentel, *a Jurisprudência divulgada funciona como vetor da transparência, da democratização e da fiscalização social* (*Ementas jurisprudenciais* – manual de identificação de teses e redação de enunciados. Curitiba: Juruá, 2015, p. 24).

Portanto, em linha de princípio, resta afastado o indesejável risco de que o novo modelo processual possa acarretar paralisia ou desestímulo à reflexão e à criatividade inerentes à função judicial. Aliás, em relação à regra posta no art. 140 do CPC/2015 (*O juiz não se exime de decidir sob a alegação de lacuna ou obscuridade do ordenamento jurídico*), Humberto Theodoro Júnior enfatiza que a missão do juiz não é *apenas a de reproduzir, na composição da lide, a regra editada pelo legislador. Incumbe-lhe, também, uma atividade* criativa, *para completar o preceito legal genérico e pouco detalhado, assim como para suprir-lhe as lacunas* (*Curso de direito processual civil*. 56. ed., rev., atual. e ampl. Rio de Janeiro: Forense, 2015, v. I, p. 424).

Releva, passo seguinte, incursionar em maior detalhamento em torno da estabilidade da jurisprudência.

4. A Necessária Estabilidade da Jurisprudência

Do que até aqui se expôs, desafiadora mas factível se apresenta a nova diretriz apresentada pelo CPC/2015, no que requisita dos tribunais que uniformizem sua jurisprudência, mantendo-a estável, íntegra e coerente, afastada qualquer possibilidade de que tal orientação possa implicar em estagnação ou imutabilidade de seus precedentes.

Como denuncia Sidnei Beneti *em um sistema jurisdicional como o brasileiro, a dispersão jurisprudencial, pode-se afirmar sem sombra de dúvidas, tem estado entre as mais amplas do mundo* (Unidade de jurisdição e filtros de temas nacionais nos tribunais superiores. In: *40 anos da teoria geral do processo no Brasil – passado, presente e futuro*. ZUFELATO, Camilo e YARSHELL, Flávio Luiz (Orgs.). São Paulo: Malheiros, 2013, p. 709).

Realmente, a estabilidade da jurisprudência constitui-se num imperativo democrático a ser respeitado. Daí não se poder coonestar com a possibilidade de que jurisdicionados, ocupando posições fático-jurídicas assemelhadas, experimentem desfechos sentenciais diversos. Estar-se-ia, desse modo, aviltando o axioma da isonomia e alimentando, na contraface do problema, a intolerável proposição de que o Judiciário seria um reduto do acaso lotérico. Os interesses afetos aos jurisdicionados, é curial, não podem ser tratados com tamanho grau de incerteza.

Essa mesma preocupação encontra-se lançada já na Exposição de Motivos do CPC/2015, mediante o reconhecimento de que:

> Haver, indefinidamente, posicionamentos diferentes e incompatíveis, nos Tribunais, a respeito da mesma norma jurídica, leva a que jurisdicionados que estejam em situações idênticas, tenham de submeter-se a regras de conduta diferentes, ditadas por decisões judiciais emanadas de tribunais diversos. Esse fenômeno fragmenta o sistema, gera intranquilidade e, por vezes, verdadeira perplexidade na sociedade.

De efeito, ao erigir a jurisprudência ao nível de fonte e de fundamento para as próprias decisões judiciais, o legislador de 2015 reafirmou esse desassombrado intuito ao estabelecer, no inc. VI do § 1º do art. 489, que não se considera fundamentada qualquer decisão judicial, seja ela interlocutória, sentença ou acórdão, que deixar de seguir enunciado de súmula, jurisprudência ou precedente invocado pela parte, sem demonstrar a existência de distinção no caso em julgamento ou a superação do entendimento. Saliente-se, embora desnecessário, que esse comando vai dirigido também aos órgãos recursais, que, com maior razão, devem ser os primeiros a zelar pela observância de seus próprios precedentes.

Nessa altura, é de bom alvitre anotar que o acentuado prestigiamento de que foi alvo a jurisprudência não deve ser compreendido como uma decidida migração do tradicional modelo brasileiro da *civil law* para aquele da *common law*. Não se chegou a essa guinada. A circunstância de o CPC/2015 preocupar-se com a integridade, a coerência e a estabilidade da jurisprudência, como explica José Miguel Garcia Medina (que integrou a originária Comissão presidida pelo Ministro Luiz Fux):

> Não significa que o direito brasileiro é mais "jurisprudencial" que "legal", ou que a jurisprudência teria assumido papel mais importante que a lei, na construção da solução jurídica. Não é adequado dizer, também, que vigora entre nós modelo precedentalista correspondente àquele observado no *common law*. Parece inadequado superestimar a influência do

common law, entre nós. O entusiasmo com institutos jurídicos de outros países pode levar à sua aplicação equivocada (Direito processual civil moderno. São Paulo: RT, 2015, p. 1.129-1.130).

Feita essa observação de ordem comparatista, é bem de ver que, a par de sua função hermenêutica balizadora, tal como esquadrinhada na novel codificação, caberá à jurisprudência estável, íntegra e coerente (art. 926), para além de prevenir a desordenada judicialização de litígios, também orientar e estimular os movimentos processuais das partes e dos órgãos julgadores, inclusive no que atine a uma correta e oportuna avaliação, pelos contendores, sobre a conveniência de investir no litígio ou numa conciliação, como vaticinado, já há alguns anos e com melhores palavras, por Donaldo Armelin, em precioso estudo, do qual se copia o seguinte excerto:

> A segurança jurídica constitui um elemento fundamental para a sociedade organizada, um fator básico para a paz social, o que implica estabilidade de situações pretéritas e previsibilidade de situações futuras. No plano da atuação jurisprudencial, a previsibilidade das decisões judiciais insere-se para o usuário da jurisdição como um fator de segurança que o autoriza a optar por um litígio ou por uma conciliação. É fundamental que quem busque a tutela jurisdicional tenha um mínimo de previsibilidade a respeito do resultado que advirá de sua postulação perante o Judiciário (Observância à coisa julgada e enriquecimento ilícito – postura ética e jurídica dos magistrados e advogados. *Cadernos do CEJ, 23*. Brasília: Conselho da Justiça Federal, Centro de Estudos Judiciários, 2003, p. 292).

Nesse mesmo fio, Guilherme Rizzo Amaral salienta que *a questão transcende rapidamente o campo do processo e do próprio direito, passando a constituir verdadeiro pressuposto do desenvolvimento social e econômico de um país*, acrescentando que *a unidade do direito e a uniformização de jurisprudência têm como objetivo, nesse contexto, tutelar a segurança jurídica, assegurando a previsibilidade das decisões, a estabilidade do direito, a confiança legítima no Judiciário, a igualdade entre os cidadãos perante o direito, a coerência da ordem jurídica, a garantia de imparcialidade, o desestímulo à litigância e o favorecimento de acordos, a duração razoável do processo, a eficiên-*

cia do Judiciário, dentre outros valores (*Comentários às alterações do novo CPC*. São Paulo: RT, 2015, p. 946).

Em suma, a estimada estabilização da jurisprudência, como visto, trará a reboque uma série de atributos e reflexos altamente benéficos, não só para os litigantes que tenham necessitado ingressar na via judicial, como também, do ponto de vista da prevenção e da orientação geral, para a sociedade como um todo, informando-a e orientando-a quanto às consequências de suas condutas perante a ordem jurídica positivada.

Os benefícios que, espera-se, possam advir do modelo processual alicerçado na estabilidade da jurisprudência, com a consequente valorização de predicados como o tratamento isonômico das partes e a previsibilidade das decisões, dependerá, em grande medida, de fatores que passarão, necessariamente, pela correta identificação do precedente a ser aplicado no caso concreto, tanto quanto pela nova postura que se exigirá dos operadores técnicos do novo sistema, com destaque para o órgão judicante. É o que se examinará logo em frente.

5. Desafios na Operacionalização do Novo Sistema

Em um território tendencialmente caracterizado pelo conservadorismo, como ocorre com o peculiar mundo do Direito, o surgimento do novo, é natural, traz consigo certo grau de ansiedade naqueles que deverão operar a nova ferramenta, ainda que ela veicule uma proposta nitidamente orientada à busca de maior estabilidade nos novos afazeres.

Imagina-se que com a uniformização e a estabilização da jurisprudência, seguidas de sua observância e aplicação pelos operadores, será possível, em algum momento, testemunhar a diminuição da carga de trabalho no âmbito do Judiciário como um todo. Estatísticas dizem tramitar pelos fóruns e tribunais de todo o Brasil, no ano de 2015, algo em torno de cem milhões de processos, contra cerca de dezessete mil magistrados em atividade, quase que inviabilizando o funcionamento do sistema de justiça.

É, pois, mais que razoável, em meio a esse desalentado cenário, depositar-se confiança nas propostas racionalizadoras contidas no CPC/2015.

No que respeita ao relevante papel reservado à jurisprudência, Daniel Mitidiero pontua que:

> Do ponto de vista do Estado Constitucional, o fim do processo civil só pode ser reconduzido à tutela dos direitos mediante a prolação de uma decisão justa e a formação e respeito aos precedentes. Daí que a tutela dos direitos que deve ser promovida pelo processo tem uma dupla direção – dirige-se às partes no processo e à sociedade em geral. Os meios de que se vale o processo para a obtenção desse escopo são igualmente dois: a decisão justa – acompanhada, em sendo o caso, de todas as técnicas executivas adequadas para sua efetividade – e o precedente judicial. Pode-se tutelar os direitos no processo, portanto, tanto em uma dimensão particular como em uma dimensão geral (*Cortes superiores e cortes supremas* – do controle à interpretação, da jurisprudência ao precedente. São Paulo: RT, 2013, p. 17).

Não podendo pender dúvida quanto à plena conveniência de se contar com um mecanismo, como o desenhado pelo CPC/2015, que pretende afiançar a igualdade de todos perante a lei e perante as decisões judiciais, entraves poderão existir na vindoura e cotidiana aplicação de precedentes aos casos concretos trazidos à apreciação da jurisdição, seja em decorrência da inadequação do precedente que se pretende empregar, seja em razão da pura e simples recalcitrância do julgador em utilizar o precedente existente, preferindo decidir segundo seu alvitre e de forma diversa.

No que respeita à primeira das aludidas situações, a tarefa do juiz da causa pode não ser das mais singelas, pois necessitará, diante de um possível precedente aplicável à espécie, ter a certeza de ser ele o mais adequado para a composição do litígio.

Como adverte Luiz Guilherme Marinoni:

> Diante de determinado texto legal ou questão de direito, é possível ter em conta várias teses de direito, fatos, diretivas interpretativas e opções valorativas. Porém, só é possível pensar em precedente quando se sabe em que fatos, fundamentos de direito, diretivas interpretativas e opções valorativas o colegiado se pautou para decidir (op. cit., p. 191).

Por isso que, em desdobramento, mister se faz investigar quais as razões que, de forma verdadeiramente essencial e substancial, revelaram-se decisivas para a solução espelhada no precedente que se queira empregar, pois, é certo, questões laterais e, por isso, destituídas de importância nuclear, podem também ter sido enfrentadas pelos julgadores, mas sem relevo para impactar a tese firmada sobre o tema jurídico centralmente discutido.

Atento a essa fundamental nuance, Mauro Sérgio Rocha salienta que:

> A dificuldade no manejo do precedente reside na importante distinção que se faz entre *ratio decidendi* e *obter dictum*, elementos que são extraídos do particular exame da decisão judicial, isso porque apenas o primeiro deles autoriza a produção do efeito vinculante. A *ratio decidendi* está na fundamentação, mas é preciso conjugá-la com o relatório e também com o dispositivo da decisão, de modo que desse conjunto podem ser retirados os pontos centrais (*ratio decidendi*) e os pontos marginais (*obter dictum*) da decisão proferida (*Aplicação direta dos princípios constitucionais* – controle de constitucionalidade das decisões judiciais. Porto Alegre: Sergio Antonio Fabris, 2016, p. 221).

Vê-se, pois, quão desafiadora será a tarefa dos operadores, aí abrangidos advogados e agentes do Ministério Público, relativamente à indicação e à efetiva escolha do precedente a ser aplicado ao caso concreto, tudo dependendo de um adequado juízo de simetria entre as situações postas em cotejo. Espera-se de todos os envolvidos, por natural, uma postura sempre ética e leal, em ordem a não se distorcer o conteúdo dos julgados, pretendendo, egoisticamente, ajustá-lo a interesses próprios e induzir o julgador a erro.

Quanto ao segundo entrave antes referido, diz com a hipótese de o magistrado, a seu talante, preferir ignorar a existência de precedente sobre o tema a ser decidido. A questão assim vislumbrada apresenta-se eriçada de alguns aspectos não desprezíveis. Bruno Dantas, que participou da comissão originária encarregada da elaboração do anteprojeto do novo CPC, teve ensejo de afirmar que:

> O desafio que se apresenta hoje, no Brasil, é o de estabelecer regras que, por um lado, criem mecanismos hábeis a concretizar no direito processual o princípio da igualdade e, por outro demonstrem com clareza aos nossos magistrados que quando casos idênticos são decididos de maneira discrepante, para além da agressão qualificada à isonomia, a crença na

> Justiça sofre abalo considerável (*Teoria dos recursos repetitivos* – tutela pluri-individual nos recursos dirigidos ao STF e ao STJ [arts. 543-B e 543-C do CPC]. São Paulo: RT, 2015, p. 51).

Em primeiro lugar, desde uma perspectiva meramente especulativa, seria um equívoco partir do suposto de que órgão judiciário qualquer, monocrático ou colegiado, não detivesse capacidade técnica e argumentativa para produzir uma decisão mais acertada e mais justa do que aquela consubstanciada em precedente emanado de instância judicial superior.

Todavia, no ponto, como percebe Luiz Guilherme Marinoni:

> Não se trata de subordinar o juiz inferior ao superior, mas sim fazer com que o Judiciário não só respeite as suas decisões pretéritas, mas respeite as decisões da Corte que, segundo a Constituição, deve definir o sentido do Direito (op. cit., p. 130).

Em segundo lugar, a independência funcional do julgador não pode, salvo melhor juízo, servir de obstáculo à concretização de expressivos e democráticos valores coletivos, a exemplo do tratamento isonômico a ser dispensado aos jurisdicionados.

Nesse diapasão, parece revestida de pertinência a crítica exposta por José Guilherme Berman, no sentido de que:

> Entre nós, o que se nota é que juízes brasileiros tendem a adotar uma postura excessivamente personalista, independentemente de terem um olhar retrospectivo ou prospectivo. Ou seja, preferem ater-se às suas convicções pessoais tanto quando se deparam com casos que já foram analisados por outros juízes, como também ao decidir casos inéditos, que poderão servir de referência para julgamentos futuros. Com o crescimento da relevância dos precedentes, essa forma de atuar não se afigura a mais recomendável (Jurisprudência e sistemas jurídicos: um breve estudo sobre a modéstia judicial na *common law* e no sistema romano-germânico. *Revista de Direito Administrativo*, Rio de Janeiro, v. 269, p. 168).

Ora, sob pena de cedo naufragar a nova proposta que potencializa a valorização da jurisprudência, nos termos do CPC/2015 e em linha com o primado da segurança jurídica, faz-se mister que, no que lhe cabe, o Poder Judiciário, por seus membros todos, dê sua imprescindível contribuição para que se possa, mesmo a curto prazo, aferir os primeiros resultados práticos que advirão do novo modelo, propondo-se, acaso necessário, eventual correção de rumo.

6. Conclusão

Do apanhado assim feito, lícito avaliar que o legislador do novo CPC chancelou e exponencializou a tendência que já vinha sendo paulatinamente incorporada ao Código Buzaid, orientada à uniformização e valorização da jurisprudência edificada pelos tribunais, notadamente pelas Cortes superiores, homenageando, dessa forma, valores caros à sociedade brasileira, tais como a segurança jurídica e o tratamento isonômico a ser dispensado aos jurisdicionados frente às leis e às decisões judiciais. Tal desiderato, em sendo atingido, beneficiará não apenas os litigantes em juízo, mas orientará, também e preventivamente, todo o corpo social em suas deliberações, mediante a previsibilidade do sentido e alcance das regras positivadas pelo legislador. Esse novo plexo jurídico-processual, por certo, reivindicará de seu operadores (aí incluídos a advocacia e o *Parquet*) cuidados especiais, inclusive de ordem ética, no manejo dos precedentes que se queira ver aplicados em casos concretos. Por fim, a dessa nova e promissora proposta, confia-se que os membros do Poder Judiciário, sem exceção qualquer, possam abdicar de indesejadas inclinações personalistas, compreendendo que fazem parte de um arranjo legal e institucional, em que o interesse coletivo deve sobrepor-se a circunstanciais individualismos.

7. Referências

AMARAL, Guilherme Rizzo. *Comentários às alterações do novo CPC*. São Paulo: RT, 2015.

ARMELIN, Donaldo. Observância à coisa julgada e enriquecimento ilícito – postura ética e jurídica dos magistrados e advogados. *Cadernos do CEJ, 23*. Brasília: Conselho da Justiça Federal, Centro de Estudos Judiciários, 2003.

ARRUDA ALVIM. O projeto de novo CPC e os recursos excepcionais. In: *O direito nos tribunais superiores* – com ênfase no novo direito processual civil. J. S. Fagundes Cunha (Coord.). Curitiba: Bonijuris, 2015.

BENETI, Sidnei. Unidade de jurisdição e filtros de temas nacionais nos tribunais superiores. In: *40 anos da teoria geral do processo no Brasil – passado, presente e futuro*. ZUFELATO, Camilo e YARSHELL, Flávio Luiz (Orgs.). São Paulo: Malheiros, 2013.

BERMAN, José Guilherme. Jurisprudência e sistemas jurídicos – um breve estudo sobre a modéstia judicial na *common law* e no sistema romano-germânico, *Revista de Direito Administrativo*, Rio de Janeiro, v. 269, p. 168).

BONAVIDES, Samia Saad Galotti. *Código de Processo Civil comentado*. CUNHA, José Sebastião Fagundes, BOCHENEK, Antonio César e CAMBI, Eduardo (Coords.). São Paulo: RT, 2016.

DANTAS, Bruno. *Teoria dos recursos repetitivos* – tutela pluri-individual nos recursos dirigidos ao STF e ao STJ (arts. 543-B e 543-C do CPC). São Paulo: RT, 2015.

MACHADO, Antônio Cláudio da Costa. *Combati o bom combate, completei a carreira, guardei a fé*: uma história de luta contra o novo CPC. Osasco: Edifieo, 2015.

MARINONI, Luiz Guilherme. *O STJ enquanto corte de precedentes* – recompreensão do sistema processual da corte suprema. São Paulo: RT, 2013.

MEDINA, José Miguel Garcia. *Direito processual civil moderno*. São Paulo: RT, 2015.

MITIDIERO, Daniel. *Cortes superiores e cortes supremas* – do controle à interpretação, da jurisprudência ao precedente. São Paulo: RT, 2013.

PIMENTEL, Kalyani Muniz Coutinho. *Ementas jurisprudenciais* – manual de identificação de teses e redação de enunciados. Curitiba: Juruá, 2015.

ROCHA, Mauro Sérgio. *Aplicação direta dos princípios constitucionais* – controle de constitucionalidade das decisões judiciais. Porto Alegre: Sergio Antonio Fabris, 2016.

THEODORO JÚNIOR, Humberto. *Curso de direito processual civil*. 56. ed., rev., atual. e ampl. Rio de Janeiro: Forense, 2015. v. I.

WAMBIER, Luiz Rodrigues e TALAMINI, Eduardo. *Curso avançado de processo civil* – teoria geral do processo e processo de conhecimento. 13. ed. São Paulo: RT, 2013. v. 1.

WAMBIER, Teresa Arruda Alvim (Coord.); CONCEIÇÃO, Maria Lúcia Lins; RIBEIRO, Leonardo Ferres da Silva e MELLO, Rogerio Licastro Torres de. *Primeiros comentários ao novo Código de Processo Civil – artigo por artigo*. São Paulo: RT, 2015.

CRIANÇA E PUBLICIDADE

Tercio Sampaio Ferraz Junior

A Resolução nº 163/2014 do Conselho Nacional dos Direitos da Criança e do Adolescente (Conanda), publicada no dia 4 de abril de 2014 (a "resolução"), estabelece que *a prática do direcionamento de publicidade e comunicação mercadológica à criança com a intenção de persuadi-la para o consumo de qualquer produto ou serviço* é abusiva, exemplificando, ainda, alguns aspectos aplicados em conjunto com tal prática, entre eles, representação de criança, utilização de bonecos ou similares e distribuição de prêmios e brindes colecionáveis ou com apelos ao público infantil (art. 2°).

A comunicação mercadológica tratada nessa resolução abrange comerciais televisivos, *spots* de rádio, *banners* e páginas na internet, **embalagens**, promoções, *merchandising*, ações por meio de *shows* e apresentações e disposição dos produtos nos pontos de vendas.

Há ainda outros temas que também têm a ver com as questões relevantes, relacionados a medidas adotadas ou em discussão por parte da Anvisa (Rotulagem Geral e Nutricional de Alimentos/Anvisa quanto ao Uso de personagens infantis e Agenda Regulatória Anvisa 2015/2016 quanto ao tema Propaganda de Alimentos), que remetem a alguns problemas específicos. Nesse trabalho, limito-me ao Conanda.

De todo modo, o Governo brasileiro até já colocou em pauta no Mercosul o debate sobre o uso de informações de propaganda em rótulos de produtos. Discute-se aí o papel do Estado na proteção da infância.

O tema merece reflexão.

"Papai, vote em fulano". Essa frase, ouvida pelo pai do filho de 4 anos, foi pronunciada durante uma campanha eleitoral em que o próprio candidato, designando-se a si mesmo, dizia repetidamente: "Fale para o papai e a mamãe votarem no fulano". Um abuso de propaganda política contra a infância? Com objetivos comerciais, frases semelhantes são ouvidas por crianças, acompanhadas de imagens e símbolos chamativos. Abuso comercial? Como inserir a criança nesse contexto? Ou ao revés, devemos blindá-la nesse contexto?

Não resta dúvida de que vivemos, em nossa época, um mundo em que as crianças têm o direito de serem ouvidas e de falarem, porém na condição de que o fato da vida e do crescimento prepondera sobre o fator *personalidade*. O que significa antes, porém, uma responsabilidade pela continuidade do mundo e das crianças no mundo.

No início da década de 90, foi promulgado o Estatuto da Criança e do Adolescente, em consonância com a CF de 1988, trazendo um novo olhar sobre a infância e a adolescência, ao incluir diretrizes da Convenção Internacional dos Direitos da Criança, aprovada por unanimidade na Assembleia Geral das Nações Unidas, em 20 de novembro de 1989, e assinada pelo Brasil em 26 de janeiro de 1990.

Com essa diretriz legislativa foi então prevista legalmente a constituição de conselhos paritários e deliberativos na área das políticas para crianças e adolescentes, assim como a estruturação de conselhos tutelares eleitos pelas próprias comunidades.

O Conselho Nacional dos Direitos da Criança e do Adolescente (Conanda) foi criado pela Lei nº 8.242/91, integrado ao conjunto de atribuições da Presidência da República.

O Conanda é composto por representantes do Poder Executivo, assegurada a participação dos órgãos executores das políticas sociais básicas na área de ação social, justiça, educação, saúde, economia, trabalho e previdência social e, em igual número, por representantes de entidades não governamentais de âmbito nacional de atendimento dos direitos da criança e do adolescente.

Trata-se de um organismo subordinado ao Poder Executivo, cabendo ao Presidente da República nomear e destituir o Presidente do Conanda dentre os seus respectivos membros.

Sua criação remonta ao Estatuto da Criança e do Adolescente, em seu art. 86, que previu uma política de atendimento dos direitos da criança e do adolescente através de um conjunto articulado de ações governamentais e não governamentais, da União, dos Estados, do

Distrito Federal e dos Municípios. O fundamento da criação está no art. 88 (*II – criação de conselhos municipais, estaduais e nacional dos direitos da criança e do adolescente, órgãos deliberativos e controladores das ações em todos os níveis, assegurada a participação popular paritária por meio de organizações representativas, segundo leis federal, estaduais e municipais*).

Diante da previsão de criação de vários conselhos, cabe ao Conanda, em sede da União Federal (art. 87), o papel de articulador daquelas ações: as **políticas** sociais básicas, as **políticas e programas** de assistência social, em caráter supletivo, para aqueles que deles necessitem, os **serviços** especiais de prevenção e atendimento médico e psicossocial às vítimas de negligência, maus-tratos, exploração, abuso, crueldade e opressão, o **serviço** de identificação e localização de pais, responsáveis, crianças e adolescentes desaparecidos, a **proteção jurídico-social por entidades de defesa dos direitos** da criança e do adolescente, as **políticas e programas** destinados a prevenir ou abreviar o período de afastamento do convívio familiar e a garantir o efetivo exercício do direito à convivência familiar de crianças e adolescentes, as **campanhas** de estímulo ao acolhimento sob forma de guarda de crianças e adolescentes afastados do convívio familiar e à adoção, especificamente inter-racial, de crianças maiores ou de adolescentes, com necessidades específicas de saúde ou com deficiências e de grupos de irmãos.

Sublinhe-se que as mencionadas *ações* são todas voltadas para articulação de *políticas de atendimento*, voltadas para a municipalização, donde a exigência de uma coordenação nacional (art. 88), o que faz sentido quando se pensa que crianças e adolescentes não "vivem" na União, nem nos Estados: "vivem" nos Municípios.

Nesse contexto e por força da legislação, percebe-se que o Conanda é órgão da administração, não lhe cabendo funções nem regulamentares nem interpretativas com caráter vinculante, limitando-se a promover a integração operacional de órgãos do Judiciário, Ministério Público, Defensoria, Conselho Tutelar e encarregados da execução das políticas sociais básicas e de assistência social, para efeito de agilização do atendimento de crianças e de adolescentes inseridos em programas de acolhimento familiar ou institucional.

Sua competência é assim delineada pelo art. 2º da lei que o criou nos seguintes termos:

> Art. 2º Compete ao Conanda:
> I – elaborar as normas gerais da política nacional de atendimento dos direitos da criança e do adolescente, fiscalizando as ações de execução, observadas as linhas de ação e as diretrizes estabelecidas nos **artigos 87** e **88 da Lei nº 8.069, de 13 de julho de 1990 (Estatuto da Criança e do Adolescente);**
> II – zelar pela aplicação da política nacional de atendimento dos direitos da criança e do adolescente;
> III – dar apoio aos Conselhos Estaduais e Municipais dos Direitos da Criança e do Adolescente, aos órgãos estaduais, municipais, e entidades não governamentais para tornar efetivos os princípios, as diretrizes e os direitos estabelecidos na **Lei nº 8.069, de 13 de junho de 1990;**
> IV – avaliar a política estadual e municipal e a atuação dos Conselhos Estaduais e Municipais da Criança e do Adolescente;
> V – (**Vetado**)
> VI – (**Vetado**)
> VII – acompanhar o reordenamento institucional propondo, sempre que necessário, modificações nas estruturas públicas e privadas destinadas ao atendimento da criança e do adolescente;
> VIII – apoiar a promoção de campanhas educativas sobre os direitos da criança e do adolescente, com a indicação das medidas a serem adotadas nos casos de atentados ou violação dos mesmos;
> IX – acompanhar a elaboração e a execução da proposta orçamentária da União, indicando modificações necessárias à consecução da política formulada para a promoção dos direitos da criança e do adolescente;
> X – gerir o fundo de que trata o art. 6º da lei e fixar os critérios para sua utilização, nos termos do **art. 260 da Lei nº 8.069, de 13 de julho de 1990**;
> XI – elaborar o seu regimento interno, aprovando-o pelo voto de, no mínimo, dois terços de seus membros, nele definindo a forma de indicação do seu Presidente.

Como se vê, o Conanda não possui competência para o estabelecimento de normas capazes de criar direitos e deveres, nem mesmo para interpretar de forma vinculante a legislação. O único dispositivo referente às suas competências que fala de "norma" é o do inciso I (*elaborar as normas gerais da política nacional de atendimento dos direitos da criança e do adolescente, fiscalizando as ações de execu-*

ção, observadas as linhas de ação e as diretrizes estabelecidas nos artigos 87 e 88 da Lei nº 8.069, de 13 de julho de 1990 (Estatuto da Criança e do Adolescente). Ora, *elaborar as normas gerais da* ***política*** *nacional de atendimento* nada diz com enunciados prescritivos de regulamentação/interpretação da lei. *Normas gerais de política* têm antes a ver com a competência comum da União, dos Estados, do Distrito Federal e dos Municípios (CF art. 23), para, dentre outras **ações**, cuidar da saúde e assistência pública, da proteção e garantia das pessoas portadoras de deficiência (II), combater as causas da pobreza e os fatores de marginalização, promovendo a integração social dos setores desfavorecidos (X). Ou seja, competências nas quais se busca uma cooperação entre as entidades federativas para as **políticas públicas** que lhes são comuns, donde a atribuição legal ao Conanda para elaborar *normas com caráter geral da política nacional de atendimento dos direitos da criança e do adolescente*, com poder de *fiscalizar as ações de execução, execução cooperativa*. Trata-se, em suma, de competência para regras de conteúdo programático que se destinam ao delineamento das políticas dos entes da Federação como responsáveis pelas políticas públicas voltadas à criança e ao adolescente.

A função normativa do Conanda resume-se à elaboração de seu regimento interno e à expedição de resoluções, mas como meras fórmulas pelas quais se exprimem as deliberações do órgão colegiado no tocante às mencionadas *normas gerais*.

Nada obsta, no entanto, que o Conanda promova, ele próprio, *campanhas educativas* **sobre propaganda** direcionada à criança e ao adolescente, mormente para orientação da família, valendo-se até de publicidade em meios de comunicação, mas isso não significa que possa nem disciplinar nem interpretar normativamente a legislação com referência à propaganda no que diga respeito à criança e ao adolescente, tema, aliás, de competência concorrente dos entes federais (CF, art. 24, XV).

Sua competência limita-se à atividade reguladora setorial, que engloba aspectos técnicos que têm por objetivo melhorar a qualidade da ação administrativa na formulação e implementação da política nacional dos direitos da criança e do adolescente, bem como controlar e fiscalizar as ações de execução nos níveis federal, estadual e municipal, observadas as linhas de ação e as diretrizes estabelecidas em lei e em decretos regulamentares (Lei nº 8.069/90, Decreto nº 5.089/2004).

Mas uma competência *regulamentar* não lhe confere nem a lei que o criou, nem o Decreto nº 5.089/2004, quando dispõe:

> Art. 2º Ao Conanda compete:
> [...]
> Parágrafo único. Ao Conanda compete, ainda:
> I – acompanhar e avaliar a expedição de orientações e recomendações sobre a aplicação da **Lei nº 8.069, de 1991**, e dos demais atos normativos relacionados ao atendimento da criança e do adolescente;

A competência para *acompanhar e avaliar a expedição de orientações e recomendações* não é competência para **expedir** orientações e recomendações. Conanda tem a natureza de um *conselho* coordenador de ações, não é *agência reguladora.*

O Conanda, nesses termos, não tem competência, nem própria nem derivada, para regulamentação de execução de lei previamente exarada. De um lado, de se lembrar que a CF, no art. 25 das Disposições Constitucionais Transitórias, revogou todos os dispositivos legais que atribuíam ou delegavam ao Poder Executivo competência assinada ao Congresso Nacional, mormente no que tange à ação normativa; de outro, restringiu a competência para a regulamentação de leis ao Presidente da República (art. 84, IV).

Por isso, na verdade, ao dispor normativamente sobre a abusividade do direcionamento de publicidade e de comunicação mercadológica à criança e ao adolescente, em conformidade com a política nacional de atendimento da criança e do adolescente prevista nos arts. 86 e 87, incisos I, III, V, da Lei nº 8.069, de 13 de julho de 1990, o Conanda iria além de sua competência e dos mecanismos postos à sua disposição pela lei, sendo, portanto, **incompetente** para identificar e reprimir condutas individuais que considera abusivas.

Contudo, é o que veio a acontecer em uma Resolução (163/2014), cujo art. 2º dispõe:

Art. 2º Considera-se abusiva, em razão da política nacional de atendimento da criança e do adolescente, a prática do direcionamento de publicidade e de comunicação mercadológica à criança, com a intenção de persuadi-la para o consumo de qualquer produto ou serviço e utilizando-se, dentre outros, dos seguintes aspectos:
I – linguagem infantil, efeitos especiais e excesso de cores;
II – trilhas sonoras de músicas infantis ou cantadas por vozes de criança;
III – representação de criança;
IV – pessoas ou celebridades com apelo ao público infantil;
V – personagens ou apresentadores infantis;
VI – desenho animado ou de animação;
VII – bonecos ou similares;
VIII – promoção com distribuição de prêmios ou de brindes colecionáveis ou com apelos ao público infantil; e
IX – promoção com competições ou jogos com apelo ao público infantil.
§ 1º O disposto no *caput* se aplica à publicidade e à comunicação mercadológica realizada, dentre outros meios e lugares, em eventos, espaços públicos, páginas de internet, canais televisivos, em qualquer horário, por meio de qualquer suporte ou mídia, seja de produtos ou serviços relacionados à infância ou relacionados ao público adolescente e adulto.
§ 2º Considera-se abusiva a publicidade e comunicação mercadológica no interior de creches e das instituições escolares da educação infantil e fundamental, inclusive em seus uniformes escolares ou materiais didáticos.
§ 3º As disposições neste artigo não se aplicam às campanhas de utilidade pública que não configurem estratégia publicitária referente a informações sobre boa alimentação, segurança, educação, saúde, entre outros itens relativos ao melhor desenvolvimento da criança no meio social.

Considerar abusiva, mesmo invocando como finalidade a *política nacional de atendimento da criança e do adolescente,* a prática de direcionar a publicidade e a comunicação mercadológica à criança, para persuadi-la para o consumo de qualquer produto ou serviço, tem sentido normativo: mediante resolução confere-se sentido especificador e vinculante à norma legal. É isso que está fora da competência do Conanda.

A função normativa da Administração ocorre por meio de pareceres e resoluções, mas, para tanto, ela deve ter *previsão legal*, pois sua intencionalidade é a de executar o ordenamento jurídico que lhe dá fundamento. Isto é, têm de ser compatíveis com e decorrentes da legislação e com a Constituição. Daí a exigência de uma competência mediante lei para exarar normas. Requer-se, em nome da legalidade, que a lei confira uma competência para um órgão incumbido de atos administrativos específicos. Nesse sentido, a função normativa é uma função derivada do e pelo Poder legislativo em harmonia e cooperação com os outros Poderes.

Aqueles dispositivos citados denotam, porém, o exercício de uma competência regulamentadora que, por lei, o Conanda não possui. Não lhe compete regulamentar (atributo do Presidente da República), que, por óbvio, não alcança um poder para emitir atos administrativos normativos na espécie: propaganda e publicidade, até porque contraria disposição legal específica.

Há de se lembrar, em primeiro lugar, que, a competência administrativa para agir com aquela parcela secundária de poder normativo[1], no âmbito do Sistema Nacional de Defesa do Consumidor, é conferida por lei a órgão próprio (Lei nº 8.078/90, art. 82 c/c art. 106). Não há no âmbito legal, nem na Lei de Defesa do Consumidor nem no Estatuto da Criança e do Adolescente, menção a qualquer competência para emitir norma que interprete vinculantemente o sentido das disposições legais.

Na Lei de Defesa do Consumidor, a competência atribuída à União, Estados, Municípios, no âmbito das respectivas áreas de atuação administrativa, é para estabelecer normas *relativas à produção, industrialização, distribuição e consumo de produtos e serviços* (art. 55), podendo fiscalizar e controlar a produção, industrialização, distribuição, a publicidade de produtos e serviços e o mercado de consumo, no interesse da preservação da vida, da saúde, da segurança, da informação e do bem-estar do consumidor, *baixando as normas que se fizerem necessárias*.

Normas necessárias referem-se à competência para fiscalizar e controlar, portanto, normas de execução. A função normativa do Poder Executivo, em estrita harmonia com os dispositivos constitucionais,

---

1 Cf. BARROSO Luís Roberto. Princípio da legalidade: delegações legislativas: poder regulamentar: repartição constitucional de competências legislativas. In: *Boletim de Direito Administrativo*, v. 13, n. I, p. 23, jan. 1997.

restringe-se à *fiel execução da lei*, conforme dispõe o art. 84, IV, da Constituição Federal, fundamento genérico do poder regulamentar, também reiterado no art. 87, II, exteriorizado pela expedição de decretos e regulamentos pelo Presidente da República, de portarias pelos ministros de Estado, e também por meio de resoluções, portarias, instruções, deliberações e regimentos, editados por autoridades administrativas no exercício de suas atribuições legais e limitados ao âmbito do órgão expedidor. Bem por isso a regulamentação restringe-se à explicitação de procedimentos e critérios de execução, dentro de certa margem de discricionariedade, o que não exclui a possibilidade de determinação de obrigações de fazer e não fazer, **desde que tal atribuição exsurja da lei.**[2] Ora, a Resolução nº 163/2014 do Conanda estabelece que *a prática do direcionamento de publicidade e comunicação mercadológica à criança com a intenção de persuadi-la para o consumo de qualquer produto ou serviço* é abusiva, exemplificando, ainda, alguns aspectos aplicados em conjunto com tal prática, entre eles, representação de criança, utilização de bonecos ou similares e distribuição de prêmios e brindes colecionáveis ou com apelos ao público infantil (art. 2°).

A comunicação mercadológica tratada abrange comerciais televisivos, *spots* de rádio, *banners* e páginas na internet, embalagens, promoções, *merchandising*, ações por meio de *shows* e apresentações e disposição dos produtos nos pontos de vendas.

Os dispositivos não só extravasam sua competência normativa, como acabam por estabelecer obrigações que só a lei poderia definir, não cabendo nem mesmo na condição alargada de normas de execução.

Ora, o dispositivo legal do CDC (art. 37), ao qualificar como abusiva a publicidade que *se aproveite da deficiência de julgamento e experiência da criança*, não permite a ilação de que se trate de definir como tal (abusiva) *a intenção de persuadi-la para o consumo de qualquer produto ou serviço*, o que significaria tornar abusiva toda

---

2 KHOURI, Paulo Roberto Roque Antonio, **Direito do Consumidor: Contratos, Responsabilidade Civil e Defesa do Consumidor em Juízo**. 5 ed. São Paulo: Atlas: 2012.

e qualquer publicidade destinada à criança. Tal disposição, ademais, contraria a proteção constitucional frente à propaganda, que decorre de efeitos indiretos, mas é, de princípio, direito a ser exercido livremente.

Afinal *abuso* no exercício do direito (liberdade de propaganda) não se configura pela prática, no caso, lícita (pela Lei nº 4680/65, art. 5º, define-se como lícita a propaganda enquanto *qualquer forma remunerada de difusão de ideias, mercadorias ou serviços, por parte de um anunciante identificado*), mas pelos efeitos. Não há competência constitucional e legal para uma restrição que elimine a prática da propaganda e da publicidade, mas apenas que se volte às consequências da prática.

A competência do Conanda para *acompanhar e avaliar a expedição de orientações e recomendações sobre a aplicação da* ***Lei nº 8.069, de 1991****, e dos demais atos normativos relacionados ao atendimento da criança e do adolescente* não alcança, pois, a possibilidade de proscrever e eliminar a propaganda para crianças, o que se admite apenas, até mesmo por lei, para os produtos taxativamente enumerados pelo § 4º do art. 220 da CF.

Aliás, no mérito, deve-se entender que, ao contrário, a propaganda faz parte do mundo em que se insere a criança (e o adolescente). Eliminá-la significa, pois, expô-los apenas à propaganda destinada a adultos, numa forma perversamente não educativa.

Em síntese: publicidade e propaganda são atividades protegidas pela liberdade de expressão e pela livre-iniciativa. Ressalvados os casos em que a própria Constituição Federal considera maléfico o uso de produtos (que ele especifica), a atividade não pode ser eliminada, mas apenas disciplinada quanto a eventual abuso. O abuso não está no meio nem nos conteúdos nele utilizados, mas nos efeitos nocivos que possam provocar. Essa nocividade não é intrínseca ao meio, mas extrínseca e deve ser encontrado nos desvios de comportamento a que possa conduzir. No caso da criança, a configuração de ilicitude por propaganda enganosa tem a ver, nesses termos, com a indução a erro, e, por abusiva, a que incite a violência e o medo, no caso da criança, que **se aproveite** da sua deficiência de julgamento para induzi-la a comportamentos prejudiciais à sua inserção social numa sociedade sadia. Mas não se protege a criança tratando-a como um ser que deva ser excluído do mundo em que vive e para o qual se prepara, muito menos alienando-a do seu direito à fantasia e à simbologia que a compõe.

Em suma, a presença da criança na CF não é acidental nem ocasional. Ela se insere num contexto próprio, constituído pelo Título VIII, dedicado à Ordem Social. O art. 227 determina ser *dever da família, da sociedade e do Estado assegurar à criança e ao adolescente, com absoluta prioridade, o direito à vida, à saúde, à alimentação, à educação, ao lazer, à profissionalização, à cultura, à dignidade, ao respeito, à liberdade e à convivência familiar e comunitária, além de coloca-los à salvo de toda e qualquer negligência, discriminação, exploração, violência, crueldade e opressão.*

Esse rol de deveres da família, da sociedade e do Estado em face da criança e do adolescente detalha, em sede de Ordem Social, a disciplina dos direitos sociais não apenas no que diz respeito ao trabalho (art. 193: *A ordem social tem como base o primado do trabalho* [...]), mas ao bem-estar e à justiça sociais ([...] *e como objetivo o bem-estar e a justiça sociais*). É essa relevância dada ao objetivo que merece atenção quando se pensa na criança e no adolescente.

Bem-estar e *justiça sociais* enquanto o *objetivo* da Ordem Social assinalam, em face da criança (e do adolescente), não apenas a responsabilidade pela sua vida e pelo seu desenvolvimento, mas, particularmente da criança, pela continuidade do mundo e dela no mundo.

Num primeiro sentido, a responsabilidade tem, pois, a ver com cuidado e proteção especiais para que nada de destrutivo lhe aconteça de parte do mundo em que se insere. Porém, num segundo, esse mesmo mundo não pode ser destruído e derrubado em nome de uma espécie de "lugar" recolhido na segurança de quatro paredes.

É preciso entender, enfim, que a criança partilha o estado de *vir a ser* com todas as coisas vivas. Sendo um ser humano em processo de formação, a criança é o *novo* apenas quando se olha para o mundo que já existe antes dela e no qual transcorrerá sua vida. Por isso os deveres atribuídos à família, à sociedade e ao Estado não se reduzem a uma preocupação com a criança em termos de preservação da vida e de um treinamento na prática do viver, mas fazer com que o espaço vivo e real em que se insere não seja destruído. Que é o que acontece toda vez que se procura estabelecer um mundo das crianças, inteiramente liberado do mundo dos adultos.

PROTAGONISMO JUDICIAL NO PROCESSO PENAL E A AUDIÊNCIA DE CUSTÓDIA[1]

Thiago Bottino

SUMÁRIO: 1. Protagonismo Judicial e Segurança na Sociedade de Risco. **2.** A Audiência de Custódia Como Exemplo Positivo do Protagonismo Judicial. **3.** A Importância da Incorporação (Efetiva) das Normas Supranacionais Pelo Direito Brasileiro. **4.** O Papel do Supremo Tribunal Federal. **5.** Conclusão.

1. Protagonismo Judicial e Segurança na Sociedade de Risco

Desde o início da década de 1990 o Brasil assiste a uma expansão do Poder Judiciário, assumindo funções próprias dos Poderes Executivo e Legislativo, deixando de lado seu tradicional papel passivo e passando a protagonizar modificações na organização socioeconômica brasileira, movimento que se acentou nos últimos dez anos[2].

---

1 Agradeço a João Carlos Cochlar de Oliveira, José Luiz Nunes, Larissa de Lima e Campos e Luiz Carlos Penner da Costa pela ajuda com a pesquisa utilizada na elaboração deste artigo.

2 *Eu creio, senhores, que nós observamos neste ano, e nestes últimos anos, um crescente protagonismo judicial, seja neste tribunal, quando, afora as questões técnicas específicas, acabou o controle da constitucionalidade se transformando também numa instância recursal da luta política. Por diversas vezes aqui examinamos o prolongamento da disputa política junto ao Congresso Nacional em relação à elaboração legislativa. Tivemos, em alguns casos, o uso da Ação Direta no sentido de ser um instrumento, inclusive para maior visibilidade de posições político-partidárias. Tivemos também o uso da ação direta por partidos políticos visando a busca do debate constitucional. Mas ao fim, um crescimento imenso da disputa judiciária como um prolongamento da disputa política trazendo o Supremo Tribunal Federal e as estruturas judiciárias para o centro do debate político nacional.*

Em parte, esse fenômeno se deve ao fato de a Constituição de 1988, seguindo a tendência contemporânea de positivação de valores sob a forma de comandos normativos, ter abrigado uma multiplicidade de normas orientadas por diferentes perspectivas ideológicas. Muitas das escolhas que caberiam ao legislador no momento de densificar os valores constitucionais por meio de leis foram deixadas sem tratamento.

O mesmo ocorreu com tratados e convenções internacionais que o Brasil assinou, comprometendo-se a editar leis. Em alguns casos, tais leis demoraram anos para serem editadas[3].

Esse vazio político passou a ser preenchido pelo Judiciário. Por essa razão, um dos aspectos de maior relevância no atual debate brasileiro sobre os direitos fundamentais é justamente a discussão sobre a atuação do Poder Judiciário para suprir a omissão do Poder Legislativo.

No caso dos tratados internacionais, essa omissão pressionou o Judiciário para que aplicasse diretamente o texto da convenção, não obstante os textos internacionais previssem o dever de editar leis penais

Houve também durante esse período, principalmente a partir dos anos 90, uma progressiva judicialização das lesões de massa e dos debates de massa. Houve um acréscimo de funções no sistema judiciário exatamente porque passou o sistema judiciário a integrar a agenda nacional como um locus para o debate das grandes questões nacionais. Discurso do Presidente do Supremo Tribunal Federal, Ministro Nelson Jobim, na abertura do Ano Judiciário de 2005.

3 Veja-se, por exemplo, as seguintes convenções internacionais: (1) a Convenção das Nações Unidas contra o Tráfico Ilícito de Entorpecentes e Substâncias Psicotrópicas (Convenção de Viena), de 1988, internalizada pelo Decreto nº 154/91, determinava a criação do crime de lavagem de dinheiro oriundo do tráfico. Essa obrigação só foi cumprida com a edição da Lei nº 9.613/98, que tipificou a lavagem de dinheiro no Brasil; (2) a Convenção das Nações Unidas contra o Crime Organizado Transnacional (Convenção de Palermo), de 2000, internalizada pelo Decreto nº 5.015/2004, determinava a tipificação de organização criminosa. Essa obrigação só foi cumprida com a edição da Lei nº 12.850/2013, que definiu organização criminosa e dispôs sobre a investigação criminal; e, (3) a Convenção das Nações Unidas contra a Corrupção (Convenção de Mérida), de 2003, internalizada pelo Decreto nº 5.687/2006, determinava a responsabilidade de pessoas jurídicas por sua participação nos delitos de corrupção. Essa obrigação só foi cumprida com a edição da Lei nº 12.846/2013, que instituiu a responsabilidade administrativa da empresa envolvida em atos de corrupção.

(ou seja, reconhecendo sua não autoaplicabilidade). Eventualmente, alguns órgãos do Judiciário optaram pelo caminho da aplicação direta do texto constante na convenção internacional[4], interpretação que acabou sendo afastada pelo Supremo Tribunal Federal posteriormente[5].

A atividade criadora do magistrado na aplicação do Direito é um fato inerente à magistratura. Defendida por alguns e repudiada por outros, mas raramente negada, a criatividade judicial é algo que todo profissional que lida com o Poder Judiciário percebe como parte da lógica de funcionamento do próprio ordenamento jurídico.

Cada vez que um contrato é examinado, cada vez que se debate sobre a função social da propriedade privada, cada vez que relações de trabalho são discutidas em razão das novas formas de organização das atividades produtivas ou cada vez que se colocam em discussão garantias do processo instaurado para julgar alguém por um crime, os

---

4 HC 162.957/MG – Rel. Min. Og Fernandes. 6ª T. Julg: 04.12.2012: *Esta Corte tem entendimento pacífico no sentido de que "a conceituação de organização criminosa se encontra definida no nosso ordenamento jurídico pelo Decreto nº 5.015, de 12 de março de 2004, que promulgou a Convenção das Nações Unidas contra o Crime Organizado Transnacional – Convenção de Palermo, que entende por grupo criminoso organizado, 'aquele estruturado de três ou mais pessoas, existente há algum tempo e atuando concertadamente com o propósito de cometer uma ou mais infrações graves ou enunciadas na presente Convenção, com a intenção de obter, direta ou indiretamente, um benefício econômico ou outro benefício material'"* (HC 171.912/SP, Rel. Min. Gilson Dipp, DJe 28.09.2011).

5 RHC 124.082/DF. Rel. Min. Dias Toffoli. 1ª T., julg. 09.12.2014: *[...] 4. Ressalvado o entendimento do Relator, é atípica a conduta capitulada no art. 1º, inciso VII, da Lei nº 9.613/98 – a qual foi imputada ao recorrente –, pois, à época dos fatos narrados na denúncia (1998 a 2005), não havia definição jurídica na legislação pátria para "organização criminosa". 5. A Convenção Internacional de Palermo, incorporada ao direito positivo brasileiro pelo Decreto nº 5.015/2004, não supriu essa omissão, conforme assentado majoritariamente pela Corte no julgamento da AP nº 470/MG. 6. Recurso ordinário parcialmente provido, concedendo-se a ordem de habeas corpus para trancar a ação penal proposta contra o recorrente no tocante ao art. 1º, inciso VII, da Lei nº 9.613/98. 7. Extensão dos efeitos dessa decisão aos demais corréus que respondem pelo mesmo delito (CPP, art. 580)*. No mesmo sentido: HC 108.715/RJ, Rel. Min. Marco Aurélio. 1ª T., julg. 24.09.2013.

juízes são instados a analisar situações que ultrapassam os limites da técnica jurídica e invocam razões de ordem social, econômica, moral e política em suas decisões.

Essa atuação pode decorrer de uma situação não prevista pela legislação, como pode também decorrer de obrigações assumidas internacionalmente pelo país.

Porém, esse fenômeno de ampliação da atuação normativa (passando de "lei no caso" para "lei geral") cria o risco de que o Poder Judiciário se transforme na mais alta instância moral da sociedade, escapando de qualquer mecanismo de controle social, controle a que toda organização política democrática deve estar subordinada, o que conduziria, inexoravelmente, à aniquilação dos direitos fundamentais e da própria soberania popular.

O ativismo judicial se verifica no abandono de posturas formalistas e minimalistas do Poder Judiciário, substituindo-as por decisões muitas vezes polêmicas que buscariam fundamento em valores constitucionais. Esses valores podem ser apreendidos dos princípios[6] que animam o ordenamento jurídico, estejam eles expressamente enunciados ou não[7]. O movimento de valorização dos princípios demonstra

---

6 *A crescente importância atribuída aos princípios gerais do direito, no direito continental do pós-guerra, manifesta-se não apenas no número cada vez mais considerável de publicações consagradas a esta matéria, mas também na mudança de atitude das Cortes de Cassação, mesmo as mais conservadoras e mais respeitosas da vontade do legislador* (PERELMAN, Chain. *Lógica jurídica* – nova retórica. São Paulo: Martins Fontes, 2000, p.117).

7 *En mi opinión, [la emergencia de los principios generales del Derecho como una nueva fuente del Derecho] es mucho más una forma de tomar en cuenta la importancia actual de los derechos humanos en la práctica política y jurídica. [...] El hecho de que, durante las últimas décadas, estos principios hayan sido cada vez más formulados y aplicados por los tribunales para completar, sofisticar y corregir el Derecho legislado significa que esta práctica, pero ciertamente ella satisface hasta cierto punto una resurgida necesidad de un armazón ético para el derecho* (VAN HOECKE, Mark. El uso de principios juridicos no escritos por los tribunales. *DOXA. Cadernos de Filosofia do Direito* n. 19, Alicante: Universidade de Alicante, 1996, p. 429/430).

com clareza como a reação ao positivismo jurídico potencializou o movimento de protagonismo judicial[8].

É possível afirmar que o aumento da importância do Poder Judiciário surge como consequência necessária da expansão da atuação do Estado na regulação da sociedade. No âmbito das democracias constitucionais norte-atlânticas, o crescimento do Estado foi inicialmente concebido no paradigma do *welfare state*, do *new deal* e das várias formas de intervenção do Estado, por meio do Direito, nas relações socioeconômicas.

Posteriormente, diante das relações cada vez mais complexas que se apresentavam no campo dos avanços tecnológicos e biológicos, concebidos no cenário da sociedade de risco, mais uma vez se verificou a expansão do Estado.

No Brasil, embora com menor nitidez, é possível constatar os mesmos movimentos. Quando o Poder Judiciário é premido para resolver o déficit de saúde criado pela ausência de uma política pública adequada, tendo de decidir pela distribuição de medicamentos ou autorizações para internações médicas, ou quando se exige o oferecimento de determinadas cotas de vagas em universidades públicas constata-se o "elemento" *welfare state* que se esconde por detrás dessa provocação.

Ao restringir o uso de insumos geneticamente modificados, conceder liminares que embargam obras de transposição de rios ou proibir o funcionamento de um aeroporto devido às falhas técnicas em seus equipamentos, o Poder Judiciário assume posturas típicas do Poder

8 *La crisis de la función de la ley como fuente exclusiva del Derecho ha potenciado una renovada dimensión pretoriana de la producción jurídica, hasta el punto de suscitar una abierta polémica sobre los denominados 'jueces legisladores'. Pero este proceso, junto a sus luces, en términos de una mejor adaptación de los sistemas jurídicos a las exigencias de unas sociedades en constante transformación, comporta las sombras de su coste en erosión de la seguridad jurídica* (*Derechos humanos y constitucionalismo en la actualidad: ¿Continuidad o cambio de paradigma?* In: PEREZ LUÑO, Antonio Enrique (Coord.). *Derechos humanos y constitucionalismo ante el tercer milenio.* Madri: Marcial Pons, 1996, p. 18/19).

Executivo e de atuação governamental em um cenário de sociedade de risco.

No Brasil, a politização da justiça ocorreu sobretudo ligada à crise de identidade dos demais Poderes, refletida na inércia do Poder Legislativo na discussão e deliberação no que tange às demandas normativas da sociedade e na profusão legislativa do Poder Executivo, gerando um desequilíbrio entre os Poderes[9].

Ao lado de um Poder Executivo que se arvora em legislador e de um Poder Legislativo que quer fazer as vezes de um julgador[10], o Poder Judiciário tem demonstrado, cada vez mais intensamente, um comportamento de agência executora das políticas públicas. O Poder Judiciário é instado a atuar para resolver os conflitos coletivos sociais, bem como para controlar os demais poderes políticos por meio de interpretações do Direito.

No âmbito do sistema penal essa discussão revela-se com particular clareza. A demanda social por segurança que deveria ser natural-

9 É certo que essa crise de identidade dos Poderes da República não ocorre unicamente no Brasil, mas aparece como traço característico das democracias constitucionais ocidentais. Ao comentar esse fenômeno na política italiana, Giorgio Agambem assevera: *O Parlamento não é mais o órgão soberano a quem compete o poder exclusivo de obrigar os cidadãos pela lei: ele se limita a ratificar os decretos emanados do poder executivo. Em sentido técnico, a República não é mais parlamentar e, sim, governamental. E é significativo que semelhante transformação da ordem constitucional, que hoje ocorre em graus diversos em todas as democracias constitucionais, apesar de bem conhecida pelos juristas e pelos políticos, permaneça totalmente despercebida por parte dos cidadãos. Exatamente no momento em que gostaria de dar lições de democracia a culturas e a tradições diferentes, a cultura política do ocidente não se dá conta de haver perdido por inteiro os princípios que a fundam* (AGAMBEM, Giorgio. *Estado de exceção*. São Paulo: Boitempo Editorial, 2003, p. 32/33).

10 O quadro se deteriora na medida em que se busca resgatar a imagem e a "dignidade" da função legislativa por meio da instauração de sucessivas Comissões Parlamentares de Inquérito. Com efeito, os primeiros anos do século XXI foram marcados, no cenário político brasileiro, pelo *boom* das Comissões Parlamentares de Inquérito (CPI). Durante a 51ª legislatura (1º.02.1999 a 31.01.2003) foram instaladas na Câmara dos Deputados dezenove CPIs, sem mencionar as CPIs instaladas pelo Senado Federal.

mente dirigida ao Poder Executivo, responsável por todas as agências e instituições diretamente envolvidas no processo de controle social, é deslocada para a órbita do Poder Judiciário.

A ineficácia do Poder Executivo transparece na falta de capacidade de desenvolver um policiamento eficiente e investigativo (com atuação direta na prevenção do crime e identificação do seu autor), na falência do sistema penitenciário (incapaz de criar as condições de ressocialização do preso), deixando ao Poder Judiciário a caótica (e inconstitucional) missão de promover o combate à criminalidade organizada e gerenciar as contínuas crises carcerárias.

Entretanto, qualquer protagonismo judicial, quando dissociado de critérios racionais e de uma vinculação ao fundamento de validade da autoridade estatal, representa uma ameaça ao conceito de Estado de Direito, à democracia e aos direitos fundamentais.

Por outro lado, é consequência inexorável desse movimento o surgimento de grandes expectativas relativamente à capacidade do Poder Judiciário de manter esse comportamento em grandes proporções. Com efeito, afora medidas fartamente aplaudidas – muitas vezes iniciativas pioneiras ou ousadas para os padrões políticos nacionais, em casos com grande repercussão política – o Poder Judiciário sofre com críticas sobre seu funcionamento cotidiano, geralmente associadas à dificuldade de acesso à Justiça, morosidade na tramitação dos processos, alto custo de manutenção dos litígios, ineficiência administrativa e gerencial, bem como falta de transparência e de responsabilidade na gestão dos tribunais.

No campo do Direito Penal e Processual o movimento de protagonismo judicial empreendeu diversos movimentos ao ensejo de promover a "purificação ética" da vida nacional, empreendendo iniciativas persecutórias e policialescas, geralmente com foco na corrupção dos funcionários públicos e de integrantes do próprio Poder Judiciário. Todavia, essa "missão" autocometida pelos juízes contrasta e inviabiliza o exercício de seu verdadeiro dever constitucional, de garantir os direitos individuais de iniciativas arbitrárias por parte do Estado.

Segundo Antoine Garapon, o fracasso das regulações sociais que couberam tradicionalmente à família ou à comunidade e a acomodação das instituições políticas explicam a ascensão do Poder Judiciário e, sobretudo, a opção pelo penal:

> Porém, esse interesse renovado pela coisa judiciária é ambíguo: ele revela tanto uma vontade de reforçar um contrapoder, quanto uma nova vocação, menos nobre, para a vingança. Esse novo teatro da democracia pode converter-se num programa circense, na medida em que oferece um espetáculo de maldade tornado mais excitante justamente pelo fato de que nele serão lançados à arena os poderosos, ministros, grandes empresários ou médicos Essa forma sentimental e efusiva de se fazer política vai ao encontro de uma opinião pública órfã de um conflito central, que não consegue representar os laços sociais de outra maneira que não seja pelo código binário agressor/vítima.
>
> O direito penal se oferece como um caminho provável, como último recurso quando a ideologia desertou do espaço social. Em uma democracia inquieta, mais casuística que dogmática, as categorias penais tem um belo futuro por causa de sua simplicidade e por seu forte teor de adrenalina. Clamar por vingança, chorar ou se indignar não exige qualquer diploma. Essa lógica primária dispensa que se recorra às sutilezas da responsabilidade administrativa ou civil, que se tornam tanto mais suspeitas aos olhos dos cidadãos telespectadores, quanto menos eles as compreendem[11].

Com efeito, a falência do Executivo na criação de uma teia social que atue diretamente sobre fatores relacionados à criminalidade repercute na forma de pressão sobre o Legislativo, que passa a ser bombardeado por demandas como aumento de penas, diminuição da maioridade penal, restrição de direitos dos processados e condenados, brutalização da execução da pena e, por fim, flexibilização de garantias individuais em prol de uma eficiência estatal no combate ao crime.

Ora, sendo certo que o uso dos princípios e do novo instrumental teórico pós-positivista se prestaria justamente para atuar na redução da divergência entre a validade do modelo constitucional e a efetividade da aplicação concreta do Direito, afiguram-se dois caminhos

11 GARAPON, Antoine. *O juiz e a democracia – o guardião das promessas*. Rio de Janeiro: Revan, 2001, p. 97.

possíveis: o primeiro é o regressivo, em que a redução da efetividade é buscada por meio de uma interpretação restritiva das normas de nível superior, para torná-las compatíveis com as de nível inferior; o segundo é chamada de progressista e representa, ao contrário, a interpretação extensiva dos direitos fundamentais[12].

Exatamente na linha desse segundo caminho, de interpretação extensiva dos direitos fundamentais, está a questão da institucionalização da audiência de custódia pelo Poder Judiciário, por meio do Conselho Nacional de Justiça e do Supremo Tribunal Federal.

2. A Audiência de Custódia Como Exemplo Positivo do Protagonismo Judicial

Incorporados ao aordenamento jurídico há mais de 20 anos, o Decreto nº 592/92 (que incorporou o Pacto Internacional de Direitos Civis e Políticos – PIDCP) e o Decreto nº 678/92 (que incorporou a Convenção Americana de Direitos Humanos – CADH), ainda não foram plenamente implementados no País. Diversos dispositivos ali previstos exigem uma adaptação de nossa legislação interna, tanto no

12 *Paradoxalmente, quanto maior for o esquema de proteções aos direitos e garantias, maior será o risco de alargamento da distância existente entre normatividade e efetividade. Salienta Ferrajoli que nos Estados absolutos não há esse risco porquanto nesse tipo de Estado não há deveres que vinculem o governo, ao passo que o Estado de direito convive, necessariamente, com essa realidade. Não obstante a antinomia entre validade e efetividade seja um fenômeno estrutural do Estado de direito, há diferentes graus que vão desde a total inefetividade dos direitos fundamentais até a contenção dessa divergência numa margem estreita (a qual não poderá ser, porém, suprimida por completo). Não obstante, o jurista não deve pretender sistematizar normas para que apresentem uma coerência e completude que não têm, "mas ao contrário, de explicar-lhes a incoerência e a não-completude mediante juízos de invalidade sobre aquelas inferiores e correlativamente de não efetividade sobre aquelas superiores* (FERRAJOLI, Luigi. *Direito e razão*: teoria do garantismo penal. São Paulo: Revista dos Tribunais, 2002, p. 704).

texto constitucional[13], como na legislação infraconstitucional[14].

Especialmente no que tange à CADH, o Supremo Tribunal Federal já reconheceu seu *status* normativo por ocasião do julgamento do RE 349.703, pelo Tribunal Pleno em 03.12.2008. Naquela oportunidade, o STF reconheceu que:

> Desde a adesão do Brasil, sem qualquer reserva, ao Pacto Internacional dos Direitos Civis e Políticos (art. 11) e à Convenção Americana sobre Direitos Humanos – Pacto de San José da Costa Rica (art. 7º, 7), ambos no ano de 1992, não há mais base legal para prisão civil do depositário infiel, pois o caráter especial desses diplomas internacionais sobre direitos humanos lhes reserva lugar específico no ordenamento jurídico, estando abaixo da Constituição, porém acima da legislação interna. O *status* normativo supralegal dos tratados internacionais de direitos humanos subscritos pelo Brasil torna inaplicável a legislação infraconstitucional com ele conflitante, seja ela anterior ou posterior ao ato de adesão (Trecho da ementa do RE 349.703, grifou-se).

Não obstante ainda se considere possível sustentar, perante o Supremo Tribunal Federal, a necessidade de revisão desse entendimento[15], nesse mo-

---

13 Uma das garantias previstas na Convenção Americana de Direitos Humanos é o direito ao duplo grau de jurisdição, constante do Art. 8º, 2, *h*:
Art. 8º Garantias Judiciais: [...]
§ 2º Toda pessoa acusada de um delito tem direito a que se presuma sua inocência, enquanto não for legalmente comprovada sua culpa. Durante o processo, toda pessoa tem direito, em plena igualdade, às seguintes garantias mínimas. [...]
alínea h – direito de recorrer da sentença a juiz ou tribunal superior.
No entanto, a Constituição Brasileira estabelece diversas hipóteses de foro por prerrogativa de função diretamente perante tribunais, sem prever recursos que permitam o reexame dos fatos valorados nos casos de julgamento criminal. Veja-se, sobre o tema, o RHC nº 79.785-7/RJ, do STF, julgado em 29.03.2000.

14 O principal exemplo hoje de garantia não implementada é justamente a apresentação do preso à autoridade judicial imediatamente após a prisão.

15 A possibilidade de revisão do atual posicionamento do STF sobre o *status* normativo da Convenção Americana de Direitos Humanos, não obstante a decisão do STF, ainda é discutida pela doutrina. Com efeito, por se tratar de tratado versando sobre direitos humanos, incorporado ao ordenamento jurídico brasileiro anteriormente à Emenda Constitucional nº 45/2004, não estaria

mento não há dúvidas acerca da plena eficácia e validade de qualquer dispositivo do PIDCP e da CADH.

Uma das regras ali presentes que, entretanto, não fora ainda implementada no sistema jurídico brasileiro, é a obrigatoriedade de imediata apresentação do preso à autoridade judicial, a saber:

> Qualquer pessoa presa ou encarcerada em virtude de infração penal deverá ser conduzida, sem demora, à presença do juiz ou de outra autoridade habilitada por lei a exercer funções judiciais e terá o direito de ser julgada em prazo razoável ou de ser posta em liberdade. A prisão preventiva de pessoas que aguardam julgamento não deverá constituir a regra geral, mas a soltura poderá estar condicionada a garantias que assegurem o comparecimento da pessoa em questão à audiência, a todos os atos do processo e, se necessário for, para a execução da sentença (art. 9º, 3, do PIDCP).
>
> Toda pessoa presa, detida ou retida deve ser conduzida, sem demora, à presença de um juiz ou outra autoridade autorizada por lei a exercer funções judiciais e tem o direito de ser julgada em prazo razoável ou de ser posta em liberdade, sem prejuízo de que prossiga o processo. Sua liberdade pode ser condicionada a garantias que assegurem o seu comparecimento em juízo (art. 7º, 5, da CADH).

Os dispositivos do PIDCP e da CADH não conflitam com a Constituição, nem com nenhuma outra norma infraconstitucional. No entanto, há mais de 20 anos que elas vinham sendo solenemente ignoradas[16]. Nesse período, o Poder Legislativo não se movimentou para regrar a forma como se daria essa apresentação e tampouco o Poder Executivo organizou-se para dar cumprimento a essas normas internacionais.

sujeito a novo processo de incorporação com o quórum qualificado introduzido em 2004.

16 No entanto, nesses mais de 20 anos, são ainda raras as decisões judiciais que buscam fundamentação nos dispositivos legais constantes nesses importantes diplomas internacionais. Veja-se, a respeito: MALAN, Diogo: Prisão processual: limites no sistema interamericano de direitos humanos. In: PEDRINHA, Roberta e FERNANDES, Márcia (Orgs.). *Escritos transdisciplinares de criminologia, direito e processo penal – Homenagem aos mestres Vera Malaguti e Nilo Batista*. Rio de Janeiro: Revan, 2014, p. 333-346.

Coube, então, ao Poder Judiciário, em evidente protagonismo judicial positivo, ou seja, agindo para assegurar a mais plena proteção aos direitos e garantias fundamentais do indivíduo, a iniciativa de estabelecer regras para a plena eficácia da "audiência de apresentação" também chama de "audiência de custódia". O primeiro projeto de implementação da audiência de custódia decorreu de iniciativa do Conselho Nacional de Justiça, órgão do Poder Judiciário, em parceria com o Ministério da Justiça e o Tribunal de Justiça de São Paulo.

A garantia de imediata apresentação do preso à autoridade judiciária possui diferentes finalidades, dentre as quais se destacam as seguintes:

> (a) assegurar que o ato da autoridade administrativa de imposição da prisão seja examinado pela autoridade competente para corrigir eventual ilegalidade da prisão[17];
> (b) garantir que a prisão imposta por autoridade administrativa (hipótese excepcional[18]) seja mantida apenas se estiverem presentes os requisitos legais[19];
> (c) permitir que o indivíduo exerça sua defesa diante da constrição de sua liberdade por agente do Estado[20]; e, por fim;
> (d) coibir a prática e fazer cessar eventuais atos de tortura ou maus tratos que possam ter sido infligidos ao indivíduo[21].

Da mesma forma, a afirmação de que a prisão cautelar não deverá constituir a regra geral está em perfeita harmonia com nossa

17 Assegurando a maior eficácia da garantia insculpida no art. 5º, LXV, da Constituição: *a prisão ilegal será imediatamente relaxada pela autoridade judiciária.*

18 Conforme estabelece o art. 5º, LXI, da Constituição: *ninguém será preso senão em flagrante delito ou por ordem escrita e fundamentada de autoridade judiciária competente, salvo nos casos de transgressão militar ou crime propriamente militar, definidos em lei.*

19 Como, aliás, determina a Constituição em seu art. 5º, LXVI: *ninguém será levado à prisão ou nela mantido, quando a lei admitir a liberdade provisória, com ou sem fiança.*

20 Direito assegurado pela Constituição no art. 5º, LIV: *ninguém será privado da liberdade ou de seus bens sem o devido processo legal.*

21 Garantindo maior eficácia ao disposto no art. 5º, III, da Constituição: *ninguém será submetido a tortura nem a tratamento desumano ou degradante.*

Constituição e também com a legislação interna[22]: o juiz deverá priorizar a aplicação de outras medidas cautelares menos gravosas, porém suficientes para assegurar o comparecimento da pessoa em questão a todos os atos do processo e, se necessário, para a execução da sentença.

Diante da iniciativa pioneira do Conselho Nacional de Justiça, o Tribunal de Justiça de São Paulo (TJ/SP) editou o Provimento nº 03/2015, regulando como se daria a execução desse dispositivo normativo no âmbito do Estado de São Paulo. O Provimento privilegia a segurança jurídica na medida em que assegura que o conceito de "sem demora" não seja aplicado de forma diferente (24 horas, 48 horas, sete dias etc.) pelos juízos monocráticos do Estado de São Paulo.

No entanto, tal provimento foi apontado como inconstitucional em Ação Direta de Inconstitucionalidade ajuizada pela Associação dos Delegados de Polícia do Brasil (Adepol)[23].

A inicial da Adepol sugeria que por se tratar de uma norma supralegal, a CADH não poderia ser regulada pelo TJ-SP, como se houvesse necessidade de que uma lei ordinária a regulasse, para que só depois ela pudesse ser objeto de regulamentação pelos Tribunais de Justiça.

Sustentamos que se trata de um equívoco dogmático. Normas de qualquer *status* podem (e devem) ser regulamentadas quando forem autoaplicáveis, emanarem comandos normativos claros e objetivos e se tratarem de regras objetivas e claras. Com efeito, a norma da CADH não é um princípio que precise ser ponderado pelo legislador ordinário ao lado de outros a fim de que se determine como será aplicado. Trata-se de um comando normativo claro, objetivo e unívoco de que o preso deve ser apresentado sem demora à autoridade judicial, não necessitando de nova manifestação legislativa, apenas de regulamentação.

---

22 A excepcionalidade da prisão preventiva está assim expressa na lei: Art. 282. [...] *§ 6º A prisão preventiva será determinada quando não for cabível a sua substituição por outra medida cautelar (art. 319).*

23 A ADI 5.240 foi julgada pelo Tribunal Pleno do STF em 20.08.2015. O Tribunal, por maioria e nos termos do voto do Relator (Min. Luiz Fux), conheceu em parte da ação e, na parte conhecida, julgou improcedente o pedido, vencido o Ministro Marco Aurélio, que preliminarmente julgava extinta a ação e, no mérito, julgava procedente o pedido formulado.

O prazo de 24 horas, constante do Provimento nº 03/2015, não é uma "inovação jurídica", mas sim a conjugação dos comandos do art. 7º, 5, da CADH e do art. 9º, 3, do PIDCP com o art. 306, § 1º, do Código de Processo Penal brasileiro. Com efeito, nosso Código de Processo Penal já determina, no art. 306, § 1º, que o delegado envie ao juiz, em 24 horas, a comunicação da prisão em flagrante. Logo, se todas as formalidades legais[24] que envolvem o ato de prisão devem ser executadas em 24 horas, não há razão para que a apresentação do preso ocorra depois desse prazo. Ao dispor sobre a apresentação, sem demora, do preso à autoridade judiciária, o TJ-SP apenas regulamentou as duas normas que incidem sobre a matéria de maneira a garantir-lhes a eficácia.

A inicial da Adepol sustentava, em segundo lugar, que a inconstitucionalidade do Provimento nº 03/2015 decorreria de ofensa ao princípio da divisão de poderes na medida em que o ato do TJ-SP *estabelece novas atribuições aos delegados de polícia e seus agentes* (fls. 9, da inicial). Esse argumento mostra-se igualmente equivocado.

O Provimento nº 03/2015 não estabelece novas atribuições a delegados de polícia e não viola a divisão de poderes, mas apenas dispõe sobre como se dará a relação entre o Poder Judiciário e a Polícia

24 Art. 304, CPP. *Apresentado o preso à autoridade competente, ouvirá esta o condutor e colherá, desde logo, sua assinatura, entregando a este cópia do termo e recibo de entrega do preso. Em seguida, procederá à oitiva das testemunhas que o acompanharem e ao interrogatório do acusado sobre a imputação que lhe é feita, colhendo, após cada oitiva suas respectivas assinaturas, lavrando, a autoridade, afinal, o auto.*

§ 1º Resultando das respostas fundada a suspeita contra o conduzido, a autoridade mandará recolhê-lo à prisão, exceto no caso de livrar-se solto ou de prestar fiança, e prosseguirá nos atos do inquérito ou processo, se para isso for competente; se não o for, enviará os autos à autoridade que o seja.

§ 2º A falta de testemunhas da infração não impedirá o auto de prisão em flagrante; mas, nesse caso, com o condutor, deverão assiná-lo pelo menos duas pessoas que hajam testemunhado a apresentação do preso à autoridade.

§ 3º Quando o acusado se recusar a assinar, não souber ou não puder fazê-lo, o auto de prisão em flagrante será assinado por duas testemunhas, que tenham ouvido sua leitura na presença deste.

Judiciária no que tange à audiência de custódia, alinhando-se a comandos normativos que conferem efetividade ao sistema jurídico.

Caso fosse determinado o mesmo prazo de 24 horas para que o delegado forneça informações, realize diligências durante uma investigação[25], ou ainda para que apresente uma testemunha[26], atividades previstas no Código de Processo Penal, estas provavelmente não seriam consideradas violações da separação de Poderes. Da mesma forma, a apresentação dos presos já está prevista em um diploma normativo e sua regulamentação não pode ser julgada de forma distinta.

Não há dúvida de que as autoridades policiais devem observar decisões e normas expedidas pelas autoridades judiciárias para bem executarem suas funções de Polícia Judiciária[27], sejam elas emanadas por um juiz específico, ou oriundas de determinações de caráter geral[28].

---

25 Art. 13, CPP:

Art. 13. Incumbirá ainda à autoridade policial:

I – fornecer às autoridades judiciárias as informações necessárias à instrução e julgamento dos processos;

II – realizar as diligências requisitadas pelo juiz ou pelo Ministério Público;

III – cumprir os mandados de prisão expedidos pelas autoridades judiciárias;

[...]

V – representar acerca da prisão preventiva.

26 Art. 218, CPP:

Art. 218. Se, regularmente intimada, a testemunha deixar de comparecer sem motivo justificado, o juiz poderá requisitar à autoridade policial a sua apresentação ou determinar seja conduzida por oficial de justiça, que poderá solicitar o auxílio da força pública.

27 Art. 144, Constituição:

Art. 144 [...]

§ 4º Às polícias civis, dirigidas por delegados de polícia de carreira, incumbem, ressalvada a competência da União, as funções de polícia judiciária e a apuração de infrações penais, exceto as militares.

28 Exemplo disso são as Normas de Serviço da Corregedoria Geral da Justiça de São Paulo (Provimentos nº 50/89 e 30/2013), jamais inquinadas de inconstitucionais.

3. A Importância da Incorporação (Efetiva) das Normas Supranacionais Pelo Direito Brasileiro. O Papel do Supremo Tribunal Federal

A universalização dos direitos humanos derivou da redefinição do conceito de soberania estatal e do *status* do indivíduo, que se tornou sujeito de direito internacional. É após a Segunda Grande Guerra que o Direito Internacional se fortalece, sobretudo com a criação da Organização das Nações Unidas, com representatividade, prerrogativas e atribuições mais amplas que sua precedente Liga das Nações. O repúdio às barbáries perpetradas pelo nazismo e o fascismo determinou a eleição dos direitos individuais como ponto de extrema relevância na reformulação das relações internacionais.

A liberdade individual passa, portanto, a ser objeto de preocupação internacional, que deseja promovê-la e protegê-la entre os Estados membros da ONU. São estabelecidos, para tanto, mecanismos que assegurem sua efetividade[29]. Consequentemente, são concebidos inúmeros esforços no sentido de positivar, em instrumentos de âmbito supranacional[30], não somente direitos individuais, mas também instrumentos e arranjos institucionais capazes de garanti-los.

Ao declarar a constitucionalidade do Provimento nº 03/2015, lastreado no entendimento de que as normas da CADH integram o ordenamento jurídico brasileiro, o Supremo Tribunal Federal não somente reforçou sua jurisprudência sobre o tema, mas, principalmente, exer-

---

29 *A necessidade de uma ação internacional mais eficaz para a proteção dos direitos humanos impulsionou o processo de internacionalização desses direitos, culminando na criação da sistemática normativa de proteção internacional, que faz possível a responsabilização do Estado no domínio internacional, quando as instituições nacionais se mostram falhas ou omissas na tarefa de proteção dos direitos humanos.* PIOVESAN, Flávia. *Direitos humanos e o direito constitucional internacional.* 2· ed. São Paulo: Max Limonad, 1997, p. 141.

30 São exemplos desse novo consenso internacional a Declaração Universal dos Direitos Humanos (DUDH, 1948), o Pacto Internacional de Direitos Civis e Políticos (PIDCP, 1966) e a Convenção Americana de Direitos Humanos (CADH, 1969).

ceu um papel fundamental na afirmação de uma prática institucional de respeito aos direitos fundamentais.

A redemocratização política e a promulgação de uma Constituição lastrada na prevalência da proteção do indivíduo em face de atuações arbitrárias e abusivas por agentes públicos não são capazes, por si só, de mudar a cultura judiciária. O processo de "filtragem constitucional" das normas infraconstitucionais é uma das funções precípuas do Supremo Tribunal Federal, que vem sendo exercida, de forma constante e assertiva, sobretudo por meio do controle concentrado de constitucionalidade.

Não basta que liberdades e garantias sejam enunciadas em diplomas legais, sem que existam mecanismos aptos a assegurar que sejam efetivas. Não por outro motivo, um dos documentos legais mais representativos do período autoritário pelo qual passou o Estado brasileiro – o famigerado Ato Institucional nº 5 – não revogou a liberdade de locomoção dos suspeitos de crimes políticos. Optou por revogar o mecanismo que tornava essa liberdade efetiva: o *habeas corpus*.

A apresentação do preso, sem demora, à autoridade judiciária, constitui, tanto quanto o *habeas corpus*, um instrumento para que ilegalidades e abusos não sejam cometidos ou perpetuados e para que a prisão cautelar fique efetivamente restrita às hipóteses de imperiosa necessidade.

Não assegurar meios à autoridade judicial para que possa decidir os casos concretos que lhe são apresentados seria frustrar o comando do legislador quando este promulgou a Lei nº 12.403/2011, que modificou o antigo regime binário (liberdade provisória x prisão cautelar), criando novas medidas assecuratórias pessoais capazes de regular, de forma mais eficiente e precisa a intervenção estatal sobre a liberdade individual[31].

---

31 *Essa superação da* medíocre dicotomia – *prisão ou nada – protege de forma mais efetiva o processo, o acusado e a própria sociedade. O processo, porque surge um novo rol de medidas de resguardo à ordem dos trabalhos. O acusado, porque a prisão cautelar, ato de extrema violência, será a extrema e última opção. A sociedade, porque a redução da prisão cautelar significa o desencarceramento de cidadãos sem condenação definitiva,*

Por fim, a decisão do STF também representou o reconhecimento da audiência de custódia como meio de prevenir a tortura. Com efeito, a inibição da violência policial decorre da ciência dos agentes públicos de que o preso será imediatamente apresentado ao juiz, ocasião em que eventuais marcas físicas poderão ser constatadas e o preso terá oportunidade de declarar ao juiz os abusos que tiver sofrido. O mesmo procedimento também tem potencial para impedir desaparecimentos forçados e execuções.

Aliás, a CIDH já se manifestou no sentido de que a audiência de custódia é uma forma de assegurar, com efetividade, proteção contra a tortura dos presos. Qualquer privação de liberdade que não aquela determinada por uma autoridade judicial deve ser imediatamente a esta submetida.

> Tanto a Corte Interamericana como a Corte Europeia de Direitos Humanos ressaltaram a importância do controle judicial imediato de detenções. Quem é privado de liberdade sem controle judicial deve ser liberado ou imediatamente levado perante um juiz. [...]
> Este Tribunal considera necessário fazer alguns esclarecimentos sobre este ponto. Os termos da garantia no artigo 7.5 da Convenção são claros em que a pessoa detida deve ser apresentada imediatamente a uma autoridade judicial competente, em conformidade com os princípios do controle judicial e rapidez processual. Isto é essencial para a proteção do direito à liberdade pessoal e de concessão de proteção de outros direitos, tais como a vida e a integridade pessoal (Caso Palamara Iribarne *v.* Chile. Sentença de 22.11.2005, § 219 e § 221).

Para que constitua um verdadeiro mecanismo de controle frente a detenções ilegais ou arbitrárias, a revisão judicial deve realizar-se sem demora e de forma tal que garanta o cumprimento da lei e o gozo efetivo dos direitos do detido, levando em conta sua especial vulne-

---

que eram submetidos desde o início do processo ao contato nefasto com o submundo de valores criados pela cultura da prisão (BOTTINI, Pierpaolo. Medidas cautelares penais (Lei 12.403/11) – Novas regras para a prisão preventiva e outras polêmicas. Disponível em: <http://www.migalhas.com.br/dePeso/16,MI136905,31047-Medidas+cautelares+penais+lei+1240311+Novas+regras+para+a+prisao>. Acesso em: 23 jul. 2015.

rabilidade. Como já se disse, o juiz é o garante dos direitos de toda pessoa sob a custódia do Estado, motivo pelo qual cabe a ele a tarefa de prevenir ou fazer cessar as detenções ilegais ou arbitrárias e garantir um tratamento em conformidade com o princípio de presunção de inocência (Caso Bayarri *v.* Argentina. Sentença de 30.10.2008, § 67).

4. Conclusão

Ao declarar a constitucionalidade da regulamentação, pelos Tribunais de Justiça, de norma internacional tendente a garantir direitos, antes mesmo da existência de lei federal sobre o tema[32], o STF atuou de forma a assegurar uma garantia fundamental, antes mesmo que os Poderes Executivo e Legislativo o fizessem. A decisão do STF reconheceu que:

> (i) o ordenamento jurídico brasileiro possui norma válida que determina a apresentação do preso, sem demora à autoridade judicial (art. 7,5 da CADH);
> (2) o Supremo Tribunal Federal, ao declarar a validade das normas internacionais de direitos humanos incorporadas ao ordenamento jurídico interno, exerce um papel fundamental na afirmação de uma prática institucional de respeito aos direitos fundamentais;
> (3) normas constitucionais ou supralegais não têm sua eficácia condicionada à edição de normas infraconstitucionais quando constituem comandos normativos objetivos e unívocos;
> (4) o termo "sem demora" pode ser fixado em 24 horas por meio da interpretação conjugada com o prazo fixado em lei para a apresentação dos documentos que compõem a comunicação da prisão (art. 306, § 1º, do CPP);
> (5) a determinação emanada de autoridade judiciária (juiz ou tribunal), seja em decisão prolatada em caso concreto, seja por meio de provimento expedido no uso de suas atribuições legais, pode

32 Frise-se que está em tramitação no Congresso Nacional o PLS nº 554/2011, que regulamenta procedimentos para a apresentação do preso após a prisão em flagrante.

impor deveres às autoridades policiais sem que isso viole a divisão de poderes;
(6) a audiência de custódia constitui mecanismo apto para impedir que prisões ilegais se perpetuem no tempo e para garantir que a prisão cautelar seja utilizada de forma excepcional, privilegiando-se medidas cautelares alternativas, em ambos os casos dando maior efetividade ao princípio da presunção de inocência e reduzindo o superencarceramento que caracteriza a realidade prisional brasileira;
(7) a audiência de custódia constitui garantia capaz de inibir a prática de tortura por parte dos agentes públicos e revela-se um meio adequado e necessário para identificar e punir tais atos quando ocorrerem.

JURISDIÇÃO EM CONFLITOS DE CONSUMO MASSIFICADOS: PATERNALISMO OU ADEQUAÇÃO DO MERCADO A MARCOS LEGAIS DE CONVÍVIO EQUILIBRADO COM SUJEITOS VULNERÁVEIS?

Walter José Faiad de Moura

SUMÁRIO: 1. Introdução: o papel do juiz examinado fora da dogmática. **2.** O Contexto do Judiciário Brasileiro: o Velho Judiciário em Transição. **3.** O Contexto de Futuro do Judiciário Brasileiro: o *Novo* Judiciário Construído Sem Retrocessos. **4.** O Fetiche dos Números Sobre as Leis: Limites da Análise Econômica do Direito e suas Proposições. **5.** O *Novo Judiciário* que não Retrocede às Conquistas e Não Perde Seus Atributos Essenciais. **6.** Conclusão.

1. Introdução: o Papel do Juiz Examinado Fora da Dogmática

Para o Autor, é motivo de grande honra discutir ideias sobre o papel da magistratura na atualidade, sobretudo suas possíveis influências na dinâmica do que mais adiante se convencionará chamar *a nova justiça*. Investigar e compreender o trabalho dos juízes brasileiros é desafio relevante e permanente para a sociedade que busca um sistema judiciário cada vez mais democrático, transparente e equilibrado. Carlos Mário da Silva Velloso, figura merecidamente homenageada nesta obra jurídica, é dos juízes que melhor personifica a boa têmpera da magistratura brasileira, em sua trajetória de sacerdócio e excelência destacados que o referenciam como ser humano, pensador e personagem ativa de seu tempo.

O título da obra coletiva ora integrada convida à reflexão acerca de um sugerido contexto de *protagonismo* e *paternalismo judiciários* no Brasil, o qual, no presente artigo, será analisado sob a ótica das demandas consumeristas nas quais, em princípio, haveria suposta atuação exacerbada e protecionista dos julgadores. Referido estado de coisas, segundo pensam alguns, seria prejudicial ao desempenho de atividades empresárias e propulsor de desequilíbrios mercadológicos.

Antes de questionar se a posição da magistratura é conservadora ou ativista em relação à legislação de consumo, propõe-se a examinar o contexto em que se sustenta o sistema judiciário brasileiro, isto é, o ambiente no qual se desenvolvem as lides de consumo e, em especial, os macrolitígios[1]. Estudos sobre os efeitos econômicos da decisão do juiz costumam trazer abordagens econômico-jurídicas, aferindo variáveis como a racionalidade dos juízes[2], opções dogmáticas[3] e as repercussões geradas para fora do campo jurídico[4]. Diferentemente das abordagens mais comumente conectadas com a doutrina do *Law-and-economics*[5], propõe-se, aqui, estudar se há *ativismo* ou *protagonismo* diante do contexto brasileiro, na chamada "Crise do Judiciário", um momento de fortes críticas à jurisdição, associadas a reformas gerenciais sucessivas, anacronismo, inoperância e desigualdade de acesso aos serviços da Justiça[6].

O presente artigo examina teoricamente a inconsistência de imputar a falta de segurança jurídica à figura de um provável *paternalismo*

---

1 O conceito foi trazido pelo Ministro Sidnei Beneti (STJ) para definir o fenômeno de demandas julgadas na forma do art. 543-C (CPC) – Recursos Especiais Repetitivos. Indica que se cuida de uma tese *que se espraia em milhares de processos, cujo andamento individual, repetindo o julgamento da mesma questão milhares de vezes, leva ao verdadeiro estrangulamento dos órgãos jurisdicionais, em prejuízo da totalidade dos jurisdicionados, entre os quais os próprios litigantes do caso* (REsp 1.110.549/RS, Rel. Min. Sidnei Beneti, Segunda Seção, julgado em 28.10.2009, DJe 14.12.2009).

2 POSNER, Richard A. *How judges think*. Harvard University Press, 2010.

3 SCHUARTZ, Luis Fernando. Consequencialismo jurídico, racionalidade decisória e malandragem. *Revista de Direito Administrativo*, v. 248, p. 130-158, 2008.

4 PORTA, Rafael La; LOPEZ-DE-SILANES, Florencio; SHLEIFER, Andrei. *The economic consequences of legal origins*. National Bureau of Economic Research, 2007.

5 POSNER, Richard A. Economic approach to law. *Tex. L. Rev.*, v. 53, 1974.

6 SADEK, Maria Tereza; ARANTES, Rogério Bastos. A crise do judiciário e a visão dos juízes. *Revista USP*, n. 21, p. 34-45, 1994.

jurídico em demandas de consumo. A jurisdição exercida por magistrados brasileiros parece não ser o elemento gerador de disfunções econômicas ao dirimir casos concretos.

O perfil da magistratura brasileira é um tema não só legalista ou econômico, mas de competência da administração judiciária[7], lente científica que pode alcançar diferentes achados em relação à atividade judicante, transcendendo a perspectiva majoritariamente normativa que comumente é reivindicada por reformas legislativas[8], como se as leis pudessem modificar, do dia para noite, o comportamento social dos atores-chave do sistema judiciário. Em outra perspectiva, parece propositiva a análise da infraestrutura[9] dada ao juiz para apreciar e construir seus provimentos jurisdicionais, neste País, sobretudo alcançar quais fatores externos[10] à organização judiciária podem contribuir para o excesso de demandas de consumo, a exemplo da agenda de pesquisa ao final apresentada.

Objetivamente, o pano de fundo de questionamentos a respeito da aplicação do Direito do Consumidor não é inteiramente dogmático, mas reverberado na ideia de buscar a redução do número de ações judiciais que chegam aos tribunais e provocam consideráveis taxas de congestionamento em praticamente todos os níveis de jurisdição.

---

7 A Administração Judiciária é um campo da Administração Pública voltado à gestão de organizações integrantes de Poderes Judiciários. Após a Emenda Constitucional nº 45/2004, tornaram-se mais comuns estudos do campo de Administração em torno de organizações judiciárias, a exemplo de Cláudio Abramo: Tempos de espera no Supremo Tribunal Federal. *Revista Direito GV*, v. 6, n. 2, p. 423, 2010.

8 GAETANI, Francisco. *A reforma do estado no contexto latino-americano*: comentários sobre alguns impasses e possíveis desdobramentos, 1998.

9 NUNES, Dierle José Coelho; BAHIA, Alexandre Gustavo Melo Franco. Ativismo e protagonismo judicial em xeque. Argumentos pragmáticos. *Jus Navigandi*, Teresina, ano, v. 13.

10 É profícua a provocação de Ricardo Villas Bôas Cuevas ao propor que haja estudos abordando elementos externos ao processo que sejam trabalhados para responder a questões relativas ao excesso de demanda judiciais. In: *Flexibilização do procedimento no novo CPC,* 2014. Disponível em: <http://jota.info/flexibilizacao-procedimento-novo-cpc>. Acesso em: 10 out. 2015.

Litígios envolvendo direitos dos consumidores crescem, de fato, vertiginosamente[11] e o Poder Judiciário foi chamado a enfrentar essa situação perante a sociedade.

Todavia, a Justiça não pode ser considerada uma ilha, nem construir sozinha as soluções para problemas dessa envergadura, havendo outros *locus* a serem trabalhados em conjunto ou até prioritariamente. Propõe-se, então, considerar o papel de outros atores e áreas que contribuem fortemente para a constatada perda de funcionalidade do Judiciário.

2. O Contexto do Judiciário Brasileiro: o Velho Judiciário em Transição

Ao centro das três áreas de conhecimento acima mencionadas – Direito, Economia e Administração Judiciária – há um fenômeno comum representado no paradoxo brasileiro reconhecido publicamente no "II Pacto Republicano de Estado por um Sistema de Justiça mais Acessível, Ágil e Efetivo"[12]. Em termos práticos, desde 2009, Executivo, Legislativo e Judiciário estiveram formalmente empenhados em superar o desafio de ampliar o *acesso* dos cidadãos a serviços judiciários, ao mesmo tempo em que, se buscaria *agilizar* a prestação jurisdicional para reduzir a litigiosidade dos brasileiros (assim considerado como o *apetite* de levar ao judiciário suas questões), evitar o ingresso de novas demandas e reduzir a taxa de congestionamento dos tribunais, na crença de que, assim agindo, a intervenção judicial haveria de se tornar mais *efetiva*[13].

---

11 Segundo levantamento do Jornal *O Globo*, 2013, demandas envolvendo direito do consumidor somariam quase que a metade dos 90 milhões de processos tramitando nos tribunais. Disponível em: <http://oglobo.globo.com/economia/defesa-do-consumidor/acoes-de-consumo-somam-quase-metade-dos-90-milhoes-de-processos-no-judiciario-10266371>. Acesso em: 10 nov. 2015.

12 Disponível em: <http://www.planalto.gov.br/ccivil_03/Outros/IIpacto.htm>. Acesso em: 10 out. 2015.

13 *Justiça em números 2014*: ano-base 2013/Conselho Nacional de Justiça – Brasília: CNJ, 2014.

O fato objetivo e que chama a atenção foi a constatação de que o aparato do Judiciário brasileiro parece ter alcançado um ponto de alta saturação na sua capacidade de dirimir os conflitos submetidos pelos litigantes[14]. Em um primeiro momento, o tamanho e o modelo de sua estrutura (formada por processo, recursos humanos, físicos e organizacionais) não chegaram a ser questionados pela sociedade.

Estudos de administração têm dado ênfase ao fenômeno de mudanças organizacionais[15] no setor público[16], chamando a atenção para a racionalidade não apenas dos serventuários envolvidos, mas principalmente do rigor técnico e até científico das propostas e novos arranjos que têm sido adotados[17]. Afinal, antes de proclamar a reforma de uma organização da envergadura dos tribunais brasileiros, é necessário conhecer seu ambiente, identificar os atores à sua volta e mapeá-los[18]. Com esse propósito, é possível sugerir o perfil de três possíveis modelos de aparato judiciário: o *velho* Judiciário (pré-Emenda nº 45/2004), o *Judiciário em transição* (momento atual) e o *novo Judiciário* (um *topos* ideal no qual as opções de mudança já estarão definidas, para melhor ou para pior[19]). Em torno das três categorias abaixo propostas, pode-se desenhar em uma dinâmica simplificada[20] quanto ao que está

---

14 LEMKE, Gisele. *O congestionamento do poder judiciário*: um breve estudo sob o ponto de vista da demanda dos serviços judiciais, 2014.

15 SCOTT, W. Richard; DAVIS, Gerald Fredrick. *Organizations and organizing*: rational, natural, and open system perspectives. Prentice Hall, 2007.

16 CHRISTENSEN, Tom et al. *Organization theory and the public sector*: instrument, culture and myth. Routledge, 2007.

17 FERNANDEZ, Sergio; RAINEY, Hal G. Managing successful organizational change in the public sector. *Public Administration Review*, v. 66, n. 2, p. 168-176, 2006.

18 MONTIBELLER NETO, Gilberto et al. *Mapas cognitivos*: uma ferramenta de apoio à estruturação de problemas, 1996.

19 Em verdade, só o tempo e avaliações técnico-científicas poderão aferir acertos ou erros, no *futuro*.

20 A ideia de estrutura simplificada não se propõe a representar o Judiciário brasileiro ao longo de toda a sua existência. O ponto de partida é, para os fins desta análise, a Emenda Constitucional nº 45/2004, adotada como referência para dois momentos distintos do sistema: o *velho* Judiciário também se preocupava com o tempo da adjudicação, mas este não era um fator central de

a ocorrer com a estrutura judiciária antes, durante e após sua *crise* declarada.

Em torno do *velho* Judiciário estaria representada a situação de equilíbrio entre as demandas que lhe eram dirigidas pela sociedade (doravante, *inputs*) e a fluidez com que a prestação jurisdicional era adjudicada à sociedade (doravante, *outputs*) sem reclames públicos acerca de retenções (excesso de tempo para decisão final), conforme *Figura 1.*

Figura 1.

Já em um segundo momento, o volume de litígios submetidos ao Judiciário (*inputs*) passou a crescer vertiginosamente, em nítido desequilíbrio com sua estrutura orgânica (que não cresceu, ou cresceu pouco, em comparação ao aumento das demandas), assim resultando em contingenciamento de litígios a serem resolvidos e consequente alongamento no tempo que se leva entre a apresentação de uma ação e o termo no qual há a efetiva entrega da prestação jurisdicional.

O segundo momento seria a representação do *Judiciário em crise,* conforme a *Figura 2.* Observa-se que, diferentemente da *Figura 1*, no *Judiciário em crise* o formato retangular do aparato (mais achatado em relação ao quadrado da *Figura 1*) dá a ideia de que mais tempo será consumido para o processamento dos litígios dentro da estrutura, ou seja, os processos demoram mais para serem resolvidos. Depreende-se ainda dessa figura certa diferença de tamanho entre as setas, indicando

sua existência. Já após a emenda referida, o tempo passou a ser fator central à atividade judiciária, situação anteriormente desconhecida da literatura. ADORNO, Sérgio; PASINATO, Wânia. A justiça no tempo, o tempo da justiça. *Tempo Social*, revista de sociologia da USP, v. 19, n. 2, p. 132, 2007.

que o número de casos entrantes (*inputs*) é consideravelmente maior que o número de casos julgados (*outputs*), que pouco se alterou entre o primeiro e segundo modelos.

O cerne da crise estaria na percepção social e econômica de que um litígio apresentado para solução no aparato judicial não teria prazo definido nem previsível para seu termo. O contingenciamento de ações resultante da baixa capacidade de equilibrar *inputs* e *outputs* passou a refletir acervos de processos parados nas unidades julgadoras, indicador de aferição numérica de grande interesse para a Administração Judiciária.

Figura 2.

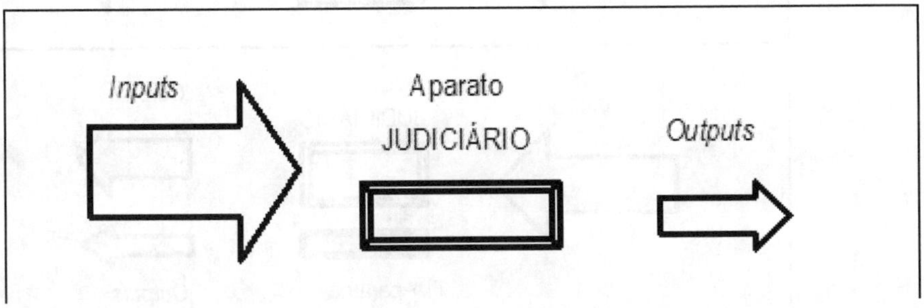

Não há definição temporal segura capaz de precisar quando começa (ou termina) cada um dos modelos propostos, assim como não é possível afirmar que, tanto o *velho* quanto o Judiciário *em crise* tenham sido modelos estáveis e sem mudanças. No entanto, o momento atual do Judiciário é caracterizado pelo ambiente de fortes e constantes mudanças.

Ou seja, diante de diversas propostas que se desenharam, desde a Emenda Constitucional nº 45, o Judiciário se viu desafiado a mudar, interna e externamente, em um ambiente fortemente caracterizado por reformulações. São perceptíveis pelo menos três subcategorias de tendências para reforma do Judiciário, todas elas com foco no *aparato* e objetivando o reequilíbrio entre *outputs* a *inputs*. Seriam elas: aumento do tamanho do *aparato* judiciário via contratação, aumento de recursos e trabalhadores, investimentos e inovações *(Figura 3-A)*[21];

21 São exemplos os pedidos e aprovações de orçamentos do Judiciário apreciados anualmente pelo Conselho Nacional de Justiça, dedicados majoritariamente à modernização da infraestrutura e tecnologia.

acréscimo de outros canais *extrajudiciais* para fracionar a carga de litígios submetida ao Aparato, reduzindo o acesso direto à jurisdição *(Figura 3-B)*[22]; prestigiar mecanismos e posturas decisórias (súmulas, por exemplo) que sejam refratárias a litígios submetidos às Cortes, aumentando cláusulas de barreira de acesso à jurisdição *(Figura 3-C)*[23].

Figura 3.

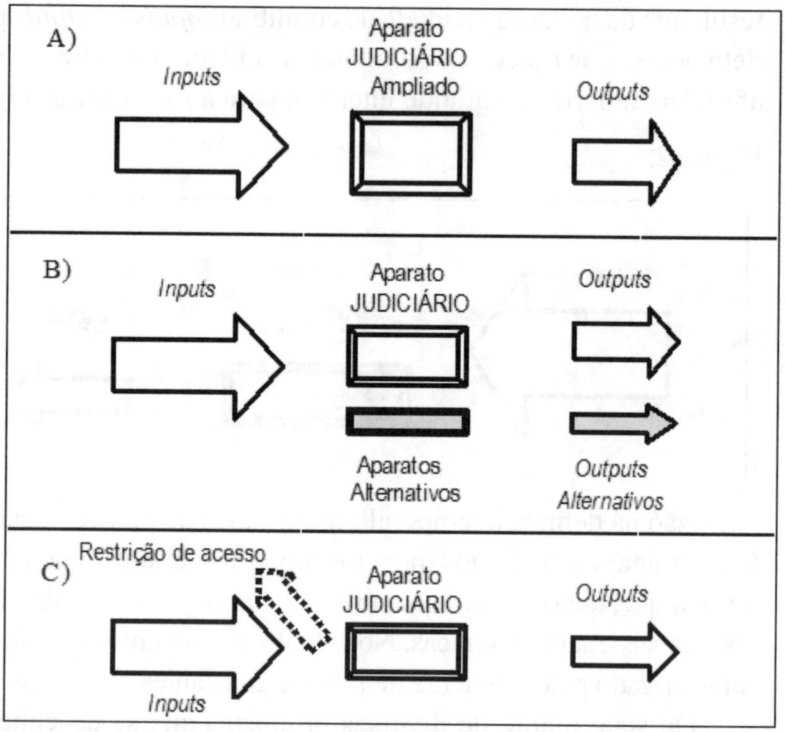

22 São exemplos a criação de *núcleos permanentes de métodos consensuais de solução de conflitos* e *centros de solução de conflitos e cidadania* (Resolução nº 125/2010, do CNJ), considerados como *aparatos alternativos* à via processual para solução do conflito.

23 São exemplos de modificação do critério de ingresso dos *inputs*, isto é, soluções intraprocessuais que geram mecanismos que embarreiram o acesso do jurisdicionado ao processamento de sua demanda, tal qual a redução (de 20 para 5 anos) do prazo prescricional de ajuizamento de ação civil pública sem intervenção do Legislativo, isto é, por iniciativa direta do Judiciário (REsp 1.273.643/PR, Rel. Min. Sidnei Beneti, Segunda Seção, julgado em 27.02.2013, DJe 04.04.2013). Com o Novo Código de Processo Civil, tornou-se consolidada a vedação de pedidos judiciais contrários a entendimentos sumulados pelos tribunais (art. 332, NCPC).

O *Judiciário em transição* é representação que se faz ao momento atual, demarcado pelo experimento de sucessivas medidas reformadoras, simultaneamente aplicadas, tendentes a revigorar desempenho eficiente para resolver litígios judiciais. A *Figura 3* (A, B e C) é resultado da análise de amostra de instrumentos de *planejamento estratégico* produzidos e divulgados no âmbito do STJ[24], TJDF[25], TJ-RJ[26] e TJ-SP[27] (2009-2014). Desde 2009, então, o conjunto de medidas executadas e planejadas para referidas unidades julgadoras carrega *estratégias* que podem facilmente ser aninhadas nas três tipologias acima propostas e representadas.

Avaliar qual dos perfis do *Judiciário em transição* é o mais (ou menos) adequado para proporcionar melhores índices de desempenho e qualidade não é o objetivo deste estudo. As inferências até aqui apresentadas dizem respeito à representação de modelos teóricos que facilitem a compreensão do fenômeno e possam auxiliar no rumo das discussões, críticas e propostas de reformas. Revendo os modelos acima, exemplificativamente, chama a atenção que o Judiciário é sempre considerado isoladamente e sem interações com outros atores públicos ou privados (Poder Executivo, p.e.).

3. O Contexto de Futuro do Judiciário Brasileiro: o *Novo* Judiciário Construído Sem Retrocessos

Pode-se dizer que a trajetória recente do Judiciário brasileiro pós-redemocratização se talhou a partir de traçado vocacionado à ampliação do acesso dos cidadãos à jurisdição. Antes e depois da Constituição

---

24 Disponível em: <http://www.stj.jus.br/file_source/STJ/Midias/arquivos/3150_plano_estrategico_
2014.pdf>. Acesso em: 10 out. 2015.

25 Disponível em: <http://www.tjdft.jus.br/institucional/gestao-estrategica/planejamento-estrategico>. Acesso em: 10 out. 2015.

26 Disponível em: <http://www.tjrj.jus.br/documents/10136/27113/planejamento-estrategico.pdf>. Acesso em: 10 out. 2015.

27 Disponível em: <http://www.tjsp.jus.br/Download/PlanejamentoEstrategico/Planejamento Estrategico_2015_2020.pdf>. Acesso em: 10 out. 2015.

de 1988, um conjunto avançado de normas instrumentais se produziu confiando aos juízes o papel central de mediar arbitrariedades estatais, além de abusos do setor produtivo. Exemplos expressivos são a Lei de Ação Civil Pública[28] e a possibilidade de os serviços judiciários alcançarem também os menos abastados ou as causas de menor monta, como se infere das Leis dos Juizados Especiais[29] Cíveis e Federais.

Em matéria de direito material, a Constituição Federal foi, ao mesmo tempo, heroína e vilã do Judiciário: proclamou proteções e projeções de uma cidadania escrita em rol invejável a qualquer país primeiro-mundista, cuja grandeza valorativa e republicana dificilmente admite retrocessos; de outro lado, a concretude de seu conteúdo normativo se tornou um desafio utópico e inalcançável, sobretudo pela falência do aparelho estatal incumbido constitucionalmente pela sua efetivação.

Averiguar o papel do Judiciário, em contexto assim delineado, não há de ser feito considerando-o como um *corpus* isolado, tampouco seria possível analisar sua performance analisando apenas a figura dos juízes, emprestando-lhes perfil mais ou menos ativista. Parece haver outros atores e variáveis com influência no contexto de aumento dos litígios que chegam às *barras* dos tribunais brasileiros que devem ser conhecidos e estudados, antes de partir à crítica da convicção pessoal da magistratura. Se a doutrina jurídica se propõe a debater o *protagonismo* e o *paternalismo* de um ator-chave do Estado (o juiz), é importante verificar o papel de outros atores também influentes, cujas atribuições e competências (ou a falta delas) provavelmente influenciam até mais fortemente na carga de trabalho das Cortes.

Ao tempo em que a *crise do Judiciário* evidencia a ineficiência das unidades julgadoras, não é demais examinar o sistema de geração e solução de seus litígios em seu todo, nele inserindo o Executivo, o Legislativo e a sociedade civil. A literatura de Administração Pública evidencia reiteradas falhas nas tentativas históricas de refor-

---

28 LEAL, Márcio Flávio Mafra. *Ações coletivas*: história, teoria e prática. Sergio Antonio Fabris Editor, 1998.

29 ANDRIGHI, Fátima Nancy. *Juizados especiais cíveis e criminais*, 1996.

ma burocrática e gerencial na gestão pública brasileira[30], sobretudo no Executivo[31].

Assiste-se, com raros momentos de exceção, a uma sucessão cíclica de desajustes econômicos e fiscais, desestrutura nos serviços públicos, regulação descalibrada, privatização encarecedora do custo de vida da população (assim como na produção de bens e serviços). Tais fatores ensejam dissintonia entre o que é declarado como *de direito* ao cidadão (no plano legislativo) e o que é concretizado no ambiente público-privado e certamente leva a população a reagir com insatisfação e decepção. Estudos que analisam a insatisfação de cidadãos com os serviços judiciários[32] levando em consideração apenas a atividade interna dos tribunais, por exemplo, não alcançam a causa primária dos litígios, deixando de lado os problemas estruturais geradores de litígios.

Quando se faz o exame da raiz das situações-problemas que geram macrolitígios, a exemplo da constatação de quem são os maiores demandados da Justiça brasileira[33], percebe-se que eles se originam externamente. No campo das relações de consumo, os maiores demandados costumam falhar na qualidade do que entregam no mercado e tais desajustes ocorrem por falta de controle/fiscalização/sanção administrativa ou do próprio mercado. Antes, porém, de questionar porque consumidores ajuízam ações contra bancos e empresas de telefonia, é fundamental verificar, entre outros fatores, o que o aparato

30 RESENDE. Flávio da Cunha. Por que reformas administrativas falham? *RBCS*, v. 17, n. 50, out./2002.

31 PEREIRA, Luiz Carlos Bresser. Do estado patrimonial ao gerencial. In: PINHEIRO, P. S. et al. (Orgs.). *Brasil*: um século de transformações. São Paulo: Cia. das Letras, 2001.

32 BACELLAR, Roberto Portugal. *Juiz servidor, gestor e mediador*.

33 E, entre eles, repetem-se as mesmas organizações, boa partes delas públicas ou de serviços regulados (e.g., INSS, financeiras, bancos, operadoras de cartão de crédito, telefonia). Disponível em: <http://www.cnj.jus.br/noticias/cnj/59351-orgaos-federais-e-estaduais-lideram-100-maiores-litigantes-da-justica>. Acesso em: 10 out. 2015.

das respectivas Agências públicas do Executivo[34] faz em relação a tais situações-problemas.

De um lado, uma série de direitos foi declarada pelo Legislador derivado, ao período final em que funcionava o *velho Judiciário*. Essa carta de direitos passou a garantir, ao cidadão, no plano formal, a preservação da autodeterminação de seu bem estar e a expectativa natural de fruí-lo ou, ao menos, não os vê-lo desrespeitado; de outro, o ambiente de mercado brasileiro apresentou, entre outras assimetrias, ofertas com pouca transparência e comunicação falha entre fornecedores e consumidores[35], combustíveis ígneos para reclamações que podem ser sintetizadas no jargão de que: *o prometido não corresponde ao que foi entregue*; para triangulação da relação, no vértice oposto, está o aparelho judiciário ocupando a ineficiência do Executivo (regulador, fiscal e gestor), do Legislativo (disciplinador e fiscal do Executivo) e dos próprios fornecedores que são inoperantes para lidar com as demandas de seus próprios consumidores.

Sobrou, portanto, ao Judiciário absorver o impacto de uma explosão de conflitos de pequena, média e grande monta. O *novo Judiciário* tem o desafio de equilibrar acesso e celeridade, em um ambiente cujas condições não são geradas apenas por ele mesmo, cujo equilíbrio é fortemente dependente de atores externos ao seu *aparato*, notadamente o Executivo, Legislativo e o setor produtivo (representado pelos grandes demandantes).

Se as tendências de *transição* da máquina judiciária buscam estabelecer o convívio democrático entre cidadão/Estado, e aquele primeiro não encontra, em seu cotidiano, a realização do que lhe é prometido, certamente restará à população continuar lutando para (r)estabelecer, tanto por tanto, as dissintonias constatadas no meio em que vive, comportamento este que é esperado e natural à nação que pretende o *status* de cidadania à sua população[36].

34 FALCÃO, Joaquim. Agências reguladoras e o poder judiciário. *Revista Conjuntura Econômica*, v. 62, n. 6, p. 34, 2008.

35 Disponível em: <http://bibliotecadigital.fgv.br/ojs/index.php/rce/article/view/24098/22872>. Acesso em: 10 out. 2015.

36 ABRUCIO, F. L.; PACHECO, R. S. (Orgs.). *Burocracia e política no Brasil*: desafios para a ordem democrática no séc. XXI. Rio de Janeiro: FGV, 2010.

Voltando às três categorias de *transição* do aparato judiciário (*Figura 3*), observa-se que elas apresentam, em comum, a limitação de propor modificações de dentro para fora da Justiça, adotando por pressuposto que os tribunais impulsionarão as mudanças do processo social (aí, sim, o ativismo[37]). Entretanto, o Judiciário não é um *corpus* isolado e pode ser analisado em seu contexto, na interação com outros órgãos de poder.

Exemplificativamente, se o desenho prospectado ao *Judiciário do futuro* tender à perspectiva de embarreirar o acesso processual dos jurisdicionados (*Figura 3-C)*, quer parecer que estará assumida uma bandeira de retrocesso e de que o acesso à jurisdição é algo sem relevância à cidadania, caminho difícil de ser seguido para um País de consideráveis injustiças sociais. Por outro lado, aumentar indefinidamente o tamanho da máquina administrativa judicial (*Figura 3-A)* também é solução pouco producente, especialmente porque os recursos orçamentários são finitos e a arrecadação tributária correspondente nem sempre evolui na mesma proporção das necessidades.

Se juízes provêm garantia a determinados direitos reconhecidos em lei, individuais ou coletivos, não estão fazendo nada de diferente, que não dar efetividade ao que se espera do *Estado Democrático de Direito*. O exame esperado da unidade julgadora é, dogmaticamente, averiguar a antijuridicidade de atos e condutas, para proclamar os eventuais efeitos sancionadores da lei e eventual ilegalidade cometida, sendo este o critério formal para dirimir conflitos. Assim agindo, está prevenindo ilegalidades e avançando sobre práticas que, de fato, merecem reprimenda que o Executivo não conseguiu prevenir (ou ele mesmo provocou). O desafio do *novo Judiciário* não pode esvaziar referida competência nuclear das Cortes, sobretudo porque ainda permanece como postulado inarredável a manutenção de acesso aos cidadãos, dando-lhes maior legitimidade democrática[38].

37 VIEIRA, José Ribas. Grupo Do Ativismo Judicial. Verso e Reverso: a judicialização da política e o ativismo judicial no Brasil. *Revista Estação Científica*, 2009.

38 BARROSO, Luís Roberto. Judicialização, ativismo judicial e legitimidade democrática. *(Syn)thesis*, v. 5, n. 1, p. 23-32, 2012.

Quer parecer que a ideia de *paternalismo judicial* como fator de insegurança jurídica é uma imputação prematura que pode engessar a capacidade de o Judiciário manter sua função constitucional incólume. As perspectivas de futuro ao *novo Judiciário* não merecem ser construídas sobre a análise reducionista (que considera apenas o nível micro) de o juiz adotar jurisprudência de barreiras aos *inputs* dos cidadãos, o que advoga contra a própria essência desse Poder.

4. O Fetiche dos Números Sobre as Leis: Limites da Análise Econômica do Direito e suas Proposições

As propostas de *transição* do Judiciário focadas no aumento de barreiras aos jurisdicionados *(Figura 3-C)* e na proclamada desjudicialização de conflitos chamam a atenção para um importante efeito prático: ambas não consideram a adequação comportamental dos grandes litigantes às normas legais, a exemplo da proteção ao consumidor. Isto é, afetam apenas a relação Justiça/cidadão, perdendo o desejável alcance de acolmatar condutas à legalidade. Ou seja, repelir demandas de cidadãos, à Justiça, pode encobrir falhas consideráveis por parte do arcabouço regulatório e dos grandes fornecedores, prestadores de serviço e concessionários, os quais, em última análise, são os maiores geradores dos litígios.

Debater uma possível tensão de forças entre o Judiciário e a economia não é um tema novo, remontando discussões sobre a própria origem do capitalismo e do direito à propriedade[39]. Mais recentemente, avolumaram-se estudos jurídicos norte-americanos ocupados com os primeiros debates em torno de normas concorrenciais (e.g., *Clayton Act*). Pressupunha-se que decisões judiciais proferidas para resolver litígios envolvendo competição e monopólio não poderiam estar pautadas apenas em interpretações normativas estatutárias, mas, necessariamente atentas a *conhecimentos econômicos disponíveis*[40].

---

39 ROE, Mark J. Chaos and evolution in law and economics. *Harvard Law Review*, p. 641-668, 1996.

40 BOK, Derek C. Section 7 of the Clayton Act and the Merging of Law and Economics. *Harvard Law Review*, p. 226-355, 1960.

Abordagens econômicas sobre o fenômeno jurídico, mesmo em outras áreas do Direito, passaram a sugerir medidas e inferências que desaguaram na já mencionada *escola* de pensamento consolidada por Posner[41].

Sinteticamente, estudos seminais, a exemplo de Cooter e Ulen[42], trouxeram ao campo teórico do Direito algumas implicações a respeito do custo financeiro da judicialização de conflitos (processos judiciais), do cômputo de danos, de reflexos acerca da responsabilidade civil por ilícitos civis e até criminais. Na lógica econômica, os reflexos de tais despesas, quando não arcados pelas partes litigantes, representariam despesas custadas por tributos públicos.

Porém, merece atenção perceber o momento em que tais estudos foram estimulados: na América do Norte, vigorava intenso debate acerca do tamanho que o Estado poderia (ou não) desempenhar na economia e na vida privada, em especial para rever as políticas de *bem- estar social* que se sucederam o período do Pós-Guerra. Nas múltiplas faces em que o cidadão já foi enxergado, a chamada *New Public Management* destacou e incorporou à cultura daquele povo um especial destaque ao papel do indivíduo como contribuinte[43], assimilando que participação democrática se traduziria em exigir prestação de contas públicas, em todos os níveis possíveis de Poder, público ou privado[44].

Talvez o mais significativo arcabouço teórico seja atribuído a Richard Posner, responsável por uma matriz de pensamento dirigida pelo pragmatismo jurídico que propôs modelos racionais de possível previsibilidade da decisão judicial. Não apenas o juiz seria o ator-cha-

41 POSNER, Richard A. Economic approach to law. *Tex. L. Rev.*, v. 53, p. 757, 1974.

42 COOTER, Robert; ULEN, Thomas. *Law and economics*. 1988.

43 A categorização do cidadão como contribuinte teve franco protagonismo na década de 70 norte-americana. CLARKE, John; GEWIRTZ, Sharon; MCLAUGHLIN, Eugene (Ed.). New managerialism, new welfare? SAGE Publications Ltd., 2000.

44 BOX, Richard C. et al. New public management and substantive democracy. *Public Administration Review*, p. 608-619, 2001.

ve de tais estudos, mas também o legislador e as agências estatais[45], levando em consideração recursos da economia comportamental e de inferências matemáticas[46].

Interessados na escola de Richard Posner rapidamente foram identificados em meio a conglomerados de empresários afetados pelas intervenções regulatórias que levaram à formalização do *lobby*[47], restando, em um segundo momento, fortes críticas aos juízes, então alcunhadas de economicamente irracionais[48]. O questionamento da racionalidade dogmática certamente não foi o melhor caminho dessa teoria, de sorte que nem mesmo o Congresso norte-americano conseguiu se desvencilhar da importância central que tem a independência dos juízes (de origem hermenêutica e não necessariamente política, tampouco econômica) para manter garantias democráticas e que a economia não conseguiu predizer[49].

No Brasil, setores da economia se apropriaram de verbetes similares ao *paternalismo,* tal como se verifica dos jargões cunhados à Justiça Trabalhista[50]. Com ou sem o magistrado trabalhista, o fato é que as decisões que se produziram nada mais são (e foram) do que reflexo da legislação aprovada pelo Congresso, de sorte que se há (ou não) superproteção ao trabalhador, houve também a demonstração de importante atributo a toda a magistratura, indepen-

45 POSNER, Richard A. Rational choice, behavioral economics, and the law. *Stanford Law Review*, p. 1.551-1.575, 1998. POSNER, R. A. *Economic analysis of law*, 2007.

46 POSNER, Richard A. *How judges think*. Harvard University Press, 2010.

47 No campo da produção normativa, o *lobby* se institucionalizou para lidar com impactos econômicos. VOGEL, David. The public-interest movement and the American reform tradition. *Political Science Quarterly*, p. 607-627, 1980.

48 POSNER, Richard A. Some uses and abuses of economics in law. *The University of Chicago Law Review*, p. 281-306, 1979.

49 SALZBERGER, Eli M. A positive analysis of the doctrine of separation of powers, or: Why do we have an independent judiciary? *International Review of Law and Economics*, v. 13, n. 4, p. 349-379, 1993.

50 YEUNG, Luciana. *Leis trabalhistas e economia no Brasil – Brazilian labor laws and the economy*, 2007.

dentemente da especialidade de sua jurisdição: a independência (art. 35, I, Loman).

A novidade, então, é a cena jurídica brasileira se apropriar da ideia de *protecionismo* e *protagonismo* judiciais para questionar uma eventual jurisprudência que estaria se consolidando em prol da categoria jurídica dos consumidores. Seria o caso de ensinar economia a juízes e seus serventuários, ou mesmo responsabilizar seus julgados por intercorrências econômicas depreciativas? Em um ou em outro caso, tais considerações são acompanhadas de propostas de *transição* para um *Judiciário novo* no qual conflitos em massa devem deixar de existir, como em um passe de mágica, e por iniciativa (individual ou coletiva) dos juízes brasileiros.

Todavia, o pensamento acima proposto não enxerga o problema-raiz de conflitos intersubjetivos em massa, dando azo a propostas que retiram do Judiciário o poder constitucional de conhecer, processar e julgar condutas antijurídicas de relevo social, com independência e a par do livre convencimento[51]. O *novo Judiciário* pode e deve contemporizar muito bem os avanços legislativos alcançados no Brasil, encaminhando soluções de transição para medidas gerenciais que não adotem a premissa inócua de abrir mão da função jurisdicional pura, independente e dogmaticamente correta para dirigir conflitos. É preciso expandir o campo de análise e verificar que, ao fim e ao cabo, sepultar litígios apresentados por consumidores pode gerar um ambiente mercadológico ainda mais permissivo, contrário aos ditames legais e, consequentemente, aniquilar as atuais noções de cidadania.

5. O *Novo Judiciário* que não Retrocede às Conquistas e Não Perde Seus Atributos Essenciais

No desenho de Estados constitucionais, as Cortes não perderam a função de depositária na manutenção do *status quo* jurídico, medido pelo anseio público, sendo este o parâmetro de pacificação das

51 KELMAN, Mark G. Misunderstanding social life: a critique of the core premises of law and economics. *J. Legal Educ.*, v. 33, p. 274, 1983.

relações intersubjetivas[52]. A vida social e a participação democrática dependem da magistratura e, a partir da dimensão tripartite do Estado, a função julgadora parece ter sido a menos domável ou passível de predição (seja pelo Direito, Economia ou outras áreas de conhecimento). O pensamento do juiz, as fontes de suas decisões, assim como suas inclinações constituem, de fato, padrões de difícil mensuração, mas tal característica não pode ser considerada tão significativa a ponto de fadar ao insucesso atividades empresárias.

Especificamente no caso da proteção jurídica do consumidor brasileiro, um rápido apanhado histórico pode auxiliar na compreensão do fenômeno. Desde a década de 80, o Brasil é palco de uma das mais fantásticas criações legislativas mundiais em matéria de equalizar o ator mais vulnerável do mercado (consumidores) aos mais fortes (fornecedores). Dos primeiros lampejos internacionais recomendando normas que permitissem a intervenção do Estado em economias massificadas para proteger consumidores até a efetivação de um sistema nacional organizado[53], a iniciativa privada passou a conviver com esse marco regulatório que se iniciou como programa constitucional (art. 5º, XXXII, c/c 170, V, CF).

O advento do Código de Defesa do Consumidor (Lei nº 8.078/90) repercutiu a cidadania constitucional para as relações de direito privado já massificadas no mercado brasileiro, sob a égide de um novo regime das relações contratuais[54]. A resultante do tráfego jurídico em questão não foi, ao contrário do que preconizava a massiva voz dos fornecedores à época, nem de insegurança, tampouco de incontingências econômicas que pudessem ser estruturalmente causadas pela intervenção do Judiciário.

Ao contrário, o mercado de consumo ganhou destacada pujança, sobretudo após a desestatização de serviços públicos básicos, sucedida

52 TATE, C. Neal; VALLINDER, Torbjörn. *The global expansion of judicial power*. New York Univ. Press, 1997.

53 SODRÉ, Marcelo Gomes. *Formação do sistema nacional de defesa do consumidor*. São Paulo: Editora Revista dos Tribunais, 2007.

54 MARQUES, Cláudia Lima. *Contratos no código de defesa do consumidor*: o novo regime das relações contratuais, 2011.

por intervenções e incentivos à captação de empréstimos e financiamentos a unidades familiares, consolidando praticamente três décadas com curvas de crescimento quase constantemente ascendentes. O porvir desse ambiente negocial se apoiou em um panorama legislativo pautado na proteção da confiança dos vulneráveis, centrado especificamente na responsabilização civil[55] de fornecedores desatentos ao primado da *qualidade*[56]. Não se tem conhecimento de que qualquer setor tenha sucumbido em seus investimentos à conta da aplicação do Código de Defesa do Consumidor (CDC).

O setor financeiro, por exemplo, impulsionou-se em repelir a aplicação do CDC às suas atividades advogando, no Supremo Tribunal Federal, exatamente um possível *caos* econômico às suas operações, conforme materializado na histórica Ação Direta de Inconstitucionalidade nº 2.591/DF. De lá para cá, o setor foi o que apresentou maior crescimento na economia brasileira[57]. Não se tem conhecimento de instituição financeira fechada por adimplir condenação judicial fundada na violação à legislação de consumo.

Por detrás de macrolides de consumo há macrolesões a regras de mercado que, no contexto deste estudo, tendem a equilibrar as relações (congenitamente desiguais) entre fornecedor e consumidor. Aquele que afirma indistintamente que o Estado-juiz não deve intervir para readequar ilegalidade apontada por consumidores (seja individual ou coletivamente), acredita que o mercado deva se regular livremente, refundando um liberalismo que já não vigora sequer entre os economistas[58]. Grandes litígios judiciais instaurados no setor privado (v.g. questionando atos de instituições bancárias e empresas de telefonia) não po-

55 Certo de que há também a administrativa e a penal.

56 BENJAMIN, Antonio Herman. DENARI, Zelmo et al. *Código de defesa do consumidor comentado pelos autores do anteprojeto*. rev., ampl. e atual. Rio de Janeiro: Forense Universitária, 2004.

57 CAMARGO, Patrícia Olga. *A evolução recente do setor bancário no Brasil*. UNESP, 2009.

58 MACEDO, Antonio Carlos et al. *Macroeconomia sem equilíbrio*. São Paulo: Editora Vozes, 1999.

dem ser explicados por oportunismo popular, tampouco o acatamento dos pedidos nele postulados (danos materiais, danos morais, revisões contratuais, concessões de liminares antecipatórias ou acautelatórias) constituem *paternalismo exacerbado* automático ou *per se.* Antes de inferir que decisões judiciais causam insegurança jurídica a provedores de serviços e produtos, é importante considerar que o custo de suas operações deve calcular o atendimento à qualidade exigida por lei, atendendo à legítima expectativa das ofertas que eles próprios patrocinam.

O *novo Judiciário* deve estar atento aos fatores externos que ensejam macrolitígios decorrentes da atuação de agentes econômicos que tendem a desconsiderar regras de proteção à vulnerabilidade dos consumidores e historicamente calcularam (mal) que o comportamento *torto,* assim como sua judicialização posterior, se ajustam economicamente ao modelo de negócio praticado. Admitir o distanciamento do *Judiciário* a tais fenômenos é, a um só tempo, atribuir exclusivamente a juízes o aumento de litígios, impedindo-os da função-chave de efetivar direitos garantidos *in abstrato* aos cidadãos que se veem impedidos de exercê-los.

Nesse sentido, deve-se afastar a ideia de insegurança jurídica decorrente de consequências econômicas que possam advir de interpretações *protecionistas* adotadas pelo Judiciário relativamente a normas *abertas* destinadas à proteção dos hipossuficientes. Os atributos constitucionais da magistratura não podem permitir o afastamento da apreciação de demandas que lhes são apresentadas pela sociedade (art. 5º, XXXV, CF) e, ainda, com mais ênfase se os reclames são impulsionados constantemente, seja por processos individuais repetidamente ajuizados, ou pela intervenção por substituição da sociedade organizada, órgãos de controle, Defensorias ou Ministério Público. Adjudicar medidas concretas do que é prometido no plano legal e não entregue, na estrutura burocrática[59] ou até mesmo no mercado, é da essência da

59 ARANTES, Rogério Bastos et al. Controles democráticos sobre a administração pública no Brasil: legislativo, tribunais de contas, judiciário e ministério público. In: LOUREIRO, M. R.;

jurisdição. Se demandas infundadas houver, é também da essência da jurisdição repeli-las.

O Direito não é a lente única do fenômeno social, assim como a Economia está longe de sê-lo. Todavia, entre leituras puramente econômicas e a consistência da racionalidade hermenêutica jurídica, quer parecer que a pacificação social não está fincada sobre o terreno que afasta o juiz de conhecer e processar conflitos oriundos do descumprimento de normas de conduta consumerista, em bloco consideradas. Se ações judiciais realçam ilicitudes praticadas de modo massificado, a solução de mérito respectiva não importa, processualmente, em julgar centenas de milhares de ações repetidamente, se a EC nº 45/2004 trouxe modelos que permitem decisões vinculantes.

A análise do aparato judiciário merece modelos que considerem e orientem soluções externas às Cortes, sobretudo quando o tema é domar macrolitígios. Retomando o recurso simplificado de mapas cognitivos, desta vez é utilizado um fluxograma de processos para *método de solução de problemas*[60] (recurso comum a ferramentas de controle de qualidade) no qual é possível sugerir a representação de um cenário no qual situações-problema geradoras de litígios de consumo sejam alcançadas em sua raiz. Transcendendo os modelos de reforma *interna* do aparato judiciário, é necessário adotar modelos que identifiquem outros atores-chave que podem, de fora do Judiciário, ser envolvidos no seu enfrentamento, muitos deles com atribuição legal específica neste sentido (a exemplo dos próprios fornecedores de bens e serviços, o Legislativo e o Executivo).

Na *Figura 4,* a seguir, correlaciona-se, adotando a ideia de triângulos sem base (*Figura 1*), os atores prováveis que interagem para a formação de macrolitígios de consumo. São eles: consumidor, fornecedor, Estado-Juiz, Estado-Executivo e Estado-Legislativo.

60 CAMPOS, Vicente Falconi. *TQC*: controle da qualidade total. Belo Horizonte: Fundação Christiano Ottoni, 1992.

Figura 4.

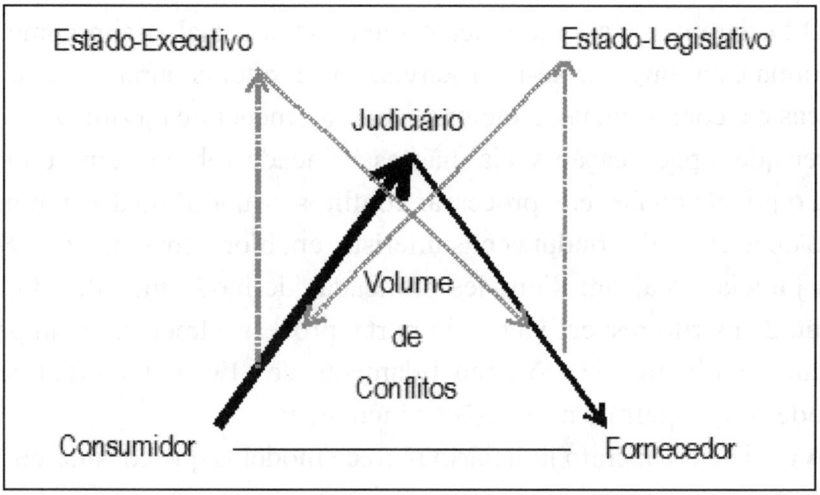

Entre os atores *consumidor* e *fornecedor* não se estabelece um liame (conexão) apto a resolver as demandas entre si, seja por falha de comunicação ou falta de interatividade (daí uma linha tênue e sem setas em suas extremidades). A relação entre o consumidor e o Estado-Executivo (assim como em relação ao Legislativo) não proporciona soluções eficazes aos problemas reais e cotidianos daquele primeiro (daí porque geram uma linha de cor menos definida). O Judiciário (que é conectado por uma linha mais acentuada) é a via de solução de maior contato entre o consumidor e o fornecedor se, entre ele e os demais *players* (Fornecedor, Executivo e Legislativo), não há comunicação nem interatividade firmes. Contudo, o caminho *triangular* entre consumidor e fornecedor, pelo judiciário, é também a via que mais tempo pode levar para solucionar um conflito (como efeito do anacronismo da taxa de congestionamento).

Se o volume de demandas de consumo levado ao Judiciário é considerável, o estrangulamento de sua capacidade de processá-lo pode ser absorvido por reformulações internas (conforme modelos das *Figuras 1, 2* e *3*), mas não se pode perder de foco que maiores avanços hão de ser alcançados com modelos mais completos (*Figura 4*), que atraiam a atuação direta de outros atores-chave para a redução do encargo aos juízes. Afinal, o Pacto Republicano não é um documento interno à Justiça e contou com o comprometimento expresso dos chefes do Executivo e do Legislativo.

O Judiciário não pode ser enxergado como uma ilha, assim como a postura individual e de convencimento de seus magistrados não aparenta ser o fato de maior propulsão a litígios de consumo. Estimar que eventual postura *paternalista* seja um desvio judicante é deixar de considerar o fenômeno e a dinâmica sociais (também mercadológicos) em sua dimensão real, permeada de produtores e prestadores de serviço sem qualquer capacidade de melhorar as relações com seus próprios consumidores, espontaneamente. Do mesmo modo, é fazer vista grossa à ineficiência do marco regulatório, assim como do aparato do Executivo (e suas agências públicas) para prevenir litígios em torno de produtos e serviços às massas de consumidores.

Não se quer, aqui, encaminhar ponderação no sentido de que os aspectos internos do Judiciário devam ser deixados de lado, ou mesmo que as mudanças de sua estrutura sejam reduzidas. O alcance de bom desempenho às atividades do *novo Judiciário* depende de mudanças internas, mas não necessariamente isoladas em questionar a independência e o posicionamento de seus magistrados. Teorias mais abrangentes e multidisciplinares, tais como as organizacionais, tratam o Judiciário como peça integrante de um todo composto, no qual interagem a própria sociedade civil organizada, os provedores de bens de consumo e, com ênfase, os demais Poderes Públicos constituídos.

No campo das relações de consumo, por exemplo, há mecanismos legais inutilizados que podem, em conflitos massificados, assimilar soluções planificadas para toda a categoria de consumidores e fornecedores, sem a necessária passagem pela *triangulação* com o Judiciário. É o caso da Convenção Coletiva de Consumo (art. 207, Código de Defesa do Consumidor) que é praticamente desconhecida da cena brasileira, e não incorporada por grandes fornecedores que preferem, naturalmente, manter suas posições comerciais perante o Judiciário.

Esse e outros instrumentos de autocomposição fora do *aparato* judicial dependem, na verdade, de uma *nova* cultura que garanta o convívio dos direitos constitucionais ampliados a partir de práticas comerciais mais coerentes com as normas vigentes, cujos eventuais litígios intersubjetivos sejam prevenidos por marcos legais e regulatórios mais transparentes, de punição precisa e efetiva. Nesse contexto, o juiz e suas convicções não parecem necessitar de grandes mudanças.

6. Conclusão

Parecem imprecisas as críticas suscitadas à racionalidade dogmática do Judiciário brasileiro que aplica, a ilícitos praticados por fornecedores, os efeitos consectários da legislação vigente de proteção ao consumidor.

Teorias de análise econômica do Direito podem contribuir para enxergar o custo da prestação jurisdicional, mas perdem o foco dos ganhos que são incorporados pelo setor produtivo quando opta por violar normas de consumo (via lesões de nível macro ou microeconômico).

Modelos atuais de reformulação do *Judiciário em transição* têm apresentado como tendência propor mudanças de índole apenas intraorganizacionais, incorporando como certo que macrolitígios (de consumo) são originados de um comportamento demandista dos brasileiros, assim cerrando as vistas para identificar as causas reais das situações-problemas que vêm a ser objeto e questionamento nas ações judiciais.

Soluções de *transição* que abordam cláusulas de barreiras para ações e recursos judiciais (sobretudo para a tutela coletiva de consumidores) tendem a afastar a magistratura da análise de ilícitos de consumo. Tanto as barreiras quanto as soluções de *transição* que sugerem a adoção de mecanismos alternativos para solução de conflitos admitem ser normal que persistam as práticas abusivas ou lesivas no mercado, crendo que se autorregularão naturalmente.

Tão importante quanto a celeridade e o descongestionamento da funcionalidade do aparato judiciário é não afastar deste poder a função constitucional de processar e julgar ilegalidades. Na temática de Direito do Consumidor, a desregulação abertamente difundida por teorias econômicas – de flexibilização dogmática – tende ao retrocesso na posição de equilíbrio entre fornecedores e consumidores, o que representa um retrocesso nos avanços historicamente observados nas últimas três décadas e a desqualificação do *status* do mercado brasileiro, no qual se parte do princípio de que os vulneráveis devem ser respeitados, individual e coletivamente.

O planejamento estratégico dos Tribunais estarão mais próximos de um *novo Judiciário* que consiga equilibrar a democratização de acesso dos jurisdicionados com a celeridade da prestação jurisdicional se adotarem modelos de solução com alcance da raiz das situações-problema geradoras de macrolitígios de consumo, envolvendo o comprometimento institucional de outros atores-chave, a começar pelos próprios fornecedores, o Estado-Executivo e o Estado-Legislativo.

Mudanças estruturais de organizações complexas inseridas em ambientes instáveis e de constantes mudanças, como parece ser o caso do Judiciário brasileiro, exigem a construção de pontes, ao invés de soluções insuladas.

PROTAGONISMO JUDICIAL, SEGURANÇA JURÍDICA E REFLEXOS NAS RELAÇÕES DE CONSUMO: NOVOS DESAFIOS

Werson Rêgo

1. Introdução

A Lei nº 8.078, de 11 de setembro de 1990, operou uma verdadeira revolução no ordenamento jurídico pátrio, colocando o Brasil em posição de destaque no cenário internacional no que respeita à proteção e defesa do consumidor. Neste particular, o ano de 2015 foi muito especial para todos nós, diante das celebrações dos 25 anos da promulgação do Código de Defesa do Consumidor.

Inegáveis as conquistas alcançadas nas últimas duas décadas, mas muito ainda há por vir. Ao tempo em que se reconhece a **vulnerabilidade** do consumidor no mercado de consumo é preciso, do mesmo modo, reconhecer-lhe **autonomia**, **liberdade de atuação** e **responsabilidade por suas escolhas conscientes**, decorrentes de manifestações de vontade esclarecidas e refletidas. A assimetria informacional justifica e impõe a intervenção do Estado protegendo e defendendo o agente econômico vulnerável contra os abusos praticados pelos agentes econômicos em posição de vantagem (*match position*). Sem embargo, não se pode admitir a ampliação do intervencionismo estatal ao ponto de se negar ao consumidor capacidade para contrair obrigações e para responder pelos seus deveres.

Pretendo, assim, discorrer sobre as perspectivas para o futuro e o papel do Poder Judiciário em relação aos novos desafios visando à melhoria e ao desenvolvimento saudável das relações econômicas e sociais no Brasil. Sem fechar os olhos para as importantes desigualdades existentes no país, mostrar que é possível construir pontes entre fornecedores e consumidores, a partir dos pontos de convergência existentes entre eles, ao invés de estagnar nos pontos de divergência, que só ampliam o fosso que os separa. Evidenciar, ao final, ser possível o estabelecimento de um mercado ético, equilibrado e harmônico, com sujeitos maduros, responsáveis, que enxerguem a necessidade de satisfação recíproca das legítimas expectativas de todos – e não apenas de seus exclusivos interesses privados.

O debate sobre *protagonismo judicial e segurança jurídica* longe está de ser tarefa simples. Muito ao contrário, remete-nos a sérias, profundas e isentas reflexões, bem à altura dos desafios a vencer. Impõe-nos a autocontenção acadêmico-científica de nossa ideologia consumerista, permitindo-nos chegar, tanto quanto possível, a uma análise equidistante da finalidade da Política Nacional das Relações de Consumo, referida no art. 4º, III, do Código de Defesa do Consumidor.

Mais do que isso, implica em realçar o papel sereno do Poder Judiciário na efetivação dos princípios estabelecidos no supramencionado dispositivo legal; o seu compromisso com a concretização de direitos fundamentais, mas os limites que lhe são impostos pela Constituição e demais leis do país; a sua responsabilidade para com os vulneráveis, mas também para com a harmonização dos interesses dos participantes das relações de consumo e a compatibilização da proteção do consumidor com a necessidade de desenvolvimento econômico e tecnológico, de modo a viabilizar os princípios nos quais se funda a ordem econômica nacional (art. 170 da Constituição da República). É preciso enxergar os dois lados da moeda.

A questão problemática a ser enfrentada se assenta sobre as consequências dos movimentos puramente ideológicos de alguns julgadores que, atrelados ao dever de fazer justiça a partir de experiências pessoais, do bom senso e do prudente arbítrio na solução dos conflitos em demandas individuais, mecanicamente decidem em prol do vulnerável, conferindo interpretação ampliativa ao texto constitucional, supostamente visando à concretude dos direitos fundamentais nela previstos, olvidando, porém, as intangíveis perdas coletivamente impostas aos consumidores no mercado de consumo que, através do mencionado paradigma procedimental, se vê negativamente impactado não pelos riscos decorrentes das atividades fornecedoras de produtos ou de serviços, mas sim pelas incertezas e insegurança jurídica criadas pelo Poder Judiciário.

Pretende-se demonstrar que o *protagonismo judicial* não é, em si mesmo, "bom" ou "mau", mas "necessário" na dose certa, notadamente no Estado Democrático, na medida em que se deve zelar pela tutela dos valores "liberdade" e "igualdade", simultaneamente, visando à construção de uma sociedade plural, solidária e fraterna.

Sem embargo, forçoso será o reconhecimento de que, em um Estado Democrático de Direito, a atuação do Poder Judiciário deve respeitar os limites impostos pela Constituição e pelas demais leis do país. Não pode se dar, exclusivamente, pela vontade do julgador – por melhor que seja sua intenção.

Pretende-se demonstrar, ademais, que o estabelecimento de regras claras e objetivas sobre os direitos e os deveres dos agentes econômicos que atuam no mercado de consumo e, sobretudo, o zelo pela defesa daquelas, assegurando aos sujeitos da relação de consumo tratamento equidistante e imparcial, é elemento importante ao equilíbrio e à harmonia almejados pelo legislador, entendendo-se que é na segurança jurídica que reside a solidez da proteção da pessoa pelo Estado de Direito.

Pretende-se demonstrar, finalmente, que todo e qualquer **excesso** é sempre nocivo. Seja em que sentido for e, em especial, quando ultrapassados os limites da jurisdição imparcial. Afirmar, em favor de qualquer uma das partes de um processo judicial, um direito por ela não titularizado gera insegurança jurídica, aumenta as incertezas, agrava os riscos – o que resulta em custos econômicos e sociais, suportados sempre pelos vulneráveis, pela parte mais fraca.

Em síntese, objetiva-se a discussão sobre um protagonismo judicial saudável, que não se sobreponha a, nem interfira com a atuação dos demais Poderes da República. Uma postura ativa que, preocupada com a realização dos direitos fundamentais previstos na Constituição, não desconsidere outros valores fundamentais nela igualmente estabelecidos. Uma prestação jurisdicional que atenda à finalidade maior da Política Nacional das Relações de Consumo, sem sacrificar o indeclinável respeito aos princípios e às regras do Estado Democrático de Direito – ainda que supostamente em "benefício" do vulnerável.

O consumidor não precisa de "favores", nem de caridade, nem de benesses, mas de proteção jurídica, de reconhecimento dos seus direitos. Deve, sim, ser tratado como o sujeito vulnerável que é, nos termos da lei, mas não como um incapaz. É preciso demonstrar ao Poder Judiciário que a indevida "proteção" ao sujeito vulnerável [ora chamado de "visível", isto é, aquele cujo nome se encontra redigido na capa dos autos de um processo judicial] que, em demanda judicial específica, não tem titulariza um direito violado ou ofendido acaba por desproteger e prejudicar a todos os demais consumidores [ora denominados "invisíveis", ou seja, cujos nomes não figuram nos autos do processo] que, além da natural e idêntica vulnerabilidade no mercado de consumo, ainda ficarão expostos às medidas corretivas neste e por este impostas.

Forma contrária de proceder não se justificaria. Desviaria a análise dos meios para os fins, conduzindo a uma apreciação reducionista baseada na dicotomia bom/mau, tão subjetiva quanto empírica, distanciando-se da adequada e desejada prestação jurisdicional imparcial e da maximização da proteção dos consumidores.

2. Protagonismo Judicial. Antecedentes Históricos

Discorrer sobre *protagonismo judicial* nos impõe a correta identificação do papel do Estado na sociedade. Pois bem.

A Revolução Francesa marcou o fim do Estado Absoluto e o surgimento do Estado Liberal, juntamente com os chamados direitos fundamentais de primeira geração (classificados por Jellinek como direitos de defesa), visando, primordialmente, à tutela jurídica do valor "liberdade".

Para Marcelo Novelino:

> Os direitos de defesa caracterizam-se por exigir do Estado, preponderantemente, um dever de abstenção, caráter negativo, no sentido de impedir a ingerência na autonomia dos indivíduos. São direitos que limitam o poder estatal com o intuito de preservar as liberdades individuais, impondo-lhe o dever de não interferir, não intrometer, não reprimir e não censurar[1].

Dava-se início a um período de marcado individualismo jurídico, garantido por um modelo de Estado não intervencionista.

Contudo, o excesso de liberdade aprofundou as desigualdades sociais, a exigir novas mudanças.

Surgiu, então, o Estado Social, juntamente com os direitos fundamentais de segunda geração (classificados por Jellinek como direitos prestacionais), muito preocupado com a tutela do valor "igualdade". Para tanto, necessária a intervenção do Estado.

Ainda para Novelino, os direitos prestacionais:

> Possuem um caráter essencialmente positivo, impondo ao Estado o dever de agir. Objetivam a realização de condutas ativas por parte dos poderes públicos, seja para a proteção de certos bens jurídicos contra terceiros, seja para a promoção ou garantia das condições de fruição desses bens. Englobam o direito a prestação materiais e jurídicas[2].

As doutrinas *welfartistas*, voltadas para o bem-estar social, igualmente levadas ao extremo, resultaram no cerceamento de liberdades individuais. A reação neoliberal fez surgir um novo modelo de Estado que, diferentemente dos anteriores, que rompiam inteiramente com os modelos precedentes, seria uma evolução normativa do Estado Social, em que se conserva a preocupação com o bem-estar social, sem que,

---

1 NOVELINO, Marcelo. *Manual de direito constitucional.* 9. ed. Rio de Janeiro: Forense; São Paulo: Método, 2014, p. 223.

2 NOVELINO, Marcelo. *Manual de direito constitucional,* cit., p. 223.

para tal fim, se exija o sacrifício das liberdades socioeconômicas – o Estado Democrático, garantidor do valor "solidariedade".

O Estado Democrático tem perfil intervencionista moderado, ou seja, intervém apenas nas situações em que a atuação estatal se imponha para o estabelecimento (ou o restabelecimento) do equilíbrio inexistente (ou rompido), notadamente em favor dos vulneráveis. Essas intervenções, contudo, não estão isentas de limites, que são ditados pelo Direito. Desse modo, a intervenção estatal só se legitima **na forma da lei**. Esta a essência do Estado Democrático de Direito a que alude a nossa Constituição.

Tais noções gerais são importantes porque delas resulta a exata compreensão do papel do Poder Judiciário nos diversos modelos de Estado.

No Liberal, sob a doutrina do Positivismo Jurídico, "justo" era o legalmente convencionado entre as partes, devendo o Estado manter uma postura de neutralidade em relação ao conteúdo das avenças, que tinham efeito vinculante e obrigatório entre as partes, mas efeitos relativos quanto a terceiros. O juiz era apenas "a boca da lei".

Já o Estado Democrático de Direito, sob a influência das doutrinas pós-positivistas, confere liberdade interpretativa ao julgador, de quem se exige um engajamento com a realidade socioeconômica e uma avaliação axiológica dos conflitos de interesses. É admissível a intervenção no domínio privado e a análise do conteúdo das avenças, visando à coibição dos abusos das posições de vantagem contratual e à manutenção do equilíbrio econômico-financeiro dos negócios jurídicos. O juiz deixa de ser um "servo" da lei, mas não deixa de ser um "servidor" da lei.

3. Origem da Expressão e Conceituação

A noção de "protagonismo judicial", não raro, é associada à ideia de "ativismo judicial", que, a seu turno, é frequentemente utilizada com conotação pejorativa, vinculada a algo negativo e danoso para a sociedade; daí, poucos juízes assumirem ser, de fato, "ativistas". Com efeito, percebe-se uma falta de cuidado com a conceituação da expressão e com o resgate de sua origem.

Pode-se afirmar que o sentido que atualmente se confere ao termo *ativismo judicial* tem origem na análise dogmática processual da doutrina alemã e nos estudos da ciência política norte-americana. Vejamos:

Franz Klein[3], em 1901, foi o primeiro autor a empregar a expressão *ativismo judicial* para designar a atuação do magistrado que, na condução do processo, possibilita a diminuição ou eliminação das desigualdades fáticas entre as partes decorrentes do modelo liberalista. Conferindo uma visão mais socializadora ao estudo do processo civil, ponderou que as legislações processuais deveriam reforçar o papel do juiz na fase probatória, de forma a permitir que ele apoiasse as partes mais vulneráveis, tornando-se, assim, um juiz ativista[4].

Já no âmbito da ciência política norte-americana, a expressão *ativismo judicial* foi cunhada pela primeira vez pelo Professor de Harvard Arthur M. Schlesinger Jr., em uma publicação jornalística de janeiro de 1947, na *Fortune Magazine*, em que analisara a visão jurídica dos nove componentes da Suprema Corte norte-americana.

Para o citado articulista, a visão jurídica que pode ser definida como ativista é aquela em que o julgador não separa o Direito e a Política e orienta seus julgamentos por resultados, sendo, assim, uma visão aberta do mundo jurídico[5].

---

3 KLEIN, Franz. *Zeit-und geistesströmungen im prozesse.* Frankfurt am Main: Vittorio Klostermann, 1958.

4 Em 09 de novembro de 1901, Franz Klein, idealizador do grande modelo legislativo social e oral para o processo civil do século XX (a ZPO austríaca de 1895), proferiu uma célebre conferência em Dresden, na qual mostrava a necessidade de ruptura com o sistema processual então vigente, de bases individualistas e liberais (governado tecnicamente pelas partes e advogados e que reduzia os conflitos a uma discussão privada) *apud* NUNES, Dierle José Coelho. *Processo jurisdicional democrático:* uma análise crítica das reformas processuais. Curitiba: Juruá, 2009, p. 79-80.

5 Arthur Schlesinger Jr. introduziu o termo "ativismo judicial" em um artigo de janeiro de 1947, da revista *Fortune*, intitulado A Suprema Corte: 1947, *apud Kmiec, Keenan D.* The Origin and Current Meanings of 'Judicial Activism'. *California Law Review,* v. 92, 5. ed. Berkeley, 2004, p. 1.441-1.449.
O artigo de Schlesinger traça o perfil de todos os nove juízes da Suprema Corte dos EUA à época e explicou as alianças e divisões entre eles. O artigo caracterizou os *Justices* Black, Douglas, Murphy, e Rutledge como os "ativistas

A expressão "ativismo judicial" também serviu para denominar a atuação da Suprema Corte norte-americana no período Warren, que se estendeu de 1953 até 1969. Neste, a Corte modificou a prática política dos Estados Unidos em prol dos direitos individuais, apenas com uma adequada interpretação do caso levado à apreciação judicial.

Stefanie Lindquist e Frank Cross foram além dos debates subjetivos sobre ativismo judicial na Suprema Corte dos Estados Unidos, conceituando ativismo em termos não ideológicos, identificando dimensões empíricas específicas para o conceito e medindo essas dimensões usando técnicas sistemáticas[6]. Encaram, pois, o "ativismo judicial" como um termo repleto de múltiplos significados e conotações politizadas, sendo que, para os autores, uma decisão é considerada "ativista" de acordo com os olhos de quem a enxerga. *Ativismo judicial*, em síntese, significaria para os conservadores **a não observância pelos juízes e tribunais dos seus limites de atuação**, seja por meio de um ativismo contramajoritário, seja mediante uma criatividade jurisdicional exacerbada[7]. Desta forma, ou se utiliza o termo para criticar uma postura adotada por determinado juiz ou tribunal, ou para elogiar a atuação. De todo modo, a multiplicidade de marcos teóricos ou de visões de mundo jurídico incidentes sobre a análise de determinado autor impede que seja demarcado precisamente o que satisfará todos os teóricos[8].

judiciais", os *Justices* Frankfurter, Jackson e Burton como os "campeões de autocontrole" e o *Justice* Reed e o *Chief Justice* Vinson compreendiam um grupo do meio.

6 CROSS, Frank B.; LINDQUIST, Stefanie A. *Scientific study of judicial activism*, publicado pela Social Science Research Network (SSRN), 2006.

7 MARSHALL, William P. Conservatives and the seven sins of judicial activism. University of Colorado *Law Review*, Boulder, v. 73, 2002, p. 104.

8 WOLFE, Christopher. *Judicial activism:* bulwark of freedom or precarious security? Maryland: Rowman & Littlefield, 1997, p. 37.

4. Sentido da Expressão no Brasil

Entre nós, a teoria jurídico-constitucional costuma definir ativismo judicial como uma incursão insidiosa sobre o núcleo de atuação dos demais Poderes[9] .

Elival da Silva Ramos[10] conceitua o ativismo judicial, resumidamente, como:

> [...] o exercício da função jurisdicional para além dos limites impostos pelo próprio ordenamento que incumbe, institucionalmente, ao Poder Judiciário fazer atuar, resolvendo litígios de feições subjetivas (conflitos de interesse) e controvérsias jurídicas de natureza objetiva (conflitos normativos).
> Seria a ultrapassagem das linhas demarcatórias da função jurisdicional, em detrimento principalmente da função legislativa, mas também, da função administrativa, e, até mesmo, da função de governo[11].

Luís Roberto Barroso[12] obtempera que:

> A ideia de ativismo judicial está associada a uma participação mais ampla e intensa do Judiciário na concretização dos valores e fins constitucionais, com maior interferência no espaço de atuação dos outros dois Poderes.

Ives Gandra da Silva Martins[13], também de maneira sintética, afirma que o ativismo judicial constitui a atuação do Judiciário como le-

---

9 RAMOS, Elival da Silva. *Ativismo judicial*: parâmetros dogmáticos. São Paulo: Saraiva, 2010.

10 RAMOS, Elival da Silva. *Ativismo judicial*: parâmetros dogmáticos, cit., p. 129.

11 RAMOS, Elival da Silva. *Ativismo judicial*: parâmetros dogmáticos, cit., p. 116.

12 BARROSO, Luís Roberto. Judicialização, ativismo judicial e legitimidade democrática. Atualidades jurídicas (*Revista eletrônica do Conselho Federal da OAB*, n. 57), São Paulo, out./dez. 2006, p. 6.

13 MARTINS, Ives Gandra da Silva. O ativismo judicial e a ordem constitucional. *Revista Brasileira de Direito Constitucional* n. 18. São Paulo, jul./dez.2011, pp. 23-38. Sobre tal concepção: *Para estes, o ativismo judicial equivale à invasão do juiz em um mesmo espaço de legitimidade que não lhe corresponde, e, por isso mesmo, põe em perigo o delicado sistema de equilíbrios institucionais, sem o qual se frustraria irremediavelmente o ideal do Estado de delicado sistema de*

gislador positivo e, por vezes, até mesmo como constituinte derivado.

Dimitri Dimoulis e Soraya Gasparetto Lunardi[14] concluem que não há um conceito unívoco, porque pode abranger:

> [...] a intensa atividade do Judiciário, sua intervenção em casos duvidosos ou claramente políticos, a amplitude e forte intensidade dos efeitos das decisões judiciais, assim como o protagonismo do juiz no processo.

Clèmerson Merlin Clève[15], com prudência e não sem antes advertir ser preciso *atuar fortemente no sentido de ilustrar o modo como pode atuar o Poder Judiciário e, ao mesmo tempo os limites de sua atuação nesse campo*, associa o ativismo a uma postura proativa dos juízes na aplicação das normas constitucionais ao observar que:

> [...] um Judiciário ativo é condição para a efetivação progressiva dos direitos constitucionais. Neste ponto cumpre, em determinadas circunstâncias, e para determinadas situações, defender um certo ativismo judicial (consequente e responsável) fortemente articulado do ponto de vista da consistência discursiva (motivação) e da riqueza argumentativa (convencimento).

É preciso ressaltar, todavia, que a atuação do Poder Judiciário assume uma forma diferente na vigência de ordenamentos jurídicos distintos. Assim, além de analisar se o Poder Judiciário é ou não ativista, deve-se perquirir a qual ativismo estamos a nos referir. Para isso, impossível seria a consecução do esforço sem analisarmos a atuação concreta de determinado Poder Judiciário.

---

equilíbrios institucionais, sem o qual se frustraria irremediavelmente o ideal do estado de Direito (MONTEIRO, Cláudia Servilha. *A racionalidade da decisão judicial política. Revista Brasileira de Estudos Políticos* n. 96, Belo Horizonte, jul./dez. 2007, p. 206).

14 DIMOULIS, Dimitri; e LUNARDI, Soraya Gasparetto. Ativismo e autocontenção judicial no controle de constitucionalidade. In: FELLET, André Luiz Fernandes; PAULA, Daniel Giotti de; e NOVELINO, Marcelo (Org.). *As novas faces do ativismo judicial*. Salvador: JusPodivm, 2011, p. 470.

15 CLÈVE, Clèmerson Merlin. O desafio da efetividade dos direitos fundamentais sociais. *Revista da Academia Brasileira de Direito Constitucional*, v. 3, 2003, p. 294 e 296-297.

5. Judicialização e Ativismo Judicial no Brasil

Sem nos aprofundarmos neste ponto específico, para não nos distanciarmos do núcleo do presente trabalho, convém, apenas e rapidamente, distinguir *judicialização* de *ativismo judicial*[16].

A noção de ativismo, porém, está basicamente identificada com o comportamento dos agentes políticos do sistema de justiça que acabam produzindo externalidades sobre o mundo e entrando em pautas antes só comuns ao Executivo e ao Legislativo.

A *judicialização* é um fenômeno maior, porque transcende o sistema de justiça e lhe é exterior. Em certa medida, pode ser vislumbrada com uma conquista social relacionada ao aumento de mecanismos voltados para maior efetivação de direitos. É uma realidade, sem qualquer formulação de um juízo de valor em torno dela. Gera, porém, grandes preocupações. A uma, porque envolve a transferência de poder para juízes e tribunais, visto que questões de larga repercussão política ou social estão sendo decididas por órgãos do Poder Judiciário e não pelas instâncias políticas tradicionais: o Congresso Nacional e o Poder Executivo. A outra, porque inunda o Poder Judiciário com um volume surreal de demandas, algo em torno de 27/28 milhões de novas ações por ano, elevando o estoque de processos em curso no país a números superiores a 100 milhões (vale dizer, um processo a cada dois brasileiros). A elevada taxa de congestionamento da Justiça brasileira, acima dos 70%, impede a prestação de uma jurisdição célere e de qualidade superior.

Ativismo judicial, a seu turno, pode ser definido como postura proativa do magistrado que se pauta em método próprio e deliberado de interpretação e aplicação dos atos normativos ao caso concreto, com intuito de alcançar a justiça naquela situação pontual.

Salienta Luís Roberto Barroso que o ativismo judicial *expressa uma postura do intérprete, um modo proativo e expansivo de interpretar a Constituição, potencializando o sentido e alcance de suas nor-*

16 Para detalhamento do tema, confira-se: BARROSO, Luís Roberto. Judicialização, ativismo judicial e legitimidade democrática. Atualidades jurídicas (*Revista Eletrônica do Conselho Federal da OAB* n. 57), São Paulo, out./dez. 2006.

mas, para ir além do legislador ordinário. Configuraria, deste modo, uma atuação puramente ideológica do órgão (singular ou coletivo) prolator da decisão, interferindo de maneira regular e significativa nas opções políticas dos demais Poderes.

De modo ainda mais resumido, ativismo judicial poderia ser definido como a *interferência do Judiciário em assuntos de competência do Legislativo ou do Executivo*[17], ou *a invasão da política pelo Direito*[18], de tal sorte que o agente político do sistema de justiça, ampliando os próprios poderes, agiria como ator político e intérprete moral da sociedade, interferindo em e/ou invalidando decisões de outros Poderes.

A nosso sentir, esta postura é preocupante.

Isso porque, no Estado de Direito, todos temos alternativas de ação que são previamente conferidas, e, no processo decisional, o espaço de discricionariedade é reduzido ao que a legislação oferece como possibilidade.

Advirta-se, enfaticamente, que em nenhuma hipótese se estaria a defender que direitos individuais e/ou coletivos ***efetivamente*** violados deveriam ficar à mercê da própria sorte. É óbvio que não. Apenas se afirma e realça, aqui, o viés político-jurídico que práticas ativistas expõem.

De fato e não raro, sob a argumentação de [suposta] proteção aos direitos fundamentais, muitas vezes se escondem objetivos pragmáti-

---

17 Nesse sentido: POZZOBON, Roberson Henrique. O Supremo Tribunal Federal e a judicialização da política no Brasil. *Revista da Faculdade de Direito UniRitter*, n. 10, Porto Alegre, 2009, p. 105. Com o mesmo entendimento: BRUM, Guilherme Valle. *Juízes gestores do crédito tributário? O ativismo judicial ditando os rumos das execuções fiscais. Revista da Procuradoria-Geral do Estado*, n. 67, Porto Alegre, 2010, p. 26. Igualmente: SILVA, Leandro José da. As audiências públicas no Supremo Tribunal Federal: uma ponte entre o constitucionalismo e a democracia. *Revista do Tribunal de Contas do Estado de Minas Gerais,* v. 79, n. 2, Belo Horizonte, abr./jun.2011, p. 33. Ainda: NUNES, Luiz Roberto. Ativismo judicial. *Revista do Tribunal Regional do Trabalho da 15ª Região*, n. 38, Campinas, 2011, pp. 64-65.

18 BODNAR, Zenildo; e STAFFEN, Mário Ricardo. Juizados especiais e ativismo judicial à luz de Luis Alberto Warat. *Revista Sequencia*, v. 33, n. 64, Florianópolis, jul. 2012, p. 111.

cos e ideológicos de controle sobre os demais Poderes republicanos – o que afronta diretamente a Constituição. Preocupação com saúde, educação, segurança são deveres do Estado, cujas políticas nacionais estão a cargo do Estado-Administrador (Poder Executivo). Não cabe ao Estado-Juiz (Poder Judiciário) a elaboração de políticas públicas nessas áreas, menos ainda atuar como ordenador de despesas. Assim agindo, assenhora-se de atribuições que, constitucionalmente, não lhe competem. Neste ponto específico é que concentro minhas críticas. Qualquer leitura fora disso afasta o ora redigido do seu real contexto.

Ademais disso, é sempre oportuno recordar e alertar que o ativismo judicial, em que pese ter também como objetivo a concretização de direitos fundamentais, pode trazer sérios danos à coletividade, quando se dá sem ponderações e proporcionalidade, especialmente para os consumidores não visíveis na capa dos autos do processo sob apreciação e julgamento. E isso ocorre quando:

(i) desconhecem os julgadores (ou não atentam para) a necessidade de se proceder a uma análise econômica do direito em berlinda;

(ii) quando deixam de se preocupar com os efeitos externos de suas decisões [para além dos efeitos no caso concreto], ou;

(iii) quando esquecem que suas decisões influem nas ações futuras dos agentes econômicos, ao se adotar uma ou outra forma de interpretar a lei[19].

Amanda Flávio de Oliveira pondera que o julgador deve se preocupar

---

19 *Os efeitos externos de uma decisão econômica são aqueles efeitos, danosos ou benéficos, que se manifesta em pessoas que não participaram da própria decisão.* GUIDO ALPA. A análise econômica do Direito na perspectiva do jurista. Trad. João Bosco Leopoldino da Fonseca. Belo Horizonte: Movimento Editorial da Faculdade de Direito da Universidade Federal de Minas Gerais, 1997, p. 28-29, *apud* OLIVEIRA, Amanda Flávio de. O juiz e o novo contrato – considerações sobre o contrato à luz do código de defesa do consumidor e do código civil de 2002. In: *Código de defesa do consumidor e o código civil de 2002*: convergências e assimetrias. Pfeiffer, R.C.A. e Pasqualotto, A. (Coords.). São Paulo: Editora Revista dos Tribunais, 2005 (Biblioteca de Direito do Consumidor, v. 25), p. 340-341.

> Em fazer com que sua decisão possa, a partir dessa capacidade de influenciar condutas, permitir o acesso ao consumo, alcançando o maior número de pessoas à condição de consumidoras e controlando a concentração de riquezas, auxiliando no difícil processo de distribuição equânime delas[20].

E, citando Richard Posner, sentencia a prefalada autora:

> Os julgadores passam, assim, a atentar para as consequências econômicas de suas decisões, percebendo o contexto global dos conflitos, não devendo se ater apenas ao que postulam as partes em litígio, mas verificando qual das soluções conduz à maximização da riqueza social[21].

6. Ativismo Judicial e Função Jurisdicional

Consideradas as múltiplas definições de ativismo judicial, Keenan Kmiec, em conceituado trabalho sobre o tema – *The origin and current meanings of judicial activism* – nelas identifica cinco sentidos ou dimensões do conceito:

(1) invalidação judicial de atos legislativos cuja constitucionalidade é sustentável, vale dizer, o julgador deixa de aplicar as regras legais com fundamento em princípios constitucionais ou em noções de equidade e justiça (em contraposição à autolimitação judicial – "*judicial self restraint*");

(2) desrespeito aos precedentes judiciais (horizontais e verticais);

(3) criação da "legislação judicial" ("*legislation from the bench*"), ou a atuação do julgador como legislador positivo;

(4) desvio da metodologia interpretativa;

(5) julgamentos direcionados pelos resultados ("*result-oriented judging*"), ou seja, a busca por objetivos "não oficiais", não vislumbrados ou pretendidos pelo legislador e pelas políticas públicas[22].

---

20 OLIVEIRA, Amanda Flávio de. *O juiz e o novo contrato* – considerações sobre o contrato à luz do código de defesa do consumidor e do código civil de 2002. cit., p. 340.

21 POSNER, Richard A. *Economic Analysis of Law.* 4. ed. Boston/Toronto: Little Brown and Company, 1992, *apud* Amanda Flávio de Oliveira, cit., p. 340.

22 No mesmo sentido: CARDOSO, Oscar Valente. Ativismo judicial: conceitos

Até que ponto tais elementos se harmonizam com a **função jurisdicional**?

Edgar Morin[23] observa que qualquer sociedade humana é ao mesmo tempo complementar (cooperativa) e antagônica (inclui rivalidades).

O progresso produz ordem, mas também produz desordem. Não é possível aumentar a ordem sem aumentar também a possibilidade de desordem e vice-versa, uma vez que uma polaridade contém a outra em estado latente.

As demandas judiciais situam o magistrado em meio aos fatores que causam desequilíbrio nessas relações sociais – nisso incluso o próprio pronunciamento judicial. É bem verdade que a sociedade civil organizada cobra do Poder Judiciário atuações que modifiquem, cada vez mais, a realidade dos fatos e não que apenas se fundamentem em legislações ilegítimas, já que as práticas legislativas deixaram de representar a vontade da maioria dos cidadãos. Compreensível.

É função constitucional da Magistratura ser sensível às celeumas sociais e, **dentro da esfera de poder constitucionalmente embasado e socialmente legitimado**, interpretar o Direito vigente e interferir em decisões legislativas e administrativas sempre que necessário para corrigir omissões e distorções. E, friso, **PARA CORRIGIR OMISSÕES E DISTORÇÕES**.

Logo, com o máximo respeito às doutas posições acadêmicas em sentido oposto – e aqui o cerne da crítica contida neste trabalho –, penso **NÃO SER** função constitucional do Poder Judiciário criar direitos não expressamente previstos em lei ou na Constituição, a partir de uma interpretação ampliativa de normas escritas, ou com fundamento em princípios [*rectius:* valores] jurídicos genéricos (liberdade, igualdade, dignidade da pessoa humana etc.).

A Constituição da República, evidentemente, deve ser considera-

e preconceitos. *Revista Dialética de Direito Processual (RDDP)*, n. 129, dez. 2013, p. 81.

23 MORIN, Edgar. *La méthode 5. L'humanité de l'humanité. L'identité humaine.* Paris: Seuil, 2001.

da em seu todo, a começar pelo princípio da separação dos Poderes. Deve ser interpretada e aplicada **de modo sistemático e harmônico**, e não a partir de um ou de outro princípio, isoladamente considerado.

Temos que conhecer, que entender e, sobretudo, que aplicar as premissas teóricas sobre o Estado Democrático de Direito, a separação dos poderes, o Poder Judiciário, democracia etc.

Não pode um julgador, ao argumento de supostamente dar concretude a um valor fundamental (como o da dignidade da pessoa humana, por exemplo), negar respeito a outro (como o da segurança jurídica, por exemplo). Observar a Constituição é **DEVER FUNCIONAL** da Magistratura e não pode se sujeitar a "ideologias". Não cabe ao Poder Judiciário agir como Poder Legislativo, ou como Poder Executivo, senão nas excepcionais situações previstas na própria Constituição.

Quando um julgador extrapola o âmbito do "sentido evidente da Constituição" (*plain meaning of the Constitution*), sua atuação não mais se legitima[24]. Extrapolar os limites da função constitucionalmente reservada ao Poder Judiciário não deixa de ser uma arbitrariedade, pouco importando a motivação do julgador.

Bem observa Oscar Valente Cardoso que as discussões sobre ativismo judicial geralmente se voltam para o direito material supostamente resolvido na decisão judicial e são normalmente influenciadas por ele, o que desvia a análise do meio para o fim e leva a uma apreciação reducionista baseada na dicotomia bom/mau[25]. De há muito repudiado pelo Direito o aforismo maquiavélico de que os fins justificam os meios. Não há princípio ou dispositivo no texto constitucional que conceda ao Poder Judiciário a auto-outorga de poderes legislativos[26].

---

24 ROOSEVELT III, Kermit. *The myth of judicial activism. Making sense of supreme court decisions.* New Haven: Yale University Press, 2006, p. 15 e ss.

25 CARDOSO, Oscar Valente. cit., p. 77

26 No mesmo sentido, MARTINS, Yves Gandra da Silva. Ativismo judicial: a nova postura da Suprema Corte. In: *Contribuições para o pensamento brasileiro – sociedade*. CNC – Confederação Nacional do Comércio. Ed. dez. 2014, p. 31.

Nessa linha, cabe reavivar que o juiz:

(i) só deve agir em nome da Constituição e das leis, e não por vontade política própria;

(ii) deve ser deferente para com as decisões razoáveis tomadas pelo legislador, respeitando a presunção de validade das leis;

(iii) não deve perder de vista que, embora não eleito, o poder que exerce é representativo, razão pela qual sua atuação deve estar em sintonia com o sentimento social, *na medida do possível*.

É possível a realização de direitos a partir de princípios (não de valores), reconhecendo-se a eficácia normativa dos princípios, como nos ensinam as teorias pós-positivistas, mas, ainda assim, existem limites, isto é, alternativas de ação previamente dadas aos agentes do sistema de justiça, como ponderam Alexy e Atienza. Trata-se do devido respeito ao Estado de Direito. Destarte, a atuação dos agentes do sistema de justiça deve respeitar certas balizas e um dos elementos claros desse balizamento é o texto legal. É a partir do texto da lei que a cidadania, de modo geral, cria as suas perspectivas normativas.

Yves Gandra da Silva Martins recorda decisão proferida pelo Ministro José Néri da Silveira – notável defensor das prerrogativas da Suprema Corte de ser "guardiã" da lei, e não sua produtora. Tratava-se de disputa de área entre os Estados do Acre e de Rondônia. O ministro relator, ao proferir decisão outorgando área de conflito à Rondônia, deixou claro que **embora a justiça lhe parecesse estar na solução inversa – o território em litígio sempre estivera sob os cuidados do Acre –, como legislador negativo não poderia buscar o que a ele parecia justo, nem substituir-se ao Congresso Nacional, na produção normativa** – grifos meus.[27]

O Superior Tribunal de Justiça, através de julgado de sua Corte Especial, também firmou precedente que considera ilegítima a decisão judicial que interfere nas escolhas do Executivo, qualificando-a como forma de ativismo judicial:

---

27 MARTINS, Yves Gandra da Silva Ativismo judicial: a nova postura da suprema corte. In: *Contribuições para o pensamento brasileiro – sociedade*. CNC – Confederação Nacional do Comércio, cit., p. 31.

> Pedido de Suspensão de Medida Liminar. Interferência do Judiciário na Atividade Administrativa. Flagrante Ilegitimidade e Lesão à Ordem Pública. Ao Judiciário cabe o controle da legalidade dos atos da Administração. **O ativismo judicial pode legitimar-se para integrar a legislação onde não exista norma escrita, recorrendo-se, então, à analogia, aos costumes e aos princípios gerais de direito (CPC, art. 126). Mas a atividade administrativa, propriamente tal, não pode ser pautada pelo Judiciário.** Na espécie, em última análise, o MM. Juiz Federal fez mais do que a Administração poderia fazer, porque impôs o que esta só pode autorizar, isto é, que alguém assuma a responsabilidade pela prestação de serviço público. Agravo regimental não provido (AgRg na SLS 1.427/CE, Corte Especial, Rel. Min. Ari Pargendler, j. em 05.12.2011, DJe de 29.02.2012 – grifos meus).

7. Estado Democrático de Direito e Segurança Jurídica

> Caminham juntos justiça e segurança jurídica. Se formos à Constituição Federal, vamos constatar a referência à segurança jurídica – referência simplesmente pedagógica, porque ínsita a um Estado que se diga democrático de direito – em dois artigos – 5º e 6º –, a versarem, também à liberdade, à igualdade, à propriedade, à educação, à saúde, à alimentação, ao trabalho, à moradia, ao lazer, à previdência social e à proteção à maternidade e à infância, bem como à assistência dos desemparados, tudo a ocorrer, pelo menos é a proclamação que percebemos, nos moldes da Carta da República. (Marco Aurélio Mello, Segurança jurídica. *Revista Jurídica Consulex*, ano XV, n. 355, jan. 2011).

Thiago Rodovalho, em excelente artigo sobre o Princípio do Estado Democrático de Direito e a Segurança Jurídica[28], assim se pronuncia:

> Em sendo a República brasileira um *Estado Constitucional*, justamente por conjugar os Estados *de Direito, Democrático e Social,* ela traz em si, ínsita, o *Princípio do Estado de Direito* (*Rechtsstaatsprinzip*), que é um princípio constitutivo que tem natureza material, procedimental e formal (*material-verfahrenmassiges Formprinzip*)[29], que não se esgota

28 RODOVALHO, THIAGO. *Das Rechtsstaatsprinzip* (o princípio do estado democrático de direito) e a segurança jurídica. *Revista Forense*, v. 415, ano 108, jan.-jun. 2012, p. 291-315.

29 CANOTILHO, José Joaquim Gomes. *Direito constitucional e teoria da Constituição.* 7. ed. Coimbra: Almedina, 2003. Parte III, Tít. 2, Cap. 1, A, n. 1, p. 243.

definido na Constituição, funcionando, assim, com verdadeira *cláusula geral* (*Generalklausel*)[30].

O *Princípio do Estado de Direito* (Democrático) tem como componente essencial, como consignam Canotilho e Vital Moreira, a *garantia dos direitos fundamentais* (direitos, liberdades e garantias fundamentais, entre eles, a *segurança jurídica*) [dimensão garantista ou defensiva][31], o que implica ao Estado (no caso, o Estado brasileiro) não apenas uma atitude *abstencionista* (passividade, de não ingerência), mas sim, e especialmente, impondo-lhe um verdadeiro ***dever*** de garantir e de os fazer observar por todos (postura *ativa*, atitude *positiva*)[32].

Esse *Princípio do Estado de Direito* tem *subprincípios concretizadores*, entre os quais, interessa-nos de perto para esse estudo, o *princípio da segurança jurídica*[33]-[34].

Nesse contexto, o *princípio da segurança jurídica* não só é *elemento essencial do Princípio do Estado de Direito*, como, em verdade, consubstancia-se em elemento constitutivo do próprio *Estado de Direito*, sem o

30 HÄBERLE, Peter. *El estado constitucional.* Buenos Aires: Astrea, 2007. § 69, p. 360.

31 NOVAIS, Jorge Reis. *Os princípios constitucionais estruturantes da república portuguesa.* Coimbra: Coimbra Editora, 2011 (reimpr.). II, n.1, p. 49.

32 CANOTILHO, José Joaquim Gomes; MOREIRA, Vital. *Constituição da república portuguesa anotada (Arts. 1º a 107º).* 4. ed. port. e 1. ed. bras., Coimbra/São Paulo: Coimbra Editora/RT, 2007. v. 1, coment. IV, CF 9º, p. 277; e NOVAIS, Jorge Reis. *Os princípios constitucionais estruturantes da república portuguesa.* Coimbra: Coimbra Editora, 2011 (reimpr.), II, n. 1, p. 50.

33 CANOTILHO, José Joaquim Gomes. *Direito constitucional e teoria da Constituição.* 7. ed. Coimbra: Almedina, 2003. Parte III, Tít. 2, Cap. 1, C, n. 1, p. 256-257. V., também, MENDES, Gilmar Ferreira; COELHO, Inocêncio Mártires; BRANCO, Paulo Gustavo Gonet. *Curso de direito constitucional.* 4. ed. São Paulo: Saraiva, 2009. Cap. IV, n. 9, p. 533: *O tema da segurança jurídica tem assento constitucional (princípio do estado de Direito).*

34 Sobre *segurança jurídica,* v., amplamente, a obra essencial de Theophilo Cavalcanti Filho, que lhe valeu a *livre-docência,* CAVALCANTI FILHO, Theophilo. *O problema da segurança no direito***.** São Paulo: RT, 1964, *passim;* e o discurso proferido por Laudelino Lavilla Alsina, em sua admissão como acadêmico na prestigiosa Real Academia de Jurisprudência y Legislacion. *Seguridad juridica y funcion del derecho (discurso leido el dia 8 de febrero de1999 en su recepción publica como acedemico de numero, por el Excmo. Sr. D. Laudelino Lavilla Alsina y contestacion del Excmo. Sr. D. Eduardo Garcia de Enterria y Martinez-Carande).* Madrid: Real Academia de Jurisprudencia y Legislacion, 1999, *passim.*

qual, dele, Estado de Direito, não se pode falar[35]. A esse respeito, como pontua Jorge Reis Novais, a segurança jurídica é "*princípio essencial na Constituição material do Estado de Direito, imprescindível como é, aos particulares, para a necessária estabilidade, autonomia e segurança na organização dos seus próprios planos de vida*", razão pela qual, desde os primórdios das revoluções liberais, a luta pela Constituição e pelo estado de Direito era também uma *luta pela segurança jurídica*[36].

E, nesse sentido, a nossa CF, em diversas importantes passagens, refere-se justamente à *segurança jurídica*, desvelando seu valor para o Estado brasileiro, com preceito fundante de nossa República"[37] – grifos do original.

---

35 CANOTILHO, José Joaquim Gomes. *Direito constitucional e teoria da Constituição*. 7. ed.. Coimbra: Almedina, 2003. Parte III, Tít. 2, Cap. 1, C, II, n. 1 e 3, p. 257 e 264; NERY JUNIOR, Nelson; ANDRADE NERY, Rosa Maria de. *Constituição Federal comentada e legislação constitucional*. **2**. ed. São Paulo: RT, 2009. coment. 11, CF 1º, p. 146; v. também, ALVIM WAMBIER, Teresa Arruda. *Recurso especial, recurso extraordinário e ação rescisória*. 2. ed. São Paulo: RT, 2008. n. 1.5, p. 30-31.

36 NOVAIS, Jorge Reis. *Os princípios constitucionais estruturantes da república portuguesa*. Coimbra: Coimbra Editora, 2011 (reimpr.), II, n.1.4, p. 261; V., também, OÑATE, Flavio López de. *La certeza del derecho*. Buenos Aires: EJEA, 1953, III, p. 73-76; e NOGUEIRA, Ataliba. *O estado é meio e não fim*. 3. ed. São Paulo: Saraiva, 1955, p. 109, 122 e 148.

37 Cfr. CF, *Preâmbulo:*

Nós, representantes do povo brasileiro, reunidos em Assembleia Nacional Constituinte para *instituir um Estado Democrático, destinado a assegurar o exercício dos direitos sociais e individuais, a liberdade, a segurança, o bem-estar, o desenvolvimento, a igualdade e a justiça como valores supremos de uma sociedade fraterna, pluralista e sem preconceitos, fundada na harmonia social e comprometida, na ordem interna e internacional, com a solução pacífica das controvérsias,* promulgamos, sob a proteção de Deus, a seguinte CONSTITUIÇÃO DA REPÚBLICA FEDERATIVA DO BRASIL. [destacamos]

CF, art. 5º:

Todos são iguais perante a lei, sem distinção de qualquer natureza, garantindo-se aos brasileiros e aos estrangeiros residentes no País a inviolabilidade do direito à vida, à liberdade, à igualdade, à segurança *e à propriedade, nos termos seguintes:* [destacamos]

CF, art. 5º, XXXVI:

A lei não prejudicará o direito adquirido, o ato jurídico perfeito e a coisa julgada.

Além da própria CF, art. 1º, que, inserida no título I, trata justamente dos *princípios fundamentais,* consagra o Princípio do Estado Democrático de Direito, do qual o *princípio da segurança jurídica é um dos subprincípios concretizadores:*

O trabalho acima referido descortina a importância da segurança jurídica para todo o arcabouço jurídico brasileiro, a partir da própria Constituição, fato para o qual deve atentar o Poder Judiciário.

Para Jürgen Habermas, *a tensão entre facticidade e validade, imanente ao direito, manifesta-se na jurisdição como tensão entre o princípio da segurança jurídica e a pretensão de tomar decisões corretas*[38]. À medida que a sociedade se torna mais complexa, maior a necessidade de estabilização das expectativas.

Assim, para Niklas Luhmann, segurança jurídica seria mais do que apenas um dos princípios do Estado de Direito, mas a própria função estabilizadora do Direito[39].

É possível afirmar, com alto grau de precisão, não haver paz ou estabilidade social sem segurança jurídica, que é um dos seus fundamentos, e que existe para que a justiça, finalidade maior do Direito, se concretize. Entretanto, conciliar segurança jurídica e correção das decisões tem sido um dos maiores desafios do pensamento jurídico contemporâneo – notadamente no que respeita à interpretação jurídica[40]. Em larga escala, magistrados estão decidindo movidos por ideologias pessoais, "de acordo com suas consciências". Nada poderia ser mais temerário, a nosso sentir, com todas as vênias devidas, pois, leva o Poder Judiciário à emissão de indesejáveis e intermináveis pronunciamentos contraditórios – o que vem sendo denominado "jurisprudência lotérica", "justiça lotérica" ou "loteria judiciária". Com todo o respeito devido, está faltando Filosofia aos julgadores.

Miguel Reale, em seu aclamado e respeitado *Filosofia do Direito*, discorrendo acerca da obrigatoriedade ou vigência do Direito, afir-

---

A República Federativa do Brasil, formada pela união indissolúvel dos Estados e Municípios e do Distrito Federal, constitui-se em Estado Democrático de Direito *e tem como fundamentos* [destacamos]

38 HABERMAS, Jürgen. *Direito e democracia*: entre facticidade e validade. Rio de Janeiro: Tempo Brasileiro, v. 1, 2003, p. 245.

39 LUHMANN, Niklas. *Sociologia do direito.* Rio de Janeiro: Tempo Brasileiro, 1983. ,p. 109.

40 Sobre este ponto, imprescindível a leitura das obras de Lenio Streck: *Hermenêutica jurídica e(m) crise* (2009) e *Verdade e consenso* (2009).

ma que a ideia de justiça está intimamente ligada à ideia de ordem. Ensina-nos que no próprio conceito de justiça é inerente uma ordem, que não pode deixar de ser reconhecida como valor mais urgente, o que está na raiz da escala axiológica, mas é degrau indispensável a qualquer aperfeiçoamento ético, concluindo que em toda comunidade é mister que uma ordem jurídica declare, em última instância, o que é lícito ou ilícito[41].

A segurança jurídica é o que confere aos indivíduos a garantia cons-titucional necessária para o desenvolvimento de suas relações sociais, tendo, no Direito, a certeza das consequência dos atos praticados.

Desse entendimento não discrepa Luiz Guilherme Marinoni. Dissertando sobre o Estado de Direito e segurança jurídica, afirma que esta:

> Vista como estabilidade e continuidade da ordem jurídica e previsibilidade das consequências jurídicas de determinada conduta, é indispensável para a conformação de um Estado que pretenda ser "Estado de Direito"[42].

Diversa não é a posição de Mauro Nicolau Junior, ao sentenciar que:

> A segurança jurídica é o mínimo de previsibilidade necessária que o Estado de Direito deve oferecer a todo cidadão, a respeito de quais são as normas de convivência que ele deve observar e com base nas quais pode travar relações jurídica válidas e eficazes[43].

Canotilho, finalmente, nos ensina que a segurança jurídica, elemento essencial ao Estado de Direito, se desenvolve em torno dos conceitos de estabilidade e previsibilidade. Quanto ao primeiro, no que diz respeito às decisões dos Poderes Públicos, uma vez realizadas:

---

41 REALE, Miguel. *Filosofia do direito.* São Paulo: Saraiva, 1996.

42 MARINONI, Luiz Guilherme. Os precedentes na dimensão da segurança jurídica. In: *Processo coletivo e outros temas de direito processual*. Araken de Assis et al. (Org.). Porto Alegre: Livraria do Advogado Editora, 2012, p. 431.

43 NICOLAU JUNIOR, Mauro. *Segurança jurídica e certeza do direito*: realidade ou utopia num estado democrático de direito? Disponível em: <http://www.jurid.com.br>. Acesso em: 20 abr. 2006, p. 21.

> [...] não devem poder ser arbitrariamente modificadas, sendo apenas razoável a alteração das mesmas quando ocorram pressupostos materiais particularmente relevantes.

E arremata:

> A ideia de segurança jurídica reconduz-se a dois princípios materiais concretizadores do princípio geral de segurança: princípio da determinabilidade de leis expresso na exigência de leis claras e densas e o princípio da proteção da confiança, traduzido na exigência de leis essencialmente estáveis, ou, pelo menos, não lesivas da previsibilidade e calculabilidade dos cidadãos relativamente aos seus efeitos jurídicos[44].

8. Segurança Jurídica e Constituição: Natureza Jurídica

Segurança jurídica é, na feliz expressão de Hely Lopes Meirelles, *uma das vigas mestras da ordem jurídica*[45]. Daí, quanto mais se empenha a sociedade pela construção de um Estado Democrático de Direito pleno, mais sobressai a sua importância.

A Constituição refere-se à segurança como **valor fundamental**. Em seu Preâmbulo, consigna que:

> Nós, representantes do povo brasileiro, reunidos em Assembleia Nacional Constituinte para instituir um Estado Democrático, destinado a assegurar o exercício dos direitos sociais e individuais, a liberdade, a segurança, o bem-estar, o desenvolvimento, a igualdade e a justiça **como valores supremos de uma sociedade fraterna, pluralista e sem preconceitos**, fundada na harmonia social e comprometida, na ordem interna e internacional, com a solução pacífica das controvérsias, promulgamos, sob a proteção de Deus, a seguinte CONSTITUIÇÃO DA REPÚBLICA FEDERATIVA DO BRASIL (grifos meus).

44 CANOTILHO, José Joaquim Gomes. *Direito Constitucional*. 6. ed. Coimbra: Almedina, 1993, p. 371 e 372.

45 MEIRELLES, Hely Lopes. *Direito administrativo brasileiro*. 27. ed. São Paulo: Malheiros, 2002, p. 384.

Em seu art. 5º, iniciando o TÍTULO II (DOS DIREITOS e GARANTIAS FUNDAMENTAIS), CAPÍTULO I (DOS DIREITOS e DEVERES INDIVIDUAIS e COLETIVOS), dispõe que:

> Art. 5º Todos são iguais perante a lei, sem distinção de qualquer natureza, garantindo-se (...) a inviolabilidade do direito à vida, à liberdade, à igualdade, **à segurança** e à propriedade, nos termos seguintes: (grifos meus).

Já em seu art. 6º, estabelece que:

> Art. 6º São direitos sociais a educação, a saúde, a alimentação, o trabalho, a moradia, o transporte, o lazer, **a segurança**, a previdência social, a proteção à maternidade e à infância, a assistência aos desamparados, na forma desta Constituição (grifos meus).

Verifica-se que a Constituição reconhece pelo menos três tipos de segurança jurídica: a segurança como valor fundamental; a segurança como garantia e proteção dos direitos subjetivos; a segurança como direito social[46]. Desta forma, nenhuma dúvida tenho ao afirmar que a segurança jurídica é, essencialmente, um ***valor fundamental*** para a consolidação do Estado Democrático de Direito, do mesmo modo que assim o é o conceito de Justiça, ainda que, em diversos momentos, desempenhe importante função de "sobreprincípio"[47].

Marco Aurélio Mello, no discurso sobre *Segurança Jurídica* que inaugura o tópico anterior, formula a seguinte indagação:

46 SILVA, José Afonso da. *Constituição e segurança jurídica.* In: *Constituição e segurança jurídica: direito adquirido, ato jurídico perfeito e coisa julgada.* Cármen Lúcia Antunes Rocha (Coord.). São Paulo: Editora Fórum, p. 17: *As ideias de segurança, ordem e certeza formam os valores do direito positivo. Mas é o valor do justo que deve merecer a primazia, porque o direito, especialmente o direito constitucional, há de ser o meio de sua realização. A segurança, a ordem e a certeza há de ser sempre valores instrumentais da efetivação da justiça na sua feição social. Sem essa idéia de justiça e segurança, a ordem e a certeza podem derivar para o arbítrio. Onde a justiça reina, a convivência democrática estará salvaguardada.*

47 MEIRELLES, Hely Lopes. *Direito administrativo brasileiro*, cit., p. 384.

> *Qual é a natureza jurídica da segurança versada nos artigos 5º e 6º da Constituição Federal?*

E, em seguida, responde:

> Encerra ela princípio, e sabemos que os princípios têm tríplice missão: a de informar o legislador na elaboração das leis, a interpretativa, quanto à atividade dos operadores do Direito, e a normativa. A segurança jurídica – não canso de ressaltar – visa evitar que venhamos a viver a sobressaltos, a solavancos, e viabiliza a mais não poder, a paz social[48].

Marinoni sustenta que a segurança jurídica, na Constituição, assumiria as figuras de *princípio da ordem jurídica estatal e de direito fundamental*[49]. Traz à colação lição de *Ingo Sarlet*, que liga a segurança jurídica à noção de dignidade da pessoa humana, ao proclamar:

> Considerando que também a segurança jurídica coincide com uma das mais profundas aspirações do ser humano, viabilizando, mediante a garantia de uma certa estabilidade das relações jurídicas e da própria ordem jurídica como tal, tanto a elaboração de projetos de vida, bem com a sua realização, desde logo **é perceptível o quanto a ideia de segurança jurídica encontra-se umbilicalmente vinculada a própria noção de dignidade da pessoa humana**. [...] a dignidade não restará suficientemente respeitada e protegida em todo o lugar onde as pessoas estejam sendo atingidas por um tal nível de instabilidade jurídica que não estejam mais em condições de, com um mínimo de segurança e tranquilidade, confiar nas instituições sociais e estatais (incluindo o Direito) e numa certa estabilidade das suas próprias posições jurídicas[50].

---

48 MELLO, Marco Aurélio. Segurança jurídica. *Revista Jurídica Consulex*, ano XV, n. 355, jan./2011, p. 55/56.

49 MARINONI, Luiz Guilherme. *Os precedentes na dimensão da segurança jurídica.* In: Processo *coletivo e outros temas de direito processual*. Araken de Assis et al. (Org.), cit., p. 431.

50 SARLET, Ingo Wolfgang. A eficácia do direito fundamental à segurança jurídica: dignidade da pessoa humana, direitos fundamentais e proibição de retrocesso social no direito constitucional brasileiro. *Revista de Direito Constitucional*. v. 57, p. 11.

9. Protagonismo Judicial e Relações de Consumo

A entrada de tribunais na arena política é o que se convencionou chamar de politização do Judiciário. Este fenômeno deve ser examinado com especial cuidado e atenção. Isso porque múltiplos são os desafios enfrentados pelo julgador em seu cotidiano e, no que tem pertinência com o mercado de consumo, realçamos: 1) a busca do ideal de Justiça; 2) a proteção jurídica do vulnerável; 3) a concretização de direitos fundamentais.

A reação primeira de grande parte dos analistas foi de certo encantamento com a possibilidade de que as promessas realizadas pelas Constituições, e não cumpridas por parlamentos e executivos, pudessem vir a ser implementadas por magistrados.

Mais euforia ainda despertaram no mercado de consumo, onde agentes econômicos vulneráveis (consumidores), visando à satisfação de necessidades relacionadas a direitos fundamentais (como vida, saúde, moradia, educação, entre outros), se relacionam com agentes econômicos em posição de vantagem (fornecedores) que, a seu turno, desempenham suas atividades à luz dos princípios econômicos liberais contidos no art.170 da Constituição da República.

Não é recente, contudo, o desafio apresentado aos magistrados de preservar o equilíbrio e a interrelação existente entre indivíduo e coletividade. Porém, a partir do novo contexto constitucional e, mais especificamente, após a entrada em vigor do Código de Defesa do Consumidor, diante da adoção ampla do sistema de cláusulas abertas e de conceitos jurídicos indeterminados, que alteraram a tarefa tradicional de interpretação do Direito, tais desafios passaram a exigir ainda maior comprometimento do julgador com a sua atividade, com a sua função.

Lenio Streck observa que:

> O século XX foi generoso para com o Direito e a Filosofia. No Direito, o segundo pós-guerra proporcionou a incorporação dos direitos de terceira dimensão ao rol dos direitos individuais (primeira dimensão) e sociais (segunda dimensão). Às facetas ordenadora (Estado Liberal de Direito) e promovedora (Estado Social de Direito), o Estado Democrático de Direito agrega um *plus* (normativo): o Direito passa a ser transformador, uma vez que os textos constitucionais passam a conter as possibilidades

> de resgate das promessas da modernidade, situação que assume relevância ímpar em países de modernidade tardia como o Brasil, em que o *welfare state* não passou de um simulacro.
> Nesse novo paradigma, o Direito assume um elevado grau de autonomia frente à política, isto é, a (quase) plenipotenciaridade da política produziu um elevado deficit de direitos fundamentais. Essa circunstância engendrou a construção de um novo modelo de Direito e de Estado. [...] a Constituição passou a ser um modo de concretização de direito, o que representou, em outras palavras, "fazer democracia através do Direito". A Constituição passou o ser estatuto jurídico do político, com acentuado grau de dirigismo[51].

Percebe-se que dificuldades adicionais foram carreadas aos magistrados para realizar seu papel constitucional dentro do cenário democrático de direito: a responsabilidade de resgatar as promessas da modernidade, dando concretude aos valores e direitos fundamentais, bem se desincumbindo de seus mandatos constitucionais, mas tomando o cuidado de não invadirem de maneira imprópria o campo da política.

A **questão central** a ser enfrentada, pois, é a seguinte: até que ponto pode o magistrado se substituir às autoridades legislativas, diante das opções brasileiras pelo Estado Democrático de Direito e pelo reconhecimento da existência de sujeitos especiais de direito, dotados de vulnerabilidades específicas (consumidor, idoso, criança, adolescente, deficiente físico etc.), a demandar proteção jurídica diferenciada?

Harmonizar as liberdades e garantias individuais e econômicas com a proteção dos vulneráveis e a concretização dos direitos fundamentais à luz dos interesses sociais é procedimento amplo e bastante complexo, exigindo do julgador muito mais do que a simples visão positivista de subsunção do fato à norma jurídica. Exigem-se conhecimentos filosóficos acerca da aplicação da Constituição e de sua própria função constitucional. O texto legal seria, assim, apenas

51 STRECK, Lenio L. Hermenêutica, Constituição e autonomia do direito. *Revista de Estudos Constitucionais, Hermenêutica e Teoria do Direito (RECHTD)* 1(1):65-77, jan.-jun. 2009. Unisinos – doi: 10.4013/rechtd. 2009.11.08.

o ponto por onde se inicia a metódica complexa de concretização constitucional[52].

Ademais, convém explicitar que nem tudo se resume ao conhecimento do Direito. A complexidade das relações sociais e econômicas exige do magistrado contemporâneo conhecimentos enciclopédicos que, por evidente, não detém. De sorte que desconsiderar os efeitos políticos, sociais e econômicos de uma decisão judicial pode representar um sério risco para toda a sociedade, notadamente nas relações de consumo, diante da dimensão coletiva que assumem nesse mercado. E, mesmo a correta aplicação do Direito não é algo fácil.

As doutrinas pós-positivistas sustentam que as normas jurídicas podem se dar tanto sob a forma de regras jurídicas, quanto sob a forma de princípios. Trabalham a interpretação principiológica de textos legais. Acredita-se, com boa dose de razão, que essa leitura principiológica, carregada de normatividade e dotada de forte conteúdo axiológico, possa ser um avanço à abertura do sistema, tanto quanto o são os limites substanciais impostos pelos direitos fundamentais (individuais ou sociais). Por outro lado, provoca, com a mesma boa dose de razão, apreensão ou mesmo temores com o alagamento, em tese, da discricionariedade judicial, especialmente diante dos dilemas que suscita, visto que as Constituições contêm valores, abrindo-se para conteúdos morais.

Assim, com a superação do pensamento positivista, o pronunciamento judicial passa a contar com os princípios e com sua carga axiológica para a interpretação e para a aplicação do Direito. Essa abertura do sistema às questões principiológicas conduz à maior incidência de conceitos da filosofia moral e política, refletida na decisão judicial de casos difíceis, especialmente em decorrência da positivação dos direitos humanos.

Daí, ser imprescindível a redução dos espaços de subjetivismos, de incertezas e de insegurança dessas decisões, o que reacende a dis-

52 MÜLLER, Friedrich. *Métodos de trabalho do direito constitucional.* 2. ed. Trad. Peter Naumann. São Paulo: Max limonada, 2000, p. 51-54.

cussão sobre a existência ou não de limites à discricionariedade do Julgador[53].

O problema é que, aqui no Brasil, a discussão em torno da normatividade dos princípios e de seus conteúdos axiológicos não foi seguida de uma cultura de manejo adequado dos princípios. Não raro, vemos professores conceituados citando Dworkin e Alexy fora de seus contextos originais. Não temos standards para utilização dos princípios, a balizar o momento da densificação dos mesmos. Muitas vezes, "valores" (como *dignidade da pessoa humana, liberdade, igualdade*) são tratados como *princípios*. Mas, como são "valores" e não "princípios", não nos oferecem a ideia de ***previsão*** e ***consequência.*** Logo, os "valores" ficam muito abertos. A bem da verdade, não se procura conferir muita importância aos fundamentos filosóficos e ao rigor científico, visto que maior preocupação se tem com os resultados imediatos. Faltam-nos referências hermenêuticas seguras.

O Estado Democrático de Direito tem perfil promovedor e transformador, vale dizer, ainda que assegure o exercício dos direitos, das garantias e das liberdades individuais e econômicas, também pode intervir, quando necessário, notadamente para dar concretude a direitos fundamentais e para preservar o equilíbrio e a harmonia nas relações econômicas.

Veja-se que, no âmbito das relações de consumo, o consumidor vai ao mercado de consumo para satisfazer necessidades (reais

53 Edinilson Donizete Machado (cit., p. 36) refere que, na teoria do Direito de Ronald Dworkin, são identificadas três distinções para o termo "discricionariedade": *A primeira, é quanto à aplicação, por funcionários, de critérios estabelecidos por uma autoridade superior, ou na escolha, pelo juiz, entre critérios "que um homem razoável poderia interpretar de diferentes maneiras". A segunda acepção é relacionada à ausência de revisão da decisão tomada por uma autoridade superior. Essas duas primeiras distinções são, para Dworkin, discricionariedade em sentido fraco.* E prossegue (cit., p. 36-37): *A terceira distinção para discricionariedade é aquela em sentido forte, que implica na ausência de quaisquer padrões derivados da autoridade da lei (Dworkin, 2002, p. 55), ou seja, a ideia de que os padrões existentes não impõem qualquer dever legal sobre o juiz, para que decida de determinada forma. Tal constatação leva à conclusão de que os juízes mudam regras antigas e introduzem novas.*

ou criadas). Precisa adquirir produtos ou contratar serviços sobre os quais pouco, quase nada ou nada conhece. Há, sem dúvida alguma, importante déficit informacional a demandar a intervenção do Estado nas relações privadas, com o objetivo de proteger a incolumidade física, psíquica e econômica do agente econômico vulnerável (consumidor), tanto no que diz respeito aos danos decorrentes de defeitos de produtos ou de serviços, quanto no que respeita aos abusos praticados pelos agentes econômicos em posição de vantagem (fornecedores), prevenindo e/ou reprimindo tais eventos. Tal intervenção, todavia, não pode se dar de modo atabalhoado. Insisto que deve se dar nos limites do necessário e na forma da lei, para coibir abusos verificados no mercado de consumo, em decorrência da mencionada assimetria de informações.

A questão é relativamente simples enquanto não houver colisão de direitos fundamentais (*hard cases*). Mas, é precisamente no julgamento dos casos difíceis, diante do dever do julgador de buscar a resposta correta no Direito preestabelecido, que se observa um alto grau de incertezas e de decisões indevidas. O recurso aos princípios jurídicos, como técnica para solução de conflitos complexos, termina, com indesejada frequência, por servir de justificativa para que o julgador exerça o seu poder de forma a legislar, baseando o seu pronunciamento em suas concepções ideológicas.

Desconsidera o julgador, supostamente para o bem da sociedade, que o processo legislativo, em suas mais variadas etapas, ponderou uma série de dados e de estudos que a ele não estão disponíveis, no momento de prolatar sua decisão. Assim, um pronunciamento judicial que desconsidere a lei, a propósito de proteger uma das partes, é causa não apenas de insegurança na ordem jurídica como, ainda, é capaz de produzir reflexos tão nefastos que acabarão por prejudicar todo um determinado setor.

Clarissa Braga Mendes, analisando o problema da conciliação da correção das decisões com a segurança jurídica ensina que:

> Confrontando tal raciocínio [divergência de interpretações acerca de textos jurídicos] com a afirmação de Dworkin acerca dos cânones interpre-

> tativos, é possível concluir que, em uma sociedade moderna, os cânones hermenêuticos refletem valores plúrimos, tal qual a complexidade desta sociedade, e que, portanto, o conjunto de princípios deixa de apresentar um norte unidirecional para representar uma série de vetores conflitantes, já que cada um passará a proteger direitos de conteúdo incompatível. Tais princípios convivem em um ordenamento quando não são postos "em ação" pelo caso concreto; mas, quando são chamados a resolver um caso difícil, precisam de esforço hermenêutico para serem harmonizados, de um modo que nenhum exclua o oposto, sendo este o único modo de admitir a sua convivência no mesmo ordenamento jurídico.

Nas relações de consumo, diante da necessidade de se dar concretude a direitos fundamentais do consumidor, o desafio do julgador, repito, é muito maior.

Sem embargo, não pode, simplesmente, se deixar conduzir pelo espirito de humanidade benevolente que notabilizou o "bom juiz" Magnaud. É preciso agir com a responsabilidade que a função jurisdicional lhe impõe[54].

O pronunciamento judicial não pode ser um ATO DE ESCOLHA, UM ATO DE VONTADE ou um ATO TELEOLÓGICO ("decido, depois fundamento"). Deve ser um ATO DE CONHECIMENTO.

Nas palavras de Marcelo Novelino:[55], *a dignidade da pessoa humana, um dos fundamentos do Estado brasileiro, constitui-se no valor constitucional supremo em torno do qual gravitam os direitos fundamentais*. Dessa forma, torna-se evidente a importância desse princípio no estudo dos Direitos Fundamentais. Sem embargo da relevância nas ordens jurídicas democráticas, uma das principais características dos direitos fundamentais, enquanto princípios que são, é a sua **relatividade**, ou seja, não se revestem de caráter absoluto e, em caso de tensão entre eles, cabe o sopesamento de um sobre o outro para que se decida pelo mais adequado à solução do caso concreto, sem que isso implique na invalidação do outro.

---

54 Despiciendo dizer que as decisões judiciais devem sempre ser por princípios e não por política (no sentido de que fala Dworkin e desenvolve Streck, em *Verdade e consenso*. São Paulo: Saraiva, 2012).

55 NOVELINO, Marcelo. *Direito constitucional.* São Paulo: Método, 2008, p. 248.

No mesmo sentido, Luis Roberto Barroso[56] afirma que *não existe hierarquia em abstrato entre princípios, devendo a precedência relativa de um sobre o outro ser determinada à luz do caso concreto*. Destarte, possível concluir-se que os direitos fundamentais não são absolutos e, como consequência, seu exercício está sujeito a limites.

O Estado tem o DEVER de assegurar o exercício do DIREITO FUNDAMENTAL à segurança, cuja tutela se dá mediante prestações fáticas e normativas, a iniciar pelo imperativo respeito ao art. 2º da Constituição da República, que cuida da independência e da harmonia entre os Poderes Legislativo, Executivo e Judiciário. Para além disso, o magistrado tem o dever (a responsabilidade) de observar os reflexos de sua decisão na esfera econômica, porquanto esse julgamento pode influenciar uma série de fatores que facilitarão ou não novas contratações e a circulação da riqueza.

É certo que o magistrado não é neutro e, em seus julgamentos, tende a aproximar sua decisão de suas próprias convicções. A neutralidade do magistrado é, pois, uma ficção do Direito. Entretanto, exige-se que o mesmo seja imparcial e que decida sem conceitos ou juízos de valor preconcebidos, em benefício (ou em prejuízo) de quem quer que seja. Não se pode desconhecer que o ato decisório é, também, uma declaração política, que permite ao examinador identificar em qual lado do espectro ideológico aquele julgador se encontra. Entretanto, não importa se a visão do julgador tem conteúdo mais social do que econômico ou o contrário; num caso ou noutro há que se buscar conter o seu subjetivismo e é justamente para isso que serve a lei.

Ainda que não perfilhe a corrente do *Law and Economics*, compete ao magistrado analisar o reflexo econômico de suas decisões e o impacto que elas poderão ter. Não que ele necessariamente vá se deixar levar por considerações meramente econômicas – pois o foco do Direito é a justiça, como já advertia Ronald Dworkin[57] – mas é

56 BARROSO, Luís Roberto. *Curso de direito constitucional contemporâneo*: os conceitos fundamentais e a construção do novo modelo. São Paulo: Saraiva, 2009, p. 329.

57 DWORKIN, Ronald. *Uma questão de princípio*. São Paulo: Martins Fontes, 2005.

imperioso que ele tenha plena noção de que o seu julgamento poderá causar reflexos em determinado setor, e esses reflexos têm que ser pormenorizadamente analisados e o resultado conscientemente assumido. Isso porque, ainda que se tenha em mira a concretização de um direito fundamental do indivíduo, não se pode desconhecer e nem se desconsiderar os direitos fundamentais de todos os demais indivíduos que serão alcançados – e quiçá comprometidos – pelos efeitos de uma decisão ideológica, voluntarista.

A imprevisibilidade das decisões judiciais, ao atingir níveis críticos, pode desequilibrar toda a economia de um país. Reduzir o grau de imprevisibilidade das decisões judiciais é, pois, contribuir para a maior estabilidade do marco institucional.

Essa responsabilidade é exclusiva do Poder Judiciário, que deve buscar, incessantemente, autoconter-se. Sem embargo, poucos ainda percebem a relevância e a dimensão da questão, pois, bem verdade, acostumamo-nos a examinar os litígios em sua individualidade, sem nos preocuparmos com os efeitos macroinstitucionais que os cercam. Permito-me, aqui, citar um caso ocorrido em sala de aula:

Falava eu sobre a concretização do direito fundamental à vida em um mercado delicado e complexo como o da saúde suplementar, quando uma aluna se levantou, consternada, e disse: "O Poder Judiciário matou o meu pai". Reclamava a aluna de uma liminar, deferida por um colega magistrado, no plantão judiciário, que deferiu o pedido de internação formulado por um senhor de idade, bastante doente. Ponderei que, na verdade, ela estaria agradecendo ao magistrado a liminar deferida, ao que ela explicou a sua fala. Com efeito, o pai dela, um senhor de idade, que por longos anos contribuíra para o mais caro plano de saúde de uma determinada operadora, ao sofrer um infarto do miocárdio e procurar a UTI de renomado hospital especializado, não conseguiu se internar. A única vaga disponível estava reservada, por força da liminar, para o outro senhor, autor da petição no plantão judiciário, que não tinha plano de saúde, nem recursos financeiros, e que, por não encontrar vaga no SUS, teve deferido o seu pedido de internação no melhor hospital cardiológico do Rio de Janeiro. O autor do pedido faleceu, antes de dar entrada no hospital, perdendo a liminar o seu objeto. O pai da aluna faleceu, a caminho de outro hospital credenciado a sua operadora de plano de saúde.

Situação semelhante ocorrera em 1997, enquanto eu prestava auxílio a uma Vara Cível na Comarca da Capital.

Um pai de vestibulando pediu para falar com o Juiz titular e, ao encontrá-lo, agradeceu pelo fato de ter o juiz *impedido* o seu filho de cursar Medicina. O magistrado, recordando-se da situação relatada, dissera ter deferido a liminar em Mandado de Segurança para o impetrante se matricular no curso de Medicina, embora não tivesse concluído o segundo grau (estava ainda no 2º ano, à época). Deste modo, teria *ajudado* – e não *impedido* – o vestibulando. Pois bem. O pai do aluno que *perdera* a vaga para o Impetrante era quem se apresentava diante do juiz, dizendo que, nada obstante o seu filho tivesse preenchido todas as exigências legais e do edital do certame, bem assim obtido a nota de corte, fora preterido por candidato (o impetrante) sem as condições necessárias...

É natural que um julgador, na solidão do seu gabinete, durante um plantão noturno ou não, ao receber um pedido de internação em UTI, de fornecimento de um medicamento experimental, de uma terapia caríssima sem eficácia comprovada, ou outro pedido que o sensibilize, se solidarize e se compadeça com o autor, diante do problema que lhe é apresentado. Isso é humanitário. Muito provavelmente, o pedido será liminarmente atendido, em atenção ao "princípio" [*rectius:* valor] da dignidade da pessoa humana. Aparentemente, que mal haveria nisso? E o julgador, ao final, não terá que carregar em sua consciência eventual desfecho danoso ao Autor. Olvida-se, porém, que o seu ato terá consequências para terceiros, cujos nomes não estão na capa dos autos do processo. Terceiros que sofrerão os efeitos nocivos da decisão judicial e serão eternamente marcados na alma pelo profundo sentimento de injustiça. Será essa a função do Direito?

Agora, suponha-se que o julgador, de antemão, soubesse não ter o Autor direito à internação, ou que o medicamento que postula não tem registro na Anvisa, ou que a terapia que reclama não tem qualquer eficácia comprovada, sendo ainda experimental, ou que um outro candidato ao difícil vestibular de Medicina perderia o ano e teria que se submeter a novo certame. Isso mudaria alguma coisa? Estivesse o julgador decidindo segundo sua posição ideológica, certamente não.

Mas, se soubesse o julgador o impacto econômico de sua decisão; se soubesse que os elevados custos que estaria impondo ao Estado ou a uma operadora de planos de saúde poderiam comprometer não apenas a qualidade da prestação dos serviços aos demais titulares do direito fundamental à vida e à saúde, mas a própria prestação em si; se soubesse que, ao ocupar um leito de UTI com um paciente que não tinha direito ao mesmo, concorreria (ainda que involuntariamente) para a perda de uma chance de tratamento e de sobrevivência de um paciente que teria direito à internação em UTI; se soubesse que os custos do tratamento experimental deferido a um consumidor seria suportado por todos os demais mutualistas daquele plano de saúde, no próximo reajuste anual das mensalidades, e que alguns desses consumidores, por não terem como suportar o aumento, ficariam inadimplentes e seriam excluídos do grupo ou, simplesmente, sairiam do sistema de saúde suplementar por não suportarem o aumento das mensalidades, agravando, ainda mais, o já precário e combalido sistema público de saúde?

Como administrar necessidades infinitas – e não apenas de um, mas de muitos –, diante de recursos finitos, senão dando a cada um aquilo, tudo aquilo, **mas apenas aquilo que for de um sujeito por direito**, pensando, igualmente, na concretização dos direitos fundamentais daqueles cujos nomes não estão na capa dos autos?

Certamente, não fosse tomado por concepções puramente voluntaristas e ideológicas, tivesse a compreensão da complexidade dos efeitos de seus pronunciamentos, o julgador tomaria outras decisões.

A reversão, portanto, do cenário atual também é um desafio de todos os que atuam no mercado de consumo, desde fornecedores e consumidores, passando por ouvidorias, Procons, advogados, promotores de justiça, magistrados. Estimulá-los a se preocuparem com as repercussões das decisões judiciais na criação de um ambiente institucional que atraia os investimentos produtivos de longo prazo é o primeiro desafio a enfrentar, se quisermos que, no Brasil, a Justiça não desequilibre a economia. Mais do que isso, mercados harmônicos e equilibrados não são bons apenas para fornecedores e consumidores, mas para todo o conjunto da sociedade.

É correto afirmar que o juiz não pode mais ser considerado um escravo da lei e a ela inexoravelmente submetido. Porém, não é menos correto afirmar que ele não pode se esquecer de que continua sendo um servidor da lei e que existe em função do Direito. Cumpre o magistrado, pois, um função das mais relevantes: a jurisdicional.

Eventualmente, entrarão em rota de colisão direitos fundamentais (direitos fundamentais individuais x direitos fundamentais individuais; direitos fundamentais individuais x direitos fundamentais coletivos; direitos fundamentais coletivos x direitos fundamentais coletivos). Como resolver demanda que envolve direitos fundamentais em colisão?

José Renato Nalini[58], com pertinência e precisão, observa que a Constituição é um quadro axiológico de inafastável consistência filosófico-jurídica e critica: *Não são poucos os juízes que se consideram D. Quixote a restaurar, com sua decisão, a harmonia no mundo ferido pelas iniquidades.*

Nada obstante isso, muitos somos os que nos ressentimos dessa postura, que faz a justiça equivaler à política. Não deve o Poder Judiciário se transformar em um legislador de segunda instância. Isso rompe com o equilíbrio, a harmonia e a separação dos Poderes da República.

Nalini demonstra clareza, amplitude de conhecimento e visão de futuro ao reconhecer a "externalidade negativa da insegurança", com repercussão, inclusive, no custo Brasil[59].

A conduta jurisprudencial de conferir proteção a certa pessoa por ocasião do julgamento da demanda, com base na convicção pessoal do magistrado, põe por terra a lógica do sistema privado, qual seja, a

58 NALINI, José Renato. O futuro da segurança jurídica. In: Paulo André Jorge Germanos. (Org.). *Segurança jurídica.* 1. ed. Rio de Janeiro: Elsevier, 2010, p. 105-121.

59 NALINI, José Renato. O futuro da segurança jurídica. In: Paulo André Jorge Germanos. (Org.). *Segurança jurídica,* cit., p. 108-109.

de conferir liberdade à pessoa para agir de acordo com a sua vontade, mas, concomitantemente, exigir que ela responda por seus atos, em conformidade com o binômio liberdade – responsabilidade. Não exigir qualquer responsabilidade de um indivíduo (pouco importa a rotulação que a ele se dê) resulta em que fique livre para agir irrefletidamente, não ponderando as consequências dessa conduta perante a coletividade.

Willis Santiago Guerra Filho afirma que *a essência e a destinação do princípio da proporcionalidade é a preservação dos direitos fundamentais*[60].

George Marmelstein[61], a seu turno, acrescenta que:

> O princípio da proporcionalidade não é útil apenas para verificar a validade material de atos do Poder Legislativo ou do Poder Executivo que limitem direitos fundamentais, mas também para, reflexivamente, verificar a própria legitimidade da decisão judicial, servindo, nesse ponto, como verdadeiro limite da atividade jurisdicional. O juiz, ao concretizar um direito fundamental, também deve estar ciente de que sua ordem deve ser adequada, necessária (não excessiva e suficiente) e proporcional em sentido estrito.

Ainda que seja possível tecermos críticas aos princípios da proporcionalidade e da razoabilidade e à técnica da ponderação dos princípios, fato é que são instrumentos que contribuem, de alguma forma, para a contenção do subjetivismo do julgador. Voltemos aos exemplos que acima mencionei. Quantos indivíduos não tiveram os seus direitos ***igualmente*** fundamentais prejudicados por uma decisão judicial, no mínimo, despreocupada com terceiros não figurantes da relação processual?

60 GUERRA FILHO, Willis Santiago. A doutrina dos princípios jurídicos e a teoria dos direitos fundamentais como partes de uma teoria fundamental do direito. In: *Revista de Direito do Estado.* Rio de Janeiro: Renovar, 2006, p. 103.

61 MARMELSTEIN, George. *Curso de direitos fundamentais.* São Paulo: Atlas, 2008, p. 385.

10. À Guisa de Conclusão

A segurança jurídica depende da aplicação, ou melhor, da obrigatoriedade do Direito. O protagonismo judicial que transcende os limites impostos pela própria Constituição, sem dúvida alguma, está trazendo muito maior insegurança do que certeza ao Direito. As consequências negativas disso são compartilhadas entre todos nós, comprometendo a concretude de nossos direitos igualmente fundamentais. Não é essa a função do Direito. Não é assim que se faz Justiça.

Michael Sandel[62] observa que atualmente as discussões políticas versam sobre bem-estar e liberdade – desenvolvimento econômico e respeito aos direitos do indivíduo. Propõe o que chama de política do bem comum, vale dizer, se **uma sociedade justa demanda sentimento de comunidade, necessita, antes, descobrir uma forma de cativar nos cidadãos uma preocupação e dedicação ao todo, ao bem comum**. Não pode haver indiferença *aos hábitos do coração que os cidadãos levam para a vida pública, mas precisa encontrar meios de se afastar das noções da boa vida puramente egoístas e cultivar a virtude cívica*[63].

Mercados são instrumentos úteis para a organização da atividade produtiva. Fornecedores e consumidores dependem e necessitam uns dos outros.

É imperativo, novamente com Sandel, ***o cultivo do hábito da solidariedade e do senso de comunidade, dos quais depende a cidadania democrática***[64]. A escolha pelo coletivo, não raro, importará em perdas individuais, sendo a recíproca igualmente verdadeira. Daí a exigência da certeza dos objetivos colimados. Penso que a proteção e a defesa dos consumidores deve se dar de forma impessoal e abstrata, na forma da lei – como determina a Constituição –, visando ao bem-estar do

---

62 SANDEL, Michael. *Justiça – O que é fazer a coisa certa* [trad. 4. ed. de Heloisa Matias e Maria Alice Máximo]. Rio de Janeiro: Civilização Brasileira, 2011.

63 SANDEL, Michael. *Justiça – O que é fazer a coisa certa* [trad. 4. ed. de Heloisa Matias e Maria Alice Máximo], cit., p. 323-325.

64 SANDEL, Michael. *Justiça – O que é fazer a coisa certa* [trad. 4. ed. de Heloisa Matias e Maria Alice Máximo], cit., p. 328.

universo de consumidores. Há que se ter uma visão global, do todo. Há que se diferenciar direito de privilégio. Dar a alguém o que **não for seu por direito** é benesse, privilégio. Isso tem um custo, alto custo, que será suportado por todo o conjunto da sociedade. É preciso acabar com privilégios.

Um mercado equilibrado e harmônico é o que desejam a Constituição e o sistema de proteção e defesa do consumidor. Tal equilíbrio e harmonia jamais serão alcançados se os conflitos entre consumidores e fornecedores forem decididos de modo maniqueísta, reduzidos ao binômio bom/mau, com base em concepções ideológicas (quer em benefício do agente econômico vulnerável, quer em benefício do agente econômico em posição de vantagem).

A preocupação do julgador deve ser com o Direito. Dar razão a quem a tenha; dizer o direito de quem o possui. Sem rotulações, sem juízos de valor preconcebidos, ideológicos, voluntaristas.

O papel do Poder Judiciário, insisto, é dizer o direito de quem o possui, conforme criado por aqueles que detêm atribuição constitucional para tanto. Não é dado aos magistrados a função criadora de direitos, menos ainda de distribuição de benesses. Sua função é zelar pelo respeito às normas e por sua correta aplicação. O Poder Judiciário deve se autoconter. Caso contrário, não estará sendo deferente com os demais Poderes, violando o princípio constitucional da separação dos poderes, insculpido no art. 2º da Carta da República.

É preciso, ademais, elevar o nível das discussões, visando ao amadurecimento das relações de consumo, para o que muito contribuirá a efetiva educação de consumidores e de fornecedores. Quanto mais críticos e responsáveis forem os primeiros, mais eficientes terão que ser os últimos. Educar, orientar, apontar o caminho para as melhores escolhas – em relação aos consumidores; educar, orientar, apontar o caminho para as melhores práticas, coibindo abusos – em relação aos fornecedores. Eis o objetivo.

A evolução na interação consumidor-fornecedor carece de maior integração com o sistema de justiça. É preciso reforçar os laços de confiança mútua, baseada no respeito e na boa-fé. Tais construções são possíveis, com conscientização e diálogo. O respeito às regras, porém, é essencial. Devemos buscar novas narrativas, novas agendas políticas, econômicas, sociais e jurídicas, visando à evolução e ao aperfeiçoamento da qualidade de nossa democracia. A chave para o sucesso, inequivocamente, é a segurança jurídica. Regras claras e equilibradas são boas para todos. Previsibilidade e certeza das consequências.

Temos que acreditar e trabalhar, sendo oportuna a citação de Nietzsche:

> ***E aqueles que foram vistos dançando foram julgados insanos por aqueles que não podiam escutar a música.***